古籍识小录 上

刘树胜 ◎ 著

国家一流专业建设点旅游管理经费资助
江苏省一流专业建设点中国古典文献学经费资助
金陵科技学院重点学科文化产业学经费资助
金陵科技学院重点学科中国语言文学经费资助
金陵科技学院文旅学院经费资助

安徽师范大学出版社
ANHUI NORMAL UNIVERSITY PRESS

· 芜湖 ·

图书在版编目(CIP)数据

古籍识小录.上/刘树胜著.--芜湖:安徽师范大学出版社,2024.12.-- ISBN 978-7-5676-6545-3

Ⅰ.G256.1

中国国家版本馆CIP数据核字第2024865VC3号

古籍识小录·上
GUJI SHI XIAO LU SHANG

刘树胜 ◎ 著

责任编辑:王　贤

责任校对:胡志恒

装帧设计:张德宝

责任印制:桑国磊

出版发行:安徽师范大学出版社

　　　　芜湖市北京中路2号安徽师范大学赭山校区

网　　址:http://www.ahnupress.com/

发 行 部:0553-3883578　5910327　5910310(传真)

印　　刷:安徽芜湖新华印务有限责任公司

版　　次:2024年12月第1版

印　　次:2024年12月第1次印刷

规　　格:787 mm×1092 mm　1/16

印　　张:66.75

字　　数:1466千字

书　　号:978-7-5676-6545-3

定　　价:466.00元(全2册)

凡　例

　　一、本书旨在通过对所选五百余部传世珍稀古籍的部类划分、著述提要、版本版式、藏印辨识、递藏轨迹等信息的梳理，勾勒出一部中国传统文化简史，向世人展示中华古籍文化的发展面貌。

　　一、本书书前以序言的形式介绍了本书的主要内容和体例，全面描述了各种古籍版本及其特征、藏书家与藏书印、递藏与鉴定等因素对读书治学的作用和影响。

　　一、本书对所选五百余部传世珍稀古籍，依传统的经、史、子、集四部分类法予以分类，每部之下又依《四库全书总目》的体例划分为相应的类属，每类之下系属相应古籍若干种，枝干清晰，奕叶慎守，以期保持传统古籍的归属原貌。

　　一、本书于经、史、子、集四部之首，均冠以介绍该部命名缘起、内容倾向、著述特点及学术演变轨迹的总序，以期描述出简明的经学史、史学史、哲学史和文学史；且于每部各类之首冠以概述此类学术常识、学术源流和发展轨迹的小序，以期提纲挈领，纲举目张。

　　一、本书于各部类之下胪列了一定数量的重要传世古籍，并依据"以类相从"的原则对此分门排列，同一门类下的古籍则按著述者的生年前后顺序排列。

　　一、本书的"识小"内容，按照"识著述""识版式""识印章""识递藏"四个环节顺序安排，逐步逐条予以绍介、说明、描述，以期通过对这些"小"识的认知，描述出该书的简要信息。

　　一、每书的"识著述"部分，包括作者小传和书籍提要两部分。作者小传主要介绍该书作者的姓名、生卒年、字号、籍贯、学术身份、著述信息；书籍提要简要介绍该书的书名、卷次、内容、特点、成就及学术影响。通过这种方式，使读者对该书有一个概括的了解。

　　一、每书的"识版式"部分，主要介绍该书的版本和版式，指出该书所属年代和所属版本种类（刻本、覆刻本、抄本、稿本）信息，描述该书的边框样式、书口类型、鱼尾数量、书名、页码、行数、字数等版式元素；由于受篇幅的限制，本书一般不录该书的相关题跋，只在该书的"识递藏"部分列出相关题跋者；由于受篇幅的限制，又出于所录古籍或有或无而以无者居多的考虑，本书对古籍牌记亦不予涉及。

　　一、每书的"识印章"部分，首先对藏家钤盖于该书书页上的各种内容和形制的藏章印文予以辨识，尔后对印文内容加以简要说明，并于标志印主名号的印文诠释之后，附以印主小传，对藏家姓名、生卒年、字号、籍贯、学术身份、藏书楼、藏书印及其著述依次胪列；一书钤有多位藏家印章的，按照其递藏的先后顺序排列；一位藏家于一书钤有多枚藏章的，按照姓名印、字号印、藏书楼号印、藏书闲章的次序排列；一书钤有一个家族数代人藏章的，则首列家族藏书楼号藏书印，其后按辈分依次排列所有递藏者的藏书印。史部·正史类个别古籍虽无藏印，而出于对"二十四史"完整性的考虑，也予以了胪列，在此附带说明。

一、由于本书体量较大，又分为前后两册，更兼个别著名藏家藏品丰富，故难免出现同一位藏家前后重复出现的现象。为避免读者翻检的负担，本书没有采用"见某册某书某页某条"的传统作法，而是于该藏家首次出现时详加描述，而于此后出现时尽量削减其繁复的字号、别号、藏书楼名、藏书印和著述信息，只保留最具代表性的信息，并于其后加"详见某书某人条"字样，以便读者根据个人需要按图索骥。

一、每书的"识递藏"部分，依据该书"识印章"部分挖掘出来的藏书家信息，并结合历代藏书专著、藏书家所撰藏书目录、藏书家所撰题跋集和文献学家所撰古籍经眼录等文献，仔细爬梳，小心求证，勾勒出该书的递藏轨迹；梳理过程中，对前人题跋、题识中的个别误判，审慎地予以修正，绝无唐突先贤、高自位置之意。

一、为便于更直观地了解古籍原貌，本书为每一部入选古籍加了插图。所选古籍图片主要采自国家图书馆出版社印制的《中国传世珍稀古籍图录》，部分采自《上海图书馆藏宋本图录》《历代珍稀版本图录》等图籍，极个别的插图采自网络。

一、为方便更广泛的读者阅读，本书使用简化字横排排印；在"识印章"部分，偶有极个别不可更改的繁体印文，则一仍其旧。

序　言

　　读书是一种心灵活动，向来被视为韵人雅事。其间虽或难免俗，但终究为人称道。古人醉心读书。"万般皆下品，惟有读书高""男儿欲遂平生志，五经勤向窗前读"，是为了仕进、为了成为人上人而读；"读万卷书，行万里路""道成于学而藏于书，学进于振而废于穷"，是为了获取新知而读；"读书破万卷，下笔如有神""问渠哪得清如许，为有源头活水来"，是为了汲取滋养、取法古人而读；"粗缯大布裹生涯，腹有诗书气自华""立身以立学为先，立学以读书为本"，是为了修身而读。清代学者卢文弨有两方印文为"不学便老而衰""不学便是面墙"的藏书印，将读书生活视为一种颐养天年的活动；清代藏书家吴次山名其藏书楼曰"有福读书堂"并自署"有福读书堂主人"，将读书视为人生的终极追求；近代教育家兼藏书家廖元善名其藏书楼曰"还读庐"，体现了他借读书而表达"归去来"的人生理想。

　　古人醉心读书，也痴心藏书。读书人鲜有不爱书者，而爱书者又多痴于藏书。清藏书家张金吾云："人有愚智贤不肖之异者，无他，学不学之所致也。然欲致力于学者，必先读书；欲读书者，必先藏书。藏书者，诵读之资而学问之本也。"在读书人眼里，读书是学问的根本，藏书则是培本的功夫。清藏书家钱曾《读书敏求记》就将藏书家分为"读书者之藏书"和"藏书者之藏书"两类。在明清学者中，学者兼藏书家的大有人在，如朱彝尊、钱谦益、毛晋、徐乾学、王士禛、宋荦、钱大昕、纪晓岚、卢文弨、王鸣盛、黄丕烈、阮元、孙星衍、孙诒让等，都是学术泰斗级的人物。而世之藏书家中，亦不乏以藏为藏、"积书以遗子孙"、希望"子孙永宝"者，最著名的莫如宁波范氏、秀水项氏、长洲汪氏、聊城杨氏、常熟瞿氏等几家藏书望族，虽然其藏书于身后也多星散他处，而其克绍箕裘之功不可埋没。

　　古书的保存与流传，是一项非常艰难的事业。鼠啮虫蛀，兵燹火厄，最易断送书籍的性命，所以，古人亦精心刻书。清藏书家张海鹏曾云："藏书不如读书，读书不如刻书；读书只以为己，刻书可以泽人。上以寿作者之精神，下以惠后来之沾溉，视区区成就一己之学业者，其道不更广耶？"这是一种对藏书高屋建瓴式的终极诠释：什袭而藏，秘不示人，就失去了作为书籍的存在价值；仅限于极小范围内的阅读与研究，就丧失了书籍的传播价值；整理出版，使之更广泛地在社会上流通，既可避免虫鼠水火之厄，又实现了藏书于民的普世价值，无疑是为古籍"续命""寿作者之精神"和"惠后来之沾溉"的最佳方式。历史上，这种主动为古书"续命"的藏书家兼刻书家也大有人在，如秦四麟、朱承爵、顾元庆、项笃寿、冯知十、毛晋、陆贻典、曹寅、吴骞、吴翌凤、黄廷鉴、席鉴、鲍廷博、曾燠、张金吾、莫友芝、莫祥芝、徐乃昌、董康、陶湘、丁福保、刘世珩、陈立炎、刘承幹等，都是为古书"续命"的藏刻巨擘。

先人们就是这样通过醉心读书、痴心藏书和精心刻书，为我们留下了极其丰富的传世珍稀古籍。这些传世珍稀古籍，是中华优秀传统文化的载体，民族文化精髓赖此以传。单就古籍之用而言，在新知、传道、化人。所谓"文化"者，即以"文""化"之也。此乃书旨之大者；至于著书者谁、所著者何、刊刻年代、版本样式、刻书字体、藏家印钤、世代递藏诸端，皆书旨之小者！才、学、识、断能力卓越的大家读书，能够抉奥烛隐，"纪事者必提其要，纂言者必钩其玄"，甚而挥斥裕如，"觚排异端，攘斥佛老；补苴罅漏，张皇幽眇"；而才辩拙稚如我者，又岂敢随人作计，强作解人耶？唯求叩其末端而已！又，古来存世古籍浩如渊海，其中可珍可宝者动以万计，而可识可见者却十不及一。故于披诵之暇，留意于古书之表征，时时撮其大要以备忘而已。久而久之，渐成规模，遂成是编，故名之曰"识小录"。而所谓"小"，概指古籍之分目、著述、版式、牌记、印章、递藏、题跋等无关"宏旨"之诸端而已。

书乃治学之梯航，而治学须先知目录。顾广圻《爱日精庐藏书志序》云："今夫书之有目……乃非犹夫人之目也？观其某书，必列某本，旧新之优劣，钞刻之异同，展卷具在，若指诸掌，其开聚书之门径也欤？备载各家之序跋，原委粲然，复略就自叙、校雠、考证、训诂、簿录、汇萃之所得，各发解题，其标读书之脉络也欤？世之欲藏书、读书者，苟循是而求焉，不事半功倍欤？"备述书目在聚书、读书、藏书等方面的作用，实乃真知灼见。详而言之，凭借目录，可断古书之真伪，可考篇目之分合，可定古书之性质；凭借目录，可论古书之旨归，可穷古书之源流，可理百家九流之分野。

而图籍分目，由来已久。所谓"目"者，即书篇之名；所谓"录"者，即"目"之说明与编次。刘向《别录》是我国最早的目录学专著；刘歆《七略》论述学术源流及各门学术之宗旨，是我国最早的图书分类专著；《隋书·经籍志》改前代甲、乙、丙、丁分类法为经、史、子、集，正式确立了四部分类的体例；晁公武《郡斋读书志》、陈振孙《直斋书录解题》等重要目录学专著，虽或有不明标四部之名且分类不统一者，而其经、史、子、集的分部秩序却完全一致；纪昀《四库全书总目》综括大成，于经、史、子、集四部之下分为四十四类，堪称古书分类之圭臬，被学者目为治学管键、学术津逮。《古籍识小录》（以下简称《识小录》）依照《四库全书总目》的分类体例，将所录五百余部传世珍稀古籍分为四部四十四类，且于每部每类之首冠以提纲挈领式的序文，使读者一览便知其部类学术与目录发展之大概。

书乃作者精神之灌注，故读书须知人论世。《孟子·万章》云："颂其诗，读其书，不知其人，可乎？是以论其世也。"作家是创作的主体，其出身、生平、思想、心态等各方面因素，势必对其创作产生潜移默化的影响。这就要求读者在阅读和阐释作品时，须充分了解作者生活的时代背景、生平经历、思想观念等信息，从而准确地把握作品的思想内容。虽然这一环节与经典阐释之间有一定的距离而略显琐屑，但历代书目均注意到了它不可或缺的存在而形之于解题。因为，除去以上表述所涉及的意义外，它尚有辅助确定著述年代、辨识学术渊源的作用。当然，《识小录》对这一功能的表述，不可能锱铢不遗地罗列其生平、仕履及学术渊源，只能作蜻蜓点水式的简介，旨在为读者的延伸阅读留一些蛛丝马迹，倘有需要，亦可按图索骥。

明确了读书方向，需要精心选书，而选书须知提要。学术著作的提要以"剖析条流""推寻事迹"为主脑，是反映该书学术内容、创新之处、研究价值和实用价值，方便读者快速了解该书主要内容的鉴定性说明文字。有了解题，书目始具备"考镜源流"的意义。《识小录》于所选五百余部传世珍稀古籍，均作了较为简明扼要的提要，力求以有限的文字揭示该书内涵，帮助读者通过阅读提要窥斑见豹，准确判断该内容是否适合自己的需要，以做到有的放矢，乃至广博闻见。

一书多版而优劣杂陈，故择书须明版本。顾广圻《思适斋集·蔡中郎文集跋》云："书以弥古为弥善，可不待智者而后知矣。乃世间有一等人，必谓书毋庸讲本子。噫！将自欺耶？将欺人耶？"读书识版本，则事半而功倍；读书不识版本，则事倍而功半。好的版本通常指刊行早、刻印精、内容全、文字确的本子，选择此等版本研读，可帮助读者减少阅读和研究过程中误书、误判、误随等机械性失误。

自唐宋雕版印刷技术出现以来，版本的类型大致分为刻本、活字本和非刻印本三大类。其中刻本种类之夥，最是令人眼花缭乱。据不同标准，刻本可分为以下种类：按刻书时代，有宋本、元本、明本、清本之分，这是刻本中最习见的识版方式；按刻书单位，有官刻本、私刻本、坊刻本之分；按刻书地点，有浙本、闽本、蜀本之分；按刻印质量，有单刻本、写刻本、通行本、三朝本、邋遢本、百衲本、书帕本之分；按刻印先后，有祖本、重刻本、翻刻本、仿刻本、影刻本、初印本、后印本之分；按版式字体，有巾箱本、两节版本、三节版本、大字本、小字本之分；按印刷颜色，有朱印本、蓝印本、墨印本、套印本之分；按装帧形式，有简册本、卷子本、梵箧本、旋风装本、蝴蝶装本、包背装本、线装本、平装本、精装本之分。活字本起源于宋，受制作材料的局限，版本种类较少，主要有泥活字本、木活字本、铜活字本、铅活字本、锡活字本和聚珍版。非雕版印刷的图书，包括写本、抄本（宋抄本、元抄本、明抄本、清抄本、传抄本、影抄本、旧抄本）、稿本（手稿本、清稿本）和拓本等，藏书史上，这种形式的古籍也很常见。以上三类，皆是根据古籍刻印情况和图书形态进行的版本分类。而按文物价值分，版本种类尚有孤本、秘本、珍本和善本之分，这是针对上述三类版本统而言之的，故不与三者并列。至于各种版本的细节，也有许多讲究。如：书栏信息即有四周双边、四周单边、左右双边上下单边、文武双边之分，版心信息也有黑口、白口、单双黑白鱼尾、书名、卷数、页码、刻工姓名等内容，行数字数也有疏朗繁密之别，标志版权兼广告性质的牌记样式和内容也异彩纷呈（此书不再涉及），甚至刻书字体也有颜、柳、欧、赵之别，等等。《识小录》于此等细微之处，均尽量予以说明。

识版本须识藏书印，藏书印里有故事。珍稀古籍的世代流传，当归功于爱书成痴的历代藏书家，正因他们如痴似狂的藏书之举，方使后人得觑古籍之真颜，得沾前贤成果之濡溉。而前人藏书，其意似不尽在"嘉惠士林"和"有裨来学"，而更多的是在"耕读传家"和"奕叶慎守"。如，清代藏书家王昶那方"二万卷，书可贵；一千通，金石备；购且藏，极劳勤。愿后人，勤耕肆；赋文章，明义理；习典故，兼游艺；时整齐，毋废堕。如不材，敢弃置，是非人，犬豕类，屏出族，加鞭棰。述庵传诫"的六十四字藏书印，充分体现了他"诗书继世"的藏书思想；又如，叶德辉在《书林清话》里虽曾说过"子孙能读，贻之；不能读，则及身而散之，亦人生大快意事"的慷慨话，而从其"诸儿不能读，浊世不知重。每叹子孙能知鬻书，犹胜于付之奚媵覆酱瓿、褙鞋衬"的酸话里，却品味不出半点儿"快意"的味道！而私人藏书家们钤盖于古书卷首或卷尾、用以标明该书归属的累累藏印，则从另一侧面生动地阐释了他们奕叶慎守、子孙永宝的美好愿景。

众所周知，历代著名藏书家多达官显贵和饱学之士，他们多好读书、精鉴赏、善校勘，凡经其收藏之书，都会钤盖上形制各异的藏书印，甚或手书题跋以示拥有。凭借这些承载着藏书家名号、郡望、爵号、藏书楼号、兴趣爱好和藏书雅训等丰富信息的藏书印，不仅可以补足和还原藏书家的基本信息，甚至还能据此探知其闲情逸趣及人生追求，具有宝贵的历史学和文献学价值；借助这些藏书家的姓名、字号、官爵藏书印，尚可推断该书刊刻的大致年代，从而鉴定其版本，选择值得信从的工作底本；借助这些真实可信的藏书印，尚能以实物补序文、题跋及书目等文献记载之不足；借助这些藏书印，亦可获悉该书所历藏家的信息，进而按图索骥，寻求各家书目的著录情况。方寸天地，囊括万有，其功至大，不可不察。这是《识小录》的核心内容之一。

藏书印里藏历史，识版本须断递藏。一部古籍的递藏链条清晰与否，藏品流传是否有绪，决定了其版本的可信度与珍贵度。作为藏书家的拥书凭证，藏书印在书籍流传过程中呈现出一定的规律性：一册书页上的众多藏书印，能够大致勾勒出该部古籍的递藏轨迹。那些史有明载而生活时代前后相继的藏书家的印信，构成了该部古籍递藏史的基本线索；而那些生平无考、年代不清或年代仿佛的藏书家的印信，虽难以准确判定其在该书递藏链条上所处的具体位置，而依据后世藏书家所撰书目与题跋中的吉光片羽，或可予以缜密而合理的推断，从而完善其递藏史的描述。

要而言之，读书求会意，明书旨乃其大端；而于其所谓"小"者，亦不可等闲视之。譬如为人，大行之外，兼及细谨，方能尽善尽美！孔夫子之于公西华"端章甫"之论，叹曰："赤也为之小，孰能为之大？"则吾辈于古籍之"小"，亦可类而推矣。

刘树胜
2023 年 8 月 20 日于方山自胜斋

总目录

目　录

经　部

史部

经　部

经部总序

何为经？从字源学的角度讲，商殷时代无"经"字，"巠""经"二字始见于周代铜器，金文作"巠""经""泾""径"等。许慎《说文》云："经，织也。从糸，巠声。"又云："巠，水脉也。"《说文》段注据《太平御览》补曰："经，织从丝也。"此"从"即"纵"。据郭沫若先生考证，"经"之初文为"巠"，象织丝之形，"经"乃后起字，为经营、计划之意。据此，则"巠""经"实为一字，其本义为"经纬"，即"经营"之意。可见，早期的"经"字与经典无关；从文献学的角度讲，先秦诸子的学术著作皆可称"经"，自汉武帝"罢黜百家，独尊儒术"后，特指儒家"六经"。儒家典籍称"经"始于战国后期，《荀子·劝学篇》"学恶乎始？恶乎终？其数则始于诵经，终于读礼"的话，即是明证。同时，这番话还表明，成了"经"的儒家典籍，在人才培养层面具有"开辟鸿蒙"的重要作用。段玉裁《说文解字注》则更进一步将"经"的这一作用挥洒到极致："织之从丝，谓之经。必先有经，而后有纬，是故三纲、五常、六艺谓之天地之常经。"指出了"经"乃经天纬地之总纲领，正因如此，"经学"才成为封建时代天地间的第一学术。

何为经学？简单来说，即注释和解说儒家经典的学问。西汉初年，汉武帝采纳了董仲舒"罢黜百家，独尊儒术"的建议，将经孔子整理过的《易》《书》《诗》《礼》《春秋》五部儒家经典升格为"经"，并先后于中央设置五经博士专门传授，博士与其弟子讲习经书，由此开启了中国学术漫长的经学时代。自此，以经学思想为代表的儒家思想，也就成了中国整个封建时代的统治思想，这也正是"五经"所以称"经"的根本原因。晁公武《郡斋读书志·经部序》云："孔氏之教，别而为六艺。数十万言，其义理之富，至于不可胜原，然其要片言可断，曰修身而已矣。修身之道，内之则本于正心、诚意、致知、格物，外之则推于齐家、治国、平天下，内外兼尽，无施而不宜。"从修养己身和事关社稷两个角度，诠释了经学永恒纲领的性质。纪晓岚《四库全书总目·易类叙》更进一步说："圣人觉世牖民，大抵因事以寓教。《诗》寓于风谣，《礼》寓于节文，《尚书》《春秋》寓于史，而《易》则寓于卜筮。"将"经"视为"垂型万世""觉世牖民""因事寓教"的工具，尤其强调了"经"的醒世功能。所以，整理、研究和阐述儒家经典，成为封建时代学者们的首要义务，而经学也就当之无愧地成了铁打的"显学"。

经学自西汉始，即已分为"我注六经"的古文经学和"六经注我"的今文经学，经学史上将此两派之间的争斗称为"今古文之争"。所谓"今古文之争"，是指笃信以"今文"隶书复写经书的汉代人与笃信先秦以"古文"籀篆书写经书并流传至汉的汉代人之间思想观念的争斗。汉代的"今古文之争",虽与书写所用文字的今古有关,但实际争论的问题却在文字背后。这种争斗涉及到了经书书目、经书排列顺序、孔子与"六经"的关系和各自的社会地位诸问题,今文派与古文派在这些领域里皆各执一词,互不相让,其争斗贯穿了自汉初至清末的整个经学史。

关于"经"所包括的范围,由于历代儒士的认知不同,呈现出逐渐扩大的趋势,曾先后出现过"六经""五经""七经""九经""十经""十二经""十三经""十四经"和"二十一经"等不同说法。"六经"之名始见于《庄子·天运》篇,指《诗》《书》《礼》《乐》《易》《春秋》六部古书。六经亦称"六艺",班固《汉书·艺文志》将儒教经典编为"六艺略"。"五经"之名见于徐坚《初学记》,是古文学派的叫法。"七经"之名先后见于《后汉书·赵典传》和《三国志·秦宓传》,有三种不同指向:一指《诗》《书》《礼》《乐》《易》《春秋》《论语》,一指《诗》《书》《礼》《易》《春秋》《论语》《孝经》,一指《诗》《书》《仪礼》《周礼》《礼记》《易》《春秋》。"九经"之名始见于《唐书·儒学传·谷那律传》,有两种不同指向:一指《易》《书》《诗》《仪礼》《周礼》《礼记》《春秋》《论语》《孝经》;一指《易》《书》《诗》《仪礼》《周礼》《礼记》《左传》《公羊传》《穀梁传》。"十二经"之名始见于《庄子·天道》篇。晁公武《郡斋读书志》以为,唐代立于国学的"十二经"指《易》《书》《诗》《周礼》《仪礼》《礼记》《春秋左传》《公羊传》《穀梁传》《论语》《孝经》《尔雅》。"十三经"之名始于宋,指《易》《书》《诗》《周礼》《仪礼》《礼记》《春秋左传》《公羊传》《穀梁传》《论语》《孝经》《尔雅》《孟子》,而"二十一经"之说颇涉荒诞,不足凭信。今依传统习惯,以宋"十三经"为限。其实,"十三经"根本上还是"五经"。

关于"五经"的次第,今古文学派的说法不尽相同。今文学派从教育家、政治家和哲学家的角度,按其内容由浅入深的次序,习称为《诗》《书》《礼》《易》《春秋》;而古文学派则从史学家的角度,依其产生时代早晚的次序,习称为《易》《书》《诗》《礼》《春秋》。经学史上,两派的叫法决不任意颠倒。

自汉武帝立"五经"于学官、尊经学为国家学术,至清末约两千年间,"经学"一直处于不断的发展变化中。在此两千年间,经学大致发生了六次大的转变:两汉时期,武帝于中央始置五经博士,又立博士弟子以相传授。五经博士专擅一经,授受专门,壁垒森严,各门之间师法严格,家法严格。其时学问笃实严谨,同时也表现出拘泥胶固,不知变通,"师之所传,弟之所受,一字毋敢出入",乃至陈陈相因的弊端。此第一变也。魏晋六朝至唐宋数百年间,经学领域出现了愈演愈烈的疑古风气。如王弼言《易》不信汉儒而专言名理,王肃治《尚书》不信郑玄且斥其伪,孔颖达、贾公彦等《五经正义》时出己见,啖助、赵匡等治《春秋》乃至废传解经,刘敞等治《春秋》竟以攻击"三传"相高……一时间,学术流于穿凿琐碎,表现出芜杂的弊端。此第二变也。宋元经学以濂、洛、关、闽为正宗,开启了宋代的新儒学时代，即"宋学"（亦称"道学"）时代。其学主张大胆疑古而流于主观臆断，强调脱去旧注而直面经文，重在阐发经书义理，以致其学"空无依傍，无所顾忌"，这一风气波及至元代经术。如程颐《易传》舍弃"象数"，朱熹《诗集传》舍弃"小序"，皆不守汉唐轨辙，强调阐理。又如王柏《书疑》《诗疑》任意删削移易本经，吴澄《易纂言》《诗纂言》《春秋纂言》肆情割裂点窜经文，皆流于私心杜撰，粗暴专断。此第三变也。明初政府为适应科举需要，明令《易》用朱熹《周易本义》，《书》用蔡沈《书集传》，《诗》用朱熹《诗经集传》，《春秋》用胡安国《春秋传》，《礼》用陈澔《礼记集说》，后来又以胡广《四书五经大全》为圭臬，将经义定于一尊。先是复归旧辙，继而自以为是，其学流于空疏固陋，滑进了排除异己、故步自封的泥潭，严重束缚了经学研究的手脚。此第四变也。明代中后期，鉴于明初经学"定于一尊"的作法"主持太过"，其学偏党执陋，终致有识之士愤激诋排其非，自造新说，以求突破樊篱，开创了新的学术风气。如王阳明以"致良知"为帜，创立了"心学"流派，推崇"道心惟微，人心惟危；惟精惟一，允执厥中"的悟道方式，而略于格物读书，其学酷似谈禅。而后学推崇簸煽，甚至比王氏走得更远，乃如李贽著《焚书》《续焚书》诋排孔子，数典忘祖，大胆狂妄。清人以其束书不观、游谈无根，目为"空疏"。此第五变也。清初诸儒深恨明人治学之空疏，乃专事考证以矫其弊，考证之风遂起，经学大兴。如顾炎武倡"经学即理学"，毛奇龄解《易》说《礼》，阎若璩治《尚书》，胡渭辩《易图》，皆为考证重实之学。由此，以考据为命脉的求实风气大开，清学大盛，而"一字音训达数百字"的流弊也相随而生。此第六变也。以上即为经学史的六次大转变。

从思想方法的角度讲，经学史上的这六次大转变，归根结底不过是汉学与宋学两家争胜。汉学注重训诂，主张"实事求是"，特点在于征实，强调言必有据，是为"具有根柢"。汉唐经学与清代经学，实则均属汉学一派；宋学重视义理，主张阐释体悟，特点在于说义，强调阐发经书的微言大义，故而"具有精微"。魏晋学者以玄理解经，宋元学者探微烛隐，明代学者以禅解经，实则皆属宋学一派。纪昀《四库全书总目·经部总叙》云："要其归宿，则不过汉学、宋学两家互为胜负。夫汉学具有根柢，讲学者以浅陋轻之，不足服汉儒也；宋学具有精微，读书者以空疏薄之，亦不足服宋儒也。消融门户之见，而各取所长，则私心祛而公理出，公理出而经义明矣。盖经者非他，即天下之公理而已。"学术为天下公器，但求其公理而已。心存门户之见者，见善而不从，守陋而不迁，以一己之私蔽天下之公理，则经义必然泯灭。所以，去私意，明公理，乃经学之要旨。

两千年来的经学研究，为后世积累了丰厚的文化遗产，流传下了大量的经学古籍，兼之历代统治者对"经"的重视，遂使目录学史上出现了地位尊显的"经部"。

目录学"经部"的形成，也经历了一个渐趋完善定型的过程。《庄子·天下》所列"邹鲁之士缙绅先生之学"，已囊括了《诗》《书》《礼》《乐》《易》《春秋》；

《荀子·非十二子》中的"子思孟轲之学"，起码包括了倡导"仁政""上则法舜禹之制，下则法仲尼子弓之义"的《孟子》一书；司马谈《论六家要旨》谓"儒家以六艺为法。六艺经传以千万数，累世不能通其学，当年不能究其理"，其所谓"六艺"亦专指"六经"而言；刘安《淮南子·要略训》所谓"儒者之学"，指的就是"孔子修成康之道，述周公之训，以教七十子"的篇籍，这些篇籍也就是孔子研习过的"六经"。以上诸家，虽尚未将"经部"概念独立提出，但已认识到"六经"的集约性质，这就为后世目录"经部"的设立奠定了原始理论基础。

真正将"经书"作为目录之一种，则始自东汉班固。班固《汉书·艺文志》之"六艺略"将其分为"易""书""诗""礼""乐""春秋""论语""孝经""小学"九类；晋初荀勖整理政府藏书，撰述目次，分为甲、乙、丙、丁四部，其中甲部纪"六艺"和"小学"；东晋大著作郎李充辑录政府藏书，仍分四部，其中甲部为"五经"之属；唐玄宗时，两都藏书仍以甲、乙、丙、丁为次，分储经、史、子、集四库，"经部"之名始定；《隋书·经籍志》之"经部"将其分为"易""书""诗""礼""乐""春秋""论语""孝经""小学""图谶"十类；北宋晁公武《郡斋读书志》之"经部"将其分为"易""书""诗""礼""乐""春秋""孝经""论语""经解""小学"十类；南宋陈振孙《直斋书录解题》之"经部"将其分为"易""书""诗""礼""春秋""孝经""语孟""谶纬""经解""小学"十类；清纪晓岚《四库全书总目》之"经部"以"务取持平"为准的，在《汉书·艺文志》《隋书·经籍志》的基础上损益增减，将其分为"易""书""诗""礼""春秋""孝经""五经总义""四书""乐""小学"十类。《汉书·艺文志》有"五经杂义"附入"孝经"类，《隋志》有"五经总义"附入"论语"类，《四库全书总目》则单列"五经总义类"，扩"论语"为"四书"，去"图谶"，仍为十类。此数家目录书"经部"分类的变化，正可见当时学术风气之转变。

本书所收"经部"古籍，按照《四库全书总目·经部》的体例排列，分为"易""书""诗""礼""春秋""孝经""五经总义""四书""乐""小学"十类，以合于"古籍"之"古"貌。

经部·《易》类

《易》类小序

《易经》又称《周易》，原只称《易》，是一部上古时代的占筮之书，自汉初起被奉为儒家经典，且推为群经之首。《四库全书总目·易类叙》称："圣人觉世牖民，大抵因事以寓教……《易》则寓于卜筮，故《易》之为书，推天道以明人事者也。"是为圣人设教之书。

《易经》的内容，分为符号与文字两部分。符号部分又分为"八卦"和"六十四卦"："八卦"为乾、坤、震、巽、坎、离、艮、兑八种，相传始于伏羲，合一阳一阴两种符号而成；"六十四卦"由"八卦"相重而成，重卦的作者以伏羲与周文王说最为流行。《易经》的文字部分又可分"经"与"传"。"经"的部分再分为"卦辞"和"爻辞"，其作者或称文王或称周公或称孔子；"传"的部分包括解释"卦辞"和"爻辞"的《彖》（上下）、《象》（上下）、《系辞》（上下）、《文言》、《说卦》、《序卦》、《杂卦》，即所谓"七种十翼"，相传为孔子所撰。

关于孔子与《易》的关系，文献记载丰富。《论语》云："子曰：'加我数年，五十以学《易》，可以无大过矣。'"足见孔子五十学《易》乃其长远学习规划。《史记·孔子世家》云："孔子晚而喜《易》，序《彖》《系》《象》《说卦》《文言》，读《易》，韦编三绝。"正是其学《易》有成的表现。《汉书·艺文志》有伏羲"始作八卦"、周文王"重《易》六爻，作上下篇""孔氏为之《彖》《象》《系辞》《文言》《序卦》之属十篇。故曰《易》道深矣，人更三圣，世历三古"的记载，概述了《易经》成书的三个阶段，肯定了孔子对《易经》的著述权。

经学史上，作为群经之首的《易经》，也经历了漫长而激烈的门户争斗过程，正是在这不断的争斗中，《易》学得到了长足的发展。历史上的《易》学，大别为汉学与宋学两派，而汉学又分为今文与古文两派，宋学又分为义理及图书两派。《四库全书总目·易类叙》将《易》学历史的源流变迁划分为"两派六宗"，两派即"象数派"和"义理派"，六宗即"象数派"之下的"占卜宗""禨祥宗""造化宗"和"义理派"之下的"老庄宗""儒理宗""史事宗"。其文云："汉儒言象数，去古未远也；一变而为京、焦，入于禨祥；再变而为陈、邵，务穷造化，《易》遂不切于民用。王弼尽黜象数，说以老庄；一变而胡瑗、程子，始阐明儒理；再变而李光、杨万里，又参证史事，《易》遂日启其论端。此两派六宗，已互相攻驳。"

西汉《易》"今文学"有施氏、孟氏、梁丘氏、京氏四家，均立于学官。东汉虞翻作《周易注》《易律历》《周易集林》《周易日月变例》等，是为今文《易》学的支流。西晋永嘉之乱后，《易》"今文学"中衰。至清，《易》"今文学"重兴，产生了惠栋《周易述》《易汉学》、江藩《周易述补》、张惠言《周易虞氏义》《周易虞氏消息》《虞氏易礼》《虞氏易事》《虞氏易言》《虞氏易候》、刘逢禄《易虞氏五述》、曾钊《周易虞氏义笺》等学者著述；西汉《易》"古文学"仅费氏一家，其源失考，未立于学官。东汉郑众、马融、郑玄、荀爽等均习费氏《易》，为作传注，费氏大盛。魏王弼以老庄解《易》，仍依费氏旧本，然尽扫汉儒象数之论，已超出汉学的范围。北朝仍用郑注，而梁、陈学官兼列郑、王，古文依然擅场。隋唐以后，王注盛行，孔颖达《周易正义》亦以王注为宗，时李鼎祚《周易集解》及史征《周易口义诀》虽力挺汉学，然终无救于郑氏之衰。至清，惠栋、张惠言等《周易郑氏义》《荀氏九家义》等，可视为《易》"古文学"之重光。

《易》宋学之"图书派"起源于宋初道士陈抟。陈抟依据方士炼丹术的理论，创制了"先天后天图"，又撰《易龙图》。其后学邵雍作《易学辨惑》，刘牧作《易数钩隐图》，绍述陈氏之学，附会"河图""洛书"之说，以黑白点子谈《易》。陈抟、邵雍以"河图""洛书"释《易》，舍人事而言天道之弊，已脱离了《易》的本旨，是《易》外的别传，与后世推论性命、解释怪异相近。南宋朱熹杂用邵说，撰《周易本义》《易学启蒙》，意欲调和"义理"与"图书"两派，集《易》宋学之大成，成为宋、元、明三代《易》学之正统。至清，黄宗羲《象数论》、黄宗炎《图书辨惑》、毛奇龄《图书原舛编》、胡渭《易图明辨》等，对其提出质疑，将"图书派"驳斥得体无完肤；《易》宋学之"义理派"起源于胡瑗。胡瑗《易传》及倪天隐《周易口义》，扫除阴阳灾异、纬谶和老庄之说，一归于性命道德之理的探究。程颐继起，作《易传》，一衷"义理"。其后郭忠孝《兼山易解》、郭雍《郭氏传家易说》、项安世《周易玩辞》、杨万里《诚斋易传》、许衡《读易私言》、赵沂《周易文诠》等宋元著述，虽皆祖述程氏，然皆未能超越程《传》。至清，研《易》成为风气，"义理派"渐趋衰落。

《易经》是中国传统思想文化中自然哲学与人文实践的理论根源，是古代汉民族思想、智慧的结晶，被誉为"大道之源"。其内容广博，旁及天文、地理、乐律、兵法、韵学、算术以及方外炉火，几近于无所不包，对中国几千年来的政治、经济、文化等各个领域都产生了极其深远的影响。研习者从任意一个角度入手，均可有所阐发，而好奇附会者亦众，故而传世的《易经》古籍可谓汗牛充栋。

本类依据择善而从的原则，收录了《周易九卷略例一卷》《周易注疏十三卷》《周易传义十卷上下篇义一卷图集录一卷易五赞一卷筮仪一卷易说纲领一卷》《晦庵先生校正伊川易传八卷》《汉上易传十一卷汉上先生履历一卷》《方舟先生易学二卷》《张先生校正杨宝学易传二十卷》《晦庵先生朱文公易说二十三卷》《周易本义十二卷易图一卷五赞一卷》《周易本义集成十二卷》《读易余言五卷》《易图略八卷》等十二种，以见《易经》流传之大概。

周易九卷略例一卷

识著述：

王弼（226—249），字辅嗣，山阳高平（今山东邹城金乡）人，三国魏经学家、哲学家，魏晋玄学的代表人物及创始人之一，著有《老子注》《老子指略》《周易注》《周易略例》《周易大衍论》《周易穷微论》《易辩》《论语释疑》等。韩康伯（332—380），名伯，字康伯，颍川长社（今河南长葛）人，东晋经学家。王弼《周易注》六卷，包括《易经》全部及《易传》的《文言》《彖辞》《象辞》部分。其所注《易》，一改汉人支离烦琐的注释传统，摒弃象数而以老子思想解《易》，并阐发了个人的哲学观点，在学术上开"义理派"一代新风；韩康伯承继王弼《周易注》，补注了《系辞》《说卦》《序卦》《杂卦》三卷，与王注合为九卷，成为《易》学经典。

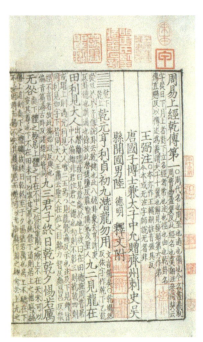

识版式：

此为南宋初刻本；左右双边，上下单边；白口，双黑鱼尾；半页十二行，行二十一至二十二字，小字双行二十八字。

识印章：

玉兰堂图书记——文徵明藏书楼号藏书印。文徵明（1470—1559），原名壁，或作璧，字徵明，以字行，更字徵仲，号衡山居士，世称文衡山，又称文待诏、文贞献，长洲（今江苏苏州）人，明代著名文学家、画家、书法家、藏书家。

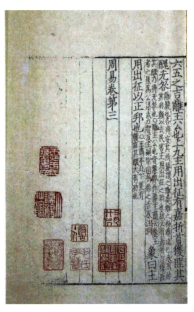

藏书楼名"玉兰堂""翠竹斋""梅花书屋""梅溪精舍""玉磬山房""烟条馆""悟言室""清白堂""归来堂"等，藏书印有"文徵明""文徵明印""徵明""文壁印""徵仲""文仲子""江左""停云""竺坞""悟言室""翠竹斋""辛夷馆印""玉磬山房""玉兰堂""玉兰堂印""玉兰堂图书记"等。著有《文徵明集》等。

伯符——茅瑞征字号藏书印。茅瑞征（生活于明万历天启至清初），字符仪，号伯符，自号苕上渔夫、澹泊居士、清远居士，归安（今浙江吴兴）人，明代文学家、史学家、藏书家。藏书楼名"约斋"，藏书印有"伯符""约斋"等。著有《万历三大征考》《皇明象胥录》《东夷考略》《澹泊斋集》《五芝纪事》《明末启祯遗事》《虞书笺》等。

约斋——茅瑞征藏书楼号藏书印。

毛晋——毛晋姓名藏书印。毛晋（1599—1659），原名凤苞，字子久，后改字子晋，号潜在，别号汲古主人，常熟（今江苏常熟）人，明末清初著名经学家、文学家、出版家、刻书家、藏书家。藏书楼名"汲古阁""目耕楼"，藏书印有"毛晋""毛晋私印""毛晋秘藏""毛晋字子晋一名凤苞字子九""毛晋秘籍审定真迹""毛氏子晋""子晋氏""字子晋""臣晋字子晋""虞山汲古阁毛子晋图书""毛凤苞印""凤苞""毛氏子九""毛氏私印""汲古主人""汲古阁""汲古阁世宝""虞山毛氏汲古阁收藏""汲古得修绠""汲古藏书记""隐湖小隐""毛氏藏书子孙永宝""宋本""元本""甲""开卷一乐""笔砚精良人生一乐""在在处处有神物护持""子孙世昌"等。著有《毛诗陆疏广要》《毛诗名物考》《明诗纪事》《隐湖题跋》《海虞古今文苑》等。

毛氏子晋——毛晋姓氏字号藏书印。

汲古主人——毛晋别号藏书印。

宋本——毛晋藏书版本藏书印。

甲——毛晋藏书级别藏书印。

乾学——徐乾学名号藏书印。徐乾学（1631—1694），字原一、幼慧，号健庵、玉峰先生，昆山（今江苏昆山）人，清代著名经学家、史学家、文学家、文献学家、藏书家。藏书楼名"传是楼"，藏书印有"徐乾学""徐乾学印""乾学""乾学之印""徐健庵""健庵""昆山徐氏乾学健庵藏书""健庵收藏图书""玉峰徐氏家藏""昆山徐氏家藏""传是楼""冠山堂""黄金满籯不如一经""东海""憺园"等。预修《大清一统志》《大清会典》《明史》，纂有《鉴古辑览》《古文渊鉴》，编有《传是楼藏书目》，著有《读礼通考》《历代宗庙考》《资治通鉴后编》《憺园文集》《虞浦集》《词馆集》《碧山集》等。

徐健庵——徐乾学姓氏字号藏书印。

秦蕙田印——秦蕙田姓名藏书印。秦蕙田（1702—1764），字树峰，号味经，金匮（今江苏无锡）人，清代学者、经学家、音韵学家、藏书家。藏书楼名"味经窝""味经书屋"，藏书印有"秦蕙田印""味经"等。著有《五礼通考》《周易象义日笺》《味经窝类稿》等。

味经——秦蕙田字号藏书印。

味经窝藏书印——秦蕙田藏书楼号藏书印。

引之——王引之名号藏书印。王引之（1766—1834），字伯申，号曼卿，王念孙长子，高邮（今江苏高邮）人，清代著名经学家、训诂学家、文字学家。藏书楼名"芸室"，藏书印有"引之""芸室"等。著有《经义述闻》《经传释词》等。

芸室——王引之藏书楼号藏书印。

汪士钟印——汪士钟姓名藏书印。汪士钟（1786—?），字春霆，号阆源，一号眼源，长洲（今江苏苏州）人，清代著名藏书家。藏书楼名"艺芸书舍""三十五峰园"等，藏书印有"汪士钟印""汪士钟""汪士钟藏""汪士钟读过""汪士钟曾读""汪士钟读书""汪士钟字春霆号眼源书画印""士钟""阆源甫""阆源真赏""曾藏汪阆源家""三十五峰园主人所藏""三十五峰园主人""艺芸主人""平阳伯子""平阳汪氏藏书印""民部尚书郎""观察使者""宋本""赵宋本""元本"等。

阆原甫——汪士钟字号藏书印。

平阳汪氏藏书印——汪士钟郡望姓氏藏书印。

平江汪宪奎秋浦印记——汪宪奎郡望姓氏字号藏书印。

宪奎——汪宪奎名号藏书印。汪宪奎（生活于道咸间），字秋浦，长洲（今江苏苏州）人，汪士钟族人，清代藏书家。藏书楼名"有竹居"，藏书印有"平江汪宪奎秋浦印记""宪奎""秋浦"等。

秋浦——汪宪奎字号藏书印。

有竹居——汪宪奎藏书楼号藏书印。

小谟觞仙馆——于昌进藏书楼号藏书印。于昌进（1807-1857），字子与，号湘山，文登（今山东文登）人，清代著名藏书家。藏书楼名"小谟觞馆""红药书庄""东始山房"等，藏书印有"于昌进珍藏""于昌进鉴藏""昌进收藏""于秋溟家秘本""于氏小谟觞馆""文登于氏小谟觞馆藏本""文登于氏小谟觞馆审定善本""谟觞馆""红药书庄""于氏东始山房""不夜于氏藏书印""清俸买来"等。著有《旧雨轩剩稿》。太平军入江浙，汪氏书散，部分沿运河流入苏北，时于氏正佐杨以增幕，得书不少。

不夜于氏藏书印——于昌进郡望姓氏藏书印。

菰里瞿镛——瞿镛郡望姓名藏书印。瞿镛（1794—1846），字子雍，昭文（今江苏常熟）古里人，清代著名藏书家，铁琴铜剑楼第二代主人。藏书楼名"铁琴铜剑楼"，藏书印有"菰里瞿镛""子雍金石""古里瞿氏记""瞿氏鉴藏金石记"等。编有《续金石萃编稿》《集古印谱》《续海虞文苑诗苑稿》《铁琴铜剑楼藏书目录》，著有《铁琴铜剑楼词稿》等。

瞿氏鉴藏金石记——瞿镛姓氏藏书印。

识递藏：

从书页所钤藏书印及题跋看，是书曾藏于长洲文徵明"玉兰堂"，由其子文嘉题跋和递藏；继藏于华亭陈继儒"顽仙庐"，有董其昌为之题跋；继藏于太仓黄翼圣"趺影斋",有文震孟、文从简兄弟为之题跋;又藏于归安茅瑞征"约斋";继藏于常熟毛晋"汲古阁",由其子毛表递藏;继藏于昆山徐乾学"传是楼";继藏于金匮秦松龄、秦道然之手,递藏于秦蕙田之"味经窝";继藏于高邮王引之"芸室";继藏于长洲汪士钟"艺芸书舍",由汪宪奎递藏于"有竹居";继藏于文登于昌进"小谟觞仙馆";继藏于常熟瞿镛"铁琴铜剑楼",由瞿秉清、瞿启甲递藏,1950年由瞿氏后人瞿济苍、瞿旭初、瞿凤起将其捐献于中央人民政府,今藏于国家图书馆。有董其昌、文嘉、文震孟、文从简、秦蕙田跋。

周易注疏十三卷

识著述：

王弼（226—249），字辅嗣，山阳高平（今山东邹城金乡）人，三国魏经学家、哲学家，魏晋玄学的代表人物及创始人之一。韩康伯（332—380），名伯，字康伯，颍川长社（今河南长葛）人，东晋经学家。孔颖达（574—648），字冲远（一作仲达、冲澹），冀州衡水（今河北衡水）人，孔子第三十一世孙，唐初经学家，秦王府十八学士之一。孔颖达奉命编纂的《五经正义》，融合了诸多经学家的见解，集魏晋南北朝以来经学之大成，《周易注疏》即为其中之一。《周易注疏》十三卷，魏王弼注始以义理说《易》，晋韩康伯作注，唐孔颖达作疏。附卷首，内容包括经、传两部分，六十四卦三百八十四爻，附卦辞、爻辞为经，为《周易》的经典注疏本。

识版式：

此为南宋初两浙东路茶盐司刻宋元递修本；左右文武双边，上下单边；白口，单黑鱼尾，中刻书名、卷次、页码；半页八行，行十九字，小字双行同。

识印章：

孙修景芳——孙修姓名字号藏书印。孙修（生卒不详），字景芳，明代藏书家。

钱孙保印——钱孙保姓名藏书印。钱孙保（1624—?），一名容保，字求赤，号匪庵，别署木讷野人，常熟（今江苏常熟）人，钱谦贞长子，明末清初诗人、校勘学家、刻书家、藏书家。藏书楼名"怀古堂""竹深堂""未学庵"，藏书印有"钱孙保印""钱孙保一名容保""钱求赤读书记""求赤氏""匪庵""钱氏校本""天启甲子""彭城"等。著有《未学庵诗集》《匪庵选本》等。

钱孙保一名容宝——钱孙保姓名藏书印。

求赤氏——钱孙保字号藏书印。

天启甲子——钱孙保出生年藏书印。此年为公元1624年。

陈鳣收藏——陈鳣姓名藏书印。陈鳣（1753—1817），字仲鱼，号简庄，又号河庄、新坡，海盐（今浙江海宁）硖石人，清代著名经学家、校勘学家、藏书家。

藏书楼名"向山阁""士乡堂""六十四砚斋""孝廉居""松砚斋"等，藏书印有"陈鳣""陈鳣收藏""海宁陈鳣观""浙江海盐州陈鳣印信""鳣读""仲鱼""仲鱼手校""仲鱼过目""陈仲鱼读书记""陈仲鱼家藏图书""仲鱼图像肖像印""简庄艺文""简庄艺文秘册""海宁陈氏向山阁图书""向山阁""百尺楼""士乡堂""宋本""元本""元本鳣读""临安志十卷人家""得此书费辛苦后之人其鉴我"等。著有《诗人考》《孝经郑注》《论语古义》《说文正义》《石经说》《诗集》《缀文》《恒言广证》《声类拾存》《埤苍拾存》《续唐书》《经籍跋文》《简庄文钞》《松砚斋随笔》等。

浙江海盐州陈鳣印信——陈鳣郡望姓名藏书印。

汪文琛印——汪文琛姓名藏书印。汪文琛（生活于乾嘉年间），字厚斋，长洲（今江苏苏州）人，清代布衣藏书家。藏书楼名"三十五峰园"，藏书印有"汪文琛印""臣文琛印""臣汪文琛敬藏之章""长洲汪文琛鉴藏书画印""汪厚斋藏书""三十五峰园汪厚斋家藏""三十五峰园主人""三十五峰园主人所藏""汪氏金石""得之千载外正赖古人书""宋本"等。

三十五峰园主人——汪文琛藏书楼号藏书印。

宋本——汪文琛藏书版本藏书印。

甲——汪文琛藏书等级藏书印。

汪士钟读书——汪士钟姓名藏书印。汪士钟（1786—?），长洲（今江苏苏州）人，清代著名藏书家。藏书楼名"艺芸书舍""三十五峰园"等。详见《周易九卷》"汪士钟"条。

铁琴铜剑楼——常熟瞿氏藏书楼号藏书印。铁琴铜剑楼初名恬裕斋、敦裕斋，瞿绍基为第一代主人。铁琴铜剑楼藏书经瞿绍基、瞿镛、瞿润、瞿秉渊、瞿秉清、瞿秉冲、瞿启甲、瞿启文、瞿济苍等数代人精心经营，前后达百余年，为清代四大著名藏书楼之一。

虞山瞿绍基藏书之印——瞿绍基郡望姓名藏书印。瞿绍基（1772—1836），字厚培，号荫棠，昭文（今江苏常熟）人，清代著名藏书家，铁琴铜剑楼第一代主人。藏书楼初名"恬裕斋""敦裕斋"，后改为"铁琴铜剑楼"，藏书印有"虞山瞿绍基藏书之印""绍基秘笈"等。

菰里瞿镛——瞿镛郡望姓名藏书印。瞿镛（1794—1846），字子雍，昭文（今江苏常熟）古里人，清代著名藏书家，铁琴铜剑楼第二代主人。藏书楼名"铁琴铜剑楼"，详见《周易九卷》"瞿镛"条。

瞿润印——瞿润姓名藏书印。瞿润（生活于嘉道间），昭文（今江苏常熟）古里人，瞿绍基之孙，瞿镛长子，清代藏书家，铁琴铜剑楼第三代主人。藏书印有"瞿润印""瞿润之印"等。

恬裕斋镜之氏珍藏——瞿秉渊藏书楼号字号藏书印。瞿秉渊（1820—1886），字镜之，一字敬之，昭文（今江苏常熟）古里人，瞿绍基之孙，瞿镛次子，清代著名藏书家，铁琴铜剑楼第三代主人。藏书印有"瞿秉渊印""恬裕斋镜之氏珍藏"等。

绥珊经眼——王体仁字号阅书印。王体仁（1873—1938），字绥珊，晚号九峰旧庐主人，钱塘（今浙江杭州）人，清末民国著名藏书家。藏书楼名"九峰旧庐""东南藏书楼"，藏书印有"王体仁印""绥珊经眼""绥珊六十以后所得书画""杭州王氏九峰旧庐书画""九峰旧庐珍藏书画之记"等。编有《九峰旧庐方志目录》。

识递藏：

从书页所钤藏书印及题跋看，是书曾藏于明人孙修之手；又藏于昆山顾炎武之手；继藏于常熟钱孙保"怀古堂"；继藏于海盐陈鳣"向山阁"；继藏于长洲汪氏"三十五峰园"由汪文琛、汪士钟父子递藏；继藏于常熟瞿氏"铁琴铜剑楼"，由瞿绍基、瞿镛、瞿润、瞿秉渊、瞿启甲祖孙世代递藏，其间曾经钱塘王体仁鉴定，国初由瞿氏后人瞿济苍、瞿凤起等捐赠于国家图书馆。有顾炎武、陈鳣跋。

周易传义十卷上下篇义一卷图集录一卷易五赞一卷筮仪一卷易说纲领一卷

识著述:

程颐（1033—1107），字正叔，洛阳伊川（今河南洛阳伊川）人，世称伊川先生，北宋著名理学家、教育家，著有《易传》《经说》《遗书》，后人辑为《程颐文集》。程颐与其胞兄程颢同学于周敦颐，共创"洛学"，为理学奠定了基础，世称"二程"。朱熹（1130—1200），字元晦，一字仲晦，号晦庵，晚称

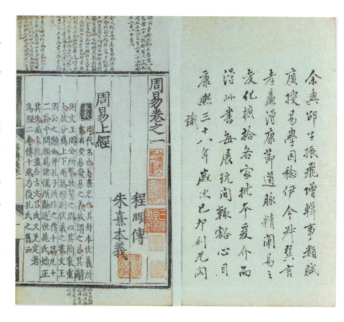

晦翁，又称紫阳先生、考亭先生、沧州病叟、云谷老人、逆翁，谥文，世称朱文公，祖籍南宋江南东路徽州府婺源县（今江西婺源），生于南剑州尤溪（今福建三明），南宋著名学者、经学家、教育家、诗人。著有《周易本义》《周易参同契考异》《朱文公易说》《诗经集传》《仪礼经传通释》《孝经刊误》《四书或问》《论孟精义》《小学集注》《伊洛渊源录》《近思录》《楚辞集注》《通鉴纲目》等。

识版式:

此为明前期刻本；四周文武双边；粗黑口，双黑鱼尾，中刻书名、卷次、下刻页码；半页八行，行十七字，小字双行同。

识印章:

华希闵印——华希闵姓名藏书印。华希闵（1672—1751），字豫原，号剑光，又号芋园，锡山（今江苏无锡）人，清代学者、诗人、画家、藏书家。藏书楼名"剑光阁""延绿阁"，藏书印有"华希闵印""豫原"等。著有《性理四书注释》《重订增广事类赋》《延绿阁集》等。

豫原——华希闵字号藏书印。

曹氏滋泉所藏图籍——曹滋泉姓氏名号藏书印。曹滋泉（生卒不详），号上了老人，生平无考，与叶恭绰、沙孟海同时。藏书楼名"知行轩""三乐堂"，藏书印有"曹滋泉藏金石书画记""曹氏滋泉所藏图籍""上乐老人铭心书画""曹氏知行

轩珍藏书画""知行轩曹""为善最上知足常乐"等。

上乐老人铭心书画——曹滋泉字号藏书印。

为善最上知足常乐——曹滋泉藏书闲章。

三乐堂图书记——曹滋泉藏书楼号藏书印。

识递藏：

从书页所钤藏书印及题跋看，是书曾藏于锡山华希闵"剑光阁"；又藏于曹滋泉"三乐堂"；今藏于宁波市天一阁博物馆。有华希闵跋。

晦庵先生校正伊川易传八卷

识著述：

　　程颐作者小传见《周易传义十卷》，此从略。《伊川易传》（又称《周易程氏传》《易传》）八卷，是程颐注解《周易》的哲学著作，其中包括阴阳、动静变化的思想和关于理欲的观点，反映了程颐从宇宙自然到社会人生较系统的哲学思想。他继承了王弼"义理派"的易学传统，将儒家解《易》推阐发挥到极致，实现了由王弼易学道家化、玄学化的义理向儒家义理的转变，集"义理派"著作之大成，为义理易学诠释体系奠定了坚实基础，并对朱熹易学产生了重要影响。

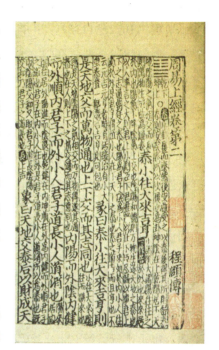

识版式：

　　此为元刻本；左右双边，上下单边；细黑口，双黑鱼尾；半页十一行，行二十一字，小字双行二十六字。

识印章：

　　曾藏丁福保家——丁福保姓名藏书印。丁福保（1874—1952），字仲祜，号梅轩，又号畴隐居士，别署济阳破衲，无锡（今江苏无锡）人，近代文字学家、钱币学家、数学家、刻书家、目录学家、藏书家。藏书楼名"诂林精舍"，藏书印有"丁福保读书记""曾藏丁福保家""无锡丁福保字仲祜别号畴隐""丁福保鉴藏经籍图书""补花""善本"等。编著有《尔雅诂林》《说文解字诂林》《笔算数学》《代数备旨》《无锡丁氏藏书志》《文选类诂》《古钱大辞典》《清诗话》等。

　　震旦大学图书馆丁氏文库——今复旦大学图书馆为丁福保捐献于震旦大学图书馆的藏书所设置的专门藏书库。

识递藏：

　　从书页所钤藏书印看，是书曾藏于无锡丁福保"诂林精舍"；后捐献于震旦大学图书馆；今藏于复旦大学图书馆。

汉上易传十一卷汉上先生履历一卷

识著述：

朱震（1072—1138），字子发，世称汉上先生，荆门州（今湖北荆门）人，南北宋之际著名经学家，著有《周易（卦图）》《周易丛说》《汉上易解》《汉上易集传》《春秋左氏讲义》。《汉上易传》（又称《汉上易集传》）十一卷，以程颐《易传》为宗，兼采邵雍、张载等众说，上采汉魏，下逮唐宋，囊括异同，融会贯通，分析优劣，重象数之学，而以王弼尽去旧说杂以老庄专尚文辞的义理说为非。

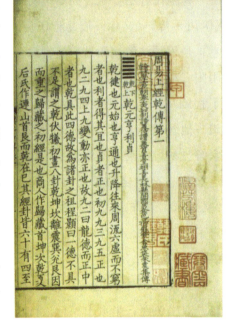

识版式：

此为毛氏汲古阁影宋抄本；左右双边，上下单边；白口，单黑鱼尾，中刻书名、卷次、页码；半页十行，行二十一字。

识印章：

毛晋私印——毛晋姓名藏书印。毛晋（1599—1659），常熟（今江苏常熟）人，明末著名经学家、文学家、刻书家、藏书家。藏书楼名"汲古阁"。详见《周易九卷》"毛晋"条。

汲古主人——毛晋别号藏书印。

宋本——毛晋藏书版本藏书印。

甲——毛晋藏书级别藏书印。

韩氏藏书——韩泰华姓氏藏书印。韩泰华（生活于道咸间），字小亭，别署魏公后裔，仁和（今浙江杭州）人，晚居江宁（今江苏南京），韩文绮之孙，清代金石书画鉴藏家、藏书家。藏书楼名"玉雨堂""无事为福斋"，藏书印有"韩泰华印""泰华""小亭""小亭鉴定""小亭眼福""韩氏藏书""玉雨堂""玉雨堂印""玉雨堂韩氏藏书""魏公后裔玉雨堂印""金石录十卷人家""钱塘人""家在钱塘江上住"等。著有《玉雨堂丛书》《无事为福斋笔记》等。

玉雨堂印——韩泰华藏书楼号藏书印。

寒云藏书——袁克文字号藏书印。袁克文（1890—1931），字豹岑，一字抱存，号寒云、龟庵，别署寒云主人，学名继前，乳名昭儿，项城（今河南项城）人，袁世凯次子，近代诗人、书法家、金石鉴赏家、藏书家。藏书楼名"皕宋书藏""后百宋一廛""八经阁"，藏书印有"袁克文""臣克文印""袁""袁二""寒云""寒云藏书""寒云鉴赏之记""克文与梅真夫人同赏""皇次子章""皇二子""皕宋书藏主人廿九岁小景""八经阁""侫宋""人间孤本""虎豹窟""流水音""云合楼""孤本书室""三琴趣斋""后百宋一廛""侍儿文云掌记""惟庚寅吾以降""壁琊主人""与身俱存亡"等。著有《宋本二十八种提要》《寒云诗集》《寒云丁卯日记》等。

海盐张元济经收——张元济郡望姓名收书印。张元济（1867—1959），字筱斋，号菊生，海盐（今浙江海宁）人，近代杰出出版家、校勘学家、文献学家、教育家、诗人、藏书家，曾任商务印书馆总经理、上海文史馆馆长等职。藏书楼名"涉园"，藏书印有"海盐张元济经收"等。著有《涉园诗八稿》《涉园通信集》《校史随笔》《涵芬楼烬余书录》《张元济诗文》等。

涵芬楼——商务印书馆藏书楼号藏书印。涵芬楼为商务印书馆藏书楼，1904年由张元济创办于上海，以收藏宋元明旧刊及抄校本、名人手稿等闻名海内。

识递藏：

此为毛氏影宋抄本。从书页所钤藏书印看，是书曾藏于常熟毛晋"汲古阁"；又藏于仁和韩泰华"玉雨堂"；又藏于项城袁克文"八经阁"；又经海盐张元济之手购藏于商务印书馆"涵芬楼"；今藏于国家图书馆。

方舟先生易学二卷

识著述：

李石（1108—1181），字知几，资州（今四川资中）人，南宋经学家、词人、画家，著有《方舟先生易学》《画继》。《方舟先生易学》二卷，包括上卷"互体"和下卷"象统""明闰"，上卷专论《易经》"互体"，每卦标有两个互卦之名，而用爻辞加以说明；下卷"象统"只存一篇序言，"明闰"以六十四卦分月，辨明置闰之法。

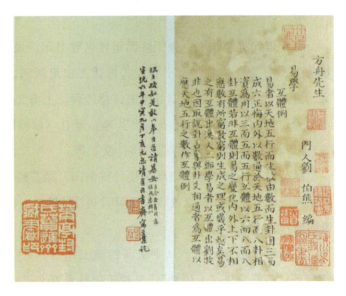

识版式：

此为清吴氏绣谷亭抄本；半页十二行，行十八字。

识印章：

绣谷亭续藏书——吴城藏书楼号藏书印。吴城（？—1780），字敦复，号鸥亭，钱塘（今浙江杭州）人，吴焯长子，吴玉墀兄，清代诗人、文学家、戏剧家、藏书家。藏书楼名"绣谷亭""瓶花斋"，藏书印有"吴城之印""敦复""绣谷亭续藏书""愿流传勿损污"等。著有《配松斋诗集》《鸥亭小稿》等。当今传世书画多有"敦复""绣谷亭续藏书"并钤者，可知曾经吴城之手；而吴焯号绣谷，又好抄书，可知此书为吴焯所抄。

愿流传勿损污——吴城藏书闲章。

璜川吴氏收藏图书——吴铨郡望姓氏藏书印。吴铨（生活于康乾间），字蓉斋，号璜川，歙县（今安徽歙县）人，晚居长洲（今江苏苏州）渼川望信桥，清代著名藏书家。藏书楼名"遂初园""潢川书屋"，藏书印有"潢川吴氏""璜川吴氏探梅山房印""璜川吴氏收藏图书"。编有《潢川吴氏书目》。其子吴用仪，其孙吴泰来俱为清代著名藏书家。

赵辑宁印——赵辑宁姓名藏书印。赵辑宁（生活于乾嘉间），字素门，一字典承，钱塘（今浙江杭州）人，清代藏书家。藏书楼名"古欢书屋""星凤阁""竹景盒"，藏书印有"赵辑宁印""素门""典承""古欢书屋""竹景盒"等。

古欢书屋——赵辑宁藏书楼号藏书印。

竹景盒——赵辑宁藏书楼号藏书印。

张柳泉藏书记——张尔耆姓氏字号藏书印。张尔耆（1815—1889），字符瑞，号伊卿、柳泉，一号夬斋，世称夬斋主人，松江府娄县（今上海松江镇）人，清代校勘学家、藏书家。藏书楼名"夬斋"，藏书印有"尔耆珍藏""张柳泉藏书记"等。

元中私印——曹元忠名号藏书印。曹元忠（1865—1927），字夒一，一作撰一，号君直，晚号凌波居士，吴县（今江苏苏州）马大篆巷人，清末民初经学家、文学家、校勘学家、藏书家。藏书楼名"笺经室"，藏书印有"曹元忠印""元中私印""君直""君直手痕""君直手校""君直长寿""勾吴曹氏收藏金石书画之印""曹仓""云瓿""肇敏行成曰直""唐天马镜室"等。编有《笺经室书目》《笺经室所见宋元书题跋》，著有《北游小草》《笺经室集》等。

君直——曹元忠字号藏书印。

华亭封氏簣进斋藏书印——封文权郡望姓氏藏书楼号藏书印。封文权（1868—1943），字衡甫，号庸盒，松江（今上海松江）张泽封家埭人，清末民国书法家、藏书家。藏书楼名"簣进斋"，藏书印有"封文权印""庸盒""庸盒长寿""华亭封氏簣进斋藏书印""簣进斋"等。编有《簣进斋明清两代制艺文目录》《簣进斋书画录》等。

簣进斋——封文权藏书楼号藏书印。

识递藏：

从书页所钤藏书印看，是书曾藏于抄书人钱塘吴焯"瓶花斋"；由其孙吴城递藏于"绣谷亭"；继藏于长洲吴铨"潢川书屋"；继藏于钱塘赵辑宁"古欢书屋"之"竹景盒"；继藏于松江张尔耆"夬斋"；继藏于吴县曹元忠"笺经室"；继藏于松江封文权"簣进斋"；今藏于上海图书馆。有曹元忠跋。

张先生校正杨宝学易传二十卷

识著述：

杨万里（1127—1206），字廷秀，号诚斋，自号诚斋野客，吉州吉水（今江西吉水）黄桥乡椹塘村人，南宋著名经学家、文学家、诗人。杨万里诗自成一家，独具风格，形成对后世影响颇大的"诚斋体"，与陆游、尤袤、范成大并称为南宋"中兴四大诗人"。著有《诚斋易传》《诚斋集》《诚斋诗话》等。《诚斋易传》（初名《易外传》）二十卷，分条罗列经文，于每条之下援引三代至唐代史实证之，然后释以己意。其书以"中正立而万变通"为《易》之旨归，大旨本于程氏《易传》，而多引史传证之，切近人事，是"以史证易"的代表作，也是易学"两派六宗"之"义理派"的重要代表著作。

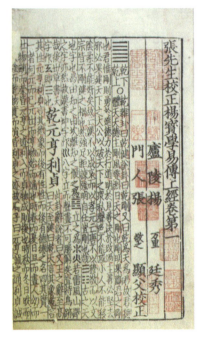

识版式：

此为宋刻本；左右双边，上下单边；黑口，双黑鱼尾；半页十行，行二十一字，小字双行二十六至二十八字。

识印章：

汪文琛印——汪文琛姓名藏书印。汪文琛（生活于乾嘉间），长洲（今江苏苏州）人，清代布衣藏书家。详见《周易注疏》"汪文琛"条。

三十五峰园主人——汪文琛藏书楼号藏书印。

汪士钟印——汪士钟姓名藏书印。汪士钟（1786—?），长洲（今江苏苏州）人，清代著名藏书家。藏书楼名"艺芸书舍""三十五峰园"。详见《周易九卷》"汪士钟"条。

民部尚书郎——汪士钟藏书闲章。

开卷一乐——汪士钟藏书闲章。

铁琴铜剑楼——常熟瞿氏藏书楼号藏书印。详见《周易注疏》"铁琴铜剑楼"条。

虞山瞿绍基藏书之印——瞿绍基郡望姓名藏书印。瞿绍基（1772—1836），昭文（今江苏常熟）人，清代著名藏书家，铁琴铜剑楼第一代主人。藏书楼初名"恬裕斋""敦裕斋"，后改为"铁琴铜剑楼"，详见《周易注疏》"瞿绍基"条。

瞿启文印——瞿启文姓名藏书印。瞿启文（生卒不详），字斐卿，瞿绍基曾孙，瞿镛之孙，瞿秉清之子，铁琴铜剑楼第四代主人。藏书印有"瞿启文印"。

瞿启科印——瞿启科姓名藏书印。瞿启科（生卒不详），字第卿，瞿绍基曾孙，瞿镛之孙，瞿秉清之子，铁琴铜剑楼第四代主人。藏书印有"瞿启科印"。

识递藏：

从书页所钤藏书印看，是书曾藏于长洲汪氏"三十五峰园"，由汪文琛、汪士钟父子递藏；继藏于常熟瞿氏"铁琴铜剑楼"，由瞿绍基、瞿镛、瞿秉渊、瞿启文、瞿启科祖孙递藏；今藏于国家图书馆。有郑希圣、朱良育跋。

晦庵先生朱文公易说二十三卷

识著述:

朱熹（1130—1200）撰，朱鉴（1190—1258）编。朱熹小传见《周易传义》，兹从略。《晦庵先生朱文公易说》（又称《朱文公易说》）二十三卷，是朱熹创作的《周易》研究著作，由其长孙朱鉴据郑玄笺注诸经编为《郑志》的体例，将朱熹有关《周易》的注释和论说，汇辑成书。

识版式:

此为元刻本；四周双边；黑口，双黑鱼尾；半页十三行，行二十一字。

识印章:

毛晋——毛晋姓名藏书印。毛晋（1599—1659），常熟（今江苏常熟）人，明末著名经学家、文学家、刻书家、藏书家。藏书楼名"汲古阁"。详见《周易九卷》"毛晋"条。

铁琴铜剑楼——常熟瞿氏藏书楼号藏书印。详见《周易注疏》"铁琴铜剑楼"条。

绍基秘笈——瞿绍基名号藏书印。瞿绍基（1772—1836），昭文（今江苏常熟）人，清代著名藏书家，铁琴铜剑楼第一代主人。藏书楼初名"恬裕斋""敦裕斋"，后改为"铁琴铜剑楼"，详见《周易注疏》"瞿绍基"条。

子雍金石——瞿镛字号藏书印。瞿镛（1794—1846），字子雍，昭文（今江苏常熟）古里人，清代著名藏书家，铁琴铜剑楼第二代主人。藏书楼名"铁琴铜剑楼"，详见《周易九卷》"瞿镛"条。

瞿润印——瞿润姓名藏书印。瞿润（生活于嘉道间），昭文（今江苏常熟）古里人，瞿绍基之孙，瞿镛长子，清代藏书家，铁琴铜剑楼第三代主人。藏书印有"瞿润印""瞿润之印"等。

良士眼福——瞿启甲字号藏书印。瞿启甲（1873—1940），字良士，别号铁琴道人，昭文（今江苏常熟）人，瞿绍基曾孙，瞿镛之孙，瞿秉清之子，清末民国著名书画家、藏书家，铁琴铜剑楼第四代主人。藏书印有"瞿启甲""瞿启甲印""良士珍藏""良士眼福""良士曾观""铁琴道人""古里瞿氏""瞿氏鉴藏金石记"等。

编撰有《铁琴铜剑楼书影》《铁琴铜剑楼藏书续目》《铁琴铜剑楼藏书题跋集录》等。

识递藏:

从书页所钤藏书印看,是书曾藏于常熟毛晋"汲古阁";又藏于常熟瞿氏"铁琴铜剑楼",由瞿绍基、瞿镛、瞿润、瞿启甲祖孙世代递藏;今藏于国家图书馆。

周易本义十二卷易图一卷五赞一卷

识著述：

朱熹小传见《周易传义》，兹从略。《周易本义》（初名《易本义》）十二卷，依吕祖谦《古周易》本分卷，上经和下经各一卷，十翼每翼为一卷，合十二卷。《周易本义》为朱熹重要的易学著作，也是易学史上继王注、孔疏之后的第三座里程碑，明清时代科举考试皆奉为正宗，对后世影响极大。

识版式：

此为明刻本；四周文武双边；黑口，双黑鱼尾；半页九行，行十八字，小字双行同。

识印章：

小长芦朱彝尊印——朱彝尊姓名藏书印。朱彝尊（1629—1709），字锡鬯，号竹垞，又号醧舫，晚号小长芦钓鱼师，别号金风亭长，秀水（今浙江嘉兴）人，清代经学家、史学家、诗人、词人、藏书家。藏

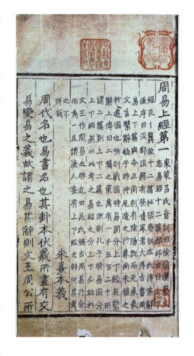

书楼名"曝书亭""潜采堂""古藤书屋"等，藏书印有"朱彝尊印""朱彝尊锡鬯父""秀水朱彝尊锡鬯氏""小长芦朱彝尊印""彝尊""彝尊读过""竹垞""竹垞老人""竹垞真赏""竹垞读本""醧舫珍藏""小长芦""小长芦钓鱼师""鱼计庄""主渔鉴赏""梅会里朱氏""某会里朱氏潜采堂藏书""秀水朱氏潜采堂图书""暴书亭珍藏""暴书亭经籍""曝书亭经籍印""南书房镝史记""南书房旧讲官""老去诗篇浑漫与""得之有道传之无愧""购此书颇不易愿子孙勿轻弃""别业在小长芦之南穀山之东东西夹石大小横山之北""我生之年岁在屠维大荒落月在橘壮十四日癸酉时""七品官耳""夺我七品官写我万卷书或默或语孰智孰愚"等。编有《曝书亭书目》《潜采堂宋金元人集目》，著有《经义考》《曝书亭集》《日下旧闻》，选有《明诗综》《明词综》。

红药山房收藏私印——马思赞藏书楼号藏书印。马思赞（1669—1722），本姓朱，字仲安，又字寒中，号衎斋，又号南楼、渔村，别号马仲子、寒中子、天和居士、山村居士、迁铁老人等，海盐（今浙江嘉兴海宁）灵泉乡插花山人，清代诗人、篆刻家、书画家、金石学家、藏书家。藏书楼名"道古楼""红药山房""衎斋""小葫芦山书屋"，藏书印有"马思赞""马思赞印""思赞之印""海昌马思赞

28

之印"朱马思赞之印""仲安""马仲安""仲安一字渔村""朱仲安氏""寒中子"
"马寒中印""衍斋马仲子印""华山仲子私印""华山马仲安家藏善本""古盐官州
马氏南楼书籍印""古盐官州马思赞之印""古盐官州马素村书画印""古盐官州灵
泉乡花山马氏衍斋图书印""衍斋宝藏神物""红药山房收藏私印""前身是罗浮头
陀""玉音孝友著于家庭信谊隆于乡党"等。著有《寒中诗集》《皆山堂诗》《衍斋
印谱》《历代钟鼎款式》《苏诗注释》《唐诗闲》等。

马玉堂——马玉堂姓名藏书印。马玉堂(生活于道咸间),字笏斋,号秋药,
别号扶风书隐生,武原(今浙江海宁)人,清代目录学家、藏书家。藏书楼名"汉
唐斋""红药山房""读史经舍",藏书印有"马玉堂""马玉堂印""马氏玉堂印"
"马氏玉堂""马玉堂观""玉堂笏斋""玉堂""笏斋""笏斋藏本""笏斋珍藏""笏
斋珍赏""笏斋藏书""笏斋珍藏之印""马笏斋藏书记""古盐马氏""古盐马氏笏
斋珍藏之印""武原马氏藏书""扶风书隐生""汉唐斋""读史精舍""游好在六经"
"得之有道传之无愧""购此书甚不易愿子孙勿轻弃"等。著有《读书敏求续记》
《十国春秋补传》《书目绝句》等。

笏斋——马玉堂字号藏书印。

游好在六经——马玉堂藏书闲章。

香草山房藏本——朱昌燕藏书楼号藏书印。朱昌燕(1851—1906),字苓年,
一字与九,号衍庐,海昌(今浙江海宁)人,清代经学家、文字学家、文献学家、
诗人、词人、藏书家。藏书楼名"朝经暮史昼子夜集之楼""沙滨草堂""学易斋"
"衍庐""椒花后舫""拜竹龛""香草山房"等,藏书印有"海昌朱昌燕原名昌龄"
"衍庐""学易斋朱昌燕录""学易斋""香草山房藏本""嗜好与俗殊酸咸""朝经暮
史昼子夜集楼收藏印""书如水我如鱼鱼不可一日无水我不可一日无书"等。编有
《衍庐藏书目》《朱衍庐旧藏抄本书目》,著有《十四经解诂》《说文互字考证》《国
朝汉学师承续记》《国朝宋学渊源续记》《国朝列女事略》《国朝海昌文徵》《国朝海
昌人物志》《国朝骈体正宗续编》《海昌朱氏文辑》《再续疑年录》《文甲乙集》《椒
花后舫诗集》《拜竹笼词》《我师录》《楹联偶存》等。

嘉惠堂丁氏藏书之印——丁丙姓氏藏书楼号藏书印。丁丙(1832—1899),字
嘉鱼,一字松生,晚号松存,别署钱塘流民、八千卷楼主人、竹书堂主人、书库报
残生、十载孤儿、松老、生老、青门词隐,钱塘(今浙江杭州)人,清末著名经学
家、文学家、金石学家、藏书家。总藏书楼名"嘉惠堂",辟有分号"八千卷楼"
"小八千卷楼""后八千卷楼""善本书室""甘泉书藏""济阳文府""当归草堂"
等,藏书印有"丁丙""丁松生""松老""丁居士""强圉涒滩""钱塘丁氏藏书"
"泉塘丁氏竹舟申松生丙辛酉以后所得""八千卷""八千卷楼""八千卷楼藏书印"
"丁氏八千卷楼藏书之记""八千卷楼珍藏善本""八千卷楼所藏""曾藏八千卷楼"
"八千卷楼收藏书籍""八千卷楼嘉惠堂藏阅书""八千卷楼丁氏藏书之记""曾经八

千卷楼所得""嘉惠艺林""嘉惠堂丁氏藏书之记""嘉惠堂丁氏藏""嘉惠堂藏阅书""小令威竹书堂""万卷斋藏书印""风木盫""求己室""东门莱依""钱塘清望世家""十载孤儿""济阳文府""甘泉书藏""汉晋唐斋""善本书室""青门词隐""四库著录""辛酉劫后所得""光绪辛巳所得"等。辑有《武林掌故丛编》《武林往哲遗著》《杭州诗辑》《善本书室藏书志》等，著有《礼经集解》《读礼私记》《九思居经说》《说文部目详考》《说文篆韵谱集注》《武林金石志》《北郭诗帐》《三塘渔唱》《松梦寮集》《宜堂小记》《庚辛泣杭录》等。

识递藏：

从书页所钤藏书印及题跋看，是书曾藏于秀水朱彝尊"潜采堂"；继藏于海宁马思赞"红豆山房"；继藏于武原马玉堂"汉唐斋"；继藏于海宁朱昌燕"香草山房"；继藏于钱塘丁丙"嘉惠堂"；今藏于南京图书馆。有朱彝尊、顾广誉、丁丙跋。

周易本义集成十二卷

识著述:

熊良辅（1310—1380），字任重，号梅边居士，江西南昌人，元代经学家、文学家，著有《周易本义集成》《小学入门》《风雅遗音》等。《周易本义集成》十二卷，乃熊氏为元延祐开科取士所作，其书大旨羽翼朱熹《周易本义》，而与《本义》出入亦颇多。

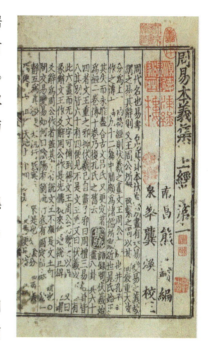

识版式:

此为元刻明修本；四周双边；细黑口或粗黑口，双黑鱼尾；半页十行，行十六至十九字不等，小字双行二十四字。

识印章:

曾钊之印——曾钊姓名藏书印。曾钊（1793—1854），字勉士，一字毓修，号冕士，南海（今广东广州）人，清代著名经学家、校勘学家、训诂学家、刻书家、藏书家。藏书楼名"面城楼""古榆廖山馆""诂训堂"，藏书印有"曾钊""曾钊之印""勉士""面城楼""面城楼藏书章""宋本""善本"等。编有《古榆廖山馆藏书目录》，著有《周易虞氏义笺》《诗说》《周礼注疏小笺》《读书杂志》《面城楼集》等。

善本——曾钊版本等级藏书印。

温澍樑——温树梁姓名藏书印。温树梁（生活于乾嘉道间），一作澍樑，字栋臣，顺德（今广东顺德）龙山人，温汝适之后，清代著名藏书家。藏书楼名"漱绿楼""旧雪斋"，藏书印有"温澍樑""温树梁印""树樑手校""栋臣""涑绿楼""涑绿楼藏书记""顺德温氏家藏""岭南温氏珍藏"等。编有《漱绿楼书目》。

树樑手校——温树梁名号藏书印。

栋臣——温树梁字号藏书印。

顺德温氏家藏——温树梁郡望姓氏藏书印。

涑绿楼——温树梁藏书楼号藏书印。

识递藏：

从书页所钤藏书印看，是书曾藏于南海曾钊"面城楼"；后转鬻于顺德温树梁"漱绿楼"；今藏于国家图书馆。

读易余言五卷

识著述：

　　崔铣（1478—1541），字子钟，又字仲凫，号后渠，又号洹野，世称后渠先生，安阳（今河南安阳）人，明代经学家、历史学家，著有《读易余言》《易大象说》《洹词》《彰德府志》。《读易余言》五卷，包括"上经卦略""下经卦略""大象说""系辞辑""说卦训"五部分内容，非一时所著。其说以程颐《周易程氏传》为主，兼采王弼、吴澄之说，与朱熹《周易本义》颇有异同。《四库全书总目》谓其"大旨舍象数而阐义理"，"笃实近理，固不失为洛闽之传"。

识版式：

　　此为明崔氏家塾刻本；四周文武双边；黑口，上刻刻书堂口，中刻书名、卷次，下刻页码；半页十行，行二十字。

识印章：

　　柳蓉春经眼印——柳蓉春姓名藏书印。柳蓉春（？—1924），号蓉邨，绰号柳树精，苏州洞庭东山（今江苏苏州）人，近代著名书商、版本学家、藏书家。藏书楼名"博古斋"，藏书印有"柳蓉春经眼印""博古斋收藏善本书籍"等。

　　博古斋收藏善本书籍——柳蓉春书坊字号藏书印。

　　荣光阁藏——李承祥、李文衡兄弟藏书楼号藏书印。

　　李承祥印——李承祥姓名藏书印。李承祥（？—1961），重庆人，现代藏书家。藏书楼名"荣光阁"，藏书印有"李承祥印""荣光阁藏"等。

　　李文衡——李文衡姓名藏书印。李文衡（生卒不详），重庆人，李承祥之弟，现代著名实业家、藏书家。藏书楼名"荣光阁"，藏书印有"李文衡""荣光阁藏"等。

识递藏：

　　从书页所钤藏书印看，是书曾藏于苏州柳蓉春"博古斋"；继藏于重庆李承祥、李文衡兄弟之"荣光阁"；今藏于重庆市图书馆。另外两印，乃人为涂损，不能辨认。

33

易图略八卷

识著述：

焦循（1763—1820），字理堂，一字里堂，甘泉（今江苏扬州）黄珏镇人，清代经学家、史学家、训诂学家、哲学家、数学家、戏曲理论家、藏书家，与阮元齐名，著有《六经补疏》《雕菰楼易学三书》（《易章句》《易通释》《易图略》）《孟子

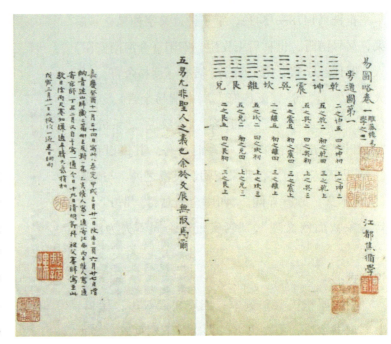

正义》《里堂学算记》《曲考》《剧说》《花部农谭》《雕菰集》《雕菰楼文集》《北湖小志》等。《易图略》八卷，是焦循研究《周易》的代表性著作"易学三书"（《易通释》《易章句》《易图略》）中的最后一部。此书将《易通释》《易章句》以文字和图表的形式予以了详细说明，并对传统《易》学中的"卦变""半象易""纳甲""卦气""爻辰"等进行了研究，提出了自己的独特看法，在《易》学史上有重要的地位。

识版式：

此为清焦循稿本。

识印章：

理堂——焦循字号藏书印。焦循藏书楼名"雕菰楼""半九书塾"，藏书印有"理堂""循""焦氏藏书""雕菰楼""恨不十年读书"等。著有《六经补疏》《雕菰楼易学三书》《孟子正义》《里堂学算记》《曲考》《剧说》《花部农谭》《雕菰集》《雕菰楼文集》《北湖小志》等。

循——焦循名号藏书印。

雕菰楼——焦循藏书楼号藏书印。

蜜梅花馆——焦廷琥藏书楼号藏书印。焦廷琥（生活于嘉道间），字虎玉，甘泉（今江苏扬州）人，焦循之子，清代诗人、数学家、地理学家、训诂学家、藏书家。藏书楼名“蜜梅花馆”，藏书印有“蜜梅花馆”等。著有《益古演段开方补》《地圆说》《密梅花馆诗文钞》《读书小记》等。

另有近世“毗陵文献征存社”“苏南区文物管理委员会藏”两方。

识递藏：

从书页所钤藏书印及题跋看，是书曾藏于作者焦循“雕菰楼”；由其子焦廷琥继藏于“蜜梅花馆”；民国间由毗陵文献征存社收藏；解放后由苏南区文物管理委员会收藏；今藏于南京图书馆。有焦循跋。

经部·《书》类

《书》类小序

《尚书》原名《书》，传为孔子纂集并为之序，故西汉武帝时尊为《书经》。《尚书》乃"上古之书"，是我国第一部上古历史文件和追述古代事迹著作之汇编（相当于皇家档案文件），也是我国第一部历史散文集。一般认为，《尚书》是一部记言的古史。《汉书·艺文志》云："左史记言，右史记事。事为《春秋》，言为《尚书》。"其实，古人记言记事分得并不是很清，记言者也记事，记事者也记言。《尚书》诸篇，多记载政事，并非皆为记言。《荀子·劝学》云："《书》者，政事之纪也。"即为明证。

《尚书》包括《虞书》《夏书》《商书》《周书》四部分，其内容涉及到我国原始社会末期以及夏、商、周三代的许多历史史实，有"誓""命""训""诰"四种文体，其文字古奥艰涩，佶屈聱牙。经后人考订，其中《虞书》《夏书》为后人伪造，可能是后代史官掇拾旧闻编写而成，《商书》《周书》则较为可信。

兴起于汉初的"《尚书》学"，大致别为《尚书》汉学与《尚书》宋学两派，而《尚书》汉学又分为《尚书》今文与《尚书》古文两派。《尚书》今文学有欧阳、大夏侯、小夏侯三家，西汉时皆立于学官。西晋永嘉间，欧阳、大小夏侯《尚书》俱亡。至清，辑佚学勃兴，陈乔枞撰《今文尚书经说考》《尚书欧阳夏侯遗说考》，魏源撰《书古微》，皆上祖西汉今文学说，力诋古文学派，今文学派重新崛起；《尚书》古文学仅孔氏一家，孔安国《古文尚书》得于孔壁，成帝时刘歆始争立于学官。东汉贾逵、孔僖、尹咸等均为著名《尚书》古文学家，而其时马融、郑玄之学虽杂糅今、古，实则偏祖古学。自汉末至北朝，"《尚书》学"皆以郑《注》为宗。虽然王肃《尚书解》、李撰《尚书传》及虞翻等力排郑《注》，但仍未出古文学之范围。唐孔颖达作《尚书正义》，以伪孔安国《尚书传》为宗，由《尚书》古文学派生的"郑学"亦亡。至清，汉学重兴，江声《尚书集注音疏》、王鸣盛《尚书后案》、孙星衍《尚书古今文注疏》、段玉裁《古文尚书撰异》等一时俱起，均以马融、郑玄传注为依归，古文学派亦重新崛起；《尚书》宋学善于怀疑，而其流弊在于论学全凭臆说，主观妄断。苏轼《书传》、林之奇《尚书全解》、郑伯熊《书说》、吕祖谦《书说》等，皆杂糅汉、宋，取舍全凭臆断。朱熹、陆九渊两派皆治《尚书》，而杨简《五诰解》承沿陆说，又间以"心学"释《书》，发言益发玄远；蔡沈《书经集传》祖述朱义，元儒金履祥、陈栎、朱祖义等又皆宗蔡《传》，明胡广辑

《书传大全》以援引蔡《传》为主，元、明两代竟悬为令甲。总之，以主观臆断妄测古史，几为宋代"《尚书》学"之通病。此即"《尚书》学"门户之大端。

经学史上，《尚书》是诸经中纠纷最多的一经。其争议的焦点，《四库全书总目·经部·日讲书经解义提要》列出了三点："《尚书》一经，汉以来所聚讼者，莫过《洪范》之五行；宋以来所聚讼者，莫过《禹贡》之山川；明以来所聚讼者，莫过今文古文之真伪。"此外，宋以来尚有《酒诰》《召诰》脱简之说，与上合为四点。首先是今、古文《尚书》之争。历史上的《尚书》分为三种：一是西汉立于学官的《今文尚书》，二是西汉时发现于孔壁中的《古文尚书》，三是东晋时梅赜所献的伪《古文尚书》。《今文尚书》为秦焚书后汉初学者伏生口述，由其弟子用当时通行隶书书写的二十八篇之传本；《古文尚书》是武帝时鲁恭王刘余在拆除孔子故宅一段墙壁时发现的用古文书写的古本。西晋永嘉战乱，今、古文《尚书》尽失。东晋初，豫章内史梅赜"始得此《传》（孔安国伪《古文尚书》及《尚书孔氏传》），阙《舜典》一篇，乃以王肃注足成上之"，其中包括《今文尚书》三十三篇与伪《古文尚书》二十五篇。今本《尚书》（如《十三经注疏》本）五十八篇，除三十三篇为今、古文《尚书》共有外，其余皆为东晋人伪造。今、古文之辨，至清代阎若璩《尚书古文疏证》、惠栋《古文尚书考》和丁晏《尚书余论》出，伪《古文尚书》被批得体无完肤，问题才得以彻底解决；其次是《禹贡》所记山水失次的问题。宋人毛晃、程大昌等所著《禹贡》山川之书，皆因其著者为南渡之后人，缺乏对中原及西北地理的了解，故注疏中多错误疏漏之处。至清代胡渭《禹贡锥指》一出，其精密超出前人，问题才得以澄清；再次是《洪范》篇的畴数之争。汉人以"八卦"为《河图》，以"九畴"为《洛书》，支离謬輆，穿凿附会，混淆了经义。宋人王柏《书疑》甚至对全书肆意移易补缀，《尚书》已非古人面孔。蔡沈《书集传》以"皇极数"说《洪范》，又陷入了迷信的泥淖；第四是《酒诰》《召诰》两篇脱简数量的问题。刘向以中古文校欧阳、大小夏侯三家经文，认为《酒诰》脱简一枚，《召诰》脱简两枚。而后世诸儒如王柏《书疑》动辄称脱简数十枚，甚至任意移易书简，私心杜撰，窜乱圣经。

今依据择善而从的原则，收录了《尚书注疏二十卷新雕尚书纂图一卷》《书说七卷》《杏溪傅氏禹贡集解二卷》《书集传六卷书图一卷朱子说书纲领一卷》《书传会通十二卷或问二卷》等五种，以见《尚书》流传之大概。

尚书注疏二十卷新雕尚书纂图一卷

识著述：

孔安国（前156—前74），字子国，鲁国（今山东曲阜）人，孔子第十世孙，西汉著名经学家，著有《古文尚书》《古文孝经传》《论语训解》等；孔颖达（574—648），字冲远，一作仲达、冲澹，冀州衡水（今河北衡水）人，孔子第三十一世孙，唐代著名经学家，奉命编写的《五经正义》，融合了诸多经学家的见解，集魏晋南北朝以来经学研究之大成；陆德明（约550—630），本名元朗，字德明，吴（今江苏苏州）人，唐代著名经学家，著有《经典释文》。《尚书注疏》二十卷，全书按朝代分为《虞书》五篇、《夏书》四篇、《商书》十七篇、《周书》三十二篇，经文下附释义、注疏、重言、重意、互注等，由唐孔颖达等疏，陆德明释文。

识版式：

此为蒙古刻本；四周双边；白口，双黑鱼尾，中刻书名、卷次、页码；半页十三行，行二十六至二十九字不等，小字双行三十五字。

识印章：

振宜之印——季振宜名号藏书印。季振宜（1630—?），字诜分，号沧苇，泰兴（今江苏泰州靖江）季市镇人，明末清初著名诗人、文献学家、版本学家、校勘学家、藏书家。藏书楼名"静思堂"，藏书印有"季振宜""季振宜印""季振宜藏书""季振宜读书""季振宜沧苇""季振宜字诜分号沧苇""泰兴季振宜沧苇氏珍藏""振宜之印""振宜家藏""振宜珍藏""沧苇""沧苇家藏""季沧苇图书记""季沧苇藏书印""扬州季氏""季氏家藏""御史之章""御史振宜之印""两河使者""平章季子收藏图书""吾道在沧州及柱下史""柱下史""半窗明月""熟读精思"等。编有《季沧苇藏书目》，著有《静思堂诗稿》。

应召珍藏——季应召名号藏书印。季应召（约生活于康熙年间），字葵藏，一字蒲征，号百子山人，泰兴（今江苏泰州靖江）季市镇人，季振宜之子，清代著名画家、藏书家。藏书楼名"畊砚田斋""虑斋"，藏书印有"浮海季应召印""季应召印"应召珍藏""虑斋"等。著有《畔砚田斋笔记》。

汪文琛印——汪文琛姓名藏书印。汪文琛（生活于乾嘉间），长洲（今江苏苏州）人，清代布衣藏书家。详见《周易注疏》"汪文琛"条。

汪士钟读书——汪士钟姓名藏书印。汪士钟（1786—?），字春霆，号阆源，一号眠源，长洲（今江苏苏州）人，汪文琛之子，清代著名藏书家。藏书楼名"艺芸书舍""三十五峰园"等，藏书印有"汪士钟印""汪士钟字春霆号眠源书画印""阆源真赏""艺芸主人""平阳汪氏藏书印"等。详见《周易九卷》"汪士钟"条。

菰里瞿镛——瞿镛郡望姓名藏书印。瞿镛（1794—1846），字子雍，昭文（今江苏常熟）古里人，清代著名藏书家，铁琴铜剑楼第二代主人。藏书楼名"铁琴铜剑楼"，详见《周易九卷》"瞿镛"条。

恬裕斋镜之氏珍藏——瞿秉渊藏书楼号字号藏书印。瞿秉渊（1820—1886），字镜之，一字敬之，昭文（今江苏常熟）古里人，瞿绍基之孙，瞿镛次子，清代著名藏书家，铁琴铜剑楼第三代主人。藏书印有"瞿秉渊印""恬裕斋镜之氏珍藏"等。

瞿启科印——瞿启科姓名藏书印。瞿启科（生卒不详），字第卿，瞿绍基曾孙，瞿镛之孙，瞿秉清之子，铁琴铜剑楼第四代主人。藏书印有"瞿启科印"。

绶珊经眼——王体仁字号阅书印。王体仁（1873—1938），字绶珊，晚号九峰旧庐主人，钱塘（今浙江杭州）人，民国著名藏书家。藏书楼名"九峰旧庐"，藏书印有"王体仁印""绶珊经眼""杭州王氏九峰旧庐书画"等。编有《九峰旧庐方志目录》。详见《周易注疏》"王体仁"条。

陈清华印——陈清华姓名藏书印。陈清华（1894—1978），字澄中，祁阳（今湖南祁阳）人，现代著名藏书家。藏书楼名"郇斋"，藏书印有"陈清华""陈清华印""祁阳陈澄中藏书记""陈澄中收藏印""郇斋"等。

祁阳陈澄中藏书记——陈清华郡望姓氏字号藏书印。

识递藏：

从书页所钤藏书印看，是书曾藏于泰兴季振宜"静思堂"；继藏于其子季应召"虑斋"；继藏于长洲汪文琛"三十五峰园"，由其子汪士钟递藏；继藏于常熟瞿镛"铁琴铜剑楼"，由其子瞿秉渊、其孙瞿启科递藏，其间杭州王体仁曾经眼；继藏于祁阳陈清华"郇斋"；今藏于国家图书馆。

书说七卷

识著述：

黄度（1138—1213），字文叔，号遂初，绍兴新昌（今浙江绍兴）人，南宋学者、经学家。一生志在经世，以学为本，于经、史、天文、地理、井田、兵法多有研究，治学不囿于前人成说，"无迂陋牵合之病"，著有《尚书说》。《尚书说》（又称《书说》）七卷，训诂以孔《传》为主，并兼存梅赜旧义，远胜宋人之妄说臆解。至于推论三代兴衰治乱之由，与人心、道心、精一、执中、安止、惟几、绥猷、协一、建中、建极诸义，亦皆深切著明。

识版式：

此为明抄本；四周单边；白口，蓝格；半页九行，行二十字。

识印章：

曹溶之印——曹溶姓名藏书印。曹溶（1613—1685），字秋岳，一字洁躬，一作鉴躬，号倦圃，别署锄菜翁、白学先生，秀水（今浙江嘉兴）人，明末清初文学家、史学家、诗人、词人、金石学家、藏书家。藏书楼名"静惕堂""倦圃"，藏书印有"曹溶""曹溶之印""曹溶私印""曹溶鉴定书画印""槜李曹溶""槜李曹氏倦圃藏书""秋岳生""白学先生""倦圃""洁躬""锄菜翁""槜李曹氏藏书印""槜李曹氏收藏图书记""槜李""相赏松石闲意"等。编有《静惕堂书目》，著有《金石表》《静惕堂诗词集》《流通古书约》《静惕堂尺牍》等。

槜李曹氏收藏图书记——曹溶郡望姓氏藏书印。

罗继祖读书记——罗继祖姓名藏书印。罗继祖（1913—2002），字奉高，改字甘孺，晚年号鲠庵、鲠翁、半醒生，上虞（今浙江绍兴）人，罗振玉之孙，当代著名诗人、书法家、史学家、图书馆学家、书画鉴赏家、文献学家、藏书家。藏书楼名"鲁诗堂""两启轩"，藏书印有"罗继祖印""罗继祖读书记""继祖""继祖读过""奉高""甘孺""半醒生""罗村旧农""两启轩""宠辱不惊""多买胭脂"等。著有《枫窗脞语》《枫窗三录》《瑾户录》《海角濡樽集》《蜉寄留痕》《庭闻忆略》《墨佣小记》《两启轩咏史诗》《鲠庵楹语》等。

识递藏：

　　从书页所钤藏书印看，是书曾藏于秀水曹溶"静惕堂"；又藏于上虞罗继祖"鲁诗堂"（其先或存于其祖罗振玉"大云书库"）；今藏于辽宁省图书馆。

杏溪傅氏禹贡集解二卷

识著述：

傅寅（1148—1215），婺州义乌（今浙江义乌）人，字同叔，号杏溪，南宋史学家、经学家。傅寅于天文、地理、封建、井田、郊庙、律历、兵制皆有研究，考订讹误，著有《禹贡说断》《群书百考》（亡佚）。《杏溪傅氏禹贡集解》（又称《禹贡说断》）二卷，为傅寅研习《尚书》之专著。是书博引广征，又断以己意，发诸儒之所未发，卓然能自抒所见，时出新意。

识版式：

此为宋刻元修本；包背装；左右双边，上下单边；细黑口，双黑鱼尾，中刻书名、卷次；半页十一行，行十八字。

识印章：

玄敬——都穆字号藏书印。都穆（1458—1525），字玄敬，一作元敬，郡人称南濠先生，原籍吴县相城（今江苏苏州相城）人，后徙居城区南濠里（今苏州阊门外南浩街），明代经学家、史学家、文学家、金石学家、藏书家。藏书印有"都穆""都穆之印""玄敬""乙卯举人己未进士"等。著有《周易考异》《史补类抄》《金薤琳琅》《南濠居士诗话》《使西日记》《游名山记》《听雨纪谈》《玉壶冰》《都氏铁网珊瑚》《吴下冢墓遗文》等。

颍川刘考功藏书印——刘体仁郡望姓氏官爵藏书印。刘体仁（1617—1676），字公㦷、公戢、公勔，号蒲庵，颍川卫（今河南许昌）人，明末清初诗人、词人、画家、藏书家。藏书楼名"七颂堂"，藏书印有"刘体仁""刘体仁印""公㦷""公㦷氏""颍川刘考功藏书印"等。著有《七颂堂识小录》《七颂堂诗集》《七颂堂文集》《七颂堂随笔》《七颂堂词绎》《蒲庵集》等。

铁琴铜剑楼——常熟瞿氏藏书楼号藏书印。详见《周易注疏》"铁琴铜剑楼"条。

虞山瞿绍基藏书之印——瞿绍基郡望姓名藏书印。瞿绍基（1772—1836），昭文（今江苏常熟）人，清代著名藏书家，铁琴铜剑楼第一代主人。藏书楼初名"恬裕斋""敦裕斋"，后改为"铁琴铜剑楼"。

菰里瞿镛——瞿镛郡望姓名藏书印。瞿镛（1794—1846），字子雍，昭文（今江苏常熟）古里人，清代著名藏书家，铁琴铜剑楼第二代主人。藏书楼名"铁琴铜剑楼"。详见《周易九卷》"瞿镛"条。

瞿润印——瞿润姓名藏书印。瞿润（生活于嘉道间），昭文（今江苏常熟）古里人，瞿绍基之孙，瞿镛长子，清代藏书家，铁琴铜剑楼第三代主人。藏书印有"瞿润印""瞿润之印"等。

恬裕斋镜之氏珍藏——瞿秉渊字号藏书楼号藏书印。瞿秉渊（1820—1886），字镜之，一字敬之，昭文（今江苏常熟）古里人，瞿绍基之孙，瞿镛次子，清代著名藏书家，铁琴铜剑楼第三代主人。藏书印有"瞿秉渊印""恬裕斋镜之氏珍藏"等。

识递藏：

从书页所钤藏书印看，是书曾藏于吴县都穆之手；又藏于颍川刘体仁"七颂堂"；又藏于常熟瞿绍基"铁琴铜剑楼"，由其子孙瞿镛、瞿润、瞿秉渊等递藏；今藏于国家图书馆。

书集传六卷书图一卷朱子说书纲领一卷

识著述：

蔡沈（1167—1230），一名蔡沉，字仲默，号九峰，建州建阳（今福建建阳）人，南宋学者、经学家，著有《书集传》《洪范皇极》《蔡九峰筮法》等。《书集传》六卷，为蔡沈《尚书》学代表作，是一部"求圣贤之心"的求道之作。蔡沈通过辩疑、考订、驳斥等方法，重新诠释了周公事迹，重塑了一个符合儒家修齐治平理想圣人气象、具有高尚政治道德的周公形象。其书融汇众说，注释明晰，成为元代以后试士必用之教科书。

识版式：

此为元至正十一年德星书堂重刻本；四周双边；粗黑口，双黑鱼尾；半页十二行，行二十一字，小字双行同。

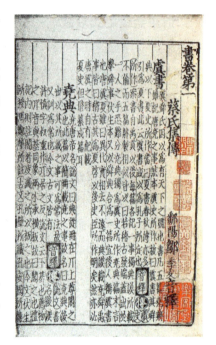

识印章：

乐安燕玉喜图书记——燕玉喜郡望姓名藏书印。燕玉喜（生卒不详），乐安（今江西乐安）人，生平事迹不详。从书页所钤藏书印看，自孙朝让至瞿秉渊，皆为常熟人氏，而瞿氏后人又将此书献于国图的脉络，可知江西乐安燕玉喜必为首藏者，而燕氏当为元明间人。

虞山孙氏慈封堂丙舍图书——孙朝让郡望姓氏堂号藏书印。孙朝让（1593—1682），字光甫，号本芝，常熟（今江苏常熟）人，孙七政之孙，孙朝政之弟，明末清初书法家、藏书家。藏书楼名"西爽楼""清晖堂""大石山房"，藏书印有"孙朝让印""朝让""朝让孙光父""孙光父""本芝""一字本芝""本芝翁""大石山房""虞山孙氏慈封堂丙舍图书""主司巷人家"等。

铁琴铜剑楼——常熟瞿氏藏书楼号藏书印。详见《周易注疏》"铁琴铜剑楼"条。

瞿润印——瞿润姓名藏书印。瞿润（生活于嘉道间），昭文（今江苏常熟）古里人，瞿绍基之孙，瞿镛长子，清代藏书家，铁琴铜剑楼第三代主人。藏书印有"瞿润印""瞿润之印"等。

瞿秉冲印——瞿秉冲姓名藏书印。瞿秉冲（生活于道咸间），瞿绍基之孙，瞿镛第五子，昭文（今江苏常熟）古里人，清代藏书家，铁琴铜剑楼第三代主人。藏书印有"瞿秉冲""瞿秉冲印"等。

识递藏：

从书页所钤藏书印看，是书曾藏于乐安燕玉喜之手；又藏于常熟孙朝让"大石山房"；又藏于常熟瞿氏"铁琴铜剑楼"，由瞿润、瞿秉冲兄弟递藏；今藏于国家图书馆。

书传会通十二卷或问二卷

识著述：

陈大猷（1198—1250），字子谟，又字允升，号东斋，三泽（今浙江金华磐安尚湖镇）人，南宋著名理学家，金溪学派一代硕儒，著有《书传会通》《或问》等。《书传会通》十二卷，乃用朱熹释经法和吕祖谦《读诗记》例，采辑群言阐述己意而成；《或问》二卷，乃凭借同志问难，详细记载了问难答疑过程中的去取曲折，仿效朱熹注四书例编著而成。二书对诸派学说均有所取舍。

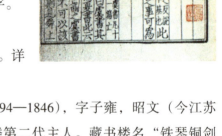

识版式：

此为元刻本；四周双边；黑口，双黑鱼尾，中刻书名、卷次、页码；半页十三行，行二十四字。

识印章：

铁琴铜剑楼——常熟瞿氏藏书楼号藏书印。详见《周易注疏》"铁琴铜剑楼"条。

子雍金石——瞿镛字号藏书印。瞿镛（1794—1846），字子雍，昭文（今江苏常熟）古里人，清代著名藏书家，铁琴铜剑楼第二代主人。藏书楼名"铁琴铜剑楼"。详见《周易九卷》"瞿镛"条。

瞿润印——瞿润姓名藏书印。瞿润（生活于嘉道间），昭文（今江苏常熟）古里人，瞿绍基之孙，瞿镛长子，清代藏书家，铁琴铜剑楼第三代主人。藏书印有"瞿润印""瞿润之印"等。

瞿秉渊印——瞿秉渊姓名藏书印。瞿秉渊（1820—1886），字镜之，一字敬之，昭文（今江苏常熟）古里人，瞿绍基之孙，瞿镛次子，清代著名藏书家，铁琴铜剑楼第三代主人。藏书印有"瞿秉渊印""恬裕斋镜之氏珍藏"等。

良士眼福——瞿启甲字号藏书印。瞿启甲（1873—1940），昭文（今江苏常熟）人，清末民国著名书画家、藏书家，铁琴铜剑楼第四代主人。详见《晦庵先生朱文公易说》"瞿启甲"条。

识递藏：

从书页所钤藏书印看，是书曾藏于常熟瞿氏"铁琴铜剑楼"，由瞿镛、瞿润、瞿秉渊、瞿启甲祖孙世代递藏；今藏于国家图书馆。

经部·《诗》类

《诗》类小序

《诗经》原称《诗》或《诗三百》，战国时期成为儒家的重要典籍，西汉初年因汉武帝"罢黜百家，独尊儒术"而始尊为《诗经》，并被今经文学家列于五经之首。

《诗经》收录了自西周初年（前十一世纪）至春秋中叶（前六世纪中叶）约五百余年间的诗歌创作三百零五首，这些诗主要来自今黄河流域的河南、河北、山东、山西、陕西等广大中原地区，还有一部分来自汉水、汝水流域，在当时交通不便、消息闭塞的条件下，周王朝是怎样将其辑为一书的呢？对此，经学史上有"王官采诗说""公卿列士献诗说"和"王朝司乐太师保存说"等三种不同说法。而在如此广袤的时空里，仅有这三百余首诗流传下来，是令人难以想象的，因此，司马迁又提出了"孔子删诗说"，他认为，《诗》原有三千余篇，孔子去其重复，取其合于礼义者，辑为三百五篇。

前人在研究过程中发现，《诗经》是入乐的。《墨子·公孟》称"儒者诵《诗三百》，弦《诗三百》，歌《诗三百》，舞《诗三百》"，《诗三百》可歌可诵可弦可舞，显然是入乐的；《左传·僖公二十九年》载，吴公子季扎观乐于鲁时，鲁国乐工为他演奏了全本的《诗》，全本诗歌均能以音乐形式表现出来，自然也是入乐的；《史记·孔子世家》亦称"三百五篇，孔子皆弦歌之"，当然也是《诗》皆入乐的明证。而《诗经》的编订者在对这三百零五首诗进行分类时，依据音乐的不同，将其划分为"风""雅""颂"三类。"风"是带有地方色彩的土风歌谣，十五"国风"就是十五个方国的土风歌谣；"雅"是朝廷正乐之意，指王畿之地的音乐，这是针对十五"国风"而言的；"颂"是用于宗庙祭祀的舞曲，是一种连歌带舞、节奏缓慢的祭祀舞曲。

《诗经》有着崇高的地位，向来为儒门所看重。孔子开办私学，将《诗》《书》《礼》《乐》作为教材，足见其对《诗》的态度。孔子高度评价了《诗》的思想内容，谓之"思无邪"；他认为学《诗》有助于语言的正确表达，"不学诗，无以言"；他鼓励弟子读《诗》，因为它"可以兴，可以观，可以群，可以怨，迩之事父，远之事君，多识于鸟兽草木之名"；他甚至将研习"二南"视为做人的基点，"人而不为《周南》《召南》，其犹正墙面而立与！"因而，《诗》在汉初升格为"经"自然是情理中的事。历代重要书目，如《汉书·艺文志》《隋书·经籍志》《郡斋读书志》《四库全书总目》等，也均以古文家的习惯，将其列于"五经"第三的位置。

《诗经》自汉初位列"五经"，就卷入了长达两千多年激烈的门户争斗中。"《诗经》学"的门户之争，主要是《诗经》汉学和《诗经》宋学之争，其焦点主要集中于"风""雅""颂"的分类标准、孔子是否删诗、《诗序》的作者、尊《序》与废《序》这几个问题上。

历史上的《诗经》汉学，分为今文和古文两派：《诗经》今文学有鲁、齐、韩三家，西汉时均立学官。三家诗中，《齐诗》亡于魏，《鲁诗》亡于西晋，《韩诗》亡于南宋后而仅存《外传》。清代辑佚学大兴，《诗经》今文学又成为学者们讨究的对象；《诗经》古文学仅毛氏一家，西汉时未立学官。毛公《诗》学自称传自子夏，河间人大毛公毛亨撰《毛诗故训传》，授赵人小毛公毛苌。毛苌为河间献王博士，以其不在朝廷，故未得立。《毛诗》盛行于东汉，当时著名学者郑众、贾逵、马融、郑玄等均治《毛诗》。郑玄又杂采今文三家《诗》说，作《毛诗传笺》，自成其混淆家法的"通学派"，盛行一时；三国魏王肃《诗解》、李撰《毛诗传》等，虽与郑《笺》立异，但仍未脱毛氏范围；南北朝时，北朝兼崇毛、郑，南朝虽崇毛《传》而与郑、王异同互驳；唐孔颖达《毛诗正义》固守"疏不破注"的原则，引申毛、郑两家经说，成为当时的标准经典；及宋学崛兴，毛、郑之学渐衰；至清，陈启源《毛诗稽古编》、戴震《毛郑诗考正》、马瑞辰《毛诗传笺通释》、胡承珙《毛诗后笺》、陈奂《毛诗义疏》《郑氏笺考征》等，皆以疏通毛、郑为目标，《诗》古文学重兴。

《诗经》宋学派治《诗》，号称"唯文本是求"，力图恢复作品的本来面目，而其流弊在于好以主观臆断淆乱诗文古义。欧阳修《毛诗本义》力反东汉以来治《诗》旧习，辨诘毛、郑则以己意断之；苏辙《诗集传》始开攻击毛《序》之战端，仅录小序首句；郑樵《诗传辨妄》则变本加厉，直斥《诗序》为"村野妄人"所作；朱熹《诗经集传》则废序言诗，且杂采毛、郑，间录三家，以己意为取舍；辅广《诗童子问》、朱鉴《诗传遗说》等，均承继朱说，进一步发挥《集传》的旨意；元儒许谦、刘瑾等人释《诗》，亦皆以《集传》为依归；王柏《诗疑》发扬朱说，竟至于改窜经文、删削篇翰；明代胡广等人又依刘瑾《诗传通释》重辑《诗经大全》，将朱熹《诗经集传》悬为功令，其地位无以复加。宋人蔡卞《毛诗名物解》、王应麟《诗地理考》《诗考》等著作，掇拾三家《诗》遗说，开清代辑佚学之先河。

谈及《诗经》的门户之争，纪昀《四库全书总目·经部·诗经类叙》云："攻汉学者，意不尽在于经义，务胜汉儒而已；伸汉学者，意亦不尽在于经义，愤宋儒之诋汉儒而已。各挟一不相下之心，而又济以不平之气，激而过当，亦其势然欤！"目光犀利。

此"《诗经》学"之大概也。

今所收录，计有《毛诗故训传二十卷》《毛诗正义二十卷诗谱序一卷》《诗外传十卷》《诗集传二十卷》《诗总闻十二卷》《诗集传二十卷》《吕氏家塾读诗记三十二卷》《诗缉三十六卷》《韩鲁齐三家诗考六卷》《诗集传名物钞八卷》《诗经疑问七卷附编一卷》《诗经疏义二十卷》《毛诗名物疏钞不分卷》《诗经纂一卷》十四种，披沙拣金，以见《诗经》流传之大概。

毛诗故训传二十卷

识著述：

毛苌（生卒不详），赵（今河北河间）人，西汉古文诗学"毛诗学"的传授者，世称"小毛公"；郑玄（127—200），字康成，北海郡高密（今山东高密）人，东汉末年儒家学者、今、古文经学大师，著有《天文七政论》《中侯》《毛诗传笺》等；陆德明（约550—630），名元朗，字德明，吴县（今江苏苏州）人，唐代著名大儒、经学家、训诂学家，"秦王府十八学士"之一，著有《周易注》《周易兼义》《易释文》《经典释文》等。《毛诗故训传》二十卷，是现存最早、最完整的《诗经》注本。全书以解释字义为主，章句训诂大抵取自先秦群籍，保存了许多先秦古义。但毛氏解诗，常以封建伦理歪曲诗旨，语多附会，不足凭信。东汉郑玄为之作《笺》，唐孔颖达又进一步疏解《毛传》《郑笺》而作《毛诗正义》，提高了《毛传》在经学研究领域的地位。

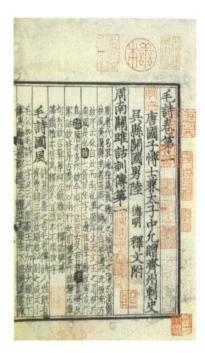

识版式：

此为宋刻本；四周文武双边或左右双边；白口，双黑鱼尾，中刻书名、卷次，下刻页码；半页十行，行十七字，小字双行二十二字。

识印章：

汪士钟印——汪士钟姓名藏书印。汪士钟（1786—？），长洲（今江苏苏州）人，清代著名藏书家。藏书楼名"艺芸书舍""三十五峰园"。详见《周易九卷》"汪士钟"条。

阆源真赏——汪士钟字号藏书印。

平阳汪氏藏书印——汪士钟郡望姓氏藏书印。

宪奎——汪宪奎名号藏书印。汪宪奎（生活于道咸间），字秋浦，长洲（今江苏苏州）人，汪士钟族人，清代藏书家。藏书楼名"有竹居"，藏书印有"平江汪宪奎秋浦印记""宪奎""秋浦"等。

于氏小谟觞馆——于昌进姓氏藏书楼号藏书印。于昌进（1807—1857），字子与，号湘山，文登（今山东文登）人，清代著名藏书家。藏书楼名"小谟觞馆"

"红药书庄""东始山房"等，藏书印有"于昌进珍藏""于昌进鉴藏""昌进收藏""于秋溟家秘本""于氏小谟觞馆""文登于氏小谟觞馆藏本""文登于氏小谟觞馆审定善本""谟觞馆""红药书庄""于氏东始山房""不夜于氏藏书印""清俸买来"等。著有《旧雨轩剩稿》。太平军入江浙，汪氏书散，部分沿运河流入苏北，时于氏正佐杨以增幕，得书不少。

铁琴铜剑楼——常熟瞿氏藏书楼号藏书印。详见《周易注疏》"铁琴铜剑楼"条。

绍基秘笈——瞿绍基名号藏书印。瞿绍基（1772—1836），昭文（今江苏常熟）人，清代著名藏书家，铁琴铜剑楼第一代主人。藏书楼初名"恬裕斋""敦裕斋"，后改为"铁琴铜剑楼"，详见《周易注疏》"瞿绍基"条。

瞿秉渊印——瞿秉渊姓名藏书印。瞿秉渊（1820—1886），字镜之，一字敬之，昭文（今江苏常熟）古里人，瞿绍基之孙，瞿镛次子，清代著名藏书家，铁琴铜剑楼第三代主人。藏书印有"瞿秉渊印""恬裕斋镜之氏珍藏"等。

瞿秉冲印——瞿秉冲姓名藏书印。瞿秉冲（生活于道咸间），瞿绍基之孙，瞿镛第五子，昭文（今江苏常熟）人，清代藏书家，铁琴铜剑楼第三代主人。藏书印有"瞿秉冲印"等。

良士曾观——瞿启甲字号藏书印。瞿启甲（1873—1940），字良士，别号铁琴道人，昭文（今江苏常熟）人，瞿绍基曾孙，瞿镛之孙，瞿秉清之子，清末民国著名书画家、藏书家，铁琴铜剑楼第四代主人。藏书印有"瞿启甲印""良士珍藏""铁琴道人""古里瞿氏""瞿氏鉴藏金石记"等。编撰《铁琴铜剑楼书影》《铁琴铜剑楼藏书续目》《铁琴铜剑楼藏书题跋》等。详见《晦庵先生朱文公易说》"瞿启甲"条。

子子孙孙永保之——瞿氏铁琴铜剑楼藏书闲章。

善本——瞿氏铁琴铜剑楼版本级别藏书印。

绥珊经眼——王体仁字号阅书印。王体仁（1873—1938），字绥珊，晚号九峰旧庐主人，钱塘（今浙江杭州）人，民国著名藏书家。藏书楼名"九峰旧庐"，藏书印有"王体仁印""绥珊经眼""杭州王氏九峰旧庐书画"等。编有《九峰旧庐方志目录》。详见《周易注疏》"王体仁"条。

祁阳陈澄中藏书记——陈清华郡望姓氏字号藏书印。陈清华（1894—1978），字澄中，祁阳（今湖南祁阳）人，现代著名藏书家。藏书楼名"郇斋"，藏书印有"陈清华""陈清华印""祁阳陈澄中藏书记""陈澄中收藏印""郇斋"等。

郇斋——陈清华藏书楼号藏书印。

识递藏：

从书页所钤藏书印看，是书曾藏于长洲汪文琛"三十五峰园"，由其子汪士钟递藏于"艺芸书舍"；继藏于其后人汪宪奎"有竹居"；继藏于文登于昌进"小谟觞馆"；继藏于常熟瞿氏"铁琴铜剑楼"，由瞿绍基、瞿镛、瞿秉渊、瞿秉冲、瞿启甲递藏，其间钱塘王体仁曾观；继藏于祁阳陈清华"郇斋"；今藏于国家图书馆。

毛诗正义二十卷诗谱序一卷

识著述：

毛亨（生卒不详），战国末期鲁（今山东曲阜）人，秦末汉初学者，传为古文《诗》学"毛诗学"的开创者。曾作《毛诗故训传》以授其犹子毛苌，世称"大毛公"；郑玄（127—200），字康成，北海郡高密（今山东高密）人，东汉末年儒家学者和经学大师，著有《毛诗传笺》；孔颖达（574—648），字冲远，冀州衡水（今河北衡水）人，唐初经学家，孔子第三十一世孙，主编《五经正义》；陆德明（约550—630），名元朗，字德明，吴县（今江苏苏州）人，唐代著名经学家，著有《经典释文》。《毛诗正义》二十卷，为孔颖达等人对《毛传》《郑笺》所作的疏解，故合称《毛诗注疏》。其书内容取材包括汉魏学者对《诗经》的各种解释，汇集了

两晋南北朝学者《诗经》研究的成果，时有新见。但其书死守"疏不破注"的原则，故未能跳出《毛传》《郑笺》的藩篱，对二者的分歧也不敢加以判断，因而不可避免地承袭了二者的某些错误。

识版式：

此为明前期刻本；四周双边；白口，双黑鱼尾，中刻书名、卷次；半页八行，行十八字，小字双行二十五字。

识印章：

许焞收藏——许焞姓名藏书印。许焞（生活于康雍乾间），字醇夫，又字纯也，号慕迂，海宁（今浙江海宁硖石）人，藏书家许汝霖之孙，清代诗人、文学家、藏书家。藏书楼名"慕迂斋""学稼轩""衡门室"，藏书印有"许焞""许焞收藏""许焞鉴藏印""焞夫""个是醇夫手种田""长茎苦叶平生志"等。编有《学稼轩书目》，著有《慕迂斋诗文集》《学稼轩诗文集》《载道集》等。

个是醇夫手种田——许焞字号藏书闲章。

识递藏：

从书页所钤藏书印看，是书曾藏于海宁许焞"学稼轩"；今藏于重庆图书馆。

诗外传十卷

识著述：

韩婴（生卒不详），燕（今河北任丘）人，西汉经学家，"韩诗学"的创始人，著有《韩诗外传》。《韩诗外传》十卷，非训诂章句之书，与齐、鲁两家大不相同，皆引《诗》以证事，而非引事以明《诗》。其推测《诗》意，往往杂引《春秋》古事，与经义不相比附，而与周秦诸子相出入。

识版式：

此为元至正十五年嘉兴路儒学刻明修本；左右文武双边，上下单边；细黑口，双黑鱼尾，中刻书名、卷次、页码；半页十行，行二十字。

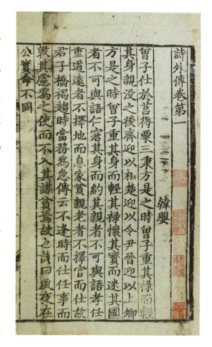

识印章：

袁又恺藏书——袁廷梼姓氏字号藏书印。袁廷梼（1762—1809），字又恺，号绥阶，又号寿阶，曾更名廷寿，吴县（今江苏苏州）人，清代著名诗人、画家、考据学家、校勘学家、藏书家。藏书楼名"小山丛桂馆"，后更名"五砚楼""红蕙山房""贞节堂"，藏书印有"袁廷梼印""袁廷梼五砚楼藏""袁廷梼读过""袁廷梼藉观印""廷梼私印""廷梼之印""袁氏又恺""袁又恺藏书""袁又恺读过""袁寿阶""寿阶""一字寿阶""曾在东吴袁寿阶处""廷寿珍藏""五砚主人""五砚楼""五砚楼藏""五砚楼主人""枫桥五研楼收藏印""五砚楼袁氏收藏金石图书印""五研楼图书印""红蕙山农""红蕙山房""石砚楼""贞节堂""贞节堂图书印""平江袁氏收藏"等。著有《金石书画所见记》《红蕙山房吟稿》《渔隐录》等。

贝墉所藏——贝墉姓名藏书印。贝墉（1780—1846），一名枚，字既勤，一字定甫，号简香，又号碉香居士，吴县（今江苏苏州）人，袁廷梼之婿，清代书法家、金石学家、藏书家。藏书楼名"友汉居""千墨庵""款冬书屋"等，藏书印有"贝墉""贝墉曾读""贝墉所藏""平江贝墉""平江贝墉珍藏秘书印""吴郡贝墉审定之印""简香藏书""碉香居士""定甫""定甫居士""贝枚""贝生""平江贝氏""平江贝氏文苑""千墨庵藏""款冬书屋"等。刻有《千墨庵帖》《宝严集帖》等。

曾藏丁福保家——丁福保姓名藏书印。丁福保（1874—1952），无锡（今江苏无锡）人，近代文字学家、钱币学家、数学家、刻书家、目录学家、藏书家。藏书楼名"诂林精舍"。详见《晦庵先生校正伊川易传》"丁福保"条。

书潜经眼——傅增湘字号鉴定印。傅增湘（1872—1949），字润沅，改字沅叔，又字淑和，号藏园，别号双鉴楼主人、藏园居士、藏园老人，别署书潜、清泉逸叟、长春室主人等，江安（今四川江安）人，近代著名目录学家、版本学家、校勘学家、藏书家。藏书楼名"双鉴楼""藏园""素抱书屋""长春室""池北书堂""莱娱室""企麟轩""龙龛精舍"等，藏书印有"傅增湘""傅增湘印""增湘""沅叔""沅叔藏书""江安傅增湘沅叔珍藏""江安傅沅叔收藏善本""臣莹""傅""书潜""书潜经眼""藏园""藏园秘籍""双鉴楼""双鉴楼主人""双鉴楼藏书印""龙龛精舍""企骥轩""彊庵"等。著有《藏园群书经眼录》《藏园群书题记》《藏园群书校勘跋识录》《双鉴楼藏书续记》等。

识递藏：

从书页所钤藏书印及题跋看，是书曾藏于平江袁廷梼"五砚楼"，顾广圻曾借观并跋；继藏于其婿平江贝墉"友汉居"；又藏于无锡丁福保"诂林精舍"（其间傅增湘曾经借阅）；今藏于国家图书馆。有黄丕烈、顾广圻、瞿中溶、傅增湘跋。

诗集传二十卷

识著述：

　　苏辙（1039—1112），字子由，一字同叔，晚号颍滨遗老，眉州眉山（今四川眉山）人，与其父苏洵、其兄苏轼合称"三苏"，北宋著名经学家、书法家、文学家，著有《诗集传》《苏氏诗解》《栾城集》等。《诗集传》二十卷，以为《小序》非出一人之辞，疑其为毛公之学、卫宏所辑录，故仅存其发端一言，余皆尽行刊除，开辟了"疑《序》"之先河。苏辙对《诗序》的反正，对圣人之言说提出了质疑，摘掉了其为孔门嫡传的招牌，从根本上动摇了《诗序》在《诗经》研究中的至尊地位。

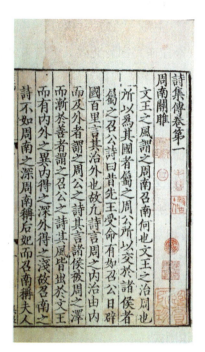

识版式：

　　此为宋淳熙七年苏诩筠州公使库刻本；左右双边，上下单边；白口，双黑鱼尾；半页十行，行十九字。

识印章：

　　毛晋——毛晋姓名藏书印。毛晋（1599—1659），常熟（今江苏常熟）人，明末著名经学家、文学家、刻书家、藏书家。藏书楼名"汲古阁"。详见《周易九卷》"毛晋"条。

　　汲古主人——毛晋别号藏书印。

　　于莲客——于怀姓氏字号藏书印。于怀（1899—1980），字莲客，以字行，又字乃椿，辽宁人，近代东北著名文学家、词人、书画家、藏书家。藏书印有"于怀""于襄""于莲客""莲客""莲客读本""莲客藏书""莲居士身外物""玉音""临赏所珍"等。

　　莲居士身外物——于怀别号藏书印。

　　莲客藏书——于怀字号藏书印。

　　临赏所珍——于怀藏书闲章。

　　玉音——于怀藏书闲章。

识递藏：

　　从书页所钤藏书印看，是书曾藏于常熟毛晋"汲古阁"；后入清内府，并钤有乾隆五宝图章；抗战期间，流入辽宁人于怀之手；今藏于国家图书馆。

诗总闻十二卷

识著述：

　　王质（1127—1189），字景文，号雪山，兴国（今江西兴国）北隅人，南宋经学家、史学家、文学家，著有《诗总闻》《朴论》《雪山集》《王质文集》等。《诗总闻》十二卷，于《诗经》三百零五篇作品，每篇为"总闻"，又有"闻风""闻雅""闻颂"冠于"四始"之首。每篇详说其诗大义，其后又列"闻音""闻训""闻章""闻句""闻字""闻物""闻用""闻迹""闻事""闻人"诸目，对音训章句、名物制度、人物故事等详加诠释，旨在废《序》言《诗》。其"毅然自用，别出新裁"，超出了郑樵、朱熹辈，而冥思研索，务造幽深，穿凿悬解，风格廉悍。

识版式：

　　此为明代山阴祁氏澹生堂抄本；四周单边；白口，上书书名、卷次，中书页码；半页十行，行二十字。

识印章：

　　何焯之印——何焯姓名藏书印。何焯（1661—1722），初字开千，一字润千，后字屺瞻，号义门、香案小史、无勇，晚号茶仙、蓼谷，又自号憩闲老人，学者称义门先生，长洲（今江苏苏州）人，清代著名经学家、书法家、校勘学家、藏书家。藏书楼名"赍砚斋""青阳斋""碧筼草堂""承筐书塾""德符堂"等，藏书印有"何焯之印""义门藏书""义门小史""香案小吏""太学何生""吴下狂生""不仕元后人""青阳斋""汉节""家在凤岗之北""闲官养不才""家在桃花西坞""逍遥游""黄绢幼妇""文殊师利弟子""直夫""吾师老庄""语古"等。著有《诗古文集》《语古斋识小录》《道古录》《义门读书记》《何义门集》等。

　　张乃熊——张乃熊姓名藏书印。张乃熊（1891—1945），字芹伯，一字芹圃，又字菦白，吴兴（今浙江湖州吴兴）南浔人，藏书家适园主人张钧衡长子，张珩伯父，民国时期金融家、书画鉴赏家、版本目录学家、藏书家。藏书楼名"安心堂"，藏书印有"张乃熊""张乃熊印""吴兴张乃熊鉴定""吴兴张乃熊菦白父""芹伯校读一过""菦白""菦圃收藏""吴兴张氏安心堂收藏印"等。编有《菦圃善本书目》。

莐白——张乃熊字号藏书印。

吴下程大——不详。

禹生父秘赏——不详。

玺——不详。

识递藏：

是书为澹生堂抄本，首藏于抄书者山阴祁承㸁"澹生堂"。从书页所钤藏书印看，是书曾藏于长洲何焯"赍研斋"；又藏于吴兴张乃昌"安心堂"；今藏于上海图书馆。

诗集传二十卷

识著述：

朱熹小传见《周易传义》，兹从略。《诗集传》二十卷，力主废《序》解《诗》，从文本出发探求诗篇本意。其注疏力排汉学繁琐之风，力求简明扼要，既杂取毛、郑之说，也间采齐、鲁、韩三家，还吸取了不少当代学者的解说，兼收并蓄，博采众长，并间下己意。《诗集传》集《诗经》宋学之大成，是"诗经学"史上的重要里程碑。

识版式：

此为宋刻本；左右双边，上下单边；白口，单黑鱼尾，中刻书名、卷次、页码，下刻刻工姓名；半页七行，行十五字，小字双行同。

识印章：

晋府书画之印——晋王府世袭郡王朱钟铉藏书印。朱钟铉（1428—1502），凤阳（今安徽凤阳）人，明太祖朱元璋四世孙，晋宪王朱美圭庶长子，初封榆林王，嗣爵晋王，明代藏书家。藏书楼名"敬德堂""宝贤堂""志道堂"等，藏书印有"晋国奎章""晋府书画之印""敬德堂图书印""敬德堂章""道济书府""子子孙孙永宝用""清和珍玩""乾坤清气"等。

拜经楼吴氏藏书印——吴骞藏书楼号姓氏藏书印。吴骞（1733—1813），字槎客，一字葵里，号兔床、愚谷，晚年别署齐云采药翁，海宁（今浙江海宁）人，清代著名诗人、文学家、藏书家。藏书楼名"拜经楼""千元十驾"，藏书印有"吴骞之印""吴骞幼字益郎""吴骞字槎客别字兔床""吴骞读过""臣骞""槎客""海昌吴葵里收藏记""吴兔床书籍印""兔床漫叟""兔床鉴定""兔床经眼""兔床真赏之家""千元十驾人家""小桐溪上人家""知不足斋主人所赠吴骞子子孙孙永宝""临安志百卷人家""拜经楼""拜经楼吴氏藏书""宋本""甲"等。编有《拜经楼书目》，著有《愚谷文存》《拜经楼诗集》《拜经楼诗话》《国山碑考》《论印绝句》《桃溪客语》《小桐溪吴氏家乘》《苏祠从祀仪》《拜经楼藏书题跋记》《拜经楼读书记》等。

宋本——吴骞藏书版本藏书印。

甲——吴骞藏书级别藏书印。

嘉惠堂丁氏藏——丁丙姓氏藏书楼号藏书印。丁丙（1832—1899），钱塘（今浙江杭州）人，清末著名经学家、诗人、金石学家、目录学家、藏书家。总藏书楼名"嘉惠堂"。详见《周易本义》"丁丙"条。

识递藏：

从书页所钤藏书印及题跋看，是书曾藏于明世袭晋王朱钟铉"敬德堂"；经海宁陈鳢之手继藏于海宁吴骞"拜经楼"；又藏于杭州丁丙"嘉惠堂"；今藏于南京图书馆。有吴寿旸、丁丙跋。

吕氏家塾读诗记三十二卷

识著述：

吕祖谦（1137—1181），字伯恭，婺州（今浙江金华）人，原籍寿州（今安徽凤台），出身于东莱吕氏，世称东莱先生，为与伯祖吕本中相区别，亦有"小东莱先生"之称，南宋著名经学家、史学家、文学家，著有《吕氏家塾读诗记》《历代制度详说》《东莱博议》《东莱集》等，并与朱熹合著《近思录》。《吕氏家塾读诗记》三十二卷，是吕祖谦论说《诗经》之作，立论为说皆本《毛传》。书中说解除宗毛外，又博采诸家之说，且存其名氏，先列训诂，后陈文义，剪裁贯穿，甚为有体，如出一人之手，有所发明，则别出之。宋代《诗》说同异纷纭，争立门户，而此书则兼总众说，巨细不遗，提纲挈领，首尾该贯，足以平息同异之争。

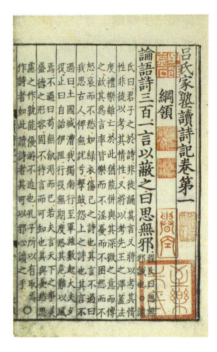

识版式：

此为宋淳熙九年丘崈江西漕台刻本；左右文武双边，上下单边；白口，双黑鱼尾，中刻书名、卷次，下刻页码；半页九行，行十九字，小字双行同。

识印章：

至乐朱氏——朱氏藏书印。无考。

春空——朱氏藏书闲章。从此印文内容看，或为明末皇族。

周良金印——周良金姓名藏书印。周良金（生活于嘉隆间），字九松，号迁叟，又号九松迁叟，毗陵（今江苏常州武进）人，明代著名藏书家。藏书楼名"周玉斋金汉石之馆"，藏书印有"周良金印""毗陵周氏九松迁叟藏书记""周诰之印""周笈""周笈私印""周渡私印""周氏藏书之印""周玉斋金汉石之馆""古义""七十三老生记""自娱而已"等。

铁琴铜剑楼——常熟瞿氏藏书楼号藏书印。详见《周易注疏》"铁琴铜剑楼"条。

子雍金石——瞿镛郡望姓名藏书印。瞿镛（1794—1846），字子雍，昭文（今江苏常熟）古里人，清代著名藏书家，铁琴铜剑楼第二代主人。藏书楼名"铁琴铜剑楼"。详见《周易九卷》"瞿镛"条。

瞿启文印——瞿启文姓名藏书印。瞿启文（生卒不详），字斐卿，昭文（今江苏常熟）古里人，瞿绍基曾孙、瞿镛之孙、瞿秉清之子，铁琴铜剑楼第四代藏书人。藏书印有"瞿启文印"。

瞿启科印——瞿启科姓名藏书印。瞿启科（生卒不详），字第卿，瞿绍基曾孙、瞿镛之孙、瞿秉清之子，铁琴铜剑楼第四代继承人。藏书印有"瞿启科印"。

识递藏：

从书页所钤藏书印看，是书曾藏于明代至乐朱氏之手；又藏于毗陵周良金"周玉斋金汉石之馆"；又藏于常熟瞿氏"铁琴铜剑楼"，由瞿镛、瞿秉渊、瞿启文、瞿启科祖孙世代递藏；今藏于国家图书馆。

61

诗缉三十六卷

识著述：

　　严粲（生卒不详），字坦叔，又字明卿，号华谷，邵武（今福建邵武）拿口严家坊人，南宋经学家、诗人，著有《诗辑》《华谷集》等。《诗缉》三十六卷，为严粲所撰《诗经》集注本。是书以吕祖谦《吕氏家塾读诗记》为主干，而杂采诸说予以发明，间亦断以己意。每遇无定论之处，亦能提出己见，是质量较高的《诗经》注本。

识版式：

　　此为元建安余氏家塾刻本；四周双边；细黑口，双黑鱼尾；半页十行，行二十四字，小字双行同。

识印章：

　　九灵山房——戴良藏书楼号藏书印。戴良（1317—1383），字叔能，号九灵山人，又号云林，浦江建溪（今浙江诸暨）马剑镇人，元代著名经学家、史学家、诗人、藏书家。藏书楼名"九灵山房""逊志斋"，藏书印有"戴良之印""叔能""九灵山房""逊志斋"等。著有《九灵山房集》。

　　景葵所得善本——叶景葵名号藏书印。叶景葵（1874—1949），小名阿麟，或作阿龄，字揆初，号卷盦，别属存晦居士，杭县（今浙江杭州）人，民国著名实业家、藏书家。藏书楼名"卷盦"，藏书印有"叶景葵印""景葵所得善本""景葵秘笈印""揆初""卷盦六十六以后所收书""杭州叶氏藏书""武林叶氏藏书印""神品"等。编有《杭州叶氏卷盦藏书目录》，著有《叶景葵杂著》《卷盦书跋》《卷盦賸稿》。

　　合众图书馆藏书印——合众图书馆藏书印。合众图书馆是抗战期间由叶景葵、张元济、叶恭绰、陈陶遗、陈叔通、李拔可等人，为防止文物典籍流出而各出家藏，于1939年在上海创办的公益图书馆。

识递藏：

　　从书页所钤藏书印看，是书曾藏于元末明初浦江戴良"九灵山房"；又藏于杭县叶景葵"卷盦"；1939年汇入其创办的上海合众图书馆，1949年合众图书馆更名为上海历史文献图书馆；今藏于上海图书馆。

韩鲁齐三家诗考六卷

识著述：

　　王应麟（1223—1296），字伯厚，号深宁居士，又号厚斋，庆元府鄞（今浙江宁波鄞州区）人，南宋著名学者、经学家、教育家、政治家。应麟博学多才，学宗朱熹，涉猎经史百家、天文地理，熟悉掌故制度，长于考证，著有《诗地理考》《齐鲁韩三家诗考》《三字经》《困学纪闻》《小学绀珠》《玉海》《通鉴答问》《深宁集》等。《韩鲁齐三家诗考》六卷，为羽翼朱熹《诗集传》之作，辑考《毛诗》外尚咏于世者，辑为三家遗说。

识版式：

　　此为元泰定四年刘君佐翠岩精舍刻本；四周双边；黑口，双黑鱼尾；半页十一行，行二十二字，小字双行同。

识印章：

　　汪士钟印——汪士钟姓名藏书印。汪士钟（1786—？），长洲（今江苏苏州）人，清代著名藏书家。藏书楼名"艺芸书舍""三十五峰园"等。详见《周易九卷》"汪士钟"条。

　　元本——汪士钟藏书版本藏书印。

　　海源阁——聊城杨氏藏书楼号藏书印。"海源阁"为清道光年间聊城人杨以增所建藏书楼，其藏书经杨以增及其后人杨绍和、杨保彝等数代人精心保存，前后达百余年。"海源阁"与江苏常熟瞿氏之"铁琴铜剑楼"、浙江吴兴陆心源之"皕宋楼"、浙江杭州丁申丁丙之"八千卷楼"合称清代四大藏书楼。

　　杨以增字益之又字至堂晚号冬樵行一——杨以增姓名字号排行藏书印。杨以增（1787—1855），字益之，一字至堂，晚号冬樵，聊城（今山东聊城）东昌府区人，清代著名藏书家。藏书楼名"海源阁"，另辟有"宋存书室""四经四史之斋"等分号，藏书印有"杨以增印""杨以增字益之又字至堂晚号冬樵行一""杨以增字益之又字至堂晚号冬樵""以增之印""杨东樵读过""至堂""益之手校""东郡杨氏鉴藏金石书画印""杨氏伯子""关西节度使""关西节度系关西""瀛海仙班""海源阁""东郡杨氏海原阁藏""聊摄杨氏宋存书室珍藏""东郡杨氏宋存书室珍藏""宋存书室""四经四史之斋""古东郡四经四史斋""仪晋观堂鉴藏甲品"等。后人辑有《杨端勤公奏疏》，著有《退思庐文存》。

东郡杨氏海原阁藏——杨以增郡望姓氏藏书楼号藏书印。

宋存书室——杨以增"海源阁"藏书楼分号藏书印。

关西节度系关西——杨以增官爵藏书印。

杨绍和审定——杨绍和姓名藏书印。杨绍和（1830—1875），字彦合，又字念微，号协卿、筠岩，又号陶南居士，聊城（今山东聊城）东昌府区人，杨以增次子，海源阁第二代主人，清代著名目录学家、藏书家。藏书楼名"海源阁"，另辟"宋存书室""仪晋观堂""四经四史之斋"等，藏书印有"东郡杨绍和私印""东郡杨绍和鉴藏金石书画印""东郡杨绍和字彦合藏书之印""杨绍和""杨绍和藏书""杨绍和审定""杨绍和读书印""臣绍和印""绍和彦合""绍和筠岩""绍和协卿""杨氏协卿平生真赏""协卿珍赏""勰卿读过""杨氏彦合""彦合""彦合珍玩""彦合珍存""彦合珍藏""彦合读书""东郡杨二""道光秀才咸丰举人同治进士""唐越国公四十二世子孙""仪晋观堂""仪晋观堂鉴藏甲品""竹园居士""史馆纂修""墓田丙舍秉烛夜读""宋本"等。著有《楹书隅录》。

东郡杨绍和字彦合藏书之印——杨绍和郡望姓名字号藏书印。

绍和协卿——杨绍和名号藏书印。

协卿读过——杨绍和字号藏书印。

杨彦合读书印——杨绍和姓氏字号藏书印。

杨氏仲子——杨绍和姓氏排行藏书印。

识递藏：

从书页所钤藏书印及题识看，是书曾藏于长洲汪士钟"艺芸书舍"；咸丰初继藏于杨以增"海源阁"之"宋存书室"，由其子杨绍和递藏；今藏于国家图书馆。

诗集传名物钞八卷

识著述：

许谦（1269—1337），字益之，号白云山人，东阳（今浙江东阳）人，人称白云先生，元代著名经学家、教育家。谦学识渊博，举凡天文、地理、典章、制度、食货、刑法、文学、音韵、医经、术数以及释老，无不通晓，著有《诗集传名物钞》《观史治忽几微》《白云集》等。《诗集传名物钞》八卷，为许谦说解《诗经》并补苴朱熹《诗集传》之作。作者广搜先儒旧说，说解平和醇正，对《诗经》古义多所发明，足以补《诗集传》之缺遗，其中所考名物音训，颇有根柢。

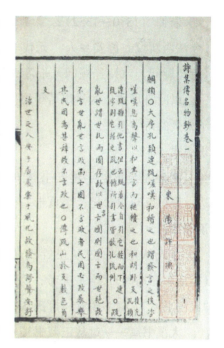

识版式：

此为明怡颜堂抄本；左右文武双边，上下单边；白口，单黑鱼尾；半页十行，行二十二字，小字双行同。

识印章：

黄冈刘氏绍炎过眼——刘卓云郡望姓氏字号藏书印。刘卓云（？—1940），字绍炎，黄冈（今湖北黄冈）人，民国藏书家。藏书楼名"校书堂""澹生堂"等，藏书印有"黄冈刘氏绍炎过眼""黄冈刘氏校书堂藏书记""澹生堂"等。

黄冈刘氏校书堂藏书记——刘卓云郡望姓氏藏书楼号藏书印。

识递藏：

从书页所钤藏书印看，是书曾藏于黄冈刘卓云"校书堂"；今藏于湖南省图书馆。

诗经疑问七卷附编一卷

识著述：

朱倬（1310—1352），字孟章，号仰源，新城（今江西新城）德安乡人，元代学者、经学家，著有《诗经疑问》。《诗经疑问》七卷，依《诗经》篇目编例，以问答形式依次举出若干疑问并做出解答，发扬了朱熹的诗学思想。

识版式：

此为元至正七年建安书林刘锦文刻本；四周双边；黑口，双黑鱼尾；半页十一行，行二十字。

识印章：

过氏从正——过从正姓氏名号藏书印。过从正（生活于嘉靖间），生平失考，明代藏书家。藏书楼名"大溪书屋"，藏书印有"过氏从正""大溪书屋"等。

大溪书屋——过从正藏书楼号藏书印。

毛晋——毛晋姓名藏书印。毛晋（1599—1659），常熟（今江苏常熟）人，明末著名经学家、文学家、刻书家、藏书家。藏书楼名"汲古阁"。详见《周易九卷》"毛晋"条。

汪士钟读书——汪士钟姓名藏书印。汪士钟（1786—？），长洲（今江苏苏州）人，清代著名藏书家。藏书楼名"艺芸书舍""三十五峰园"等。详见《周易九卷》"汪士钟"条。

铁琴铜剑楼——常熟瞿氏藏书楼号藏书印。详见《周易注疏》"铁琴铜剑楼"条。

菰里瞿镛——瞿镛郡望姓名藏书印。瞿镛（1794—1846），字子雍，昭文（今江苏常熟）古里人，清代著名藏书家，铁琴铜剑楼第二代主人。藏书楼名"铁琴铜剑楼"，详见《周易九卷》"瞿镛"条。

瞿秉渊印——瞿秉渊姓名藏书印。瞿秉渊（1820—1886），字镜之，一字敬之，昭文（今江苏常熟）古里人，瞿绍基之孙，瞿镛次子，清代著名藏书家，铁琴铜剑楼第三代主人。藏书印有"瞿秉渊印""恬裕斋镜之氏珍藏"等。

识递藏：

从书页所钤藏书印及题跋看，是书曾藏于明人过从正"大溪书屋"；又藏于常熟毛晋"汲古阁"；继藏于汪士钟"三十五峰园"；继藏于常熟瞿氏"铁琴铜剑楼"，由瞿镛、瞿秉渊父子递藏；今藏于国家图书馆。

诗经疏义二十卷

识著述：

　　朱公迁（生卒不详），字克升，饶州乐平（今江西乐平）人，元代经学家，著有《诗经疏义》。《诗经疏义》二十卷，乃注疏朱熹《诗集传》之书。其说诗墨守朱子家法，不逾纤毫。后其乡人王逢及其弟子何英，兼采众说，予以补充。

识版式：

　　此为明书林三峰叶景达刻本；左右双边，上下单边；黑口，双黑鱼尾，中刻书名；半页十一行，行二十一字，小字双行同。

识印章：

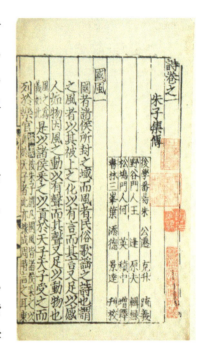

　　曾为徐紫珊所藏——徐渭仁姓氏字号藏书印。徐渭仁（1788—1855），字文台，一字文玺，号紫珊、子山、不寐居士，上海人，清代著名金石学家、书画家、藏书家。藏书楼名"春晖堂""西汉金镫之室""宝晋砚斋""千声室""万竹山房""寒木春华馆""隋轩"等，藏书印有"上海徐渭仁收藏印""上海徐紫珊收藏书画金石书籍印""徐紫珊秘箧印""曾为徐紫珊所藏""紫珊秘玩""紫珊所得善本""徐文台竹隐庵收藏印""文台""徐氏玉林堂印""春晖堂藏书""实事求是斋""七十二峰深处""半野草堂""撷芳亭""小凤石轩""寒木春华馆印"等。辑有《春晖堂丛书》《春晖堂法帖》《隋轩金石文字》。

　　康有为印——康有为姓名藏书印。康有为（1858—1927），原名祖诒，字广厦，号长素，又号明夷、更生、西樵山人、游存叟、天游化人，人称康南海，南海（今广东广州）丹灶苏村人，晚清重要政治家、思想家、教育家、经学家、诗人、藏书家，资产阶级改良主义代表人物。藏书楼名"云衢书屋""万木草堂""万木楼"，藏书印有"康有为""康有为印""南海康有为更生珍藏""更生""长素""南海康氏万木草堂珍藏""御赐天游阁"等。著有《新学伪经考》《孔子改制考》《戊戌奏稿》《大同书》《康南海先生诗集》等。

　　南海康有为更生珍藏——康有为郡望姓名字号藏书印。

识递藏：

从书页所钤藏书印及题跋看，是书曾藏于上海徐渭仁"春晖堂"；又藏于南海康有为"万木草堂"；今藏于上海图书馆。有康有为跋。

毛诗名物疏钞不分卷

识著述：

赵执信（1662—1744），字伸符，号秋谷，晚号饴山老人、知如老人，博山（今山东淄博博山）人，清代经学家、诗人、诗论家、书法家、藏书家。赵执信论诗强调"文意为主，言语为役"，所作诗文深沉峭拔，不乏反映民生疾苦之作。著有《毛诗名物疏钞》《礼俗权衡》《饴山诗集》《饴山文集》《诗余》《谈龙录》《声调谱》等。《毛诗名物疏钞》不分卷，详述治《诗》之流别得失，堪比乾隆诸师宗向汉学先声之举。

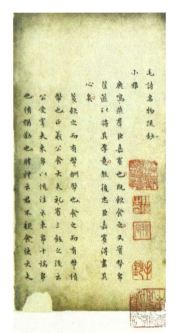

识版式：

此为清赵执信稿本；半页九行，行十七字。

识印章：

执信之印——赵执信名号藏书印。赵执信（1662—1744），字伸符，号秋谷，晚号饴山老人、知如老人，博山（今山东淄博博山）人，清代经学家、诗人、诗论家、书法家、藏书家。藏书楼名"饴山堂"，藏书印有"执信之印""秋谷""手钞"等。著有《毛诗名物疏钞》《礼俗权衡》《声调谱》《饴山诗集》《饴山文集》《诗余》《谈龙录》等。

秋谷——赵执信字号藏书印。

手钞——赵执信手抄本藏书印。

识递藏：

此书为博山赵执信稿本，必首藏于其"饴山堂"；民国时期又藏于安丘赵录绩之手；今藏于山东省博物馆。

诗经纂一卷

识著述:

邵晋涵（1743—1796），字与桐，号二云，又号南江，余姚（今浙江杭州）人，清代著名经学家、史学家、诗人、文学家、目录学家、藏书家，著有《诗经纂》《韩诗内传考》《穀梁正义》《孟子述义》《尔雅正义》《旧五代史考异》《皇朝大臣事迹录》《方舆金石编目》《南江札记》《南江诗文钞》《輶轩日记》等。《诗经纂》一卷，于《诗经》篇什字斟句酌，旁搜博引，而于名物制度、历史掌故考证尤详，乃详注《诗经》之书。

识版式:

此为清余姚邵晋涵稿本；半页十行，行二十四字，小字双行同。

识印章:

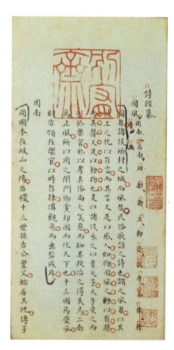

邵氏二云——邵晋涵姓氏字号藏书印。邵晋涵
（1743—1796），字与桐，一字二云，号南江，余姚（今浙江杭州）人，清代著名经学家、史学家、史志目录学家、诗人、藏书家。藏书楼名"重远楼"，藏书印有"邵晋涵印""晋涵""臣晋涵印""晋涵之印""晋涵笔记""邵氏二云""文渊阁校理""正定经文""我心写兮"等。著有《诗经纂》《韩诗内传考》《孟子述义》《穀梁正义》《尔雅正义》《輶轩日记》《方舆金石编目》《皇朝谥迹录》《南江诗文钞》《南江札记》等。

晋涵之印——邵晋涵名号藏书印。

我心写兮——邵晋涵藏书闲章。印语出《诗经·小雅·蓼萧》"既见君子，我心写兮"。

萧山朱鼎煦收藏书籍——朱鼎煦郡望姓名藏书印。朱鼎煦（1885—1967），字鄨父，又字鄨卿，号别宥、香勾等，萧山（今浙江萧山）人，近代著名版本目录学家、文物收藏家、鉴赏家、藏书家。藏书楼名"别宥斋""熙修阁""治书轩""乐寿堂""香勾室"等，藏书印有"朱鼎煦""朱鼎煦印""鼎煦""萧山朱鼎煦收藏书籍""萧山朱鼎煦别宥斋藏书印""别宥""朱别宥收藏记""朱别宥校""朱鄨卿""鄨卿""鄨卿心赏""萧山朱氏""朱家""朱千万""朱十七""香勾赏心""万黄斋""别宥斋""别宥斋收藏记""熙修阁""治书轩""乐寿堂""香勾室"等。编有《朱鼎煦藏书目录》。

别宥斋——朱鼎煦藏书楼号藏书印。

识递藏：

从书页所钤藏书印看，是书曾藏于作者余姚邵晋涵"重远楼"；又藏于宁波朱鼎煦"别宥斋"；今藏于宁波市天一阁博物馆。

经部·《礼》类

《礼》类小序

"礼"即"三礼",是儒家有关"礼"的三部经典《周礼》《仪礼》《礼记》的总称。"三礼"之中,《仪礼》率先位列"六经"和"五经",《周礼》《礼记》分别于唐、宋两代列于"九经"和"十三经",并称儒家经典。"三礼"之中,《周礼》载官制与制度,《仪礼》载礼仪规范,《礼记》杂记诸儒思想,是上古礼制的百科全书。

《周礼》本名《周官》,亦称《周官经》或《周官礼》,西汉刘歆始定其名曰《周礼》,东汉郑玄为之作注,《周礼》遂一跃而居于"三礼"之首,成为儒家的皇皇大典。《周礼》凡六篇,乃战国时期儒家学者在搜集周王朝官制和春秋各国制度的基础上,根据儒家的政治理想加以增损排比而成的制度汇编。《周礼》六官以天官冢宰、地官司徒、春官宗伯、夏官司马、秋官司寇、冬官司空为首,以治国、治官、治民为宗旨,展示了一套完整的国家典制。经学史上,《周礼》是最饱受争议的一部典籍。纪昀《四库全书总目·经部·礼类叙》云:"古称议《礼》如聚讼……所辩论求胜者,《周礼》一书而已。"其争议的焦点集中于作者与出处两端。关于《周礼》的作者,刘歆、贾公彦、班固、郑玄、孙诒让等古文学家认为,《周礼》乃周公"致太平之策";而与刘歆、郑玄同时的今文学家则认为,《周礼》非周公之所作,方苞、康有为等甚至指认此书乃刘歆窜乱改造而成;而以欧阳修、苏轼、苏辙、晁说之、胡安国等为代表的宋学派又各呈主见,对《周礼》一书或信或疑。至于《周礼》的出处,《经典释文》《隋书·经籍志》《(杜佑)通典》皆以为,河间献王得此书于民间,内缺《冬官》,乃以《考工记》补足献上;孔颖达《礼记正义》引郑玄《六艺论》,以为此书出孔子壁中。

《仪礼》古称《礼》或《士礼》,汉武帝时尊为《礼经》。《仪礼》凡十七篇,详细记载了古代各种习俗礼仪及贵族生活的内容,是现存最早的关于礼仪的典籍。经学史上,依纪昀"《仪礼》难读,儒者罕通,不能聚讼"的说法,争议不大,所可争者,唯作者与书之完缺两端而已。关于《仪礼》的作者,贾公彦等古文学派认为《仪礼》为周公所作,皮锡瑞等今文学派认为为孔子所定。至于《仪礼》是否为足本,邵懿辰等今文学家从根本上否认《逸礼》的存在,认为《仪礼》十七篇已包举一切礼仪,当为足本;古文学家则认为,《仪礼》十七篇外尚有《逸礼》三十九篇,故《仪礼》乃一残本。《仪礼》在汉代有三个传本,即"大戴本"(戴德本)、"小戴本"（戴圣本）和"《别录》本"（郑玄所注现行本），其中以"《别录》本""尊卑吉凶次第伦叙"清晰而最为流行，而清代今文学家则主张"大戴本"次第最优。

《礼记》原是累世相继的关于"礼"的札记，经由西汉经学家"大戴学"的开创者戴德和"小戴学"的开创者戴圣分别辑录，编选而为《大戴礼记》八十五篇和《小戴礼记》四十九篇。在流传过程中，《大戴礼记》已残，而《小戴礼记》独完，今本《礼记》即四十九篇本的《小戴礼记》。《礼记》四十九篇，多为孔门七十子之徒所记，主要记述和解释了先秦礼制和礼仪，记录了孔子与弟子们的问对，记述了修身做人的准则等，其内容广博，门类众多，涉及到了政治、经济、哲学、历史、祭祀、文艺、日常生活、历法、地理等诸多方面。东汉郑玄为之作注，从此，《礼记》由解说经文的著作一跃而成为经典，至唐代位列"九经"，至宋代位列"十三经"。纪昀认为"《礼记》辑自汉儒，某增某减，具有主名，亦无庸聚讼"，而正是这个"毋庸聚讼"的问题，成为历代经学家争议的焦点。班固《汉书·艺文志》谓《礼记》有"百三十一篇"，郑玄《六艺论》始分为《大戴记》和《小戴记》，陆德明《经典释文·叙录》首倡小戴删削《大戴记》以成《礼记》，《隋书·经籍志》又有小戴删削《大戴记》为四十六篇而马融又增益三篇为四十九篇的说法。

"礼"在汉代，有今、古文学两派门户之争。经学史上，《周礼》为古文学，《仪礼》为今文学，《礼记》就学派而言属今文学，就内容而言则兼具古今文学。汉初治《仪礼》者有大戴、小戴、庆氏三家，均立于学官；东汉郑玄遍注《仪礼》《周礼》《礼记》，始有"三礼"之名。郑玄兼通古今文学，不以一家擅场，其所注"三礼"亦古今兼通；晋初王肃所作《三礼解》及《仪礼·丧服传》，虽皆与郑注立异，而混淆今古文学之弊甚于郑玄；唐贾公彦《仪礼义疏》则以郑注为宗，郑学赖以保存；宋学大倡"疑古"之风，朱熹及其弟子黄榦撰《仪礼经传通解》，以《仪礼》为经，以《周礼》为传，混合"三礼"以谈"礼"，参以众说，断以己意，较郑玄更甚；元儒吴澄《仪礼逸经传》、汪克宽《经解补佚》、敖继公《仪礼集说》等，上承宋儒"疑古"之风，发扬了宋学。此《礼》学门户之大较也。

今所选录，计有《周礼十二卷》《周礼十二卷周礼图一卷》《附释音周礼注疏》《仪礼注疏十七卷》《仪礼经传通解》《仪礼十七卷仪礼图十七卷旁通图一卷》《礼记二十卷》《礼记二十卷释文四卷》《大戴礼记十三卷》《监本纂图重言重意互注礼记二十卷》《礼记正义七十卷》《礼记日录三十卷图解一卷》《新定三礼图二十卷》《家礼五卷附录五卷》十四种，以见"三礼"流播之冰山一角。

周礼十二卷

识著述：

《周礼》亦称《周官》，传为西周时期著名政治家、思想家、军事家、文学家周公姬旦所著，是一部通过官制表达治国方略的经典著作。其内容涉及到社会生活的方方面面，而所载"礼"的体系最为系统，它既涵盖了祭祀、朝觐、封国、巡狩、丧葬等国家大典，又包括了用鼎、乐悬、车骑、服饰、礼玉等制度的具体规范，还包括了各种礼器的等级、组合、形制、度数的记载，堪称中国文化史的宝库。东汉经学大师郑玄为之作注，由于郑玄的崇高学术声望，《周礼》一跃而居《三礼》之首，成为儒家的皇皇大典。

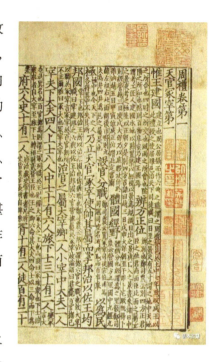

识版式：

此为宋婺州市门巷唐宅刻本；左右双边，上下单边；白口，单黑鱼尾；半页十三行，行二十五至二十八字，小字双行三十五字。

识印章：

周良金印——周良金姓名藏书印。周良金（生活于嘉隆间），毗陵（今江苏常州武进）人，明代著名藏书家。藏书楼名"周玉斋金汉石之馆"。详见《吕氏家塾读诗记》"周良金"条。

毗陵周氏九松迁叟藏书记——周良金郡望姓氏字号藏书印。

周玉斋金汉石之馆——周良金藏书楼号藏书印。

高岱——高岱姓名藏书印。高岱（生活于康熙年间），字砺山，号旷庵、石喦、石间，绍兴府余姚（今浙江慈溪匡堰镇高家村）人，入籍钱塘（今浙江杭州），高士奇之孙，清代诗人、书法家、藏书家。藏书楼名"瓶庐"，藏书印有"高岱""高岱之印""高岱私印""高岱图书""臣岱私印""石喦氏""旷庵"等。著有《金台小草》《瓶庐诗稿》等。

英和私印——英和姓名藏书印。索绰络·英和（1771—1840），初名石桐，字树琴，一字定圃，号煦斋，索绰络氏，满洲正白旗人，清代诗人、书法家、藏书家。藏书楼名"恩福堂""恩庆堂""欢颐山墅"等，藏书印有"英和私印""臣和恭藏""煦斋藏庋""恩福堂藏书记""宫保世家""南斋翰林左翼总兵""身在万里半天下"等。著有《春秋左传读本》《恩福堂笔记》《恩庆堂集》等。

恩福堂藏书印——英和藏书楼号藏书印。

阮氏小云过目——阮常生姓氏字号藏书印。阮常生（1788—1833），一作长生，字彬甫、寿昌，号小云，扬州（今江苏扬州仪征）人，阮元长子，清代经学家、诗人、书法家、篆刻家、藏书家。藏书楼名"团云书屋"，藏书印有"阮氏小云过目"等。著有《后汉洛阳宫室图考》《印谱》《团云书屋诗钞》《小云吟馆诗钞》等。

何绍基印——何绍基姓名藏书印。何绍基（1799—1873），字子贞，号东洲，别号东洲居士，晚号蝯叟，一作猿叟，道州（今湖南道县）人，书法家何凌汉之子，清代经学家、文字学家、校勘学家、诗人、书法家、藏书家。藏书楼名"东洲草堂""云龙万宝书楼""惜道味斋""眠琴阁""浣花楼""剑光阁"，藏书印有"何绍基印""何绍基鉴藏""道州何绍基印""何绍基子贞印""子贞""蝯叟""蝯叟眼福""道州何氏""道州何氏珍藏""道州何氏云腴山房""道州何氏收藏图书印""道州何氏云龙万宝书楼""东洲草堂""东洲草堂藏书画记""云龙万宝之轩""云龙万宝书楼""眠琴阁珍藏""剑光阁印""读异书饮美酒赏名花对丽人"等。编有《东洲草堂藏书目》，著有《惜道味斋经说》《说文段注驳证》《水经注勘误》《东洲草堂诗文集》等。

何绍业观——何绍业姓名印。何绍业（1799—1839），字子毅，号研芸，道州（今湖南道县）人，何凌汉之子，何绍基孪生兄弟，清代书画家、篆刻家。

汪喜孙印——汪喜孙姓名藏书印。汪喜孙（1786—1847），后更名喜筍，字孟慈，一字孟伯，号筍叔，扬州府甘泉（今江苏扬州邗江）人，学者汪中之子，清代经学家、文学家、音韵学家、训诂学家、藏书家。藏书楼名"问礼堂""抱璞斋"，藏书印有"汪喜筍印""汪喜孙孟慈氏""王大喜孙""喜孙秘籍""喜孙校本""孟慈""江都汪氏孝子祠收藏印信""江都汪氏问礼堂收藏印"等。著有《丧服答问纪实》《汪孟慈集》《抱璞斋诗集》《汪氏学行记》《容甫先生年谱》《汪容甫年表》《海外墨缘》等。

汪大喜孙——汪喜孙姓名藏书印。

喜孙秘籍——汪喜孙名号藏书印。

江都汪氏问礼堂收藏印——汪喜孙郡望姓氏藏书楼号藏书印。

汪延熙印——汪延熙姓名藏书印。汪延熙（生活于嘉道间），汪喜孙次子。

汪介徽印——汪介徽姓名藏书印。汪介徽（生活于嘉道间），汪喜孙三子。

以增之印——杨以增名号藏书印。杨以增（1787—1855），聊城（今山东聊城）东昌府区人，清代藏书家。藏书楼名"海源阁"。详见《韩鲁齐三家诗考》"杨以增"条。

四经四史之斋——杨以增"海源阁"藏书楼分号藏书印。

臣绍和印——杨绍和名号藏书印。杨绍和（1830—1875），聊城（今山东聊城）东昌府区人，海源阁第二代主人，清代著名目录学家、藏书家。藏书楼名"海源阁"。详见《韩鲁齐三家诗考》"杨绍和"条。

彦合——杨绍和字号藏书印。

周暹——周叔弢姓名藏书印。周叔弢（1891—1984），原名暹，字叔弢，以字行，安徽建德（今东至县）人，现代著名政治家、实业家、收藏家、藏书家。藏书楼名"自庄严堪""寒在堂""双南华馆""一卷孝经堂"等，藏书印有"周暹""周叔子""弢翁珍秘""曾经周叔弢处""周叔弢手校图书""建德周氏藏书""同心庵""孝经一卷人家"等。著有《弢翁藏书题识》《自庄严堪善本书目》《诸家藏印记辑》等。

识递藏：

从书页所钤藏书印及题识看，是书曾藏于武进周良金"周玉斋金汉石之馆"；又藏于余姚高岱"瓶庐"；继藏于满洲正黄旗英和"恩福堂"，仪征阮常生曾借观；继藏于道州何绍基"东洲草堂"，其弟何绍业曾借观；继藏于甘泉汪喜孙"问礼堂"，由其子汪延熙、汪介徽递藏；继藏于聊城杨以增"海源阁"之"四经四史之斋"，由其子杨绍和递藏；继藏于建德周暹"寒在堂"；今藏于国家图书馆。有劳健补跋。

周礼十二卷周礼图一卷

识著述：

　　《周礼》（亦称《周官》），传为西周时期著名政治家、思想家、文学家、军事家周公旦所著，是一部通过官制表达治国方略的经典著作。其内容涉及到社会生活的方方面面，而所载礼的体系最为系统，它既涵盖了祭祀、朝觐、封国、巡狩、丧葬等国家大典，又包括了用鼎、乐悬、车骑、服饰、礼玉等制度的具体规范，还包括了各种礼器的等级、组合、形制、度数的记载，堪称中国文化史的宝库。东汉经学大师郑玄为之作注，由于郑玄的崇高学术声望，《周礼》一跃而居"三礼"之首，成为儒家的皇皇大典。

识版式：

　　此为宋刻本；四周文武双边；白口，双黑鱼尾；半页十一行，行二十字，小字双行二十七至二十八字。

识印章：

　　陈于王印——陈于王姓名藏书印。陈于王（约生活于康雍年间），字健夫，号圣嘉，苏州（今江苏苏州）人，入沈阳隶汉军，后居顺天宛平（今北京丰台），清代诗人、藏书家。藏书楼名"西峰草堂"，藏书印有"陈于王印""圣嘉"等。著有《西峰草堂杂诗》。

　　圣嘉——陈于王字号藏书印。

　　纬萧草堂藏书记——宋筠藏书楼号藏书印。宋筠（1681—1760），字兰挥，号晋斋，商邱（今河南商丘）西陂人，藏书家宋荦次子，清代诗人、文学家、藏书家。藏书楼名"青纶馆""鱼麦堂""渌波园""藏真精舍""纬萧草堂"等，藏书印有"宋筠""筠""晋斋""兰挥""兰挥氏""商邱宋筠兰挥氏""雪苑宋氏兰挥藏书记""雪苑兰挥藏书记""宋氏兰挥藏书善本""己丑进士""三晋提刑""微子世家""太史图书""纬萧草堂藏书记""友竹轩""鱼麦堂""和松庵""藏真精舍偶得""疏窗绿影""江枫雨菊""随处体认""细嚼梅花读杜诗""风月无边竹交翠""一官常憎处非才""户映花丛当下帘"等。编有《青纶馆藏书目录》，著有《商丘宋氏家乘》《渌波园诗集》《使滇录》等。

葆采——张葆采名号藏书印。张葆采（生活于乾嘉道间），字子实，一字仲实，又字实父，号筠生，又号敬梅庵主，泽州府阳城（今山西阳城）人，藏书家、数学家张敦仁次子，清代藏书家。家有藏书楼名"与古楼""省训堂"，藏书印有"葆采"等。

广圻审定——顾广圻名号藏书印。顾广圻（1766—1835），字千里，号涧蘋、涧蘋、无闷子，别号思适居士、一云散人、万卷书生，元和（今江苏苏州）人，清代著名经学家、校勘学家、目录学家、藏书家。藏书楼名"思适斋"，藏书印有"顾广圻印""广圻审定""顾千里经眼记""千翁""顾涧蘋藏书""陈黄门侍郎三十五代孙""时思误书亦是一适"等。著有《思适斋集》，录其校书、刻书的序跋。

汪喜筍印——汪喜孙姓名藏书印。汪喜筍（1786—1847），扬州府甘泉（今江苏扬州邗江）人，清代经学家、文学家、音韵学家、训诂学家、藏书家。藏书楼名"问礼堂"等。详见《周礼》"汪喜孙"条。

江都汪氏孝子祠收藏印信——汪喜孙郡望姓氏藏书印。

识递藏：

从书页所钤藏书印看，是书曾藏于清初顺天陈于王"西峰草堂"；继藏于商丘宋筠"纬萧草堂"；继藏于阳城张葆采"与古楼"，由元和顾广圻审定；继藏于江都汪喜孙"问礼堂"；今藏于北京大学图书馆。

附释音周礼注疏四十二卷

识著述：

　　郑玄（127—200），字康成，北海郡高密（今山东高密）人，东汉末年儒家学者、经学大师。郑玄治学以古文经学为主，兼采今文经学。郑玄遍注群经，而于"三礼"用力最深，成就最高。著有《周易注》《古文尚书注》《毛诗传笺》《三礼注》《孝经注》《论语注》等；贾公彦（生卒不详），唐州永年（今河北邯郸永年）人，唐代著名儒家学者、经学家。《周礼注疏》四十二卷，乃贾公彦选用郑注《周礼》本，综汇诸家经说，仿照《五经正义》体例结撰而成，是研究《周礼》的权威注本。

识版式：

　　此为元刻明修本；左右文武双边，上下单边；白口或黑口，双黑鱼尾，中刻书名；半页十行，行十七字，小字双行二十三字。

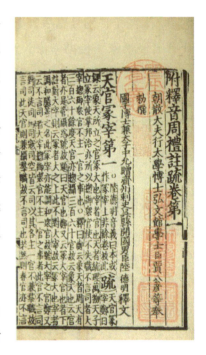

识印章：

　　文天祥印——文天祥姓名藏书印。文天祥（1236—1283），初名云孙，字宋瑞，又字履善，号浮休道人、文山，吉州庐陵（今江西吉安）人，南宋末年政治家、诗人、抗元名臣、民族英雄。著有《文山先生全集》。存世印章有"天祥""履善""文氏天祥"等。

　　天锡陆氏珍藏——陆天锡姓名藏书印。陆天锡（约生活于康雍年间），字思顺，南直隶松江府上海县（今上海浦东）人，明代文学家、藏书家陆深六世孙，清代诗人、书法家、藏书家。藏书印有"天锡陆氏珍藏"。

　　吴越王孙——钱慧安世系藏书印。钱慧安（1833—1911），初名贵昌，字吉生，号清溪樵子、清路渔子、退一老人，又号双管楼主，宝山（今上海浦东）高桥镇花园浜村人，清代著名画家、藏书家。藏书楼名"双管楼"，藏书印有"钱慧安""慧安""钱吉生""吉生""吴越王孙""武穆王二十八世孙""双管楼""宸宫育德"等。著有《清溪画谱》。

　　宸宫育德——钱慧安藏书闲章。

识递藏:

从书页所钤藏书印看，是书曾藏于庐陵文天祥之手；又藏于上海陆天锡之手；又藏于上海钱慧安"双管楼"；今藏于上海图书馆。

仪礼注疏十七卷

识著述：

郑玄（127—200），字康成，北海郡高密（今山东高密）人，东汉末年儒家学者、经学大师。郑玄治学以古文经学为主，兼采今文经学。郑玄遍注群经，而于"三礼"用力最深，成就最高。著有《周易注》《古文尚书注》《毛诗传笺》《三礼注》《孝经注》《论语注》等；贾公彦（生卒不详），唐州永年（今河北邯郸永年）人，唐代著名经学家。《仪礼注疏》十七卷，乃贾公彦以郑注《仪礼》为底本，综汇唐以前诸家经说，仿照《五经正义》体例，撰为此书。此书对研究先秦儒家思想、社会习俗和礼制具有重要的资料价值。

识版式：

此为明嘉靖常州知府遂昌应槚刻本；四周双边；白口，单黑鱼尾，中刻书名、卷次、页码；半页九行，行十八字，小字双行同。

识印章：

叶德辉鉴藏善本书籍——叶德辉姓名藏书印。叶德辉（1864—1927），字奂彬，一字渔水，又字奂份，号直山，又号直心，别号郋园，自署朱亭山民、丽楼主人，人称叶麻子，湘潭（今湖南湘潭）人，清末民初著名文字学家、版本学家、出版家、藏书家。藏书楼名"观古堂""丽楼"，藏书印有"叶德辉""叶德辉奂彬甫藏阅书""叶德辉鉴藏善本古籍""德辉""奂彬""郋园""郋园过目""朱亭山人""直山所见书画""叶氏丽楼藏书""长沙叶氏郋园藏书处曰丽楼""丽楼珍藏""观古堂藏""观古堂鉴藏善本""吏部司封""吏部司封员外郎"等。编有《观古堂汇刻书》《双梅景暗丛书》等，著有《书林清话》《六书古微》等。

定侯审定——叶启勋字号藏书印。叶启勋（1900—1972），字定侯，号更生、南阳毂人，别号拾经主人、玉碣后人，长沙（今湖南长沙）苏家巷人，藏书家叶德辉三弟叶德炯次子，现代著名目录学家、藏书家。藏书楼名"拾经楼"，藏书印有"叶启勋""叶氏启勋读过""启勋珍赏""定侯审定""定侯所藏""拾经主人""拾经楼"等。著有《拾经楼紬书录》《四库全书目录版本考》《郋园先生全书序》等。

拾经主人——叶启勋别号藏书印。

叶启发东明审定善本——叶启发姓名字号藏书印。叶启发（1905—1952），字东明，号华鄂主人、朴学庐主，长沙（今湖南长沙）苏家巷人，藏书家叶德辉三弟德炯之子，叶启勋胞弟，现代知名藏书家、目录学家。藏书楼名"华鄂堂""宝书室""朴学庐"，藏书印有"叶氏启发""叶启发藏""叶启发家藏书""叶启发读书记""叶启发东明审定善本""叶东明印""东明所藏""东明鉴藏""洞庭山西洞庭湖南人"等。著有《华鄂堂读书小识》。

识递藏：

从书页所钤藏书印及题跋看，是书曾藏于湘潭叶德辉"观古堂"；继藏于长沙叶启勋、叶启发"拾经楼""华鄂堂"；今藏于湖南省图书馆。有叶启发跋。

仪礼经传通解三十七卷

识著述：

朱熹（1130—1200），小名沈郎，小字季延，字元晦，一字仲晦，号晦庵，晚称晦翁，又称紫阳先生、考亭先生、沧州病叟、云谷老人、逆翁，谥文，世称朱文公，祖籍南宋江南东路徽州府婺源县（今江西婺源），生于南剑州尤溪（今福建三明），南宋著名理学家、教育家、诗人，世称朱子，是孔孟以来最杰出的儒学大师，著有《周易本义》《周易参同契考异》《朱文公易说》《诗集传》《仪礼经传通释》《孝经刊误》《四书或问》《论孟精义》《小学集注》《伊洛渊源录》《近思录》《楚辞集注》《通鉴纲目》等。《仪礼经传通解》三十七卷，是朱子在充分占有文献材料的基础上，通过独特的分类，将礼学资料予以条理化，影响巨大，是研究朱子和经学的必读之作。

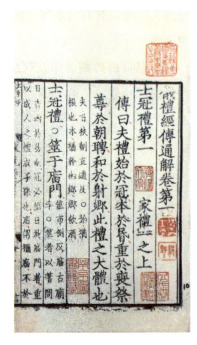

识版式：

此为宋嘉定十年南康道院刻元明递修本；左右文武双边，上下单边；黑口，双黑鱼尾，中刻书名、卷次、页码；半页七行，行十五字，小字双行同。

识印章：

海叟氏——袁凯字号藏书印。袁凯（生活于元末明初），字景文，号海叟，人称"袁白燕"，松江府华亭（今上海奉贤）陶宅人，明初诗人、藏书家。著有《海叟集》。

沈士登印——沈士登姓名藏书印。沈士登（生活于弘治嘉靖间），字耕野，松陵（江苏苏州）人，明代书画家、藏书家。藏书印有"沈士登印""耕野"等。

耕野——沈士登字号藏书印。

高氏鉴定宋刻板书——高濂姓氏藏书印。高濂（生活于嘉靖万历间），字深甫，号瑞南道人，钱塘（今浙江杭州）人，明代著名诗人、词人、戏曲家、养生学家、藏书家。藏书楼名"山满楼""妙赏楼""雅尚斋"，藏书印有"武林高氏瑞南藏书画记""武林高瑞南家藏书画印""武林高深甫妙赏楼藏书""高丙家藏""高氏鉴定宋刻板书""古杭高氏藏书印""妙赏楼藏书""五岳贞形"等。著有《雅尚斋诗草二集》《芳芷栖词》《玉簪记》《节孝记》《遵生八笺》《牡丹花谱》《兰谱》等。

毛晋——毛晋姓名藏书印。毛晋（1599—1659），常熟（今江苏常熟）人，明末著名经学家、文学家、刻书家、藏书家。藏书楼名"汲古阁"。详见《周易九卷》"毛晋"条。

汲古主人——毛晋别号藏书印。

宋本——毛晋藏书版本藏书印。

甲——毛晋藏书等级藏书印。

莲泾——王闻远字号藏书印。王闻远（1663—1741），字声宏，一字叔子，号莲泾，晚号灌稼村翁、太原叔子、右军后人等，太仓州（今江苏苏州太仓）人，清代目录学家、金石学家、藏书家。藏书楼名"孝慈堂""率真书屋""四美轩"等，藏书印有"王闻远印""华亭王闻远印""莲泾""莲泾珍藏""王莲泾钞书记""东吴王莲泾藏书画记""灌稼村翁""太原叔子藏书记""王氏图书""青毡是我家旧物""拥书岂薄福所能"等。编有《孝慈堂书目》，著有《金石契言》。

灌稼村翁——王闻远晚号藏书印。

太原叔子藏书记——王闻远晚号藏书印。

八千卷楼藏阅书——丁丙藏书楼号藏书印。丁丙（1832—1899），钱塘（今浙江杭州）人，清末著名经学家、诗人、金石学家、目录学家、藏书家。总藏书楼名"嘉惠堂"。详见《周易本义》"丁丙"条。

济阳文府——丁丙藏书楼分号藏书印。

识递藏：

从书页所钤藏书印及题跋看，是书曾藏于元末明初华亭袁凯之手；继藏于松陵沈士登之手；继藏于钱塘高濂"妙赏楼"；继藏于常熟毛晋"汲古阁"；继藏于太仓王闻远"孝慈堂"；又藏于钱塘丁丙"嘉惠堂"之"八千卷楼""济阳文府"；今藏于南京图书馆。有丁丙跋。

仪礼十七卷仪礼图十七卷旁通图一卷

识著述：

杨复（生平不详），朱熹弟子。朱熹殁后，杨复从事讲学，弘扬程朱理学，著有《丧祭礼》《仪礼图》等。《仪礼图》十七卷，全录《仪礼》十七篇经文，疏解文意，均以图示，共二百零五幅。又按宫庙门、冕弁门、牲鼎礼器门等分类作图二百零五幅，为《旁通图》一卷。

识版式：

此为元刻明修本；左右双边，上下单边；白口或黑口，双黑鱼尾；半页十行，行二十字，小字双行同。

识印章：

醖舫珍藏——朱彝尊字号藏书印。朱彝尊（1629—1709），秀水（今浙江嘉兴）人，清代经学家、史学家、诗人、词人、藏书家。藏书楼名"曝书亭"等。详见《周易本义》"朱彝尊"条。

查氏悔余印——查慎行姓氏字号藏书印。查慎行（1650—1727），初名嗣琏，字夏重，号查田，后改名慎行，字悔余，号他山，晚号查初白，杭州府海宁花溪（今浙江海宁袁花镇）人，清代诗人、词人、文学家、诗歌评论家、藏书家。藏书楼名"得树楼""初白庵""敬业堂"，藏书印有"查慎行""查慎行印""查田查慎行""慎行""海宁查慎行""海宁查慎行字夏重又字悔余""查慎行字夏重""查慎行一字悔余""查氏悔余印""悔余""查氏初白""查初白印""初白庵主""初白庵主人""得树楼藏书""南书房史官""希古"等。著有《敬业堂诗集》《查初白诗评十二种》《鹅湖书院志》等。

马玉堂——马玉堂姓名藏书印。马玉堂（生活于道咸间），盐官（今浙江海宁）人，清代目录学家、藏书家。藏书楼名"汉唐斋"等。详见《周易本义》"马玉堂"注。

笏斋——马玉堂字号藏书印。

吴江凌氏藏书——凌淦郡望姓氏藏书印。凌淦（1833—1895），字丽生，一字砺生，号退庵，又号东海季连，吴江（今江苏苏州吴江）莘塔人，清代诗人、医学家、藏书家。藏书楼名"退修室""退修书舍"，藏书印有"吴江凌氏藏书"等。辑有《松陵文录》，著有《退庵医案》等。

强圉柔兆——丁申姓名（岁星纪年）藏书印。丁申（1829—1887），原名丁壬，字竹舟，号礼林，钱塘（今浙江杭州）人，清代金石学家、藏书家，与弟丁丙号称"双丁"。藏书楼名"嘉惠堂"，藏书印有"强圉柔兆"等。撰有《武林藏书录》。

强圉涒滩——丁丙姓名（岁星纪年）藏书印。丁丙（1832—1899），钱塘（今浙江杭州）人，清末著名经学家、诗人、金石学家、目录学家、藏书家。总藏书楼名"嘉惠堂"。详见《周易本义》"丁丙"条。

识递藏：

从书页所钤藏书印及题跋看，是书曾藏于秀水朱彝尊"曝书亭"；继藏于海宁查慎行"得树楼"；继藏于海宁马玉堂"汉唐斋"；继藏于吴江凌淦"退修室"；继藏于钱塘丁申、丁丙兄弟之"嘉惠堂"；今藏于南京图书馆。有丁丙跋。

礼记二十卷

识著述：

郑玄（127—200），字康成，北海郡高密（今山东高密）人，东汉末年儒家学者、经学大师。郑玄治学以古文经学为主，兼采今文经学。郑玄遍注群经，而对"三礼"用力最深，成就最高。著有《周易注》《古文尚书注》《毛诗传笺》《三礼注》《孝经注》《论语注》等。郑注《礼记》二十卷，厘清了"三礼"的内容，订正了经文的错谬，补充了许多经文之外的材料，丰富了文献内容。郑注博综古今，广洽精详，兼采异说，对后人研究汉代学术史大有裨益。其对礼义的阐发，有助于汉代政治思想史的研究，既如研究古文字学、音韵学、训诂学等，也离不开郑注。

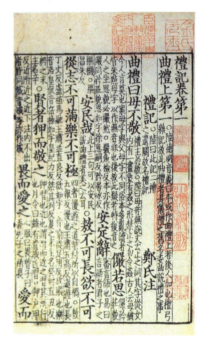

识版式：

此为北宋建阳余仁仲万卷堂家塾刻本；左右双边，上下单边；细黑口，双黑鱼尾；半页十一行，行十九字，小字双行二十七字。

识印章：

金氏元玉——金琮姓氏字号藏书印。金琮（1449—1501），字元玉，自号赤松山农、云间漫叟，金陵（今江苏南京）人，明代著名书画家、藏书家。藏书楼名"金芝丹室"，藏书印有"江东金琮元玉""金氏元玉""元玉""积玉""金芝丹室""云间漫叟"等。

张隽之印——张隽姓名藏书印。张隽（生卒不详），字非仲，一字文通，号西庐，吴江（今江苏苏州）人，明末清初遗民诗人、文学家、藏书家。藏书印有"张隽之印""张隽一字文通""字文通""一字文通"等。著有《西庐诗草》《西庐文集》《象历》等。

小怀醽舫所藏金石书籍印——陆润庠藏书楼号藏书印。陆润庠（1841—1915），字凤石，号云洒、固叟，元和（今江苏苏州）人，清末著名诗人、书法家、画家、藏书家。藏书楼名"小怀醽舫"，藏书印有"陆润庠印""臣润庠奉敕审定内府经籍金石书画""凤石""小怀醽舫""小怀醽舫所藏金石书籍印""元和陆氏藏书""甲戌状元""翰林供奉""太傅衔太保""清太保大学士""酒龙诗虎""双鱼"等。

臣润庠奉敕审定内府经籍金石书画——陆润庠奉敕鉴定金石书画印。

周暹——周叔弢姓名藏书印。周叔弢（1891—1984），建德（今安徽东至县）人，现代著名政治家、实业家、收藏家、藏书家。藏书楼名"寒在堂"等。详见《周礼》"周暹"条。

识递藏：

从书页所钤藏书印与题跋看，是书曾藏于金陵金琮"金芝丹室"；又藏于无锡安国"桂坡馆"；又藏于吴江张隽之手；又藏于元和陆润庠"小怀醽舫"；又藏于建德周叔弢"寒在堂"；今藏于国家图书馆。有周叔弢跋。

礼记二十卷释文四卷

识著述：

郑玄（127—200），字康成，北海郡高密（今山东高密）人，东汉末年儒家学者、经学大师。郑玄治学以古文经学为主，兼采今文经学。郑玄遍注群经，而对"三礼"用力最深，成就最高。著有《周易注》《古文尚书注》《毛诗传笺》《三礼注》《孝经注》《论语注》等。郑注《礼记》二十卷，厘清了"三礼"的内容，订正了经文的错谬，补充了许多经文之外的材料，丰富了文献的内容。郑注博综古今，广治精详，兼采异说，对后人研究汉代学术史大有裨益。其对礼义的阐发，有助于汉代政治思想史的研究。

识版式：

此为宋淳熙四年抚州公使库刻咸淳九年高梦炎重修本；四周文武双边；白口，双黑鱼尾，中刻书名、卷次，下刻页码；半页十行，行十六字，小字双行二十四字。

识印章：

乾学——徐乾学名号藏书印。徐乾学（1631—1694），昆山（今江苏昆山）人，清代著名经学家、史学家、文学家、文献学家、藏书家。藏书楼名"传是楼"。详见《周易九卷》"徐乾学"条。

徐健庵——徐乾学姓氏字号藏书印。

顾汝修印——顾汝修姓名藏书印。顾汝修（1708—1792），字息存，号密斋，资州（今四川内江）人，清代著名经学家、教育家、外交家、诗人、金石学家、书法家、藏书家。藏书楼名"迟云楼"，藏书印有"顾汝修印""宜子孙印"等。著有《经史编》《谈助编》《知困草》《朗山吟》《迟云楼尺牍》《四勿箴》《味竹轩诗文集》等。

宜子孙印——顾汝修藏书闲章。

汪士钟曾读——汪士钟姓名藏书印。汪士钟（1786—?），长洲（今江苏苏州）人，汪文琛之子，清代著名藏书家。藏书楼名"艺芸书舍""三十五峰园"等，详见《周易九卷》"汪士钟"条。

以增之印——杨以增名号藏书印。杨以增（1787—1855），晚号冬樵，聊城（今山东聊城）东昌府区人，清代藏书家。藏书楼名"海源阁"。详见《韩鲁齐三家诗考》"杨以增"条。

至堂——杨以增字号藏书印。

四经四史之斋——杨以增海源阁藏书楼分号藏书印。

宋本——海源阁藏书版本藏书印。

杨绍和藏书——杨绍和姓名藏书印。杨绍和（1830—1875），聊城（今山东聊城）东昌府区人，杨以增次子，海源阁第二代主人，清代著名目录学家、藏书家。藏书楼名"海源阁"。详见《韩鲁齐三家诗考》"杨绍和"条。

识递藏：

从书页所钤藏书印及题跋看，是书曾藏于昆山徐乾学"传是楼"；又藏于资州顾汝修"迟云楼"；继藏于元和顾广圻"小读书堆"；继藏于长洲汪士钟"艺芸书舍"；又藏于聊城杨以增"海源阁"之"四经四史之斋"，由其子杨绍和递藏；今藏于国家图书馆。有顾广圻跋。

大戴礼记十三卷

识著述：

戴德（约前99—前23），字延君，梁国睢阳（今河南商丘睢阳）人，西汉今文礼学"大戴学"的开创者。卢辩（？—557），字景宣，范阳郡涿县（今河北涿州）人，北朝著名经学家，著有《称谓》《坟典》，注有《大戴礼记》。戴德与兄子戴圣同学《礼》于后苍，宣帝时立为博士，世称"大

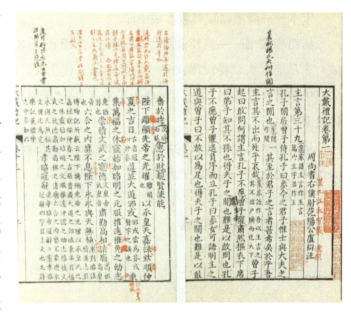

戴"，其书亦称"太傅《礼》"。曾选集古代各种有关礼义论述，编成《大戴礼记》八十五篇，今残。在汉代，《大戴礼记》与《小戴礼记》并行流传，而自东汉郑玄为《小戴礼记》作注，逐渐成为经典，至唐代列为"九经"，至宋代列为"十三经"之后，《大戴礼记》长期受到冷落，幸赖北周学者卢辩之注释得以流传。

识版式：

此为清刻本。四周单边；白口，单黑鱼尾，上刻书名，中刻卷次、页码；半页十行，行二十一字，小字双行同。

识印章：

戈小莲秘笈印——戈襄姓氏字号藏书印。戈襄（1765—1827），字小莲，吴县（今江苏苏州）人，词人、藏书家戈载之父，清代藏书家。藏书楼名"半树斋"，藏书印有"戈襄""小莲居士""小莲校本""戈小莲秘笈印""戈氏藏书""半树斋戈氏藏书印"等。著有《半树斋文集》。

小莲校本——戈襄字号藏书印。

甲子丙寅韩德均钱润文夫妇两度携书避难记——韩德均钱润文夫妇姓名遭遇藏书印。韩德均（1898—1930），字子谷，号荀庐，松江娄县（今上海松江）人，著名藏书家韩应陛之孙，近代著名藏书家。藏书楼名"读有用书斋"，藏书印有"韩德均藏宋本""韩德均所藏善本书籍""松江读有用书斋金山守山阁两后人韩德均钱

润文夫妇之印""甲子丙寅韩德均钱润文夫妇两度携书避难记"等。其妻钱润文乃金山卫藏书家守山阁主人钱熙祚后人，近代书画家、藏书家。夫妇俩曾于1924年、1926年为避战火，两度转移家藏善本。

蒋祖诒读书记——蒋祖诒姓名藏书印。蒋祖诒（1902—1973），字穀孙，吴兴（今浙江湖州吴兴）南浔人，藏书家蒋汝藻长子，现代鉴赏家、藏书家。藏书楼名"密均楼""碑英阁""思适斋"，藏书印有"蒋祖诒""蒋祖诒印""蒋祖诒读书记""穀孙""穀孙鉴藏""穀孙秘笈""蒋穀孙金石缘""密均楼""碑英阁"等。著有《思适斋集外书跋辑存》。

识递藏：

从书页所钤藏书印及题跋看，是书曾藏于吴县戈襄"半树斋"；又藏于娄县韩德均钱润文夫妇"读有用书斋"；继藏于乌程蒋祖诒"密均楼"；今藏于国家图书馆。有惠栋、戈襄校跋，顾广圻批校。

监本纂图重言重意互注礼记二十卷

识著述：

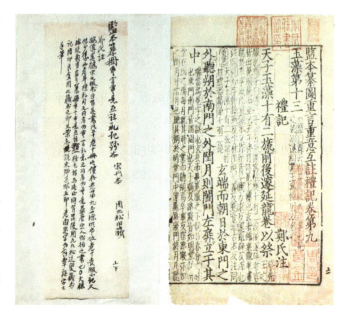

郑玄（127—200），字康成，北海郡高密（今山东高密）人，东汉末年儒家学者、经学大师。郑玄治学以古文经学为主，兼采今文经学。郑玄遍注群经，而于"三礼"用力最深，成就最高；陆德明（约550—630），名元朗，字德明，吴县（今江苏苏州）人，隋末唐初著名的经学家、音韵学家、训诂学家，"秦王府十八学士"之一，著有《周易注》《周易兼义》《易释文》《经典释文》等。《监本纂图重言重意互注礼记》二十卷，乃采用国子监监本、为宋代科举考试服务的帖括之书，内容包括《礼记》正文、何晏"集解"和唐陆德明"音义"，有图有注，并加入了宋人的"重言""重意""互注"及句读，"重言""重意"将本书文字相同或意思相同的语句注出，有助于读者理解与记忆。其书校勘精审，虽云帖括而犹存古注，于读者读经释传大有裨益。

识版式：

此为宋刻本；左右双边，上下单边；黑口，双黑鱼尾；半页十行，行十八字，小字双行二十四字。存二卷。

识印章：

周良金印——周良金姓名藏书印。周良金（生活于嘉隆间），毗陵（今江苏常州武进）人，明代著名藏书家。藏书楼名"周玉斋金汉石之馆"。详见《吕氏家塾读诗记》"周良金"条。

毗陵周氏九松迁叟藏书记——周良金郡望姓氏字号藏书印。

周氏藏书之印——周良金姓氏藏书印。

叶志诜——叶志诜姓名藏书印。叶志诜（1778—1863），字东卿，晚号遂翁、淡翁，汉阳（今湖北武汉）人，叶开泰第六代传人，清代史学家、文字学家、金石学家、藏书家。藏书楼名"简学斋""平安馆""怡怡草堂""兰话堂""二垒轩""师竹斋""二百兰亭斋"等，藏书印有"叶志诜""叶志铣印""志诜""叶志铣及见记""淡翁印""淡翁""叶东卿审定""东卿过眼""东卿校读""叶氏平安馆记""平安馆""汉阳叶氏珍藏""师竹斋图书""居汉之阳"等。著有《简学斋文集》《平安馆诗文集》《稽古录》《咏古录》《金山鼎考》等。

东卿过眼——叶志诜字号藏书印。

泉塘丁氏竹舟申松生丙辛酉以后所得——丁申、丁丙郡望姓氏字号藏书年代藏书印。丁申（1829—1887），原名丁壬，字竹舟，号礼林，钱塘（今浙江杭州）人，清代金石学家、藏书家，与弟丁丙号称"双丁"。藏书楼名"嘉惠堂"，藏书印有"强圉柔兆"等。撰有《武林藏书录》；丁丙（1832—1899），钱塘（今浙江杭州）人，清末著名经学家、诗人、金石学家、目录学家、藏书家。总藏书楼名"嘉惠堂"。详见《周易本义》"丁丙"条。

嘉惠学林——丁丙、丁申兄弟藏书闲章。

识递藏：

从书页所钤藏书印及题跋看，是书曾藏于毗陵周良金"周玉斋金汉石之馆"；又藏于大兴翁方纲"石墨楼"；继藏于汉阳叶志诜"简学斋"；继藏于杭州丁申丁丙兄弟"嘉惠堂"；今藏于南京图书馆。有丁丙跋。

礼记正义七十卷

识著述：

孔颖达（574—648），字冲远（一作仲达、冲澹），冀州衡水（今河北衡水）人，唐初经学家，孔子第三十一世孙，其奉命编纂的《五经正义》，融合了诸多经学家的见解，集魏晋南北朝以来经学之大成。《礼记正义》（又名《礼记注疏》）七十卷，是孔颖达等对郑注《礼记》的注疏。孔氏以皇侃义疏为本，辅补以熊安生本，取两家之长而除其弊，力求文征详悉，义理精审，从而与郑注两相发明，堪称释《礼》双绝。

识版式：

此为宋绍熙三年黄唐两浙东路茶盐司刻宋元递修本；左右文武双边，上下单边；白口，单黑鱼尾，上刻字数，中刻书名、卷次、页码；半页八行，行十六字，小字双行二十二至二十三字。

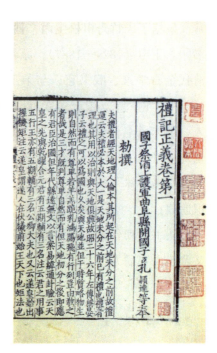

识印章：

北平孙氏——孙承泽郡望姓氏藏书印。孙承泽（1593—1676），字耳海，一字北海，又作耳北，一作耳伯，号退谷、秋壑，别署退谷逸叟、退谷老人、退翁，青州府益都（今山东益都）人，世隶顺天府上林苑（今北京大兴），明末清初经学家、史学家、文学家、藏书家。藏书楼名"万卷楼""岁寒堂""党山亭""研山斋""玉凫堂""退谷"等，藏书印有"孙承泽印""承泽""退谷老人""退翁""秋壑图书""北平孙氏""北平孙氏研山斋图书""北海孙氏收藏印""北海孙氏珍藏书画印""孙氏万卷楼记""长宜子孙""八十一翁""思仁""深山闭户"等。著有《五经翼》《尚书集解》《诗经朱传翼》《春秋程传补》《典制纪略》《九州山水考》《畿辅人物志》《天府广记》《益智录》《学典》《春明梦余录》等。

秋壑图书——孙承泽字号藏书印。

季振宜字诜兮号沧苇——季振宜姓名字号藏书印。季振宜（1630—？），泰兴（今江苏泰州靖江）季市镇人，明末清初著名诗人、文献学家、版本学家、校勘学家、藏书家。藏书楼名"静思堂"。详见《尚书注疏》"季振宜"条。

完颜景贤字享父号朴孙一字任斋别号小如盒印——完颜景贤姓名字号藏书印。

完颜景贤（1876—1926），字享父，一字任斋，号朴孙，别号小如盦，满洲镶黄旗人，清末民初鉴赏家、藏书家。藏书楼名"小如盦""咸熙堂""三虞堂"，藏书印有"完颜景贤精鉴""完颜景贤卯庵收藏""完颜景贤字享父号朴孙一字任斋别号小如盦印""景贤曾观""享父""金章世系景行维贤""景行维贤""咸熙堂鉴定""小如盦秘笈"等。编有《三虞堂书画目》，著有《论书画诗》等。

咸熙堂鉴定——完颜景贤藏书楼号藏书印。

景行维贤——完颜景贤名号藏书闲章。

克文——袁克文名号藏书印。袁克文（1890—1931），项城（今河南项城）人，袁世凯次子，近代诗人、书法家、金石鉴赏家、藏书家。藏书楼名"皕宋书藏""后百宋一廛""八经阁"。详见《汉上易传》"袁克文"条。

袁——袁克文姓氏藏书印。

佞宋——袁克文藏书嗜好藏书印。

人间孤本——袁克文藏书版本藏书印。

识递藏：

从书页所钤藏书印及题跋看，是书曾藏于北平孙承泽"万卷楼"；继藏于泰兴季振宜"静思堂"；又藏于元和惠栋"红豆山房"；又藏于长洲吴铨"遂初园"；又藏于曲阜孔继涵"微波榭"；继藏于满洲镶白旗盛昱"郁华阁"；继藏于满洲镶黄旗完颜景贤"咸熙堂"；又藏于项城袁克文"皕宋书藏"；继藏于南海潘宗周"宝礼堂"；今藏于国家图书馆。有惠栋、李盛铎跋。

礼记日录三十卷图解一卷

识著述：

黄乾行（约生活于明嘉隆之间），字大同，一字玉岩，福宁（今福建宁德）人，著有《礼记日录》。《礼记日录》三十卷《图解》一卷，乃割裂《周礼》《仪礼》，散缀于《礼记》之中，与朱子《经传通解》之例大相刺谬；又以小学故实窜入经文，混合为一，尤为庞杂；其注安排失次，又多牵引道学语录，肤浅迂远。

识版式：

此为明嘉靖三十四年钟一元刻本；四周双边；白口，单黑鱼尾，上刻书名，中刻卷次，下刻页码；半页十一行，行二十五字。

识印章：

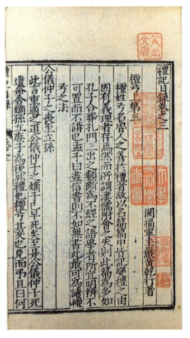

泰山赵氏藏书——赵国麟郡望姓氏藏书印。赵国麟（1673—1751），字仁圃，号拙庵、跛道人，泰安（今山东泰安）人，清代经学家、诗人、藏书家。藏书楼名"云月砚轩"，藏书印有"赵国麟印""太山赵氏拙庵图书""仁圃""仁圃藏书""泰山赵氏藏书""赵氏珍藏""南宗北赵""云月砚轩主人""云月砚轩图书""文渊阁大学士章""闽南开府所得藏书""泰山文献""岱阳精舍""青邑珍赏""日月经天江河行地"等。著有《大学困知录》《学庸困勉录》《文统类编》《拙庵近稿》《云月砚古体诗稿》《调皖纪行草》《塞外吟》《近游草》等。

文渊阁大学士章——赵国麟官爵藏书印。

岱山文献——或为"泰山文献"，赵国麟藏书闲章。

日月经天江河行地——赵国麟藏书闲章。

赵孟垔印——赵孟垔姓名藏书印。赵孟垔，疑为赵国麟后人，无考。

识递藏：

从书页所钤藏书印看，是书曾藏于泰安赵国麟"云月砚轩"；今藏于苏州图书馆。

新定三礼图二十卷

识著述：

聂宗义（生卒不详），洛阳（今河南洛阳）人，五代末宋初著名经学家。聂氏长于《三礼》之学，通经旨，学问赅博。周世宗诏命崇义参定郊庙祭玉，崇义因取《周礼》《仪礼》《礼记》旧图，重加考订，颁行天下，是为《三

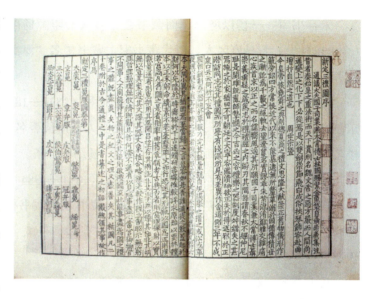

礼图序》。《新定三礼图》二十卷，有图有解，凡图三百八十余幅，释文文字约十余万言。其所作图像，虽未必尽如古昔，而援经据典，考释器像，较旧图大有新意，具有重要参考价值。

识版式：

此为宋淳熙二年镇江府学刻公文纸印本；蝴蝶装；左右双边，上下单边；半页十六行，行二十六至三十字。

识印章：

石涧书印——俞琰字号藏书印。俞琰（生活于宋末元初），字玉吾，号全阳子、林屋山人、石涧道人，吴郡（今江苏苏州）人，宋末元初经学家、辞赋家、丹鼎学家、藏书家。藏书印有"石涧书印""石涧书隐"等。著有《周易集说》《易图纂要》《易外别传》《周易参同契发挥》《释疑》《阴符经注》《林屋山人集》《书斋夜话》《月下偶谈》《席上腐谈》等。

敬心老人——俞桢字号藏书印。俞桢（1341—1401），原名桢，字贞木，后以字行，更字有立，号立庵，又号洞庭外史，俞琰之孙，吴郡（今江苏苏州）人，元末明初经学家、诗人、书法家、藏书家。藏书印有"俞贞木""立庵图书""敬心老人"等。

乾学——徐乾学名号藏书印。徐乾学（1631—1694），昆山（今江苏昆山）人，清代著名经学家、史学家、文学家、文献学家、藏书家。藏书楼名"传是楼"。详

见《周易九卷》"徐乾学"条。

徐健庵——徐乾学姓氏字号藏书印。

季振宜印——季振宜姓名藏书印。季振宜（1630—？），泰兴（今江苏泰州靖江）季市镇人，明末清初著名诗人、文献学家、版本学家、校勘学家、藏书家。藏书楼名"静思堂"。详见《尚书注疏》"季振宜"注。

沧苇——季振宜字号藏书印。

宋存书室——杨以增海源阁藏书楼分号藏书印。杨以增（1787—1855），聊城（今山东聊城）东昌府区人，清代藏书家。藏书楼名"海源阁"。详见《韩鲁齐三家诗考》"杨以增"条。

彦合珍玩——杨绍和字号藏书印。杨绍和（1830—1875），聊城（今山东聊城）东昌府区人，杨以增次子，海源阁第二代主人，清代著名目录学家、藏书家。藏书楼名"海源阁"。详见《韩鲁齐三家诗考》"杨绍和"条。

周暹——周叔弢姓名藏书印。周叔弢（1891—1984），建德（今安徽东至县）人，现代著名政治家、实业家、收藏家、藏书家。藏书楼名"寒在堂"等。详见《周礼》"周暹"条。

识递藏：

从书页所钤藏书印及题跋看，是书曾藏于宋末元初吴郡俞琰之手，元末明初由其孙俞桢继藏；又藏于昆山徐乾学"传是楼"；继藏于泰兴季振宜"静思堂"；可能继藏于长洲汪士钟"艺芸书舍"；继藏于聊城杨以增、杨绍和父子"海源阁"之"宋存书室"；又藏于建德周叔弢"寒在堂"；今藏于国家图书馆。有钱谦益跋。

家礼五卷附录一卷

识著述：

朱熹（1130—1200），字元晦，又字仲晦，号晦庵，晚称晦翁，祖籍江南东路徽州府婺源县（今江西婺源），生于南剑州尤溪（今福建尤溪），南宋著名理学家、思想家、哲学家、教育家、诗人，闽学派的代表人物，儒学集大成者，尊称朱子，卒谥文，世称朱文公，著有《周易本义》《周易参同契考异》《朱文公易说》《诗集传》《仪礼经传通释》《孝经刊误》《四书或问》《论孟精义》《小学集注》《伊洛渊源录》《近思录》《楚辞集注》《通鉴纲目》等。《家礼》五卷《附录》一卷，是朱熹的礼学著作之一，内容分为通礼、冠、昏、丧、祭五部分，皆据当时社会习俗参考古今家礼而成，是一部未完之作。关于《家礼》之真伪，世有争议，学者从文集和语录中找到朱熹作《家礼》的线索证据，基本证明《家礼》非伪书。

识版式：

此为宋淳祐刻本；左右双边，上下单边；白口，单黑鱼尾，中刻书名、卷次；半页七行，行十六字，小字双行同。

识印章：

竹东草堂书画印——失考。

汪士钟印——汪士钟姓名藏书印。汪士钟（1786—？），长洲（今江苏苏州）人，汪文琛之子，清代著名藏书家。藏书楼名"艺芸书舍""三十五峰园"等。详见《周易九卷》"汪士钟"条。

阆源真赏——汪士钟字号藏书印。

宪奎——汪宪奎名号藏书印。汪宪奎（生活于道咸间），字秋浦，长洲（今江苏苏州）人，汪士钟族人，清代藏书家。藏书楼名"有竹居"，藏书印有"平江汪宪奎秋浦印记""宪奎""秋浦"等。

秋浦——汪宪奎字号藏书印。

宋存书室——聊城杨以增海源阁藏书楼分号藏书印。杨以增（1787—1855），聊城（今山东聊城）东昌府区人，清代藏书家。藏书楼名"海源阁"。详见《韩鲁齐三家诗考》"杨以增"条。

杨绍和读过——杨绍和姓名藏书印。杨绍和（1830—1875），聊城（今山东聊城）东昌府区人，杨以增次子，海源阁第二代主人，清代著名目录学家、藏书家。藏书楼名"海源阁"。详见《韩鲁齐三家诗考》"杨绍和"条。

彦合——杨绍和字号藏书印。

识递藏：

从书页所钤藏书印及题识看，是书曾藏于某氏"竹东草堂"；又藏于长洲汪士钟"艺芸书舍"；继藏于长洲汪宪奎"有竹居"；继藏于聊城杨以增"海源阁"之"宋存书室"，由其子杨绍和递藏；今藏于国家图书馆。

经部·《春秋》类

《春秋》类小序

　　《春秋》又称《春秋经》《麟经》《麟史》，是我国第一部编年体史书，相传为孔子据鲁《春秋》加以笔削而成。其书以鲁国十二国君在位年限为纲，系事于年，记载了自鲁隐公元年至鲁哀公十四年约二百四十二年的历史，记录了周王朝、鲁国及其他各诸侯国发生的历史事件。但《春秋》还只是一部提纲式的史书，语言过于简约，缺乏具体的叙写，因之被王安石讥为"断烂朝报"。《春秋》作于周王朝日渐衰微、天下礼崩乐坏的特定时期，孔子站在维护王权的立场上，主张"尊王攘夷，正名定分"。这一主张，通过行文简约而暗含褒贬的谨严笔法表现出来，后世称其为"春秋笔法"。这种笔法所孵桅的"微言大义"，具有强烈的劝惩意义。

　　孔子时代，《春秋》已被当作教授弟子的课本。汉武帝"罢黜百家，独尊儒术"，《春秋》成为"五经"之一。其后，《春秋》又相继列于"六经""七经""九经""十经""十二经""十三经"之中，成为一门独立的学术"《春秋》学"。

　　"《春秋》学"的出现，开启了经学的门户之争。经学史上，"《春秋》学"分为汉学与宋学两派，而汉学又分为今文学与古文学两派。汉初，传播《春秋》的有左氏、公羊、穀梁、邹氏、夹氏五家，因"邹氏无师，夹氏有录无书"，故五家实三，遂有"春秋三传"之说，即《春秋左氏传》《春秋公羊传》《春秋穀梁传》。汉初《公羊传》立博士，宣帝刘询时《穀梁传》立博士，平帝刘衎时《左氏传》立博士。其初，《春秋》与"三传"各自别行，且经今古文本不同。后来，《春秋》已无单行本，其经文分载于《左氏传》《公羊传》《穀梁传》各传之前。《汉书·艺文志》著录的《春秋古经》，即古文本《春秋》，亦即《左氏传》所据之古文经；而其所著录的《春秋经》，即今文本《春秋》，亦即《公羊传》《穀梁传》所据之今文经。

　　《左传》原名《左氏春秋》，又名《春秋左氏传》，传为解释《春秋》而作，属经古文学。相传为鲁国史官左丘明所著，约成书于战国初期。《左传》以《春秋》为纲，仿照《春秋》体例，记事始自鲁隐公元年，止于鲁悼公十四年，比《春秋》记事时间稍长。《左传》主要记录了周王室的衰微和诸侯争霸的历史，对各类礼仪规范、典章制度、社会风俗、民族关系、道德观念、天文地理、历法时令、古代文献、神话传说、歌谣言语等均有所记述和评论，是一部记事详备的编年体史著。经学史上，《左传》的作者和《左传》最初的传授问题，是经古今文学争论的焦点。唐初，孔颖达纂修《五经正义》，取《左传》以配《易》《书》《诗》《礼》，以成

"五经"，由此传布日广，而《公羊》《穀梁》之学渐微。

《公羊传》又称《公羊春秋》《春秋公羊传》，为解释《春秋》大义而作，属经今文学。相传为齐人公羊高所传，公羊高为子夏弟子，他口述《春秋》的微言大义，四传至其玄孙公羊寿，由公羊寿与弟子胡毋生共同著录成书。《公羊传》没有《左传》那样的"续经"和"续传"，专就《春秋》经文逐字、逐句、逐层予以问答式阐释，内容以发掘《春秋》"微言大义"为主，对了解先秦时期的名物制度和礼仪制度有所助益。西汉时，谶纬之风盛行，"《公羊》学"受到高度重视，《公羊传》地位远出《左氏传》《穀梁传》之上，公孙弘、董仲舒等皆为当时著名的"公羊派"学者。东汉时，古文经学兴起，《左氏传》成为热点，《公羊传》走向式微。

《穀梁传》又称《穀梁春秋》《春秋穀梁传》，亦为解释《春秋》而作，属经今文学。相传《穀梁传》的始传授者也是子夏，子夏传于穀梁赤，最后由穀梁赤写成定本。与《公羊传》一样，《穀梁传》也没有《左传》那样的"续经"和"续传"，也是专就《春秋》经文逐字、逐句、逐层予以问答式阐释的。"《穀梁》学"相传始于汉初治鲁《诗》的申培，当时朝廷曾集合经师评议《公》《穀》之异同，夏侯胜、萧望之、刘向等大儒均倾向于《穀梁传》，于是《穀梁传》始盛。东汉以后，《穀梁传》流行的情况远不及《左传》《公羊》。

《春秋》宋学以"弃传谈经"相标榜，其风气肇始于唐人赵匡、啖助、陆淳而鼎盛于宋。啖助、赵匡认为，《左传》叙事虽详而释经太简，不如《公》《穀》与经的关系紧密。宋人孙复《春秋尊王发微》始废弃传注而专谈书法；刘敞《春秋权衡》更以主观臆断评论"三传"之得失，其所撰《春秋传》并截取"三传"，褒贬多取《公羊》《穀梁》；至如叶梦得、陈傅良辈，或排斥"三传"，或杂糅"三传"，全非汉儒家法，皆失于偏颇；而胡安国《春秋传》更不顾经传原意，假借经文以论时政，又经陈深《读春秋编》、俞皋《春秋集传释义大成》、汪克宽《胡传纂疏》等簸扬鼓煽，胡《传》地位日隆；永乐间，胡广等撰《五经大全》，直将胡《传》悬为令甲。总之，宋人喜为苟议，过于深求，以为《春秋》有贬无褒，自孙复至胡安国，解《春秋》者大抵以险深苛责为主，如治狱严酷，无一善类可免于刑戮。

今所选录，计有《春秋公羊经传解诂十二卷》《京本点校重言重意春秋经集解三十卷》《春秋左传正义三十六卷》《春秋名号归一图二卷春秋二十国年表一卷春秋图说一卷》《春秋意林二卷》《春秋胡氏传纂疏三十卷》《春秋属辞十五卷》《春秋四传三十八卷纲领一卷提要一卷列国东坡图说一卷春秋二十国年表一卷诸国兴废说一卷》《左传附注五卷后录一卷》《左传文苑八卷》《春秋穀梁传十二卷考一卷》《春秋左传补注四卷》《左氏古义六卷》十三种，以见《春秋》古本之概貌。

春秋公羊经传解诂十二卷

识著述：

何休（129—182），即何子，字邵公，任城樊（今山东兖州西南）人，东汉著名今文经学家、儒学大师。何休精研"六经"，对"三坟""五典"、阴阳、算术、河洛、谶纬莫不精通，著有《春秋公羊经传解诂》《春秋汉议》，又注《孝经》《论语》等。《春秋公羊经传解诂》十二卷，博采众长，据孔子寓于经典中的"微言大义"加以疏解，从而提出了一系列待人处事的行为准则，为两汉《公羊》学集大成之作。

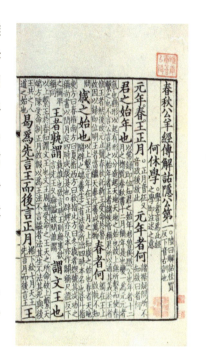

识版式：

此为宋绍熙二年余仁仲万卷堂刻本；左右双边，上下单边；细黑口，双黑鱼尾，下刻页码；半页十一行，行十九字，小字双行二十七字。

识印章：

季振宜读书——季振宜姓名藏书印。季振宜（1630—？），泰兴（今江苏泰州靖江）季市镇人，明末清初著名诗人、文献学家、版本学家、校勘学家、藏书家。藏书楼名"静思堂"。详见《尚书注疏》"季振宜"注。

徐健庵——徐乾学姓氏字号藏书印。徐乾学（1631—1694），昆山（今江苏昆山）人，清代著名经学家、史学家、文学家、文献学家、藏书家。藏书楼名"传是楼"。详见《周易九卷》"徐乾学"条。

汪喜孙孟慈氏——汪喜孙姓名字号藏书印。汪喜筍（1786—1847），扬州府甘泉（今江苏扬州邗江）人，汪中之子，清代经学家、文学家、音韵学家、训诂学家、藏书家。藏书楼名"问礼堂"等。详见《周礼》"汪喜孙"条。

寒云——袁克文字号藏书印。袁克文（1890—1931），项城（今河南项城）人，袁世凯次子，近代诗人、书法家、金石鉴赏家、藏书家。藏书楼名"皕宋书藏""后百宋一廛""八经阁"。详见《汉上易传》"袁克文"条。

袁二——袁克文姓氏排行藏书印。

惟庚寅吾以降——袁克文生辰藏书印。句出屈原《离骚》。

识递藏：

　　从书页所钤藏书印及题跋看，是书曾藏于泰兴季振宜"静思堂"；继藏于昆山徐乾学"传是楼"；又藏于扬州汪喜孙"问礼堂"；又藏于项城袁克文"皕宋书藏"；今藏于国家图书馆。有黄彭年、袁克文、李盛铎跋。

京本点校重言重意春秋经传集解三十卷

识著述：

杜预（222—285），字元凯，京兆郡杜陵（今
陕西西安）人，魏晋时期经学家、军事家、律学
家，著有《春秋左氏传集解》《春秋释例》等。《春
秋左氏传集解》三十卷，内容上广泛引述了刘歆、
贾逵、许淑等人的观点，并加以总结发挥，在文字
训诂、文义诠释、制度阐释、地理说明等方面均有
独到之处；编排上沿袭了马融、郑玄"分传附经"
的先例，使原来分别成书的《春秋》《左传》合为
一书。此书是《左传》注解流传至今最早的本子，
对后世的《左传》研究影响深远，至今仍有重要的
学术价值。

识版式：

此为宋刻本；四周双边；白口，双黑鱼尾；半
页十一行，行二十字，小字双行二十一字。

识印章：

汪厚斋藏书——汪文琛姓氏字号藏书印。汪文琛（生活于乾嘉间），长洲（今
江苏苏州）人，清代布衣藏书家。藏书楼名"三十五峰园"。详见《周易注疏》"汪
文琛"条。

汪士钟读书——汪士钟姓名藏书印。汪士钟（1786—?），长洲（今江苏苏州）
人，汪文琛之子，清代著名藏书家。藏书楼名"艺芸书舍""三十五峰园"等。详
见《周易九卷》"汪士钟"条。

赵宋本——汪士钟藏书版本藏书印。

子有父——汪士钟藏书闲章。以其上有其父汪文琛藏书印，以示自己不孤之意。

徐紫珊印——徐渭仁姓氏字号藏书印。徐渭仁（1788—1855），上海县（今上
海）人，清代著名金石学家、书画家、藏书家。藏书楼名"春晖堂"等。详见《诗
经疏义》"徐渭仁"条。

识递藏：

从书页所钤藏书印看，是书曾于长洲汪文琛"三十五峰园"，由其子汪士钟继
藏；继藏于上海徐渭仁"春晖堂"；今藏于湖南图书馆。

春秋左传正义三十六卷

识著述：

　　孔颖达（574—648），字冲远（一作仲达、冲澹），冀州衡水（今河北衡水）人，唐初经学家，秦王府十八学士之一，孔子第三十一世孙，奉纂《五经正义》。《春秋左传正义》三十六卷，即为《五经正义》之一种，此书以杜预《左传注》为底本，旁征博引，融合了诸多经学家的见解，成为《左传》学术发展史上最重要的著作之一。

识版式：

　　此为宋庆元六年沈作宾绍兴府刻宋元递修本；左右文武双边，上下单边；白口，单黑鱼尾，中刻书名，下刻页码；半页八行，行十六字，小字双行二十二字。

识印章：

　　北平孙氏——孙承泽郡望姓氏藏书印。孙承泽（1593—1676），青州府益都（今山东益都）人，世隶顺天府上林苑（今北京大兴），明末清初经学家、史学家、文学家、藏书家。藏书楼名"万卷楼"等。详见《礼记正义》"孙承泽"条。

　　秋壑图书——孙承泽字号藏书印。

　　季振宜字诜兮号沧苇——季振宜姓名字号藏书印。季振宜（1630—？），泰兴（今江苏泰州靖江）季市镇人，明末清初著名诗人、文献学家、版本学家、校勘学家、藏书家。藏书楼名"静思堂"。详见《尚书注疏》"季振宜"注。

　　徐健庵——徐乾学姓氏字号藏书印。徐乾学（1631—1694），昆山（今江苏昆山）人，清代著名经学家、史学家、文学家、文献学家、藏书家。藏书楼名"传是楼"。详见《周易九卷》"徐乾学"条。

　　昆山徐氏家藏——徐乾学郡望姓氏藏书印。

　　海盐张元济经收——张元济郡望姓名收藏印。张元济（1867—1959），字筱斋，号菊生，海盐（今浙江海盐）人，近代杰出出版家、校勘学家、文献学家、教育家、诗人、藏书家，曾任商务印书馆总经理、上海文史馆馆长等职。藏书楼名"涉园"，藏书印有"海盐张元济经收"等。著有《涉园诗录》《校史随笔》《涵芬楼烬余书录》《张元济诗文》等。

涵芬楼——商务印书馆藏书楼号藏书印。涵芬楼为商务印书馆藏书楼，1904年由张元济创办于上海，以收藏宋元明旧刊及抄校本、名人手稿等闻名海内。

识递藏：

从书页所钤藏书印及题识看，是书曾藏于北平孙承泽"万卷堂"；又藏于泰兴季振宜"静思堂"；继藏于昆山徐乾学"传是楼"；后经海盐张元济之手藏于商务印书馆之"涵芬楼"；今藏于国家图书馆。

春秋名号归一图二卷春秋二十国年表一卷春秋图说一卷

识著述：

冯继先（生卒不详），后蜀人，五代经学家、《春秋》学者。《春秋名号归一图》二卷，为冯继先所撰《春秋》人名索隐。冯氏鉴于《春秋》《左传》中人物姓名字号不一，乃至一人之称或至六七种，致使学人纷错难辨的问题，集其同者为一百六十篇。是书之撰，为《春秋》《左传》的人物查检提供了便利。

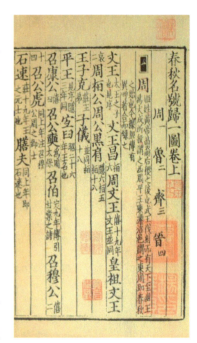

识版式：

此为宋刻本；四周双边；细黑口，双黑鱼尾；半页十一行，行大小字不等。

识印章：

杨维桢印——杨维桢姓名藏书印。杨维桢（1296—1370），字廉夫，号铁崖、东维子，自号铁笛道人，山阴（今浙江绍兴诸暨）人，元代经学家、史学家、诗人、文学家、戏曲家、书法家、藏书家。藏书楼名"铁崖山楼"，藏书印有"杨维桢印""杨廉夫""铁笛道人""老铁"等。著有《春秋合题著说》《史义拾遗》《东维子集》《铁崖先生古乐府》《丽则遗音》《复古诗集》等。

东楼图书——疑为严世蕃字号藏书印。严世蕃（1513—1565），字东楼，袁州府分宜（今江西新余分宜）人，奸相严嵩之子，明代收藏家。

德启借观——高世异字号藏书印。高世异（生活于清末民初），字尚同，一字德启，号念陶，华阳（今四川成都）人，一作莆阳人，清代藏书家。藏书楼名"苍茫斋""枕经阁""世经堂""拥经斋"等，藏书印有"高世异印""高世异图书印""高世异藏书记""莆阳高世异印""世异""世异德启""德启""德启藏书""德启苍茫斋高氏审定""尚同经眼""尚同校定""念陶鉴赏""念陶五十以后所得金石书画收藏之章""高氏家藏""高氏审定""莆阳高氏鉴藏""华阳高氏德启藏书""华阳高氏藏书""华阳高氏苍茫斋收藏金石书籍印""苍茫斋高氏藏书记""苍茫斋精鉴章""苍茫斋收藏精本""苍茫斋藏善本""拥经斋""世经堂印""枕经阁印""阜城县知吏""江村后人""子孙保之"等。

景行维贤——完颜景贤名号藏书印。完颜景贤（1876—1926），满洲镶黄旗人，清末民初鉴赏家、藏书家。藏书楼名"小如盦""咸熙堂""三虞堂"。详见《礼记正义》"完颜景贤"条。

佞宋——袁克文藏书嗜好藏书印。袁克文（1890—1931），项城（今河南项城）人，袁世凯次子，近代诗人、书法家、金石鉴赏家、藏书家。藏书楼名"皕宋书藏""后百宋一廛""八经阁"。详见《汉上易传》"袁克文"条。

识递藏：

从书页所钤藏书印看，是书曾藏于元末明初学者诸暨杨维祯"铁崖山楼"；又藏于分宜严世蕃之手；又藏于华阳高世异"苍茫斋"；继藏于完颜景贤"三虞堂"；继藏于项城袁克文"皕宋书藏"；今藏于国家图书馆。

春秋意林二卷

识著述：

刘敞（1019—1068），字原父，一作原甫，临江新喻荻斜（今江西樟树）人，北宋经学家、史学家、散文家。刘敞学识渊博，"自六经百氏古今传记，下至天文、地理、卜医、数术、浮图、老庄之说，无所不通"。刘敞在经学上的主要贡献体现于"《春秋》学"，其学往往能自出新意，颇多自得之处。著有《春秋权衡》《春秋意林》《春秋传》《春秋传说例》《七经小传》和《公是集》等。《春秋意林》二卷，乃刘敞继《春秋权衡》之后又一疏解《春秋》之作。其书简涩草率，安排失序，文字佶屈聱牙，难以卒读。但刘氏苦志研求，运意深曲，又好雕琢词句，虽语义恍惚，而正名分、别嫌疑及阐发《春秋》微言大义，值得肯定。

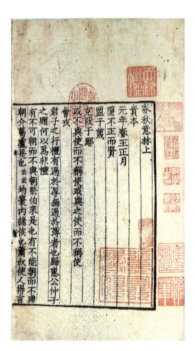

识版式：

此为宋刻本；左右双边，上下单边；白口，双黑鱼尾；半页十二行，行二十字，小字双行不等。

识印章：

季振宜印——季振宜姓名藏书印。季振宜（1630—？），泰兴（今江苏泰州靖江）季市镇人，明末清初著名诗人、文献学家、版本学家、校勘学家、藏书家。藏书楼名"静思堂"。详见《尚书注疏》"季振宜"注。

沧苇——季振宜字号藏书印。

乾学之印——徐乾学名号藏书印。徐乾学（1631—1694），昆山（今江苏昆山）人，清代著名经学家、史学家、文学家、文献学家、藏书家。藏书楼名"传是楼"。详见《周易九卷》"徐乾学"条。

健庵——徐乾学字号藏书印。

昆山徐氏家藏——徐乾学郡望姓氏藏书印。

天禄继鉴——清高宗乾隆皇帝藏书楼号藏书印。爱新觉罗·弘历（1711—1799），清代第六位皇帝，入关之后的第四位皇帝，年号"乾隆"。藏书楼名"天禄琳琅""三希堂"等，藏书印有"乾隆御览之宝""乾隆鉴赏""弘历图书""长春居士"信天主人""十全老人""古稀天子""八徵耄念之宝""太上皇帝之宝""五福五代堂古稀天子之宝""避暑山庄五福五代堂""乾清宫鉴藏宝""养心殿鉴藏宝""重华宫鉴藏宝""御书房鉴藏宝""天禄继鉴"等。

嘉庆御览之宝——清仁宗爱新觉罗·颙琰帝号藏书印。爱新觉罗·颙琰（1760—1820），原名永琰，清朝第七位皇帝，乾隆第十五子，年号"嘉庆"。

东宫书府——清宫内府藏书印。

识递藏：

从书页所钤藏书印看，是书曾藏于泰兴季振宜"静思堂"；继藏于昆山徐乾学"传是楼"；又藏于清内府"天禄继鉴""东宫书府"；今藏于辽宁省图书馆。

春秋四传三十八卷纲领一卷提要一卷列国东坡图说一卷春秋二十国年表一卷诸国兴废说一卷

识著述：

《春秋四传》三十八卷，为《春秋》著述集刻本。首载胡安国、杜预、何休、范宁、程颐五人序，收《春秋集注纲领》《春秋提要》《春秋列国东坡图说》《春秋二十国年表》《春秋诸国兴废说》《春秋经传总目》各一卷，经文之下，皆分注《左氏》《公羊》《穀梁》三传，而胡《传》则别为标出，故称《春秋四传》。

识版式：

此为明嘉靖吉澄刻本；左右双边，上下单边；白口，单白鱼尾，中刻书名、卷次、页码，下刻刻工姓名；半页九行，行十七字，小字双行同。

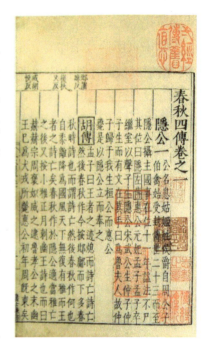

识印章：

沈秋岚印——沈秋岚满汉文姓名藏书印。沈秋岚（生活于嘉道咸间），清代诗人、藏书家，与金朝瑾时有唱和。藏书印有"沈秋岚印"等。

志熊之章——孙志熊名号藏书印。孙志熊（1868—1892），字诵芬，号翰卿，吴兴（今浙江湖州吴兴）南浔菱湖镇人，清代学者、方志学家、藏书家。著有《知新录》《菱湖镇志》。

传经楼珍藏——陈庆年藏书楼号藏书印。陈庆年（1862—1929），字善余，号裕菁，别署横山草堂主人，丹徒（今江苏镇江丹徒）人，清末民初史学家、教育家、藏书家，国家图书馆事业开创者。藏书楼名"传经楼"（又名"横山草堂"），藏书印有"陈庆年印""陈庆年章""陈裕菁""丹徒陈氏善余藏书""丹徒横山石城村乡人""传经楼藏书""传经楼珍藏""一经传旧德"等。著有《京口掌故丛编》《元代疆域图》《西石城风俗志》《润故述》《丹徒农事述》《古香研经室笔记》《兵法史略学》《横山乡人类稿》等。

一经传旧德——陈庆年藏书闲章。

叶启发家藏书——叶启发姓名藏书印。叶启发（1905—1952），长沙（今湖南长沙）苏家巷人，叶德辉三弟德炯之子，叶启勋胞弟，现代知名藏书家、目录学家。藏书楼名"华鄂堂"。著有《华鄂堂读书小识》。详见《仪礼注疏》"叶启发"条。

泽存书库——陈群藏书楼号藏书印。陈群（1890—1945），字人鹤，号年生，闽侯（今福建福州）人，近代政治人物、国民党元老、藏书家。藏书楼名"泽存书库"，藏书印有"泽存书库""来生恐在蠹鱼中"等。

识递藏：

从书页所钤藏书印看，是书曾藏于沈秋岚之手；继藏于吴兴孙志熊之手；继藏于丹徒陈庆年"传经楼"；继藏于长沙叶启发"华鄂堂"；继藏于闽侯陈群"泽存书库"；今藏于南京图书馆。

春秋胡氏传纂疏三十卷

识著述：

　　汪克宽（1301—1369），字德辅，一作仲裕，亦作德一，别号环谷，祁门（今安徽祁门）人，元末著名经学家、诗人，著有《程朱易传义音考》《诗集传音义会通》《周礼类要》《经礼补逸》《春秋胡传附录纂疏》《春秋作义要诀》《春秋诸传提要》《左传分纪》《六书本义》《环谷集》等。《春秋胡氏传纂疏》三十卷，乃汪克宽以胡安国《春秋胡氏传》为依托，博考诸说之同异得失，断以己意而成，为明初胡广撰修《春秋集传大全》提供了蓝本。

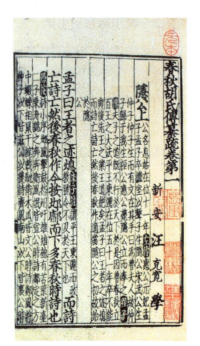

识版式：

　　此为元至正八年建安刘叔简日新堂刻本；四周双边；黑口，双黑鱼尾；半页十一行，行二十一字，小字双行同。

识印章：

　　汪士钟藏——汪士钟姓名藏书印。汪士钟（1786—?），长洲（今江苏苏州）人，汪文琛之子，清代著名藏书家。藏书楼名"艺芸书舍""三十五峰园"等。详见《周易九卷》"汪士钟"条。

　　元本——汪士钟版本藏书印。

　　铁琴铜剑楼——常熟瞿氏藏书楼号藏书印。详见《周易注疏》"铁琴铜剑楼"条。

　　菰里瞿镛——瞿镛郡望姓名藏书印。瞿镛（1794—1846），字子雍，昭文（今江苏常熟）古里人，清代著名藏书家，铁琴铜剑楼第二代主人。藏书楼名"铁琴铜剑楼"，详见《周易九卷》"瞿镛"条。

识递藏：

　　从书页所钤藏书印看，是书曾藏于长洲汪士钟"艺芸书舍"；继藏于常熟瞿镛"铁琴铜剑楼"；今藏于安徽师范大学图书馆。

春秋属辞十五卷

识著述：

赵汸（1319—1369），字子常，休宁（今安徽黄山休宁）人，学者称东山先生，元末经学家，著有《周易文诠》《左氏补注》《春秋集传属辞》《东山存稿》。《春秋属辞》（又称《春秋集传属辞》）十五卷，以杜氏《释例》、陈氏《后传》为主要依据，并作了一些补正。全书义例淹通，删繁汰冗，较诸书更为有绪。论说以传求经，详于考证，绝少臆测。虽不免有些许附会，而大旨可取。

识版式：

此为元至正二十四年休宁商山义塾刻明弘治六年高忠重修本；左右双边，上下单边；黑口，双黑鱼尾，中刻书名、卷次、页码；半页十三行，行二十七字。

识印章：

叶氏菉竹堂藏书印——叶盛姓氏藏书楼号藏书印。叶盛（1420—1474），字与中，号蜕庵，别号泾东道人、淀东老渔，谥文庄，昆山（今江苏昆山）人，明代著名藏书家。藏书楼名"菉竹堂"，藏书印有"叶盛""与中""叶文庄公家世藏""菉竹堂""叶氏菉竹堂藏书""雄于南面百城""巡抚宣府关防""镇抚燕云关防"等。著有《卫族考》《经史言天录》《宣镇诸序》《文庄奏疏》《水东日记》《水东诗文稿》《秋台诗话》《蜕庵集》等。

邵氏二云——邵晋涵姓氏字号藏书印。邵晋涵（1743—1796），余姚（今浙江杭州）人，清代著名经学家、史学家、史志目录学家、诗人、藏书家。藏书楼名"重远楼"。详见《诗经纂》"邵晋涵"条。

鸣野山房——沈复粲藏书楼号藏书印。沈复粲（1779—1850），字霞西，别署鸣野山房主人，山阴（今浙江绍兴）东浦人，清代著名藏书家。藏书楼名"鸣野山房"，藏书印有"沈复粲印""沈氏复粲""霞西""霞西手抄""鸣野山房""沈氏鸣野山房收藏书画记""于越沈氏鸣野山房收藏印记""山阴布衣""手抄书卷是家财""子孙永宝"等。编有《霞西过眼录》《鸣野山房汇刻帖目》，辑有《戴山刘子全书》《刘子书补遗》《王门弟子渊源录》《徐文长遗事》，著有《越中金石广记》《于越事

117

系》《娥江诗辑》《诗巢》《沈氏古今人表》《瓜畷谱》《山阴道上集》等。

八千卷楼——丁丙嘉惠堂藏书楼分号藏书印。丁丙（1832—1899），钱塘（今浙江杭州）人，清末著名经学家、诗人、金石学家、目录学家、藏书家。总藏书楼名"嘉惠堂"。详见《周易本义》"丁丙"条。

识递藏：

从书页所钤藏书印及题跋看，是书曾藏于昆山叶盛"菉竹堂"；继藏于余姚邵晋涵"重远楼"；继藏于山阴沈复粲"鸣野山房"；继藏于钱塘丁丙"嘉惠堂"之"八千卷楼"；今藏于南京图书馆。有朱文藻、丁丙跋。

左传附注五卷后录一卷

识著述：

  陆粲（1494—1551），字子余，一字浚明，南直隶苏州府长洲（今江苏苏州）人，明代著名学者、经学家，著有《左传附注》《春秋胡氏传辩疑》《左氏春秋镌》《陆子余集》。《左传附注》五卷，前三卷驳正杜预之《注》义，第四卷驳正孔颖达之《疏》文，第五卷驳正陆德明《左传释文》之音义。其书多旁采诸家之论，间断以己意，于训诂家颇有裨益。

识版式：

  此为明嘉靖刻本；左右文武双边，上下单边；白口，单白鱼尾，中刻书名、卷次；半页八行，行十八字，小字双行同。

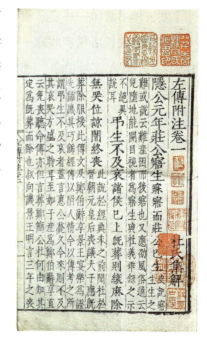

识印章：

  黄廷鉴印——黄廷鉴姓名藏书印。黄廷鉴（1762—1842），字琴六，自号拙经逸叟、拙叟，别署八十拙叟黄廷鉴，昭文（今江苏常熟）人，清代著名校勘学家、刻书家、藏书家。藏书楼名"红豆山房"，藏书印有"黄廷鉴印""虞山人北园黄廷鉴印""廷鉴""琴六""琴六手校""黄琴六读书记""拙经老人""二瓻黄氏珍藏""虞山人""北园""红豆山房""每爱奇书手自钞""古书误亦好"等。辑有《虞乡续记》《虞文续录》，著有《琴川三志补记》《第六弦溪诗钞》《第六弦溪文钞》等。

  红豆山房——黄廷鉴藏书楼号藏书印。

  虞山人——黄廷鉴郡望藏书印。

  北园——黄廷鉴藏书印。

  诒经堂张氏珍藏——张金吾藏书楼号姓氏藏书印。张金吾（1787—1829），字慎旃，号月霄，昭文（今江苏常熟）人，藏书家张海鹏犹子，清代著名经学家、史学家、版本学家、刻书家、藏书家。其藏书楼名"诒经堂""爱日精庐""青藜仙馆""史诗阁""求旧书庄""墨香小艇""世德斋""积书庐"等，藏书印有"张金吾藏""月霄""张月霄印""曾在张月霄处""诒经堂张氏珍藏""爱日山房""爱日精庐藏书""秘册"等。编有《爱日精庐藏书志》《爱日精庐藏书续志》，著有《诒经堂续经解》《广释名》《两汉五经博士考》《十七史引经考》《白虎通注》《小学考》《爱日精庐文稿》《言旧录》等。

爱日山房——张金吾藏书楼号藏书印。

姜皋私印——姜皋姓名藏书印。姜皋（生活于嘉道间），字小枚，一字少眉，号香瓦楼主，吴县（江苏苏州）人，王芑孙弟子，清代画家、书法家。藏书楼名"香瓦楼""友云楼"，藏书印有"姜皋私印""香瓦""友云楼书画印"等。

友云楼书画印——姜皋藏书楼号藏书印。

古潭州袁氏卧雪庐收藏——袁芳瑛郡望姓氏藏书楼号藏书印。袁芳瑛（1814—1859），字漱六，号伯刍，湘潭（今湖南长沙）人，清代著名藏书家。藏书楼名"卧雪庐"（一作"卧雪楼"）"漱蠹圃"，藏书印有"袁芳瑛""袁芳瑛印""漱六""雪庐清赏""卧雪庐袁氏藏书""卧雪庐精鉴""古潭州袁氏卧雪庐收藏""古潭州袁卧雪庐收藏""古湘南袁氏藏书画印""湘南袁氏藏书之印""湘潭袁氏沧州藏书""漱六艺之芳润"等。辑有《卧雪楼藏书簿》，著有《漱六先生残稿》。

八千卷楼丁氏藏书印——丁丙姓氏藏书楼号藏书印。丁丙（1832—1899），钱塘（今浙江杭州）人，清末著名经学家、诗人、金石学家、目录学家、藏书家。总藏书楼名"嘉惠堂"。详见《周易本义》"丁丙"条。

识递藏：

从书页所钤藏书印及题跋看，是书曾藏于常熟黄廷鉴"红豆山房"；继藏于常熟张金吾"诒经堂"；继藏于吴县姜皋"友云楼"；继藏于湘潭袁芳瑛"卧雪庐"；继藏于钱塘丁丙"八千卷楼"；今藏于南京图书馆。有丁丙跋。

左传文苑八卷

识著述：

　　张鼐（？—1510），字用和，济南历城（今山东济南）历城区人，明代学者，辑有《左传文苑》；陈继儒（1558—1639），字仲醇，号眉公，松江府华亭（今上海松江）人，明代史学家、文学家、画家，注《左传文苑》，著有《陈眉公全集》《小窗幽记》《妮古录》等。《左传文苑》八卷，内容上表现出文史并重的倾向，而在整体文章风格上呈现出尚简的特色。此外，还注意到了《左传》与其他史传典籍的异同，注重从文本对比中揭示文章流变，反映了明代的学术思想、市场需求和坊刻倾向。

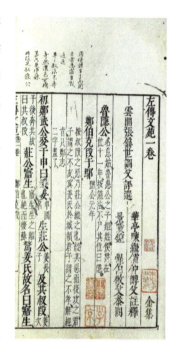

识版式：

　　此为明刻朱墨套印本；四周单边；白口，上刻书名、卷次，中刻事件之名，下刻页码；半页九行，行二十二字，小字双行同。

识印章：

　　子京——项元汴姓氏字号藏书印。项元汴（1525—1590），字子京，号墨林，别号墨林山人、墨林居士、香岩居士、退密庵主人、退密斋主人、惠泉山樵、墨林嫩叟、鸳鸯湖长、漆园傲吏等，秀水（今浙江嘉兴）人，明代诗人、书画家、鉴赏家、藏书家。藏书楼名"天籁阁""退密斋""白雪堂""墨林堂"等，藏书印有"项元汴印""子京""子京父印""项子京家珍藏""墨林生""墨林山人""项墨林鉴藏章""项墨林季子章""项墨林父秘笈之印""墨林项氏秘籍图书""世济美堂项氏图籍""墨林山房""古檇李狂儒墨林山房史籍印""檇李项子京鉴赏书画印""檇李""天籁阁""世济美堂""古狂""传家永宝神游心赏"等。著有《墨林山堂诗集》《蕉窗九录》等。

　　士镐私印——俞士镐名号藏书印。俞士镐（生卒不详），字兰圃，长洲（今江苏苏州）人，清末画家、文学家。藏书楼名"耕砚田斋"，藏书印有"士镐私印"等。著有《耕砚田斋笔记》。

　　朱别宥收藏记——朱鼎煦姓氏字号藏书印。朱鼎煦（1885—1967），萧山（今浙江萧山）人，近代著名版本目录学家、文物收藏家、鉴赏家、藏书家。藏书楼名

"别宥斋"等。详见《诗经纂》"朱鼎煦"条。

香勾赏心——朱鼎煦字号藏书印。

识递藏：

从书页所钤藏书印看，是书曾藏于嘉兴项元汴"天籁阁"；又藏于长洲俞士镐"耕砚田斋"；又藏于萧山朱鼎煦"别宥斋"；今藏于天一阁博物馆。

春秋穀梁传十二卷考一卷

识著述：

　　闵齐伋（1580—?），字及武，号寓五，乌程（今浙江湖州）人，明代经学家、诗人、刻书家、校勘学家，著有《春秋穀梁传》《六书通》。《春秋穀梁传》十二卷附《考》一卷，为闵齐伋裁注撰述本。此书旨在宣扬儒家思想，宣传礼义教化和宗法情谊，深受统治阶级重视，是研究秦汉间及西汉初年儒家思想的重要资料。

识版式：

　　此为明天启元年闵齐伋自刻三色套印本；四周单边；白口，上刻书名，下刻页码；半页九行，行十九字，小字双行同。

识印章：

　　闇斋亦曰黯侪——毛彰字号藏书印。毛彰（生卒不详），字焕文，一字闇斋，鄞县（今浙江宁波）人，清初诗人、藏书家。藏书楼名"左知侯轩"，藏书印有"闇斋亦曰黯侪""左知侯轩""栖止爽"等。著有《编年稿》《闇斋近稿》《闇斋集杜诗》《闇斋和杜诗》等。从毛彰名"彰"，到"闇斋"之"闇"，及"黯侪"之"黯"，乃古人反义取名取字的一种方式。

　　左知侯轩——毛彰藏书印。

　　栖止爽——毛彰藏书闲章。

识递藏：

　　从书页所钤藏书印看，是书曾藏于鄞县毛彰"左知侯轩"；今藏于华东师范大学图书馆。

春秋左传补注四卷

识著述：

惠栋（1697—1758），字定宇，号松崖，学者称小红豆先生，江南元和（今江苏苏州）人，惠士奇之子，清代经学家、史学家、学者、藏书家，吴派汉学代表人物。惠栋治学以汉儒为宗，精于汉代《易》学研究。著有《易汉学》《易例》《周易述》《周易本义辨证》《古文尚书考》《春秋左传补注》《九经古义》《明堂大道录》《后汉书补正》《山海经训纂》《松崖笔记》《松崖文钞》等。《春秋左传补注》四卷，初名《春秋左传考》或《春秋考》，此本为该书目前可见的最早文本，颇具学术价值。

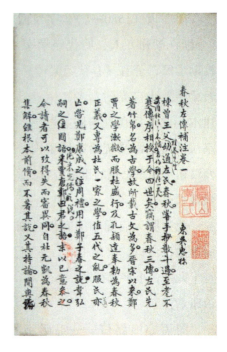

识版式：

此为清惠栋稿本。半页十行，行十九字。

识印章：

虞山李氏——李芝绶郡望姓氏藏书印。李芝绶（1813—1893），原名蔚宗，字申兰（一作升兰），号缄庵，别署裘杅漫叟、静补居士，昭文（今江苏苏州常熟）人，清代藏书家。藏书楼名"静补斋"，藏书印有"芝绶""裘杅老人""缄翁""静补居士校""虞山李氏"等。辑有《静补斋书目》，著有《静补斋集》。

卷盦六十六以后所收书——叶景葵字号藏书印。叶景葵（1874—1949），杭县（今浙江杭州）人，民国著名实业家、藏书家。藏书楼名"卷盦"。详见《诗缉》"叶景葵"条。

识递藏：

从书页所钤藏书印及题跋看，是书曾藏于常熟李芝绶"静补斋"；继藏于常熟丁祖荫"湘素楼"；又藏于杭州叶景葵"卷盦"；今藏于上海图书馆。有丁祖荫跋。

左氏古义六卷

识著述：

臧寿恭（生活于嘉道间），原名耀，字眉卿，长兴（今浙江长兴）人，精小学，旁通天文、数学，著有《春秋左氏古义》等。《左氏古义》六卷，按鲁国十二王公的次序，搜罗周秦两汉旧说及贾逵、服虔等古注，体例简质，具有一定的参考价值。

识版式：

此为清咸丰己未劳氏丹铅精舍抄本；半页十行，行二十一字，小字双行同。

识印章：

盐山刘千里藏书——刘驹贤郡望姓氏字号藏书印。刘驹贤（约1885—1956），字伯骧，一字千里，盐山（今河北盐山）人，近代书商、藏书家。藏书楼名"传经堂""皕印斋"，藏书印有"刘驹贤印""盐山刘氏伯骧印""刘千里所藏金石书画""盐山刘千里藏书""千里过目""千里长生安乐""发亭刘氏所藏秘笈""皕印斋""戊申"等。

发亭刘氏所藏秘笈——刘驹贤姓氏藏书印。

皕印斋——刘驹贤藏书楼号藏书印。

戊申——刘驹贤收贮《左氏古义》时（1908）所刻藏书印。

元方审定——赵元方字号藏书印。赵元方（1905—1984），本名钫，字元方，以字行，姓鹦卓尔氏，蒙古正黄旗人，现代著名文献学家、版本目录学家、藏书家。藏书楼名"无悔斋""依绿轩"，藏书印有"赵钫""赵钫珍藏""赵元方藏""赵元方收藏善本书籍""曾在赵元方家""赵元方收藏善本书籍""元方""元方审定""无悔斋藏""无悔斋校读记""曾居无悔斋中""依绿轩印""一廛十驾""人生一乐""养人甘草""佛门人"等。编有《无悔斋书目》。

无悔斋——赵元方藏书楼号藏书印。

佛门人——赵元方藏书闲章。

养人甘草——赵元方藏书闲章。

识递藏：

从书页所钤藏书印看，是书曾藏于盐山刘驹贤"皕印斋"；继藏于蒙古正黄旗赵元方"无悔斋"；今藏于国家图书馆。有劳格校跋。

经部·《孝经》类

《孝经》类小序

《孝经》是一部阐释孝道的政治伦理学著作，集中阐发了儒家的孝道和孝治思想，相传为孔子所著，或曰为七十子之徒所著。《孝经》在中国历史上影响巨大，历代王朝无不以"以孝治天下"相标榜，唐玄宗曾亲为《孝经》作注。在中国漫长的历史进程中，《孝经》一直被视为"孔子述作，垂范将来"的经典，对传播和维护社会伦理和社会秩序起到了巨大作用，因而世代受到尊崇，并于唐代位列"九经"及"十二经"，于南宋位列"十三经"。

今本《孝经》分为十八章：依次为《开宗明义章第一》《天子章第二》《诸侯章第三》《卿大夫章第四》《士章第五》《庶人章第六》《三才章第七》《孝治章第八》《圣治章第九》《纪孝行章第十》《五刑章第十一》《广要道章第十二》《广至德章第十三》《广扬名章第十四》《谏诤章第十五》《感应章第十六》《事君章第十七》《丧亲章第十八》。

《孝经》的核心是"孝"。它认为，"孝"是天定的行为规范："夫孝，天之经也，地之义也，人之行也。"并指出，"孝"乃众德之本："人之行，莫大于孝。"进一步肯定了"孝"的社会功能，认为国君可以以"孝"治国理政，臣民能够以"孝"立身齐家。《孝经》首次将个人层面的"孝"与家国层面的"忠"联系起来，认为"忠"是对"孝"的发扬光大，并把"孝"的社会功用无限放大，认为"孝悌之至"就能"通于神明，光于四海，无所不通"。

《孝经》对达成"孝"的路径也做了周详的安排。它主张将"孝"贯穿于人的一切行为之中："身体发肤，受之父母，不敢毁伤"是"孝"之始，"立身行道，扬名于后世，以显父母"是"孝"之终。它还将维护宗法等级与忠君事主二事联系起来，主张"孝"应"始于事亲，中于事君，终于立身"，而具体要求是"居则致其敬，养则致其乐，病则致其忧，丧则致其哀，祭则致其严"。《孝经》还据人的不同身份将"孝"分为天子之孝、诸侯之孝、卿大夫之孝、士之孝和庶人之孝，并规定了各种"孝"的不同内容。

经学史上，《孝经》也存在今古文之争。西汉初，今文《孝经》出河间颜芝，由颜芝之子颜贞献于朝廷，后仓、翼奉、张禹等均以今文名家，东汉郑玄为之作注；古文《孝经》出孔子壁中，比今文《孝经》多出了第十九章《闺门章》，孔安国得之并为之作注，昭帝时由鲁三老献于朝廷。自唐玄宗御注本颁行天下，孔、郑两本并废。纪昀《四库全书总目·〈孝经〉叙》称:"中间孔、郑两本,互相胜负。始以开元《御注》用今文,遵制者从郑;后以朱子《刊误》用古文,讲学者又转而从孔。要其文句小异,义理不殊,当以黄震之言为定论。"意思是说,孔、郑所代表的《孝经》古今文学两派争斗的意义不大,因为两派所执文献基本相同,而旨归又完全一致。

《孝经》的真伪与作者,也是经学史上争论的焦点。关于《孝经》的作者,历来说法不一。何休据孔子"吾志在《春秋》,行在《孝经》"的话,推断《孝经》为孔子所自著,马融、班固、何晏、郑玄等古今经学大师遵从这一说法;晁公武《郡斋读书志·〈孝经〉序》据《孝经》开头"仲尼居,曾子侍"的叙述,以为《孝经》"当是曾子弟子所为书";至南宋初陈骙、汪应辰等人,开始对此产生了怀疑;朱熹则以为此书"为夫子、曾子问答之词,而曾氏门人之所记"。纪昀《四库全书总目·〈孝经〉叙》以为其文风格"去二戴所录为近",殆同《礼记》,"要为七十子徒之遗书"。关于《孝经》的真伪,汪中《经义知新记》以《吕氏春秋》中的《孝行》《察微》二篇都引用了《孝经》,证明了《孝经》确为先秦之书。

今所选录,计有《孝经一卷》《孝经今文音义一卷论语音义一卷孟子音义二卷》《孝经一卷》三书。

孝经一卷

李隆基（685—762），又称李三郎，唐高宗李治之孙，唐睿宗李旦之子，是唐朝在位时间最长的皇帝。李隆基开创了开元盛世的局面，后因宠信奸臣李林甫、杨国忠，重用安禄山，导致了"安史之乱"的爆发，为唐朝中衰埋下伏笔。著有《孝经注》。《孝经注》一卷，为"十三经"中唯一一部唐

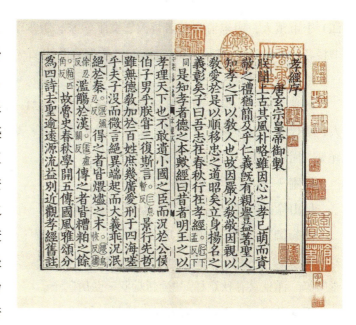

人注和"御注"经典，自唐以来，被历代学者视为研究"《孝经》学"的主要文献。李隆基出于政治和学术的双重考虑，确立了以《郑注》为主、以《孔传》为辅的注《孝》原则，并参考诸家学说，完成并颁布了《孝经注》，使之成为儒学史上普及最广的经典之一。

识版式：

此为元岳氏荆溪家塾刻本；蝴蝶装；四周双边；细黑口，双黑鱼尾，中刻书名、页码；半页八行，行十七字，小字双行同。

识印章：

李国寿印——李国寿姓名藏书印。李国寿（约生活于元末），原籍覃怀（今河南沁阳），南渡后寓居嘉兴（今浙江嘉兴），为宋参政李曾伯之后，元代书画鉴定收藏家。藏书印有"李国寿印""覃怀李氏"等。

晋府书画之印——晋王府世袭郡王朱钟铉藏书印。朱钟铉（1428—1502），凤阳（今安徽凤阳）人，明宗室，初封榆林王，嗣爵晋王，明代藏书家。藏书楼名"敬德堂"等。详见《诗集传》"朱钟铉"条。

陈定书印——陈定姓名藏书印。陈定（生活于明末清初），字以御，江宁（今江苏南京）人，明末清初藏书家。藏书印有"陈定印""陈定书印""陈定平生真赏""陈以御""陈以御鉴定""陈氏世宝""彭城陈氏子孙永宝"等。

唐于辰——唐辰姓氏字号藏书印。唐辰（生活于明末清初），字于辰，一字良士，武进（今江苏常州）人，明代文学家唐顺之之后，明末清初藏书家。藏书印有"唐辰""唐""于辰""唐于辰""良士""毗陵唐良士藏书""晋昌秘笈记"等。

毗陵唐良士藏书——唐辰郡望姓氏字号藏书印。

晋昌秘笈记——唐辰郡望藏书记。

季振宜印——季振宜姓名藏书印。季振宜（1630—?），泰兴（今江苏泰州靖江）季市镇人，明末清初著名诗人、文献学家、版本学家、校勘学家、藏书家。藏书楼名"静思堂"。详见《尚书注疏》"季振宜"注。

沧苇——季振宜字号藏书印。

乾学之印——徐乾学名号藏书印。徐乾学（1631—1694），昆山（今江苏昆山）人，清代著名经学家、史学家、文学家、文献学家、藏书家。藏书楼名"传是楼"。详见《周易九卷》"徐乾学"条。

健庵——徐乾学字号藏书印。

昆山徐氏家藏——徐乾学郡望姓氏藏书印。

乾隆御览之宝——乾隆皇帝藏书印。爱新觉罗·弘历（1711—1799），清代第六位皇帝，入关之后的第四位皇帝，年号"乾隆"。藏书楼名"天禄琳琅""三希堂"等。详见《春秋意林》"爱新觉罗·弘历"条。

天禄继鉴——清宫内府天禄琳琅藏书印。

李大千印——李大千姓名藏书印。李大千（1907—1983），原名李文晋，别号大千、铁父、江左印人、笑笑老人，高邮（今江苏高邮）人，近代书画家、金石篆刻家、藏书家。藏书印有"李大千""李大千印""大千""子祈"等。

子祈——李大千字号藏书印。

周暹——周叔弢姓名藏书印。周叔弢（1891—1984），建德（今安徽东至县）人，现代著名政治家、实业家、收藏家、藏书家。藏书楼名"寒在堂"等。详见《周礼》"周暹"条。

曾在周叔弢处——周叔弢姓氏字号藏书印。

识递藏：

从书页所钤藏书印看，是书曾藏于元末嘉兴人李国寿之手；又藏于晋府潘王朱钟铉"敬德堂"；又藏于江宁陈定之手；又藏于毗陵唐辰之手；继藏于其姻家泰兴季振宜"静思堂"；继藏于昆山徐乾学"传是楼"；继藏于清宫内府乾隆"天禄琳琅"；又藏于高邮李大千之手；继藏于建德周叔弢"寒在堂"；今藏于国家图书馆。

孝经今文音义一卷论语音义一卷孟子音义二卷

识著述：

陆德明（约550—630），名元朗，字德明，吴县（今江苏苏州）人，唐代大儒、经学家、训诂学家，秦王府十八学士之一，著有《周易注》《周易兼义》《易释文》《经典释

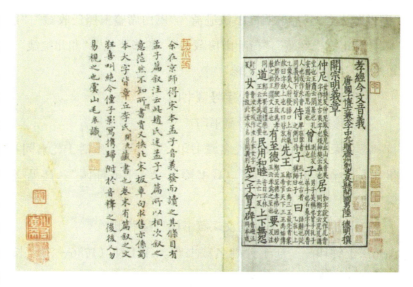

文》等。《孝经今文音义》一卷，为陆氏《经典释文·孝经音义》的别行单本。此书汇集了汉魏六朝诸家《孝经》的音切训诂，摘录字句，注释音义，标明反切或直音，保留了原作已佚的珍贵文献资料。

识版式：

此为明汲古阁影宋抄本；左右双边，上下单边；白口，单白鱼尾；半页十行，行十八字，小字双行二十五字。

识印章：

毛晋之印——毛晋姓名藏书印。毛晋（1599—1659），常熟（今江苏常熟）人，明末著名经学家、文学家、刻书家、藏书家。藏书楼名"汲古阁"。详见《周易九卷》"毛晋"条。

毛氏子晋——毛晋姓氏字号藏书印。

宋本——毛晋版本藏书印。

甲——毛晋版本等级藏书印。

开卷一乐——毛晋藏书闲章。

毛扆之印——毛扆姓名藏书印。毛扆（1640—1713），字季斧，号省庵，常熟（今江苏常熟）人，毛晋第五子，清代著名校勘学家、出版家、藏书家。藏书印有"毛扆""毛扆之印""虞山毛扆手校""海虞毛扆手校""毛斧季收藏印""斧季""叔郑后人""汲古后人""西河季子""西河季子之印""毛氏图书子孙永宝之"等。

131

编有《汲古阁秘本书目》。

　　斧季——毛扆字号藏书印。

　　在水一方——毛扆藏书闲章。

　　席鉴之印——席鉴姓名藏书印。席鉴（生活于乾隆年间），字玉照（一字莫山），号茉莫山人，常熟（今江苏常熟）人，清代著名刻书家、藏书家。藏书楼名"扫叶山房""酿华草堂""敏逊斋"等，藏书印有"席鉴""席鉴之印""席氏玉照""席玉照读书记""玉照读书敏逊斋""虞山席鉴玉照氏收藏""别字莫山""莫山珍本""琴川席氏珍藏""扫叶山房藏书""酿华草堂""湘北宝箧""赵宋本""学然后知不足""墨妙笔精稀世之珍"等。

　　席氏玉照——席鉴姓氏字号藏书印。

　　莫山珍本——席鉴字号藏书印。

　　汪文琛印——汪文琛姓名藏书印。汪文琛（生活于乾嘉间），长洲（今江苏苏州）人，清代布衣藏书家。藏书楼名"三十五峰园"。详见《周易注疏》"汪文琛"条。

　　三十五峰园主人——汪文琛藏书楼号藏书印。

　　汪士钟印——汪士钟姓名藏书印。汪士钟（1786—？），长洲（今江苏苏州）人，汪文琛之子，清代著名藏书家。藏书楼名"艺芸书舍""三十五峰园"等。详见《周易九卷》"汪士钟"条。

　　民部尚书郎——汪士钟藏书闲章。

　　雅庭——汪骏昌字号藏书印。汪骏昌（生活于道咸间），字雅庭，长洲（今江苏苏州）人，汪士钟族人，清代藏书家。藏书楼名"小有壶天"，藏书印有"长洲汪骏昌藏""骏昌""雅庭""小有壶天"等。

　　小有壶天——汪骏昌藏书楼号藏书印。

识递藏：

　　是书为毛晋影宋抄本。从书页所钤藏书印看，是书首藏于常熟毛氏"汲古阁"；继藏于常熟席鉴"扫叶山房"；继藏于长洲汪文琛"三十五峰园"，由其子汪士钟递藏；继藏于长洲汪骏昌"小有壶天"；今藏于苏州图书馆。有毛扆跋。

孝经一卷

识著述:

黄道周（1585—
1646），字幼玄，一
作幼平或幼元，又字
螭若、螭平，号石
斋，世人尊称石斋先
生，福建漳州府漳浦
县（今福建东山）铜
陵镇人，明末经学
家、书画家、诗人。
著有《易象正义》
《春秋揆》《孝经集

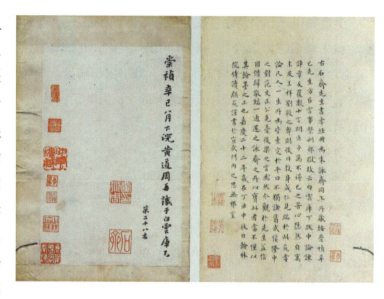

传》《儒行集传》《石斋集》等，存诗两千余首，后人辑为《黄漳浦先生全集》。《孝
经》一卷，为黄道周南京狱中手书《孝经》本，昭示了其忠孝一体的本色。

识版式:

此为明末黄道周抄本；半页六行，行十七字。

识印章:

黄道周印——黄道周姓名藏书印。黄道周（1585—1646），字幼玄，一作幼平
或幼元，又字螭若、螭平，号石斋，世人尊称石斋先生，福建漳州府漳浦县（今福
建东山）铜陵镇人，明末经学家、书画家、诗人。藏书印有"黄道周印""道周"
"黄幼玄""石斋""石道人""何如黄石公""一号赤松子""明诚堂"等。著有《易
象正义》《春秋揆》《孝经集传》《儒行集传》《石斋集》等。

石斋——黄道周字号藏书印。

石道人——黄道周别号藏书印。

臣莼之印——顾莼名号藏书印。顾莼（1765—1832），字希翰，一字吴羹，号
南雅，晚号息庐，长洲（今江苏苏州）人，清代著名诗人、书画家、藏书家，与陶
澍、卓秉恬、朱士彦、梁章钜、吴庭琛、朱珔等人并称"吴中七友"，有文坛耆宿
之称。藏书楼名"思无邪室""仁寿研斋"，藏书印有"顾莼之印""顾莼印""臣莼
之印""南雅""东吴顾文学""小草小石之居""仁寿研斋"等。著有《南雅诗文

钞》《云南采风录》。

少耕珍藏——罗嘉杰字号藏书印。罗嘉杰（生活于道咸同光间），字少耕，一作少畊，上杭（今福建上杭）人，清末外交家、刻书家、藏书家。藏书楼名"十瓣同心兰室"，藏书印有"臣嘉杰印""嘉杰私印""少畊""少耕珍藏""上杭罗氏金石书画印""琴西罗氏珍藏书画印""蓬莱寄吏""东海行人""十瓣同心兰室藏书印""阳明城畔是吾家""壶中乾坤"等。

李金私印——李金姓名藏书印。李金（生卒不详），字克斋，生平无考，藏书家。藏书楼名"海云楼"，藏书印有"李金私印""李克斋""李克斋印""克斋""克斋珍藏"等。或疑为清末书画家、藏书家李瑞昌。李瑞昌（1830—1905），字克斋，宁安（今黑龙江宁安）人，清末诗人、医学家、书法家、藏书家。著有《泰宁今昔录》《边塞我闻》。

李克斋——李金姓氏字号藏书印。

李克斋印——李金姓氏字号藏书印。

克斋——李金字号藏书印。

克斋珍藏——李金字号藏书印。

海云楼藏——李金藏书楼号藏书印。

吴善鼎——吴昌硕姓名藏书印。吴昌硕（1844—1927），初名俊，又名俊卿，字昌硕，又署仓石、苍石，多别号，常见者有仓硕、老苍、老缶、苦铁、大聋、缶道人、石尊者等，善鼎为之别字，孝丰县（今浙江湖州安吉）鄣吴村人，晚清民国时期著名国画家、书法家、篆刻家、诗人。著有《吴昌硕画集》《吴昌硕作品集》《苦铁碎金》《缶庐近墨》《吴苍石印谱》《缶庐印存》《缶庐集》。

朱孺借看——赵叔孺借书印。赵叔孺（1874—1945），原名润祥，字献忱、叔孺，后易名时棡，号纫苌，晚年自号二弩老人，以字行，鄞县（今浙江宁波）人，清末书画家。

乔光曾字季X（某）（无法辨识）——乔光姓名字号藏书印。乔光（生卒不详），生平失考。

识递藏：

此书乃崇祯十四年黄道周于白云库狱中手抄本。从书页所钤藏书印及题跋看，是书曾藏于抄书者黄道周手；又藏于宝应朱士彦之手，其间长洲顾莼曾借抄；继藏于上杭罗嘉杰"十瓣同心兰室"；继藏于宁安李克斋"海云楼"；继藏于吴昌硕之手，期间有赵叔孺借观。有顾莼、郑孝胥、罗嘉杰、吴昌硕跋。

经部·五经总义类

五经总义类小序

"五经总义类"又称"经解类""诸经类"，是经部专门收录汇解"五经"著作的一个门类，凡通解群经之书，皆入此类。其解说除"五经"外，也包括与"五经"无关者如《四书管见》，还包括超出"五经"之外的"六经""七经""九经""十一经""十三经"等。

"五经总义"之名，源于《隋书·经籍志》。其《〈论语〉类序》称："《尔雅》诸书，解古今之意，并'五经总义'，附于此篇。"而将其附载于"《论语》类"的理由，纪昀《四库全书总目·经部·五经总义类叙》称："《论语》《孟子》《孝经》虽自为书，实均'五经'之流别，亦足以统该之。"也就是说，汇解"五经"的书与《论语》《孟子》《孝经》在思想内容上是同源的。

"总义"是一种注经体例，体例既成，前因后继，著述渐成规模。"义"是古文注解的一种形式，属"义疏体"，是"疏通其义"之意，这是一种释经兼释注的注释方法。"义疏"兴于魏晋六朝，唐人"正前人之疏义，奉诏更裁，定名曰'正'"。因而"义疏"在唐代又称"正义"，也称"疏"。古书文字深奥，须经解释方能明了，如水道堵塞，经过灌注才能通畅，故称解释经文之文为"注"；倘已灌注尚不能明，则再加疏通，故对经文和注文的注释称之为"疏"。"正义"的意思是解释经传而得义之正者，如孔颖达《五经正义》，就是为"五经"分别作的"疏"。而"总义"则是对多部著作从整体上作的解释，如《五经总义》就是对《诗》《书》《礼》《易》《春秋》五部经部著作集中的汇总解释。

目录学史上，以"五经总义类"名义独立出现于书目的时间较晚。因汉人传经是专门授受，治一经者绝不通他经，所以，早期学者训释经书均各自成书，无诸经混解为一书的现象。至西汉宣帝时，才出现了首部汇解经书的论著《五经杂义》，而因其别无他本，难成规模，《汉书·艺文志》将其附载于"《孝经》类"之后；《隋书·经籍志·经部》出于同样的考虑，又将其与《尔雅》诸书一起附载于"《论语》类"，并著录了《五经正名》《白虎通》《五经析疑》《六经通数》《七经义纲》《经典玄儒大义序录》《谥法》《江都集礼》等名目繁多、数量可观的汇解"五经"的著作；汇解"五经"之书独立为类，始自唐开元间元行冲所编的《群书四部录》"经解类"，后世遂相沿成习；《旧唐书·经籍志·经部》置"经解类""以纪六经谶候"，虽以史志的面目确立了"经解"之目，其实不副汇解经书之实；其后的官私目录，也多有概称"诸经""群经""总经"者；纪昀《四库全书总目·经部》依《旧唐书·经籍志》例，且改"经解"为"五经总义"，著录和存目了《驳五经异议》《经典释文》《程氏经说》等七十四部此类书籍，始名实相符。

今之所选，计有《郑志八卷》《经典释文三十卷》《群经音辨七卷》《相台五经附考证九十六卷》《相台书塾刊正九经三传沿革例一卷》《五经四书大全》六种，以见此类书籍之大概。

郑志八卷

识著述：

郑小同（约194—258），字子真，北海高密（今山东高密）人，著名经学家郑玄之孙，三国魏经学家，著有《礼义》《郑志》，俱亡，今唯有辑本《郑志》存世。孔广林（1746—1814），字丛伯，号幼髯，自称赘翁，

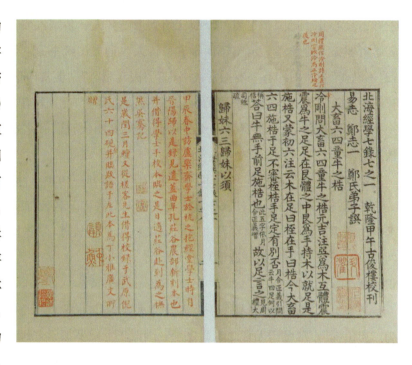

学者孔继汾长子、孔广森之兄，孔子七十代孙，清代经学家、诗人、戏剧家，著有《孔丛伯经说稿》《温经楼游戏翰墨》等。《郑志》八卷，乃郑玄弟子依《论语》体例，追论师说及应答之辞，由郑玄之孙郑小同编次成帙。其书所记，足见汉代经师专门授受、师弟子反复研求而后笔之为传注之风气，是了解汉代经学风貌的重要资料。

识版式：

此为清乾隆三十九年古俊楼刻本；左右双边，上下单边；粗黑口，单黑鱼尾，中刻书名、卷次、页码；半页十行，行二十字，小字双行三十四字。

识印章：

槎客——吴骞字号藏书印。吴骞（1733—1813），海宁（今浙江海宁）人，清代著名诗人、文学家、藏书家。藏书楼名"拜经楼"等。详见《诗集传》"吴骞"条。

兔床经眼——吴骞字号藏书印。

陈鳣——陈鳣姓名藏书印。陈鳣（1753—1817），海宁（今浙江海宁）硖石人，清代著名经学家、校勘学家、藏书家。藏书楼名"向山阁"等。详见《周易注疏》

"陈鳝"条。

仲鱼——陈鳝字号藏书印。

鬻——陈鳝藏书印。

精校善本得者珍之——陈鳝藏书闲章。

毛衢——毛衢姓名藏书印。生平不详。

蟫隐庐秘籍印——罗振常名号藏书印。罗振常（1875—1944），字子经，又字子敬，号心井、邈园，上虞（今浙江绍兴上虞）人，侨居淮安（今江苏淮安），著名学者罗振玉之季弟，清末民国学者、诗人、词人、藏书家。藏书楼名"蟫隐庐""终不忍斋"，藏书印有"罗振常读书记""振常私印""振常印信""邈园""蟫隐庐秘籍印"等。编有《善本书所见录》，刻有《邈园丛刻》，著有《洹洛访古记》《征声词》《暹罗载记》《养菁篇》《古凋堂诗文集》《新唐诗演义》《南唐二主词汇校》等。

张叔平——张叔平姓名藏书印。张叔平（1898—1970），原名振錾，字叔平，一字子羽，晚号蜷厂，长沙（今湖南长沙）人，清代著名教育家张百熙之子，现代著名出版家、图书馆学家、藏书家。藏书楼名"岳云楼""圣泽书藏"，藏书印有"张叔平"等。著有《蜷厂遗稿》。

识递藏：

从书页所钤藏书印及题跋看，是书曾藏于海宁吴骞"拜经楼"；继藏于海宁陈鳝"向山阁"；继藏于无考之毛衢之手；继藏于上虞罗振常"蟫隐庐"；继藏于长沙张叔平"岳云楼"；今藏于上海图书馆。有陈鳝校跋并录吴骞跋。

经典释文三十卷

识著述：

陆德明（约550—630），名元朗，字德明，吴县（今江苏苏州）人，隋末唐初著名经学家、音韵学家、训诂学家，"秦王府十八学士"之一，著有《周易注》《周易兼义》《易释文》《经典释文》等。《经典释文》三十卷，包括说明本书内容安排和经学传授源流的《序录》，《周易》一卷，《古文尚书》二卷，《毛诗》三卷，《周礼》二卷，《仪礼》一卷，《礼记》四卷，《春秋左氏传》六卷，《公羊传》一卷，《穀梁传》一卷，《孝经》一卷，《论语》一卷，《老子》一卷，《庄子》三卷，《尔雅》二卷，是陆德明在校理群书的基础上，"精研六典，采纳九流，搜访异同，校之《苍》《雅》"，解释儒家经典文字音义的著作。其中，因当时《孟子》尚未列经部而未收，而《老子》《庄子》因魏晋玄学影响很大而揽入。

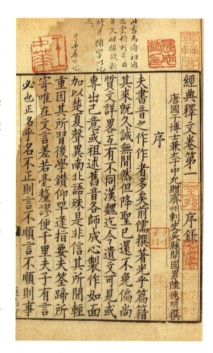

识版式：

此为清初康熙间通志堂精刻本；左右双边，上下单边；白口，单黑鱼尾，下刻页码、刻书堂口；半页十一行，行十七字。

识印章：

文宣王七十世孙广林藏书印——孔广林世系名号藏书印。孔广林（1736—1814），字丛伯，号幼髯，自称赘翁，孔子七十代孙，孔继汾长子，孔广森之兄，清代经学家、诗人、剧作家、藏书家。藏书楼名"温经楼"，藏书印有"文宣王七十世孙广林藏书印"等。著有《孔丛伯经说稿》《温经楼游戏翰墨》等，今存传奇《斗鸡忏》《璇玑锦》《女专诸》《松年长生引》四种。

荃荪——缪荃孙名号藏书印。缪荃孙（1844—1919），字炎之，一字筱珊，又字小山，晚号艺风，江阴（今江苏江阴）申港镇缪家村人，清末民初教育家、校勘学家、目录学家、史学家、方志学家、金石学家、图书馆学家、藏书家，中国近代图书馆鼻祖。藏书楼名"艺风堂""云轮阁""联珠楼""对雨楼""云自在龛"等，藏书印有"缪荃孙""荃荪""荃荪读过""江阴缪荃孙藏书印""江阴缪荃孙藏书

139

处"艺风过眼""艺风审定""曾经艺风勘读""小珊""小珊三十年精力所聚""艺风堂""艺风堂藏书""云轮阁""对雨楼""云自在龛""以七品官归田"等。自编《艺风堂藏书记》《续记》《再续记》《艺风堂金石文字目》，辑刻有《云自在龛丛书》《对雨楼丛书》等，著有《艺风堂文集》《藕香零拾》《烟画东堂小品》等。

云轮阁——缪荃孙藏书楼号藏书印。

盐城孙人和字蜀丞钤藏——孙人和郡望姓名字号藏书印。孙人和（1898—1967），字蜀丞，盐城（今江苏盐城）人，现代著名学者、文献学家、词学家、词人、藏书家。藏书楼名"宁斋斋"，藏书印有"盐城孙人和字蜀丞钤藏""孙人和所藏书印""人和手校""蜀丞""盐城孙氏"等。著有《论衡举正》《抱朴子校补》《阳春集校证》《吕氏春秋举正》《人物志举正》《韩非子举正》《鹖冠子举正》《宁斋斋读书志》《左宦漫录》《墨子举正》《三国志辨证》《唐宋词选》《花外集（校订）》等。

人和手校——孙人和名号藏书印。

王中华——王中华姓名藏书印。王中华（1966—），字富彬，号显觉、了悟斋、中华居士，黑龙江人，当代书法家、医学家、社会活动家、藏书家。藏书楼名"独志堂"，藏书印有"王中华""独志堂印"等。

独志堂印——王中华藏书楼号藏书印。

识递藏：

从书页所钤藏书印看，是书曾藏于孔子第七十代孙孔广林"温经楼"；继藏于江阴缪荃孙"云轮阁"；继藏于盐城孙人和"宁斋斋"；又藏于黑龙江王中华"独志堂"。

群经音辨七卷

识著述：

　　贾昌朝（997—1065），字子明，真定府获鹿（今河北石家庄鹿泉区获鹿镇）人，北宋文学家、训诂学家、书法家，著有《群经音辨》《通纪时令》等。《群经音辨》七卷，是我国古代第一部多音多义字手册，尤其是一部专门解释群经之同形异音异义词的音义兼注著作。是书集中而

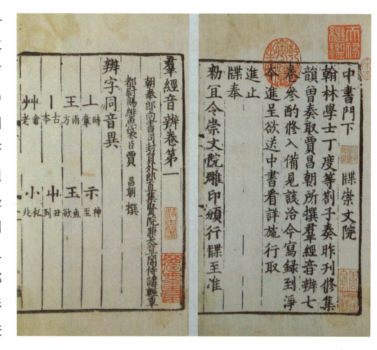

系统地分类辨析了陆德明《经典释文》所录存的群经及其传注中的别义异读材料，并对这些材料做了音义对比分析，同时还收集、整理了不少古代古今字、假借字、四声别义及其他方面的异读材料，对读者正音辨义、读通经文与注文大有裨益。

识版式：

　　此为宋绍兴十二年汀州宁化县学刻本；左右双边，上下单边；白口，双黑鱼尾，中刻卷次，下刻页码、刻工姓名；半页八行，行十四字至十五字，小字双行不等。

识印章：

　　唐白虎——唐寅姓氏字号藏书印。唐寅（1470—1524），字伯虎，一字子畏，号六如居士、桃花庵主、鲁国唐生、逃禅仙吏等，吴县（今江苏苏州）人，明代著名诗人、画家、书法家、藏书家。诗文与祝允明、文徵明、徐祯卿并称"吴中四才子"，绘画与沈周、文徵明、仇英并称"吴门四家"（又称"明四家"）。藏书楼名"桃花庵""梦墨亭""学圃堂""蛱蝶斋"等，藏书印有"唐寅私印""吴郡唐寅藏书印""唐伯虎""伯虎""唐白虎""唐子畏""唐子畏图书""六如居士""唐居士印""南京解元""桃花主人""梦墨亭"等。著有《六如居士全集》《画谱》等。

梦墨亭——唐寅藏书楼号藏书印。

毛氏子晋——毛晋姓名藏书印。毛晋（1599—1659），常熟（今江苏常熟）人，明末著名经学家、文学家、刻书家、藏书家。藏书楼名"汲古阁"。详见《周易九卷》"毛晋"条。

子晋书印——毛晋字号藏书印。

汲古阁——毛晋藏书楼号藏书印。

宋本——毛晋藏书版本藏书印。

乾隆御览之宝——乾隆皇帝藏书印。爱新觉罗·弘历（1711—1799），清代第六位皇帝，入关之后的第四位皇帝，年号"乾隆"。藏书楼名"天禄琳琅""三希堂"等。详见《春秋意林》"爱新觉罗·弘历"条。

天禄继鉴——乾隆皇帝藏书楼号藏书印。

圣清宗室盛昱伯羲之印——爱新觉罗·盛昱宗族姓名字号藏书印。爱新觉罗·盛昱（1850—1899），字伯熙，一作伯羲、伯兮、伯熙，号韵莳，别署意园，隶满洲镶白旗，清代亲王、文学家、藏书家。藏书楼名"郁华阁"等，藏书印有"盛昱之印""圣清宗室盛昱伯熙之印""宗室盛昱收藏图书印""属籍淳盛昱""伯羲父""宗室文悫公家世藏""郁华阁藏书记""享之千金"等。著有《八旗文经》《雪屐寻碑录》《郁华阁集》。

完颜景贤精鉴——完颜景贤姓名藏书印。完颜景贤（1876—1926），满洲镶黄旗人，清末民初鉴赏家、藏书家。藏书楼名"咸熙堂"等。详见《礼记正义》"完颜景贤"条。

景行维贤——完颜景贤藏书闲章。

小如盦秘笈——完颜景贤别号藏书印。

识递藏：

从书页所钤藏书印及题跋看，是书曾藏于吴县唐寅"梦墨亭"；继藏于常熟毛晋"汲古阁"；又藏于清内府之"天禄琳琅"；继藏于盛昱"郁华阁"；继藏于满洲镶黄旗完颜景贤"咸熙堂"；今藏于国家图书馆。有李盛铎、袁克文跋。

相台五经附考证九十六卷

识著述：

岳浚（约1264—1330），字仲远，常州宜兴（今江苏宜兴）人，岳飞后裔，宋末元初刻书家、藏书家，辑有《相台五经附考证》。《相台五经附考证》九十六卷，乃清乾隆征书时所得岳珂校刻之"五经"中之王弼注《易》十卷、孔安国传《书》十三卷、郑玄笺《毛诗》二十

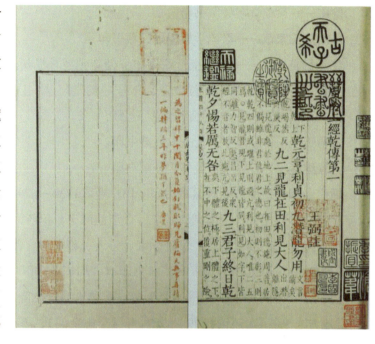

卷、郑玄注《礼记》二十卷四种与清内府"天禄琳琅"所藏杜预《经传集解》本《春秋》三十卷之合并翻刻本，翻刻时于每卷之末附有所撰文字异同考证。

识版式：

此为清乾隆四十八年武英殿仿宋翻刻本；四周双边；白口，双黑鱼尾，上刻刻书年代，中刻书名、卷次、页码；半页八行，行十七字，小字双行同。

识印章：

李国寿印——李国寿姓名藏书印。李国寿（约生活于元末），原籍覃怀（今河南沁阳），南渡后寓居嘉兴（今浙江嘉兴），为宋参政李曾伯之后，元代书画鉴定收藏家。藏书印有"李国寿印""覃怀李氏"等。

晋府书画之印——晋王府世袭郡王朱钟铉藏书印。朱钟铉（1428—1502），凤阳（今安徽凤阳）人，明宗室，初封榆林王，嗣爵晋王，明代藏书家。藏书楼名"敬德堂"等。详见《诗集传》"朱钟铉"条。

陈定书印——陈定姓名藏书印。陈定（生活于明末清初），江宁（今江苏南京）人，明末清初藏书家。详见《孝经》"陈定"条。

季振宜印——季振宜姓名藏书印。季振宜（1630—?），泰兴（今江苏泰州靖

江）季市镇人，明末清初著名诗人、文献学家、版本学家、校勘学家、藏书家。藏书楼名"静思堂"。详见《尚书注疏》"季振宜"注。

沧苇——季振宜字号藏书印。

乾学之印——徐乾学名号藏书印。徐乾学（1631—1694），昆山（今江苏昆山）人，清代著名经学家、史学家、文学家、文献学家、藏书家。藏书楼名"传是楼"。详见《周易九卷》"徐乾学"条。

健庵——徐乾学字号藏书印。

昆山徐氏家藏——徐乾学郡望姓氏藏书印。

乾隆御览之宝——乾隆皇帝藏书印。爱新觉罗·弘历（1711—1799），清代第六位皇帝，入关之后的第四位皇帝，年号"乾隆"。藏书楼名"天禄琳琅""三希堂"等。详见《春秋意林》"爱新觉罗·弘历"条。

古稀天子——乾隆皇帝七十岁后藏书印。

天禄继鉴——乾隆皇帝藏书楼号藏书印。

周广业印——周广业姓名藏书印。周广业（1730—1798），又名灵根，字勤圃，又字勤朴，号耕厓，又号蘑圃，海宁（今浙江海宁）伊桥人。清代著名经学家、史学家、校勘学家、训诂学家、目录学家、诗人、刻书家、藏书家。藏书楼名"听雨楼""种松书塾""北小书屋"等，藏书印有"周广业印""广业字曰勤圃""耕厓""耕厓藏书""蘑圃""周氏仲子之章"等。纂修有《（乾隆）广德直隶州志》，编有《两浙地方志录》《时还读我书录》，辑有《宁志余闻》，著有《读易纂言》《孟子四考》《读相台五经随笔》《石经纪略》《经史避名汇考》《季汉官爵考》《目治偶钞》《四部寓眼录》《洞川志抄》《蓬庐诗文集》《周广业诗稿》《耕厓初稿》《三余撷录》《循陔纂闻》等。

广业字曰勤圃——周广业名号字号藏书印。

耕厓——周广业字号藏书印。

耕厓藏书——周广业字号藏书印。

蘑圃——周广业字号藏书印。

周氏仲子之章——周广业姓氏排行藏书印。

识递藏：

此本为清乾隆四十八年武英殿仿宋翻刻本，基本保持了宋代岳氏刻本风格。宋本上的历代藏书墨印，描述了原刻藏于元人覃怀李国寿、凤阳朱钟铉、金陵陈定、泰兴季振宜"静思堂"、昆山徐乾学"传是楼"和清内府"天禄琳琅"的经历；从翻刻本书页所钤朱色藏书印及题跋看，是书曾藏于海宁周广业"听雨楼"；今藏于浙江图书馆。有周广业跋。

相台书塾刊正九经三传沿革例一卷

识著述：

岳浚（约1264—1330），字仲远，常州宜兴（今江苏宜兴）人，岳飞后裔，宋末元初藏书家，辑有《相台五经附考证》，著有《相台书塾刊正九经三传沿革例》。《相台书塾刊正九经三传沿革例》一卷，是我国今传最早阐述儒家经书校勘条例的著作，传为岳珂

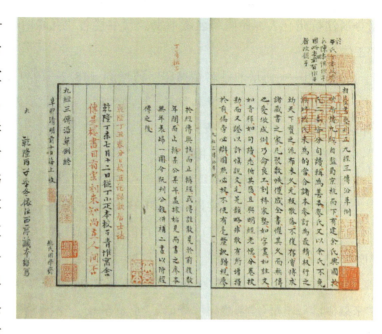

著。此书运用对校、本校、他校等多种校勘方法，厘定了从书本、字划、注文、音释到句读、脱简、考异的一整套校勘程序，提出了不轻改和宁"衍"勿"逸"等重要的校勘原则，对厘清我国古代校勘学脉络，为古籍校勘提供了宝贵的借鉴价值。

识版式：

此为清乾隆三年鲍氏困学斋抄本；左右双边，上下单边；粗黑口，中书书名、页码；半页十行，行二十字，小字双行同。

识印章：

知不足斋鲍以文藏本——鲍廷博藏书楼号姓氏字号藏书印。鲍廷博（1728—1814），字以文，号渌饮，别号通介叟，祖籍安徽歙县长塘，随父鲍思诩徙居杭州，后定居桐乡县青镇（今浙江桐乡乌镇）杨树湾，清代著名诗人、刻书家、目录学家、藏书家。藏书楼名"知不足斋""困学斋""赐书堂""镫味轩""花韵轩"，藏书印有"鲍廷博""廷博""鲍以文藏书""鲍以文藏书记""曾在鲍以文处""知不足斋鲍以文藏书""以文手钞""倚文""通介叟""长塘""鲍家田""歙西长塘鲍氏知不足斋藏书印""歙鲍氏知不足斋藏书""知不足斋藏书""知不足斋钞传秘册""知不足斋鲍氏藏本""知不足斋鲍氏正本""困学斋主人心赏""天都鲍氏困学斋""天都鲍氏困学斋图籍""鲍氏收藏""御赐清爱堂""镫味轩""遗稿天留""好书无

价"皆大欢喜""一生勤苦书千卷""金石录十卷人家""世守陈编之家""生长湖山曲""阶庭横古今""老眼向书明""黄金散尽为藏书""好书堆案转甘贫""万卷书藏一老身""老屋三间赐书万卷"等。著有《花韵轩小稿》《花韵轩咏物诗存》《夕阳诗》等。

校——鲍廷博校书印。

九峰旧庐藏书记——王体仁藏书楼号藏书印。王体仁（1873—1938），钱塘（今浙江杭州）人，民国著名藏书家。藏书楼名"九峰旧庐"。详见《周易注疏》"王体仁"条。

傅增湘——傅增湘姓名藏书印。傅增湘（1872—1949），江安（今四川江安）人，近代著名目录学家、版本学家、校勘学家、藏书家。藏书楼名"双鉴楼"等。详见《诗外传》"傅增湘"条。

书潜——傅增湘名号藏书印。

藏园秘笈——傅增湘字号藏书印。

黄裳青囊文苑——黄裳姓名藏书印。黄裳（1919—2012），原名容鼎昌，笔名勉仲等，益都（今山东益都）人，现代散文家、高级记者、版本学家、藏书家。藏书楼名"来燕榭""木雁斋""草草亭""青囊文苑""容家书库"等，藏书印有"黄裳藏本""黄裳百嘉""黄裳小雁""黄裳青囊文苑""黄裳容氏珍藏图籍""来燕榭""来燕榭珍藏图籍""来燕榭珍藏记""草草亭藏""木雁斋""容家书库"等。著有《榆下说书》《银鱼集》《翠墨集》《黄裳论剧杂文》《花步集》《珠还记幸》《过去的足迹》等。

黄裳藏本——黄裳姓名藏书印。

裳读——黄裳名号藏书印。

草草亭藏——黄裳藏书楼号藏书印。

木雁斋——黄裳藏书楼号藏书印。

容家书库——黄裳藏书楼号藏书印。

识递藏：

从书页所钤藏书印及题识看，是书曾藏于抄书人鲍以文"知不足斋"；继藏于杭州王体仁"九峰旧庐"；继藏于江安傅增湘"双鉴楼"；继藏于黄裳"木雁斋"；今藏于上海图书馆。

五经四书大全

识著述：

胡广（1370—1418），字光大，号晃庵，吉水（今江西吉安）人，明代经学家、文学家、书法家，与杨荣、金幼孜等奉命纂修《五经四书大全》，著有《胡文穆公杂著》《胡文穆集》等。《五经四书大全》包括《周易大全》《书传大全》《诗经大全》《礼记大全》《春秋大全》《四书大全》《性理大全》七部，《大全》遵照"凡有发明经义者取之，悖于经旨者去之"的圣旨，几乎全部抄撮宋元人著作，毫无学术价值。《大全》颁行天下，悬为令甲，而有明一代二百多年以八股取士的科举考试俱从此出，成为禁锢士人思想的僵尸，造成了明代不学无术的经学风气，顾炎武谓之"自八股出而古学弃，《大全》出而经学亡"。

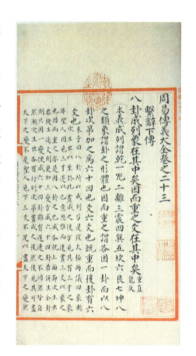

识版式：

此为明内府写本；四周文武双边；红格；粗红口，双红鱼尾，中书书名、卷次、页码；半页十行，行二十二字，小字双行同。

识印章：

项墨林鉴赏章——项元汴姓氏字号藏书印。项元汴（1525—1590），秀水（今浙江嘉兴）人，明代诗人、书画家、鉴赏家、藏书家。藏书楼名"天籁阁"等。详见《左传文苑》"项元汴"条。

傅山印——傅山姓名藏书印。傅山（1607—1684），初名鼎臣，字青竹，改字青主，别名真山、浊翁、石道人、松侨老人等，阳曲（今山西太原）人，与顾炎武、黄宗羲、王夫之、李颙、颜元一起被梁启超称为"清初六大师"，明清之际思想家、学者、诗人、书法家、医学家、藏书家。藏书楼名"慎独斋"，藏书印有"傅山""傅山印""傅山之印""青渚""慎独斋珍藏书画印"等。著有《霜红龛集》《傅青主女科》《傅青主男科》等。

慎独斋珍藏书画印——傅山藏书楼号藏书印。

乾隆御览之宝——爱新觉罗·弘历帝号藏书印。爱新觉罗·弘历（1711—1799），清代第六位皇帝，入关之后的第四位皇帝，年号"乾隆"。藏书楼名"天禄琳琅""三希堂"等。详见《春秋意林》"爱新觉罗·弘历"条。

识递藏：

此书为明内府写本。从书页所钤藏书印看，是书曾藏于檇李项元汴"天籁阁"；又藏于阳曲傅山"慎独斋"；继藏于乾隆皇帝"天禄琳琅"；今藏于中国科学院国家科学图书馆。

经部·四书类

四书类小序

"四书"是《论语》《孟子》《大学》《中庸》四部儒家典籍的合称。南宋理学家朱熹注《论语》，又从《礼记》中摘出《中庸》《大学》，分章断句并予以注释，又配以《孟子》，题为《四书章句集注》，自此始有"四书"之名。纪昀《四库全书总目·四书叙》云："《论语》《孟子》，旧各为帙；《大学》《中庸》，旧《礼记》之二篇。其编为'四书'，自宋淳熙始；其悬为令甲，则自元延佑复科举始。古来无是名也。"因这四部书分别出于早期儒家的四位代表人物孔子、孟子、子思、曾参之手，故又称"四子书"，简称"四书"。元皇庆二年开科取士，将《四书章句集注》定为科举用书，由此，科举由"五经"时代进入了"四书"时代。

《大学》与《中庸》原是《礼记》中的两篇，传为孔子弟子曾参所作。自唐代韩愈、李翱维护道统而推崇《大学》与《中庸》；至北宋二程又百般褒奖宣扬，甚至称《大学》为"孔氏之遗书而初学入德之门"，称《中庸》是"孔门传授心法"之作；再到南宋朱熹继承二程思想，便把《大学》和《中庸》从《礼记》中抽取出来，与《论语》《孟子》两书并列，到朱熹撰《四书章句集注》时，便成为"四书"之二，且列于"四书"之前。不过，现存的《中庸》已经过秦代儒者的修改。而《大学》《中庸》以别本面目单行，当早于朱熹。对此，纪昀《四库全书总目·四书类叙》言之甚详："《中庸》一篇单行，为时甚早，《汉志》有《中庸传》，《隋志》有《中庸说》和《中庸讲疏》；《大学》唐以前无别行本，《直斋书录解题》有司马光《大学广义》，可知早于二程。"

《论语》是记载孔子及其弟子言行的书，由其弟子及再传弟子纂集而成。内容涉及哲学、政治、经济、教育、文艺等诸多方面，内容非常丰富，是儒学最主要的经典。西汉时，《论语》有《鲁论语》《齐论语》《古论语》三种版本流传。东汉末年，郑玄以《鲁论语》为底本，参考《齐论语》和《古论语》编校成一个新的本子，并加以注释。郑玄的注本流传后，《齐论语》和《古论语》便逐渐亡佚了。

《孟子》是记载孟子及其弟子言行的书，由孟子与其弟子万章、公孙丑共同纂集而成。赵岐《孟子题辞》认为《孟子》是"拟圣而作"，尽管《汉书·艺文志》把《孟子》视为子书置于"诸子略"中，但在汉代人的心目中已将其视为辅助"经书"的"传"了，汉文帝甚至将《论语》《孝经》《孟子》《尔雅》各置"传记博士"。至五代后蜀时，蜀主孟昶命人楷书"十一经"刻石，其中即有《孟子》，这可能就是《孟子》列入经书的开始。朱熹把《孟子》列入"四书",与《论语》《大学》《中庸》并驾齐驱,地位得到了更大提高。

班固《汉书·艺文志·六艺略》"《论语》类"下著录了《论语古二十一篇》等十二家,"《礼》类"下著录了《中庸论》;《隋书·经籍志》《郡斋读书志》"经部"均列"《论语》类";《直斋书录解题》"经部"扩《孟子》为"语孟类";自"四书"行世,元明以来学者多有发明,著述日多,而以明代尤甚,故《明史·艺文志》将"四书"别为一类,而《四库全书总目》遵《明史》之例,于"经部"专列"四书类"。

作为儒学经书,"四书"不仅保存了儒家先哲的思想和智慧,也体现了早期儒学形成的递嬗轨迹,它蕴含了儒家思想的核心内容,也是儒学认识论和方法论的集中体现,在中国思想史上产生过深远的影响。其中许多优秀的思想精髓,是华夏无数先贤实践和思考的结晶,具有深刻的教育意义和启迪价值,堪称为源远流长的民族文化的精华。在传承过程中,应本着"去粗取精""去伪存真""古为今用"的科学态度,有选择地予以吸收。

今所选录,计有《论语集解义疏十卷》《监本纂图重言重意互注论语二卷》《孟子注疏解经十四卷》《孟子或问纂要一卷》《孟子正义三十卷》《大学衍义补纂要六卷》《四书章句集注二十八卷》《四书通二十六卷》《四书说略不分卷》九部,以见古本流传之大概。

论语集解义疏十卷

识著述：

何晏（？—249），字平叔，南阳郡宛（今河南南阳）人，三国时期经学家、玄学家。其主持编撰的《论语集解》，是现存最早的《论语》注本，它广泛选录孔安国、包咸、周氏、马融、郑玄、陈群、王肃、周生烈等人的注解，资料详备，南朝隋唐时期立于学官，唐代以后亦备受重视；皇侃（488—545），一作皇偘，其字不详，吴郡（今江苏苏州）人，南朝梁儒家学者、经学家，著有《论语义疏》。《论语集解义疏》十卷，略于传统章句训诂和名物制度，而多以老庄玄学解经，其说与汉儒说经相去甚远，彰显了南朝玄学治经之风。

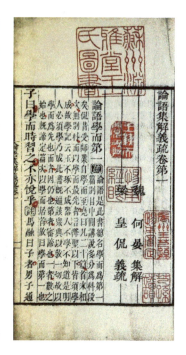

识版式：

此本为清乾隆嘉庆间鲍廷博刻《知不足斋丛书》本；左右双边，上下单边；黑口，中刻书名、卷次、页码；半页九行，行二十字，小字双行同。

识印章：

长州王芑孙惕甫审定——王芑孙郡望姓名字号藏书印。王芑孙（1755—1818），字念丰，一字沤波，号惕甫，一号铁夫、云房，又号楞伽山人，吴县（今江苏苏州）人，清代文学家、赋论家、藏书家。藏书楼名"渊雅堂""沤波舫""天壤阁""楞伽山房"，藏书印有"王芑孙""芑孙""芑孙读""长州王芑孙惕甫审定""惕甫""惕甫经眼""惕甫借观""王氏铁夫""王铁夫藏书印""王铁夫阅过""铁夫审定""铁夫鉴审""铁夫手校""铁夫墨琴夫妇印记""老铁晚年书""楞伽山人""楞伽山房""苏州渊雅堂王氏图书""渊雅堂王氏藏书""渊雅堂藏书记""沤波舫""沤波舫鉴藏""天壤阁藏""县学教谕宫学教习国学典籍""真州山长""樗园客隐"等。著有《碑版广例》《楞伽山房集》《渊雅堂集》等。

芑孙读——王芑孙名号藏书印。

王铁夫阅过——王芑孙姓氏字号藏书印。

惕甫经眼——王芑孙字号藏书印。

苏州渊雅堂王氏图书——王芑孙郡望藏书楼号姓氏藏书印。

识递藏:

是书为王芑孙批校本。从书页所钤藏书印看，一直藏于吴县王芑孙"渊雅堂"；今藏于苏州博物馆。有王芑孙校跋。

监本纂图重言重意互注论语二卷

识著述：

《监本纂图重言重意互注论语》二卷，为宋刘氏天香书院汇刻本，乃采用当时国子监监本、为宋代科举考试服务的帖括之书。此书由何晏、孙邕、郑冲等人的《论语集解》和陆德明音释辑成，内容包括《论语》正文、何晏集解和陆德明音义，有图有注，并加入了宋人的"重言""重意""互注"及句读，"重言""重意"将本书文字相同或意思相同的语句注出，有助于读者理解与记忆。此书校勘精审，虽云帖括，犹存古注，于读经释传大有裨益。

识版式：

此为宋刘氏天香书院刻本；四周双边；白口，双黑鱼尾；半页十行，行十八字，小字双行二十四字。

识印章：

杨守敬印——杨守敬姓名藏书印。杨守敬（1839—1915），谱名开科，榜名恺，更名守敬，字鹏云，号惺吾、星吾、心物，晚年自号邻苏老人，宜都（今湖北宜都）陆城镇人，清末民初杰出历史地理学家、金石文字学家、目录版本学家、文献学家、书画家、泉币学家、藏书家。藏书楼名"邻苏园""观海堂"，藏书印有"杨守敬印""杨星吾日本访书之记""星吾海外访得秘籍""星吾东瀛访古记""邻苏老人""邻苏老人印""宜都杨氏藏书记"等。编有《日本访书志》《邻苏园藏书目》《观海堂藏书目》《留真谱》《杨氏旧藏书目》，著有《水经注疏》《水经注图》《历代舆地沿革图》《历代舆地沿革险要图》《隋书经籍志补正》《汉书地理志补校》《晦明轩稿》等。

星吾海外访得秘籍——杨守敬字号藏书印。

李盛铎印——李盛铎姓名藏书印。李盛铎（1859—1934），字嶬樵，又字椒微，号木斋，别号师子庵旧主人、师庵居士等，晚号麐嘉居士，德化（今江西九江）东乡谭家畈人，清末民初著名政治家、收藏家。藏书楼名"木犀轩""凡将阁""麐嘉馆""庐山李氏山房""蜚英馆"等，藏书印有"李盛铎印""李盛铎木斋审定""木斋""木斋审定善本""木斋宋元秘籍""木斋真赏""师子庵主人""李氏家藏文苑"

"木犀轩""木犀轩藏书""德化李氏凡将阁珍藏""两晋六朝三唐五代妙墨之轩"等。编有《木犀轩藏宋本书目》《木犀轩元板书目》《德化李氏行笈书目》《木犀轩藏书目录》《木犀轩收藏旧本书目》《木犀轩藏书题记及书录》。

木斋——李盛铎字号藏书印。

木斋宋元秘笈——李盛铎字号版本藏书印。

木斋审定善本——李盛铎字号藏书印。

木犀轩藏书——李盛铎藏书楼号藏书印。

李滂——李滂姓名藏书印。李滂（生活于民国时期），字少微，德化（今江西九江）人，李盛铎第十子，近代学者、版本目录学家、藏书家。藏书楼名"邺亭"，延其父藏书楼有"木犀轩"，藏书印有"李滂""少微"等。编有《邺亭瞥观录》稿本，著有《千元考》。

周暹——周叔弢姓名藏书印。周叔弢（1891—1984），建德（今安徽东至县）人，现代著名政治家、实业家、收藏家、藏书家。藏书楼名"寒在堂"等。详见《周礼》"周暹"条。

识递藏：

此本为杨守敬日本访得流传海外之本。从书页所钤藏书印及题跋看，是书曾藏于宜都杨守敬"邻苏园"；继藏于德化李盛铎"木犀轩"，由其子李滂递藏于"邺亭"；继藏于周叔弢"寒在堂"；今藏于北京大学图书馆。有杨守敬、袁克文跋。

孟子注疏解经十四卷

识著述：

赵岐（？—201），初名嘉，字台卿，一字邠卿，京兆长陵（今陕西咸阳）人，东汉经学家，著有《孟子章句》；孙奭（962—1033），字宗古，博州博平（今山东茌平博平镇）人，北宋经学家、教育家，著有《经典徽言》《五经节解》《乐记图》《五服制度》等。《孟子注疏解经》十四卷（每卷分上下），正文部分为《孟子》原文，原文下附以赵岐《孟子章句》及孙奭之疏。《四库提要》谓其"《疏》皆敷衍语气，如乡塾讲章……至岐《注》好用古事为比，《疏》多不得其根据"，评价不高。

识版式：

此为南宋两浙东路庚司刻本；左右双边，上下单边；白口，单黑鱼尾，中刻书名、卷次、页码；半页八行，行十六字，小字双行二十二字。

识印章：

李盛铎印——李盛铎姓名藏书印。李盛铎（1859—1934），字嶕樵，又字椒微，号木斋，别号师子庵旧主人等，晚号麐嘉居士，德化（今江西九江）人，清末民初著名政治家、收藏家。藏书楼名"木犀轩"等，藏书印有"李盛铎印""李盛铎木斋审定""木犀轩藏书"等。编有《木犀轩藏书目录》《木犀轩藏书题记及书录》。详见《监本纂图重言重意互注论语》"李盛铎"条。

木斋读过——李盛铎字号藏书印。

木犀轩藏书——李盛铎藏书楼号藏书印。

识递藏：

从书页所钤藏书印看，是书曾藏于德化李盛铎"木犀轩"；今藏于北京大学图书馆。

155

孟子或问纂要一卷

识著述:

朱熹（1130—1200），字元晦，又字仲晦，号晦庵，晚称晦翁，谥文，世称朱文公，祖籍江南东路徽州府婺源（今江西婺源），生于南剑州尤溪（今福建尤溪），南宋著名理学家、教育家、诗人、楚辞学家、儒学集大成者，著有《周易本义》《周易参同契考异》《朱文公易说》《诗集传》《仪礼经传通释》《孝经刊误》《四书或问》《论孟精义》《小学集注》《伊洛渊源录》《近思录》《楚辞集注》《通鉴纲目》等。《孟子或问纂要》一卷，乃朱熹既作《四书章句集注》之后，复以诸家之说纷纭，因设为问答，明所以去取之意，以成此书。《孟子或问纂要》与《集注》《语类》的说法多所抵牾，乃《集注》屡经修改，而《或问》无暇重编之故。

识版式:

此为宋刻本；左右文武双边，上下单边；细黑口，双黑鱼尾；半页七行，行十六字。

识印章:

南阳居士——久保天随姓名藏书印。久保天随（1875—1934），本名久保得二，号天随，以号行，又号默龙、青琴、南阳居士、秋碧吟庐主人，日本东京人，近代日本著名汉学家、诗人、藏书家。藏书楼名"百柳塘"，藏书印有"南阳居士""百柳塘主人"等。著有《秋碧吟庐诗抄》《关西游草》《闽中游草》《琉球游草》《澎湖游草》等。

百柳塘主人——久保天随藏书楼号藏书印。

张珩私印——张珩姓名藏书印。张珩（1915—1963），字葱玉，别署希逸，湖州吴兴（今浙江湖州）南浔人，藏书家张钧衡之孙，张乃熊犹子，现代著名书画鉴定家、书法家、藏书家。藏书楼名"韫辉斋"，藏书印有"张珩私印""葱玉""葱玉张氏""葱玉秘玩""希逸""吴兴张氏书画之记""乌程""湖州乌程县人""韫辉斋""韫辉斋印""韫辉斋图书印""暂得于己快然自足"等。著有《怎样鉴定书画》《两宋名画册说明》等。

葱玉——张珩字号藏书印。

识递藏：

从书页所钤藏书印看，是书曾藏于日本东京久保天随"百柳塘"；又藏于吴兴张珩"韫辉斋"；今藏于上海图书馆。

孟子正义三十卷

识著述：

　　焦循（1763—1820），字理堂，一字里堂，扬州（今江苏扬州）黄珏镇人，清代经学家、哲学家、数学家、戏曲理论家、藏书家，著有《易章句》《易通释》《孟子正义》《里堂学算记》《剧说》等。《孟子正义》三十卷，博采历代有关《孟子》及赵注之论述，编次为《孟子长编》，继而进行了删繁补缺，草成《孟子正义》。其书乃焦循有鉴于《孟子》伪孙奭疏"体例踳驳，征引陋略乖舛，文义冗蔓俚鄙"，而未能兼综博采之弊端，另撰新疏，以补前人之阙，旨在破除旧注之藩篱，为《孟子》权威注本。

识版式：

　　此本为清稿本；左右双边，上下单边；红口，红格，中书卷次；半页十行，行二十一字，小字双行同。

识印章：

　　真州汪氏砚山所读——汪鋆郡望姓氏字号藏书印。汪鋆（1816—1883），字砚山，亦作研山，仪征（今江苏仪征）真州镇人，清代诗人、画家、金石学家、藏书家。藏书楼名"十二砚斋""春草堂"，藏书印有"真州汪氏砚山所藏""研山倚声""仪征汪氏珍藏"等。著有《扬州画苑录》《扬州景物图册》《十二砚斋金石过眼录》《十二砚斋随笔》《春草堂随笔》等。

　　仪征汪氏珍藏——汪鋆郡望姓氏藏书印。

识递藏：

　　是书为焦循父子兄弟所撰稿本，必首藏于焦循"雕菰楼"。从书页所钤藏书印看，是书继藏于仪征汪鋆"十二砚斋"；今藏于南京图书馆。

大学衍义补纂要六卷

识著述：

徐栻（1519—1581），字世寅，号凤竹，常熟（今江苏常熟）人，明代学者、经学家，辑有《大学衍义补纂要》，著有《仕学集》。《大学衍义补纂要》六卷，以丘濬《大学衍义补》之结构、体裁为范本，对《大学衍义补》一百六十卷予以节略、删节而成。

识版式：

此为明嘉靖三十七年刻本；四周单边；白口、单白鱼尾；半页十行，行二十字，小字双行同。

识印章：

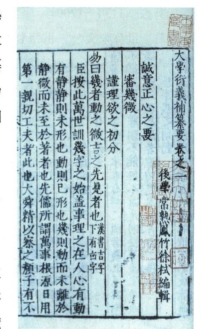

程鹏举印——程鹏举姓名藏书印。程鹏举（生卒不详），疑即清代黟县程云翔（1769—1854），黟县（今安徽黟县）中城桂林村人，清代藏书家。藏书楼名"敦和堂"，藏书印有"程鹏举印""小鲁氏""敦和堂"等。编有《敦和堂书目》。

小鲁氏——程鹏举字号藏书印。

明墀之印——李明墀名号藏书印。李明墀（1823—1886），字玉陔，号晋斋，德化（今江西九江）人，清代刻书家、藏书家。藏书楼名"廖嘉馆""木犀轩""庐山李氏山房"等，藏书印有"李明墀""明墀之印""李氏玉陔""李士陔印""李氏家藏文苑""廖嘉馆印"等。著有《抚湘奏稿》《抚闽奏稿》《晋斋尺牍》等。

李氏玉陔——李明墀姓氏字号藏书印。

李盛铎印——李盛铎姓名藏书印。李盛铎（1859—1934），德化（今江西九江）人，清末民初著名政治家、收藏家。藏书楼名"木犀轩"等。详见《监本纂图重言重意互注论语》"李盛铎"条。

木犀轩藏书——李盛铎藏书楼号藏书印。

识递藏：

从书页所钤藏书印看，是书曾藏于黟县程鹏举"敦和堂"；继藏于德化李明墀、李盛铎父子"木犀轩"；今藏于北京大学图书馆。

159

四书章句集注二十八卷

识著述：

朱熹（1130—1200），字元晦，号晦庵，晚称晦翁，世称朱文公，祖籍婺源（今江西婺源），生于南剑州尤溪（今福建尤溪），宋代著名理学家、教育家、学者、诗人，著有《周易本义》《周易参同契考异》《朱文公易说》《诗集传》《仪礼经传通释》《孝经刊误》《四书或问》《论孟精义》《小学集注》《伊洛渊源录》《近思录》《楚辞集注》《通鉴纲目》等。《四书章句集注》二十八卷，朱子将《礼记》中的《大学》《中庸》与《论语》《孟子》并列，四者上下连贯传承而为一体，编为一书。《大学》《中庸》中的注释称"章句"，《论语》《孟子》中的注释集合了众人说法故称"集注"，宋以后成为钦定的教科书和科举考试的课本。

识版式：

此为南宋嘉定十年当涂郡斋刻嘉熙四年淳祐八年、十二年递修本；左右文武双边，上下单边；白口，中刻书名，下刻页码；半页八行，行十五字。

识印章：

铁琴铜剑楼——常熟瞿氏藏书楼号藏书印。详见《周易注疏》"铁琴铜剑楼"条。

虞山瞿绍基藏书之印——瞿绍基郡望姓名藏书印。瞿绍基（1772—1836），昭文（今江苏常熟）人，清代著名藏书家，铁琴铜剑楼第一代主人。藏书楼初名"恬裕斋""敦裕斋"，后改为"铁琴铜剑楼"，详见《周易注疏》"瞿绍基"条。

菰里瞿镛——瞿镛郡望姓名藏书印。瞿镛（1794—1846），字子雍，昭文（今江苏常熟）古里人，清代著名藏书家，铁琴铜剑楼第二代主人。藏书楼名"铁琴铜剑楼"。详见《周易九卷》"瞿镛"条。

识递藏：

从书页所钤藏书印看，是书曾藏于常熟瞿氏"铁琴铜剑楼"，由瞿绍基、瞿镛、瞿秉渊、瞿启甲、瞿济苍祖孙五代递藏；今藏于国家图书馆。

四书通二十六卷

识著述：

胡炳文（1250—1333），字仲虎，号云峰，婺源（今江西婺源）考川人，元代经学家、教育家、文学家，一生致力于研究和弘扬朱子理学，著有《周易本义通释》《四书通》等。《四书通》二十六卷，乃胡炳文感于时人《四书》注疏各行其说、令人无所适从的弊端，遂以赵顺孙

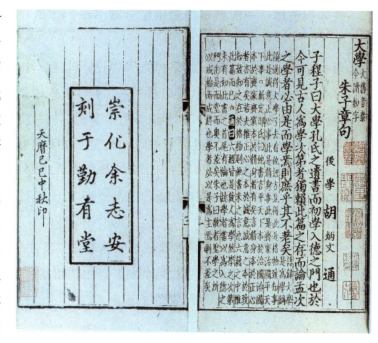

《四书纂疏》、吴真子《四书集成》阐述朱子思想的绪论为线索，博采诸儒之言，汇其同而辨其异，编纂而成。《四书通》用心良苦，考证缜密，为后人研究朱子理学提供了翔实的宝贵资料。

识版式：

此为元天历二年崇化余志安勤有堂刻本；四周双边；粗黑口，双黑鱼尾，下刻页码；半页十一行，行二十一字，小字双行同。

识印章：

毛晋私印——毛晋姓名藏书印。毛晋（1599—1659），常熟（今江苏常熟）人，明末著名经学家、文学家、刻书家、藏书家。藏书楼名"汲古阁"。详见《周易九卷》"毛晋"条。

汲古主人——毛晋别号藏书印。

汲古阁——毛晋藏书楼号藏书印。

士礼居藏——黄丕烈藏书楼号藏书印。黄丕烈（1763—1825），字绍武，号荛圃，又号复翁、佞宋主人、书魔、独树逸翁等，平江（今江苏苏州）人，清代著名校勘学家、版本学家、目录学家、刻书家、藏书家。藏书楼名"士礼居""百宋一

廛”“读未见书斋”“陶陶室”“小千顷堂”“学海山居”“求古居”“红椒山馆”“学山海居”“学耕堂”“冬蕙山房”等，藏书印有“黄丕烈”“黄丕烈印”“丕烈”“丕烈之印”“荛夫”“荛翁”“荛圃”“荛圃卅年精力所聚”“荛圃手校”“复翁”“书魔”“天疨居士”“平江黄氏图书”“士礼居藏”“士礼居精校书籍印记”“百宋一廛”“百宋一廛清赏”“求古居”“陶陶室”“读未见书斋”等。著有《士礼居藏书题跋记》《续录》《荛言》《汪本隶释刊误》《芳林秋思》等。

铁琴铜剑楼——常熟瞿氏藏书楼号藏书印。详见《周易注疏》“铁琴铜剑楼”条。

绍基秘笈——瞿绍基名号藏书印。瞿绍基（1772—1836），字厚培，号荫棠，昭文（今江苏常熟）人，清代著名藏书家，铁琴铜剑楼第一代主人。藏书楼初名“恬裕斋”“敦裕斋”，后改为“铁琴铜剑楼”。详见《周易注疏》“瞿绍基”条。

菰里瞿镛——瞿镛郡望姓名藏书印。瞿镛（1794—1846），字子雍，昭文（今江苏常熟）古里人，清代著名藏书家，铁琴铜剑楼第二代主人。藏书楼名“铁琴铜剑楼”。详见《周易九卷》“瞿镛”条。

识递藏：

从书页所钤藏书印看，是书曾藏于常熟毛晋“汲古阁”；继藏于平江黄丕烈“士礼居”；继藏于常熟瞿氏“铁琴铜剑楼”，由瞿绍基、瞿镛、瞿秉渊、瞿启甲、瞿济苍祖孙五代递藏；今藏于国家图书馆。

四书说略不分卷

识著述：

　　王筠（1784—1854），字贯山，号篆友，安丘（今山东济南安丘）人，清代著名经学家、史学家、语言学家、文字学家，著有《周易详解》《仪礼读》《仪礼郑注句读刊误》《周礼读》《礼记读》《礼记一得录》《四书说略》《十六国史略》《史记校》《北史论略》《说文释例》《文字蒙求》《说文句读》《说文韵谱校》《说文属》等。《四书说略》不分卷，系作者晚年为少年事举业者而作，故语至浅显，往往就制艺说法，其解说注重义理。因作者长于小学，故该书亦颇多考证，颇多新意。

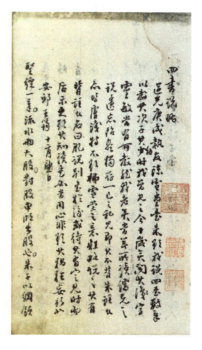

识版式：

　　此为清王筠稿本。

识印章：

　　渠邱赵氏筱楼珍藏印——赵筱楼郡望姓名藏书印。赵筱楼（生卒无考），安丘人。生平事迹无考。

　　镜塘读过——钱镜塘字号藏书印。钱镜塘（1907—1983），原名钱德鑫，字镜塘，以字行，晚号菊隐老人，海昌（今浙江海宁）硖石人，当代诗人、书画家、篆刻家、藏书家。藏书楼名"嬴缩研斋"，藏书印有"钱德鑫印""镜塘""镜塘读过""海昌钱镜塘藏""海昌钱镜塘藏札之印""嬴缩研斋"等。

　　嬴缩研斋——钱镜塘藏书楼号藏书印。

识递藏：

　　是书为王筠稿本，必首藏于其家"清诒堂"。从书页所钤藏书印看，是书曾藏于梁邱赵筱楼之手；又藏于海宁钱镜塘"嬴缩研斋"；今藏于南京市博物馆。

经部·乐类

乐类小序

《乐经》为"六经"之一。文献证明,先秦本有《乐经》存世。《庄子·天下》所列"邹鲁之士缙绅先生之学",已囊括了《诗》《书》《礼》《乐》《易》《春秋》六部古籍;郭店楚简《六德》云:"观诸《诗》《书》则亦载矣,观诸《礼》《乐》则亦载矣,观诸《易》《春秋》则亦载矣。"而后世不存。有《乐经》则有《乐记》,《乐记》为孔子再传弟子公孙尼子所作,部分收录于《礼记·乐记》中。关于《乐经》的流传,有三种代表性说法。一种认为《乐经》《乐记》均已毁于秦火,一种认为《周礼·春官·大宗伯章》之《大司乐》即为《乐经》,一种认为《乐经》不存在。

孔门教育非常注重"乐教","乐教"是孔子教育思想的重要组成部分,蕴含着深邃而广博的智慧。《尚书·尧典》所谓"夔!命汝典乐,教胄子,直而温,宽而栗,刚而无虐,简而无傲"的话,体现的就是音乐对人的巨大感化作用,而孔子就是这一理论的优秀实践者:"子在齐闻《韶》,三月不知肉味,曰:'不图为乐之至于斯也。'"他赞颂《韶》的"尽善尽美",将文质俱佳的作品当作"乐教"的范本。孔子还以礼、乐、射、御、书、数"六艺"教授弟子,将"礼""乐"并重,进而提出"兴于诗,立于礼,成于乐"的教育理念,将"乐教"视为育人的终极目标。

司马谈、刘安等人所谓的儒家"六经",虽未明确其所指,而大旨与庄周所列"六经"一致。班固《汉书·艺文志》之"六艺略"将"乐"单列一类,并著录了《乐记》《王禹记》两部"乐类"典籍,附录的其余四部实为乐府诗和琴曲而非"经"书;《隋书·经籍志》《郡斋读书志》之"经部"均专设"乐类";《直斋书录解题》之"经部"不再单列"乐类";《四库全书总目》之"经部"虽列"乐类"而地位不再与"五经"相埒。纪氏认为,今之所传"乐经"绝非出于圣人之手,"大抵《乐》之纲目具于《礼》,其歌词具于《诗》,其铿锵鼓舞则传在伶官。汉初制氏所记,盖其遗谱,非别有一经为圣人手定",而但凡"以辨律吕、明雅乐者""以宣豫导和,感神人而通天地,厥用至大,厥义至精"者,均可德配于"经"部,仍具有彰显"大乐元音,道侔天地"之教化之用,故仍列"乐类"。

今之所录,计有《乐典三十六卷》和《律吕元音二卷》两种,以成制度。

乐典三十六卷

黄佐（1490—1566），字才伯，号希斋，晚号泰泉，学者称泰泉先生，广州府香山县荔山（今广东珠海）人，明代岭南著名学者、经学家，著有《诗经通解》《礼典》《乐典》《乡礼》《续春秋明经》《小学古训》等。《乐典》三十六卷，分《乐均》《乐义》《大司乐义》《乐记》《诗乐》五类，其所重者则尤在《乐均》。《乐典》言律吕之数，据谬本推演，愈推愈谬，亦多臆撰；至于解释经义，往往支离鄚轕，徒为异说。

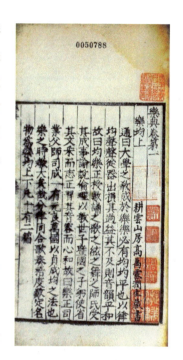

识版式：

此为明嘉靖三十六年卢宁刻本；四周单边；白口，上刻书名，中刻卷数、页码；半页十行，行二十字。

识印章：

高万霖润生印——高万霖姓名字号藏书印。高万霖（约生活于康雍乾间），字润生，生平无考。藏书印有"高万霖润生印""提调协律之章"等。

提调协律之章——高万霖翰林院官印。

北平黄氏万卷楼图书——黄叔琳郡望姓氏藏书楼号藏书印。黄叔琳（1672—1756），幼名伟元，字宏献，号昆圃，又号砚北、金墩，晚号守魁，世称北平昆圃先生，黄登贤之父，顺天大兴（今北京大兴）人，清代著名经学家、史学家、文学家、藏书家。藏书楼名"万卷楼""养素堂"，藏书印有"黄叔琳印""昆圃太史""北平黄氏万卷楼图书""北平黄氏养素堂曝书""养素堂鉴藏之印"等。著有《砚北易钞》《诗经统说》《夏小正撰注》《史通训故补注》《文心雕龙辑注》《砚北杂录》等。

荫普——黄荫普名号藏书印。黄荫普（1900—1986），一名黄少衡，字雨亭，番禺（今广东广州番禺）人，现代诗人、藏书家。藏书楼名"忆江南馆"，藏书印有"荫普""禺山黄氏"等。编有《忆江南馆藏书目录》，著有《广东纸币史》《广东文献知见录》《勤勉堂诗抄》《黄氏忆江南馆墨缘集存》等。

禺山黄氏——黄荫普郡望姓氏藏书印。《乐典》作者黄佐卒于嘉靖三十五年，此书刻于嘉靖三十六年，而黄佐晚年筑室禺山研习经典，故疑黄荫普为黄佐之后。

识递藏：

从书页所钤藏书印看，是书曾藏于北平黄叔琳"万卷楼"，由黄登贤借于四库馆；继藏于四库提调官高万霖之手；又藏于番禺黄荫普之"忆江南馆"；今藏于广东省立中山图书馆。

律吕元音二卷

识著述：

　　爱新觉罗·永瑢（1727—1805），字惠周，号兰亭主人，清朝宗室大臣，努尔哈赤次子礼烈亲王代善五世孙，和硕康修亲王崇安之子，乾隆十八年袭封康亲王，清代诗人、书画家，著有《益斋集》《读画辑略》《漪园四种》《诚正堂稿》《律吕元音》等。

识版式：

　　此为清代精写稿本；四周双边；粗黑口，双黑鱼尾；半页十行，行十九字。

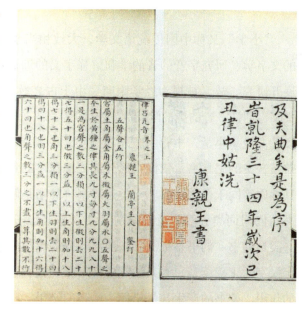

识印章：

　　康亲王宝——爱新觉罗·永瑢官爵藏书印。

　　兰亭主人——爱新觉罗·永瑢字号藏书印。

　　丁丙——丁丙姓名藏书印。丁丙（1832—1899），钱塘（今浙江杭州）人，清末著名经学家、诗人、金石学家、目录学家、藏书家。总藏书楼名"嘉惠堂"。详见《周易本义》"丁丙"条。

　　丁松生——丁丙姓氏字号藏书印。

　　嘉惠艺林——丁丙藏书闲章。

识递藏：

　　此本为爱新觉罗·永瑢稿本。从书页所钤藏书印及题跋看，是书首藏于作者爱新觉罗·永瑢"漪园"；又藏于钱塘丁丙"嘉惠堂"；今藏于南京图书馆。有丁丙跋。

经部·小学类

小学类小序

"小学"又称中国传统语文学，大致相当于今之语言文字学。它包括分析字形的文字学、研究字音的音韵学和解释字义的训诂学，因其围绕阐释和解读先秦典籍展开研究，故又被视为经学附庸。由于古之教育机构小学所教不过"六书"，故称文字、训诂、音韵类的学问为"小学"。

古代"小学"书籍大概不出三类：一类是字书。字书是以解释汉字形体为主，兼及音义的工具书，依据字形分部，解释字的意义。字书始于许慎的《说文解字》，其性质等同于今之字典。一类是辞书。辞书是解释词语的意义、概念、用法的工具书，依据词类分篇，说明词的意义。辞书始于《尔雅》，其性质等同于今之词典。一类是韵书。韵书是把汉字按照字音分韵编排的一种书籍，其编撰目的是分辨、规定汉字的正确读音，因其还有解释字义和记载字体的功能，故也起到了字书和辞书的作用。韵书的产生，是格律诗诞生的结果。随着韵文学样式的发展与成熟，韵书也就应运而生了。韵书始于陆法言的《切韵》。

班固《汉书·艺文志·六艺略》"小学类"著录了《史籀十五篇》《八体六技》等书法、字典之类的书十部，而将《尔雅》《小尔雅》《古今字》三部词典、字典附于《孝经》，书法艺术与字书、辞书、韵书分类混乱。陈振孙《直斋书录解题·小学类序》云："自刘歆以'小学'入'六艺略'，后世因之，又以为文字训诂有关于经艺故也。"《隋书·经籍志·经部》"小学类"著录《尔雅》《广雅》《方言》《释名》等辞书十部，《三苍》《说文》等字书与《声韵》《声类》等韵书一百零八部，辞书、字书、韵书已开始有了较明确的区分，但掺入了金石，至《唐书·经籍志》又掺入了书法和书品；《郡斋读书志·经部》"小学类"不仅著录了《尔雅》《方言》等辞书、《说文解字》《玉篇》《干禄字书》等字书和《广韵》《礼部韵略》等韵书，还著录了不少《临池妙诀》《淳化法帖》之类的书法艺术书籍，且分类不能以类相从，排列极其混乱；《直斋书录解题·经部》"小学类"除著录《尔雅》《广雅》《埤雅》《方言》等辞书、《说文解字》《玉篇》等字书和《景祐集韵》《礼部韵略》等韵书外，还著录了《石鼓文考》《啸堂集古录》等艺术类书籍；《四库全书总目·经部》"小学类"则明确划分为"言文字意义"的训诂书、"言文字形制"的字书和"言文字声音"的韵书三种，将以往"小学"书目中讨论儿童规范的书归入"子部·儒家类"，将以往"小学"书目中讨论书法理论的书归入"子部·艺术类"，将以往"小学"目录中的儿童益智读物归入了"子部·故事类",而将以往"小学"书目中方便记诵的书归入"子部·类书类"。这种处理方式最为科学而详备。

"小学"虽以"小"命名,其作用却不容小觑。"小学明而经学明""由小学入经学者,其经学可信"。解经须先识字解词,惟其如此,方可疏通文句进而明了经义,这也是"小学"称"经"的根本原因。不惟如此,"小学"在自身发展过程中,也逐渐摆脱了经学附庸的地位,独立而成为以文字、音韵、训诂为内容的专门学术,并在古籍整理、古史考证、金石书画研究等领域发挥着重要作用。毋庸讳言,那种脱离了"小学"的研究是非常可怕的。

今依《四库全书总目·经部·小学类》之例,收录字书《说文解字十五卷标目一卷》《说文解字系传四十卷附录一卷》《说文字原一卷》《说文释例八卷》《五经文字三卷》《新加九经字样一卷》《干禄字书一卷》《班马字类补遗五卷》《汉隶分韵七卷》《字鉴五卷》《金石韵府五卷》《广金石韵府五卷字略一卷》计十二种;收录辞书《輶轩使者绝代语释别国方言十三卷》《尔雅三卷音释三卷》《尔雅翼三十二卷》《博雅十卷》《广雅疏证十卷》计五种;收录韵书《广韵五卷》《集韵十卷》《附释文互注礼部韵略五卷韵略条式一卷》《韵补五卷》《押韵释疑五卷拾遗一卷》《古今韵会举要三十卷礼部韵略七音三十六母通考一卷》《洪武正韵十六卷》《古音丛目五卷古音猎要五卷古音略例一卷转注古音略五卷古音余五卷古音附录一卷奇字韵五卷》《韵经五卷》计九种,以见古本流传之一斑。

说文解字十五卷标目一卷

识著述：

许慎（58—147），字叔重，汝南召陵（今河南漯河召陵）人，东汉著名经学家、文字学家，著有《说文解字》。《说文解字》十五卷，为世界上第一部字典，也是我国第一部按部首编排的字典。全书共分五百四十个部首，收字九千三百五十三个。它规范了汉字的形、音、义，对汉语文字学做出了杰出贡献。

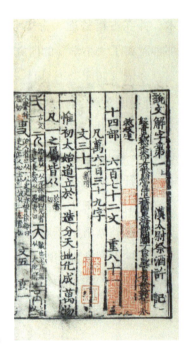

识版式：

此为宋刻元修本；左右双边，上下单边；白口，单黑鱼尾；半页十行，行十六至十八字。

识印章：

吴郡赵颐光家经籍——赵宧光郡望姓名藏书印。赵宧光（1559—1625），亦作赵颐光，字水臣，号广平，又号寒山长、寒山梁鸿、凡夫、幕下凡夫，南直隶太仓（今江苏太仓）人，明代诗人、文字学家、书画家、篆刻家、藏书家。藏书楼名"小宛堂""蝴蝶寝""悉昙章阁"等，藏书印有"赵宧光印""吴郡赵颐光家经籍""凡夫""寒山梁鸿幕下凡夫""寒山长""五砚斋""小宛堂"等。著有《说文长笺》《六书长笺》《寒山蔓草》《寒山帚谈》《寒山志》等。

广圻审定——顾广圻名号藏书印。顾广圻（1766—1835），元和（今江苏苏州）人，清代著名经学家、校勘学家、目录学家、藏书家。藏书楼名"思适斋"。详见《周礼》"顾广圻"条。

古潭州袁卧雪庐收藏——袁芳瑛郡望姓氏藏书楼号藏书印。袁芳瑛（1814—1859），字漱六，号伯勾，湘潭（今湖南长沙）人，清代著名藏书家。藏书楼名"卧雪庐"。详见《左传附注》"袁芳瑛"条。

李盛铎印——李盛铎姓名藏书印。李盛铎（1859—1934），德化（今江西九江）人，清末民初著名政治家、收藏家。藏书楼名"木犀轩"等。详见《监本纂图重言重意互注论语》"李盛铎"条。

木斋读过——李盛铎字号藏书印。

李滂——李滂姓名藏书印。李滂（生活于民国时期），字少微，德化（今江西九江）人，李盛铎第十子，近代版本目录学家、学者、藏书家。藏书楼名"邺亭"，延其父藏书楼名有"木犀轩"，藏书印有"李滂""少微"等。编有《邺亭瞥观录》稿本，著有《千元考》。

少微——李滂字号藏书印。

识递藏：

从书页所钤藏书印及题识看，是书曾藏于明太仓赵宦光"小宛堂"；入清后转藏于清初虞山钱曾"述古堂"；又藏于阳湖孙星衍"平津馆"；继藏于元和顾广圻"思适斋"；继藏于袁芳瑛"卧雪庐"；继藏于德化李盛铎"木犀轩"，由其子李滂递藏于"邺亭"；今藏于北京大学图书馆。

说文解字系传四十卷附录一卷

识著述：

徐锴（920—974），字鼐臣，又字楚金，广陵（今江苏扬州）人，徐铉之弟，世称小徐，南唐文字训诂学家，著有《说文解字系传》《说文解字韵谱》《通释五音》《方舆记》《古今国典》等。《说文解字系传》（世称"小徐本"）四十卷，徐锴以许慎《说文解字》为经，对其予以了详细训解。《系传》以《通释》为主体，除引据前代古书以证明许慎训解外，还指出了其他引申义，并注意到形声相生、音义相转之理，从谐声字的声旁说明了声旁与字义的关系，又往往说明古书的假借和古今用字的不同，甚至有时还用今语解释古语，对后代训诂学有很大影响。

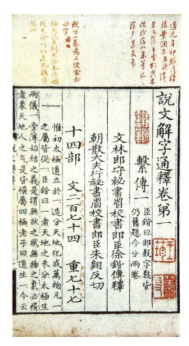

识版式：

此本为清乾隆四十七年汪启淑刻本；左右双边，上下单边；粗黑口，单黑鱼尾，中刻书名、卷次、页码；半页七行，行字不等，小字双行二十一字。

识印章：

王筠——王筠姓名藏书印。王筠（1784—1854），字贯山，号篆友，安丘（今山东济南安丘）人，清代经学家、语言学家、文字学家、藏书家，"《说文》四大家"之一。藏书楼名"清诒堂"，藏书印有"王筠之印""王筠私印""王筠""臣筠""筠""篆友""篆友手校""贯山""贯山王筠""字曰贯山""宋官瞳""宋官瞳王氏""九龙山之左两虎阜之右宋官瞳王氏""乃有王郎""总领提控之印""缘隙奋笔""为学当寻孔颜乐处""炉雪茗椀静中缘""一楼月色江声"等。著有《周易详解》《毛诗重言》《仪礼读》《仪礼郑注句读刊误》《周礼读》《礼记读》《礼记一得录》《四书说略》《说文释例》《说文句读》《文字蒙求》《说文韵谱校》《说文属》《蛾术编》等。

篆友——王筠字号藏书印。

缘隙奋笔——王筠藏书闲章。

识递藏：

此为王筠批校本。从书页所钤藏书印看，是书首藏于安丘王筠"清诒堂"；今藏于山东省图书馆。有朱文藻跋。

说文字原一卷

识著述：

　　周伯琦（1298—1369），字伯温，号玉雪坡真逸，饶州鄱阳（今江西鄱阳）人，元代文学家、书法家、文字学家，著有《六书正讹》《说文字原》。《说文字原》一卷，是一部研究《说文解字》部首的专著。是书从排序到形义分析，对《说文》部首进行了较全面的整理和研究，其中不乏真知灼见，对于规范文字以及推动《说文》研究起到了重要作用。其推衍《说文》之意，参以己见，瑕瑜互见，通蔽相仿。

识版式：

　　此为元至正十五年高德基等刻明修本；左右文武双边，上下单边；白口，单黑鱼尾，中刻书名、页码；半页五行，行字不等，小字双行二十字。

识印章：

　　莫棠所藏——莫棠姓名藏书印。莫棠（1865—1929），字楚生，一字楚孙，独山（今贵州独山）人，莫祥芝第三子，晚清大儒、藏书家莫友芝犹子，清末民初著名目录学家、版本学家、藏书家。藏书楼名"铜井文房""文渊楼"等，藏书印有"莫棠""莫棠之印""莫棠字楚生印""莫棠楚生""莫棠楚生父印""独山莫棠""独山莫棠字楚生第三""莫棠岭外所收""独山莫氏铜井文房""独山莫氏铜井文房之印""独山莫氏铜井文房藏书记""铜井山房藏书""独山莫氏藏书""独山莫氏收藏经籍记""莫科莫祁莫棠之印""以山水文籍自娱""绣衣大夫"等。辑有《文渊楼藏书目录》《铜井文房书目后编》，著有《铜井文房书跋》。

　　独山莫氏铜井文房——莫棠郡望姓氏藏书楼号藏书印。

　　莫天麟印——莫天麟姓名藏书印。莫天麟（生卒不详），字瑞明，独山（今贵州独山）人，一说为独山莫氏先祖，一说为莫棠之子，从《黄文献公集》莫棠之前的两位藏家生活年代上看，后说近情。

　　徐乃昌读——徐乃昌姓名藏书印。徐乃昌（1866—1946），字积余，号随庵，

173

南陵（今安徽南陵）工山汤村徐人，清末民国金石学家、刻书家、藏书家。藏书楼名"积学斋""隋庵""镜影楼""小檀栾室"等，藏书印有"徐乃昌印""徐乃昌读""乃昌校读""徐乃昌曝书记""南陵徐乃昌审定善本""南陵徐乃昌校勘经籍记""南陵徐乃昌刊误鉴真记""徐乃昌马韵芬夫妇印""积学斋徐乃昌藏书""南陵徐氏""积学斋""积学斋镇库""积余秘籍识者宝之""十万琳琅阁珍藏"等。主编《安徽通志》《南陵县志》，编有《积学斋藏书目》《金石拓本目录》，著有《积学斋藏书志》《续方言》《皖词纪胜》《徐乃昌日记》等。

识递藏：

从书页所钤藏书印及题跋看，是书曾藏于独山莫棠"铜井文房"，由莫天麟递藏；继藏于南陵徐乃昌"积学斋"；今藏于上海博物馆。有徐乃昌跋。

174

说文释例八卷

识著述：

王筠（1784—1854），字贯山，号篆友，安丘（今山东济南安丘）人，清代经学家、语言学家、文字学家。尤喜《说文》之学，精研许慎、段玉裁、桂馥的《说文》著作，著有《周易详解》《毛诗重言》《仪礼读》《仪礼郑注句读刊误》《周礼读》《礼记读》《礼记一得录》《四书说略》《说文释例》《说文句读》《文字蒙求》《说文韵谱校》《说文属》《蛾术编》等。《说文释例》八卷，疏解许说，贯穿通达，博大精深，辞尚体要，为研究《说文解字》开辟了新的途径，使阅读《说文》者能提纲挈领，登堂入室。

识版式：

此为清王筠稿本；半页十行，行二十一字。

识印章：

中吴叶启蕃启勋启发兄弟珍藏书籍——长沙叶氏启蕃启勋启发三兄弟郡望姓名藏书印。

叶启勋——叶启勋姓名藏书印。叶启勋（1900—1972），长沙（今湖南长沙）苏家巷人，藏书家叶德辉三弟叶德炯次子，现代著名目录学家、藏书家。藏书楼名"拾经楼"。详见《仪礼注疏》"叶启勋"条。

定侯所藏——叶启勋字号藏书印。

拾经楼——叶启勋藏书楼号印。

叶启发读书记——叶启发姓名藏书印。叶启发（1905—1952），长沙（今湖南长沙）苏家巷人，现代知名藏书家、目录学家。藏书楼名"华鄂堂"。

识递藏：

是书为王筠稿本，必首藏于其家"清诒堂"。从书页所钤藏书印及题跋看，是书曾藏于道州何绍基"东洲草堂"，由其孙何诒恺售于长沙叶德辉"媚古堂"；继藏于叶启勋"拾经楼"；继藏于叶启发"华鄂堂"；今藏于湖南图书馆。有何绍基、张穆、叶启勋跋。

175

五经文字三卷

识著述：

张参（约生活于唐玄宗至唐代宗间），河间（今河北河间）人，唐代经学家、文字学家，著有《五经文字》。《五经文字》三卷，旨在辨析五经文字之异同，是一部音注经传的专门性辞典。全书收字三千二百三十五字，按部首分类排列为一百六十部。它简化和归并了《说文》以来字书的部首，并把所有韵首字改为楷体，特别是把某些印刷体部首字改为手写体；此书对所收录的每个字都注音、释义，并详明其出处。此书还对因形体演变而出现的同一字的不同形体加以注明，对俗字、讹字加以辨明并指明其正字，还保留了古籍中的一些本字，这无疑对研究汉字字形的变化大有裨益。

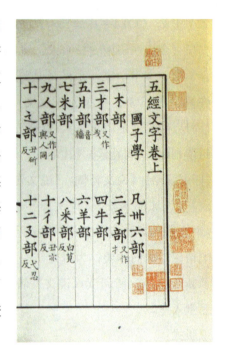

识版式：

此为清初席氏酿华草堂影宋抄本；左右双边，上下单边；白口，双黑鱼尾，中刻书名、卷次、页码；半页八行，行十四字，小字双行二十字。

识印章：

席鉴之印——席鉴姓名藏书印。席鉴（生活于乾隆年间），常熟（今江苏常熟）人，清代著名刻书家、藏书家。藏书楼名"扫叶山房""酿华草堂""敏逊斋"等。详见《孝经今文音义》"席鉴"条。

虞山席鉴玉照氏收藏——席鉴郡望姓名字号藏书印。

席氏玉照——席鉴姓氏字号藏书印。

酿华草堂——席鉴藏书楼号藏书印。

墨妙笔精——席鉴藏书闲章。

希世之珍——席鉴藏书闲章。

赵宋本——席鉴藏书版本藏书印。

袁廷梼借观印——袁廷梼姓名藏阅印。袁廷梼（1762—1809），吴县（今江苏苏州）人，清代著名诗人、画家、考据学家、校勘学家、藏书家。藏书楼名"小山丛桂馆""五砚楼"。详见《诗外传》"袁廷梼"条。

宪奎——汪宪奎名号藏书印。汪宪奎（生活于道咸间），字秋浦，长洲（今江苏苏州）人，汪士钟族人，清代藏书家。藏书楼名"有竹居"，藏书印有"平江汪宪奎秋浦印记""宪奎""秋浦"等。

秋浦——汪宪奎字号藏书印。

杨以增字益之又字至堂晚号冬樵行——杨以增姓名字号藏书印。杨以增（1787—1855），聊城（今山东聊城）东昌府区人，清代藏书家。藏书楼名"海源阁"。详见《韩鲁齐三家诗考》"杨以增"条。

关西节度系关西——杨以增官爵藏书印。

宋存书室——杨以增"海源阁"藏书楼分号藏书印。

绍和筠岩——杨绍和字号藏书印。杨绍和（1830—1875），聊城（今山东聊城）东昌府区人，杨以增次子，海源阁第二代主人，清代著名目录学家、藏书家。藏书楼名"海源阁"。详见《韩鲁齐三家诗考》"杨绍和"条。

东郡杨二——杨绍和郡望排行藏书印。

识递藏：

此书为席鉴酿华草堂影宋抄本。从书页所钤藏书印及题跋看，是书首藏于常熟席鉴"酿华草堂"，其间吴县袁廷梼曾借观；继藏于汪士钟"艺芸书舍"；道咸间继藏于长洲汪宪奎"有竹居"；继藏于聊城杨以增"海源阁"之"宋存书室"，由其子孙杨绍和、杨保彝递藏；今藏于国家图书馆。

177

新加九经字样一卷

识著述：

唐玄度（生活于唐顺宗至唐文宗间），字彦升，籍贯不详，唐代书法家、文字学家，著有《新加九经字样》《十体书》等。《新加九经字样》一卷，属辨正经传文字形体之专书。玄度据张参所作《五经文字》，补其未备，撰集为《新加九经字样》。全书分七十六部首，不易归部者统归"杂辨"部，共收字四百二十一字。此书刊定字体不古不俗，取其适中；注音不用反切而用直音，如无适当的同音字，则按四声调音。

识版式：

此为清初席氏酿华草堂影宋抄本；左右双边，上下单边；白口，单白鱼尾，中刻书名，下刻页码；半页八行，行字不等。

识印章：

席鉴之印——席鉴姓名藏书印。席鉴（生活于乾隆年间），常熟（今江苏常熟）人，清代著名刻书家、藏书家。藏书楼名"扫叶山房""酿华草堂""敏逊斋"等。详见《孝经今文音义》"席鉴"条。

席氏玉照——席鉴姓氏字号藏书印。

酿华草堂——席鉴藏书楼号藏书印。

赵宋本——席鉴藏书版本藏书印。

汪士钟印——汪士钟姓名藏书印。汪士钟（1786—?），长洲（今江苏苏州）人，汪文琛之子，清代著名藏书家。藏书楼名"艺芸书舍""三十五峰园"等。详见《周易九卷》"汪士钟"条。

三十五峰园主人——汪士钟藏书楼号藏书印。

178

宪奎——汪宪奎名号藏书印。汪宪奎（生活于道咸间），字秋浦，长洲（今江苏苏州）人，汪士钟族人，清代藏书家。藏书楼名"有竹居"，藏书印有"平江汪宪奎秋浦印记""宪奎""秋浦"等。

秋浦——汪宪奎字号藏书印。

杨东樵读过——杨以增姓氏别号藏书印。杨以增（1787—1855），聊城（今山东聊城）东昌府区人，清代著名藏书家。藏书楼名"海源阁"。详见《韩鲁齐三家诗考》"杨以增"条。

宋存书室珍藏——杨以增海源阁藏书楼分号藏书印。

杨绍和读过——杨绍和姓名藏书印。杨绍和（1830—1875），聊城（今山东聊城）东昌府区人，杨以增次子，海源阁第二代主人，清代著名目录学家、藏书家。藏书楼名"海源阁"。详见《韩鲁齐三家诗考》"杨绍和"条。

彦合珍玩——杨绍和字号藏书印。

周暹——周叔弢姓名藏书印。周叔弢（1891—1984），建德（今安徽东至县）人，现代著名政治家、实业家、收藏家、藏书家。藏书楼名"寒在堂"等。详见《周礼》"周暹"条。

识递藏：

此书为席鉴酿华草堂影宋抄本。从书页所钤藏书印及题跋看，是书首藏于影抄者常熟席鉴"酿华草堂"；继藏于长洲汪士钟"三十五峰园"；继藏于长洲汪宪奎"有竹居"；继藏于聊城杨以增"海源阁"之"宋存书室"，由其后人杨绍和、杨保彝递藏；继藏于建德周叔弢"寒在堂"；今藏于国家图书馆。

干禄字书一卷

识著述:

颜元孙（？—732），字聿修，琅琊临沂（今山东临沂）人，唐代文字学家，著有《干禄字书》。《干禄字书》一卷，以四声隶字，又以二百零六部排比字之先后，每字分俗、通、正三体，颇为详核，是一部收录唐代俗文字的字书，对于研究近代汉字有重要的参考价值。因其书专为章表、书判而作，故曰"干禄"。

识版式:

此为明嘉靖六年孙沐万玉堂刻本；左右双边，上下单边；白口，中刻书名、页码，下刻刻书堂口；半页八行，行十七字。

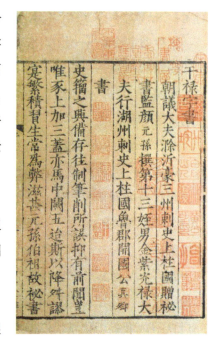

识印章:

黄公望印——黄公望姓名藏书印。黄公望（1269—1354），名公望，字子久，号一峰，晚号井西道人、大痴道人，平江常熟（今江苏苏州常熟）人，一说浙江平阳人，元代画家、书法家、藏书家。藏书印有"黄公望印""黄公望""黄氏子久""一峰道人""大痴"等。传世画作有《富春山居图》《水阁清幽图》《天池石壁图》《九峰雪霁图》《富春大岭图》等，著有《写山水诀》《大痴山人集》等。

梅花书屋——文徵明藏书楼号藏书印。文徵明（1470—1559），长洲（今江苏苏州）人，明代著名文学家、画家、书法家、藏书家。藏书楼名"玉兰堂""梅花书屋""梅溪精舍""玉磬山房"等。详见《周易九卷略例一卷》"文徵明"条。

道复——陈道复名号藏书印。陈道复（1483—1544），名惇，字道复，以字行，改字复甫，别号白阳山人，长洲（今江苏苏州）人，明代经学家、诗人、书法家、画家。藏书印有"道复""惇""白阳山人"等。存世画作有《草书诗》《杜诗卷》《秋兴诗卷》等，著有《白阳集》。

惇——陈道复名号藏书印。

白阳山人——陈道复别号藏书印。

姚舜咨印——姚咨姓氏名号藏书印。姚咨（1494—？），字舜咨，一字潜坤，号茶梦主人、茶梦散人，一号皇象山人、皇山樗老，无锡（今江苏无锡）人，明代诗人、书法家、史学家、藏书家。藏书楼名"茶梦斋"，藏书印有"姚舜咨印""茶梦散人""茶梦主人收藏""潜坤子""姚伯子手校书""颜氏家训借人典籍皆须爱护先有缺坏就为补治此亦士大夫百行之一也皇象山人述""勾吴布衣"等。著有《潜坤集》《春秋名臣列传》等。

茶梦散人——姚咨字号藏书印。

张同印——张同姓名藏书印。张同（生活于明末清初），字揆一，号松隐，昆山（今江苏昆山）人，明末清初画家。藏书印有"张同印""揆一"等。

揆一——张同字号藏书印。

毛晋——毛晋姓名藏书印。毛晋（1599—1659），常熟（今江苏常熟）人，明末著名经学家、文学家、刻书家、藏书家。藏书楼名"汲古阁"。详见《周易九卷》"毛晋"条。

季振宜印——季振宜姓名藏书印。季振宜（1630—？），泰兴（今江苏泰州靖江）季市镇人，明末清初著名诗人、文献学家、版本学家、校勘学家、藏书家。藏书楼名"静思堂"。详见《尚书注疏》"季振宜"注。

沧苇——季振宜字号藏书印。

彝尊——朱彝尊名号藏书印。朱彝尊（1629—1709），秀水（今浙江嘉兴）人，清代经学家、史学家、诗人、词人、藏书家。藏书楼名"曝书亭"等。详见《周易本义》"朱彝尊"条。

竹垞——朱彝尊字号藏书印。

宋本——朱彝尊藏书版本藏书印。

秀野草堂顾氏藏书印——顾嗣立姓氏藏书楼号藏书印。顾嗣立（1665—1722），字侠君，号闾丘，长洲（今江苏苏州）人，清代诗人、学者、藏书家。藏书楼名"闾丘小圃""秀野草堂"及其分号"饱经斋""读书斋""梧语轩"等，藏书印有"顾嗣立印""嗣立之印""长洲顾嗣立珍藏图书""顾侠君""侠君""秀野草堂""秀野草堂藏书印""秀野草堂顾氏藏书印""闾丘小圃"等。著有《秀野集》《闾丘集》，辑有《诗林韶濩》等。

王澍——王澍姓名藏书印。王澍（1668—1743），字蒻林，号虚舟，自署二泉寓居，别号竹云，晚号恭寿老人，金坛（今江苏金坛）人，清代书法家、藏书家。藏书印有"王澍之印""王澍""澍""虚舟""此山""天官大夫""恭寿老人"等。著有《淳化阁帖考正》《古今法帖考》《虚舟题跋》等。

惠栋——惠栋姓名藏书印。惠栋（1697—1758），字定宇，号松崖，学者称小红豆先生，江南元和（今江苏苏州）人，吴派汉学代表人物，学者惠周惕之孙，惠士奇之子，清代经学家、史学家、藏书家。藏书楼名"红豆山房""百岁堂""九曲斋"，藏书印有"惠栋""惠栋印信""臣栋""定宇""惠定宇借观""惠定宇手校本""松崖""红豆定宇""小红豆""红豆村庄""红豆山房所收善本""红豆斋"

181

等。著有《九经古义》《易汉学》《孟喜易》《虞翻易》《京房易》《郑康成易》《荀爽易》《易例》《周易述》《明堂大道录》《古文尚书考》《后汉书补注》《松崖笔记》《松崖文钞》《诸史荟最》《竹南漫录》等。

定宇——惠栋字号藏书印。

毕泷涧飞藏印——毕泷姓名字号藏书印。毕泷（生活于乾嘉间），字涧飞，号竹痴，镇洋（今江苏太仓）人，学者毕沅之弟，清代著名诗人、书画家、鉴藏家、藏书家。藏书楼名"广堪斋""静逸庵""宝翰斋"，藏书印有"毕泷之印""毕泷秘藏""毕泷鉴赏""毕泷清赏""毕泷鉴藏""毕泷审定""毕泷藏书画记""毕泷真赏图书""毕泷校定本""毕泷涧飞藏印""字涧飞号竹痴""娄东毕泷涧飞氏藏""毕涧飞秘笈印""毕涧飞珍藏印""毕涧飞书画记""竹痴秘玩""广堪斋""东客毕氏广堪斋藏印""太仓毕氏静逸庵图记""南园""宝翰斋""儆惰矫轻"等。著有《笔记》《广堪斋诗稿》等。

明墀之印——李明墀名号藏书印。李明墀（1823—1886），德化（今江西九江）人，李盛铎之父，清代刻书家、藏书家。藏书楼名"麐嘉馆""木犀轩"等。详见《大学衍义补纂要》"李明墀"条。

李士陔印——李明墀姓氏字号藏书印。

李盛铎——李盛铎姓名藏书印。李盛铎（1859—1934），德化（今江西九江）人，清末民初著名政治家、收藏家。藏书楼名"木犀轩"等。详见《监本纂图重言重意互注论语》"李盛铎"条。

木斋——李盛铎字号藏书印。

木犀轩藏书——李盛铎藏书楼号藏书印。

识递藏：

从书页所钤藏书印看，是书首藏于元平江黄公望之手；再藏于明长洲文徵明"梅花书屋"；又藏于明长洲陈道复家；又藏于明无锡姚咨"茶梦斋"；又藏于明末清初昆山张同之手；继藏于常熟毛晋"汲古阁"；继藏于泰兴季振宜"静思堂"；继藏于秀水朱彝尊"曝书亭"；继藏于长洲顾嗣立"秀野草堂"；继藏于金坛王澍；继藏于元和惠栋"红豆山房"；继藏于镇洋毕泷"广堪斋"；继藏于德化李明墀"麐嘉馆"，由其子李盛铎继藏于"木犀轩"；今藏于北京大学图书馆。是书乃嘉靖六年（1527）孙沐万玉堂刻本，而黄公望生当元季，其卒年（1354）早于是书刊行约一百七十三年，其藏印显系书贾为射利而造无疑。

班马字类补遗五卷

识著述：

娄机（1133—1212），字彦发，嘉兴（今浙江嘉兴）人，南宋绍兴间史学家、书法家、文字学家，著有《班马字类》《广干禄字书》《古鼎法帖》《汉隶字源》《历代帝王总要》等。《班马字类》五卷，是对《史记》和《汉书》在文字上进行的比较性研究，其书采《史记》《汉书》中的古字僻字，参考他书，按照四声顺序编排成书。其考证训诂，辨别音声，于假借、通用诸字胪列颇详，实有裨于小学。李曾伯（1198—1268），字长孺，号可斋，原籍覃怀（今河南沁阳），南渡后寓居嘉兴（今浙江嘉兴），南宋中晚期词人、诗人、文字学家，著有《可斋杂稿》《班马字类补遗》。《班马字类补遗》五卷，是在《班马字类》的基础上拾遗补阙类的文字学专书。

识版式：

此为清初毛氏汲古阁影宋抄本；左右双边，上下单边；白口，中刻页码；半页八行，行字不等。

识印章：

毛晋之印——毛晋姓名藏书印。毛晋（1599—1659），常熟（今江苏常熟）人，明末著名经学家、文学家、刻书家、藏书家。藏书楼名"汲古阁"。详见《周易九卷》"毛晋"条。

毛氏子晋——毛晋姓氏字号藏书印。

宋本——毛晋藏书版本藏书印。

甲——毛晋藏书等级藏书印。

毛扆之印——毛扆姓名藏书印。毛扆（1640—1713），字季斧，号省庵，常熟（今江苏常熟）人，毛晋第五子，清代著名校勘学家、出版家、藏书家。藏书印有"毛扆之印""毛斧季收藏印""叔郑后人"等。编有《汲古阁秘本书目》。详见《孝经今文音义》"毛扆"条。

斧季——毛扆字号藏书印。

183

涵芬楼——商务印书馆藏书楼号藏书印。涵芬楼为商务印书馆藏书楼，1904年由张元济创办于上海，以收藏宋元明旧刊及抄校本、名人手稿等闻名海内。

识递藏：

是书为清初毛抄本。从书页所钤藏书印及题识看，是书曾藏于常熟毛晋、毛扆父子"汲古阁"；又藏于乌程蒋汝藻"密均楼"；继藏于商务印书馆"涵芬楼"；今藏于国家图书馆。

汉隶分韵七卷

识著述：

不著撰人名氏，亦无时代。《汉隶分韵》七卷，为著录汉碑、汉隶的文字学著作。此书依洪适等所集《汉隶》依次编纂，又以各碑字迹异同胪列辨析，卷一为"天下碑录"，卷二为"隶字假借通用例"，卷三至卷七为"汉碑隶字依韵分类"而成的字汇，"附记"有字例所出的碑刻及汉碑考释。四库馆臣依其一东、二冬、三江等标目的分韵方式，断定《汉隶分韵》为元人作品。此书对后人研究汉碑与汉隶具有一定的参考价值。

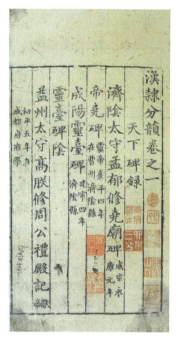

识版式：

此为明正德十一年刻本；四周单边；白口；半页六至八行，行字不等。

识印章：

项元汴印——项元汴姓名藏书印。项元汴（1525—1590），秀水（今浙江嘉兴）人，明代诗人、书画家、鉴赏家、藏书家。藏书楼名"天籁阁"等。详见《左传文苑》"项元汴"条。

墨林山人——项元汴别号藏书印。

袁椠印——袁椠姓名藏书印。袁椠（约生活于康乾间），字舒雯，石门（今浙江桐乡）石门镇人，清代藏书家，与丁敬、吴焯友善。生平无考。

舒雯——袁椠字号藏书印。

四世三公——袁椠世系藏书印。三国袁绍号称四世三公，故以此代姓。

南垞樵古——袁椠藏书闲章。

赵宗建印——赵宗建姓名藏书印。赵宗建（1824—1900），字次侯，又字次公、次山，号非昔居士，常熟（今江苏常熟）人，清末著名藏书家。藏书楼名"旧山楼"，藏书印有"赵宗建印""赵宗建读书记""宗建私印""海虞赵宗建所得金石书画之印""赵次公印""赵次公真赏""非昔居士""非昔元赏""非昔经眼""非昔珍秘""非昔过眼""次侯读书""庚申以后次侯所得""旧山楼""旧山楼藏""旧山楼秘本""旧山楼秘箧""旧山楼劫余""曾在旧山楼""下榻山楼""赵氏家藏""开庆堂赵""赵押"等。编有《旧山楼书目》，著有《旧山楼诗录》《非昔居士日记》《庚子非昔日记》《赵氏三集》。

非昔居士——赵宗建字号藏书印。

旧山楼——赵宗建藏书楼号藏书印。

识递藏：

从书页所钤藏书印看，是书曾藏于嘉兴项元汴"天籁阁"；又藏于石门袁罘之手；又藏于常熟赵宗建"旧山楼"；今藏于浙江图书馆。有张燕昌题记。

字鉴五卷

识著述:

李文仲（生卒不详），自署吴郡学生，长洲（今江苏苏州）人，元代文字学家，著有《字鉴》。《字鉴》五卷，乃文仲以其从父李世英所辑《类韵》之韵内字画尚有未正者续之而成，此书依二百零六部之韵编次，辨正点画，刊除俗谬，对诸家谬误皆有所驳正。大旨皆依《说文》，以订正后世沿袭弊端，对文字学研究大有裨益。

识版式:

此为清初毛晋"汲古阁"影元抄本；左右双边，上下单边；白口，单黑鱼尾，中刻书名、卷次、页码；半页八行，行十九字，小字双行同。

识印章:

毛晋私印——毛晋姓名藏书印。毛晋（1599—1659），常熟（今江苏常熟）人，明末著名经学家、文学家、刻书家、藏书家。藏书楼名"汲古阁"。详见《周易九卷》"毛晋"条。

汲古主人——毛晋别号藏书印。

开卷一乐——毛晋藏书闲章。

席鉴之印——席鉴姓名藏书印。席鉴（生活于乾隆年间），常熟（今江苏常熟）人，清代著名刻书家、藏书家。藏书楼名"扫叶山房""酿华草堂""敏逊斋"等。详见《孝经今文音义》"席鉴"条。

席氏玉照——席鉴姓氏字号藏书印。

萸山珍本——席鉴字号藏书印。

汪士钟印——汪士钟姓名藏书印。汪士钟（1786—?），长洲（今江苏苏州）人，汪文琛之子，清代著名藏书家。藏书楼名"艺芸书舍""三十五峰园"等。详见《周易九卷》"汪士钟"条。

三十五峰园主人——汪士钟藏书楼号藏书印。

汪振勋印——汪振勋姓名藏书印。汪振勋（生活于道咸间），字绅之，号梅泉，行三，吴县（今江苏苏州）人，汪士钟族人，清代藏书家。藏书楼名"修汲轩"

187

"真适斋"，藏书印有"汪振勋印""振勋私印""平江汪振勋梅泉父印记""汪氏梅泉""梅泉""真适斋藏"等。

梅泉——汪振勋字号藏书印。

宋存书室——杨以增海源阁藏书楼分号藏书印。杨以增（1787—1855），聊城（今山东聊城）东昌府区人，清代藏书家。藏书楼名"海源阁"。详见《韩鲁齐三家诗考》"杨以增"条。

杨氏协卿平生真赏——杨绍和姓氏字号藏书印。杨绍和（1830—1875），聊城（今山东聊城）东昌府区人，杨以增次子，海源阁第二代主人，清代著名目录学家、藏书家。藏书楼名"海源阁"。详见《韩鲁齐三家诗考》"杨绍和"条。

绍和协卿——杨绍和名号藏书印。

周暹——周叔弢姓名藏书印。周叔弢（1891—1984），建德（今安徽东至县）人，现代著名政治家、实业家、收藏家、藏书家。藏书楼名"寒在堂"等。详见《周礼》"周暹"条。

识递藏：

此书为毛晋"汲古阁"影元抄本。从书页所钤藏书印及题识看，是书首藏于常熟毛晋"汲古阁"；继藏于常熟席鉴"扫叶山房"；继藏于长洲汪士钟"三十五峰园"；继藏于其族人汪振勋"修汲轩"；继藏于聊城杨以增"海源阁"之"宋存书室"，由其子杨绍和递藏；又藏于建德周叔弢"寒在堂"；今藏于国家图书馆。

金石韵府五卷

识著述：

朱云（生卒不详），字时望，毗陵（今江苏常州）人，明代文字学家、金石学家，辑有《金石韵府》。《金石韵府》五卷，乃朱云所辑澂江草堂所藏古金石文之汇编。朱氏依据唐韵，依字形按上平、下平、上、去、入四声的顺序予以排列。其书搜览宏博，择取甚严，凡秦汉以下私家印玺概不采录，笔意结构一如吉金贞瑑，是研究篆刻和印谱的宝典。《金石韵府》是存世最早的朱印古籍，珍贵罕见。

识版式：

此为明嘉靖十年俞显谟刻朱印本；四周单边；大字无栏，柔纸红印；白口；半页大字六行，行字不等，小字不定；正文部分均为朱印，目录为墨印。

识印章：

冯翊琢庵书画之印——疑为冯琦郡望字号藏书印。冯琦（1559—1604），字琢庵、胸南，一字用韫，冯惟重之孙、冯子履之子，临胸（今山东临胸）人，明末文学家、藏书家。著有《北海集》《宗伯集》《经济类编》等。临胸古名"缾邑"，与"冯翊"谐音，又含"冯"字，故有是想。

包九——无考。

铁册——无考。

沈尚忠印——沈尚忠姓名藏书印。沈尚忠（生活于乾嘉间），盐官（今浙江海盐）人，清代书画家、藏书家。藏书印有"尚忠之章""心斋""澹生活"等。

曾在梅叶阁陆鼎读过本——陆鼎藏书楼号姓名藏书印。陆鼎（？—1838），字玉润，一作子调、苕公、人呼为陆梅叶，自称梅叶道人，元和（今江苏苏州）人，清代诗人、书画家、藏书家。藏书楼名"梅叶阁"，藏书印有"曾在梅叶阁陆鼎读过本""苕公氏"等。著有《梅叶山房集》。

苕公氏——陆鼎字号藏书印。

孙儆——孙儆姓名藏书印。孙儆（1866—1952），一作孙敬，字谨丞，一作谨臣，号沧叟，江苏南通人，冯雄岳丈，近代藏书家。藏书楼名"经畬楼""斐庐""沧园"，藏书印有"孙儆""经畬楼""二十年心血所得"等。中华人民共和国成立后，其藏书由冯雄捐献于南通市图书馆。

识递藏：

从书页所钤藏书印看，是书曾藏于明临朐冯琦之手；又藏于海盐沈尚忠之手；继藏于元和陆鼎"梅叶阁"；又藏于南通孙儆"经畬楼"；今藏于南通市图书馆。

广金石韵府五卷字略一卷

识著述：

林尚葵（生卒不详），字朱臣，莆田（今福建莆田）人；李根（生卒不详），字阿灵，一字云根，晋江（今福建晋江）人，二人均为明末清初学者。《广金石韵府》五卷，为补朱云《金石韵府》之作，"实取夏竦《四声韵》而稍摭取郭忠恕、薛尚功之书以附益之"。此书用朱墨两色套印，朱色书为古文籀篆之字，墨色书则为楷书，并各注其所出。

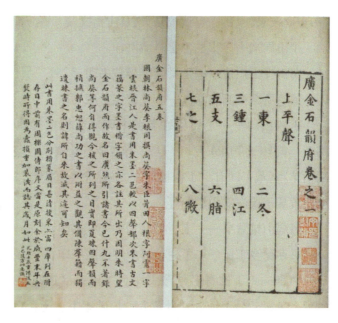

识版式：

此为清康熙九年周亮工赖古堂朱墨套印本；四周单边；白口，下刻页码；半页六行，行字不等。

识印章：

谢师其氏藏书之印——谢崤姓名藏书印。谢崤（？—1743），字师其，桐城（今安徽桐城）人，刘大櫆妹丈，清代诗人、藏书家。

方功惠藏书印——方功惠姓名藏书印。方功惠（1829—1897），字庆龄，号柳桥，巴陵（今湖南岳阳）人，清代著名藏书家。藏书楼名"碧琳琅馆""十文选斋""玉笥山房""传经堂"等，藏书印有"方功惠藏书印""功惠""柳桥""方家书库""巴陵方氏收得古刻善本""巴陵方氏玉笥山房""碧琳琅馆主人""巴陵方氏碧琳琅馆藏书""碧琳琅馆藏书印""方氏碧琳琅馆珍藏古刻善本之印""芙蓉馆藏书印""芸声室珍藏善本之章""好书到手不论钱""书癖"等。辑有《碧琳琅馆书目》《碧琳琅馆珍藏书目》《碧琳琅馆集部书目》，著有《碧琳琅馆藏书记》。

功惠——方功惠名号藏书印。

巴陵方氏碧琳琅馆藏书——方功惠郡望姓氏藏书楼号藏书印。

方家书库——方功惠藏书楼号藏书印。

光绪十年以后所得书——方功惠藏书年限藏书印。

少山所得金石文字——丁艮善字号藏书印。丁艮善（1829—1893），原名扬善，字少山，号周遗，日照（今山东日照）东港涛雒镇苗家村人，清末著名文字学家、金石学家、校雠学家、书法家、藏书家。藏书楼名"日省斋"，藏书印有"丁艮善印""日照丁氏少山""少山""少山所得金石文字""少山周遗""荫田少山周遗""周遗所藏书画之章""东海上人"等。著有《阮氏钟鼎款识校录》《说文部首句读》《弟子职校录》《吕氏春秋校录》《日省斋文集》《篆字论语》等。

少山周遗——丁艮善字号藏书印。

荫田少山周遗——丁艮善字号藏书印。

周遗所藏书画之章——丁艮善字号藏书印。

丁树桢印——丁树桢姓名藏书印。丁树桢（1861—1915），字幹圃，号仲立、陶斋，黄县（今山东龙口）人，著名金石收藏家、鉴赏家、藏书家。藏书楼号"海隅山馆"，藏书印有"丁树桢印""书存徐乡丁氏""海隅山馆藏书""昔藏吴县潘氏今归黄县丁氏海隅山馆"等。

海隅山馆藏书——丁树桢藏书楼号藏书印。

书存徐乡丁氏——丁树桢郡望姓氏藏书印。

佛言——丁佛言名号藏书印。丁佛言（1878—1931），原名世峄，初字桐生、息斋、芙缘，号迈钝，别号黄人、松游庵主、还仓室主，黄县（今山东龙口）宋家疃人，近代著名古文字学家、书法家、篆刻家、藏书家。藏书楼名"还仓室""松游庵"，藏书印有"丁佛言印""佛言""迈钝""兴酣落笔"等。著有《说文古籀补补》《说文部首启明》《说文抉微》《续字说》《古玺初释》《古陶初释》《还仓室述林》等。

迈钝——丁佛言字号藏书印。

彭紫符印——彭紫符姓名藏书印。彭紫符（1894—1960），又名彭志信，安平（今河北安平）人，近代藏书家。藏书楼名"彭述古堂"，藏书印有"彭紫符印""彭氏紫符""安平彭志信印""彭氏仲子""安平彭氏收藏金石书画印""博陵彭述古堂收藏金石书画印"等。

安平彭志信印——彭紫符别名藏书印。

博陵彭述古堂收藏金石书画印——彭紫符郡望藏书楼号藏书印。

识递藏：

从书页所钤藏书印看，是书曾藏于桐城谢师其之手；又藏于巴陵方功惠"方家书库"；继藏于日照丁艮善"日省斋"；继藏于黄县丁树桢"海隅山馆"；继藏于黄县丁佛言"还仓室"；继藏于安平彭紫符"彭述古堂"；今藏于烟台图书馆。有方功惠跋。

輶轩使者绝代语释别国方言十三卷

识著述：

扬雄（前53—18），字子云，蜀郡郫县（今四川成都郫都区）人，汉代思想家、辞赋家、语言学家，作有《羽猎赋》《长杨赋》《甘泉赋》《河东赋》等赋作，著有《太玄》《法言》等哲学著作，著有辞书《輶轩使者绝代语释别国方言》。《輶轩使者绝代语释别国方言》（简称《方言》）十三卷，是汉代训诂学史上一部重要的工具书，也是中国第一部汉语方言比较词汇集。全书收录词汇六百六十九条，一万一千九百多字，仿照《尔雅》体例，所收词汇虽不标门类，基本按内容编排。释词一般先列举不同地区的同义词，而后用一个通行地区的词加以解释；或者先举一个通名，再列举不同地区的方言词。《方言》的问世，表明中国

古代汉语方言研究已由萌芽状态渐渐发展起来，被誉为中国方言学史上第一部"悬之日月而不刊"的著作，在世界方言学史上也占有重要地位。

识版式：

此为宋庆元六年李孟传浔阳郡斋刻本；四周文武双边；黑口，双黑鱼尾；半页八行，行十七字，小字双行同。

识印章：

顾仁效收藏图书——顾仁效姓名藏书印。顾仁效（生活于成化嘉靖间），字彦先，号夹山人。长洲（今江苏苏州）人，明代诗人、书画家、藏书家。藏书楼名"水东馆""阳山草堂""静学文房"，藏书印有"顾仁效""顾仁效氏收藏""顾仁效收藏图书""仁效""彦先""长洲顾仁效水东馆收藏图籍私印""水东馆收藏图籍私印""夹山人书画""静学文房之印""南京兵马指挥司副指挥关防"等。

仁效——顾仁效名号藏书印。

顾仁效收藏图书——顾仁效姓名藏书印。

顾元庆鉴赏印——顾元庆姓名藏书印。顾元庆（1487—1565），字大有，号大石山人，长洲（今江苏苏州）人，明代诗人、茶学家、书法家、刻书家、藏书家。

藏书楼名"大石山房""夷白堂",藏书印有"顾元庆""顾元庆鉴赏印""吴郡顾元庆珍藏""大有""大石山人印""芦中人""阳山顾氏文房"等。著有《十友图赞》《云林遗事》《夷白斋诗话》《紫府奇言》《阳山新录》《山房清事》《大石八景记》《瘗鹤铭考》《茶谱》等十余种。

顾元庆鉴赏印——顾元庆姓名藏书印。

华亭朱氏——朱大韶郡望姓氏藏书印。朱大韶（1517—1577），字象元，一作象玄，号文石，松江府华亭（今上海松江）人，明代学者、藏书家。藏书楼名"横经阁""经术堂""文石山房"，藏书印有"朱象元氏""朱文石氏""文石朱象玄氏""华亭朱氏""华亭朱氏珍藏""华亭朱文石氏横经阁收藏图籍印""横经阁收藏图籍印""华亭朱氏文石山房藏书印""及第进士藏书画印记""唐室分封肇姓皇明科甲世家""经术堂印"等。著有《经术堂集》《横经阁收藏书籍记》等。

横经阁收藏图籍印——朱大韶藏书楼号藏书印。

野竹斋——沈辨之藏书楼号藏书印。沈辨之（生活于嘉靖间），字与文，自号姑余山人，以字行，吴县（今江苏苏州）人，明代刻书家、藏书家。刻书楼与藏书楼名"野竹斋"，藏书印有"野竹斋沈辨之印""吴郡沈辨之野竹斋校雕记""野竹斋""野竹斋藏书"等。

季振宜藏书——季振宜姓名藏书印。季振宜（1630—?），泰兴（今江苏泰州靖江）季市镇人，明末清初著名诗人、文献学家、版本学家、校勘学家、藏书家。藏书楼名"静思堂"。详见《尚书注疏》"季振宜"注。

振宜之印——季振宜名号藏书印。

沧苇——季振宜字号藏书印。

扬州季氏——季振宜郡望姓氏藏书印。

晓峰珍阅——黄晟字号藏书印。黄晟（约1684—?），字东曙，号晓峰，别号退庵，歙县（今安徽歙县）人，清代盐商、刻书家、藏书家。藏书楼名"趣园""易园"，藏书印有"黄晟东曙氏一字晓峰""晓峰珍藏""晓峰一字退庵""重校刊于槐荫草堂"等。

双鉴楼——傅增湘藏书楼号藏书印。傅增湘（1872—1949），江安（今四川江安）人，近代著名目录学家、版本学家、校勘学家、藏书家。藏书楼名"双鉴楼"等。详见《诗外传》"傅增湘"条。

正闇经眼——邓邦述字号鉴藏印。邓邦述（1868—1939），字孝先，号正闇，又号群碧居士，江宁（今江苏南京）人，邓廷桢曾孙，清末民国诗人、词人、书画家、文献学家、藏书家。藏书楼名"群碧楼""百嘉斋""双沤居""三李盒""寒瘦山房"，藏书印有"邓邦述印""邦述""正闇""正闇居士""正闇审定""正闇收藏""正闇秘籍""正闇学人""群碧居士""群碧主人""群碧翁""群碧校读""群碧楼""群碧楼印""寒瘦山房""三李盒""披玉云斋""沤梦词人""四十学书五十学诗六十学词七十学画""从吾所好""碧云群玉之居""钞本""校本"等。编有《双沤居藏书目初编》《群碧楼书目初编》《群碧楼善本书录》等，著有《群碧楼诗钞》《沤梦词》《六一消夏词》《书衣题识》等。

臣克文印——袁克文名号鉴藏印。袁克文（1890—1931），项城（今河南项城）人，袁世凯次子，近代诗人、书法家、金石鉴赏家、藏书家。藏书楼名"皕宋书藏""后百宋一廛""八经阁"。详见《汉上易传》"袁克文"条。

识递藏：

从书页所钤藏书印及题跋看，是书曾藏于明长洲顾仁效"阳山草堂"；继藏于长洲顾元庆"大石山房"；继藏于华亭朱大韶"横经阁"；又藏于沈辨之"野竹斋"；明末可能又藏于常熟钱谦益"绛云楼"；继藏于钱曾"述古堂"；继藏于泰兴季振宜"静思堂"；又藏于扬州歙县盐商黄晟"趣园"；再藏于镶白旗盛昱"郁华阁"；民国初年先后为冀州赵聘卿"宏远堂"、冀州谭锡庆"正文斋"所收；后入藏江安傅增湘"燕超室"，期间江宁邓邦达、项城袁克文曾借观；今藏于国家图书馆。有沈增植、杨守敬、缪荃孙、邓邦述、章钰、王闿运、袁克文、内藤虎、吴昌绶、李盛铎等人题跋。

尔雅三卷音释三卷

识著述：

郭璞（276—324），字景纯，河东郡闻喜（今山西闻喜）人，两晋时期著名文学家、诗人、训诂学家、堪舆学家。郭璞以游仙诗名重当世，曾注《周易》《山海经》《葬经》《穆天子传》《方言》《尔雅》和《楚辞》等。郭注《尔雅》三卷，以当时通行方言名称解释古老的动植物名称，并为之注音、作图，使《尔雅》成为历代研究本草的重要参考书。而其所开创的动植物图示分类法，也为唐以后所有大型本草著作所沿用。

识版式：

此为南宋初刻本；左右文武双边，上下单边；白口，单黑鱼尾，中刻书名、卷次；半页十行，行二十字，小字双行三十字。

识印章：

朱氏子儋——朱承爵姓氏字号藏书印。朱承爵（1480—1527），字子儋，号舜城漫士，又号左庵、磐石山樵等，江阴（今江苏江阴）人，明代诗人、诗歌理论家、画家、刻书家、藏书家。藏书楼名"存余堂""行素斋""集瑞斋"，藏书印有"舜城朱承爵校雠记""朱子儋""朱子儋印""西舜城居士""舜城居士子儋""左庵""朱氏文房""磐石山樵""种石吴农""行素斋图书记""集瑞斋""存余堂印""吴越王孙"等。著有《存余堂诗话》《灼新剧谈》《鲤退稿》等。

盘石山樵——朱承爵别号藏书印。

种石吴农——朱承爵别号藏书印。

西河季子之印——毛扆郡望藏书印。毛扆（1640—1713），常熟（今江苏常熟）人，毛晋第五子，清代著名校勘学家、出版家、藏书家。详见《孝经今文音义》"毛扆"条。

开卷一乐——毛扆藏书闲章。

汪士钟印——汪士钟姓名藏书印。汪士钟（1786—？），长洲（今江苏苏州）人，汪文琛之子，清代著名藏书家。藏书楼名"艺芸书舍""三十五峰园"等。详见《周易九卷》"汪士钟"条。

阆源真赏——汪士钟字号藏书印。

汪振勋印——汪振勋姓名藏书印。汪振勋（生活于道咸间），吴县（今江苏苏州）人，汪士钟族人，清代藏书家。藏书楼名"修汲轩""真适斋"。详见《字鉴》"汪振勋"条。

梅泉——汪振勋字号藏书印。

修汲轩——汪振勋藏书楼号藏书印。

铁琴铜剑楼——常熟瞿氏藏书楼号藏书印。详见《周易注疏》"铁琴铜剑楼"条。

菰里瞿镛——瞿镛郡望姓名藏书印。瞿镛（1794—1846），字子雍，昭文（今江苏常熟）古里人，清代著名藏书家，铁琴铜剑楼第二代主人。藏书楼名"铁琴铜剑楼"。详见《周易九卷》"瞿镛"条。

瞿润印——瞿润姓名藏书印。瞿润（生活于嘉道间），昭文（今江苏常熟）古里人，瞿绍基之孙，瞿镛长子，清代藏书家，铁琴铜剑楼第三代主人。藏书印有"瞿润印""瞿润之印"等。

瞿秉渊印——瞿秉渊姓名藏书印。瞿秉渊（1820—1886），字镜之，一字敬之，昭文（今江苏常熟）古里人，瞿绍基之孙，瞿镛次子，清代著名藏书家，铁琴铜剑楼第三代主人。藏书印有"瞿秉渊印""恬裕斋镜之氏珍藏"等。

瞿秉冲印——瞿秉冲姓名藏书印。瞿秉冲（生活于道咸间），昭文（今江苏常熟）古里人，瞿绍基之孙，瞿镛第五子，清代藏书家，铁琴铜剑楼第三代主人。藏书印有"瞿秉冲印"等。

瞿启文印——瞿启文姓名藏书印。瞿启文（生卒不详），字斐卿，昭文（今江苏常熟）古里人，瞿绍基曾孙，瞿镛之孙，瞿秉清之子，铁琴铜剑楼第四代藏书人。藏书印有"瞿启文印"。

良士眼福——瞿启甲字号藏书印。瞿启甲（1873—1940），昭文（今江苏常熟）人，瞿绍基曾孙，瞿镛之孙，瞿秉清之子，清末民国著名书画家、藏书家，铁琴铜剑楼第四代主人。详见《晦庵先生朱文公易说》"瞿启甲"条。

识递藏：

从书页所钤藏书印及题跋看，是书曾藏于明代江阴朱承爵"存余堂"；又藏于常熟毛扆"汲古阁"；入清又藏于长洲汪士钟"三十五峰园"，为汪氏族人汪振勋"修汲轩"递藏；书散后继藏于常熟瞿氏"铁琴铜剑楼"，由瞿镛、瞿润、瞿秉渊、瞿秉冲、瞿启文、瞿启甲祖孙世代递藏；今藏于国家图书馆。有顾广圻跋。

尔雅三卷音释三卷

尔雅翼三十二卷

识著述：

罗愿（1136—1184），字端良，号存斋，徽州歙县（今安徽歙县）呈坎人，南宋文字学家、训诂学家、博物学家、史学家，著有《尔雅翼》《鄂州小集》《新安志》等。《尔雅翼》三十二卷，是一部解释经传词义的词典性质的著作。全书五万余言，分为释草、释木、释鸟、释兽、释虫、释鱼六部分，内容包罗宏富。每释一物，均有本有原，既考之书传，又参以目验，足以解疑释惑。

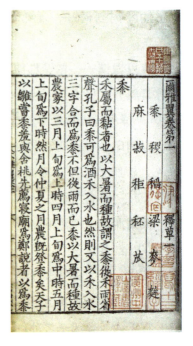

识版式：

此为明正德十四年罗文殊刻本；左右双边，上下单边；白口，双白鱼尾，中刻书名、卷次、页码；半页十行，行十九字。

识印章：

李尧栋印——李尧栋姓名藏书印。李尧栋（1753—1821），字东采、松云，号松堂，山阴上虞（今浙江绍兴）人，清代学者、诗人、藏书家。藏书楼名"写十三经室""新雨堂"，藏书印有"李尧栋印""松云珍藏""写十三经室""希世之珍"等。著有《写十三经室诗钞》《云南山川地理图》《夷人图》等。

写十三经室——李尧栋藏书楼号藏书印。

贞亮私印——周之祯字号藏书印。周之祯（1861—1933），字贞亮，晚年以字行，又字子干，别号退舟，汉阳（今湖北武汉）蔡甸人，清末民初学者、诗人、藏书家。藏书楼名"书种楼""晚喜庐""津逮"等，藏书印有"贞亮私印""汉阳周氏书种楼藏籍""津逮藏""中华民国三年五月汉阳周贞亮率男成侃敬造佛像一区愿一切图书永无灾厄"等。著有《退舟文集》《退舟诗草》《晚喜庐随笔》《丛书举要》《昭明太子年谱》《联隽》等。

汉阳周氏书种楼藏籍——周之祯郡望姓氏藏书楼号藏书印。

津逮藏——周之祯藏书楼号藏书印。

东莞莫氏五十万卷楼——莫伯骥郡望姓氏藏书楼号藏书印。莫伯骥（1877—1958），字天一，广东东莞麻涌向北坊人，近代著名版本学家、目录学家、藏书家。

藏书楼名"五十万卷楼""福功书堂""多荫书屋",藏书印有"东官莫伯骥所藏经籍印""东莞莫伯骥天一藏书之印""东莞莫伯骥号天一藏""东官莫氏""东莞莫氏五十万卷楼""东官莫氏五十万卷楼劫后珠还之一""东官莫氏多荫书屋"等。编有《五十万卷楼藏书目录初编》《五十万卷楼群书跋文》,著有《经学文献》《资治通鉴校记》《清〈四库总目提要〉补正》《张氏〈书目答问〉补正》《历代广东书征》《二十四史索引》《福功堂日记》《藏书纪事诗补续》等。

识递藏:

从书页所钤藏书印及题跋看,是书曾藏于山阴李尧栋"写十三经室";又藏于汉阳周之桢"书种楼";继藏于东莞莫伯骥"五十万卷楼";今藏于广东中山市图书馆。有周之桢跋。

博雅十卷

识著述：

张揖（生卒不详），字稚让，清河（今河北清河）人，汉魏间著名语言学家，著有《广雅》《埤苍》《古今字诂》《汉书司马相如传注》《错误字諟》《难字》等。《博雅》（原名《广雅》，为避隋炀帝杨广之讳改）十卷，是我国最早的一部训诂学词典，相当于《尔雅》的续篇。全书共收一万八千一百五十字，依照《尔雅》的篇目体例将其按意义分类相聚，多用同义相释的方法释义。因博采经书笺注及《三苍》《方言》《说文解字》等字书、词书增广补充，范围超过《尔雅》，故名《广雅》，是研究古代汉语词汇和训诂的重要著作。

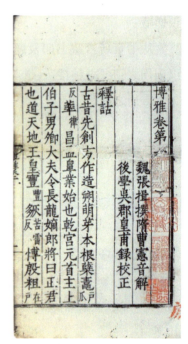

识版式：

此为明正德十五年皇甫录世业堂刻本；左右文武双边，上下单边；细黑口，单黑鱼尾，中刻书名、卷次、页码；半页八行，行十五字，小字双行同。

识印章：

郑杰之印——郑杰姓名藏书印。郑杰（1750—1800），一名人杰，字昌英、亦齐，自号注韩居士，侯官（今福建福州）人，清代学者、诗人、史学家、藏书家。藏书楼名"注韩居"，藏书印有"郑杰之印""一名人杰字昌英""人杰""昌英珍秘""注韩居士""注韩居""郑氏注韩居珍藏记""注韩居珍藏记""侯官郑氏藏书""图史富书生""珍藏宝玩""长勿相忘"等。辑有《注韩居藏书目》《全闽诗集》，著有《注韩居诗钞》《闽中录》《晋文春秋》等。

郑氏注韩居珍藏记——郑杰姓氏藏书楼号藏书印。

龚少文收藏书画印——龚易图姓氏字号藏书印。龚易图（1835—1894），字蔼仁，一字霭人，号含晶，闽县（今福建福州）人，清代诗人、书画家、藏书家。藏书楼名"双骖园""乌石山房文库"，后改称"大通楼"，藏书印有"龚易图藏""易图""龚易图蔼人鉴藏印记""龚少文收藏书画印""龚少文藏书记""乌石山房藏书印""乌石山房收藏""乌石山房收藏金石文字印""大通楼藏书印""双骖园藏"等。著有《谷盈子》《乌石山房诗集》。

大通楼藏书印——龚易图藏书楼号藏书印。

识递藏：

从书页所钤藏书印看，是书曾藏于侯官郑杰"注韩居"；又藏于闽县龚易图"大通楼"；今藏于福建省图书馆。

广雅疏证十卷

识著述：

王念孙（1744—1832），字怀祖，自号石臞，高邮（今江苏高邮）人，清代著名音韵学家、训诂学家，著有《广雅疏证》《读书杂志》《古韵谱》等。王念孙提出了就古音以求古意的训诂原则，创建了"义通说"；归纳《诗经》《楚辞》的声韵系统，定古韵为二十二部。注意以形、音、义互相推求，多有创见。《广雅疏证》十卷，一仍《广

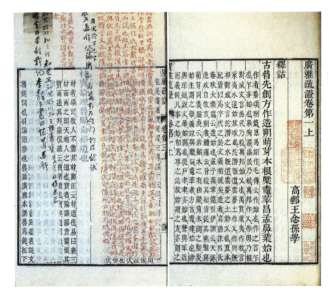

雅》的篇章次序，对其训释逐条加以疏证，其内容主要有"补正《广雅》文字""辨证张揖误采""纠正先儒误说""揭示《广雅》体例""疏证《广雅》训释""兼涉同源探求""校正曹宪音释"七个方面。其书博考典籍，取证宏富，实事求是，态度严谨，不失为一部畅述其音韵、文字、训诂之学识的集大成之作。

识版式：

此为清嘉庆刻本；左右双边，上下单边；白口，单黑鱼尾，上刻书名，中刻卷次、页码；半页十行，行二十字，小字双行同。

识印章：

黄海长印——黄海长姓名藏书印。黄海长（？—约1904），字蕙伯，辽阳勋族，隶汉军镶红旗，随兄黄海安侨寓淮安，清末诗人、刻书家、藏书家。藏书楼名"八万卷庵"，藏书印有"黄海长印""蕙伯""桃花潭水"等。著有《借竹庑诗文词稿》《八万卷庵藏书题跋记》。

蕙伯——黄海长字号藏书印。

桃花潭水——黄海长藏书闲章。

识递藏：

从书页所钤藏书印看，是书曾藏于辽阳黄海长"八万卷庵"；今藏于辽宁省图书馆。有黄海长跋。

广韵五卷

识著述：

陈彭年（961—1017），字永年，建昌军南城（今江西抚州南城）人，北宋文学家、音韵学家，参与编纂《册府元龟》《广韵》，著有《江南别录》。《广韵》五卷，为陈彭年、丘雍等奉诏据前代《切韵》《唐韵》等韵书修订而成的宋代官韵全书，全名《大宋重修广韵》，是中国第一部官修韵书。由于《广韵》继承了《切韵》《唐韵》的音系和反切，《切韵》《唐韵》又已亡佚，因而《广韵》就成了研究汉语古音的重要材料。

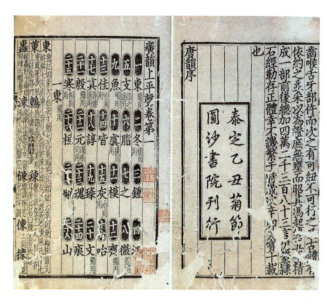

识版式：

此为元泰定二年圆沙书院刻本；四周双边；黑口，双黑鱼尾；半页十二行，行小字二十六七字，大字占小字三格。

识印章：

森氏开万册府之记——森立之姓氏藏书楼号藏书印。森立之（1807—1885），字立夫，号枳园居士，日本江户时期著名医学家、版本学家、考据学家、历史学家、博物学家、藏书家。藏书楼名"开万册府"，藏书印有"森氏开万册府之记"等。著有《经籍访古志》《素问考注》《神农本草经考注》《伤寒论考注》《金匮要略考注》《四时经考注》《奇疾方考注》《游相医话》《桂川诗集》等。

读杜草堂——寺田望南藏书楼号藏书印。寺田望南（1849—1929），名宏，字士弧，号望南，日本明治大正年间汉学家、藏书家，与黄遵宪、王韬等友善。藏书楼名"读杜草堂"，藏书印有"寺田盛业""读杜草堂""高山寺""天下无双"等。

杨守敬印——杨守敬姓名藏书印。杨守敬（1839—1915），宜都（今湖北宜都）陆城镇人，清末民初杰出历史地理学家、金石文字学家、版本目录学家、文献学家、书画家、泉币学家、藏书家。藏书楼名"邻苏园"等。详见《监本纂图重言重

203

意互注论语》"杨守敬"条。

李盛铎印——李盛铎姓名藏书印。李盛铎（1859—1934），德化（今江西九江）人，清末民初著名政治家、收藏家。藏书楼名"木犀轩"等。详见《监本纂图重言重意互注论语》"李盛铎"条。

木斋——李盛铎字号藏书印。

木斋读过——李盛铎字号藏书印。

木犀轩藏书——李盛铎藏书楼号藏书印。

识递藏：

从书页所钤藏书印及题识看，是书曾藏于日本森立之"开万册府"；继藏于日本寺田望南"读杜草堂"；继藏于宜都杨守敬"邻苏园"；继藏于德化李盛铎"木犀轩"；今藏于北京大学图书馆。有杨守敬跋。

集韵十卷

识著述：

丁度（990—1053），其先恩州清河（今河北邢台清河）人，后徙居开封（今河南开封），宋代经学家、音韵学家，著有《迩英圣览》《龟鉴精义》《编年总录》，参辑《武经总要》，修定《集韵》。《集韵》十卷，乃宋仁宗为扭转《广韵》"多用旧文"和《韵略》"多无训释，疑混声，重叠字"的弊端，敕令丁度等人对其重新修订而成的一部按汉字字音分韵编排的音韵学著作。本书以《广韵》为底本，且仿《广韵》体例，韵目分部仍为二百零六部，收字五万三千五百二十五个（包括古体、或体、俗体等不同字体），是收字最多的一部韵书。

识版式：

此为清初钱氏述古堂影宋抄本；四周单边；白口，中刻书名、卷次，无格；半页十一行，行字不等。

识印章：

修伯秘藏——朱学勤字号藏书印。朱学勤（1823—1875），字修伯，号复庐，仁和（今浙江杭州余杭）塘栖镇人，清代著名藏书家。藏书楼名"结一庐"，藏书印有"朱学勤""朱学勤印""朱氏学勤""臣学勤印""学勤""修伯""朱学勤修伯甫""朱学勤修伯印""修伯手校""修伯秘藏""修伯读过""修伯珍藏图籍""仁和朱复庐校藏书籍""复庐流览所及""复庐赘姻沪上所得""朱氏文房""结一庐藏""结一庐主""结一庐藏书印""结一庐图书记""塘栖朱氏结一庐图书记""塘栖结一庐校藏经籍记""西溪朱氏藏书小印"等。著有《结一庐遗文》《读书跋识》《枢垣日记》等。

结一庐藏书印——朱学勤藏书楼号藏书印。

仁和朱澂——朱澂郡望姓名藏书印。朱澂（？—1890），字子清，仁和（今浙江杭州）人，朱学勤长子，清代版本学家、藏书家。继承其父"结一庐"，藏书印有"仁和朱澂""仁和朱澂长寿印信""朱澂长寿印信""臣澂印""臣澂私印""字曰子清""子清""朱子清""朱子清印""子清校读""子清真赏""子清校藏秘籍"

"身行万里半天下"等。编有《结一庐书目》《别本结一庐书目》《复庐书目》。

子清珍赏——朱澂字号藏书印。

徐乃昌读——徐乃昌姓名藏书印。徐乃昌（1866—1946），南陵（今安徽南陵）工山汤村徐人，清末民国金石学家、刻书家、藏书家。藏书楼名"积学斋"。详见《说文字原》"徐乃昌"条。

识递藏：

此为常熟钱曾抄本，必首藏于其家"述古堂"。从书页所钤藏书印看，是书曾藏于仁和朱学勤、朱澂父子"结一庐"；继藏于南陵徐乃昌"积学斋"；今藏于上海图书馆。

附释文互注礼部韵略五卷韵略条式一卷

识著述：

《礼部韵略》是北宋初年为适应科举应试之需，由主持科举考试的礼部所颁行的比《广韵》较为简略的一部官修韵书，事实上是《广韵》的略本。《礼部韵略》因撰于宋景德年间，一般称之为《景德韵略》。《礼部韵略》原书今已不存，现在所能见到的，是通行本《附释文互注礼部韵略》五卷，其中仍分二百零六个韵部。

识版式：

此为宋绍定三年藏书阁刻本；左右双边，上下单边；白口，单黑鱼尾，中刻书名、卷次、页码；半页十行，行字不等。

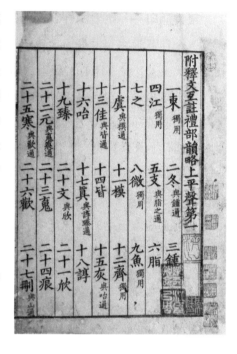

识印章：

江氏以周——江以周姓氏名号藏书印。江以周（生平不详），明代藏书家。

乐天知命——江以周藏书闲章。

周天球印——周天球姓名藏书印。周天球（1514—1595），字公瑕，号幻海，又号六止居士、群玉山人、侠香亭长，南直隶太仓（今江苏苏州）人，明代诗人、书画家、藏书家。藏书楼名"谷城山房"，藏书印有"周天球印""周天球藏印""济水""日华"等。著有《谷城山房集》等。

济之——周天球藏书闲章。

顾霖印——顾若霖姓名藏书印。顾若霖（1660—？），字雨时，号可潜，别号懿儒、不淄道人、乐幽居士等，长洲（今江苏苏州）人，清初书法家、藏书家。藏书楼名"怀古书屋""勤有堂"等，藏书印有"顾霖印""顾霖""顾阿霖藏""吴下阿霖""可潜""懿儒""顾中子""雨时""乐幽居士""茂苑顾氏世家宝玩""勤有堂""勤有堂读书处""武陵怀古书屋收藏印记""无上上品"等。

汪士钟印——汪士钟姓名藏书印。汪士钟（1786—？），长洲（今江苏苏州）人，汪文琛之子，清代著名藏书家。藏书楼名"艺芸书舍""三十五峰园"等。详见《周易九卷》"汪士钟"条。

三十五峰园主人——汪士钟藏书楼号藏书印。

铁琴铜剑楼——常熟瞿氏藏书楼号藏书印。详见《周易注疏》"铁琴铜剑楼"条。

瞿润印——瞿润姓名藏书印。瞿润（生活于嘉道间），昭文（今江苏常熟）古里人，瞿绍基之孙，瞿镛长子，清代藏书家，铁琴铜剑楼第三代主人。藏书印有"瞿润印""瞿润之印"等。

瞿秉渊印——瞿秉渊姓名藏书印。瞿秉渊（1820—1886），字镜之，一字敬之，昭文（今江苏常熟）古里人，瞿绍基之孙，瞿镛次子，清代著名藏书家，铁琴铜剑楼第三代主人。藏书印有"瞿秉渊印""恬裕斋镜之氏珍藏"等。

良士眼福——瞿启甲字号藏书印。瞿启甲（1873—1940），昭文（今江苏常熟）人，瞿绍基曾孙，瞿镛之孙，瞿秉清之子，清末民国著名书画家、藏书家，铁琴铜剑楼第四代主人。详见《晦庵先生朱文公易说》"瞿启甲"条。

宋本——瞿氏藏书版本等级藏书印。

识递藏：

从书页所钤藏书印看，是书曾藏于明江以周之手；明嘉隆间又藏于太仓周天球"谷城山房"；清初又藏于长洲顾若霖"勤有堂"；道咸间又藏于长洲汪士钟"艺芸书舍"；继藏于常熟瞿氏"铁琴铜剑楼"；今藏于国家图书馆。

韵补五卷

识著述：

吴棫（约1100—1154），字才老，舒州（今安徽潜山）人，宋代经学家、古音韵学家、训诂学家，时称通儒，著有《书稗传》《诗补音》《论语指掌考异续解》《韵补》《楚辞释音》等。《韵补》五卷，依据音训与古韵文以说明古韵，认为古人用韵较宽，有古韵通转之说。此书上补自汉迄宋先秦古音研究之空白，下启有清一代之古音研究，为宋明以来古音学的创始之作，在音韵学史上占有一席之地。但此书也存在材料参错冗杂、漫无体例、缺乏条理和观点偏颇等缺点，在一定程度上影响了全书的学术价值。

识版式：

此为元刻本；左右文武双边，上下单边；细黑口，双黑鱼尾，上刻字数，中刻书名、页码；半页十行，行字不等。

识印章：

菉竹堂藏书——叶盛藏书楼号藏书印。叶盛（1420—1474），昆山（今江苏昆山）人，明代著名藏书家。藏书楼名"菉竹堂"。详见《春秋属辞》"叶盛"条。

毛晋之印——毛晋姓名藏书印。毛晋（1599—1659），常熟（今江苏常熟）人，明末著名经学家、文学家、刻书家、藏书家。藏书楼名"汲古阁"。详见《周易九卷》"毛晋"条。

毛氏子晋——毛晋姓氏字号藏书印。

汲古主人——毛晋别号藏书印。

毛扆之印——毛扆姓名藏书印。毛扆（1640—1713），常熟（今江苏常熟）人，毛晋第五子，清代著名校勘学家、出版家、藏书家。详见《孝经今文音义》"毛扆"条。

斧季——毛扆字号藏书印。

德启借观——高世异字号藏书印。高世异（生活于清末民初），字尚同，一字德启，号念陶，华阳（今四川成都）人，一作蒲阳（今四川都江堰）人，清代藏书家。藏书楼名"苍茫斋",藏书印有"高世异印""尚同一字德启""华阳高氏藏书""苍茫斋高氏藏书记""世经堂印""八经阁""枕经阁印"等。详见《春秋名号归一图》"高世异"条。

寒云——袁克文字号藏书印。袁克文(1890—1931),项城(今河南项城)人,袁世凯次子,近代诗人、书法家、金石鉴赏家、藏书家。藏书楼名"皕宋书藏""后百宋一廛""八经阁"。详见《汉上易传》"袁克文"条。

皇二子——袁克文身份藏书印。

双玉同龙——袁克文藏书闲章。

刘姌——刘姌姓名藏书印。刘姌(1896—?),字梅真,贵池(今安徽贵池)人,袁克文之妻,民国初年书法家、词人。著有《倦绣词》。

梅真——刘姌字号藏书印。

识递藏:

从书页所钤藏书印及题跋看,是书曾藏于明季昆山叶盛"菉竹堂";又藏于常熟毛晋、毛扆父子"汲古阁";清末又藏于华阳高世异"苍茫斋";继藏于项城袁克文、刘姌夫妇之"后百宋一廛";今藏于国家图书馆。有袁克文跋。

押韵释疑五卷拾遗一卷

识著述：

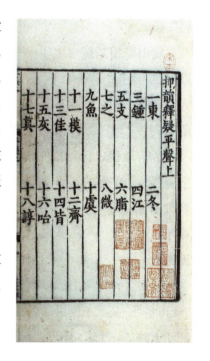

　　欧阳德隆（生活于南宋宁宗理宗间），庐陵（今江西吉安）人，生平无考，著有《押韵释疑》。《押韵释疑》五卷，是一部风行南宋末期的韵书。该书为官韵《礼部韵略》作注，取例于经史子集，对韵字的形、音、义进行了有针对性的细致辨析，同时大量援引科场诗赋押韵及考官评判实例，旨在帮助举子解决科场诗赋押韵方面的问题，是一部服务科举的韵书。

识版式：

　　此为宋嘉熙三年余天任禾兴郡斋刻本；左右文武双边，上下单边；白口，双黑鱼尾，中刻卷次、页码；半页十行，小字双行二十五字。

识印章：

永嘉蔡氏文怒世家——蔡昭郡望姓氏藏书印。

蔡昭（生卒不详），字宗文，永嘉（今浙江温州）人，明代藏书家。生平无考。

　　蔡氏宗文——蔡昭姓氏字号藏书印。

　　王献臣藏书印——王献臣姓名藏书印。王献臣（生活于明成化弘治间），字敬止，号槐雨，苏州府吴县（今江苏苏州）人，拙政园主人，明代藏书家。藏书楼名"槐雨亭"等，藏书印有"王献臣藏书印""吴门王献臣家藏书记""王氏敬止""槐雨亭印"等。

　　王氏敬止——王献臣姓氏字号藏书印。

　　槐雨亭印——王献臣藏书楼号藏书印。

　　乾学——徐乾学名号藏书印。徐乾学（1631—1694），昆山（今江苏昆山）人，清代著名经学家、史学家、文学家、文献学家、藏书家。藏书楼名"传是楼"。详见《周易九卷》"徐乾学"条。

　　徐健庵——徐乾学姓氏字号藏书印。

　　顾霖印——顾若霖姓名藏书印。顾若霖（1660—?），长洲（今江苏苏州）人，清初书法家、藏书家。藏书楼名"怀古书屋""勤有堂"等。详见《礼部韵略》"顾若霖"条。

汪士钟印——汪士钟姓名藏书印。汪士钟（1786—？），长洲（今江苏苏州）人，汪文琛之子，清代著名藏书家。藏书楼名"艺芸书舍""三十五峰园"等。详见《周易九卷》"汪士钟"条。

三十五峰园主人——汪士钟藏书楼号藏书印。

宋本——汪士钟藏书版本藏书印。

铁琴铜剑楼——常熟瞿氏藏书楼号藏书印。详见《周易注疏》"铁琴铜剑楼"条。

虞山瞿绍基藏书之印——瞿绍基郡望姓名藏书印。瞿绍基（1772—1836），字厚培，号荫棠，昭文（今江苏常熟）人，清代著名藏书家，铁琴铜剑楼第一代主人。藏书楼初名"恬裕斋""敦裕斋"，后改为"铁琴铜剑楼"，藏书印有"虞山瞿绍基藏书之印""绍基秘笈"等。

恬裕斋镜之氏珍藏——瞿秉渊字号藏书楼号藏书印。瞿秉渊（1820—1886），字镜之，一字敬之，昭文（今江苏常熟）古里人，瞿绍基之孙，瞿镛次子，清代著名藏书家，铁琴铜剑楼第三代主人。藏书印有"瞿秉渊印""恬裕斋镜之氏珍藏"等。

识递藏：

从书页所钤藏书印看，是书曾藏于明人永嘉蔡昭之手；又藏于明人苏州王献臣"槐雨亭"；又藏于昆山徐乾学"传是楼"；继藏于长洲顾若霖"勤有堂"；又藏于长洲汪士钟"三十五峰园"；继藏于常熟瞿绍基"铁琴铜剑楼"，由瞿镛、瞿秉渊、瞿启甲、瞿凤起祖孙递藏；今藏于国家图书馆。

古今韵会举要三十卷礼部韵略七音三十六母通考一卷

识著述：

　　熊忠（生活于宋末元初），字子中，邵武（今福建邵武）人，宋元时期经学家、音韵学家，著有《古今韵会举要》。《古今韵会举要》三十卷，乃依黄公绍《古今韵会》撮要而成，收字以平、上、去、入四声分类，注释反切音读、汉前古字书与经书中的字义、字体演变及其在经典文赋中的使用等。就韵字收录而言，每个韵字均标明出处，且统计出数目。其书卷帙浩瀚，内容宏富，引书广博，编撰方法亦精审科学。

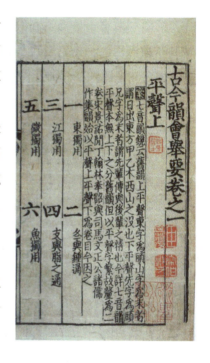

识版式：

　　此为元刻本；左右双边，上下单边；黑口，双黑鱼尾；半页八行，行字大小相间，小字双行二十二字。

识印章：

　　衍圣公私印——孔宪培世袭封号藏书印。孔宪培（1756—1793），原名允宪，字养元，号笃斋，曲阜（今山东曲阜）人，孔子第七十二代孙，乾隆四十八年（1783）袭封衍圣公，清代诗人、书画家、藏书家。藏书楼名"承泽堂"，藏书印有"衍圣公私印""承泽堂"等。著有《凝绪堂诗稿》等。

　　承泽堂——孔宪培藏书楼号藏书印。

　　甘泉黄文旸字秋平藏书画印——黄文旸郡望姓名字号藏书印。黄文旸（1736—?），字时若，号秋平、焕亭，甘泉（今江苏扬州）人，清代诗人、戏曲家、藏书家。藏书楼名"扫垢山房"，藏书印有"甘泉黄文旸字秋平藏书画印""秋平居士"等。编有《曲海》，著有《葫芦谱》《扫垢山房诗钞》等。

　　秋平居士——黄文旸字号藏书印。

　　臣恩复——秦恩复名号藏书印。秦恩复（1761—1844），字近光，号敦夫，一号澹生，晚自号狷翁，江都（今江苏扬州江都区）人，清代文学家、词人、文字学家、目录学家、校勘家、藏书家。藏书楼名"玉笥仙馆""石研斋"，藏书印有"秦恩复印""恩复""恩复之印""臣恩复""敦夫""秦伯敦父""秦伯敦甫""石研斋秦氏印""秦氏藏书""小淮海""三朝侍从之臣"等。编有《石研斋书目》，著有

《石研斋集》《享帚词》。

秦伯敦父——秦恩复姓氏字号藏书印。

石研斋秦氏印——秦恩复藏书楼号姓氏藏书印。

宋存书室——杨以增海源阁藏书楼分号藏书印。杨以增（1787—1855），聊城（今山东聊城）东昌府区人，清代藏书家。藏书楼名"海源阁"。著有《退思庐文存》。详见《韩鲁齐三家诗考》"杨以增"条。

杨绍和藏书——杨绍和姓名藏书印。杨绍和（1830—1875），聊城（今山东聊城）东昌府区人，杨以增次子，海源阁第二代主人，清代著名目录学家、藏书家。藏书楼名"海源阁"。著有《楹书隅录》。详见《韩鲁齐三家诗考》"杨绍和"条。

聊摄杨氏宋存书室珍藏——杨绍和郡望姓氏藏书楼分号藏书印。

识递藏：

从书页所钤藏书印及题识看，是书曾藏于曲阜孔宪培衍圣公府"承泽堂"；继藏于甘泉黄文旸"扫垢山房"；继藏于江都秦恩复"石研斋"；继藏于聊城杨以增、杨绍和父子"海源阁"之"宋存书室"；今藏于国家图书馆。有钱大昕、袁克文跋。

洪武正韵十六卷

识著述:

　　乐韶凤（? —1380），字致和，一字来仪，直隶滁州全椒（今安徽全椒）人，明初音韵学家；宋濂（1310—1381），初名寿，字景濂，号潜溪，别号龙门子、玄真遁叟等，祖籍金华潜溪（今浙江义乌），后迁居金华浦江（今浙江浦江），元末明初著名政治家、思想家、经学家、文学家、史学家、藏书家。洪武八年，朱元璋"以旧韵出江左，多失正音"，令乐韶凤、宋濂制定统一声韵，用中原雅韵正之，取名《洪武正韵》。《洪武正韵》十六卷，参考《礼部韵略》《切韵指掌图》等书，延续了唐宋传统的正字、正音和反切传统，并根据中原雅音，对旧韵韵部进行了大胆改革，将古来二百零六韵并作七十六韵，此举为朱元璋复兴华夏的重要举措，在当时影响广泛。

识版式:

　　此为明刘以节刻本；四周双边；黑口，双黑鱼尾，中刻书名、卷次、页码；半页八行，行字不等，小字双行二十四字。

识印章:

　　绍昌之印——黄绍昌名号藏书印。黄绍昌（1836—1895），字芑香，一字懿艻，号屺乡，香山（今广东中山）良都人，清代诗人、词人、书画家、藏书家。藏书楼名"秋琴馆""佩三言斋"，藏书印有"黄绍昌印""绍昌之印""屺乡""芑香鉴赏""屺乡曾观""屺乡所藏""香山黄氏藏书""香山黄氏鉴藏书画记""足吾所好玩而老焉"等。编有《秋琴馆书目》，著有《三国志音释》《佩三言斋骈体文》《秋琴馆诗钞》《秋琴馆集》《苇花荷剑词》等。

　　屺乡——黄绍昌字号藏书印。

　　黄——黄绍昌姓氏藏书印。

　　香山黄氏藏书——黄绍昌郡望姓氏藏书印。

识递藏:

　　从书页所钤藏书印看，是书曾藏于中山黄绍昌"秋琴馆"，今藏于中央民族大学图书馆。有康有为跋。

古音丛目五卷古音猎要五卷古音略例一卷转注古音略五卷古音余五卷古音附录一卷奇字韵五卷

识著述：

杨慎（1488—1559），字用修，初号月溪、升庵，又号逸史氏、博南山人、洞天真逸、滇南戍史、金马碧鸡老兵等，新都（今四川成都新都区）人，明代经学家、文学家、诗人、词人、音韵学家、文献学家、藏书家，著有《古音丛目》《古音猎要》《古音余》《古音附录》等四百余种，涉及经史方志、天文地理、金石书画、音乐戏剧、宗教语言、民俗民族等，后人辑为《升庵集》。杨慎是较早专门从事音韵研究的学者，单行著作有《古音丛目》《古音余》《转注古音略》等十余种。他善于从文字的音义入手，通过古音通假，阐明诗义。他还认为，古韵语中不押韵之处，并非本就如此，而是古今音变化造成的。

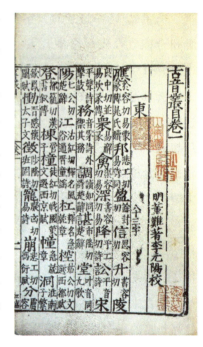

识版式：

此为明嘉靖李元阳刻本；左右双边，上下单边；白口，单白鱼尾，上刻书名，中刻卷次、页码；半页九行，行字不等，小字双行二十字。

识印章：

秦氏之书——秦武域姓氏藏书印。秦武域（约1725—？），字紫峰，又字于镐，号福亭山人，曲沃（今山西曲沃）人，清代诗人、藏书家。藏书印有"秦氏之书""紫峰"等。著有《笑竹集》《闻见瓣香录》。

紫峰——秦武域字号藏书印。

识递藏：

从书页所钤藏书印看，是书曾藏于曲沃秦武域之手；今藏于山东省图书馆。

韵经五卷

识著述：

张之象（1507—1587），字月麓，一字玄超，号王屋山人，松江府华亭（今上海松江）人，明代经学家、诗人、书法家。著有《诗苑繁英》《司马书法》《楚骚绮语》《唐诗类编》《韵经》等。《韵经》五卷，分为"古韵"和"今韵"两部分。"古韵"在吴棫《韵补》和杨慎《转注古音略》的基础上进行

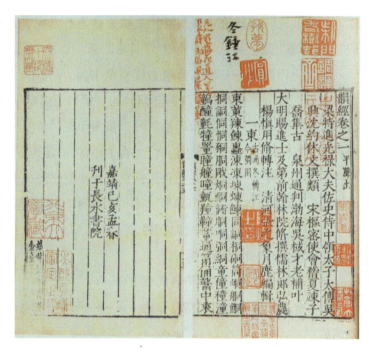

了删减变更，"今韵"依据诗韵并结合实际分韵为一百一十六部。此书对完善明代音韵学乃至汉语语音史大有裨益。

识版式：

此为明嘉靖十八年长水书院刻本；左右双边，上下单边；白口，单黑鱼尾，中刻书名、卷次，下刻页码；半页十行，行十八字。

识印章：

陆燦之印——钱陆燦名号藏书印。钱陆燦（1612—1698），字尔弢，号湘灵，又号圆沙、铁牛、檗庵，常熟（今江苏常熟）人，明末清初诗人、校勘学家、藏书家。藏书楼名"东圃书堂""调运斋""大还堂""景福楼"，藏书印有"陆燦""陆燦之印""湘灵""湘灵好梦""圆沙""臣燦顿首言""玉斋藏书""懒庵居士""铁牛老学""陆终彭祖后人""彭祖同庚""明经别驾书经解元临济三十四彭祖九十七世""调运斋""草创大还堂""杜子美白乐天同壬子生""诗禅""好梦""书经解好梦""柴门老树村""乾坤一草亭"等。著有《调运斋集》《圆沙诗集》《圆研居诗钞》《调运斋诗文随刻》。

圆沙——钱陆燦字号藏书印。

调运斋——钱陆燦藏书楼号藏书印。

草创大环堂——钱陆燦藏书楼号藏书印。

好梦——钱陆燦藏书闲章。

诗禅——钱陆燦藏书闲章。

柴门老树村——钱陆燦藏书闲章。

吴郡贝墉审定之印——贝墉郡望姓名藏书印。贝墉（1780—1846），吴县（今江苏苏州）人，袁廷梼之婿，清代书法家、金石学家、藏书家。藏书楼名"友汉居""千墨庵"等。详见《诗外传》"贝墉"条。

秦汉十印斋藏——蒋凤藻藏书楼号藏书印。蒋凤藻（1845—1908），字香生，一作芗生、香山，长洲（今江苏苏州）人，清代著名藏书家。藏书楼名"书抄阁""铁华馆""心矩斋""秦汉十印斋"等，藏书印有"长洲蒋凤藻""乐安蒋香生收藏金石印""蒋香生鉴赏""香生心赏""香生珍赏""茂苑香生""秦汉十印斋藏""长洲蒋氏十印斋藏书""茂苑香生蒋凤藻秦汉十印斋秘箧图书""蒋香生氏秦汉十印斋收藏记""吴下蒋郎""长寿印信""暮年光景水轩南浦笔砚精良作之一乐"等。编有《书抄阁行箧书目》《铁华馆丛书》等。

香生珍赏——蒋凤藻字号藏书印。

吴下蒋郎——蒋凤藻郡望姓氏藏书印。

暮年光景水轩南浦笔砚精良作之一乐——蒋凤藻藏书闲章。

识递藏：

从书页所钤藏书印看，是书曾藏于常熟钱陆燦"调运斋"；又藏于吴县贝墉"友汉居"；继藏于吴县蒋凤藻"秦汉十印斋"；今藏于北京大学图书馆。

史 部

史部总序

我国的历史源远流长，其肇端何时，至今难以确定。传说中上古期之"三皇""十纪"，多为汉代人的呵壁之作，与神话的血缘更近。迄今为止，见于典册的上古史，当推司马迁《史记·五帝本纪》之关于轩辕氏、神农氏的记载。而作为系统的史书，则以载记虞、夏、商、周四代文告的《尚书》为最早。

"史"本指掌管文书记录的史官，引申为史官记录的事件。"史"字的甲骨文字形，由两部分组成：上部像盛放简策的容器形状，下部像一只手，二者合起来就是以手持册之意，表示掌管文书记录，故其本义指史官。《说文》云："史，记事者也。"指的就是"史"字的本义。

我国向有一套完整的史官制度。《周礼·春官》列有"大史""小史""内史""外史""御史"诸职，分掌邦之六典、邦国之志、王之八柄之法、书外令、邦国都鄙及万民之令等，职司范围涉及到邦国事物的方方面面。而其下又各有府史、胥徒史，而主造文书者亦称史。这是史官的主流。此外，《周礼·天官》亦有"女史"之职，掌后宫礼制及诏令，虽非史官主流，却也说明上古史官制度的普及性。除此之外，上古朝廷尚有"左史""右史"之分，《礼记·玉藻》就有"动则左史书之，言则右史书之"的记载，说明我国早已形成了"左史记言，右史记事"的史官传统。历史上，虽然史之"左""右"之名时有龃龉，而事实相同，因为"左史"和"右史"的职能从来分得就不是很清楚，且"左史"不仅记事尚且记言，"右史"不仅记言也兼记事，只不过各有侧重而已。

史书的创作目的是"资考证"。所谓"资考证"，就是通过记载历史事件的始末寄寓褒贬，为后世统治者提供治政的借鉴；史学的作用在于鉴往知来，垂训于后；上可知治国安邦，下可启迪做人。而要到达"资考证"的目的、发挥"鉴往知来"的作用，就必须通过丰富而典型的记事来达成，这是史书最大的特点。历史事迹的重要性体现在，若无事迹良史亦不能作史，不知事迹则明君亦不知褒贬；而资料的搜集不仅需要兼收博采、细大不捐，更要于浩如烟海的资料中扶摘幽隐、较计毫厘。司马光《资治通鉴》的创作，就充分体现了这两方面的特点。

几千年的史学实践，形成了我国特有的史学传统。这一传统，一则表现为史家"学兼天人"的知识学养和"会通古今"的综合把握，二则表现为史家"以古为镜、经世致用"的社会关怀和政治情愫，三则表现为史家"求实直书、书法不隐"的求实精神和记事原则，四则表现为史家"德识为先，才学为茂"的良史素质。这些表现，既可视为我国史学的优良传统，亦可视作良史的基本标准，亦即德、识、才、学。史德即史家之义，指的是史家"直笔"的高尚品德，体现为史家不畏强暴的精神；史识指史家的识断，主要指史料选择要"事得其实""指事说实"，体现为史家分清邪正是非的能力；史才指史家的写作能力，尤指历史编纂和文字表达方面的才华；史学指史家学问知识的积累，指史家要有丰富的历史知识和历史材料，并具备鉴别选择的能力。从良史之才司马迁，到纵论古今的章学诚，历代优秀史家莫不在这一领域里做出了重大贡献。

几千年来的丰厚积淀，铸就了我国史学成就的辉煌。中华文明之所以能够绵延接绪，原因之一就是反映文明的载体——历史记载和历史撰述——从来就没有中断过。自从有了文字，历史记载就成为可能。甲骨卜辞、《诗经》《尚书》，莫不留下了先民行为处事的记录。春秋战国时期，出现了私人撰史。孔子编订的《春秋》是我国第一部编年体的大事纲要，它开创了私人撰史之风，开拓了我国的史学道路；《左传》是第一部记事详备的编年体史书，传为传《春秋》之作，而长于叙事；《国语》是第一部国别体史书，记事与《左传》时间大体一致，而重在记言；《战国策》是一部由谋臣策士记载下来的游说诸侯事件的国别体史书，记人叙事更富文学色彩；此外，期内还出现了庄子《天下》、荀子《非十二子》、韩非《显学》等反映学术情况的学术史。秦汉时期，涌现出了《史记》《汉书》《汉纪》《别录》《七略》《吴越春秋》《越绝书》等规模宏大的纪传体通史和纪传体断代史，从而使历史成为一门综合性的社会学术。魏晋南北朝时期，史学摆落了经学附庸的地位，大放异彩。除纪传体《后汉书》《三国志》《宋书》《南齐书》《魏书》和编年体史书之外，还出现了民族史、地方史、家史、谱牒、别传、史论、史注等新史体，显示出史学多途发展的盎然生机。唐五代时期，统治阶级出于"以史为鉴"的需要，重视修史并完善了史官制度，史学出现了重大转折，官修史书成绩斐然，唐初即有《晋书》《梁书》《陈书》《北齐书》《周书》《隋书》《南史》《北史》等八部正史成书。此外，这一时期还产生了两部总结性的史学理论著作《史通》和《通典》，这一成果，标志着史学开始从单一的实践角度上升到了理论研究高度。宋元时代，由于官方的重视和印刷术的普及，史学日益发达，史体繁夥，堪称盛世。在通史撰述、当代史撰述和历史文献学等方面都创造了巨大成就，在民族史、域外史、学术史和史学批评方面也取得了许多重要成果。其间诞生了编年体通史《资治通鉴》和纪事本末体《通鉴纪事本末》，以及郑樵《通志》、马端临《文献通考》等；方志在两宋特别是在南宋大量涌现，金石学也成为宋代学者开辟的新园地，官修实录、国史、会要等史体皆较前代为详。明代史学，因朝廷对程朱理学的热衷，官方史学走向式微，私修史书则大规模兴起。谈迁在《明实录》的基础上，撰成了编年体明史《国榷》；方志撰述兴盛，稗史空前增多，经济史撰述繁富，史学通俗化和历史教育广泛展开。清初，乾嘉之风盛行，学者治史讲求"实事求是"，史学研究大致分为初期的晚明史事研究、中期的前代史研究和晚期的史学理论研究三个阶段。在此期间，产生了纪传体《明史》、比较体《绎史》和近现代史《文史通义》，以及《廿二史考异》《十七史商榷》《廿二史劄记》《经史答问》等几部著名的史学理论著作。通观三千年的史学史，真可谓名家辈出，著述如林。

传统古籍史部的划分，前后相继，时有增删离合。东汉班固《汉书·艺文志》未列史部，而是将《议奏》《新国语》《国语》《世本》《战国策》《奏事》《楚汉春秋》《太史公》等十六种当世所存史书附于《六艺略·春秋》之后，究其原因，盖因其时史书尚不具规模之故；西晋荀勗《中经新簿》进一步归纳了《七略》，创立了甲、乙、丙、丁四部分类法，其中丙部为史，分为"史记""旧事""皇览簿""杂事"数类；东晋李充以《中经新簿》的分类为基础，将丙、乙两部对调，始成经、史、子、集分类；唐初官修《隋书·经籍志》正式奠定了经、史、子、集四部分类法，其"史部"分为"正史类""古史类""霸史类""起居注类""地理类""谱系类""簿录类""旧事类""职官类""仪注类""刑法类""杂传类"十二类；北宋晁公武《郡斋读书志·史部》分为"正史类""编年类""实录类""杂史类""伪史类""史评类""职官类""仪注类""刑法类""地里类""传记类""谱牒类""书目类"十三类；南宋陈振孙《直斋书录解题·史部》分为"正史类""别史类""编年类""起居注类""诏令类""伪史类""杂史类""典故类""职官类""礼注类""时令类""传记类""法令类""谱牒类""目录颡""地理类"十六类；《四库全书总目·史部》分为"正史类""编年类""纪事本末类""别史类""杂史类""诏令奏议类""传记类""史钞类""载记类""时令类""地理类""职官类""政书类""目录类""史评类"十五类。其《史部总叙》所谓以"正史"为大纲者，即指以司马迁《史记》以来官修纪传体史书为主线；其下诸类所谓"参考纪传者"，即指参考"正史"人物传记而进行的新史体创作；"参考诸志者"，即指参考"正史"书志而进行的新史体创作；"参考论赞者"，即指参考"正史"论赞进行的新史体创作。纵观整部中国古代书史，史部分类以《四库全书总目》的分类处理为优。

今所收录史部古籍，均依《四库全书总目》体例分为十五类。

史部·正史类

正史类小序

"正史"指历代官修且经皇帝钦定的、以帝王本纪为纲、以列传为辅的纪传体史书。纪传体是西汉史学家司马迁的《史记》所开创的一种以人物为中心的史书体例，因全书分为本纪十二、十表、八书、三十世家、七十列传，其主体是人物传记，故称之为纪传体。赵翼《廿二史劄记》称："司马迁参酌古今，发凡起例，创为全史。'本纪'以序帝王，'世家'以记侯国，'十表'以系时事，'八书'以详制度，'列传'以志人物。然后一代君臣政事贤否得失，总汇于一篇之中。自此例一定，历代作史者遂不能出其范围，信史家之极则也。"《史记》以五体结构史书框架，一经创立，即为经典。纵观"二十四史"，均无例外。

而"正史"之名，始自《隋书·经籍志》，其文云："世有著述，皆拟班、马，以为正史。作者尤广，一代之史，至数十家。"这段话包含两层意思：一是世代相连皆有著述且效法《史》《汉》之纪传体者方为"正史"；二是每个朝代此类纪传体"正史"著述皆异常繁夥。东汉班固《汉书·艺文志》未列"史部"，作为"正史"之祖的《太史公》附于《六艺略》之"春秋"类后；《隋书·经籍志·史部》始置"正史类"，著录所谓"正史"六十七部，而于被后世列为"正史"的《史记》《汉书》《后汉书》《三国志》《魏书》《晋书》《梁书》《陈书》等之后，又列举了大批与之相类的史书；北宋晁公武《郡斋读书志·史部》"正史类"，著录了《史记》《前汉书》《后汉书》《三国志》《隋书》《唐书》《新唐书》《五代史》《五代史记》等十九部纪传体史书；南宋陈振孙《直斋书录解题·史部》"正史类"也著录了《史记》《汉书》《后汉书》《续后汉书》《后汉志》《三国志》《隋书》《唐书》《新唐书》《五代史》《新五代史》《两朝国史》《四朝国史》等数十部纪传体史书。这一现象，充分说明了一代纪传体史书多至数家这一问题，所以，能成为史书大纲的"正史"，必然要经过优胜劣汰的选择。

"正史"的范围有一个逐渐增益的过程。纪传体由西汉司马迁首开其例，其后，历代史家撰述不辍，经自汉至清两千年的世代论定，以成"二十四史"之数。隋代始有"前四史"之目，指《史记》《汉书》《后汉书》《三国志》四部经典；至唐而有"十三史"之目，谓"前四史"及《晋书》《宋书》《南齐书》《梁书》《陈书》《魏书》《北齐书》《周书》《隋书》；至宋又有"十七史"之目，即"十三史"及《新唐书》《新五代史》《南史》《北史》；明又有"二十一史"之目，即"十七史"

及《宋史》《辽史》《金史》《元史》；清初又有"二十二史"之目，即"二十一史"及《明史》，随之又有"二十四史"之目，即"二十二史"及《旧唐书》《旧五代史》。"二十四史"为乾隆皇帝钦定，不允许擅自增减。《四库全书总目·史部·正史叙》称："凡未经宸断者，则悉不滥登。盖正史体尊，义与经配，非悬诸令典，莫敢私增。所由与稗官野记异也。"其所谓"正史体尊，义与经配"，则是指《史记》曾附列于《汉书·艺文志·六艺略》之《春秋》类后，其地位自然尊贵，故后世"史部"相沿成习，推之为尊，以为"正史"。

今所选录，计有《史记一百三十卷》《史记评林一百三十卷》《汉书一百卷》《汉书评林一百卷》《后汉书九十卷志三十卷》《三国志六十五卷》《晋书一百三十卷》《宋书一百卷》《南齐书五十九卷》《梁书五十六卷》《陈书三十六卷》《魏书一百十四卷》《北齐书五十卷》《周书五十卷》《隋书八十五卷》《南史八十卷》《北史一百卷》《唐书（旧唐书）二百卷》《唐书（新唐书）二百二十五卷》《五代史记七十四卷》《旧五代史一百五十卷》《宋史四百九十六卷目录一卷》《辽史一百十六卷》《金史一百三十五卷目录二卷》《元史二百十卷目录二卷》《班马异同三十五卷》共二十六种，以见"正史"之概貌。

史记一百三十卷

识著述：

　　司马迁（前145—前90），字子长，左冯翊夏阳（今陕西韩城南）人，一说龙门（今山西河津）人，西汉著名史学家、文学家。司马迁以"究天人之际，通古今之变，成一家之言"的史识，创作了中国第一部以人物传记为中心的纪传体通史《史记》。《史记》（又称《太史公》《太史公书》）一百三十卷，包括十二本纪、十表、八书、三十世家和七十列传，记载了自上古传说中的黄帝至汉武帝元狩元年（前122）约三千年的历史。作为"二十四史"之首，《史记》被鲁迅誉为"史家之绝唱，无韵之《离骚》"。裴骃（生活于南朝宋），字龙驹，河东闻喜（今山西闻喜）人，南朝宋著名史学家。他以徐广《史记音义》为底本，博采九经、诸

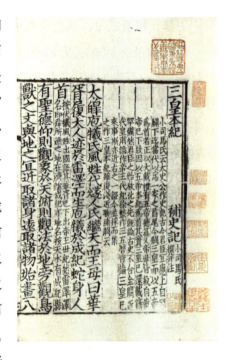

子、诸史和汉晋人的《史记》注疏成果，为《史记》作了详细的注解，著有《史记集解》。司马贞（679—732），字子正，河内（今河南沁阳）人，唐代著名史学家。司马贞以《史记》旧注音义散失，乃采摭徐广《史记音义》、裴骃《史记集解》、齐邹诞生《史记集注》、唐刘伯庄《史记音义》《史记地名》等诸家注文，参阅韦昭、贾逵、杜预、谯周等人的论著，撰成《史记索隐》。该书音义并重，注文翔实，对前人的疏误缺略补正颇多，具有极高的史学研究价值。张守节（生卒不详），唐代史学家。著有《史记正义》。《正义》长于地理考证，广泛征引李泰、萧德言等人的《括地志》，补足了以往《史记》注疏之不足。裴骃的《史记集解》、司马贞的《史记索隐》、张守节的《史记正义》合称"《史记》三家注"，是《史记》最经典的注本。

识版式：

　　此为明嘉靖二至六年王廷喆刻本；左右双边，上下单边；白口，中刻页码；半页十行，行十八字，小字双行二十三字。

识印章：

　　我锜之印——顾我锜名号藏书印。顾我锜（约生活于康雍间），字湘南，号帆

川，吴江（今江苏苏州吴江）人，清代诗人、文学家、史学家、藏书家。藏书楼名"堪著斋"，藏书印有"顾我锜章""我锜私印""我锜之印""臣我锜湘南氏""湘南氏""金中禹""明远"等。编有《古诗编略》《唐音汇钞》《宋诗选》《元诗选》《青邱集选》等，著有《浣松轩文集》《三余笔记》《堪著斋杂志》《湘南诗集》《纲目志疑》《邑乘备考》等。

蒋维培印——蒋维培姓名藏书印。蒋维培（？—1860），改名蒋塈，字寄嵚，号季卿，吴兴（今浙江湖州）南浔人，蒋维基从兄，蒋汝藻叔祖，清代史学家、校勘学家、藏书家。藏书楼名"求是斋"，藏书印有"蒋维培""蒋维培印""维培""蒋维培季卿甫""蒋季卿""寄庼""蒋氏求是斋""蒋氏求是斋藏书印"等。著有《说文解字校勘记》《唐藩镇考》《水经注碑目考》《求是斋杂著》等。

寄庼——蒋维培字号藏书印。

强圉柔兆——丁申岁星纪年姓名藏书印。丁申（1829—1887），原名丁壬，字竹舟，号礼林，钱塘（今浙江杭州）人，清代金石学家、藏书家，与弟丁丙号称"双丁"。藏书楼名"嘉惠堂"，藏书印有"强圉柔兆"等。撰有《武林藏书录》。

强圉涒滩——丁丙岁星纪年姓名藏书印。丁丙（1832—1899），钱塘（今浙江杭州）人，清末著名经学家、诗人、金石学家、目录学家、藏书家。总藏书楼名"嘉惠堂"。详见《周易本义》"丁丙"条。

善本书室——丁丙嘉惠堂藏书楼分号藏书印。

纶音嘉惠艺林——丁丙藏书闲章。

识递藏：

从书页所钤藏书印及题跋看，是书曾藏于吴江顾我锜"堪著斋"；又藏于湖州南浔蒋维培"求是斋"；继藏于钱塘丁申、丁丙兄弟"嘉惠堂"之"善本书室"；今藏于南京图书馆。有丁丙跋。

史记评林一百三十卷

识著述：

　　凌稚隆（生活于万历年间），字以栋，号磊泉，乌程（今浙江湖州）人，明代学者、出版家，撰纂并刻印了大量书籍，如《万姓类苑》《史记评林》《汉书评林》《史记纂》等。《史记评林》（又名《百五十家评史记》）一百三十卷，是一部以"三家注"为底本，汇集了万历四年（1576）以前近一百五十家《史记》研究成果的集大成之作。其评论分为一句一段的小评和全篇总评两种形式，小评刻于书眉，总评刻于篇末。此书为继建安本《史记》之后最常用的版本，是研究《史记》的重要参考书籍。

识版式：

　　此为明万历二至四年吴兴凌雅隆刻本；左右双边，上下单边；白口，单黑鱼尾，上刻卷次，中刻篇名、页码，下刻刻工姓名；半页十行，行十九字，小字双行同。

识印章：

　　萧梦松印——萧梦松姓名藏书印。萧梦松（1688—?），字静君，号蓼亭，晋安（今福建南安）人，清代著名藏书家。藏书楼名"名山草堂""兰话堂"，藏书铭印有"名山草堂萧然独居门无车马坐有图书沉酣经籍不知其余俯仰今昔乐且晏如萧穆亭铭""茶社未忘铜井约草堂比似玉山灵家藏四世以身守谁得吾书视此铭"，藏书印有"萧梦松印""静君""静梦氏""闽中蓼亭萧梦松图史之章""晋安萧蓼亭手定书籍""萧蓼亭四世家藏图籍印""萧斋""独门谢客斋居一室气味深美山花野草微风动摇以此终日""澄之不清挠之不浊""九仙山里人家""以身守之罔敢失坠""闲中日月醉里乾坤""松云古梦"等。

　　晋安萧蓼亭手定书籍——萧梦松郡望姓氏字号藏书印。

　　静梦氏——萧梦松字号藏书印。

　　曾在汪阆源家——汪士钟姓氏字号藏书印。汪士钟（1786—?），字春霆，号阆源，一号眼源，长洲（今江苏苏州）人，汪文琛之子，清代著名藏书家。藏书楼名"艺芸书舍""三十五峰园"等，藏书印有"汪士钟印""汪士钟字春霆号眼源书画印""阆源真赏""艺芸主人""平阳汪氏藏书印"等。详见《周易九卷》"汪士钟"条。

识递藏：

从书页所钤藏书印及题跋看，是书曾藏于清初晋安萧梦松"名山草堂"；又藏于长洲汪士钟"三十五峰园"；今藏于上海辞书出版社（原中华书局图书馆）。有萧梦松批跋。

汉书一百卷

识著述：

班固（32—92），字孟坚，扶风安陵（今陕西咸阳东北）人，东汉著名经学家、史学家、辞赋家，著有《白虎通义》《汉书》《两都赋》等。《汉书》一百卷，包括十二本纪、八表、十志、七十列传，记述了自汉高祖元年（前206）至新莽地皇四年（23）共二百三十年的史事，开创了纪传体断代史的先河，是继《史记》之后中国古代又一重要史书，与《史记》《后汉书》《三国志》并称"前四史"。颜师古（581—645），名籀，字师古，以字行，雍州万年（今陕西西安）人，祖籍琅邪临沂（今山东临沂），唐代著名经学家、训诂学家、史学家，著有《汉书注》等。其《汉书注》，订正了《汉书》流传过程中产生的讹误脱漏，恢复了《汉书》原貌，阐明了因时代推移而造成的语音、词义的变化以及名物、典制、史实的不同等问题。

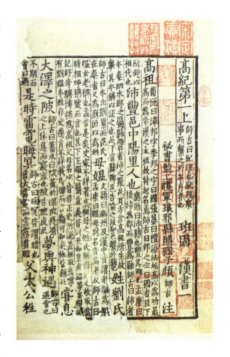

识版式：

此为北宋刻递修本（卷二十九配宋嘉定蔡琪刻本，卷三十配宋庆元元年刘元起刻本）；左右双边，上下单边；白口；半页十行，行十九字，小字双行二十六至二十七字。

识印章：

毛晋秘藏——毛晋姓名藏书印。毛晋（1599—1659），常熟（今江苏常熟）人，明末著名经学家、文学家、刻书家、藏书家。藏书楼名"汲古阁"。详见《周易九卷》"毛晋"条。

汲古阁——毛晋藏书楼号藏书印。

在在处处有神物护持——毛晋闲章藏书印。

审定真迹——毛晋藏书印。

宋本——毛晋版本藏书印。

季振宜印——季振宜姓名藏书印。季振宜（1630—?），泰兴（今江苏泰州靖江）季市镇人，明末清初著名诗人、文献学家、版本学家、校勘学家、藏书家。藏书楼名"静思堂"。详见《尚书注疏》"季振宜"注。

沧苇——季振宜字号藏书印。

乾学——徐乾学名号藏书印。徐乾学（1631—1694），昆山（今江苏昆山）人，清代著名经学家、史学家、文学家、文献学家、藏书家。藏书楼名"传是楼"。详见《周易九卷》"徐乾学"条。

荛圃卅年精力所聚——黄丕烈字号藏书印。黄丕烈（1763—1825），平江（今江苏苏州）人，清代著名校勘学家、版本学家、目录学家、刻书家、藏书家。藏书楼名"士礼居""百宋一廛"等。详见《四书通》"黄丕烈"条。

士礼居——黄丕烈藏书楼号藏书印。

汪士钟印——汪士钟姓名藏书印。汪士钟（1786—？），长洲（今江苏苏州）人，汪文琛之子，清代著名藏书家。藏书楼名"艺芸书舍""三十五峰园"等。详见《周易九卷》"汪士钟"条。

铁琴铜剑楼——常熟瞿氏藏书楼号藏书印。详见《周易注疏》"铁琴铜剑楼"条。

菰里瞿镛——瞿镛郡望姓名藏书印。瞿镛（1794—1846），字子雍，昭文（今江苏常熟）古里人，清代著名藏书家，铁琴铜剑楼第二代主人。藏书楼名"铁琴铜剑楼"。详见《周易九卷》"瞿镛"条。

祁阳陈澄中藏书记——陈清华郡望姓字藏书印。陈清华（1894—1978），字澄中，祁阳（今湖南祁阳）人，现代著名藏书家。藏书楼名"郇斋"，藏书印有"陈清华""陈清华印""祁阳陈澄中藏书记""陈澄中收藏印""郇斋"等。

识递藏：

从书页所钤藏书印及题跋看，是书曾藏于元代无锡倪瓒"凝香阁"；又藏于明末常熟毛晋"汲古阁"；继藏于泰兴季振宜"静思堂"；继藏于昆山徐乾学"传是楼"；继藏于长洲黄丕烈"士礼居，"由顾广圻校订；乙亥年（1815）转赠长洲汪文琛"三十五峰园"，由其子汪士钟递藏；汪氏书散后继藏于常熟瞿镛"铁琴铜剑楼"；继藏于陈清华"郇斋"；今藏于国家图书馆。有倪瓒、黄丕烈、顾广圻跋。

汉书评林一百卷

识著述：

凌稚隆（生活于万历年间），字以栋，号磊泉，乌程（今浙江湖州）人，明代学者、出版家。他撰纂并刻印了大量书籍，如《万姓类苑》《史记评林》《汉书评林》《史记纂》等。《汉书评林》一百卷，包括十二本纪、八表、十志、七十列传，汇集了东汉至明代一百七十余家《汉书》评论精粹，并参考了其父凌约言的《汉书评抄》，也蕴含着凌氏的个人见解，堪称有明一代《汉书》评点类书籍的集大成者，为研究《汉书》提供了有益的借鉴。

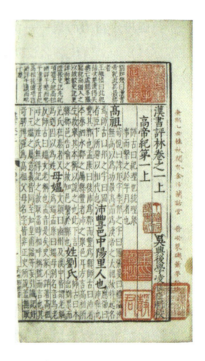

识版式：

此为明万历九年吴兴凌雅隆刻本；左右双边，上下单边；白口，单黑鱼尾，上刻书名、卷次，中刻页码，下刻书版者姓名；半页十行，行二十字，小字双行同。

识印章：

萧梦松印——萧梦松姓名藏书印。萧梦松（1688—?），晋安（今福建南安）人，清代著名藏书家。藏书楼名"名山草堂""兰话堂"。详见《史记评林》"萧梦松"条。

晋安萧蓼亭手定书籍——萧梦松郡望姓氏字号藏书印。

静君——萧梦松字号藏书印。

丁福保读书记——丁福保姓名藏书印。丁福保（1874—1952），无锡（今江苏无锡）人，近代文字学家、钱币学家、数学家、刻书家、目录学家、藏书家。藏书楼名"诂林精舍"。详见《晦庵先生校正伊川易传》"丁福保"条。

识递藏：

从书页所钤藏书印及题跋看，是书曾藏于晋安萧梦松"名山草堂"；又藏于无锡丁福保"诂林精舍"；今藏于沈阳师范大学图书馆。有萧梦松题识。

后汉书九十卷志三十卷

识著述：

范晔（398—445），字蔚宗，顺阳郡顺阳（今河南淅川）李官桥镇人，南朝宋史学家、文学家，著有《后汉书》。《后汉书》九十卷，包括十本纪、八十列传（八志为西晋司马彪补足），记事上起汉光武帝刘秀建武元年（25），下迄汉献帝建安二十五年（220），囊括了东汉一代一百九十六年的历史，是一部东汉王朝的纪传体断代史。《后汉书》大多沿袭《史记》《汉书》的现成体例，又新增了党锢、宦者、文苑、独行、方术、逸民和列女七种列传。其结构严谨，编排有序，辞藻典丽，极富文学性，与《史记》《汉书》《三国志》并称"前四史"。

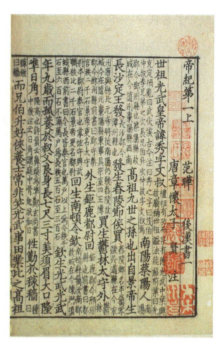

司马彪（？—306），字绍统，河内温县（今河南温县）人，西晋史学家、文学家，著有《九州春秋》《续汉书》《庄子注》《兵记》等。李贤（655—684），字明允，陇西成纪（今甘肃秦安）人，唐宗室大臣，唐高宗李治第六子，唐代史学家。领衔所注《后汉书》，具有较高的史学价值，史称"章怀注"。著有《春宫要录》《修身要览》等。

识版式：

此为宋钱塘王叔边建阳刻本；左右双边，上下单边；白口，双黑鱼尾；半页十三行，行二十二字，小字双行二十六至二十七字。

识印章：

华亭朱氏珍藏——朱大韶郡望姓氏藏书印。朱大韶（1517—1577），松江府华亭（今上海松江）人，明代学者、藏书家。藏书楼名"横经阁""文石山房"。详见《輶轩使者绝代语释别国方言》"朱大韶"条。

周良金印——周良金姓名藏书印。周良金（生活于嘉隆间），字九松，号迁叟，又号九松迁叟，毗陵（今江苏常州武进）人，明代著名藏书家。藏书楼名"周玉斋金汉石之馆"，藏书印有"周良金印""毗陵周氏九松迁叟藏书记""周诰之印""周笈私印""周玉斋金汉石之馆"等。详见《吕氏家塾读诗记》"周良金"条。

毗陵周氏九松迁叟藏书记——周良金郡望姓氏字号藏书印。

周诰之印——周良金别名藏书印。

毛晋秘箧——毛晋姓名藏书印。毛晋（1599—1659），常熟（今江苏常熟）人，明末著名经学家、文学家、刻书家、藏书家。藏书楼名"汲古阁"。详见《周易九卷》"毛晋"条。

毛凤苞印——毛晋姓名藏书印。

子晋氏——毛晋字号藏书印。

汲古阁世宝——毛晋藏书楼号藏书印。

汲古阁毛姓秘玩——毛晋姓氏藏书楼号藏书印。

子孙世昌——毛晋藏书闲章。

在在处处有神物护持——毛晋藏书闲章。

毛扆之印——毛扆姓名藏书印。毛扆（1640—1713），字季斧，号省庵，常熟（今江苏常熟）人，毛晋第五子，清代著名校勘学家、出版家、藏书家。藏书印有"毛扆之印""毛斧季收藏印""叔郑后人"等。编有《汲古阁秘本书目》。详见《孝经今文音义》"毛扆"条。

毛扆——毛扆姓名藏书印。

斧季——毛扆字号藏书印。

中吴毛斧季图书印——毛扆郡望姓氏字号藏书印。

季振宜印——季振宜姓名藏书印。季振宜（1630—？），泰兴（今江苏泰州靖江）季市镇人，明末清初著名诗人、文献学家、版本学家、校勘学家、藏书家。藏书楼名"静思堂"。详见《尚书注疏》"季振宜"注。

旅豁季振宜印——季振宜郡望姓名藏书印。

季沧苇氏图书记——季振宜姓氏字号藏书印。

御史振宜之印——季振宜官爵名号藏书印。

乾学——徐乾学名号藏书印。徐乾学（1631—1694），昆山（今江苏昆山）人，清代著名经学家、史学家、文学家、文献学家、藏书家。藏书楼名"传是楼"。详见《周易九卷》"徐乾学"条。

徐健庵——徐乾学姓氏字号藏书印。

汪士钟印——汪士钟姓名藏书印。汪士钟（1786—？），长洲（今江苏苏州）人，汪文琛之子，清代著名藏书家。藏书楼名"艺芸书舍""三十五峰园"等。详见《周易九卷》"汪士钟"条。

艺芸主人——汪士钟藏书楼号藏书印。

赵宋本——汪士钟版本藏书印。

海源阁——杨以增藏书楼号藏书印。海源阁为清道光年间由聊城人杨以增所建藏书楼，其藏书经杨以增及其后人杨绍和、杨保彝等数代人精心保存，前后达百余年。海源阁与江苏常熟瞿绍基之铁琴铜剑楼、浙江吴兴陆心源之皕宋楼、浙江杭州丁申丁丙之八千卷楼合称清代四大藏书楼。杨以增（1787—1855），聊城（今山东聊城）东昌府区人，清代藏书家。藏书楼名"海源阁"。详见《韩鲁齐三家诗考》"杨以增"条。

杨氏彦合——杨绍和姓氏字号藏书印。杨绍和（1830—1875），聊城（今山东聊城）东昌府区人，杨以增次子，海源阁第二代主人，清代著名目录学家、藏书家。藏书楼名"海源阁"。详见《韩鲁齐三家诗考》"杨绍和"条。

臣绍和印——杨绍和名号藏书印。

识递藏：

从书页所钤藏书印及题识看，是书曾藏于明代华亭朱大韶"横经阁"；继藏于武进周良金"周玉斋金汉石之馆"；又藏于常熟毛晋、毛扆父子"汲古阁"；继藏于泰兴季振宜"静思堂"；继藏于昆山徐乾学"传是楼"；继藏于长洲汪士钟"艺芸书舍"；散出后成为聊城杨以增"海源阁"之"四经四史之斋"的插架之物，由其子杨绍和递藏；今藏于国家图书馆。

三国志六十五卷

识著述：

陈寿（233—297），字承祚，巴西郡安汉（今四川南充）人，三国蜀汉及西晋著名史学家，著有《三国志》。《三国志》六十五卷，包括《魏书》三十卷，《蜀书》十五卷，《吴书》二十卷，此书完整地记叙了自汉末至晋初六十余年间中国由分裂走向统一的历史全貌，是一部记载魏、蜀、吴三国鼎立时期历史的纪传体断代史。此书叙事精略，记事翔实，材料取舍严谨，与《史记》《汉书》《后汉书》并称"前四史"。裴松之（372—451），字世期，河东郡闻喜（今山西闻喜）人，东晋南朝宋著名史学家，著有《三国志注》。裴注纠正了《三国志》记载史实的前后矛盾之处，补足了其唯有"纪""传"而无"志""表"的缺欠，材料更加丰富而翔实。

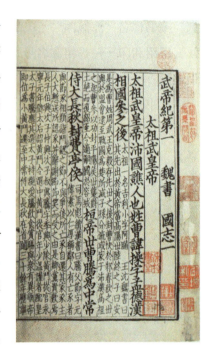

识版式：

此为宋刻本；四周双边；细黑口，双黑鱼尾，下刻页码；半页十行，行十八至十九字，小字双行二十三至二十四字。

识印章：

士钟——汪士钟名号藏书印。汪士钟（1786—?），长洲（今江苏苏州）人，汪文琛之子，清代著名藏书家。藏书楼名"艺芸书舍""三十五峰园"等。详见《周易九卷》"汪士钟"条。

阆源父——汪士钟字号藏书印。

平阳汪氏藏书印——汪士钟郡望姓氏藏书印。

赵宋本——汪士钟版本藏书印。

宪奎——汪宪奎名号藏书印。汪宪奎（生活于道咸间），字秋浦，长洲（今江苏苏州）人，汪士钟族人，清代藏书家。藏书楼名"有竹居"，藏书印有"平江汪宪奎秋浦印记""宪奎""秋浦"等。

秋浦——汪宪奎字号藏书印。

以增私印——杨以增名号藏书印。杨以增（1787—1855），聊城（今山东聊城）

东昌府区人，清代藏书家。藏书楼名"海源阁"。详见《韩鲁齐三家诗考》"杨以增"条。

至堂——杨以增字号藏书印。

关西节度系关西——杨以增仕履经历藏书印。

宋存书室——杨以增海源阁藏书楼分号藏书印。

绍和筼岩——杨绍和名号藏书印。杨绍和（1830—1875），聊城（今山东聊城）东昌府区人，杨以增次子，海源阁第二代主人，清代著名目录学家、藏书家。藏书楼名"海源阁"。详见《韩鲁齐三家诗考》"杨绍和"条。

识递藏：

从书页所钤藏书印及题识看，是书曾藏于庐山阳陈徵之手；又藏于长洲汪士钟"艺芸书舍"；继藏于其后人汪宪奎"有竹居"；书散后继藏于聊城杨以增"海源阁"之"四经四史之斋"，由其子杨绍和递藏；傅增湘曾于天津盐业银行见之；今藏于国家图书馆。

晋书一百三十卷

识著述：

房玄龄（579—648），名乔，字玄龄，以字行，齐州（今山东济南章丘）人，唐代政治家、史学家，曾监修《晋书》。《晋书》一百三十卷，包括帝纪十卷、志二十卷、列传七十卷、载记三十卷，所记起于三国末司马懿出山，止于东晋恭帝元熙二年（420）刘裕废晋帝自立以宋代晋，还以"载记"的形式记述了北方十六国政权的状况。此书体例新创，纪事详备，补旧史之不足，具有较高的史学价值。

识版式：

此为宋刻本，其中部分原缺配有元刻明修本和清抄本；左右双边，上下单边；白口，双黑鱼尾，中刻页码；半页十行，行十九字。

识印章：

毛凤苞印——毛晋姓氏字号藏书印。毛晋（1599—1659），常熟（今江苏常熟）人，明末著名经学家、文学家、刻书家、藏书家。藏书楼名"汲古阁"。详见《周易九卷》"毛晋"条。

子晋氏——毛晋字号藏书印。

东吴毛表——毛表郡望姓名藏书印。毛表（1638—?），字奏叔，号正庵，虞山（今江苏常熟）人，著名藏书家毛晋第四子，清初藏书家、刻书家。藏书印有"毛表""毛表之印""毛表奏叔""海虞毛表奏叔图书记""虞山毛表奏叔家图书""字奏叔""奏叔""毛奏叔氏""海虞毛氏奏叔图书印""中吴毛奏叔收藏书画记""叔郑后裔""西河""汲古后人""汲古阁图书记""毛姓秘玩""毛氏藏书子孙永宝"等。

韩应陛鉴藏宋元名钞名校名善本于读有用书斋印记——韩应陛姓名藏书楼号鉴藏印。韩应陛（1800—1860），字对虞，一字鸣唐，号禄卿，一号绿卿，松江娄县（今上海松江）人，清代著名藏书家。藏书楼名"读书未见斋""读有用书斋"，藏书印有"韩应陛印""韩应陛鉴藏宋元名钞名校名善本于读有用书斋印记""应陛""应陛手校""应陛手记印""绿卿""云间韩氏收藏""古娄韩氏应陛载阳父子珍藏善本书籍印记""读有用书斋藏善校本""松江读有用书斋""长青馆"等。辑有《松江韩氏藏书目录》《云间韩氏所藏书目》《云间韩氏藏书题识汇录》《读有用书斋藏书记》，著有《读有用书斋杂著》。

甲子丙寅韩德均钱润文夫妇两度携书避难记——韩德均钱润文夫妇姓名遭遇藏书印。韩德均（1898—1930），松江娄县（今上海松江）人，韩应陛之孙，近代著名藏书家。藏书楼名"读有用书斋"。其妻钱润文乃金山卫藏书家守山阁主人钱熙祚后人，近代书画家、藏书家。夫妇俩曾于1924年、1926年为避战火，两度转移家藏善本。详见《大戴礼记》"韩德均"条。

蒋祖诒——蒋祖诒姓名藏书印。蒋祖诒（1902—1973），字谷孙，吴兴（今浙江湖州吴兴）南浔人，藏书家蒋汝藻长子，现代鉴赏家、藏书家。藏书楼名"密均楼"，藏书印有"蒋祖诒印""谷孙""碑英阁"等。著有《思适斋集外书跋辑存》。详见《大戴礼记》"蒋祖诒"条。

谷孙——蒋祖诒名号藏书印。

识递藏：

从书页所钤藏书印看，是书曾藏于常熟毛晋、毛表父子"汲古阁"；又藏于松江韩应陛"读书有用斋"，由其后人韩载阳、韩德均钱润文夫妇递藏；继藏于南浔蒋汝藻、蒋祖诒父子"密均楼"；今藏于上海图书馆。

宋书一百卷

识著述：

沈约（441—513），字休文，吴兴郡武康（今浙江德清）人，南朝梁政治家、诗人、文学家、史学家、南朝文坛领袖。沈约学问渊博，精通音律，与周颙等创"四声八病"之说，为当时五言诗创作开辟了新境。其诗

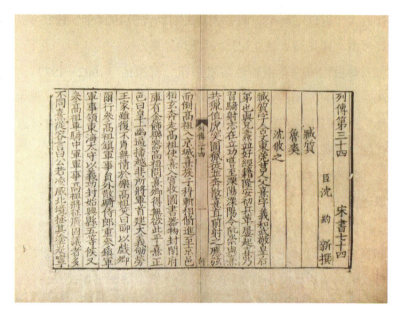

注重声律和对仗，时号"永明体"。著有《晋书》《宋书》《齐纪》等。《宋书》一百卷，包括本纪十卷、志三十卷、列传六十卷，有纪、传、志而无表，是一部记述南朝刘宋王朝历史的纪传体史书。《宋书》篇幅巨大，收录了当时的诏令奏议、书札、文章等各种文献较多，保存了大量原始史料，而为豪门士族立传，又补足了《三国志》缺乏的内容；此外，《谢灵运传》及传末的史论，涉及到了魏晋以来文学的发展演变及沈约关于诗歌声律的主张，是研究六朝文学批评史的重要史料；《乐志》还保存了许多汉魏乐府诗篇，是研究汉魏文学的重要资料。

识版式：

此为宋刻宋元明递修本；蝴蝶装；左右双边，上下单边；白口，单黑鱼尾，中刻卷次、页码，下刻刻工姓氏；半页九行，行十八字。

识递藏：

今藏于上海图书馆。

南齐书五十九卷

识著述：

　　萧子显（487—537），字景阳，东海郡兰陵（今山东临沂）人，南朝梁文学家、史学家，著有《南齐书》《鸿序赋》《普通北伐记》。《南齐书》（原名《齐书》）五十九卷，包括帝纪八卷、志十一卷、列传四十卷，记述了南朝萧齐王朝自齐高帝萧道成建元元年（479）至齐和帝萧宝融中兴二年（502）共二十三年的史事，是现存关于南齐最早的纪传体断代史。《南齐书》有宣扬神秘思想、佛法深远的思想倾向，过分讲究华丽的辞藻，带有鲜明的时代印记。

识版式：

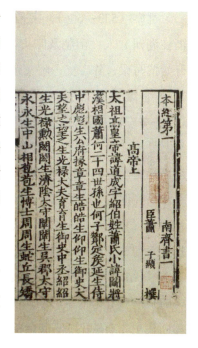

　　此为宋刻宋元明递修本；左右文武双边，上下单边；白口，单黑鱼尾，上刻字数，中刻卷次、页码，下刻刻工姓名；半页九行，行十八字。

识印章：

　　礼部官书——清内阁大库藏书印。

　　双鉴楼珍藏印——傅增湘藏书楼号藏书印。傅增湘（1872—1949），江安（今四川江安）人，近代著名目录学家、版本学家、校勘学家、藏书家。藏书楼名"双鉴楼"等。详见《诗外传》"傅增湘"条。

　　忠谟继鉴——傅忠谟名号藏书印。傅忠谟（1905—1974），字晋生，四川江安人，傅增湘之子，近代版本目录学家、藏书家。藏书楼名"佩德斋"，藏书印有"傅忠谟""江安傅忠谟晋生珍藏""忠谟读书""晋生心赏""晋生审定""佩德斋""佩德斋珍藏印"等。著有《佩德斋古玉图录》《古玉精英》等。

识递藏：

　　从书页所钤藏书印及题记看，是书曾藏于清内阁大库；继藏于满洲镶蓝旗郭佳·穆彰阿之手；继藏于江安傅增湘"双鉴楼"，由其子傅忠谟继藏于"佩德斋"；今藏于国家图书馆。有缪荃孙、杨守敬、章钰、吴慈培跋。

241

梁书五十六卷

识著述：

姚察（533—606），字伯审，吴兴武康（今浙江湖州）人，南朝及隋史学家。姚察在陈时，开始撰写梁、陈二史；隋文帝开皇九年，姚察又奉诏继续撰梁、陈二史，均未成。姚思廉（557—637），字简之，一说名简，字思廉，以字行，吴兴武康（今浙江湖州）人，姚察之子，隋唐之际史学家。姚思廉在其父遗稿的基础上，进一步采择谢昊、顾野王等南朝诸家旧籍，编纂校注而成《梁书》《陈书》。《梁书》五十六卷，包括纪六卷、列传五十卷，无表无志，记载了自梁武帝萧衍建国（502）至梁敬帝萧方智灭亡（557）前后五十六年的割据历史，为南朝梁纪传体断代史。《梁书》记事全备，文字简约，人物评论具有时代特点。

识版式：

此为宋刻宋元明递修本；左右双边，上下单边；白口，中刻书名、卷次、页码；半页九行，行十八字。

识递藏：

今藏于复旦大学图书馆。

陈书三十六卷

识著述：

　　姚察（533—606），字伯审，吴兴武康（今浙江湖州）人，南朝及隋史学家。姚察在陈时，开始撰写梁、陈二史；隋文帝开皇九年，姚察又奉诏继续撰写梁、陈二史，均未成。姚思廉（557—637），字简之，本名简，以字行，吴兴武康（今浙江湖州）人，姚察之子，隋唐之际史学家。姚思廉在其父遗稿的基础上，进一步采择谢昊、顾野王等南朝诸家旧籍，编纂校注而成《梁书》《陈书》。《陈书》三十六卷，包括本纪六卷、列传三十卷，无表、志，记载了自陈武帝陈霸先即位（557）至陈后主陈叔宝亡国（589）前后三十三年间的史实，为南朝陈的纪传体断代史。《陈书》内容有欠充实，本纪和列传均过于简略。

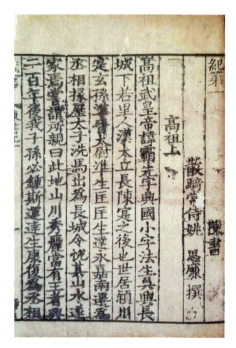

识版式：

　　此为宋刻元修本；左右双边，上下单边；白口，单黑鱼尾，上刻字数，中刻书名、卷次、页码，下刻刻工姓名；半页九行，行十八字。

识递藏：

　　今藏于复旦大学图书馆。

魏书一百二十四卷

识著述：

魏收（507—572），字伯起，小名佛助，钜鹿郡下曲阳（今河北晋州）人，南北朝时期北齐诗人、文学家、史学家，著有《魏书》《魏特进集》。魏收工诗善赋，文才著于北方，与温子升、邢邵并称"北地三才子"，又与邢邵并称"大邢小魏"。《魏书》一百二十四卷，包括本纪十二卷、列传九十二卷、志二十卷，记述了我国北方鲜卑族拓跋部从四世纪末叶至六世纪中叶（即北魏道武帝拓跋珪至东魏孝静帝元善见）的历史，是我国封建时代"正史"中第一部专记少数民族政权史事的著作。其内容涉及到拓跋氏的发展兴盛、统一北方、实现封建化和门阀化的过程，以及北

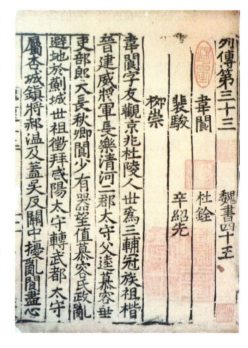

魏、东魏与南朝宋、齐、梁三朝关系的历史。《序纪》还追叙了拓跋氏的远祖至二十余代的史事，大致阐述了拓跋氏的历史渊源；《官氏志》记载了鲜卑氏族的名称及所改之姓、官制和制度的变化，为研究拓跋部落的发展扩大及汉化提供了完备的资料，是反映北魏统治封建化、门阀化的重要文献；《释老志》首次记载了佛道两教的流传及变革，尤其叙述了佛教在中国传播的过程，详细记载了它在北魏的兴衰史。二者反映了当时重姓族、崇佛教的社会风尚和历史特点，在历史上有开拓之功。

识版式：

此为宋刻宋元修明初公文纸印本；左右双边，上下单边；白口，中刻书名、卷次、页码，下刻刻工姓名；半页九行，行十八字。

识印章：

寒云藏书——袁克文字号藏书印。袁克文（1890—1931），项城（今河南项城）人，袁世凯次子，近代诗人、书法家、金石鉴赏家、藏书家。藏书楼名"皕宋书藏""后百宋一廛""八经阁"。详见《汉上易传》"袁克文"条。

鸾台学士——袁克文藏书印。

四箴堂记——袁克文藏书楼号藏书印。

温白室——袁克文藏书楼号藏书印。

大隆审定——王大隆名号藏书印。王大隆（1901—1966），字欣夫，号补安，以字行，原籍秀水（今浙江嘉兴），迁居吴县（今江苏苏州），现代版本目录学家、校勘学家、藏书家。藏书楼名"二十八宿砚斋""蛾术轩"，藏书印有"大隆""欣夫"等。著有《蛾术轩箧存善本书录》等。

识递藏：

从书页所钤藏书印看，是书曾藏于项城袁克文"皕宋书藏"；继藏于吴县王大隆"二十八宿砚斋"；今藏于上海图书馆。

北齐书五十卷

识著述：

李百药（564—648），字重规，博陵安平（今河北衡水安平）人，隋唐之际史学家、诗人，著有《北齐书》。《北齐书》五十卷，包括本纪八卷、列传四十二卷，无表无志，乃李百药在李德林（李百药之父）、王劭和崔子发所撰史著的基础上修撰而成的一部纪传体断代史。《北齐书》以东魏权臣高欢和北齐文宣帝高洋父子为线索，大致记载了东魏、北齐时期的历史。

识版式：

此为宋刻宋元明递修本；左右文武双边，上下单边；白口，单黑鱼尾，中刻书名、卷次、页码；半页九行，行十七至十九字不等。

识印章：

涵芬楼——商务印书馆古籍藏书楼号藏书印。涵芬楼为商务印书馆藏书楼，1904年由张元济创办于上海，以收藏宋元明旧刊及抄校本、名人手稿等闻名海内。

识递藏：

从书页所钤藏书印看，是书曾藏于涵芬楼；今藏于国家图书馆。

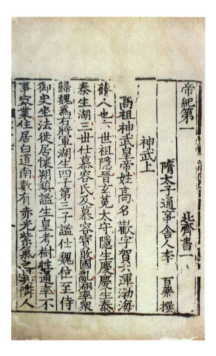

周书五十卷

识著述：

令狐德棻（583—666），宜州华原（今陕西耀县）人，唐初政治家，史学家。撰有《周书》。《周书》五十卷，包括本纪八卷、列传四十二卷，记载了宇文泰建立的北周王朝四十八年的历史，内容兼顾了同时代的东魏、西魏、北齐、梁与陈等四朝的重大史事。由于资料贫乏，兼之所载人物多为本朝显宦的祖先，因而叙事显得单薄而不合情实。但它基本上反映了宇文政权的建立和上层统治集团内部的矛盾及其后三个封建政权之间的斗争，是了解和研究西魏、北周历史最基本、最原始的一部史书。

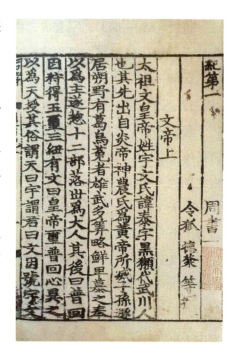

识版式：

此为宋刻宋元明递修本；左右双边，上下单边；白口，双黑鱼尾，上刻字数，中刻书名、卷次、页码；半页九行，行十八字。

识递藏：

今藏于复旦大学图书馆。

隋书八十五卷

识著述：

魏徵（580—643），字玄成，钜鹿郡（今河北馆陶）人，唐代政治家、思想家、文学家、史学家。领衔编纂有《隋书》《梁书》《陈书》《齐书》等。《隋书》八十五卷，包括帝纪五卷、列传五十卷、志三十卷，记载了隋文帝杨坚开皇元年（581）至隋恭帝杨侑义宁二年（618）共三十八年的历史，保存了南北朝以来大量的典章制度，涵盖了礼仪、音乐、律历、天文、五行、食货、刑法、百官、地理、经籍等十个方面的内容。尤其是《隋书·经籍志》，记述了自汉至隋凡六百年间书籍之存亡、学术之演变，是中国古代书籍史和学术史的第二次总结，也为其后的四部图书分类奠定了基础，对中国学术文化史做出了重大贡献。

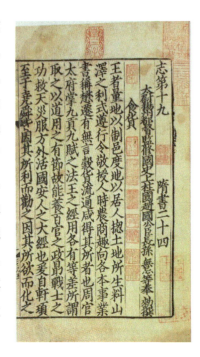

识版式：

此为宋刻本；左右双边，上下单边；黑口，双黑鱼尾；半页十行，行十九字。

识印章：

新建怀来书院藏书——元代新建怀来书院藏书印。

吴国用印——吴国用姓名藏书印。吴国用（生卒不详），生平不详。袁克文以其藏印钤于元代补本处，判为元代藏书家。藏书印有"吴国用印""延陵后裔"等。

延陵后裔——吴国用祖望藏书印。

寒云——袁克文字号藏书印。袁克文（1890—1931），项城（今河南项城）人，袁世凯次子，近代诗人、书法家、金石鉴赏家、藏书家。藏书楼名"皕宋书藏""后百宋一廛""八经阁"。详见《汉上易传》"袁克文"条。

皇二子——袁克文身份排行藏书印。

佞宋——袁克文藏书爱好藏书印。

三琴趣斋——袁克文藏书楼号藏书印。

流水音——袁克文藏书闲章。

双玉同龙——袁克文藏书闲章。

侍儿文云掌记——袁克文之姜文云藏书印。

刘姗——刘姗姓名藏书印。刘姗（1896—？），字梅真，贵池（今安徽贵池）人，袁克文之妻，民国初年书法家、词人。藏书印有著有"刘姗""梅真"等。著有《倦绣词》。

梅真——刘姗字号藏书印。

识递藏：

从书页所钤藏书印及题跋看，是书曾藏于元代新建怀来书院；又藏于元人吴国用之手；又藏于常熟瞿氏"铁琴铜剑楼"；又藏于项城袁克文"皕宋书藏"；今藏于国家图书馆。有袁克文、李盛铎跋。

南史八十卷

识著述：

李延寿（生卒不详），字遐龄，相州（今河南安阳）人，唐代史学家。参与纂修《隋书》《五代史志》《晋书》，独修《南史》《北史》。《南史》八十卷，包括十本纪、七十列传，记载了从南朝宋武帝刘裕永初元年（420）到南朝陈后主陈叔宝祯明三年（589）约一百七十年间宋、齐、梁、陈四个南方政权的兴亡历史。其突出的思想价值是宣扬了天下一家的统一思想，改变了一个多世纪以来南北互相鄙视的陋习，承认了南朝与北朝相同的历史地位，反映了民族融合的伟大成果和南北朝时期的历史特点和社会风貌，在中国史学史上占有重要地位。

识版式：

此为明初刻明修本；左右双边，上下单边；粗黑口，双黑鱼尾，中刻书名、篇名、页码；半页十行，行二十二字。

识印章：

海源阁——聊城杨氏藏书楼号藏书印。详见《后汉书九十卷（志）三十卷》"海源阁"条。

杨绍和——杨绍和姓氏名号藏书印。杨绍和（1830—1875），聊城（今山东聊城）东昌府区人，杨以增次子，海源阁第二代主人，清代著名目录学家、藏书家。藏书楼名"海源阁"。详见《韩鲁齐三家诗考》"杨绍和"条。

傅增湘印——傅增湘姓名藏书印。傅增湘（1872—1949），江安（今四川江安）人，近代著名目录学家、版本学家、校勘学家、藏书家。藏书楼名"双鉴楼"等。详见《诗外传》"傅增湘"条。

晋生心赏——傅忠谟字号藏书印。傅忠谟（1905—1974），字晋生，四川江安人，傅增湘之子，近代版本目录学家、藏书家。藏书楼名"佩德斋"，藏书印有"傅忠谟""江安傅忠谟晋生珍藏""忠谟读书""晋生心赏""晋生审定""佩德斋""佩德斋珍藏印"等。著有《佩德斋古玉图录》《古玉精英》等。

佩德斋——傅忠谟藏书楼号藏书印。

识递藏：

从书页所钤藏书印看，是书曾藏于聊城杨绍和"海源阁"；流出后藏于江安傅增湘"双鉴楼"，由其子傅忠谟递藏于"佩德斋"；今藏于上海图书馆。

北史一百卷

识著述：

李延寿（生卒不详），字遐龄，相州（今河南安阳）人，唐代史学家。参与官修《隋书》《五代史志》《晋书》，独修《南史》《北史》。《北史》一百卷，包括十二本纪、八十八列传，记载了从北朝魏道武帝拓跋珪登国元年（386）到隋恭帝杨侑义宁二年（618），包括北朝魏、齐、周和隋四个封建政权二百三十年间的史事。其突出的思想价值是宣扬了天下一家的统一思想，改变了一个多世纪以来南北互相鄙视的陋习，承认了南朝与北朝相同的历史地位，反映了民族融合的伟大成果和南北朝时期的历史特点和社会风貌，在中国史学史上占有重要地位。

识版式：

此为宋刻本，现存七十二卷；左右双边，上下单边；细黑口，双黑鱼尾；半页十行，行十八字。

识印章：

汪士钟字春霆号眼园书画印——汪士钟姓名字号藏书印。汪士钟（1786—?），长洲（今江苏苏州）人，汪文琛之子，清代著名藏书家。藏书楼名"艺芸书舍""三十五峰园"等。详见《周易九卷》"汪士钟"条。

铁琴铜剑楼——常熟瞿氏藏书楼号藏书印。详见《周易注疏》"铁琴铜剑楼"条。

识递藏：

从书页所钤藏书印看，是书曾藏于长洲汪士钟"艺芸书舍"；继藏于常熟瞿氏"铁琴铜剑楼"，由瞿镛、瞿秉渊、瞿启甲、瞿济苍祖孙世代递藏；今藏于国家图书馆。

唐书（旧唐书）二百卷

识著述：

刘昫（887—946），字耀远，涿州归义（今河北雄县）人，五代政治家、史学家，主持编纂《唐书》（《新唐书》问世后遂改称《旧唐书》）。《唐书》二百卷，包括本纪二十卷、志三十卷、列传一百五十卷，记述了自唐高祖李渊武德元年（618）至唐哀帝李柷天佑四年（907）共二百八十九年的唐代历史。《唐书》成书仓促，但资料真实可信，可补《新唐书》之不足。至清，位列"二十四史"。

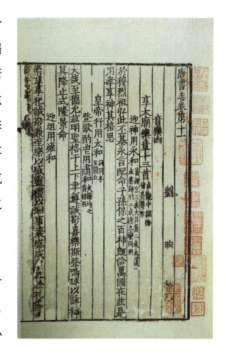

识版式：

此为宋绍兴两浙东路茶盐司刻本，存六十九卷；左右双边，上下单边；白口，单黑鱼尾，下刻刻工姓名；半页十四行，行二十五字，小字双行三十至三十三字。

识印章：

汪士钟藏——汪士钟姓名藏书印。汪士钟（1786—？），长洲（今江苏苏州）人，汪文琛之子，清代著名藏书家。藏书楼名"艺芸书舍""三十五峰园"等。详见《周易九卷》"汪士钟"条。

平阳汪氏藏书印——汪士钟郡望姓氏藏书印。

宪奎——汪宪奎姓名藏书印。汪宪奎（生活于道咸间），字秋浦，长洲（今江苏苏州）人，汪士钟族人，清代藏书家。藏书楼名"有竹居"，藏书印有"平江汪宪奎秋浦印记""宪奎""秋浦"等。

秋浦——汪宪奎字号藏书印。

铁琴铜剑楼——常熟瞿氏藏书楼号藏书印。详见《周易注疏》"铁琴铜剑楼"条。

菰里瞿镛——瞿镛郡望姓名藏书印。瞿镛（1794—1846），字子雍，昭文（今江苏常熟）古里人，清代著名藏书家，铁琴铜剑楼第二代主人。藏书楼名"铁琴铜剑楼"，详见《周易九卷》"瞿镛"条。

瞿润印——瞿润姓名藏书印。瞿润（生活于嘉道间），昭文（今江苏常熟）古里人，瞿绍基之孙，瞿镛长子，清代藏书家，铁琴铜剑楼第三代主人。藏书印有"瞿润印""瞿润之印"等。

瞿秉渊印——瞿秉渊姓名藏书印。瞿秉渊（1820—1886），字镜之，一字敬之，昭文（今江苏常熟）古里人，瞿绍基之孙，瞿镛次子，清代著名藏书家，铁琴铜剑楼第三代主人。藏书印有"瞿秉渊印""恬裕斋镜之氏珍藏"等。

瞿秉沂印——瞿秉沂姓名藏书印。瞿秉沂（生卒不详），昭文（今江苏常熟）古里人，瞿绍基之孙、瞿镛第三子，清代藏书家，铁琴铜剑楼第三代主人。藏书印有"瞿秉沂""瞿秉沂印"等。

瞿秉清印——瞿秉清姓名藏书印。瞿秉清（1828—1877），字濬之，昭文（今江苏常熟）古里人，瞿绍基之孙、瞿镛第四子，清代藏书家，铁琴铜剑楼第三代主人。藏书印有"瞿秉清印""瞿秉清"等。

瞿秉冲印——瞿秉冲姓名藏书印。瞿秉冲（生活于道咸间），昭文（今江苏常熟）古里人，瞿绍基之孙、瞿镛第五子，清代藏书家，铁琴铜剑楼第三代主人。藏书印有"瞿秉冲印"。

绥珊经眼——王体仁字号藏书印。王体仁（1873—1938），字绥珊，晚号九峰旧庐主人，钱塘（今浙江杭州）人，民国著名藏书家。藏书楼名"九峰旧庐"，藏书印有"王体仁印""绥珊经眼""杭州王氏九峰旧庐书画"等。编有《九峰旧庐方志目录》。详见《周易注疏》"王体仁"条。

识递藏：

从书页所钤藏书印看，是书曾藏于长洲汪士钟"艺芸书舍"，由其后人汪宪奎递藏于"有竹居"；咸丰间继藏于常熟瞿氏"铁琴铜剑楼"，经瞿镛、瞿润、瞿秉渊、瞿秉清、瞿秉沂、瞿秉冲，瞿启甲、瞿济苍等世代递藏，其间绍兴王绥珊曾"过眼"；今藏于国家图书馆。

唐书（新唐书）二百二十五卷

识著述：

欧阳修（1007—1072），字永叔，号醉翁、六
一居士，吉州永丰（今江西吉安永丰）人，北宋
政治家、史学家、文学家、词人、散文家，唐宋
八大家之一，与宋祁纂修《新唐书》（原名《唐
书》，为与刘昫《唐书》相区别改为《新唐书》），
自撰《五代史记》（即《新五代史》），著有《欧
阳文忠公集》；宋祁（998—1061），字子京，小字
选郎，雍丘（今河南商丘民权）人，北宋著名文
学家、史学家、词人，与欧阳修纂撰《新唐书》，
著有《广乐记》《宋景文笔记》《宋景文杂说》《宋
景文集》等。《新唐书》二百二十五卷，包括本纪
十卷、志五十卷、表十五卷、列传一百五十卷，
是北宋欧阳修、宋祁、范镇、吕夏卿等合撰的一
部记载唐代历史的纪传体断代史。《新唐书》在体

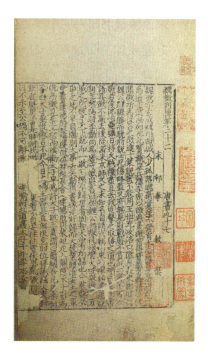

例上首次增添了《兵志》和《选举志》，系统地记述了唐代府兵等军事制度和科举
制度，是我国正史体裁史书的一大开创。

识版式：

此为宋刻本，原缺部分配有明刻本，存一百二十四卷；左右双边，上下单边；
白口，双黑鱼尾；半页十六行，行二十九字。

识印章：

欧阳玄印——欧阳玄姓名藏书印。欧阳玄（1283—1358），字原功，号圭斋，
又号霜华山人、平心老人，原籍江西庐陵（今江西吉安），后迁居潭州浏阳（今湖
南长沙浏阳），元代史学家、文学家、书法家，与吴澄、虞集、揭傒斯并称为"元
四学士"。参与纂修《经世大典》，负责编修《四朝实录》，并担任《宋史》《辽史》
《金史》总裁。藏书楼名"虢虢斋"，藏书印有"欧阳玄印""冀郡欧阳玄印""霜华
山人"。著有《圭斋文集》。

宋景濂印——宋濂姓氏字号藏书印。宋濂（1310—1381），初名寿，字景濂，
号潜溪，别号龙门子、玄真子、玄真道士、玄真遁叟等，祖籍金华潜溪（今浙江义
乌），后迁居金华浦江（今浙江浦江），元末明初著名政治家、思想家、经学家、文

学家、史学家、藏书家，与高启、刘基并称"明初诗文三大家"，又与章溢、刘基、叶琛并称为"浙东四先生"，被朱元璋誉为"开国文臣之首"。藏书楼名"青萝山房"，藏书印有"宋景濂印""宋氏景濂""金华宋氏景濂""宋景濂藏书印""太史氏""玉堂学士之印"等。奉命主修《元史》，著有《周礼集说》《孝经新说》《洪武正韵》《诸子辩》《龙门子凝道记》《浦阳人物记》《潜溪内外集》《萝山吟稿》《宋学士全集》等。

宋景濂藏书印——宋濂姓氏字号藏书印。

万卷堂印——项笃寿藏书楼号藏书印。项笃寿（1521—1586），字子长，号少溪，别号兰石主人，秀水（今浙江嘉兴）人，项元汴之兄，明代著名史学家、刻书家、藏书家。藏书楼名"万卷堂"，藏书印有"项笃寿印""项氏子长""项氏少谿主人子信笃周家藏""少溪主人""兰石主人""万卷堂印""万卷堂藏书记""项氏万卷堂图籍印""浙西世家""圣师""圣师苗裔""师孔""马生角""桃花村里人家""杏花春雨江南""紫玉玄居宝刻"等。著有《小司马奏章》《今献备遗》，编有《全史论赞》等。

宋筠——宋筠姓名藏书印。宋筠（1681—1760），商邱（今河南商丘）西陂人，宋荦次子，清代诗人、文学家、藏书家。藏书楼名"青纶馆""纬萧草堂"等。详见《周礼》"宋筠"条。

兰挥——宋筠字号藏书印。

雪苑宋氏兰挥藏书记——宋筠姓氏字号藏书印。

微子世家——宋筠祖望藏书印。

澹泊明志——宋筠藏书闲章。

江安傅增湘沅叔珍藏——傅增湘郡望姓名字号藏书印。傅增湘（1872—1949），江安（今四川江安）人，近代著名目录学家、版本学家、校勘学家、藏书家。藏书楼名"双鉴楼"等。详见《诗外传》"傅增湘"条。

识递藏：

从书页所钤藏书印及题跋看，是书曾藏于元代文学家潭州欧阳玄"虩虩斋"；继藏于金华宋濂"青萝山房"；又藏于秀水项笃寿"万卷堂"；入清又藏于商邱宋筠"纬萧草堂"；又藏于江安傅增湘"双鉴楼"；今藏于国家图书馆。有傅增湘跋。

五代史记七十四卷

欧阳修（1007—1072），字永叔，号醉翁、六一居士，吉州永丰（今江西吉安永丰）人，北宋政治家、文学家、史学家，著有《欧阳文忠公集》《新唐书》《五代史记》（即《新五代史》）。《五代史记》七十四卷，包括本纪十二卷、列传四十五卷、考三卷、世家及世家年谱十一卷、四夷附录四卷，记载了自后梁开平元年（907）至后周显德七年（960）共五十三年的历史。其编排体例取法《南史》《北史》，推翻了《旧五代史》一朝一史的基本格局，打破了朝代界限，按时间顺序将后梁、后唐、后晋、后汉、后周五代史合编为一部通史。徐无党（1024—1086），初名光，婺州永康（今浙江永康）人，北宋史学家，曾为《五代史记》作注，旨在解释《春秋》笔法、阐述微言大义，深得良史笔意，为后世史家所称颂。

识版式：

此为宋刻元明递修本；四周双边或左右双边；粗黑口，双黑鱼尾；半页十行，行十八字。

识印章：

曹炎印——曹炎姓名藏书印。曹炎（生活于康乾间），一名琰，字彬侯，又字文侯，别署鹤溪主人，常熟（今江苏常熟）人，席鉴宾客，清代书法家、校勘学家、藏书家。藏书印有"曹炎印""曹炎之印""笠泽曹炎之印""曹炎彬侯""彬侯""文侯""鹤溪主人""笠泽""古虞曹氏藏书""诗礼传家""每爱奇书手自钞""不求与人"等。

彬侯——曹炎字号藏书印。

虞山野老印——江声字号藏书印。江声（1721—1799），冒姓萧，字飞涛。号白沙、之声，别署虞山野老，昭文（今江苏常熟）人，清代诗人、书画家、篆刻家、藏书家。藏书楼名"匏叶斋"，藏书印有"江声""江声私印""萧江声读书记""声字飞涛""臣声""飞涛""白沙""白沙手校""虞山野老印"等。著有《匏叶斋稿》。

八千卷楼所藏——丁丙"嘉惠堂"藏书楼分号藏书印。丁丙（1832—1899），钱塘（今浙江杭州）人，清末著名经学家、诗人、金石学家、目录学家、藏书家。总藏书楼名"嘉惠堂"。详见《周易本义》"丁丙"条。

纶音嘉惠艺林——丁丙藏书闲章。

识递藏：

从书页所钤藏书印及题跋看，是书曾藏于常熟曹炎之手；继藏于常熟江声"瓠叶斋"；又藏于钱塘丁丙"嘉惠堂"之"八千卷楼"；今藏于南京图书馆。有丁丙跋。

旧五代史一百五十卷

识著述：

薛居正（912—981），字子平，开封府浚仪（今河南开封）人，五代至北宋初史学家，曾主持编撰《旧五代史》。《旧五代史》（原名《五代史》，亦称《梁唐晋汉周书》）一百五十卷，记载了从朱温代唐称帝（907）到北宋王朝建立（960）共五十三年间五代十国及周边少数民族政权的历史。全书包括纪六十一卷、志十二卷、传七十七卷，梁、唐、晋、汉、周五代各自为书，每书十余卷至五十卷不等。各代的"纪"为断代史，"志"为典章制度通史，"杂传"则记述包括十国在内的各割据政权的情况。这种编写体例使全书以中原王朝的兴亡为主线，以十国的兴亡和周边民族的隆替为辅线，叙述条理清晰，较好地展现了这段历史的面貌。因此这部书虽名为五代史，实为当时整个五代十国时期各民族的一部断代史。

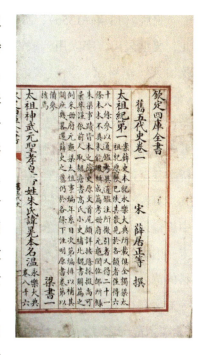

识版式：

此为清乾隆翰林院《四库全书》抄本；四周双边，红格；白口，单红鱼尾，上书丛书名，中书书名、页码；半页八行，行二十一字，小字双行同。

识递藏：

是书为清《四库全书》钞本，或为杭州文澜阁流出之书；今藏于江西省图书馆。

宋史四百九十六卷目录三卷

识著述：

　　脱脱（1314—1356），亦作托克托、脱脱帖木儿，蔑里乞氏，字大用，蒙古蔑儿乞人，元代末年政治家、军事家、史学家，主编《辽史》《宋史》《金史》。《宋史》四百九十六卷，包括本纪四十七卷、志一百六十二卷、表三十二卷、列传二百五十五卷，记载了自宋太祖赵匡胤建隆元年（960）陈桥登基至南宋少帝赵昺祥兴二年（1279）崖山蹈海共三百一十九年的南北两宋历史，是"二十四史"中篇幅最庞大的一部官修史书。由于《宋史》是在宋《国史》的基础上匆匆删削修撰而成，因而在史料的裁剪、史实的考订、文字的修饰、体例的编排等方面存在不少缺点，这使它在"二十四史"中有"繁芜杂乱"之嫌。

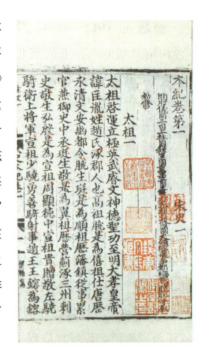

识版式：

　　此为明成化七至十六年朱英刻递修本，有抄补；四周双边；黑口，双黑鱼尾，上刻书名，中刻篇名、卷次、页码，下刻刻工姓名；半页十行，行二十字，小字双行同。

识印章：

　　钱穀——钱穀姓名藏书印。钱穀（1509—1578），字叔宝，自号罄室，吴县（今江苏苏州）人，明代史学家、书画家、抄书家、藏书家。藏书楼名"悬罄室"，藏书印有"钱穀""钱氏叔宝""叔宝""金粟轩""勾吴逸民""中吴钱氏收藏印""十友斋""悬罄室""百计寻书志亦迂爱护不异随侯珠有假不返遭神诛子孙不宝真其愚"等。著有《三国类钞》《南北史摭言》《长洲志》《续吴都文粹》等。

　　钱氏叔宝——钱穀姓氏字号藏书印。

　　古吴钱氏收藏印——钱穀郡望姓氏藏书印。

　　勾吴逸民——钱穀郡望藏书印。

　　陆沆之印——陆沆姓名藏书印。陆沆（生活于嘉道间），字冰篁，号靖伯，吴门（今江苏苏州）洗马巷延绿舫人，清代诗人、金石学家、藏书家。藏书楼名"蘅香草堂""湖西草堂""月满楼"，藏书印有"陆沆之印""陆沆字冰篁""吴门陆沆鉴藏之印""沆""静伯陆沆之印""蘅香草堂陆沆之印""静伯""靖伯""靖伯氏""陆靖伯珍藏印""陆氏之印""平原""湖西草堂"等。著有《月满楼诗文集》《金石考异》）。

静伯——陆沆字号藏书印。

陆僎之印——陆僎姓名藏书印。陆僎（生活于嘉道间），字树兰，号观潜，吴门（今江苏苏州）洗马巷延绿舫人，陆沆之子，清代诗人、藏书家。藏书楼名"枕湖思树斋"，藏书印有"陆僎之印""吴门陆僎私印""苏台陆僎""吴门陆僎字树兰之印""吴门陆僎一字树兰之印""陆僎字树兰""名余曰僎""陆树兰""曾在陆树兰处""树兰过眼""陆观潜印""陆郎""橘孝石廉之裔""孝行之门""枕湖思树斋藏"等。

吴门陆僎一字树兰之印——陆僎郡望姓名字号藏书印。

钱塘丁氏藏书——丁丙郡望姓氏藏书印。丁丙（1832—1899），钱塘（今浙江杭州）人，清末著名经学家、诗人、金石学家、目录学家、藏书家。总藏书楼名"嘉惠堂"。详见《周易本义》"丁丙"条。

八千卷楼藏书印——丁丙"嘉惠堂"藏书楼分号藏书印。

识递藏：

从书页所钤藏书印及题跋看，是书曾藏于长洲钱毂"悬磬室"；又藏于昆山叶氏；继藏于吴门陆沆"湖西草堂"，递藏于其子陆僎"枕湖思树斋"；继藏于钱塘丁丙"八千卷楼"；今藏于南京图书馆。有钱毂、陆僎、丁丙跋。学界多判陆僎为陆沆之弟，而陆僎跋文称陆沆为"先君子"，显为父子关系。

辽史一百十六卷

识著述：

脱脱（1314—1356），亦作托克托、脱脱帖木儿，蔑里乞氏，字大用，蒙古蔑儿乞人，元代末年政治家、军事家、史学家。主编《辽史》《宋史》《金史》。《辽史》一百一十六卷，包括本纪三十卷、志三十二卷、表八卷、列传四十五卷、国语解一卷，记载了自辽太祖耶律阿保机登基（907）至辽天祚帝耶律延禧保大五年（1125）共二百一十八年的辽代历史，并兼及耶律大石所建立之西辽历史，是一部官修的纪传体断代史。其中有关"营卫志""兵卫志"和"国语解"等内容，对了解辽代政治、军事和民族情况有不可替代的意义和作用。

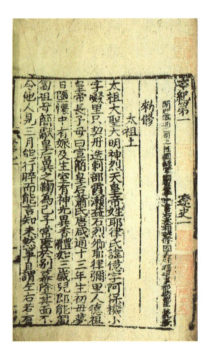

识版式：

此为明初刻递修本；左右双边，上下单边；黑口，双黑鱼尾，中刻书名、卷次、页码；半页十行，行二十二字。

识印章：

荃荪——缪荃孙名号藏书印。缪荃孙（1844—1919），江阴（今江苏江阴）申港镇缪家村人，清末民初教育家、校勘学家、目录学家、史学家、方志学家、金石学家、图书馆学家、藏书家。藏书楼名"艺风堂""云轮阁"等。详见《经典释文》"缪荃孙"条。

云轮阁——缪荃孙"艺风堂"藏书楼分号藏书印。

陈立炎——陈立炎姓氏字号藏书印。陈立炎（生活于清末民国），名琰，字立炎，以字行，浙江海宁人，清末民国书估、刻书家、藏书家，上海六艺书局、上海古书流通处经营者。著有《古书丛刊》。

洁廷——疑为陈立炎藏书印。

识递藏：

从书页所钤藏书印及题识看，是书曾藏于江阴缪荃孙"艺风堂"之"云轮阁"；继藏于海宁陈立炎之手；今藏于重庆市图书馆。傅增湘《藏园群书经眼录》所谓"内阁大库佚书，宝应刘启瑞藏"者，不知是否即为此书。

金史一百三十五卷目录二卷

识著述：

脱脱（1314—1356），
亦作托克托、脱脱帖木儿，
蔑里乞氏，字大用，蒙古
蔑儿乞人，元代末年政治
家、军事家、史学家，主
编《辽史》《宋史》《金
史》。《金史》一百三十五
卷，包括本纪十九卷、志
三十九卷、表四卷、列传

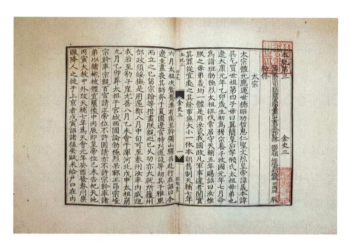

七十三卷，记载了自金太祖完颜阿骨打出生（1068）至金哀宗完颜守绪天兴三年
（1234）蒙古灭金共一百六十六年的历史，详载了女真族所建金朝的兴衰始末，尤
其是其建国前的历史，保存了女真族早期的历史资料，而表、志部分又将金朝的典
章制度系统、全面地作了记述，具有较高的史学价值。

识版式：

此为元至正五年江浙等处行中书省刻本；蝴蝶装；四周双边；细黑口，双黑鱼
尾，上刻卷名、字数，中刻书名、卷数，下刻刻工姓名；半页十行，行二十二字。

识印章：

晋府书画之印——晋王府世袭郡王朱钟铉藏书印。朱钟铉（1428—1502），凤
阳（今安徽凤阳）人，明宗室，初封榆林王，嗣爵晋王，明代藏书家。藏书楼名
"敬德堂"等，藏书印有"晋国奎章""晋府书画之印""敬德堂图书印"等。详见
《诗集传》"朱钟铉"条。

识递藏：

从书页所钤藏书印看，是书曾藏于明代晋王府世袭郡王凤阳朱钟铉"敬德堂"；
今藏于国家图书馆。傅增湘《藏园群书经眼录》所谓"内阁大库旧藏"者，即为
此书。

元史二百十卷目录二卷

识著述：

　　宋濂（1310—1381），初名寿，字景濂，号潜溪，别号龙门子、玄真子、玄真道士、玄真遁叟等，祖籍金华潜溪（今浙江义乌），后迁居金华浦江（今浙江浦江），元末明初著名政治家、思想家、经学家、文学家、史学家、藏书家，与高启、刘基并称为"明初诗文三大家"，又与章溢、刘基、叶琛并称为"浙东四先生"，被明太祖朱元璋誉为"开国文臣之首"。奉命主修《元史》，著有《周礼集说》《孝经新说》《洪武正韵》《诸子辩》《龙门子凝道记》《浦阳人物记》《潜溪内外集》《萝山吟稿》《宋学士全集》等。《元史》二百十卷目录二卷，包括本纪四十七卷、志五十八卷、表八卷、列传九十七卷、目录二卷，记述了自蒙古族兴起铁木真称汗（1206）到元朝建立（1271）

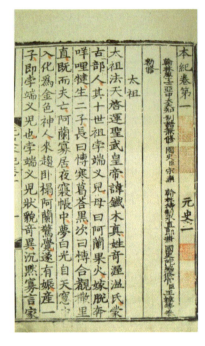

直至元顺帝灭亡（1370）间一百六十五年的历史，详载了蒙古族所建元朝的兴衰始末。《元史》沿袭了以往正史的体例，唯《释老列传》记载了元代宗教方面的内容，是《元史》体例的创新；其志书对元朝的典章制度作了比较详细的记述，保存了大批珍贵史料；其列传所叙之事，均附于详细的年、月、日之后，有较高的史学价值。

识版式：

　　此为明洪武三年内府刻本；四周双边；粗黑口，双黑鱼尾，版心刻书名、篇名、卷次、页码；半页十行，行二十字。

识印章：

　　杭州王氏九峰旧庐藏书之章——王体仁郡望姓氏藏书楼号藏书印。王体仁（1873—1938），钱塘（今浙江杭州）人，民国著名藏书家。藏书楼名"九峰旧庐"。详见《周易注疏》"王体仁"条。

　　傅增湘（钤倒）——傅增湘姓名藏书印。傅增湘（1872—1949），江安（今四川江安）人，近代著名目录学家、版本学家、校勘学家、藏书家。藏书楼名"双鉴楼"等。详见《诗外传》"傅增湘"条。

书潜——傅增湘别号藏书印。

识递藏：

从书页所钤藏书印及题识看，是书曾藏于杭州王体仁"九峰旧庐"；又藏于江安傅增湘"双鉴楼"；今藏于上海图书馆。傅增湘《藏园群书经眼录》所谓丁巳（1915年）"文元堂寄来"者，当为此书。

班马异同三十五卷

识著述：

倪思（1147—1220），字正甫，湖州归安（今浙江湖州）菱湖镇人，宋代学者、史学家。著有《齐山甲乙稿》《兼山集》《经锄堂杂志》《班马异同》等。《班马异同》三十五卷，乃因班固《汉书》多因袭《史记》旧文而增损文字，于是倪思考校二书字句之异同，以参见两书之得失。两书互勘，长短较然，于史学、校勘学有巨大贡献。

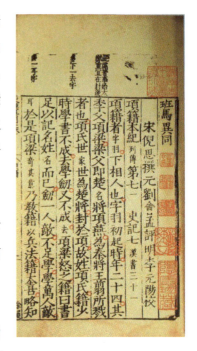

识版式：

此为明嘉靖十六年李元阳刻本；左右双边，上下单边；白口，单白鱼尾，上刻书名、卷次，中刻页码，下刻刻工姓名；半页九行，行十九字。

识印章：

桂阳陈氏——疑为陈尚依郡望姓氏藏书印。陈尚伊（生活于嘉隆间），字汝聘，号任庵，桂阳（今湖南郴州桂阳）泗洲寨人，明代藏书家。藏书楼名"隐庵"，藏书印有"桂阳陈氏""隐庵珍藏"等。

隐庵珍藏——疑为陈尚依字号藏书印。陈尚依号"任庵"与"隐庵"音近。

启勋珍赏——叶启勋名号藏书印。叶启勋（1900—1972），长沙（今湖南长沙）苏家巷人，叶德辉三弟叶德炯次子，现代著名目录学家、藏书家。藏书楼名"拾经楼"。详见《仪礼注疏》"叶启勋"条。

叶启发藏——叶启发姓名藏书印。叶启发（1905—1952），长沙（今湖南长沙）苏家巷人，现代知名藏书家、目录学家。藏书楼名"华鄂堂"。详见《仪礼注疏》"叶启发"条。

石林后裔——长沙叶启发、叶启勋兄弟祖望藏书印。以其祖上为宋代文学家、藏书家叶梦得，故自称"石林后裔"。

识递藏：

从书页所钤藏书印及题跋看，是书曾藏于桂阳陈氏（疑为陈尚依）之手；又藏于长沙叶启勋、叶启发兄弟"拾经楼""华鄂堂"；今藏于湖南图书馆。有叶启勋跋。

史部·编年类

编年类小序

编年体是一种以年代为线索编排有关历史事件的史书体例，比纪传等体出现早，故《隋书·经籍志》称之为"古史"，以别于纪传体之所谓"正史"。

编年体史书以时间为线索，按年、月、日顺序记述史事，最为切近历史事件本身发生、发展的规律，从时间上展现完整的历史画卷，线索分明，而无纪传体分叙之忧。编年体以时间为经，以史事为纬，易于反映同一时期内各历史事件间的联系，也利于读者按事件发展的先后顺序了解历史事件及其内在关联。但编年体也存在同一人物、同一事件分散于不同年代的问题，不宜于集中刻画人物和叙述事件，不便于集中反映同一历史事件前后的联系，也不易于交代与重大历史事件有密切关系的人物事迹。晁公武《郡斋读书志·史类总论》称："编年所载，于一国治乱之事为详；纪传所载，于一人善恶之迹为详。"这是互文见义的说法。

编年体史书以《春秋》为祖，具有非常崇高的经学地位，纪昀将其与"纪传"并视为"正史"，而"编年"实未列于"正史"。在谈到其原因时，纪氏以为，"班马旧裁，历朝继作；编年一体，则或有或无，不能使时代相续"，意谓纪传体史书时间上前后相因，代有继作；而编年体史书则时有时无，存在断代问题。此外，编年体史书尚有史体本身以事系年、人见于事、国家大事分年系属不易总结，以及人物非关国之大计则无从系属的叙事缺陷。据个人私臆，此中也有《春秋》《左传》相继称"经"而致编年体史书群龙无首的因素，可能还有编年体不宜突出王权本位和帝王核心的因素。

编年体史书，依据叙事时限、叙事手段、叙事对象等不同标准，分为编年体断代史、编年体通史、纲目体、起居注、实录、日历等若干种。先秦编年体史书流传至今者，《春秋》《左传》《竹书纪年》是其代表；编年体断代史是以朝代为断限记述某一王朝兴亡的历史著作，荀悦《汉纪》、袁宏撰《后汉纪》、谈迁《国榷》等是其代表；编年体通史是连贯地记叙各个时代历史史实的历史著作，司马光《资治通鉴》、毕沅《续资治通鉴》等是其代表；纲目体以编年为序，简记大事为纲，补充注说史事为目，朱熹《通鉴纲目》等是其代表；起居注是记录帝王的言行录，"稽其体例，亦属编年"，温大雅《大唐创业起居注》是其代表；实录则专记某一帝王的政务编年，按年、月、日记述当朝政治、经济、军事、文化、灾祥等，韩愈《顺宗实录》及《明实录》《清实录》是其代表。

班固《汉书·艺文志》未列"史部","六艺略"之"春秋类"下所列《春秋古经》《经》（即《春秋》《左传》），即为编年史之发轫；荀勖《中经新簿》所创"丙部"之"旧事"，所收或为编年体史书；《隋书·经籍志》"史部"之"古史类"即为编年史，著录了《纪年》《汉纪》《后汉纪》等三十三部编年体史书；晁公武《郡斋读书志》"史部"正式设立"编年类"，著录了《汉纪》《后汉纪》《资治通鉴》《资治通鉴外纪》等二十部编年体史书。别置"实录类"，著录了自唐高祖至宋徽宗唐宋两代三十一位帝王的"实录"；陈振孙《直斋书录解题》"史部"之"编年类"著录了《汉纪》《后汉纪》《资治通鉴》《稽古录》等五十一部编年体史书，别置"起居注类"著录了《唐创业起居注》《孝宗实录》等四十一部编年体史书；《四库全书总目》"史部"之"编年类"，著录了自《竹书纪年》至《读史纲要》共七十五部编年体史书，可谓体例完备，著作日繁。

今所选录，计有《竹书纪年不分卷》《入注附音司马温公资治通鉴一百卷》《资治通鉴外纪详节十卷》《历代纪年十卷》《续资治通鉴十八卷》《资治通鉴释文三十卷》《增节标目音注精议资治通鉴一百二十卷》《皇朝编年备要三十卷》《大事记续编七十七卷》九种，以奏尝鼎识鼎之效。

竹书纪年不分卷

识著述：

作者佚名。《竹书纪年》（亦称《汲冢纪年》《古文纪年》）不分卷，是春秋时期晋国史官和战国时期魏国史官编纂的一部编年体史书，以时间为序，叙述了夏、商、周三代的历史。现存《竹书纪年》有"古本"和"今本"两个

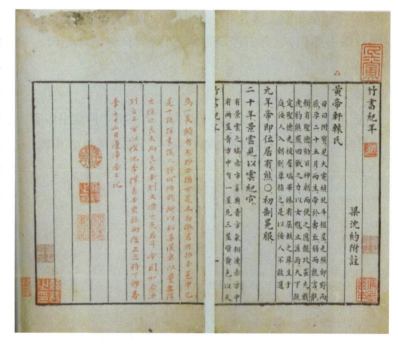

体系。"古本"纪事起于夏代，终于公元前299年，无规整的体例；"今本"纪事起于黄帝，终于魏襄王二十年（前296），有较为完整的体例。

识版式：

此为明天启七年谢恒抄本；四周单边；白口，上书书名，下书页码；半页八行，行十八字，小字双行同。

识印章：

冯舒之印——冯舒姓名藏书印。冯舒（1593—1649），字己苍，号默庵，别号癸巳老人，自号屠守居士，常熟（今江苏常熟）人，明末清初学者、诗人、刻书家、藏书家。藏书楼号"空居阁""屠守堂"，藏书印有"冯舒之印""冯己苍手校本""虞山冯氏""冯氏藏本""上党""上党大冯收藏图书记""癸巳人""空居阁""空居阁藏书记""屠守堂"等。著有《虞山妖乱志》《校定〈玉台新咏〉》《空居阁杂文》《默庵遗稿》《诗纪匡谬》《炳烛斋文》《文谷》《历代诗纪》《空居集》《空居阁集》等。

虞山冯氏——冯舒郡望姓氏藏书印。

冯氏藏本——冯舒姓氏藏书印。

上党——冯舒郡望藏书印。

毓金之印——冯舒藏书印。

校过——冯舒校藏印。

空居阁藏书记——冯舒藏书楼号藏书印。

周暹——周叔弢姓名藏书印。周叔弢（1891—1984），原名暹，字叔弢，以字行，建德（今安徽东至县）人，现代著名政治家、实业家、收藏家、藏书家。藏书楼名"寒在堂"等，藏书印有"周暹""曾经周叔弢处""建德周氏藏书"等。著有《弢翁藏书题识》《自庄严堪善本书目》《诸家藏印记辑》等。详见《周礼》"周暹"条。

识递藏：

此书为谢恒抄本，必首藏于其家。从书页所钤藏书印看，是书曾藏于常熟冯舒"空居阁"；又藏于建德周暹"寒在堂"；今藏于国家图书馆。有冯舒校跋。

入注附音司马温公资治通鉴一百卷

识著述：

司马光（1019—1086），字君实，号迂叟，陕州夏县（今山西夏县）涑水乡人，世称涑水先生，北宋政治家、史学家、文学家，著有《温国文正司马公文集》《稽古录》《涑水记闻》《资治通鉴》等。《资治通鉴》二百九十四卷，是一部以时间为纲、以事件为目的多卷本编年体通史，记述了自周威烈王二十三年（前403）到五代后周世宗显德六年（959）共十六朝一千三百六十二年的历史。其目的是以前朝兴衰得失为参照，考察当今政治之得失，惩恶扬善，为统治者提供借鉴，故定名为《资治通鉴》。《入注附音司马温公资治通鉴》一百卷，为依司马光《资治通鉴》所作的纲目体《资治通鉴》。

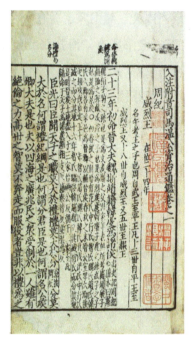

识版式：

此为宋刻本；左右双边，上下单边；细黑口，双黑鱼尾，版心上刻大小字数，中刻鉴数；书耳记某帝；半页十四行，行二十三字，小字双行二十五字。

识印章：

大兴朱竹君藏书之印——朱筠郡望姓氏字号藏书印。朱筠（1729—1781），字竹君，一字美叔，号笥河，顺天大兴（今北京大兴）人，朱珪之弟，朱锡庚之父，清代著名经学家、书法家、诗人、金石学家、文献学家、藏书家。藏书楼名"椒花吟舫"，藏书印有"朱筠之印""朱筠""臣筠""大兴朱氏竹君藏书之印""大兴朱氏竹君藏书之印""椒花吟舫""虚中"等。编有《安徽金石志》《椒花吟舫书目》，著有《十三经文字同异》《笥河诗文集》。

温葆淳读——温葆深姓氏字号藏书印。温葆深（1800—1888），字明叔，曾名肇洋、葆淳，嘉应州松源堡（今广东梅州松源镇）人，落籍江苏上元（今江苏南京），清代文学家、书法家、藏书家。藏书楼名"师经堂""春树斋"，藏书印有"温葆淳印""温葆淳读""臣葆深印""曰明叔父""闽中督学使者"等。著有《春树斋丛说》等。

闽中督学使者——温葆深仕履藏书印。

江安傅沅叔收藏善本——傅增湘郡望姓氏字号藏书印。傅增湘（1872—1949），江安（今四川江安）人，近代著名目录学家、版本学家、校勘学家、藏书家。藏书楼名"双鉴楼"等。详见《诗外传》"傅增湘"条。

增湘私印——傅增湘名号藏书印。

海盐张元济经收——张元济郡望姓名收书印。张元济（1867—1959），字筱斋，号菊生，海盐（今浙江海盐）人，近代杰出出版家、校勘学家、文献学家、教育家、诗人、藏书家，曾任商务印书馆总经理、上海文史馆馆长等职。藏书楼名"涉园"，藏书印有"海盐张元济经收"等。著有《涉园诗录》《校史随笔》《涵芬楼烬余书录》《张元济诗文》等。

涵芬楼——商务印书馆藏书楼号藏书印。涵芬楼为商务印书馆藏书楼，1904年由张元济创办于上海，以收藏宋元明旧刊及抄校本、名人手稿等闻名海内。

识递藏：

从书页所钤藏书印及题跋看，是书曾藏于大兴朱筠"椒花吟舫"；又藏于上元温葆深"师经堂"；继藏于杭州吴煦"清来堂"；继藏于江安傅增湘"双鉴楼"，由其子傅忠谟递藏于"佩德斋"；后经海盐张元济收贮于上海中华书局"涵芬楼"；今藏于国家图书馆。有傅增湘跋。

资治通鉴外纪详节十卷

识著述：

　　刘恕（1032—1078），字道原，筠州高安（今江西高安）人，北宋史学家，编有《资治通鉴外纪》。《资治通鉴外纪》十卷，为补《资治通鉴》周威烈王前记事之缺而作，记事自三皇五帝至周威烈王二十二年（前404年）凡四百三十八年，仿《国语》为《春秋外传》之例而成是书。《资治通鉴外纪详节》十卷，是在刘恕《资治通鉴外纪》基础上节要而成的史著选本，详节者无考。

识版式：

　　此为宋刻本；左右文武双边，上下单边；白口，双黑鱼尾，下刻刻工姓名；半页十四行，行二十五字，小字双行同。

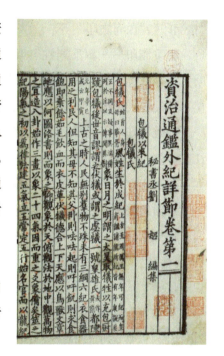

识印章：

　　华亭朱氏——朱大韶郡望姓氏藏书印。朱大韶（1517—1577），松江府华亭（今上海松江）人，明代学者、藏书家。藏书楼名"横经阁"等。详见《輶轩使者绝代语释别国方言》"朱大韶"条。

　　朱文石氏——朱大韶姓氏字号藏书印。

　　横经阁收藏图籍印——朱大韶藏书楼号藏书印。

　　顾广圻印——顾广圻姓名藏书印。顾广圻（1766—1835），元和（今江苏苏州）人，清代著名经学家、校勘学家、目录学家、藏书家。藏书楼名"思适斋"。详见《周礼》"顾广圻"条。

　　顾涧蘋藏书——顾广圻姓氏字号藏书印。

　　汪文琛印——汪文琛姓名藏书印。汪文琛（生活于乾嘉间），字厚斋，长洲（今江苏苏州）人，清代布衣藏书家。藏书楼名"三十五峰园"。详见《周易注疏》"汪文琛"条。

　　宋本——汪文琛藏书版本藏书印。

　　汪士钟读书——汪士钟姓名藏书印。汪士钟（1786—?），长洲（今江苏苏州）人，汪文琛之子，清代著名藏书家。藏书楼名"艺芸书舍""三十五峰园"等。详见《周易九卷》"汪士钟"条。

平阳汪氏藏书印——汪士钟郡望姓氏藏书印。

铁琴铜剑楼——常熟瞿氏藏书楼号藏书印。详见《周易注疏》"铁琴铜剑楼"条。

瞿润印——瞿润姓名藏书印。瞿润（生活于嘉道间），昭文（今江苏常熟）古里人，瞿绍基之孙，瞿镛长子，清代藏书家，铁琴铜剑楼第三代主人。藏书印有"瞿润印""瞿润之印"等。

瞿秉渊印——瞿秉渊姓名藏书印。瞿秉渊（1820—1886），字镜之，一字敬之，昭文（今江苏常熟）古里人，瞿绍基之孙，瞿镛次子，清代著名藏书家，铁琴铜剑楼第三代主人。藏书印有"瞿秉渊印""恬裕斋镜之氏珍藏"等。

瞿秉清印——瞿秉清姓名藏书印。瞿秉清（1828—1877），字濬之，昭文（今江苏常熟）古里人，瞿绍基之孙、瞿镛第四子，清代藏书家，铁琴铜剑楼第三代主人。藏书印有"瞿秉清印""瞿秉清"等。

绶珊经眼——王体仁字号鉴赏印。王体仁（1873—1938），钱塘（今浙江杭州）人，民国著名藏书家。藏书楼名"九峰旧庐"。编有《九峰旧庐方志目录》。详见《周易注疏》"王体仁"条。

识递藏：

从书页所钤藏书印看，是书曾藏于华亭朱大韶"横经阁"；又藏于元和顾广圻"思适斋"；继藏于长洲汪文琛、汪士钟父子"三十五峰园"；继藏于常熟瞿氏"铁琴铜剑楼"，由瞿润、瞿秉渊、瞿秉清、瞿启甲等世代递藏，王体仁曾经借阅；今藏于国家图书馆。

历代纪年十卷

识著述：

晁公迈（1091—1146），字伯咎，号传密居士，钜野（今山东巨野）人，著有《历代纪年》。《历代纪年》十卷，序列历代帝王始自汉初终于南宋光宗，包括帝王正统、历代帝王建元和盗贼等内容。十卷外又有《国朝典礼》一卷，胪列历代朝廷大典。

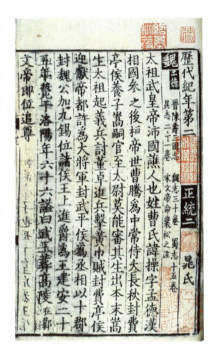

识版式：

此为宋绍熙三年盱江郡斋刻本，宋本首卷原缺；左右双边，上下单边；白口，双黑鱼尾；半页十行，行十九字，小字双行二十九至三十字。

识印章：

平江黄氏图书——黄丕烈郡望姓氏藏书印。黄丕烈（1763—1825），平江（今江苏苏州）人，清代著名校勘学家、版本学家、目录学家、刻书家、藏书家。藏书楼名"士礼居"等。详见《四书通》"黄丕烈"条。

士礼居——黄丕烈藏书楼号藏书印。

绍基秘笈——瞿绍基名号藏书印。瞿绍基（1772—1836），昭文（今江苏常熟）人，清代著名藏书家，铁琴铜剑楼第一代主人。藏书楼初名"恬裕斋""敦裕斋"。后改为"铁琴铜剑楼"。

瞿氏秘笈——瞿绍基姓氏藏书印。

巴陵方氏——方功惠郡望姓氏藏书印。方功惠（1829—1897），巴陵（今湖南岳阳）人，清代著名藏书家。藏书楼名"碧琳琅馆"等。详见《广金石韵府》"方功惠"条。

绥珊经眼——王体仁字号鉴赏印。王体仁（1873—1938），钱塘（今浙江杭州）人，民国著名藏书家。藏书楼名"九峰旧庐"。详见《周易注疏》"王体仁"条。

识递藏：

从书页所钤藏书印及题跋看，是书曾藏于常熟钱曾"述古堂"；又藏于平江黄丕烈"士礼居"；继藏于常熟瞿绍基"铁琴铜剑楼"；继藏于巴陵方功惠"碧琳琅馆"；继藏于钱塘王体仁"九峰旧庐"；今藏于国家图书馆。有黄丕烈跋。

续资治通鉴十八卷

识著述：

李焘（1115—1184），字仁甫，一字子真，号巽岩，眉州丹棱（今四川眉山丹棱）人，南宋诗人、文字学家、目录学家、历史学家，著有《说文解字五音韵谱》《续资治通鉴长编》等。《续资治通鉴》（又名《续资治通鉴长编》）十八卷，乃李焘仿《资治通鉴》体例，记述了自宋太祖赵匡胤建隆元年（960）至宋钦宗赵桓靖康二年（1127）间北宋九帝一百六十八年的史事，为中国古代私家著述中卷帙最大的断代编年史。此书记述详赡，史料丰富，于正史、实录、政书之外，凡家录、野记，广征博采，检校同异，订其疑误，考证详慎，多有依据，史料价值极高，为研究辽、宋、西夏等史的基本史籍之一。

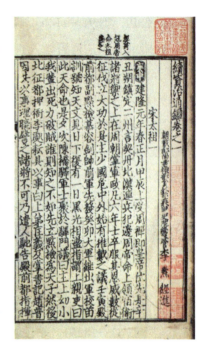

识版式：

此为元朱氏与耕堂刻本；四周文武双边；黑口，双黑鱼尾；半页十三行，行二十二字。

识印章：

新绿草堂——无考。

嘉惠堂藏阅书——丁丙藏书楼号藏书印。丁丙（1832—1899），钱塘（今浙江杭州）人，清末著名经学家、诗人、金石学家、目录学家、藏书家。总藏书楼名"嘉惠堂"。详见《周易本义》"丁丙"条。

识递藏：

从书页所钤藏书印看，是书曾藏于钱塘丁丙"嘉惠堂"；今藏于南京图书馆。有丁丙跋。

资治通鉴释文三十卷

识著述：

史炤（生活于两宋之间），字见可，眉州（今四川眉山）人，南宋学者、史学家，著有《资治通鉴释文》。《资治通鉴释文》三十卷，为史炤在研读《资治通鉴》时，杂取六经、诸子、释经、说文及古今训诂之书而成的一部音义著作，其中大量音切，集中反映了宋代的语音特点，在历史学、训诂学和语言学领域有一定的地位。

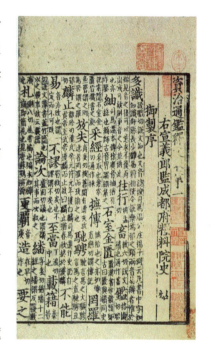

识版式：

此为宋刻本；左右文武双边，上下单边；白口或细黑口，半页十二行，行十九字，小字双行二十八字。

识印章：

阮氏琅嬛仙馆收藏印——阮元姓氏藏书楼号藏书印。阮元（1764—1849），字伯元，号芸台、雷塘庵主、揅经老人、怡性老人，仪征（今江苏仪征）人，清代经学家、训诂学家、金石学家、藏书家。藏书楼名"文选楼""石墨书楼""琅嬛仙馆""积古斋""揅经室""唐宋旧经楼""节性斋"等，藏书印有"阮元印""仪征阮元之章""扬州阮元之章""阮氏伯元""云台""雷塘盫主""扬州阮伯元氏藏书处曰琅嬛仙馆藏金石处曰积古斋藏砚处曰谱砚斋藏书处曰揅经室""扬州阮氏琅嬛仙馆藏书印""阮氏琅嬛仙馆收藏印""亮功锡祜""墨庄藏书印""体仁阁大学士""石墨书楼""积古斋藏研处""谱研斋著书处""泰华双碑之馆""家住扬州文选楼隋曹宪故里""五云多处是仙台"等。主编《经籍纂诂》，校刊《十三经注疏》，汇刻《皇清经解》，著有《揅经室集》《畴人传》《十三经校勘记》等三十多种。

袁廷梼藉观印——袁廷梼姓名借书印。袁廷梼（1762—1809），字又恺，号绥阶，曾更名廷寿，吴县（今江苏苏州）人，清代著名诗人、画家、考据学家、校勘学家、藏书家。藏书楼名"小山丛桂馆""五砚楼"，藏书印有"袁廷梼印""袁廷梼五砚楼藏""袁又恺藏书""五研楼图书印""平江袁氏收藏"等。著有《金石书画所见记》《红蕙山房吟稿》《渔隐录》等。详见《诗外传》"袁廷梼"条。

汪文琛印——汪文琛姓名藏书印。汪文琛（生活于乾嘉道间），字厚斋，长洲

（今江苏苏州）人，清代布衣藏书家。藏书楼名"三十五峰园"。详见《周易注疏》"汪文琛"条。

宋本——汪文琛版本藏书印。

汪士钟印——汪士钟姓名藏书印。汪士钟（1786—?），长洲（今江苏苏州）人，汪文琛之子，清代著名藏书家。藏书楼名"艺芸书舍""三十五峰园"等。详见《周易九卷》"汪士钟"条。

民部尚书郎——汪士钟藏书闲章。

平阳汪氏藏书印——汪士钟郡望姓氏藏书印。

吴可骦印——其人无考。

识递藏：

从书页所钤藏书印及题跋看，是书曾藏于仪征阮元"琅嬛仙馆"，其间吴县袁廷梼曾借阅，有钱大昕跋，道光二年（1822）流出；继藏于长洲汪文琛、汪士钟父子"三十五峰园"；其后可能继藏于聊城杨以增"海源阁"，由杨绍和、杨保彝、杨承训祖孙递藏；继藏于莫伯骥"五十万卷楼"；今藏于国家图书馆。有阮元、钱大昕、莫伯骥跋。

增节标目音注精议资治通鉴一百二十卷

　　吕祖谦（1137—1181），字伯恭，婺州（今浙江金华）人，世称"东莱先生"，为与其伯祖吕本中相区别，亦有"小东莱先生"之称，南宋著名理学家、文学家。吕祖谦博学多识，主张明理躬行，学以致用，反对空谈心性，开"浙东学派"之先声。著有《历代制度详说》《增节标目音注精议资治通鉴》《东莱博议》《东莱集》等。《增节标目音注精议资治通鉴》一百二十卷，乃吕氏鉴于学者每患《通鉴》卷帙浩繁不易便览之弊，故以《节要》为断，增以外纪、甲子年谱、目录、考异、举要历及与道原史事问答、古舆地图、帝王世系、释音、温公以后诸儒论辩，于事类、史传终始括要，详而不繁，严而有要，标目、音注各有条理。每卷末各附温公《考异》，随事增以诸儒精议及诸纲目。

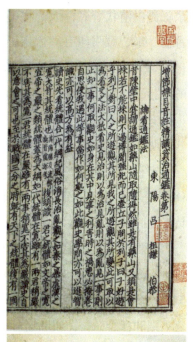

识版式：

　　此为蒙古宪宗三至五年张宅晦明轩刻本，原缺部分配有宋刻本；四周双边；细黑口，双黑鱼尾；半页十五行，行二十五字。

识印章：

　　毛凤苞——毛晋姓氏字号藏书印。毛晋（1599—1659），常熟（今江苏常熟）人，明末著名经学家、文学家、刻书家、藏书家。藏书楼名"汲古阁"。详见《周易九卷》"毛晋"条。

　　子晋氏——毛晋字号藏书印。

　　字子晋——毛晋字号藏书印。

　　毛氏私印——毛晋姓氏藏书印。

　　虞山毛氏汲古阁收藏——毛晋郡望姓氏藏书楼号藏书印。

　　东吴毛表图书——毛表郡望姓名藏书印。毛表（1638—？），虞山（今江苏常

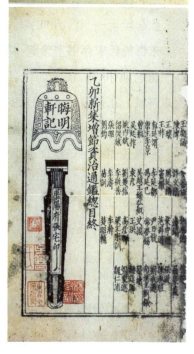

熟）人，著名藏书家毛晋第四子，清初藏书家、刻书家。详见《晋书》"毛表"条。

季振宜藏书——季振宜姓名藏书印。季振宜（1630—?），泰兴（今江苏泰州靖江）季市镇人，明末清初著名诗人、文献学家、版本学家、校勘学家、藏书家。藏书楼名"静思堂"。详见《尚书注疏》"季振宜"注。

怡府世宝——清怡亲王爱新觉罗·弘晓王府藏书印。爱新觉罗·弘晓（1722—1778），字秀亭，号冰玉道人、冰玉主人，怡贤亲王爱新觉罗·胤祥第七子，袭怡亲王爵，清代著名诗人、藏书家。藏书楼名"乐善堂""明善堂""安乐堂""似太古斋"等，藏书印有"怡亲王宝""怡府世宝""安乐堂藏书记""明善堂览书画印记""御题明善堂印""似太古斋珍藏金石书画印""忠孝为藩""纶音好书犹见性情醇""天语尽职从知忠"等。著有《明善堂诗集》。

安乐堂藏书记——清怡亲王爱新觉罗·弘晓藏书楼号藏书印。

明善堂览书画印记——清怡亲王爱新觉罗·弘晓藏书楼号藏书印。

宋存书室——杨以增海源阁藏书楼分号藏书印。杨以增（1787—1855），聊城（今山东聊城）东昌府区人，清代藏书家。藏书楼名"海源阁"。详见《韩鲁齐三家诗考》"杨以增"条。

东郡杨绍和私印——杨绍和郡望姓名藏书印。杨绍和（1830—1875），聊城（今山东聊城）东昌府区人，杨以增次子，海源阁第二代主人，清代著名目录学家、藏书家。藏书楼名"海源阁"等。详见《韩鲁齐三家诗考》"杨绍和"条。

绍和彦合——杨绍和名号藏书印。

彦合珍玩——杨绍和字号藏书印。

东郡杨氏宋存书室珍藏——聊城杨氏海源阁藏书楼分号藏书印。

杨承训印——杨承训姓名藏书印。杨承训（1900—1970），字敬夫，聊城（今山东聊城）东昌府区人，杨以增曾孙，杨绍和之孙，杨保彝嗣子，海源阁第四代主人，现代藏书家。有"杨印承训""聊城杨承训鉴藏书画印""海源残阁"等。

海源残阁——杨承训藏书楼号藏书印。至杨承训一代，杨氏海源阁藏书流失殆尽，故名其藏书楼为"残阁"。

周暹——周叔弢姓名藏书印。周叔弢（1891—1984），建德（今安徽东至县）人，现代著名政治家、实业家、收藏家、藏书家。藏书楼名"寒在堂"等。详见《周礼》"周暹"条。

识递藏：

从书页所钤藏书印看，是书曾藏于常熟毛晋"汲古阁"，由其子毛表递藏；继藏于泰兴季振宜"静思堂"；继藏于清怡亲王爱新觉罗·弘晓"安乐堂"；继藏于聊城杨绍和"海源阁"之"宋存书室"，由其后人杨绍和、杨保彝、杨承训递藏；继藏于建德周叔弢"寒在堂"；今藏于国家图书馆。

皇朝编年备要三十卷

识著述：

陈均（1174—1244），字平甫，号云岩，又号纯斋，兴化军莆田（今福建莆田）人，南宋学者、史学家，辑有《皇朝编年备要》《中兴编年备要》等。《皇朝编年备要》（又名《宋九朝编年备要》）三十卷，记事起自宋太祖建隆元年（960）迄于宋宁宗赵扩嘉定十七年（1224），而实则仅存赵匡胤登基（960）至宋钦宗靖康之难（1127）共一百六十八年的史事，较为完整地记载了北宋一代九朝的历史，尤其是徽、钦两朝的纪事，正可补《资治通鉴长编》之阙。该书取材于《资治通鉴长编》及宋代《国史》《实录》，兼采司马光《稽古录》、徐度《国纪》、熊克《九朝通略》等数十家史料，订异会同，约详补略，仿效朱熹《通鉴纲目》义例，以大字"举要"为

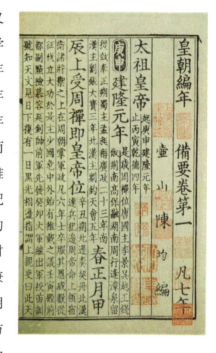

纲，以小字"备要"为目，纲以撮要，目以备言，纲简目详，颇便检阅。其记事简而有要，颇为妥切，被视为研究宋史的基本参考史料。

识版式：

此为宋刻本；四周双边；白口，双黑鱼尾，中刻页码；半页八行，行十六字，小字双行二十三字。

识印章：

汲古主人——毛晋别号藏书印。毛晋（1599—1659），常熟（今江苏常熟）人，明末著名经学家、文学家、刻书家、藏书家。藏书楼名"汲古阁"。详见《周易九卷》"毛晋"条。

袁廷梼印——袁廷梼姓名藏书印。袁廷梼（1762—1809），吴县（今江苏苏州）人，清代著名诗人、画家、考据学家、校勘学家、藏书家。藏书楼名"小山丛桂馆""五砚楼"。详见《诗外传》"袁廷梼"条。

五砚主人——袁廷梼别号藏书印。

丕烈——黄丕烈名号藏书印。黄丕烈（1763—1825），平江（今江苏苏州）人，清代著名校勘学家、版本学家、目录学家、刻书家、藏书家。藏书楼名"士礼居"

等。详见《四书通》"黄丕烈"条。

尧夫——黄丕烈字号藏书印。

百宋一廛——黄丕烈士礼居藏书楼分号藏书印。

汪士钟印——汪士钟姓名藏书印。汪士钟（1786—?），长洲（今江苏苏州）人，汪文琛之子，清代著名藏书家。藏书楼名"艺芸书舍""三十五峰园"等。详见《周易九卷》"汪士钟"条。

阆源真赏——汪士钟字号藏书印。

郁松年印——郁松年姓名藏书印。郁松年（1821—1888），字万枝，号泰峰，一作泰丰，南翔（今上海南翔）人，清代著名藏书家。藏书楼名"宜稼堂"，又名"田耕堂"，藏书印有"郁松年印""郁泰峰所收书印""郁泰峰己酉年所收书印""曾在郁泰峰家""曾在上海郁泰峰家""泰峰所藏书""泰峰所藏善本""泰峰""泰峰审定""泰峰见过""曾寄申江郁氏处""宜稼""自得耕者""田耕堂藏"等。编有《宜稼堂书目》。

自得耕者——郁松年藏书闲章。

伯纯——从印章风格到印泥色泽看，疑为郁松年藏书印。

识递藏：

从书页所钤藏书印及题跋看，是书曾藏于常熟毛晋"汲古阁"；继藏于吴县袁廷梼"五砚楼"；继藏于黄丕烈"士礼居"之"百宋一廛"；继藏于长洲汪士钟"艺芸书舍"；继藏于南翔郁松年"宜稼堂"；今藏于上海图书馆。有钱大昕跋。

大事记续编七十七卷

王祎（1322—1373），字子充，号华川，金华（今浙江金华义乌）来山人，元末明初学者、史学家，著有《大事记续编》《重修革象新书》《王忠文公集》等。《大事记续编》七十七卷，记事起自汉武帝征和四年（前89），止于周恭帝郭宗训显德六年（959），共八百七十年的历史。是书乃绍续吕祖谦《大事记》而作，体例一仍其旧，而"解题"附于各条之下，不别为书；此书考订同异，详于考证，辨别不苟，于前贤议论，荟萃尤多，具有较高的史料价值。

识版式：

此本为明成化二十年陆渊之刻本；四周文武双边；粗黑口，三黑鱼尾，中刻书名、卷次、页码；半页十行，行二十二字，小字双行同。

识印章：

冬涵阅过——李毓恒字号藏书印。李毓恒（1830—1891），字冬涵，号勉斋，济宁（今山东临清）人，清代诗人、目录学家、抄书家、藏书家。藏书楼名"惜阴书屋""磨墨亭"，藏书印有"冬涵""冬涵阅过""李氏藏书"等。辑有《惜阴书屋书目》，著有《勉斋读书记》《惜阴书屋诗集》。

博明私印——许厚基字号藏书印。许厚基（1874—1958），字博明，号怀辛，别署怀辛主人、怀辛阁主人，祖籍吴兴（今浙江湖州吴兴），徙居苏州，近代藏书家。藏书楼名"怀辛斋""申申阁"，藏书印有"许厚基""吴兴许博明印""博明""博明私印""怀辛主人""博明怀辛主人藏书印""吴兴许氏怀辛斋藏""怀辛藏书""怀辛劫余""云川许氏怀辛图籍""吴兴许博明氏怀辛斋藏书印""怀辛斋主人""怀辛斋""申申阁""澹宁居""甲戌名余曰甦""许氏藏书""读书乐"等。

甲戌名余曰甦——许厚基生辰藏书印。

怀辛劫余——许厚基字号藏书印。

识递藏：

从书页所钤藏书印看，是书曾藏于济宁李毓恒"惜阴书屋"；继藏于许厚基"怀辛斋"；今藏于重庆图书馆。

史部·纪事本末类

纪事本末类小序

纪事本末体是一种以事件为纲，将有关专题材料集中于一篇或一书的史体，创制者为南宋史学家袁枢，首部著作是《通鉴纪事本末》。纪事本末体既不同于编年体之以纪年为主，又不同于纪传体之以传人为主，而是以记事为主，旨在将历史上的大事详述首尾，集中表述其过程，故称之为纪事本末体。

纪事本末体是针对编年体史书体制冗长和纪传体史书记事分散的不足而创制的。纪传体一事而复见数篇，致使宾主莫辨；编年体一事而隔数卷，首尾难稽。袁枢自出新意，依司马光《通鉴》之例，依照先后顺序，以类编辑，每事各自详记其始末，且自为标题，每篇各编年月，自为首尾，命名为《通鉴纪事本末》。袁枢之后，后世仿效其体例的史书相继出现，多达十数种。其中《左传纪事本末》《通鉴纪事本末》《宋史纪事本末》《辽史纪事本末》《金史纪事本末》《西夏纪事本末》《元史纪事本末》《明史纪事本末》《清史纪事本末》，前后相衔，形成了一套独特的通史体系，号称"九朝纪事本末"。更因效法者日多，遂与编年体、纪传体并为中国史书的三大体裁。

纪事本末体史书大致分为两种类型：一种是以"纪事本末"命名者，其中包括一书兼记众多历史事件之本末者和一书只记述一个历史事件之本末者；一种是虽无"纪事本末"之名而实有"纪事本末"之实者。如《四库全书总目·史部·纪事本末类》所著录，除名为"纪事本末"者外，尚有名为"纪略""方略"者，实亦为纪事本末体。

目录学史上，纪事本末体成为自属一类的独立史体，也经历了一个相当漫长的过程。与此体开创者袁枢同时而稍晚的目录学家陈振孙，在其《直斋书录解题·史部·编年类》中首次著录了《通鉴纪事本末》；明代徐𤊹《徐氏家藏书目·史部》又将其置于"旁史类"；清代纪昀《四库全书总目·史部》始"以类区分，使自为门目"，并著录了《通鉴纪事本末》以下二十六部纪事本末体史书。

章学诚《文史通义·书教下》称："（纪事本末体）网罗隐括，无遗无滥。文省于纪传，事豁于编年。决断去取，体圆用神，斯真《尚书》之遗也。"高度评价了此体文省事豁的优长，可谓一语中的。

今之所选，仅《通鉴纪事本末》一种，以期奏见微知著之效。

通鉴纪事本末四十二卷

识著述：

袁枢（1131—1205），字机仲，建州建安（今福建建瓯）人，南宋史学家，著有《通鉴纪事本末》。《通鉴纪事本末》四十二卷，乃袁枢以《资治通鉴》卷帙浩博，又往往一事相隔数卷，不易阅读，故因其文将战国至五代史事依次总括为二百三十九事，始于"三家分晋"，终于"世宗征淮南"，每事独立成篇，一事首尾一贯，使人对其起讫经过、成败得失一目了然，为我国第一部纪事本末体史学著作。《通鉴纪事本末》创造了"纪事本末"这一兼有纪传、编年二体优点的新史体，使"数千年事迹经纬明晰"，对后世影响极大，明清两代多有仿作。

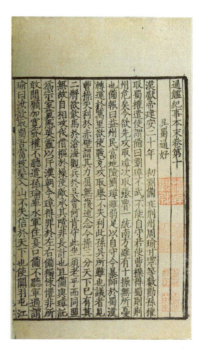

识版式：

此为宋淳熙二年严陵郡庠刻递修本；左右文武双边，上下单边；白口或细黑口，双黑鱼尾，版心刻页数、字数、刻工姓名；半页十三行，行二十四字，间有二十至二十六字者。

识印章：

季振宜印——季振宜姓名藏书印。季振宜（1630—？），泰兴（今江苏泰州靖江）季市镇人，明末清初著名诗人、文献学家、版本学家、校勘学家、藏书家。藏书楼名"静思堂"。著有《静思堂诗稿》。详见《尚书注疏》"季振宜"注。

沧苇——季振宜字号藏书印。

海源阁藏书——聊城杨氏藏书楼号藏书印。"海源阁"为清道光年间由聊城人杨以增所建藏书楼，其藏书经杨以增及其后人杨绍和、杨保彝、杨承训等数代人精心保存，前后达百余年。"海源阁"与江苏常熟瞿绍基之"铁琴铜剑楼"、浙江吴兴陆心源之"皕宋楼"、浙江杭州丁申丁丙之"八千卷楼"合称清代四大藏书楼。杨以增（1787—1855），聊城（今山东聊城）东昌府区人，清代藏书家。藏书楼名"海源阁"。著有《退思庐文存》。详见《韩鲁齐三家诗考》"杨以增"条。

谭观成——谭观成姓名藏书印。谭观成（生活于清末民初），名墒，字海潮，广东人，民国沪上知名收藏家。藏书印有"谭观成""谭观成印""谭海潮""海潮"

"宜君长印"等。

识递藏：

从书页所钤藏书印及题识看，是书曾藏于清初泰兴季振宜"静思堂"；其间或经藏徐乾学、王昶之手，又藏于大兴朱筠、朱锡庚父子"椒花吟舫"；继藏于钱塘许乃普"堪喜斋"；继藏于聊城杨以增、杨绍和父子"海源阁"（杨绍和《楹书隅录》所述版式似非此书）；民国间又藏于沪上收藏家谭观成之手；今藏于上海图书馆。

史部·别史类

别史类小序

"别"字始见于商代甲骨文，其字形象以刀剔骨，将骨头从肉中分离。本义为分解，引申为区分，又由区分引申为差别，再由差别引申为另外。别史的"别"字，就是另外的意思。别史是区别于正史、编年，杂记历代或一代史实的史书，是正史、编年之外体例完备、撰述系统的史籍，这就是别史所以称"别"的原因。

《汉书·艺文志》无"史部"，《隋书·经籍志》"史部"置"正史""古史""霸史"，至《郡斋读书志》"史部"分置"编年"和"杂史"，分别著录了原有的"古史""实录"和"霸史"，遂使正史、编年之外"杂记历代或一代之史实"者无所系属，故南宋陈振孙《直斋书录解题》始创"别史"一项，用以著录"上不至于正史，下不至于杂史"之书，使正史、编年至杂史以外的史书皆有所系属。自此以后，《宋史·艺文志》《千顷堂书目》《四库全书总目》等重要书目均置此项。

至于别史的体例，黄虞稷《千顷堂书目》称："非编年，非纪传，杂记历代或一代之史实者，曰别史。"其实，别史的体裁是无所不包的，其中有纪传体，如《南史》《北史》；有编年体，如《高氏小史》；有典志体，如《通志》等。

别史囊括的范围，以纪昀《四库全书总目·史部·别史类叙》所述最为周详："盖编年不列于正史，故凡属编年，皆得类附。《史记》《汉书》以下，已列为正史矣。其岐出旁分者，《东观汉记》《东都事略》《大金国志》《契丹国志》之类，则先资草创；《逸周书》《路史》之类，则互取证明；《古史》《续后汉书》之类，则检校异同。其书皆足相辅，而其名则不可以并列。命曰别史，犹大宗之有别子云尔。"那些虽未列于正史而与正史作用并列的纪传体史书，那些内容不雅驯但可作正史佐证的遗书，那些于史实少所裨益而可与正史核对同异的议论类史书，虽名目不一，却均有与正史相辅的作用，所以，均属别史系列。然而别史、杂史二者颇难分辨，至张之洞"关系一朝大政者入别史，私家记录中多碎事者入杂史"的观点出，始有定准。

今所选录，计有《建康实录二十卷》《古史六十卷》《契丹国志二十七卷》《蜀汉本末三卷》《通志二百卷》《天潢玉牒一卷》六种。

建康实录二十卷

识著述：

许嵩（生卒不详），高阳（今河北高阳）人，事迹无考，唐代史学家，著有《建康实录》。《建康实录》二十卷，包括吴四卷、东晋六卷、宋四卷、齐两卷、梁两卷、陈两卷，记事起自东汉献帝刘协兴平元年（194），止于陈后主陈叔宝祯明三年（589），记述了建都建康的吴、东晋、宋、齐、梁、陈六个朝代共三百九十五年的史实及轶事。《实录》内容以政权变迁和君臣事迹为主，并详记土地、山川、城池、宫苑的建置兴废以及异事别闻，引证广博，多出正史之外，保存了许多有价值的史料，是一部体兼实录与纪传的别史。

识版式：

此为宋绍兴十八年荆湖北路安抚使司刻递修本；左右文武双边，上下单边；白口，单黑鱼尾；半页十一行，行二十字，小字双行二十七至三十字。

识印章：

明善斋记——朱橚藏书楼号藏书印。朱橚（1361—1425），南直隶应天府上元（今江苏南京）人，明太祖朱元璋第五子，明成祖朱棣同母弟，建文帝朱允炆之叔，明代第一任周王，建藩开封，明代文学家、画家、医学家、藏书家。藏书楼名"东书草堂""明善斋""御书楼"，藏书印有"周府御书楼宝""明善斋记"等。著有《元宫词》《救荒本草》。

江左——朱橚藏书印。

毛晋之印——毛晋姓名藏书印。毛晋（1599—1659），常熟（今江苏常熟）人，明末著名经学家、文学家、刻书家、藏书家。藏书楼名"汲古阁"。详见《周易九卷》"毛晋"条。

毛晋字子晋一名凤苞字子九——毛晋姓名字号藏书印。

臣晋字子晋——毛晋名字藏书印。

子晋之印——毛晋名号藏书印。

子晋氏——毛晋字号藏书印。

子晋父——毛晋字号藏书印。

字子九——毛晋字号藏书印。

东吴子晋——毛晋郡望字号藏书印。

毛凤苞印——毛晋姓氏字号藏书印。

汲古阁图书记——毛晋藏书楼号藏书印。

虞山毛氏汲古阁收藏——毛晋郡望姓氏藏书楼号藏书印。

东吴毛氏图书——毛晋郡望姓氏藏书印。

毛表之印——毛表姓名藏书印。毛表（1638—?），虞山（今江苏常熟）人，著名藏书家毛晋第四子，清初藏书家、刻书家。详见《晋书》"毛表"条。

毛表私印——毛表姓名藏书印。

东吴毛表——毛表郡望姓名藏书印。

臣表——毛表名号藏书印。

毛表奏叔——毛表姓名字号藏书印。

毛奏叔氏——毛表姓氏字号藏书印。

古虞毛氏奏叔图书记——毛表郡望姓氏字号藏书印。

海虞毛表奏叔图书记——毛表郡望姓名字号藏书印。

东吴毛叔子鉴藏书画印——毛表郡望姓氏字号藏书印。

季振宜印——季振宜姓名藏书印。季振宜（1630—?），泰兴（今江苏泰州靖江）季市镇人，明末清初著名诗人、文献学家、版本学家、校勘学家、藏书家。藏书楼名"静思堂"。详见《尚书注疏》"季振宜"注。

沧苇——季振宜字号藏书印。

乾学之印——徐乾学名号藏书印。徐乾学（1631—1694），昆山（今江苏昆山）人，清代著名经学家、史学家、文学家、文献学家、藏书家。藏书楼名"传是楼"。详见《周易九卷》"徐乾学"条。

徐健庵——徐乾学姓氏字号藏书印。

包伯虎臣——包虎臣姓名藏书印。包虎臣（生活于嘉道间），初名锟（一作乃锟），字子庄；一作名子庄字虎臣，号苕上散人，归安（今浙江湖州）人，清代书画家、藏书家。藏书楼名"学剑楼""天禄阁""方是闲居"等，藏书印有"包虎臣""包虎臣藏""包伯虎臣""虎臣书印""吴兴包子庄书画金石记""包伯子""苕上散人""学剑楼""江东包氏天禄阁藏书印""方是闲居""百药难治书史淫"等。

虎臣书印——包虎臣名号藏书印。

学剑楼——包虎臣藏书楼号藏书印。

包南咸印——疑为包虎臣后人姓名藏书印。包南咸，其人无考。

芸士经眼——杨文荪字号鉴赏印。杨文荪（1782—1852），字秀实，号芸士，海宁（今浙江海宁）人，清代诗人、金石学家、史学家、藏书家。藏书楼名"述郑斋""璇树居""读五千卷室"等，藏书印有"杨文荪印""海宁杨文荪""杨文荪藏""杨文荪字秀实号芸士""秀实别号芸士""芸士""芸士经眼""砚口海宁杨芸士藏书之印""海宁杨芸士藏书之印""璇树居藏书"等。辑有《海昌诗存》，著有《南北朝金石文字考》《南宋石经考》《逸周书王会解》《西汉会要补遗》《续疑年录订补》《述郑斋诗集》《述郑斋文集》等。

汪文琛印——汪文琛姓名藏书印。汪文琛（生活于乾嘉间），字厚斋，长洲（今江苏苏州）人，清代布衣藏书家。藏书楼名"三十五峰园"。详见《周易注疏》"汪文琛"条。

士钟——汪士钟名号藏书印。汪士钟（1786—?），长洲（今江苏苏州）人，汪文琛之子，清代著名藏书家。藏书楼名"艺芸书舍""三十五峰园"等。详见《周易九卷》"汪士钟"条。

阆源父——汪士钟字号藏书印。

益之手校——杨以增字号藏书印。杨以增（1787—1855），聊城（今山东聊城）东昌府区人，清代藏书家。藏书楼名"海源阁"。详见《韩鲁齐三家诗考》"杨以增"条。

彦合珍玩——杨绍和字号藏书印。杨绍和（1830—1875），聊城（今山东聊城）东昌府区人，杨以增次子，海源阁第二代主人，清代著名目录学家、藏书家。藏书楼名"海源阁"。详见《韩鲁齐三家诗考》"杨绍和"条。

臣绍和印——杨绍和名号藏书印。

周暹——周叔弢姓名藏书印。周叔弢（1891—1984），建德（今安徽东至县）人，现代著名政治家、实业家、收藏家、藏书家。藏书楼名"寒在堂"等。详见《周礼》"周暹"条。

识递藏：

从书页所钤藏书印及题识看，是书曾藏于明初朱橚"明善斋"；又藏于常熟毛晋、毛表父子"汲古阁"；入清继藏于泰兴季振宜"静思堂"；继藏于昆山徐乾学"传是楼"；继藏于归安包虎臣"学剑楼"，可能由其后人包南咸递藏，其间海宁杨文荪曾借阅；继藏于长洲汪文琛、汪士钟父子"三十五峰园"；继藏于聊城杨以增、杨绍和父子"海源阁"；又藏于周叔弢"寒在堂"；今藏于国家图书馆。

古史六十卷

识著述:

苏辙（1039—1112），字子由，一字同叔，晚号颍滨遗老，眉州眉山（今四川眉山）人，北宋经学家、文学家、史学家，著有《诗集传》《春秋集解》《论语拾遗》《老子解》《古史》《龙川略志》《龙川别志》《栾城集》等。苏辙认为，司马迁《史记》与圣人之意相去甚远，于是在《史记》的基础上重新创作了《古史》。《古史》六十卷，包括本纪七卷、世家十六卷、列传三十七卷，记事上自传说时代的伏羲、神农，下至秦始皇，自谓旨在"追录圣贤之遗意，以明示来世"。苏辙肆意嗤点《史记》，不免于轻妄；而纠正补缀，又据《左氏传》以补《史记》所未及，去取不苟，具有较高的史学价值。

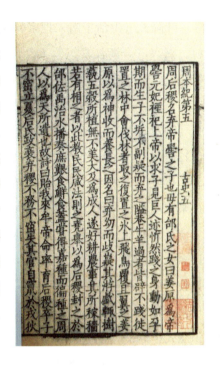

识版式:

此为宋刻元修本；左右文武双边，上下单边；白口，单黑鱼尾，中刻书名、卷次、页码；半页十一行，行二十二字。

识印章:

结一庐藏书印——朱学勤藏书楼号藏书印。朱学勤（1823—1875），仁和（今浙江杭州余杭）塘栖镇人，清代著名藏书家。藏书楼名"结一庐"。详见《集韵》"朱学勤"条。

仁和朱澂——朱澂郡望姓名藏书印。朱澂（？—1890），字子清，仁和（今浙江杭州）人，朱学勤长子，清代版本学家、藏书家。继承其父"结一庐"。详见《集韵》"朱澂"条。

子清——朱澂字号藏书印。

徐乃昌读——徐乃昌姓名藏书印。徐乃昌（1866—1946），南陵（今安徽南陵）人，清末民国金石学家、刻书家、藏书家。藏书楼名"积学斋"。详见《说文字原》"徐乃昌"条。

识递藏:

从书页所钤藏书印看，是书曾藏于仁和朱学勤、朱澂父子"结一庐"；继藏于南陵徐乃昌"积学斋"；今藏于上海图书馆。

契丹国志二十七卷

识著述：

叶隆礼（生活于南宋理宗朝），字士则，号渔村，嘉兴（今浙江嘉兴）人，宋代史学家，著有《契丹国志》。《契丹国志》（又称《契丹志》《辽志》）二十七卷，记载了自辽太祖耶律阿保机称帝（907）至辽天祚帝耶律延禧保大五年辽代灭亡（1125）二百一十八年的史事。全书包括帝纪十二卷、后妃诸王外戚大臣列传七卷、辽与石晋北宋往来文牒、辽与邻国的地理方域、政治制度、宋人使辽行程录、诸蕃杂记、岁时风俗等，收录了许多今已亡佚书籍的记载，保存了大量珍贵史料，是仅存的纪传体辽史，对研究辽代历史具有重要价值。

识版式：

此本为元刻本；四周文武双边；细黑口，双黑鱼尾；半页十二行，行二十一字。

识印章：

黄丕烈印——黄丕烈姓名藏书印。黄丕烈（1763—1825），平江（今江苏苏州）人，清代著名校勘学家、版本学家、目录学家、刻书家、藏书家。藏书楼名"士礼居""百宋一廛"等。详见《四书通》"黄丕烈"条。

汪士钟印——汪士钟姓名藏书印。汪士钟（1786—?），长洲（今江苏苏州）人，汪文琛之子，清代著名藏书家。藏书楼名"艺芸书舍""三十五峰园"等。详见《周易九卷》"汪士钟"条。

铁琴铜剑楼——常熟瞿氏藏书楼号藏书印。详见《周易注疏》"铁琴铜剑楼"条。

绍基秘笈——瞿绍基名号藏书印。瞿绍基（1772—1836），字厚培，号荫棠，昭文（今江苏常熟）人，清代著名藏书家，铁琴铜剑楼第一代主人。藏书楼初名"恬裕斋""敦裕斋"，后改为"铁琴铜剑楼"，藏书印有"虞山瞿绍基藏书之印""绍基秘笈"等。

瞿秉清印——瞿秉清姓名藏书印。瞿秉清（1828—1877），字濬之，昭文（今江苏常熟）古里人，瞿绍基之孙、瞿镛第四子，清代藏书家，铁琴铜剑楼第三代主人。藏书印有"瞿秉清印""瞿秉清"等。

瞿秉冲印——瞿秉冲姓名藏书印。瞿秉冲（生活于道咸间），昭文（今江苏常熟）古里人，瞿绍基之孙、瞿镛第五子，清代藏书家，铁琴铜剑楼第三代主人。藏书印有"瞿秉冲印"。

瞿启文印——瞿启文姓名藏书印。瞿启文（生卒不详），字斐卿，昭文（今江苏常熟）古里人，瞿绍基曾孙、瞿镛之孙、瞿秉清之子，铁琴铜剑楼第四代主人。藏书印有"瞿启文印"。

识递藏：

从书页所钤藏书印及题跋看，是书曾藏于歙县鲍廷博"知不足斋"；继藏于平江黄丕烈"士礼居"；继藏于长洲汪士钟"艺芸书舍"；继藏于常熟瞿氏"铁琴铜剑楼"，经瞿绍基、瞿秉清、瞿秉冲、瞿启文、瞿启甲、瞿济苍祖孙五代递藏；今藏于国家图书馆。有黄丕烈跋。

293

蜀汉本末三卷

识著述：

赵居信（生活于元代中后期），字季明，许州（今河南许昌）人，元代史学家，辑有《蜀汉本末》。《蜀汉本末》三卷，记事起自汉桓帝刘志延熹四年（161）昭烈帝刘备之生，终于晋武帝司马炎泰始七年（271）后主刘禅之亡，记述了蜀汉共一百一十一年的历史。是书以朱熹《资治通鉴纲目》之说为宗，视蜀汉为正统，称"朱子出而笔削《纲目》，有以合乎天道而当乎人心，信都赵氏复因之，广其未备之文，参其至当之论"。然是书所取议论，不出胡寅、尹起莘诸人；所取事迹，多截取《资治通鉴纲目》的内容，略加点窜字句，而载于《三国志》者尚不及十之五，舍本逐末，史料价值不大。

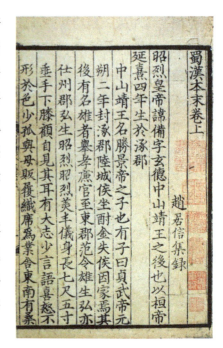

识版式：

此为元至正十一年建宁路建安书院刻本；左右文武双边，上下单边；粗黑口，双黑鱼尾，中刻书名、卷次、页码；半页十行，行十九字。

识印章：

铁琴铜剑楼——常熟瞿氏藏书楼号藏书印。详见《周易注疏》"铁琴铜剑楼"条。

虞山瞿绍基藏书之印——瞿绍基郡望姓名藏书印。瞿绍基（1772—1836），字厚培，号荫棠，昭文（今江苏常熟）人，清代著名藏书家，铁琴铜剑楼第一代主人。藏书楼初名"恬裕斋""敦裕斋"，后改为"铁琴铜剑楼"，藏书印有"虞山瞿绍基藏书之印""绍基秘籍"等。

菰里瞿镛——瞿镛郡望姓名藏书印。瞿镛（1794—1846），字子雍，昭文（今江苏常熟）古里人，清代著名藏书家，铁琴铜剑楼第二代主人。藏书楼名"铁琴铜剑楼"。详见《周易九卷》"瞿镛"条。

恬裕斋镜之氏珍藏——瞿秉渊字号藏书楼号藏书印。瞿秉渊（1820—1886），字镜之，一字敬之，昭文（今江苏常熟）古里人，瞿绍基之孙，瞿镛次子，清代著名藏书家，铁琴铜剑楼第三代主人。藏书印有"瞿秉渊印""恬裕斋镜之氏珍藏"等。

瞿秉沂印——瞿秉沂姓名藏书印。瞿秉沂（生卒不详），昭文（今江苏常熟）古里人，瞿绍基之孙、瞿镛第三子，清代藏书家，铁琴铜剑楼第三代主人。藏书印有"瞿秉沂""瞿秉沂印"等。

良士眼福——瞿启甲字号藏书印。瞿启甲（1873—1940），字良士，别号铁琴道人，昭文（今江苏常熟）人，瞿绍基曾孙，瞿镛之孙，瞿秉清之子，清末民国著名书画家、藏书家，铁琴铜剑楼第四代主人。详见《晦庵先生朱文公易说》"瞿启甲"条。

识递藏：

从书页所钤藏书印看，是书曾藏于常熟瞿氏"铁琴铜剑楼"，由瞿绍基、瞿镛、瞿秉渊、瞿秉沂、瞿启甲、瞿济苍祖孙五代递藏，前后相继，为瞿氏子孙世守；今藏于国家图书馆。

通志二百卷

识著述：

郑樵（1104—1162），字渔仲，号夹漈，自号溪西遗民，兴化军莆田县（今福建莆田）人，学者称夹漈先生，宋代经学家、史学家、校雠学家，著有《尔雅注》《通志》《夹漈遗稿》等。《通志》二百卷，仿《史记》而作，包括帝纪十八卷、世家三卷、后妃传二卷、年谱四卷、略五十二卷、列传一百零六卷、载记八卷、四夷传七卷，记述了自三皇五帝至隋代的历史，是《史记》之后现存的又一部以人物为中心的纪传体通史。《通志》"二十略"记载氏族、六书、七音、天文、地理、都邑、职官、刑法、食货、艺文、校雠等，是全书的精华所在，与《通典》《文献通考》并称"三通"。

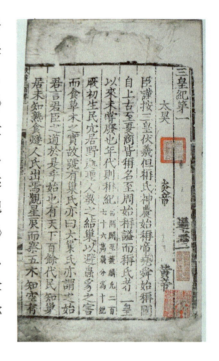

识版式：

此为元大德三山郡庠刻本；左右文武双边，上下单边；白口，双黑鱼尾，上刻字数，中刻书卷名、页码；半页九行，行二十一字，小字双行同。

识印章：

四明卢氏抱经楼藏书印——卢址郡望姓氏藏书楼号藏书印。卢址（1725—1794），字丹陛，一字青厓，鄞县（今浙江宁波鄞州）君子营人，清代诗人、藏书家，与余姚卢文弨合称"东西二抱经"。藏书楼名"抱经楼"，藏书印有"四明卢氏抱经楼藏书印""抱经楼"等。编有《抱经楼藏书目录》，著有《和陶诗》。

吴兴许博明氏怀辛斋藏书印——许厚基郡望姓名藏书楼号藏书印。许厚基（1874—1958），字博明，号怀辛，近现代藏书家。藏书楼名"怀辛斋""申申阁"，藏书印有"许厚基""吴兴许博明氏怀辛斋藏书印""许氏藏书"等。详见《大事记续编》"许厚基"条。

识递藏：

从书页所钤藏书印看，是书曾藏于鄞县卢址"抱经楼"；又藏于吴兴许厚基"怀辛斋"；今藏于吉林省图书馆。

天潢玉牒一卷

识著述：

不著撰人姓名，一说为解缙所撰。书中称成祖为"今上"，则是书必为永乐间人所编。《天潢玉牒》一卷，以编年为次，详载明太祖朱元璋之历代世系，包括其为平民时及即位之后的史实，附列皇后、太子、诸王谥号封爵等。"天潢"特指皇族，"玉牒"特指帝王族谱，而其体例为编年之体，故名《天潢玉牒》。

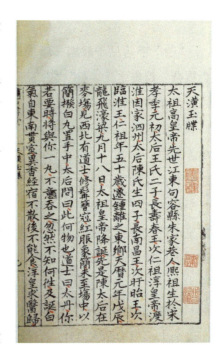

识版式：

此为明嘉靖十八年秦汴绣石书堂抄本；四周单边；白口，上书抄书者堂号，中书书名、页码；半页十行，行二十一字。

识印章：

建——赵宗建名号藏书印。赵宗建（1824—1900），字次侯，又字次公、次山，号非昔居士，常熟（今江苏常熟）人，清末著名诗人、藏书家。藏书楼名"旧山楼"，藏书印有"赵宗建印""赵次公印""非昔居士""旧山楼藏"等。编有《旧山楼书目》，著有《旧山楼诗录》《非昔居士日记》《庚子非昔日记》《赵氏三集》。详见《汉隶分韵》"赵宗建"条。

非昔经眼——赵宗建字号藏书印。

旧山楼——赵宗建藏书楼号藏书印。

识递藏：

此书为锡山秦汴抄本，必首藏于其家"绣石书堂"。从书页所钤藏书印及题跋看，是书又藏于常熟钱曾"述古堂"；又藏于常熟赵宗建"旧山楼"；今藏于南京图书馆。有钱曾、赵宗建题款，秦汴校跋。

史部·杂史类

杂史类小序

"杂"字始见于战国秦睡虎地秦简，本义指以各种色彩搭配制作的衣服，引申为掺杂、聚集之义。《说文》云："杂，五采相合也。"段《注》云："引伸为凡参错之偁，亦借为聚集字。"杂史之"杂"，即为汇集众庶之意。

杂史是以记载带有掌故性见闻为主的一种史体，属于杂记史事的史书，包括家史、外史、小史、稗史、野史、逸史等诸多类别。其书或记一时之见闻，或记一事之始末，或只是一家遗文旧事之私记，但均带有历史掌故的性质。

杂史之名，最早见于《隋书·经籍志二》："大抵皆帝王之事，通人君子必博采广览以酌其要，故备而存之，谓之杂史。"其中只提到了杂史的命名，兼及此体所记"大抵皆帝王之事"的内容倾向，并未涉及其所以命为杂史的原因。纪昀《四库全书总目·杂史类叙》称："盖载籍既繁，难于条析，义取乎兼包众体，宏括殊名。"则准确地解释了杂史所以名"杂"，在于此体可以"兼包众体，宏括殊名"。

杂史一般为私家著述。它既不同于纪、传、表、志体例齐全的正史，又不同于系年系事头绪清晰的编年史，也不同于关系一朝执政的别史。它不受体例的限制，而所记又多为作者亲见亲闻，所以，保存了不少第一手史料。更因其所涉领域宽广而独特，且殊少叙事忌讳，所以，记事更切近真实，大多可为正史之补充。尽管杂史在一定意义上非必实有其事，但亦可借助杂史了解某些历史事件的细节，从而推测正史笔下隐藏着的微言大义，弥补官修史书的疏漏与不足。纪昀《四库全书总目·史部·杂史类叙》称："取其事系庙堂，语关军国。或但具一事之始末，非一代之全编；或但述一时之见闻，只一家之私记。要期遗文旧事，足以存掌故，资考证，备读史者之参稽。"充分认识到了杂史的史学价值和文献价值。

自《隋书·经籍志》创制并著录"杂史类"史书七十二部，其后如晁公武《郡斋读书志》、陈振孙《直斋书录解题》、纪昀《四库全书总目》等著名官私目录，皆前创后因，著录日夥。

今所选录，计有《国语二十一卷》《国语补音三卷》《鲍氏国策十卷》《渚宫旧事五卷》《南烬纪闻一卷窃愤录一卷续录一卷》《南迁录一卷》《汉唐秘史二卷》七种，以窥杂史之大体。

国语二十一卷

识著述：

《国语》一书，传为春秋末期鲁国史官左丘明所撰。《国语》（又名《春秋外传》或《左氏外传》）二十一卷，是我国第一部国别体史书，其记事上起周穆王十二年（前990）西征犬戎，下至智伯被灭（前453），分别记载了周、鲁、齐、晋、郑、楚、吴、越八国之事。《国语》按照一定顺序分国排列，内容上偏重于记述历史人物的言论，记事简约。韦昭的《国语注》是最好的注本。韦曜（204—273），本名韦昭，字弘嗣，吴郡云阳（今江苏丹阳）人，三国吴史学家，著有《国语注》《官职训》《三吴郡国志》《吴书》《汉书音义》等。

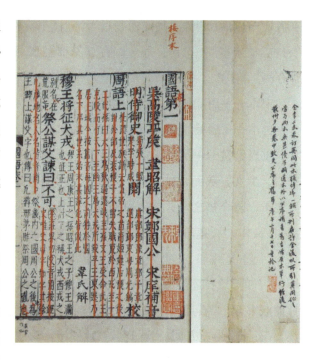

识版式：

此为明刻本；左右双边，上下单边；白口，单黑鱼尾，中刻书名、卷次、页码；半页九行，行二十字，小字双行同。

识印章：

陆贻典印——陆贻典姓名藏书印。陆贻典（1617—1686），一名陆典，初名陆贻芬，又名陆芳原，字敕先，自号觌庵，常熟（今江苏常熟）人，明末清初诗人、书法家、校勘学家、刻书家、藏书家，虞山诗派遗民诗人。藏书楼名"玄要斋""颐志堂""山径老屋"，藏书印有"陆贻典印""陆贻典名贻芬""陆氏敕先收藏图籍""敕先""白衣居士"等。著有《玄要斋稿》《渐于诗集》《唐诗鼓吹笺》等。

敕先——陆贻典字号藏书印。

逊敏斋藏——何焯藏书楼号藏书印。何焯（1661—1722），长洲（今江苏苏州）人，清代著名经学家、书法家、校勘学家、藏书家。藏书楼名"赍砚斋""逊敏斋""语古斋"等。详见《诗总闻》"何焯"条。

鹪安校勘秘籍——唐翰题字号藏书印。唐翰题（1816—1882），初名宝衔，字鹪庵，一作鹪安，一字蕉庵、文伯、子冰，别号新丰乡人，嘉兴（今浙江嘉兴）人，清代文字学家、书画家、金石鉴赏家、藏书家。藏书楼名"惟自勉斋""百宋千元之居""安雅楼"，藏书印有"唐翰题""唐翰题审正""唐翰题审正记""嘉兴唐翰题字子冰书画记""嘉兴新丰乡人唐翰题收藏印""质肃公孙翰题印长寿""翰题读过""翰题至宝""鹪安校勘秘籍""鹪安平生真赏""鹪鉴""子冰秘玩""新丰乡人庚申以后所聚""我作通判过否""读书有福得书难""福地谪仙""砚田山长""善本""宋本""元刊"等。编有《安雅楼藏书目录》，著有《说文臆说》《惟自勉斋存稿》等。

宋本——唐翰题藏书版本藏书印。

善本——唐翰题藏书版本等级藏书印。

重熹鉴赏——吴重熹名号藏书印。吴重熹（1838—1918），字仲怿，亦字仲饴、仲怡、少文、敬美，号蓼舸、石莲，晚号石莲老人，海丰（今山东无棣）人，吴式芬之子，陈介祺之婿，清末民初词人、诗人、金石学家、藏书家。藏书楼名"石莲闇"，又作"石莲轩""石莲庵""石莲龛"等，藏书印有"海丰吴重熹印""吴重熹""吴重熹藏印""重熹""重熹鉴赏""吴仲怿秘笈印""曾为吴仲怿所得""仲怿""石莲""石莲经眼""海丰吴氏""海丰吴氏藏书""石莲闇""石莲闇印""石莲闇藏书印""石莲闇所藏书""海丰吴氏石莲庵"等。编有《金石汇目》《九金人集》《石莲龛山左人词》，著有《石莲闇诗》《石莲闇乐府》等。

子文——其人无考。

枣坡过眼——其人无考。

周暹——周叔弢姓名藏书印。周叔弢（1891—1984），建德（今安徽东至县）人，现代著名政治家、实业家、收藏家、藏书家。藏书楼名"寒在堂"等。详见《周礼》"周暹"条。

识递藏：

从书页所钤藏书印看，是书曾藏于常熟陆贻典"玄要斋"；继藏于长洲何焯"逊敏斋"；继藏于嘉兴唐翰题"惟自勉斋"；继藏于海丰吴重熹"石莲闇"；继藏于建德周暹"寒在堂"；今藏于国家图书馆。有陆贻典、叶万、章钰、唐翰题等跋。

国语补音三卷

识著述：

宋庠（996—1066），初名郊，字伯庠，入仕后改名庠，更字公序，开封府雍丘（今河南杞县）人，北宋文学家、史学家，与其兄宋祁并有文名，时称"二宋"。著有《宋元宪集》《国语补音》。《国语补音》三卷，乃宋庠鉴于注《国语》者向无音注之弊，乃采撷《经典释文》及《说文》《集韵》等书补成此编。其书广参《国语》诸本，参互考正，辨证详核，极具文献价值。

识版式：

此为宋刻元明递修公文纸印本；四周双边；粗黑口，双黑鱼尾，中刻书名、卷次、页码，下刻刻工姓名；半页十行，行二十字，小字双行同。

识印章：

椒花吟舫——朱筠藏书楼号藏书印。朱筠（1729—1781），顺天大兴（今北京大兴）人，清代著名经学家、书法家、诗人、金石学家、文献学家、藏书家。藏书楼名"椒花吟舫"。详见《入注附音司马温公资治通鉴》"朱筠"条。

盱眙吴氏望三益斋藏书之印——吴棠郡望姓氏藏书楼号藏书印。吴棠（1813—1876），字仲宣，号棣华，谥勤惠，泗州盱眙三界市（今安徽明光三界镇老三界）人，清代著名诗人、藏书家。藏书楼名"滁山书堂""望三益斋"，藏书印有"臣吴棠印""盱眙吴氏藏书""滁山书堂""望三益斋""盱眙吴氏望三益斋藏书之印"等。著有《望三益斋诗文钞》《望三益斋存稿》《读诗一得》等。

吴同远印——吴公望姓氏名号藏书印。吴公望（1883—1975），名同远，泗州盱眙三界市（今安徽明光三界镇老三界）人，清代著名藏书家吴棠之孙，近代著名碑帖专家、文物鉴定家、藏书家。藏书楼名"望三益斋"，藏书印有"吴公望""公望""吴同远印""盱眙吴同远公望父审定印记""勤惠公孙"等。

公望——吴公望名号藏书印。

识递藏：

从书页所钤藏书印看，是书曾藏于大兴朱筠"椒花吟舫"；又藏于盱眙吴棠"望三益斋"，由其孙吴公望递藏；今藏于吉林省图书馆。

鲍氏国策十卷

识著述：

刘向（前77—前6），原名更生，字子政，沛郡丰邑（今江苏徐州丰县）人，西汉经学家、史学家、文学家、文献学家，中国目录学鼻祖，所撰《别录》为我国最早的图书类目录，著有《五经通义》《战国策》《新序》《说苑》《列女传》等。《战国策》十卷，是刘向编订的一部国别体史书，全书共三十三卷，分为东周、西周、秦、楚、齐、赵、魏、韩、燕、宋、卫、中山十二国的"策"论，主要记载了自智伯灭范氏（前490）至高渐离以筑击秦始皇（前221）共二百四十五年的历史，记述了战国时期纵横家游说各国的活动、说辞及其权谋智变故事，记录了战国时期纵横家的政治主张和策略，展示了战国时代的历史特点和社会风貌，是研究战国历史的重要文献。

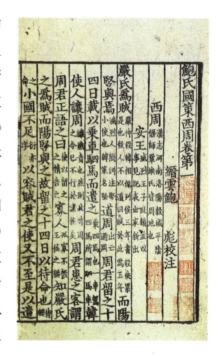

鲍彪（1091—1156），字文虎，号潜翁，龙泉（今浙江龙泉）人，两宋之际史学家，著有《战国策注》。鲍《注》参考《史记》诸书，稍更刘向校订之序，存高诱之旧注，又改正其衍脱，被视为《战国策》之善本。

识版式：

此为宋绍熙二年会稽郡斋刻本；左右文武双边，上下单边；白口，单黑鱼尾，中刻书名、卷次、页码，下刻刻工姓名；半页十一行，行二十字，小字双行同。

识印章：

安氏懋卿图籍——安绍芳姓氏字号藏书印。安绍芳（1548—1605），字懋卿，号砚亭居士，后更名泰来，字未央，无锡（今江苏无锡）人，安国曾孙，明代诗人、书画家、篆刻家、藏书家。藏书楼名"墨颠斋""琳琅馆""白榆阁"，藏书印有"安绍芳印""绍芳""安懋卿""懋卿印""懋卿父""安""安氏懋卿图籍""锡山安氏西林秘玩印""晋陵安仲子图书""安仲子琳琅馆珍玩""白榆阁宝藏""墨颠斋图书印"等。著有《西林全集》。

墨林秘玩——项元汴字号藏书印。项元汴（1525—1590），字子京，号墨林，别号墨林山人、退密庵主人等，秀水（今浙江嘉兴）人，明代诗人、书画家、鉴赏家、藏书家。藏书楼名"天籁阁"等。详见《左传文苑》"项元汴"条。

士钟——汪士钟名号藏书印。汪士钟（1786—?），长洲（今江苏苏州）人，汪文琛之子，清代著名藏书家。藏书楼名"艺芸书舍""三十五峰园"等。详见《周易九卷》"汪士钟"条。

阆源父——汪士钟字号藏书印。

平阳汪氏藏书印——汪士钟郡望姓氏藏书印。

铁琴铜剑楼——常熟瞿氏藏书楼号藏书印。详见《周易注疏》"铁琴铜剑楼"条。

菰里瞿镛——瞿镛郡望姓名藏书印。瞿镛（1794—1846），字子雍，昭文（今江苏常熟）古里人，清代著名藏书家，铁琴铜剑楼第二代主人。藏书楼名"铁琴铜剑楼"。详见《周易九卷》"瞿镛"条。

瞿润印——瞿润姓名藏书印。瞿润（生活于嘉道间），昭文（今江苏常熟）古里人，瞿绍基之孙，瞿镛长子，清代藏书家，铁琴铜剑楼第三代主人。藏书印有"瞿润印""瞿润之印"等。

良士眼福——瞿启甲字号藏书印。瞿启甲（1873—1940），昭文（今江苏常熟）人，瞿绍基曾孙，瞿镛之孙，瞿秉清之子，清末民国著名书画家、藏书家，铁琴铜剑楼第四代主人。详见《晦庵先生朱文公易说》"瞿启甲"条。

识递藏：

从书页所钤藏书印及题跋看，是书曾藏于明代藏书家郑汶伟之手；又藏于无锡安绍芳"墨颠斋"；又藏于嘉兴项元汴"天籁阁"；入清后归藏于长洲汪士钟"艺芸书舍"；汪氏书散后归常熟瞿氏"铁琴铜剑楼"，历经瞿镛、瞿润、瞿启甲祖孙世代递藏；今藏于国家图书馆。

渚宫旧事五卷

识著述：

余知古（生活于唐文宗朝），籍贯未详，唐代史学家，著有《渚宫旧事》。《渚宫旧事》五卷（原书十卷），记事上起芈熊下迄晋代（原书唐代），所载皆荆楚之事，故题曰"渚宫"。

识版式：

此为明抄本；半页十二行，行二十四字，小字双行同。

识印章：

晋府图书——明代初年晋藩王朱㭎藏书之印。朱㭎（1359—1398），明太祖朱元璋第三子，九大塞王之一，洪武三年封为晋王。藏书印有"晋府书画之印""晋府书画""晋府图书"等。

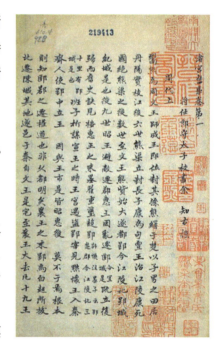

范承谟印——范承谟姓名藏书印。范承谟（1624—1676），字觐公，号螺山，辽东沈阳（今辽宁沈阳）人，大学士范文程之子，顺康朝官员、藏书家。藏书印有"范承谟印"。著有《抚浙奏议》《督闽奏议》《忠贞集》等。

范承烈印——范承烈姓名藏书印。范承烈（生卒年不详），字彦公，辽东沈阳（今辽宁沈阳）人，大学士范文程之子，范承谟之弟，顺康朝官员、藏书家。藏书印有"范承烈印"。著有《雏凤堂集》等。

谦牧堂藏书记——纳兰揆叙藏书楼号藏书印。纳兰揆叙（1674—1717），原名容德，字恺功，号惟实居士，姓叶赫那拉氏，满洲正黄旗辽阳（今辽宁辽阳）人，叶赫贝勒金台石曾孙，康熙重臣纳兰明珠次子，纳兰性德之弟，清初著名诗人、藏书家。藏书楼名"谦牧堂""益戒堂""隙光亭"，藏书印有"谦牧堂书画记""谦牧堂藏书记""谦牧堂藏书印""谦牧堂赏鉴书画之章""小雅之材"等。编有《谦牧堂藏书总目》，著有《益戒堂集》《鸡肋集》《隙光亭杂识》《续识》等。

徐元梦印——徐元梦姓名藏书印。徐元梦（1655—1741），姓舒穆禄氏，字善长，号蝶园，满洲正白旗人，康雍朝诗人、教育家、藏书家。藏书印有"徐元梦印"。

某会里朱氏潜采堂藏书——朱彝尊郡望姓氏藏书楼号藏书印。朱彝尊（1629—

1709），秀水（今浙江嘉兴）人，清代经学家、史学家、诗人、词人、藏书家。藏书楼名"曝书亭"等。详见《周易本义》"朱彝尊"条。

陈浩之印——陈浩姓名藏书印。陈浩（1695—1772），字紫澜，号未斋，自称生香老人，直隶昌平（今北京昌平）人，清代诗人、鉴赏家、藏书家。藏书楼名"生香书屋"，藏书印有"陈浩之印""紫澜""闲来无事不从容""闲如南山之寿"等。著有《生香书屋诗集》《生香书屋文集》。

汉阳叶名澧润臣甫印——叶名澧郡望姓名字号藏书印。叶名澧（1811—1859），字润臣，号翰源，别号端四生，汉阳（今湖北武汉）人，藏书家叶志诜之子，清代经学家、诗人、藏书家。藏书楼名"宝芸斋""敦夙好斋""八万卷书楼"，藏书印有"叶名澧""叶名澧印""润臣""润臣借读""汉阳叶名澧润臣甫印""敦宿好斋""叶氏敦夙好斋藏书""叶氏敦宿好斋收藏古刻善本""汉阳叶氏敦宿好斋印""宝芸斋""叶氏珍藏秘籍""汉阳叶氏存书""叶名琛名澧兄弟同鉴定""汉阳叶名琛名澧同读过""凤栖里人""新诗改罢自长吟"等。著有《读易丛记》《敦夙好斋诗集》《桥西杂记》等。

结一庐藏书印——朱学勤藏书楼号藏书印。朱学勤（1823—1875），仁和（今浙江杭州余杭）塘栖镇人，清代著名藏书家。藏书楼名"结一庐"。详见《集韵》"朱学勤"条。

仁和朱澂——朱澂郡望姓名藏书印。朱澂（？—1890），字子清，仁和（今浙江杭州）人，朱学勤长子，清代版本学家、藏书家。继承其父"结一庐"。详见《集韵》"朱澂"条。

子清——朱澂字号藏书印。

莫棠字楚生印——莫棠姓名字号藏书印。莫棠（1865—1929），字楚生，独山（今贵州黔南独山）人，莫祥芝第三子，清末民初著名目录学家、版本学家、藏书家。藏书楼名"铜井文房"等。详见《说文字原》"莫棠"条。

独山莫氏铜井文房藏书印——莫棠郡望姓氏藏书楼号藏书印。

更年审定——秦更年名号藏书印。秦更年（1885—1958），原名松云，字曼青、曼卿，号婴闇，别号东轩、婴闇居士，江都（今江苏扬州）人，清末民国间诗人、学者、出版家、书画家、藏书家。藏书楼名"学福寿斋""寿石斋""石药簃"等，藏书印有"秦更年印""秦更年""秦曼青""东轩长寿""婴闇""婴闇居士""婴闇秦氏藏书""曾在秦婴闇处""石药簃藏书印"等。著有《汉延熹西岳华山庙碑续考》《婴闇诗存》《婴闇题跋》。

识递藏：

从书页所钤藏书印及题跋看，此书曾藏于明前期藩王朱栱晋府；入清后又藏于沈阳范承谟、范承烈兄弟之手；继藏于辽阳纳兰揆叙"谦牧堂"；继藏于徐元梦家；继藏于秀水朱彝尊"潜采堂"；继藏于昌平陈浩"生香书屋"；继藏于汉阳叶名澧

"敦夙好斋";继藏于仁和朱学勤、朱澂父子"结一庐";继藏于独山莫棠"铜井文房";继藏于扬州秦更年"石药簃";今藏于南开大学图书馆。有仁和杭世骏、江都秦更年跋。

南烬纪闻一卷窃愤录一卷续录一卷

识著述：

辛弃疾（1140—1207），原字坦夫，后改字幼安，号稼轩，山东东路济南府历城县（今山东济南历城）遥墙镇四凤闸村人，南宋爱国将领、史学家、豪放派词人。与苏轼合称"苏辛"，与李清照并称"济南二安"。著有《稼轩长短句》《南烬纪闻》。《南烬纪闻》（又名《南渡录》）一卷，以日记形式，详细记录了自北宋靖康元年（1126）至金太祖完颜旻天辅七年（即南宋高宗绍兴二年1132）六年间，金人攻陷北宋都城汴梁（今河南开封），驱掳宋徽宗赵佶、宋钦宗赵桓二帝等数千人北迁五国城（今黑龙江依兰）的屈辱史，补充了正史记载之不足。

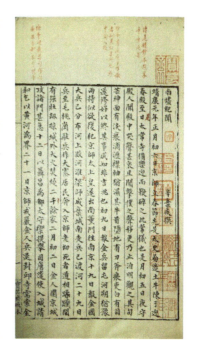

识版式：

此为清叶氏宝芸斋抄本；左右双边，上下单边；细黑口，下题"宝芸斋藏本"；半页十二行，行二十五字。

识印章：

叶名澧印——叶名澧姓名藏书印。叶名澧（1811—1859），汉阳（今湖北武汉）人，藏书家叶志诜之子，清代经学家、诗人、藏书家。藏书楼名"宝芸斋""敦夙好斋"等。详见《渚宫旧事》"叶名澧"条。

润臣——叶名澧字号藏书印。

宝芸斋——叶名澧藏书楼号藏书印。

臣学勤印——朱学勤名号藏书印。朱学勤（1823—1875），仁和（今浙江杭州余杭）塘栖镇人，清代著名藏书家。藏书楼名"结一庐"。详见《集韵》"朱学勤"条。

修伯读过——朱学勤字号藏书印。

珀——朱学勤藏书印。

小湖——朱学勤藏书印。

结一庐藏书印——朱学勤藏书楼号藏书印。

识递藏：

从书页所钤藏书印看，是书曾藏于抄书者汉阳叶名澧"宝芸斋"；继藏于仁和朱学勤"结一庐"；今藏于山东省图书馆。

南迁录一卷

识著述：

张师颜（生活于宋金之交），开封襄邑（今河南睢县）人，宋、金之际史学家，著有《南迁录》。《南迁录》一卷，乃张师颜所著自述性历史文集，记述了金朝海陵王完颜亮迁都燕京时张氏随迁汴京的经历。文集举凡金朝宫廷见闻及京都大事无不载记，且多追述金初史事与轶闻，对金蒙争战中原的描写尤为详尽，对研究宋、金史不无裨益。

识版式：

此为明抄本；半页十行，行二十四字。

识印章：

池北书库——王士禛藏书楼号藏书印。王士禛（1634—1711），原名王士禛，字子贞，一字贻上，小字豫孙，号阮亭，又号渔洋山人，世称王渔洋，谥文简，山东新城（今山东桓台）人，清初杰出文学家、诗人、诗歌评论家、金石学家、鉴赏学家、藏书家。藏书楼名"池北书库""带经堂""宝翰堂""古夫于亭""匏墨斋"等，藏书印有"王士禛印""济南王士禛""士禛印""士禛私印""禛""阮亭""王阮亭藏书印""渔洋山人""渔阳手跋""琅琊王氏图书""琅琊王氏藏书之印""旧为新城王氏藏本""御史大夫""宫詹学士""国子祭酒""经筵讲官""御史中丞""怀古田舍""忠勤公之世孙""宝翰堂章""池北书库""池北书库收藏""小三昧"等。编有《池北书库藏书目》，著有《带经堂集》《渔洋诗文集》《渔洋山人精华录》《居易录》《精华录训纂》《池北偶谈》《蚕尾集》《分甘余话》《渔洋诗话》《香祖笔记》等三十余种。

怀古田舍——王士禛藏书印。

文学侍从——王士禛官爵藏书印。

小三昧——王士禛藏书印。

琅邪——王士禛郡望藏书印。

识递藏：

从书页所钤藏书印看，是书曾藏于新城王士禛"池北书库"；今藏于山东省博物馆。有王士禛跋。

汉唐秘史二卷

识著述：

朱权（1378—1448），号臞仙，别号大明奇士、涵虚子、丹丘先生，南直隶应天府上元（今江苏南京）人，朱元璋之子，世称宁献王，明代著名史学家、音韵学家、戏剧学家、藏书家，著有《汉唐秘史》《太和正音谱》《琴阮启蒙》，另有杂剧十三种。《汉唐秘史》二卷，乃洪武二十九年（1396）朱权奉命编纂，其书根据茶陵刘三吾等人进讲的汉唐事实按类依次成编，而其中历代帝王"论赞"，则由明成祖朱棣御撰。《秘史》旨在"以后世之乱亡皆因其初谋划不当"为诫，为统治者提供借鉴，具有一定的警示意义。其书取材不精，多有委巷之谈，荒诞不经，不足为取。

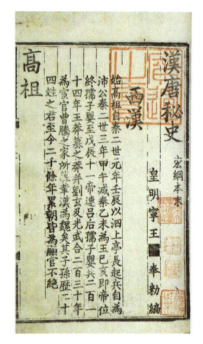

识版式：

此为明建文四年（1402）宁藩刻本；四周文武双边；粗黑口，双黑鱼尾；半页十三行，行二十二字。

识印章：

孔继涵印——孔继涵姓名藏书印。孔继涵（1739—1784），字体生，一字埔孟，号荭谷（或㳺谷），别号南洲，自称昌平山人，孔子第六十九代孙，曲阜（今山东曲阜）人，清代著名经学家、金石学家、校勘学家、刻书家、藏书家。藏书楼名"微波榭""红榈书屋""青睐书屋""春及园"等，藏书印有"孔继涵""孔继涵印""孔氏继涵""继涵之印""孔继涵即荭谷""荭谷""词人荭谷""㳺谷""南洲""微波榭""微波榭秘藏""红蕚轩"等。著有《夏小正考异》《水经释地》《红榈书屋集》《斫冰词》《炊经堂友朋诗文杂稿》《杂体文稿》等。

荭谷——孔继涵字号藏书印。

荥阳世业——孔继涵藏书闲章。"荥阳世业"概指世代注经解经之家。

广运之宝——清廷印鉴"二十五宝"之中的最后一宝，是乾隆皇帝指定的代表国家政权的二十五方御用国宝印章之一。据《交泰殿宝谱》，此宝作"以谨封识"之用。

识递藏：

从书页所钤藏书印看，是书曾藏于曲阜孔继涵"微波榭"；四库馆开，孔子第七十一代孙孔昭焕献于清内廷；今藏于北京大学图书馆。

史部·诏令奏议类

诏令奏议类小序

诏令是我国古代的一种下行公文文体，是皇帝发布的各类公文的统称，民间一般称之为圣旨。诏令大体上可分两类：一是发布重大制度、典礼、封赏的文书，一是日常政务活动的文书。根据不同的需要，有制、诏、诰、敕、旨、册、谕、令、檄、纶音等不同名目。

诏令属于史的范畴。"左史记言，右史记事"是中国古史的传统，所谓记言记事，特指君王而言，君王的一言一行均被当作史实予以记载。纪昀《四库全书总目·史部·诏令奏议类叙》称："王言所敷，惟诏令耳。"位列"五经"的《尚书》所谓誓、命、训、诰四体，即为诏令属史的显证。

奏议是我国古代的一种上行公文文体，是臣下上奏帝王的各类文书的统称，民间一般称之为奏折。根据文案形式的不同，有表、奏、疏、议、上书、封事等不同叫法。

奏议亦属史的范畴。《汉书·艺文志》将本不属"六艺"的《议奏》《奏事》二书列于《战国策》与《史记》之间，而附于"春秋类"之后，显然是将其视为史书的铁证。《文献通考》始以"奏议"自为一门，却将其置于集部之末，显系归属失察。

秦汉诏令、奏议归入史传，诏令多在本纪，奏议多在列传，故历代史书之"艺文志""经籍志"多无此门。《隋书·经籍志·集部》"总集类"著录以"诏""表""奏"命名的书有三十余部，《新唐书·艺文志》有"诏令"一门附"起居注"后，陈振孙《直斋书录解题·史部》仅置"诏令类"，《旧唐书·经籍志》"史部"始置此门，而黄虞稷《千顷堂书目》又将其置于"集部"。合"诏令""奏议"为一体者，自纪昀《四库全书总目》始，张之洞《书目答问》沿用此例，由此足见其归属之难。

《文选》专辟有诏、令、奏、议类，姚鼐《古文辞类纂》、曾国藩《经史百家杂钞》也将"诏令奏议"列为专门，足见其单列之传统。而将此二者合并且列为专门的主要依据，据个人私臆，大抵出于二者皆事关国计，又皆属记言类史书的考虑。

今之所选，计有《唐大诏令集一百三十卷》《高皇帝御制文集二十卷》《三朝圣谕录三卷》（以上"诏令"）《注陆宣公奏议十五卷》《孝肃包公奏议集十卷》《续增历代奏议丽泽集文十卷附图鉴增广丽泽集文一卷》《贤良进卷八卷》《历代名臣奏议三百五十卷》（以上"奏议"）八部，以见二体之大端。

唐大诏令集一百三十卷

识著述：

宋敏求（1019—1079），字次道，赵州平棘（今河北赵县）人，北宋学者、史学家、藏书家。其家藏书富，谙熟朝廷典故，编著有《唐大诏令集》《长安志》《六世实录》，著有《春明退朝录》。《唐大诏令集》一百三十卷，乃宋敏求在其父宋绶草创的基础上整理成书，内容关涉到唐代政治、经济、法律、选举、行政管理等，是研究唐代法制史的重要资料。

识版式：

此为明写本；半页十五行，行二十六字。

识印章：

谦牧堂藏书记——纳兰揆叙藏书楼号藏书印。纳兰揆叙（1674—1717），原名容德，字恺功，号惟实居士，姓叶赫那拉氏，满洲正黄旗辽阳（今辽宁辽阳）人，清初著名诗人、藏书家。藏书楼名"谦牧堂"，藏书印有"谦牧堂藏书记"等。编有《谦牧堂藏书总目》，著有《益戒堂诗集》《鸡肋集》《隙光亭杂识》《续识》等。详见《渚宫旧事》"纳兰揆叙"条。

莫棠楚生——莫棠姓名字号藏书印。莫棠（1865—1929），字楚生，独山（今贵州黔南独山）人，莫祥芝第三子，清末民初著名目录学家、版本学家、藏书家。藏书楼名"铜井文房"等，藏书印有"莫棠岭外所收""莫棠字楚生印""独山莫氏收藏经籍记""独山莫氏铜井文房之印"等。著有《铜井文房书跋》。详见《说文字原》"莫棠"条。

独山莫氏收藏经籍记——莫棠郡望姓氏藏书印。

绣衣大夫——莫棠藏书印。棠为树之一种，树又号绣衣大夫。

识递藏：

从书页所钤藏书印及题跋看，是书曾藏于辽阳纳兰揆叙"谦牧堂"；又藏于独山莫棠"铜井文房"；继藏于莫伯骥"五十万卷楼"；今藏于中山大学图书馆。有莫棠、莫伯骥跋。

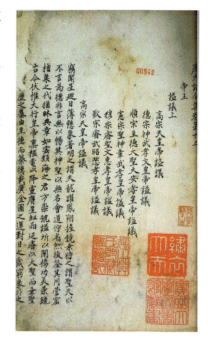

313

高皇帝御制文集二十卷

识著述：

朱元璋（1328—1398），幼名重八，元末起事后更名元璋，字国瑞，元末农民起义军首领，明朝开国皇帝，史称明太祖，濠州钟离（今安徽凤阳）人，明代卓越军事家、战略家、统帅，著有《高皇帝御制文集》。《高皇帝御制文集》二十卷，主要是朱元璋登基后的诏书总集，也包括其御制诗文等。

识版式：

此为明嘉靖十四年徐九皋、王惟贤刻本；四周单边；白口，上刻书名，中刻卷次，下刻页码；半页十行，行二十字，小字双行同。

识印章：

礼培私印——王礼培名号藏书印。王礼培（1864—1943），字佩初，号南公，别署潜虚老人，湘乡（今湖南湘乡）景庆三坊后峰村人，清末民国诗人、藏书家。藏书楼名"扫尘斋""小招隐馆""复壁""紫金精舍"等，藏书印有"礼培""礼培私印""复壁藏书""扫尘斋""扫尘斋积书记""扫尘斋王氏藏印""紫荆精舍藏书""湘乡王氏紫荆精舍藏书""小招隐馆""湘乡王氏孤籍秘本""赢得青楼薄幸名"等。编有《复壁藏书目》，著有《前甲子诗篇》《后甲子诗篇》《扫尘斋文集》《小招隐馆谈艺录》等。

扫尘斋积书记——王礼培藏书楼号藏书印。

识递藏：

从书页所钤藏书印看，是书曾藏于湘乡王礼培"扫尘斋"；今藏于吉林省图书馆。

三朝圣谕录三卷

识著述：

  杨士奇（1366—1444），本名杨寓，字士奇，以字行，号东里，吉安府泰和（今江西泰和）澄江镇人，明初重臣、学者，先后担任《明太祖实录》《明仁宗实录》《明宣宗实录》总裁，辑有《三朝圣谕录》。《三朝圣谕录》三卷，乃杨士奇模仿欧阳修《奏事录》、司马光《手录》之例，自录其于永乐、洪熙、宣德三朝面承诏旨及奏对之语，具有一定的史料价值。

识版式：

  此为明正统刻本；四周文武双边；白口，中刻书名，下刻页码；半页十行，行二十一字。

识印章：

  严可均之印——严可均姓名藏书印。严可均（1762—1843），字景文，号铁桥，乌程（今浙江吴兴）骥林人，清代文字学家、考据学家、文献学家、藏书家。藏书楼名"四录堂"，藏书印有"严可均印""铁桥""道深"等。辑有《全上古三代秦汉三国六朝文》，著有《说文声类》《说文校义》《说文长编》《说文翼》《唐石经校文》《古今钱图》《铁桥漫稿》等，汇为《四录堂类集》。

  铁桥——严可均字号藏书印。

识递藏：

  从书页所钤藏书印看，是书曾藏于乌程严可均"四录堂"；今藏于天津图书馆。

注陆宣公奏议十五卷

识著述：

陆贽（754—805），字敬舆，苏州嘉兴（今浙江嘉兴）人，唐代著名政治家、文学家、政论家，著有《陆宣公翰苑集》（又称《陆宣公奏议》）。《注陆宣公奏议》十五卷，包括制诰八十三篇、奏草三十二篇、奏议十二篇，内容广泛涉及中唐时期的社会历史问题，对当时财政、经济、军事、藩镇割据及与回纥、吐蕃关系的论述多切中时弊，对研究唐代历史具有较高的参考价值。其所作奏议，多用排偶，条理缜密，文笔流畅。

识版式：

此为明弘治七年林符刻本；四周文武双边；粗黑口，双黑鱼尾，中刻类次；半页九行，行十八字，小字双行同。

识印章：

曹家驺印——曹家驺姓名藏书印。曹家驺（生卒不详），江都（今江苏扬州）人，上海积学书社曹声涛之父，民国藏书家。

江都曹氏家驺秘笈——曹家驺郡望姓氏藏书印。

博明——许厚基字号藏书印。许厚基（1874—1958），字博明，号怀辛，别署怀辛主人、怀辛阁主人，祖籍吴兴（今浙江湖州吴兴），徙居苏州，近代藏书家。藏书楼名"怀辛斋""申申阁"，藏书印有"许厚基""吴兴许博明氏怀辛斋藏书印""许氏藏书"等。详见《大事记续编》"许厚基"条。

怀辛主人——许博明字号藏书印。

识递藏：

从书页所钤藏书印看，是书曾藏于江都曹家驺之手；继藏于苏州许厚基"怀辛斋"；今藏于天津图书馆。

孝肃包公奏议集十卷

识著述：

　　包拯（999—1062），字希仁，庐州（今安徽合肥）肥东人，北宋名臣，曾任天章阁待制、龙图阁直学士，世称包待制、包龙图，著有《孝肃包公奏议集》。《孝肃包公奏议集》十卷，几乎囊括了包拯一生所有的奏折和陈表，全面呈现了包拯的政治主张和阅世态度，其中关于反对增加农民负担和精兵简政的建议，具有极高的史料价值及现实意义。

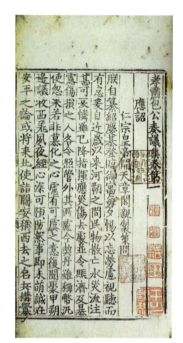

识版式：

　　此为明嘉靖二十二年崇藩刻本；四周双边；粗黑口，双黑鱼尾；半页十行，行二十字。

识印章：

　　注韩居士（钤倒）——郑杰字号藏书印。郑杰（1750—1800），侯官（今福建福州）人，清代学者、诗人、史学家、藏书家。藏书楼名"注韩居"。详见《博雅》"郑杰"条。

　　叶启勋——叶启勋姓名藏书印。叶启勋（1900—1972），长沙（今湖南长沙）苏家巷人，叶德辉三弟叶德炯次子，现代著名目录学家、藏书家。藏书楼名"拾经楼"。详见《仪礼注疏》"叶启勋"条。

　　定侯所藏——叶启勋字号藏书印。

　　叶氏启发——叶启发姓名藏书印。叶启发（1905—1952），字东明，长沙（今湖南长沙）苏家巷人，现代藏书家、目录学家。藏书楼名"华鄂堂"。详见《仪礼注疏》"叶启发"条。

　　东明鉴藏——叶启发字号藏书印。

识递藏：

　　从书页所钤藏书印看，是书曾藏于侯官郑杰"注韩居"；又藏于长沙叶启勋、叶启发兄弟"拾经楼"；今藏于湖南图书馆。

续增历代奏议丽泽集文十卷附图鉴增广丽泽集文一卷

识著述：

原书不著撰人，元代方回谓乃吕成公（吕祖谦）所编纂，《吕祖谦全集》第十六册收录《续增历代奏议丽泽集文》，知为吕氏辑录。吕祖谦（1137—1181），字伯恭，婺州（今浙江金华）人，世称"东莱先生"，为与伯祖吕本中相区别，亦有"小东莱先生"之称，南宋时期著名理学家、史学家、文学家和教育家。编著有《东莱集》《历代制度详说》《东莱博议》《增节标目音注精议资治通鉴》《续增历代奏议丽泽集文》等。《续增历代奏议丽泽集文》十卷，乃汉魏六朝、唐、宋名臣奏议合选本。

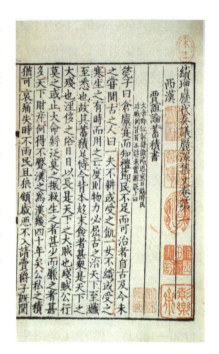

识版式：

此为宋刻本；左右双边，上下单边；细黑口，双黑鱼尾；半页十二行，行二十二字。

识印章：

毛表——毛表姓名藏书印。毛表（1638—？），字奏叔，号正庵，虞山（今江苏常熟）人，著名藏书家毛晋第四子，清初藏书家、刻书家。详见《晋书》"毛表"条。

季振宜藏书——季振宜姓名藏书印。季振宜（1630—？），泰兴（今江苏泰州靖江）季市镇人，明末清初著名诗人、文献学家、版本学家、校勘学家、藏书家。藏书楼名"静思堂"。详见《尚书注疏》"季振宜"注。

彭乐斋——彭端淑姓氏字号藏书印。彭端淑（1699—1779），字乐斋，号仪一，眉州丹棱（今四川丹棱）人，清代学者、诗人、文学家。藏书楼名"白鹤堂"，藏书印有"彭乐斋"等。辑有《曹植以下八家诗选》《蜀名家诗抄》《小方壶斋舆地丛书》，著有《白鹤堂文集》《雪夜诗谈》等。

浦玉田藏书记——浦祺姓氏字号藏书印。浦祺（1733—1795），字玉田，一字扬烈，常熟（今江苏常熟）任阳里人，清代藏书家。藏书楼名"留与轩"，藏书印有"浦祺之印""浦氏扬烈""浦玉田藏书""浦玉田藏书记""浦伯子""留与轩浦氏珍藏"等。编有《留与轩书目》。

浦伯子——浦祺字号藏书印。

汪士钟曾读——汪士钟姓名藏书印。汪士钟（1786—？），长洲（今江苏苏州）人，汪文琛之子，清代著名藏书家。藏书楼名"艺芸书舍""三十五峰园"等。详见《周易九卷》"汪士钟"条。

宋本——汪士钟版本藏书印。

铁琴铜剑楼——常熟瞿氏藏书楼号藏书印。详见《周易注疏》"铁琴铜剑楼"条。

识递藏：

从书页所钤藏书印看，是书曾藏于明末常熟毛表"汲古阁"；继藏于泰兴季振宜"静思堂"；继藏于眉州彭端淑"白鹤堂"；继藏于常熟浦祺"留与轩"；继藏于长洲汪士钟"艺芸书舍"；继藏于常熟瞿氏"铁琴铜剑楼"，由瞿镛、瞿秉渊、瞿启甲、瞿济苍祖孙世代递藏；今藏于国家图书馆。

贤良进卷八卷

识著述：

叶适（1150—1223），字正则，号水心居士，永嘉（今浙江温州鹿城）人，生于瑞安，后居永嘉水心村，世称水心先生，南宋思想家、史学家、文学家、政论家，著有《水心先生文集》《水心别集》《习学记言》等。《贤良进卷》八卷，乃《水心别集》之一部，多为叶适先生论治之方，针对宋代政治、经济、军事、法制、人事等方面的积弊，提出了一系列切合实际的改革主张和治理措施。

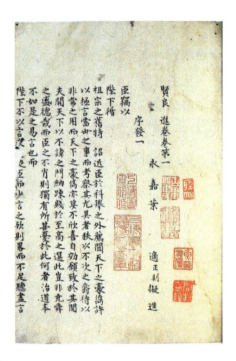

识版式：

此为清嘉庆十八年翁心存抄本；半页十二行，行二十二字。

识印章：

鱼元傅印——鱼元傅姓名藏书印。鱼元傅（1704—1768），字东川，号虞岩，常熟（今江苏常熟）人，清代书法家、鉴赏家、藏书家。藏书楼名"闲止楼""来鸥轩"，藏书印有"鱼元傅印""鱼元傅虞岩印""鱼元傅珍藏印""鱼""小鱼""元傅""鱼东川藏书""东川""鱼虞岩氏""鱼虞岩图书记""鱼虞岩闲止楼珍藏书画印""虞岩""闲止楼""闲止楼珍藏""闲止楼藏书""开封十世孙""石笈丛樵人""吴下阿傅""耐翁""悔不十年读书""每爱其书手自抄""圣竹"等。合著有《海虞画苑略》。

开封十世孙——鱼元傅祖望藏书印。此"开封"指鱼元傅祖上鱼侃。鱼侃（生卒不详），字希直，晚号颐庵，南直隶苏州府常熟人，曾任开封知府，耿直刚正，堪比包公。

圣竹——鱼元傅藏书印。

铁琴铜剑楼——常熟瞿氏藏书楼号藏书印。详见《周易注疏》"铁琴铜剑楼"条。

古里瞿氏——瞿绍基郡望姓氏藏书印。瞿绍基（1772—1836），字厚培，号荫棠，昭文（今江苏常熟）人，清代著名藏书家，铁琴铜剑楼第一代主人。藏书楼初名"恬裕斋""敦裕斋"，后改为"铁琴铜剑楼"，藏书印有"虞山瞿绍基藏书之印"

"绍基秘笈"等。

识递藏：

　　此书为常熟翁心存抄本，必首藏于其家"知止斋"。从书页所钤藏书印看，是书曾藏于常熟鱼元傅"闲止楼"；又藏于古里瞿氏"铁琴铜剑楼"；又藏于上海图书馆；今藏于江苏省常熟市图书馆。有翁心存跋。

历代名臣奏议三百五十卷

识著述：

黄淮（1367—1449），字宗豫，号介庵，温州府永嘉（今浙江温州鹿城）人，明初政治家、内阁首辅、诗人，辑有《历代名臣奏议》，著有《省愆集》《介庵集》《退直稿》。《历代名臣奏议》三百五十卷，分为君德、圣学、郊庙、治道、经国、礼乐、用人、选举、法令、兵制、荒政、水利、理财、御边等六十六门类，辑录了自商周至宋元历代名臣

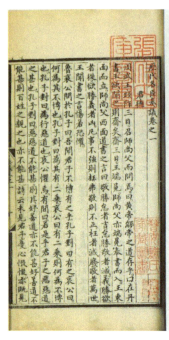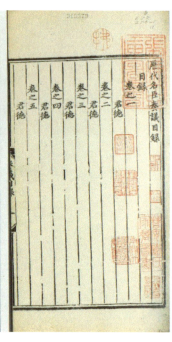

的奏议，是迄今规模最大的奏议汇编。此书是研究历代政治史的重要资料，而其中宋元奏议，对校补现有宋元文史资料颇有裨益。

识版式：

此为明永乐内府刻本；四周文武双边；粗黑口，双黑鱼尾，中刻书名、卷次、页码；半页十二行，行二十六字。

识印章：

晋安谢氏家藏图书——谢肇淛郡望姓氏藏书印。谢肇淛（1567—1624），字在杭，号武林、小草斋主人，晚号山水劳人，长乐（今福建福州长乐）人，出生于钱塘（今浙江杭州），明代著名文学家、史学家、博物学家、诗人、藏书家。藏书楼名"小草斋"，藏书印有"谢肇淛印""谢氏在杭""谢在杭家藏书""晋江谢氏珍藏图书""晋安谢氏家藏图书""晋安家藏""谢氏图书""东林一江图书""小草斋抄本"等。著有《五杂俎》《居东杂纂》《百粤风土记》《太姥山志》《麈史》《史测》《史考》《史觿》《笔觿》《滇略》《晋安艺文志》《郡国考》《谢在杭文集》《诗集》《小草斋诗话》等。

晋安家藏——谢肇淛郡望藏书印。

谢氏图书——谢肇淛姓氏藏书印。

东林一江图书——谢肇淛藏书印。

刘明阳——刘明阳姓名藏书印。刘明阳（1892—1959），字静远，天津人，现代藏书家。藏书楼取诸葛亮精研理性之意而名曰"研理楼"，又取其字号"静远"和夫人王静宜之名而名曰"双静阁"，藏书印有"刘明阳""刘明阳所得善本""天津刘明阳静远父藏书""静远读书记""静远堂主""刘明阳王静宜夫妇读书之印""天津刘氏研理楼藏""研理楼刘氏藏""研理楼刘氏倭劫余藏""研理楼刘氏藏""有书自富贵无病即神仙""云共闲弄影花气清消尘"等。

研理楼刘氏藏——刘明阳藏书楼号藏书印。

刘明阳王静宜夫妇读书之印——刘明阳王静宜夫妇姓名藏书印。

宝静簃主王静宜所得秘笈记——刘明阳夫人王静宜姓名斋号藏书印。藏书印有"宝静簃主王静宜所得秘笈记"等。

张府内库图书——无考。

拂——无考。

识递藏：

从书页所钤藏书印看，是书曾藏于晋安谢肇淛"小草斋"；又藏于天津刘明阳王静宜夫妇"研理楼"；"张府内库"不详其谁；今藏于南开大学图书馆。

323

史部·传记类

传记类小序

传记是专门记人的史书总名，是以历史人物为描述对象，真实性与完整性高度统一的史体。严格意义上说，"传"与"记"有所区别，专叙一人之始末者为"传"，专记一时之所语者为"记"；笼统地讲，传记则是一种以人物为中心的史体，脱胎于《史记》的人物传记，属于"参考纪传"的新创。

传记的渊源，道家以为始自《黄帝内传》，史家以为起于《晏子春秋》。司马迁《史记》吸纳《左传》《国策》之长，"整齐世系"，创"纪传"之体以记人物，以"本纪"专记帝王事迹，以"世家"专记诸侯事迹，以"列传"专记公卿、列士、贤士及少数民族事务，传记之体从而大备，开创之功不可掩没；东晋王俭《七志·经典志》下首置"杂传"，不详所以；《隋书·经籍志·史部》置"杂传类"，著录《海内先贤传》《四海耆旧传》《海内士品》等以"传"为名的史书二百一十七部，大抵为后世传记之属；而书目之有"传记类"则始自北宋晁公武《郡斋读书志》，其"史部·传记类"著录了《孔子编年》《晁以道扬雄别传》《高僧传》等五十四部，其中杂有《黄帝内传》《汉武故事》《十洲记》等不少街谈巷语的"小说"之属；南宋陈振孙《直斋书录解题·史部》"传记类"著录益夥，且亦有同病；《四库全书总目·史部》"传记类"参稽晁、陈诸家，于历代传记详加条理，别为"圣贤""名人""总录""杂录""别录"五个子目，连同存目六十部，总计三百三十三部，体例已臻完善。

传记既为"参考纪传"之体，在分类上也依所记人物身份分为五种。"圣贤"之属专记圣人事迹，如孔孟年谱之类，间接体现了对儒术的尊崇；"名人"之属专记名世之英与文章道德之士，或苦节卓行而终老山林者，或风流文采而功业无闻者，亦不以成败论；"总录"之属，或仿《史记·儒林列传》之例合众人之事为一书，或仿《列女传》之例别为一书；"杂录"之属皆专叙一事之始末，所叙之事，其类芜杂；"别录"之属专记奸雄盗魁逆乱之人，"既不能遽削其名，亦未可薰莸同器"，则从叛臣诸传附载史末之例，自为一类以示不与诸传并列。

今之所录，计有《晏子春秋八卷》《文正王公遗事一卷》《伊洛渊源录十四卷》《运使复斋郭公言行录一卷敏行录一卷》《孝顺事实十卷》《朱子实纪十二卷》《吴中人物志不分卷》《疑年录不分卷》八种，以见传记之大体。

晏子春秋八卷

识著述：

晏婴（前578—前500），字仲，谥平，习称平
仲，又称晏子，夷维（今山东高密）人，春秋时
期齐国政治家、思想家、外交家。《晏子春秋》
（又称《晏子》）经刘向整理，共有内、外八篇，
是记载晏婴言行的一部历史典籍，由史料和民间
传说汇编而成。书中记载了许多晏婴劝告君主勤
政，不要贪图享乐，以及爱护百姓、任用贤能和
虚心纳谏的故事，具有一定的社会意义。

识版式：

此为明活字印本，部分缺页为清人抄补；左
右双边，上下单边；白口，中刻书名；半页九行，
行十八字。

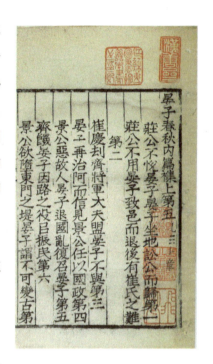

识印章：

读书小子实颖之印——宋实颖字号名号藏书
印。宋实颖（1621—1705），字既庭，号湘尹，别署读书小子，长洲（今江苏苏州）
人。明末清初诗人、藏书家。藏书楼名"读书堂""玉磬山房""老易轩"等，藏书
印有"实颖之印""既庭""读书小子实颖之印"等。著有《读书堂集》《老易轩集》
《玉磬山房集》等。

既庭——宋实颖字号藏书印。

古盐马氏笏斋珍藏之印——马玉堂郡望姓氏字号藏书印。马玉堂（生活于道咸
间），字笏斋，号秋药，别号扶风书隐生，盐官（今浙江海宁）人，清代目录学家、
藏书家。藏书楼名"汉唐斋"等，藏书印有"马玉堂印""古盐马氏笏斋珍藏之印"
"武原马氏藏书""汉唐斋""红药山房收藏私印"等。著有《读书敏求续记》《十国
春秋补传》《书目绝句》等。详见《周易本义》"马玉堂"注。

汉唐斋——马玉堂藏书楼号藏书印。

飞卿——于腾字号藏书印。于腾（1832—1890），字飞卿，兰陵（今山东临沂
兰陵）寨子村人，清代书画鉴赏家、藏书家。藏书楼名"味腴轩"，藏书印有"于
腾""于腾私印""飞卿""味腴轩""东海郯人"等。

曾经八千卷楼所得——丁丙藏书楼号藏书印。丁丙（1832—1899），钱塘（今

浙江杭州）人，清末著名经学家、诗人、金石学家、目录学家、藏书家。总藏书楼名"嘉惠堂"。详见《周易本义》"丁丙"条。

济阳文府——丁丙藏书楼分号藏书印。

识递藏：

从书页所钤藏书印及题跋看，是书曾藏于长洲宋实颖"读书堂"；又藏于盐官马玉堂"汉唐斋"；继藏于兰陵于腾"味腴轩"；又藏于钱塘丁丙"八千卷楼"之"济阳文府"；今藏于南京图书馆。有丁丙跋。

文正王公遗事一卷

识著述：

　　王素（1007—1073），字仲仪，莘县（今山东聊城莘县）人，北宋著名政治家，著有《文正王公遗事》。《文正王公遗事》一卷，主要记述了作者之父王旦于真宗朝为相时的嘉言懿行，所述虽难免有过誉之词，然与史传相出入，具有一定的史料价值。

识版式：

　　此为宋刻百川学海本；左右文武双边，上下单边；黑口或白口，双黑鱼尾；半页十二行，行二十字。

识印章：

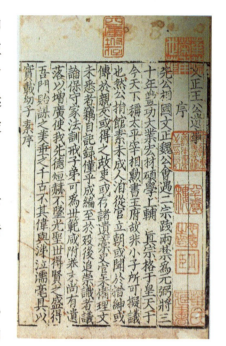

　　叶德荣甫世藏——叶国华姓氏字号藏书印。叶国华（1586—1671），字德荣，号白泉，昆山（今江苏苏州昆山）人，藏书家叶盛七世孙，明末藏书家。藏书楼名"箓竹堂"，藏书印有"叶德荣印""国华叶德荣甫世藏""叶德荣甫世藏""叶氏藏书""叶文庄公家世藏""叶氏箓竹堂藏书""文庄七世孙""雄于南面百城""大树轩"等。

　　叶氏藏书——叶国华姓氏藏书印。

　　心宷之印——许心宷名号藏书印。许心宷（1659—？），字丹臣，长洲（今江苏苏州）甪直人，许自昌曾孙，许虬之子，昆山叶奕苞（1629—1686）之婿，清初著名诗人、藏书家。藏书楼名"万山楼"，藏书印有"许心宷印""心宷之印""许心宷丹臣珍藏书画印""丹臣""高阳丹臣藏书""高阳葵园藏书"等。

　　丹臣——许心宷字号藏书印。

　　八千卷楼——丁丙藏书楼号藏书印。丁丙（1832—1899），钱塘（今浙江杭州）人，清末著名经学家、诗人、金石学家、目录学家、藏书家。总藏书楼名"嘉惠堂"。详见《周易本义》"丁丙"条。

　　四库坿存——丁丙藏书楼分号藏书印。

识递藏：

从书页所钤藏书印及题跋看，是书明末清初曾藏于昆山叶国华"菉竹堂"（或为叶盛家族世传）；继藏于长洲许心庝"万山楼"；继藏于钱塘丁丙"八千卷楼"；今藏于南京图书馆。有丁丙跋。

伊洛渊源录十四卷

识著述：

朱熹（1130—1200），字元晦，又字仲晦，号晦庵，晚称晦翁，谥文，世称朱文公，祖籍江西婺源，生于福建尤溪，南宋著名理学家、经学家、楚辞学家、教育家、诗人，著有《周易本义》《周易参同契考异》《朱文公易说》《诗集传》《仪礼经传通释》《孝经刊误》《四书或问》《论孟精义》《小学集注》《伊洛渊源录》《近思录》《楚辞集注》《通鉴纲目》等。《伊洛渊源录》十四卷，主要记载了周敦颐、程颢、程颐、邵雍及其门人的言行事迹，其中以二程思想为最详，是研究宋代理学道统的重要参考材料，对研究周敦颐、二程及邵雍的思想，有一定的参考价值。

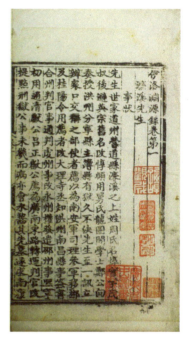

识版式：

此为元刻本；四周文武双边；粗黑口，相对双黑鱼尾，中刻卷次，下刻页码；半页十一行，行二十一至二十二字。

识印章：

谭观成——谭观成姓名藏书印。谭观成（生活于清末民初），名墒，广东人，民国沪上知名收藏家。藏书印有"谭观成""谭观成印""谭海潮""海潮""宜君长印"等。

越然——周越然名号藏书印。周越然（1885—1962），本名周之彦，字越然，以字行，别署走火，吴兴（今浙江吴兴）人，民国著名版本学家、翻译家、藏书家，曾任职于商务印书馆。藏书楼名"言言斋"，藏书印有"吴兴周越然藏书之印""周越然""越然""言言斋善本图书""曾留吴兴周氏言言斋"等。编有《言言斋藏书目》，著有《六十回忆》《言言斋书话》《言言斋西书丛谈》《版本与书籍》《周越然书话》《言言斋古籍丛谈》等。

曾留吴兴周氏言言斋——周越然郡望姓氏藏书楼号藏书印。

万马千乘轩家范氏雍睦堂记——范寿康姓氏藏书楼号藏书印。范寿康（1897—1983），上虞（今浙江绍兴上虞）人，曾任职于商务印书馆、广州中山大学，现代教育家、哲学家、藏书家。藏书楼名"循园"，藏书印有"万马千乘轩家范氏雍睦堂记"等。著有《中国哲学史纲要》《哲学及其根本问题》《美学概论》《伦理学》等。从此经历及此书归属看，印主或为其人。

识递藏：

从书页所钤藏书印看，是书曾藏于沪上谭观成处；继藏于吴兴周越然"言言斋"；继藏于上虞范寿康"循园"；今藏于广东省中山图书馆。

运使复斋郭公言行录一卷敏行录一卷

识著述：

徐东（生卒无考），元代福州路儒学教授，著有《运使复斋郭公言行录一卷敏行录一卷》。《运使复斋郭公言行录》一卷，乃徐东仿效朱熹《宋名臣言行录》之例，采辑撮要翰林元学士、袁学士、廉访马签事等为元代名臣福建都转运盐使郭郁所作碑记，备载其平生居官治民之事迹；《敏行录》一卷，乃辑一时名人投赠诗文，以颂其敏于政勤于民之政绩。二书备载郭郁之仕履经历和言行事迹，对研究其人及元代政治与地方史，具有重要意义。

识版式：

此为元至顺福州路儒学刻本；左右双边，上下单边；黑口，双黑鱼尾；前十九页为《运使复斋郭公言行录》，半页九行，行十八字；二十页后为《敏行录》，半页十行，行二十一字，小字双行同。

识印章：

周春——周春姓名藏书印。周春（1729—1815），字苾兮，号松霭，晚号黍谷居士，又号内乐村叟，盐官（今浙江海宁）人，清代著名经学家、史学家、音韵学家、诗人、诗歌理论家、藏书家。藏书楼名"昙花馆""礼陶斋""宝陶斋""梦陶斋""著书斋""松声山房"等，藏书印有"周春""周春松霭""周春字苾兮号松霭""松霭""松霭藏书""松霭著书""海宁周氏家藏""著书斋""松声山房""子孙世昌""自谓是羲皇上人""内乐村农"等。著有《古文尚书》《尔雅补注》《十三经音略》《小学余论》《海昌胜览》《辽金元姓谱》《代北姓谱》《西夏书》《辽诗话》《杜诗双声叠韵谱话》《松霭遗书》《松霭吟稿》《松霭诗话》等。周春还是最早研究《红楼梦》的学者之一，著有《阅〈红楼梦〉随笔》。

松霭——周春字号藏书印。

黄丕烈印——黄丕烈姓名藏书印。黄丕烈（1763—1825），平江（今江苏苏州）人，清代著名校勘学家、版本学家、目录学家、刻书家、藏书家。藏书楼名"士礼居""百宋一廛"等。详见《四书通》"黄丕烈"条。

汪士钟印——汪士钟姓名藏书印。汪士钟（1786—？），长洲（今江苏苏州）

人，汪文琛之子，清代著名藏书家。藏书楼名"艺芸书舍""三十五峰园"等。详见《周易九卷》"汪士钟"条。

铁琴铜剑楼——常熟瞿氏藏书楼号藏书印。详见《周易注疏》"铁琴铜剑楼"条。

绍基秘笈——瞿绍基名号藏书印。瞿绍基（1772—1836），字厚培，号荫棠，昭文（今江苏常熟）人，清代著名藏书家，铁琴铜剑楼第一代主人。藏书楼初名"恬裕斋""敦裕斋"，后改为"铁琴铜剑楼"，藏书印有"虞山瞿绍基藏书之印""绍基秘笈"等。

瞿秉渊印——瞿秉渊姓名藏书印。瞿秉渊（1820—1886），字镜之，一字敬之，昭文（今江苏常熟）古里人，瞿绍基之孙，瞿镛次子，清代著名藏书家，铁琴铜剑楼第三代主人。藏书印有"瞿秉渊印""恬裕斋镜之氏珍藏"等。

识递藏：

从书页所钤藏书印看，是书曾藏于盐官周春"松声山房"；继藏于平江黄丕烈"士礼居"；继藏于长洲汪士钟"艺芸书舍"；继藏于常熟"铁琴铜剑楼"，由瞿绍基、瞿镛、瞿秉渊、瞿启甲祖孙五代递藏；今藏于国家图书馆。

孝顺事实十卷

识著述：

明成祖朱棣（1360—1424），明代第三位皇帝，年号永乐，后人称为永乐帝、永乐大帝、永乐皇帝等，编有《孝顺事实》。《孝顺事实》十卷，主要取材于儒家经典和正史中的孝子传记，选取了名垂青史的孝行故事，把儒家的孝道观念与规范加以通俗化，并修正了不符合儒家孝道的孝行，带有明显的功利目的。

识版式：

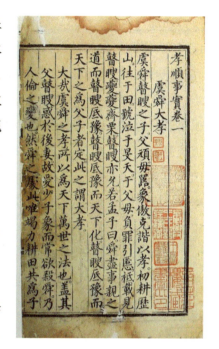

此为明永乐十八年内府刻本；四周文武双边；黑口，双黑鱼尾；半页十行，行十九字。

识印章：

王修鉴藏书画——王修姓名藏书印。王修（1898—1936），原名福怡，字季欢，一字修之，又字云兰，号杨盦，长兴（浙江长兴）雉城镇人，

清末民国出版家、书画家、藏书家，夫妇皆好藏书。藏书楼名"诒庄楼"，藏书印有"王修鉴藏书画""杨盦秘藏""王孝观""长兴王氏诒庄楼藏""诒庄楼藏书印"等。编有《诒庄楼书目》《长兴诗存》《长兴词存》，著有《长兴先哲遗著徵》《杨盦集》等。

长兴王氏诒庄楼藏——王修郡望姓氏藏书楼号藏书印。

诒庄楼藏书印——王修藏书楼号藏书印。

王温甸——王修夫人温甸姓名藏书印。温甸（1897—1929），字彝罂，祖籍嘉应州（今广东梅州），迁居浙江嘉兴，藏书家王修之妻，近代书画家、词人、藏书家。藏书楼名"拜李楼"，与王修辑有《长兴词存》《长兴志乘辑存》《湖州闺秀诗总》等，著有《拜李楼画质》《彝罂词》。

彝罂——温甸字号藏书印。

识递藏：

从书页所钤藏书印看，是书曾藏于长兴王修、温甸夫妇"诒庄楼"；今藏于浙江图书馆。

朱子实纪十二卷

识著述：

戴铣（1464—1506），字宝之，号冲峰，婺源（今江西婺源）岩前村人，明代诗人、史学家，著有《冲峰文集》《冲峰奏议》《成是录》《易州山厂志》《朱子实纪》等。《朱子实纪》十二卷，以《朱子年谱》为纲，详细记述了朱子的一生事迹，包括道统源流、世系源流、年谱、行状、本传、庙宅、门人、褒典、赞述、纪题十部分，旨在"推崇褒赠，夸耀世俗"，是研究朱熹事迹的重要资料。

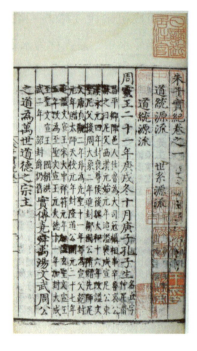

识版式：

此为明正德八年鲍雄刻本；四周单边；白口，单白鱼尾，中刻书名、卷次、页码；半页十行，行二十字，小字双行同。

识印章：

王懿荣印——王懿荣姓名藏书印。王懿荣（1845—1900），字正孺，一字廉生（又作莲生），福山（今山东烟台福山）古现村人，近代金石学家、文字学家、鉴藏家、书法家、藏书家。藏书楼名"天壤阁""海上精舍""天绘阁""湛华阁"等，藏书印有"王懿荣""王懿荣印""福山王懿荣印""国子监祭酒王懿荣印""王懿荣字正孺""懿荣""福山王氏正孺藏书""廉生""廉生登来""莲生""莲生珍藏""莲生收藏金石文字""莲生金石带兰""琅琊王氏""海上精舍藏本""小莲花室""山东福山王氏小莲花室供养""天绘阁""湛华阁藏书印""翰林供奉""日讲起居注官""恭篆册宝臣录""慈圣御赐多受福祉""显处视月"等。著有《汉石存目》《古泉选》《南北朝存石目》《福山金石志》《天壤阁杂记》《王懿荣文集》。

翰林供奉——王懿荣官爵藏书印。

日讲起居注官——王懿荣官爵藏书印。

识递藏：

从书页所钤藏书印看，是书曾藏于福山王懿荣"天壤阁"；又藏于伪满洲国"国立中央图书馆"；今藏于辽宁省图书馆。

吴中人物志不分卷

识著述：

钱穀（1508—1579），字叔宝，号罄室，长洲（今江苏苏州）人，明代画家、史学家、藏书家，著有《三国类钞》《南北史摭言》《长洲志》《吴中人物志》等。《吴中人物志》不分卷，是钱穀为乡贤所作的人物传记，他发挥自己能文擅画的特长，裒集吴中历代名贤，亲自为每位人物摹像，并各录志传缀其后，为后人了解吴中人物留下了一笔珍贵的文化遗产。

识版式：

此为明钱穀稿本；每页十六行，行十九字。

识印章：

文彦可——文从简姓氏字号藏书印。文从简（1574—1648），字彦可，号枕烟老人，南直隶苏州府长洲（今江苏苏州）人，文徵明曾孙，文嘉之孙，文元善之子，文震孟之从弟，入清后隐于寒山之麓，明末著名书画家。藏书印有"文从简印""从简之印""字彦可""文彦可""彦可""枕烟老人""溪山春晓"等。传世作品有《长林徙倚图》《潇湘八景图》《松江高士图》《江山平远图》《寒山寺图》等。

杨元吉——杨元吉姓名藏书印。杨元吉（约生活于清末光绪年间），生平不详。

刘世珩经眼——刘世珩姓名藏书印。刘世珩（1875—1926），小字奎元，字聚卿，又字葱石，号楄盒、聚卿，别号楚园，别署灵田耕者、枕雷道士，祖籍安徽贵池，移居江宁（今江苏南京）南城老门西，清末著名史学家、文学家、词人、戏剧家、刻书家、藏书家。藏书楼名"楚园""玉海堂""赐书台""宜春堂""聚学轩""梦凤楼"等，藏书印有"光绪建元九月吾诞贵池刘世珩葱石父楄盒第五于春申浦上""刘世珩经眼""世珩珍秘""世珩审定""开元乡南山村刘葱石鉴赏记""葱石读书记""圣颙秘笈藏书宝""御赐家室宜春"等。著有《贵池县沿革表》《贵池先哲遗书》《贵池先哲遗书待访目》《秋浦双忠录》《吴应其年谱》《临春阁曲谱》《曲品》《大小忽雷曲谱》《通天台曲谱》《西厢记五剧五本图考据》《聚学轩词集》等。

识递藏：

此书为钱穀稿本，必首藏于其家"悬磬室"。从书页所钤藏书印及题跋看，是书曾藏于明末清初长洲文从简之手；又藏于清末杨元吉之手；继藏于上虞罗振常"蟫隐庐"，有贵池刘世珩借观；今藏于上海图书馆。有罗振常跋。

疑年录不分卷

识著述：

　　钱大昕（1728—1804），字晓征，又字及之，号辛楣，晚年自署竹汀居士，江苏太仓州嘉定（今上海嘉定区）望仙桥河东宅人，清代教育家、史学家、文学家、藏书家，乾嘉学派代表人物，著有《廿二史考异》《十驾斋养新录》《潜研堂文集》《疑年录》等。《疑年录》四卷，收录了自东汉郑玄至清代邵晋涵等儒家学者三百六十三人的生卒年限，按其生年顺序排列，为查检历代学术领军人物生卒年份的工具书。

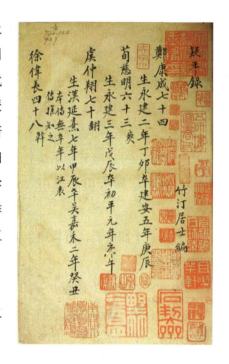

识版式：

　　此为清钱大昕所撰稿本；半页十行，行二十字。

识印章：

　　五研楼图书印——袁廷梼藏书楼号藏书印。袁廷梼（1762—1809），吴县（今江苏苏州）人，清代著名诗人、画家、考据学家、校勘学家、藏书家。藏书楼名"小山丛桂馆""五砚楼"。详见《诗外传》"袁廷梼"条。

　　庞际云省山甫之印章——庞际云姓名字号藏书印。庞际云（1822—1887），原名震龙，字省三，一作省山，宁津（今山东宁津）人，清代学者。藏书楼名"十五芝山房"，藏书印有"庞际云省山甫之印章"。著有《十五芝山房文集》。

　　文渊阁检阅许玉瑑印——许玉瑑姓名官爵藏书印。许玉瑑（1826—1893），原名赓飏，字起上，号鹤巢，以号行，吴县（今江苏苏州）光福人，清末文学家、书法家、藏书家。藏书楼名"石契斋"，藏书印有"文渊阁检阅许玉瑑印""玉瑑校读""玉瑑""鹤巢""赓扬""光福许氏珍藏""且吃茶轩"等。著有《草心吟馆骈体文》《石契斋诗钞》《石契斋词钞》等。

　　玉瑑校读——许玉瑑名号藏书印。

　　玉瑑——许玉瑑名号藏书印。

　　鹤巢——许玉瑑字号藏书印。

　　赓扬——许玉瑑名号藏书印。

光福许氏珍藏——许玉瑑郡望姓氏藏书印。

石契斋——许玉瑑藏书楼号藏书印。

且吃茶轩——许玉瑑藏书楼号藏书印。

归安姚绳武藏书——姚觐元郡望姓氏字号藏书印。姚觐元（1824—1902），原名经炳，字彦侍，又作念慈，号弓斋，归安（今浙江湖州）姚家埭人，清代诗人、音韵学家、目录学家、藏书家。藏书楼名"咫进斋""毋忘思斋"，藏书印有"姚觐元字彦侍""觐元之印""吴兴姚伯子觐元鉴藏书画之印""吴兴姚伯子号觐元鉴藏书画图籍之印""姚氏彦侍""彦侍藉读""归安姚绳武藏书""毋忘思斋藏本""咫进斋""咫进斋传书"等。编有《咫进斋书目》《咫进斋丛书》《邃雅堂善本书目》，著有《大叠山房诗草》《涪州石鱼文字所见录》等。

咫进斋传书——姚觐元藏书楼号藏书印。

咫进斋——姚觐元藏书楼号藏书印。

缪超群、缪太山、泰山、岱——以上四印印主为一人，疑为现代藏书家。无考。

清真、十四字斋、野竹庵、浒谿草堂——无考。

识递藏：

从书页所钤藏书印看，是书曾藏于吴县袁廷梼"五研楼"；又藏于宁津庞际云"十五芝山房"；继藏于吴县许玉瑑"石契斋"；继藏于归安姚觐元"咫进斋"；继藏于缪超群之手；今藏于南开大学图书馆。

史部・史钞类

史钞类小序

　　史钞（一作史抄），是依据删繁就简的原则摘抄一史或合抄众史的史书体例。史钞的最大特点，是将卷帙浩繁的史书删繁就简，取其精华，抄撮举要，以便诵读，即纪氏《四库全书总目・史部・史钞类叙》所谓"含咀英华，删除冗赘""博取约存，亦资循览"之意。明董应举也曾对其作过如是概括："夫全史至博，难于尽阅，今撮而聚之，阅者不烦，可以引人读史，一也；其所聚撮，多异事隽语，事料掌故，灿然陈列，可以资博，二也；人不知古今，如三家村老农，居迹蓬户，夕忘其朝，问其世氏，呀然而不能对，有此一书，以耳以目，可以愧陋，三也。"正因这一面向大众的需要，史钞才多具叙事简洁、行文明快、语言凝练、通俗易懂的叙事风格。

　　作为一种非原创性的再生史书，史钞编纂方式不外专抄一史和合抄众史两种。纪昀《四库全书总目・史部・史钞类叙》称，宋代在此两种编纂方式之上又增"离析而编纂""简汰而刊削""采撷文句而存""割裂词藻而次"四例而成六种，其表述存在分类标准不一的问题，因为，前两种方式的分类标准是史料来源，后四种方式的分类标准是编纂方法。而从历代史钞书名的角度看，两分法最切近抄书主题，也最便于读者认识与选择。

　　历史上，史钞之体的创始有多种不同说法。纪昀以为始于孔子删编《尚书》："帝魁以后，书凡三千二百四十篇，孔子删取百篇，此史钞之祖也。"《隋书・经籍志》以为始于东汉学者抄撮旧史："自后汉已来，学者多钞撮旧史，自为一书。"章学诚《文史通义》以为始于东晋葛洪《史记钞》："钞书始于葛稚川。"而从现存的文献记载看，史钞最早出现于战国时期，刘向《别录》即有"铎椒作《抄撮》八卷授虞卿，虞卿作《抄撮》九卷授荀卿"的记载。自战国铎椒、虞卿抄撮旧史自为一书始，经由两汉至隋唐，史钞呈现出日渐繁盛的趋势，《隋书・经籍志・史部》"杂史类"已著录《史要》《汉书钞》《后汉略》《晋书钞》《史汉要集》《三史略》《正史削繁》诸书；自宋至清，史钞进入了发展的鼎盛期，表现为史钞类数量猛增，高质量作品越来越多，编纂方法愈发灵活，社会影响越来越大。尤其值得注意的是，此期内史钞在史部目录中成为独立类目。

　　史钞独立成目，始于《宋史・艺文志》。在《隋书・经籍志》"史部"中，"钞撮旧史"的史钞因"体制不经""迂怪妄诞"，依然杂处于"杂史类"目录之下；王应麟《玉海》载，北宋初年的《龙图阁书目》已将史钞独立设目；《三朝国史》《两朝国史》《四朝国史》《中兴国史》的"艺文志·史部"，均仿《龙图阁书目》例置"史钞类"，且著录史钞若干部；南宋高似孙《史略》和马端临《文献通考·经籍考》，亦分别置"史钞类"和"史评史钞类"。然而，像《崇文总目》《新唐书·艺文志》《郡斋读书志》《直斋书录解题》等几种宋代主要的目录学著作尚未设置"史钞类"，它们或继续将其混于"杂史类"，或将其分散于"杂史""编年""别史""史评"之中，反映了当时人们对"史钞类"史籍性质和史学价值的模糊认识。至元代脱脱修纂《宋史·艺文志》，始以官方正史的面目确立了"史钞类"的地位，从此史钞成为《明史·艺文志》《四库全书总目》等经典书目史部的一个独立类目。

今所选录，计有《汉隽十卷》《东莱先生校正隋书详节二十卷》《历代君鉴五十卷》《欧阳文忠公五代史抄二十卷》《明史钞略不分卷》五种，以望有尝脔识鼎之效。

汉隽十卷

识著述：

林钺（生卒不详），一作林越，字伯仁，处州括苍（今浙江丽水）人，宋代诗人、史学家，著有《少陵诗格》《汉隽》。《汉隽》十卷，乃据前人研究成果，为《汉书》中的疑难词语作注的一部词典性质的工具书。全书取《汉书》中古雅字词，分类编排为五十篇，每篇以篇首二字为名，采取以类相从的原则，汇集同类词语加以注释，亦间附原注，旨在宏博便利。其《序》称"大可以详其事，次可以玩其词"，实言过其词，大而无当。其书条目乃割裂史书字句而成，漫无端绪，体例混乱。

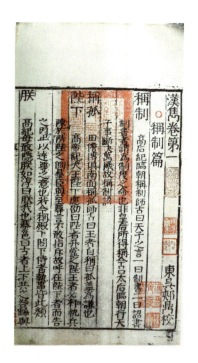

识版式：

此为明嘉靖十一年郑鼎刻本；四周单边；白口，半页十行，行二十四至二十六字。

识印章：

广东肇阳罗道关防（满汉两种文字）——清初广东肇庆官府藏书印。广东肇罗道，为旧区划名，位于今广东省肇庆市，清代广东省下的行政编制。

梅鼏——梅鼏姓名藏书印。梅鼏（生活于康熙年间），字公燮，新洲（今湖北武汉新洲）人，清初文人，与曹寅、尤侗、余怀、叶藩等有往来。

祝寿慈——祝寿慈姓名藏书印。祝寿慈（1872—?），字稚农，一作穉农，如皋（今江苏如皋）人，清末民初藏书家。藏书楼名"汉鹿斋"，藏书印有"祝寿慈""如皋祝寿慈藏书印""穉农""穉农藏书""穉农祝氏图书""东皋祝三鉴赏""如皋祝氏珍藏印""汉鹿斋藏书印""汉鹿斋金石书画印"等。

穉农祝氏图书——祝寿慈字号姓氏藏书印。

汉鹿斋藏书印——祝寿慈藏书楼号藏书印。

祝光銮——祝光銮姓名藏书印。祝光銮（约生活于民国间），字昭声，如皋（今江苏如皋）人，疑为祝寿慈之子，生平无考。

昭声——祝光銮字号藏书印。

识递藏:

　　从书页所钤藏书印看，是书曾藏于广东肇庆官府书库；又藏于新洲梅鄗之手；又藏于如皋祝寿慈"汉麓斋"，由祝光銮递藏；今藏于南京图书馆。

东莱先生校正隋书详节二十卷

识著述：

吕祖谦（1137—1181），字伯恭，婺州（今浙江金华）人，世称"东莱先生"，南宋著名经学家、理学家、文学家，著有《东莱集》《历代制度详说》《东莱博议》《十七史详节》等。《十七史详节》"所录大抵随时节钞，不必尽出精要"，为吕祖谦读史时随手抄出，具有选本性质。《隋书详节》二十卷，即为吕祖谦《十七史详节》之一，包括纪一卷、志九卷、列传十卷，保留了《隋书》的精华，对研究隋朝历史与宋代学术大有裨益。

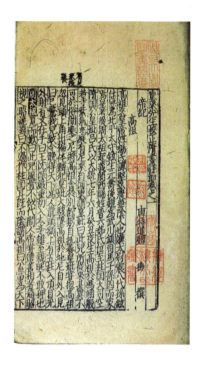

识版式：

此为元刻《十七史详节》本；左右双边，上下单边；细黑口，双黑鱼尾；半页十四行，行二十四字。

识印章：

拜经楼吴氏藏书——吴骞藏书楼号藏书印。吴骞（1733—1813），海宁（今浙江海宁）人，清代著名诗人、文学家、藏书家。藏书楼名"拜经楼""千元十驾"。详见《诗集传》"吴骞"条。

独山莫氏藏书——莫友芝郡望姓氏藏书印。莫友芝（1811—1871），字子偲，号郘亭（又作邵庭），又号紫泉、眠叟，独山（今贵州黔南布依族苗族自治州独山）人，晚清经学家、史学家、音韵学家、训诂学家、诗人、书法家、金石学家、目录版本学家、藏书家。藏书楼名"影山草堂"，藏书印有"莫友芝""莫友芝印""莫友芝藏书印""莫友芝图书印""莫友芝图书记""莫友芝字子偲之印""友芝私印""臣友芝印""莫氏子偲""郘亭眠叟""莫五""友芝则心""则心第五""莫氏秘籍之印""影山草堂""影山草堂藏""游方之外"等。著有《郘亭经说》《声韵考略》《资治通鉴索隐》《郘亭诗略》《郘亭词》《郘亭遗文》《过庭碎录》《梁石记》《遵义府志》等。

刘承幹印——刘承幹姓名藏书印。刘承幹（1881—1963），字贞一，号翰怡，别署求恕居士，晚年自号嘉业老人，吴兴（今浙江湖州）南浔镇人，近代著名文献学家、刻书家、藏书家。藏书楼名"嘉业堂"，藏书印有"臣刘承幹""刘承幹印"

343

"乌程刘承幹读过之书""刘承幹字贞一号翰怡""承幹钤记""刘翰怡印""翰怡""翰怡又字贞一""翰怡欣赏""曾经南林刘翰怡收藏""嘉业堂""嘉业堂藏善本""吴兴刘氏嘉业堂藏""吴兴刘氏嘉业堂藏书印""吴兴刘氏嘉业堂藏书记""御赐抗心希古""希古楼""南林刘氏求恕斋藏""畏天畏人心怯积书积德名家""子孙永宝"等。刻有《嘉业堂丛书》《吴兴丛书》《求恕斋丛书》等，编有《明史例案》《南唐书补注》《王文敏公遗集》《辽东三家诗钞》等。

翰怡——刘承幹字号藏书印。

识递藏：

从书页所钤藏书印看，是书曾藏于海宁吴骞"拜经楼"；继藏于独山莫友芝"影山草堂"，又藏于吴兴刘承幹"嘉业堂"；今藏于复旦大学图书馆。

历代君鉴五十卷

识著述：

朱祁钰（1428—1457），明朝第七位皇帝景帝，年号景泰。朱祁钰在位期间，知人善任，励精图治，渐开中兴，可谓英明之主。南明弘光帝朱由崧追加谥号，上庙号"代宗"。《历代君鉴》五十卷，是朱祁钰编纂的专述历代帝王治国方略的史传类书籍。全书以时代为序，辑录了历代帝王的治国事迹，明标"善可为法"和"恶可为戒"两类，显然有以史为鉴的意思。

识版式：

此为明景泰四年内府刻本；四周文武双边；粗黑口，双黑鱼尾，中刻书名、卷次、页码；半页十行，行二十字。

识印章：

广运之宝——清廷印鉴"二十五宝"中的最后一宝，是乾隆皇帝指定的代表国家政权的二十五方御用国宝印章之一，据《交泰殿宝谱》，此宝作"以谨封识"之用。

臣海寰印——吕海寰名号藏书印。吕海寰（1842—1927），字镜宇，掖县（今山东莱州）西南隅村人，清末著名外交家、藏书家，中国红十字会创始人。藏书楼名"墨园"，藏书印有"吕海寰""吕海寰印""臣海寰印""镜宇""尚书之章""大司空章""墨园藏书""圣风怀想"等。著有《奉使金鉴》《庚子海外记事》等。

镜宇——吕海寰字号藏书印。

墨园藏书——此印线条风格与"镜宇"印一致，当为吕海寰斋号藏书印。

识递藏：

从书页所钤藏书印看，是书原藏于清宫内府大库；后流出藏于某人之手；继藏于掖县吕海寰"墨园"；今藏于郑州大学图书馆。

欧阳文忠公五代史抄二十卷

识著述：

　　茅坤（1512—1601），字顺甫，号鹿门，湖州府归安（今浙江吴兴）人，明代史学家、散文家、藏书家。茅坤提倡学习唐宋古文，反对"文必秦汉"的观点，而作品内容则主张必须阐发"六经"之旨，对韩愈、欧阳修和苏轼尤为推崇。编有《唐宋八大家文钞》，著有《欧阳文忠公五代史抄》《白华楼藏稿》《茅鹿门集》。《欧阳文忠公五代史抄》二十卷，为茅坤辑评欧阳修《新五代史》的史钞类著作，内容包括本纪三篇、列传六十三篇、论两篇、世家五篇、四夷附录一篇，同时对所选内容逐篇予以评点，是研究《新五代史》的重要参考资料。

识版式：

　　此为明刻朱墨套印本；四周单边；白口，上刻书名、卷次，下刻页码；半页八行，行十八字。

识印章：

　　滋苍甘氏藏书——甘澍字号姓氏藏书印。甘澍（生活于嘉道间），字滋苍，号雨亭，闽县（今福建福州）人，清代书画家、藏书家。藏书印有"甘澍""雨亭""滋苍甘氏藏书"等。

　　吕海寰印——吕海寰姓名藏书印。吕海寰（1842—1927），字镜宇，掖县（今山东莱州）西南隅村人，清末著名外交家、藏书家，中国红十字会创始人。藏书楼名"墨园"，藏书印有"吕海寰印""镜宇""墨园藏书"等。著有《奉使金鉴》《庚子海外记事》等。详见《历代君鉴》"吕海寰"条。

　　镜宇——吕海寰字号藏书印。

　　萃闵堂所有书籍记——荣厚藏书楼号藏书印。荣厚（1874—1940），一作佟佳荣厚，字叔章、仆俦，号朴斋，一号不成山民，满洲镶蓝旗人，清末民国间政治人物、藏书家。藏书楼名"萃闵堂""萃闵书屋"，藏书印有"荣厚""荣厚之印""卡章""萃闵堂所有书籍记""云度""观斋""人中之龙文中之虎""傻角""养欢喜神"等。

人中之龙文中之虎——荣厚藏书闲章。

云度——荣厚藏书印。

观斋——荣厚藏书印。

识递藏:

    从书页所钤藏书印看，是书曾藏于闽县甘澍之手；继藏于掖县吕海寰"墨园"；继藏于镶蓝旗荣厚"萃闵堂"；今藏于辽宁省图书馆。

明史钞略不分卷

识著述：

庄廷鑨（1585—1655），字子襄，乌程（今浙江湖州）南浔人，明清之际湖州富商，曾广聘江浙名士吴炎、潘柽章等人，以朱国桢生前所著部分明史手稿为基础，并增补了天启、崇祯朝和南明遗事，辑为《明史辑略》。《明史辑略》以明代遗民思想为指导，奉南明弘光、

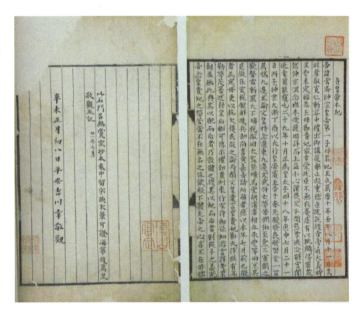

隆武、永历帝为正朔，直呼努尔哈赤为"奴酋"，呼清兵为"建夷"，表明了强烈的反清复明立场，因之酿成了惨烈的"庄廷鑨明史案"，《辑略》被禁毁。《明史钞略》即《辑略》之残本，此书主要依据朱国桢《明史概》遗稿和茅瑞徵《五芝纪事》，辑为明神宗本纪三、四各一卷，光宗本纪一卷，熹宗本纪二卷，李成梁、戚继光、刘綖、杜松等合传一卷，明开国后释教之传一卷，保存了一些珍贵的历史资料。

识版式：

此为清吕无病家抄本；四周单边；粗黑口，双黑鱼尾；半页十四行，行二十八字。

识印章：

周圭璋——周圭璋姓名藏书印。周圭璋（生活于同光年间），字特人，吴县（今江苏苏州）人，清代藏书家。藏书印有"周圭璋""特人"等。

特人——周圭璋字号藏书印。

承厚珍藏——潘承厚名号藏书印。潘承厚（1904—1943），字温甫，号少卿、博山，别署蔗庵，吴县（今江苏苏州）人，清代藏书家潘祖同之孙，潘祖荫之从孙，潘承弼之兄，民国实业家、画家、藏书家。藏书楼名"宝山楼""范砚楼"，藏书印有"承厚珍藏""博山审定""潘郎"等。著有《蔗庵书画录》《蔗庵遗墨》。

博山审定——潘承厚字号藏书印。

潘郎——潘承厚姓氏藏书印。

识递藏：

从书页所钤藏书印看，是书曾藏于吴县周圭璋之手；又藏于吴县潘承厚"宝山楼"；今藏于国家图书馆。有周圭璋、章炳麟、张元济、吉川幸次郎、赵万里跋。

史部·载记类

载记类小序

载记又名伪史、霸史，指旧史为历史上曾立名号而又被斥为僭伪者的非正统王朝割据政权所作的传记。其所以称"伪"，乃相对于统治王朝天下正宗之"正"而言；其所以称"霸"，乃相对于统治王朝顺天应民之"王"而言。统而言之，伪史、霸史即非正统的、不被承认的割据政权的历史。载记的面目，其叙事虽也以人物传记为中心，但只有僭越称王的人物传，缺乏正史"本纪""世家""列传""志""书"那样尊卑有序、系统完整的体例。赵翼《廿二史札记·卷一》云："《晋书》于僭伪诸国数代相传者，不曰'世家'，而曰'载记'。"纪昀《四库全书总目·史部》"史钞类·别录"按语称"其割据僭窃之雄，别附'载记'"，其《史部·载记类叙》亦称"载记"乃"述偏方僭乱遗迹者"，且谓"曰'霸'曰'伪'，皆非其实"，皆有识之见。

载记虽以史为基，而又不拘于史实的客观复写，而是时而掺杂故事、传说和异闻，人物塑造细腻生动，故事情节曲折完整，具有较强的可读性，类似于历史演义小说，对后世文学创作影响深远。

目录学史上，"载记类"的确立实始于班固《东观汉记》，而《汉书·艺文志》无载，至唐人《晋书》亦无效其例者。《东观汉记》二十二卷，置纪、表、志、传四体，包括纪三卷、表一卷、志一卷、传十五卷、载记一卷、散句一卷。显而易见，此处的"载记"是作为"传"的补充而出现的。《后汉书·班固传上》云："固又撰功臣、平林、新市、公孙述事，作'列传''载记'二十八篇奏之。"刘知几《史通·题目》又云："唯《东观》以平林、下江诸人列为'载记'。顾后来作者，莫之遵效。"纪昀《四库全书总目·史部·载记叙》云："五马南浮，中原云扰。偏方割据，各设史官。其事迹亦不容泯灭，故阮孝绪作《七录》，'伪史'立焉。《隋志》改称'霸史'，《文献通考》则兼用二名。"唐初官修《隋书·经籍志》"史部"置"霸史类"，著录了《华阳国志》《战国春秋》《十六国春秋》《吐谷浑记》等二十七部；北宋晁公武《郡斋读书志·史部》置"伪史类"，著录了《华阳国志》《匈奴须知》《北辽遗事》《西夏须知》《云南行记》《西域志》等三十部；南宋陈振孙《直斋书录解题·史部》亦置"伪史类"，著录了《江淮异人录》《吴越备史》《闽王列传》《契丹录》《金国志》等四十部；唐修《晋书》，其"艺文志·史部"始置"载记"三十卷，专述匈奴、鲜卑、羯、氐、羌等北方少数民族政权即十六国时期之史实，集中记载了中原割据之始末，赋予了这些少数民族政权适当的历史地位。虽然其载记形式脱胎于前人，但在纪传体正史体例中，《晋书》的载记是一个创造，自此以往，官私目录均仍其例。因为，它采用的是"世家"之体而使用了"载记"之名，成为与"本纪""世家""列传"并列的一种形式，而不似《东观汉记》那样以"载记"作为"列传"的补充；《四库全书总目·史部》置"载记类"，著录和存目了《吴越春秋》《越绝书》《十六国春秋》《安南志略》《朝鲜史略》《西夏事略》《高丽史》《南诏事略》等四十二部，几乎囊括了历史上绝大多数重要的"载记类"史籍，堪称蔚为大观。

今之所选，计有《吴越春秋十卷》《华阳国志十二卷》《南唐书三十卷》《大金国志》四种，以期得瓶冰知寒之效。

吴越春秋十卷

识著述：

赵晔（？—约83），字长君，会稽山阴（今浙江绍兴）人，东汉经学家、史学家，著有《吴越春秋》《韩诗谱》《诗道微》《诗细》等。《吴越春秋》十卷，前五卷叙吴事起自太伯迄于夫差，后五卷记越事始于无余终至勾践，是一部记述春秋战国时期吴、越两国争霸为主要内容的史学著作。该书糅合正史、稗史、民间传说等资料汇集而成，虽非正史，却可补正史之缺。其内容介于历史与小说之间，人物刻画和情节描写与后世演义近似，近于小说家言，因而对后世文学也有一定影响。坊间尚有将其视为方志者，盖因其所记民间传说之故。

识版式：

此为明刻本；四周双边；细黑口，单白鱼尾，中刻书名、卷次、页码；半页九行，行十七字，小字双行同。

识印章：

江东罗氏所藏——罗以智郡望姓氏藏书印。罗以智（？—1860），字镜泉，号恬翁，又号籍庵，钱塘（今浙江杭州）夹墙巷人，清代学者、诗人、文学家、藏书家。藏书楼名"吉祥室""太和堂""恬养斋""香影庵"，藏书印有"罗以智印""武林罗以智镜泉父印""镜泉""镜泉读过""镜泉过眼""籍庵""江东罗氏所藏""武林罗氏校本""乱后幸存"等。编有《吉祥室藏书目》《艺文待访录》《金石所见录》，著有《经史质疑》《赵清献年谱》《宋诗纪事补》《诗苑雅谈》《恬养斋诗集》《恬养斋文抄》《新门散记》等。

乱后幸存——罗以智藏书闲章。

启勋珍赏——叶启勋名号藏书印。叶启勋（1900—1972），字定侯，号更生、南阳毂人，别号拾经主人、玉碢后人，长沙（今湖南长沙）苏家巷人，藏书家叶德辉三弟叶德炯次子，现代著名目录学家、藏书家。藏书楼名"拾经楼"，藏书印有"叶启勋""定侯所藏""拾经楼"等。著有《拾经楼紬书录》等。详见《仪礼注疏》"叶启勋"条。

石林后裔——长沙叶启发、叶启勋兄弟祖望藏书印。以其祖上为宋代文学家、藏书家叶梦得，故自称"石林后裔"。

识递藏：

从书页所钤藏书印及题跋看，是书曾藏于江东罗以智"吉祥室"；继藏于长沙叶德辉"观古堂"；继藏于叶启勋"拾经楼"；今藏于湖南图书馆。有叶德辉跋。

华阳国志十二卷

识著述：

常璩（约291—约361），字道将，蜀郡江原（今四川成都崇州）人，东晋史学家，著有《华阳国志》。《华阳国志》十二卷，记述了诸多我国西南地区的历史人物，赞誉了西南地区悠远的文化，旨在以此抗衡中原和扬越，反抗东晋士族对蜀人的轻蔑。此书资料新颖可靠，叙述条理，文词典雅庄严，是我国现存最早、最完整的一部影响深远的地方性史学巨著，为研究我国西南地区山川、历史、人物、民俗保留了许多重要的史料。

识版式：

此为明嘉靖四十二年张佳胤刻本；四周单边；白口，单白鱼尾，中刻书名、卷次、页码；半页十行，行二十字，小字双行同。

识印章：

林汲山房藏书——周永年藏书楼号藏书印。周永年（1730—1791），字书昌，一字书愚，自号林汲山人，历城（今山东济南）人，清代著名学者、校勘学家、藏书家。藏书楼名"林汲山房""藉书园""水西书屋"，藏书印有"周书昌印""书昌一字书愚""书愚""益迁之""林汲山人""林汲山房藏书""传之其人""藉书园""济南周氏藉书园印"等。编有《藉书园目录》《藉书园藏书目》《水西书屋藏书目录》，著有《儒藏说》。

王懿荣——王懿荣姓名藏书印。王懿荣（1845—1900），字正孺，福山（今山东烟台福山）古现村人，近代金石学家、文字学家、鉴藏家、书法家、藏书家。藏书楼名"天壤阁"等。详见《朱子实纪》"王懿荣"条。

福山王氏正孺藏书——王懿荣郡望姓氏字号藏书印。

识递藏：

从书页所钤藏书印看，是书曾藏于历城周永年"林汲山房"；又藏于福山王懿荣"海上精舍"；今藏于国家图书馆。

南唐书三十卷

识著述：

马令（生卒不详），宜兴（今江苏宜兴）人，北宋历史学家，著有《南唐书》。《南唐书》三十卷，模仿《三国志·蜀书》之例，置先主书、嗣主书及后主书五卷，人物列传十七类二十二卷，灭国传两卷，谱一卷，记载了南唐国自李昪代吴至李煜降宋间的兴衰史。写法上仿效欧阳修《新五代史》笔法，卷首文末多有序、论，各予褒贬。

识版式：

此为明嘉靖二十九年顾汝达刻本；左右双边，上下单边；白口，双黑鱼尾，中刻书名、卷次，下刻页码；半页十行，行二十字，小字双行同。

识印章：

万玉楼——顾汝达刻书堂号藏书印。顾汝达（生活于明嘉隆万间），南直隶松江府上海县（今上海黄浦）卢湾人，顾从礼从弟，明代刻书家、藏书家。

群碧校读——邓邦述字号藏书印。邓邦述（1868—1939），字孝先，号正闇，江宁（今江苏南京）人，邓廷桢曾孙，清末民国诗人、词人、书画家、文献学家、藏书家。藏书楼名"群碧楼""寒瘦山房"。详见《輶轩使者绝代语释别国方言》"邓邦述"条。

伯绳秘笈——孙祖同字号藏书印。孙祖同（1888—1940），字伯绳，号破梦居士，虞山（今江苏常熟）人，清末民国诗人、藏书家。藏书楼名"虚静斋"，藏书印有"孙祖同""会稽孙祖同印""会稽孙伯绳鉴藏书画""伯绳""伯绳秘笈""虚静斋"等。编有《虚静斋宋元明本书目》，著有《虚静斋诗集》《藏书志》。

虚静斋——孙祖同藏书楼号藏书印。

识递藏：

从书页所钤藏书印及题跋看，是书曾藏于明代上海顾汝达"万玉楼"；又为日本学者稻田君山收藏，后捐赠于满洲国立中央图书馆；又藏于江宁邓邦述"群碧楼"；继藏于常熟孙祖同"虚静斋"；今藏于国家图书馆。有邓邦述跋。

355

大金国志四十卷

识著述：

宇文懋昭（生卒不详），自称淮西归正人，旧传《大金国志》为其所著。然据《四库全书总目》及李慈铭、余嘉锡考证，其书为宋元间人伪作，该书应是伪托宇文懋昭之名，杂采诸书，排比而成。《大金国志》四十卷，包括纪

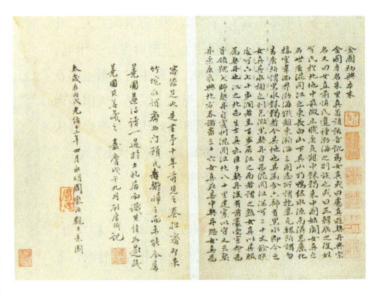

二十六卷、开国功臣一卷、文学翰苑二卷、楚国张邦昌录和齐国刘豫录各一卷、册文等一卷、天文地理制度风俗等七卷、许奉使行程录一卷，记述了自金太祖完颜旻收国元年（1115）至哀宗完颜守绪天兴三年（1234）共一百一十七年的金国史事，叙事首尾完具，保存了不少史料。所载金宋构兵、蒙古启衅、议迁燕京和汴京、册立张邦昌和刘豫等事迹，及对宋宫阙、职官、舆服、杂色仪制、风俗、宋金誓文等记载，皆足与他书相参，亦可补《金史》之缺，是研究金史的重要史学著作。

识版式：

此为清初叶树廉抄本。

识印章：

叶树廉印——叶树廉姓名藏书印。叶树廉（1619—1685），一作树莲，又名万，字石君，号潜夫，别署鹤汀、清远堂主人、南阳毂道人，吴县（今江苏苏州）人，明末清初著名史学家、金石学家、藏书家。藏书楼名"朴学斋""归来草堂""怀峄山房"等，藏书印有"叶树廉""叶树廉印""树廉""树莲居士""树莲""东洞庭山镇恶先生叶万字石君""叶万""石君""鹤汀""镇恶""万经""立本之印""朴学斋""审研堂""归来草堂""虞山怀峄山房叶氏鉴藏""南阳毂道人""金庭玉柱人家""古道自持""胥江"等。著有《朴学斋集》《续金石录》《论史石镜》《史记私论》《金石文随笔》等。

石君——叶树廉字号藏书印。

孙从添印——孙从添姓名藏书印。孙从添（1692—1767），字庆增，号石芝，常熟（今江苏常熟）人，清代经学家、医学家、图书馆学家、藏书家。藏书楼名"上善堂""石芝山房"，藏书印有"孙从添印""新安孙从添庆增藏书""虞山上善堂庆增氏孙从添笔""庆增""庆增氏""孙石芝藏书""海阳孙氏藏书印""得者宝之"等。编有《上善堂书目》，著有《春秋经传类求》《藏书纪要》《活人精论》《石芝医话》等。

庆增氏——孙从添字号藏书印。

顾肇声读书记——顾櫰姓氏字号藏书印。顾櫰（1703—1767），字肇声，人称"骑龙巷顾氏"，元和（今江苏苏州）骑龙巷善耕桥人，清代刻书家、藏书家。藏书楼名"碧筠草堂""顾氏文房""善耕堂""善耕顾氏山房"，藏书印有"顾櫰印""善耕顾櫰""顾肇声读书记""善耕顾氏""山水文籍自娱"等。

广圻审定——顾广圻名号藏书印。顾广圻（1766—1835），元和（今江苏苏州）人，清代著名经学家、校勘学家、目录学家、藏书家。藏书楼名"思适斋"。详见《周礼》"顾广圻"条。

曾藏汪阆源家——汪士钟姓氏字号藏书印。汪士钟（1786—?），长洲（今江苏苏州）人，汪文琛之子，清代著名藏书家。藏书楼名"艺芸书舍""三十五峰园"等。详见《周易九卷》"汪士钟"条。

于公子孙——于昌进出身藏书印。于昌进（1807—1857），字子与，号湘山，文登（今山东文登）人，清代著名藏书家。藏书楼名"小谟觞馆"等。详见《毛诗故训传》"于昌进"条。

周押——周銮诒跋识押印。周銮诒（1859—1886），字季譻一字惠生，号荟生，永明（今湖南江永）人，清代金石篆刻家、藏书家。藏书楼名"岳色堂""共墨斋"，藏书印有"周銮诒""周銮诒印""周季譻""惠声""周押"等。辑有《福山王氏海上精舍藏印》。光绪十二年（1886）周銮诒观此书于常州意园，时"意园"为史干甫所有，可断此书已在其手。

湘文过眼——宗源瀚字号藏书印。宗源瀚（1834—1897），字湘文，上元（今江苏南京）人，清代诗人、地理学家、藏书家。藏书楼名"颐情馆"，藏书印有"宗源瀚印""源瀚之印""源瀚私印""宗湘文""宗湘文珍藏印""湘文过眼""宗""吴兴太守""三界太守""颐情馆印""颐情馆藏金石书画印""锦峰绣岭之长""子子孙孙保之""我从山水窟中来""不露文章世已惊"等。著有《颐情馆集》《颐情馆闻过集》《颐情馆词抄》《浙江舆图》《浙江水陆道里记》等。

识递藏：

从书页所钤藏书印及题跋看，是书曾藏于抄书家叶树廉"朴学斋"；继藏于常熟孙从添"上善堂"；继藏于元和顾櫰"碧筠草堂"；继藏于黄丕烈"士礼居"，由顾广圻审定；继藏于长洲汪士钟"艺芸书舍"；继藏于文登于昌进"小谟觞馆"；继藏于常州史干甫之手，周銮诒、宗源瀚曾过眼；今藏于上海图书馆。有顾广圻、周銮诒、书巢道人跋。

史部·时令类

时令类小序

时令有两层含义：一指季节，即寻常所谓四季；一指月令，即按照一年十二个月的时令顺序，安排政府的祭祀礼仪、职务、法令、禁令和有关农事活动的政令，亦即《四库全书总目》评《御定月令辑要》所谓"用以乘时布政，顺五气之宜；趋事劝功，裨四民之业。敬天出治，敦本重农"之意。史书所指的时令特指后者。

时令是"本天道之宜，以立人事之节"的政策法规，即依据自然规律安排人事活动，故而时令与国家统治关系密切。《礼记·月令》云："（季冬之月）天子乃与公卿大夫共饬国典，论时令，以待来岁之宜。"孙希旦《集解》引吴澄曰："时令，随时之政令。"《尚书·尧典》云："历象日月星辰，敬授人时。"孔《传》曰："敬记天时以授人也。"《清史稿·时宪志》亦云："大学士李霨传谕：'授时乃国家要政。'"其所谓授时，即记录天时以告民，后以称颁行历书。

大凡涉及岁时节令、依据自然规律确定人类活动之书，皆归入"史部·时令类"。其中，推演天道以明人事，察悬象以测吉凶，并将其施行于政治活动之类的书，是"时令类"书籍的主干；在古代礼书中，那些涉及国家制度和阴阳变化的内容，也属于"时令类"的内容，如《汉书·艺文志》"六艺略·礼类"著录的《明堂阴阳》，《大戴礼》之《夏小正》，《小戴礼》之《月令》《明堂位》等，均记录了与时令相关的天文历法。而那些根据天象推演农事活动和行动吉凶的书，虽也关乎王政，但毕竟离朝堂稍远，更切近于闾阎风俗、民间日用，故不预史书之列，而著录于"子部·天文算法类"。对此，纪昀以为"民事即王政，浅识者歧视之耳"。至于后世那些推步之类的占卜之书，与国计民生无干，故别入"子部·术数类"。

目录学史上，"时令类"的独立与归属，也经历了一个相当漫长的过程。《诗经·豳风·七月》是一首创作于西周初年的农事诗，亦可视为早期中国诗化了的农事文献，《汉书·艺文志》著录于"六艺略·诗部"；我国现存最早的农事历书——《大戴礼》中的《夏小正》，与《小戴礼》中的《月令》，均著录于《汉书·艺文志》"六艺略·礼类"；《隋书·经籍志》"经部·礼类"著录了《月令章句》《月令图》，"子部·农家类"又著录了《四民月令》，"子部·历数类"还著录了《月令七十二候》，可见归属已相当混乱；宋以前有关时令的书籍，均入"子部·农家类"。但诸书所载，上自国家典制，下至民间风俗，不仅限于农事，故《中兴馆阁书目》始另列"时令"一类；纪昀《四库全书总目》沿用宋人旧例，仍立"时令"一目。

今之所选，计有《岁时广记四卷》《夏小正正义不分卷》《夏时考五卷》三种。

359

岁时广记四卷

识著述：

陈元靓（约生活于宋理宗朝），自署广寒仙裔，崇安（今福建武夷山）人，南宋末年文学家、博物学家，撰有《博闻录》《岁时广记》《事林广记》。《岁时广记》四卷，是一部以节令时俗为主要内容的时令类史书，内容涉及农事生产、日常生活、祭祀祈祷、服饰饮馔、游乐诗赋、养生诊疗，乃至历史典故、神话传说、民间故事等。其书"搜节物之异闻，考风俗之悠尚，手编心辑，博而不繁"，包罗了南宋以前民间岁时节日风俗的大量资料，是我国历史上现存资料最丰富的民俗类图书，堪称民间百科全书。

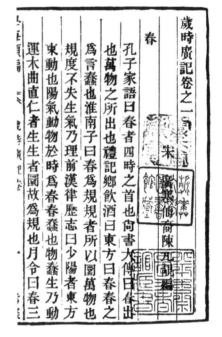

识版式：

此本为清曹溶学海类编刻本；四周单边；白口、单白鱼尾，上刻丛书名，中刻书名、卷次、页码，下刻刻工姓名；半页九行，行十九字。

识印章：

北平木斋图书馆藏书——卢靖字号藏书印。卢靖（1856—1948），字勉之，号木斋，晚号知业老人，沔阳仙桃（今湖北仙桃）龙华山人，近代著名数学家、图书馆学家、出版家、藏书家，创办有南开大学图书馆、北平私立木斋图书馆。藏书楼名"知止楼"，藏书印有"北平木斋图书馆藏书"。编有《古辞令学》《木皮鼓词》《击筑余音》等，著有《万象一元演式》《割圆术辑要》《叠微分补草》《求级数捷法》《微积溯源补草》《代微积拾级补草》等，

识递藏：

从书页所钤藏书印看，是书曾藏于仙桃卢靖"知止斋"；又藏于北平卢靖木斋图书馆；今藏于清华大学图书馆。

夏小正正义不分卷

识著述：

王筠（1784—1854），字贯山，号篆友，安丘（今山东济南安丘）人，清代著名经学家、史学家、语言文字学家，著有《周易详解》《仪礼读》《仪礼郑注句读刊误》《周礼读》《礼记读》《礼记一得录》《夏小正正义》《四书说略》《十六国史略》《史记校》《北史论略》《说文释例》《文字蒙求》《说文句读》《说文韵谱校》《说文属》等。《夏小正正

义》不分卷，是一部为先秦古籍《夏小正》作注的时令类著作。

识版式：

此本为清王筠稿本；半页十二行，行二十四字，小字双行同。

识印章：

国立英士大学图书馆藏书——英士大学图书馆藏书印。1928年创办于金华、丽水。

浙江师范学院图书馆善本书藏印——浙江师范学院图书馆藏书印。此校为浙江师范大学前身。

国立浙江大学藏书——原杭州大学图书馆藏书印。此校为杭州大学前身。

杭州大学图书馆藏书——杭州大学图书馆藏书印。后并入今浙江大学。

识递藏：

此本为王筠稿本，必首藏于其家"清治堂"。从书页所钤藏书印看，是书曾藏于英士大学、浙江师范学院、浙江大学、杭州大学图书馆；今藏于浙江大学图书馆。

夏时考五卷

识著述：

安吉（约生活于乾隆年间），字汇占，号古琴，无锡（今江苏无锡）人，清代经学家、音韵学家，著有《夏时考》《韵准》。《夏时考》五卷，乃考订诸经史时令节候之书，内容包括《夏小正》十二月之节候、《尧典》之四时、《洪范》之五行、《豳风》之寒暑、《周易》之阴阳、《诗》《书》《春秋传》之三正闰月、《尔雅》《释天》《史记·天官书》之岁星历、《国语》之十二律、《月令》《逸周书·月时训》二十四节气七十二候、《周官》《古文尚书》时令。书中所陈，多有卓识，发前人所未发。

识版式：

此本为清安吉稿本；白口，上书书名、卷次；半页十二行，行二十二字。

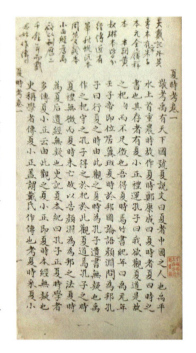

识印章：

丁福保自上海寄赠图书馆——无锡市图书馆馆藏丁福保赠书章。丁福保（1874—1952），字仲祜，号梅轩，无锡（今江苏无锡）人，近代文字学家、钱币学家、数学家、刻书家、目录学家、藏书家。藏书楼名"诂林精舍"，藏书印有"曾藏丁福保家""无锡丁福保字仲祜别号畴隐"等。编著有《尔雅诂林》《说文解字诂林》《笔算数学》《无锡丁氏藏书志》《清诗话》等。详见《晦庵先生校正伊川易传》"丁福保"条。

识递藏：

此书为安吉稿本，必首藏于其家。从书页所钤藏书印看，是书曾藏于无锡丁福保"诂林精舍"；今藏于无锡市图书馆。

史部·地理类

地理类小序

今之地理与古之地理不同。今之地理，指某一地区的山川、气候等自然环境及物产、交通、居民点等社会经济因素的总体情况；古之地理，指以一定体例反映一定行政区域内自然和社会方面的有关历史与现状，详细记载名山大川、都市城池、寺庙宫观、名胜古迹、地方物产、风土人情、艺文人物等内容的簿册，即传统所谓方志。方志分门别类，取材丰富，以其总揽地方风物，堪称一个地方的百科全书，成为研究历史，特别是地方史的重要参考资料。地理还指中国古代的堪舆术，不属本类的内容。

方志的起源，历来众说纷纭，主要有两种意见：一说起源于史，"最古之史，实为方志"，它是从古代史官的记述发展而来的。如《周官·地官·诵训》即有"掌道方志"，《周官·春官》亦有"外史掌四方之志""小史掌邦国之志""职方氏掌天下之图，以掌天下之地"的说法。据郑玄对"志"字"风谣歌舞，各附其俗；魁梧长者，莫非其旧"的注文，可推"志"可能是记录四方人物、风谣、故事的簿册。东汉会稽人袁康所撰《越绝书》，记吴、越两国史地，先记山川、城郭、冢墓，次及纪传，被后世视为中国方志之鼻祖；一说脱胎于舆地学，它是由古代最早的地理著作《尚书·禹贡》和《山海经》演变而来的。《尚书·禹贡》记载了战国前的方域、物产、贡赋等，《山海经》记载了远古时代的山川、形势、物怪等，它们均被认作是方志的雏形。两说皆言之成理，持之有故。总之，方志是一种由史、志、记、传、图、经等各种不同体裁渗透融合而成的体例全新的历史地理学著作，起自多源。

方志种类繁夥，归纳起来，不外全国性一统志、省志（总志、通志）、府志、州县志、乡里志和专志。一统志如《元丰九域志》《大清一统志》，总志如《湖广总志》，通志如《山西通志》《江西通志》，府志如《河间府志》《苏州府志》，州县志如《交河县志》《沧县志》，乡村志如《南浔志》，专志如《灵隐寺志》等。元修《大元一统志》是我国历史上第一部规模巨大的全国性一统志，为明、清两代纂修一统志提供了成功范式。

方志的内容和体例，呈现出渐趋丰富和完善的发展趋势。纪昀《四库全书总目·史部·地理类叙》以为：古之地志如《尚书·禹贡》《山海经》者，"载方域、山川、风俗、物产而已"；自《元和郡县志》《太平寰宇记》之后，古迹、人物、艺文相继掺入，并成为地志之大宗；而地方又假借粉饰、侈夸风土，甚至存在文士好博、越走越远的不良风气，日益背离了地志记载地域、山川、风俗、物产、图籍以备参考的宗旨。客观地讲，方志取材，不同于正史举帝王一家之事为正宗，而应当以地方社会为中心，凡属地方风俗习惯、民生利病、物产土宜、奇佽异能等不能载录于正史者，均可录入，以作为国史的有力补充。

方志的发展从形态特点看，可分为地记、图经和方志三个阶段。东汉至南北朝的主要形式是反映一方风土人物的"地记"，代表作有袁康的《越绝书》和常璩的《华阳国志》；隋、唐至北宋的主要形式是图文结合的"图经"或"图记"，代表作有《诸郡物产土俗记》《括地志》《元和郡县志》；南宋后的志书几乎都称方志，是方志体的成熟时期，方志记述的重点也开始从地理情况发展到社会的众多方面，"人物"和"艺文"在方志中占据了比较重要的地位，形成了后来方志的一般格局，代表作有《太平寰宇记》《元丰九域志》以及被称为"临安三志"的《乾道临安志》《淳祐临安志》《咸淳临安志》等。

目录学史上，"地理类"的成熟也经历了相当漫长的发展过程。东汉班固《汉书·艺文志》无"地理类"，其"六艺略·书类"著录了后来属于"经部"的地理学著作《尚书·禹贡》；《隋书·经籍志·史部叙》称："隋大业中，普诏天下诸郡，条其风俗物产地图，上与尚书。"这是帝王下诏编纂全国性方志的开始。与此相应，《隋书·经籍志·史部》始置"地理类"，著录了《山海经》《娄地记》《洛阳记》等前代地理著作一百三十九部；《郡斋读书志·经部》置"地里类"，著录了《三辅黄图》《诸宫旧事》等地理学著作三十五部；《直斋书录解题·史部》亦置"地理类"，著录了《元和郡县志》《太平寰宇记》等地理学著作六十九部；《四库全书总目·史部》承其统序而置"地理类"，且依其内容倾向别为"总志""地方志""杂志""边防""山水""宫殿""古迹""行记""外纪"诸子目，体大思精，纲纪条贯，集历代地理著述之大成。

今之所选，计有《洛阳伽蓝记五卷》《括地志不分卷》《太平寰宇记二百卷目录二卷》《长安志二十卷图三卷》《幽兰居士东京梦华录十卷》《舆地广记三十八卷》《宣和奉使高丽图经四十卷》《中吴纪闻六卷》《舆地纪胜二百卷》《梦粱录二十卷》《新编方舆胜览七十卷》《咸淳临安志一百卷》《武林旧事六卷》《圣朝混一方舆胜览三卷》《吴中旧事一卷》《大明一统志九十卷》《八闽通志八十七卷》《东泉志四卷》《正德福州府志四十卷》《天下郡国利病书不分卷》《行水金鉴一百七十五卷首一卷》《水经注疏证四十卷》《保安志略二卷》《吴中水利通志十七卷》二十四部，以期窥斑见豹。

洛阳伽蓝记五卷

识著述：

  杨衒之（生卒不详），字号不详，北平（今河北定州）人，北朝文学家、史学家、地理学家，著有《洛阳伽蓝记》。《洛阳伽蓝记》（简称《伽蓝记》）五卷，乃杨衒之感怀兴衰、追记劫前城郊佛寺之盛、概括历史变迁而创作的一部集历史、地理、佛教、文学于一身的历史和人物故事类笔记。全书以记佛事为题，以记佛寺为重点，按洛阳佛寺所在区域分为五卷。每记一寺，一般先写寺庙的建立年代、建立人、坐落位置、四邻、规模造型等，旁及附近官署、里巷、名胜，乃至有关历史、地理、经济、文化、习俗等。文体接近骈体，行文简明清丽，用语骈中带散，其中的景物描写和人物刻画均具有很高的文学价值。

识版式：

  此为明末毛氏绿君亭刻本；四周单边；白口，上刻书名、卷次，下刻毛氏刻书堂号；半页八行，行十八字。

识印章：

  虞山毛扆手校——毛扆郡望姓名藏书印。毛扆（1640—1713），字季斧，号省庵，常熟（今江苏常熟）人，毛晋第五子，清代著名校勘学家、出版家、藏书家。藏书印有"毛扆之印""毛斧季收藏印""叔郑后人"等。编有《汲古阁秘本书目》。详见《孝经今文音义》"毛扆"条。

  西河季子之印——毛扆别号藏书印。

  星诒——周星诒名号藏书印。周星诒（1833—1904），字季贶（一字曼嘉），号巳翁（一号窳翁），祥符（今河南开封）人，清代诗人、词人、文献学家、目录学家、藏书家。藏书楼名"瑞瓜堂""书钞阁""传忠堂""窳横"，藏书印有"周星诒印""星诒""星诒印信""季贶""瑞瓜堂印""祥符周氏瑞瓜堂图书""逸庄""癸巳人"等。编有《窳横藏书目》《传忠堂书目》，著有《窳横诗质》《窳横日记钞》《勉熹词》等。

  祥符周氏瑞瓜堂图书——周星诒郡望姓氏藏书楼号藏书印。

秦汉十印斋藏——蒋凤藻藏书楼号藏书印。蒋凤藻（1845—1908），字香生，一作芗生、香山，长洲（今江苏苏州）人，清代著名藏书家。藏书楼名"书抄阁""秦汉十印斋"等，藏书印有"长洲蒋凤藻""蒋香生鉴赏""秦汉十印斋藏""长洲蒋氏十印斋藏书"等。编有《书抄阁行箧书目》《铁华馆藏书》等。详见《韵经》"蒋凤藻"条。

识递藏：

从书页所钤藏书印及题跋看，是书曾藏于常熟毛扆"汲古斋"；继藏于长洲何焯"赍研斋"；继藏于吴县名医薛雪之手；继藏于平江黄丕烈"士礼居"，由顾广圻校跋；继藏于祥符周星诒"瑞瓜堂"；继藏于长洲蒋凤藻"秦汉十印斋"；今藏于国家图书馆。有毛扆、黄丕烈、周星诒、周寅、顾广圻跋。

括地志不分卷

识著述：

李泰（620—652），字惠褒，小字青雀，陇西狄道（今甘肃临洮）人，唐宗室大臣，唐太宗第四子，唐代书法家、书画鉴赏家、方志学家，编著有《括地志》。《括地志》不分卷，按贞观十道排比三百五十八州，再以州为单位，分述辖境各县的沿革、地望、得名、山川、城池、古迹、神话传说和重大历史事件等，征引广博，资料宏富，保存了许多六朝地理书中的珍贵资料，为《元和郡县志》《太平寰宇记》开了先河。

识版式：

此为清抄本。半页十行，行二十二字，小字双行同。

识印章：

倪模——倪模姓名藏书印。倪模（1750—1825），字预抡，号迁存、迁村、迁川，别署韭瓶、江上云林阁主人，望江大雷岸（今安徽望江雷池乡）人，清代著名钱币学家、校勘学家、地理学家、音韵学家、藏书家。藏书楼名"经锄堂""江上云林阁""二水山房"，藏书印有"倪模""预抡""臣倪文相""经锄堂藏书""苕溪经锄堂倪氏收藏真本""大雷经锄堂藏书""家在元沙之上"等。编有《经锄堂藏书目》等，著有《泉谱》《古今泉略》《双声古训》《雷港源流考》《雷港琐记》《迁存遗文》等。

预抡——倪模字号藏书印。

大雷经锄堂藏书——倪模郡望藏书楼号藏书印。

泰和萧敷政蒲村氏珍藏——萧敷政郡望姓名字号藏书印。萧敷政（？—1924），字蒲村，号敬止，泰和（今江西泰和）人，清末民国著名刻书家、藏书家。藏书楼名"遐观楼""趣园"，藏书印有"泰和萧敷政珍藏""泰和萧敷政蒲村氏珍藏""泰和萧敷政蒲村氏珍藏书籍之章"等。编有《遐观楼藏书目录》，著有《萧敷政乡试朱卷》等。

曾在余垕基处——余垕基姓名藏书印。余垕基（生卒不详），字祖垚。其人无考。

祖垚经眼——余垕基字号藏书印。

识递藏：

从书页所钤藏书印及题跋看，是书曾藏于望江倪模"经锄堂"；又藏于贵州安平陈若畴之手；又藏于泰和萧敷政"遐观楼"；今藏于武汉大学图书馆。有陈若畴校跋。余垕基无考。

太平寰宇记二百卷目录二卷

识著述：

乐史（930—1007），字子正，宜黄（今江西宜黄）人，北宋文学家、地理学家，著有《绿珠记》《杨太真外传》《太平寰宇记》等。《太平寰宇记》二百卷，是继《元和郡县志》之后又一部采摭繁富的地理总志。该书对全国各州县山川形胜、历史沿革、风俗、物产、人物和艺文等均有详细记载，尤其是对各地土产和户籍、人口的详细记述，为后世

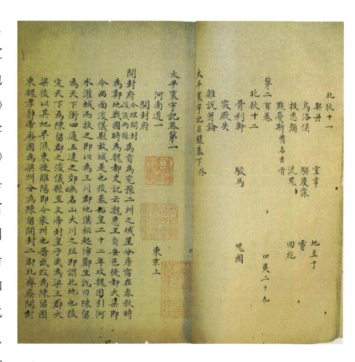

研究区域经济和人口分布提供了宝贵资料。此外，该书在编纂体例上恢复了"人物"在地志中的地位，增加了风俗、姓氏、艺文、土产、四夷等内容，对后世方志著作影响巨大。《太平寰宇记》是一部承先启后的划时代巨著，在我国地理学发展史上占有特殊地位，是研究历史地理的珍贵文献。

识版式：

此为清初曹寅栋亭抄本，缺六卷；半页十一行，行二十三字，小字双行同。

识印章：

长白敷槎氏菫斋昌龄图书记——富察昌龄郡望字号名号藏书印。富察昌龄（生活于康雍乾间），字敷槎，一字晋蘅，号菫斋，满洲镶白旗人，傅鼐长子，曹寅之婿，清初藏书家。藏书楼名"谦益堂""聚星堂""墨香亭""稻香草堂"等，藏书印有"长白敷槎氏菫斋昌龄图书记""龄""昌龄""昌龄私印""菫斋""菫斋印""菫斋昌龄""菫斋图书""菫斋收藏印""聚星堂藏书""墨香亭""墨香亭书画""稻香草堂"等。

大兴朱氏竹君藏书之印——朱筠郡望姓氏字号藏书印。朱筠（1729—1781），字竹君，一字美叔，号笥河，顺天大兴（今北京大兴）人，朱珪之弟，朱锡庚之

父，清代著名经学家、书法家、诗人、金石学家、文献学家、藏书家。藏书楼名"椒花吟舫"。详见《入注附音司马温公资治通鉴》"朱筠"条。

叶启发东明审定善本——叶启发姓名字号藏书印。叶启发（1905—1952），字东明，号华鄂主人、朴学庐主，长沙（今湖南长沙）苏家巷人，叶德辉三弟德炯之子，叶启勋胞弟，现代知名藏书家、目录学家。藏书楼名"华鄂堂"。详见《仪礼注疏》"叶启发"条。

识递藏：

从书页所钤藏书印及题跋看，是书曾藏于抄书人曹寅"楝亭"；继藏于其婿长白富察昌龄"谦益堂"；继藏于大兴朱筠"椒花吟舫"；继藏于道州何绍基"东洲草堂"；继藏于长沙叶启勋、叶启发兄弟"拾经楼"；今藏于湖南图书馆。有叶启勋跋。

长安志二十卷图三卷

识著述：

　　宋敏求（1019—1079），字次道，赵州平棘
（今河北赵州）人，北宋历史学家、地理学家、藏
书家，著有《唐大诏令集》《长安志》等。《长安
志》二十卷，是我国现存最早的古都志。作者遍
搜与长安有关的历史实录、传记、家谱、古志、
古图、碑刻、笔记，着重记述了自汉至唐以来长
安及属县的情况，尤其详载长安城郭、宫殿、坊
市等，是我国古代有关长安地志的重要著作，对
研究长安的历史地理有较大的参考价值。

识版式：

　　此为明成化四年邠阳书堂刻本；四周单边；
粗黑口；双黑鱼尾；半页十二行，行二十二字，
小字双行同。

识印章：

　　宛平王氏家藏——王熙郡望姓氏藏书印。王熙（1628—1703），字子雍，一字
胥廷，号慕斋，顺天府宛平（今北京丰台）人，明末清初藏书家。藏书楼名"宝翰
堂"，藏书印有"慕斋""慕斋鉴定""宛平王氏家藏""宝翰堂藏书印""青宫太傅"
"曲江风度"等。著有《宝翰堂集》。

　　慕斋鉴定——王熙字号藏书印。

　　朱筠——朱筠姓名藏书印。朱筠（1729—1781），顺天大兴（今北京大兴）人，
朱珪之弟，朱锡庚之父，清代著名经学家、书法家、诗人、金石学家、文献学家、
藏书家。藏书楼名"椒花吟舫"。详见《入注附音司马温公资治通鉴》"朱筠"条。

　　大兴朱氏竹君藏书之印——朱筠郡望姓氏字号藏书印。

　　朱锡庚印——朱锡庚姓名藏书印。朱锡庚（1762—1827），字少河，一字少白，
别号蒲阳居士，顺天大兴（今北京大兴）人，朱筠之子，清代著名学者、藏书家。
继承其父之"椒花吟舫"，藏书印有"朱锡庚印""锡庚阅目""少河""筠河府君遗
藏书画""筠河府君遗藏书记""椒花吟舫"等。著有《古籍过眼录》《朱少河杂著
稿本》。

　　燕庭藏书——刘喜海字号藏书印。刘喜海（1793—1852），字燕庭、燕亭、砚

庭，又字吉甫，青州诸城（今山东潍坊诸城）人，刘统勋曾孙，刘墉从孙，清代文献学家、目录学家、金石学家、古泉学家、藏书家。藏书楼名"嘉荫簃""味经书屋""清爱堂"等，藏书印有"刘喜海""刘喜海印""文正曾孙刘喜海印""东武刘喜海燕庭所藏""喜海""吉父""刘燕庭藏书""燕庭""燕庭藏书""曾经燕庭勘读""东武刘燕庭审定""文正曾孙文清从孙文恭冢子""文正曾孙""味经书屋""东武刘氏味经书屋藏书印""清爱堂""东武刘氏御赐清爱堂""嘉荫簃""东武刘氏嘉荫簃所藏""嘉荫簃藏书印""东武刘喜海燕庭氏审定金石文字之记"等。著有《嘉荫簃藏器目》《长安获古编》《海东金石苑》等。

识递藏：

从书页所钤藏书印看，是书曾藏于宛平王熙"宝翰堂"；继藏于大兴朱筠、朱锡庚父子"椒花吟舫"；继藏于诸城刘喜海"嘉荫簃"；今藏于国家图书馆。

幽兰居士东京梦华录十卷

识著述：

孟钺（生卒不详），即孟元老，号幽兰居士，北宋东京开封府（今河南开封）人，宋代文学家。金灭北宋，孟元老南渡，追忆东京繁华，于南宋绍兴十七年（1147）撰成《东京梦华录》。《东京梦华录》十卷，所记多为宋徽宗赵佶崇宁至宣和间（1102—1125）北宋都城东京汴梁的情况，大致包括京城内外城的河道桥梁、皇宫内外官署衙门的分布位置、城内的街巷坊市和店铺酒楼、朝廷的朝会郊祭大典、东京的民风习俗和时令节日、当时的饮食起居和歌舞百戏等，图写了这一历史时期居住在东京的上自王公贵族下至庶民百姓的日常生活情景，是研究北宋都市社会生活、经济、文化的一部重要历史文献，在我国文学史和文化史上有一定的影响。

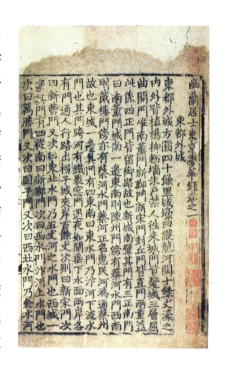

识版式：

此为元刻本；左右文武双边，上下单边；细黑口，双黑鱼尾，中刻书名、卷次、页码；半页十四行，行二十二至二十四字。

识印章：

毛晋——毛晋姓名藏书印。毛晋（1599—1659），常熟（今江苏常熟）人，明末著名经学家、文学家、刻书家、藏书家。藏书楼名"汲古阁"。详见《周易九卷》"毛晋"条。

汲古主人——毛晋别号藏书印。

毛扆之印——毛扆姓名藏书印。毛扆（1640—1713），字季斧，号省庵，常熟（今江苏常熟）人，毛晋第五子，清代著名校勘学家、出版家、藏书家。藏书印有"毛扆之印""毛斧季收藏印""叔郑后人"等。编有《汲古阁秘本书目》。详见《孝经今文音义》"毛扆"条。

斧季——毛扆字号藏书印。

袁克文——袁克文姓名藏书印。袁克文（1890—1931），项城（今河南项城）人，袁世凯次子，近代诗人、书法家、金石鉴赏家、藏书家。藏书楼名"皕宋书藏""后百宋一廛""八经阁"。详见《汉上易传》"袁克文"条。

寒云——袁克文字号藏书印。

识递藏：

从书页所钤藏书印看，是书曾藏于常熟毛晋、毛扆父子"汲古阁"；又藏于项城袁克文"皕宋书藏"；今藏于国家图书馆。

舆地广记三十八卷

识著述：

　　欧阳忞（生卒不详），吉州庐陵（江西吉安）人，欧阳修族孙，北宋地理学家，著有《舆地广记》。《舆地广记》三十八卷，前四卷概述上古至宋历代政区之纲要，分述自《禹贡》九州至北宋皇朝郡国，其间古地名皆以宋代地名注之；自第五卷始，依元丰时四京二十三路之制详述宋代政区，路下重在叙述府、州、军、县建置沿革，略古详今，而略于四至、风土等习见内容。《舆地广记》叙事要言不烦，体例清晰，是宋代一部重要的历史地理学著作，有极高的资料价值。

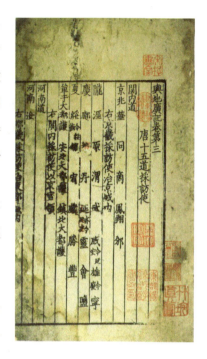

识版式：

　　此为宋刻递修本，卷一卷二补配清抄本；左右双边或四周双边；白口；半页十三行，行二十四字。

识印章：

　　竹垞真赏——朱彝尊字号藏书印。朱彝尊（1629—1709），秀水（今浙江嘉兴）人，清代经学家、史学家、诗人、词人、藏书家。藏书楼名"曝书亭"等。详见《周易本义》"朱彝尊"条。

　　主渔鉴赏——朱彝尊藏书印。

　　鱼计庄——朱彝尊藏书印。

　　士礼居——黄丕烈藏书楼号藏书印。黄丕烈（1763—1825），平江（今江苏苏州）人，清代著名校勘学家、版本学家、目录学家、刻书家、藏书家。藏书楼名"士礼居""百宋一廛"等。详见《四书通》"黄丕烈"条。

　　汪士钟印——汪士钟姓名藏书印。汪士钟（1786—？），长洲（今江苏苏州）人，汪文琛之子，清代著名藏书家。藏书楼名"艺芸书舍""三十五峰园"等。详见《周易九卷》"汪士钟"条。

　　阆源真赏——汪士钟字号藏书印。

　　杨东樵读过——杨以增姓氏字号藏书印。杨以增（1787—1855），聊城（今山东聊城）东昌府区人，清代藏书家。藏书楼名"海源阁"。详见《韩鲁齐三家诗考》

"杨以增"条。

宋存书室——聊城杨以增海源阁藏书楼分号藏书印。

东郡杨绍和字彦合藏书之印——杨绍和郡望姓名字号藏书印。杨绍和（1830—1875），聊城（今山东聊城）东昌府区人，杨以增次子，海源阁第二代主人，清代著名目录学家、藏书家。藏书楼名"海源阁"。详见《韩鲁齐三家诗考》"杨绍和"条。

协卿珍赏——杨绍和字号藏书印。

识递藏：

从书页所钤藏书印及跋识看，是书曾藏于秀水朱彝尊"曝书亭"；又藏于平江黄丕烈"士礼居"；继藏于长洲汪士钟"艺芸书舍"；继藏于聊城杨以增、杨绍和"海源阁"之"宋存书室"；今藏于国家图书馆。有黄丕烈、顾广圻跋。

宣和奉使高丽图经四十卷

识著述：

徐兢（1091—1153），字明叔，号自信居士，和州历阳（今安徽和县）人，北宋使节、书法家，曾出使高丽，著有《宣和奉使高丽图经》。《宣和奉使高丽图经》四十卷，是徐兢出使高丽期间所著的方国史志。全书分二十八门，大凡高丽国之山川、风俗、典章、制度，以及接待仪文、往来道路，物图其形，事为其说，无不详载，是了解北宋时期高丽国的珍贵史料。

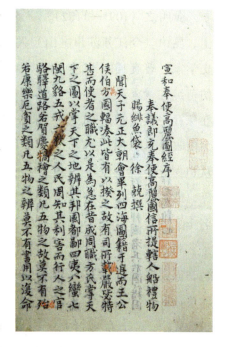

识版式：

此为明末抄本；半页十行，行二十字。

识印章：

虞山毛扆手校——毛扆郡望姓名藏书印。毛扆（1640—1713），字季斧，号省庵，常熟（今江苏常熟）人，毛晋第五子，清代著名校勘学家、出版家、藏书家。藏书印有"毛扆之印""毛斧季收藏印""叔郑后人"等。编有《汲古阁秘本书目》。详见《孝经今文音义》"毛扆"条。

汪士钟印——汪士钟姓名藏书印。汪士钟（1786—?），字春霆，号阆源，一号眼源，长洲（今江苏苏州）人，汪文琛之子，清代著名藏书家。藏书楼名"艺芸书舍""三十五峰园"等。详见《周易九卷》"汪士钟"条。

三十五峰园主人——汪士钟藏书楼号藏书印。

铁琴铜剑楼——常熟瞿氏藏书楼号藏书印。详见《周易注疏》"铁琴铜剑楼"条。

识递藏：

从书页所钤藏书印看，是书曾藏于常熟毛扆"汲古阁"；继藏于长洲汪士钟"三十五峰园"；继藏于常熟瞿氏"铁琴铜剑楼"，由瞿绍基、瞿镛、瞿秉渊、瞿启甲、瞿凤起五代递藏，今藏于国家图书馆。

中吴纪闻六卷

识著述：

龚明之（1091—1182），字希仲，号五休居士，昆山（今江苏苏州昆山）人，南宋文学家、史学家，著有《中吴纪闻》。《中吴纪闻》六卷，仿范纯仁《东斋纪事》、苏轼《志林》之体，旨在保存一代遗闻轶事，使后来人铭记吴中风情，为南宋地方风土掌故笔记。书中所记，或为幼年从祖父处听闻之故事，或为从时人处所得之闻见，或为亲身之经历，诸如吴中宰执郡守、文人名士之遗闻逸事、诗文酬对，以及名胜古迹、风土人情、鬼神梦卜、僧道行迹等，几乎无所不包，而大多翔实可信，是研究吴地文学和历史的珍贵资料。

识版式：

此为明末毛氏汲古阁刻本；左右文武双边，上下单边；粗黑口，中刻刻书堂号、页码；半页九行，行十八字，小字双行同。

识印章：

王芑孙——王芑孙姓名藏书印。王芑孙（1755—1818），字念丰，一字沤波，号惕甫，一号铁夫、云房，又号楞伽山人，吴县（今江苏苏州）人，清代文学家、赋论家、藏书家。藏书楼名"渊雅堂""沤波舫""楞伽山房"。详见《论语集解义疏》"王芑孙"条。

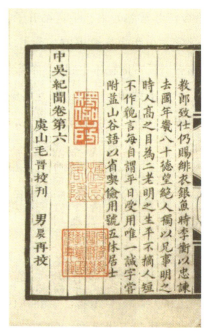

惕甫——王芑孙字号藏书印。

惕甫经眼——王芑孙字号藏书印。

铁夫手校——王芑孙字号藏书印。

王铁夫阅过——王芑孙姓氏字号藏书印。

楞伽山房——王芑孙藏书楼分号藏书印。

渊雅堂藏书记——王芑孙藏书楼号藏书印。

宫学教习县学教谕国学典簿——王芑孙仕履经历藏书印。

真州山长——王芑孙别号藏书印。

樗园客隐——王芑孙别号藏书印。

识递藏：

　　从书页所钤藏书印看，是书曾藏于吴县王芑孙"渊雅堂"；今藏于南京图书馆。有王芑孙校跋。

舆地纪胜二百卷

识著述：

王象之（1163—1230），字仪父，一作肖父，婺州金华（今浙江磐安）人，南宋地理学家，著有《舆地纪胜》。《舆地纪胜》二百卷，以南宋统治区域为限，详述了从都城临安府至剑门军约一百六十六个行政单位的方志内容，分为府州县沿革、风俗、形胜、景物、古迹、官吏、人物、仙释、碑记、诗、四六等门，间亦变通而有所分合。另有《舆地图》十六卷，逐路为卷，于四川各州尤详。是书叙事详赡分明，体例谨严，考证核洽，被誉为最善之南宋总志。

识版式：

此为清抄本，存一百五十八卷。

识印章：

张穆印信——张穆姓名藏书印。张穆（1805—1849），原名穆知，初名瀛暹，字诵风、石舟、穆之，一字硕洲，亦字石洲，号月斋，平定（今山西平定）人，清代爱国思想家、地理学家、诗人、书法家、藏书家。藏书楼名"月斋"，藏书印有"张穆之印""穆之""石舟""月斋藏书"等。编有《张石洲所藏书籍总目》，著有《蒙古游牧记》《魏延昌地形志》《历代沿革地图》《小方壶舆地丛考》《俄罗斯事补辑》《元裔表》《海疆善后宜重守令论》《顾亭林年谱》《阎潜邱年谱》《张石州楷书考》《山右丛书初编》《月斋文集》《月斋诗集》等。

月斋藏书——张穆藏书楼号藏书印。

定侯审定——叶启勋字号藏书印。叶启勋（1900—1972），字定侯，号更生、南阳毂人，别号拾经主人，长沙（今湖南长沙）苏家巷人，叶德辉三弟叶德炯次子，现代著名目录学家、藏书家。藏书楼名"拾经楼"，藏书印有"叶启勋""定侯所藏""拾经楼"等。著有《拾经楼紬书录》等。详见《仪礼注疏》"叶启勋"条。

拾经主人——叶启勋别号藏书印。

东明所藏——叶启发字号藏书印。叶启发（1905—1952），长沙（今湖南长沙）苏家巷人，叶德辉三弟德炯之子，叶启勋胞弟，现代知名藏书家、目录学家。藏书楼名"华鄂堂"。详见《仪礼注疏》"叶启发"条。

石林后裔——长沙叶启发、叶启勋兄弟祖望藏书印。以其祖上为宋代文学家、藏书家叶梦得，故自称"石林后裔"。

识递藏：

从书页所钤藏书印及题跋看，是书曾藏于平定张穆"眉斋"；又藏于长沙叶启勋"拾经楼"、叶启发"华鄂堂"；今藏于湖南图书馆。有叶启勋、叶启发跋。

梦粱录二十卷

识著述：

吴自牧（生卒不详），临安钱塘（今浙江杭州）人，南宋文学家、地理学家，著有《梦粱录》。《梦粱录》二十卷，仿《东京梦华录》体例，叙述了整个南宋时代都城临安的情况，举凡山川景物、节序风俗、公廨物产、市肆乐部，无不详载，为了解南宋城市经济活动、手工业、商业发展情况，特别是都城临安的面貌，提供了详细的资料。其中伎乐、百戏、角抵、讲经、讲史、小说诸艺，是宋代文学艺术的珍贵资料。

识版式：

此为清抄本；白口，中书书名、卷次、页码；半页十行，行二十二字。

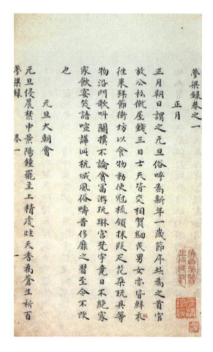

识印章：

海昌吴骞里收藏记——吴骞郡望姓氏字号藏书印。吴骞（1733—1813），海宁（今浙江海宁）人，清代著名诗人、文学家、藏书家。藏书楼名"拜经楼""千元十驾"。详见《诗集传》"吴骞"条。

彦清珍秘——刘履芬字号藏书印。刘履芬（1827—1879），字彦清，一字泖生，号沤梦，江山（今浙江衢州江山）人，清代词人、藏书家。藏书楼名"红梅阁"，藏书印有"江山刘履芬观""江山刘履芬彦清父收藏""江山刘履芬彦清氏收藏""彦清珍秘""莎厅课经"等。编有《红梅阁书目》，著有《古红梅阁集》《鸥梦词》。

崔逸——顾鹤逸名号藏书印。顾鹤逸（1865—1930），名麟士，字鹤逸，自号西津渔父，别署西津、鹤庐、筠邻，元和（今江苏苏州）人，藏书家顾文斌之后，清末民国著名书画家、篆刻家、藏书家。藏书楼名"过云楼"，藏书印有"顾鹤逸""崔逸"等。辑有《顾鹤逸藏书目》，著有《过云楼读书画记》《鹤庐画赘》《鹤庐印存》《因因庵石墨记》等。

识递藏：

从书页所钤藏书印看，是书曾藏于海宁吴骞"拜经楼"；又藏于江山刘履芬"红梅阁"；继藏于元和顾鹤逸"过云楼"；今藏于南京图书馆。有刘履芬校跋，曹元忠跋。

新编方舆胜览七十卷

识著述：

祝穆（？—1255），少名丙，字伯和，又字和甫，晚年自号樟隐老人，婺源（今江西婺源）人，南宋文学家、方志学家，著有《事文类聚》《新编方舆胜览》。《新编方舆胜览》七十卷，以行在临安府为首，所记十七路，仅限于宋室南渡后的境域。其记述略于建置沿革和疆域道里，而详于名胜古迹、诗赋序记与各地风土习俗，为南宋地理总志。

识版式：

此为元刻本；左右双边，上下单边；细黑口，双黑鱼尾；半页十四行，行二十三字。

识印章：

休宁汪季青家藏书籍——汪文柏郡望姓氏字号藏书印。汪文柏（生活于顺康雍间），字季青，号柯庭、柯亭，桐乡（今浙江嘉兴桐乡）人，著名藏

书家汪森之弟，清代诗人、画家、藏书家。藏书楼名"古香楼""摛藻堂""拥书楼"，藏书印有"汪文柏""平阳汪文柏印""文柏私印""汪季子文柏柯庭氏""休宁汪季青家藏书籍""季青鉴定""柯庭""柯庭所藏""柯庭流览所及""平阳季子之章""平阳季子收藏图书""双溪草堂图记""古香""古香楼""古香楼汪氏藏书印""汪氏古香楼藏""摛藻堂藏书印""摛藻堂图书记""展砚斋图书印""千岩道人"等。编有《适园藏书志》，著有《柯庭余习》《古香楼吟稿》等。

古香楼——汪文柏藏书楼号藏书印。

宝古斋——疑为通州邱震生等于1944年开办的"宝古斋"古玩铺字号藏书印。

李盛铎印——李盛铎姓名藏书印。李盛铎（1859—1934），德化（今江西九江）人，清末民初著名政治家、收藏家。藏书楼名"木犀轩"等。详见《监本纂图重言重意互注论语》"李盛铎"条。

木斋——李盛铎字号藏书印。

木犀轩藏书——李盛铎藏书楼号藏书印。

识递藏：

从书页所钤藏书印看，是书曾藏于休宁汪文柏"古香楼"；又藏于京师琉璃厂"宝古斋"；继藏于德化李盛铎"木犀轩"；今藏于北京大学图书馆。

咸淳临安志一百卷

识著述:

潜说友（1216—1288），字君高，号赤璧子，处州缙云（今浙江丽水缙云）人，南宋方志学家，主修《咸淳临安志》。《咸淳临安志》一百卷，以乾道、淳祐本《临安志》为基础，旁搜博采，增补成书。是书前十五卷为行在所录，记载皇城及中央官署等；十六卷以下，分列疆域、山川、诏令、御制、秩官、宫寺、文事、武备、风土、贡赋、人物、祠祀、寺观、园亭、古迹、冢墓、恤民、祥异、纪遗等门。此书体例完备，征引宏富，考辨精审，条理秩然。所绘皇城、京城、府署、浙江、西湖及府治、各县境、九县山川等图颇为详明，是研究南宋杭州地区政治、经济、文化和社会风俗的珍贵资料，是宋史研究的资料渊薮，为南宋地方志中的佳作。

识版式:

此为南宋咸淳刻本，有补抄；左右文武双边，上下单边；白口，单黑鱼尾，中刻书名、卷次、页码，下刻刻工姓名；半页十行，行二十字，小字双行同。

识印章:

季沧苇图书记——季振宜姓氏字号藏书印。季振宜（1630—？），泰兴（今江苏泰州靖江）季市镇人，明末清初著名诗人、文献学家、版本学家、校勘学家、藏书家。藏书楼名"静思堂"。详见《尚书注疏》"季振宜"注。

高平家藏——张承绪郡望藏书印。张承绪（生活于乾隆间），字锡三、幼文，号西轩、雪樵，高平（今山西晋城高平）人，清代诗人、藏书家。藏书楼名"枕烟楼"（一作"沈烟楼"）"花薰阁"，藏书印有"高平张氏承绪家藏善本""雪北山樵""高平家藏"等。著有《诗述》《花薰阁诗集》《西轩遗集》等。

珊瑚阁珍藏印——百龄藏书楼号藏书印。百龄（1752—1815），本姓张，字菊溪，号子颐，谥文敏，汉军正黄旗人，清代政治人物、藏书家。藏书楼名"珊瑚阁"，藏书印有"珊瑚阁珍藏印"等。莫友芝考之曰："前人每以此为康熙间纳兰性德藏书印，然阅其刀法文字，则为嘉道间风气，当是嘉庆间百龄物，亦以珊瑚名阁者也。"再从与张承纶生活时段的比对上看，这种看法是可信的。

乌程蒋祖诒藏——蒋祖诒郡望姓名藏书印。蒋祖诒（1902—1973），字毂孙，吴兴（今浙江湖州吴兴）南浔人，藏书家蒋汝藻长子，现代鉴赏家、藏书家。藏书楼名"密均楼"。详见《大戴礼记》"蒋祖诒"条。

宝——蒋祖诒藏书印。

识递藏：

从书页所钤藏书印及题跋看，是书曾藏于泰兴季振宜"静思堂"；继藏于昆山徐乾学"传是楼"；继藏于会稽傅王露"信天书屋"；继藏于高平张承纶"枕烟楼"；继藏于百龄"珊瑚阁"；继藏于聊城杨氏"海源阁"；继藏于乌程蒋祖诒"密均楼"；今藏于国家图书馆。有傅王露、杨绍和跋。

武林旧事六卷

识著述：

　　周密（1232—1298），字公谨，号草窗，又号霄斋、萧斋、蘋洲，晚年号弁阳老人、泗水潜夫、华不注山人，祖籍齐州（今山东济南），落籍吴兴（今浙江湖州吴兴），南宋词人、文学家，著有《草窗旧事》《武林旧事》《齐东野语》等。《武林旧事》六卷，为周密追忆南宋都城临安城风貌之作，作者按照"词贵乎纪实"的精神，根据目睹耳闻和故书杂记，详述朝廷典礼、山川风俗、市肆经纪、四时节物、教坊乐部等情况，为了解南宋城市经济文化和市民生活及都城面貌、宫廷礼仪提供了详细资料。此书广采博收，材料丰富，对研究宋代尤其是南宋时期的社会史，具有极为重要的史料价值。

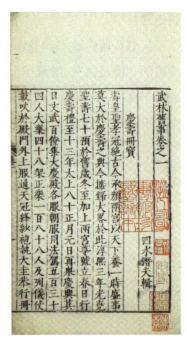

识版式：

　　此为明正德十三年宋廷佐刻本；四周单边；白口，单黑鱼尾，中刻卷次、页码；半页十行，行二十字，小字双行同。

识印章：

　　毛晋——毛晋姓名藏书印。毛晋（1599—1659），常熟（今江苏常熟）人，明末著名经学家、文学家、刻书家、藏书家。藏书楼名"汲古阁"。详见《周易九卷》"毛晋"条。

　　农郎——方毂字号藏书印。方毂（约生活于嘉道间），字农郎，号幼青，清代金石学家、书画家、藏书家。藏书印有"方毂""农郎""幼青"等。

　　幼青——方毂字号藏书印。

　　姚景瀛——姚虞琴姓氏字号藏书印。姚虞琴（1867—1961），字渔琴、瀛、景瀛，又字渔吟，晚年以字行，仁和（今浙江杭州）人，近代诗人、书画家、藏书家。藏书楼名"珍帚斋""宝凤阁"，藏书印有"姚虞琴""姚氏虞琴""姚虞琴书画印""虞琴长寿""姚景瀛""东湖渔隐""家在东湖之东西湖之西""春宵无梦不钱塘""浇花种竹心欢喜"等。著有《宝凤阁随笔》《珍帚斋诗画稿》。

识递藏：

　　从书页所钤藏书印看，是书曾藏于常熟毛晋"汲古阁"；又藏于方毂之手；继藏于杭县姚景瀛"珍帚斋"；今藏于浙江图书馆。有方毂跋。

圣朝混一方舆胜览三卷

识著述：

　　刘应李（生活于宋末元初），字希泌，初名棨，建宁建阳（今福建建阳）人，宋元时期诗人、学者、方志学家，编有《事文类聚翰墨全书》。《圣朝混一方舆胜览》三卷，即《事文类聚翰墨全书》乙集。此书按元代当时的行政区划，分为腹里及辽阳、镇东、陕西、四川、河南、江北、云南、江浙、江西、湖广、甘肃、岭北十二行省和西域诸小国部落共十四部分，每部分再分为若干道肃政廉访司或宣慰司、宣抚司，其下又分若干路或直隶府州（散府州），有些路下又再分若干小州。路、府、州之下，则设置若干事类栏目，如"郡名""县名""沿革""风土""形胜""景致""名宦""人物""题咏"等，是我国现存唯一一部完整的元代地理总志。

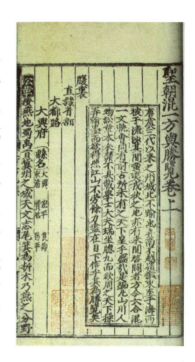

识版式：

　　此为明初刻《事文类聚翰墨全书》后乙集本；四周双边；粗黑口，双黑鱼尾；半页十二行，行二十六字，小字双行同。

识印章：

　　毛晋——毛晋姓名藏书印。毛晋（1599—1659），常熟（今江苏常熟）人，明末著名经学家、文学家、刻书家、藏书家。藏书楼名"汲古阁"。详见《周易九卷》"毛晋"条。

　　毛扆之印——毛扆姓名藏书印。毛扆（1640—1713），字季斧，号省庵，常熟（今江苏常熟）人，毛晋第五子，清代著名校勘学家、出版家、藏书家。详见《孝经今文音义》"毛扆"条。

　　季沧苇藏书印——季振宜姓氏名号藏书印。季振宜（1630—？），泰兴（今江苏泰州靖江）季市镇人，明末清初著名诗人、文献学家、版本学家、校勘学家、藏书家。藏书楼名"静思堂"。详见《尚书注疏》"季振宜"注。

　　钱江何氏梦华馆藏——何元锡郡望姓氏藏书楼号藏书印。何元锡（1766—1829），字敬祉，号梦华，又号蜨隐，钱塘（今浙江杭州）人，清代诗人、目录学家、金石学家、藏书家。藏书楼名"梦华馆""蝶影园""三吾鸿景斋""秋神阁"

等，藏书印有"何元锡印""何元锡供观""古杭何氏元锡藏""钱唐何元锡字敬祉号梦华又号蜨隐""何氏敬祉""钱唐何元锡梦华馆藏书印""梦华馆藏书印""古杭何氏梦华馆""钱江何氏梦华馆藏""钱唐何氏梦华书馆嘉庆甲子后所得书""蝶影园记""布衣暖菜根香诗书滋味长""阅者珍之"等。著有《神秋阁诗抄》。

识递藏：

从书页所钤藏书印看，是书曾藏于常熟毛晋、毛扆父子"汲古阁"；继藏于泰兴季振宜"静思堂"；又藏于钱塘何元锡"梦华馆"；今藏于复旦大学图书馆。

吴中旧事一卷

识著述：

陆友（生卒不详），字友仁，一字宅之，自号研北生，平江（今江苏苏州）人，元代书画家、方志学家、藏书家，著有《研史》《墨史》《印史》《杞菊轩稿》《书史会要》《研北杂志》《吴中旧事》等。《吴中旧事》

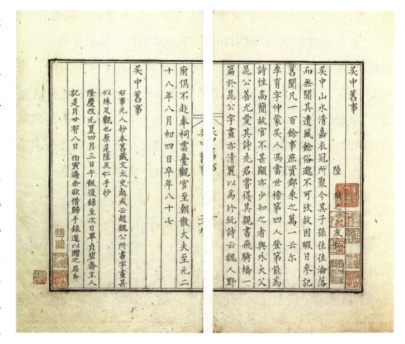

一卷，记其乡里轶闻旧事凡九十三则，大抵杂记乡里故实，非供诙啁调笑之街谈巷议之类，颇具史料价值。如辨吴会吴下之名、陆贽墓、张籍宅和令坊高彪碑之类，可补地志之不足；再如所记陈长方、潘兑事和朱事，亦可补史之不足。

识版式：

此为明隆庆元年居节抄本；四周双边；白口，单白鱼尾，中书书名，下书页码；半页九行，行十八字。

识印章：

毛晋私印——毛晋姓名藏书印。毛晋（1599—1659），常熟（今江苏常熟）人，明末著名经学家、文学家、刻书家、藏书家。藏书楼名"汲古阁"。详见《周易九卷》"毛晋"条。

汲古阁——毛晋藏书楼号藏书印。

汪士钟印——汪士钟姓名藏书印。汪士钟（1786—?），长洲（今江苏苏州）人，汪文琛之子，清代著名藏书家。藏书楼名"艺芸书舍""三十五峰园"等。详见《周易九卷》"汪士钟"条。

三十五峰园主人——汪士钟藏书楼号藏书印。

长洲汪骏昌藏——汪骏昌郡望姓名藏书印。汪骏昌（生活于道咸间），字雅庭，长洲（今江苏苏州）人，汪士钟族人，清代藏书家。藏书楼名"小有壶天"，藏书印有"长洲汪骏昌藏""骏昌""雅庭""小有壶天"等。

雅庭——汪骏昌字号藏书印。

吴云私印——吴云姓名藏书印。吴云（1811—1883），字少甫，又字一甫、愉平、罍父，号平斋，又号榆庭、愉庭、抱罍子，晚号退楼主人，归安（今浙江湖州）人，清代书画家、篆刻家、藏书家。藏书楼名"两罍轩""二百兰亭斋""敦罍斋""金石寿世之居"，藏书印有"吴云私印""吴云平斋""吴云字少甫号平斋晚号退楼""吴云平斋曾读过""吴云平斋过眼金石文字书画印""归安吴云平斋收藏金石文字印""吴平斋读书印""平斋藏书印""延陵平斋鉴藏金石书画之章""抱罍子""字罍父""两罍轩""两罍轩藏书印""二百兰亭斋鉴藏""归安吴氏二百兰亭斋鉴藏图书"等。编有《两罍轩所藏经籍》，著有《两罍轩彝器图释》《两罍轩藏器目》《古官私印考藏》《二百兰亭斋金石记》《焦山志》等。

抱罍子——吴云字号藏书印。

吴平斋读书记——吴云姓氏字号藏书印。

顾鹤逸——顾鹤逸姓氏字号藏书印。顾鹤逸（1865—1930），名麟士，字鹤逸，自号西津渔父，别署西津、鹤庐、筠邻，元和（今江苏苏州）人，清末民国著名书画家、藏书家。藏书楼名"过云楼"，藏书印有"顾鹤逸""雀逸"等。

识递藏：

此本为明吴县居节抄本，是书必首藏其家；从书页所钤藏书印看，是书曾藏于常熟毛晋"汲古阁"；继藏于长洲汪士钟"三十五峰园"；继藏于长洲汪骏昌"小有壶天"；继藏于归安吴云"两罍轩"；继藏于苏州顾鹤逸"过云楼"；今藏于南京图书馆。有居节跋。

大明一统志九十卷

识著述：

李贤（1409—1467），字原德，邓（今河南邓州）人，明代学者、方志学家，著有《鉴古录》《体验录》《看书录》《天顺日录》《古穰文集》《大明一统志》等。《大明一统志》九十卷，以明代南北两京、十三布政使司为叙事总纲，以各府州为目，府之下分述建制沿革、郡名、形胜、风俗、山川、土产、公署、学校、书院、宫室、关梁、寺观、祠庙、陵墓、古迹、名宦、

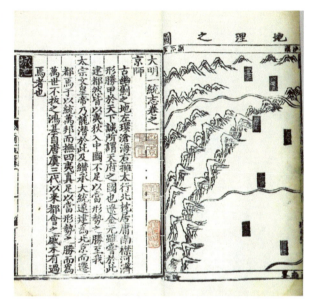

流寓、人物、列女、仙释等内容，并设《外夷》二卷记述周边邦国情形。是书全面、系统地记录了明代行政区划内的山川湖泊、津梁馆驿、土特物产、名胜古迹、寺观祠庙、学校书院、人物众庶，是研究明代自然地理、经济地理、人文地理的宝贵资料。此外，书中所录明代及以前艺文可供辑佚之用，所记名宦、流寓、人物、列女、仙释等篇目也可补正史之阙。

识版式：

此为明英宗天顺五年内府刻本；四周双边；粗黑口，双黑鱼尾，中刻书名、卷次、页码；半页十行，行二十二字，小字双行同。

识印章：

贲园书库——严遨藏书楼号藏书印。严遨（1855—1918），原名祖馨，字德舆，又字岳莲，更字雁峰，号贲园居士，渭南（今陕西渭南）人，世居成都，清末民初著名藏书家。藏书楼名"景勋楼""贲园书库"，在我国藏书界有"成都天一阁"之美誉。藏书印有"贲园书库"等。著有《贲园诗钞》《读晋书笔记》。

谷声藏书——严谷孙名号藏书印。严谷孙（1890—1976），又名谷声，字式海，藏书家严遨嗣子，渭南（今陕西渭南）人，世居成都，当代版本目录学家、金石书画鉴藏家、藏书家。藏书印有"鼓声藏书""严氏孝义家塾藏书"等。

严氏孝义家塾藏书——严遨、严谷孙父子藏书印。

渭南严氏——严遨、严谷孙父子郡望姓氏藏书印。

识递藏：

从书页所钤藏书印看，是书曾藏于渭南严遨"贲园书库"，由其子严谷孙递藏；今藏于四川大学图书馆。

八闽通志八十七卷

识著述：

黄仲昭（1435—1508），名潜，以字行，号退岩居士，学者称未轩先生，莆田（今福建莆田）城厢英龙街东里巷人，明代著名诗人、方志学家，编有《八闽通志》《兴化府志》《延平府志》《邵武府志》《南平县志》，著有《未轩集》。《八闽通志》八十七卷，黄仲昭编纂，由镇守太监陈道监修，为福建最早的一部省志。其间如地理、食货、秩官、学校、选举、坛庙、恤政、宫室、丘墓、古迹之类，皆因诸郡所采事迹，随其详略，稍加删次。其书博集群书，内容丰富，载述详备，具有注重人物记载、勘误、辑佚等重要文献价值，是研究福建历史、社会、经济和闽文化不可或缺的宝贵文献。

识版式：

此为明弘治刻本；四周文武双边；黑口，三黑鱼尾，中刻书名、卷次，下刻页码；半页九行，行二十一字。

识印章：

王宇之印——王宇姓名藏书印。王宇（生活于嘉靖万历年间），字永启，闽县（今福建福州）人，明代经学家、诗人、文学家、藏书家。著有《经书说》《原斋集》《升庵新语》《雾市选言》《删补古今文致》等。

郭白阳——郭白阳姓名藏书印。郭白阳（1901—1956），名可光，号伯旸、白阳，侯官（今福建福州）人，清代藏书家郭柏苍之后，现代藏书家。藏书楼名"潇碧榭""莫等闲斋"，藏书印有"郭白阳""闽郭白阳藏书""潇碧榭""南山小隐"等。著有《潇碧榭琐录》《闽藏书家考略》《全闽诗话》《竹间续话》《福建艺文续志》。

闽郭白阳藏书——郭白阳郡望姓名藏书印。

南山小隐——郭白阳藏书闲章。

潇碧榭——郭白阳藏书楼号藏书印。

安化陈浴新珍藏——陈浴新郡望姓名藏书印。陈浴新（1890—1974），又名东方望，名世梅，字积发，号志壮，安化（今湖南安化）蓝田光明街人，近代政治家、藏书家。藏书楼名"村南烟舍"，藏书印有"陈浴新""安化陈浴新藏""安化陈浴新珍藏""安化陈浴新考藏书画记""安化陈浴新珍藏书画记""陈浴新藏秘笈历劫不礭乐无极""村南烟舍"等。

安化陈浴新藏——陈浴新郡望姓名藏书印。

安化陈浴新考藏书画记——陈浴新郡望姓名藏书印。

识递藏：

从书页所钤藏书印及题跋看，是书曾藏于明人闽县王宇之手；又藏于闽县陈寿祺"小琅嬛"；又藏于侯官郭白阳"潇碧橱"；继藏于安化陈浴新"村南烟舍"；今藏于湖南大学图书馆。有陈道跋，陈寿祺题识。

东泉志四卷

识著述：

王宠（1494—1533），字履仁、履吉，号雅宜山人，长洲（今江苏苏州）人，明代著名诗人、书画家、藏书家，传世书迹有《诗册》《杂诗卷》《千字文》《古诗十九首》《李白古风诗卷》等，著有《雅宜山人集》《东泉志》等。《东泉志》四卷，详细记述了山东境内的河流、济南名泉的发源地和流经地等，并附有多幅地图，有较高的资料价值。

识版式：

此为明正德五年陈澍刻本；四周单边；白口，双白鱼尾，中刻书名、卷次、页码；半页十一行，行二十二字，小字双行同。

识印章：

王懿荣——王懿荣姓名藏书印。王懿荣（1845—1900），字正孺，一字廉生（又作莲生），福山（今山东烟台福山）古现村人，近代金石学家、文字学家、鉴藏家、书法家、藏书家。藏书楼名"天壤阁"等，藏书印有"福山王懿荣印""王懿荣字正孺""廉生登来""海上精舍藏本"等。著有《汉石存目》《南北朝存石目》《福山金石志》《王懿荣文集》等。详见《朱子实纪》"王懿荣"条。

福山王氏正孺藏书——王懿荣郡望姓氏字号藏书印。

海上精舍藏本——王懿荣藏书楼号藏书印。

刘天授——刘青选姓氏字号藏书印。刘青选（生活于同光间），字万之，号天寿。清末藏书家。生平无考。

刘椊——疑为刘青选族人藏书印。

识递藏：

从书页所钤藏书印看，是书曾藏于福山王懿荣"海上精舍"；又藏于刘天授、刘椊之手；今藏于天津图书馆。

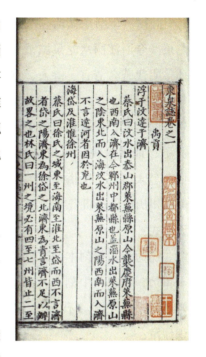

正德福州府志四十卷

识著述：

叶溥（生活于弘治嘉靖间），字时用，号槎溪，龙泉（今浙江丽水龙泉城镇）宫头村人，叶子奇裔孙，明代著名清官、诗人、方志学家，著有《槎溪集》《龙泉县志》《福州府志》等。正德《福州府志》四十卷，详载福州历史沿革、行政区划、自然资源、地理地貌、历史事件、人口民族、文化风俗、名人事迹、民俗宗教等内容，是研究明代及以前福州历史的珍贵资料。

识版式：

此为明正德刻本，缺卷有抄配；左右双边，上下单边；白口，中刻书名、卷次、页码，下刻刻工姓名；半页九行，行二十一字，小字双行同。

识印章：

徐㭿之印——徐㭿姓名藏书印。徐㭿（1513—1591），字子瞻，号少坡，自号相坡居士，闽县（今福建福州闽侯）荆溪镇徐家村人，明代经学家、诗人、藏书家，藏书家徐㷆、徐㷇之父。藏书楼名"红雨楼"，藏书印有"徐㭿之印""徐㭿私印""子瞻""少坡""永宁令印"等。著有《周易通解》《养生纂要》《徐令集》等。

闽中徐㷇惟起藏书——徐㷇郡望姓名字号藏书印。徐㷇（1570—1645），字惟起，一字兴公，自号鳌峰居士，别号三山老叟、天竿山人、竹窗病叟、笔耕惰农、筠雪道人、绿玉斋主人、读易园主人等，闽县（今福建福州闽侯）荆溪镇徐家村人，明代著名诗人、书画家、方志学家、目录学家、藏书家。藏书楼名"红雨楼""绿玉斋""南损楼""汗竹巢""宛羽楼""偃曝堂"，藏书印有"徐㷇之印""闽中徐㷇惟起藏书""闽中徐惟起藏书印""闽中徐惟起藏书""徐兴公""晋安徐兴公家藏书""鳌峰徐氏宛羽楼藏""徐氏汗竹巢珍藏本""鳌峰清啸""徐氏藏书""绿玉山房"等。辑有《红雨楼书目》《闽南唐雅》，修撰《建阳县志》等，著有《鳌峰集》《红雨楼文集》《笔精》《续笔精》《榕阴新检》《蔡端明别纪》《雪峰志》《红雨楼题跋》等。

鳌峰清啸——徐㷇别号藏书闲章。

是书曾藏蒋玠臣家——蒋玢姓氏字号藏书印。蒋玢（生活于顺康年间），字绚臣，一字用毊，闽县（今福建福州闽侯）人。清初诗人、藏书家。藏书楼名"玉笋堂"，藏书印有"蒋玢""蒋玢之印""蒋玢珍藏图书""蒋玢绚臣""绚臣父""蒋绚臣曾经秘藏""蒋绚臣曾经校藏""晋安蒋绚臣家藏书""是书曾藏蒋绚臣家""绚臣家藏""蒋绚臣藏书""绚臣珍藏图书""闽中蒋氏三径藏书"等。著有《玉笋堂集》《纪游草》。

绚臣家藏——蒋玢字号藏书印。

晋安何氏珍存——何应举郡望姓氏藏书印。何应举（生活于乾隆间），字述善，号五梅，闽县（今福建福州闽侯）人，清代藏书家。藏书楼名"苍璧轩"，藏书印有"应举珍赏""述善""述善珍藏""述善珍赏""晋安何氏珍藏""苍璧斋述"等。

林少穆珍藏印——林则徐姓氏字号藏书印。林则徐（1785—1850），字少穆，又字元抚、石麟，晚号俟村老人、俟村退叟、七十二峰退叟、瓶泉居士、栎社散人等，侯官（今福建福州）人，清代政治家、思想家、诗人、藏书家，有民族英雄之目。藏书楼名"七十二峰楼""云左山房"，藏书印有"林则徐印""林则徐""林少穆珍藏印""少穆审定""少穆曾观""河东节帅江左中丞""历官十四省统兵四十万""滇黔统制""总制荆湘""词臣开府""宠辱皆忘""肯使细故胸中留""管领江淮河汉""读书东观视草西台""吴越秦楚齐梁使者"等。编有《云左山房书籍目录》，著有《云左山房文钞》《云左山房诗钞》《使滇吟草》《林文忠公政书》《荷戈纪程》等。

东明游峨眉后拾得——刘明字号藏书印。刘明（生卒不详），字东明，连江（今福建连江）人，近代藏书家。藏书楼名"东明楼"，藏书印有"晋安刘明印记""刘东明""刘氏东明""晋安刘东明楼""晋安刘氏东明楼印记""曾存刘东明处""东明游峨眉后拾得""东明楼"等。

还读庐藏书印——廖元善藏书楼号藏书印。廖元善（1891—1956），字德元，号擎宇，又号今雨，祖籍福建永定，迁居福州，近代教育家、音韵学家、藏书家。藏书楼名"还读庐"，藏书印有"廖元善""廖元善印""廖德元印""今雨珍藏""今雨过眼""今雨入目""雨楼珍藏""还读庐藏""廖氏还读庐珍藏记""还读庐藏书印"等。著有《尔雅图说》《诗经音韵》《音韵学》等。

今雨珍藏——廖元善字号藏书印。

识递藏：

从书页所钤藏书印看，是书曾藏于侯官徐㭎"红雨楼"，由其子徐𤊻递藏于"宛羽楼"；书散后继藏于闽县蒋玢"玉笋堂"；继藏于侯官林佶"朴学斋"；继藏于闽县何应举"苍璧轩"；继藏于侯官郑杰"注韩居"；继藏于侯官林则徐"七十二峰楼"；继藏于侯官李彦章"榕园"；继藏于连江刘明"东明楼"；继藏于永定廖元善"还读庐"；今藏于福建师范大学图书馆。

天下郡国利病书不分卷

识著述：

顾炎武（1613—1682），本名顾绛，字宁人，人称亭林先生，南直隶昆山（今江苏昆山）人，明末清初杰出思想家、经学家、史地学家、音韵学家，与黄宗羲、王夫之并称为明末清初"三大儒"，著有《日知录》《天下郡国利病书》《肇域志》《音学五书》《韵补正》《金石文字记》《亭林诗集》等。《天下郡国利病书》不分卷，乃顾炎武在广搜经史、实地考察的基础上创作的一部记述明代各地区社会政治经济状况的历史地理著作。该书以"探究郡国利病"为旨归，重点辑录了兵防、赋税、水利三方面的内容。先叙舆地山川总论，次叙南北直隶、十三布政使司，对全国各地的形势、险要、卫所、城堡、关塞、岛礁、烽堠、民兵、巡司、马政、草场、兵力配备、粮草供应、屯田以及有关农民起义和其他社会动乱等方面的资料，无不详摘备揽，是研究明代社会政治经济的重要史籍。

识版式：

此为清顾炎武稿本。

识印章：

臣大昕印——钱大昕名号藏书印。钱大昕（1728—1804），字晓徵，又字及之，号辛楣，晚年自署竹汀居士，江苏嘉定（今上海嘉定）人，清代著名诗人、文学家、史学家、教育家、藏书家，乾嘉学派代表人物。藏书楼名"十驾斋""潜研堂""孱守斋"，藏书印有"钱大昕印""钱大昕观""臣大昕""大昕私印""竹汀""竹汀居士曾观""竹汀复校""纶阁舍人""瀛州学士""东宫亚相""文学侍从""宫詹学士之章""南海衡文""万经""年开七秩""游于盛世""平生一片心"等。著有《二十二史考异》《诸史拾遗》《疑年录》《元史氏族表》《潜研堂诗文集》《十驾斋养新录》《潜研堂金石跋尾》等。

竹汀——钱大昕字号藏书印。

识递藏：

从书页所钤藏书印及题跋看，是书为昆山顾炎武所撰稿本，为顾炎武首藏；继藏于昆山徐乾学"传是楼";继藏于吴县顾广圻"思适斋";继藏于吴县王闻远"孝慈堂";继藏于张秋塘之手;继藏于蒋春皋之手;继藏于平江黄丕烈"士礼居""读未见书斋";继藏于嘉定钱大昕"潜研堂";继藏于吴讷士之手;今藏于南京图书馆。有黄丕烈、钱大昕跋。

行水金鉴一百七十五卷首一卷

识著述：

　　傅泽洪（生活于康雍间），字育甫，一字稺君，号怡园，镶红旗汉军，累官江南淮扬道，清代著名水利专家，著有《行水金鉴》。《行水金鉴》一百七十五卷，是一部阐述中国水利发展史的专著。其书综括古今，所收资料上起《禹贡》下至康熙末（1721），详述了黄河、长江、汉水、淮河、运河和永定河等水系的源流和变迁，并对各条河流的管理情况、施工经过、漕运状况及其相关法律法规等，按河流予以分类，按朝代年份予以编排，"上下数千年间，地形之变迁，人事之得失，丝牵绳贯，始末犁然"。是书之编，在当时实属创举，其体例多为后世所沿用。

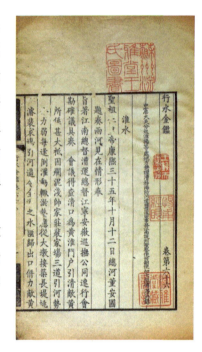

识版式：

　　此为清雍正三年淮扬官署刻本；左右双边，上下单边；粗黑口，双黑鱼尾，中刻书名、卷次、页码；半页十一行，行二十一字，小字双行三十二字。

识印章：

　　王铁夫阅过——王芑孙姓氏字号藏书印。王芑孙（1755—1818），吴县（今江苏苏州）人，清代文学家、赋论家、藏书家。藏书楼名"沤波舫""渊雅堂""楞伽山房"。详见《论语集解义疏》"王芑孙"条。

　　惕甫经眼——王芑孙字号藏书印。

　　苏州渊雅堂王氏图书——王芑孙郡望藏书楼号姓氏藏书印。

　　渊雅堂藏书记——王芑孙藏书楼号藏书印。

识递藏：

　　从书页所钤藏书印看，是书曾藏于长洲王芑孙"渊雅堂"；今藏于暨南大学图书馆。有王芑孙跋。

水经注疏证四十卷

识著述：

  沈钦韩（1775—1831），字文起，号小宛，自号织帘人，吴县（今江苏苏州）人，清代文学家、史学家、地理学家、训诂学家，著有《两汉书疏证》《水经注疏证》《左传补注》《左传地理补注》《韩昌黎集补注》《王荆公诗补注》《苏诗查注补正》《范石湖集注》《幼学堂文集》等。《水经注疏证》四十卷，乃沈钦韩感于旧注之臆说妄断，逐条详述郡县废置沿革及山川高深变迁、流合派分之故实，资料详赡，俱有条贯，皆如"提携在手，指掌可谈"。

识版式：

  此为清批注稿本；四周文武双边；白口、单黑鱼尾，上刻书名，中刻卷次，下刻页码；半页九行，行二十一字，小字双行同，朱笔夹注，墨笔眉批。

识印章：

  文起父——沈钦韩字号藏书印。沈钦韩（1775—1832），字文起，号小宛，自号织帘人，吴县（今江苏苏州）木渎人，清代文学家、史学家、训诂学家、藏书家。藏书楼名"幼学堂""有此庐""香山草堂"，藏书印有"沈钦韩印""钦韩所得""小宛""文起父""沈生""织帘藏书""香山草堂藏书记""有此庐图书"等。著有《两汉书疏证》《水经注疏证》《左传补注》《左传地理补注》《韩昌黎集补注》《王荆公诗补注》《苏诗查注补正》《范石湖集注》《幼学堂诗文集》等。

  沈生——沈钦韩姓氏藏书印。

  织帘藏书——沈钦韩别号藏书印。

  有此庐图书——沈钦韩藏书楼号藏书印。

识递藏：

  是书为沈钦韩手批本。从书页所钤藏书印看，是书首藏于其家"有此庐"；今藏于南京图书馆。

保安志略二卷

识著述：

侯昌铭（1854—？），字簏青，号退园居士，永定（今湖南张家界永定）二家河侯家湾人，清末民初方志学家，著有《保安志略》《永定县乡土志》。《保安志略》二卷，为侯昌铭随其父出任保安（今陕西志丹）知县期间受命修纂的方志类史书。全书正文分上下两卷，又分六门二十四目，包括舆幅篇（沿革、边防、山川、道里）、田户篇（地亩、户口、赋税、屯垦）、官师篇（官制、民政、军校、治绩）、庙祀篇（祀典、寺观、俗祀、茔兆）、民质篇（风俗、节义、仕宦、选举）、物宜篇（畜牧、种植、野产、物候），附有志余（艺文志）一卷。《保安志略》为古代保安志书中较优秀的一部，体例完备，考据精确，内容涉及保安的政治、经济、军事、文化等各个领域，尤其是其中的边陲史料、农民起义史料等记载更为珍贵，是研究陕北地方文化的重要文献。

识版式：

此为清侯昌铭稿本；半页九行，行二十五字，小字双行同。

识印章：

侯氏藏书——侯昌铭姓氏藏书印。侯昌铭（1854—？），字簏青，号退园居士，永定（今湖南张家界永定）二家河侯家湾人，清末民初方志学家、藏书家。藏书印有"侯氏藏书""簏青""思圁子铭""退翁"等。著有《保安志略》《永定县乡土志》。

簏青——侯昌铭字号藏书印。

思圁子铭——侯昌铭别号藏书印。

退翁——侯昌铭别号藏书印。

识递藏：

是书为侯昌铭所撰稿本。从书页所钤藏书印看，当为其家世藏；今藏于天水市图书馆。

吴中水利通志十七卷

识著述：

是书不著撰人。《吴中水利通志》七卷，分述苏、松、常、镇、杭、嘉、湖七府区域内的河流湖泊状况，随之胪列与之相关的考议、公移、奏疏、记述等文献，是一部叙述苏杭地区水利的专门著作。

识版式：

此为明嘉靖三年安国铜活字印本；左右双边，上下单边；白口，单黑鱼尾，中刻书名、卷次、页码，下刻刻工姓名；半页八行，行十六字，小字双行同。

识印章：

王鸣盛印——王鸣盛姓名藏书印。王鸣盛（1722—1798），字凤喈，号礼堂，又号西庄，晚号西江、西沚居士，江苏太仓州嘉定（今上海嘉定）人，清代经学家、史学家、诗人、考据学家、目录学家、藏书家。藏书楼名"耕养斋""颐志堂"等，藏书印有"王鸣盛""王鸣盛印""凤喈""西庄居士""西沚居士""光禄卿斋""光禄卿章""光禄卿之章""通议大夫""甲戌榜眼"等。著有《尚书后案》《周礼军赋说》《十七史商榷》《耕养斋诗文集》《西沚居士集》《蛾术编》等。

凤喈——王鸣盛字号藏书印。

西庄居士——王鸣盛字号藏书印。

光禄卿之章——王鸣盛官爵藏书印。

旧山楼——赵宗建藏书楼号藏书印。赵宗建（1824—1900），字次侯，又字次公、次山，号非昔居士，常熟（今江苏常熟）人，清末著名诗人、藏书家。藏书楼名"旧山楼"，藏书印有"赵宗建印""赵次公印""非昔居士""旧山楼藏"等。编有《旧山楼书目》，著有《旧山楼诗录》《非昔居士日记》《庚子非昔日记》《赵氏三集》。详见《汉隶分韵》"赵宗建"条。

赵钫珍藏——赵元方姓名藏书印。赵元方（1905—1984），本名钫，字元方，以字行，姓鹗卓尔氏，蒙古正黄旗人，现代著名文献学家、版本目录学家、藏书家。藏书楼名"无悔斋""依绿轩",藏书印有"赵钫""曾在赵元方家""曾居无悔斋中""依绿轩印""一廛十驾"等。编有《无悔斋书目》。详见《左氏古义》"赵元方"条。

一廛十驾——赵元方藏书闲章。

识递藏:

从书页所钤藏书印看,是书曾藏于嘉定王鸣盛"耕养斋";又藏于常熟赵宗建"旧山楼";又藏于蒙古正黄旗赵元方"无悔斋";今藏于国家图书馆。

史部·职官类

职官类小序

职官是文武百官的通称，特指我国古代的官职设置制度，其内容包括职官名称、职权范围、品级地位等。我国的职官系统庞杂，变化较多。国君是国家的最高统治者，宰相是国君之下最高的行政长官，其下设置中央各部门长官、武官、监官、谏官、文学侍从、学官、宫廷事务官、地方长官等一整套等级森严的官僚机构，各级官员各司其职，均要对国君负责，从而形成了金字塔式的管理模式。职官类典籍，就是记载这一内容的史书。

从严格意义上讲，职官类史书以《周礼》为最早。据《隋书·经籍志》载："《周官·冢宰》掌建邦之六典，而御史数凡从正者。然则冢宰总六卿之属以治其政，御史掌其在位名数先后之次焉。"然而，《周礼》因孔夫子的参与而升格为"经"，已不在单纯的史书之列。《总目》云："《南唐书·徐锴传》称，后主得《齐职制》，其书罕觏，惟锴知之。今亦无举其名者。世所称述《周官》外，惟《唐六典》最古耳。"《唐六典》是古今公认最早的职官类典籍。

职官制度是一个王朝施治的基础，历朝历代的统治者对此均非常重视，并命史官载录史册，以备执政之参考。纪昀《四库全书总目·史部·职官类叙》称："建官为百度之纲，其名品职掌，史志必撮举大凡，足备参考。"然而，由于职官类典籍卷帙浩繁，连篇累牍皆为官名及其职守，且只有在庙堂议政、稽查旧典时可用，故而著述稀少，传世无多。

传统的职官类图籍分为"官制"和"官箴"两个子目：凡言官署组织、官吏职掌、百官品秩及服官规制者，皆归"官制"之属；凡言官吏道德、做官方法以及天子大僚告诫官属之事者，皆归"官箴"之属。

目录学史上，职官类史书走过了相当漫长的发展历程。《隋书·经籍志·史部》始设"职官类"，著录《汉官仪》《齐职仪》等二十七部；《郡斋读书志·史部》亦设"职官类"，著录《唐六典》《翰林志》等二十四部；《直斋书录解题·史部》亦置"职官类"，著录《汉官仪》《唐六典》《官品纂要》等五十三部；纪昀在编纂《四库全书》时，出于"稽考掌故，激劝官方"的考虑，将"史部·职官类"分为"官制""官箴"两个子目，分录唐宋以来官司旧事和儆戒训诰之词，并分别著录了"官制"十五部和"官箴"六部，而存目也分别著录了四十二部和八部。

今之所录，计有《翰苑群书二卷》《汉官仪三卷》《官箴集要》三部，以期能见微知著。

翰苑群书二卷

识著述：

洪遵（1120—1174），字景严，饶州鄱阳（今江西鄱阳）人，学者洪适之弟、洪迈之兄，南宋著名史学家、医学家、钱币学家，编有《翰苑群书》，著有《泉志》《订正史记真本凡例》《谱双》《洪氏集验方》《金生指迷方》《洪文安公遗集》等。《翰苑群书》二卷，是一部由唐人讲述唐代翰林内容的古籍，由一系列唐人著述汇聚而成。上卷包括李肇《翰林志》、元稹《承旨学士院记》、韦处厚《翰林学士记》、韦执谊《翰林院故事》、杨钜《翰林学士院旧规》、丁居晦《重修承旨学士壁记》和李昉《禁林宴会集》，凡七家；下卷包括苏易简《续翰林志》和苏耆《次续翰林志》《学士年表》《翰苑题名》《翰苑遗事》，凡五种。是书的可贵之处是皆以唐人记载唐事，其中还保留了不少已经失传的唐代翰林文献，真实可信，弥足珍贵。

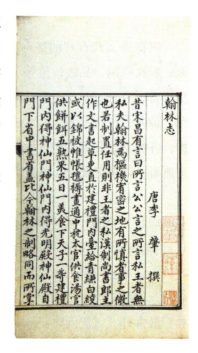

识版式：

此为洪遵所辑《翰苑群书》之明抄本；四周双边；白口，单黑鱼尾；半页十行，行十八字至二十字不等，小字双行同。

识印章：

汤焕之印——汤焕姓名藏书印。汤焕（生活于明嘉隆万间），字尧文，号鄰初，仁和（今浙江杭州）人，明代诗人、书法家、篆刻家、藏书家。藏书楼号"五桂轩""尚友轩"，藏书印有"汤焕之印""汤尧文""汤仲子印""鄰初道人""鄰初焕""尚友轩""墨池"等。

毛晋——毛晋姓名藏书印。毛晋（1599—1659），常熟（今江苏常熟）人，明末著名经学家、文学家、刻书家、藏书家。藏书楼名"汲古阁"。详见《周易九卷》"毛晋"条。

汲古主人——毛晋别号藏书印。

宋本——毛晋藏书版本藏书印。

寒可无衣饥可无食至于书不可一日失此昔人诒厥之名言是可为拜经楼藏书之雅则——吴骞藏书铭章。吴骞（1733—1813），字槎客，号兔床，晚年别署齐云采药翁，海宁（今浙江海宁）人，清代著名诗人、文学家、藏书家。藏书楼名"拜经楼""千元十驾"。详见《诗集传》"吴骞"条。

圣清宗室盛昱伯熙之印——爱新觉罗·盛昱宗族姓名字号藏书印。爱新觉罗·盛昱（1850—1899），字伯熙，号韵莳，别署意园，隶满洲镶白旗，清代亲王、藏书家。藏书楼名"郁华阁"等，藏书印有"盛昱之印""圣清宗室盛昱伯熙之印""属籍淳盛昱""伯羲父""宗室文悫公家世藏""郁华阁藏书记"等。著有《八旗文经》《雪屐寻碑录》《郁华阁集》。详见《群经音辨》"盛昱"条。

宗室文悫公家世藏——爱新觉罗·盛昱宗族封号藏书印。

增湘——傅增湘名号藏书印。傅增湘（1872—1949），江安（今四川江安）人，近代著名目录学家、版本学家、校勘学家、藏书家。藏书楼名"双鉴楼"等。详见《诗外传》"傅增湘"条。

藏园——傅增湘字号藏书印。

识递藏：

从书页所钤藏书印及题跋看，是书曾藏于明人仁和汤焕"五桂轩"；继藏于常熟毛晋"汲古阁"；又藏于海宁吴骞"拜经楼"；又藏于爱新觉罗·盛昱"郁华阁"；继藏于江安傅增湘"双鉴楼"；今藏于国家图书馆。有傅增湘题跋。

汉官仪三卷

识著述：

刘攽（1023—1089），字贡夫，一作贡父、赣父，号公非，临江新喻（今江西宜春樟树）黄土岗镇荻斜墨庄人，学者刘敞之弟，北宋著名经学家、史学家、诗人，著有《经史新义》《东汉刊误》《汉官仪》《五代春秋》《内传国语》《彭城集》等。《汉官仪》三卷，内容包括汉官源流、职掌、爵秩、官佚、郊祀、封禅、上陵、籍田礼仪以及舆服、玺绶、刑制、军事、游艺等，为西汉典章制度之合集。是书虽为刘攽适情之作，却赖以保存了较全面的汉代官制及其他礼仪制度，是阅读《汉书》的重要参考文献，对研究汉代典章制度大有裨益。

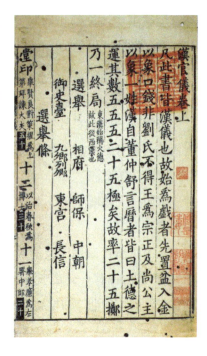

识版式：

此为宋绍兴九年临安府刻本；左右双边，上下单边；白口，单黑鱼尾，中刻书名、卷次、页码，下刻刻工姓名；半页十行，行十七字，小字双行二十五至二十七字不等。

识印章：

健庵收藏图书——徐乾学字号藏书印。徐乾学（1631—1694），昆山（今江苏昆山）人，清代著名经学家、史学家、文学家、文献学家、藏书家。藏书楼名"传是楼"。详见《周易九卷》"徐乾学"条。

传是楼——徐乾学藏书楼号藏书印。

太上皇帝之宝——清高宗乾隆禅位帝号藏书印。爱新觉罗·弘历（1711—1799），清代第六位皇帝，入关之后的第四位皇帝，年号"乾隆"。藏书楼名"天禄琳琅""三希堂"等，藏书印有"乾隆御览之宝""古稀天子""天禄继鉴"等。详见《春秋意林》"爱新觉罗·弘历"条。

八征耄念之宝——清高宗乾隆皇帝藏书印。

五福五代堂古稀天子之宝——清高宗乾隆皇帝藏书印。

天禄琳琅——清廷内府藏书楼号藏书印。

周暹——周叔弢姓名藏书印。周叔弢（1891—1984），建德（今安徽东至县）

人，现代著名政治家、实业家、收藏家、藏书家。藏书楼名"寒在堂"等。详见《周礼》"周暹"条。

识递藏：

从书页所钤藏书印看，是书曾藏于昆山徐乾学"传是楼"；继藏于乾隆清廷内府"天禄琳琅"；流出后藏于周叔弢"寒在堂"；今藏于国家图书馆。

官箴集要二卷

识著述：

汪天锡（生卒不详），明代人，生平无考，辑有《官箴集要》。《官箴集要》二卷，乃辑录《仕宦箴规》《昼帘绪论》诸书中论说纪纲法度以及隐幽微细事务之书，总结了大量古人为官从政的经验教训，堪称中国仕宦文化之经典。

识版式：

此为明嘉靖刻本；四周双边；白口，中刻书名、卷次、页码；半页九行，行二十一字。

识印章：

何元锡印——何元锡姓名藏书印。何元锡（1766—1829），字敬祉，号梦华，又号蝶隐，钱塘（今浙江杭州）人，清代诗人、目录学家、金石学家、藏书家。藏书楼名"梦华馆"等。详见《圣朝混一方舆胜览》"何元锡"条。

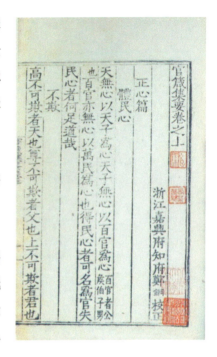

朱颐年所藏法律旧籍——朱颐年姓名藏书类型藏书印。朱颐年（生活于民国间），字西苓，民国官员、藏书家，曾任最高法院刑厅厅长。藏书楼名"偶廉堂"，藏书印有"朱颐年过目""朱颐年所藏法律旧籍""臣偶廉堂""小臣廉""西苓藏阅"等。

朱颐年过目——朱颐年姓名藏书印。

西苓藏阅——朱颐年字号藏书印。

小臣廉——朱颐年藏书闲章。

识递藏：

从书页所钤藏书印看，是书曾藏于钱塘何元锡"梦华馆"；又藏于民国朱颐年"偶廉堂"；今藏于北京大学图书馆。

史部·政书类

政书类小序

"政书"又称"典制"，亦称"旧事""故事""典故"，是我国古代记载典章制度沿革及政治、经济、文化发展状况的专书，属典章制度专史，因其具有资料汇编的性质和特点，一般也将其作为工具书使用。作为一类文献的总称，政书之名源于明钱溥《秘图书目》。而名取"政书"者，乃上承"职官"而来，两者以事相承，结构体例紧凑。

政书类图籍依时限为标准，分为两大类：一类是旨在"奕叶慎守"，记述一朝典章制度的断代史式政书。此类政书首先体现为正史中的"书""志"，而正史所记多限于一朝一代，且各史"书""志"反映的内容也不统一，甚至有些史书并无"书""志"，因此，历代典章制度的沿革未能得到完整、系统的反映。作为记述一朝典章制度的断代史式政书，往往以"会典""会要""典章"的面目呈现，如《唐会要》《元典章》等；一类是旨在"后鉴前师，与时损益"，记述历代典章制度的通史式政书。此类政书一般以"通"字命名，如《通典》《通志》《文献通考》等。历代书目著录的政书，大抵属于后者，如"十通""会要""会典"等。此外，历代书目中还有记述历代或一代专门制度和礼仪的书，如《历代兵制》《历代大礼辨误》等；还有国家颁布的法律条文和规定的礼仪书，如《大清律例》《大唐开元礼》等；还有建筑和印刷等制造技术规范的书，如《营造法式》等，均属政书之列。

目录学史上，关于政书类的记载，可上溯到《周礼》和《礼记》中的《王制》《月令》《明堂位》等。《史记》中的"八书"，第一次系统地记述了汉武以前各代典章制度的原委；《汉书》将《史记》的"八书"改为"十志"，成为后世史书载记典章制度的圭臬；阮孝绪《七录》始置"旧事"一门，《隋书·艺文志》因之；两《唐志》改为"故事"，《通志》《宋史·艺文志》《明史·艺文志》皆因之；《郡斋读书记》置"仪注类"，稍涉"故事""事实""书仪"；《直斋书录解题》又标为"典故"，既收《通典》《唐会要》等政书，又收《魏郑公谏录》等奏议，类多庞杂。而《隋书》《新唐书》《旧唐书》的"政书"中掺杂进了许多如《汉武故事》《魏文贞故事》等稗官野史和家传，与史汉体例出入甚大，名为"故事"，而非"故事"之体。纪昀编纂《四库全书》时，依钱溥《秘图书目》之例定为"政书"，所收以有关"国政朝章六官所职"者为主，具体内容包括"通制""典礼""邦计""军政""法令""考工"等，体例日渐纯粹。

今所选录，计有《故唐律疏议三十卷纂例十二卷》《杜氏通典二百卷》《文献通考三百四十八卷首一卷》《大元圣政国朝典章六十卷新集至治条例不分卷》四部，以期尝脔知鼎。

故唐律疏议三十卷纂例十二卷

长孙无忌（594—659），字辅机，东都洛阳（今河南洛阳）人，唐初宰相、史学家，主持修订了《唐律疏议》。《唐律疏议》（又称《唐律》《永徽疏律》）三十卷，为唐高宗

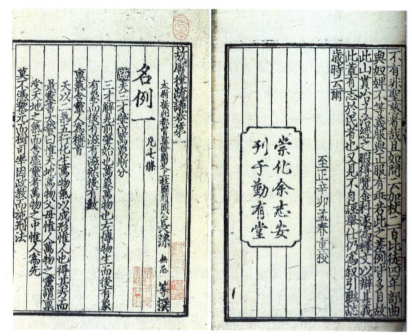

永徽年间完成的一部重要法律汇编，是我国现存第一部内容详备、结构完整的法律典籍。其书形式上继承了魏晋以来的立法成就，创造性地于律条之后附以注疏，使得"疏在律后，律以疏存"成为中国法制史上的立法典范；内容上贯彻"先存百姓"的指导思想及"安人宁国"的治国方针，立法宽平，顺应潮流，奠定了唐代两百多年的律法根基，促进了唐初封建经济的迅速恢复与发展，对《宋刑统》《大明律》《大清律例》等后世立法产生了深远影响。

识版式：

此为元至正辛卯崇化余志安勤有堂刻本；四周双边；黑口，双黑鱼尾；半页十二行，行二十四字。

识印章：

辛夷馆印——王宠藏书楼号藏书印。王宠（1494—1533），字履仁、履吉，号雅宜山人，吴县（江苏苏州）人，明代著名诗人、书法家、藏书家。藏书楼名"采芝堂""御风亭""小隐阁""大雅堂""辛夷馆""铁砚斋"等，藏书印有"王宠""王宠履吉""太原王宠""王履吉印""履吉父""雅宜山人""雅宜山人珍藏图籍""古吴王氏""玄微子""辛夷馆印"等。著有《雅宜山人集》，传世书迹有《诗册》

《杂诗卷》《古诗十九首》《李白古风诗卷》等。

季振宜印——季振宜姓名藏书印。季振宜（1630—?），泰兴（今江苏泰州靖江）季市镇人，明末清初著名诗人、文献学家、版本学家、校勘学家、藏书家。藏书楼名"静思堂"。详见《尚书注疏》"季振宜"注。

汪文琛印——汪文琛姓名藏书印。汪文琛（生活于乾嘉间），字厚斋，长洲（今江苏苏州）人，清代布衣藏书家。藏书楼名"三十五峰园"。详见《周易注疏》"汪文琛"条。

汪士钟印——汪士钟姓名藏书印。汪士钟（1786—?），长洲（今江苏苏州）人，汪文琛之子，清代著名藏书家。藏书楼名"艺芸书舍""三十五峰园"等。详见《周易九卷》"汪士钟"条。

民部尚书郎——汪士钟藏书闲章。

平阳汪氏藏书印——汪士钟郡望姓氏藏书印。

元本——汪士钟藏书版本藏书印。

铁琴铜剑楼——常熟瞿氏藏书楼号藏书印。详见《周易注疏》"铁琴铜剑楼"条。

识递藏：

从书页所钤藏书印看，是书曾藏于明代吴县王宠"辛夷馆"；又藏于泰兴季振宜"静思堂"；又藏于长洲汪文琛、汪士钟父子"三十五峰园"；继藏于常熟瞿氏"铁琴铜剑楼"，由瞿镛、瞿秉渊、瞿启甲、瞿凤起祖孙递藏；今藏于国家图书馆。

杜氏通典二百卷

识著述：

　　杜佑（735—812），字君卿，京兆万年（今陕西西安）人，唐代政治家、史学家，著有《通典》。《通典》二百卷，记述了自远古黄帝时期至唐天宝末年的制度沿革，分为食货、选举、职官、礼、乐、兵、刑法、州郡、边防等九典，并于各种典章制度之下考溯源流，以说、议、评、论的方式提出了自己的见解和主张。《通典》创立了史书编纂的新体裁，是我国历史上第一部记述历代典章制度的典志体史书，开创中国史学史的先河。

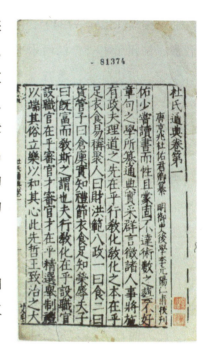

识版式：

　　此为明嘉靖李元阳刻本，缺页有万历补刻；四周单边；白口，中刻书名、卷次、页码，下刻刻工姓名；半页十行，行十八字。

识印章：

　　李氏叔审图书——李叔审姓氏名号藏书印。李叔审（生卒不详），生平无考。而"审""敷直""景谞"三词义近，当为一人之名号。

　　敷直——李叔审字号藏书印。

　　景谞——李叔审字号藏书印。

识递藏：

　　从书页所钤藏书印看，是书曾藏于李叔审处；今藏于黑龙江大学图书馆。李叔审其人无考。

文献通考三百四十八卷首一卷

识著述：

马端临（1254—1340），字贵与，一字贵舆，号竹洲，饶州乐平（今江西乐平）人，宋元之际著名经学家、历史学家，著有《大学集注》《文献通考》《多识录》。《文献通考》三百四十八卷，收录了自三代至南宋宁宗嘉定五年（1212）的典章制度，分为二十四门，其中经籍、帝系、封建、象纬、物异五门为作者所自创。《文献通考》以杜佑《通典》为蓝本，以谋求治国安民之术、探讨会通因仍之道、讲究变通张弛之故为旨归，融会贯通，原始要终，体例别致，史料丰富，内容充实，评论精辟，是我国古代典章制度史的集大成之作。

识版式：

此为明嘉靖冯天驭刻本；左右双边；白口，单黑鱼尾，上刻篇名，中刻书名、卷次、页码，下刻刻工姓名；半页十三行，行二十四字，小字双行同。

识印章：

李盛铎印——李盛铎姓名藏书印。李盛铎（1859—1934），字嶬樵，又字椒微，号木斋，别号师子庵旧主人等，晚号麐嘉居士，德化（今江西九江）人，清末民初著名政治家、收藏家。藏书楼名"木犀轩"等，藏书印有"李盛铎印""李盛铎木斋审定""木犀轩藏书"等。编有《木犀轩藏书目录》《木犀轩藏书题记及书录》。详见《监本纂图重言重意互注论语》"李盛铎"条。

木犀轩藏书——李盛铎藏书楼号藏书印。

识递藏：

从书页所钤藏书印看，是书曾藏于李盛铎"木犀轩"；今藏于北京大学图书馆。另一藏书印漫漶难识，唯"李氏"依稀可辨，疑为李盛铎之印。

大元圣政国朝典章六十卷新集至治条例不分卷

识著述：

　　是书不著撰人。《大元圣政国朝典章》（简称《元典章》）与《新集至治条例》，为元英宗硕德八剌至治二年（1322）以前元朝法令文书的分类汇编。《大元圣政国朝典章》仿照《唐六典》的编排体例，分诏令、圣政、朝纲、台纲、吏部、户部、礼部、兵部、刑部、工部十大类六十卷，记事至元仁宗延佑七年（1320）止。书后又增附《新集至治条例》，分国典、朝纲以及吏、户、礼、兵、刑、工六部共八大类不分卷，记事至至治二年（1322）止。全书各大类之下又分门、目，目下列举条格事例，共有八十一门四百六十七目二千三百九十一条，是研究元代法令制度的重要文献。

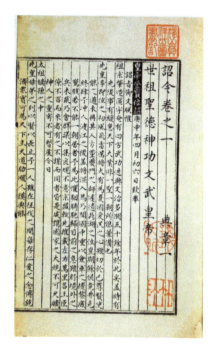

识版式：

　　此为清影元抄本；四周双边；黑口，双黑鱼尾，半页十八行，行二十八字。

识印章：

　　潢川吴氏收藏图书——吴铨郡望姓氏藏书印。吴铨（生活于康乾间），字蓉斋，号潢川，歙县（今安徽歙县）人，晚居长洲（今江苏苏州）渼川望信桥，清代著名藏书家。藏书楼名"遂初园""潢川书屋"，藏书印有"潢川吴氏""潢川吴氏探梅山房印""潢川吴氏收藏图书"等。编有《潢川吴氏书目》。其子吴用仪，其孙吴泰来俱为清代著名藏书家。

　　钱大昕——钱大昕姓名藏书印。钱大昕（1728—1804），江苏嘉定（今上海嘉定）人，清代著名诗人、史学家、文学家、教育家、藏书家，乾嘉学派代表人物。藏书楼名"十驾斋""潜研堂"等。详见《天下郡国利病书》"钱大昕"条。

　　竹汀——钱大昕字号藏书印。

　　独山莫祥芝图书记——莫祥芝郡望姓名藏书印。莫祥芝（1827—1890），字善徵，号九茎，别号拙髯，独山（今贵州黔南独山）人，莫与俦第九子，莫友芝之弟，莫棠之父，清代刻书家、藏书家。藏书印有"莫祥芝印""独山莫祥芝图书记""善徵"等。主修《通州志》《同治上江两县志》。

铜井文房——莫棠藏书楼号藏书印。莫棠（1865—1929），字楚生，独山（今贵州黔南独山）人，莫祥芝第三子，清末民初著名目录学家、版本学家、藏书家。藏书楼名"铜井文房"等。详见《说文字原》"莫棠"条。

识递藏：

从书页所钤藏书印及题跋看，是书曾藏于歙县潢川吴氏"遂初园"，由吴铨、吴用仪、吴泰来祖孙递藏；继藏于嘉定钱大昕"潜研堂"；又藏于独山莫祥芝之手，由其子莫棠递藏于"铜井文房"；今藏于国家图书馆。有莫棠跋。

史部·目录类

目录类小序

目录是记录图书书名、著者、出版与收藏等情况，按一定次序编排而成，为反映馆藏、指导阅读、检索图书的工具。"目录"一词，原本是由"目"和"录"两个词素组成的一个新词，"目"即书名或篇名，"录"则是对"目"的说明和编次。"目""录"连用，源于西汉。《汉书·叙传》云："刘向司籍，九流以别，爰著目录，略序洪烈。"而专书目录，起于郑玄《三礼目录》，《文选》所录任昉《为范始兴作求立太宰碑表》注曾引《七略》"尚书有青丝编目录"一条，指朝廷尚书机构中有收录诏书的目录，而诏令之目并非专书目录。

目录种类繁多，按编纂者身份分为官修目录、史志目录和私家目录。官修目录指由国家主持修撰，以国家藏书为著录对象的书目，如《七略》《崇文总目》《文渊阁书目》《四库全书总目》等；史志目录指正史中的"艺文志""经籍志"等记载一代图书文献及其发展的专篇，如《汉书·艺文志》《隋书·经籍志》等，也包括一些政书和国史中的目录。此外，宋代还出现了编撰当代史志目录的先例，如《中兴四朝国史艺文志》等；私家目录即由私人藏书家或学者私人撰修，以个人藏书或天下图书为著录对象的书目，其中以私家藏书目录为主。前者如晁公武《郡斋读书志》、陈振孙《直斋书录解题》、尤袤《遂初堂书目》等，后者如南朝宋齐目录学家王俭的《七志》和梁阮孝绪的《七录》等。随着雕版印刷术的发明，私人藏书风气日盛，重要的私家藏书目录如《遂初堂书目》《绛云楼书目》《传是楼书目》《八千卷楼书目》《读书敏求记》《书目答问》等，如雨后春笋，不胜枚举。

目录按内容详略又分为解题目录和裸名目录。解题目录指著录书名之下附有"剖析条流，各有其序，推寻事迹"文字的目录，如官修的《崇文总目》《四库全书总目》等，私家的《郡斋读书志》《读书附志》《直斋书录解题》等。纪昀认为，解题目录始于向、歆《别录》和《七略》，驳正了胡应麟《少室山房笔丛·经义会通》所谓始于唐李肇的错误；裸名目录指"但记书名""不能辨其流别"的目录，如郑樵《通志·艺文略》、尤袤《遂初堂书目》等。宋代以后，解题目录与裸名目录两体并行。

传统目录学历史悠久。汉成帝时，刘向奉命校理皇室藏书，编成我国最早的目录学专著《别录》；其子刘歆又在此基础上编成皇家藏书提要《七略》，将其分为"六艺略""诸子略""诗赋略""兵书略""术数略""方技略"，另置"辑略"总论群书。《七略》论述学术源流及各门学术宗旨，是我国最早的图书分类专著；班固《汉书·艺文志》于《七略》删繁就简，以成"六略"三十八种分类体系，并于卷首置"辑略"详述先秦学术源流；西晋荀勖《中经新簿》创立甲、乙、丙、丁四部分类法，分著经、子、史、集；东晋李充又将丙、乙两部对调，成经、史、子、集分类；唐初官修《隋书·经籍志》，正式奠定了经、史、子、集四部分类法；纪昀《四库全书总目》对四部分类予以整合，将经部分为十类，史部分为十五类，子部分为十四类，集部分为五类，每书下皆有提要，撰为一部包罗万象、分类精细、体大思精的目录学专著，被视为"治学管键""学术津逮"，乃目录学史上的扛鼎之作。

自《隋书·经籍志·史部》置"目录类"著录《七略别录》《晋中经》《文章志》《书品》等三十部始，历代书目相沿成习。《郡斋读书志·史部》置"书目类"，著录《艺文志见阙书目》《崇文总目》等十二部；《直斋书录解题·史部》置"目录类"，著录《广川书跋》《金石录》《遂初堂书目》《中兴馆阁书目》《宝刻丛编》等三十三部；纪昀《四库全书总目》将其进一步细化为"经籍类""金石类"二子目，分录《郡斋读书志》《直斋书录解题》《崇文总目》《文渊阁书目》等十一部和《集古录》《金石录》《石经考》等三十六部，"经籍类"存目十四部，"金石类"二十二部，体例最优。

今之所选，计有《崇文总目六十六卷》《钦定四库全书总目二百卷》《秘书省续编到四库阙书目二卷》《直斋书录解题五十六卷》《古今书刻二卷》《读书敏求记四卷》"经籍类"书目六种；《法帖刊误二卷》《金石录三十卷》《隶释二十七卷》《宝刻丛编二十卷》《瘗鹤铭考一卷》《两汉金石记二十二卷》《补寰宇访碑录五卷失编一卷》"金石类"书目七种，合十三种，以见古今书目之吉光片羽。

崇文总目六十六卷

识著述:

王尧臣（1003—1058），字伯庸，应天府虞城（今河南虞城）人，北宋文学家、书法家、目录学家，著有《崇文总目》。《崇文总目》六十六卷，是我国现存最早的一部国家官修书目。全书著录经籍共三千四百四十五部，三万零六百六十九卷，按四部分为四十五类。《崇文总目》著录丰富，每类有叙（即类序），每书有释（即提要）。提要介绍撰人姓氏、篇卷存佚、本书沿革以及得失品评等。

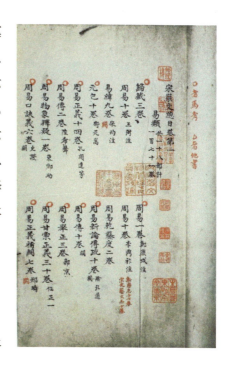

识版式:

此为清朱彝尊抄本。

识印章:

中吴叶启蕃启勋启发兄弟珍藏书籍——长沙叶氏启蕃启勋启发三兄弟姓名藏书印。

叶启勋——叶启勋姓名藏书印。叶启勋（1900—1972），长沙（今湖南长沙）苏家巷人，叶德辉三弟叶德炯次子，现代著名目录学家、藏书家。藏书楼名"拾经楼"。详见《仪礼注疏》"叶启勋"条。

定侯所藏——叶启勋字号藏书印。

拾经楼——叶启勋藏书楼号藏书印。

东明所藏——叶启发字号藏书印。叶启发（1905—1952），长沙（今湖南长沙）苏家巷人，叶德辉三弟德炯之子，叶启勋胞弟，现代知名藏书家、目录学家。藏书楼名"华鄂堂"。详见《仪礼注疏》"叶启发"条。

叶启发东明审定善本——叶启发姓名字号藏书印。

石林后裔——长沙叶启发、叶启勋兄弟祖望藏书印。以其祖上为宋代文学家、藏书家叶梦得，故自称"石林后裔"。

尹天祜——尹天祜姓名收书印。尹天祜（1914—1990），湖南益阳人，近代湖南书商、版本学家、藏书家，解放后为湖南图书馆收集了大量珍贵典籍。

识递藏:

是书为秀水朱彝尊抄本，必首藏于其家"曝书亭"。从书页所钤藏书印及题跋看，是书曾藏于大兴翁方纲"宝苏斋"；继藏于大兴朱筠"椒花吟舫"；继藏于道州何绍基"东洲草堂"；继藏于长沙叶氏叶启蕃、叶启勋、叶启发兄弟"拾经楼"；后经益阳尹天祜之手收贮于湖南省文管会；今藏于湖南图书馆。

钦定四库全书总目二百卷

识著述：

纪昀（1724—1805），字晓岚，别字春帆，号石云，道号观弈道人、孤石老人，直隶河间府献县（今河北沧州沧县）人，清代诗人、文学家、文献学家、目录学家、藏书家，总纂《四库全书》，编著《四库全书总目》《四库全书简明目录》，著有《纪文达公遗集》《阅微草堂笔记》等。《四库全书总目》

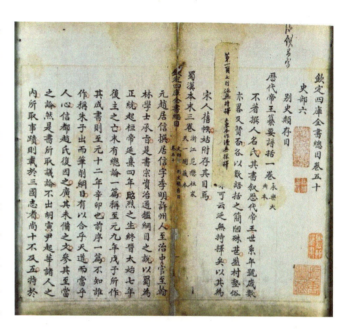

二百卷，著录书籍一万零二百五十四种，其中包括入编书三千四百六十一种和存目书六千七百九十三种，基本囊括了乾隆以前尤其是元以前的哲学、史学、文学及科学技术等各方面的重要古籍。《总目》按经、史、子、集四部分类法编排，设为部、类、属三级分类，包括四部四十四类六十七属。每部与每类之前均有小序，属后有按语，简要说明此类著作的源流以及划分类、属的理由；所列每种图书均编写提要，内容包括作者简介、历代书目著录情况、成书过程、内容评述、价值评判、常见版本等，汇为一部体大思精的分类目录。

识版式：

此为清稿本；四周双边；红格；白口，中书书名、部类、卷次；半页九行，行二十一字。

识印章：

振唐鉴藏——李之鼎字号藏书印。李之鼎（？—1928），字振堂，一字振唐，豫章道南城（今江西抚州南城）人，民国诗人、目录学家、藏书家。藏书楼名"宜秋馆""舒啸轩"，藏书印有"李氏振堂""振堂鉴藏""南城李氏宜秋馆藏""宜秋馆藏书""舒啸轩珍藏"等。编有《建炎以来系年要录所引书目》《宋人见于系年要录目》《宋人集目》《宋人集目应征》《宜秋馆书目》《书目举要》等，著有《宜秋馆诗集》。

　　宜秋馆藏书——李之鼎藏书楼号藏书印。

　　冯雄印信——冯雄姓名藏书印。冯雄（1900—1968），字翰飞，号彊斋，别署扶海冯氏，江苏南通人，著名水利学家、作家、版本学家、藏书家。藏书楼名"景岫楼"，藏书印有"冯雄印信""冯雄""翰飞""彊斋行文""南通冯氏藏书印""扶海冯氏""景岫楼""南通冯氏景岫楼藏书"等。著有《蜀中金石志》《景岫楼读书志》等。

　　南通冯氏景岫楼藏书——冯雄籍里姓氏藏书楼号藏书印。

识递藏：

　　从书页所钤藏书印看，是书曾藏于南城李之鼎"宜秋馆"；又藏于南通冯雄"景岫楼"；今藏于国家图书馆。

秘书省续编到四库阙书目二卷

识著述：

是书不著撰人。《秘书省续编到四库阙书目》（全称《秘书省陆续采编到的四库原阙图书之目录》）二卷，著录了北宋哲宗赵煦元祐二年（1087）至徽宗赵佶政和年间（1111—1118）秘书省陆续访求补写的三千二百九十五部一万四千九百卷秘阁原阙之书，南宋高宗赵构绍兴十三年（1143）以南渡后秘阁所"阙"之书的形式由国子监刻印，颁行全国，作为访求遗书的依据，为今存最早的国家藏书目录之一。

识版式：

此为清倪恩福抄本。

识印章：

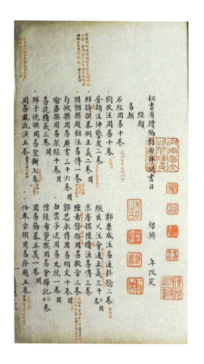

叶德辉——叶德辉姓名藏书印。叶德辉（1864—1927），湘潭（今湖南湘潭）人，清末民初著名文字学家、版本学家、出版家、藏书家。藏书楼名"观古堂"。详见《仪礼注疏》"叶德辉"条。

郋园——叶德辉别号藏书印。

朱亭山民——叶德辉别号藏书印。

观古堂——叶德辉藏书楼号藏书印。

叶启勋——叶启勋姓名藏书印。叶启勋（1900—1972），长沙（今湖南长沙）苏家巷人，叶德辉三弟叶德炯次子，现代著名目录学家、藏书家。藏书楼名"拾经楼"。详见《仪礼注疏》"叶启勋"条。

定侯所藏——叶启勋字号藏书印。

叶启发家藏书——叶启发姓名藏书印。叶启发（1905—1952），长沙（今湖南长沙）苏家巷人，叶德辉三弟德炯之子，叶启勋胞弟，现代知名藏书家、目录学家。藏书楼名"华鄂堂"。详见《仪礼注疏》"叶启发"条。

叶启发读书记——叶启发姓名藏书印。

东明所藏——叶启发字号藏书印。

石林后裔——长沙叶启发、叶启勋兄弟祖望藏书印。以其祖上为宋代文学家、藏书家叶梦得，故自称"石林后裔"。

尹天祜——尹天祜姓名收书印。尹天祜（1914—1990），湖南益阳人，近代湖南书商、版本学家、藏书家，解放后为湖南图书馆收集了大量珍贵典籍。

识递藏：

是书为清倪恩福抄丁白"迟云楼"抄本，必首藏于其家。从书页所钤藏书印看，是书曾藏于湘潭叶德辉"砚古堂"；继藏于其犹子叶启勋、叶启发之"拾经楼"；解放后经尹天佑之手藏于湖南图书馆。

直斋书录解题五十六卷

识著述：

陈振孙（1179—1261），曾名瑗，字伯玉，号直斋，吴兴（今浙江湖州安吉）梅溪镇人，南宋著名经学家、史学家、目录学家、藏书家，撰有《书解》《易解》《吴兴人物志》《氏族志》《直斋书录解题》等。《直斋书录解题》五十六卷（今本二十二卷），是一部重要的私家藏书目录。全书著录图书三千零九十六种五万一千一百八十卷，大致依经、史、子、集四部顺序编排，下分五十三类，各类之下据需要撰写小序，每种图书均有解题。其解题内容丰富而明切，或述撰人事迹，或论学术源流，或考真伪得失，而注重典籍版本款式为其一大特色，创立了书目使用解题和记载版本资料的先例，在考证古籍存佚、辨识古籍真伪和校勘古籍异同等方面均有重要作用，对古代目录学做出了重大贡献。

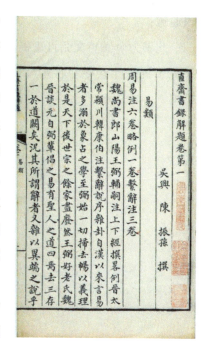

识版式：

此为清卢文弨订正稿本；左右双边，上下单边；白口，单黑鱼尾，上书书名，中书卷次、部类、页码；半页十行，行二十字。

识印章：

武林卢文弨写本——卢文弨郡望姓名藏书印。卢文弨（1717—1795），字绍弓，又字召弓，号矶渔，又号檠斋、抱经，晚号弓父，人称抱经先生，余姚（今浙江杭州）人，清代著名经学家、史学家、校勘学家、藏书家。藏书楼名"抱经堂""数间草堂"，藏书印有"卢文弨""卢文弨印""臣卢文弨""卢文弨字绍弓""武林卢文弨写本""武林卢文弨家经籍""文弨之印""文弨读过""文弨校正""文弨借观""抱经手校""卢绍弓""绍弓氏""檠斋""弓甫所藏""弓父书册""白首尚抄书""范阳卢氏""东里卢氏""卢氏藏书""武陵卢氏手校""抱经堂印""东里抱经堂记""抱经堂藏书""抱经堂校定本""精校善本得者珍之""不学便老而衰""不学便是面墙""数间草堂藏书""白首尚抄书"等。著有《仪礼注疏详校》《广雅注》《读史杂记》《钟山札记》《龙城札记》《抱经堂文集》等。

武林卢文弨手校——卢文弨郡望姓名藏书印。

武林叶氏藏书印——叶景葵郡望姓氏藏书印。叶景葵（1874—1949），字揆初，号卷盦，别属存晦居士，杭县（今浙江杭州）人，民国著名实业家、藏书家。藏书楼名"卷盦"。详见《诗缉》"叶景葵"条。

合众图书馆藏书印——合众图书馆藏书印。合众图书馆是抗战期间由叶景葵、张元济、叶恭绰、陈陶遗、陈叔通、李拔可等人，为防止文物典籍流出而各出家藏，于1939年在上海创办的公益图书馆，后归入上海图书馆。

识递藏：

此书为余姚卢文弨订正稿本，必首藏于其家"抱经堂"。从书页所钤藏书印看，又藏于杭州叶景葵"卷盦"；1939年叶氏将其捐献于合众图书馆；今藏于上海图书馆。

古今书刻二卷

识著述：

周弘祖（生卒不详），湖广麻城（今湖北麻城）人，明代目录学家、藏书家，著有《古今书刻》。《古今书刻》二卷，乃周弘祖据其见闻图籍，以省为单位，将明代刊刻的图书和明及前朝的石刻著录为上下两卷，上卷载各地刻书两千三百余种，下卷载各地碑刻九百二十种，是我国第一部按地域著录出版物的专题书目，在我国目录学史乃至出版史上均占有一席之地。其所录图书内容及数量，反映了明代各地的出版实况；其所保存的版刻资料，为考求版本源流及图书存佚提供了方便。

识版式：

此为明刻本。四周双边；白口，单白鱼尾，上刻书名，中刻卷次、页码；半页十行，行二十三字，小字双行同。

识印章：

四明卢氏抱经楼藏书印——卢址郡望姓氏藏书楼号藏书印。卢址（1725—1794），字丹陛，一字青崖，鄞县（今浙江宁波鄞州）君子营人，清代诗人、藏书家，与余姚卢文弨合称"东西二抱经"。藏书楼名"抱经楼"，藏书印有"四明卢氏抱经楼藏书印""抱经楼"等。编有《抱经楼藏书书目》，著有《和陶诗》。

孙毓修印——孙毓修姓名藏书印。孙毓修（1871—1921），字星如，一字恂如，号留庵，自署小绿天主人、绿天翁、乐天居士、东吴旧王孙，无锡（今江苏无锡）孙巷人，近代著名出版家、藏书家。藏书楼名"小绿天庵"，藏书印有"孙毓修印""小绿天藏书"等。主持影印《四部丛刊》《四部丛刊初编》《四部丛刊续编》《四部丛刊三编》，编有《小绿天孙氏鉴藏善本书目》，著有《永乐大典考》《事略》《江南阅书记》《四部丛刊书录》《中英文字比较论》《中国雕版源流考》等。

小绿天藏书——孙毓修藏书楼号藏书印。

凤起——瞿凤起字号藏书印。瞿凤起（1907—1987），字熙邦，号千里，昭文（今江苏常熟）菰里人，著名藏书家瞿绍基玄孙，瞿镛曾孙，瞿秉清之孙，瞿启甲之子，铁琴铜剑楼第五代传人，现代目录学家、藏书家。藏书楼名"下目斋"，藏书印有"凤起""凤起手校""铁琴铜剑楼传抄本"等。

识递藏：

从书页所钤藏书印看，是书曾藏于鄞县卢址"抱经楼"；民国初由其后人散出，继藏于无锡孙毓修"小绿天庵"；继藏于常熟瞿凤起"下目斋"；曾藏于上海图书馆，今藏于常熟市图书馆。

读书敏求记四卷

识著述：

钱曾（1629—1701），字遵王，号也是翁，又号贯花道人、述古主人，虞山（今江苏常熟）虹桥人，清代著名诗人、版本学家、藏书家，著有《读书敏求记》《怀园集》《判春集》《奚囊集》《今吾集》《莺花集》《草堂集》等。《读书敏求记》四卷，分经、史、子、集四目，著录图书六百三十四种，著录各书均标注卷帙完阙、作者名氏、古今异同，或述授受源流，或记考证评论，对于一书缮写刊刻之工拙、版本优劣之辨别论述尤多，是一部著名的书目解题专著。

识版式：

此为清雍正四年赵孟升刻乾隆十年沈尚杰双桂草堂重修本；四周单边；粗黑口，单黑鱼尾，中刻书名、卷次、页码；半页九行，行二十字。

识印章：

士礼居藏——黄丕烈藏书楼号藏书印。黄丕烈（1763—1825），平江（今江苏苏州）人，清代著名校勘学家、版本学家、目录学家、刻书家、藏书家。藏书楼名"士礼居""百宋一廛"等。详见《四书通》"黄丕烈"条。

汲古绠——黄丕烈藏书闲章。

莛圃所藏——张乃熊字号藏书印。张乃熊（1891—1945），字芹伯，一字芹圃，又字莛白，吴兴（今浙江湖州吴兴）南浔人，张钧衡长子，张珩伯父，民国时期金融家、书画鉴赏家、版本目录学家、藏书家。藏书楼名"安心堂"，藏书印有"张乃熊印""吴兴张乃熊莛白父""芹伯校读一过""莛圃收藏""吴兴张氏安心堂收藏印"等。编有《莛圃善本书目》。

东海许生——无考。

墨汁因缘——无考。

雪鸿留爪——无考。

廿之醒人——无考。

识递藏：

从书页所钤藏书印看，是书曾藏于平江黄丕烈"士礼居"；又藏于吴兴张乃熊"安心堂"；今藏于上海图书馆。

法帖刊误二卷

识著述：

黄伯思（1079—1118），字长睿，别字霄宾，号云林子，邵武（今福建邵武）人，北宋晚期著名文学家、史学家、文字学家、书法家、书学理论家。黄伯思学问淹通，博通经史，又好古文字，以古文名家，著有《法帖刊误》《东观余论》《博古图说》《黄伯思文集》《燕几图》等。《法帖刊误》二卷，乃针对米芾所评《淳化阁帖》以意断制、罕所考证的弊端，重新予以订正，纠正了米芾的许多错误，在书法史上有重要地位。

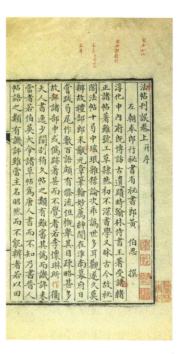

识版式：

此为清卢文弨抄本；四周双边；白口，单黑鱼尾，中书书名、卷次、页码；半页十一行，行二十一字。

识印章：

文弨——卢文弨名号藏书印。卢文弨（1717—1795），余姚（今浙江杭州）人，清代著名经学家、史学家、校勘学家、藏书家。藏书楼名"抱经堂"。详见《直斋书录解题五十六卷》"卢文弨"条。

矶渔——卢文弨字号藏书印。

莫棠楚生父印——莫棠姓名字号藏书印。莫棠（1865—1929），字楚生，独山（今贵州黔南独山）人，莫祥芝第三子，清末民初著名目录学家、版本学家、藏书家。藏书楼名"铜井文房"等。详见《说文字原》"莫棠"条。

秦更年——秦更年姓名藏书印。秦更年（1885—1958），江都（今江苏扬州）人，清末民国间诗人、学者、出版家、书画家、藏书家。藏书楼名"石药簃"等。详见《渚宫旧事》"秦更年"条。

婴盦——秦更年字号藏书印。

识递藏：

是书为清卢文绍抄本，必首藏于其家。从书页所钤藏书印及题跋看，是书曾藏于抄书人仁和卢文弨"抱经堂"；继藏于仁和朱学勤、朱澂父子"结一庐"；继藏于独山莫棠"铜井文房"；又藏于扬州秦更年"寿石斋"；今藏于南开大学图书馆。有秦更年跋。

金石录三十卷

识著述：

赵明诚（1081—
1129），字德甫，一
作德父，密州诸城
（今山东诸城）龙都
街道兰家村人，宋代
学者、金石学家、收
藏家，著有《金石
录》。《金石录》三十
卷，乃赵明诚仿欧阳
修《集古录》之例，
将其所存两千余种金
石刻辞编排成帙，并
予以条理诠述和精博

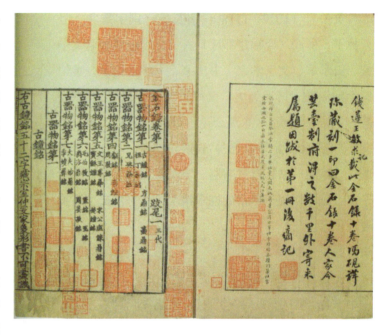

考证，撰成此部金石学名著。其妻李清照为作《金石录后序》，详述了《金石录》
的编撰经过及夫妇收藏书画之细节，凄楚婉约，文情动人。

识版式：

此为宋龙舒郡斋刻本；左右双边，上下单边；白口，双黑鱼尾；半页十行，行
二十一至二十二字，小字双行不等。

识印章：

冯文昌印——冯文昌姓名藏书印。冯文昌（生卒不详），字砚祥，一字文元，
嘉兴（今浙江嘉兴）人，移居杭州塘栖（今浙江杭州临平塘栖镇）水南，藏书家冯
梦祯之孙，明末清初藏书家。藏书楼名"快雪堂""三余堂"，藏书印有"冯文昌
印""字砚祥""冯子玄家藏印""冯子安家藏印""冯氏图书""三余堂""冯氏三余
堂收藏""快雪堂图书印""冯氏图书快雪堂图书""金石录十卷人家""文字之祥君
家其昌""茅屋纸窗笔精墨妙""茅斋玩赏""清旷之域"等印。著有《吴越野民
集》。

字砚祥——冯文昌字号藏书印。

冯子安家藏印——冯文昌姓氏字号藏书印。

冯氏三余堂收藏——冯文昌姓氏藏书楼号藏书印。

茅斋玩赏——冯文昌斋号藏书印。

翁方纲——翁方纲姓名藏书印。翁方纲（1733—1818），字正三，一字忠叙，号覃溪，晚号苏斋，顺天大兴（今北京大兴）人，清代经学家、文学家、金石学家、书法家、藏书家。藏书楼名"小蓬莱阁""赐书楼""宝苏斋""三万卷斋""三汉画斋""石墨楼"等，藏书印有"翁方纲""翁方纲印""北平翁方纲审定真迹""文渊阁直阁事翁方纲覃溪""覃谿""覃溪审定""苏斋""苏斋墨缘""苏斋真鉴""石墨书楼""大兴翁氏石墨书楼珍藏图书""小蓬莱阁""赐书楼印""秘阁校理""礼部侍郎""内阁学士内阁侍读学士翰林侍读学士""三任广东学政""恩加二品重宴琼林""子孙宝之"等。著有《经义考补正》《苏诗补注》《两汉金石记》《粤东金石略》《苏米斋兰亭考》《复初斋诗文集》《小石帆亭著录》等。

覃溪审定——翁方纲字号藏书印。

覃谿——翁方纲字号藏书印。

苏斋——翁方纲晚号藏书印。

苏斋真鉴——翁方纲晚号藏书印。

苏斋墨缘——翁方纲晚号藏书印。

内阁学士内阁侍读学士翰林侍读学士——翁方纲仕履经历藏书印。

恩加二品重宴琼林——翁方纲官爵等级藏书印。

石墨书楼——翁方纲藏书楼号藏书印。

李彦章印——李彦章姓名藏书印。李彦章（1794—1836），字则文，又字兰卿、榕园，自号榕园居士，侯官（今福建福州）人，清代诗人、书法家、藏书家。藏书楼名"石鼓砚斋"，藏书印有"李彦章印""李彦章字兰卿一字榕园""备丞京口视榷扬州"等。编纂《刘河志》《练湖志》《三十六湖志》《焦山志》《芍药志》《苏亭小志》等，著有《榕园文钞》《榕园楹帖》。

荣邸纯王之孙窓王之子曾姚占愉觉妃——奕绘家庭出身藏书印。爱新觉罗·奕绘（1799—1838），原名奕铭，字子章，又号妙莲居士、幻园居士、太素道人，直隶省顺天府大兴县（今北京大兴）人，乾隆第五子荣纯亲王爱新觉罗·永琪之孙、荣恪郡王爱新觉罗·绵亿之子，清代著名宗室诗人、词人、文学家、藏书家。藏书楼名"明善堂""南韵斋"等，藏书印有"荣邸纯王之孙窓王之子曾姚占愉觉妃""御赐伸德惇教""兵卫森画戟燕寝凝清香"等。辑有《南韵斋宝翰录》《康熙字典考证》等，著有《子章子》《妙莲集》《写春精舍词》《集陶集》《明善堂文集》等。

御赐伸德惇教——奕绘藏书闲章。

兵卫森画戟燕寝凝清香——奕绘藏书闲章。

孔昭虔印——孔昭虔姓名藏书印。孔昭虔（1770—1849），字元敬，号荃溪，别署镜虹吟室主人，曲阜（今山东曲阜）人，孔广森之子，清代诗人、词人、剧作家、藏书家。藏书楼名"镜虹饮室"，藏书印有"孔昭虔印""阙里""金石录十卷人家"等。著《经进稿》《古韵》《葬华》《词韵》《镜虹吟室诗集》《绘声琴雅词》《扣舷小草词》等。

阙里——孔昭虔郡望藏书印。

阮元印——阮元姓名藏书印。阮元（1764—1849），仪征（今江苏仪征）人，清代经学家、训诂学家、金石学家、藏书家。藏书楼名"文选楼""石墨书楼""琅嬛仙馆""擘经室"等。详见《资治通鉴释文》"阮元"条。

仪征阮伯元章——阮元郡望姓氏字号藏书印。

家住扬州文选楼隋曹宪故里——阮元郡望藏书楼号藏书印。

扬州阮氏琅嬛仙馆藏书印——阮元郡望姓氏藏书楼号藏书印。

阮孔经楼——孔璐华姓氏字号藏书印。孔璐华（？—1832）），字经楼，曲阜（今山东曲阜）人；孔子第七十三代长孙女，孔昭焕长孙女，孔宪培之女，衍圣公孔庆镕之姊，阮元继室，清代藏书家。藏书印有"阮孔经楼""孔子七十三代长孙女"等。

孔子七十三代长孙女——孔璐华出身藏书印。

颐煊审定——洪颐煊名号藏书印。洪颐煊（1770—1849），字旌贤，号筠轩，晚号倦舫老人，台州临海（今浙江临海）人，清代经学家、史学家、藏书家。藏书楼名"倦舫""兰雪轩""玉兰仙馆""小停云山馆"等，藏书印有"临海洪颐煊过眼""颐暄审定""小筠书印""小筠金石""小筠平生珍赏""小筠收藏金石文字""洪氏小停云山馆珍藏金石书画碑砖瓦之印信""兰雪轩""临海洪氏兰雪轩藏书""倦舫""玉兰仙馆""宁静以致远""承先遗后""子子孙孙永为宝""子孙宝之""鬻及借人为不孝"等。著有《尚书古文叙录》《礼经宫室问答》《孔子三朝记》《校正竹书纪年》《诸史考异》《读书丛录》《经典集林》《管子义征》《汉志水道疏证》《台州札记》《平津馆藏书记》《倦舫丛书》《筠轩诗文抄》等。

韩泰华印——韩泰华姓名藏书印。韩泰华（生活于道咸间），仁和（今浙江杭州）人，晚居江宁（今江苏南京），韩文绮之孙，清代金石书画鉴藏家、藏书家。藏书楼名"玉雨堂""无事为福斋"。详见《汉上易传》"韩泰华"条。

小亭——韩泰华字号藏书印。

韩氏藏书——韩泰华姓氏藏书印。

梁章钜印——梁章钜姓名藏书印。梁章钜（1775—1849），字闳中，又字茝林，号茝邻，晚号退庵，福州府长乐（今福建福州长乐）人，清代文学家、诗人、楹联学家、藏书家。藏书楼名"黄楼"，藏书印有"梁章钜""梁章钜印""茝林""茝邻""紫林""芷林珍藏""明月前身""长毋相忘""花藻绣师""长乐名家"等。著有《楹联丛话》《金石书画题跋》《浪迹丛谈》《退庵诗存》《称谓录》等。

姚元之印——姚元姓名藏书印。姚元（1773—1852），字元之、伯昂，号荐青，又号竹叶亭生，晚号五不翁，桐城（今安徽桐城）人，姚鼐族孙，清代教育家、书法家、藏书家。藏书楼名"竹叶亭""小红鹅馆"，藏书印有"姚元之印""元之""字伯昂""荐青""姚氏伯元""疏散人中一丈夫"等。著有《使沈草》《竹叶亭诗稿》《荐青集》《竹叶亭杂记》《小红鹅馆集》等。

叶东卿审定——叶志诜姓氏字号藏书印。叶志诜（1778—1863），汉阳（今湖北武汉）人，清代史学家、文字学家、金石学家、藏书家。藏书楼名"简学斋""平安馆""兰话堂"等。详见《监本纂图重言重意互注礼记》"叶志诜"条。

志诜——叶志诜名号藏书印。

平安馆印——叶志诜藏书楼号藏书印。

修伯过眼——朱学勤字号藏书印。朱学勤（1823—1875），仁和（今浙江杭州余杭）塘栖镇人，清代著名藏书家。藏书楼名"结一庐"。详见《集韵》"朱学勤"条。

仁和朱澂——朱澂郡望姓名藏书印。朱澂（？—1890），字子清，仁和（今浙江杭州）人，朱学勤长子，清代版本学家、藏书家。继承其父"结一庐"。详见《集韵》"朱澂"条。

子清——朱澂字号藏书印。

伯寅藏书——潘祖荫字号藏书印。潘祖荫（1830—1890），字东镛，又字伯寅，小字凤笙，号郑盦，亦号少棠、在钟，吴县（今江苏苏州）人，大学士潘世恩之孙，内阁侍读潘曾绶之子，清代著名书法家、藏书家。藏书楼名"滂喜斋""八喜斋""攀古楼""芬陀利室""八求精舍""小脉望馆""郑盦"等，藏书印有"潘祖荫藏书""潘祖荫藏书记""祖荫""吴县潘氏郑盦藏""伯寅藏书""伯寅经眼""滂喜斋""八求精舍""龙威洞天""分廛百宋迻架千元""金石录十卷人家""佞宋斋"等。辑有《滂喜斋丛书》《功顺堂丛书》，著有《奏疏》《秦輶日记》《沈阳纪程》《西陵日记》《东陵日记》《芬陀利室词》《郑盦诗文存》等。

识递藏：

从书页所钤藏书印及题跋看，是书曾藏于明人华亭朱大韶"味道斋"；又藏于明末清初嘉兴人冯文昌"快雪堂"；继藏于歙县江立家；继藏于桐乡鲍廷博"知不足斋"；继藏于大兴翁方纲"石墨书楼"；继藏于侯官李彦章"榕园"；继藏于仁和赵魏"竹崦盦"；继藏于钱塘汪諴"振绮堂"；继藏于大兴奕绘"南韵斋"；继藏于曲阜孔昭虔、孔庆镕"镜虹吟室"；作为孔璐华的嫁妆递藏于仪征阮元"文选楼"（由临海洪颐煊审定）；继藏于仁和韩泰华"玉雨堂"；继藏于金陵甘福"津逮楼"；继藏于长乐梁章钜"黄楼"；继藏于姚元"竹叶亭"；继藏于汉阳叶志诜"平安馆"；继藏于仁和朱学勤、朱澂"结一庐"；继藏于吴县潘祖荫"滂喜斋"；继藏于吴县潘景郑"宝山楼"。世代递藏，代不乏人，且各藏书家均刻有"金石录十卷人家"藏书章；今藏于上海图书馆。有朱大韶、余集、江藩、阮元、阮刘文如、洪颐煊、顾广圻、朱为弼、姚元之、汪喜孙、吴英荣、程同文、陈均、沈涛跋，翁方纲跋并题诗。

437

隶释二十七卷

识著述：

洪适（1117—1184），原名造，后更名适，字景伯，又字温伯、景温，号盘州，自号盘州老人，饶州鄱阳（今江西鄱阳）人，宋代金石学家、文学家。金石学方面造诣颇深，与欧阳修、赵明诚并称为宋代金石三大家，著有《隶释》《隶续》《盘州文集》《盘州乐章》等。《隶释》二十七卷，是现存年代最早的一部集录和考释汉魏晋石刻文字的书法专著。此书著录汉魏隶书石刻文字一百八十三种，并附辑《水经注》中的汉魏碑目和欧阳修《集古录》、欧阳棐《集古录目》、赵明诚《金石录》和不著撰人的《天下碑录》中的汉魏部分，先依碑释文，著录全文，后附跋尾，具载论证，开金石学最善之体例，对后世金石学影响重大。

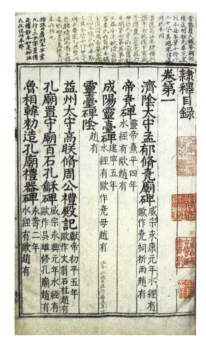

识版式：

此为明万历十六年王云鹭刻本；四周双边；白口，单黑鱼尾，上刻书名、卷次、页码，下刻刻工姓名；半页九行，行二十字，小字双行字不等。

识印章：

翁氏茹古阁藏书记——翁思益姓氏藏书楼号藏书印。翁思益（生活于清末民初），字友三，金陵（今江苏南京）人，清末民初刻书家、藏书家。藏书楼名"茹古阁"，藏书印有"翁思益印""思益""友三""友三曾观""翁氏藏本""金陵翁氏""翁氏茹古阁藏书记"等。

如皋祝寿慈藏书印——祝寿慈郡望姓名藏书印。祝寿慈（1872—？），字稚农，一作稺农，如皋（今江苏如皋）人，清末民初藏书家。藏书楼名"汉鹿斋"。详见《汉隽》"祝寿慈"条。

半耳斋——不详所属。

识递藏：

从书页所钤藏书印看，是书曾藏于金陵翁思益"茹古阁"；又藏于如皋祝寿慈"汉鹿斋"；今藏于镇江市图书馆。有翁思益跋。"半耳斋"印不知所属。

宝刻丛编二十卷

识著述：

陈思（生活于理宗朝），字绩芸，临安（今浙江杭州）人，南宋刻书家、藏书家，编有《宝刻丛编》《书苑菁华》《小字录》《两宋名贤小集》等。《宝刻丛编》二十卷，按《元丰九域志》所载行政区划（包括淮河以北地区）为单位，著录了从战国秦石鼓文、诅楚文到五代石刻文的目录，也著录了少量铜钮、铜钟、铁器铭文和部分法帖石刻。全书将保存于各州郡的石刻名目依年代顺序排列，凡地点不详者均列于末卷，可谓体大思精；书中每条石刻名称之后，摘录了《集古录》《金石录》《隶释》《隶续》《诸道石刻录》《访碑录》《京兆金石录》《复斋碑录》《资古绍志录》等各家题跋，资料详赡。

识版式：

此为清初抄本；四周双边；白口，单黑鱼尾；半页十行，行二十字，小字双行同。

识印章：

定侯审定——叶启勋字号藏书印。叶启勋（1900—1972），长沙（今湖南长沙）苏家巷人，叶德辉三弟叶德炯次子，现代著名目录学家、藏书家。藏书楼名"拾经楼"。详见《仪礼注疏》"叶启勋"条。

拾经主人——叶启勋别号藏书印。

叶启发东明审定善本——叶启发姓名字号藏书印。叶启发（1905—1952），字东明，长沙（今湖南长沙）苏家巷人，现代藏书家、目录学家。藏书楼名"华鄂堂"。详见《仪礼注疏》"叶启发"条。

东明所藏——叶启发字号藏书印。

石林后裔——长沙叶启发、叶启勋兄弟祖望藏书印。以其祖上为宋代文学家、藏书家叶梦得，故自称"石林后裔"。

识递藏：

从书页所钤藏书印及题跋看，是书曾藏于道州何绍基"东洲草堂"；继藏于长沙叶启勋、叶启发兄弟"拾经楼"；今藏于湖南图书馆。

瘞鹤铭考一卷

识著述：

翁方纲（1733—1818），字正三，一字忠叙，号覃溪，晚号苏斋，顺天大兴（今北京大兴）人，清代书法家、文学家、金石学家、藏书家。精通金石、谱录、书画、词章之学，书法与同时的刘墉、梁同书、王文治齐名，并称"翁刘梁王"；论诗创"肌理说"。著有《粤东金石略》《苏米斋兰亭考》《瘞鹤铭考补》《复初斋诗文集》《小石帆亭著录》等。《瘞鹤铭考》（一作《瘞鹤铭考补》）一卷，乃翁方纲为补汪士鋐《瘞鹤铭考》而作。此书就其所藏水拓三本及初移山亭本《瘞鹤铭》研精审谛，作辩证八篇，弥补了汪说之不足。考据详细，资料丰富，是有关《瘞鹤铭》研究不可或缺的参考资料。

识版式：

此为清翁方纲稿本。

识印章：

辛楣所得——钱大昕字号藏书印。钱大昕（1728—1804），江苏嘉定（今上海嘉定）人，清代著名诗人、史学家、文学家、教育家、藏书家，乾嘉学派代表人物。藏书楼名"十驾斋""潜研堂"等。详见《天下郡国利病书》"钱大昕"条。

丁初我藏书记——丁祖荫姓名藏书印。丁祖荫（1871—1930），原名祖德，字芝孙，号初我，别署初园居士，常熟（今江苏常熟）人，清末民初教育家、目录学家、校勘学家、藏书家。藏书楼名"湘素楼"，藏书印有"丁初我藏书记"等。编有《常熟金石志》《常熟艺文志》《常昭合志稿》，著有《松陵文牍》《艺丛集》《一行小集》《初我日记》《河东君轶事》等。

识递藏：

是书为翁方纲稿本，首藏于大兴翁方纲"石墨书楼"。从书页所钤藏书印看，是书继藏于嘉定钱大昕"潜研堂"；又藏于常熟丁祖荫"湘素楼"；今藏于常熟市博物馆。有吴大澂跋。

两汉金石记二十二卷

识著述：

　　翁方纲（1733—1818），字正三，一字忠叙，号覃溪，晚号苏斋，顺天大兴（今北京大兴）人，清代书法家、文学家、金石学家、藏书家。著有《粤东金石略》《苏米斋兰亭考》《复初斋诗文集》《瘗鹤铭考补》《两汉金石记》等。《两汉金石记》二十二卷，共著录翁氏亲见两汉金石二百八十六种，其中有年月可考者一百一十四种。卷一至卷二为目录，后附有《欧阳文忠公集古录目次考》和《洪文惠公隶释隶续目次考》二文；卷三为石经考；卷四至卷五为器物文考；卷六至卷十七为两汉碑铭题字考，皆抄录全文，标明行数款式，并加以考证；卷十八为三国魏吴碑文考八篇；卷十九为补订洪适《隶释》《隶续》二篇；卷二十为隶、八分考；卷二十一为补遗六篇七种；卷二十二为娄机《班马字类》考订。其书内容精审，考证详瞻，言必有据，断制详明，是研究两汉魏晋金石碑刻的重要资料。

识版式：

　　此为清乾隆五十四年翁方纲南昌使院刻本；左右双边，上下单边；白口，单黑鱼尾，中刻书名、卷次、页码；半页十行，行二十字，小字双行同。

识印章：

　　叶启勋——叶启勋姓名藏书印。叶启勋（1900—1972），长沙（今湖南长沙）苏家巷人，叶德辉三弟叶德炯次子，现代著名目录学家、藏书家。藏书楼名"拾经楼"。详见《仪礼注疏》"叶启勋"条。

　　定侯所藏——叶启勋字号藏书印。

　　叶启发藏——叶启发姓名藏书印。叶启发（1905—1952），长沙（今湖南长沙）苏家巷人，叶德辉三弟德炯之子，叶启勋胞弟，现代知名藏书家、目录学家。藏书楼名"华鄂堂"。著有《华鄂堂读书小识》。详见《仪礼注疏》"叶启发"条。

　　东明审定——叶启发字号藏书印。

识递藏：

　　从书页所钤藏书印及题跋看，是书曾藏于平定张穆"月斋"；继藏于道州何绍基"东洲草堂"；继藏于长沙叶启勋、叶启发兄弟"拾经楼""华鄂堂"；今藏于湖南图书馆。有何绍基题签，叶启勋跋。

补寰宇访碑录五卷失编一卷

识著述：

　　赵之谦（1829—1884），初字益甫，号冷君，后改字㧑叔，号悲庵、梅庵、无闷等，会稽（今浙江绍兴）人，清代著名书画家、篆刻家，著有《六朝别字记》《悲庵居士文存》《二金蝶堂印存》《补寰宇访碑录》等。《补寰宇访碑录》五卷，收录自秦汉迄于元代碑刻，所录按年代排列，每种下注明书体、年月、所在地或拓本藏处。所录碑刻广博详细，是金石学研究的必备资料。

识版式：

　　此为清同治三年自刻本；左右双边，上下单边；粗黑口，中刻书名、卷次、页码；半页九行，行二十一字，小字双行同。

识印章：

　　江山刘履芬观——刘履芬郡望姓名藏书印。刘履芬（1827—1879），字彦清，一字泖生，号沤梦，江山（今浙江衢州江山）人，清代词人、藏书家。藏书楼名"红梅阁"，藏书印有"刘履芬印""刘彦清父""刘履芬字彦清""江山刘履芬观""江山刘履芬彦清父收藏""江山刘履芬彦清氏收藏""刘棻""彦清珍秘""彦清缮本""泖生""古红梅阁""文字江山""莎厅课经""在官写书"等。编有《红梅阁书目》，著有《古红梅阁集》《鸥梦词》。

　　康寿——朱康寿名号藏书印。朱康寿（生活于咸同光年间），字曼叔，自号潇湘馆侍者，仁和（今浙江杭州）人，清代小说家、藏书家。藏书楼名"漱霞仙馆"，藏书印有"仁和朱康寿曼叔甫观""康寿""漱霞仙馆"等。著有《浇愁集》。

　　漱霞仙馆——朱康寿藏书楼号藏书印。

　　篆卿——翁曾荣名号藏书印。翁曾荣（1837—1902），字篆卿，别署味幻仙人，常熟（今江苏常熟）人，翁同爵次子，翁同龢犹子，清代藏书家。藏书楼名"南泾堂"，藏书印有"曾荣私印""篆卿"等。著有《金山志》。

识递藏：

　　从书页所钤藏书印看，是书曾藏于江山刘履芬"红梅阁"；又藏于杭州朱康寿"漱霞仙馆"；又藏于常熟翁曾荣"南泾堂"；今藏于苏州大学图书馆。有刘履芬跋。

史部·史评类

史评类小序

史评又称论赞，是四部中史部分类之一种，指以评论史事或史籍为宗旨的著作。如王夫之《读通鉴论》《宋论》是评论史事方面的专著，刘知几《史通》和章学诚《文史通义》则多载对史籍的评论。

史评传统渊源有自，线索分明。《左传》于所载一事之末，多借"君子曰"以明是非褒贬，可视为史评的开山之作；而司马迁《史记》于每篇之末皆以"太史公曰"补录史实、标明褒贬，既成全书惯例，刘知几《史通》以为"史论之烦，实萌于此"。《史记》的这一实践，为班固之后的史家所效法，进而形成了一种独立于史书之林的史体。纪昀《四库全书总目·史部总叙》称，后世史评乃"参考论赞"之作，其所谓"论赞"，即是《史记》"太史公曰"之后的评史之语。

史评的创作主旨，在于为读者辩惑释疑。其所涉内容广博，如史官制度、作史原则、体裁体例、史料来源、表述要点、校勘文字、考订史实、补正讹误、详释典制、训诂名物、史籍源流、史家得失等，凡值得商榷者，几乎无所不包。据此，史评可分为评史事、评史书、评史法、评史家、评编纂五种不同类型。刘知几《史通·论赞》云："夫论者，所以辩疑惑，释凝滞。若愚智共了，固无俟商榷。丘明'君子曰'者，其义实在于斯。"如班固《汉书·司马迁传》"论赞"一段，详述司马迁之史料来源，指出其观点得失，赞扬其构思宏大，讥评其思想过激，肯定其史学史才，服膺其史识史德，痛惜其不明哲，堪称史评之典型范例。

史评因评骘对象不同，所需才质也有高下优劣之分。譬如考辨史体之作，作者不但要博览群籍，有充要的专业知识积累，更要具备透见本质的眼光和精于逻辑分析的大脑。如刘知几的《史通》，评述古今史书，指摘各家利弊，条分缕析，如别黑白，成就很高；而品骘旧闻、抨弹往迹之作，只要才翻史略，掌握丰富的史料，再稍加组织，予以是此非彼，使互滋簧鼓，即可罗织为巨作。

目录学史上，史评类史书单独出现于书目的时间较晚。宋代以前的史评类史书，以《隋书·经籍志·史部》为例，《论三国志》《魏志音义》等列于"正史类"，《晋诸公赞》列于"古史类"，《楚国先贤传赞》《东阳朝堂像赞》列于"杂传类"，等等，足见归类之混乱。晁公武《郡斋读书志·经部》始置"史评类"，著录《刘氏史通》《史记索引》《唐史要论》《三国人物论》等二十三部，始得其所；纪昀《四库全书总目·史部》沿袭《郡斋读书志》之例亦置"史评类"，著录《史通》

《历代名贤确论》《十七史纂古今通要》二十二部，存目一百部，乾隆以前史评得其大概。

今之所选，计有《史通二十卷》《唐书直笔新例四卷新例须知一卷》《致堂读史管见三十卷》《十七史详节二百七十四卷》《涉史随笔一卷》《十七史纂古今通要十七卷史纂通要后集三卷》《新刊唐宋名贤历代确论十卷》《荆川先生批点精选汉书二卷》《史通训故补二十卷》九种，以期奏见微知著之效。

史通二十卷

识著述：

刘知几（661—721），字子玄，彭城（今江苏徐州）人，唐代思想家、史学家，著有《史通》《则天实录》《中宗实录》等。《史通》二十卷，分内、外两篇。内篇重点阐述史书的体裁体例、史料采集、表述要点和作史原则，而以评论史书体裁为主；外篇论述史官制度、史籍源流并杂评史家得失。此书尤其对纪传体史书的各种体例作了全面而详尽的分析，论述了编写史书的方法和技巧，提出了史家必须具备才、学、识"三长"的论点。《史通》是对唐以前史学编纂的概括和总结，是史学史上最早从理论和方法角度阐述史书编纂体裁、体例的理论著作，也是我国史学家从撰述历史发展到评论史家、史书和史学工作的开创性著作。

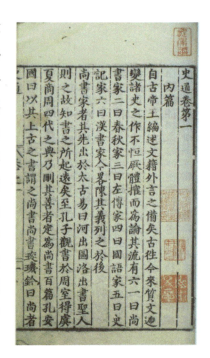

识版式：

此为明嘉靖十四年陆深刻本；四周单边；白口，单白鱼尾，上刻书名，中刻卷次，下刻页码；半页十行，行二十字，小字双行同。

识印章：

瑞安孙仲容珍藏书画文籍印——孙诒让郡望姓氏字号藏书印。孙诒让（1848—1908），幼名效洙，又名德涵，字仲容，号籀庼、籀亭居士，瑞安（今浙江温州瑞安）人，晚清著名经学家、文字学家、考据学家、校勘学家、版本学家、教育家、爱国者、藏书家。藏书楼名"玉海楼""逊学斋""百晋陶斋""经微室""述旧斋""盘谷草堂"等，藏书印有"瑞安孙仲容斠讲四部群书之印""瑞安孙仲容珍藏书画文籍印""仲容""仲容过目""仲容经眼""仲容点勘""籀亭收藏""经微室"等。编有《经微室书目》《温州经籍志》，著有《周礼正义》《论语正义补遗》《墨子间诂》《札迻》《古籀拾遗》《籀亭述林》《契文举例》《经微室遗著》等。

遐咨氏、遥集轩、山水文章——疑皆为孙诒让藏书印。

识递藏：

从书页所钤藏印看，是书曾藏于瑞安孙诒让"玉海楼"；今藏浙江大学图书馆。

唐书直笔新例四卷新例须知一卷

识著述:

吕夏卿（1015—1068），字缙叔，泉州晋江（今福建晋江）人，北宋史学家，预编《新唐书》，著有《唐书直笔新例》。《唐书直笔新例》四卷，凡纪、传、志各一卷，末卷摘旧史繁阙。《宋史》称其书贯穿唐代史实，博采传记，杂说百家，折衷整比，又通谱学，创为世系诸表，对《新唐书》的编纂大有裨益。

识版式:

此为清影宋刊本；左右双边，上下单边；白口，单黑鱼尾，中刻书名、页码；半页十四行，行二十五字，小字双行同。

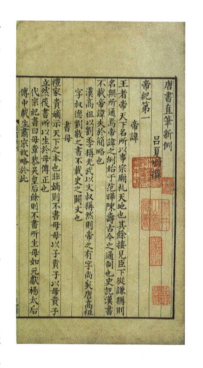

识印章:

陈经之印信——陈经姓名藏书印。陈经（1792—?），字包之，或作褒之，一作抱之，号辛彝，一号心畬，乌程（今浙江湖州吴兴）人，清代金石学家、藏书家。藏书楼名"求古精舍""说剑楼""碧云山房"等，藏书印有"陈经印信""陈经之印信""陈经审释金石文字记""探花外史"等。著有《求古精舍金石图》《陈心畬日记》。

勘书巢——温曰鉴藏书楼号藏书印。温曰鉴（生活于乾嘉之间），字霁华，号铁花，乌程（今浙江湖州吴兴）南浔镇人，清代篆刻家、金石学家、地理学家、藏书家。藏书楼名"勘书巢""拾香草堂"，藏书印有"勘书巢""拾香草堂"。著有《魏书地形志考异》《古璧丛钞》《勘书巢吟卷》《勘书巢未定稿》《拾香草堂集》等。

莫棠字楚生印——莫棠姓名字号藏书印。莫棠（1865—1929），字楚生，独山（今贵州黔南独山）人，清末民初著名目录学家、版本学家、藏书家。藏书楼名"铜井文房"等。著有《铜井文房书跋》。详见《说文字原》"莫棠"条。

铜井山庐藏书——莫棠藏书楼号藏书印。

识递藏:

从书页所钤藏书印看，是书曾藏于乌程陈经"求古精舍"；又藏于乌程温曰鉴"勘书巢"；又藏于独山莫棠"铜井文房"；今藏于苏州图书馆。

447

致堂读史管见三十卷

识著述：

　　胡寅（1098—1156），字明仲，学者称致堂先生，建州崇安（今福建武夷山）人，南宋经学家、史学家，著有《论语详说》《读史管见》《斐然集》等。《读史管见》三十卷，乃胡寅谪居时所作史评。其书针对《资治通鉴》事备而议少的缺陷，旨在以时论评议古人古事。其论说名为"存天理，遏人欲，崇王道，贱霸功"，而责人论事，苛求太甚，不近人情。又时时借题发挥，自申其说，凡所论是非，往往游离于所议本事之外。

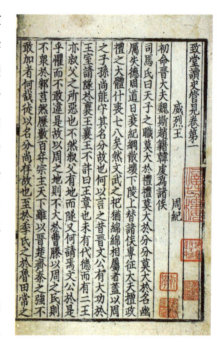

识版式：

　　此为宋嘉定十一年衡阳郡斋刻本；左右文武双边，上下单边；白口，双黑鱼尾；半页十二行，行二十三字。

识印章：

　　季振宜藏书——季振宜姓名藏书印。季振宜（1630—？），泰兴（今江苏泰州靖江）季市镇人，明末清初著名诗人、文献学家、版本学家、校勘学家、藏书家。藏书楼名"静思堂"。详见《尚书注疏》"季振宜"注。

　　徐健庵——徐乾学姓氏字号藏书印。徐乾学（1631—1694），昆山（今江苏昆山）人，清代著名经学家、史学家、文学家、文献学家、藏书家。藏书楼名"传是楼"。详见《周易九卷》"徐乾学"条。

　　乾学——徐乾学名号藏书印。

　　海盐张元济经收——张元济郡望姓名收书印。张元济（1867—1959），字筱斋，号菊生，海盐（今浙江海盐）人，近代出版家、校勘学家、文献学家、教育家、诗人、藏书家，曾任商务印书馆总经理、上海文史馆馆长等职。藏书楼名"涉园"，藏书印有"海盐张元济经收"等。著有《涉园诗录》《涉园通信集》《校史随笔》《涵芬楼烬余书录》《张元济诗文》等。

　　涵芬楼——商务印书馆藏书楼号藏书印。涵芬楼为商务印书馆藏书楼，1904年由张元济创办于上海，以收藏宋元明旧刊及抄校本、名人手稿等闻名海内。

识递藏：

从书页所钤藏书印看，是书曾藏于泰兴季振宜"静思堂"；继藏于昆山徐乾学"传是楼"；后由海盐张元济经收，归藏于商务印书馆"涵芬楼"；今藏于国家图书馆。有刘震孙跋。

十七史详节二百七十四卷

识著述：

吕祖谦（1137—1181），字伯恭，世称东莱先生，婺州（今浙江金华）人，南宋著名经学家、文学家、史学家，著有《历代制度详说》《十七史详节》《东莱集》等。《十七史详节》二百七十四卷，包括《史记详节》《西汉书详节》《东汉书详节》《三国志详节》《晋书详节》《南史详节》《北史详节》《隋书详节》《唐书详节》《五代史详节》十种，卷首冠以疆域世系纪年图。此书为吕祖谦读史时删节备检之本，"所录大抵随时节钞，不必尽出精要"，有选本性质，在一定程度上反映了其学术观点和人格理想。

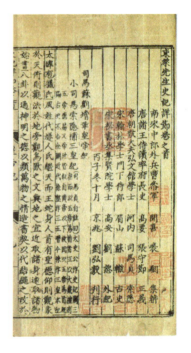

识版式：

此为明正德十三年刘弘毅慎独斋刻本；四周双边；细黑口，双黑鱼尾，上刻书名，中刻卷名，下刻页码；半页十三行，行二十六字，小字双行同。

识印章：

大痴道人——黄公望道号藏书印。黄公望（1269—1354），名公望，字子久，号一峰，晚号井西道人、大痴道人，平江常熟（今江苏苏州常熟）人，一说浙江平阳人，元代诗人、画家、书法家、藏书家。藏书印有"黄公望印""黄氏子久""一峰道人""大痴""大痴道人"等。传世画作有《富春山居图》《九峰雪霁图》等，著有《写山水诀》《大痴山人集》等。

梅道人印——吴镇别号藏书印，吴镇（1280—1354），字仲圭，号梅花道人，嘉善（今浙江嘉兴嘉善）人，元代著名画家、书法家、诗人、藏书家。吴镇精绘事，与黄公望、倪瓒、王蒙并称"元四家"。藏书楼名"梅花庵""橡室"，藏书印有"吴镇之印""嘉兴吴镇仲圭书画记""梅花道人""梅花庵"等。

吴宽——吴宽姓名藏书印。吴宽（1435—1504），字原博，号匏庵、玉亭主，世称匏庵先生，南直隶长州（今江苏苏州）人，明代诗人、散文家、书法家、藏书家。藏书楼名"丛书堂"，藏书印有"吴宽""吴宽之印""原博""延州来季子后""双井村人""古太史氏"等。著有《家藏集》《匏庵集》。

祝允明印——祝允明姓名藏书印。祝允明（1461—1527），字希哲，自号枝山、枝指生，世称祝京兆，长洲（今江苏吴县）人，明代著名文学家、诗人、书法家，与唐寅、文徵明、徐祯卿并称"吴中四才子"，与文徵明、王宠同为明中期书家之代表。藏书印有"祝允明印""允明之印""允明""希哲""祝氏希哲""枝山""枝山祝氏""枝指道人""长洲"等。其书法代表作有《太湖诗卷》《赤壁赋》等，著有《枝山文集》《祝氏集略》《祝氏小集》等。

包山子——陆治字号藏书印。陆治（1496—1576），字叔平，自号包山子，吴县（今江苏苏州）人，文徵明、祝枝山弟子，明代诗人、文学家、画家、藏书家。藏书楼名"玄秀楼"，藏书印有"陆治之印""陆氏叔平""叔平""包山子"等。代表作有《竹林长夏图》《青绿山水图》《雪峰林谷图》《杏竹春鸠图》《三峰春色图》《琵琶行图》等。

夷门印——侯懋功字号藏书印。侯懋功（1522—1620），字延赏，号夷门，钱縠弟子，吴县（江苏苏州）人，明代画家。藏书印有"侯懋功""侯懋功印""侯氏延赏""延赏""夷门""夷门侯生""夷门印"等。代表作有《春山游骑图》《溪山高逸图》等。

谭志伊印——谭志伊姓名藏书印。谭志伊（约生活于明代后期），明代画家。藏书印有"谭志伊印"等。

太史氏——董其昌官爵藏书印。董其昌（1555—1636），字玄宰，号思白，别号香光居士，华亭（今上海松江）人，明代书画家、书画鉴赏家、藏书家。藏书楼名"玄赏斋"，藏书印有"董其昌""董其昌印""青宫太保""董氏玄宰""玄宰""玄宰藏印""太史氏""玄赏斋"等。著有《画禅室随笔》《容台集》《筠轩清秘录》《画眼》《画旨》等。

识递藏：

从书页所钤藏书印看，是书曾藏于常熟黄公望之手；后依次藏于嘉兴吴镇"梅花庵"、长洲吴宽"丛书堂"、长洲祝允明、吴县陆治"玄秀楼"、吴县侯懋功、谭志伊之手；继藏于华亭董其昌"玄赏斋"；今藏于国家图书馆。然是书为明正德十三年（1513）慎独斋刻本，而黄公望、吴镇皆为元代人，明吴宽又卒于弘治十七年（1504），均不能预藏，故"大痴道人""梅道人印""吴宽"三印皆系后世书贾造伪射利之物。至于祝允明、陆治、侯懋功、谭志伊、董其昌五位藏家之印是否可信，亦难遽断。从全部藏印皆为历代著名书画大家的思路看，其真实性可疑。

451

涉史随笔一卷

识著述：

　　葛洪（1152—1237），初名伯虎，后更名洪，字容父，号蟠室，自称蟠室老人，东阳（今浙江金华东阳）南马镇葛府人，南宋文学家、史学家，著有《蟠室老人文集》《涉史随笔》等。《涉史随笔》一卷，是葛洪微时献给当朝宰相的有关国计的书策，所论均历代重臣之事，多因时势立论，旨在鉴古知今，持论平和，有裨世用。

识版式：

　　此为明弘治刻本；四周文武双边；粗黑口，单黑鱼尾，中刻书名、页码；半页九行，行十八字。

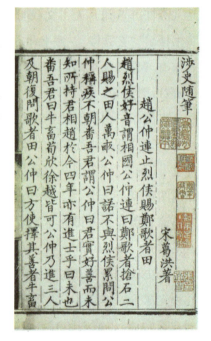

识印章：

　　张燕昌印——张燕昌姓名藏书印。张燕昌（1738—1814），字芑堂（一作芑塘），号文鱼，别署金粟逸人、金粟山人，海盐（今浙江嘉兴海宁）武原镇大树村人，清代著名书法家、金石学家、篆刻家、藏书家。藏书楼名"娱老书巢""冰玉堂"等，藏书印有"张燕昌""张燕昌印""张氏燕昌藏""芑堂手拓""文渔父""金粟山人""石鼓亭""白苗嘉谷""知不足斋主人所贻"等。著有《金石契》《金粟笺说》《古来飞白浅说》《石鼓文释存》《芑堂印存》《鸳鸯湖棹歌》等。

　　知不足斋主人所贻——张燕昌藏书来历藏书印。

　　吴兴许博明印——许厚基郡望姓名藏书印。许厚基（1874—1958），祖籍吴兴（今浙江湖州吴兴），徙居苏州，近代藏书家。藏书楼名"怀辛斋""申申阁"。详见《大事记续编》"许厚基"条。

　　怀辛藏书——许厚基字号藏书印。

识递藏：

　　从书页所钤藏书印看，是书曾藏于歙县鲍廷博"知不足斋"；继藏于海盐张燕昌"冰玉堂"；又藏于苏州许厚基"怀辛斋"；今藏于重庆图书馆。

十七史纂古今通要十七卷史纂通要后集三卷

识著述：

胡一桂（1247—?），字庭芳，号双湖先生，徽州婺源（今江西上饶婺源）人，南宋经学家、史学家，著有《周易本义附录纂疏》《启蒙翼传》《十七史纂古今通要》《史纂通要》等。《十七史纂古今通要》十七卷，裒集自传说中的三皇五帝至五代的历史事件，并对古今兴亡治乱附以个人论断，虽有"持异议以骇听"之嫌，而议论精湛允当，不乏灼见。

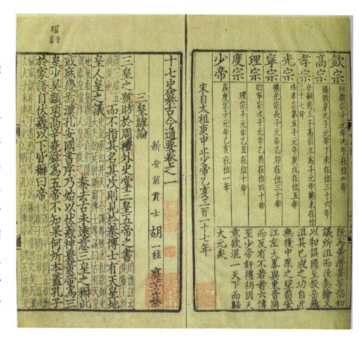

识版式：

此为元刻本；左右双边，上下单边；黑口，双黑鱼尾；半页十一行，行二十一字，小字双行同。

识印章：

周笈——周良金姓名藏书印。周良金（生活于嘉隆间），毗陵（今江苏常州武进）人，明代著名藏书家。藏书楼名"周玉斋金汉石之馆"。详见《吕氏家塾读诗记》"周良金"条。

结一庐藏书印——朱学勤藏书楼号藏书印。朱学勤（1823—1875），字修伯，号复庐，仁和（今浙江杭州余杭）塘栖镇人，清代著名藏书家。藏书楼名"结一庐"。详见《集韵》"朱学勤"条。

子清真赏——朱澂字号藏书印。朱澂（?—1890），字子清，仁和（今浙江杭州）人，朱学勤长子，清代版本学家、藏书家。继承其父"结一庐"。详见《集韵》"朱澂"条。

识递藏：

从书页所钤藏书印看，是书曾藏于毗陵周良金"周玉斋金汉石之馆"；又藏于仁和朱氏"结一庐"，由朱学勤、朱澂父子递藏；今藏于上海图书馆。

新刊唐宋名贤历代确论十卷

识著述：

钱福（1461—1504），字与谦，自号鹤滩，南直隶松江府华亭（今上海松江）人，明代诗人、史学家，著有《鹤滩集》，辑有《唐宋名贤历代确论》。《唐宋名贤历代确论》十卷，所录始自传说中的三皇五帝迄于五代时期，是我国古代学者论述五代以前历史的著作汇编。全书以历代帝王为纲，"或论其世，或论其人，或论其事，或专论，或通论"，而于具体编排上则按其历史地位安排篇幅；此外，又于历代帝王之间安插了历史上重要的诸子如孔子、老子、庄子、杨墨、孟子、荀子等，并另立专题讨论；本书所收史论著作，以唐宋文人学者所著居多。

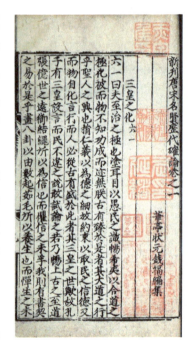

识版式：

此为明正德二年宗文书堂刻本；四周双边；黑口，双黑鱼尾；半页十一行，行二十四字。

识印章：

钱谦益印——钱谦益姓名藏书印。钱谦益（1582—1664），字受之，号牧斋，晚号蒙叟、蓉江、彻修，别署东涧老人、如来真子、石渠旧史、天子门生、绛云老人、聋骏道人，学者称虞山先生，苏州府常熟（今江苏张家港）塘桥镇鹿苑奚浦人，明末清初著名学者、诗人、史学家、藏书家。藏书楼名"绛云楼""青藜阁"等，藏书印有"钱谦益""钱谦益印""钱受之""牧斋""牧斋藏书""牧翁蒙叟""蒙叟谦益""白头蒙叟""绛云楼""青藜阁""海虞""东涧""政和""天子门生""如来真子""惜玉怜香""鸿朗笺龄""家在万岁楼前"等。预修《明史》，辑有《列朝诗集》，编有《绛云楼书目》，著有《开国群雄事略》《列朝诗集小传》《初学集》《有学集》《投笔集》等。

赵文敏公书卷末云吾家业儒辛勤置书以遗子孙其志如何后人不读将至于鬻颓其家声不如禽犊若归他室当念斯言耻非其有无宁舍旃——毛晋诫子孙藏书铭章。毛晋（1599—1659），常熟（今江苏常熟）人，明末著名经学家、文学家、刻书家、藏书家。藏书楼名"汲古阁"。详见《周易九卷》"毛晋"条。

武延绪印——武延绪姓名藏书印。武延绪（1857—1917），字次彭，号亦嫒，广平府永年（今河北永年）人，清代学者、书法家、藏书家。藏书楼名"所好斋"，藏书印有"武延绪印""曾在武次彭处"等。著有《所好斋札记》《所好斋集》。

曾在武次彭处——武延绪姓氏字号藏书印。

赤泉侯印——无考。

墨梦斋——无考。

识递藏：

从书页所钤藏书印看，是书曾藏于常熟钱谦益"绛云楼"；又藏于常熟毛晋"汲古阁"；又藏于广平武延绪"所好斋"；今藏于河南省图书馆。

荆川先生批点精选汉书二卷

识著述：

　　唐顺之（1507—1560），字应德，号荆川，武进（今江苏常州）人，明代儒学大师、军事家、散文家、数学家、抗倭英雄，学者称荆川先生，著有《荆川先生文集》等。《荆川先生批点精选汉书》二卷，为唐顺之依据其"文必有法"的文学主张对《汉书》中的部分篇目所作的批评，是以古文为时文、以时文法评古文的批评实践。

识版式：

　　此为明嘉靖胡宗宪刻本；四周双边；白口，单黑鱼尾，中刻书名、卷次、页码；半页十行，行二十二字；上栏天头处刻印有小字评语。书内夹有署名"沧培老者"墨笔长跋。

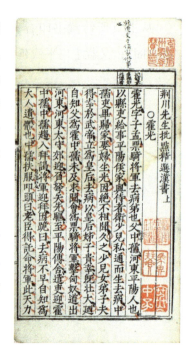

识印章：

　　马思赞——马思赞姓名藏书印。马思赞（1669—1722），字仲安，又字寒中，号衍斋，别号马仲子、寒中子等，海宁（今浙江嘉兴海宁）人，清代诗人、篆刻家、书画家、金石学家、藏书家。藏书楼名"道古楼""衍斋"等，藏书印有"海昌马思赞之印""仲安一字渔村""马寒中印""衍斋马仲子印""古盐官州马氏南楼书籍印""红药山房收藏私印"等。著有《寒中诗集》《衍斋印谱》《历代钟鼎款识》等。详见《周易本义》"马思赞"条。

　　古盐官州马思赞之印——马思赞郡望姓名藏书印。

　　寒中子——马思赞别号藏书印。

识递藏：

　　从书页所钤藏书印看，是书曾藏于海宁马思赞"道古楼"；今藏于苏州图书馆。

史通训故补二十卷

识著述：

　　黄叔琳（1672—1756），幼名伟元，字昆圃，一字宏献，号研北、金墩，晚号守魁，世称北平先生，顺天大兴（今北京大兴）人，清代著名经学家、文学家、藏书家，著有《砚北易抄》《诗经统说》《夏小正撰注》《史通训故补注》《文心雕龙辑注》《研北杂录》等。《史通训故补》二十卷，旨在补王惟俭《史通训故》之缺失，虽注释不够详备，而家法谨严，批评指摘，匡正谬误。而受科举之影响，其圈点批语，不出时文之式。

识版式：

　　此为清乾隆十二年黄氏养生堂刻本；左右双边，上下单边；白口，单黑鱼尾，上刻书名，中刻卷次、页码；半页九行，行十九字。

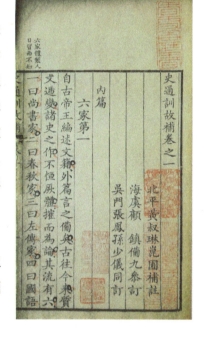

识印章：

　　瀛海纪氏阅微草堂藏书之印——纪昀郡望姓氏斋号藏书印。纪昀（1724—1805），字晓岚，别字春帆，号石云，道号观弈道人、孤石老人，直隶河间府献县（今河北沧县）人，清代诗人、小说家、文献学家、目录学家、藏书家。藏书楼名"阅微草堂"，藏书印有"纪昀""纪昀之印""河间纪昀""献县纪昀珍藏""紫禁城骑马纪昀""臣昀私印""纪晓岚图书记""晓岚""晓岚氏""春帆""春帆校正""观弈道人""纪十八""校书天禄""心与古人会""琉璃发奇光""瀛海纪氏阅微草堂藏书之印"等。总纂《四库全书》，编有《四库全书总目》《四库全书简明目录》，著有《阅微草堂笔记》《纪文达公遗集》等。

　　大兴孙达字少春号再蘷鉴藏金石书画经史图籍心赏之印章——孙达郡望姓名字号鉴藏印。孙达（生活于道咸间），字少春，号再蘷，大兴（今北京大兴）人，清代著名金石书画鉴定家、藏书家。藏书楼名"香雪轩""读雪斋"，藏书印有"孙达之印""孙达审定""大兴孙达字少春号再蘷行十图书之章""大兴孙达字少春号再蘷鉴藏金石书画经史图籍心赏之印章""达审定""臣达审定秘籍""少春""少春心赏""大兴孙少春""大兴孙少春审定真迹""孙再蘷家藏金石文字""再蘷""再蘷又字少春""再蘷过眼""香雪轩藏书""孙氏家藏""骨瘦如柴"等。

香雪轩藏书——孙达藏书楼号藏书印。

菊甡读过——丁菊甡名号藏书印。丁菊甡（1873—？），字心佛，名绍彤，号菊甡，别署黄山山长、黄山诗衲、还读盦主等，黄县（今山东龙口）人，近代诗人、文献学家、藏书家。藏书楼名"还读盦"，藏书印有"丁氏菊甡""菊甡""菊甡读过""菊甡翰墨""菊甡诗稿""还读盦主""意在三代两汉六朝之间""癸酉""黄山山长"等。著有《还读盦丁丑日记》《还读盦笔记》《还读盦诗集》《还读盦诗抄》《还读盦读书题记》。

识递藏：

从书页所钤藏书印看，是书曾藏于河间纪晓岚"阅微草堂"；又藏于大兴孙达"香雪轩"；又藏于黄县丁菊甡"还读盦"；今藏于湖北图书馆。有纪昀校跋。

古籍识小录 下

刘树胜 ◎ 著

国家一流专业建设点旅游管理经费资助
江苏省一流专业建设点中国古典文献学经费资助
金陵科技学院重点学科文化产业学经费资助
金陵科技学院重点学科中国语言文学经费资助
金陵科技学院文旅学院经费资助

安徽师范大学出版社
ANHUI NORMAL UNIVERSITY PRESS
· 芜湖 ·

图书在版编目(CIP)数据

古籍识小录.下 / 刘树胜著. -- 芜湖 : 安徽师范
大学出版社, 2024. 12. -- ISBN 978-7-5676-6545-3

Ⅰ. G256.1

中国国家版本馆 CIP 数据核字第 20248ZD478 号

古籍识小录·下
GUJI SHI XIAO LU XIA

刘树胜 ◎ 著

责任编辑:王　贤

责任校对:胡志恒

装帧设计:张德宝

责任印制:桑国磊

出版发行:安徽师范大学出版社

　　　　芜湖市北京中路2号安徽师范大学赭山校区

网　　　址:http://www.ahnupress.com/

发 行 部:0553—3883578　5910327　5910310(传真)

印　　　刷:安徽芜湖新华印务有限责任公司

版　　　次:2024年12月第1版

印　　　次:2024年12月第1次印刷

规　　　格:787 mm ×1092 mm　1/16

印　　　张:66.75

字　　　数:1466千字

书　　　号:978-7-5676-6545-3

定　　　价:466.00元(全2册)

目　录

目录

集 部

目录

子 部

子部总序

"子"字的甲骨文字形，象襁褓中的小儿，有头，有身，有臂膀，而两足像并起来的形状，故其本义为婴儿，引申为男子及对男子的尊称，后辗转引申为道德学问高尚者的尊称。众所周知，周秦诸子之书，多非诸子亲撰，而是由其弟子后学追忆而成，故弟子称其人为"某子"，名其书为"子书"。

诸子纷起，与其所处的时代氛围密切相关。春秋、战国时代，王室衰微，诸侯争霸，社会出现了空前震荡。伴随着神权和王权的跌落，统治者开始认识到人的力量在社会生活中的重要作用，人的地位有了很大提高。当此，社会上出现了"以武犯禁"的"侠"和"以文乱法"的"士"两个阶层，而"士"又渐趋分化为替统治者出谋划策的谋臣策士和潜心著述、授徒讲学的文士。这些文士教授门徒，著书立说，积极宣传个人的政治主张和学术观点，后人称之为"学士"。他们总结历史上各个王朝的兴衰得失和现实中的各种经验教训，逐渐形成了自己的理论和学说，各自成为不同的"家"，后世称其为"诸子百家"（即先秦各学术派别之总称）。各家各派之间为宣扬和售卖自己的观点和主张，相互攻击，互相批判，至战国时代，社会上出现了"百家争鸣"的局面，"子书"也随之应运而生了。

所谓子书，指著书立说而能自成一家之言者。从表达方式上看，叙事、抒情、议论是天下文章的基本范式，而"五经"兼具三者：《诗》主抒情，《书》与《春秋》主叙事，《易》之"十翼"主议论，其余五家（三《礼》《乐》《孝》）书中皆兼包说理。故纪昀《四库全书总目·子部总叙》称："自六经以外，立说者皆子书也。"在限定了子书范围的同时，纪氏还明确指出了子书最重要的特征是"立说"。所谓"立说"，即提出主张，创立学说。而四部之中，能够提出个人主张、创立学说者，经部之外，史部重在记述历史事件，集部重在抒情写志，唯有子部以提出主张、创立学说为事。正是由于子书为阐明事理的"立说"之书，其胜处就在于其旨归丛杂的认知价值和参考价值。对此，《隋书·经籍志》明确指出："儒、道、小说，圣人之教也，而有所偏；兵及医方，圣人之政也，所施各异。世之治也，列在众职；下至衰乱，官失其守。或以其业游说诸侯，各崇所习，分镳并骛。若使总而不遗，折之中道，亦可以兴化致治者矣。"纪昀《四库全书总目·子部总叙》虽鄙称之为"杂学"，但也肯定了其"与经史旁参""可为鉴戒"的价值："儒家本六艺之支流，虽其间依草附木，不能免门户之私，而数大儒明道立言，炳然具在，要可与经史旁参；其余虽真伪相杂，醇疵互见，然凡能自名一家者，必有一节之足以自立；即其不合于圣人者，存之亦可为鉴戒。"纪氏对"经""正天下之是非"的过分强调，对"史""明古今之成败"的高调认同，以及对"子""皆杂学"的粗暴贬抑，充分体现了封建士大夫的学问偏见。而从承认"明道立言"的儒家有"可与经史旁参"之用，其余"凡能自名一家者，必有一节之足以自立；即其不合于圣人者，存之亦可为鉴戒"的兼收并蓄观点看，其态度还是比较公允的。

目录学史上，诸子百家名目繁夥，难以指数；诸子门派与地位，难以区分。据《汉书·艺文志》载，仅先秦时代，能够叫得出名字的诸子计有一百八十九家；后世的《隋书·经籍志》《四库全书总目》等书，著录诸子百家之书动辄以上千计，故为诸子与子书分门别派、区分地位尊卑，成为必要。

关于诸子百家门派的划分，有一个逐渐完善成型的过程。这一工作，先秦时代即有所尝试。《庄子·天下》以人代学，将其分为"邹鲁之士缙绅先生之学""墨翟禽滑釐之学""宋钘尹文之学""彭蒙田骈慎到之学""关尹老聃之学""庄周之学""惠施桓团公孙龙之学"，这一分法虽然缺乏科学的标准，但其中已包括了汉世所分之儒家、墨家、名家、小说家、道家、法家；《荀子·非十二子》亦以人代学，将其分为"它嚣魏牟之学""陈仲史鳅之学""墨翟宋钘之学""慎到田骈之学""惠施邓析之学""子思孟轲之学"，也包括了道家、墨家、法家、名家、儒家。以上两家，非但所分诸子地位不明、门派不清，甚至名目也比较混乱；《韩非子·显学》为阐述其政治观点，有意设立了儒、墨两个靶子，虽然简单易晓，而失之偏狭；至汉，这一探索渐趋正轨。司马谈《论六家要旨》第一次以学派的名义，将诸子百家分为阴阳家、儒家、墨家、名家、法家和道家六家，其中尤其推尊道家，如此划分虽不够全面，而主干尽在；淮南王刘安《淮南子·要略训》将诸子划分为"太公之谋""文武周公之业""孔子之学""墨子之学""管子之学""晏子之学""纵横修短之学""申子之学""商鞅之学""刘氏之学"，虽似重走了庄、荀以人代学的旧路，而所分基本能与兵家、儒家、墨家、道家、法家、纵横家、杂家诸名目相对应，显然是以各派主张为标准所作的尝试；成帝时校书郎刘歆编为《七略》，在司马谈六分法的基础上，增纵横、杂、农、小说而益为十家，进一步完善了诸子门派的划分。

而真正将"子书"作为目录之分类，始自东汉班固。班固《汉书·艺文志》"诸子略"沿袭了刘歆的十分法，将其依次分为"儒家""道家""阴阳家""法家""名家""墨家""纵横家""杂家""农家""小说家"。而班固有意贬抑"小说家"，以为"诸子十家，其可观者九家而已"，后世遂去"小说家"，称所余九家为"九流"；西晋荀勖《中经新簿》进一步归纳了《七略》，创立甲、乙、丙、丁四部分类法，其中乙部为子，子下分为"古诸子家""近世子家""兵书""兵家""术数"数类。后世也有人继续使用这种分类法，如明代徐𤊻《徐氏家藏书目》即分为先秦"诸子类"和秦汉以后"子类"；东晋大著作郎李充编定《晋元帝四部书目》，在荀勖《中经新簿》分类体系的基础上，删除浮秽，以类相从，总摄众篇之目，将乙、丙两部对调，成经、史、子、集四部分类；唐初官修《隋书·经籍志》，正式奠定了经、史、子、集四部分类法，其"子部"下分为"儒家类""道家类""法家类""名家类""墨家类""从横家类""杂家类""农家类""小说家类""兵家类""天文类""历数类""五行类""医方类"十四类；北宋晁公武《郡斋读书志》"子部"下分为"儒家类""道家类""法家类""名家类""墨家类""纵横家类""杂家类""农家类""小说类""天文类""星历类""五行类""兵家类""类书类""艺术类""医书类""神仙类""释书类"十八类；南宋陈振孙《直斋书录解题》"子部"下分为"儒家类""道家类""法家类""名家类""墨家类""纵横家类""农家类""杂家类""小说家类""神仙类""释氏类""兵书类""历象类""阴阳家类""卜筮类""形法类""医书类""音乐类""杂艺类""类书类"二十类；纪晓岚《四库全书总目》"子部"下分为"儒家类""兵家类""法家类""农家类""医家类""天文算法类""术数类""艺术类""谱录类""杂家类""类书类""小说家类""释家类""道家类"十四类，最接近科学。

诸子百家的地位尊卑，也是一个不容忽视而又常被忽略的问题。实际上，自汉代诸子分派以来，诸子地位的尊卑就已有意无意地存在了。《汉书·董仲舒传》称"仲舒对策，推明孔氏，抑黜百家"，以为"师异道，人异论，百家殊方，旨意不同"，故其具体作法就是"不在六艺之科、孔子之术者，皆绝其道勿使并进"，从而"醇薄始分"。这一点，《汉书·艺文志》"诸子略"的处理已露端倪，其先儒后道再阴阳又名法的顺序，充分体现了汉初既已形成的"独尊儒术"的统治思想，这是一种以"天人相应"为核心，集儒家、道家、阴阳家和法家于一身的新"儒术"。其后，历代书目子部的排列顺序均体现了这一特点。纪晓岚《四库全书总目·子部总叙》似乎比以往诸家站得更高、看得更远：

> 儒家尚矣；有文事者有武备，故次之以兵家。兵，刑类也；唐虞无皋陶，则寇贼奸宄无所禁，必不能风动时雍，故次以法家；民，国之本也。谷，民之天也。故次以农家；本草经方，技术之事也，而生死系焉。神农、黄帝，以圣人为天子，尚亲治之，故次以医家；重民事者先授时，授时本测候，测候本积数，故次以天文算法。以上六家，皆治世者所有事也。百家方技，或有益，或无益，而其说久行，理难竟废，故次以术数；游艺亦学问之余事，一技入神，器或寓道，故次以艺术。以上二家，皆小道之可观者也。《诗》取多识，《易》称制器，博闻有取，利用攸资，故次以谱录；群言歧出，不名一类，总为荟萃，皆可采摭菁英，故次以杂家；隶事分类，亦杂言也，旧附于子部，今从其例，故次以类书；稗官所述，其事末矣，用广见闻，愈于博弈，故次以小说家。以上四家，皆旁资参考者也。二氏，外学也，故次以释家、道家。

他以封建士大夫的身份，从封建统治、国计民生、政治教化、文化传承诸角度出发，对子部所列十四家予以了尊卑等第的划分和理由的陈述。儒家地位高，在于它是治理国家之常经，即统治思想；兵家列第二，在于它是维护国家统一和安全的国家机器；法家列第三，在于它是维护太平稳定的保障；农家列第四，因农业是衣食之源，事关民命国祚；而医家又关乎万姓之健康，事关稳定大局，故列于第五；而农业与天时又不可分，故列天文算法于第六。以上六者，皆治国之要务。所以如此排列的原因，《纪文达公文集·济众新编序》给出了更进一步的阐释："余校录《四库全书》，子部凡分十四家。儒家第一，兵家第二，法家第三，所谓礼乐兵刑，国之大柄也。农家、医家，旧史多退之于末简，余独以农居四，而其五为医家。农者，民命之所关；医虽一技，亦民命之所关，故升诸他艺术上也。"于此可见纪氏的良苦用心。平心而论，这一分法无疑是科学合理的。

为反映子部传世古籍的分类原貌，今所收录，全依《总目·子部》体例分类。

子部·儒家类

儒家类小序

"儒"字是形声字，人形需声（需，人朱切）。儒即需，"需"字的字形极像须眉皆长之人，而须眉皆长乃老者之象，故儒指有德有学之老者。俗儒谓儒即"懦"，以为儒者皆性情懦弱，这是对儒者性柔的误解。岂不知漆雕氏之儒面对强者亦"不色挠，不目逃"，其性情刚健果毅可知。《说文解字》云："儒，柔也。术士之称。"《段注》云："儒之言优也，柔也，能安人，能服人；又，儒者，濡也，以先王之道能濡其身。"两意似皆由其性柔的引申义而生发，概言凡"能安人""能服人"且能以先王之道修身者皆称儒，亦即纪昀所谓"立身行己，诵法先王，务以通经适用"之人。钱穆《古史辨》所谓"柔乃儒之通术，术士乃儒之别解"，则是从性格温和且具有专业知识技能这两个维度予以的诠释。

儒家学派的产生，与春秋、战国时代王室衰微、诸侯争霸、社会空前震荡的背景密切相关。关于儒家的出处与宗旨，《汉书·艺文志》云："儒家者流，盖出于司徒之官，助人君顺阴阳、明教化者也。游文于六经之中，留意于仁义之际，祖述尧、舜，宪章文、武，宗师仲尼，以重其言，于道为最高。"这一描述显然有两层意思：一是儒家的出处是地官司徒，其身份与后世教育家近似。如《礼记·儒行》所谓"儒有澡身而浴德"，指的就是儒家因循天道、教化百姓等宗教礼仪方面的职能；二是明确指出了儒家的思想宗旨，即推尊先王，崇尚仁义，师承孔子，游好六经。《汉书·艺文志》的这一说法，为后世许多重要文献如《隋书·经籍志》等所继承，并成为定论。

儒家是先秦诸子之一，创始人为孔子，其思想体系涉及到了以仁为本的哲学体系、亲和尚德的政治理念、不迷信天道鬼神的社会认知和丰富多彩的教育理论。孔子逝后，因后学弟子对其思想言论的理解不同，儒家的学术思想逐步发生分化。至战国中后期，在儒学成为显学的同时，儒家内部分裂为八个不同派别，即子张氏之儒、子思氏之儒、颜氏之儒、孟氏之儒、漆雕氏之儒、仲良氏之儒、孙氏（即荀子）之儒、乐正氏之儒。其中，孟子是战国时期站在巨人肩膀上成长起来的儒家学派的领军人物，他继承并超越了孔子，形成了"反求诸己"的性善学说、"仁政爱民"的政治理想、"求其放心"的教育理念和"舍生取义"的人格修养学说等一整套完整的思想体系。孔孟被后人视为原始儒家，其学被称为原始儒学。

自西汉武帝"抑黜百家，独尊儒术"起，儒家思想即升格为整个中国封建社会

465

的统治思想，故纪昀称"儒家尚矣"。然而，为了适应时代变化和政治统治的需要，汉以后各个时代的儒家思想已不再是先秦原始儒家的思想了！不难发现，西汉"独尊"的儒术中明显地掺入了阴阳家的成分，三国时代的儒家思想里又混入了玄学的因素，而宋明理学里又渗透了禅学的因子，等等。但无论儒家的面目如何变化，其主脑仍是"立身行己，诵法先王，务以通经适用"的儒学根基，故后世依然概称之为儒家。

儒学发展史上的门户之争，肇端于隋代大儒王通"摹拟尼山"。王通教授河汾之间，广收门徒，自比仲尼，自我标榜，曾模拟"六经"作《礼论》《乐论》《续书》《续诗》《玄经》《赞易》，时号"王氏六经"，又拟《论语》作《中说》，首开儒学树门植党的不良风气；逮至宋代，儒学内部又出现了儒学与道学之争，道学内部还出现了朱陆门户之争，其中朱陆之争尤为激烈。以朱熹为代表的"主敬派"提倡"道问学"，以陆九渊为代表的"主静派"提倡"尊德性"，两派皆谓己为贤，笔舌相攻，各不相让，势同水火；发展到明代，王阳明推崇"陆学"，进而发展成为王氏"心学"。王阳明强调"人心惟危，道心惟微；惟精惟一，允执厥中"的悟道心诀，倡导"束书高阁，坐而论道"的治学方法，并提出"致良知"的"心学"宗旨，近乎参禅。其后学更将其发扬光大，甚至发展至以"狂禅"解经的地步。宋明以来的儒学，遂至"门户别而朋党起，恩雠报复，蔓延者垂数百年"。而朋党相争，空谈心性，日益脱离世用，逐渐背离了儒教"立身行己"的轨道。

目录学史上，儒家类典籍的分部归类是非常严格的。西汉以后，凡崇尚"六经"和孔孟之说及著名训诂性理之书者，分归经部各类；辅助解经之字书、辞书、韵书，入"经部·小学类"。以上二者，地位尊显已至无以复加的地步。经部以外，凡发明孔孟学说者，皆归"子部·儒家类"，内容与今之哲学、伦理学、教育学近似。"子部·儒家类"所涉及的，就是除经部以外发明孔孟学说的各个时代的儒家典籍。这一意义上的儒家典籍的归类，也经历了渐趋完善的过程。《荀子·非十二子》所谓"子思孟轲之学"，概指先秦原始儒家之作，而"子思之学"及"荀子之学"皆入"子部·儒家类"而未列于经部；班固《汉书·艺文志·诸子略》"儒家"著录了《子思》《曾子》《漆雕子》《宓子》《世子》《公孙尼子》《芈子》《孟子》《孙卿子》等七十子之徒及汉代人著作五十三家，其中掺杂有法家的《李克》、纵横家的《平原君》、史部的《高祖传》《孝文传》等，足见其分类标准不一，体例混乱；《隋书·经籍志·子部》"儒家"著录了《曾子》《子思子》《公孙尼子》及《贾子》《新序》《说苑》《盐铁论》等六十二部，传记类的《晏子春秋》也掺入其中；《郡斋读书志·子部》"儒家类"著录了《曾子》《子思子》《孟子》《荀子》《董子》《新序》《潜夫论》《中论》《理窟》等北宋以前儒家著作四十四部，其中还杂有倾向于道家的《太玄经》等；《直斋书录解题·子部》"儒家类"著录《孔子家语》《曾子》《荀子》《新序》《盐铁论》《法言》《经学理窟》《程氏遗书》等南宋以前的儒家著述，其中也杂有《晏子春秋》《太玄经》等非儒家类书籍；《四库全书总目·子部》"儒家类"依据"儒家尚矣"的原则，以濂、洛、关、闽之书为大宗，将乾隆以前历代"无植党、无近名、无大言而不惭、无空谈而鲜用""庶几孔孟之正传"的儒家著作汇聚《全书》之中，且将那些依附门墙、藉词卫道之书付之存目，遂成"子部·儒家类"文献之大观。

今之所选，计有《荀子二十卷》《新书十卷》《盐铁论十卷》《说苑二十卷》《新序十卷》《纂图互注扬子法言十卷》《申鉴五卷》《中说十卷》《聱隅子歔欷琐微论二卷》《性理大全书七十卷》《孔子家语八卷》《小学五书五卷》十二部，以见"子部·儒家类"图书之冰山一角。

荀子二十卷

识著述：

荀子（约前313—前238），名况，时称荀卿，赵国（今河北邯郸）人，战国后期思想家、文学家、儒家学派代表人物，著有《荀子》。《荀子》二十卷，乃战国后期儒家学派最重要的著作，今存三十二篇，除少数篇章外，多为荀子自著。文章擅长说理，组织严密，分析透辟，善于取譬，常用排比句法增强议论气势，语言富赡精警，有很强的说服力和感染力。

杨倞（生活于唐宪宗年间），弘农（今河南灵宝）人，所著《荀子注》一书，是现今流传的《荀子》的最早注本。

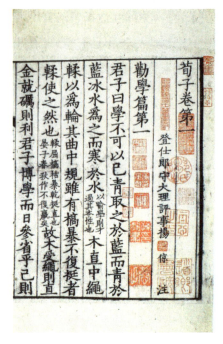

识版式：

此为宋刻本；左右文武双边，上下单边；白口，单黑鱼尾，中刻书名、卷次、页码，下刻刻工姓名；半页八行，行十六字，小字双行二十五至二十七字。

识印章：

孙朝肃印——孙朝肃姓名藏书印。孙朝肃（1584—1635），字恭甫，又字光甫，更字功父，号晔芝，一号木芝，苏州府常熟（今江苏苏州张家港）凤凰镇恬庄人，藏书家孙七政之孙，孙朝让之兄，明末藏书家。藏书楼名"大石山房""五芝堂"，藏书印有"孙朝肃印""孙光父""恭甫""恭父""木芝翁""大石山房""五芝堂"等。著有《军兴善后牍》《五芝堂集》。

恭父——孙朝肃字号藏书印。

黄丕烈印——黄丕烈姓名藏书印。黄丕烈（1763—1825），平江（今江苏苏州）人，清代著名校勘学家、版本学家、目录学家、刻书家、藏书家。藏书楼名"士礼居""百宋一廛"等。详见《四书通》"黄丕烈"条。

复翁——黄丕烈字号藏书印。

百宋一廛——黄丕烈藏书楼分号藏书印。

汪士钟印——汪士钟姓名藏书印。汪士钟（1786—？），长洲（今江苏苏州）人，清代著名藏书家。藏书楼名"艺芸书舍""三十五峰园"等。详见《周易九卷》"汪士钟"条。

阆源真赏——汪士钟字号藏书印。

汪振勋印——汪振勋姓名藏书印。汪振勋（生活于道咸间），字绅之，号梅泉，吴县（今江苏苏州）人，清代藏书家。藏书楼名"修汲轩""真适斋"。详见《字鉴》"汪振勋"条。

梅泉——汪振勋字号藏书印。

修汲轩——汪振勋藏书楼号藏书印。

道乡书院——常州道乡书院藏书印。道乡书院创办于光绪十一年（1885），是清末常州创办的最后一所书院。道乡书院由地方人士高步瀛、沈东伦、张贞启、黄鼎臣、薛尚贤、沈济思等创办，以宋代教育家、文学家道乡公邹浩命名。

邹同心印——邹同心姓名藏书印。邹同心（生活于同光间），为常州道乡居士邹浩之后，清代藏书家。藏书印有"邹同心印""同心之印""邹氏之子""武陵"等。

同心之印——邹同心名号藏书印。

邹氏之子——邹同心姓氏藏书印。以上三印治印风格与印泥色泽一致。

甲子丙寅韩德均钱润文夫妇两度携书避难记——韩德均钱润文夫妇遭遇藏书印。韩德均（1898—1930），字子谷，号荀庐，松江娄县（今上海松江）人，韩应陛之孙，近代著名藏书家。藏书楼名"读有用书斋"。详见《大戴礼记》"韩德均"条。

德均审定——韩德均名号藏书印。

祁阳陈澄中藏书记——陈清华郡望姓氏字号藏书印。陈清华（1894—1978），字澄中，祁阳（今湖南祁阳）人，现代著名藏书家。藏书楼名"郇斋"，藏书印有"陈清华""陈清华印""祁阳陈澄中藏书记""陈澄中收藏印""郇斋"等。

郇斋——陈清华藏书楼号藏书印。

识递藏：

从书页所钤藏书印及题跋看，是书曾藏于明代常熟孙朝肃"大石山房"；又藏于清初长洲顾若霖"怀古堂"；清中期又藏于黄丕烈"士礼居"，由顾广圻校跋；继藏于汪士钟"艺芸书舍"；继藏于长洲汪振勋"修汲轩"；光绪间继藏于常州道乡书院邹同心之手；又藏于松江韩德均钱润文"读有用书斋"；继藏于祁阳陈清华"郇斋"；今藏于国家图书馆。有顾广圻跋。

新书十卷

识著述：

贾谊（前200—前168），洛阳（今河南洛阳）人，西汉初年著名政论家、辞赋家，著有《新书》《惜誓》《吊屈原赋》《鵩鸟赋》《旱云赋》《簴赋》等。《新书》（又称《贾子》）十卷，乃刘向所编贾谊政论文集，集中反映了贾谊的政治、经济思想，其代表作有《过秦论》《论积贮疏》《陈政事疏》等。其政论文评论时政，风格朴实峻拔，议论酣畅，逻辑严密，感情充沛，气势非凡，体现了汉初文人在汉帝国大一统创始背景下积极进取、力图建功立业的豪情壮志，代表了汉初政论散文的最高成就。鲁迅先生许之为"西汉鸿文"。

识版式：

此为明正德十年吉府刻本；四周双边；粗黑口，双黑鱼尾，中刻卷数；半页八行，行十八字。

识印章：

存雅楼藏书之章——刘铨福藏书楼号藏书印。刘铨福（生活于嘉道同光年间），字子重，号白云吟客，顺天大兴（今北京大兴）人，藏书家刘位坦之子，清代红学家、书画家、藏书家。藏书楼名"存雅楼""校经堂""砖祖斋""君子馆砖馆""竹坞春雨楼"，藏书印有"刘铨福印""大兴刘铨福家世守印""子重""大兴刘氏校经堂藏书印""存雅楼藏书之章""砖祖斋""长寿年宜子孙"等。

衡山秘笈——无考。

识递藏：

从书页所钤藏书印看，是书曾藏于大兴刘铨福"存雅楼"；今藏于山东省图书馆。

盐铁论十卷

识著述：

桓宽（生卒不详），字次公，汝南郡（今河南上蔡）人，西汉经学家、学者，著有《盐铁论》。《盐铁论》十卷，乃桓宽据汉昭帝始元六年（前81）召开的盐铁会议文件撰写的政论性散文集。文章生动地记述了御史大夫桑弘羊与"贤良""文学"之士们的辩论，揭露了当时社会存在的问题和矛盾，保留了许多西汉中期的经济思想史料和风俗习惯，为研究西汉社会提供了丰富史料。

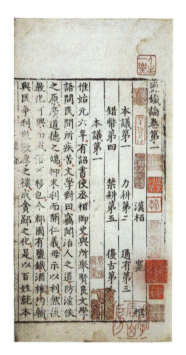

识版式：

此为明弘治十四年涂祯刻本；左右双边，上下单边；白口，中刻书名、页码；半页十行，行二十字。

识印章：

知十印——冯知十名号藏书印。冯知十（？—1645），又名鹏举，字瞻淇，又字彦渊，南直隶苏州府常熟（今江苏苏州常熟）人，冯复京第三子，冯舒、冯班之弟，明末刻书家、藏书家。藏书楼名"空居阁"，藏书印有"知十印""冯彦渊图书记""冯彦渊读书记""彦渊收藏""大冯君""冯氏藏书""冯氏藏本""飞鸿"等。

冯彦渊读书记——冯知十姓氏字号藏书印。

飞鸿——冯知十藏书闲章。

虞山毛扆手校——毛扆郡望姓名藏书印。毛扆（1640—1713），字季斧，号省庵，常熟（今江苏常熟）人，毛晋第五子，清代著名校勘学家、出版家、藏书家。编有《汲古阁秘本书目》。详见《孝经今文音义》"毛扆"条。

袁又恺藏书——袁廷梼姓氏字号藏书印。袁廷梼（1762—1809），吴县（今江苏苏州）人，清代著名诗人、画家、考据学家、校勘学家、藏书家。藏书楼名"小山丛桂馆""五砚楼"。详见《诗外传》"袁廷梼"条。

席氏玉照——席鉴姓氏字号藏书印。席鉴（生活于乾隆年间），字玉照，号茱萸山人，常熟（今江苏常熟）人，清代著名刻书家、藏书家。藏书楼名"扫叶山房""酿华草堂""敏逊斋"等。详见《孝经今文音义》"席鉴"条。

拳石山房——刘恕藏书楼号藏书印。刘恕（生活于乾嘉间），一名惺常，一作惺棠，字行之，号蓉峰，又号寒碧主人、花步散人，别署彭城伯子、传经后人，吴县（今江苏苏州）洞庭东山人，清代著名书画家、藏书家。藏书楼名"拳石山房""空翠阁""寒碧庄""传经堂""含青楼"，藏书印有"刘恕之印""蓉峰刘恕之章""臣恕""曾在东山刘惺常处""蓉峰""刘蓉峰印""蓉峰秘赏""花步刘氏家藏""彭城伯子""传经后人""拳石山房""空翠阁藏书印""双海棠坞""花步寒碧庄""寒碧庄""寒碧庄章""传经堂鉴藏"等。

介青——蒋介青名号藏书印。蒋介青（生活于道咸同光间），字阿靖，清代藏书家蒋升瀛玄孙、蒋培泽之子，苏州（今江苏苏州）肖家巷人，清末藏书家。藏书楼名"善择斋"，藏书印有"介青""介青秘笈印""吴下阿靖"等。

介青秘笈印——蒋介青名号藏书印。

吴下阿靖——蒋介青郡望别号藏书印。

曾在赵元方家——赵元方姓氏字号藏书印。赵元方（1905—1984），蒙古正黄旗人，现代著名文献学家、版本目录学家、藏书家。藏书楼名"无悔斋"等。详见《左氏古义》"赵元方"条。

人生一乐——赵元方藏书闲章。

清风明月不用一钱买——赵元方藏书闲章。从印泥颜色、治印风格看，上三印印主为一人。

识递藏：

从书页所钤藏书印及题跋看，是书曾藏于明代常熟冯知十"空居阁"，由其子冯武抄补递藏于"世爱堂"；继藏于常熟毛扆"汲古阁"；又藏于吴县袁廷梼"小山丛桂馆"；继藏于常熟席鉴"扫叶山房"；继藏于吴县刘恕"拳石山房"；又藏于苏州蒋介青"善择斋"；又藏于正黄旗赵元方"无悔斋"；今藏于国家图书馆。有毛扆校跋，冯知十跋，冯武抄补并跋。

说苑二十卷

识著述:

刘向（前77—前6），原名更生，字子政，沛郡丰邑（今江苏徐州）人，西汉经学家、史学家、文学家，中国目录学鼻祖，编订《楚辞》《山海经》《战国策》等，著有《五经通义》《列女传》《新序》《说苑》《别录》等。《说苑》二十卷，按类编辑了先秦至西汉的一些历史故事和传说，其中以记述诸子言行为主，不少篇章中保存了不少关于治国安民、家国兴亡的哲理格言，并夹有个人议论，借题发挥了儒家的政治思想和道德观念，带有一定的哲理性。

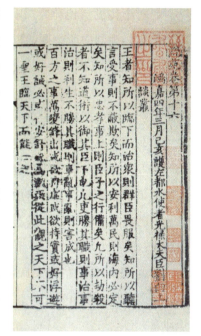

识版式:

此为宋绍兴杭州刻本；左右文武双边，上下单边；白口，单黑鱼尾，下刻页码；半页十一行，行二十字。

识印章:

晋府书画之印——晋王府世袭郡王朱钟铉藏书印。朱钟铉（1428—1502），凤阳（今安徽凤阳）人，明代藏书家。藏书楼名"敬德堂"等。详见《诗集传》"朱钟铉"条。

曹元忠印——曹元忠姓名藏书印。曹元忠（1865—1927），字夔一，又作揆一，号君直，晚号凌波居士，吴县（今江苏苏州）人，清末民初经学家、校勘学家、藏书家。藏书楼名"笺经室"，藏书印有"曹元忠印""元中私印""君直""君直手痕""君直手校""君直长寿""句吴曹氏收藏金石书画之印""曹仓""云瓻""肇敏行成曰直""唐天马镜室""笺经室所藏宋椠"等。编有《笺经室书目》《笺经室所见宋元书题跋》，著有《北游小草》《笺经室遗集》等。

君直手痕——曹元忠字号藏书印。

句吴曹氏收藏金石书画之印——曹元忠郡望姓氏藏书印。

笺经室所藏宋椠——曹元忠藏书楼号版本藏书印。

识递藏:

从书页所钤藏书印看，是书曾藏于晋藩王朱钟铉"敬德堂"，又藏于吴县曹元忠"笺经室"，今藏于上海图书馆。有凌燕池跋。

新序十卷

识著述：

刘向小传见《说苑》"识著述"，兹从略。《新序》十卷，为刘向所编撰的以讽谏为政治目的的历史故事类编，包括《杂事》五卷，《刺奢》一卷，《节士》一卷，《义勇》一卷，《善谋》二卷。其书采集舜、禹时代至汉代史事和传说，分类编纂，所记史事与《左传》《战国策》《史记》等颇有出入。《新序》中的许多章节故事完整，情节曲折生动，人物形象丰富多彩、特色鲜明，尤其是其中的虚构成分，已粗具小说的某些因素。

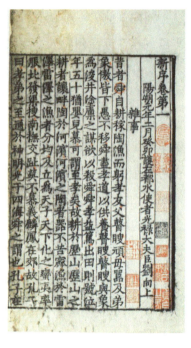

识版式：

此为宋刻本；左右文武双边，上下单边；白口，单黑鱼尾；半页十一行，行二十字。

识印章：

东吴顾氏家藏——顾元庆郡望姓氏藏书印。顾元庆（1487—1565），长洲（今江苏苏州）人，明代诗人、茶学家、书法家、刻书家、藏书家。藏书楼名"大石山房""夷白堂"。详见《方言》"顾元庆"条。

华亭朱氏——朱大韶郡望姓氏藏书印。朱大韶（1517—1577），字象元，一作象玄，号文石，松江府华亭（今上海松江）人，明代学者、藏书家。藏书楼名"横经阁"等。详见《輶轩使者绝代语释别国方言》"朱大韶"条。

经术堂印——朱大韶藏书楼号藏书印。

张氏仲友——张仲友姓名藏书印。张仲友（生活于隆万间），名孝，字仲友，疑为明以前藏书家。藏书楼名"贞白堂""贞白山房"，藏书印有"张仲友""张仲友印""张孝仲友""张氏仲友""贞白堂图书记""贞白山房"等。

贞白山房——张仲友藏书楼号藏书印。

贞白堂图书记——张仲友藏书楼号藏书印。

胤昌——王祖嫡字号藏书印。王祖嫡（1531—1591），字胤昌，号师竹，祖籍德州（今山东德州），后徙居信阳王家岗（今河南信阳浉河港乡西湾村），明代藏书家。藏书楼名"师竹山房""师竹堂"等，藏书印有"王祖嫡印""胤昌""太子洗马""辛未进士""师竹山房藏书私印"等。著有《师竹堂集》。

师竹山房藏书私印——王祖嫡藏书楼号藏书印。

王延世印——王延世姓名藏书印。王延世（生活于隆万天启间），字恩延，号乔峰，王祖嫡长子，明代将军藏书家。藏书印有"王延世印""汝南王恩延"等。

汝南王恩延——王延世郡望姓氏字号藏书印。

钱谦益印——钱谦益姓名藏书印。钱谦益（1582—1664），苏州府常熟（今江苏张家港）塘桥镇鹿苑奚浦人，明末清初学者、诗人、史学家、藏书家。藏书楼名"绛云楼"等。详见《新刊唐宋名贤历代确论》"钱谦益"条。

牧翁——钱谦益字号藏书印。

季振宜藏书——季振宜姓名藏书印。季振宜（1630—?），泰兴（今江苏泰州靖江）季市镇人，明末清初著名诗人、文献学家、版本学家、校勘学家、藏书家。藏书楼名"静思堂"。详见《尚书注疏》"季振宜"注。

徐健庵——徐乾学姓氏字号藏书印。徐乾学（1631—1694），昆山（今江苏昆山）人，清代著名经学家、史学家、文学家、文献学家、藏书家。藏书楼名"传是楼"。详见《周易九卷》"徐乾学"条。

乾学——徐乾学名号藏书印。

士礼居藏——黄丕烈藏书楼号藏书印。黄丕烈（1763—1825），平江（今江苏苏州）人，清代著名校勘学家、版本学家、目录学家、刻书家、藏书家。藏书楼名"士礼居""百宋一廛"等。详见《四书通》"黄丕烈"条。

读未见书斋所藏——黄丕烈藏书楼号藏书印。

学耕堂印——黄丕烈藏书楼号藏书印。

汪厚斋藏书——汪文琛姓氏字号藏书印。汪文琛（生活于乾嘉间），字厚斋，长洲（今江苏苏州）人，清代布衣藏书家。藏书楼名"三十五峰园"。详见《周易注疏》"汪文琛"条。

士钟——汪士钟名号藏书印。汪士钟（1786—?），长洲（今江苏苏州）人，汪文琛之子，清代著名藏书家。藏书楼名"艺芸书舍""三十五峰园"等。详见《周易九卷》"汪士钟"条。

阆源父——汪士钟字号藏书印。

以增之印——杨以增名号藏书印。杨以增（1787—1855），聊城（今山东聊城）东昌府区人，清代藏书家。藏书楼名"海源阁"。详见《韩鲁齐三家诗考》"杨以增"条。

周暹——周叔弢姓名藏书印。周叔弢（1891—1984），原名暹，字叔弢，以字行，建德（今安徽东至县）人，现代著名政治家、实业家、收藏家、藏书家。藏书楼名"寒在堂"等。详见《周礼》"周暹"条。

辰翁——无考。

筌美岩楚——无考。

识递藏：

从书页所钤藏书印及题跋看，是书曾藏于长洲顾元庆"大石山房"；继藏于华亭朱大韶"横经阁"；继藏于张仲友"贞白山房"；继藏于信阳王祖嫡、王延世父子"师竹山房"；继藏于钱谦益"绛云楼"；继藏于泰兴季振宜"静思堂"；继藏于昆山徐乾学"传是楼"；继藏于平江黄丕烈"士礼居"；继藏于长洲汪文琛、汪士钟父子"三十五峰园"；继藏于聊城杨以增、杨绍和父子"海源阁"；继藏于周叔弢"寒在堂"；今藏于国家图书馆。有钱谦益、黄丕烈、金锡爵、杨绍和跋。

纂图互注扬子法言十卷

识著述：

　　扬雄（前53—18），字子云，蜀郡郫县（今四川成都郫都）人，汉代思想家、辞赋家、语言学家，著有《太玄》《法言》《方言》《羽猎赋》《长杨赋》《甘泉赋》《河东赋》《蜀都赋》等。《法言》十卷，乃扬雄模拟《论语》而作，形式上类似语录。其内容广泛，对哲学、政治、经济、伦理、文学、艺术、科学、军事乃至历史人物、事件、学派、文献等均有所论述。扬子否认天命迷信，反对生而知之，强调后天习行，具有朴素的唯物论思想。

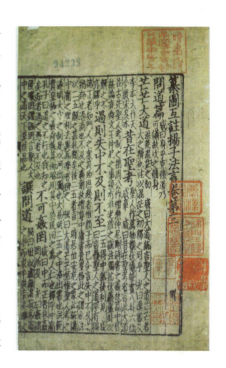

识版式：

　　此为元刻本；左右双边，上下单边；细黑口，单黑鱼尾；半页十一行，行二十一字，小字双行二十五字。

识印章：

　　北平徐焯字复仲私印——徐焯郡望姓名字号藏书印。徐焯（生活于道咸同光间），字复仲，一字宓仲，号礴竟盦主，北平（今北京）人，清代藏书家。藏书楼名"礴竟盦""照尘室"，藏书印有"徐焯之印""徐焯私印""北平徐焯金石图书记""北平徐焯字复仲私印""宓仲""礴竟盦主""照尘室藏""子孙保之""怡庐收藏金石书画"等。

　　礴竟盦主——徐焯藏书楼号藏书印。

　　津门王凤冈凤篁馆收藏印——王凤冈郡望姓名藏书楼号藏书印。王凤冈（生卒不详），字梦泽，号鹏九，天津人，近代集邮家、收藏家。藏书楼名"凤篁馆""定斋"，藏书印有"津门王凤冈凤篁馆收藏印""梦泽鉴赏"等。

　　梦泽鉴赏——王凤冈字号藏书印。

识递藏：

　　从书页所钤藏书印看，是书曾藏于北平徐焯"礴竟盦"；又藏于津门王凤冈"凤篁馆"，今藏于哈尔滨市图书馆。

申鉴五卷

识著述：

荀悦（148—209），字仲豫，颍川颍阴（今河南许昌）人，东汉思想家、史学家、政论家，著有《崇德》《汉纪》《申鉴》等。《申鉴》五卷，内容抨击迷信谶纬符瑞，反对土地兼并，主张为政者要兴农桑以养其性，审好恶以正其俗，宣文教以章其化，立武备以秉其威，明赏罚以统其法，表现了作者的社会政治思想。黄省曾（1490—1540），字勉之，号五岳山人，吴县（今江苏苏州）人，明代学者、藏书家，著有《五岳山人集》《西洋朝贡典录》《拟诗外传》《骚苑》《申鉴注》等。

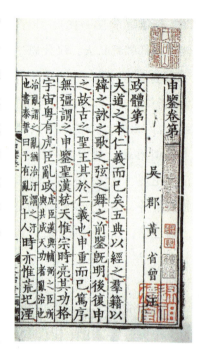

识版式：

此为明正德十四年黄氏文始堂刻嘉靖重修本；四周双边；细黑口，双黑鱼尾，中刻书名、卷次、页码，下刻刻书堂口、写工刻工姓名；半页九行，行十七字，小字双行同。

识印章：

鳣读——陈鳣名号藏书印。陈鳣（1753—1817），字仲鱼，号简庄，海昌（今浙江海宁）硖石人，清代著名经学家、校勘学家、藏书家。藏书楼名"向山阁"等。详见《周易注疏》"陈鳣"条。

海宁陈氏向山阁图书——陈鳣郡望姓氏藏书楼号藏书印。

述祖德堂——钱泳藏书楼号藏书印。钱泳（1759—1844），初名鹤，字立群，号台仙，一号梅溪居士，金匮（今江苏无锡）人，清代文字学家、诗人、书法家、篆刻家、藏书家。藏书楼名"述祖德堂""履园""攀云阁""小清秘阁""写经堂""学古有获之斋"等，藏书印有"钱泳之印""钱泳私印""泳之私印""吴越钱氏鉴藏书画""梅花亭长""梅花居士""述祖德堂""写经楼书画记"等。著有《说文识小录》《守望新书》《履园金石目》《履园丛话》《履园谭诗》《兰林集》《梅溪诗钞》《述德编》《登楼杂记》等。

葆诚之印——边葆诚名号藏书印。边葆诚（生活于道咸间），字仲思，任邱（今河北任丘）人，清代藏书家。藏书印有"葆诚私印""葆诚之印""仲思""陈留

478

世家"等。

仲思——边葆诚字号藏书印。

识递藏：

从书页所钤藏书印看，是书曾藏于海宁陈鳣"向山阁"；继藏于金匮钱泳"述祖德堂"；继藏于任丘边葆诚之手，今藏于浙江图书馆。有马一浮题记并跋。

中说十卷

识著述：

王通（584—617），字仲淹，道号文中子，河东郡龙门通化（今山西河津）人，隋代著名经学家、思想家、教育家，著有《续书》《续诗》《元经》《礼经》《乐论》《赞易》（均佚）及《中说》。《中说》十卷，乃模拟《论语》敷衍成书，系王通与门人的问答笔记，由王氏家人定为《王道》《天地》《事君》《周公》《问易》《礼乐》《述史》《魏相》《立命》《关朗》十篇。《中说》提出了儒、释、道"三教合一"的思想，向为后世所重视；在哲学上提出以气、形、识分别作为天、地、人的观点，含有一定的唯物主义思想因素。

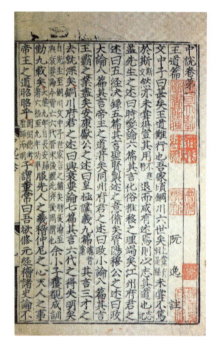

识版式：

此为明前期刻本；四周双边；粗黑口，双黑鱼尾，中刻书名、卷次、页码；半页十二行，行二十六字，小字双行同。

识印章：

曾藏张蓉镜家——张蓉镜姓名藏书印。张蓉镜（1802—？），字芙川，又字伯元，昭文（今江苏常熟）西乡东言子巷人，藏书家张燮之孙，清代著名藏书家。藏书楼名"小琅嬛仙馆""双芙阁""味经书屋"等，藏书印有"虞山张蓉镜鉴藏""虞山张蓉镜鉴定宋刻善本""虞山张蓉镜芙川印信""曾藏张蓉镜家""张蓉镜鉴定宋刻善本""张蓉镜读书记""张蓉镜手校""蓉镜""蓉镜私印""蓉镜珍藏""芙川张蓉镜心赏""芙川""芙川鉴过""芙川鉴定""张伯元别字芙川""琴川张氏""琴川望族""琴川张氏小琅嬛福地""琴川张氏小琅嬛仙馆藏书""琴川张氏小琅嬛清秘精钞秘帙""小琅嬛福地张氏藏""小琅嬛清秘张氏收藏""小琅嬛福地""味经书屋""味经书屋收藏""倚青阁""悟真阁""人月双清阁""并蒂芙蓉小榭""观文""墨庄""墨池""真味""醉霞""冰莲""青菱生""清华天""秘帙""屋角青山""清河世家""孝友家风""三教弟子""怀古情深""一点浮云""云鸿""笑读古人书""一生心事花鸟知""侬小荷花三日生""一榻梅花鹤梦间""在在处处有神物护持"等。编有《小琅嬛仙馆书目》。

小琅嬛福地张氏藏——张蓉镜姓氏藏书楼号藏书印。

松年——乔松年名号藏书印。乔松年（1815—1875），字健侯，号鹤侪，徐沟（今山西清徐）王答乡郝村人，清代经学家、文学家、书法家、藏书家。藏书楼名"萝摩亭"，藏书印有"乔松年印""松年"等。编有《纬捃》《乔氏载记》等，著有《论语浅解》《萝摩亭遗诗》《萝摩亭札记》《萝摩亭文钞》《乔勤恪公奏议》等。

椿萱书屋藏书——王师守藏书楼号藏书印。王师守（生卒不详），字勉之，号壮弘，沈阳（今辽宁沈阳）人，生平无考。藏书楼名"椿萱书屋"，藏书印有"王师守印""沈阳师守王勉之甫珍藏善本图书印信""壮弘审定善本""椿萱书屋藏书"等。

修庵奚氏珍赏——无考。

识递藏：

从书页所钤藏书印看，是书曾藏于常熟张蓉镜"小琅嬛仙馆"；又藏于清徐乔松年"萝摩亭"；又藏于沈阳王师守"椿萱书屋"；今藏于复旦大学图书馆。有乔松年、蒋宝龄跋。

聱隅子歔欷琐微论二卷

识著述：

黄晞（生卒不详），字景微，建安（今福建建瓯）人，北宋道学家、藏书家，著有《聱隅子歔欷琐微论》《杨庭新论》等。《聱隅子歔欷琐微论》二卷，乃黄晞仿效《论语》《法言》笔法所著，旨在阐明前人道义隐微之处与古今治理得失之所在。

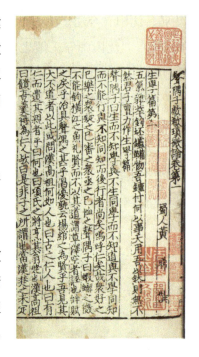

识版式：

此为宋刻本；四周单边；白口，双黑鱼尾；半页十三行，行二十三字。

识印章：

季振宜藏书——季振宜姓名藏书印。季振宜（1630—?），字诜兮，号沧苇，泰兴（今江苏泰州靖江）季市镇人，明末清初著名诗人、文献学家、版本学家、校勘学家、藏书家。藏书楼名"静思堂"。详见《尚书注疏》"季振宜"注。

元照之印——严元照名号藏书印。严元照（1784—1818），字修能，一作元能，一字久能，一作九能，号蕙楞，又号悔庵居士，归安（今浙江湖州）石家村人，清代经学家、版本目录学家、文学家、藏书家。藏书楼名"芳椒堂""柯家山馆""画扇斋"，藏书印有"严元照""严氏元照字久能今改字修能""元照""元照之印""严氏修能""严氏久能""石溪严氏""石溪严氏芳椒堂藏书""芳椒堂藏书""画扇斋"等。著有《尔雅匡名》《悔庵文钞》《娱亲雅言》《诗钞》《词钞》《柯家山馆词》等。

严氏久能——严元照姓氏字号藏书印。

晓畦毓印——严元照侍妾张秋月藏书印。张秋月（生卒不详），字香修，又字幼怜，祁门（今安徽祁门）人，严元照侍妾。藏书印有"张氏秋月字香修一字幼怜""余独好修以为常""侍儿香修""晓畦毓印"等。

强圉柔兆——丁申姓名（岁星纪年）藏书印。丁申（1829—1887），原名丁壬，字竹舟，号礼林，钱塘（今浙江杭州）人，清代金石学家、藏书家，与弟丁丙号称"双丁"。藏书楼名"嘉惠堂"，藏书印有"强圉柔兆"等。撰有《武林藏书录》。

强圉涒滩——丁丙姓名（岁星纪年）藏书印。丁丙（1832—1899），钱塘（今浙江杭州）人，清末著名经学家、诗人、金石学家、目录学家、藏书家。总藏书楼名"嘉惠堂"。详见《周易本义》"丁丙"条。

八千卷楼所藏——丁丙藏书楼号藏书印。

识递藏：

从书页所钤藏书印及题跋看，是书曾藏于泰兴季振宜"静思堂"；继藏于昆山徐乾学"传是楼"；继藏于归安严元照、张秋月"芳椒堂"；书散后归藏于钱塘丁申、丁丙兄弟"八千卷楼"；今藏于南京图书馆。有严元照、丁丙跋。

性理大全书七十卷

识著述：

胡广（1370—1418），字光大，号晃庵，吉水（今江西吉安）人，明代著名经学家、文学家，著有《性理大全书》《胡文穆公杂著》《胡文穆集》等。《性理大全书》（又名《性理大全》）七十卷，乃胡氏广辑宋儒理学著作与理学家言论之汇编，所采宋儒之说一百二十家。前二十五卷照录原书，后四十五卷据门类逐条采录，只注姓氏，不注书名，是当时同类书籍中内容最详、门类最多之书，而内容失于庞杂冗蔓。《四库全书总目》讥其"割裂裒积以成文，非能于道学渊源真有鉴别"。

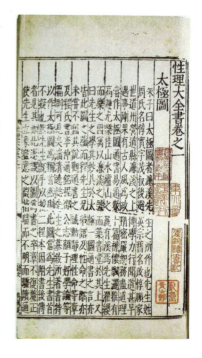

识版式：

此为明嘉靖二十二年应天府学刻本；四周双边；白口，双黑鱼尾，中刻书名、卷次、页码，下刻刻工姓名；半页十行，行二十字，小字双行同。

识印章：

震钧读书记——震钧名号藏书印。震钧（1857—1920），字在廷，一作在亭，汉名唐晏，满族，姓瓜尔佳氏，清代学者、史学家、藏书家。藏书楼名"乱叠青山馆""大愚堂"，藏书印有"震钧读书记""在廷大愚堂庋藏物""震""乱叠青山馆"等。著有《天咫偶闻》《渤海国志》《庚子西行纪事》《两汉三国学案》《八旗诗媛小传》《国朝书人辑略》等。

乱叠青山馆——震钧藏书楼号藏书印。

识递藏：

从书页所钤藏书印看，是书曾藏于震钧"乱叠青山馆"；今藏于辽宁省图书馆。

孔子家语八卷

识著述：

何孟春（1474—1536），字子元，郴州（今湖南郴州）人，明代经学家、文学家，注有《孔子家语注》，著有《五经晰疑》《余冬叙录》《孟春文集》等。《孔子家语》（又名《孔氏家语》）八卷，简称《家语》，是一部记录孔子及孔门弟子思想言行的儒家类著作。因疑古派的非难，历来多认为《家语》是伪书，随着近代出土简帛文献的发现，证明其确为先秦旧籍，其真实性与文献价值越来越受到学界的重视，对于全面研究和准确把握早期儒学，意义非凡。

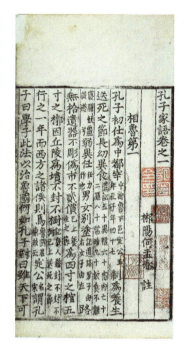

识版式：

此为明嘉靖二年高应祯刻本；四周单边；白口，中刻卷次，下刻页码；半页十行，行二十字，小字双行同。

识印章：

永宁令印——徐㭿官爵藏书印。徐㭿（1513—1591），字子瞻，号少坡，自号相坡居士，闽县（今福建福州闽侯）荆溪镇徐家村人，徐熥、徐㶿之父，明代经学家、诗人、藏书家。藏书楼名"红雨楼"，藏书印有"徐㭿之印""徐㭿私印""子瞻""少坡""永宁令印"等。著有《周易通解》《养生纂要》《徐令集》等。

晋安徐兴公家藏书——徐㶿郡望姓氏字号藏书印。徐㶿（1570—1645），闽县（今福建福州闽侯）荆溪镇徐家村人，清代著名诗人、书画家、方志学家、目录学家、藏书家。藏书楼名"红雨楼"等。详见《福州府志》"徐㶿"条。

徐氏藏书——徐㶿姓氏藏书印。

国桢之玺——谢国桢名号藏书印。谢国桢（1901—1982），字刚主，别署罗墅湾人，晚号瓜蒂庵主，河南安阳人，现代著名历史学家、文献学家、版本目录学家、金石学家、藏书家。藏书楼名"瓜蒂庵""佣书堂""东村寓庐"，藏书印有"谢国桢印""谢国桢读书记""国祯之玺""国祯藏书""刚主述作""瓜蒂庵""花好月圆人寿"等。著有《明季奴变考》《清初东北流人考》《南明史略》《晚明史籍考》《明清笔记谈丛》等。

花好月圆人寿——谢国桢藏书闲章。

识递藏：

从书页所钤藏书及题跋印看，是书曾藏于余于西之手；继藏于闽县徐㭎、徐𤊳父子"红雨楼"；又藏于安阳谢国桢"瓜蒂庵"；今藏于国家图书馆。有徐𤊳跋。

小学五书五卷

识著述：

　　《小学五书》包括唐房玄龄《管子·弟子职注》、汉班昭《女诫》、宋吕大钧《吕氏乡约》《乡仪》、宋司马光《居家杂仪》等五种以礼仪教化为主要内容的古代子弟教育类典籍。《弟子职》是齐稷下学官的办学章程，明确规定了从尊敬师长到敬德修业、从饮食起居到衣着仪表、从课堂授课到课后复习等一系列学校教育常规；《女诫》把以柔为用、以弱为美作为妇道核心，将董仲舒的阳尊阴卑思想和纲常名教理论具体化，提倡封建妇道，要旨在于阐明"三从四德"的妇道礼仪，是我国封建时代女子教育的典范之作；《吕氏乡约》《乡仪》规定了同乡入约者所必须

遵守的有关风俗教化的各种事宜，制定了家内家外的各种行为规范和礼仪，确立了乡里群众互相监督、劝勉制度，制定了在乡约范围内由组织调节纠纷、救助灾难的具体办法，这对维护社会治安、加强社里组织起到了一定作用；《居家杂仪》阐述了家庭成员在家庭生活中所应遵守的行为规范。

识版式：

　　此为清初毛氏汲古阁影宋抄本；左右双边，上下单边；白口，双黑鱼尾，中刻书名，下刻页码；半页十行，行二十字，小字双行同。

识印章：

　　毛晋之印——毛晋姓名藏书印。毛晋（1599—1659），常熟（今江苏常熟）人，明末著名经学家、文学家、刻书家、藏书家。藏书楼名"汲古阁"。详见《周易九卷》"毛晋"条。

　　毛氏子晋——毛晋姓氏字号藏书印。

　　宋本——毛晋版本藏书印

　　稀世之珍——毛晋藏书闲章。

　　毛扆之印——毛扆姓名藏书印。毛扆（1640—1713），字季斧，号省庵，常熟

487

（今江苏常熟）人，毛晋第五子，清代著名校勘学家、出版家、藏书家。藏书印有"毛扆之印""毛斧季收藏印""叔郑后人"等。编有《汲古阁秘本书目》。详见《孝经今文音义》"毛扆"条。

斧季——毛扆字号藏书印。

文登于氏小谟觞馆藏本——于昌进郡望姓氏藏书楼号藏书印。于昌进（1807—1857），字子与，号湘山，文登（今山东文登）人，清代著名藏书家。藏书楼名"小谟觞馆"等，藏书印有"于昌进珍藏""文登于氏小谟觞馆藏本""不夜于氏藏书印"等。著有《旧雨轩剩稿》。详见《毛诗故训传》"于昌进"条。

臣植——戴植名号藏书印。戴植（生活于道光年间），字培之，一字成芬，号芝农，别署诚庵、芝道人、听鹂馆主人、培万楼主人、翰墨轩主人等，丹徒（今江苏丹徒）人，清代书画家、书画收藏家、藏书家。藏书楼名"翰墨轩""心太平轩""培万楼""听鹂馆"等，藏书印有"戴植之印""戴植秘玩""培之所藏""培之秘玩""芝农珍藏""曾藏芝农处""戴芝农秘籍之印""戴芝农藏书画印""戴芝农鉴赏章""丹徒戴培之珍藏金石书画印""古润戴培之收藏书画印""润州戴植字培之鉴藏书画章""诚庵鉴藏""润州戴氏培万楼鉴真""培万楼主人""翰墨轩主人""翰墨轩""听鹂馆"等。

培之——戴植字号藏书印。

祁阳陈澄中藏书记——陈清华郡望姓氏字号藏书印。陈清华（1894—1978），字澄中，祁阳（今湖南祁阳）人，现代著名藏书家。藏书楼名"郇斋"，藏书印有"陈清华""陈清华印""祁阳陈澄中藏书记""陈澄中收藏印""郇斋"等。

识递藏：

是书为毛晋"汲古阁"影抄本。从书页所钤藏书印看，是书曾藏于常熟毛晋、毛扆父子"汲古阁"；又藏于文登于昌进"小谟觞馆"；继藏于丹徒戴植"培万楼"；又藏于祁阳陈澄中"郇斋"；今藏于国家图书馆。

子部·兵家类

兵家类小序

"兵"字是会意字，始见于商代甲骨文。《说文解字》云："兵，械也。从廾持斤，并力之貌。"《段注》云："械者，器之总名。器曰兵，用器之人亦曰兵。"《广韵》云："兵，戎也。《周礼》有司兵，掌五兵五盾。"从字形上看，"兵"字上半部是"斤"字，下半部是一双手，会为双手持斤之状。本义指作战用的武器，引申为手握兵器的士兵，再引申为由士兵所组成的庞大编制即军队，又进一步引申为军事和军种。

兵家是我国古代对战略家与军事家的通称，又特指先秦时期研究战略与战争的学术派别，为诸子百家之一。春秋、战国时期，礼崩乐坏，王室衰微，大国争霸，战争频仍，从事军事的智谋有识之士，纷纷总结军事方面的经验教训，研究制胜的规律，此类学者，古称兵家。凡论述军事的兵家著作，则称为兵书（即兵法）。关于兵法的性质，纪昀以为乃"生聚训练之术，权谋运用之宜"，即积聚力量，发愤图强，运用权谋的规律，其论允当。

关于兵家的起源，《汉书·艺文志》云："兵家者，盖出古司马之职，王官之武备也。"文献学史上，有人认为兵家起源于道教传说中的九天玄女，有人认为起源于吕尚《太公阴符经》（即《太公阴谋》），也有人认为源自法家，纪昀认为起源于齐景公时的司马穰苴，而最普遍的说法则是始于兵圣孙武。兵家的代表人物代不乏人，春秋时期有司马穰苴、孙武，战国时期有孙膑、吴起、尉缭、赵奢、白起，汉初有张良、韩信，等等。

《左传·成公十三年》云："国之大事，在祀与戎。"《老子》云："以正治国，以奇用兵。""兵者，不祥之器。"《论语·颜渊》云："子贡问政。子曰：'足食，足兵，民信之矣。'"《孙子·兵势》云："凡战者，以正合，以奇胜。"足见兵戎之事对国家兴衰存亡的重要性。尤其值得注意的是，《汉书·艺文志》更将其与"诸子略"并列而为"兵书略"，显然是没有将其简单视为一般的诸子，而是将其提高到了与"六艺""诸子"同等重要的地位。

自汉以来的历代目录学著作，于"兵家类"图书皆有著录。《汉书·艺文志·兵书略》著录汉以前兵家著作五十三家，又分为兵权谋、兵形势、兵阴阳和兵技巧四类，其中兵权谋侧重于军事思想和战略战术，兵形势专论用兵之形势，兵阴阳以阴阳五行论兵且杂以鬼神助战之说，兵技巧以兵器和技巧为主要内容，将兵书详细划分为战略战术、排兵布阵、天道鬼神之助直至攻防器械四类。吕思勉《先秦学术概论·兵家》以为："阴阳、技巧之书，今已尽亡；权谋、形势之书，亦所存无几。大约兵阴阳家言，当有关天时，亦必涉迷信；兵技巧家言，最切实用。然今古异宜，故不传于后；兵形势之言，亦今古不同。惟其理多相通，故其存在，仍多后人所能解。"纪昀《四库全书总目·子部·兵家类序》称："《风后》以下，皆出依托。其间孤虚、王相之说，杂以阴阳五行；风云、气色之说，又杂以占候。故兵家恒与术数相出入，要非古兵法也。其最古者，当以《孙子》《吴子》《司马法》为本，大抵生聚训练之术，权谋运用之宜而已。"荀勖《中经新簿》始于子部设"兵家类"；《隋书·经籍志》将其置于子部之第十位，著录了《孙子兵法》《吴起兵法》《太公阴谋》等兵书一百三十三部，而《棋经》《象经》《投壶经》《双博经》与焉；《郡斋读书志》将其置于子部之第十三位，著录了《六韬》《魏武注孙子》《司马法》《尉缭子》等兵书二十七部；《直斋书录解题》将其置于子部之第十二位，著录了《六韬》《孙子》《吴子》《黄石公三略》等兵书二十三部；《四库全书总目》则将其提前至子部之第二位，凡言兵法之书（即今之所谓战略战术之书）皆归兵家，并著录了《握奇经》《李卫公问对》《武经总要》等兵书六十七部。排列次序的不同，或可间接地映射出各不同朝代对兵家的重视程度及其时政国策，如西汉武帝尚武开边离不开兵书战策，两宋帝王倾向和戎而重文轻武，康乾盛世载缵武功而兵法修列，故纪昀《四库全书总目·子部总叙》称："有文事者有武备，故次之以兵家。"

今之所录，计有《十一家注孙子三卷十一家注孙子遗说一卷》《虎钤经二十卷》《何博士备论一卷》《武经七书二十五卷》《江东十鉴一卷》《十七史百将传十卷》《八阵合变图说一卷》七部，以期见微知著焉。

十一家注孙子三卷十一家注孙子遗说一卷

识著述：

孙武（约前545—约前470），字长卿，齐国乐安（今山东北部）人，春秋末期著名军事家、政治家，后世尊为"兵圣"，被誉为"百世兵家之师""东方兵学鼻祖"，著有《孙子兵法》。《孙子兵法》为《武经七书》之首，向为后世兵家所推崇，被誉为"兵学圣典"，在中国乃至世界军事史、军事学术史和哲学思想史上均占有极其重要的地位。《十一家注孙子》三卷，汇集了曹操、杜牧、李筌、王皙、梅尧臣、贾林、张预等十一家的注释，各家注释不仅解释文字、疏通文义，而且加入了大量饶有趣味的历史故事，对作战谋略的阐释不再流于单纯说理，使《孙子兵法》的内容更为丰满，且使读者能更深刻地理解兵家策略，是《孙子兵法》最重要的传本和注本。

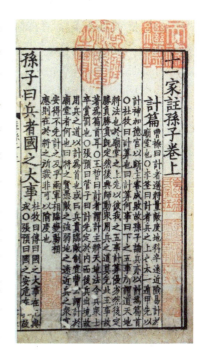

识版式：

此为宋刻本；左右文武双边，上下单边；白口，单黑鱼尾，中刻书名、卷次，下刻页码；半页八行，行十七字，小字双行二十六字。

识印章：

季振宜印——季振宜姓名藏书印。季振宜（1630—？），泰兴（今江苏泰州靖江）季市镇人，明末清初著名诗人、文献学家、版本学家、校勘学家、藏书家。藏书楼名"静思堂"。详见《尚书注疏》"季振宜"注。

沧苇——季振宜字号藏书印。

昆山徐氏家藏——徐乾学郡望姓氏藏书印。徐乾学（1631—1694），字原一，号健庵、玉峰先生，昆山（今江苏昆山）人，清代著名经学家、史学家、文学家、文献学家、藏书家。藏书楼名"传是楼"。详见《周易九卷》"徐乾学"条。

乾隆御览之宝——乾隆皇帝藏书印。爱新觉罗·弘历（1711—1799），清代第六位皇帝，入关之后的第四位皇帝，年号"乾隆"。藏书楼名"天禄琳琅""三希堂"等，藏书印有"乾隆御览之宝""古稀天子""天禄继鉴"等。详见《春秋意林》"爱新觉罗·弘历"条。

太上皇帝之宝——清高宗乾隆皇帝禅位后藏书印。

八征耄念之宝——乾隆皇帝藏书印。

五福五代堂宝——乾隆皇帝藏书印。

天禄继鉴——清宫内府藏书印。

识递藏：

从书页所钤藏书印看，是书曾藏于泰兴季振宜"静思堂"；继藏于昆山徐乾学"传是楼"；又藏于乾隆清宫内库"天禄琳琅"；今藏于上海图书馆。另有两印字画漫漶不辨，不知何属。

虎钤经二十卷

识著述：

许洞（976—1015），字洞夫，一作渊夫，吴郡（今江苏苏州）人，北宋军事理论家，著有《虎钤经》。《虎钤经》二十卷，为开启兵符锁钥之书，掌兵者应备之经。该书吸纳了《孙子》和《太白阴经》之精华，据天、地、人的变化加以推衍，上言人谋，中言地利，下言天时，兼及风角占候、人马医护等，凡适于用兵之奇谋诡道者，辄广为搜罗，既祖述古人，又有个人见解。《虎钤经》是中国军事史上一部非常重要的军事理论著作。

识版式：

此为明刻本；四周单边；白口，下刻卷次；半页十行，行二十字。

识印章：

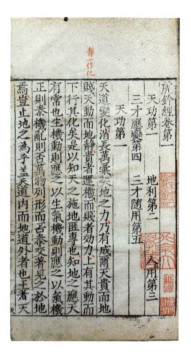

济南周氏藉书园印——周永年郡望姓氏藏书楼号藏书印。周永年（1730—1791），历城（今山东济南）人，清代著名经学家、校勘学家、藏书家，我国第一个公共图书馆创议人。藏书楼名"藉书园"等。详见《华阳国志》"周永年"条。

大猷——萧大猷名号藏书印。萧大猷（1844—1906），字希鲁，一字省庐，号如园，学者称如园先生，湖南益阳桃江人，清末史学家、诗人、文学家、藏书家。藏书楼名"补悔堂"，藏书印有"大猷""省庐藏书""省庐珍藏世守之章""益阳萧氏""武库行走""鹿门外史"等。编有《补悔堂书目》《省庐书目》《如园架上书抄目》，著有《如园诗古骈文尺牍》《天山南北考》《续方舆纪要》《如园诗集》等。

鹿门外史——萧大猷藏书闲章。

识递藏：

从书页所钤藏书印及题跋看，是书曾藏于济南周永年"藉书园"；又藏于益阳萧大猷"补悔堂"；继藏于临清徐坊"归朴草堂"；继藏于德化李盛铎"木犀轩"；今藏于北京大学图书馆。有李盛铎跋。

何博士备论一卷

识著述：

何去非（1077—1145），字正通，浦城（今福建浦城）官路河村人，北宋军事理论家，曾校《武经七书》，著有《何博士备论》《司马法讲议》《三略讲议》等。《何博士备论》一卷，是我国第一部军事人物评论集，评述了自战国至五代的兴废成败和二十二位军事人物的用兵得失，旨在寻求历史借鉴。他强调，战争应合乎"顺逆之情""利害之势"，要赢得战争的胜利必须有"智"，强调君将和谐。《何博士备论》褒贬历史人物不囿旧说，但对某些人事的评论，亦有偏颇之处。

识版式：

此为明穴研斋抄本；四周单边，乌丝栏；白口，上书书名，中书页码，下书抄书斋号；半页十二行，行二十字。

识印章：

何焯之印——何焯姓名藏书印。何焯（1661—1722），长洲（今江苏苏州）人，清代著名经学家、书法家、校勘学家、藏书家。藏书楼名"赍砚斋""逊敏斋"等。详见《诗总闻》"何焯"条。

翁方纲印——翁方纲姓名藏书印。翁方纲（1733—1818），字正三，号覃溪，晚号苏斋，顺天大兴（今北京大兴）人，清代经学家、文学家、金石学家、书法家、藏书家。藏书楼名"赐书楼""宝苏斋""石墨楼"等。详见《金石录》"翁方纲"条。

惕甫经眼——王芑孙字号藏书印。王芑孙（1755—1818），吴县（今江苏苏州）人，清代文学家、赋论家、藏书家。藏书楼名"沤波舫""渊雅堂""楞伽山房"。详见《论语集解义疏》"王芑孙"条。

黄丕烈印——黄丕烈姓名藏书印。黄丕烈（1763—1825），字绍武，号荛圃，又号复翁等，平江（今江苏苏州）人，清代著名校勘学家、版本学家、目录学家、刻书家、藏书家。藏书楼名"士礼居""百宋一廛"等。详见《四书通》"黄丕烈"条。

胡季堂印——胡季堂姓名藏书印。胡季堂（1729—1800），字升夫，号云坡，光山（今河南光山）人，清代诗人、藏书家。藏书楼名"培荫轩"，藏书印有"胡季堂印""云坡""皆大欢喜""培荫轩""宫保尚书"等。著有《培荫轩诗集》。

虞山张蓉镜鉴藏——张蓉镜姓名藏书印。张蓉镜（1802—?），字芙川，又字伯元，昭文（今江苏常熟）西乡东言子巷人，藏书家张燮之孙，清代著名藏书家。藏书楼名"小琅嬛仙馆""双芙阁"。详见《中说》"张蓉镜"条。

麟见亭——完颜麟庆藏书楼号藏书印。完颜麟庆（1791—1846），字伯余，别字振祥，号见亭，满洲镶黄旗人，清代水利学家、诗人、藏书家。藏书楼名"嬛嬛妙境""退思斋"，藏书印有"麟见亭""嬛嬛妙境"等。编有《嬛嬛妙境藏书目录》，著有《鸿雪因缘记》《黄运河口古今图说》《河工器具图说》《凝香室集》。

章绶衔印——章绶衔姓名藏书印，章绶衔（1804—1875），字紫伯，又作子伯、子柏、子百、子櫗、萦若，号辛复，别号爪鲈外史，归安（今浙江湖州吴兴）获溪人，清代诗人、书法家、藏书家。藏书楼名"磨兜坚室""翼诜堂""读骚如斋"，藏书印有"章绶衔印""归安章绶衔字紫伯印""章紫伯所藏""紫伯秘玩""紫伯过眼""苕上章子百浏览所及""获溪章紫伯珍藏善本""章氏子柏过目""庸笙""笛江""翼诜堂章氏所得之书""读骚如斋""磨兜坚室"等。著《磨兜坚室书画录》《磨兜坚室诗抄》。

博古斋收藏善本书籍——柳蓉春书坊字号藏书印。柳蓉春（? —1924），号蓉邨，人称"柳树精"，苏州洞庭东山（今江苏苏州）人，近代著名书商、版本学家。柳氏于苏州护龙街和上海汉口路开设博古斋书坊，与刘承幹嘉业堂往来密切，也曾收购莫绳孙旧藏。

周暹——周叔弢姓名藏书印。周叔弢（1891—1984），原名暹，字叔弢，以字行，建德（今安徽东至县）人，现代著名政治家、实业家、收藏家、藏书家。藏书楼名"寒在堂"等。详见《周礼》"周暹"条。

识递藏：

从书页所钤藏书印及题跋看，是书曾藏于明无锡秦柱"穴研斋"；又藏于长洲何焯"赏砚斋"；又藏于大兴翁方纲"赐书楼"；继藏于吴县王芑孙"渊雅堂"；继藏于平江黄丕烈"士礼居"；继藏于平湖钱天树"味萝轩"；继藏于昭文黄廷鉴"红豆山房"；继藏于光山胡季堂"培荫轩"；继藏于虞山张蓉镜"小琅嬛福地"，继藏于镶黄旗完颜麟庆"麟见亭"；继藏于归安章绶衔"磨兜坚室"；继藏于苏州柳蓉春"博古斋"；又藏于周叔弢"寒在堂"；今藏于国家图书馆。有黄丕烈、钱天树、黄廷鉴跋，王芑孙、程恩泽题款。

武经七书二十五卷

识著述：

《武经七书》二十五卷，由《孙子兵法》《吴子兵法》《六韬》《司马法》《三略》《尉缭子》《李卫公问对》七部著名兵书汇编而成，为北宋朝廷作为官书颁行的兵法丛书，是我国古代第一部军事教科书。《武经七书》集中了古代中国军事著作的精华，基本包括了北宋以前我国古代军事理论的代表作，阐述了一系列军事战略思想和战术原则，凝聚了我国古代军事家对战争的认识精髓。《武经七书》不论是在军事理论上，还是在战争实践中，都对后世乃至世界产生了深远影响。

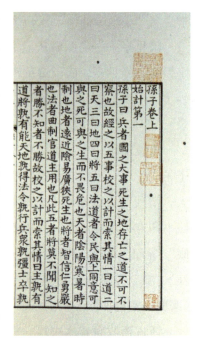

识版式：

此为清影宋抄本；左右双边，上下单边；白口，单黑鱼尾，中刻书名、卷次、页码；半页十行，行二十字。

识印章：

铁琴铜剑楼——常熟瞿氏藏书楼号藏书印。详见《周易注疏》"铁琴铜剑楼"条。

虞山瞿绍基藏书之印——瞿绍基郡望姓名藏书印。瞿绍基（1772—1836），字厚培，号荫棠，昭文（今江苏常熟）人，清代著名藏书家，铁琴铜剑楼第一代主人。藏书楼名"恬裕斋""敦裕斋""铁琴铜剑楼"，藏书印有"虞山瞿绍基藏书之印""绍基秘笈"等。

菰里瞿镛——瞿镛郡望姓名藏书印。瞿镛（1794—1846），字子雍，昭文（今江苏常熟）古里人，清代著名藏书家，铁琴铜剑楼第二代主人。藏书楼名"铁琴铜剑楼"。详见《周易九卷》"瞿镛"条。

良士珍藏——瞿启甲字号藏书印。瞿启甲（1873—1940），字良士，别号铁琴道人，昭文（今江苏常熟）人，清末民国著名书画家、藏书家，铁琴铜剑楼第四代主人。详见《晦庵先生朱文公易说》"瞿启甲"条。

识递藏：

从书页所钤藏书印看，是书曾藏于常熟瞿氏"铁琴铜剑楼"，由瞿绍基、瞿镛、瞿秉渊、瞿启甲、瞿济苍祖孙世代递藏；今藏于国家图书馆。

江东十鉴一卷

识著述：

　　李舜臣（生卒不详），字子思，隆州井研（今四川乐山井研）人，南宋经学家、军事理论家，著有《易本传》《江东胜后之鉴》。《江东十鉴》（又名《江东胜后之鉴》）一卷，乃李氏搜辑自三国至六朝的江东战胜之迹，叙次为周瑜赤壁之战、祖逖谯城之战、褚裒彭城之战、桓温灞水之战、谢玄淝水之战、刘裕关中之战、到彦之河南之战、萧衍义阳之

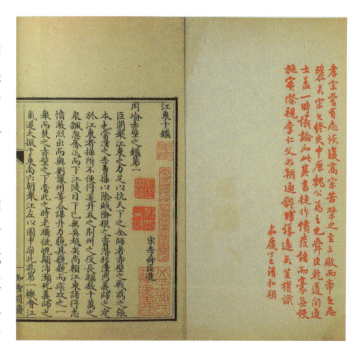

战、陈庆之洛阳之战和吴明彻淮南之战等十大战例，先叙其事，次加论断。李氏撰此，旨在鼓舞以宋高宗赵构为代表的南渡衣冠的恢复之气。

识版式：

　　此为清彭氏知圣道斋抄本；四周双边；白口，单黑鱼尾，下书抄书斋号；半页十行，行二十四字。

识印章：

　　刘喜海印——刘喜海姓名藏书印。刘喜海（1793—1852），青州诸城（今山东潍坊诸城）人，刘统勋曾孙，刘墉从孙，清代文献学家、目录学家、金石学家、古泉学家、藏书家。藏书楼有"嘉荫簃""味经书屋"等。详见《长安志》"刘喜海"条。

　　文正曾孙——刘喜海出身藏书印。刘文正公乃大清名臣刘统勋。

　　东武刘氏味经书屋藏书印——刘喜海郡望姓氏藏书楼号藏书印。

　　北平谢氏藏书印——谢宝树郡望姓氏藏书印。谢宝树（生活于嘉道间），字玉森，号珊峤，自号坳堂渔父，顺天大兴（今北京）人，清代著名藏书家。藏书楼名"隐书楼"，藏书印有"谢宝树印""宝树""宝树借观""珊峤""玉森氏藏书""北

平谢氏藏书""北平谢氏藏书印""谢氏藏书"等。辑有《北平谢氏藏书总目》。

识递藏：

　　此书为南昌彭元瑞手抄本，必首藏于其"知圣道斋"。从书页所钤藏书印看，是书曾藏于诸城刘喜海"味经书屋"；又藏于北平谢宝树"隐书楼"；今藏于国家图书馆。有彭元瑞校跋。

十七史百将传十卷

　　张预（生卒不详），字公立，宋永静军冀州东光（今河北东光）人，一作清河（今河北清河）人，南宋学者、军事理论家，著有《孙子兵法注》《十七史百将传》。《十七史百将传》十卷，乃择采历代名将一百人，始自西周太公而终于五代刘裕，且各为之传，而综论其行事，凡有一节与孙武之书相合者，皆一一表出，别以《孙子兵法》题其后。

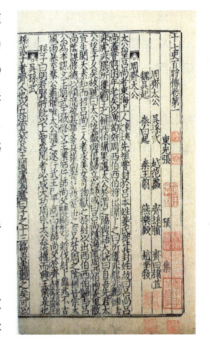

识版式：

　　此为元刻本；四周双边；黑口，双黑鱼尾；半页十六行，行三十一字。

识印章：

　　义州李放鉴藏——李放郡望姓名藏书印。李放（1884—1924），原名充国，一名放原，易名放，字无放，号词堪，一号小石，别号石雏、浪翁、郎逸、狷涯、真放、墨幢道人、猥君等，奉天义州（今辽宁义县）人，清末民初书画家、藏书家。藏书楼名"抱竹居""见徽堂"，藏书印有"李放之印""李放珍秘""李放嗣守""义州李放鉴藏""狷涯手本""义州李氏图籍""抱竹居藏书记""见徽堂"等。著有《中国艺术家征略》。

　　义州李氏图籍——李放郡望姓氏藏书印。

　　狷涯手本——李放别号藏书印。

　　石孙读过——李大翀字号藏书印。李大翀（生活于清末民初），字石孙，奉天义州（今辽宁义县）人，李放之子，清末民初书画家、藏书家，中国第一个编撰蟋蟀谱并集大成者。藏书楼名"旧学庵""双璖簃"，藏书印有"李大翀印""李大翀曾观""义州李大翀石孙嗣藏""义州李大翀所藏法书名画印""翀""石孙""石孙读过""辟承嗣守""义州李氏珍藏""双璖簃珍藏印"等。著有《清代梨园书画史》《蟋蟀谱》等。

　　翀——李大翀名号藏书印。

　　辟承嗣守——李大翀藏书闲章。

　　绥珊收藏善本——王体仁字号藏书印。王体仁（1873—1938），字绥珊，晚号九峰旧庐主人，钱塘（今浙江杭州）人，民国著名藏书家。藏书楼名"九峰旧庐"。详见《周易注疏》"王体仁"条。

沅叔——傅增湘字号藏书印。傅增湘（1872—1949），江安（今四川江安）人，近代著名目录学家、版本学家、校勘学家、藏书家。藏书楼名"双鉴楼"等。详见《诗外传》"傅增湘"条。

傅——傅增湘姓氏藏书印。

藏园——傅增湘字号藏书印。

双鉴楼藏书印——傅增湘藏书楼号藏书印。

识递藏：

从书页所钤藏书印看，是书曾藏于义州李放"抱竹居"，递藏于其子李大翀"双璚簃"；继藏于绍兴王体仁"九峰旧庐"；继藏于江安傅增湘"双鉴楼"；今藏于上海图书馆。有李放跋。

八阵合变图说一卷

识著述：

蓝章（1453—1525），字文绣，号大劳山翁，山东即墨人，明代学者、军事理论家，著有《大劳山人遗稿》《西巡录》《八阵合变图说》等。《八阵合变图说》一卷，以三国诸葛亮"八阵图"结合《易经》思想所著。是书分"八阵号令""八阵图""八阵变例""八阵总述"四部分。

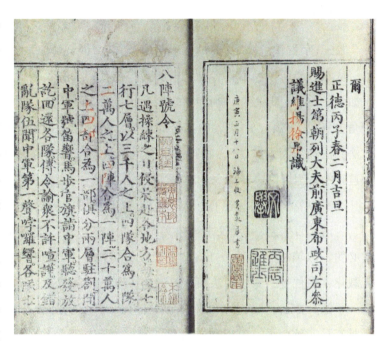

识版式：

此为明正德十一年蓝章、高朝用刻本；四周双边；白口，单白鱼尾，中刻书名、页码；半页八行，行十六字。

识印章：

张珩私印——张珩姓名藏书印。张珩（1915—1963），字葱玉，湖州吴兴（今浙江湖州）南浔人，现代藏书家。藏书楼名"韫辉斋"。详见《孟子或问纂要》"张珩"条。

黄裳珍藏善本——黄裳姓名藏书印。黄裳（1919—2012），原名容鼎昌，益都（今山东益都）人，现代散文家、版本学家、藏书家。藏书楼名"木雁斋"等。详见《相台书塾刊正九经三传沿革例》"黄裳"条。

黄裳藏本——黄裳姓名藏书印。

草草亭藏——黄裳藏书楼号藏书印。

木雁斋——黄裳藏书楼号藏书印。

识递藏：

从书页所钤藏书印看，是书曾藏于乌程张珩"韫辉斋"；继藏于黄裳"木雁斋"；今藏于国家图书馆。

子部·法家类

法家类小序

"法"字古作"灋"，最早见于西周金文。《说文解字》云："灋，刑也。平之如水，从水；廌所以触不直者去之，从去。会意。""法"字从水，表示法律、法度公平如水；"廌"即解廌，神话中能辨别曲直的一种神兽，据说，审理案件时，它能用角去触理亏的人。"法"的本义即法律、法令，有时特指刑法，又引申为标准、方法。法律层面的"法"，特指体现统治阶级的意志，由国家制定和颁布的公民必须遵守的行为规则，即法令、法规。

法家以富国强兵为己任，是我国历史上提倡以法治为核心思想的重要学术派别，为诸子百家之一。《汉书·艺文志·诸子略》云："法家者流，盖出于理官。信赏必罚，以辅礼制。《易》曰：'先王以明罚饬法。'此其所长也。及刻者为之，则无教化，去仁爱，专任刑法而欲以致治，至于残害至亲，伤恩薄厚。"《隋书·经籍志·子部》亦云："法者，人君所以禁淫慝、齐不轨而辅于治者也。……刻者为之，则杜哀矜、绝仁爱，欲以威劫为化、残忍为治，乃至伤恩害亲。"二者既肯定了法家赏罚分明、保驾护航的优长，又指出了其刻薄寡恩的缺陷，其说大同小异。法家成熟虽晚，而成型较早，其历史最早可追溯至夏商时期的理官；春秋、战国时期，法家亦称"刑名之学"，经管仲、士匄、子产、李悝、吴起、商鞅、慎到、申不害、乐毅、剧辛等人的不断努力，遂成为一个独立学派；战国末期，韩非综括诸家学说，集法家之大成，著为《韩非子》，最终形成了以商鞅之"法"、申不害之"术"、慎到之"势"为核心的理论体系，其范围涉及到了社会改革、法学、经济学、行政管理、组织理论及运筹学等诸多领域。

历史证明，法家在社会生活中的作用是巨大的。司马谈《论六家要旨》云："法家不别亲疏，不殊贵贱，一断于法，则亲亲尊尊之恩绝矣。可以行一时之计，而不可常用也，故曰严而少恩；若尊主卑臣，明分职，不得相踰越，虽百家弗能改也。"此亦即《老子》所谓"治大国若烹小鲜"及孔子所谓"一张一弛，文武之道"之意，纪昀将其诠释为"唐虞无皋陶，则寇贼奸宄无所禁，必不能风动时雍"，都是非常有道理的。据此可知，法家的"法术势"理论与儒家的"君臣父子"思想是有着千丝万缕的联系的。但纪昀出于为统治阶级歌功颂德的考虑，认为讲究与民休息、以人为本的盛世不用法家，因为它有急功近利、刻薄寡恩之嫌，不得已而编入《四库全书》，无非是出于"浏览遗篇，兼资法戒""不灭其籍"的考虑，亦即为统治阶级提供施政借鉴、为文化建设保存古籍之意，这显然是与其"唐虞皋陶"之说自相矛盾的，而这正是纪氏的狡猾之处。

《汉书·艺文志》"法家"位于"诸子略"十家之第四位，著录了《李子》《商君》《慎子》《韩子》《晁错》等法家著作十部；《隋书·经籍志》"法家"位于"子部"十四家之第四位，著录了《管子》《商君书》《慎子》《韩子》《世要论》等六部；《郡斋读书志》"法家类"位于"子部"十八家之第三位，著录了《管子》《韩非子》《商子》三部；《直斋书录解题》"法家类"位于"子部"二十家之第三位，著录了《管子》《商子》《韩子》三部；《四库全书总目》"法家类"位于"子部"十四家之第三位，将言刑名之学、用刑之道及听讼决狱之书皆归入其中，著录了《管子》《邓析子》《商君书》《韩非子》《折狱龟鉴》《棠阴比事》《洗冤录》《无冤录》等二十七部。从历代书目"法家类"所居位置看，法家历来就受到朝廷的重视，因为它是治国辅政的重要国家机器。

今之所录，计有《韩非子二十卷》《宋提刑洗冤集录五卷》《吏学指南八卷》三部，以期收见微知著之效。

韩非子二十卷

识著述：

韩非（前280—前233），战国韩王之子，大儒荀子弟子，后世尊称韩非子或韩子，为战国末期著名思想家，法家学派的代表人物，著有《韩非子》。《韩非子》五十五篇，其学说秉持了进化论的历史观，集中体现了韩非以君主专制为基础的法、术、势相结合的法家思想；韩非主张极端的功利主义，认为人与人之间主要是利害关系而非仁爱教化，强调以法治国、以利用人，目的是为专制君主提供富国强兵的霸道思想。这一学说，对秦汉以后中国封建社会制度的建立产生了重大影响。《韩非子》一书，思想犀利，文字峭刻，逻辑严密，善用寓言，风格独特，是先秦哲理散文的扛鼎之作。

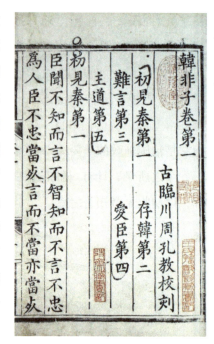

识版式：

此为明万历周孔教刻本；四周文武双边；粗黑口，双黑鱼尾，中刻卷次、页码；半页八行，行十四字，小字双行同。

识印章：

王氏籀鄦谂藏书记——王仁俊姓氏藏书楼号藏书印。王仁俊（1866—1913），字捍郑、惑纯，号籀鄦，吴县（今江苏苏州）人，清代史学家、金石学家、敦煌学家、校勘学家、藏书家。藏书楼名"籀鄦谂"，藏书印有"王仁俊""王仁俊印""王仁俊校勘经籍记""王氏籀鄦谂藏书记"等。编有《籀鄦谂书目》，著有《敦煌石室真迹录》《西夏文缀》《汉书艺文志考证校补》《辽史艺文志补正》《吴郡著述考》《周秦诸子学术源流考》《籀鄦赋筌》等。

抱残守缺——从治印风格上看，似为王仁俊藏书闲章。

弢斋藏书记——徐世昌字号藏书印。徐世昌（1855—1939），字卜五，号菊人，又号弢斋、东海、涛斋，晚号水竹村人、石门山人、东海居士，直隶天津（今天津）人，清末民初政治人物、史学家、书画家、藏书家。藏书楼名"晚晴簃""书髓楼"等，藏书印有"徐世昌印""菊人""弢斋""弢斋藏书印""天津徐氏""书髓楼藏品""进修堂开雕""静远堂""清荫堂""退耕堂""晚晴簃诗汇"等。编有

《书髓楼藏书目》，著有《清儒学案》《大清畿辅先哲传》《退耕堂政书》《退耕堂集》《水竹村人集》等。

清荫堂——从双龙款式上看，似为徐世昌藏书印。

识递藏：

从书页所钤藏书印看，是书曾藏于吴县王仁俊"籀鄦詥"；继藏于天津徐世昌"清荫堂"；今藏于安徽省图书馆。有王仁俊、黄彭年跋。

宋提刑洗冤集录五卷

识著述：

宋慈（1186—1249），字惠父，建阳（今福建南平）人，南宋著名法医学家，世界法医学鼻祖，著有《洗冤集录》。《洗冤集录》（又称《洗冤录》）五卷，记述了人体解剖、检验尸体、勘察现场、鉴定死伤原因、自杀或谋杀的各种现象、各种毒物和急救解毒方法等内容，是宋慈一生断案经验、治狱思想的结晶，是中国史上乃至世界史上第一部法医学专著。

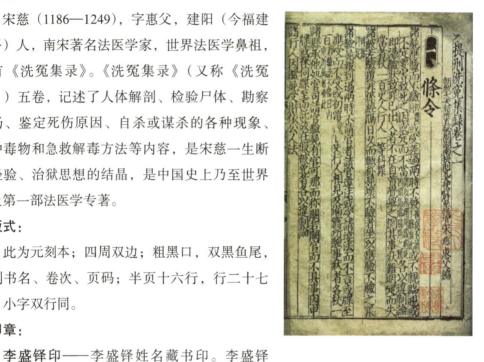

识版式：

此为元刻本；四周双边；粗黑口，双黑鱼尾，中刻书名、卷次、页码；半页十六行，行二十七字，小字双行同。

识印章：

李盛铎印——李盛铎姓名藏书印。李盛铎（1859—1934），德化（今江西九江）东乡谭家畈人，清末民初著名政治家、收藏家、藏书家。藏书楼有"木犀轩"等。详见《监本纂图重言重意互注论语》"李盛铎"条。

木斋审定善本——李盛铎字号藏书印。

识递藏：

从书页所钤藏书印看，是书曾藏于德化李盛铎"木犀轩"；今藏于北京大学图书馆。

吏学指南八卷

识著述：

　　徐元瑞（生卒不详），字君祥，吴郡（今江苏苏州）人，元代学者，著有《吏学指南》。《吏学指南》（又称《习吏幼学指南》）八卷，乃吏学启蒙读物。是书依据当时元代官职之名，与古代官职之名一一对举，并逐一加以诠释，目的在于指导习吏之人掌握"律书要旨"，以便为官。此书对研究元代社会、政治、经济、风俗，具有重要的参考价值。

识版式：

　　此为元刻本；四周单边；黑口，双黑鱼尾；半页十一行，行十六字，小字双行二十四字。

识印章：

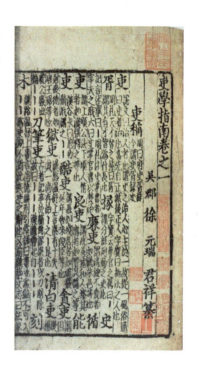

　　黄一鸾印——黄一鸾姓名藏书印。黄一鸾（生卒不详），字伯羽，号任侠书生，明代松江（今上海）人，明代戏剧家、藏书家，生平失考。藏书楼名"碧梧亭"，藏书印有"黄一鸾印""黄氏伯羽""碧梧亭""任侠书生"等。

　　黄氏伯羽——黄一鸾姓氏字号藏书印。

　　碧梧亭——黄一鸾藏书楼号藏书印。

　　王懿荣——王懿荣姓名藏书印。王懿荣（1845—1900），字正孺，福山（今山东烟台福山）古现村人，近代金石学家、文字学家、鉴藏家、书法家、藏书家。藏书楼名"天壤阁"等。详见《朱子实纪》"王懿荣"条。

　　福山王氏正孺藏书——王懿荣郡望姓氏字号藏书印。

　　海上精舍藏本——王懿荣藏书楼号藏书印。

　　况周颐印——况周颐姓名藏书印。况周颐（1859—1926），原名周仪，改名周颐，字夔笙，一字揆孙，号蕙风，别号玉梅词人、玉梅词隐，晚号蕙风词隐，人称况古、况古人，临桂（今广西桂林）人，晚清词人、文艺理论家、藏书家。藏书楼名"壶山书库""凭宵阁""辨雅堂"等，藏书印有"况周颐印""桂林况周颐藏书""凭霄阁藏书记""辨雅堂藏书记""壶山书库"等。著有《蕙风词》《蕙风词话》《藏书话》等。

　　桂林况周颐藏书——况周颐郡望姓名藏书印。

傅增湘印——傅增湘姓名藏书印。傅增湘（1872—1949），江安（今四川江安）人，近代著名目录学家、版本学家、校勘学家、藏书家。藏书楼名"双鉴楼"等。详见《诗外传》"傅增湘"条。

沅叔——傅增湘字号藏书印。

晋生心赏——傅忠谟字号藏书印。傅忠谟（1905—1974），字晋生，四川江安人，傅增湘之子，近代版本目录学家、藏书家。藏书楼名"佩德斋"，藏书印有"傅忠谟""江安傅忠谟晋生珍藏""忠谟读书""晋生心赏""晋生审定""佩德斋""佩德斋珍藏印"等。著有《佩德斋古玉图录》《古玉精英》等。

佩德斋——傅忠谟藏书楼号藏书印。

识递藏：

从书页所钤藏书印及题识看，是书曾藏于松江黄一鸾"碧梧亭"；又藏于福山王懿荣"海上精舍"；继藏于临桂况周颐"壶山书库"；继藏于海宁陈乃乾"慎初堂"；继藏于江安傅增湘"双鉴楼"；继藏于傅忠谟"佩德斋"；今藏于国家图书馆。

子部·农家类

农家类小序

"农"字为会意字，最早见于商代甲骨文。古文"農"字，状似手持"辰"这种工具在山林草地间开荒除草；西周金文"農"字，在"農"字上部的"艹"中间增加了义符"田"，垦荒种田的意义更为显豁。"农"字的本义指耕作，引申为农事和农业，再引申为从事农事的农民，又引申为管理农事的田官，又因农作特点而有勤勉之义。农家之"农"，盖指农业和农事。

农业是国家的命脉，古代中国是一个以农业立国的大国。《诗经》时代就已经有了对"播厥百谷""或耘或耔，黍稷薿薿"的农业生产活动的记录，《豳风·七月》则更细致地记载了一年十二个月的不同农事活动，充分显示了农业在社会活动中举足轻重的地位和作用。《国语·周语上》云："夫民之大事在农。"晁错《论贵粟疏》云："贫生于不足，不足生于不农，不农则不地著。"纪昀《四库全书总目·子部·农家类叙》云："民，国之本也。食，民之天也。"均充分认识到了农业生产的重要。

农家是以重视农业生产为主要诉求的先秦学术思想流派之一，其兴起与春秋战国时期"王事靡盬，不能艺黍稷，父母何食"以致民不聊生的社会背景有关。《汉书·艺文志·诸子略》云："农家者流，盖出于农稷之官。播百谷，劝耕桑，以足衣食，故八政一曰食，二曰货，孔子曰'所重民食'，此其所长也。及鄙者为之，以为无所事圣王，欲使君臣并耕，悖上下之序。"《隋书·经籍志》亦云："农者，所以播五谷，艺桑麻，以供衣食者也。……鄙者为之，则弃君臣之义，徇耕稼之利，而乱上下之序。"由此可知，先秦农家就是这样一个潜心农事、自我封闭、带有强烈实践性的学术团体。由于先秦农家著作没有流传下来，后世对农家思想的认知只能凭借其他诸子的描述得其大概，其中《孟子·滕文公》"有为神农之言者许行章"最具典型。文章通过孟子与农家代表人物陈相的辩难，大致描述了战国时期农家领袖许行的思想轨迹：农家推尊发明耒耜、教民稼穑的农业始祖神农氏，倡导"衣褐，捆屦织席以为食"的苦行僧式生活方式；主张"与民并耕而食，饔飧而治"的君民共耕，倡言自食其力，认为君王"有仓廪府库"就是"厉民而自养"；主张"市贾不贰，国中无伪"，反对劳心、劳力及各种社会分工。实际上，农家思想是小农经济平均主义的反映，集中体现了农民阶级自食其力的淳朴意愿，表达了企图解除现实压迫的强烈愿望，充满了对想象中平均社会的憧憬，对后世农民思想影响巨大。

历代书目对农家类"图书的著录肇始于《汉书·艺文志》，其后代有著录。《汉书·艺文志》"农家类"居"诸子略"第九位，并著录了先秦时期的《神农》《野老》《宰氏》《尹都尉》《赵氏》《王氏》和汉代的《董安国》《蔡葵》《氾胜之》（仅存）共九部农家类图书；《隋书·经籍志》"农家类"居"子部"之第七位，著录了《氾胜之书》《四民月令》《禁苑实录》《齐民要术》《春秋济世六常拟议》（包括《陶硃公养鱼法》《卜式养羊法》《养猪法》《月政畜牧栽种法》）五部，基本上体现了农家重农的本旨；而《旧唐书·经籍志》"农家类""辗转旁牵""触类蔓延"，始录《竹谱》《钱谱》《鹰经》《蚕经》《相鹤经》《相马经》《相牛经》《相贝经》《养鱼经》等杂书；至《唐书》《宋史》《通志》之后，种类益发繁夥，名目难以计数；《郡斋读书志》"农家类"居"子部"第八位，著录了《齐民要术》《荆楚岁时记》《茶经》《竹谱》《酒经》等二十五部，内容更加混乱；《直斋书录解题》"农家类"居"子部"第七位，著录了《齐民要术》《蚕书》《农器谱》《农书》《笋谱》《牡丹谱》《糖霜谱》《蟹略》等三十七部，情形与《郡斋读书志》相类；《四库全书总目·子部》"农家类"综括往迹，本着"逐类汰除，惟存本业，用以见重农贵粟"的本旨，重新调整了"农家类"的收书范围，凡言农时、农产、农政、农器及五谷菜蔬种植之法，马牛羊豕饲养之事，与夫养蚕、植桑、取水、蓄水者，皆入其中，兼有杂言商贾之事者，亦类附其后，体例相对系统而科学。

今之所选，计有《农书三卷蚕书一卷于潜令楼公进耕织二图诗一卷》《王祯农书三十六卷》《泰西水法六卷》三部，识者可收闻一知十之效。

农书三卷蚕书一卷于潜令楼公进耕织二图诗一卷

识著述：

陈旉（1076—1156），自号西山隐居全真子，又号如是庵全真子，真州（今江苏仪征）人，著有《农书》。《农书》三卷，上卷总论土壤耕作和作物栽培，中卷讲述耕畜的饲养管理，下卷讨论种桑养蚕技术。《农书》详细地总结了我国南方农民种植水稻、养蚕、栽桑、养牛等生产技术的丰富经验，是我国现存最早记载江南地区农业生产技术的农书。

秦观（1049—1100），字少游，一字太虚，号淮海居士，别号邗沟居士，高邮军武宁乡左厢里（今江苏高邮三垛镇少游村）人，北宋婉约派词人，著有《淮海集》《劝善录》《逆旅集》《蚕书》等。《蚕书》一卷，是我国乃至世界上现存最早的一部养蚕、缫丝专书。全书分种变、

时食、制居、化治、钱眼、锁星、添梯、缫车、祷神和戎治等十部分，总结了宋代以前兖州地区养蚕和缫丝的经验，尤其对缫丝工艺和缫车结构形制进行了详细的描述。其书行文以农家方言为主，艰涩难懂，全文无图。

楼璹（1090—?），字寿玉，又字国器，鄞县（今浙江宁波）人，宋高宗时任临安府于潜县令，其间深感农夫、蚕妇之辛苦，创绘了《耕织图诗》。《耕织图诗》一卷，绘图四十五幅，每图皆配以八句五言诗，图文相配，生动地反映了江南的农业情况。

识版式：

此为明末毛氏汲古阁影宋抄本；左右双边，上下单边；白口，单黑鱼尾，中书书名、卷次、页码；半页十行，行十九字。

识印章：

毛晋私印——毛晋姓名藏书印。毛晋（1599—1659），常熟（今江苏常熟）人，明末著名经学家、文学家、刻书家、藏书家。藏书楼名"汲古阁"。详见《周易九卷》"毛晋"条。

子晋——毛晋字号藏书印。

511

宋本——毛晋藏书版本藏书印。

甲——毛晋藏书等级藏书印。

毛扆之印——毛扆姓名藏书印。毛扆（1640—1713），字季斧，号省庵，常熟（今江苏常熟）人，毛晋第五子，清代著名校勘学家、出版家、藏书家。藏书印有"毛扆之印""毛斧季收藏印""叔郑后人"等。编有《汲古阁秘本书目》。详见《孝经今文音义》"毛扆"条。

斧季——毛扆字号藏书印。

梁园宋氏叔荦藏书画记——宋荦郡望姓氏名号藏书印。宋荦（1634—1713），字牧仲，号漫堂，晚号西陂老人、绵津山人、白马客商、西陂放鸭翁，归德府（今河南商丘）西陂人，"后雪苑六子"之一，清代著名政治家、诗人、画家、鉴赏家、藏书家。藏书楼名"御书楼""青纶馆""鱼麦堂""和松庵""西园""西陂"等，藏书印有"宋荦""荦""宋荦之印""宋荦私印""商丘宋荦收藏善本""商丘宋荦审定真迹""牧仲""宋氏牧仲""牧斋鉴定""漫堂珍赏""绵津山人""白马客商""商丘宋氏收藏图书""商丘宋氏收藏善本""鱼麦堂""友竹轩""和松庵""纬萧草堂""西陂诗老书画府""家在梁园睢涣间"等。编有《商丘宋氏西陂藏书目》《江左十五子诗选》，著有《西陂类稿》《漫堂说诗》《绵津山人诗集》《筠廊偶笔》《迎銮日记》等。

荦——宋荦名号藏书印。

宪——疑为宋荦藏书印。

家在梁园睢涣间——宋荦郡望藏书印。

大罗侠客——宋荦藏书闲章。

识递藏：

此书为毛氏抄本，必收藏于其家"汲古阁"。从书页所钤藏书印看，是书曾藏于毛晋、毛扆父子"汲古阁"；继藏于归德宋荦"青纶馆"；今藏于河南省图书馆。

512

王祯农书三十六卷

王祯（1271—1368），字伯善，东平（今山东东平）人，元代农学家、农业机械学家、道家学者，著有《王祯农书》（《农书》）。《王祯农书》三十六卷，共计三十七集三百七十一目，分《农桑通诀》《百谷谱》和《农器图谱》三大部分。

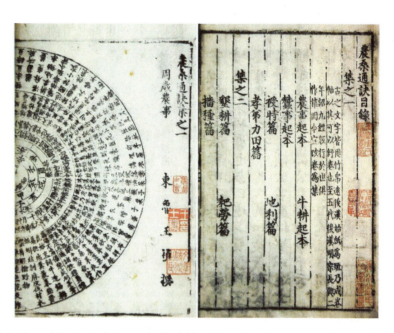

《农桑通诀》概述农业、牛耕、养蚕的历史渊源，论述农业生产因时制宜、因地制宜的问题，论述耕作与收获的基本原则和措施；《百谷谱》将农作物分成若干属（类），一一列举，近似栽培理论；《农器图谱》则展示了我国古代农业生产工具的卓越成就。《王祯农书》兼论南北方农业技术，在前人著作的基础上，第一次对广义的农业生产知识作了全面系统的论述，提出中国农学的传统体系，在我国古代农学遗产中占有重要地位。

识版式：

此为明嘉靖九年山东布政使司刻本；四周单边；白口；半页十一行，行二十二字。

识印章：

王士禛印——王士禛姓名藏书印。王士禛（1634—1711），新城（今山东桓台）人。清初杰出诗人、诗歌评论家、金石学家、鉴赏学家、藏书家。藏书楼名"池北书库""带经堂"等。详见《南迁录》"王士禛"条。

文学侍从之臣——王士禛官爵藏书印。

怀古田舍——王士禛藏书闲章。

秀水盛氏柚堂图书——盛百二郡望姓氏字号藏书印。盛百二（1720—？），字秦川，一字相舒，号柚堂，秀水（今浙江嘉兴）人，清代经学家、诗人、藏书家。藏

513

书楼名"春草堂""皆山阁""惜芬书屋""柚堂"等，藏书印有"盛百二印""盛百二""臣百二""秦川""柚堂""浙西秀水柚堂盛氏""秀水盛氏柚堂图书""惜芬书屋""春草堂""罗浮山人"等。著有《尚书释天》《柚堂文存》《柚堂笔谈》《皆山阁吟稿》《问水漫录》等。

济南周氏藉书园印——周永年郡望姓氏藏书楼号藏书印。周永年（1730—1791），字书昌，一字书愚，自号林汲山人，历城（今山东济南）人，清代著名经学家、校勘学家、藏书家，我国第一个公共图书馆创议人。藏书楼名"藉书园"等。详见《华阳国志》"周永年"条。

识递藏：

从书页所钤藏书印看，是书曾藏于新城王士祯"池北书库"；又藏于秀水盛百二"皆山阁"；继藏于济南周永年"藉书园"；今藏于山东省图书馆。

泰西水法六卷

　　熊三拔 Sabbatino deUrsis（1575—1620），字有纲，明末来华意大利传教士，汉学家、西方水利科学家，著有《泰西水法》《简平仪说》《表度说》《中国俗礼简评》《陆若汉神父著述注解》等；徐光启（1562—1633），字子先，号玄扈，谥文定，上海县法华口（今上海）人，明代地理学家、文学家、科学家。早年师事利玛窦，学习西方天文、历法、数学、测量和水利等科学技术，著有《测天约说》《农政全书》《几何原本》《选练条格》等。《泰西水法》六卷，泰西熊三拔撰说，吴淞徐光启笔记，武林李之藻订正。此书为一部介绍意大利水利的专门著作，其中包括各种水源的特点和利用方法、各种水利工具及其精细的制作方法、修建水库的方法等。

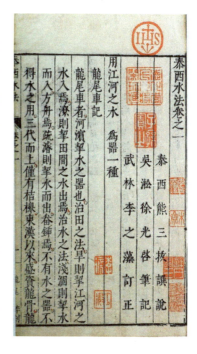

识版式：

　　此为明万历四十年曹于汴、彭惟成等刻本；左右双边，上下单边；白口，单黑鱼尾，上刻书名，中刻卷次、页码，下刻刻工姓名；半页十行，行二十二字。

识印章：

　　龚嘉父藏书记——无考。

　　许氏宗玉——无考。

　　泰西文印——意大利文藏书印。

　　李盛铎印——李盛铎姓名藏书印。李盛铎（1859—1934），德化（今江西九江）东乡谭家畈人，清末民初著名政治家、收藏家。藏书楼名"木犀轩"等。详见《监本纂图重言重意互注论语》"李盛铎"条。

　　木斋——李盛铎字号藏书印。

　　德化李氏凡将阁珍藏——李盛铎郡望姓氏藏书楼号藏书印。

　　子孙宝之——李盛铎藏书闲章。

　　李滂——李滂姓名藏书印。李滂（生活于民国时期），字少微，德化（今江西九江）人，李盛铎第十子，近代版本目录学家、学者、藏书家。藏书楼名"邺亭"，延其父藏书楼有"木犀轩"，藏书印有"李滂""少微"等。编有《邺亭瞥观录》稿本，著有《千元考》。

　　少微——李滂字号藏书印。

识递藏：

　　从书页所钤藏书印及李盛铎题识看，是书曾藏于龚嘉父、许宗玉之手；又藏于德化李盛铎、李滂父子"凡将阁"；今藏于北京大学图书馆。

子部·医家类

医家类小序

"医"和"醫"原本是两个字。"医"字会意，肖一种盛放箭支的容器之形；"醫"字由"医""殳""酉"三部分构成，"医"会针灸之类的医疗器具兼表声，"殳"象捣药的器具，"酉"象酒器亦代指酒（酒本身即是一味中药），合体"醫"字的含义为医生施治时使用的器具、方法及理念等。"醫"的异体字是"毉"，它形象地诠释了远古时代"巫医同源"的传统旧说。

医家泛指所有从医之人，特指积淀了数千年的中医学和中药学理论。我国的中医学和中药学以完整系统、博大精深的理论体系，高超的医疗技术、药物学成就和丰富的典藏著称于世。早在春秋战国时期既已成书的《黄帝内经》，阐述了阴阳五行、脏像、经络、形神和天人五大学说，全面奠定了中医理论的基础。在系统中医理论的指导下，中医学在诊断与内、外、妇、儿、针灸等临床学科，均取得了辉煌的成就，涌现出了扁鹊、张仲景、华佗、陶弘景、葛洪、王叔和、孙思邈、刘完素、张元素、朱震亨等著名国手大医；而与中医学密切相关的中药学也取得了举世瞩目的成就，成书于汉代的《神农本草经》是我国第一部药物学专著，成书于唐代的《新修本草》是我国乃至世界上最早的药典，而被誉为"东方医学巨典"的明代李时珍编写的《本草纲目》代表了我国药物学的最高成就。

中医学分科由来已久，且渐趋全面而详细。陶宗仪《辍耕录》引《圣济宗录》，将当时的医学分为大方脉杂医、小方脉、风、产科兼妇、眼、口齿兼咽喉、正骨兼金镞、疮肿、针灸、祝由十科；《明史·职官志》又载："太医院掌医疗之法。凡医术十三科，医官、医生、医士专科肄业，曰大方脉（成人内科），曰小方脉（小儿内科），曰妇人，曰疮疡，曰针灸，曰眼，曰口齿，曰接骨，曰伤寒，曰咽喉，曰金镞，曰按摩，曰祝由。"与《辍耕录》所载略有出入，分科更为纤细，亦各有利弊。

有学术即有师承，有师承则有门户。作为一门带有强烈实践性的学术，医学的门户之争起于金元之际，并分为南北两派。北派指刘完素"河间之学"与张元素"易水之学"之争。河间大医刘完素施治主寒凉降火之理，特立独行，开一代宗派；易县张元素精通医术，造诣深邃，自成一家，尝治愈刘完素所患伤寒，由此名声大噪（事见元好问为李杲明所作《伤寒会要引》）。南派指义乌朱震亨"丹溪之学"与"宣和局方"之争。宋徽宗曾诏令天下名医进献医方，由太医局汇集为《宣和局方》，而元代又盛行陈师文、裴宗元所编《大观三百九十七方》；朱震亨认为，操古方以治今病，于理不合，故尽弃其书，戛戛独造，自成一家，创"丹溪之学"。由于南北地域不同，人之文质刚柔不同；南北气候不同，北地燥而风，南地湿而雨；人之年岁不同，少年气血旺，老年气血亏；寒暑季节不同，季节病症各异；医生施治，当因人因事因地因时而制宜，不可拘泥成法。这正是朱震亨"丹溪之学"对祖国中医学的建设性贡献。

历代书目对医家类图书的著录定型，经历了一个漫长的过程。《汉书·艺文志》"方技略"列"医经""经方""房中""神仙"四子目，著录了"医经"七家、"经方"十一家、"房中"八家、"神仙"十家。其中，"医经"是探求人体血脉、经络、骨髓、阴阳、表里等生理特征，用来阐明各种疾病的根源，区别死生的界限，又用来揣度针刺、砭石、汤药、艾灸等施治方法，调配成适合临床需要的各种药剂的医书；"经方"乃针对宋、元以后出现的时方而言。历代中医学家称张仲景的《伤寒杂病论》为活人之书和方书之祖，称其医方为经方，并常以经方作为母方，依辨证论治的原则而化裁出的一系列方剂；"神仙"则专讲服食导引以求长生，即服食丹药，呼吸俯仰，企图轻举飞升成为仙人；"房中"即黄帝素女之法，名为采补延年，实则刮骨伐性之斧，坏人性命，不值得提倡。其实，后二者并非医家，乃是后人对"方技"二字的误读；《隋书·经籍志·子部》"医方类"著录了《黄帝内经》《脉经》等古医书二百五十六部，其中杂有不少神仙、巫术、房中、香谱等原非医家类书籍，体例十分混乱；《郡斋读书志·子部》"医家类"著录了《黄帝素问》《灵枢经》《仲景伤寒论》《王叔和脉经》《补注神农本草》《证类本草》《千金方》《外台秘要方》《产宝》《太医局方》《小儿灵秘方》等医药学著作四十九部，包括中医学和中医药两类，体例日近科学；《直斋书录解题·子部》"医书类"著录了《黄帝内经素问》《难经》《伤寒论》《医说》《大观本草》《肘后百一方》《千金翼方》《太平圣惠方》《奉亲养老书》《小儿医方》《产育保庆集》《刘涓子神仙遗论》等反映各科成果的医学著作八十七部；《四库全书总目·子部》"医家类"著录了《黄帝内经》以下凡言病理、诊断、治疗、药性、方剂、针灸、胎产、卫生之书一百九十一部，蒐罗宏富，条贯古今，体大思精。并依照《周礼》《隋书·经籍志》之例，将为数不多的"兽医类"图书附列于医家之末，旨在体现贵人贱畜的民本思想。

今之所选，计有《新编金匮方论三卷》《刘涓子鬼遗方三卷》《重刊孙真人备急千金要方三十卷》《外台秘要方四十卷》《补注释文黄帝内经素问十二卷遗篇一卷黄帝素问灵枢经十二卷》《卫生家宝产科备要八卷》《经史证类备急本草三十一卷》《圣散子方一卷》《伤寒论注解十卷图解一卷》《伤寒要旨一卷药方一卷》《校正素问精要宣明论方七卷》《重修政和经史证类备急本草三十卷目录一卷》《新编西方子明堂灸经八卷》《医说十卷》《袖珍小儿方十卷》《魁本袖珍方大全四卷》《安老怀幼书四卷》等十七部，基本包括了病理、诊断、治疗、药性、方剂、针灸、胎产、卫生等门类，以期奏尝脔识鼎之效。

新编金匮方论三卷

识著述：

张仲景（150/154—215/219），名机，字仲景，南阳涅阳县（今河南邓州）穰东镇张寨村人，东汉末年著名医学家，后世尊为"医圣"，著有《伤寒杂病论》。《伤寒杂病论》广集医方，确立了中医临床"辨证论治"的基本原则，是传统中医的精髓。《伤寒杂病论》已佚，晋代王叔和、宋人林亿等据《伤寒杂病论》残简，将其中关于杂病的部分整理成册，更名为《金匮要略方论》行世。《金匮要略方论》三卷，主要论述内科杂病，兼述外、妇科等疾病，书中记载疾病四十余种，据病辨证，阐述各病的病因、诊断、治疗和方药，载方二百六十二首，总结了汉以前治疗杂病的经验，对后世内科学的发展影响深远。

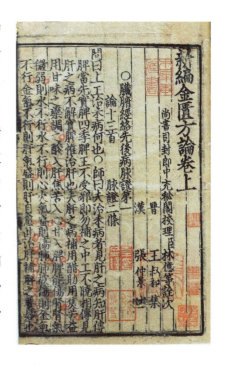

识版式：

此为元至元刻本；四周双边；粗黑口，双黑鱼尾；半页十三行，行二十四字，小字双行同。

识印章：

孙从添印——孙从添姓名藏书印。孙从添（1692—1767），字庆增，号石芝，常熟（今江苏常熟）人，清代经学家、医学家、图书馆学家、藏书家。藏书楼名"上善堂""石芝山房"。详见《大金国志》"孙从添"条。

庆增——孙从添字号藏书印。

石芝山房——孙从添藏书楼号藏书印。

袁廷梼印——袁廷梼姓名藏书印。袁廷梼（1762—1809），字又恺，号绥阶，又号寿阶，吴县（今江苏苏州）人，清代著名诗人、画家、考据学家、校勘学家、藏书家。藏书楼名"小山丛桂馆""五砚楼""贞节堂"等。详见《诗外传》"袁廷梼"条。

寿阶——袁廷梼字号藏书印。

五研楼——袁廷梼藏书楼号藏书印。

贞节堂图书印——袁廷梼藏书楼号藏书印。

徐康——徐康姓名藏书印。徐康（1814—1887），字子晋，号窳叟，别署玉蟾馆主，长洲（江苏苏州）人，清代诗人、医学家、书画家、篆刻家、金石书画鉴赏家、文字学家、藏书家，时人有宋荦之目。藏书楼名"玉蟾馆""莘田砚室""风泉清听之室"，藏书印有"徐康之印""徐康""徐康子晋""徐长康""子晋""南宫祭尊""结社溪山"等。著有《虚字浅说》《古人别号录》《前尘梦影录》《神明镜诗》等。

杨守敬印——杨守敬姓名藏书印。杨守敬（1839—1915），字鹏云，号星吾，晚年自号邻苏老人，宜都（今湖北宜都）陆城镇人，清末民初杰出历史地理学家、金石文字学家、版本目录学家、文献学家、书画家、泉币学家、藏书家。藏书楼名"邻苏园"。详见《监本纂图重言重意互注论语》"杨守敬"条。

李盛铎印——李盛铎姓名藏书印。李盛铎（1859—1934），德化（今江西九江）东乡谭家畈人，清末民初著名政治家、收藏家。藏书楼名"木犀轩"等。详见《监本纂图重言重意互注论语》"李盛铎"条。

木斋宋元秘笈——李盛铎字号版本藏书印。

木犀轩藏书——李盛铎藏书楼号藏书印。

李滂——李滂姓名藏书印。李滂（生活于民国时期），字少微，德化（今江西九江）人，李盛铎第十子，近代学者、版本目录学家、藏书家。藏书楼名"邠亭"，延其父藏书楼有"木犀轩"，藏书印有"李滂""少微"等。编有《邠亭瞥观录》稿本，著有《千元考》。

少微——李滂字号藏书印。

识递藏：

从书页所钤藏书印及跋识看，是书曾藏于常熟孙从添"石芝山房"；又藏于吴县袁廷梼"五砚楼"；又藏于长洲徐康"莘田砚室"；继藏于宜都杨守敬"邻苏园"；继藏于德化李盛铎、李滂父子"木犀轩"；今藏于北京大学图书馆。有杨守敬跋。

刘涓子鬼遗方三卷

识著述：

龚庆宣（生卒不详），南北朝时期齐梁间外科医学家，著有《刘涓子鬼遗方》。《刘涓子鬼遗方》三卷，是一部外科验方医学著作。其书扼要总结了治疗金疮、痈疽、疮疖和其他皮肤病等方面的经验，

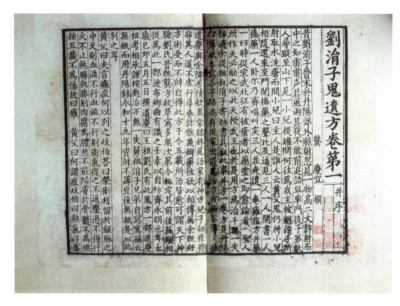

收列内、外治处方约一百四十多个，并最早创造了用水银外治皮肤病的方法，世称"所治皆愈，谓天下神验"。

识版式：

此为宋刻本；蝴蝶装；左右双边，上下单边；半页十三行，行二十三字。

识印章：

汪士钟印——汪士钟姓名藏书印。汪士钟（1786—?），长洲（今江苏苏州）人，汪文琛之子，清代著名藏书家。藏书楼名"艺芸书舍""三十五峰园"等。详见《周易九卷》"汪士钟"条。

阆源真赏——汪士钟字号藏书印。

汪骏昌——汪骏昌姓名藏书印。汪骏昌（生活于道咸间），字雅庭，长洲（今江苏苏州）人，汪士钟族人，清代藏书家。藏书楼名"小有壶天"，藏书印有"汪骏昌""长洲汪骏昌藏""骏昌""雅庭""小有壶天"等。

铁琴铜剑楼——常熟瞿氏藏书楼号藏书印。详见《周易注疏》"铁琴铜剑楼"条。

瞿氏秘笈——瞿绍基姓氏藏书印。瞿绍基（1772—1836），字厚培，号荫棠，昭文（今江苏常熟）人，清代著名藏书家，铁琴铜剑楼第一代主人。藏书楼名"恬裕斋""敦裕斋""铁琴铜剑楼"，藏书印有"虞山瞿绍基藏书之印""绍基秘

笈"等。

识递藏：

从书页所钤藏书印看，是书曾藏于长洲汪士钟"艺芸书舍"；继藏于其族人汪骏昌"小有壶天"；继藏于常熟瞿氏"铁琴铜剑楼"，由瞿绍基、瞿镛、瞿秉渊、瞿启甲、瞿济苍世代递藏，今藏于国家图书馆。

重刊孙真人备急千金要方三十卷

识著述：

孙思邈（581—682），京兆华原（今陕西铜川耀州区）人，唐代道士、医药学家，后世尊称为"药王"，著有《千金要方》《唐新本草》。《千金要方》（又称《备急千金要方》《千金方》）三十卷，是我国古代中医学综合性临床

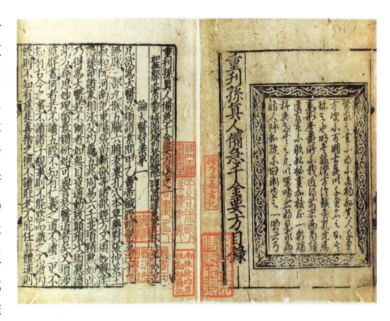

医著，被誉为中国最早的临床百科全书。它总结了唐以前的医学成就，其中首篇所列《大医精诚》《大医习业》，是中医学伦理学的基础；其妇、儿科专卷的论述，奠定了宋代妇、儿科独立的基础；其治内科病提倡以"五脏六腑为纲，寒热虚实为目"的理论，开创了脏腑分类方剂的先河；另外，将飞尸鬼疰（类似肺结核病）归入肺脏证治，提出霍乱因饮食而起，以及对附骨疽（骨关节结核）易发部位的描述，消渴（糖尿病）与痈疽关系的记载，均显示出相当高的认识水平；针灸孔穴主治的论述，为针灸治疗提供了准绳。因此，《千金要方》素为后世医家所重视。

识版式：

此为元刻本；左右双边，上下单边；黑口，双黑鱼尾；半页十二行，行二十二字。

识印章：

伊泽氏酌源堂图书记——伊泽信恬姓氏藏书楼号藏书印。伊泽信恬（约生活于道咸同光间），姓伊泽氏，日本著名中医学家、藏书家。藏书楼名"酌源堂"，藏书印有"伊泽氏酌源堂图书记"等。

六合徐氏孙麒珍藏书画印——徐承祖郡望姓氏字号藏书印。徐承祖（1842—1909），字孙麒，六合（今江苏南京六合）人，藏书家徐鼐之子，清末著名外交家、藏书家。藏书印有"六合徐氏孙麒珍藏书画印""孙麒氏使东所藏"等。

孙麒氏使东所藏——徐承祖字号履历藏书印。

徐乃昌暴书记——徐乃昌姓名藏书印。徐乃昌（1866—1946），字积余，号随庵，南陵（今安徽南陵）工山汤村徐人，清末民国金石学家、刻书家、藏书家。藏书楼名"积学斋"。详见《说文字原》"徐乃昌"条。

南陵徐乃昌校勘经籍记——徐乃昌郡望姓名藏书印。

津门王凤冈风簠馆收藏印——王凤冈郡望姓名藏书楼号藏书印。王凤冈（生卒不详），字梦泽，号鹏九，天津人，近代集邮家、收藏家。藏书楼名"定斋""风簠馆"，藏书印有"津门王凤冈风簠馆收藏印""梦泽鉴赏"等。

梦泽鉴赏——王凤冈字号藏书印。

识递藏：

此书为海外归藏本。从书页所钤藏书印看，是书曾藏于日本人伊泽信恬"酌源堂"；后由外交家六合徐承祖购回收藏；继藏于南陵徐乃昌"积学斋"；继藏于津门王凤冈"风簠馆"；今藏于国家图书馆。有伊泽信恬跋。

外台秘要方四十卷

识著述：

　　王焘（670—755），渭滨（今陕西郿县）常兴镇车圈村王家台人，唐代著名医学家、军事家，著有《外台秘要方》。《外台秘要方》四十卷，搜集汉至唐之医药著作，涵盖了内科病、五官病、瘿瘤瘰疬痈疽、二阴病、中恶金疮恶疾大风、丸散等成方、妇人病、小儿病、乳石、明堂灸法、虫兽伤及畜疾诸内容，编为一千一百零四门，载方六千余首，各门记述先论后方，秩序井然。王焘著论，博采众家之长，不存个人偏见，不少早已散佚的医药著作及名家医方，皆赖此保存下来，不少医家将此书与《千金要方》相提并论。《外台秘要方》成书至今一千二百余年来，深受历代医家推崇。

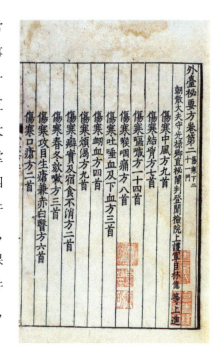

识版式：

　　此为宋绍兴两浙东路茶盐司刻本；左右文武双边，上下单边；白口，单黑鱼尾；半页十三行，行二十四至二十五字。

识印章：

　　华亭朱氏珍藏——朱大韶郡望姓氏藏书印。朱大韶（1517—1577），字象元，一作象玄，号文石，松江府华亭（今上海松江）人，明代学者、藏书家。藏书楼名"横经阁""文石山房"。详见《輶轩使者绝代语释别国方言》"朱大韶"条。

　　含青楼藏书记——刘恕藏书楼号藏书印。刘恕（生活于乾嘉间），吴县（今江苏苏州）洞庭东山人，清代著名书画家、藏书家。藏书楼名"拳石山房""空翠阁"（含青楼）等。详见《盐铁论》"刘恕"条。

　　汪士钟藏——汪士钟姓名藏书印。汪士钟（1786—？），长洲（今江苏苏州）人，汪文琛之子，清代著名藏书家。藏书楼名"艺芸书舍""三十五峰园"等。详见《周易九卷》"汪士钟"条。

　　盐官蒋氏衍芬草堂三世藏书印——蒋光焴郡望姓氏藏书楼号藏书印。蒋光焴（1825—1895），字寅昉，号吟舫，一号敬斋，海盐（今浙江海宁）人，蒋光煦从弟，清代著名藏书家。藏书楼名"衍芬草堂""西涧草堂"，藏书印有"蒋光焴印"

"光煦""臣光煦印""寅昉""盐官蒋氏衍芬草堂三世藏书印""光绪甲申海宁蒋光煦命子望曾检书记""嘉庆壬辰进士""壮夫小学"等。编有《衍芬草堂书目》，著有《敬斋杂著》《敬斋杂诗小说》等。

臣光煦印——蒋光煦名号藏书印。

寅昉——蒋光煦字号藏书印。

识递藏：

从书页所钤藏书印看，是书曾藏于明代华亭朱大韶"横经阁"；又藏于吴县刘恕"含青楼"；继藏于长洲汪士钟"艺芸书舍"；继藏于海盐蒋光煦"衍芬草堂"；今藏于国家图书馆。

补注释文黄帝内经素问十二卷遗篇一卷黄帝素问灵枢经十二卷

识著述：

王冰（710—805），号启玄子（又作启元子），里居籍贯不详，唐代医学家，注有《黄帝内经素问》。《黄帝内经素问》十二卷，倡言中医运气学说，发挥中医"辨证论治"理论，是一部经典的养生学医学理论著作。

识版式：

此为明赵府居敬堂刻本；四周双边；细黑口，双白鱼尾，上刻刻书堂号，中刻书名、卷次、页码；半页八行，行十七字，小字双行同。

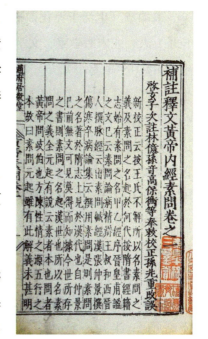

识印章：

东皋祝三鉴赏——祝寿慈郡望姓氏排行藏书印。祝寿慈（1872—?），字稚农，一作稺农，如皋（今江苏如皋）人，清末民初藏书家。藏书楼名"汉鹿斋"，藏书印有"如皋祝寿慈藏书印""稺农藏书""东皋祝三鉴赏""如皋祝氏珍藏印""汉鹿斋藏书印"等。详见《汉隽》"祝寿慈"条。

汉麓斋藏书印——祝寿慈藏书楼号藏书印。

识递藏：

从书页所钤藏书印看，是书曾藏于如皋祝寿慈"汉麓斋"；今藏于国家博物馆。

卫生家宝产科备要八卷

识著述：

朱端章（生活于淳化前后），长乐（今福建长乐）人，北宋医学家、文学家，辑有《卫生家宝方》《卫生家宝小儿方》《卫生家宝汤方》《卫生家宝产科备要》《集验方》等，著有《南康记》《庐山拾遗》等。《卫生家宝产科备要》八卷，集诸家产科验方之大成，帙首列入月产图，中有借地、禁草、禁水、逐月、安产法等。书中引用原书大多失传，古代医学有关产科的宝贵遗产多赖此书传世。

识版式：

此为宋淳熙十一年南康郡斋刻本；左右文武双边，上下单边；白口，双黑鱼尾，中刻书名，下刻页码；半页九行，行十五字。

识印章：

孙氏禹见家藏——孙云翼姓氏字号藏书印。孙云翼（生活于明万历年间），字禹见，一作禹俭，号鹏举，丹阳（今江苏丹阳）人，明代文学家、藏书家。藏书楼名"曲水山房""清畅斋"，藏书印有"孙云翼印""曲阿孙氏禹见珍玩""孙氏禹见家藏""曲水山房"等。著有《广福山志》《哑绍编》《清畅斋骈语》《鳌阳漫稿》《桔山四六笺注》等。

汪士钟印——汪士钟姓名藏书印。汪士钟（1786—？），长洲（今江苏苏州）人，汪文琛之子，清代著名藏书家。藏书楼名"艺芸书舍""三十五峰园"等。详见《周易九卷》"汪士钟"条。

民部尚书郎——汪士钟藏书闲章。

铁琴铜剑楼——常熟瞿氏藏书楼号藏书印。详见《周易注疏》"铁琴铜剑楼"条。

瞿秉冲印——瞿秉冲姓名藏书印。瞿秉冲（生活于道咸间），昭文（今江苏常熟）古里人，瞿绍基之孙，瞿镛第五子，清代藏书家，铁琴铜剑楼第三代主人。藏书印有"瞿秉冲""瞿秉冲印"等。

瞿启科印——瞿启科姓名藏书印。瞿启科（生卒不详），字第卿，昭文（今江苏常熟）古里人，瞿绍基曾孙，瞿镛之孙，瞿秉清之子，清代藏书家，铁琴铜剑楼第四代继承人。藏书印有"瞿启科印"。

识递藏：

从书页所钤藏书印及题跋看，是书曾藏于明代丹阳孙云翼"曲水山房"；又藏于常熟钱曾"述古堂"；继藏于平江黄丕烈"士礼居"；继藏于长洲汪士钟"艺芸书舍"；继藏于常熟瞿氏"铁琴铜剑楼"，由瞿秉冲、瞿启科、瞿启文叔侄递藏；今藏于国家图书馆。有瞿中溶、黄丕烈跋，钱大昕题识。

经史证类备急本草三十一卷

识著述：

唐慎微（约生活于11—12世纪间），字审元，蜀州晋阳（今四川崇庆）人，北宋著名药学家，著有《经史证类备急本草》。《经史证类备急本草》（简称《证类本草》）三十一卷，是唐慎微在掌禹锡《嘉祐补注神农本草》和苏颂《本草图经》的基础上，收集民间验方、各家医药名著以及经史传记、佛书道藏中有关本草学的记载整理编著而成的。全书将药物分为玉石、草、木、人、兽、禽、虫鱼、果、米谷、菜（以上又各分为上、中、下三品）、有名未用、图经外草类、图经外木蔓类，凡十三类，叙述药物别名、药性、主治、产地、采集、炮炙、辨析、附方等，内容丰富，分类系

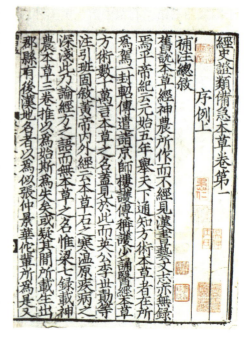

统，论述周详，引述富赡，乃集北宋前本草学大成之作，代表了宋代药物学的最高成就。

识版式：

此为宋嘉定四年刘甲刻本；左右双边，上下单边；白口，双黑鱼尾，中刻书名、卷次；半页十一行，行二十一字。

识印章：

吴仲内氏——吴元恭姓氏字号藏书印。吴元恭（生活于嘉靖年间），字仲内，一字悌仁，号名山，吴县（今江苏苏州）人，明代校勘学家、书画家、刻书家、藏书家。藏书楼名"太素馆"，藏书印有"吴元恭印""元恭""悌仁""吴兴沈瀹""吴氏家藏""太素之藏"等。校有《贾谊新书》《韩昌黎集》《谷梁注疏》《尔雅经注》等。

悌仁——吴元恭字号藏书印。

吴氏家藏——吴元恭姓氏藏书印。

臣绍和印——杨绍和名号藏书印。杨绍和（1830—1875），聊城（今山东聊城）东昌府区人，杨以增次子，海源阁第二代主人，清代著名目录学家、藏书家。藏书

楼名"海源阁"。著有《楹书隅录》。详见《韩鲁齐三家诗考》"杨绍和"条。

彦合珍玩——杨绍和字号藏书印。

宋存书室——聊城杨氏海源阁藏书楼分号藏书印。

湘云馆——余嘉锡藏书楼号藏书印。余嘉锡（1884—1956），字季豫，别署狷翁，湖南常德人，当代著名目录学家、古文献学家、藏书家。藏书楼名"读未见书斋""湘云馆"，著有《四库提要辨证》《目录学发微》《古书通例》《世说新语笺疏》《余嘉锡论学杂著》等。

识递藏：

从书页所钤藏书印及题识看，是书曾藏于吴县吴元恭"太素馆"；又藏于聊城杨绍和"海源阁"之"宋存书室"；再藏于常德余嘉锡"湘云馆"；傅增湘曾见于天津盐业银行，今藏于国家图书馆。

重修政和经史证类备急本草三十卷目录一卷

识著述：

唐慎微（约生活于11—12世纪间），字审元，蜀州晋阳（今四川崇庆）人，北宋著名药学家，著有《经史证类备急本草》。《经史证类备急本草》（简称《证类本草》）三十一卷目录一卷，总结了前代药物

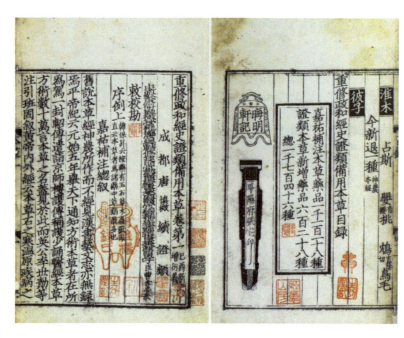

学成就，举凡经史百家、佛书道藏中有关医药记载，均加择录，收药达一千七百四十六条。《证类本草》规模巨大、内容详博、药物众多、方药并举，集宋代以前中药学成就之大成，开创了药物学方剂对照之先河，是一部研究中药学的重要历史文献，对现代中医药健康养生领域的研究发展产生了深远影响。

识版式：

此为宋蒙古定宗四年（1249）平阳张存惠晦明轩刻本；四周双边；白口，双黑鱼尾，中刻书名、卷次、页码；半页十一行，行二十一至二十二字。

识印章：

维扬钱氏——钱宗道郡望姓氏藏书印。钱宗道（生活于宣德正统间），名本，字宗道，苏州人，明代著名医学家、藏书家。藏书印有"维扬钱氏""生幼""生幼堂记"等。

生幼堂记——钱宗道医堂名号藏书印。

生幼——钱宗道医堂名藏书印。

华亭朱氏珍藏——朱大韶郡望姓氏藏书印。朱大韶（1517—1577），字象元，一作象玄，号文石，松江府华亭（今上海松江）人，明代学者、藏书家。藏书楼名"横经阁""文石山房"。详见《輶轩使者绝代语释别国方言》"朱大韶"条。

项氏万卷堂图籍印——项笃寿姓氏藏书楼号藏书印。项笃寿（1521—1586），秀水（今浙江嘉兴）人，项元汴之兄，明代著名史学家、刻书家、藏书家。藏书楼名"万卷堂"。详见《新唐书》"项笃寿"条。

　　钱谦益印——钱谦益姓名藏书印。钱谦益（1582—1664），苏州府常熟（今江苏张家港）塘桥镇鹿苑奚浦人，明末清初学者、诗人、史学家、藏书家。藏书楼名"绛云楼"等。详见《新刊唐宋名贤历代确论》"钱谦益"条。

　　东吴毛晋——毛晋郡望姓名藏书印。毛晋（1599—1659），常熟（今江苏常熟）人，明末著名经学家、文学家、刻书家、藏书家。藏书楼名"汲古阁"。详见《周易九卷》"毛晋"条。

　　季振宜藏书——季振宜姓名藏书印。季振宜（1630—？），字诜兮，号沧苇，泰兴（今江苏泰州靖江）季市镇人，明末清初著名诗人、文献学家、版本学家、校勘学家、藏书家。藏书楼名"静思堂"。详见《尚书注疏》"季振宜"注。

　　袁又恺藏书——袁廷梼姓字藏书印。袁廷梼（1762—1809），字又恺，号绥阶，又号寿阶，吴县（今江苏苏州）人，清代著名诗人、画家、考据学家、校勘学家、藏书家。藏书楼名"小山丛桂馆""五砚楼"。详见《诗外传》"袁廷梼"条。

　　苏州袁氏五砚楼藏金石图书——袁廷梼郡望姓氏藏书楼号藏书印。

　　红蕙山房——袁廷梼藏书楼号藏书印。

　　汪士钟印——汪士钟姓名藏书印。汪士钟（1786—？），长洲（今江苏苏州）人，汪文琛之子，清代著名藏书家。藏书楼名"艺芸书舍""三十五峰园"等。详见《周易九卷》"汪士钟"条。

　　阆源真赏——汪士钟字号藏书印。

　　蒋光煦印——蒋光煦姓名藏书印。蒋光煦（1825—1895），字寅昉，号吟舫，一号敬斋，海盐（今浙江海宁）人，蒋光煦从弟，清代著名藏书家。藏书楼名"衍芬草堂"等。详见《外台秘要方》"蒋光煦"条。

　　寅昉——蒋光煦字号藏书印。

识递藏：

　　从书页所钤藏书印及题跋看，是书曾藏于苏州钱宗道"生幼堂"；又藏于华亭朱大韶"横经阁"；继藏于秀水项笃寿"万卷堂"；继藏于常熟钱谦益"绛云楼"；继藏于常熟毛晋、毛表"汲古阁"；继藏于泰兴季振宜"静思堂"；继藏于昆山徐乾学"传是楼"；继藏于吴县袁廷梼"红蕙山房"；继藏于长洲汪士钟"艺芸书舍"；继藏于海盐蒋光煦"衍芬草堂"；今藏于国家图书馆。有钱谦益跋。

圣散子方一卷

识著述:

苏轼（1037—1101），字子瞻、和仲，号铁冠道人、东坡居士，世称苏东坡、苏仙，眉州眉山（今四川眉山）人，祖籍河北栾城，北宋著名经学家、文学家、诗人、词人、书法家、画家，著有《东坡易传》《东坡七集》《东坡乐府》《潇湘竹石图卷》《枯木怪石图卷》等。《圣散子方》一卷，乃苏轼谪居黄州时为解黄州瘟疫开出的一剂药方，为中医抗疫之名方。此方流传既久，不仅因其卓著的疗效，更有赖于一代文豪苏东坡的大力推荐。然而，此方在流传的过程中，也出现过不少问题。

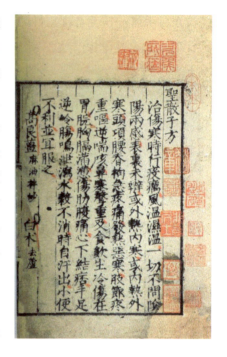

识版式:

此为明嘉靖刻本；四周单边；粗黑口，单黑鱼尾，中刻页码；半页九行，行十七字，小字双行同。

识印章:

禹峰——彭而述字号藏书印。彭而述（1605—1665），字子籧，号禹峰，彭桥（现河南邓州彭桥）人，明末清初诗人、文学家、史学家、藏书家。藏书印有"禹峰"等。著有《明史断略》《滇黔草》《南游文集》《读史亭诗集》《读史亭文集》《宋史外篇》《读史外篇》《续读史外篇》《禹峰诗集》《读史新志》《读史别志》《读史异志》等。

次侯所藏——赵宗建字号藏书印。赵宗建（1828—1900），常熟（今江苏常熟）人，清末著名诗人、藏书家。藏书楼名"旧山楼"。详见《汉隶分韵》"赵宗建"条。

非昔居士——赵宗建字号藏书印。

赵章——赵宗建姓氏藏书印。

旧山楼——赵宗建藏书楼号藏书印。

不骞——赵不骞名号藏书印。赵士权（生活于民国时期），后更名赵不骞，号钧千，清代藏书家赵宗建之孙，民国金石学家、目录学家、版本学家、藏书家。藏书楼名"铁如意斋",藏书印有"赵士权印""赵不骞印""不骞""钧千""钧千眼福""钧千珍藏""铁如意斋"等。

钧千——赵不骞字号藏书印。

钧千眼福——赵不骞字号藏书印。

寒云真赏——袁克文字号藏书印。袁克文（1890—1931），项城（今河南项城）人，袁世凯次子，近代诗人、书法家、金石鉴赏家、藏书家。藏书楼名"皕宋书藏""后百宋一廛""八经阁"。详见《汉上易传》"袁克文"条。

宋本——袁克文版本藏书印。

越然——周越然名号藏书印。周越然（1885—1962），本名周之彦，字越然，以字行，别署走火，吴兴（今浙江吴兴）人，民国著名版本学家、翻译家、藏书家，曾任职于商务印书馆。藏书楼名"言言斋"。详见《伊洛渊源录》"周越然"条。

范行准——范行准姓名藏书印。范行准（1906—1998），名适，字天磐，汤溪（今浙江金华）人，当代医学家、藏书家。藏书楼名"栖芬室"，藏书印有"范行准""行准""汤溪范氏栖芬图籍""栖芬室图书"等印。编有《栖芬室架书目录》，辑有《全汉三国六朝唐宋医书》《元明医学钩沉》，著有《明季西洋传入之医学》《中国预防医学思想史》《中国病史新义》等。

识递藏：

从书页所钤藏书印看，是书曾藏于邓州彭而述之手；又藏于常熟赵宗建"旧山楼"，由其曾孙赵不骞递藏于"铁如意斋"；继藏于项城袁克文"寒云草堂"；继藏于吴兴周越然"言言斋"；继藏于汤溪范行准"栖芬室"；今藏于中国中医科学院图书馆。有赵古椿、虹隐居士、瞿启甲跋。

伤寒论注解十卷图解一卷

识著述：

成无己（约1063—1156），聊摄（今山东茌平）洪官屯镇成庄人，宋金时期著名医学家，伤寒学派的主要代表，著有《注解伤寒论》《伤寒明理论》《伤寒明理药方论》。《注解伤寒论》（又称《伤寒论注解》）十卷，以《内经》《难经》之学为理论指导，分析病机、治则、方剂等，使《内经》《难经》与《伤寒论》之间一脉相承，从理论上阐述了各种症候的病机、病变及处方用药，阐明了张仲景"辩证论治"的精神实质，揭示了《伤寒论》的隐奥，增强了它的理论色彩。《伤寒论注解》是后世医家研究《伤寒论》的主要注本之一。

识版式：

此为元至正二十五年西园余氏刻本；四周双边；黑口，三黑鱼尾；半页十二行，行二十四字，小字双行同。

识印章：

蔚谿刘大生源泉藏书记——刘大生郡望姓名字号藏书印。刘大生（生卒不详），字源泉，苏州（今江苏苏州）蔚溪人，生平无考。

平阳汪氏藏书印——汪文琛郡望姓氏藏书印。汪文琛（生活于乾嘉间），字厚斋，长洲（今江苏苏州）人，清代布衣藏书家。藏书楼名"三十五峰园"。详见《周易注疏》"汪文琛"条。

黄裳珍藏善本——黄裳姓名藏书印。黄裳（1919—2012），原名容鼎昌，笔名勉仲等，益都（今山东益都）人，现代散文家、版本学家、藏书家。藏书楼名"木雁斋"等。详见《相台书塾刊正九经三传沿革例》"黄裳"条。

黄裳鉴藏——黄裳姓名藏书印。

黄裳藏本——黄裳姓名藏书印。

王玉润印——王玉润姓名藏书印。王玉润（1919—1991），引谿（今上海杨浦区引翔港人），当代著名医学家、藏书家，沪上中医儿科名家之一。藏书楼名"中和堂"，藏书印有"王玉润印""引谿世医王氏藏书印""中和堂"等。主编《中医儿科学》《儿科学》，参编《血吸虫病防治手册》《寄生虫病学》等。

引黟世医王氏藏书印——王玉润郡望出身藏书印。

中和斋——王玉润藏书楼号藏书印。

行准——范行准名号藏书印。范行准（1906—1998），名适，字天磐，汤溪（今浙江金华）人，当代医学家、藏书家。藏书楼名"栖芬室"。详见《圣散子方》"范行准"条。

识递藏：

从书页所钤藏书印看，是书曾藏于苏州刘大生之手，又藏于长洲汪文琛"三十五峰园"；又藏于益都黄裳"来燕榭"；继藏于沪上名医王玉润"中和斋"；继藏于汤溪范行准"栖芬室"；今藏于国家图书馆。

537

伤寒要旨一卷药方一卷

识著述：

李柽（1077—1150），字与几，当涂（今安徽当涂）姑孰人，唐当涂令李阳冰第十二世孙，北宋医学家，著有《伤寒治法撮要》《小儿保生方》，均佚。《伤寒要旨药方》两卷，上卷为《伤寒药方》，乃从北宋校正医书局校定之《伤寒论》抄录方剂一百零七首，另加白园子一首（非《伤寒论》原有），计有一百零八首；下卷为《伤寒要旨》，从北宋校正医书局校定之《伤寒论》六经病中选录条文一百七十二条，从"可"与"不可"中选录十条。此书在研究宋本《伤寒论》流传史及校勘宋本《伤寒论》领域，均具有积极意义。

识版式：

此为宋乾道七年姑孰郡斋刻本；左右文武双边，上下单边；白口，单黑鱼尾，中刻书名、页码；半页九行，行十六字。

识印章：

黄丕烈印——黄丕烈姓名藏书印。黄丕烈（1763—1825），字绍武，号荛圃，又号复翁等，平江（今江苏苏州）人，清代著名校勘学家、版本学家、目录学家、刻书家、藏书家。藏书楼名"士礼居""百宋一廛"等。详见《四书通》"黄丕烈"条。

复翁——黄丕烈字号藏书印。

士礼居——黄丕烈藏书楼号藏书印。

汪士钟印——汪士钟姓名藏书印。汪士钟（1786—?），长洲（今江苏苏州）人，汪文琛之子，清代著名藏书家。藏书楼名"艺芸书舍""三十五峰园"等。详见《周易九卷》"汪士钟"条。

阆源真赏——汪士钟字号藏书印。

振勋私印——汪振勋名号藏书印。汪振勋（生活于道咸间），字绅之，号梅泉，吴县（今江苏苏州）人，汪士钟族人，清代藏书家。藏书楼名"修汲轩""真适斋"，藏书印有"平江汪振勋梅泉父印记""修汲轩"等。详见《字鉴》"汪振勋"条。

梅泉父——汪振勋字号藏书印。

平阳叔子——汪振勋郡望排行藏书印。汪士钟有"平阳伯子"印，汪振勋有"平阳叔子"印，其间关系似为兄弟。

识递藏：

从书页所钤藏书印及题跋看，是书曾藏于平江黄丕烈"士礼居"；继藏于长洲汪士钟"艺芸书舍"；继藏于同族汪振勋"修汲轩"；今藏于国家图书馆。有杨象济题款，黄丕烈跋。

伤寒要旨一卷药方一卷

校正素问精要宣明论方七卷

识著述：

刘完素（1110—1200），字守真，号通玄处士，河间十八里营村（今河北沧州河间刘守村）人，世称刘河间，金代著名医学家，因其施治善用寒凉，后世称其为寒凉派祖师，为金元四大家代表人物之一，著有《素问玄机原病式》《黄帝素问宣明论方》《素问病机气宜保命集》《伤寒直格》《三消论》《运气要旨论》《治病心印》等。《校正素问精要宣明论方》（简称《宣明论方》）七卷，将《素问》诸篇所论病证分为十八门：卷一为诸证门，取《素问》所论病证六十二种，附列医方六十六首；卷二至卷七分列风、寒、热、积聚、水湿等十七门，附列医方二百九十一首。每门首列总论，以《素问》论述为主，兼引诸家之说，间及刘氏个人发挥。《宣明论方》突出反映了刘完素六气怫郁化火、玄府气液

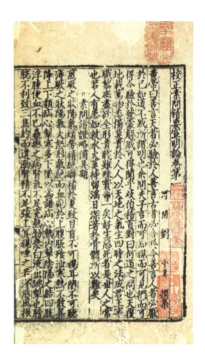

不通等病因病机学说，以及在治疗上清热通利、寒凉宣泄的特点，对后世热性病的治疗产生了极其深远的影响，至今仍有重要的学术价值，为中医学各学派的创立奠定了良好的基础。

识版式：

此为元刻本；四周双边；黑口，双黑鱼尾；半页十四行，行二十五字，小字双行同。

识印章：

大仁敬观——宋大仁字号藏书印。宋大仁（1907—1985），名泽，字大仁，以字行，别号医林怪杰，别署海煦楼主，香山（今广东广州香山）人，当代医学家、书画家、中医藏书家。藏书楼名"海煦楼"，藏书印有"大仁敬观""中山宋氏海煦楼藏"等。

中山宋氏海煦楼藏——宋大仁郡望姓氏藏书楼号藏书印。

范行准——范行准姓名藏书印。范行准（1906—1998），名适，字天磬，汤溪（今浙江金华）人，当代医学家、藏书家。藏书楼名"栖芬室"。详见《圣散子方》"范行准"条。

栖芬室图书——范行准藏书楼号藏书印。

识递藏:

从书页所钤藏书印看,是书曾藏于香山宋大仁"海煦楼";继藏于汤溪范行准"栖芬室";今藏于中国中医科学院图书馆。

新编西方子明堂灸经八卷

识著述：

　　撰人无考。《新编西方子明堂灸经》八卷，汇集了宋代及以前有关灸法资料，包括三百五十六个腧穴的部位、取穴法、施灸法以及临床各科的主治病症，并附有十九幅图，极富特色。与同类书相比，此书腧穴记载多，治疗范围广，病种比较全，尤其是以头面躯干分部、四肢分经的方法厘定了腧穴部位，更切合临床实用，是一部重要的针灸学著作。

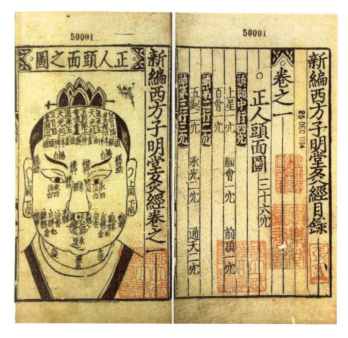

识版式：

　　此为宋绍兴两浙东路茶盐司刻本；左右双边，上下单边；黑口，双黑鱼尾；半页十三行，行二十一字。

识印章：

　　安乐堂藏书记——清怡亲王爱新觉罗·弘晓藏书楼号藏书印。爱新觉罗·弘晓（1722—1778），字秀亭，号冰玉道人、冰玉主人，怡贤亲王爱新觉罗·胤祥第七子，袭怡亲王爵，清代著名诗人、藏书家。藏书楼名"乐善堂""明善堂""安乐堂"等，藏书印有"怡府世宝""安乐堂藏书记""明善堂览书画印记"等。著有《明善堂诗集》。详见《增节标目音注精议资治通鉴》"弘晓"条。

　　明善堂览书画印记——清怡亲王爱新觉罗·弘晓藏书楼号藏书印。

　　张押——不详何属。

识递藏：

　　从书页所钤藏书印及题识看，是书曾藏于清怡亲王爱新觉罗·弘晓"安乐堂"；今藏于武汉大学图书馆。

医说十卷

识著述：

张杲（1149—1227），字季明，新安（今安徽歙县）人，南宋著名医学史家，著有《医说》。张杲出身名医世家，少承家学，一方面从事临床诊治工作，另一方面又发挥了以儒业医的特长，从事医学史料和禁方、秘方的搜集整理。《医说》十卷，记载了宋以前一百一十六位名医的医学传记，论述了针灸、诊断等内容，取材宏富，奇疾险症，足资触发。其所搜集之资料出处多有依据，而古之专门禁方往往可迹。该书书后附有张杲评论及其临床体会，是我国现存最早的医学史传记，影响深远。

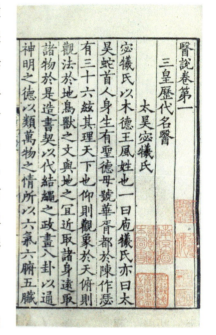

识版式：

此为宋刻本；左右文武双边，上下单边；白口，单黑鱼尾，中刻书名、卷次，下刻页码；半页九行，行十八字，小字双行同。

识印章：

汪士钟印——汪士钟姓名藏书印。汪士钟（1786—？），长洲（今江苏苏州）人，汪文琛之子，清代著名藏书家。藏书楼名"艺芸书舍""三十五峰园"等。详见《周易九卷》"汪士钟"条。

长洲汪士钟阆源父印——汪士钟郡望姓名字号藏书印。

观察使者——汪士钟藏书闲章。

三十五峰园主人——汪士钟藏书楼号藏书印。

八千卷楼——杭州丁丙藏书楼号藏书印。丁丙（1832—1899），钱塘（今浙江杭州）人，清末著名经学家、诗人、金石学家、目录学家、藏书家。总藏书楼名"嘉惠堂"。详见《周易本义》"丁丙"条。

善本书室——丁丙八千卷楼分号藏书印。

迪安堂书画印——无考。

识递藏：

从书页所钤藏书印及题跋看，是书曾藏于长洲顾珊"试饮堂"；继藏于平江黄丕烈"士礼居"；继藏于长洲汪士钟"三十五峰园"；继藏于杭州丁丙"八千卷楼"之"善本书室"；今藏于南京图书馆。有黄丕烈、丁丙、柳诒征跋。

袖珍小儿方十卷

识著述：

  徐用宣（生活于明初），衢州府（今浙江衢州）人，明代儿科医学家。徐用宣出身世医，晚年贯通医术，尤精于小儿科。晚年搜集诸家小儿方书，以《小儿药证直诀》为本，参附己意，择取良方，汇编为《袖珍小儿方》。《袖珍小儿方》十卷，以《脉诀》为首，《方论针灸图形》次之，总七十二门六百二十四首。其书汇采详备，而论断多袭旧文，缺乏创新。

识版式：

  此为明嘉靖十一年陈琦刻本；四周文武双边；粗黑口，双黑鱼尾，中刻书名、卷次、页码；半页十行，行十八至二十字，小字双行同。

识印章：

  汪心竹——汪心竹姓名藏书印。汪心竹（生卒不详），字三友，合肥人。生平无考。藏书楼名"汪三友堂"，藏书印有"汪心竹""合肥汪三友堂珍藏书画印"等。

  合肥汪三友堂珍藏书画印——汪心竹郡望堂号藏书印。

识递藏：

  从书页所钤藏书印看，是书曾藏于合肥汪心竹"汪三友堂"；今藏于安徽省图书馆。

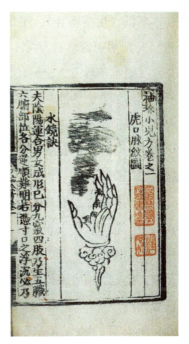

魁本袖珍方大全四卷

识著述：

李恒（生卒不详），字伯常，合肥（今安徽合肥）人，明初著名医学家，撰有《魁本袖珍方大全》。《魁本袖珍方大全》（又名《新刊袖珍方》《袖珍方》）四卷，为明周定王朱橚谪居云南期间命王府良医李恒撰成的一部方书。全书共收方三千零七十七首，按病证分为八十一门。卷一为风、寒、暑、湿、伤寒外感病以及疟、痢、呕吐、咳喘等部分内科病；卷二、卷三为各种内科病，卷三末为五官科病；卷四首为折伤，后为妇人、小儿病。每种病症下先论后方，其方既选前代方书，又多经验方及嗣府良方，适宜民间使用。

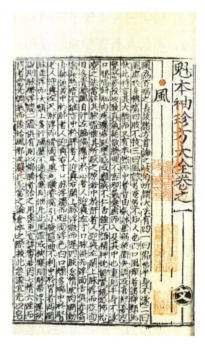

识版式：

此为明正德二年杨氏清江书堂刻本；四周双边；粗黑口，双黑鱼尾，中刻书名、卷次、页码；半页十七行，行三十字。

识印章：

常熟翁同龢藏本——翁同龢郡望姓名藏书印。翁同龢（1830—1904），字叔平，一字声甫，又作笙甫，号笙籛，又号松禅，别号天放闲人，晚号瓶盦、瓶庐、瓶居士、瓶庵居士，别署均斋，常熟（今江苏常熟）人，翁心存之子，清代著名政治人物、诗人、书法家、藏书家。藏书楼名"一经堂""均斋""宝瓠斋""瓶庐""瓶斋"，藏书印有"翁同龢观""同龢""龢""常熟翁同龢藏本""松禅""松禅居士""叔平""叔平所得金石文字""均斋所藏""虞山揽秀堂翁氏藏书"等。著有《翁文恭公日记》《瓶庐诗文稿》等。

均斋秘藏——翁同龢字号藏书印。

识递藏：

从书页所钤藏书印看，是书曾藏于常熟翁同龢"瓶斋"；今藏于四川省图书馆。

安老怀幼书四卷

识著述：

刘宇（生活于成化弘治间），字志大，河南人，明代医学家，编有《安老怀幼书》。《安老怀幼书》四卷，宋陈直、元邹铉、明娄子贞原撰，明刘宇编，包括《安老书》三卷与《怀幼书》一卷。本书卷一为老人饮食调治、四时摄养、起居忌宜、药物扶持等，共二百一十五条；卷二为训子之道，列举《颜氏家训》《文公家礼》等教导子辈孝敬父母

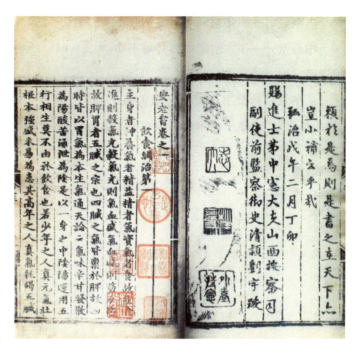

翁姑之礼，并载老莱子、黄香等孝子奉亲敬老的典型事例，说明和睦家庭、父慈子孝对老人养老防病所起的重要作用；卷三列食养、食疗方及用药制方；卷四专事小儿调养，备列小儿诸病常用方三万余首。其书言近旨远，各臻其妙，是一部养生类医学著作。

识版式：

此为明弘治十一年自刻本；四周文武双边；粗黑口，单黑鱼尾，中刻书名、页码；半页九行，行十九字，小字双行二十字。

识印章：

冬涵阅过——李毓恒字号藏书印。李毓恒（1830—1891），字冬涵，号勉斋，济宁（今山东临清）人，清代诗人、目录学家、抄书家、藏书家。藏书楼名"惜阴书屋""磨墨亭"，藏书印有"冬涵""冬涵阅过""李氏藏书"等。辑有《惜阴书屋书目》，著有《勉斋读书记》《惜阴书屋诗集》。

怡园居士学医——陈豪字号藏书印。陈豪（1839—1910），字蓝洲，号迈庵、墨翁、止盦、怡园居士、东里蓝叟，仁和（今浙江杭州）人，清代诗人、书画家、藏书家。藏书楼名"春暄草堂"，藏书印有"陈豪之印""陈豪""怡园居士学医"

547

"东里蓝叟""蓝洲""止盦""是乃仁术也"等。著有《春暄草堂诗集》。

是乃仁术也——陈豪藏书闲章。"是乃仁术也"出自《孟子·梁惠王》,此处指医道。

张志刚印——张志刚姓名藏书印。张志刚(生平不详),天津人,医学专门藏书家。藏书楼名"柏心堂",藏书印有"张志刚印""志刚藏书""津沽张氏藏善本医书""柏心堂"等。

志刚藏书——张志刚名号藏书印。

柏心堂——张志刚藏书楼号藏书印。

识递藏:

从书页所钤藏书印看,是书曾藏于济宁李毓恒"惜阴书屋";继藏于仁和陈豪"春暄草堂";继藏于天津张志刚"柏心堂";今藏于中国中医科学院图书馆。

子部・天文算法类

天文算法类小序

天文算法是研究宇宙空间天体、宇宙的结构和运行的学科，内容包括天体的构造、性质和运行规律等。主要通过观测天体发射到地球的辐射，发现并测量其位置，探索其运动规律，研究其物理性质和化学组成、内部结构、能量来源及其演化规律，即今之所谓天文历法。

古之天文算法包括推步和算书两属，二者互为表里，相辅相成。古人认为，日月运转于天，犹如人之行步，可推算而知，故曰"推步"。推步，指用仪器及算术考测天象，即古人所谓"究日月五星之度、昏旦节气之差"的观象之术；而所谓算书，指专言数理算法、测量之术的书，是完成推步观象的具体手段。需要说明的是，这里所说的推步，并非术数当中的推命之术；这里所言的算书，也不是占验機祥的占卜之书。

天文历法是一门古老的科学，自有人类文明史以来，天文历法就占有重要的地位。三代以前，各种制度已经相当成熟，尤其是天文历法已达到相当精密的地步。《吕氏春秋・勿躬篇》谓"容成作历"，《汉书・艺文志・数术略》"历谱"更著录了《黄帝五家历》《颛顼历》《颛顼五星历》，容成子为黄帝臣，颛顼为黄帝孙，据此可证，黄帝时已有历法。刘师培《古历管窥》谓"颛顼历及夏历均从夏正"，又谓"秦及汉初并用颛顼历"，足见历法实行之古远。古人使用天文历法的最早文献记录是《尚书・尧典》中的两段话："（尧）乃命羲和，钦若昊天，历象日月星辰，敬授民时。"又云："咨！汝羲暨和，期，三百有六旬有六日，以闰月定四时，成岁。"而后出日新，制度日渐完备，故纪昀谓之"愈阐愈精"。

随着科学技术的发展，天文历法也在不断革新。汉武帝元封七年（前104），阆中人落下闳创"太初历"，规定太阳一回归年为一年，一朔望月为一月。"太初历"将原来以冬十月为岁首恢复为以夏历正月为岁首，并吸收了干支历的二十四节气成分作为指导农事的补充历法，以没有中气的月份为闰月，使历书与农时季节更为适应。这是我国古代一部比较完整的历法；明代，意大利传教士利玛窦撰成《乾坤体义》，将西洋历法传入中国。其书上卷讨论天象，巧喻妙譬，具有至理，发古人之所未发；下卷讨论算术，利用几何图形计算天体位移，非前人所能及，比古代的计算更为精密。由于利玛窦等人的天文历算与中国不尽相同，引起了当时守旧者的强烈反对，出现了门户之争；因西洋历法科学精准又无不应验，故至清初，康熙《御制数理精蕴》"通中西之异同，阐天人之微奥"，将利玛窦的学说与传统学说结合起来，辨定了古今中西之短长，臻于精微，门户渐消。《御制数理精蕴》与古代《九章算术》的"天元"算法妙合一契，成为清代以来算学之圭臬。

历代书目对天文算法类图书的著录相当复杂，定型较晚。《汉书·艺文志·数术略》"天文""历谱"所著录的内容与今之所谓天文算法类相近，却杂有借五星以占验吉凶的术数内容。至于五行、蓍龟、杂占、形法四类，则更与天文历法相去甚远；《隋书·经籍志·子部》亦置"天文""历数"两类，分别著录了"察星辰之变而参于政"的天文类书籍九十七部，和"揆天道，察昏明，以定时日，以处百事，以辨三统，以知陁会，吉隆终始，穷理尽性，而至于命"的历数类书籍一百部，其中亦不乏占验吉凶的内容；《郡斋读书志·子部》分置"天文类"和"星历类"，分别著录了《甘石星经》《步天歌》《列宿图》和《合元万分历》《历法》《集圣历》等书，合之即属名副其实的天文历法；《直斋书录解题·子部》置"历象类"，著录了《周髀算经》《天象法要》《统天历》等书籍，兼收了天文和算法之书；《四库全书总目·子部》"存古法以溯其源，秉新制以究其变"，对历代书目所录天文、历数、历象之书予以分合，开创性地设置了"天文算法类"，剔除了以往天文、历数、星象目录中的术数之书，保留了专言推步和算法的内容，使二者相互表里、相得益彰，作法最为允当。

今之所选，计有《周髀算经二卷》《九章算经九卷》《张丘建算经三卷》《孙子算经三卷》《大统历注不分卷》五部，以期收见微知著之效。

周髀算经二卷

赵君卿（生卒不
详），字君卿，东吴人，
汉末三国数学家，注有
《周髀算经》。《周髀算
经》二卷，是一部引用
分数运算及勾股定理等
数学方法阐述盖天说的
天文学著作。《周髀算经
注》对《周髀算经》的
经文逐段予以解释，并
用五百余字解释了附录
于首章的勾股圆方图，

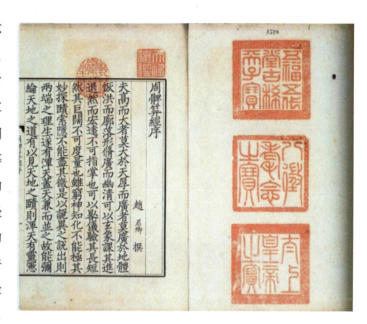

概括了自《周髀算经》和《九章算术》问世以来中国人关于勾股算术的成就。

识版式：

此为清初影宋抄本；四周双边；白口，单黑鱼尾，中书书名、卷次、页码；半
页九行，行十八字。

识印章：

乾隆御览之宝——乾隆皇帝藏书印。爱新觉罗·弘历（1711—1799），清代第
六位皇帝，入关之后的第四位皇帝，年号"乾隆"。藏书楼名"天禄琳琅""三希
堂"等，藏书印有"乾隆御览之宝""古稀天子""天禄继鉴"等。详见《春秋意
林》"爱新觉罗·弘历"条。

五福五代堂古稀天子宝——乾隆皇帝藏书印。乾隆四十九年，乾隆帝喜得玄
孙，一堂五代，因于景福宫增书"五福五代堂"之匾，为文以记，并镌"五福五代
堂古稀天子宝"，以志亘古稀有之事。

八征耄念之宝——乾隆八十岁寿诞所刻藏书印。乾隆五十五年乾隆皇帝为纪念
在位五十五年并庆祝八十寿辰而特别制作的。"八征"是指《尚书·洪范》中帝王
管理国家的八种政事：食、货、祀、司空、司徒、司寇、宾、师，即粮食、财务、
祭祀、居民、教育、治安、朝觐、军事。

太上皇帝之宝——乾隆禅位后藏书印。

天禄继鉴——乾隆天禄琳琅藏书楼号藏书印。

识递藏：

从书页所钤藏书印看，是书一直藏于清宫内府，存于乾隆"天禄琳琅"；今藏于辽宁省图书馆。

九章算经九卷

识著述：

刘徽（约225—约295），滨州邹平（今山东邹平）人，魏晋时期数学家，中国古典数学理论的奠基人之一，著有《九章算经》《海岛算经》。《九章算经》九卷，是我国古代一部重要的数学著作。其中分数理论及其完整的算法、比例和比例分配算法、面积和体积算法以及各类应用问题的解法，在方田、粟米、衰分、商功、均输等章已有了相当详备的叙述；而少广、盈不足、方程、勾股等章中的开立方法、盈不足术、正负数概念、线性联立方程组解法、整数勾股弦的一般公式等内容，在世界数学史上均取得了卓越成就。此书不仅在中国数学史上占有重要地位，对世界数学的发展也有过重要贡献。李淳风（602—670），岐州雍县（今陕西凤翔西南）人，唐代道士、易学家、天文学家、数学家。李淳风所著《九章算术注》，以刘徽注本为底本，以初学者为阐释对象，重在解说题意与算法，详细列出演算步骤，旨在为明算科提供适当的教科书。

识版式：

此为宋嘉定六年鲍澣之汀州刻本；左右双边，上下单边；细黑口，单黑鱼尾；半页九行，行十八字，小字双行同。

识印章：

朝爽阁藏书记——黄虞稷藏书楼号藏书印。黄虞稷（1629—1691），字俞邰，号楮园，晋江安海（今福建泉州晋江安海镇）人，随父徙居江宁（今江苏南京白下），明末清初著名藏书家。藏书楼名"千顷堂""朝爽阁"等，藏书印有"黄虞稷印""虞稷""不缁道人黄虞稷印""俞邰""俞台""温陵黄俞邰氏藏书印""晋江黄氏父子藏书印""温陵黄氏藏书""朝爽阁藏书记""千顷堂图书"等。预修《大清一统志》，编有《千顷堂书目》，著有《我贵轩集》《建初集》《朝爽阁集》《蝉巢集》《史传纪年》《楮园杂志》等。

健庵收藏图书——徐乾学字号藏书印。徐乾学（1631—1694），字原一，号健庵，昆山（今江苏昆山）人，清代著名经学家、史学家、文学家、文献学家、藏书家。藏书楼名"传是楼"。详见《周易九卷》"徐乾学"条。

传是楼——徐乾学藏书楼号藏书印。

张敦仁印——张敦仁姓名藏书印。张敦仁（1754—1834），字仲篙，一字古余、古馀，号古愚，泽州府阳城（今山西阳城）人，清代经学家、史学家、数学家、藏书家。藏书楼名"六一堂""省训堂""与古楼""艺学轩"，藏书印有"张敦仁印""张敦仁读过""古余珍藏子孙永宝""阳城张氏省训堂经籍记""阳城张氏与古楼经籍记""文章太守""开卷一乐"等。著有《资治通鉴刊本识误》《抚本礼记郑注考异》《辑古算经细草》《开方补记》等。

阳城张氏省训堂经籍记——张敦仁郡望姓氏藏书楼号藏书印。

荐桼——张荐桼名号藏书印。张荐桼（生活于嘉道间），字子絜，泽州府阳城（今山西阳城）人，藏书家、数学家张敦仁长子，清代藏书家。家有藏书楼名"与古楼""省训堂"，藏书印有"荐桼"等。

葆采——张葆采名号藏书印。张葆采（生活于嘉道间），字子实，一字仲实，又字实父，号筼生，又号敬梅庵主，泽州府阳城（今山西阳城）人，藏书家、数学家张敦仁次子，清代藏书家。家有藏书楼名"与古楼""省训堂"，藏书印有"葆采"等。

广圻审定——顾广圻名号校书印。顾广圻（1766—1835），元和（今江苏苏州）人，清代著名经学家、校勘学家、目录学家、藏书家。藏书楼名"思适斋"。详见《周礼》"顾广圻"条。

潘祖荫藏书记——潘祖荫姓名藏书印。潘祖荫（1830—1890），字东镛，又字伯寅，号郑盦，吴县（今江苏苏州）人，清代著名书法家、藏书家。藏书楼名"滂喜斋"。详见《金石录》"潘祖荫"条。

识递藏：

从书页所钤藏书印及题跋看，是书曾藏于晋江黄虞稷"朝爽阁"；继藏于昆山徐乾学"传是楼"；继藏于阳城张敦仁、张荐桼、张葆采父子"省训堂"，元和顾广圻为之审定；继藏于吴县潘祖荫"滂喜斋"；今藏于上海图书馆。有顾广圻跋。

张丘建算经三卷

识著述：

张丘建（生卒不详），清河（今河北邢台清河）人，北魏著名数学家，著有《张丘建算经》。《张丘建算经》三卷，所载问题多为当时社会生活中的实际问题，如有关测量、纺织、交换、纳税、冶炼、土木工程和利息等，涉及面较广。就数学内容而言，包括分数乘除、直角三角形、联立一次方程、二次方程、等差级数、等比级数和不定方程；从方法上分析有百分法、归谬法、三率法、比例法、开平方立方法以及不定分析等。全书采用问答式，条理精密，文词古雅，是世界数学资料库中的一份珍贵遗产。甄鸾（生卒不详），字叔遵，中山无极（今河北无极）人，北周时期数学家，首位系统研究军事数学的学者，著有《五曹算经》《笑道论》《帝王世录》等。李淳风（602—670），岐州雍县（今陕西凤翔西南）人，唐代道士、易学家、天文学家、数学家，世界上第一个给风定级的人，著有《乙巳占》《推背图》《孙子算经注》等。

识版式：

此为宋嘉定六年鲍澣之汀州刻本；左右双边，上下单边；细黑口，单黑鱼尾；半页九行，行十八字，小字双行同。

识印章：

毛晋私印——毛晋姓名藏书印。毛晋（1599—1659），常熟（今江苏常熟）人，明末著名经学家、文学家、刻书家、藏书家。藏书楼名"汲古阁"。详见《周易九卷》"毛晋"条。

毛氏子晋——毛晋姓氏名号藏书印。

季振宜藏书——季振宜姓名藏书印。季振宜（1630—？），字诜兮，号沧苇，泰兴（今江苏泰州靖江）季市镇人，明末清初著名诗人、文献学家、版本学家、校勘学家、藏书家。藏书楼名"静思堂"。详见《尚书注疏》"季振宜"条。

乾学——徐乾学名号藏书印。徐乾学（1631—1694），字原一，号健庵，昆山

（今江苏昆山）人，清代著名经学家、史学家、文学家、文献学家、藏书家。藏书楼名"传是楼"。详见《周易九卷》"徐乾学"条。

张敦仁印——张敦仁姓名藏书印。张敦仁（1754—1834），字古余，号古愚，泽州府阳城（今山西阳城）人，清代经学家、史学家、数学家、藏书家。藏书楼名"省训堂"等。详见《九章算经》"张敦仁"条。

阳城张氏省训堂经籍记——张敦仁郡望姓氏藏书楼号藏书印。

潘祖荫藏书记——潘祖荫姓名藏书印。潘祖荫（1830—1890），字东镛，又字伯寅，号郑盦，吴县（今江苏苏州）人，清代著名书法家、藏书家。藏书楼名"滂喜斋"。详见《金石录》"潘祖荫"条。

识递藏：

从书页所钤藏书印及题跋看，是书曾藏于常熟毛晋"汲古阁"；继藏于泰兴季振宜"静思堂"；继藏于昆山徐乾学"传是楼"；继藏于阳城张敦仁父子"省训堂"，元和顾广圻为之审定；继藏于吴县潘祖荫"滂喜斋"；今藏于上海图书馆。有顾广圻跋。

孙子算经三卷

识著述：

　　作者不详，成书约在四、五世纪，李淳风等注。李淳风（602—670），岐州雍县（今陕西凤翔西南）人，唐代道士、易学家、天文学家、数学家，世界上第一个给风定级的人，著有《乙巳占》《推背图》等。《孙子算经》三卷，是我国古代重要的数学著作。卷上叙述算筹记数的纵横相间制度和筹算乘除法，卷中举例说明筹算分数算法和筹算开平方法，卷下第三十一题可谓后世"鸡兔同笼"题之始祖。

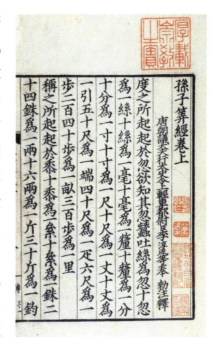

识版式：

　　此为宋嘉定六年鲍澣之汀州刻本；左右双边，上下单边；细黑口，单黑鱼尾，中刻书名、卷次、页码；半页九行，行十八字，小字双行同。

识印章：

　　厚载崇教之宝——疑为周振采鉴藏印。周振采（1687—1756），字白民，号菘畦，山阳（今江苏淮安市）人，清代校勘学家、藏书家。藏书印有"厚载崇教之宝"等。

　　张敦仁印——张敦仁姓名藏书印。张敦仁（1754—1834），字古余，号古愚，泽州府阳城（今山西阳城）人，清代经学家、史学家、数学家、藏书家。藏书楼名"省训堂"等。详见《九章算经》"张敦仁"条。

　　阳城张氏省训堂经籍记——张敦仁郡望姓氏藏书楼号藏书印。

　　荐棨——张荐棨名号藏书印。张荐棨（生活于嘉道间），字子絜，泽州府阳城（今山西阳城）人，藏书家、数学家张敦仁长子，清代藏书家。家有藏书楼名"与古楼""省训堂"，藏书印有"荐棨"等。

　　葆采印信——张葆采名号藏书印。张葆采（生活于嘉道间），字子实，一字仲实，又字实父，号筠生，又号敬梅庵主，泽州府阳城（今山西阳城）人，藏书家、数学家张敦仁次子，清代藏书家。家有藏书楼名"与古楼""省训堂"，藏书印有"葆采"等。

识递藏：

从书页所钤藏书印看，是书曾藏于淮阴周振采之手；继藏于阳城张氏"省训堂"，由张敦仁、张荐榮、张葆采父子递藏，元和顾广圻为之审定；今藏于上海图书馆。

大统历注不分卷

识著述：

　　本书无撰人姓名。《大统历》是明政府官颁的一部天文历法，它继承了元代郭守敬的《授时历》，在古代天文历法中占有重要地位。本书共收录明代正统至崇祯年间颁行的九十九种《大统历》，而以万历年间居多。明人所撰《大统历注》，就是这部明朝官颁历法的重要注本，具有很高的版本和文献价值，对研究古代天文历法和明代社会文化具有重要意义。

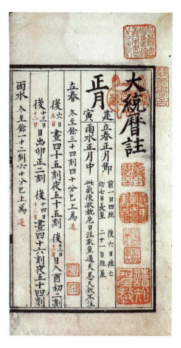

识版式：

　　此为明精写钞本；四周文武双边；黑口，双黑鱼尾；行字不等。

识印章：

　　雪屋珍藏——印主无考。

　　读知圣教——印主无考。

　　汪士钟印——汪士钟姓名藏书印。汪士钟（1786—?），长洲（今江苏苏州）人，汪文琛之子，清代著名藏书家。藏书楼名"艺芸书舍""三十五峰园"等。详见《周易九卷》"汪士钟"条。

　　三十五峰园主人——汪士钟别号藏书印。

　　艺芸书舍——汪士钟藏书楼号藏书印。

　　汪振勋印——汪振勋姓名藏书印。汪振勋（生活于道咸间），字绅之，号梅泉，吴县（今江苏苏州）人，汪士钟族人，清代藏书家。藏书楼名"修汲轩""真适斋"，藏书印有"平江汪振勋梅泉父印记""修汲轩"等。详见《字鉴》"汪振勋"条。

　　梅泉——汪振勋字号藏书印。

　　嘉惠堂丁氏藏书之记——丁丙藏书楼号姓氏藏书印。丁丙（1832—1899），钱塘（今浙江杭州）人，清末著名经学家、诗人、金石学家、目录学家、藏书家。总藏书楼名"嘉惠堂"。详见《周易本义》"丁丙"条。

　　善本书室——丁丙藏书楼分号藏书印。

识递藏：

　　从书页所钤藏书印及题跋看，是书曾藏于长洲汪士钟"艺芸书舍"；继藏于吴县汪振勋"修汲轩"；继藏于钱塘丁丙"嘉惠堂"之"善本书室"；今藏于南京图书馆。有丁丙跋。

子部·术数类

术数类小序

术数是一门研究阴阳五行相生相克之理，以推知人事、趋吉避凶的神秘学问。

阴阳五行学说是阴阳家的核心思想，盛行于战国末至汉初，属道家支派，其创始人为齐人邹衍和邹奭。阴阳五行学说包括"阴阳说"和"五行说"两个侧面。"阴阳说"将"阴""阳"视为事物内部两种彼此消长的协调力量，认为它是孕育天地万物的生成法则；"五行说"则是由金、木、水、火、土五种构成宇宙的基本物质循环变化衍生出来的五行相生相克理念。阴阳五行学说是中华民族最重要的哲学思想之一，司马迁称阴阳家的学问"深观阴阳消息，而作迂怪之变"，显然已涉及到了科学与神学两个方面。

《汉书·艺文志》置"诸子略·阴阳家"，又另置"数术略"与"诸子略"并列，既说明"数术"与"阴阳家"原非一家，又体现了汉代人对"数术"的重视。《汉书·艺文志》"数术略"之下，分有"纪吉凶之象"的天文、"探知凶阨之患"的历谱、"因此以为吉凶"的五行、"定天下之吉凶"的蓍龟、"纪百事之象，候善恶之征"的杂占、"求其声气贵贱吉凶"的形法六个子目，六者皆为统治集团的"史卜"之职所掌，由此亦足见其与政治的关系之密，故纪晓岚称之为"小道之可观者"。其中天文、历谱两事侧重于科学范畴里的天文历法，故后世书目将其区别为天文、历象类；而五行、蓍龟、杂占、形法四事更倾向于神学，"要其旨，不出乎阴阳五行，生克制化，实皆《易》之支派"，故别为术数类。

《隋书·经籍志·子部》始置"五行类"，将推终始以通神明的"五行"、考吉凶的"卜筮"，观来物的"杂占"、辨贵贱的"形法"从《汉书·艺文志》"数术略"中剥离出来；《郡斋读书志·子部》基本遵循了《隋书·经籍志》的体例，分置"天文""星历""五行"三类，其"五行类"即为术数；《四库全书总目·子部》改"五行类"为"术数类"，又分数学、占候、相宅相墓、占卜、命书相书、阴阳五行、杂技术七属，名类实繁，要多迷信色彩，不足为也。

今之所选，计有《重校正地理新书十五卷》《乾象通鉴一百卷》《三历撮要一卷》《玉灵聚义五卷》四部，旨在"不灭其籍""善于放绝"耳。

重校正地理新书十五卷

识著述：

本书不著撰人。或谓北宋王洙等修成，金代毕履道、张谦增补。王洙（997—1057），字原叔，应天府宋城（今河南商丘）人。《重校正地理新书》十五卷，为宋代唯一一部官修的堪舆术典籍，为地理先生（即风水先生）必读的实用地理手册。

识版式：

此为金刻本；四周双边；黑口，双黑鱼尾；半页十七行，行三十字，小字双行同。

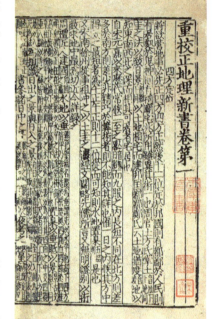

识印章：

李盛铎印——李盛铎姓名藏书印。李盛铎（1859—1934），字嶬樵，又字椒微，号木斋，别号师子庵旧主人等，晚号麐嘉居士，德化（今江西九江）东乡谭家畈人，清末民初著名政治家、收藏家。藏书楼名"木犀轩"等，藏书印有"李盛铎印""李盛铎木斋审定""木犀轩藏书"等。编有《木犀轩藏书目录》《木犀轩藏书题记及书录》。详见《监本纂图重言重意互注论语》"李盛铎"条。

木斋——李盛铎字号藏书印。

木犀轩藏书——李盛铎藏书楼号藏书印。

识递藏：

从书页所钤藏书印看，是书曾藏于德化李盛铎"木犀轩"；今藏北京大学图书馆。

乾象通鉴一百卷

李季（生活于两宋之交），河间（今河北河间）人，南宋学者，著有《乾象通鉴》。《乾象通鉴》一百卷，为李季奉旨编撰的一部风角占候的术数著作。其书所载，自天地列宿变异，杂引古占最备，可补《开元占经》之遗漏。

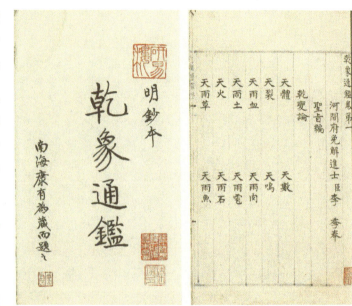

识版式：

此为明抄本；四周双边；白口，上书书名、卷次；半页十行，行二十字。

识印章：

莫棠楚生父印——莫棠姓名字号藏书印。莫棠（1865—1929），字楚生，独山（今贵州黔南独山）人，莫祥芝第三子，清末民初著名目录学家、版本学家、藏书家。藏书楼名"铜井文房"等。详见《说文字原》"莫棠"条。

康有为——康有为姓名藏书印。康有为（1858—1927），字广厦，号长素，又号明夷、更牲等，南海（今广东佛山南海）丹灶苏村人，人称康南海，晚清政治家、思想家、教育家、经学家、诗人、藏书家。藏书楼名"万木草堂"等。详见《诗经疏义》"康有为"条。

沈仲涛印——沈仲涛姓名藏书印。沈仲涛（1892—1981），号研易楼主人，山阴（今浙江绍兴）人，沈复灿裔孙，现代易学家、藏书家。藏书楼名"研易楼"，藏书印有"沈仲涛印""沈仲涛读书记""山阴沈仲涛珍藏秘籍""研易楼""研易楼藏书印""沈氏研易楼所得善本书"等。著有《华英易经》《易卦与科学》等。

沈氏研易楼所得善本书——沈仲涛姓氏藏书楼号藏书印。

研易楼——沈仲涛藏书楼号藏书印。

识递藏：

从书页所钤藏书印及题跋看，是书曾藏于福清李馥"笔山阁"；又藏于长洲汪士钟"艺芸书舍";又藏于阳湖庄炳汉之手;又藏于独山莫棠"铜井文房";继藏于南海孔广陶"岳雪楼";继藏于南海康有为"万木草堂";继藏于山阴沈仲涛"研易楼";今藏于国家图书馆。有莫棠、康有为跋。

三历撮要一卷

识著述：

不著撰人姓名。《三历撮要》一卷，是一部占验择吉之书，内容分三部分：第一部分铺注从一月到十二月每月的吉日，排列顺序皆同。吉日依序为嫁娶、求婚、送礼、出行、行舡、上官、起造、架屋、动土、

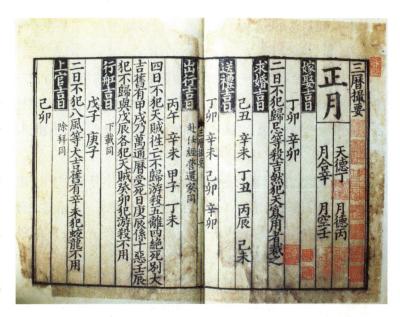

入宅、安葬利日、挂服利日、除服、词讼、开店库、造酒曲酱醋、市贾、安床帐、裁衣、入学、祈祷、耕种若干事。每月各式吉日之中，均有若干条项特别标明何以选择这些吉日的理由；第二部分是万通历吉凶图说，又名总天大卦，更不论年月时日，及不惧诸杂忌讳，只不得用受死日；第三部分是万通历吉凶图诀，教导如何处理吉日和忌日。

识版式：

此为清初影宋刻本；蝴蝶装；左右双边，上下单边；白口，单黑鱼尾，中刻书名、页码；半页十行，行十九字。

识印章：

镜汀——汪澂姓名别号藏书印。汪澂（约生活于明末），字潜然，别号镜汀，徽州（今安徽歙县）人，明代书画家、藏书家。藏书印有"汪澂别号镜汀图章""镜汀""澂印"等。著有《画史会要》。

澂印——汪澂名号藏书印。

黄丕烈印——黄丕烈姓名藏书印。黄丕烈（1763—1825），字绍武，号荛圃，又号复翁等，平江（今江苏苏州）人，清代著名校勘学家、版本学家、目录学家、刻书家、藏书家。藏书楼名"士礼居""百宋一廛"等。详见《四书通》"黄丕烈"条。

复翁——黄丕烈字号藏书印。

百宋一廛——黄丕烈藏书楼分号藏书印。

汪士钟印——汪士钟姓名藏书印。汪士钟（1786—？），长洲（今江苏苏州）人，汪文琛之子，清代著名藏书家。藏书楼名"艺芸书舍""三十五峰园"等。详见《周易九卷》"汪士钟"条。

阆源真赏——汪士钟字号藏书印。

铁琴铜剑楼——常熟瞿氏藏书楼号藏书印。详见《周易注疏》"铁琴铜剑楼"条。

瞿氏鉴藏金石记——瞿绍基姓氏藏书印。瞿绍基（1772—1836），字厚培，号荫棠，昭文（今江苏常熟）人，清代著名藏书家，铁琴铜剑楼第一代主人。藏书楼名"恬裕斋""敦裕斋""铁琴铜剑楼"，藏书印有"虞山瞿绍基藏书之印""绍基秘笈"等。

恬裕斋镜之氏珍藏——瞿秉渊藏书斋号字号藏书印。瞿秉渊（1820—1886），字镜之，一字敬之，昭文（今江苏常熟）古里人，瞿绍基之孙，瞿镛次子，清代著名藏书家，铁琴铜剑楼第三代主人。藏书印有"瞿秉渊印""恬裕斋镜之氏珍藏"等。

瞿启文印——瞿启文姓名藏书印。瞿启文（生卒不详），字斐卿，昭文（今江苏常熟）古里人，瞿绍基曾孙，瞿镛之孙，瞿秉清之子，铁琴铜剑楼第四代藏书人。藏书印有"瞿启文印"。

通儒世家——不知何属。

识递藏：

从书页所钤藏书印及题跋看，是书曾藏于明代歙县汪澂之手；又藏于平江黄丕烈"百宋一廛"，己未十月钱大昕、瞿中溶、孙星衍借读并跋；继藏于长洲汪士钟"艺芸书舍"；继藏于常熟瞿氏"铁琴铜剑楼"，由瞿绍基、瞿镛、瞿秉渊、瞿启文祖孙世代递藏，今藏于国家图书馆。有钱大昕、孙星衍跋，瞿中溶题款。

玉灵聚义五卷

识著述：

　　陆森（生活于元仁宗延祐前后），字茂林，平江路（今江苏苏州）人，元代学者，著有《玉灵聚义》。《玉灵聚义》五卷，所述皆龟卜占验之法。第一卷全录徐坚《初学记》之龟部故实、诗文及对偶之句，第二卷全录《龟策传》，第三卷以下乃及于图式诀法。其书词旨鄙俚，皆不出术家之习。

识版式：

　　此为元天历二年平江府路儒学刻本；左右文武双边，上下单边；白口，双黑鱼尾，中刻卷次、页码；半页十行，行十六字。

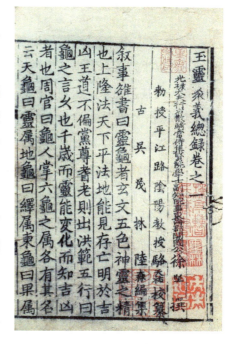

识印章：

　　墨林山人——项元汴别号藏书印。项元汴（1525—1590），秀水（今浙江嘉兴）人，明代诗人、书画家、鉴赏家、藏书家。藏书楼名"天籁阁"等。详见《左传文苑》"项元汴"条。

　　子孙世昌——项元汴藏书闲章。

　　楝亭曹氏藏书——曹寅姓氏字号藏书印。曹寅（1658—1712），字子清、幼清，一字楝亭，号荔轩、雪樵，内务府正白旗包衣，平滦（今河北丰润）人，清代著名文学家、藏书家、刻书家。藏书楼名"楝亭"，藏书印有"曹寅之印""荔轩""真我""楝亭""楝亭曹氏藏书""千山曹氏家藏""曹氏家藏书""子孙保之""平滦世家"等。编有《楝亭书目》，著有《楝亭诗词抄》《诗抄别集》《楝亭图咏》等。

　　堇斋收藏印——富察昌龄字号藏书印。富察昌龄（生活于康雍乾间），字敷槎，一字晋蘅，号堇斋，满洲镶白旗人，傅鼐长子，曹寅之婿，清初藏书家。藏书楼名"谦益堂"等。详见《太平寰宇记》"富察昌龄"条。

识递藏：

　　从书页所钤藏书印看，是书曾藏于嘉兴项元汴"天籁阁"；又藏于平滦曹寅"楝亭"；继藏于富察昌龄"谦益堂"；今藏于北京大学图书馆。

子部·艺术类

艺术类小序

"艺"字古作"埶",繁化为"藝",会意。"埶"字最早见于商代甲骨文,其字形似一人双手持草木,本义为种植。种植是一门技术,故"艺"又引申为才能和技能等义。而技艺如果能达到出神入化的地步,都会给人带来美的享受,故"艺"又有艺术之意;"术"字古作"術",象四通八达的道路之形,引申为方法和技巧。"艺""术"结合在一起就是技艺之意,指凭借技巧、意愿、想象、经验等综合人为因素,创作出来的、隐含着美学思想的线条、形象、色彩、声音、行为等各种技艺。书法和绘画,因具"均与文史相出入"的载体性质,遂成为艺术的主要内容;而音乐、篆刻、投壶等,亦属"学问之余事"的游艺范畴,故皆归于杂艺,纪昀谓之"一技入神,器或寓道"。

作为书目中的独立类目,艺术类出现较晚,后世那些属于艺术类的书目,早期均散见于经部"礼类""乐类""小学类"之中。《郡斋读书志·子部》始置"艺术类",主要著录了《古画品录》《射评要略》《投壶经》《象棋》《双陆格》等绘画、游戏类的图书,又杂录了一些《相牛经》《九章算经》等农家类和天文算法类的书,并仍将音乐、书法之书分归经部"乐类"和"小学类";《直斋书录解题·子部》分置"音乐类""杂艺类",分别著录了《乐府杂录》《琴经》《大胡笳十八拍》《景祐广乐记》和《射诀》《书品》《书断》《法帖刊误》《历代名画记》等音乐、书法、绘画类的书籍,范围渐趋定型,但也杂录了《砚谱》《香谱》《茶经》等谱录类的图书;《四库全书总目》删去繁芜,综括大成,其"艺术类"专门著录书画、琴谱、篆刻、杂技四属,始主题集中,内容统一,体例精严。

书法这一艺术门类中最具中国特色的艺术类型,象征了人之美和宇宙之美,是民族文化中举足轻重的艺术形式。文献学史上,不少书目往往把字学与书品这两个本属不同门类的事物混为一谈。所谓字学,指的是以"六书"(即象形、指事、会意、形声、转注、假借)为内容,专门讲求字的结构、意义的学问,如《说文解字》之类;书学则是专指以"八法"(即侧、勒、努、趯、策、掠、啄、磔)为对象,讲求字的写法、谋篇布局、笔意、浓淡等艺术特点的书写技艺,如孙过庭《书谱》之类。中国书法在漫长的发展过程中,创制了篆、隶、楷、草、行五类字体,也形成了晋人尚韵、唐人尚法、宋人尚意、明清人尚态的时代书风,出现了王羲之、颜真卿、张旭等一大批成就卓著的伟大的书法艺术家。

我国的绘画史，可上溯到远古时期的岩画、彩陶和青铜纹饰上去。这些原始艺术形式，确定了中国绘画整体着眼、以线为主、平面构图的基本原则，已达到一定的艺术高度，被视为我国绘事的滥觞；而从旨在以图画印证文字的"左图右史""上图下文"的古籍中渐渐剥离出来的丹青金碧，最终形成了一门独立的艺术形式。隋代展子虔、唐代吴道子、阎立本首开风气，使金碧山水和人物丹青登上了历史舞台；五代以来，写意水墨山水渐多，画家兼书家者日众，书画同体的题跋画遂成一种风气，如赵孟𫖯、文徵明等；而专业画家之外，治文史者亦多以书画为余事，历代画论如《画论》《续画论》等也相继出现。

琴与雅乐的关系，可上溯至尧帝命夔典乐而"八音克谐，无相夺伦，神人以和"的上古时代；而《诗经》时代的"窈窕淑女，琴瑟友之""琴瑟在御，莫不静好"和春秋时代的"（《诗》）三百五篇，孔子皆弦歌之"，也均有力地证明了琴瑟与雅乐之间不可割裂的关系。故自《汉书·艺文志》至《郡斋读书志》等书目，仍将所有音乐类图籍列于经部乐类。至纪昀《四库全书总目》，除熊朋来《琴谱后录》、汪浩然《琴瑟谱》等与经部所言雅乐接近者仍归经部外，其余如蔡邕《琴操》、朱长文《琴史》、严澄《松弦馆琴谱》、程雄《松风阁琴谱》、和素《琴谱合璧》等数种，"皆山人墨客之技，识曲赏音之事"，悉归子部艺术类，条理甫清，雅郑始分。

篆刻作为我国独有的实用性艺术门类，历史悠久。春秋战国时期，已经出现了朱白兼有的青铜篆书官印；汉代又出现了专事摹刻古文字作为信物、以白文居多的封泥和瓦当，治印一时成为风气。扬雄所谓"童子雕虫篆刻，壮夫不为"之语，可为汉代盛行治印之旁征。《汉书·艺文志·六艺略》将其附于"小学"，归属似嫌混乱；而《四库全书总目》于此也只录吾丘衍《学古编》和朱象贤《印典》两部，其鄙薄之意可见于提要按语中。

与上述诸项游艺侧重于笔墨文字不同，古之所谓杂技，基本上属于行为艺术。《礼记》有《射义》《投壶》两篇，足见射艺、投壶为古人燕乐时所为，与儒家六艺之"射"差近，原隶经部。今所谓射艺、投壶这两种技艺，与《礼记》有所不同，而与博弈、歌舞等娱乐活动相近。至于杂技，《四库全书总目·子部·艺术类叙》称："射法，《汉志》入兵家，《文献通考》则入杂技艺，今从之；象经、弈品，《隋志》亦入兵家，谓智角胜负，古兵法之遗也。然相去远矣，今亦归之杂技，不从其例。"并著录了《羯鼓录》《乐府杂录》《元元棋经》《棋诀》四部，其余棋谱、射书、壶谱等皆付之存目。

今之所选，计有《广川书跋十卷》《书苑菁华二十卷》《兰亭续考二卷》《苏米斋兰亭考四卷》《衍极二卷》《历代帝王法帖释文考异十卷》《五代名画补遗一卷》《图画见闻志六卷》《鸿栖馆印选一卷》《太古遗音二卷》《装潢志一卷》十一部，亦一艺术类之小壶天。

广川书跋十卷

识著述：

董逌（生活于两宋之交），字彦远，东平（今山东东平）人，北宋书画鉴定家、藏书家，著有《广川藏书志》《广川画跋》《广川书跋》《广川诗故》。《广川书跋》十卷，记述了自周代至北宋之间历代的铜器铭文、铭刻、金石铭文及石刻、名家碑帖等二百二十七种，举凡钟鼎彝器之考辨、石刻碑帖文字之订正、书家书体之流变，莫不兼而备之。而最富特色者乃是作者对书法源流和风格之点评，评价公允且富有书法美学哲理，于比较中究本钩源，且道出了各自的特色，颇得书法要领。由于此书成书时间较早，记述比较丰富，论述亦多精当，尤其是其中不少作品现已不存于世，故具有较高的史料价值。

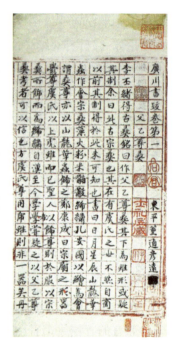

识版式：

此为明吴氏丛书堂抄本；四周双边；红格，红口，双红鱼尾；半页十行，行二十字。

识印章：

子羽——黄翼圣字号藏书印。黄翼圣（1596—1659），字子羽，号摄六、莲蕊居士，常熟（今江苏常熟）人。明末清初诗人、医学家、金石收藏家、藏书家。藏书楼名"莲蕊楼"，藏书印有"有明黄翼圣收藏""子羽""黄子羽读书记""印溪黄子羽氏藏书记""小歇场"等。著有《黄摄六诗选》《莲蕊居士诗选》《跌影斋诗集》《单方抄录》等。

小歇场——黄翼圣藏书闲章。

归来草堂——叶树廉藏书楼号藏书印。叶树廉（1619—1685），吴县（今江苏苏州）人，明末清初著名史学家、金石学家、藏书家。藏书楼名"朴学斋""归来草堂""怀嵚山房"等。详见《大金国志》"叶树廉"条。

石君——叶树廉字号藏书印。

士礼居藏——黄丕烈藏书楼号藏书印。黄丕烈（1763—1825），字绍武，号荛圃，又号复翁等，平江（今江苏苏州）人，清代著名校勘学家、版本学家、目录学家、刻书家、藏书家。藏书楼名"士礼居""百宋一廛"等。详见《四书通》"黄丕

"烈"条。

蓉镜珍藏——张蓉镜姓名藏书印。张蓉镜（1802—?），字芙川，又字伯元，昭文（今江苏常熟）西乡东言子巷人，藏书家张燮之孙，清代著名藏书家。藏书楼名"小琅嬛仙馆""双芙阁"。详见《中说》"张蓉镜"条。

在在处处有神物护持——张蓉镜藏书闲章。

周暹——周叔弢姓名藏书印。周叔弢（1891—1984），原名暹，字叔弢，以字行，建德（今安徽东至县）人，现代著名政治家、实业家、收藏家、藏书家。藏书楼名"寒在堂"等。详见《周礼》"周暹"条。

识递藏：

此书为长洲吴宽抄本，必首藏于其"丛书堂"。从书页所钤藏书印及题跋看，是书曾藏于常熟黄翼圣"莲蕊楼"；继藏于吴县叶树廉"归来草堂"；继藏于平江黄丕烈"士礼居"；继藏于昭文张蓉镜"小琅嬛仙馆"；又藏于建德周叔弢"寒在堂"；今藏于国家图书馆。有叶树廉、张蓉镜跋，黄丕烈校。

书苑菁华二十卷

识著述：

陈思（约生活于理宗朝），钱塘（今浙江杭州）人，南宋刻书家、藏书家，曾编刊《书苑菁华》《宝刻丛编》《海棠谱》《小字录》《两宋名贤小集》等，著有《书小史》。《书苑菁华》二十卷，是一部书法论著汇编，汇集了汉魏至宋历代论书法的名篇要籍，与其《书小史》相辅并行。内容包括书法、书势、书评、书录、书谱、书赋、书论、书记、书表、书启、书歌、书铭、书诀、书著等，涉及书法史论、书家人物、书法评论、书法技巧等。

识版式：

此为明万历徐玄左家影宋抄本；白口，下书页码；半页十一行，行二十字。

识印章：

徐玄左印——徐玄左姓名藏书印。徐玄左（生活于万历年间），一作玄佐，吴县（今江苏苏州吴中）人，徐缙之后，明代藏书家。藏书楼名"铁佛斋"，藏书印有"徐玄左印""铁佛斋"等。

铁佛斋——徐玄左藏书楼号藏书印。

钦远猷印——钦揖姓氏字号藏书印。钦揖（生活于明末清初），字远猷，吴县（今江苏苏州）人，明末清初画家、绘画理论家、藏书家。藏书印有"钦远猷印""抑印""于我如浮云"等。著有《画解》。

识递藏：

从书页所钤藏书印及题跋看，是书曾藏于吴县徐缙之手，由其子徐玄左继藏于"铁佛斋"；又藏于吴县钦远猷之手；又藏于平江黄丕烈"士礼居"；今藏于国家图书馆。有徐玄佐、黄丕烈跋。

兰亭续考二卷

识著述：

俞松（生活于南宋），字寿翁，自署吴山，钱塘（今浙江杭州）人，辑有《兰亭续考》。《兰亭续考》二卷，为考证《兰亭》版本的辑录类文集，大致为继桑世昌《兰亭考》而作，故题名曰《续考》，而书中体例与桑世昌《兰亭考》迥异。是书上卷兼载俞松自藏与他家藏本，下卷均为俞松所自藏，其中有李心传所作题跋。

识版式：

此为宋淳祐刻本，卷一数页及卷二为劳健抄补本；左右文武双边，上下单边；白口，单黑鱼尾，中刻书名、卷次；半页九行，行十七至二十字。

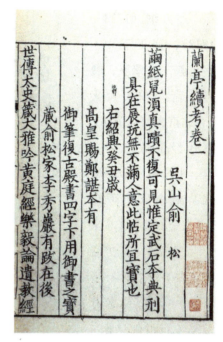

识印章：

安乐堂藏书记——爱新觉罗·弘晓藏书楼号藏书印。爱新觉罗·弘晓（1722—1778），清代著名诗人、藏书家。藏书楼名"乐善堂""明善堂""安乐堂"等。著有《明善堂诗集》。详见《增节标目音注精议资治通鉴》"爱新觉罗·弘晓"条。

东郡杨绍和字彦合藏书之印——杨绍和郡望姓名字号藏书印。杨绍和（1830—1875），聊城（今山东聊城）东昌府区人，杨以增次子，海源阁第二代主人，清代著名目录学家、藏书家。藏书楼名"海源阁"。详见《韩鲁齐三家诗考》"杨绍和"条。

仪晋观堂鉴藏甲品——杨绍和藏书楼分号藏书等级藏书印。

周暹——周叔弢姓名藏书印。周叔弢（1891—1984），原名暹，字叔弢，以字行，建德（今安徽东至县）人，现代著名政治家、实业家、收藏家、藏书家。藏书楼名"寒在堂"等。详见《周礼》"周暹"条。

识递藏：

从书页所钤藏书印看，是书曾藏于怡亲王爱新觉罗·弘晓"安乐堂"；又藏于聊城杨绍和"海源阁"之"仪晋观堂"；继藏于建德周叔弢"寒在堂"，由桐乡劳健补钞；今藏于国家图书馆。有劳健跋。

苏米斋兰亭考四卷

识著述：

翁方纲（1733—1818），字正三，一字忠叙，号覃溪，晚号苏斋，顺天大兴（今北京大兴区）人，清代经学家、文学家、书法家、金石学家、藏书家，著有《粤东金石略》《苏米斋兰亭考》《复初斋诗文集》《小石帆亭著录》等。《苏米斋兰亭考》四卷，是一部《兰亭序》书法考据的专门著作。全书分偏旁尺度考、神龙本考、摘五字考、苏耆本考、赵跋考、潘刻考等等，是精研《兰亭帖》的重要文献。

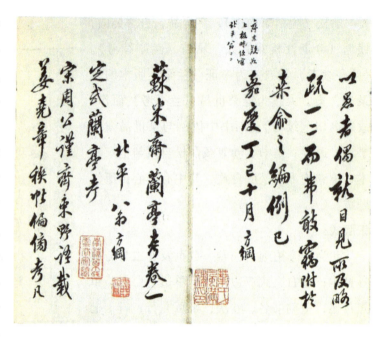

识版式：

此为清翁方纲所著稿本。

识印章：

苏米斋——翁方纲别号藏书印。翁方纲（1733—1818），字正三，一字忠叙，号覃溪，晚号苏斋，顺天大兴（今北京大兴）人，清代经学家、文学家、金石学家、书法家、藏书家。藏书楼名"赐书楼""宝苏斋""石墨楼"等。详见《金石录》"翁方纲"条。

叶氏风满楼印——叶廷勋藏书楼号藏书印。叶廷勋（1753—1809），字光常，号花溪，南海（今广东广州）人，叶向高之后，清代诗人、画家、藏书家。藏书楼名"风满楼""梅花书屋"，藏书印有"叶氏风满楼印"等。著有《梅花书屋诗钞》。

南海叶氏云谷家藏——叶梦龙郡望姓氏字号藏书印。叶梦龙（1775—1832），字仲山，号云谷，南海（今广东广州）人，叶廷勋之子，清代藏书家。藏书楼名"倚山楼"，藏书印有"叶梦龙鉴藏""南海叶氏云谷家藏""叶圭祥印"等。辑有《风满楼书画录》。

识递藏：

　　此书为翁方纲手稿，必首藏于其家"石墨楼"。从书页所钤藏书印看，是书曾藏于作者翁方纲"石墨楼"；继藏于南海叶廷勋"风满楼"；继藏于其子叶梦龙"倚山楼"；今藏于国家图书馆。有蒋攸铦、伊秉绶跋。

衍极二卷

识著述：

郑杓（约生活于元泰定间），字子经，莆田（今福建莆田）人，一说仙游（今福建仙游）人，元代书法家，著有《衍极》。刘有定（约生活于元泰定间），字能静，号原范，与郑杓同郡、同时，生平事迹无考，曾为《衍极》作注。《衍极》二卷，分为五篇，曰《至朴》《书要》《造书》《古学》《天五》，分论书学原始及能书人名、各种书体及辨碑帖之真伪、书法之邪正兼及字学诸书并古碑之美恶、题署铭石及批评晋唐以来诸家优劣、执笔法及诸碑帖全书。其书自传说中的苍颉迄于元代，凡古人篆籀以至书法之变，皆在所论。原著篇章失次无序，刘注逐条诠释，内容赅洽，足资参考。

识版式：

此为清《四库全书》抄本。

识印章：

硕庭眼福——潘志万字号藏书印。潘志万（1849—1899），原名似谷，字子俟，号硕庭，又号笏盦、匋盦，吴县（江苏苏州）人，潘介繁之子，晚清书法家、金石收藏家、藏书家。藏书楼名"还砚堂"，藏书印有"潘志万印""潘志万长寿印""古吴潘志万硕庭印信""志万之印""志万印信""臣万大利""硕庭""硕庭眼福""硕庭手校""硕庭范斋""硕庭鉴赏""匋盦""临顿里民""还砚堂记"等。著有《苏州金石志》《书籍碑版题跋偶录》《金石补编》《匋盦集》，辑有《潘氏一家言》等。

颂鲁眼福——叶昌炽字号藏书印。叶昌炽（1849—1917），字兰裳，又字鞠裳、鞠常，号颂鲁，又号缘督，自署歇后翁，晚号缘督庐主人，原籍浙江绍兴，后入籍长洲（今江苏苏州），晚清诗人、金石学家、文献学家、藏书家。藏书楼名"奇觚庼""治庼室""缘督庐""五百经幢馆""辛凷簃""明哲经纶楼"等，藏书印有"叶昌炽""昌炽""缘督""缘督审定""缘督所藏""缘督庐主人""鞠常手辑""鞠常麇寿""鞠裳翰墨""颂鲁""颂鲁眼福""幢主""书淫""霜下杰""长洲叶氏所藏金石文字""吴郡叶氏访求乡先哲遗书记""硕果堂""奇觚庼""缘督庐""花桥老屋""陀罗尼室""五百经幢馆""八求二说一巧之斋""人间方外""可怜无益费精神""有口能读手不随"等。著有《藏书纪事诗》《缘督庐日记》《邠州石室录》《寒山寺志》《语石》《奇觚庼诗文集》等。

世珩审定——刘世珩名号藏书印。刘世珩（1875—1926），字聚卿，又字葱石，号楹盦，别号楚园，祖籍安徽贵池，移居江宁（今江苏南京），清末民初著名史学家、文学家、词人、戏剧家、刻书家、藏书家。藏书楼名"玉海堂""赐书台""宜春堂"等。详见《吴中人物志》"刘世珩"条。

振常印信——罗振常名号藏书印。罗振常（1875—1944），字子经，号心井，上虞（今浙江绍兴上虞）人，侨居淮安（今江苏淮安），罗振玉之季弟，清末民国学者、诗人、词人、藏书家。藏书楼名"蟫隐庐"等。详见《郑志》"罗振常"条。

蟫隐庐秘籍印——罗振常藏书楼号藏书印。

丹徒赵氏积微室藏书印——赵渊甫郡望姓氏藏书楼号藏书印。赵渊甫（生活于光绪民国间），字艺博，丹徒（今江苏丹徒）人，清末民初藏书家。藏书楼名"积微室"，藏书印有"丹徒赵氏积微室藏书记"等。

识递藏：

从书页所钤藏书印看，是书曾藏于吴县潘志万"渊古楼"；继藏于长洲叶昌炽"缘督庐"，由贵池刘世珩审定；继藏于上虞罗振常"蟫隐庐"；又藏于丹徒赵渊甫"积微室"；今藏于陕西省图书馆。有叶昌炽跋。

历代帝王法帖释文考异十卷

识著述：

顾从义（1523—1588），字汝和，自号砚山，上海（今上海黄浦）人，明代诗人、书法家、藏书家，以藏名画、法帖、古书、金石书画富甲东南，著有《历代帝王法帖释文考异》《阁帖释文考异》《研山山人诗稿》《荆溪唱和集》等。《历代帝王法帖释文考异》十卷，专释淳化阁本法帖，衰辑诸家所刻，并依帖本原次编订，手自缮写而成。其淳化阁帖释文，辨前人音注之伪谬，析其同异，毫发必审，有荟萃之功，为历代金石家所重视。

识版式：

此为明上海顾从义"露香园"自编自刻本；左右双边；白口，单黑鱼尾，中刻书名、卷次、页码；半页九行，行十九字，小字双行同。

识印章：

黄再同藏——黄国瑾姓氏字号藏书印。黄国瑾（1849—1891），字再同，原籍湖南醴陵，入籍贵州贵筑，故自称贵筑黄氏，藏书家黄彭年之子，清代经学家、文字学家、诗人、文学家、藏书家。藏书楼名"训真书屋""咏雪楼"，藏书印有"黄国瑾印""国瑾印""黄再同藏""再同""贵筑黄氏珍藏训真书屋""诏旨东观读所未曾见书""黄氏子子孙孙世世永保"等。著有《夏小正集解》《殷氏说文假借释例》《离骚草木疏纂》《训真书屋诗存》《训真书屋文存》《训真书屋集》等。

国瑾印——黄国瑾名号藏书印。

见修家藏——黄国瑾字号藏书印。

贵筑黄氏珍藏训真书屋——黄国瑾郡望姓氏藏书楼号藏书印。

诏诣东观读所未曾见书——黄国瑾藏书闲章。印文用其祖上黄香受召入东观读书事。

启勋珍赏——叶启勋名号藏书印。叶启勋（1900—1972），长沙（今湖南长沙）苏家巷人，叶德辉犹子，现代著名目录学家、藏书家。藏书楼名"拾经楼"。详见《仪礼注疏》"叶启勋"条。

叶启发藏——叶启发姓名藏书印。叶启发（1905—1952），字东明，号华鄂主人等，长沙（今湖南长沙）苏家巷人，叶德辉犹子，叶启勋胞弟，现代知名藏书家、目录学家。藏书楼名"华鄂堂"。详见《仪礼注疏》"叶启发"条。

东明审定——叶启发字号藏书印。

石林后裔——长沙叶启发、叶启勋兄弟祖望藏书印。以其祖上为宋代文学家、藏书家叶梦得，故自称"石林后裔"。

尹天祜——尹天祜姓名藏书印。尹天祜（1914—1990），湖南益阳人，近代湖南书商、版本学家、藏书家，解放后为湖南图书馆收集了大量珍贵典籍。

识递藏：

从书页所钤藏书印及题跋看，是书曾藏于贵筑黄国瑾"训真书屋"；继藏于长沙叶启勋"拾经楼"；继藏于叶启发"华鄂堂"；经益阳尹天祜之手收贮，今藏于湖南省图书馆。有叶启勋、叶启发跋。

五代名画补遗一卷

识著述：

刘道醇（约
1028—1098），文
献失载，北宋大
梁（今河南开封）
人，北宋绘画理
论家，著有《五
代名画补遗》《圣
朝名画评》。《五
代名画补遗》一
卷，是一部以五
代梁为范围的断
代绘画史。全书

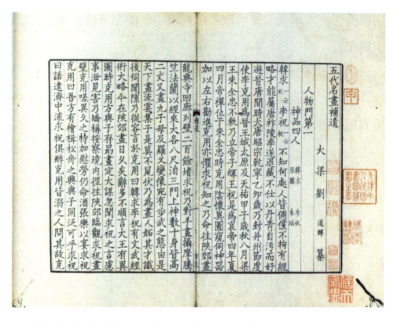

共收录画家二十四人，编排依次为人物、山水、走兽、花竹翎毛、屋木、塑作、雕
木七门，每门中又将画家按"神""妙""能"三品列传。本书篇幅虽短，却保存了
许多有价值的史料。

识版式：

此为明末毛氏汲古阁影宋抄本；蝴蝶装；左右双栏，上下单边；白口，单黑鱼
尾，中书书名、页码；半页十一行，行二十字。

识印章：

毛晋私印——毛晋姓名藏书印。毛晋（1599—1659），常熟（今江苏常熟）人，
明末著名经学家、文学家、刻书家、藏书家。藏书楼名"汲古阁"。详见《周易九
卷》"毛晋"条。

子晋——毛晋字号藏书印。

汲古主人——毛晋别号藏书印。

宋本——毛晋藏书版本藏书印。

甲——毛晋藏书级别藏书印。

毛扆之印——毛扆姓名藏书印。毛扆（1640—1713），字季斧，号省庵，常熟
（今江苏常熟）人，毛晋第五子，清代著名校勘学家、出版家、藏书家。藏书印有
"毛扆之印""毛斧季收藏印""叔郑后人"等。编有《汲古阁秘本书目》。详见《孝

经今文音义》"毛扆"条。

斧季——毛扆字号藏书印。

樵李曹溶——曹溶郡望姓名藏书印。曹溶（1613—1685），字秋岳，号倦圃，别署鉏菜翁、白学先生，秀水（今浙江嘉兴）人，明末清初文学家、史学家、诗人、词人、金石学家、藏书家。藏书楼名"静惕堂"等。详见《书说》"曹溶"条。

信天庐——励宗万藏书楼号藏书印。励宗万（1705—1759），字滋大，号衣园，又号竹溪，直隶静海（今天津静海）人，励廷仪之子，励守谦之父，清代史学家、书画家、藏书家。藏书楼名"清箱堂""教忠堂"，藏书印有"励宗万印""宗万之印""宗万私印""宗万染翰""臣宗万""字滋大""竹溪居士""竹溪珍玩""衣园""衣园藏真""衣园珍藏""衣园图书""衣园审定""静海励氏""少司空章""三世史官""酉君""教忠堂藏""信天庐"等。著有《京城古迹考》《衣园遗稿》《青箱堂集》《清画家诗史》《归石轩画谈》《熙朝名画录》《桐阴论画》《香树斋文集》《读画辑略》等。

大兴傅氏——傅以礼郡望姓氏藏书印。傅以礼（1827—1898），原名以豫，字戊臣，号小石，后改现名，字节子，号节庵学人，原籍直隶大兴（今北京大兴），后居山阴（今浙江绍兴），清代目录学家、史学家、藏书家。藏书楼名"长恩阁""七林书屋""华延年室"等，藏书印有"节子持赠""节子读竟手识""大兴傅氏""山阴傅氏""傅氏抄本""长恩阁藏书"等。编有《长恩阁书目》《七林书屋宋元板书跋》，辑有《长恩阁丛书》《忠烈纪实》《楚之梼杌》《庄氏史案本末》等，著有《残明大统历》《华延年室题跋》《残明宰辅年表》等。

识递藏：

是书为明末毛晋"汲古阁"抄本。从书页所钤藏书印看，是书曾藏于抄书人常熟毛晋"汲古阁"，由毛晋、毛扆父子递藏；继藏于樵李曹溶"静惕堂"；又藏于静海励宗万"信天庐"；又藏于山阴傅以礼"长恩阁"；今藏于天津图书馆。

图画见闻志六卷

识著述：

郭若虚（约生活于北宋真宗仁宗间），太原（今山西太原）人，北宋著名书画鉴赏家、画史评论家，著有《图画见闻志》。《图画见闻志》六卷，广泛引述前代画史、画论，通过史论、画传、画事三大部分，按照社会地位之高低，记载了唐、五代、宋、辽二百八十四位画家的生平事迹。书中对各种题材的画法研究和有关绘画故事的记述，既丰富了绘画史论结合的研究领域，也深得画旨，马端临《文献通考》目之为"看画之纲领"。因《图画见闻志》在时间上与唐张彦远《历代名画记》前后相衔，故而被视为《历代名画记》的续篇，并与之一道构成了一部完整的中国绘画通史。

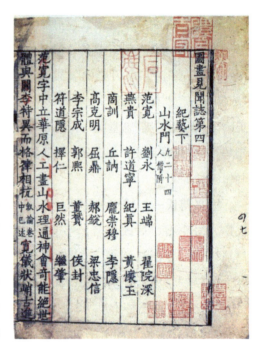

识版式：

此为宋刻本，卷一至卷三为元抄本；左右文武双边，上下单边；白口，单黑鱼尾；半页十一行，行二十字，小字双行同。

识印章：

袁尧衮印——袁尧衮姓名藏书印。其人无考。

袁应鹿印——袁应鹿姓名藏书印。其人无考。

石鹿——袁应鹿字号藏书印。

螺川太守——不详何属。

怀堂私印——不详何属。

华氏贞节堂其永保用——华幼武姓氏藏书楼号藏书印。华幼武（1307—1375），字彦清，号栖碧，常州路无锡州（今江苏无锡）人，元末明初诗人、藏书家。藏书楼名"春草堂""贞节堂"，藏书印有"华氏贞节堂其永保用""春草堂图书印""春草堂审定记""贞节堂印"等。著有《黄杨集》。

洞天真逸——杨慎字号藏书印。杨慎（1488—1559），字用修，初号月溪、升庵，又号逸史氏、博南山人、洞天真逸、滇南戍史、金马碧鸡老兵等，新都（今四川成都新都区）人，明代经学家、文学家、诗人、词人、音韵学家、文献学家、藏书家。藏书楼名"双桂堂"，藏书印有"洞天真逸"等。著有《古音丛目》《古音猎要》《古音馀》《古音附录》《丹铅总录》等四百余种，涉及经史方志、天文地理、金石书画、音乐戏剧、宗教语言、民俗民族等，后人辑为《升庵集》。

黄丕烈印——黄丕烈姓名藏书印。黄丕烈（1763—1825），平江（今江苏苏州）人，清代著名校勘学家、版本学家、目录学家、刻书家、藏书家。藏书楼名"士礼居""百宋一廛"等。详见《四书通》"黄丕烈"条。

汪士钟印——汪士钟姓名藏书印。汪士钟（1786—？），长洲（今江苏苏州）人，汪文琛之子，清代著名藏书家。藏书楼名"艺芸书舍""三十五峰园"等。详见《周易九卷》"汪士钟"条。

阆源真赏——汪士钟字号藏书印。

骏昌——汪骏昌名号藏书印。汪骏昌（生活于道咸间），字雅庭，长洲（今江苏苏州）人，汪士钟族人，清代藏书家。藏书楼名"小有壶天"，藏书印有"长洲汪骏昌藏""骏昌""雅庭""小有壶天"等。

雅庭——汪骏昌字号藏书印。

铁琴铜剑楼——常熟瞿氏藏书楼号藏书印。详见《周易注疏》"铁琴铜剑楼"条。

良士眼福——瞿启甲字号藏书印。瞿启甲（1873—1940），字良士，别号铁琴道人，昭文（今江苏常熟）人，瞿绍基曾孙，瞿镛之孙，瞿秉清之子，清末民国著名书画家、藏书家，铁琴铜剑楼第四代主人。详见《晦庵先生朱文公易说》"瞿启甲"条。

识递藏：

从书页所钤藏书印及题跋看，是书曾藏于元人袁尧裒、袁应鹿之手；又藏于无锡华幼武"贞节堂"；又藏于新都杨慎"双桂堂"；又藏于太仓王闻远"率真书屋"；继藏于吴县周锡瓒"香岩书屋"；继藏于平江黄丕烈"士礼居"；继藏于长洲汪士钟"艺芸书舍"；继藏于同族汪骏昌"小有壶天"；继藏于常熟瞿启甲"铁琴铜剑楼"；今藏于国家图书馆。有黄丕烈跋。

鸿栖馆印选一卷

识著述：

吴忠（生活于隆庆万历间），字孟贞，歙县（今安徽歙县）人，明代著名篆刻家，何震入室弟子及主要传人，著有印谱《鸿栖馆印选》。《鸿栖馆印选》一卷，乃吴忠所篆印章选集。书页上钤印模，下有释文及印主姓名。

识版式：

此为明万历四十年刻钤印本；四周单边；白口，中刻书名、卷次、页码；行字不等。

识印章：

许兆之印——许兆姓名藏书印。许兆（生卒不详），字公佩。藏书印有"许兆之印""公佩氏"。

公佩氏——许兆字号藏书印。

苏求庄印——苏求庄姓名藏书印。苏求庄（生活于同光年间），字毅庵，号强甫，清代桐城派作家、书法家。藏书印有"苏求庄印"。

曾藏丁辅之处——丁辅之姓名藏书印。丁辅之（1879—1949），原名仁友，后改名仁，字辅之，号鹤庐，又号守寒巢主，以字行，钱塘（今浙江杭州）人，藏书家丁丙从孙，近代篆刻家、书画家、藏书家，西泠印社创始人。藏书楼名"守寒巢""小龙泓馆"，藏书印有"丁辅之""丁辅之印""丁辅之印信""曾藏丁辅之处""辅之""辅之私印""丁辅之字鹤庐收藏金石书画之印""鹤庐""鹤庐居士""崔老""西泠丁辅之原名仁字鹤庐印""丁仁友""丁公之玺""济阳""守寒巢"等。辑有《西泠八家印谱》《杭郡印辑》《悲盦印剩》《丁氏秦汉印谱》。

鲁盦所藏——张鲁盦名号藏书印。张鲁盦（1901—1962），原名锡诚，改名英，字鲁盦，号咀英，以字行，浙江慈溪人，现代篆刻家、鉴藏家。藏书楼名"望云草堂"，藏书印有"鲁盦所藏""张氏鲁庵所得""咀英所藏"等。辑有《秦汉小私印选》《何雪渔印谱》《横云山民印聚》《黄牧甫印存》《金罍印撷》等，著有《张氏鲁盦印选》《鲁盦仿完白山人印谱》。

识递藏：

从书页所钤藏书印看，是书曾藏于许兆之手；又藏于桐城苏求庄之手；继藏于杭州丁辅之"小龙泓馆"；继藏于慈溪张鲁盦"望云草堂"；今藏于西泠印社。

太古遗音二卷

识著述：

朱权（1378—1448），号臞仙，又号涵虚子、丹丘先生，明太祖朱元璋第十七子，封宁王，明代著名文学家、音乐家、戏曲家、戏剧理论家，编有古代琴曲集《神奇秘谱》《太古遗音》，著有杂剧《冲漠子独步大罗天》《卓文君私奔相如》，著有戏曲论著《太和正音谱》《务头集韵》《琼林雅韵》等。《太古遗音》二卷，原编宋代田芝翁（生平无考），明代朱权重新编订，是一部有关琴体和琴乐文化认知的理论著作。全书内容涵盖了制琴、琴论、弹奏、美学等诸多方面，分为"仁""义""礼""智""信"五卷。

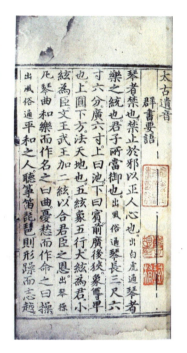

识版式：

此为明刻本；四周双边；粗黑口，双黑鱼尾；半页九行，行十九字。

识印章：

明善堂珍藏书画印记——爱新觉罗·弘晓藏书楼号藏书印。爱新觉罗·弘晓（1722—1778），字秀亭，号冰玉道人等，怡贤亲王爱新觉罗·胤祥第七子，袭怡亲王爵，清代著名诗人、藏书家。藏书楼名"乐善堂""明善堂""安乐堂"等。详见《增节标目音注精议资治通鉴》"爱新觉罗·弘晓"条。

严可均之印——严可均姓名藏书印。严可均（1762—1843），字景文，号铁桥，乌程（今浙江吴兴）骥林人，入籍宛平（今北京），清代文字学家、文献学家、藏书家。藏书楼名"四录堂"，藏书印有"严可均印""严可均之印""铁桥"等。辑有《全上古三代秦汉三国六朝文》《四录堂类集》《说文长编》《说文翼说》，著有《说文声类》《说文校义》《唐石经校文》《铁桥漫稿》等。

铁桥——严可均字号藏书印。

识递藏：

从书页所钤藏书印看，是书曾藏于爱新觉罗·弘晓"明善堂"；又藏于乌程严可均"四录堂"；今藏于南京市博物院。

装潢志一卷

识著述：

周嘉胄（1582—约1661），字江左，淮海（今江苏扬州）人，明末清初装裱大师、书画鉴藏家，著有《香乘》《装潢志》。《装潢志》一卷，是古代第一部系统的装潢学专著。本书介绍了装裱的作用、装裱工匠的标准，并扼要介绍了装裱工艺流程、技术、注意事项，以及对材料、工具、形式、规格等的要求和禁忌，至今对书画装裱行业仍具有一定的指导意义。

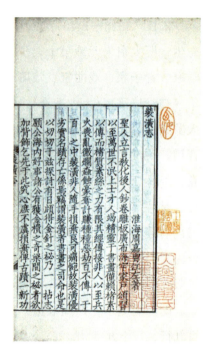

识版式：

此为清乾隆十二年桐乡汪氏求是斋刻本；左右双边，上下单边；白口，双黑鱼尾，中刻书名、页码；半页十一行，行二十一字。

识印章：

大兴翁氏石墨书楼珍藏图书——翁方纲郡望姓氏藏书楼号藏书印。翁方纲（1733—1818），字正三，号覃溪，晚号苏斋，顺天大兴（今北京大兴）人，清代经学家、文学家、金石学家、书法家、藏书家。藏书楼名"石墨楼"等。详见《金石录》"翁方纲"条。

王献唐读书记——王献唐姓名藏书印。王献唐（1897—1960），初名家驹，后改凤琯，字献唐，号凤生，一作凤笙，以字行，日照（今山东日照）大韩家村人，著名考古学家、版本目录学家、藏书家。藏书楼名"双行精舍""疏经阁"，藏书印有"王献唐读书记""献唐题记""双行精舍""双行精舍鉴藏""空自苦""葆经阁""三家邨人"等。辑有《双行精舍书跋辑存》。

西海——王献唐藏书印。

识递藏：

从书页所钤藏书印及题跋看，是书曾藏于大兴翁方纲"石墨楼"；又藏于潍坊宋晋之家；继藏于渠丘高淑性家；又藏于日照王献唐"双行精舍"；今藏于山东省博物馆。有翁方纲、王献唐跋。

子部·谱录类

谱录类小序

谱录指以所辑人事类别或系统编成的图籍。《释名》云："谱，布也，布列见其事也。亦曰绪也，主绪人世类相继如统绪也。"即铺陈排比其事之意。《广雅》云："谱，牒也。"即载记事物于书版之意。《说文解字》云："谱，籍录也。"则是对"牒"的进一步解释。至于"录"之本义，《广雅·释诂》云："录，记之具也。"即记载言行事物的册籍，引申为记载，又引申为次第，进一步点明了此类书籍依一定门类、次序收载所辑人事的性质。

谱录之体，渊源有自，而多杂入它类，不能自树门庭。《汉书·艺文志·数术略》"历谱"载，其时秘府所藏谱录已有《帝王诸侯世谱》《古来帝王年谱》等；《隋书·经籍志·史部》"谱系"为胪列族姓之家谱，著录了《世本》以下谱牒数十部，后附《竹谱》《钱谱》《钱图》各一卷；《旧唐书·经籍志》云："十二曰谱系，以纪世施继序。"堪为胪列族姓家谱之明证；《新唐书·艺文志·子部》"农家类"除胪列农书外，尚杂陈《钱谱》《相鹤经》《鸷击录》《相贝经》《相马经》《相牛经》等，体例益发混乱；至唐，有书目将其列入子部"小说类"或"艺术类"，进而凡杂书之无可系属者均视为"谱"而尽归其中。究其原因，皆因其书无类可归所致，而后世书目又皆不知变通别为一类，遂至支离颠倒。

介于此，宋人尤袤《遂初堂书目》始创"谱录"一门，专收图谱之书，将那些与事类、姓类、书目等史类性质殊名别类的物类著述归并其中，虽然体量庞杂，而归属相对科学，遂为后来目录学家所沿用。纪昀《四库全书总目·子部》因尤袤之例专设"谱录类"，并于其下析出"器物之属""食谱之属""草木鸟兽虫鱼"三子目，旨在将那些无可系属的所谓杂书通归于此，而在具体处理上，又按照以类相从的原则予以顺序编排。至此，谱录这类古籍才有了文献学意义上的明确安顿。

从某种意义上讲，谱录之书近于近世之博物学。它们或器物，或饮馔，或草木禽鱼，无不具有篇幅小而指涉广的面貌。其书所涉内容，虽或拘于一时一地，而能连类旁缀，不仅增人闻见，又足资辑佚考订，小之而为各类物事之小型类书，大之可考一朝之政治，多识之外，尚兼映衬，其功不浅。

今之所录，计有《茶经三卷》《酒经三卷》《酒史二卷》《考古图十卷》《啸堂集古录二卷》《蟹略四卷》《蒋氏藋经十四卷》《荷锄杂志十一卷》八部，识者可借以知鼎镬之味。

茶经三卷

识著述：

陆羽（约733—约804），字鸿渐，一名疾，字季疵，号竟陵子、桑苎翁、东冈子，又号茶山御史，复州竟陵（今湖北天门）人，唐代诗人、茶学家，被誉为茶仙，尊为茶圣，祀为茶神，著有《茶经》。《茶经》三卷，对茶的性状、品质、产地、种植、采制、烹饮、器具等皆有论述，是唐及以前有关茶叶科学知识和实践经验的系统总结，是陆羽躬身实践取得茶叶生产和制作的第一手资料后，又遍稽群籍、广采博收茶家采制经验的结晶，是世界上第一部茶学专著。

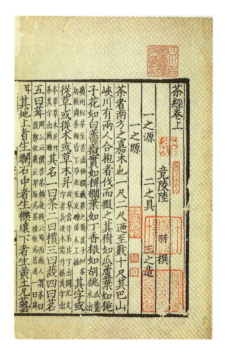

识版式：

此为宋刻百川学海本；左右文武双边，上下单边；白口，双黑鱼尾，中刻书名、卷次、页码；半页十二行，行二十字，小字双行同。

识印章：

桂林唐氏仲实珍藏图籍——唐启华郡望姓氏字号藏书印。唐启华（生活于道咸间），字仲实，临桂（今广西桂林）人，清代藏书家。藏书楼名"涵通楼""十万卷楼"，藏书印有"桂林唐氏仲实珍藏书籍""唐氏鉴藏所见""十万卷楼""雁山名里"等。

十万卷楼——唐启华藏书楼号藏书印。

张爰——张大千姓名藏书印。张大千（1899—1983），名权，后改作爰，号大千，小名季爰，四川内江人，现当代著名画家。藏书楼名"大风堂"，藏书印有"张爰字大千书画之印""张季爰印""西蜀张爰之玺""张爰""张大千""大千""藏之大千""大风堂"等。

大千——张大千字号藏书印。

藏之大千——张大千字号藏书印。

践室长物——陈迹藏书楼号藏书印。陈迹（生活于清末民国间），民国书画家。

识递藏：

从书页所钤藏书印及题识看，是书曾藏于明代程邃之手；又藏于扬州金农之手；再藏于桂林唐启华"十万卷楼"；又藏于张大千"大风堂"；继藏于陈迹之手；今藏于四川省图书馆。

酒经三卷

识著述：

朱肱（1050—1125），字翼中，号无求子，晚号大隐翁，吴兴（今浙江湖州）人，宋代著名医学家，著有《活人书》《酒经》。《酒经》（又名《北山酒经》），分上、中、下三卷，上卷论酒的发展历史，中卷论酒曲的配方及制法，下卷着重论述酿酒的工艺流程及各种酒的酿造技术。书中既有对中国酒文化的高度概括和论述，同时又提供了具体的制曲、酿酒方法以及如何榨酒、收酒、贮酒的工艺，是我国现存第一部全面系统论述制曲酿酒工艺的专门著作，被公认为宋代酒文献的经典之作。

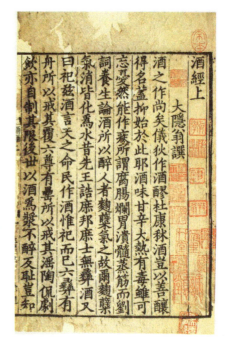

识版式：

此为宋刻本；左右文武双边，上下单边；白口，双黑鱼尾，中刻书名、卷次，下刻字数、刻工姓名；半页十行，行十八字。

识印章：

李大斗字子祈——李大斗姓名字号藏书印。李大斗（生卒不详），明代建阳诚德堂书坊掌柜。藏书楼名"诚德堂"，藏书印有"李大斗字子祈""诚德堂"。

诚德堂——明代建阳李大斗刻书堂号藏书印。

雁里草堂——锡山秦氏家族藏书楼号藏书印。明代锡山秦氏家族秦汴、秦柄、秦柱父子皆好藏书，藏书楼名"雁里草堂""绣石草堂"。秦汴（1509—1581），字思宋，号次山，藏书印有"锡山秦汴""秦子思宋""次山""少保秦端敏公仲子""雁里草堂""绣石草堂"等，著有《三才通考》《怀李斋集》等；秦柄（1527—1582），字汝操，号邗塘，藏书印有"秦柄图书"等。编纂有《万历无锡县志》《邗塘诗文集》等；秦柱（1536—1585），字汝立，号余山，著有《余山诗》。

钱受之——钱谦益姓氏字号藏书印。钱谦益（1582—1664），苏州府常熟（今江苏张家港）塘桥镇鹿苑奚浦人，明末清初学者、诗人、史学家、藏书家。藏书楼名"绛云楼"等。详见《新刊唐宋名贤历代确论》"钱谦益"条。

牧翁——钱谦益字号藏书印。

季振宜印——季振宜姓名藏书印。季振宜（1630—?），字诜兮，号沧苇，泰兴（今江苏泰州靖江）季市镇人，明末清初著名诗人、文献学家、版本学家、校勘学家、藏书家。藏书楼名"静思堂"。详见《尚书注疏》"季振宜"注。

沧苇——季振宜字号藏书印。

徐健庵——徐乾学姓氏字号藏书印。徐乾学（1631—1694），字原一，号健庵，昆山（今江苏苏州昆山）人，清代著名经学家、史学家、文学家、文献学家、藏书家。藏书楼名"传是楼"。详见《周易九卷》"徐乾学"条。

乾学——徐乾学名号藏书印。

汪文琛印——汪文琛姓名藏书印。汪文琛（生活于乾嘉间），字厚斋，长洲（今江苏苏州）人，清代布衣藏书家。藏书楼名"三十五峰园"。详见《周易注疏》"汪文琛"条。

宋本——汪文琛藏书版本藏书印。

汪士钟印——汪士钟姓名藏书印。汪士钟（1786—?），字春霆，号阆源，一号眼源，长洲（今江苏苏州）人，汪文琛之子，清代著名藏书家。藏书楼名"艺芸书舍""三十五峰园"等。详见《周易九卷》"汪士钟"条。

良士珍藏——瞿启甲字号藏书印。瞿启甲（1873—1940），字良士，别号铁琴道人，昭文（今江苏常熟）人，瞿绍基曾孙，瞿镛之孙，瞿秉清之子，清末民国著名书画家、藏书家，铁琴铜剑楼第四代主人。详见《晦庵先生朱文公易说》"瞿启甲"条。

铁琴道人——瞿启甲别号藏书印。

识递藏：

从书页所钤藏书印及题跋看，是书曾藏于明建阳书商李大斗"诚德斋"；又藏于无锡秦氏"雁里草堂"；继藏于常熟钱谦益"绛云楼"；继藏于常熟钱曾"述古堂"，继藏于泰兴季振宜"静思堂"；继藏于昆山徐乾学"传是楼"；继藏于长洲汪氏"三十五峰园"由汪文琛、汪士钟父子递藏；继藏于常熟瞿氏"铁琴铜剑楼"，由瞿镛、瞿秉清、瞿启甲、瞿济苍祖孙世代递藏；今藏于国家图书馆。有钱谦益跋。

酒史二卷

识著述：

冯时化（生卒不详），字应龙，号与川，晚号无怀山人，籍里不详，明代博物学家，著有《酒史》。《酒史》二卷，分酒系、酒品、酒献、酒述、酒余、酒考六项，大都汇集历代有关酒的诗文与故实。全书以历史为线索论述酒，不涉及酿造技术，虽收资料较为丰富，"然舛陋殊甚"。

识版式：

此为明隆庆四年独醒居士刻本；四周单边；白口，上刻书名；半页八行，行十九字，小字双行同。

识印章：

慈舟秘笈——谢刚国字号藏书印。谢刚国（生活于同光年间），字次洲、慈舟，华阳（四川成都）人，清末著名书画家、目录学家、藏书家。藏书楼名"百炼盦"，藏书印有"谢刚国印""慈舟秘笈""华阳谢氏家藏""百炼盦""老况欣赏"等。与何煜、吴瀛等编有《内务部古物陈列所书画目录》。

百炼盦——谢刚国藏书楼号藏书印。

老况欣赏——谢刚国藏书闲章。

识递藏：

从书页所钤藏书印看，是书曾藏于华阳谢刚国"百炼盦"；今藏于首都图书馆。

考古图十卷

吕大临（1042—1090），字与叔，号芸阁，京兆蓝田（今陕西蓝田）人，宋代学者、经学家、金石学家，著有《易章句》《论语解》《中庸解》《西铭集解》《芸阁礼记解》《编礼》《老子注》《玉溪集》《玉溪别集》《考古图》《考古图释文》等。《考古图》十卷，是我国最早且有系统的古器物图录，比较系统地著录了当时宫廷和私家收藏的古代铜器和玉器。《考古图》对每件器物均精细摹绘图形、款识，记录尺寸、容量、重量等，并尽可能注明其出土地和收藏处；编排上注意相互间的共存关系，并根据器物的形制、文字和出土地推断年代。其间虽难免存在瑕疵，而其可圈可点之处及学术价值却不容置疑，在古器物著录体例上具有开创性功绩。

识版式：

此为明初刻本；四周文武双边；粗黑口，双黑鱼尾，中刻书名、卷次、页码；半页八行，行字不等。

识印章：

东皋黄氏珍藏——无考。

是亦山房藏书印——无考。

荃荪——缪荃孙名号藏书印。缪荃孙（1844—1919），江阴（今江苏江阴）申港镇缪家村人，清末民初藏书家，中国近代图书馆鼻祖。藏书楼名"艺风堂""云轮阁"等。详见《经典释文》"缪荃荪"条。

云轮阁——缪荃孙藏书楼分号藏书印。

陈立炎——陈立炎姓氏字号藏书印。陈立炎（生活于清末民国），名琰，字立炎，以字行，浙江海宁人，清末民国书估、刻书家、藏书家，上海六艺书局店主，上海古书流通处经营者。著有《古书丛刊》。

识递藏：

从书页所钤藏书印看，是书曾藏于无考之东皋黄氏"是亦山房"；又藏于江阴缪荃孙"云轮阁"；继藏于海宁陈立炎之手；今藏于华东师范大学图书馆。有缪荃孙跋。

啸堂集古录二卷

识著述：

王俅（生卒不详），字子弁，任城（今山东济宁）人，南宋初年金石学家，著有《啸堂集古录》。《啸堂集古录》二卷，为宋代金石学著作，全书著录商、周、秦、汉以来的钟鼎盘匜、权印带钩等各类铜器铭文三百四十五器。书页上部为铭文摹本，下部附释文。铭文间有删节脱漏，而摹刻较精，有较高的研究价值。

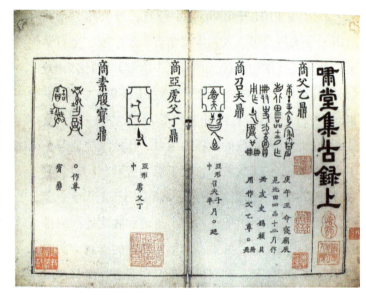

识版式：

此为明影宋刻本；蝴蝶装；左右双边，上下单边；白口，单黑鱼尾。

识印章：

陇西癸巳人硕——不详何人。"癸巳"在明为1413、1533、1593三个年份，在清纳兰揆叙之前，由此判断，此人为明人无疑。

德翁——与上印属同一人。

吴廷——吴廷姓名藏书印。吴廷（生活于万历年间），又名吴国廷，字用卿，号江村、余清斋主，安徽歙县人，明代藏书家。藏书楼名"余清斋"，藏书印有"吴廷之印""吴廷私印""吴廷""吴廷书画之印""新安吴廷""江村吴廷私印""吴廷用卿""用卿""吴廷用卿氏""余清斋宝藏法书""余清斋图书印"等。

谦牧堂藏书记——纳兰揆叙藏书楼号藏书印。纳兰揆叙（1674—1717），满洲正黄旗辽阳（今辽宁辽阳）人，清初著名诗人、藏书家。藏书楼名"谦牧堂"。详见《渚宫旧事》"纳兰揆叙"条。

是本曾藏宋葆淳家——宋葆淳姓名藏书印。宋葆淳（1748—1825），字帅初，号芝山，晚号倦陬，又署约斋，安邑（今山西运城）人，清代诗人、书画家、金石考据学家、篆刻家、藏书家。藏书楼名"宝墨斋"，藏书印有"宋葆淳印""是本曾藏宋葆淳家""葆淳""芝山""宋氏帅初""帅初""倦陬""约斋曾观""宋氏宝墨斋审定书画记""文学师"等。辑有《汉氾胜之遗书》《阴符经注》等。

翁方纲——翁方纲姓名藏书印。翁方纲（1733—1818），顺天大兴（今北京大兴）人，清代经学家、文学家、金石学家、书法家、藏书家。藏书楼名"赐书楼""宝苏斋""石墨楼"等。详见《金石录》"翁方纲"条。

覃溪——翁方纲字号藏书印。

苏斋——翁方纲字号藏书印。

阮元印——阮元姓名藏书印。阮元（1764—1849），仪征（今江苏仪征）人，清代经学家、训诂学家、金石学家、藏书家。藏书楼名"文选楼""石墨书楼""琅嬛仙馆""掌经室"等。详见《资治通鉴释文》"阮元"条。

阮伯元藏钟鼎文字——阮元姓氏字号藏书印。

扬州阮氏琅嬛仙馆藏书印——阮元郡望姓氏藏书楼号藏书印。

积古斋印——阮元藏书楼号藏书印。

仲陶珍赏——岑镕字号藏书印。岑镕（生活于同光年间），字仲陶，又字铜士，江都（今江苏扬州）人，清代金石学家、藏书家。藏书楼名"晋唐镜馆""惧盈斋""石寿斋""晋飞霜镜馆"等，藏书印有"岑镕之印""岑镕印信""岑镕私印""岑镕学古""岑镕之印信""甘泉岑镕之印""仲陶""仲陶珍藏""甘泉岑氏惧盈斋珍藏印""意足不求颜色似"等。

甘泉岑氏惧盈斋珍藏印——岑镕郡望姓氏藏书楼号藏书印。

翼盦审定金石书画记——朱文均字号藏书印。朱文均（1882—1937），又作文钧，字幼平，号翼盦，浙江萧山人，清末民国金石学家、藏书家。藏书楼名"宝竣斋""介祉堂""六唐人斋""天玺双碑馆"，藏书印有"朱文均""朱文均印""朱文均长寿年宜子孙""幼平一字翼盦""翼盦""翼盦珍藏""翼盦审定金石书画记"等。著有《欧斋石墨题跋》等。

乌程蒋祖诒藏——蒋祖诒郡望姓名藏书印。蒋祖诒（1902—1973），字穀孙，吴兴（今浙江湖州吴兴）南浔人，藏书家蒋汝藻长子，现代鉴赏家、藏书家。藏书楼名"密均楼"。详见《大戴礼记》"蒋祖诒"条。

密均楼——蒋祖诒藏书楼号藏书印。

识递藏：

从书页所钤藏书印看，是书曾藏于明陇西人德翁之手；又藏于歙县吴廷"余清斋"；又藏于辽阳纳兰揆叙"谦牧堂"；继藏于安邑宋葆淳"宝墨斋"；继藏于大兴翁方纲"石墨楼"；继藏于仪征阮元"琅嬛仙馆"；继藏于江都岑镕"惧盈斋"；继藏于萧山朱文均"介祉堂"；继藏于吴兴蒋祖诒"密均楼"；继藏于潘宗周"宝礼堂"，解放后潘世滋先生捐献国家；今藏于国家图书馆。有滕用高、翁方纲、阮元、黄绍箕、郑孝胥、朱文钧等题识。

595

蟹略四卷

识著述：

高似孙（1158—1231），字续古，号疏寮，鄞县（今浙江宁波）人，一说余姚（今浙江杭州）人，南宋文学家、博物学家，著有《疏寮小集》《剡录》《子略》《蟹略》《骚略》《纬略》等。《蟹略》四卷，是我国第一部研究蟹的专门著作。卷一述蟹原、蟹象，卷二述蟹乡、蟹贝、蟹品、蟹占，卷三述蟹贡、蟹馔、蟹牒，卷四述蟹雅、蟹志、蟹赋、蟹咏。《蟹略》征引宏富，资料详备，《四库提要》谓之"其采摭繁富，究为博雅，遗编佚句，所载尤多"。

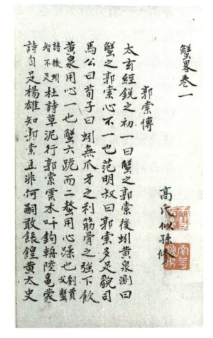

识版式：

此为明嘉靖十年柳金抄本；半页九行，行十八字，小字双行同。

识印章：

雪庐——李炳南字号藏书印。李炳南（1889—1986），名艳，字炳南，号雪庐，以字行，山东济南人，现代学者、诗人、医学家、藏书家。藏书印有"雪庐""南华秋水"等。著有《佛学问答》《弘护小品》《内经摘疑抒见》《内经选要表解》《诗阶述唐》《雪庐诗文集》等。

南华秋水——李炳南藏书闲章。

识递藏：

从书页所钤藏书印看，是书曾藏于李炳南"雪庐"之手；今藏于山东省博物馆。有汪震跋。

蒋氏萑经十四卷

识著述：

蒋德璟（1593—1646），字中葆，号八公，又号若椰，泉州（今福建泉州晋江）福全人，明末景教思想家、博物学家，著有《西方问答》《天圆说》《天问略》《蒋氏萑经》等。《蒋氏萑经》十四卷，是一部专门论述"鸟"的谱录类专著。

识版式：

此为明天启六年刻本；四周双边；白口，单黑鱼尾，中刻书名、页码，下刻字数；半页九行，行十九字，小字双行同。

识印章：

周春——周春姓名藏书印。周春（1729—1815），字芚兮，号松霭，晚号黍谷居士，盐官（今浙江海宁）人，清代著名经学家、史学家、音韵学家、诗人、诗歌理论家、藏书家。藏书楼名"宝陶斋""著书斋"等，藏书印有"周春字芚兮号松霭""海宁周氏家藏""著书斋""松声山房"等。著有《古文尚书冤词补正》《尔雅补注》《十三经音略》《小学余论》《海昌胜览》《西夏书》《辽诗话》《杜诗双声叠韵谱话》《阅〈红楼梦〉随笔》《松霭吟稿》《松霭诗话》等。详见《运使复斋郭公言行录》"周春"条。

松霭——周春字号藏书印。

汪士钟印——汪士钟姓名藏书印。汪士钟（1786—?），字春霆，号阆源，一号眼源，长洲（今江苏苏州）人，汪文琛之子，清代著名藏书家。藏书楼名"艺芸书舍""三十五峰园"等。详见《周易九卷》"汪士钟"条。

阆源真赏——汪士钟字号藏书印。

识递藏：

从书页所钤藏书印看，是书曾藏于海宁周春"著书斋"；继藏于长洲汪士钟"艺芸书舍"；今藏于南京大学图书馆。

荷锄杂志十一卷

识著述：

陈弘绪（1597—1665），字士业，号石庄，南昌新建（今江西新建）人，明末清初经学家、史学家、文学家、藏书家，辑有《明文类抄》《宋遗民录》，著有《周易备考》《诗经解义》《尚书广义》《读书日记》《荷锄杂志》等。《荷锄杂志》为陈弘绪辑录诸书所为事物谱录类书籍。

识版式：

此为清抄本；白口，中书书名、部属、页码；半页九行，行二十四字。

识印章：

闲云馆藏——张位藏书楼号藏书印。张位（生活于顺康间），字立人，一字艮思，号青芝，长洲（今江苏苏州）人，校勘学家何焯弟子，清代抄书家、藏书家。藏书楼名"青芝山堂""闲云馆"，藏书印有"张位小印""闲云馆藏"等。此张位为清初人。

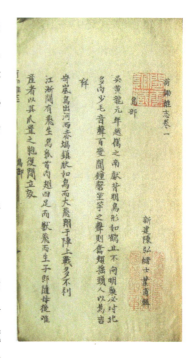

笃素堂张晓渔校藏图籍之章——张师亮藏书楼号姓氏字号藏书印。张师亮（生活于道咸间），字谨夫，号筱渔，一作晓渔，桐城（今安徽桐城）人，清代藏书家。藏书楼名"笃素堂""养云石山房"，藏书印有"皖南张氏师亮之印""皖南张师亮筱渔氏校书于笃素堂""张谨夫图书印""桐山张筱渔氏手抄秘笈""笃素堂藏书""笃素堂张晓渔校藏图籍之章""养云石山房珍藏书籍""桐山张氏藏弄金石文字书画图籍之章""茶熟香温快读一过"等。著有《慈湖先生遗书》。

识递藏：

从书页所钤藏书印看，是书曾藏于长洲张位"闲云馆"；又藏于桐城张师亮"笃素堂"；今藏于江西省图书馆。

子部·杂家类

杂家类小序

"杂"字古作"襍",又作"雜",形声,本义是由各种颜色搭配起来的衣服。《说文解字》云:"雜,五采相合也,从衣集声。"《说文解字注》云:"与'黼'字义略同。所谓五采,彰施于五色作服也。引伸为凡参错之偁,亦借为聚集字。"根据班固对杂家"兼儒墨,合名法"特点的描述,杂家之"杂"显然是无所不包之意。

杂家是战国末期至秦汉初期形成的一个哲学派别,是顺应"大一统"封建王朝统治的思想文化产物,"以道为本,兼收并蓄"是贯彻其始终的政治意图和学术主张。杂家"采儒墨之善,撮名法之要""于百家之道无不贯通",以博采诸家之说见长,自身并无一贯的宗旨。《汉书·艺文志·诸子略》称:"杂家者流,盖出于议官。兼儒墨,合名法,知国体之有此,见王治之无不贯,此其所长也。及荡者为之,则漫羡而无所归心。"《隋书·经籍志》亦云:"古者,司史历记前言往行、祸福存亡之道,然则杂者,盖出史官之职也。放者为之,不求其本,材少而多学,言非而博,是以杂错漫羡而无所指归。"先秦时期的杂家著作多已亡佚,只有《尸子》《吕氏春秋》《淮南子》流传了下来。《尸子》融合了儒、墨、道、法各家,与孟子、荀子、墨子、商鞅、韩非等人的思想有相通之处,对农家代表许行也产生了影响;《吕氏春秋》集儒、道、法、墨、农、阴阳、名等先秦百家之言于一书,"备天地万物古今之事",殆同先秦思想资料史汇编;《淮南子》的内容虽主要倾向于道家,但也糅合了儒、墨、法、阴阳的思想。上述杂家,显系一家而兼具诸家之先秦杂家。

今之所谓目录学之杂家,已非传统杂家的狭窄范畴。大凡六家九流,或本自一家,如名家、墨家、纵横家,传者稀少而不足以成为一类者;或著述万卷而宗旨不限于一家者,因"其学不传,后无所述;或其名不美,人不肯居",皆归之杂家。这一处理,基本符合原始杂家思想庞杂的性质。

目录学史上的杂家,经历了一个日益融汇、渐趋完善的发展过程。《汉书·艺文志·诸子略》之"杂家"属于一家兼具诸家的原始意义上的杂家,著录了《孔甲盘盂》《五子胥》《尸子》《吕氏春秋》《淮南子》《东方朔》《杂家言》等"立说"之书二十部;《隋书·经籍志·子部》之"杂家"更形象地体现了"杂"的性质,著录了《吕氏春秋》《淮南子》《论衡》《风俗通义》《金楼子》《博物志》等九十七部;《郡斋读书志·子部》"杂家类"著录了《吕氏春秋》《淮南子》《孔丛子》《抱朴子》

《格言》《两同书》等二十三部；《直斋书录解题·子部》"杂家类"著录了《女诫》《潜夫论》《颜氏家训》《匡谬正俗》《事物纪原》《弟子职》等内容纷繁之书，已非杂家旧貌；黄虞稷《千顷堂书目》更于寥寥不能成类之书，一并列入杂家，变而得宜，于例为善；纪昀《四库全书总目·子部》"杂家类"力反传统旧习，用黄氏《千顷堂书目》之例，将不具单列规模的立说类、辨证类、议论兼叙述类、旁究物理胪陈纤琐类、类辑旧文途兼众轨类、合刻诸书不名一体类之图书尽归杂家，体例独善。

今之所选，计有《墨子十五卷》《吕氏春秋二十六卷》《白虎通义二卷》《颜氏家训一卷附考证一卷》《冷斋夜话十卷》《石林燕语十卷》《乙卯避暑录话二卷》《程氏演蕃露十六卷》《容斋随笔十六卷续笔十六卷》《野客丛书三十卷附录野老记闻一卷》《云麓漫抄十五卷》《吹剑录一卷》《困学纪闻二十卷》《澄怀录二卷》《齐东野语二十卷》《庶斋老学丛谈三卷》《闲居录一卷》《霏雪录不分卷》《封氏见闻记十卷》《稽古绪论二卷》《读画录四卷》二十一部，尽量兼及古今著名杂书，以见杂家之"杂"焉。

墨子十五卷

识著述：

墨子（生卒不详），名翟，宋国（一说鲁阳，一说滕国）人，春秋末期著名思想家、教育家、科学家、军事家、墨家学派创始人，著有《墨子》。《墨子》十五卷，现存五十三篇，为墨子弟子及后学记录、整理、编纂而成，是阐述墨家思想的著作。《墨子》分两大部分：一部分记载墨子言行，阐述墨子思想，主要反映了前期墨家的思想；另一部分《经上》《经下》《经说上》《经说下》《大取》《小取》六篇，一般称"墨辩"或"墨经"，着重阐述墨家的认识论和逻辑思想。墨子提出的"兼爱""非攻""尚贤""尚同""天志""明鬼""非命""非乐""节葬""节用"等观点，以"兼爱"为核心，以"节用""尚贤"为支点，反映了小生产者的基本利益。墨子创立的以几何学、物理学、光学等一整套科学理论，反映了我国早期的科研成就。

识版式：

此为明嘉靖三十一年芝城铜活字蓝印本；四周单边；白口，双黑鱼尾，上刻书名，中刻卷次、页码；半页十一行，行二十二字。

识印章：

平阳汪氏藏书印——汪文琛郡望姓氏藏书印。汪文琛（生活于乾嘉间），字厚斋，长洲（今江苏苏州）人，清代布衣藏书家。藏书楼名"三十五峰园"。详见《周易注疏》"汪文琛"条。

宪奎——汪宪奎名号藏书印。汪宪奎（生活于道咸间），字秋浦，长洲（今江苏苏州）人，汪士钟族人，清代藏书家。藏书楼名"有竹居"，藏书印有"平江汪宪奎秋浦印记""宪奎""秋浦"等。

秋浦——汪宪奎字号藏书印。

东郡杨绍和字彦合藏书之印——杨绍和郡望姓名字号藏书印。杨绍和（1830—1875），聊城（今山东聊城）东昌府区人，杨以增次子，海源阁第二代主人，清代著名目录学家、藏书家。藏书楼名"海源阁"。详见《韩鲁齐三家诗考》"杨绍和"条。

杨彦合读书印——杨绍和姓氏字号藏书印。

识递藏：

从书页所钤藏书印及题跋看，是书曾藏于吴县周锡瓒"漱六楼"；继藏于平江黄丕烈"士礼居"；继藏于长洲汪氏"三十五峰园"由汪文琛、汪士钟父子递藏；继藏于长洲汪宪奎"有竹居"，书散后成为聊城杨以增、杨绍和父子"海源阁"的插架之物；今藏于国家图书馆。有黄丕烈校跋。

吕氏春秋二十六卷

识著述：

　　吕不韦（？—前235），名不韦，卫国濮阳（今河南安阳滑县）人，战国末期秦国政治家、思想家，主持编纂了《吕氏春秋》。《吕氏春秋》（又名《吕览》）二十六卷，是由秦相吕不韦集合门客编撰的一部杂家名著，成书于秦统一六国前夕。全书分为十二纪、八览、六论，"以道德为标的，以无为为纲纪"，以名家、法家、儒家、墨家、农家、兵家、阴阳家思想学说为素材，熔诸子百家学说于一炉，兼收并蓄，博采众长，体现了"大一统"的思想理念，为秦统一作了思想上的准备。

识版式：

　　此为明嘉靖七年许宗鲁刻本；左右双边，上下单边；白口，中刻书名、卷次、页码；半页十行，行十八字，小字双行同。

识印章：

　　独山莫祥芝图书记——莫祥芝郡望姓名藏书印。莫祥芝（1827—1890），字善徵，号九茎，别号拙骍，独山（今贵州黔南独山）人，莫与俦第九子，莫友芝之弟，莫棠之父，清代刻书家、藏书家。藏书印有"莫祥芝印""独山莫祥芝图书记""善徵"等。主修《通州志》《同治上江两县志》。

　　莫科莫祁莫棠之印——莫氏三兄弟姓名藏书印。莫科（生卒不详），莫祥芝长子；莫祁（生卒不详），莫祥芝次子；莫棠（1865—1929），字楚生，独山（今贵州黔南独山）人，清末民初著名目录学家、版本学家、藏书家。藏书楼名"铜井文房"等。详见《说文字原》"莫棠"条。

　　莫天麟印——莫天麟姓名藏书印。莫天麟（生卒不详），字瑞明，贵阳（今贵州贵阳）人。一说为独山莫氏先祖，一说为莫棠之子。

识递藏：

　　从书页所钤藏书印看，是书曾藏于独山莫氏"铜井文房"，由莫祥芝、莫科莫祁莫棠、莫天麟祖孙递藏；今藏于四川省图书馆。

白虎通义二卷

识著述：

班固（32—92），字孟坚，扶风安陵（今陕西咸阳东北）人，东汉著名经学家、史学家、文学家，著有《白虎通义》《汉书》《两都赋》。《白虎通义》（又称《白虎通》）二卷，是班固等人据汉章帝建初四年（79）经学辩论的结果，撰集而成的一部讲论五经异同、统一今文经义的重要经学著作，因辩论地点在白虎观而得名。《白虎通义》继承了董仲舒之后今文经学神秘的唯心主义思想，以神秘化了的阴阳、五行为基础，解释自然、社会、伦理、人生和日常生活的种种现象，对宋明理学的人性论产生了一定影响。

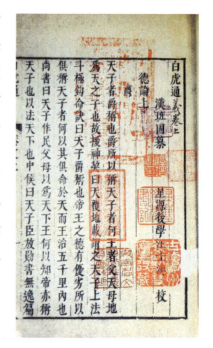

识版式：

此为清康熙间刻本，亦为《四库全书》底本；四周单边；白口，单黑鱼尾，上刻书名，中刻卷次、页码；半页十行，行二十字。

识印章：

古潭州袁卧雪庐收藏——袁芳瑛郡望姓氏藏书楼号藏书印。袁芳瑛（1814—1859），字漱六，号伯乂，湘潭（今湖南长沙）人，清代著名藏书家。藏书楼名"卧雪庐"。详见《左传附注》"袁芳瑛"条。

礼培私印——王礼培名号藏书印。王礼培（1864—1943），字佩初，号南公，别署潜虚老人，湘乡（今湖南湘乡）人，清末民国诗人、藏书家。藏书楼名"扫尘斋"等。详见《高皇帝御制文集》"王礼培"条。

扫尘斋积书记——王礼培藏书楼号藏书印。

识递藏：

从书页所钤藏书印看，是书曾藏于湘潭袁芳瑛"卧雪庐"；又藏于湘乡王礼培"扫尘斋"；今藏于湖南图书馆。

颜氏家训一卷附考证一卷

识著述：

颜之推（531—约597），字介，祖籍琅邪临沂（今山东临沂），生于江陵（今湖北江陵），南北朝时期文学家、教育家，著有《颜氏家训》《急就章注》《证俗音字》《还冤志》《集灵记》。《颜氏家训》一卷，为颜之推

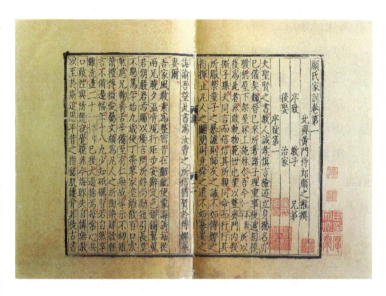

记述个人经历、思想、学识以告诫子孙的著作，是我国历史上第一部体系宏大、内容丰富的家训，开"家训"之先河。《颜氏家训》在家庭教育、道德修养等方面给后人提供借鉴的同时，也为后人研究南北朝历史及语言文学提供了参考。文章多用骈语，间有散行，说理叙事，疏落爽洁，独具清畅流美之风致。

识版式：

此为元刻本；蝴蝶装；四周双边；白口，双黑鱼尾；半页十二行，行十八字。

识印章：

刘柏——刘柏姓名藏书印。生平不详。

新甫——刘柏字号藏书印。

孙氏伯渊——孙星衍姓氏字号藏书印。孙星衍（1753—1818），字渊如，号伯渊，别署芳茂山人、季仇、薇隐，阳湖（今江苏常州武进）人，清代著名经学家、史学家、文字学家、目录学家、诗人、书法家、藏书家。藏书楼名"平津馆""问字堂""孙氏祠堂""廉石居"等，藏书印有"孙星衍印""星衍私印""臣星衍印""臣星衍""孙氏伯渊""孙伯渊""伯渊""东方廉使""太史之章""东鲁观察使者""平津馆鉴藏书籍印""廉石居藏书记""孙氏祠堂""孙氏祠藏""孙忠愍侯祠堂藏书记""五松书屋""都官""芳茂山人""青溪寓公""绿衣执法大夫印""丁未对策上第""丁未一甲进士""榜眼科名释褐初""东方都漕使者"等。编有《孙氏祠堂书目》，著有《周易集解》《尚书今古文注疏》《考注春秋别典》《尔雅广雅训诂韵

编》《晏子春秋音义》《史记天官书考证》《明堂考》《金石萃编》《仓颉篇》《续古文苑》《问字堂文稿》《岱南阁文稿》《五松园文稿》《平津馆文稿》《芳茂山人诗录》等。

绣衣执法大夫印——孙星衍藏书闲章。

臣文琛印——汪文琛名号藏书印。汪文琛（生活于乾嘉间），字厚斋，长洲（今江苏苏州）人，清代布衣藏书家。藏书楼名"三十五峰园"。详见《周易注疏》"汪文琛"条。

厚斋——汪文琛字号藏书印。

汪士钟读书——汪士钟姓名藏书印。汪士钟（1786—?），长洲（今江苏苏州）人，汪文琛之子，清代著名藏书家。藏书楼名"艺芸书舍""三十五峰园"等。详见《周易九卷》"汪士钟"条。

潘祖荫藏书记——潘祖荫姓名藏书印。潘祖荫（1830—1890），字东镛，又字伯寅，号郑盦，吴县（今江苏苏州）人，清代著名书法家、藏书家。藏书楼名"滂喜斋"。详见《金石录》"潘祖荫"条。

识递藏：

从书页所钤藏书印及题跋看，是书曾藏于无考之刘柏之手；又藏于阳湖孙星衍"平津馆"；继藏于长洲汪氏"三十五峰园"由汪文琛、汪士钟父子递藏；继藏于吴县潘祖荫"滂喜斋"；今藏于上海图书馆。有何焯、钱大昕、孙星衍、黄丕烈跋。

冷斋夜话十卷

识著述：

惠 洪 （1071—1128），一名德洪，字觉范，自号寂音尊者，俗姓喻（一作姓彭），新昌（今江西宜丰）桥西乡潜头竹山里人，北宋著名诗僧、诗歌理论家，著有《筠溪集》《冷斋夜话》等。《冷斋夜话》十卷，其体例介于笔记与诗话之间，但以论诗为主，间杂传闻琐事，论诗多称引元祐诸人而

引苏、黄等人论点为最。书中多通过引述诗句提出并阐述一些诗歌理论，记事杂有假托伪造之迹。《冷斋夜话》对宋代诗歌研究，颇具参考价值。

识版式：

此为元至正三年刻本，存八卷；蝴蝶装；左右双边，上下单边；黑口，双黑鱼尾；半页九行，行十八字。

识印章：

程时义印——程时义姓名藏书印。程时义（生活于明末），字宜生，徽州休宁（今安徽休宁）人，明末诗人、藏书家。藏书印有"程时义印""宜生""松间明月""濠上"等。

宜生——程时义字号藏书印。

松间明月——程时义藏书闲章。

濠上——程时义藏书闲章。

识递藏：

从书页所钤藏书印看，是书曾藏于休宁程时义之手；今藏于国家图书馆。

石林燕语十卷

识著述：

叶梦得（1077—1148），字少蕴，晚居湖州弁山玲珑山石林，故号石林居士、石林山人、石林老人，长洲（今江苏苏州）人，宋代经学家、史学家、词人、诗歌理论家、藏书家，著有《春秋谳》《春秋考》《春秋传》《石林词》《石林诗话》《石林燕语》《避暑录话》等。《石林燕语》十卷，内容涉及诗文、词章、奏议、考释、笔记等体裁，其中记叙朝章国典、旧闻时事、朝野故事，足资史实考证，补苴正史之缺，有一定的历史价值和文献价值。

识版式：

此为明正德元年杨武刻本；左右文武双边，上下单边；粗黑口，双黑鱼尾，中刻页码；半页九行，行十八字，小字双行同。

识印章：

姚氏舜咨图书——姚咨姓氏字号藏书印。姚咨（1494—?），无锡（今江苏无锡）人，明代诗人、书法家、史学家、藏书家。藏书楼名"茶梦斋"。详见《干禄字书》"姚咨"条。

摛藻堂藏书记——汪文柏藏书楼号藏书印。汪文柏（1659—1725），字季青，号柯庭、柯亭，桐乡（今浙江嘉兴桐乡）人，清代诗人、画家、藏书家。藏书楼名"古香楼""摛藻堂"等。详见《新编方舆胜览》"汪文柏"条。

平阳季子收藏图书——汪文柏郡望姓氏字号藏书印。

丁氏八千卷楼藏书记——丁丙姓氏藏书楼号藏书印。丁丙（1832—1899），钱塘（今浙江杭州）人，清末著名经学家、诗人、金石学家、目录学家、藏书家。总藏书楼名"嘉惠堂"。详见《周易本义》"丁丙"条。

坎西楼收藏——无考。

识递藏：

从书页所钤藏书印及题跋看，是书曾藏于无锡姚舜咨"茶梦斋"；又藏于桐乡汪文柏"摛藻堂"；继藏于钱塘丁丙"嘉惠堂"之"八千卷楼"；今藏于南京图书馆。有丁丙跋。

乙卯避暑录话二卷

识著述：

　　叶梦得小传见《石林燕语》"识著述"，兹从略。《乙卯避暑录话》二卷，为叶梦得于绍兴五年（1135）五月退居湖州卞山时，与其二子叶栋、叶模及门生徐度于山中"泉石深旷松竹幽茂处"谈论古今杂事、读书避暑之作。该书内容主要记载名胜古迹、前朝及当代人物行止出处，抒发了野居逸趣，偶尔杂以经史议论。其所叙录，足资考证制度、宋人风气、订正史误和某些人物的生平轶事，有以广见闻之效。

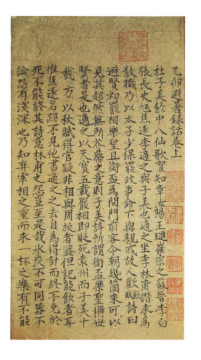

识版式：

　　此为明弘治庚戌秦酉岩抄本；半页十一行，行二十二字。

识印章：

　　安阳洞天秦伯子藏书记——秦四麟郡望姓氏字号藏书印。秦四麟（生活于成化嘉靖间），字酉阳、酉岩，另字景阳，号季公、五岭山人，太仓（今江苏苏州太仓）陆河人，明代著名词人、刻书家、藏书家。藏书楼名"致爽阁""又玄斋""玄斋"，藏书印有"秦氏四麟之印""四麟书隐""四麟""酉岩山人""秦季公""书隐""五岭山人""安阳洞天秦伯子藏书记""又玄斋校阅过""又玄斋收藏图书印""雍门世家"等。

　　虞山钱曾遵王藏书——钱曾郡望姓名字号藏书印。钱曾（1629—1701），字遵王，号也是翁，又号贯花道人、述古主人、篯后人，虞山（今江苏常熟）城西虹桥人，清代著名诗人、版本学家、藏书家。藏书楼名"述古堂""也是园""莪匪楼"，藏书印有"钱曾之印""虞山钱曾遵王藏书""遵王""钱遵王藏书""钱遵王述古堂藏书""虞山钱遵王莪匪楼藏书""克庵""篯后人""贯花道人""钱氏校本""彭城世家""述古堂藏书记""莪匪楼藏书""传家一卷帝王书"等。编有《述古堂书目》，著有《读书敏求记》《怀园集》《判春集》《奚囊集》《莺花集》《草堂集》《今吾集》等。

　　莫棠楚生父印——莫棠姓名字号藏书印。莫棠（1865—1929），字楚生，独山（今贵州黔南独山）人，莫祥芝第三子，清末民初著名目录学家、版本学家、藏书家。藏书楼名"铜井文房"等。详见《说文字原》"莫棠"条。

独山莫氏铜井文房藏书印——莫棠郡望姓氏藏书楼号藏书印。

叶德辉——叶德辉姓名藏书印。叶德辉（1864—1927），湘潭（今湖南湘潭）人，清末民初著名文字学家、版本学家、出版家、藏书家。藏书楼名"观古堂"。详见《仪礼注疏》"叶德辉"条。

郋园——叶德辉别号藏书印。

叶启发藏——叶启发姓名藏书印。叶启发（1905—1952），字东明，号华鄂主人、朴学庐主，长沙（今湖南长沙）苏家巷人，叶德辉犹子，叶启勋胞弟，现代知名藏书家、目录学家。藏书楼名"华鄂堂"。详见《仪礼注疏》"叶启发"条。

尹天祜——尹天祜姓名藏书印。尹天祜（1914—1990），湖南益阳人，近代湖南书商、版本学家、藏书家，解放后为湖南图书馆收集了大量珍贵典籍。

识递藏：

从书页所钤藏书印及题跋看，是书首藏于抄书家常熟秦四麟"致爽斋"；继藏于常熟钱曾"述古堂"；继藏于长塘鲍廷博"知不足斋"；继藏于独山莫棠"铜井文房"；继藏于湘潭叶德辉"观古堂"；继藏于长沙叶启发"华鄂堂"；经长沙尹天祜之手，入藏于湖南图书馆。有鲍廷博、叶启勋、叶启发跋。

程氏演蕃露十六卷

识著述：

　　程大昌（1123—1195），字泰之，徽州休宁（今安徽休宁）人，南宋经学家、哲学家、文学家，著有《易原》《易老通言》《禹贡论》《诗论》《演繁露》《考古编》《北边备对》等。《程氏演蕃露》十六卷，为著名的笔记体经学著作。其书以格物致知为宗旨，记载了三代至宋代的杂事四百八十八项。

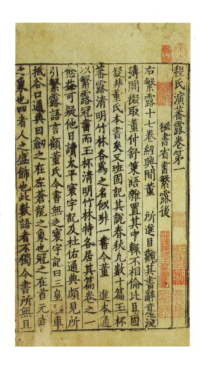

识版式：

　　此为宋刻本，今存十卷；左右双边，上下单边；白口，单黑鱼尾，中刻书名、卷次、页码；半页十一行，行二十字。

识印章：

　　蒋扬孙收藏记——蒋廷锡姓氏字号藏书印。蒋廷锡（1669—1732），字扬孙，一字酉君、南沙，号西谷、清桐居士，常熟（今江苏常熟）人，清代经学家、诗人、画家、文献学家、藏书家。藏书楼名"青桐轩"，藏书印有"蒋廷锡印""廷锡""蒋扬孙收藏记""扬孙""蒋氏家藏图书印"等。著有《尚书地理今释》《破山集》《秋风集》《片云集》《青铜轩诗集》等。

　　文琛——汪文琛字号藏书印。汪文琛（生活于乾嘉间），字厚斋，长洲（今江苏苏州）人，清代布衣藏书家。藏书楼名"三十五峰园"。详见《周易注疏》"汪文琛"条。

　　平阳汪氏藏书印——汪文琛郡望姓氏藏书印。

　　宋本——汪文琛版本藏书印。

　　汪士钟印——汪士钟姓氏藏书印。汪士钟（1786—？），长洲（今江苏苏州）人，汪文琛之子，清代著名藏书家。藏书楼名"艺芸书舍""三十五峰园"等。详见《周易九卷》"汪士钟"条。

　　民部尚书郎——汪士钟藏书闲章。

　　顾千里经眼记——顾广圻姓氏字号校书印。顾广圻（1766—1835），元和（今江苏苏州）人，清代著名经学家、校勘学家、目录学家、藏书家。藏书楼名"思适斋"。详见《周礼》"顾广圻"条。

611

祁阳陈澄中藏书记——陈清华郡望姓氏字号藏书印。陈清华（1894—1978），字澄中，祁阳（今湖南祁阳）人，现代著名藏书家。藏书楼名"郇斋"，藏书印有"陈清华""陈清华印""祁阳陈澄中藏书记""陈澄中收藏印""郇斋"等。

郇斋——陈清华藏书楼号藏书印。

识递藏：

从书页所钤藏书印及题跋看，是书曾藏于常熟蒋廷锡"青桐轩"；又藏于长洲汪氏"三十五峰园"由汪文琛、汪士钟父子递藏，由顾广圻审定；又藏于祁阳陈清华"郇斋"；今藏于国家图书馆。有顾广圻跋。

容斋随笔十六卷续笔十六卷

识著述：

　　洪迈（1123—1202），字景庐，号容斋，又号野处，饶州鄱阳（今江西鄱阳）人，南宋著名文学家，著有《容斋随笔》《夷坚志》等。《容斋随笔》十六卷《续笔》十六卷，是一部古代文言笔记小说，共《五笔》七十四卷一千二百二十则，包括经史百家、文学艺术、宋代掌故及人物评价诸方面，以考证、议论、记事为中心内容。其书内容广泛，资料丰富，格调高雅，议论精彩，考证确切，具有极高的历史价值和文献价值，被《四库全书总目》许为南宋笔记小说之冠。

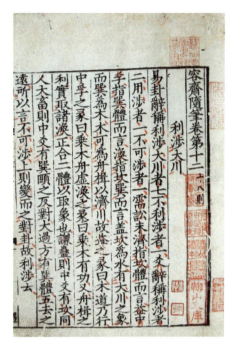

识版式：

　　此为宋嘉定五年章贡郡斋刻本；左右双边，上下单边；白口，双黑鱼尾，中刻书名、卷次、页码；半页十行，行二十一字。

识印章：

　　鞠山文库——日本国鞠山文库藏书楼号藏书印。

　　潜山读本——田吴炤字号藏书印。田吴炤（1870—1926），原名行照，一名潜，字伏侯，别字小纯、小尊，号潜山，别署潜叟、郎庵，荆州（今湖北荆州）人，清末民初文字学家、藏书家。藏书楼名"宋荆州田氏七万五千卷堂""移山堂""景伟楼""鼎楚室""后博古堂"等，藏书印有"田潜之印""潜山读本""潜山所得""潜叟秘籍""伏侯藏过""伏侯得之日本""伏侯在东精力所聚""荆州田氏藏书之印""荆州田氏藏书""景伟楼印""景伟楼主人读书记""宋荆州田氏七万五千卷堂""后博古堂所藏善本""田伟后裔""七启庵""审美珍藏"等。著有《说文二徐笺异》。

　　伏侯得之日本——田吴炤字号藏书印。

　　荆州田氏藏书之印——田吴炤郡望姓氏藏书印。

　　后博古堂所藏善本——田吴炤藏书楼号藏书印。

　　审美珍藏——田吴炤藏书闲章。

徐恕——徐恕姓名藏书印。徐恕（1890—1959），字行可，小字六一，号强諆、强簃，武昌（今湖北武汉）人，现代著名文献学家、藏书家。藏书楼名"强簃""箕志堂""藏棱斋""知论物斋""徐氏文房""桐风庼"等，藏书印有"徐恕""徐恕之印""徐恕印信长寿""徐恕读过""徐恕审定""徐恕鉴赏""行可""行可珍秘""小字六一""强簃点勘""强簃闲书""强簃眼学""江夏徐生""江夏徐氏藏本""鄂渚徐氏经籍金石书画记""自恣荆楚""用儒雅文字章句之业取天下先""不为一家之蓄俟诸三代精英""学以七略为宗""为刊目录散黄金""有穷遐方绝域尽天下古文奇字之志"等。

行可——徐恕字号藏书印。

海盐张元济庚申岁经收——张元济郡望姓名收书年代印。张元济（1867—1959），字筱斋，号菊生，海盐（今浙江海宁）人，近代杰出出版家、校勘学家、文献学家、教育家、诗人、藏书家，曾任商务印书馆总经理、上海文史馆馆长等职。藏书楼名"涉园"，藏书印有"海盐张元济经收"等。著有《涉园诗八稿》《涉园通信集》《校史随笔》《涵芬楼烬余书录》《张元济诗文》等。

涵芬楼——商务印书馆藏书楼号藏书印。涵芬楼为商务印书馆藏书楼，1904年由张元济创办于上海，以收藏宋元明旧刊及抄校本、名人手稿等闻名海内。

识递藏：

从书页所钤藏书印及题识看，是书原藏日本"鞠山书库"；后为荆州田吴炤购回藏于"后博古堂"；继藏于武昌徐恕"徐氏文房"；1920年为海盐张元济购藏于商务印书馆"涵芬楼"；今藏于苏州图书馆。有缪荃孙跋。

野客丛书三十卷附录野老记闻一卷

识著述：

王楙（1151—1213），字勉夫，号分定居士，时号"讲书君"，福州府福清县（今福建福清）人，徙居平江吴县（今江苏苏州），南宋学者、文学家、考据学家，著有《巢睫稿笔》《野客丛书》。《野客丛书》三十卷附录《野老纪闻》一卷，内容博洽，考证经史百家，下至骚人墨客，分门类聚，钩隐抉微，逸闻佚事，细大不捐。而以考辨典籍、杂记宋朝及历代轶事为主，俱能"分析具载，厘正时误"，有较高的学术价值。

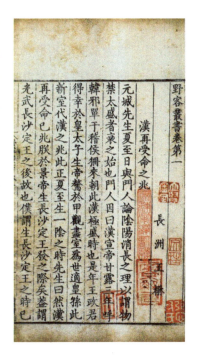

识版式：

此为明嘉靖四十一年王穀祥刻本；左右双边，上下单边；白口，单白鱼尾，中刻书名、卷次、页码，下刻刻工姓名；半页十行，行二十字。

识印章：

石田——沈周字号藏书印。沈周（1427—1509），字启南，号石田、白石翁、玉田生、有竹居主人等，长洲（今江苏苏州）人，明代诗人、文学家、医学家、书画家、藏书家，吴门画派创始人，与文徵明、唐寅、仇英并称"明四家"。藏书楼名"有竹居"，藏书印有"沈周之印""启南""石田"等。著有《石田集》《客座新闻》等。

南京解元——唐寅科第出身藏书印。唐寅（1470—1524），字伯虎，一字子畏，号六如居士、桃花庵主等，吴县（今江苏苏州）人，明代著名诗人、画家、书法家、藏书家。藏书楼名"桃花庵""梦墨亭"等，藏书印有"唐寅私印""唐白虎""南京解元""梦墨亭"等。著有《六如居士全集》《画谱》等。详见《群经音辨》"唐伯虎"条。

张心父氏——张士瀹姓名字号藏书印。张士瀹（生活于嘉靖年间），一名沦，字心父，昆山（今江苏昆山）人，明代诗人、藏书家。藏书印有"张心父氏"等。辑有《明文纂》著有《张心父集》。

文柱——张文柱名号藏书印。张文柱（生活于万历年间），字仲立，一字立贤，号乐玄，昆山（今江苏昆山）人，明代诗人、藏书家。藏书印有"文柱""立贤审定"等。著有《滇池集》。

立贤审定——张文柱字号藏书印。

识递藏：

从书页所钤藏书印看，是书曾藏于长洲沈周"有竹居"；继藏于长洲唐寅"梦墨亭"；继藏于昆山张士瀹之手；继藏于昆山张文柱之手；今藏于华东师范大学图书馆。然是书刻于嘉靖四十一年（1562），而沈周卒于正德四年（1509），唐寅卒于嘉靖三年（1524），张士瀹又主要活动于嘉靖间，以上三位藏家藏印明显与刻书年代抵牾，当为书商射利造伪之印。甚至最后一位藏家张文柱的两方藏印，以其后递藏乏人，亦不足凭信。然汾阴汉鼎，今亦可宝矣！

云麓漫抄十五卷

识著述：

赵彦卫（生活于南宋庆元前后），字景安，宋宗室，浚仪（今河南开封）人，著有《云麓漫钞》。《云麓漫抄》（初名《拥炉闲话》）十五卷，内容主要载记宋时杂事、考证天文地理名物制度、搜采方言俗谚、载述诗词遗文等，其中不少资料颇具参考价值，对宋代文史研究有所帮助。

识版式：

此为明抄本；半页十行，行二十字。

识印章：

查继左印——查继佐姓名藏书印。查继佐（1601—1677），初名继佑，初字三秀，更字友三，又字伊璜、敬修，号与斋，又号左隐、方舟、发标、钓玉、兴斋等，晚号东山钓叟，后改号为左尹非人，人称敬修先生，海盐（今浙江海宁）袁花人，明末

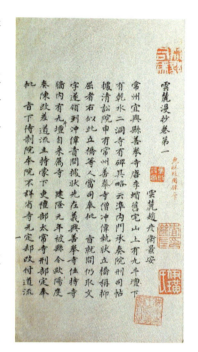

清初经学家、史学家、文学家、书画家、藏书家，与张岱、谈迁、万斯同并称"浙东四大史家"。藏书楼名"敬修堂"，藏书印有"查继左印""查继佐印""查氏继佐章""伊璜氏""近号查浦""别部司马"等。著有《五经说》《四书说》《罪惟录》《鲁春秋》《东山国语》《班汉史沦》《续西厢》《东山外记》《敬修堂说造》《豫游记》《独指直噻》《诗可》《敬修堂诗集》《说疑》《粤游杂咏》等。

伊璜氏——查继佐字号藏书印。

别部司马——查继佐官爵藏书印。查氏曾任兵部职方主事之职。

拜经楼吴氏藏书——吴骞藏书楼号姓氏藏书印。吴骞（1733—1813），海宁（今浙江海宁）人，清代著名诗人、文学家、藏书家。藏书楼名"拜经楼"等。详见《诗集传》"吴骞"条。

仲鱼——陈鳣字号藏书印。陈鳣（1753—1817），字仲鱼，号简庄，海昌（今浙江海宁）硖石人，清代著名经学家、校勘学家、藏书家。藏书楼名"向山阁"等。详见《周易注疏》"陈鳣"条。

叶启发藏——叶启发姓名藏书印。叶启发（1905—1952），字东明，号华鄂主人、朴学庐主，长沙（今湖南长沙）苏家巷人，叶德辉犹子，叶启勋胞弟，现代知

名藏书家、目录学家。藏书楼名"华鄂堂"。详见《仪礼注疏》"叶启发"条。

识递藏：

从书页所钤藏书印和题跋看，是书曾藏于海盐查继佐"敬修堂"；又藏于长塘鲍廷博"知不足斋"；继藏于海宁吴骞"拜经楼"，由海宁陈鳣审校；继藏于湘潭叶德辉"观古堂"；继藏于长沙叶启勋、叶启发兄弟"拾经楼"；今藏于湖南图书馆。有吴骞、陈鳣、叶德辉跋。

吹剑录一卷

识著述：

俞文豹（生活于宁宗理宗间），字文蔚，括苍（今浙江丽水）人，南宋文学家、小说家，著有《清夜录》《古今艺苑谭概》《吹剑录》《吹剑录外集》。《吹剑录》一卷，主要杂记南宋宫廷、官场及民间遗闻轶事，对南宋政治腐败有所揭露，而记道学党禁始末甚详，颇具史料价值；其次为作者读书零札，多据前言往事加以辨证发明；书中品评诗文之语时有灼见，而未免迂阔牵强；间及文人轶事，有较高的文学史料价值；作品对丽水地区的山川人物也有所赞颂。

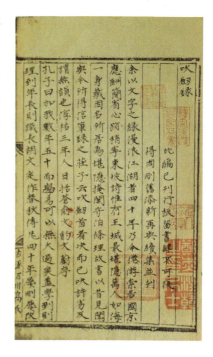

识版式：

此为明嘉靖二十六年古涿百川子高氏抄本；四周文武双边；白口，双黑鱼尾，下书抄书者堂号；半页十行，行二十二字。

识印章：

晋安徐兴公家藏书——徐𤊹郡望姓氏字号藏书印。徐𤊹（1570—1645），闽县（今福建福州闽侯）人，清代著名诗人、书画家、方志学家、目录学家、藏书家。藏书楼名"红雨楼"等。详见《福州府志》"徐𤊹"条。

郑杰之印——郑杰姓名藏书印。郑杰（1750—1800），侯官（今福建福州）人，清代学者、诗人、史学家、藏书家。藏书楼名"注韩居"。详见《博雅》"郑杰"条。

一名人杰字昌英——郑杰名字藏书印。

注韩居士——郑杰字号藏书印。

侯官林如玉鉴藏——林如玉郡望姓名藏书印。林如玉（生活于道咸同光间），字希村，侯官（今福建福州）人，藏书家林鸿年之子，清代藏书家。藏书楼名"松风仙馆"，藏书印有"侯官林如玉鉴藏"等。

识递藏：

此书为明嘉靖涿州高儒抄本，必首藏于其家。从书页所钤藏书印看，是书曾藏于闽县徐𤊹"红雨楼"；又藏于侯官郑杰"注韩居"；继藏于侯官林如玉"松风仙馆"；今藏于福建省图书馆。

困学纪闻二十卷

识著述：

王应麟（1223—1296），字伯厚，号深宁居士，又号厚斋，庆元府鄞县（今浙江宁波鄞州区）人，南宋著名经学家、学者、教育家、政治家，著有《诗地理考》《三字经》《困学纪闻》《小学绀珠》《玉海》《通鉴答问》《深宁集》等。《困学纪闻》二十卷，是一部考证性质的笔记体学术专著。本书采用笔记体形式，分类编排，对文献典籍、学术渊源、文化现象进行了梳理、考证、鉴定与评

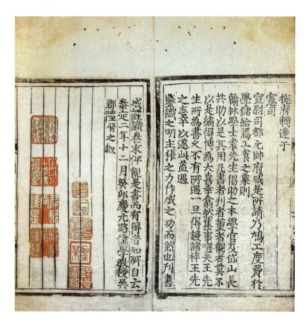

介。本书内容极为广泛，涉及说经、天文、地理、诸子、考史、评诗文、杂识共十二卷，作者不主一说，不名一家，广引众书，博采众长，成一家之言，其著述有较高的文学价值和史料价值。

识版式：

此为明刻本；四周文武双边；黑口，双黑鱼尾，中刻书名、卷次、页码；半页十行，行十八字。

识印章：

俞善裕印——俞善裕姓名藏书印。俞善裕（生平不详），字圣梅，一字澹庵。生平无考。藏书印有"俞善裕印""圣梅""一字澹庵""银地香流"等。

圣梅——俞善裕字号藏书印。

一字澹庵——俞善裕字号藏书印。

银地香流——俞善裕藏书闲章。

李鉴——李明古姓名藏书印。李鉴（生活于康乾间），字明古，号木彊人，何义门弟子，吴县（今江苏苏州）人，清代藏书家。藏书印有"李鉴""李鉴之印""明古""木彊人""李氏收藏""古愚"等。

木彊人——李明古别号藏书印。

李氏收藏——李明古姓氏藏书印。

陆沉之印——陆沉姓名藏书印。陆沉（生活于嘉道间），字冰篁，号靖伯，吴门（今苏州洗马巷延绿舫）人，清代诗人、藏书家。藏书楼名"蘅香草堂""湖西草堂"，藏书印有"陆沉字冰篁""靖伯氏"等。著有《月满楼诗文集》《金石考异》。详见《宋史》"陆沉"条。

靖伯——陆沉字号藏书印。

蘅香草堂——陆沉藏书楼号藏书印。

丁氏八千卷楼藏书记——丁丙姓氏藏书楼号藏书印。丁丙（1832—1899），钱塘（今浙江杭州）人，清末著名经学家、诗人、金石学家、目录学家、藏书家。总藏书楼名"嘉惠堂"。详见《周易本义》"丁丙"条。

肝胆向谁是——丁丙藏书闲章。

痛饮读离骚——丁丙藏书闲章。

识递藏：

从书页所钤藏书印及题跋看，是书曾藏于无考之俞善裕之手；又藏于吴县李鉴之手；又藏于吴门陆沉"蘅香草堂"；继藏于钱塘丁丙"八千卷楼"；今藏于南京图书馆。有丁丙跋。

澄怀录二卷

识著述：

周密（1232—1298），字公谨，号草窗，又号泗水潜夫、弁阳老人、华不注山人，祖籍济南，流寓吴兴（今浙江湖州），南宋词人、小说家、文学家，著有《齐东野语》《武林旧事》《癸辛杂识》《志雅堂要杂钞》《蘋洲渔笛谱》《草窗词》等。《澄怀录》二卷，为杂采唐宋诸人所记登涉之胜与旷达之语汇为一编的文言轶事小说。全书皆节录原文，而于其后注出书名，与《世说新语》相类，而稍变其体例，对明人摘录前人清谈辑为小品的风气影响很大。

识版式：

此为清吴翌凤家抄本；白口，半页十行，行十八字。

识印章：

荼坡藏书——潘介繁字号藏书印。潘介繁（1828—1893），字谷人，号荼坡，亦作椒坡，又号桐西，吴县（今江苏苏州）人，潘奕隽曾孙，潘世璜之孙，潘希甫之子，潘介祉之兄，潘志万之父，潘祖荫从兄弟，清代诗人、藏书家。藏书楼名"桐西书屋""崦西草堂""渊古楼"，藏书印有"潘椒坡""潘椒坡图书印""崦西草堂潘荼坡图书印""潘荼坡一遭寇难一遭火劫后重置之书""椒坡藏书""荼坡藏书""笏盦荼坡潘介繁珍藏之印""荼坡潘介繁珍藏之印""介繁""笏盦""乙卯潘""桐西居士庚申后印记""桐西书屋""潘氏桐西书屋之印""崦西草堂""潘氏渊古楼藏书记""庚申劫火之余""邓蔚山樵""江城薄宦""澄怀观道""庚申劫火之余"等。著有《桐西书屋诗钞》《文钞》。

莫棠字楚生印——莫棠姓名字号藏书印。莫棠（1865—1929），字楚生，独山（今贵州黔南独山）人，莫祥芝第三子，清末民初著名目录学家、版本学家、藏书家。藏书楼名"铜井文房"等。详见《说文字原》"莫棠"条。

曼青手校——秦更年字号藏书印。秦更年（1885—1958），江都（今江苏扬州）人，清末民国诗人、学者、出版家、书画家、藏书家。藏书楼名"石药簃"等。详见《诸宫旧事》"秦更年"条。

曾览黄鹤岳阳二楼之胜——秦更年藏书闲章。

识递藏：

　　此本为休宁吴翌凤抄本，首藏于其家"古欢堂"。从书页所钤藏书印及题跋看，是书曾藏于吴县潘介繁"桐西书屋"；继藏于独山莫棠"铜井文房"；继藏于扬州秦更年"寿石斋"；今藏于南开大学图书馆。有秦更年跋。

齐东野语二十卷

识著述：

周密小传见《澄怀录》，兹从略。《齐东野语》二十卷，偏重载记宋元之交的朝廷大事，亦不乏当时文人轶事、典章制度、民俗风物的记载，可补史籍之不足，具有较高的历史价值和文献价值。

识版式：

此为明正德十年胡文璧刻本，原缺部分有抄配；四周双边；白口，中刻书名、卷次、页码；半页十一行，行十七至二十字。

识印章：

友年所见——查绍钱字号藏书印。查绍钱（生活于嘉道间），字友年，号竞斠，海盐（今浙江海宁）人，查慎行之后，清代诗人、藏书家。藏书楼名"还读我书斋"，藏书印有"臣绍钱印""竞斠""友年所见"等。著有《还读我书斋诗钞》。

荃荪——缪荃荪名号藏书印。缪荃荪（1844—1919），字筱珊，晚号艺风，江阴（今江苏江阴）人，清末民初教育家、校勘家、目录学家、史学家、方志学家、金石学家、图书馆学家、藏书家。藏书楼名"艺风堂""云轮阁"等。详见《经典释文》"缪荃荪"条。

云轮阁——缪荃荪藏书楼分号藏书印。

识递藏：

从书页所钤藏书印看，是书曾藏于海宁查绍钱"还读我书斋"；继藏于江阴缪荃荪"云轮阁"；今藏于重庆市图书馆。

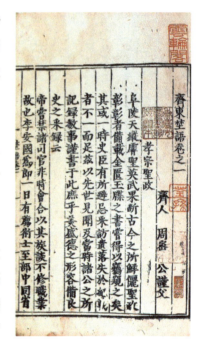

庶斋老学丛谈三卷

识著述：

　　盛如梓（生活于宋末元初），号庶斋（一作恕斋），扬州（今江苏扬州）人，一说衢州（今浙江衢州）人，元代诗人、文学家，著有《庶斋老学丛谈》。《庶斋老学丛谈》三卷，多辩论经史、评骘诗文之语，亦间及朝野逸事。大抵皆随时掇拾而成，其间街谈巷语、道听途说者，不足凭信；而间有以近世故实注出某人事件者，亦颇有可采。

识版式：

　　此为清抄本；半页十一行，行二十四字。

识印章：

　　钱氏书印——钱氏姓氏藏书印。生平无考。

　　平原——钱氏字号藏书印。

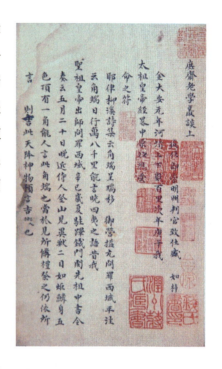

　　润州蒋氏藏书——蒋宗海郡望姓氏藏书印。

蒋宗海（1720—1796），字星岩，号春农，一名宗梅，字春岩，号青农、冬民，别署归求老人，学者称春农先生，丹徒（今江苏镇江）人，清代诗人、鉴赏家、藏书家。藏书楼名"椒馨阁"，藏书印有"蒋宗海印""丹徒蒋氏宗海星严氏校正经史子集之章""春农""宗海私印""丹徒蒋氏一号冬民""润州蒋氏""润州蒋氏藏书"等。著有《春农吟稿》《索居集》《南归丛稿》等。

　　桐轩主人藏书印——汪宪别号藏书印。汪宪（1721—1771），字千陂，号鱼亭，别号爱闲居士、桐轩主人，钱塘（今浙江杭州）人，清代经学家、文学家、目录学家、藏书家。藏书楼名"振绮堂""存悔斋""静寄东轩"等，藏书印有"汪宪之印""臣宪印""汪鱼亭藏阅书""桐轩主人藏书印""爱闲居士""振绮堂藏阅书""振绮堂兵燹后收藏书"等。著有《易说存悔》《说文系传考异》《振绮堂稿》《苔谱》等。

　　爱闲居士——汪宪别号藏书印。

　　歙西长塘鲍氏知不足斋藏书——鲍廷博郡望姓氏藏书楼号藏书印。鲍廷博（1728—1814），字以文，号渌饮，别号通介叟，祖籍安徽歙县长塘，后定居桐乡（今浙江桐乡）乌镇杨树湾，清代著名诗人、刻书家、目录学家、藏书家。藏书楼

625

名"知不足斋"。详见《相台书塾刊正九经三传沿革例》"鲍廷博"条。

黄金散尽为收书——鲍廷博藏书闲章。

海宁陈鳣观——陈鳣郡望姓名藏书印。陈鳣（1753—1817），字仲鱼，号简庄，海昌（今浙江海宁）硖石人，清代著名经学家、校勘学家、藏书家。藏书楼名"向山阁"等。详见《周易注疏》"陈鳣"条。

古潭州袁卧雪庐收藏——袁芳瑛郡望姓氏藏书楼号藏书印。袁芳瑛（1814—1859），字漱六，号伯㒰，湘潭（今湖南长沙）人，清代著名藏书家。藏书楼名"卧雪庐"。详见《左传附注》"袁芳瑛"条。

曾经艺风勘读——缪荃孙字号藏书印。缪荃孙（1844—1919），字筱珊，号艺风，江阴（今江苏江阴）人，清末民初教育家、校勘家、目录学家、史学家、方志学家、金石学家、图书馆学家、藏书家。藏书楼名"艺风堂""云轮阁"等。详见《经典释文》"缪荃荪"条。

吴兴刘氏嘉业堂藏——刘承幹郡望姓氏藏书楼号藏书印。刘承幹（1881—1963），吴兴（今浙江湖州）南浔镇人，近代著名文献学家、刻书家、藏书家。藏书楼名"嘉业堂"。详见《隋书详节》"刘承幹"条。

识递藏：

从书页所钤藏书印及题跋看，是书曾藏于无考之钱氏之手；继藏于丹徒蒋宗海"椒馨阁"；继藏于钱塘汪宪"振绮堂"；继藏于歙县鲍廷博"知不足斋"；继藏于海宁陈鳣"向山阁"；继藏于平江黄丕烈"士礼居"；继藏于长沙袁芳瑛"卧雪庐"；继藏于江阴缪荃孙"艺风堂"；继藏于吴兴刘承幹"嘉业堂"；今藏于上海图书馆。有黄丕烈校跋。

闲居录一卷

识著述:

吾衍（1268—1311），又名吾丘衍、丘衍，字子行，号竹房、竹素、贞白处士，开化（今浙江开化）华埠人，一作衢县（今浙江衢州）棠村人，元代经学家、史学家、音乐家、篆刻家，著有《尚书要略》《说文续释》《晋文春秋》《楚史祷杌》《周秦刻石音释》《听玄集》《造玄集》《九歌谱》《十二月乐词》《闲居录》《竹素山房诗集》《印式》《学古篇》等。《闲居录》（又名《闲中编》）一卷，为吾丘衍读书札记手稿，内容多为考订、辨析前人著作之语，间或杂谈神怪，亦多芜杂。其书虽漫无统序，而零玑碎玉，往往可采；有些观点或未免武断，或不免于疏漏，然亦有一定的文献价值。

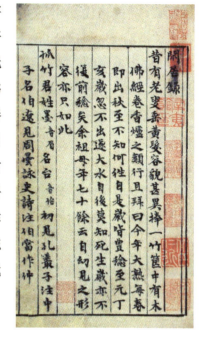

识版式:

此为元至正十八年孙道明抄本；左右双边，上下单边；白口；半页九行，行十八字。

识印章:

映雪书房——孙道明藏书楼号藏书印。孙道明（1296—1376），字明叔，号清隐，自号停云子，别号在家道人、清隐处士，松江华亭（今上海）人，元代藏书家。藏书楼名"映雪斋""映雪书房"，藏书印有"孙道明""孙明叔印""映雪孙明叔印""映雪""映雪书房""清隐老人"等。

仇氏仁近——仇远姓氏字号藏书印。仇远（1247—1326），字仁近，一字仁父，钱塘（今浙江杭州）人，因居余杭溪上仇山，自号山村、山村民，人称山村先生，元代文学家、诗人、词人、书法家、藏书家。藏书印有"仇氏近仁"等。著有《金渊集》《兴观集》《山村遗集》《无弦琴谱》《稗史》等。

辛夷馆印——王宠藏书楼号藏书印。王宠（1494—1533），字履吉，号雅宜山人，吴县（江苏苏州）人，明代著名诗人、书法家、藏书家。藏书楼名"辛夷馆""铁砚斋"等。详见《故唐律疏议》"王宠"条。

虞山钱曾遵王藏书——钱曾郡望姓名字号藏书印。钱曾（1629—1701），虞山（今江苏常熟）城西虹桥人，清代著名诗人、版本学家、藏书家。藏书楼名"述古堂"等。详见《避暑录话》"钱曾"条。

季振宜印——季振宜姓名藏书印。季振宜（1630—?），字诜兮，号沧苇，泰兴（今江苏泰州靖江）季市镇人，明末清初著名诗人、文献学家、版本学家、校勘学家、藏书家。藏书楼名"静思堂"。详见《尚书注疏》"季振宜"注。

沧苇——季振宜字号藏书印。

稽瑞楼——陈揆藏书楼号藏书印。陈揆（1780—1825），字子准，常熟（今江苏常熟）人，清代著名校勘学家、藏书家，与同邑张金吾合称"藏书二友"。藏书楼名"稽瑞楼"，藏书印有"揆""揆印""子准""文乡儒子""稽瑞楼""稽瑞楼藏"等。辑有《虞邑遗文录》《虞邑遗文录补集》，著有《琴川续志》《琴川志注草》《六朝水道疏》《稽瑞楼文草》等。

铁琴铜剑楼——常熟瞿氏藏书楼号藏书印。详见《周易注疏》"铁琴铜剑楼"条。

识递藏：

此书为孙道明抄本。从书页所钤藏书印及题跋看，是书首藏于抄书者华亭孙道明"映雪斋"；继藏于钱塘仇远之手；继藏于平江陆友"志雅斋"；又藏于吴县王宠"辛夷馆"；继藏于常熟钱曾"述古堂"；继藏于泰兴季振宜"静思堂"；继藏于常熟陈揆"稽瑞楼"；继常熟瞿氏"铁琴铜剑楼"，由瞿绍基、瞿镛、瞿秉渊、瞿启甲、瞿济苍子孙世代递藏；今藏于国家图书馆。有陆友跋。

霏雪录不分卷

识著述：

刘绩（生活于元末明初），字孟熙，人称西江先生，山阴（今浙江绍兴）人，明代经学家、诗人、藏书家，著有《崇阳集》《霏雪录》。《霏雪录》不分卷，主要杂述旧闻，核辨诗文疑义，间记梦幻、诙谐之事，颇杂有小说家言。其中核辨诗文疑义部分颇有根据，其杂记旧闻部分也多有渊源，所记古人事迹及当朝人事等也有一定的史料价值。

识版式：

此为清初抄本；白口；半页十行，行十六字。

识印章：

歙西长塘鲍氏知不足斋藏书印——鲍廷博郡望姓氏藏书楼号藏书印。鲍廷博（1728—1814），祖籍安徽歙县长塘，后定居桐乡（今浙江桐乡乌镇）杨树湾，清代著名诗人、刻书家、目录学家、藏书家。藏书楼名"知不足斋"。详见《相台书塾刊正九经三传沿革例》"鲍廷博"条。

老屋三间赐书万卷——鲍廷博藏书闲章。

世守陈编之家——鲍廷博藏书闲章。

吴骞之印——吴骞姓名藏书印。吴骞（1733—1813），海宁（今浙江海宁）人，清代著名诗人、文学家、藏书家。藏书楼名"拜经楼""千元十驾"。详见《诗集传》"吴骞"条。

识递藏：

从书页所钤藏书印及题跋看，是书曾藏于桐乡鲍廷博"知不足斋"；继藏于海宁吴骞"拜经楼"；今藏于上海图书馆。有吴骞校跋。

封氏见闻记十卷

识著述：

封演（生卒不详），渤海蓨（今河北景县）人，唐代文学家，著有《古今年号录》《续钱谱》《封氏闻见记》。《封氏闻见记》十卷，为封演编撰的古代笔记小说集。此书所涉内容范围较广，既有科举、铨选等政治制度，又有壁记、烧尾等官场习俗，也有婚仪、服饰、饮食、打球、拔河、绳技等社会生活，还有碑碣、羊虎、纸钱、石鼓等名物的讲说，是研究唐代文化的重要资料，史学价值颇高。全书凡一百门，皆以两字为题，如道教、儒教、文字、贡举等，极有条理，编排科学。

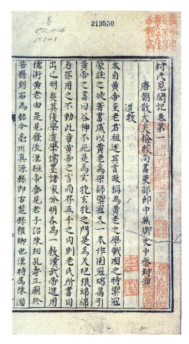

识版式：

此为明唐鹤徵纯白斋抄本；四周双边；白口，单黑鱼尾，下书抄书堂号；半页十行，行二十四字。

识印章：

一斋——陈第字号藏书印。陈第（1541—1617），字季立，号一斋，晚号温麻山农，别署五岳游人，连江（今福建连江）人，明代经学家、诗人、音韵学家、藏书家。藏书楼名“世善堂”，藏书印有“一斋”等。辑有《世善堂藏书目录》，著有《尚书疏衍》《读诗拙言》《屈宋古音考》《一斋诗集》《五岳两粤游草》《寄心集》等。

菊庄徐氏藏书——徐釚别号姓氏藏书印。徐釚（1636—1708），字电发，号虹亭，又号菊庄、鞠庄、拙存，别署枫江渔父，吴江（今江苏苏州吴江）松陵镇人，清代词人、文学家、藏书家。藏书楼名“南州草堂”“松风书屋”“菊庄”，藏书印有“徐釚”“旧史徐釚”“臣釚”“徐釚虹亭之印”“虹亭抄本”“电发”“菊庄徐氏藏书”“南州草堂”等。著有《词苑丛谈》《枫江渔父图咏》《本事诗》《菊庄词谱》《菊庄乐府》《南州草堂集》等。

购此书甚不易望子孙勿轻弃——沈廷芳藏书闲章。沈廷芳（1702—1772），字畹叔，一字萩林，号椒园，又号盥蒙，别署隐拙翁、隐拙斋学人，自号古柱下史，查升外孙，仁和（今浙江杭州）人，清代经学家、诗人、散文家、藏书家。藏书楼名“隐拙斋”，藏书印有“沈廷芳印”“沈廷芳盥蒙氏”“仁和沈廷芳字畹叔一字萩园""椒园""古柱下史""隐拙斋学人""隐拙斋藏书印""古杭忠清里沈氏隐拙斋藏书印""购此书甚不易望子孙勿轻弃"等。著有《十三经注疏正字》《续经义考》《理学渊源》《古文指授》《鉴古录》《隐拙斋诗文集》《盥蒙杂著》等。

莫棠字楚生印——莫棠姓名字号藏书印。莫棠（1865—1929），字楚生，独山（今贵州黔南独山）人，莫祥芝第三子，清末民初著名目录学家、版本学家、藏书家。藏书楼名"铜井文房"等。详见《说文字原》"莫棠"条。

独山莫氏铜井文房藏书印——莫棠郡望姓氏藏书楼号藏书印。

秦更年印——秦更年姓名藏书印。秦更年（1885—1958），原名松云，字曼青，号婴闇，别号婴闇居士，江都（今江苏扬州）人，清末民国间诗人、学者、出版家、书画家、藏书家。藏书楼名"石药簃"等。详见《渚宫旧事》"秦更年"条。

秦曼青——秦更年姓氏字号藏书印。

识递藏：

此书为武进唐鹤徵写本，必首藏于其家"纯白斋"。从书页所钤藏书印及题跋看，是书曾藏于连江陈第"世善堂"；继藏于吴江徐釚"南州草堂"；继藏于仁和沈廷芳"隐拙斋"；又藏于独山莫棠"铜井文房"；继藏于扬州秦更年"石药簃"；今藏于南开大学图书馆。有徐釚、秦更年跋。

稽古绪论二卷

识著述：

赵时春（1509—1567），字景仁，号浚谷，平凉（今甘肃平凉市）人，明代诗人、史学家、文学家，为"嘉靖八才子"之一，著有《赵浚谷集》《洗心亭诗余》《平凉府志》《稽古绪论》等。

识版式：

此为明嘉靖刻本；四周单边；白口，单黑鱼尾；半页十行，行二十二字。

识印章：

朱栻之印——朱栻之姓名藏书印。朱栻之（1859—1914），名栻之，字淹颂，号九丹、玖聃、琴客、皋亭、震旦第一山樵、松广老人、与石居主人等，直隶永清（今河北永清）仁和里人，清末民初教育家、藏书家。藏书楼名"从碧簃""滂喜堂""松广""紫阳精舍""与石居"，藏书印有"朱栻之印"

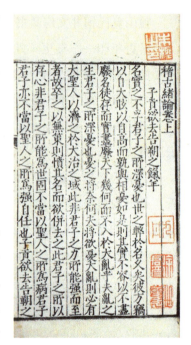

"栻之印信""永清朱栻之字淹颂号九丹玖聃一号琴客又号皋亭行四居仁和里丛碧簃所蓄经籍金石书画印信""永清朱栻之玖聃藏书之印""永清朱玖聃珍藏金石经籍书画记""朱九丹""九丹鉴藏""九丹一字淹颂""玖聃三十年精力所聚""玖珊""九丹""琴客""震旦第一山樵""松广老人""与石居主人""道家者流""燕市酒徒"等。

九丹——朱栻之字号藏书印。

世襄——徐世襄字号收藏印。徐世襄（1886—1941），字君彦，号朴园，天津人，民初总统徐世昌之堂弟，任北洋政府山东海关监督，清末民初书法家、藏书家。藏书楼名"海棠书屋"，藏书印有"徐世襄""世襄""徐君彦""君彦""徐八""海棠书屋藏书之印"等。

徐君彦——徐世襄姓氏字号藏书印。

识递藏：

从书页所钤藏书印看，是书曾藏于永清朱栻之"丛碧簃"；继藏于天津徐世襄"海棠书屋"；今藏于北京师范大学图书馆。

读画录四卷

识著述：

周亮工（1612—1672），字元亮，一字伯安，号栎园，又号陶庵、减斋、缄斋、适园等，别署栎老、栎下生、谅工等，学者称栎园先生、栎下先生，祥符（今河南开封祥符区）人，明末清初文学家、篆刻家、藏书家，著有《赖古堂集》《读画录》《印人传》《闽小纪》等。《读画录》四卷，为明末清初画家之传记。列传者自明李日华始至清章谷终凡七十七人，书后附录有名无传者六十九人。明代画家多收录其中，且各论其品第，兼引时人评论，亦间附载题咏及其人生平梗概，多有为撰者目睹或相去不远者，所载遗事轶闻较为可信。撰者读画，勤于随手札记，书未成而卒，故当时名家或有缺略。

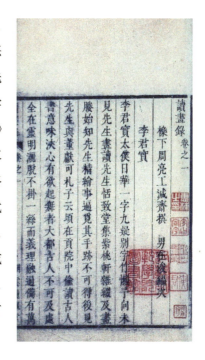

识版式：

此为清康熙二十年烟云过眼刻本；四周单边；白口，单黑鱼尾，上刻书名，中刻卷次、页码，下刻刻书堂口；半页九行，行十八字。

识印章：

顾嗣立印——顾嗣立姓名藏书印。顾嗣立（1665—1722），字侠君，号闾丘，长洲（今江苏苏州）人，清代诗人、学者、藏书家。藏书楼名"闾丘小圃""秀野草堂"等。详见《干禄字书》"顾嗣立"条。

侠君——顾嗣立字号藏书印。

惠栋之印——惠栋姓名藏书印。惠栋（1697—1758），江南元和（今江苏苏州）人，惠周惕之孙，惠士奇之子，清代经学家、史学家、藏书家，吴派汉学代表人物。藏书楼名"红豆山房"。详见《干禄字书》"惠栋"条。

字曰定宇——惠栋字号藏书印。

瞿安——吴梅字号藏书印。吴梅（1884—1939），字瞿安，又作癯安、臞庵，一字灵鹣，号霜厓，别署老瞿、呆道人，长洲（今江苏苏州）人，现代戏曲理论家、教育家、诗词曲作家、藏书家。藏书楼名"奢摩他室""百嘉室"。藏书印有"吴梅""长洲吴梅字臞庵""瞿安""瞿安眼福""瞿安制谱""霜厓""霜厓居士"

"长洲吴氏藏书""长歌当哭""未免有情"等。编有《瞿安书目》，著有《顾曲塵谈》《曲学通论》《中国戏曲概论》《元剧研究》《南北词简谱》《奢摩他室曲丛》等。

识递藏：

从书页所钤藏书印看，是书曾藏于长洲顾嗣立"秀野草堂"；继藏于元和惠栋"红豆山房"；又藏于长洲吴梅"奢摩他室"；今藏于苏州大学图书馆。有吴梅跋。

子部・类书类

类书类小序

所谓类书，即采撷群书，辑录各门类或某一门类的资料，按以类相从的原则加以编排，以便于省览、记忆和检索征引的资料汇编性质的工具书。类书可分为按事物门类分类和按字韵分类两类：按门类分类的类书又析为兼收各类（如《艺文类聚》《太平御览》《玉海》）和专收一类的（如《小名录》《职官分记》）；按字韵分类的类书又析为齐句尾之字（如《韵海镜源》《佩文韵府》）和齐句首之字的（如《骈字类编》）。

类书以其抄撮众书而缺乏主脑，向为学人所轻贱。纪昀《四库全书总目》云："操觚者易于检寻，注书者利于剽窃，转辗稗贩，实学颇荒。然古籍散亡，十不存一，遗文旧事，往往托以得存。"意谓类书可为写作者提供素材、便于注古书者剽窃现成材料、可借以保存散佚的遗文旧事为辑佚提供方便。从当代文献学的意义上讲，类书还便于引擎检索，省却了阅读群书、搜集材料的烦恼，故纪氏将其视为"辗转稗贩""颇荒实学"之书，可谓振聋发聩。

关于类书的起源，有许多不同的说法。汪中、马国翰等以为起源于《吕氏春秋》，黄震以为起源于《淮南子》，而《吕氏春秋》《淮南子》皆文有主脑，与类书的汇编体例不合，其说显然欠妥；晁公武、纪昀、张之洞等皆以为起源于梁元帝《同姓名录》，以为"类书之书，莫古于是编"；《唐志》《玉海》《四库全书总目》以为起源于曹丕等所编之《皇览》；张舜徽则认为当溯源于《尔雅》，而《尔雅》为解经之辞书，已归经部小学类。

类书既非"立说"之经子，又非记事之史，亦非抒情之集，体裁特殊，于四部中颇难归属。《隋书・经籍志》将其归入子部杂家类，郑樵《通志》将其单列为十二类之一，胡应麟主张将其排除在四部之外另列，《旧唐书・经籍志》《新唐书・艺文志》又将其从子部杂家中分出另标"类事"一类，《崇文总目》始改为"类书"并沿用至今，章学诚又主张按其不同内容分别附于经、史、子、集之后，张之洞《书目答问》认为"类书实非子"应"别为类"，众说纷纭，莫衷一是，令编目者越趄嗫嚅，左右为难！纪昀《四库全书总目・子部・类书类叙》云："类事之书，兼收四部，而非经非史非子非集，四部之内，乃无类可归。"终而沿袭了《隋书・经籍志》的旧例，将其仍归子部而单列。

今之所选，计有《北堂书钞一百六十卷》《艺文类聚一百卷》《初学记三十卷》

635

《唐宋白孔六帖一百卷目录二卷》《事类赋三十卷》《新刊监本册府元龟一千卷》《锦绣万花谷四十卷后集四十卷续集四十卷》《全芳备祖前集二十七卷后集三十一卷》《事物纪原集类十卷》《玉海二百卷》《文献通考三百四十八卷》《三余别集不分卷》十二部，识味者可尝一脔焉。

北堂书钞一百六十卷

识著述：

虞世南（558—638），字伯施，越州余姚（今浙江慈溪）观海卫镇鸣鹤场人，南朝陈至隋唐时期政治家、诗人、文学家、书法家、藏书家，编有类书《北堂书钞》。《北堂书钞》一百六十卷，分为帝王、后妃、政术、刑法、封爵、设官、礼仪、艺文、乐、武功、衣冠、仪饰、服饰、舟、车、酒食、天、岁时、地十九部，部下分类，共八百五十二类，其中汇集了大量的儒学资料，有传授知识、临文备查的作用，具有较高的文献价值。《北堂书钞》与欧阳询等编纂的《艺文类聚》、白居易辑孔传续辑的《白孔六帖》、徐坚等撰集的《初学记》合称为唐代"四大类书"，是我国最早的类书。

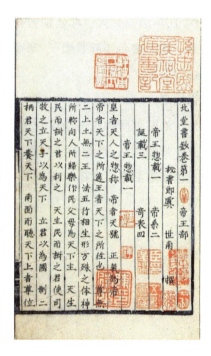

识版式：

此为明抄本；四周单边；粗蓝口，蓝格；半页十二行，行十八字。

识印章：

臣星衍印——孙星衍名号藏书印。孙星衍（1753—1818），字渊如，号伯渊，别署芳茂山人等，阳湖（今江苏常州武进）人，清代著名经学家、目录学家、诗人、书法家、藏书家。藏书楼名"平津馆"等。详见《颜氏家训》"孙星衍"条。

孙忠愍侯祠堂藏书记——孙星衍藏书楼号藏书印。

五松书屋——孙星衍藏书楼号藏书印。

陈征芝印——陈征芝姓名藏书印。陈征芝（生活于乾嘉道年间），字兰邻，一字世善，号韬庵，闽侯（今福建福州）文儒坊人，清代学者、目录学家、藏书家。藏书楼名"带经堂""爱日堂""兰话堂""陶舫"等，藏书印有"陈征芝印""兰邻""他山""闽中韬庵陈氏珍藏""带经堂陈氏藏书""带经草堂"等。著有《经史纂要》《带经堂日记》《韬庵剩稿》等。

兰邻——陈征芝字号藏书印。

他山——陈征芝字号藏书印。

闽中韬庵陈氏珍藏——陈征芝郡望字号姓氏藏书印。

周星诒印——周星诒姓名藏书印。周星诒（1833—1904），字季贶，一字曼嘉，号已翁，一号窳翁，祥符（今河南开封）人，清代诗人、词人、文献学家、目录学家、藏书家。藏书楼名"瑞瓜堂"。详见《洛阳伽蓝记》"周星诒"条。

季贶——周星诒字号藏书印。

祥符周氏瑞瓜堂图书——周星诒郡望姓氏藏书楼号藏书印。

正闇——邓邦述字号藏书印。邓邦述（1868—1939），字孝先，号正闇，江宁（今江苏南京）人，邓廷桢曾孙，清末民国诗人、词人、书画家、文献学家、藏书家。藏书楼名"群碧楼""寒瘦山房"。详见《輶轩使者绝代语释别国方言》"邓邦述"条。

识递藏：

从书页所钤藏书印看，是书曾藏于阳湖孙星衍"孙氏祠堂"；继藏于闽县陈征芝"带经堂"；继藏于祥符周星诒"瑞瓜堂"；继藏于江宁邓邦述"群碧楼"；今藏于国家图书馆。有孙星衍、严可均、周星诒校跋，傅以礼跋，戴望、叶昌炽、邓邦述题记。

艺文类聚一百卷

欧阳询（557—641），字信本，潭州临湘（今湖南长沙）人，唐代文学家、书法家，书法论著有《八诀》《传授诀》《用笔论》《三十六法》，编有类书《艺文类聚》。《艺文类聚》一百卷，是欧阳询与令狐德棻、陈叔达、裴矩等十余人编纂而成的一部综合性官修类书。全书分天、岁时、地、州、郡、山、水、符部、帝王后妃、储宫、人、礼、乐、职

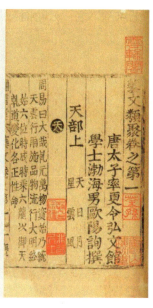

官、政治、刑法、杂文、战伐、产业、衣冠、食物、杂器物、巧艺、方术、百谷、鸟、兽、鳞介、祥瑞、灾异等四十六部，部下分为七百二十七子目。每目之下先摘录经、史、子等书籍中的有关资料，后录有关诗赋赞表。所引故事均注明出处，所引诗文也均注明时代、作者和题目，并按不同的文体标明类别。全书征引古籍一千四百三十一种，保存了唐以前丰富的文献资料，尤其是许多诗文歌赋等文学作品。《艺文类聚》与《北堂书钞》《初学记》《白氏六帖》合称"唐代四大类书"。

识版式：

此为明正德十年华坚兰雪堂铜活字印本；左右双边，上下单边；白口，单黑鱼尾，上刻刻书堂号，中刻书名、卷次，下刻页码；半页七行，行十三字，小字双行同。

识印章：

赵宗建印——赵宗建姓名藏书印。赵宗建（1824—1900），字次侯，号非昔居士，常熟（今江苏常熟）人，清末著名诗人、藏书家。藏书楼名"旧山楼"。详见《汉隶分韵》"赵宗建"条。

非昔居士——赵宗建字号藏书印。

旧山楼秘藏——赵宗建藏书楼号藏书印。

荃荪——缪荃孙名号藏书印。缪荃孙（1844—1919），字筱珊，晚号艺风，江

阴（今江苏江阴）人，清末民初教育家、校勘家、目录学家、史学家、方志学家、金石学家、图书馆学家、藏书家。藏书楼名"艺风堂""云轮阁"等。详见《经典释文》"缪荃孙"条。

云轮阁——缪荃孙藏书楼分号藏书印。

识递藏：

从书页所钤藏书印看，是书曾藏于常熟赵宗建"旧山楼"；继藏于江阴缪荃孙"艺风堂"之"云轮阁"；今藏于上海图书馆。有顾希昭跋。

初学记三十卷

识著述：

徐坚（660—729），字元固，长兴（今浙江长兴）人，唐代学者，著有《大隐传》，辑有类书《初学记》。《初学记》三十卷，是一部唐代官修类书。全书分为二十四部，三百一十三个子目，每个子目先分"叙事"，再"事对"，再依次胪列赋、诗、颂、赞、箴、铭、论、书、祭文等各体诗文，大体与《昭明文选》的分类相同，所引诗文也多整段整篇。"叙事"部分旁及唐代制度，或可补两《唐书》艺文志之疏略。"诗文"部分多有初唐君臣唱和与诏册制敕，其诗虽语多空泛，亦不无史料可取，诏册制敕中不少是任职、封号的文书，可据此得知某人履历。从岁时、居处、器物、服馔、果木等部的类目和内容，尚可窥见其时的社会生活，知悉名物品种。因而，《初学记》具有一定的史料价值和文献价值。

识版式：

此为明嘉靖十年安国桂坡馆刻本；左右双边，上下单边；白口，单黑鱼尾，中刻书名、卷次、页码，下刻刻工姓名；半页九行，行十八字，小字双行二十四字。

识印章：

娄江徐以文家书史——徐以文郡望姓名藏书印。徐以文（约生活于元末明初），别号徐孺子，娄江（今江苏昆山）人，明代藏书家。藏书印有"娄江徐以文家书史""徐孺子""树德轩家"等。

徐孺子——徐以文别号藏书印。

树德轩家——疑为徐以文藏书楼号藏书印。

识递藏：

从书页所钤藏书印看，是书曾藏于明代娄江徐以文"树德轩"；今藏于北京大学图书馆。然是书为嘉靖十年（1531）安国"桂坡饭"刻本，去元末明初徐以文已远，徐以文藏印疑亦为书商射利之所为。

唐宋白孔六帖一百卷目录二卷

识著述：

　　白居易（772—846），字乐天，号香山居士，又号醉吟先生，祖籍太原（今山西太原）人，唐代伟大的现实主义诗人，著有《白氏长庆集》《白氏六帖》；孔传（1065—1139），初名若古，字世文，孔子第四十七代孙，兖州仙源（今山东曲阜东北）人，宋代文学家，著有《东家杂记》《孔子编年》《六帖新书》《杉溪集》等。《白孔六帖》一百卷，是白居易《六帖》和孔传《后六帖》的合集。白居易以自己的藏书为基础，编撰了一部名言佳句集锦性质的类书《白氏经史事类六帖》（又名《白氏六帖》）。《白氏六帖》各卷卷首有"总目"一页，共计二百三十五目，分一千三百六十七门，另附五百零三小目；孔传仿《白氏六帖》之体例，辑唐五代诸籍，续作《六帖新书》（又称《后六帖》），分一千三百七十一门。白居易《六帖》三十卷，孔传《后六帖》三十卷，两书总为六十卷。为加区别，后人冠以"白氏""孔氏"之称，后人将二书合并刻刊，而以《白帖》为主，将《孔帖》各类附于其下，分为一百卷，名《唐宋白孔六帖》。此书兼收律、令、格、式，有较高的文献价值，其中孔续部分以诗文为主。

识版式：

　　此为明刻本；左右双边，上下单边；白口，单白鱼尾，中刻书名、卷次、页码；半页十行，行十八字，小字双行同。

识印章：

　　培因——庄培因名号藏书印。庄培因（1723—1759），字本淳，号仲醇，阳湖（今江苏常州武进）人，庄存与之弟，清代诗人、书法家、藏书家。藏书楼名"万卷楼""虚一斋"，藏书印有"庄培因印""培因""字曰本淳""仲淳""阳湖"等。著有《虚一斋集》。

　　字曰本淳——庄培因字号藏书印。

　　庄稚羹收藏印——庄稚羹姓名藏书印。庄稚羹（生卒不详），阳湖（今江苏常州武进）人，庄培因之孙，庄述祖之子，清代文字学家、藏书家。藏书印有"庄稚夔收藏印"等。著有《说文古籀疏证续补》。

景燿——疑为庄稚夔字号藏书印。

容甫——汪中字号藏书印。汪中（1745—1794），字容甫，江都（今江苏扬州）人，清代著名哲学家、史学家、文学家、诗人、藏书家。藏书楼名"问礼堂"，藏书印有"汪中之印""容甫""容夫校定""江都汪氏问礼堂收藏印""甘泉汪氏钞秘书之一""无方""雨盦""善本"等。著有《春秋述义》《述学》《秦蚕食六国表》《金陵地图考》《广陵通典》《容甫遗诗》等。

善本——汪中藏书等级藏书印。

曾钊之印——曾钊姓名藏书印。曾钊（1793—1854），字勉士，一字毓修，号冕士，南海（今广东广州）人，清代著名经学家、校勘学家、训诂学家、诗人、藏书家。藏书楼名"面城楼"等。详见《周易本义集成》"曾钊"条。

温树梁印——温树梁姓名藏书印。温树梁（生活于乾嘉道间），一作澍樑，字栋臣，顺德（今广东顺德）龙山人，温汝适之后，清代著名藏书家。藏书楼名"涑绿楼"等。详见《周易本义集成》"温树梁"条。

栋臣——温树梁字号藏书印。

栋臣氏——温树梁字号藏书印。

岭南温氏珍藏——温树梁郡望姓氏藏书印。

涑绿楼藏书印——温树梁藏书楼号藏书印。

涑绿校本——温树梁藏书楼号藏书印。

识递藏：

从书页所钤藏书印看，是书曾藏于阳湖庄培因"虚一斋"，由其孙庄稚夔递藏；继藏于江都汪中"问礼堂"；继藏于南海曾钊"面城楼"；继藏于顺德温树梁"涑绿楼"；今藏于广东省立中山图书馆。

事类赋三十卷

识著述：

吴淑（947—1002），字正仪，润州丹阳（今江苏镇江丹阳）人，五代北宋学者、编纂学家，预修《太平御览》《太平广记》《文苑英华》等，编有《事类赋》。《事类赋》三十卷，为类事之书，分为天、岁时、地、宝货、乐、服用、什物、饮食、禽、兽、草木、果、鳞、介、虫十五部，分为一百子目。其书体大思精，内容广博，具有较高的文献价值。《事类赋》对汉晋赋艺的借鉴，反映了宋初赋坛接绪汉晋传统的倾向，是宋人在文学上另辟蹊径的表现，其强烈的文学创作意识和慧眼独具的学术见识，非一般类书所可拟。它的出现，标志着宋初文坛重学风气的形成。

识版式：

此为宋绍兴十六年两浙东路茶盐司刻本；左右文武双边，上下单边；白口，单黑鱼尾，中刻书名、页码；半页八行，行十四至十七字，小字双行二十三至二十七字。

识印章：

天水郡图书印——赵孟頫郡望藏书印。赵孟頫（1254—1322），字子昂，号松雪道人，又号水精宫道人、鸥波，中年曾署名孟俯，世称赵文敏，吴兴（今浙江湖州）人，元初著名诗人、书法家、画家、藏书家。藏书楼名"松雪斋"，藏书印有"赵孟頫""赵孟頫印""赵氏子昂""水晶宫道人""大雅""天水郡图书印""松雪斋图书印""墨妙"等。著有《松雪斋文集》等。

项元汴印——项元汴姓名藏书印。项元汴（1525—1590），秀水（今浙江嘉兴）人，明代诗人、书画家、鉴赏家、藏书家。藏书楼名"天籁阁"等。详见《左传文苑》"项元汴"条。

子京父印——项元汴字号藏书印。

檇李——项元汴郡望藏书印。

项笃寿印——项笃寿姓名藏书印。项笃寿（1521—1586），字子长，号少溪，别号兰石主人，秀水（今浙江嘉兴）人，项元汴之兄，明代著名史学家、刻书家、藏书家。藏书楼名"万卷堂"。详见《新唐书》"项笃寿"条。

项氏子长——项笃寿字号藏书印。

项氏万卷堂图籍印——项笃寿姓氏藏书楼号藏书印。

桃花村里人家——项笃寿藏书闲章。

成之之章——蒋成之名号藏书印。蒋成之（生卒不详），疑为明末人。生平无考。藏书印有"成之之章""蒋氏珍藏"等。

蒋氏珍藏——蒋成之姓氏藏书印。

赵礼用观——赵礼用姓名藏书印。赵礼用（生活于顺康年间），号造玄道人，五茸（今上海松江）人，清初书画家、鉴赏家、收藏家。藏书楼名"居俊斋"，藏书印有"赵礼用观""赵""造玄道人"等。

赵——赵礼用姓氏藏书印。

造玄道人——赵礼用别号藏书印。

秀野草堂顾氏藏书印——顾嗣立藏书楼号姓氏藏书印。顾嗣立（1665—1722），字侠君，号间丘，长洲（今江苏苏州）人，清代诗人、学者、藏书家。藏书楼名"间丘小圃""秀野草堂"等。详见《干禄字书》"顾嗣立"条。

乾隆御览之宝——乾隆皇帝藏书印。爱新觉罗·弘历（1711—1799），清代第六位皇帝，入关之后的第四位皇帝，年号"乾隆"。藏书楼名"天禄琳琅""三希堂"等，藏书印有"乾隆御览之宝""古稀天子""天禄继鉴"等。详见《春秋意林》"爱新觉罗·弘历"条。

天禄琳琅——乾隆皇帝藏书楼号藏书印。

识递藏：

从书页所钤藏书印看，是书曾藏于吴兴赵孟頫"松雪斋"；再藏于秀水项元汴"天籁阁"；继藏于秀水项笃寿"万卷堂"；继藏于蒋成之之手；又藏于松江赵礼用"居俊斋"；继藏于长洲顾嗣立"秀野草堂"；又藏于清内府乾隆"天禄琳琅"；今藏于国家图书馆。

新刊监本册府元龟一千卷

识著述：

王钦若（962—1025），字定国，临江军新喻（今江西新余）人，北宋丞相、学者，编有《册府元龟》。《册府元龟》一千卷，分为三十一部一千一百零四门，每部有"总序"，类似小沿革史；每门有"小序"，类似每门的总论。所录材料自上古至五代，以年代为序按人事物分门编纂，凡君臣善迹、奸佞劣行、礼乐沿革、法令宽猛、官师议论、学士名行无不具载，几乎概括了宋以前的十七史，又兼及经、子、集，材料丰富，引文完整。其所收史书又均为北宋以前古本，可用以补史校史，具有重要的史料价值和文献价值。《册府元龟》与《太平广记》《太平御览》《文苑英华》合称"宋四大类书"。

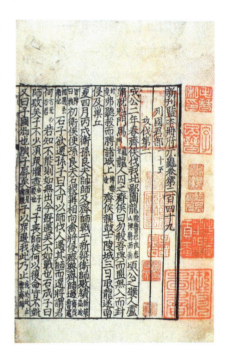

识版式：

此为宋刻本，现存八卷；左右文武双边，上下单边；白口，单黑鱼尾；半页十三行，行二十四字，小字双行同。

识印章：

缉熙殿宝——南宋宫廷内府藏书楼号藏书印。

御府图书——南宋宫廷内府藏书楼号藏书印。

文渊阁印——明代宫廷内府藏书楼号藏书印。

毛晋私印——毛晋姓名藏书印。毛晋（1599—1659），常熟（今江苏常熟）人，明末著名经学家、文学家、刻书家、藏书家。藏书楼名"汲古阁"。详见《周易九卷》"毛晋"条。

字子晋——毛晋字号藏书印。

汲古阁藏书记——毛晋藏书楼号藏书印。

毛褒字华伯号质庵——毛褒姓名字号藏书印。毛褒（生活于崇祯顺康间），字华伯，号质庵，虞山（今江苏常熟）人，毛晋次子，清代藏书家。藏书楼名"汲古阁""西爽斋""致爽阁"，藏书印有"毛褒之印""华伯氏""毛褒字华伯号质庵"等。

铁琴铜剑楼——常熟瞿氏藏书楼号藏书印。详见《周易注疏》"铁琴铜剑楼"条。

绍基秘笈——瞿绍基名号藏书印。瞿绍基（1772—1836），字厚培，号荫棠，昭文（今江苏常熟）古里人，清代著名藏书家，铁琴铜剑楼第一代主人。藏书楼名"恬裕斋""敦裕斋""铁琴铜剑楼"，藏书印有"虞山瞿绍基藏书之印""绍基秘笈"等。

子雍金石——瞿镛字号藏书印。瞿镛（1794—1846），字子雍，昭文（今江苏常熟）古里人，清代著名藏书家，铁琴铜剑楼第二代主人。藏书楼名"铁琴铜剑楼"。详见《周易九卷》"瞿镛"条。

瞿启文印——瞿启文姓名藏书印。瞿启文（生卒不详），字斐卿，昭文（今江苏常熟）古里人，瞿绍基曾孙、瞿镛之孙、瞿秉清之子，铁琴铜剑楼第四代藏书人。藏书印有"瞿启文印"。

良士眼福——瞿启甲字号藏书印。瞿启甲（1873—1940），字良士，别号铁琴道人，昭文（今江苏常熟）人，瞿绍基曾孙，瞿镛之孙，瞿秉清之子，清末民国著名书画家、藏书家，铁琴铜剑楼第四代主人。详见《晦庵先生朱文公易说》"瞿启甲"条。

识递藏：

从书页所钤藏书印及题识看，是书曾藏于南宋内府"缉熙殿"；入明藏于内府"文渊阁"；又藏于常熟毛晋、毛褒父子"汲古阁"；又藏于常熟瞿氏"铁琴铜剑楼"由瞿绍基、瞿镛、瞿启文、瞿启甲祖孙世代递藏；今藏于国家图书馆。

锦绣万花谷四十卷后集四十卷续集四十卷

识著述：

　　不著撰者姓名，书前自序题淳熙十五年，知其为南宋孝宗时人。《锦绣万花谷》为宋代所编大型类书之一，也是目前已知海内外卷帙最大的宋版书。全书分前集、后集、续集各四十卷，共一百二十卷。作者搜罗众书知识，按照内容分类汇编，包含天文、地理、植物、动物、书画等。各集所录资料虽不免于琐屑芜杂，而其中亦有久已散佚之书，具有一定的参考价值。

识版式：

　　此为明嘉靖十四年徽藩崇古书院刻本；四周单边；白口，单黑鱼尾，中刻书名、卷次、页码；半页九行，行十七字，小字双行同。

识印章：

余姚谢氏永耀楼藏书——谢光甫郡望姓氏藏书楼号藏书印。谢光甫（？—1939），名永耀，字光甫，以字行，余姚（今浙江余姚）泗门人，后定居上海，清末民国时期银行家、藏书家。藏书楼名"永耀楼"，藏书印有"光甫""余姚谢氏永耀楼藏书"等。

识递藏：

　　从书页所钤藏书印看，是书曾藏于余姚谢光甫"永耀楼"；今藏于陕西省图书馆。

全芳备祖前集二十七卷后集三十一卷

识著述：

　　陈景沂（生卒不详），名咏，字景沂，以字行，号愚一子、肥遁子，台州（今浙江台州）人，南宋文学家、博物学家，著有《全芳备祖》。《全芳备祖》是一部以植物为专题的重要类书，分《前集》二十七卷、《后集》三十一卷，共五十八卷，别为花、果、卉、草、木、农桑、蔬、药八部，著录了近三百种植物，每种皆备述其特征、形态、品种、功用、来源、演变以及典故、传说，被农学界和植物学界誉为"世界最早的植物学辞典"。该书所辑资料，以文学作品尤其是两宋文学作品为主，保存了大量宋人作品，堪称宋人文学之渊薮。其中多有别集和总集失收之作，是宋代文集辑佚、校勘的重要底本，有重要的文献学价值。

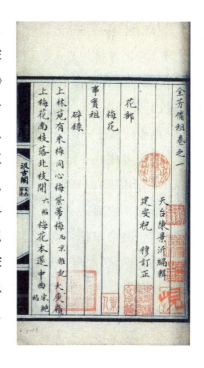

识版式：

　　此为清初毛氏汲古阁抄本；四周文武双边；粗黑口，三黑鱼尾，中书抄书家斋号；半页九行，行十九至二十二字。

识印章：

　　庄亲王宝——爱新觉罗·胤禄爵号藏书印。爱新觉罗·胤禄（1695—1767），又作允禄，号爱月主人，清朝宗室大臣，康熙帝第十六子，奉命为庄亲王博果铎（皇太极孙）继嗣为后。胤禄精数学，通乐律，参与纂修《数理精蕴》。

　　朱本之印——朱本姓名藏书印。朱本（1761—1819），字素人，号溉夫，自署竹西，甘泉（今江苏扬州）人，清代诗人、书画家、收藏家。游寓京师时，与其兄朱文新、泰州朱鹤年并称"三朱"。藏书印有"朱本之印""朱本印""朱本""朱素人""素人""竹西"等。

　　素人——朱本字号藏书印。

　　东郡杨绍和彦合珍藏——杨绍和郡望姓名字号藏书印。杨绍和（1830—1875），聊城（今山东聊城）东昌府区人，杨以增次子，海源阁第二代主人，清代著名目录学家、藏书家。藏书楼名"海源阁"。详见《韩鲁齐三家诗考》"杨绍和"条。

　　藐翁——杨岘晚号藏书印。杨岘（1819—1896），名显，字见山，号季仇、季俅、季述、庸斋，晚号庸叟、藐翁、藐叟，自署迟鸿残叟，归安（今浙江湖州）人，晚清著名经学家、诗人、书法家、金石学家、藏书家。藏书楼名"受经堂""迟鸿轩"，藏书印有"杨岘""杨岘印信""杨岘私印""岘""见山""臣显之印""臣显大利""既寿""季仇""藐翁""藐公""迟鸿轩"等。著有《庸斋文集》《迟鸿轩诗钞》。

岘——杨岘字号藏书印。

孙诒经印——孙诒经姓名藏书印。孙诒经（1826—1890），字子授，一作子绶，钱塘（今浙江杭州）人，清代诗人、书法家、藏书家。藏书楼名"扼欹堂""学古堂"，藏书印有"孙诒经印""诒经""臣诒经""南斋侍从""独步文章"等。著有《佩文诗韵释要》。

南斋侍从——孙诒经官爵藏书印。

陶斋鉴藏——托忒克·端方字号藏书印。托忒克·端方（1861—1911），字午桥（一作悟樵），号陶斋，别署浭阳陶父、乐道主人，满洲正白旗人，清代重臣、金石学家、收藏家、藏书家，近代中国收藏外国文物第一人。藏书楼名"宝华庵""陶斋"，藏书印有"端方之印""端方藏记""长白端方藏记""两江总督端方为江南图书馆购藏""陶斋鉴赏""匋斋所藏埃及五千年古刻""乐道主人真赏"等。著有《陶斋吉金录》《端忠敏公奏稿》等。

识递藏：

此书为毛氏汲古阁抄本，必首藏于其家"汲古阁"。从书页所钤藏书印看，是书曾藏于爱新觉罗·胤禄庄亲王府；又藏于甘泉朱本之手；继藏于聊城杨绍和"海源阁"；继藏于归安杨岘"迟鸿轩"；继藏于钱塘孙诒经"扼欹堂"；继藏于正白旗托忒克·端方"宝华庵"；今藏于上海辞书出版社。

事物纪原集类十卷

识著述：

　　高承（生卒不详），开封（今河南开封）人，宋代博物学家、目录学家，著有《事物纪原集类》。《事物纪原集类》，是一部专记事物原始之属的类书。全书凡十卷，共记一千八百四十一事，分五十五部排列。其书于每事每物之下皆考索古书，旁征博引，推其缘起。其说虽不能尽确，亦足资博识，具有一定的文献价值。

识版式：

　　此为明正统十二年阎敬刻本；四周文武双边；粗黑口，双黑鱼尾，中刻卷次、页码；半页十二行，行二十四字。

识印章：

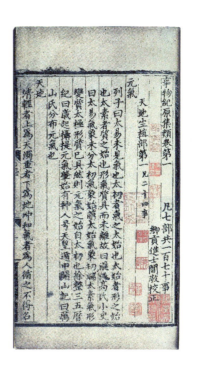

　　吴元润印——吴元润姓名藏书印。吴元润（生活于乾嘉间），字泽周，又字泽均，号谢堂，又号梅屿、兰汀，长洲（今江苏苏州）淓川人，吴铨之孙，吴用仪之子，清代著名藏书家。藏书楼名"香雨斋"，藏书印有"吴元润印""谢堂吴元润珍藏""谢堂""泽均""梅屿""吴氏珍藏图书""香雨斋""长洲吴谢堂香雨斋珍藏书画印""谢堂香雨斋吴氏珍藏图书""香雨斋吴氏珍藏图书"等。

　　谢堂吴元润珍藏——吴元润字号姓名藏书印。

　　梅屿——吴元润字号藏书印。

　　叶启勋——叶启勋姓名藏书印。叶启勋（1900—1972），长沙（今湖南长沙）苏家巷人，叶德辉犹子，现代著名目录学家、藏书家。藏书楼名"拾经楼"。详见《仪礼注疏》"叶启勋"条。

　　定侯所藏——叶启勋字号藏书印。

　　东明所藏——叶启发字号藏书印。叶启发（1905—1952），长沙（今湖南长沙）苏家巷人，现代知名藏书家、目录学家。藏书楼名"华鄂堂"。详见《仪礼注疏》"叶启发"条。

　　华鄂堂——叶启发藏书楼号藏书印。

　　石林后裔——长沙叶启发、叶启勋兄弟祖望藏书印。以其祖上为宋代文学家、藏书家叶梦得，故自称"石林后裔"。

识递藏：

从书页所钤藏书印看，是书曾藏于长洲吴元润"香雨斋"；又藏于叶启勋"拾经楼"；继藏于叶启发"华鄂堂"；今藏于湖南图书馆。

玉海二百卷辞学指南四卷诗考一卷诗地理考六卷汉艺文志考证十卷通鉴地理通释十四卷汉制考四卷践祚篇集解一卷周易郑康成注一卷姓氏急就篇二卷急就篇补注四卷周书王会补注一卷小学绀珠十卷六经天文篇二卷通鉴答问五卷

识著述：

王应麟（1223—1296），字伯厚，号深宁居士，又号厚斋，庆元府鄞县（今浙江宁波鄞州区）人，南宋著名学者、经学家、目录学家、教育家，著有《诗地理考》《三字经》《小学绀珠》《通鉴答问》《玉海》《深宁集》《困学纪闻》等。《困学纪闻》属笔记类著作，《通鉴地理通释》属历史地理学的著作。《玉海》二百卷，分天文、地理、官制、食货等二十一门，引证完整，特别于宋代史事辑录尤详，其中艺文类保存了丰富的目录学参考资料，为辑考宋代文化学术源流具有重要价值。

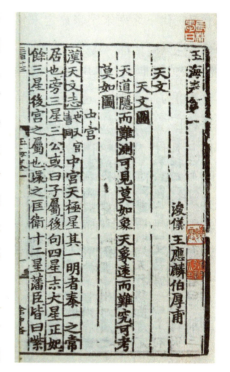

识版式：

此为元后至元六年庆元路儒学刻本；左右文武双边，上下单边；白口，双黑鱼尾，上刻字数、中刻书名、卷次、页码，下刻刻工姓名；半页十行，行二十字，小字双行同。

识印章：

徐钧印——徐钧姓名藏书印。徐钧（1878—1955），一名安，字晓霞，号懋斋，嘉兴府桐乡（今浙江桐乡）乌镇人，清末民国银行家、藏书家。藏书楼名"爱日馆"，藏书印有"徐均印""徐钧""徐安""晓霞""长林爱日""爱日馆收藏印"等。

晓霞——徐钧字号藏书印。

长林爱日——徐钧藏书闲章。

识递藏：

从书页所钤藏书印看，是书曾藏于桐乡徐钧"爱日馆"；今藏于浙江图书馆。

653

文献通考三百四十八卷

识著述：

马端临（1254—1340），字贵与，一字贵舆，号竹洲，饶州乐平（今江西乐平）人，宋元之际著名经学家、史学家、文献学家，著有《大学集注》《文献通考》《多识录》。《文献通考》三百四十八卷，载记上起三代下终南宋宁宗嘉定末年历代文献，分为田赋、户口、征榷、选举、职官、乐、兵、弄、学校、钱币等二十四门，其中经籍、帝系、封建、象纬、物异五门为作者独创。《文献通考》在杜佑《通典》的基础上，广搜史料，详加考证，去伪存真，归类分目，按时代先后排列比较，并于各条之后夹录前人和时人议论，最后以按语形式阐述个人见解。《文献通考》体例别致，史料丰富，内容充实，评论精辟，是我国古代典章制度方面的集大成之作。

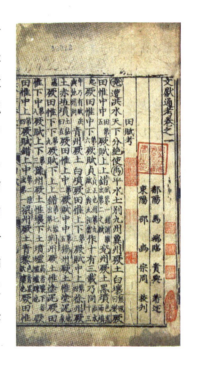

识版式：

此为明正德十一年至十四年刘洪慎独斋刻本；四周双边；细黑口，双黑鱼尾；半页十二行，行二十五字，小字双行同。

识印章：

莫友芝图书印——莫友芝姓名藏书印。莫友芝（1811—1871），字子偲，号郘亭（又作郘庭），又号紫泉、眲叟，独山（今贵州黔南独山）人，晚清经学家、音韵学家、训诂学家、诗人、书法家、金石学家、目录版本学家、藏书家。藏书楼名"郘亭""影山草堂"。详见《东莱先生校正隋书详节》"莫友芝"条。

莫彝孙印——莫彝孙姓名藏书印。莫彝孙（1842—1870），字伯邕，独山（今贵州黔南独山）人，莫友芝长子，清代藏书家。藏书楼名"影山草堂"，藏书印有"莫彝孙印"等。

莫绳孙印——莫绳孙姓名藏书印。莫绳孙（1844—1919），字仲武，号省教，独山（今贵州黔南独山）人，莫友芝次子，莫棠从兄，清代藏书家。藏书楼名"影山草堂"，藏书印有"莫绳孙""莫绳孙印""独山莫绳孙观""莫绳孙字仲武""独山莫绳孙字仲武印""仲武""独山莫绳孙字仲武号省教印""独山莫绳孙字仲武号省教影山草堂收藏金石图书印""莫绳孙影山草堂图记"等。辑有《金石文字集拓》

《影山草堂书目》《邵亭知见传本书目》等。

符诚——刘符诚名号藏书印。刘符诚（1881—?），字荩忱，号黼斋，天津人，民国政治人物、收藏家。藏书印有"符诚""黼斋刘君""黼斋鉴定""萧愭"等。

黼斋刘君——刘符诚字号姓氏藏书印。

萧愭——疑为刘符诚别号藏书印。

识递藏：

从书页所钤藏书印看，是书曾藏于独山莫氏"影山草堂"，由莫友芝、莫彝孙、莫绳孙父子递藏；继藏于天津刘符诚之手；今藏于黑龙江省图书馆。

三余别集不分卷

识著述:

游日章(生活于嘉靖年间),字学裘,号南荆,福建莆田人,明代学者、目录学家,著有《骈语雕龙》《三余别集》。

识版式:

此为明嘉靖四十一年刻本;四周单边;白口,上刻书名,中刻页码;半页十行,行二十四字。

识印章:

练江陈昂之印——陈昂郡望姓名藏书印。陈昂(生活于顺康间),字子龙,号书厓,祖籍休宁(今安徽休宁),侨居嘉兴(今浙江嘉兴)梅会里,清初诗人、藏书家。藏书楼名"涌石山房""承雅堂",藏书印有"陈昂之印""练江陈昂之印""三十六峰陈昂书厓父""书厓""书厓珍秘""陈书厓读书记""陈子书

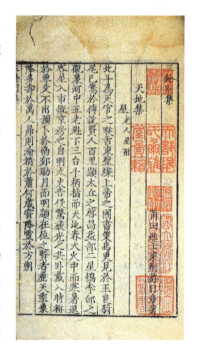

厓手阅书本""陈子龙印""东皋先生后人""陈先生后人""天都陈氏""陈氏家藏""珠潭陈氏秘笈""陈氏家藏承雅堂图籍""天都陈氏承雅堂图籍""涌石山房""涌石山房练江陈昂之印""新安陈氏校定典籍之章""颍川陈氏校定典籍之章""陈氏藏书子孙永保"等。

天都陈氏承雅堂图籍——陈昂郡望姓氏藏书楼号藏书印。

涌石山房——陈昂藏书楼号藏书印。

陈氏藏书子孙永宝——陈昂姓氏藏书闲章。

东皋先生后人——陈昂出身藏书印。

倚醉庐曾氏藏书——曾文达藏书楼号姓氏藏书印。曾文达(生活于顺康间),曾子六十四世孙,顺治封五经博士,清代藏书家。藏书楼名"倚醉庐",藏书印有"倚醉庐曾氏藏书""宗经六十四世孙"等。

宗经六十四世孙——曾文达世袭五经博士藏书印。"宗经"指春秋时期孔子弟子曾参。

识递藏:

从书页所钤藏书印看,是书曾藏于休宁陈昂"承雅堂";继藏于曾文达"倚醉庐";今藏于浙江大学图书馆。

佩文韵府一百六卷

识著述：

张玉书（1642—1711），字素存，号润甫，丹徒（今江苏镇江）人，清代著名经学家、史学家、音韵学家、字典编纂家。玉书精《春秋》学，深于史学，工古文辞，称一时大手笔，先后出任《平定朔漠方略》《佩文韵府》《康熙字典》总裁官，著有《张文贞集》十二卷。《佩文韵府》一百六卷，是清代官修的大型类书，专供文人作诗填词用典、押韵对句之用。《佩文韵府》所收之词，上自先秦典籍，下至明代文人著作，至今仍是查阅古代词语、成语和典故出处的重要工具书，对语言学习和研究有重要的参考价值。但存在卷帙过于浩繁、编制欠精、资料因袭失考之弊。

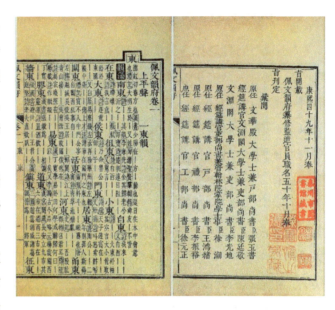

识版式：

此为清康熙内府刻本；四周双边；白口，单黑鱼尾，上刻书名，中刻卷次、韵部、页码；半页十二行，行二十五字，小字双行同。

识印章：

张文梓印——张文梓姓名藏书印。张文梓（生活于道咸间），字树伯，号石琴，泰县（今江苏泰州姜堰）人，清代藏书家。藏书楼名"清晖堂"，藏书印有"张文梓印""树柏""海陵张文梓树伯父书画之记""仪征清晖堂张氏藏书"等。

树伯——张文梓字号藏书印。

陈宝德印——陈宝德姓名藏书印。陈宝德（1940—？），字慎之，沛县（今江苏沛县）人，当代著名书画家。藏书印有"陈宝德印""慎之家藏"等。

慎之家藏——陈宝德字号藏书印。

识递藏：

从书页所钤藏书印看，是书曾藏于泰县张文梓"清晖堂"；又藏于沛县陈宝德之手；今藏于泰州市图书馆。

657

子部·小说家类

小说家类小序

"小说"乃针对作为典册高文的"大说"而言。"大说"即圣人济世安民之论，"小说"则为大众之街谈巷议和流言蜚语。所谓小说家，特指那些专门辑录、抄撮各种小道消息的人。其人多由史官兼职或到民间采风的官员担任，他们采集民间传说议论，借以考察民情风俗。然而，小说家虽然自成一家，却与儒家、墨家、法家等有所不同，小说因属辑录和抄撮，没有形成自己的理论，所以被视为不入流者，学界遂有"十家九流"之说。

"小说"一词，最早见于《庄子·外物》对"任公子垂钓"的议论："夫揭竿累，趣灌渎，守鲵鲋，其于得大鱼难矣；饰小说以干县令，其于大达亦远矣。是以未尝闻任氏之风俗，其不可与经于世亦远矣。"意谓靠修饰琐屑的言论以追求高名美誉，距通达的大道实在是差得太远。庄子号召人们做"大人"而不要做"小人"，要为"大说"而不要饰"小说"，因为"小说"皆"非道术所在"之"琐屑之言"。这种认知，虽与后世的小说观念相差甚远，却恰是小说称之为"小说"的本义；桓谭《新论》云："小说家合残丛小语，近取譬喻，以作短书，治身理家，有可观之辞。"认为小说乃是小说家"合残丛"之"小语"（小故事），是说理取譬的"短书"（短文），于"治身理家"有所"可观"，而非治政化民之"大道"，其说已接近班固《汉书·艺文志》所谓"小说家者流，盖出于稗官。街谈巷语，道听途说者之所造也。孔子曰：'虽小道，必有可观者焉，致远恐泥，是以君子弗为也。'然亦弗灭也。闾里小知者之所及，亦使缀而不忘。如或一言可采，此亦刍荛狂夫之议"的经典描述。而正因小说"街谈巷语、道听途说"的性质，恰从另一角度触及了小说讲求虚构、植根生活的特点。以上是先秦哲人和汉代史家、目录学家对"小说"所作的经典诠释和评价。

小说之体，经历了先秦诸子散文和历史散文中神话传说和寓言故事的萌发，经历了两汉繁荣发达的纪传文学的孕育，经历了魏晋六朝多姿多彩的志人志怪小说的积淀，至唐代中后期传奇的出现始臻成熟。其后，宋元的俗讲、变文等，也为明清时代的代表性文学样式章回小说做好了题材和艺术上的准备。明清时代，中国古代文学进入了小说擅场的时代。

传统目录学以小说具有寓劝诫、广见闻、资考证的作用，故于子部专列小说家类已成定例，且将其题材分为杂事、异闻、琐语三类，将其体例分为札记、传奇、章回三体。《汉书·艺文志·诸子略》"小说家"著录了《伊尹说》《鬻子说》《黄帝说》《封禅方说》《虞初周说》等十五家；《隋书·经籍志·子部》"小说"著录了《燕丹子》《笑林》《世说》《小说》等二十五家；《郡斋读书志·子部》"小说家类"著录了《博物志》《世说新语》《述异记》《玄怪录》《太平广记》《云溪友议》等自晋至宋的小说一百余部，内中杂有"体兼说部"的《后山诗话》《东坡诗话》《中山诗话》等七部；《直斋书录解题·子部》"小说家类"著录了《神异记》《十洲记》《世说新语》《补江总白猿传》《封氏见闻录》《幽闲鼓吹》《北梦琐言》等汉至宋的小说一百六十六部，内中也杂有《冷斋夜话》《石林燕语》等诗话类作品；《四库全书总目·子部》"小说家类"著录了《山海经》《穆天子传》《西京杂记》《朝野佥载》《唐摭言》《开元天宝遗事》《涑水记闻》《泊宅编》《归潜志》《辍耕录》等先秦至明的小说若干部，始备大体。

今之所选，皆流传有序之善本，计有《山海经十八卷》《穆天子传六卷》《博物志十卷》《西京杂记二卷》《世说新语三卷》《云溪友议十二卷》《重雕足本鉴诫录十卷》《江淮异人录一卷》《括异志十卷》《鸡肋编不分卷》《清波杂志十二卷》《桯史十五卷》《南村辍耕录三十卷》《孤树裒谈五卷》《新刻全像三宝太监西洋记通俗演义二十卷一百回》《新刻全像牛郎织女传四卷》《王文简公说部原稿不分卷》十七部，借滴水以识江海。

山海经十八卷

识著述：

不著撰人姓名。《山海经》十八卷，是一部充满神奇色彩的上古社会生活百科全书式的著作，内容包罗万象，无奇不有，蕴藏着丰富的地理学、神话学、民俗学、科技史、宗教学、民族学、人类学、海洋学等宝贵资料，其学术价值涉及多个学科领域。它丰富而有条序地记载了当时中国的自然地理要素及人文地理内容，如山系、水文、动物、植物、矿藏、国家地理、经济、社会文化风俗等，展示了多彩的远古文化，记录了大荒时期的生活状况与人们的思想活动，勾勒出了上古时期的文明与文化状态，为后世提供了许多有用的信息，具有非凡的文献价值。

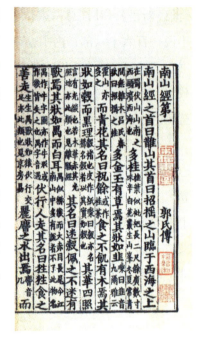

识版式：

此本为宋淳熙七年池阳郡斋刻本；左右双边，上下单边；白口，单黑鱼尾，中刻书名、卷次；半页十行，行二十一字，小字双行同。

识印章：

汪士钟曾读——汪士钟姓名藏书印。汪士钟（1786—？），长洲（今江苏苏州）人，汪文琛之子，清代著名藏书家。藏书楼名"艺芸书舍""三十五峰园"等。详见《周易九卷》"汪士钟"条。

以增私印——杨以增名号藏书印。杨以增（1787—1855），字益之，一字至堂，晚号冬樵，聊城（今山东聊城）东昌府区人，清代藏书家。藏书楼名"海源阁"。详见《韩鲁齐三家诗考》"杨以增"条。

宋存书室——杨以增藏书楼分号藏书印。

杨绍和——杨绍和姓名藏书印。杨绍和（1830—1875），聊城（今山东聊城）东昌府区人，杨以增次子，海源阁第二代主人，清代著名目录学家、藏书家。藏书楼名"海源阁"。详见《韩鲁齐三家诗考》"杨绍和"条。

杨彦合读书印——杨绍和字号藏书印。

周暹——周叔弢姓名藏书印。周叔弢（1891—1984），原名暹，字叔弢，以字行，建德（今安徽东至县）人，现代著名政治家、实业家、收藏家、藏书家。藏书楼名"寒在堂"等。详见《周礼》"周暹"条。

识递藏：

从书页所钤藏书印及题识看，是书曾藏于长洲汪士钟"艺芸书舍"；继藏于聊城杨氏"海源阁"由杨以增、杨绍和父子递藏；又藏于建德周叔弢"寒在堂"；今藏于国家图书馆。

穆天子传六卷

识著述：

不著撰人姓名。注者郭璞（276—324），字景纯，河东闻喜（今山西闻喜）人，两晋时期著名文学家、训诂学家、堪舆学家，注有《周易》《山海经》《葬经》《穆天子传》《方言》《楚辞》等。《穆天子传》（又名《周王传》《穆王传》《周穆王传》《周穆王游行记》），是西晋时期发现的汲冢竹书之一种。全书六卷，以日月为序，记述了周穆王姬满游历天下的经过。前四卷详细记载了周穆王驾八骏西狩天下会见西王母的过程，第五卷叙述了周穆王两次东狩的经历以及与沿途各民族频繁往来赠答的事迹，第六卷记述周穆王美人盛姬卒于途中而返葬之事。《穆天子传》所记周穆王游历之事，是我国有文字记载以来最早的旅行活动。该书对于古代部族和中外文化交流等领域的研究，具有独特的参考价值。

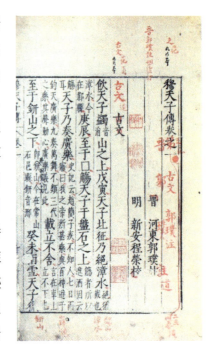

识版式：

此为明万历程荣刻汉魏丛书本；左右双边，上下单边；白口，单白鱼尾，上刻书名，中刻卷次，下刻页码；半页九行，行二十字，小字双行同。

识印章：

荛翁更字复翁——黄丕烈字号藏书印。黄丕烈（1763—1825），字绍武，号荛圃，又号复翁等，平江（今江苏苏州）人，清代著名校勘学家、版本学家、目录学家、刻书家、藏书家。藏书楼名"士礼居""百宋一廛"等。详见《四书通》"黄丕烈"条。

杨东樵读过——杨以增姓氏字号藏书印。杨以增（1787—1855），字益之，一字至堂，晚号冬樵，聊城（今山东聊城）东昌府区人，清代藏书家。藏书楼名"海源阁"。详见《韩鲁齐三家诗考》"杨以增"条。

宋存书室——杨以增藏书楼分号藏书印。

杨绍和印——杨绍和姓名藏书印。杨绍和（1830—1875），字彦合，又字念微，号协卿、筠岩，聊城（今山东聊城）东昌府区人，杨以增次子，海源阁第二代主人，清代著名目录学家、藏书家。藏书楼名"海源阁"。详见《韩鲁齐三家诗考》"杨绍和"条。

叔弢——周叔弢字号藏书印。周叔弢（1891—1984），原名暹，字叔弢，以字行，建德（今安徽东至县）人，现代著名政治家、实业家、收藏家、藏书家。藏书楼名"寒在堂"等。详见《周礼》"周暹"条。

识递藏：

从书页所钤藏书印及题跋看，是书曾藏于平江黄丕烈"士礼居"；又藏于聊城杨氏"海源阁"之"宋存书室"，由杨以增、杨绍和父子递藏；再藏于建德周叔弢"寒在堂"；今藏于天津图书馆。有黄丕烈校跋。

博物志十卷

识著述：

张华（232—300），字茂先，范阳郡方城（今河北固安）人，西晋政治家、文学家、目录学家、藏书家，著有《博物志》《张华集》。《博物志》十卷，分类记载了山川地理、飞禽走兽、人物传记、神话古史、神仙方术等，为继《山海经》之后又一部包罗万象之奇书，为我国第一部博物学著作，填补了我国自古无博物类书籍

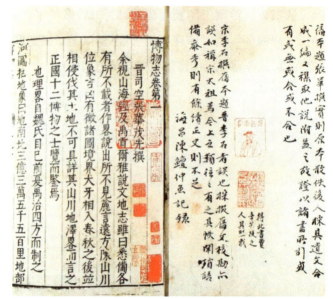

的空白。其长于叙事的特点，近似后世小说笔法，对后世小说的发展有一定的影响，在我国小说史上具有不可磨灭的贡献。

识版式：

此为明刻本；四周单边；白口，单黑鱼尾，上刻书名，中刻卷次，下刻页码；半页九行，行二十字，小字双行同。

识印章：

商文超——商超姓名藏书印。商超（生卒不详），字文超，号云笠，金华府义乌（今浙江义乌）人，清代藏书家。藏书楼名"选竹山房"，藏书印有"商文超""臣超私印""云笠""选竹山房""业是吟诗与看花""春水船"等。

臣超私印——商超名号藏书印。

云笠——商超字号藏书印。

选竹山房——商超藏书楼号藏书印。

春水船——商超藏书闲章。

业是吟诗与看花——商超藏书闲章。

仲鱼图像——陈鳣肖像藏书印。陈鳣（1753—1817），字仲鱼，号简庄，海昌（今浙江海宁）硖石人，清代著名经学家、校勘学家、藏书家。藏书楼名"向山阁"等。详见《周易注疏》"陈鳣"条。

得此书费辛苦后之人其鉴我——陈鳣藏书铭章。

识递藏：

从书页所钤藏书印及题跋看，是书曾藏于义乌商超"选竹山房"；又藏于海宁陈鳣"向山阁"；今藏于浙江省图书馆。有陈鳣跋。

西京杂记二卷

识著述：

葛洪（283—363），字稚川，自号抱朴子，丹阳郡句容（今江苏句容）人，东晋著名思想家、道教理论家、炼丹家、医学家，世称小仙翁，著有《抱朴子》《隐逸传》《金匮药方》《玉函方》《肘后备急方》，辑有《西京杂记》等。《西京杂记》二卷，为杂抄汉魏六朝佚史而成的一部古代历史笔记小说集。书中记载了西汉帝后公卿的嗜欲好尚、宫殿苑林、异物珍玩以及舆服典章、文人佚事、民风民俗等佚事传闻，于史有补。而其中不少传说故事被后人引为典实，又为后世诗词、戏曲、小说创作提供了素材。

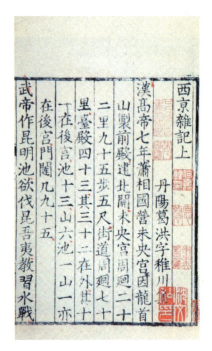

识版式：

此为明铜活字印本；左右文武双边，上下单边；白口，单黑鱼尾，中刻书名、卷次、页码；半页九行，行十五字。

识印章：

何寿鲤印——何寿鲤姓名藏书印。何寿鲤（生卒不详），字德修。其人无考。

德修——何寿鲤字号藏书印。

沈文私印——沈文姓名藏书印。沈文（约生活于成化嘉隆间），名文，字伯，苏州（今江苏苏州）人，明代书画收藏家、藏书家。藏书楼名"旅谿草堂"，藏书印有"沈文私印""字伯""旅谿草堂"等。

朱之赤鉴赏——朱之赤姓名藏书印。朱之赤（生活于明末清初），字守吾，号卧庵，别署狂奴、三天谪吏、烟云逸叟，休宁（今安徽休宁）人，后侨寓吴中（今江苏苏州），明末清初书画鉴赏家、藏书家。藏书楼名"卧庵""水镜堂""正气堂""侠香亭""择木亭""留耕草堂""二知斋"等，藏书印有"朱之赤""朱之赤印""朱之赤鉴藏""休宁朱之赤珍藏图书""守吾""守吾过眼""守吾鉴赏""朱卧庵收藏记""卧庵""卧庵所藏""卧庵道士""卧庵老人""卧翁""三天镝吏""狂奴""烟云逸叟""择木亭印""留耕草堂""留耕堂印""正气堂""正气堂狂奴""老卧正气堂印""老卧世美堂印""水镜堂居士""二知斋""休宁千秋里人""寒士精神"

"安贫乐道""逸情云上"等。编有《朱卧庵藏书画目》。

休宁朱之赤珍藏图书——朱之赤郡望姓名藏书印。

徐乃昌读——徐乃昌姓名藏书印。徐乃昌（1866—1946），字积余，号随庵，南陵（今安徽南陵）人，清末民国金石学家、刻书家、藏书家。藏书楼名"积学斋"。详见《说文字原》"徐乃昌"条。

识递藏：

从书页所钤藏书印看，是书曾藏于无考之何寿鲤之手；又藏于明代苏州沈文"蓺谿草堂"；又藏于休宁朱之赤"留耕草堂"；又藏于南陵徐乃昌"积学斋"；今藏于上海图书馆。

世说新语三卷

识著述：

刘义庆（403—444），字季伯，彭城（今江苏徐州）人，南朝宋宗室、宰相、文学家，著有《徐州先贤传》《幽明录》《宣验记》《世说新语》。《世说新语》（又称《世说》《世说新书》）三卷（每卷又分上下），为南朝宋文言志人小说集，是魏晋南北朝时期志人笔记小说的代表作。《世说新语》分为"德行""言语""政事""文学""方正"等三十六类共一千二百多则故事，多杂采众书而成，其内容主要记载东汉后期至晋宋间一些名士的言行与轶事。刘孝标（463—521），名峻，本名法武，字孝标，平原（今山东德州平原）人，南朝梁学者、文学家。其《世说新语注》征引繁博，考定精审，被视为后世注书之圭臬，至今流传。

识版式：

此为明嘉靖十四年袁褧嘉趣堂刻本；左右双边，上下单边；白口，双黑鱼尾，中刻书名、卷次、页码；半页十行，行二十字，小字双行同。

识印章：

博古斋收藏善本书籍——柳蓉春书坊字号藏书印。柳蓉春（？—1924），号蓉邨，人称"柳树精"，苏州洞庭东山（今江苏苏州）人，近代著名书商、版本学家。柳氏于苏州护龙街和上海汉口路开设博古斋书坊，与刘承幹嘉业堂往来密切，也曾收购莫绳孙旧藏。

黄裳——黄裳姓名藏书印。黄裳（1919—2012），益都（今山东益都）人，现代散文家、版本学家、藏书家。藏书楼名"木雁斋"等。详见《相台书塾刊正九经三传沿革例》"黄裳"条。

黄裳鉴藏——黄裳姓名藏书印。

黄裳藏本——黄裳姓名藏书印。

黄裳珍藏善本——黄裳姓名藏书印。

草草亭藏——黄裳藏书楼号藏书印。

黄裳珍藏专书印记——上海师范大学图书馆黄裳捐献古籍专用藏书印。

识递藏：

从书页所钤藏书印看，是书曾藏于苏州柳蓉春"博古斋"；又藏于益都黄裳"来燕榭"之"草草亭"；今藏于上海师范大学图书馆。

云溪友议十二卷

识著述：

范摅（生卒不详），自号五云溪人、云溪子，吴（今江苏苏州）人，唐代文学家，著有《云溪友议》。《云溪友议》十二卷，为唐代笔记小说集。其内容多记开元后异闻野史及神鬼故事，颇具传奇色彩。而其中尤以诗话为多，所录诗及本事，有为他书所不载者，遗篇琐事，有不少靠该书得以流传。

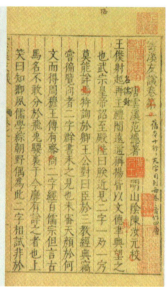

识版式：

此为明万历商濬刻稗海本；四周单边；白口，单黑鱼尾，上刻书名，中刻卷次，下刻页码；半页九行，行二十字。

识印章：

虞山孙仲孝维收藏图书——孙藩郡望姓氏字号藏书印。孙藩（约生活于顺康间），字孝维，号留松，常熟（今江苏常熟）人，藏书家孙七政、孙朝让之后，清代诗人、书画家、藏书家。藏书楼名"慈封堂"，藏书印有"虞山孙藩夔王氏之印""孝维印""虞山孙仲孝维收藏图书""虞山孙氏慈封丙舍图书""主司巷旧家"等。

虞山孙氏慈封丙舍图书——孙藩郡望姓氏藏书楼号藏书印。

主司巷旧家——孙藩藏书闲章。

非昔居士——赵宗建字号藏书印。赵宗建（1824—1900），常熟（今江苏常熟）人，清代著名诗人、藏书家。藏书楼名"旧山楼"。详见《汉隶分韵》"赵宗建"条。

旧山楼——赵宗建藏书楼号藏书印。

诗礼传家——赵宗建藏书闲章。

识递藏：

从书页所钤藏书印看，是书曾藏于常熟孙潘"慈封堂"；又藏于常熟赵宗建"旧山楼"；今藏于上海图书馆。

重雕足本鉴诫录十卷

识著述:

何光远(生卒不详),字辉夫,东海(今江苏东海)人,五代时期文学家,著有《鉴诫录》《广政杂录》《宾仙传》。《重雕足本鉴诫录》十卷,是一部以提供历史借鉴为宗旨的历史琐闻类笔记小说集。全

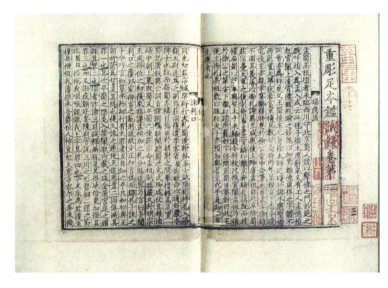

书六十六则故事,每则故事冠以三字标题,内容多记唐五代间事,而以蜀事为多,从各方面反映了唐五代时期巴蜀的社会风貌。其中"金统事"等四十四则故事记载诗本事,为治文学史者之重要考订资料,带有明显的诗话性质。

识版式:

此为宋刻本;蝴蝶装;四周双边;白口,单黑鱼尾;半页十五行,行二十四字。

识印章:

项子京家珍藏——项元汴姓氏字号藏书印。项元汴(1525—1590),秀水(今浙江嘉兴)人,明代著名诗人、书画家、鉴赏家、藏书家。藏书楼名"天籁阁"等。详见《左传文苑》"项元汴"条。

墨林山人——项元汴别号藏书印。

竹垞老人——朱彝尊字号藏书印。朱彝尊(1629—1709),秀水(今浙江嘉兴)人,清代经学家、史学家、诗人、词人、藏书家。藏书楼名"曝书亭"等。详见《周易本义》"朱彝尊"条。

百宋一廛——黄丕烈藏书楼号藏书印。黄丕烈(1763—1825),平江(今江苏苏州)人,清代著名校勘学家、版本学家、目录学家、刻书家、藏书家。藏书楼名"士礼居""百宋一廛"等。详见《四书通》"黄丕烈"条。

宋本——黄丕烈藏书版本藏书印。

汪士钟印——汪士钟姓名藏书印。汪士钟（1786—？），长洲（今江苏苏州）人，汪文琛之子，清代著名藏书家。藏书楼名"艺芸书舍""三十五峰园"等。详见《周易九卷》"汪士钟"条。

三十五峰园主人——汪士钟藏书楼号藏书印。

宪奎——汪宪奎名号藏书印。汪宪奎（生活于道咸间），字秋浦，长洲（今江苏苏州）人，汪士钟族人，清代藏书家。藏书楼名"有竹居"，藏书印有"平江汪宪奎秋浦印记""宪奎""秋浦"等。

秋浦——汪宪奎字号藏书印。

识递藏：

从书页所钤藏书印看，是书曾藏于嘉兴项元汴"天籁阁"；又藏于秀水朱彝尊"曝书亭"；又藏于平江黄丕烈"百宋一廛"；继藏于长洲汪士钟"三十五峰园"；继藏于长洲汪宪奎"有竹居"；今藏于上海图书馆。

江淮异人录一卷

识著述：

吴淑（947—1002），字正仪，润州丹阳（今江苏镇江丹阳）人，北宋文献学家、文字学家、书法家，辑有《太平御览》《太平广记》《文苑英华》《太宗实录》，著有《说文五义》《类事赋》《秘阁闲谈》《江淮异人录》《异僧记》《炼师传》等。《江淮异人录》一卷，是一部专记异人怪事的笔记小说专集。书中所录多为本领超凡的术士、侠客、羽流等行侠仗义之事，乃为发展唐传奇异人传说而著，对后世侠义小说有一定影响。

识版式：

此为清吴翌凤抄本；四周单边；绿格，白口，单绿鱼尾，中刻书名、页码；半页八行，行二十字。

识印章：

古欢堂钞书——吴翌凤藏书楼号抄本藏书印。吴翌凤（1742—1819），初名凤鸣，字伊仲，号枚庵（一作眉庵），又号漫士、漫叟，别号古欢堂主人，祖籍安徽休宁，侨居吴郡（今江苏苏州）槐树街，藏书家吴铨后裔，清代著名文学家、刻书家、藏书家。藏书楼名"古欢堂""古香楼""与稽斋""逊志堂""归云草堂"等，藏书印有"吴翌凤印""吴翌凤家藏文苑""翌凤私印""翌凤详阅""翌凤钞藏""吴翌凤枚庵甫珍藏""枚庵""枚庵藏本""枚庵浏览所及""枚庵翰墨缘""吴枚庵藏印""古香楼吴翌凤枚庵氏珍藏""伊仲""古欢堂""古欢堂钞书""吴氏钞书""爱读奇书手自钞"等。辑有《国朝文征》，著有《怀旧集》《印须集》《吴梅村诗集笺注》《与稽斋丛稿》《灯窗丛录》《东斋脞语》《逊志堂杂钞》等。

士礼居藏——黄丕烈藏书楼号藏书印。黄丕烈（1763—1825），平江（今江苏苏州）人，清代著名校勘学家、版本学家、目录学家、刻书家、藏书家。藏书楼名"士礼居""百宋一廛"等。详见《四书通》"黄丕烈"条。

杨氏海原阁藏——杨以增姓氏藏书楼号藏书印。杨以增（1787—1855），聊城（今山东聊城）东昌府区人，清代藏书家。藏书楼名"海源阁"。详见《韩鲁齐三家诗考》"杨以增"条。

识递藏：

此本为吴翌凤抄本。从书页所钤藏书印及题跋看，是书曾藏于抄书人吴郡吴翌凤 "古欢堂"；继藏于长洲袁廷梼 "五砚楼"；继藏于常熟顾嗣立 "秀野草堂"；继藏于苏州黄丕烈 "士礼居"；又藏于聊城杨以增 "海源阁"；今藏于山东省博物馆。有吴翌凤、黄丕烈跋。

括异志十卷

识著述：

张师正（1016—？），名思政，字不疑，襄国（今河北邢台）人，北宋文学家，著有《括异志》《倦游杂录》《志怪集》。《括异志》十卷，为宋代志怪小说集。内容多记述北宋时期朝野人物的奇闻逸事，篇末多说明故事来源，以示可信，旨在宣扬因果报应的思想，以示劝

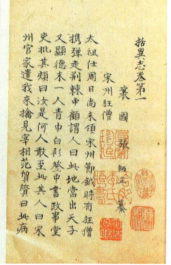

惩之意。书中有的故事，对后代传奇小说产生了深远影响。

识版式：

此为明抄本；半页八行，行十六字，小字双行同。

识印章：

曹溶——曹溶姓名藏书印。曹溶（1613—1685），秀水（今浙江嘉兴）人，明末清初文学家、史学家、诗人、词人、金石学家、藏书家。藏书楼名"静惕堂"。详见《书说》"曹溶"条。

檇李曹氏藏书印——曹溶郡望姓氏藏书印。

荛翁——黄丕烈字号藏书印。黄丕烈（1763—1825），平江（今江苏苏州）人，清代著名校勘学家、版本学家、目录学家、刻书家、藏书家。藏书楼名"士礼居""百宋一廛"等。详见《四书通》"黄丕烈"条。

合肥李氏藏书——李鸿章郡望姓氏藏书印。李鸿章（1823—1901），本名章铜，字渐甫，一字子黻，号少荃，一作少泉，自号仪叟，庐州府合肥（今安徽合肥）人，晚清名臣，洋务运动的主要领导人之一。藏书楼名"省心阁"，藏书印有"合肥李氏藏书""省心阁珍藏"等。著有《李文忠公全集》。

省心阁珍藏——李鸿章藏书楼号藏书印。

甸清过眼——朱长圻字号藏书印。朱长圻（生卒不详），字甸清，江都（今江苏扬州）人，清末民初书商、刻书家、藏书家。编有《珍书享帚录》。

识递藏：

从书页所钤藏书印及题跋看，是书曾藏于秀水曹溶"静惕堂"，继藏于湖州钱
时霁"萃古斋"，继藏于平江黄丕烈"士礼居"，又藏于合肥李鸿章"省心阁"，继
藏于江都朱长圻"萃文书局"，今藏于南京图书馆。有黄丕烈跋。

鸡肋编不分卷

识著述：

庄季裕（约1079—1149），名绰，字季裕，以字行，太原清源（今山西清徐）人，南北宋之间笔记作家，著有《鸡肋编》。《鸡肋编》不分卷，为宋代考据辨证类笔记。书中记载了大量全国各地民俗、物产、饮食、医药等知识，对认识宋代社会及其生产生活状况有一定帮助。书中所载的一些医药知识如针灸、偏方等，亦可作为今日行医之借鉴参考。

识版式：

此为清初影抄元抄本；左右双边，上下单边；白口，单黑鱼尾，中刻书名、页码；半页十一行，行二十一字。

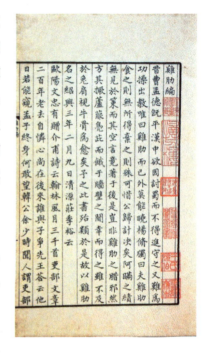

识印章：

王氏元伯——王元伯姓氏名号藏书印。王元伯（生活于元末），元代诗人、藏书家，生平无考。贡师泰与其有诗文唱和。又，王蒙（1308—1385），字叔明，号黄鹤山樵，湖州（今浙江吴兴）人，元末画家。王蒙字号与生活年代与王元伯重合，而"蒙"与"元伯"义近。是书为清初影元抄本，疑其印章亦为影刻。

黄鹤山樵者——王元伯字号藏书印。

曾藏汪阆源家——汪士钟姓氏字号藏书印。汪士钟（1786—？），长洲（今江苏苏州）人，汪文琛之子，清代著名藏书家。藏书楼名"艺芸书舍""三十五峰园"等。详见《周易九卷》"汪士钟"条。

海盐张元济经收——张元济郡望姓名收藏印。张元济（1867—1959），字筱斋，号菊生，海盐（今浙江海盐）人，近代杰出出版家、校勘学家、文献学家、教育家、诗人、藏书家，曾任商务印书馆总经理、上海文史馆馆长等职。藏书楼名"涉园"，藏书印有"海盐张元济经收"等。著有《校史随笔》《涵芬楼烬余书录》《张元济诗文》等。

涵芬楼——商务印书馆古籍藏书楼号藏书印。涵芬楼为商务印书馆藏书楼，1904年由张元济创办于上海，以收藏宋元明旧刊及抄校本、名人手稿等闻名海内。

识递藏：

从书页所钤藏书印看，是书曾藏于元人王元伯（或为湖州王蒙）之手；又藏于长洲汪士钟"艺芸书舍"；后经海盐张元济手藏于商务印书馆"涵芬楼"；今藏于国家图书馆。

清波杂志十二卷

识著述：

周辉（1126—?），名或作辉，字昭礼，泰州海陵（今江苏泰州海陵区）人，北宋文学家、诗人、藏书家，著有《清波杂志》。《清波杂志》十二卷，记载了当时的一些典章制度、风俗、物产，记述了宋代的一些名人轶事，保留了不少宋人的佚文、佚诗和佚词等。书中所载，可与他书相互印证，互校异同，又可拾遗补阙，是研究宋代历史、社会、思想和文化的重要参考资料，颇具文献学价值。

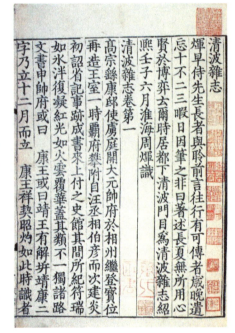

识版式：

此为宋刻本；左右双边，上下单边；白口，双黑鱼尾；半页十二行，行二十字。

识印章：

童氏藏书——疑为明代藏书家童佩姓氏藏书印。童佩（1524—1578），字子鸣，一字少瑜，龙丘（今浙江金华）人，明代书商、画家、诗人、藏书家。藏书印有"童氏藏书"。著有《童子鸣集》。

健庵——徐乾学字号藏书印。徐乾学（1631—1694），字原一，号健庵，昆山（今江苏昆山）人，清代著名经学家、史学家、文学家、文献学家、藏书家。藏书楼名"传是楼"。详见《周易九卷》"徐乾学"条。

平阳汪氏藏书印——汪士钟郡望姓氏藏书印。汪士钟（1786—?），字春霆，号阆源，一号眼源，长洲（今江苏苏州）人，清代著名藏书家。藏书楼名"艺芸书舍""三十五峰园"等。详见《周易九卷》"汪士钟"条。

宪奎——汪宪奎名号藏书印。汪宪奎（生活于道咸间），字秋浦，长洲（今江苏苏州）人，汪士钟族人，清代藏书家。藏书楼名"有竹居"，藏书印有"平江汪宪奎秋浦印记""宪奎""秋浦"等。

秋浦——汪宪奎字号藏书印。

铁琴铜剑楼——常熟瞿氏藏书楼号藏书印。详见《周易注疏》"铁琴铜剑楼"条。

绍基秘笈——瞿绍基名号藏书印。瞿绍基（1772—1836），字厚培，号荫棠，昭文（今江苏常熟）人，清代藏书家，铁琴铜剑楼第一代主人。藏书楼名"恬裕斋""敦裕斋""铁琴铜剑楼"，藏书印有"虞山瞿绍基藏书之印""绍基秘笈"等。

瞿润印——瞿润姓名藏书印。瞿润（生活于嘉道间），昭文（今江苏常熟）古里人，瞿绍基之孙，瞿镛长子，清代藏书家，铁琴铜剑楼第三代主人。藏书印有"瞿润印""瞿润之印"等。

瞿秉渊印——瞿秉渊姓名藏书印。瞿秉渊（1820—1886），字镜之，一字敬之，昭文（今江苏常熟）古里人，瞿绍基之孙，瞿镛次子，清代著名藏书家，铁琴铜剑楼第三代主人。藏书印有"瞿秉渊印""恬裕斋镜之氏珍藏"等。

良士眼福——瞿启甲字号藏书印。瞿启甲（1873—1940），字良士，别号铁琴道人，昭文（今江苏常熟）人，清末民国著名书画家、藏书家，铁琴铜剑楼第四代主人。详见《晦庵先生朱文公易说》"瞿启甲"条。

绶珊经眼——王体仁字号藏书印。王体仁（1873—1938），字绶珊，晚号九峰旧庐主人，钱塘（今浙江杭州）人，民国著名藏书家。藏书楼名"九峰旧庐"。详见《周易注疏》"王体仁"条。

杭州王氏九峰旧庐藏书之章——王体仁郡望姓氏藏书楼号藏书印。

周暹——周叔弢姓名藏书印。周叔弢（1891—1984），原名暹，字叔弢，以字行，建德（今安徽东至县）人，现代著名收藏家、藏书家。藏书楼名"寒在堂"等。详见《周礼》"周暹"条。

识递藏：

从书页所钤藏书印看，是书曾藏于明代龙丘童佩之手；又藏于昆山徐乾学"传是楼"；继藏于长洲汪士钟"艺芸书舍"；继藏于长洲汪宪奎"有竹居"；继藏于常熟瞿氏"铁琴铜剑楼"，由瞿绍基、瞿镛、瞿润、瞿秉渊、瞿启甲祖孙世代递藏；继藏于绍兴王体仁"九峰旧庐"；又藏于建德周叔弢"寒在堂"；今藏于国家图书馆。

程史十五卷

识著述：

岳珂（1183—1243），字肃之，号亦斋，晚号倦翁，江州（今江西九江）人，岳飞之孙，岳霖之子，南宋诗人、文学家、藏书家，著有《玉楮集》《棠湖诗稿》《金陀粹编》《愧郯录》《宋少保岳鄂王行实编年》《宝真斋法书赞》《程史》等。《程史》十五卷，为岳珂记载两宋朝野见闻的一部史料随笔，共计一百四十则，分记两宋人物、政事、旧闻等。该书以"公是公非"为写作目的，通过许多耳闻目睹的朝野各阶层人物言行，揭露了两宋政治的黑暗腐败和南宋投降派祸国殃民的罪行，热情歌颂了诤臣战将、布衣义士的抗金热忱和凛凛气节，义正词严，爱憎分明，有一定的史料价值，为历代史家所重视。同时，该书也保留了许多文学史料，足资参考。

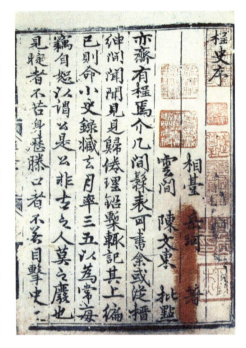

识版式：

此为明成化十一年江泝刻本；四周文武双边；粗黑口，双黑鱼尾，中刻书名；半页十行，行二十字。

识印章：

郑杰之印——郑杰姓名藏书印。郑杰（1750—1800），一名人杰，字昌英，自号注韩居士，侯官（今福建福州）人，清代学者、诗人、史学家、藏书家。藏书楼名"注韩居"。详见《博雅》"郑杰"条。

人杰——郑杰字号藏书印。

郑氏注韩居珍藏记——郑杰姓氏藏书楼号藏书印。

陈浴新——陈浴新姓名藏书印。陈浴新（1890—1974），安化（今湖南安化）人，近代政治家、藏书家。藏书楼名"村南烟舍"。详见《八闽通志》"陈浴新"条。

陈浴新藏秘籍历劫不磨乐无极——陈浴新姓名藏书印。

安化陈浴新考藏书画记——陈浴新郡望姓名藏书印。

安化陈浴新氏收藏金石书画——陈浴新郡望姓名金石书画收藏印。

村南烟舍——陈浴新藏书楼号藏书印。

识递藏：

从书页所钤藏书印看，是书曾藏于侯官郑杰"注韩居"；又藏于安化陈浴新"村南烟舍"；今藏于湖南师范大学图书馆。

南村辍耕录三十卷

识著述：

陶宗仪（1329—约1412），字九成，号南村，台州黄岩（今浙江黄岩）人，元末明初经学家、文学家、诗人、书法家、金石学家、藏书家，著有《四书备遗》《国风尊经》《书史会要》《印章考》《淳化帖考》《兰亭帖目》《说郛》《南村辍耕录》《南村诗集》《沧浪棹歌》等。《南村辍耕录》（又称《辍耕录》）三十卷，是一部历史琐闻笔记小说。全书计五百八十余条，记载了元代典章制度、史事杂录、文物科技、民俗掌故、艺文逸事、戏曲诗词、农民起义等史料。这些史料或来自作者见闻，或摘抄前人史料，多所考证辨伪，具有很高的史料价值和学术价值，是研究元史的重要史料。

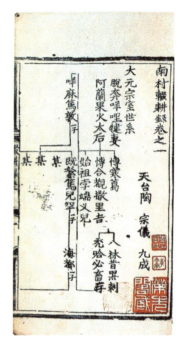

识版式：

此为明成化十年戴珊刻本；四周文武双边；粗黑口，三黑鱼尾，中刻书名、卷次、页码；半页十行，行二十二字，小字双行同。

识印章：

李承祥印——李承祥姓名藏书印。李承祥（？—1961），重庆人，现代藏书家。藏书楼名"荣光阁"，藏书印有"李承祥印""荣光阁藏"等。

李文衡——李文衡姓名藏书印。李文衡（生卒不详），重庆人，李承祥之弟，现代著名实业家、藏书家。藏书楼名"荣光阁"，藏书印有"李文衡""荣光阁藏"等。

荣光阁藏——李承祥、李文衡兄弟藏书楼号藏书印。

识递藏：

从书页所钤藏书印看，是书曾藏于重庆李承祥、李文衡兄弟之"荣光阁"；今藏于重庆市图书馆。

孤树裒谈五卷

识著述：

　　李默（1497—1558），字时言，一字古冲，瓯宁徐阳城（今福建建瓯徐地村）人，明代文学家，著有《建宁人物传》《孤树裒谈》《群玉楼集》等。《孤树裒谈》十卷，为明代文言小说丛抄。是书体例以时间为纲，以事件为目，依次记述了自明太祖朱元璋至明武宗朱厚照朝的朝廷政事、宫廷秘闻、外交礼节、讨伐征战，也记述下层百姓的日常生活、茶余奇谈，而尤擅于奇闻逸事的渲染，对研究明代社会有一定的参考价值。

识版式：

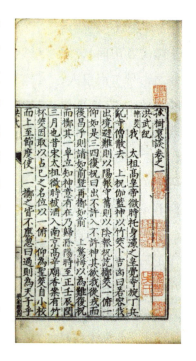

　　此为明万历二十年游朴刻本；四周双边；白口，单黑鱼尾，上刻篇名，下刻页码、刻工姓名；半页十一行，行二十一字，小字双行同。

识印章：

　　海丰吴氏——吴重熹郡望姓氏藏书印。吴重熹（1838—1918），海丰（今山东无棣）人，吴式芬之子，陈介祺之婿，清末民初词人、诗人、金石学家、藏书家。藏书楼名"石莲闇"等。详见《国语》"吴重熹"条。

　　刘明阳王静宜夫妇读书之印——刘明阳王静宜夫妇姓名藏书印。刘明阳（1892—1959），字静远，天津人，民国藏书家。藏书楼名"研理楼""双静阁"。详见《历代名臣奏议》"刘明阳"条。

　　刘明阳所得善本——刘明阳姓名版本等级藏书印。

　　研理楼刘氏藏——刘明阳姓氏藏书楼号藏书印。

　　张重威印——张重威姓名藏书印。张重威（1901—1975），原名张埕昌，字重威，号潜园、默园，仪征（今江苏扬州仪征）人，著名金融家、版本学家、收藏家。藏书印有"张重威印""仪征张重威鉴藏书画印"等。

识递藏：

　　从书页所钤藏书印及题跋看，是书曾藏于祥符周星诒"瑞瓜堂"；继藏于无棣吴重熹"石莲闇"；继藏于天津刘明阳王静宜"研理楼"；继藏于仪征张重威之手；今藏于南开大学图书馆。有周星诒、吴重熹、张重威跋。

新刻全像三宝太监西洋记通俗演义二十卷一百回

识著述：

　　罗懋登（约生活于隆庆万历间），字登之，号二南里人，陕西人，明代小说家，著有《香山记》《三宝太监西洋记通俗演义》。《三宝太监西洋记通俗演义》（又名《三宝太监西洋记》《三宝开港西洋记》《西洋记》）二十卷一百回，记述了明永乐年间太监郑

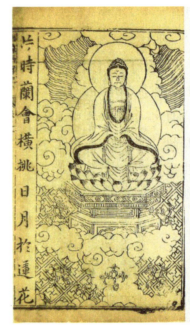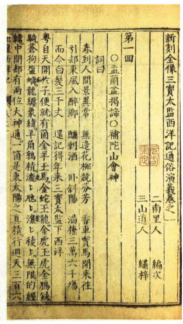

和七次奉使西洋、挂印西征、一路斩妖除敌慑服三十九国的故事。郑和七次下西洋虽为历史事实，而小说却将这一史实敷衍描绘成为神魔小说，目的在于借此激励明朝君臣勇于抗击倭寇、重振国威，其中的战争描写有袭取《西游记》和《封神演义》的痕迹。

识版式：

　　此为明三山道人刻本；四周双边；白口，单黑鱼尾，上刻书名，中刻卷次；半页十二行，行二十五字。

识印章：

　　元方审定——赵元方姓氏字号藏书印。赵元方（1905—1984），蒙古正黄旗人，现代著名文献学家、版本目录学家、藏书家。藏书楼名"无悔斋"。详见《左氏古义》"赵元方"条。

识递藏：

　　从书页所钤藏书印看，是书曾藏于蒙古正黄旗赵元方"无悔斋"；今藏于中国书店。

新刻全像牛郎织女传四卷

识著述:

朱名世（生卒不详），临川（今江西抚州）人，明代小说家，著有《新刻全像牛郎织女传》《鲸背吟》。《新刻全像牛郎织女传》四卷，为据牛郎织女的民间传说改编而成的白话通俗小说。

识版式:

此为明书林余成章刻本；四周双边；白口，单黑鱼尾；上下两栏，上图下文；半页十行，行十七字。

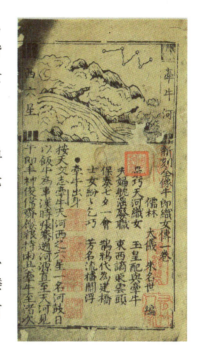

识印章:

四明朱氏敝帚斋藏——疑为明人朱勋后人朱陛、朱钺、朱泂等人郡望姓氏藏书楼号藏书印。藏书楼名"敝帚斋"，藏书印有"四明朱氏敝帚斋藏""有竹人家""松风罗翠""一拙生"等。

一拙生——疑为四明朱氏藏书闲章。

有竹人家——疑为四明朱氏藏书闲章。

松风罗翠——疑为四明朱氏藏书闲章。

仰周所宝——袁仰周名号藏书印。袁仰周（1871—?），名绍濂，谱名家濂，字仰周，号莲溪，鄞县（浙江宁波鄞州区）城南人，宋学者袁燮之后，清代诗人、藏书家。藏书楼名"静远仙馆""枕湖草堂"，藏书印有"仰周所宝""海内孤本"等。

海内孤本——袁仰周藏书版本藏书印。

周越然——周越然姓名藏书印。周越然（1885—1962），吴兴（今浙江吴兴）人，民国著名版本学家、翻译家、藏书家，曾任职于商务印书馆。藏书楼名"言言斋"。详见《伊洛渊源录》"周越然"条。

识递藏:

从书页所钤藏书印看，是书曾藏于明末四明朱氏"敝帚斋"；又藏于鄞县袁仰周"静远仙馆"；继藏于吴兴周越然"言言斋"；今藏于国家图书馆。

687

王文简公说部原稿不分卷

识著述：

王士禛（1634—1711），又名士禎，字子真、贻上，号阮亭，又号渔洋山人，谥文简，新城（今山东桓台）人，常自称济南人，清初著名诗人、诗歌评论家、金石学家、鉴赏学家、藏书家，著有《带经堂集》《带经堂诗话》《渔洋山人精华录》《居易录》《池北偶谈》《说部原稿》等。《说部原稿》是王士

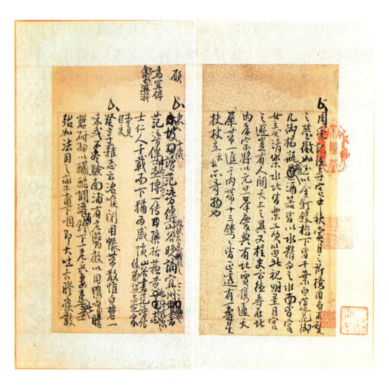

禛所作笔记小说类创作的原始手稿。

识版式：

此为清王士禛手稿本；四周双边；白口；半页十行，行二十字，小字双行同。

识印章：

带经堂——王士禛藏书楼号藏书印。王士禛（1634—1711），新城（今山东桓台）人。清初杰出诗人、诗歌评论家、金石学家、鉴赏学家、藏书家。藏书楼名"池北书库""带经堂"等。详见《南迁录》"王士禛"条。

二如世业——童钰字号藏书印。童钰（1721—1782），字璞岩，一字树，又字二如、二树，别号借庵子、二树山人、树道人、梅道人、梅痴、越树、栎树、树树居士、太平词客、白马山长，会稽山阴（今浙江绍兴）人，清代诗人、画家、藏书家。藏书楼名"香雪斋""巢琴室"，藏书印有"童钰印信""臣钰印""太平词客""树树居士""别号借庵""树道人""梅花道人""二如世业""白马山长""放翁同里人""山阴人""越中童子""书痴""万幅梅花万首诗"等。著有《二树山人集》《香雪斋遗稿》等。

昌伯审定——张正学字号藏书印。张正学（1897—1986），字昌伯，浙江海宁人，法学教授、沪上收藏家。

识递藏：

从书页所钤藏书印看，是书曾藏于作者新城王士禛之"带经堂"；又藏于山阴童钰"香雪斋"；又藏于海宁张正学之手；今藏于上海图书馆。

子部·释家类

释家类小序

释家即佛教，与基督教、伊斯兰教并称世界三大宗教。前六世纪至前五世纪，佛教由释迦牟尼创立于古印度（故又简称释教），后广泛传播于亚洲及世界各地，对许多国家的社会政治和文化生活产生过重大影响。儒家排斥佛、道，往往以"二氏"并称之。东汉明帝或哀帝时，佛教经西域传入中土，历经魏晋南北朝历代统治者的竭力推崇，上行下效，靡然向风，从而达到兴盛。由于受中国古代经济、政治和传统文化的影响，佛教逐步走上了中国化的道路，隋唐之后，又与中国传统文化相融合，进一步演化为中国化佛教。我国一般意义上所说的释教，特指佛家的分支汉传佛教，即中国化佛教。

原始佛教的基本思想是"苦集灭道"，认为"人生皆苦""一切皆苦"，人生即是一片苦海；而弄清"苦"的根源在于"烦恼"，此即"集"；而获得解脱苦海的法门就是"涅槃"或"入灭"；摆脱痛苦的途径则是依照佛法修行至"常乐我净"的"道谛"。中国化的佛教，最早演化为神仙方术，继而演化为"缘起性空"的波若学；魏晋时期，又与玄学合流，演变为以"空"为旨归的六家七宗；南北朝时期，又与"神不灭"的传统思想融合，发展为"顿悟成佛"；隋唐二代，中国化佛教趋于鼎盛，佛教诸派多另辟蹊径，自创家风，以"六经注我"的精神解说个人"心中所行法门派"，完成了儒家心性的佛教化。至此，佛教这一外来宗教已发展演变为中国化佛教。中国化佛教，本质上说，其学主于戒律，其说主于因果，大旨归于贬抑周孔、排斥黄老而独申释氏之法，属出世哲学，故为儒学所诋排，亦即纪昀所谓与儒学对立的、不切实用之"外学"。

在历代书目中，释家经典的著录至为繁复。据载，梁阮孝绪《七录》于篇末别录"二氏"之文；《隋书·经籍志》循《七录》之例亦附于志末，仅有部数、卷数而不录书名；《旧唐书·经籍志》以古无释家，遂合佛道为一类；《郡斋读书志·子部》始置"释书类"，而居子部十八类之末，著录了《法华经》《金刚经》《景德传灯录》《弘明集》《广弘明集》等佛教类书籍五十三部；《直斋书录解题·子部》亦置"释氏类"，居子部二十类之第十一位，著录了《金刚般若经》《楞严经》《六祖坛经》等佛教经典三十一部；《四库全书总目·子部》置"释家类"，著录了《弘明集》《广弘明集》《法苑珠林》等佛教经典二十五部，并依照《魏书》《七录》先释家后道家之例，将其置于"道家类"之前。实际上，纪昀的这一说辞并不能服众，因为，就其引经据典的习惯和所引经典的典型性而言，《隋书·经籍志》《郡斋读书志》和《直斋书录解题》各书子部诸类的排列次序远非《魏书》《七录》所能拟，而据《阅微草堂笔记》透露的信息，纪氏有信佛之根柢。

今所选录，计有《解脱道论十二卷》《景德传灯录三十卷》《翻译名义集七卷》《五灯会元二十卷》《读教记二十卷》《释氏稽古略四卷》六部，浏览者可借以略识其端倪。

解脱道论十二卷

识著述：

僧伽婆罗（生卒不详），梵名意译僧养、众铠，扶南国（辖境相当于今之柬埔寨）人，南朝齐梁间高僧，曾在扬都正观寺、寿光殿、华林园、占云寺、扶南馆等五处奉敕译经，译有《阿育王经》《孔雀王陀罗尼经》《文殊师利问经》《度一切诸佛境界智严经》《菩萨藏经》《解脱道论》《阿育王传》等。《解脱道论》十二卷，阿罗汉优波底沙作，南朝梁僧伽婆罗译。本书依坐禅人解脱之阶次，分别解释戒、定、慧等解脱法门，共十二品，即因缘品、分别戒品、头陀品、分别定品、觅善知识品、分别行品、分别行处品、行门品、五通品、分别慧品、五方便品、分别谛品。该书属小乘佛教论书。

识版式：

此为北宋写金粟山广惠禅院大藏经本；卷轴装，朱丝栏，行十七字。

识印章：

项圣谟印——项圣谟姓名藏书印。项圣谟（1597—1658），字逸，改字孔彰，号易庵，别号古胥山樵人、莲塘居士、松涛散仙、大酉山人、存存居士、烟波钓徒、狂吟客、鸳湖钓叟、逸叟、不夜楼中士、醉疯人、烟雨楼边钓鳌客等，秀水（今浙江嘉兴）人，藏书家项元汴之孙，明末清初著名诗人、画家、书画收藏家、藏书家。承其家藏书楼名"天籁阁"，藏书印有"项圣谟印""圣谟""孔彰""孔彰父""孔璋珍玩""项孔彰氏""别字逸""易庵居士""退庵""大酉山人""丁酉生""项氏所藏""在恒河沙数中""醉梦间"等。著有《朗云堂集》《清河草堂集》等。

孔彰珍玩——项圣谟字号藏书印。

易庵居士——项圣谟字号藏书印。

退庵——项圣谟字号藏书印。

692

项氏所藏——项圣谟姓氏藏书印。

在恒河沙数中——项圣谟藏书闲章。

王起隆印——王起隆姓名藏书印。王起隆（生活于天启顺治间），一名启隆，秀水（今浙江嘉兴）人，明末清初著名刻书家、藏书家。藏书印有"王起隆印""隆""载生氏"等。

隆——王起隆名号藏书印。

载生氏——王起隆藏书印。

识递藏：

从书页所钤藏书印看，是书曾藏于嘉兴项圣谟祖传之"天籁阁"；又藏于秀水王起隆之手；今藏于上海图书馆。有丁元公、王起隆、叶恭绰跋。

景德传灯录三十卷

识著述：

释道原（生卒未详），东吴（今江苏苏州）人，北宋著名高僧、文学家，著有《景德传灯录》。《景德传灯录》三十卷，为北宋真宗赵恒景德年间释道原所撰佛教禅宗史书。其书所记禅宗世系源流，上起过去七佛下止法眼文益法嗣长寿注齐，历代禅宗诸祖计五家五十二世，

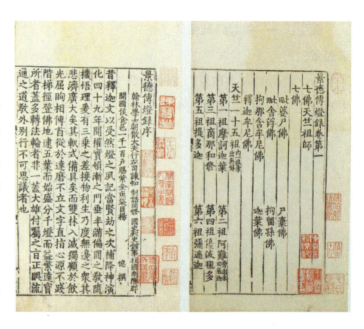

共一千七百零一人之传灯法系，禅家典实网罗殆遍，实具禅家类书性质。全书无总目，但各卷目录对"见录"与"不录"均一一注明，头绪分明。《景德传灯录》在宋、元、明各代流行颇广，尤其对宋代教界文坛产生过很大影响。

识版式：

此为宋刻本；左右双边，上下单边；白口，双黑鱼尾，中刻书名、卷次；半页十一行，行二十字。

识印章：

季振宜藏书——季振宜姓名藏书印。季振宜（1630—?），字诜兮，号沧苇，泰兴（今江苏泰州靖江）季市镇人，明末清初著名诗人、文献学家、版本学家、校勘学家、藏书家。藏书楼名"静思堂"。详见《尚书注疏》"季振宜"条。

乾学——徐乾学名号藏书印。徐乾学（1631—1694），字原一，号健庵，昆山（今江苏昆山）人，清代著名经学家、史学家、文学家、文献学家、藏书家。藏书楼名"传是楼"。详见《周易九卷》"徐乾学"条。

徐健庵——徐乾学姓氏字号藏书印。

毛氏子晋——毛晋姓氏字号藏书印。毛晋（1599—1659），常熟（今江苏常熟）人，明末著名经学家、文学家、刻书家、藏书家。藏书楼名"汲古阁"。详见《周易九卷》"毛晋"条。

汲古主人——毛晋别号藏书印。

宋本——毛晋藏书版本藏书印。

太山赵氏拙庵图书——赵国麟郡望姓氏字号藏书印。赵国麟（1673—1751），字仁圃，号拙庵、跛道人，泰安（今山东泰安）人，清代经学家、诗人、藏书家。藏书楼名"云月砚轩"。详见《礼记日录》"赵国麟"条。

泰山赵氏藏书——赵国麟郡望姓氏藏书印。

闽南开府所得之书——赵国麟仕履经历藏书印。

陈宝晋——陈宝晋姓名藏书印。陈宝晋（约生活于嘉道咸间），字康甫，号守吾，海陵（今江苏泰州）人，清代著名书画家、篆刻家、鉴赏家、藏书家。藏书楼名"牧心轩"，藏书印有"海陵陈宝晋康甫氏鉴藏经籍金石文字书画之印章""陈宝晋""陈宝晋印""江苏泰县陈宝晋印""陈守吾经眼记""陈守吾文房印""守吾""守吾过眼""守吾此识""守吾平生珍赏""康甫读本""康甫"等。

陈守吾经眼记——陈宝晋姓氏字号藏书印。

守吾过眼——陈宝晋字号藏书印。

王焕业印——王焕业姓名藏书印。王焕业（生活于清末民国间），字雪帆，近代艺术家。藏书印有"王焕业印""王雪帆藏书印"等。

王雪帆藏书印——王焕业姓氏字号藏书印。

徐伯郊藏书记——徐伯郊姓名藏书印。徐伯郊（1913—2002），字文轿，吴兴（今浙江吴兴）人，著名文物鉴定家、收藏家徐森玉之子，现代实业家、文物鉴定家、藏书家。藏书楼名"诗外簃"，藏书印有"徐伯郊""徐伯郊藏书记""徐氏伯郊""徐氏伯郊书画之章""伯郊所藏""伯郊鉴赏""吴兴徐氏""诗外簃"等。

识递藏：

从书页所钤藏书印看，是书曾藏于泰兴季振宜"静思堂"；继藏于昆山徐乾学"传是楼"；继藏于常熟毛晋"汲古阁"；继藏于泰安赵国麟"云月砚轩"；继藏于泰州陈宝晋"牧心轩"；继藏于近人王焕业之手，继藏于吴兴徐伯郊"讨外簃"，今藏于国家图书馆。

翻译名义集七卷

识著述：

释法云（生卒不详），即普润大师，字天瑞，自称无机子，俗姓戈，世居长洲（今江苏苏州）彩云里，南宋高僧，苏州景德寺住持，著有《翻译名义集》。《翻译名义集》七卷，为普润大师将散见于各经论中的梵文名字分类解释编辑而成，共收音译梵文两千零四十余条，对历代重要的翻译家均有专篇记载，对佛经的翻译和阅读大有助益。

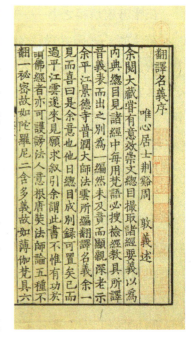

识版式：

此为南宋绍兴刻修补印本；左右双边，上下单边；白口，单黑鱼尾，中刻书名、卷次、页码；半页十行，行二十字，小字双行二十三字。

识印章：

季振宜藏书——季振宜姓名藏书印。季振宜（1630—?），泰兴（今江苏泰州靖江）季市镇人，明末清初著名诗人、文献学家、版本学家、校勘学家、藏书家。藏书楼名"静思堂"。详见《尚书注疏》"季振宜"注。

汪士钟印——汪士钟姓名藏书印。汪士钟（1786—?），长洲（今江苏苏州）人，汪文琛之子，清代著名藏书家。藏书楼名"艺芸书舍""三十五峰园"等。详见《周易九卷》"汪士钟"条。

三十五峰园主人——汪士钟藏书楼号藏书印。

宋本——汪士钟藏书版本藏书印。

徐乃昌读——徐乃昌姓名藏书印。徐乃昌（1866—1946），字积余，号随庵，南陵（今安徽南陵）人，清末民国金石学家、刻书家、藏书家。藏书楼名"积学斋"。详见《说文字原》"徐乃昌"条。

识递藏：

从书页所钤藏书印及题识看，是书曾藏于泰兴季振宜"静思堂"；继藏于长洲汪士钟"三十五峰园"；又藏于仁和朱学勤"结一庐"；又藏于南陵徐乃昌"积学斋"；今藏于上海图书馆。另有两印印记模糊，依稀可辨"沙门"两字，知为寺院僧人所藏，不知何属。

五灯会元二十卷

识著述：

释普济（生卒不详），俗姓张，字大川，明州奉化（今浙江奉化）人，南宋禅宗临济宗杨岐派高僧，著有《五灯会元》。《五灯会元》二十卷，为释普济住持灵隐寺期间据释道原《景德传灯录》、李遵助《天圣广灯录》、惟白《建中靖国续灯录》三书，删繁就简，汇聚而成。其内容以记叙禅宗世系源流为宗旨，更符合禅宗史书的性质；其体例依禅宗五家七宗的派别分卷叙述，源流本末，了如指掌，是研究宋代禅宗史的重要资料。

识版式：

此为南宋宝祐元年刻本；左右文武双边，上下单边；白口或细黑口，单黑鱼尾，上刻字数，中刻书名、卷数、页码，下刻刻工姓名；半页十三行，行二十四字，小字双行同。

识印章：

汪士钟印——汪士钟姓名藏书印。汪士钟（1786—？），长洲（今江苏苏州）人，汪文琛之子，清代著名藏书家。藏书楼名“艺芸书舍”“三十五峰园”等。详见《周易九卷》“汪士钟”条。

阆源真赏——汪士钟字号藏书印。

王定安印——王定安姓名藏书印。王定安（1834—1898），字鼎丞，宜昌府东湖（今湖北宜昌）夷陵区龙泉镇良田畈村王家场人，清代经学家、文学家、史学家、藏书家。藏书楼名“宝宋阁”“宝宋书房”，藏书印有“王定安印”“鼎丞”“夷陵王氏宝宋阁收藏之印”“宝宋书房”等。著有《孟子通》《宗圣志》《曾子家语》《曾文正公事略》《湘军志》《续古文辞类纂》《塞垣集》《空舲文钞》等。

鼎丞——王定安字号藏书印。

夷陵王氏宝宋阁收藏之印——王定安郡望姓氏藏书楼号藏书印。

铁盔头陀——王定安藏书闲章。

祁阳陈澄中藏书记——陈清华郡望姓名藏书印。陈清华（1894—1978），字澄中，祁阳（今湖南祁阳）人，现代著名藏书家。藏书楼名“郇斋”，藏书印有“陈清华"陈清华印""祁阳陈澄中藏书记""陈澄中收藏印""郇斋"等。

郇斋——陈清华藏书楼号藏书印。

识递藏：

从书页所钤藏书印看，是书曾藏于长洲汪士钟"艺芸书舍"；继藏于夷陵王定安"宝宋阁"；继藏于项城袁克文"皕宋书藏"；继藏于祁阳陈清华"郇斋"；一至五卷今藏于国家图书馆，六至十卷今藏于上海吴华安、吴侃文之手。

读教记二十卷

识著述：

释法照（1185—1273），俗姓童，黄岩（今浙江黄岩）人，南宋高僧，曾为天台大慈、黄岩圣水、云间延庆、凤山襃亲、杭州上下天竺诸寺住持，宋理宗赐号佛光法师，谥普通法师，著有《读教记》。《读教记》二十卷，乃释法照解释《法华经》之专门著作。

识版式：

此为宋宝祐四年刻本；左右文武双边，上下单边；白口，单黑鱼尾，中刻卷次、页码；半页九行，行十八字。

识印章：

铁琴铜剑楼——常熟瞿氏藏书楼号藏书印。详见《周易注疏》"铁琴铜剑楼"条。

虞山瞿绍基藏书之印——瞿绍基郡望姓名藏书印。瞿绍基（1772—1836），字厚培，号荫棠，昭文（今江苏常熟）人，清代著名藏书家，铁琴铜剑楼第一代主人。藏书楼名"恬裕斋""敦裕斋""铁琴铜剑楼"，藏书印有"虞山瞿绍基藏书之印""绍基秘笈"等。

子雍金石——瞿镛字号藏书印。瞿镛（1794—1846），字子雍，昭文（今江苏常熟）古里人，清代著名藏书家，铁琴铜剑楼第二代主人。藏书楼名"铁琴铜剑楼"。详见《周易九卷》"瞿镛"条。

良士眼福——瞿启甲字号藏书印。瞿启甲（1873—1940），字良士，别号铁琴道人，昭文（今江苏常熟）人，瞿绍基曾孙，瞿镛之孙，瞿秉清之子，清末民国著名书画家、藏书家，铁琴铜剑楼第四代主人。详见《晦庵先生朱文公易说》"瞿启甲"条。

识递藏：

从书页所钤藏书印看，是书曾藏于常熟瞿氏"铁琴铜剑楼"，经由瞿绍基、瞿镛、瞿秉渊、瞿启甲、瞿济苍祖孙四代递藏；今藏于国家图书馆。

释氏稽古略四卷

识著述：

释觉岸（1286—？），俗姓吴，号宝洲，乌程（浙江吴兴）人，元代高僧，著有《释氏稽古略》。《释氏稽古略》四卷，为释觉岸居乌程宝相寺期间所撰。是书采

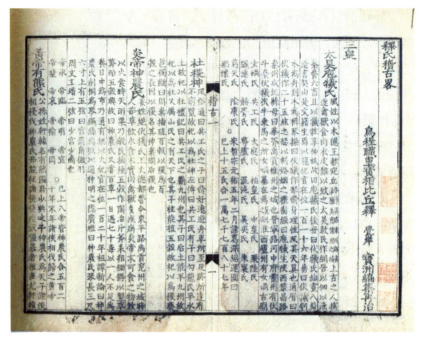

用编年体，备载佛祖及诸高僧之事迹，自佛世以降，凡名师大德之行业出处，以及塔庙之兴废、僧侣之众寡，无不具载，是研究佛学发展史的重要史料。

识版式：

此为元刻本，原缺处有配页；四周双边；白口，双黑鱼尾，中刻书名、卷次；半页九行，行二十八字，小字双行同。

识印章：

无无居士——汪廷讷字号藏书印。汪廷讷（1573—1619），字昌朝，一字无为，自号坐隐先生，又号全一真人，亦称无无居士，休宁（今安徽休宁）海阳镇人，明代诗人、文学家、戏曲家、藏书家。藏书楼名"环翠堂"，藏书印有"无无居士""咬菜根"等。著有《环翠堂坐隐集》《广陵月》《环翠堂乐府》等。

咬菜根——汪廷讷藏书闲章。

徐乃昌读——徐乃昌姓名藏书印。徐乃昌（1866—1946），字积余，号随庵，南陵（今安徽南陵）人，清末民国金石学家、刻书家、藏书家。藏书楼名"积学斋"。详见《说文字原》"徐乃昌"条。

识递藏：

从书页所钤藏书印看，是书曾藏于休宁王廷讷"环翠堂"；继藏于仁和朱学勤"结一庐"；继藏于南陵徐乃昌"积学斋"；今藏于上海图书馆。

子部·道家类

道家类小序

"道"字最早见于甲骨文，本义为道路。《说文解字》云："道，所行道也。从辵首。一达谓之道。"《段注》云："道者，人所行，故亦谓之行。道之引伸为道理，亦为引道。……首者，行所达也。"由道路之义引申为取道、经过，又引申为抽象意义的方法、技艺、规律、学说、道义等意义，也特指道家、道教等。诸子哲学意义上的"道"，指的就是"不生不灭，无形无象，无始无终，无所不包，其大无外，其小无内，过而变之，亘古不变，其始无名，不知谁之子"的万事万物的运行轨迹，亦即事物变化运动的规律。

道家的起源，可追溯至春秋后期，班固认为"盖出于史官"。历史上，老子最先把"道"视为宇宙的本原和普遍规律，从而成为道家的创始人。先秦时代，尚无"道家"这一概念。《庄子·天下》所谓"关尹老聃之学""庄周之学"，《荀子·非十二子》所谓"它嚣魏牟之学"，虽均属道家学术，而有实无名。"道家"一词，最早出现于汉初。司马谈《论六家要旨》第一次以学派的名义将其定名为"道家"，而其所谓"道家"，又分重外王的"黄老"道和重内圣的"老庄"道两途。"道家"的含义，随着时代的推移而有所变化。从《汉书·艺文志》来看，讲阴谋的《太公》也属于道家；至东汉以后，讲神仙方术、长生久视、服饵导引、房中烧炼、符箓斋醮者也被称为道家，显然是混入了许多"道教"的成分。

老庄哲学，以"道"为核心，认为"道"先天地而存在，为万物之本；"道"乃是包括了"无"和"有"的混成之物，是矛盾的统一体；"道"是相互依存、相互对立，又相互转化的、恒动的统一体；主张"无为""贵柔""不争"，反对"有为""刚强""争竞"。老庄思想本是入世的，在其哲学思想的基础上，提出了一张一弛、知雌守雄、刚柔并济等政治、经济、治国、军事等策略，具有朴素的辩证法思想。故《汉书·艺文志·诸子略》谓之："历记成败存亡祸福古今之道，然后知秉要执本，清虚以自守，卑弱以自持，此君人南面之术也。合于尧之克攘，易之嗛嗛，一谦而四益，此其所长也。及放者为之，则欲绝去礼学，兼弃仁义，曰独任清虚可以为治。"显然是注意到了其"君人南面之术"的性质。

目录学史上，子部道家类一直是历代书目相沿不改的常格。在《汉书·艺文志·诸子略》中，"道家"以其"君人南面之术"的性质，位居诸子排行榜的第二位，这一体例一直为《隋书·经籍志》《郡斋读书志》《直斋书录解题》等重要官私目录所沿用。直至纪晓岚编纂《四库全书》时，概因其"清净自持"而不与统治者合作的"外学"性质，其位置才一改旧例而叨陪末座。

今之所选，计有《老子道德经古本集注二卷》《老子鬳斋口义二卷》《新雕洞灵真经五卷》《通玄真经十二卷》《冲虚至德真经八卷》《南华真经十卷》《庄子内篇不分卷》《列仙传二卷续仙传一卷》《抱朴子内篇二十卷外篇五十卷》《龙门子凝道记三卷》十部，识者可借此粗知其梗概。

老子道德经古本集注二卷

识著述：

老子（约前571年—前471年），姓李名耳，字聃，一字伯阳，或曰谥伯阳，春秋末期宋国人，中国古代思想家、哲学家、文学家和史学家，道家学派创始人和主要代表人物，与庄子并称"老庄"，后被道教尊为始祖，称"太上老君"，著有《老子五千言》（又称《道德经》《道德真经》）。《道德经》分为上下两篇，共八十一章，前三十七章为上篇《道经》，第三十八章以下为下篇《德经》。"道"为"德"之体、"德"乃"道"之用是全书的思想结构，其思想核心是朴素的辩证法；政治上主张无为而治、不言之教，权术上讲究物极必反之理，修身方面讲究虚心实腹、不与人争的性命双修。老子思想对中国哲学发展具有深远影响。

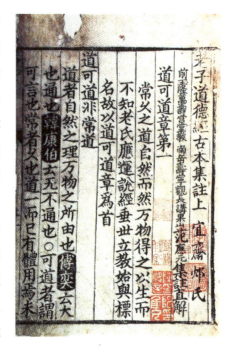

识版式：

此为宋刻本，原缺部分有抄配；左右文武双边，上下单边；白口，单黑鱼尾，上刻字数，中刻页码，下刻刻工姓名；半页十行，行十七字。

识印章：

沈彦忠父——沈彦忠姓名藏书印。沈彦忠（生卒不详），其人无考。

沈氏本藏书印——沈彦忠姓氏藏书印。

虚白室道人——疑为沈彦忠别号藏书印。

汤念舒氏——汤念舒姓名藏书印。汤念舒，字勖义。其人无考。

勖义——汤念舒字号藏书印。

锦帆泾上人家——疑为汤念舒郡望藏书印。

陈汝言印——陈汝言姓名藏书印。陈汝言（生卒不详），字惟允，号秋水，临江清江（今江西樟树）人，移居吴中（今江苏苏州），元末明初画家、诗人、藏书家。藏书楼名"秋水轩"，藏书印有"陈汝言印""陈惟允印"等。著有《秋水轩稿》《秋水集》。

陈惟允印——陈汝言姓氏字号藏书印。

冬涵阅过——李毓恒字号藏书印。李毓恒（1830—1891），字冬涵，号勉斋，济宁（今山东临清）人，清代诗人、目录学家、抄书家、藏书家。藏书楼名"惜阴书屋""磨墨亭"，藏书印有"冬涵""冬涵阅过""李氏藏书"等。辑有《惜阴书屋书目》，著有《勉斋读书记》《惜阴书屋诗集》。

李氏藏书——李毓恒姓氏藏书印。

识递藏：

从书页所钤藏书印及题识看，是书曾藏于明人沈彦忠、汤念舒之手；又藏于吴中陈汝言"秋水轩"；又藏于济宁李毓恒"惜阴书屋"；继藏于完颜景贤"盛意园"；继藏于傅增湘"藏园"；今藏于国家图书馆。有缪荃孙、沈增植、杨守敬、邓邦述、章钰、王闿运跋。

老子道德经古本集注二卷

老子鬳斋口义二卷

识著述：

　　林希逸（1193—1271），字肃翁，号竹溪，又号鬳斋，福清（今福建福清）渔溪镇苏田村人，南宋理学家，著有《老子鬳斋口义》《列子鬳斋口义》。《老子鬳斋口义》二卷，归纳了《老子》长期受到蒙蔽误读的原因，探析了老子著述此书的初心，指出了老子学说与孔孟之道虽有同异而本源于儒家的实质。同时，此书第一次从文学角度解读了《老子》的文学特点。在老子研究史上，《老子鬳斋口义》有着重要地位。

识版式：

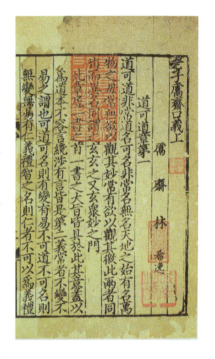

　　此为元刻本；左右双边，上下单边；细黑口，双黑鱼尾；半页十行，行二十一字。

识印章：

　　濮阳李廷相书画记——李廷相郡望姓名藏书印。李廷相（1485—1544），字蒲汀，号梦弼，河南濮州（今山东范县）人，明代藏书家。藏书楼名"双桧堂"，藏书印有"李廷相藏书印""濮阳李廷相书画印""濮阳李廷相双桧堂书画私印""濮阳李廷相家图籍印""濮阳李氏世藏"等。编有《李蒲汀家藏书目》，著有《南铨稿》。

　　孙氏万卷楼印——孙承泽姓氏藏书楼号藏书印。孙承泽（1593—1676），青州府益都（今山东益都）人，世隶顺天府上林苑（今北京大兴），明末清初经学家、文学家、藏书家。藏书楼名"万卷楼""研山斋"等。详见《礼记正义》"孙承泽"条。

　　卧雪庐袁氏藏书——袁芳瑛姓氏藏书楼号藏书印。袁芳瑛（1814—1859），字漱六，号伯彡，湘潭（今湖南长沙）人，清代著名藏书家。藏书楼名"卧雪庐"。详见《左传附注》"袁芳瑛"条。

　　东官莫伯骥所藏经籍印——莫伯骥郡望姓名藏书印。莫伯骥（1877—1958），字天一，广东东莞麻涌向北坊人，近现代著名版本学家、目录学家、藏书家。藏书楼名"五十万卷楼"。详见《尔雅翼》"莫伯骥"条。

　　东官莫氏五十万卷楼劫后珠还之一——莫伯骥郡望姓氏藏书楼号藏书印。

更年审定——秦更年名号藏书印。秦更年（1885—1958），江都（今江苏扬州）人，清末民国间诗人、学者、出版家、书画家、藏书家。藏书楼名"石药簃"等。详见《渚宫旧事》"秦更年"条。

城南草堂——秦更年藏书楼号藏书印。

识递藏：

从书页所钤藏书印及题跋看，是书曾藏于濮州李廷相"双桧堂"；又藏于北平孙承泽"万卷楼"；继藏于长沙袁芳瑛"卧雪庐"；继藏于东莞莫伯骥"五十万卷楼"；继藏于秦更年"城南草堂"；今藏于国家图书馆。有秦更年、袁克文跋。莫氏正解，秦跋有误。

新雕洞灵真经五卷

识著述：

亢仓子（生卒不详），即亢桑子，又名庚桑子，春秋时期陈国人，老子弟子，道教祖师之一，被尊为洞灵真人，道教四大真人之一，著有《亢仓子》。唐玄宗天宝元年（742）诏封庚桑子为洞灵真人，尊《亢仓子》一书为《洞灵真经》。《新雕洞灵真经》五卷，主要解说老子之言，阐发老子思想，继承和发展了老子"道"的学说，唐天宝中尊为道教四子真经之一。

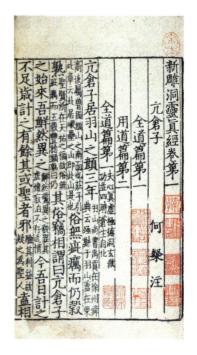

识版式：

此为宋刻本，原缺部分有抄配；四周单边或左右双边；白口，双黑鱼尾；半页十行，行十八至二十字，小字双行不等。

识印章：

季振宜藏书——季振宜姓名藏书印。季振宜（1630—?），字诜兮，号沧苇，泰兴（今江苏泰州靖江）季市镇人，明末清初著名诗人、文献学家、版本学家、校勘学家、藏书家。藏书楼名"静思堂"。详见《尚书注疏》"季振宜"注。

随处体认——季振宜藏书闲章。

徐健庵——徐乾学姓氏字号藏书印。徐乾学（1631—1694），字原一，号健庵，昆山（今江苏昆山）人，清代著名经学家、史学家、文学家、文献学家、藏书家。藏书楼名"传是楼"。详见《周易九卷》"徐乾学"条。

乾学——徐乾学名号藏书印。

汪厚斋藏书——汪文琛名号藏书印。汪文琛（生活于乾嘉间），字厚斋，长洲（今江苏苏州）人，清代布衣藏书家。藏书楼名"三十五峰园"。详见《周易注疏》"汪文琛"条。

宋本——汪文琛藏书版本藏书印。

汪士钟印——汪士钟姓名藏书印。汪士钟（1786—?），长洲（今江苏苏州）人，汪文琛之子，清代著名藏书家。藏书楼名"艺芸书舍""三十五峰园"等。详见《周易九卷》"汪士钟"条。

铁琴铜剑楼——常熟瞿氏藏书楼号藏书印。详见《周易注疏》"铁琴铜剑楼"条。

识递藏：

从书页所钤藏书印看，是书曾藏于泰兴季振宜"静思堂"；继藏于昆山徐乾学"传是楼"；继藏于长洲汪文琛、汪士钟父子"三十五峰园"；继藏于常熟瞿氏"铁琴铜剑楼"；今藏于国家图书馆。

通玄真经十二卷

识著述：

文子（生卒不详），姓辛氏，号计然，葵丘濮上（今河南濮阳）人，春秋战国时期思想家、哲学家、文学家、教育家，与孔子同时，著有《文子》。唐玄宗天宝元年（742）诏封文子为通玄真人，尊《文子》为《通玄真经》，被道教奉为"四子真经"之一。《通玄真经》十二卷，继承并发展了老子"道"的学说，解说老子思想，又杂糅名、法、儒、墨诸家思想，宋濂《诸子辨》称其为《道德经》之义疏。徐灵府（生卒不详），号默希子，钱塘（今浙江杭州）天目山人，唐代道士，著有《通玄真经注》。

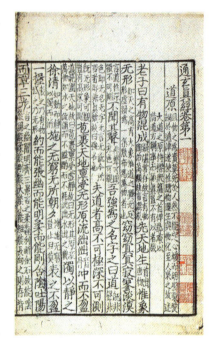

识版式：

此为宋刻本，卷十二配影宋刻本；左右双边，细黑口，半页十二行，行二十二字，小字双行二十五字。

识印章：

汪士钟印——汪士钟姓名藏书印。汪士钟（1786—?），字春霆，号阆源，一号眼源，长洲（今江苏苏州）人，汪文琛之子，清代著名藏书家。藏书楼名"艺芸书舍""三十五峰园"等。详见《周易九卷》"汪士钟"条。

阆源真赏——汪士钟字号藏书印。

铁琴铜剑楼——常熟瞿氏藏书楼号藏书印。详见《周易注疏》"铁琴铜剑楼"条。

识递藏：

从书页所钤藏书印看，是书曾藏于长洲汪士钟"艺芸书舍"；继藏于常熟瞿绍基"铁琴铜剑楼"；今藏于国家图书馆。

冲虚至德真经八卷

识著述：

　　列子（生卒不详），名御寇，战国早期哲学家、思想家、文学家，著有《列子》。《列子》八卷，为列子、列子弟子及其后学所著，后被尊为《冲虚至德真经》，为道家经典著作之一。《列子》的精神内涵，表现了对冲虚自然境界的追求，近于老庄哲学；书中的名言警句及寓言故事，均体现了道家对精神自由的神往；而其宏阔的视野、精当的议论和优美的文笔，又使人领略了子学著述隽秀、凝炼而警拔的散文之美。张湛（生卒不详），字处度，高平（今山东金乡西北）人，东晋学者、玄学家、养生学家，著有《列子注》。《列子注》援引"无常"学说，对佛教的抽象思辨方法和深邃哲理进行了吸收和转化，借佛教思想阐发了本体"有""无"的玄学理论。

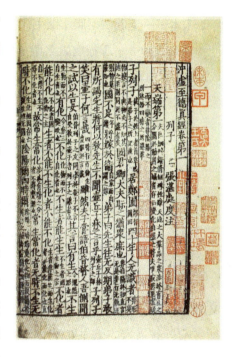

识版式：

　　此为宋刻宋元递修本，原缺页配毛抄本；左右双边，上下单边；白口，单黑鱼尾；半页十四行，行二十五至二十六字，小字双行三十至三十一字。

识印章：

　　刘绩孟熙——刘绩姓名字号藏书印。刘绩（生卒不详），字孟熙，祖籍洛阳，山阴（今浙江绍兴）人，人称西江先生，明中叶诗人、文学家、藏书家。藏书楼名"西江草堂"，藏书印有"刘绩孟熙"等。著有《霏雪录》《崇阳集》《诗律》。

　　竹坞——文徵明藏书楼号藏书印。文徵明（1470—1559），长洲（今江苏苏州）人，明代著名画家、书法家、文学家、藏书家。藏书楼名"玉兰堂""梅花书屋""梅溪精舍"等。详见《周易》"文徵明"条。

　　玉兰堂——文徵明藏书楼号藏书印。

　　王履吉印——王宠姓氏字号藏书印。王宠（1494—1533），字履吉，号雅宜山人，吴县（江苏苏州）人，明代著名诗人、书法家、藏书家。藏书楼名"辛夷馆""铁砚斋"等。详见《故唐律疏议》"王宠"条。

古吴王氏——王宠郡望姓氏藏书印。

辛夷馆印——王宠藏书楼号藏书印。

毛晋——毛晋姓名藏书印。毛晋（1599—1659），常熟（今江苏常熟）人，明末著名经学家、文学家、刻书家、藏书家。藏书楼名"汲古阁"。详见《周易九卷》"毛晋"条。

甲——毛晋藏书等级藏书印。

宋本——毛晋藏书版本藏书印。

季振宜印——季振宜姓名藏书印。季振宜（1630—？），字诜兮，号沧苇，泰兴（今江苏泰州靖江）季市镇人，明末清初著名诗人、文献学家、版本学家、校勘学家、藏书家。藏书楼名"静思堂"。详见《尚书注疏》"季振宜"条。

沧苇——季振宜字号藏书印。

琴乐——疑为季振宜藏书闲章。

徐健庵——徐乾学姓氏字号藏书印。徐乾学（1631—1694），字原一，号健庵，昆山（今江苏昆山）人，清代著名经学家、史学家、文学家、文献学家、藏书家。藏书楼名"传是楼"。详见《周易九卷》"徐乾学"条。

乾学——徐乾学名号藏书印。

黄丕烈印——黄丕烈姓名藏书印。黄丕烈（1763—1825），字绍武，号荛圃，又号复翁等，平江（今江苏苏州）人，清代著名校勘学家、版本学家、目录学家、刻书家、藏书家。藏书楼名"士礼居""百宋一廛"等。详见《四书通》"黄丕烈"条。

复翁——黄丕烈字号藏书印。

百宋一廛——黄丕烈藏书楼号藏书印。

汪士钟印——汪士钟姓名藏书印。汪士钟（1786—？），长洲（今江苏苏州）人，汪文琛之子，清代著名藏书家。藏书楼名"艺芸书舍""三十五峰园"等。详见《周易九卷》"汪士钟"条。

阆源真赏——汪士钟字号藏书印。

铁琴铜剑楼——常熟瞿氏藏书楼号藏书印。详见《周易注疏》"铁琴铜剑楼"条。

虞山瞿绍基藏书之印——瞿绍基郡望姓名藏书印。瞿绍基（1772—1836），字厚培，号荫棠，昭文（今江苏常熟）人，清代著名藏书家，为铁琴铜剑楼第一代主人。藏书楼名"恬裕斋""敦裕斋""铁琴铜剑楼"，藏书印有"虞山瞿绍基藏书之印""绍基秘笈"等。

菰里瞿镛——瞿镛郡望姓名藏书印。瞿镛（1794—1846），字子雍，昭文（今江苏常熟）古里人，清代著名藏书家，铁琴铜剑楼第二代主人。藏书楼名"铁琴铜剑楼"。详见《周易九卷》"瞿镛"条。

瞿启甲——瞿启甲姓名藏书印。瞿启甲（1873—1940），字良士，别号铁琴道人，昭文（今江苏常熟）人，瞿绍基曾孙，瞿镛之孙，瞿秉清之子，清末民国著名书画家、藏书家，铁琴铜剑楼第四代主人。详见《晦庵先生朱文公易说》"瞿启甲"条。

良士——瞿启甲字号藏书印。

绥珊经眼——王体仁字号阅书印。王体仁（1873—1938），字绥珊，晚号九峰旧庐主人，钱塘（今浙江杭州）人，民国著名藏书家。藏书楼名"九峰旧庐"，藏书印有"王体仁印""绥珊经眼""杭州王氏九峰旧庐书画"等。编有《九峰旧庐方志目录》。详见《周易注疏》"王体仁"条。

足庭——疑为王体仁藏书印。

识递藏：

从书页所钤藏书印及题跋看，是书曾藏于明代山阴刘绩"西江草堂"；继藏于长洲文徵明"玉兰堂"；继藏于吴县王宠"辛夷馆"；又藏于常熟毛晋"汲古阁"；继藏于泰兴季振宜"静思堂"；继藏于昆山徐乾学"传是楼"；继藏于苏州黄丕烈"百宋一廛"；继藏于长洲汪士钟"艺芸书舍"；继藏于常熟瞿氏"铁琴铜剑楼"，由瞿绍基、瞿镛、瞿秉渊、瞿启甲祖孙四代递藏，钱塘王体仁、叶昌炽曾从瞿启甲手中借观影写录副；今藏于国家图书馆。有黄丕烈、汪骏昌、叶昌炽跋。

南华真经十卷

识著述：

庄子（约前369—前286），名周，字子休（一作子沐），宋之蒙（今安徽蒙城/河南商丘/山东东平）人，战国中期思想家、哲学家、文学家，道家学说的主要创始人，著有《庄子》。唐玄宗天宝元年（742），诏封庄周为南华真人，尊称《庄子》为《南华真经》。《庄子》三十三篇，分内篇七篇、外篇十五篇、杂篇十一篇。一般认为，内篇为庄子所作，外篇和杂篇为其门人及后学所作。庄子与道家始祖老子并称为"老庄"，其哲学体系被学术界尊为"老庄哲学"。《庄子》文章想象葱茏，语言汪洋恣肆，仪态万方，以生动形象的语言阐释微妙难言的哲理，极富文学色彩，故被人称之为"文学的哲学，哲学的文学"，"先秦诸子之作，莫能先也"。

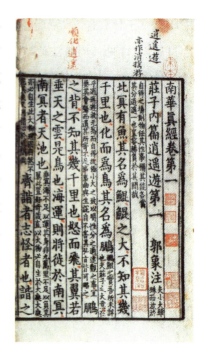

识版式：

此为宋刻本；左右文武双边，上下单边；白口，单黑鱼尾，中刻书名、卷次、页码，下刻刻工姓名；半页十行，行十五字，小字双行三十字。

识印章：

汪士钟印——汪士钟姓名藏书印。汪士钟（1786—？），字春霆，号阆源，一号眼源，长洲（今江苏苏州）人，汪文琛之子，清代著名藏书家。藏书楼名"艺芸书舍""三十五峰园"等。详见《周易九卷》"汪士钟"条。

三十五峰园主人——汪士钟藏书楼号藏书印。

宋本——汪士钟版本藏书印。

杨以增印——杨以增姓名藏书印。杨以增（1787—1855），字益之，一字至堂，晚号冬樵，聊城（今山东聊城）东昌府区人，清代著名藏书家。藏书楼名"海源阁"。详见《韩鲁齐三家诗考》"杨以增"条。

至堂——杨以增字号藏书印。

杨绍和——杨绍和姓名藏书印。杨绍和（1830—1875），聊城（今山东聊城）东昌府区人，杨以增次子，海源阁第二代主人，清代著名目录学家、藏书家。藏书楼名"海源阁"，详见《韩鲁齐三家诗考》"杨绍和"条。

周暹——周叔弢姓名藏书印。周叔弢（1891—1984），原名暹，字叔弢，以字行，建德（今安徽东至县）人，现代著名政治家、实业家、收藏家、藏书家。藏书楼名"寒在堂"等。详见《周礼》"周暹"条。

识递藏：

从书页所钤藏书印看，是书曾藏于长洲汪士钟"三十五峰园"；继藏于聊城杨氏"海源阁"，由杨以增、杨绍和父子递藏；继藏于建德周叔弢"双南华馆"；今藏于国家图书馆。

庄子内篇不分卷

识著述：

庄子小传见《南华真经》"识著述"，兹从略。《庄子·内篇》包括《逍遥游》《齐物论》《养生主》《人间世》《德充符》《大宗师》《应帝王》七篇，一般认为为庄子自著，体现了庄子的主要哲学思想，展示了庄子高超的文学成就。

识版式：

此为明抄本；四周双边；红格，白口；半页十二行，行二十字。

识印章：

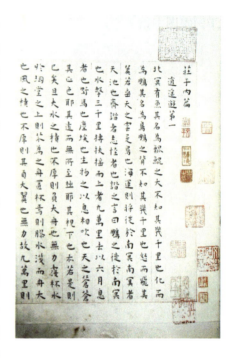

王履吉印——王宠姓氏字号藏书印。王宠（1494—1533），字履吉，号雅宜山人，吴县（江苏苏州）人，明代著名诗人、书法家、藏书家。藏书楼名"辛夷馆""铁砚斋"等。详见《故唐律疏议》"王宠"条。

楞伽居士——王宠别号藏书印。

曰藻——缪曰藻名号藏书印。缪曰藻（1682—1761），字文子，号南有居士，吴县（今江苏苏州）人，清初藏书家。藏书楼名"缪晋斋""敬竹斋"，藏书印有"缪曰藻印""曰藻""曰藻珍玩""文子"等。著有《文经要语》《寓意录》《敬朱斋笔记》。

文子——缪曰藻字号藏书印。

恩复之印——秦恩复名号藏书印。秦恩复（1761—1844），字近光，号敦夫，一号澹生，晚自号狷翁，江都（今江苏扬州江都区）人，清代文学家、词人、文字学家、目录学家、校勘学家、藏书家。藏书楼名"石研斋"。详见《古今韵会举要》"秦恩复"条。

小淮海——秦恩复藏书闲章。

阮氏琅嬛仙馆收藏印——阮元姓氏藏书楼号藏书印。阮元（1764—1849），字伯元，号芸台、擘经老人等，仪征（今江苏仪征）人，清代经学家、训诂学家、金石学家、藏书家。藏书楼名"文选楼""石墨书楼""琅嬛仙馆""擘经室"等。详见《资治通鉴释文》"阮元"条。

扬州阮氏琅嬛仙馆藏书印——阮元郡望姓氏藏书楼号藏书印。

李在铣印——李在铣姓名藏书印。李在铣（1818—1909），名候，字芝陔，一字子皆，号芷陔，又号六亩道人，涿鹿（今河北涿鹿）人，清末著名收藏家。藏书印有"李在铣印""芷陔""芷陔审定""芝陔""子皆""壶公心赏""澄野""涿鹿李氏珍藏"等。

芝陔——李在铣字号藏书印。

宝熙长寿——爱新觉罗·宝熙名号藏书印。爱新觉罗·宝熙（1871—1942），字瑞臣，号沈盦，宛平（今北京）人，隶属满洲正蓝旗，清末民国著名书法家、收藏家。藏书楼名"独醒庵"，藏书印有"宝熙长寿""沈盦平生珍赏""沈盦校藏精抄善本印""豫通王九世孙"等。

沈盦校藏精钞善本印——爱新觉罗·宝熙字号藏书等级藏书印。

识递藏：

从书页所钤藏书印看，是书曾藏于吴县王宠"辛夷馆"；又藏于吴县缪曰藻"缪晋斋"；又藏于江都秦恩复"石研斋"；继藏于仪征阮元"琅嬛仙馆"；继藏于涿州李在铣之手；继藏于宛平爱新觉罗·宝熙"独醒庵"；今藏于中国社会科学院文学研究所图书馆。

列仙传二卷续仙传一卷

识著述：

刘向（前77—前6），原名更生，字子政，沛郡丰邑（今江苏徐州）人，汉代文学家、中国目录学鼻祖，编订有《楚辞》《山海经》，著有《别录》《列女传》《列仙传》等。《列仙传》二卷，是我国第一部系统叙述神仙的传记作品，主要记述了上古及三代、秦、汉之间七十多位神仙的重要事迹及成仙过程，所述之事多与长生、变化方术相关。《列仙传》开创了神仙传记的先河，建构了一个较完整的神仙谱系，在开创仙人题材小说、形成富有意义的文学母题、神话创作思维和仙道思想等方面，对后世产生了深远的影响。文章古雅简洁，叙事细致生动，具有较高的文学价值。沈汾（生卒不详），五代南唐杨吴人，著有《续仙传》。《续仙传》一卷，

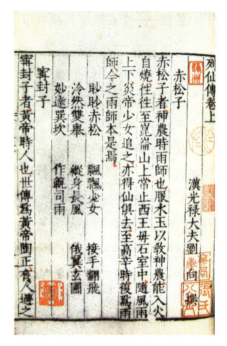

载以张志和为首之飞升者十六人，以孙思邈为首之隐化者十二人，以司马承祯为首之隐化者八人，计三十六人。此书旨在以此资学道者之谈柄，"用显真仙"。其中既有虚构的神仙，也有被道教吸收而神仙化纳入神谱的历史人物，对研究唐代通俗小说有旁资借鉴之用。

识版式：

此为明嘉靖三十二年黄鲁曾刻汉唐三传本；左右双边，上下单边；白口，单白鱼尾，中刻卷次、页码；半页十二行，行二十字。

识印章：

张氏公玉——张公玉姓名藏书印。张公玉（生活于弘治年间），福州连江（今福建连江）人，明代藏书家。藏书楼名"无局轩"，藏书印有"张氏公玉""无局轩"等。

无局轩——张公玉藏书楼号藏书印。

赵宗建印——赵宗建姓名藏书印。赵宗建（1824—1900），字次侯，又字次公，号非昔居士，常熟（今江苏常熟）人，清末著名诗人、藏书家。藏书楼名"旧山楼"。详见《汉隶分韵》"赵宗建"条。

旧山楼——赵宗建藏书楼号藏书印。

江左——赵宗建藏书闲章。

莲洲——从篆刻风格和印泥色泽看，此印与"赵宗建印"一致，当为赵宗建藏书印。

识递藏：

从书页所钤藏书印看，是书曾藏于连江张公玉"无局轩"；又藏于常熟赵宗建"旧山楼"；今藏于甘肃省图书馆。

抱朴子内篇二十卷外篇五十卷

识著述：

葛洪（283—363），字稚川，自号抱朴子，丹阳郡句容（今江苏句容）人，东晋著名道教理论家、炼丹家、医药学家，世称小仙翁，著有《抱朴子》《玉函方》《肘后备急方》等。《抱朴子》内外篇七十卷，内篇二十卷，论述神仙方药、养生延年、禳邪却祸之事，总结晋代以前的神仙方术，包含守一、行气、导引等，为医药学积累了宝贵的资料；外篇五十卷，论述人间得失，世事臧否，阐明其社会政治观点。《抱朴子》的问世，对道教的发展产生了深远影响，它将神仙道教理论与儒家纲常名教相结合，开辟了融合儒、道两家哲学思想体系之先河；同时继承和发展了东汉以来的炼丹法术，对后世道教炼丹术的发展具有很大影响，为研究中国炼丹史以及古代化学史提供了宝贵史料。

识版式：

此为明抄本；左右双边，上下单边；蓝格，白口，中书篇次、页码；半页十一行，行十七字。

识印章：

文伯仁——文伯仁姓名藏书印。文伯仁（1502—1575），字德承，号五峰、摄山长、葆生、摄山老农、五峰山人、五峰樵客，长洲（今江苏苏州）人，文徵明犹子，明代诗人、画家。藏书印有"文伯仁印""文伯仁""伯仁""德承""五峰""五峰山人""画隐"等。

顾玉霖印——顾玉霖姓名藏书印。顾玉霖（1760—1805），一名玉霖，字柱国、稚圭，号容堂、容堂居士，别号易农居士，镇洋（今江苏太仓）人，清代诗人、文学家、书画家、藏书家。藏书楼名"五是堂"，藏书印有"顾玉霖印""容堂"等。著有《五是堂文集》《汉魏六朝诗话》。

陆沆字冰篁——陆沆姓名字号藏书印。陆沆（生活于嘉道间），字冰篁，号靖伯，吴门（今江苏苏州）洗马巷延绿舫人，清代诗人、藏书家。藏书楼名"蔺香草堂""湖西草堂"，藏书印有"陆沆字冰篁""靖伯氏"等。著有《月满楼诗文集》《金石考异》。详见《宋史》"陆沆"条。

陆僎字树兰——陆僎姓名字号藏书印。陆僎（生活于嘉道间），字树兰，号观潜，吴门（今江苏苏州）洗马巷延绿舫人，陆沆之子，清代诗人、藏书家。藏书楼名"枕湖思树斋"，藏书印有"吴门陆僎字树兰之印""陆观潜印""枕湖思树斋藏""橘孝石廉之裔"等。详见《宋史》"陆僎"条。

识递藏：

从书页所钤藏书印看，是书曾藏于长洲文伯仁之手；又藏于镇洋顾王霖"五是堂"；继藏于吴门陆沆"月满楼"，由其子陆僎递藏于"枕湖思树斋"；今藏于四川省图书馆。有陆僎跋。

龙门子凝道记三卷

识著述：

宋濂（1310—1381），初名寿，字景濂，号潜溪，别号龙门子、玄真子等，祖籍金华潜溪（今浙江义乌），后迁居金华浦江（今浙江浦江），元末明初著名政治家、思想家、经学家、文学家、史学家、藏书家，与高启、刘基并称为"明初诗文三大家"，又与章溢、刘基、叶琛并称为"浙东四先生"，被明太祖朱元璋誉为"开国文臣之首"，著有《周礼集说》《孝经新说》《诸子辩》《龙门子凝道记》《宋学士全集》等。《龙门子凝道记》二卷，为元至正间宋濂隐居小龙门山时所著之学术著作，计有四符、八枢、十二微，共二十四篇，盖为道家者言。

识版式：

此为明成化十年周寅刻本；四周双边；粗黑口，双黑鱼尾，中刻书名、卷次；半页十二行，行二十一字。

识印章：

正青——林正青名号藏书印。林正青（1668—？），字洙云，号苍岩，侯官（今福建福州）人，著名学者、书法家、藏书家林佶之子，清代文学家、诗人、诗歌理论家、藏书家。藏书楼名"朴学斋"，藏书印有"正青之印""正青""林氏洙云""洙云"等。著有《榕城旧闻》《榕海诗话》《小海场志》《瓣香堂集》等。

洙云——林正青字号藏书印。

郑杰之印——郑杰姓名藏书印。郑杰（1750—1800），一名人杰，字昌英、亦齐，自号注韩居士，侯官（今福建福州）人，清代学者、诗人、史学家、藏书家。藏书楼名"注韩居"。详见《博雅》"郑杰"条。

识递藏：

从书页所钤藏书印看，是书曾藏于侯官林正青"朴学斋"；又藏于侯官郑杰"注韩居"；今藏于福建省图书馆。有林正青、郑杰跋。

集　部

集部总序

"集"的古字像鸟落枝头，其繁体作"鸒"，本义指树上聚集了许多鸟，引申为会聚、汇合，故集部有汇集众作之意。

集部为中国传统目录学四部分类法之一种，主要收录历代作家的诗歌、散文、骈文、文学评论和词、曲等古代文学类著作。而历代书目集部的分类，也有一个渐趋完善的过程。班固《汉书·艺文志》首列"诗赋略"，其下分为"屈原赋之属""陆贾赋之属""荀卿赋之属""杂赋""歌诗"五个子目，实际上就是赋、诗、文三类文体；荀勖《中经新簿·丁部》纪"诗赋""图赞""汲冢书"三类，分类比较杂乱；《隋书·经籍志》除确立了"集部"之名、将其分为"总集""别集"外，还于"集部"较集中地著录了前代各类文学文献，此后，"集部"就成了古代文学目录的基本形式，这是《隋书·经籍志》对古代文学目录学的重要贡献；北宋晁公武《郡斋读书志·集部》分为"楚辞类""别集类""总集类""文说类"，始为文论类争得了一席之地；赵希弁《读书附志》去"文说类"，又混入"语录类""法帖类"，体例混乱；南宋陈振孙《直斋书录解题·集部》分为"楚辞类""总集类""别集类""诗集类""歌词类""章奏类""文史类"，前三类以体式分，后四类以体裁分，标准不一，分类混乱；《四库全书总目·集部》吸收了《隋书·经籍志》《郡斋读书志》的成果，改"文说"为"诗文评"，又新增了宋元始出的"词曲"，分为"楚辞类""别集类""总集类""诗文评类""词曲类"五个子目，又将"词曲类"分为"词集""词选""词话""词谱词韵""南北曲"五属，由此确立了古籍"集部"的分类体系。除章回小说、戏剧著作外，《总目·集部》所分门类基本涵盖了历史上出现过的各种文学类图籍。

中国古代文学是世界文学史上最悠久、最优秀的文学之一，经过长达数千年的积淀，创造了为世人瞩目的辉煌成就。"一代有一代之所胜"（焦循《笔乘》），楚骚、汉赋、六朝骈语、唐诗、宋词、元曲、明清小说，无一不是中国文学壮丽画卷中最为光彩夺目的扛鼎之作，光射牛斗，彪炳千秋。概而言之，中国古代文学的文学成就主要体现在诗歌（诗、词、曲）、散文、叙事文学（戏曲、小说）三大领域。先秦史前时期（即传说时代），产生了人类童年的上古歌谣和上古神话。夏、商、周三代，出现了以《诗经》《楚辞》为代表的韵文学诗歌，以《左传》《国语》《战国策》为代表的历史散文，以《孟子》《庄子》《荀子》《韩非子》为代表的诸子散文；秦汉时期，出现了以贾谊、晁错、桓宽、王符、王充为代表的政论文作家，以司马迁、班固、袁康、赵晔、荀悦为代表的历史散文作家，以枚乘、司马相如、扬雄、班固、张衡为代表的汉代辞赋作家，以汉乐府民歌和《古诗十九首》为代表的诗歌创作。魏晋南北朝时期，文体渐备，成就非凡。诗歌领域出现了以三曹父子、建安七子和女诗人蔡琰为代表的建安诗人，以阮籍、嵇康为代表的正始诗人，以三张二陆两潘一左为代表的太康诗人，以谢灵运、谢朓、沈约为代表的永明诗人和山水诗人，以刘琨、鲍照为代表的豪情诗人，以王羲之、孙绰、许询为代表的玄言诗人，以二徐二庾为代表的宫体诗人，而最为著名的则是开辟了田园诗领域的伟大诗人陶渊明；辞赋领域出现了以王粲、曹植、阮籍为代表的抒情小赋作家和以左思、潘岳、庾信为代表的大赋作家；散文领域出现了以谢灵运、颜延之、鲍照、江淹、丘迟、陶弘景为代表的骈文作家和以陈寿、范晔为代表的史传文学作家，还出现了以山水为观照对象的郦道元的《水经注》和杨衒之的《洛阳伽蓝记》；文论领域产生了曹丕的《典论·论文》、挚虞的《文章流别论》、钟嵘的《诗品》和刘勰的《文心雕龙》等；小说领域产生了以《世说新语》为代表的志人小说和以《搜神记》为代表的志怪小说。唐代文坛，人才鼎沸，俊采星驰。诗歌领域诞生了李白、杜甫、白居易、王维、孟浩然、高适、岑参、刘长卿、刘禹锡、韩愈、李贺、李商隐等二百多位著名的大诗人，创作诗歌五万多首，创制了古风、律诗、绝句等诗体，形成了山水田园诗、边塞诗、新乐府诗等诗派，使唐代迈入了中国诗歌的黄金时代；散文领域，中唐时期兴起的古文运动席卷大地，出现了以韩愈、柳宗元为代表的散文作家；而作为中国古典小说的萌芽，传奇小说于唐代中后期也登上了文坛，出现了《莺莺传》《枕中记》《虬髯客传》等一大批优秀的传奇作品。两宋文坛，百花齐放，群星灿烂。词坛领域，来自民间的"曲子词"经几代文人的加工改造，至宋一跃而成为宋代文学的代表样式。词人们一改过去表现儿女情长的老路，引边塞、家国、乱离、登临、怀古等内容入词，开拓了词的境界。又经张炎、柳永、苏轼、周邦彦等的努力，在词牌、词调上进行了大胆的革新改造，变小令而为更适于情感表达的慢词和长调。而鉴于个人经历、气习的不同，两宋词坛出现了婉约和豪放两大词派，涌现出范仲淹、欧阳修、晏殊、张炎、柳永、苏轼、秦观、辛弃疾、姜夔、周邦彦、周必大、张孝祥、李清照等著名大词人；两宋诗坛，风采依然，产生了苏轼、黄庭坚、杨万里、范成大、陆游等大诗人；宋代散文异常发达，唐宋八大家中的欧阳修、王安石、苏洵、苏轼、苏辙、曾巩六家均出现在宋代。宋代还出现了诸宫调和话本，为元杂剧和明清小说的繁荣做好了准备。元代文学以元曲擅场，而广义的元曲包括戏曲形式的杂剧和诗歌形式的散曲。元杂剧分为前期的北杂剧和后期的南杂剧，出现了以关、马、郑、白（一作关、马、郑、王）为代表的众多著名杂剧大家，诞生了《窦娥冤》《汉宫秋》《西厢记》《梧桐雨》《墙头马上》等著名剧作。散曲作家更是数不胜数，涌现出了关汉卿、马致远、张养浩、张可久、乔吉、贯云石等一大批名家，创作了两万多首散曲作品；小说在元代也进入了初创阶段，《三国演义》的作者罗贯中即为元末人。明清时期，诗文、小说、戏剧无所不有，各种文体均臻成熟，尤其是叙事文学小说进入了黄金期。小说题材如神魔、武打、战争、历史、言情、黑幕等无所不有，产生了以《三国演义》《水浒传》《西游记》

《红楼梦》《金瓶梅》《儒林外史》《聊斋志异》等为代表的大量优秀作品；明清诗坛，流派纷呈，公安、竟陵、同光、性灵、肌理等诗文流派，纷纷粉墨登场，各呈异彩，进入了总结期。纵观整部中国文学史，集部之作可谓浩如烟海，蔚为大观。而这些珍贵的文学遗产，除被视为"下里巴人"之作的戏曲和小说外，均保存于集部目录之中。

作为文学的渊薮，集部具有其他部类典籍不可替代的功能。而旧时代的目录学家往往站在封建正统文人的立场上，将其视为"附赘悬疣"。如晁公武《郡斋读书志》在著录"集部"书籍时，虽也肯定了那些"格言伟论"有"扶持世教"的作用，但仍认为其绝大多数乃是"徒为美观""无益于用"的"虚辞滥说"，因其"贱而无用"，故其传不广、散落众多，勉强收入目录也只合权作"自警""无用之用"的反面教材；又如纪昀《四库全书总目·集部总叙》认为，"论文"虽也分门户，而"论文"之争，只是笔舌相攻，"未有乱及国事者，所争者名誉而已，与朝廷无预"，故而危害不大，也就是说，集部文学类的书籍与国计民生关系不大。以上这些观点显然是偏狭的。自古以来，有识之士均充分认识到了文学在文治教化、经理国家、抒情写志、泄导人情等方面的重要作用。曹丕《典论·论文》称："盖文章，经国之大业，不朽之盛事。年寿有时而尽，荣乐止乎其身，二者必至之常期，未若文章之无穷。是以古之作者，寄身于翰墨，见意于篇籍，不假良史之辞，不托飞驰之势，而声名自传于后。"曹丕秉承古人"立言"的传统，将其提升到了"经国大业"的致用高度；桓范《世要论·序作》亦称："夫著作书论者，乃欲阐弘大道，述明圣教，推演事义，尽极情类，记是贬非，以为法式……唯篇论倜傥之人为不朽耳！夫奋名于百代之前，而流誉于千载之后，以其览之者有益，闻之者有觉故也。"充分认识到了文学"阐弘大道，述明圣教，推演事义，尽极情类，记是贬非"的"文以载道"的内涵，肯定了其览者有益、闻者有觉的社会价值。柳冕《与徐给事论文书》亦云："文章本于教化，形于治乱，系于国风。故在君子之心为志，形君子之言为文，论君子之道为教。"全面指出了文学抒情言志、治乱教化的功能。韩愈则进一步指出："君子居其位，则思死其官；位未得，则思修其辞以明其道。"提出了修辞明道的观点。毋庸赘言，中国古代文学之所以如此发达，正是由于"诗言志""文以载道""文以明道"学说世代相继的缘故。

作为一种语言艺术，文学是通过文学语言和文学形象潜移默化地感染读者的，其功用非其他形式的说教所能敌。除审美价值外，中国古代文学也有着它突出的认知功能，是中国传统文化最重要、最具活力的一部分，深刻而生动地体现了中国文化的基本精神和中华民族的文化心理特征，是传统文化中最容易为现代人所理解和接受的一种形态，是沟通现代人与传统文化的最直接的桥梁。

今集部分类，悉依《四库全书总目·集部》之例，以见集部之大端。

集部·楚辞类

楚辞类小序

楚辞是战国时代以屈原、宋玉为代表的楚国文人开创的一种新诗体，因其产生于楚地，具有浓郁的地域色彩，故谓之楚辞。

楚辞产生之初只称"辞"或"词"或"诗"，专指屈原、宋玉的创作；"楚辞"之名最早出现于《史记·酷吏列传》称朱买臣等"善为楚辞"，亦专指屈、宋等人的作品；西汉成帝时，刘向、刘歆父子为朝廷校理国家藏书，把屈原、宋玉的作品合为一集，又收入了汉初贾谊、淮南小山、东方朔、严忌、王褒等人的拟作，统题为《楚辞》；东汉王逸为之作了"章句"，于是"楚辞"既成为一种诗体的名称，又成为一本书的名字。

汉人"辞""赋"通称（《汉书·艺文志》分列屈原赋和宋玉赋，未列《楚辞》），不加分别，后世相沿，遂有"屈赋""骚赋""楚赋"之称。后世言"赋"言"骚"，称谓相当混乱。其实这些说法并不科学，二者虽有密切的联系，但并非一类。楚辞是战国时代产生于楚地的新诗体，汉赋则是兴盛于汉代的有韵散文。从体式上讲，楚辞依"兮"而咏，语句参差错落，长短不拘。汉赋则很少虚字，句式铺排俳偶，比较整齐；从性质上讲，楚辞尚神理，汉赋尚事实。楚辞以抒情、议论、描绘为主，主观抒发的意味较浓。汉赋则以客观的咏物、摹画、夸饰为主，缺乏主观情感的抒发。《史记·屈原列传》称宋玉、唐勒、景差等人"皆好辞而以赋见称"，将"辞""赋"二事并举，是为显证。

楚辞又简称"骚"，《文心雕龙》文体论专列《辨骚》一篇，而早于此的《文选》不将其著录于"赋类"而专列"骚类"，是早有"骚"名之显证，后世遂又将其与《诗经》并称"风骚"。其实，"离骚"二字并不可割裂。《史记·屈原列传》云："屈平疾王听之不聪也，谗谄之蔽明也，邪曲之害公也，方正之不容也，故忧愁幽思而作《离骚》。离骚者，犹离忧也。"其所以如此，不过是后人特举其最著之《离骚》为此种文体的代称，只是一种约定俗成的叫法而已。

汉人崇尚儒家经术，而西汉初年的帝王又多爱尚楚辞，故王逸注《楚辞》，受经学的影响，乃以《离骚》为"经"，以《九歌》以下诸作为"传"。这一传统，至宋洪兴祖《楚辞补注》近千年间相沿不改，至朱熹《楚辞集注》则又流衍为"离骚经""离骚传""续离骚"，故纪昀《四库全书总目·集部·楚辞类叙》以为"《九歌》以下，均袭《骚》名，则非事实"，诚为卓见。

先秦之书，今之视为文学者，《诗经》《尚书》《左传》等皆以经的身份升至经部，《战国策》《国语》等又皆以史的身份归入史部，《孟子》《庄子》等亦皆以哲学的身份归入子部，故而文学类的集部之书，当以《楚辞》为最古。刘向汇集屈原、宋玉的楚辞作品，又附录了几位汉代人的拟作，编为一集且定名为《楚辞》，故《楚辞》实为集部之祖。至于别集、总集、诗文评、词曲集的出现，时间上又皆晚于《楚辞》。若按照楚辞类、别集类和总集类的划分标准衡量，屈原、宋玉的楚辞作品堪为以上各类之祖。所以，楚辞为中国文学之元典，乃是不争的事实。然而，楚辞何以单列而别为一门呢？纪昀《四库全书总目·集部·楚辞类叙》称："盖汉、魏以下，赋体既变，无全集皆作此体者。他集不与《楚辞》类，《楚辞》亦不与他集类，体例既异，理不得不分著也。"意谓楚辞诗体的独自性，乃是其单列且居于集部之首的主要原因。

目录学史上，楚辞类的定型也经历了一段漫长的发展历史。先秦学术史著作如《庄子·天下》《荀子·非十二子》《淮南子·要略训》等，均没有关于楚辞甚或文学类的记载。班固《汉书·艺文志》"诗赋略"始著录了"屈原赋二十五篇""宋玉赋十六篇"以及其他诸家赋二十家三百六十一篇，其中楚辞作品也只有屈、宋二人的二十余篇，并没有单列"楚辞类"；《隋书·经籍志·集部》始以"楚辞"别为一门且置于卷首，著录了楚辞类书籍十部，开目录书单列"楚辞类"之先河；晁公武《郡斋读书志·集部》、陈振孙《直斋书录解题·集部》、纪昀《四库全书总目·集部》等后世重要官私目录皆谨遵《隋志》先例，以"楚辞类"为集部第一，已成定制。

历代书目所著录之"楚辞类"著述，皆以注释、音释为主。从王逸《楚辞章句》到洪兴祖《楚辞补注》再到朱熹《楚辞集注》再到蒋骥《山带阁注楚辞》，率皆因文训释，互相补充；至明末清初，始异说纷起，而学界颇不为然。平心而论，明清诸家不遵故习，往往从心理学和文学等角度解读楚辞，或有值得借鉴之处。

在此，顺便谈谈历代书目著录的后人拟作和续作。自汉代刘向、刘歆父子编订《楚辞》始，便掺入了贾谊、淮南小山、东方朔、严忌、王褒、刘向等人的拟作，王逸《楚辞章句》又加入了自己的一篇；作为书目，《隋书·经籍志》"楚辞类"著录了杨穆的《楚辞·九悼》，《宋史·艺文志》《郡斋读书志》《直斋书录解题》皆著录了晁补之的《续楚辞》《变离骚》，《直斋书录解题》还著录了周紫芝的《楚辞赘说》、朱熹的《楚辞辩证》《楚辞后语》、黄伯思的《翼骚》《洛阳九咏》，《四库全书总目》著录了朱熹《楚辞辩证》《楚辞后语》等，均为续骚之作。这些怵惕作态的续作，因与屈宋的创作时代背景不同，情感难免造作，毫无艺术价值，实有狗尾续貂之嫌，在流传过程中不被人看重，也在情理之中。

今所选录，计有《楚辞二卷》《楚辞章句十七卷疑字直音补一卷》《离骚草木疏四卷》《离骚集传一卷》《楚辞集注八卷辩证二卷后语六卷反离骚一卷》《楚骚五卷附录一卷》六部，皆世间稀有之本，借此以见递藏之精审云。

◇ 楚辞二卷

识著述：

屈原（前340—前278），名平，字原，楚国丹阳（今湖北秭归）人，战国时期楚国伟大的爱国主义诗人、政治家，楚辞诗体的开创者和代表作家，中国积极浪漫主义文学的奠基人，被誉为"中华诗祖""辞赋之祖""诗魂"。其所创作的楚辞，与《诗经》并称"风骚"，对后世诗歌产生了深远影响。其主要作品有《离骚》《九歌》《九章》《天问》《远游》《卜居》《渔父》《招魂》等二十余篇；宋玉（生卒不详），鄢（今湖北宜城）人，战国时期楚国诗人、辞赋作家，其楚辞创作有《九辩》，赋作有《高唐赋》《神女赋》《风赋》《钓赋》《登徒子好色赋》等十六篇；贾谊（前200—前168），世称贾生、贾长沙、贾太傅，洛阳（今河南洛阳）人，西汉初期著名政论家、文学家，其

著作主要有散文和辞赋两类。《楚辞》二卷（为刘向所辑），是中国文学史上第一部浪漫主义诗歌总集，收录了战国时期屈原、宋玉及汉代淮南小山、贾谊、东方朔、王褒、刘向等人所作辞赋共十六篇。全书以屈原作品为主，以其具有浓郁的地域色彩，故名"楚辞"。楚辞开创了中国浪漫主义文学的源头，对中国文化系统具有不同寻常的意义。

识版式：

此为明万历四十八年闵其伋刻三色套印本；四周单边；白口，上刻书名、篇名，下刻卷次、页码；半页九行，行十九字，小字双行同。

识印章：

觉人珍藏——黎经诰字号藏书印。黎经诰（生卒不详），字觉人，晚号觉翁，德化（今江西九江）人，晚清学者、藏书家。藏书印有"黎经诰印""浔阳黎经诰字觉人晚号觉翁""黎觉人""黎觉人书印""觉人赏心藏书""觉人珍藏"等。著有《许学考》《六朝文絜笺注》《韦苏州诗注稿本》等。

王秉信字执诚——王秉信姓名字号藏书印。王秉信（生活于清末民国），字执诚，长春（今吉林长春）人，益通银行理事，与齐白石等近代画坛名流往来密切，

现代著名收藏家。藏书楼名"缉熙阁""古梅花馆"，藏书印有"王秉信印""王秉信字执诚""王执诚鉴赏章""王氏执诚珍藏金石书画之印""执诚""执诚真赏""执诚审定""长春王氏家藏""缉熙阁""缉熙阁藏书之章""古梅花馆"等。

执诚真赏——王秉信字号藏书印。

缉熙阁藏书之章——王秉信藏书楼号藏书印。

识递藏：

从书页所钤藏书印看，是书曾藏于德化黎经诰之手；又藏于长春王秉信"缉熙阁"；今藏于长春图书馆。

楚辞章句十七卷疑字直音补一卷

识著述：

王逸（生卒不详），字叔师，南郡宜城（今湖北襄阳宜城）人，东汉著名文学家、楚辞学家，著有《楚辞章句》，明人辑有《王叔师集》。《楚辞章句》十七卷，对刘向所辑《楚辞》各篇逐句作解，着重训诂，多言之有据，且不囿于一己之见，兼采刘向、贾逵、班固、马融等前辈大家遗说，堪称集大成之作。此外，《章句》提出了屈原"善鸟香草以配忠贞，恶禽臭物以比谗佞"的创作特点，从而奠定了楚辞"香草美人"的评价传统。故而此书颇为后世楚辞学者所重，被视为楚辞学史上的第一块里程碑。

识版式：

此为明万历十四年冯绍祖观妙斋刻本；左右双边，上下单边；白口，上刻书名、卷次，中刻页码，下刻书版者姓名；半页九行，行十八字，小字双行同。

识印章：

松桂堂——彭孙遹藏书楼号藏书印。彭孙遹（1631—1700），字骏孙，号羡门，又号金粟山人，海盐（今浙江海宁）武原镇人，清初著名诗人、词人、藏书家。藏书楼名"松桂堂"（康熙赐），藏书印有"彭孙遹""金粟后身""松桂堂"等。著有《延露词》《松桂堂全集》《南淮集》《金粟词话》等。

朱别宥收藏记——朱鼎煦姓氏别号藏书印。朱鼎煦（1885—1967），字鄨父，又字鄨卿，号别宥、香匄等，萧山（今浙江萧山）人，近代著名版本目录学家、文物收藏家、鉴赏家、藏书家。藏书楼名"别宥斋"等。详见《诗经纂》"朱鼎煦"条。

君洽父印——不详何属。

识递藏：

从书页所钤藏书印看，是书曾藏于海盐彭孙遹"松桂堂"；又藏于萧山朱鼎煦"别宥斋"；今藏于宁波市天一阁博物馆。有彭孙遹校跋。

离骚草木疏四卷

识著述：

吴仁杰（生卒不详），字斗南，一字南英，自号蠹隐，昆山（今江苏苏州昆山）人，南宋经学家、史学家、文学家、楚辞学家，著有《易图说》《两汉刊误补遗》《陶靖节先生年谱》《离骚草木疏》等。《离骚草木疏》四卷，乃吴氏为屈原二十五篇作品所作注疏。其疏多以《山海经》为据，征引宏富，考辨典核，可补王逸《章句》之不足。然其征引《山海经》太过，遂使灵均所赋悉出伯益之书，而泽畔哀怨行吟流于博赡好奇矣。而其书以"忠义独行传""佞幸奸臣传"为标准，将《离骚》五十五种草木判然分为忠奸两类的做法，有主持太过、主观臆断之嫌。

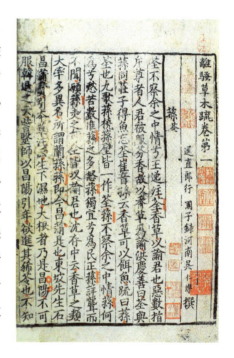

识版式：

此为宋庆元六年方灿罗田县庠刻本；左右双边，上下单边；白口，双黑鱼尾，上刻字数，下刻刻工姓名；半页十二行，行二十一字。

识印章：

弱侯——焦竑字号藏书印。焦竑（1541—1620），字弱侯，号澹园，又号漪园，别号漪南生、龙洞山农，祖籍山东日照，江宁（今江苏南京）人，晚明杰出思想家、音韵学家、文献考据学家、藏书家。藏书楼有"澹园""抱瓮轩""竹浪斋""万轴稷""五车楼""欣赏斋"等，藏书印有"焦竑之印""弱侯""弱侯读书记""澹园焦氏珍藏""漪南生""竹浪斋品""抱瓮轩""子子孙孙永保"等。编有《焦氏藏书目》，著有《焦氏笔乘》《焦氏类林》《国朝献徵录》《国史经籍志》《熙朝名臣实录》《俗书刊误》《老子翼》《庄子翼》《漪园集》《澹园集》等。

乾学——徐乾学名号藏书印。徐乾学（1631—1694），字原一，号健庵，昆山（今江苏昆山）人，清代著名经学家、史学家、文学家、文献学家、藏书家。藏书楼名"传是楼"。详见《周易九卷》"徐乾学"条。

徐健庵——徐乾学姓氏字号藏书印。

汪士钟印——汪士钟姓名藏书印。汪士钟（1786—?），字春霆，号阆源，一号眼源，长洲（今江苏苏州）人，汪文琛之子，清代著名藏书家。藏书楼名"艺芸书舍""三十五峰园"等。详见《周易九卷》"汪士钟"条。

　　阆原甫——汪士钟字号藏书印。

　　宋本——汪士钟藏书版本藏书印。

　　杨以增印——杨以增姓名藏书印。杨以增（1787—1855），字益之，一字至堂，晚号冬樵，聊城（今山东聊城）东昌府区人，清代藏书家。藏书楼名"海源阁"，详见《韩鲁齐三家诗考》"杨以增"条。

　　至堂——杨以增字号藏书印。

　　宋存书室——杨以增藏书楼分号藏书印。

　　绍和——杨绍和名号藏书印。杨绍和（1830—1875），字彦合，又字念微，号协卿、筠岩，聊城（今山东聊城）东昌府区人，杨以增次子，海源阁第二代主人，清代著名目录学家、藏书家。藏书楼名"海源阁"。详见《韩鲁齐三家诗考》"杨绍和"条。

　　协卿——杨绍和字号藏书印。

识递藏：

　　从书页所钤藏书印及题跋看，是书曾藏于江宁焦竑"澹园"；继藏于昆山徐乾学"传是楼"；继藏于长洲汪士钟"艺芸书舍"；继藏于聊城杨以增、杨绍和父子"海源阁"之"宋存书室"；傅增湘见于天津盐业银行；今藏于国家图书馆。

离骚集传一卷

识著述：

钱杲之（生卒不详），晋陵（今江苏常州武
进）人，南宋学者、楚辞学家，著有《离骚集
传》。《离骚集传》一卷，为钱氏注解《离骚》
之专书。其注广采《尔雅》《山海经》《本草》
《淮南子》诸书，旁征博引，注释详覈；释义虽
秉承王逸《章句》，而不乏己见；而从结构角度
将《离骚》篇三百七十三句分为十四节，勾勒
了作品脉络，有助于读者对作品的分析理解，
于《离骚》解释学不失为一次大胆的尝试，影
响深远。

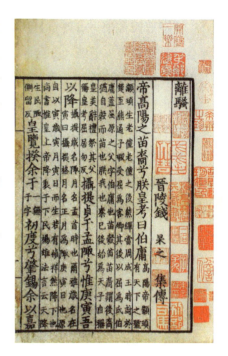

识版式：

此为宋刻本；左右双边，上下单边；黑口，
中刻页码；半页九行，行十八字，小字双行同。

识印章：

子儋——朱承爵字号藏书印。朱承爵（1480—1527），字子儋，号舜城漫士，
又号左庵、磐石山樵等，江阴（今江苏江阴）人，明代诗人、诗歌理论家、画家、
刻书家、藏书家。藏书楼名"行素斋"等。详见《尔雅》"朱承爵"条。

西舜城居士——朱承爵字号藏书印。

朱元孺印——朱承爵后人朱元孺藏书印。

戊戌毛晋——毛晋姓名藏书印。毛晋（1599—1659），常熟（今江苏常熟）人，
明末著名经学家、文学家、刻书家、藏书家。藏书楼名"汲古阁"。详见《周易九
卷》"毛晋"条。

一名凤苞——毛晋别名藏书印。

字子九——毛晋字号藏书印。

宋本——毛晋藏书版本藏书印。

希世之珍——毛晋藏书闲章。

开卷一乐——毛晋藏书闲章。

毛褒字华伯号质庵——毛褒姓名字号藏书印。毛褒（生活于崇祯顺康间），字
华伯，号质庵，虞山（今江苏常熟）人，毛晋次子，清代藏书家。藏书楼有"汲古

阁""西爽斋""致爽阁"等，藏书印有"毛褒之印""华伯氏""毛褒字华伯号质庵"等。

叔郑后裔——毛表世系藏书印。毛表（1638—？），字奏叔，号正庵，虞山（今江苏常熟）人，毛晋第四子，清初藏书家、刻书家。藏书印有"毛表之印""海虞毛表奏叔图书记""中吴毛奏叔收藏书画记""叔郑后裔"等。详见《晋书》"毛表"条。

栋亭曹氏藏书——曹寅姓氏字号藏书印。曹寅（1658—1712），字子清，一字栋亭，号荔轩等，平滦（今河北丰润）人，清代著名文学家、刻书家、藏书家。藏书楼名"栋亭"。详见《玉灵聚义》"曹寅"条。

桐华馆——金德舆藏书楼号藏书印。金德舆（1750—1800），字鹤年，号云庄，又号鄂岩、少权、仲权，桐乡（今浙江嘉兴桐乡）人，金檀之从孙，金锡鬯之从父，清代诗人、书画家、金石学家、藏书家。藏书楼名"桐华馆""华及堂"，藏书印有"金德舆印""德舆印信""金氏云庄""金云庄""桐华馆""瀛海仙琴"等。著有《桐华馆诗抄》。

士礼居——黄丕烈藏书楼号藏书印。黄丕烈（1763—1825），字绍武，号荛圃，又号复翁等，平江（今江苏苏州）人，清代著名校勘学家、版本学家、目录学家、刻书家、藏书家。藏书楼名"士礼居""百宋一廛"等。详见《四书通》"黄丕烈"条。

汪士钟印——汪士钟姓名藏书印。汪士钟（1786—？），字春霆，号阆源，一号眼源，长洲（今江苏苏州）人，汪文琛之子，清代著名藏书家。藏书楼名"艺芸书舍""三十五峰园"等。详见《周易九卷》"汪士钟"条。

阆源真赏——汪士钟字号藏书印。

别部司马——汪士钟藏书闲章。

铁琴铜剑楼——常熟瞿氏藏书楼号藏书印。详见《周易注疏》"铁琴铜剑楼"条。

虞山瞿绍基藏书之印——瞿绍基郡望姓名藏书印。瞿绍基（1772—1836），字厚培，号荫棠，昭文（今江苏常熟）人，清代著名藏书家，铁琴铜剑楼第一代主人。藏书楼初名"恬裕斋""敦裕斋"，后改为"铁琴铜剑楼"，藏书印有"虞山瞿绍基藏书之印""绍基秘笈"等。

古里瞿氏记——瞿绍基郡望姓氏藏书印。

屺怀校记——费念慈字号校书印。费念慈（1855—1905），字屺怀，一署峐怀，号西蠡，武进（今江苏常州）人，清末诗人、书法家、藏书家。藏书楼名"归牧堂""趫斋"，藏书印有"费念慈印""屺怀校记""西蠡""趫斋""琅琊"等。著有《归牧集》。

松年——邵松年名号印章。邵松年（1848—1924），字伯英，号息盦，常熟

（今江苏常熟）人，清末民初书画家、藏书家。藏书楼名"兰雪斋"，藏书印有"松年""松年读过"等。编有《海虞文征》《虞山画志补编》，著有《古缘萃录》。

胡开远珍藏印——印主无考。

乌鹊桥东——不详何属。

识递藏：

从书页所钤藏书印及题跋、题识、题签看，是书曾藏于江阴朱承爵"存余堂"，由其后人朱元孺递藏；又藏于常熟毛晋"汲古阁"，由其子毛褒、毛表递藏；继藏于丰润曹寅"栋亭"；继藏于桐乡金德舆"桐华馆"；继藏于平江黄丕烈"士礼居"；继藏于长洲汪士钟"艺芸书舍"，由其后人汪宪奎、汪振勋递藏；继藏于常熟瞿绍基"铁琴铜剑楼"，由其后人瞿镛、瞿润、瞿秉渊、瞿启科、瞿启甲、瞿济苍、瞿旭初、瞿凤起祖孙五代递藏（瞿启甲掌握期间，武进费念慈和常熟邵松年均曾向其借以影抄录副）；1950年由瞿济苍、瞿旭初、瞿凤起兄弟将其捐献于中央人民政府，今藏于国家图书馆。有黄丕烈、孙延、朱承爵、费念慈、邵松年题款。胡开远不知何人，无从系属。

楚辞集注八卷辩证二卷后语六卷反离骚一卷

识著述：

朱熹（1130—1200），字元晦，号晦庵，晚称晦翁，又称紫阳先生、考亭先生，世称朱文公，祖籍江南东路徽州府婺源县（今江西婺源），生于南剑州尤溪（今福建三明），南宋著名理学家、教育家、楚辞学家，孔孟之后最杰出的儒学大师。《楚辞集注》八卷附《楚辞辩证》二卷《楚辞后语》六卷，辨证旧误，另立新说，探求作者言外之意，阐发微言奥义，将"忠君爱国"首次介入楚辞研究，堪称楚辞学史上的重要里程碑。扬雄（前53年—18年），字子云，蜀郡郫县（今四川成都郫都区）人，西汉后期思想家、辞赋家、语言学家，著有《羽猎赋》《长杨赋》《法言》《太玄》等。《反离骚》一卷，为凭吊屈原之作，既对屈原之不幸深表同情，又对屈原勇于斗争、坚贞不屈、身赴湘流的行为发出责难，表现了作者明哲保身的思想。

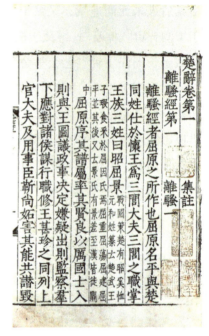

识版式：

此为明嘉靖十四年袁褧刻本；左右双边，上下单边；白口，双黑鱼尾，中刻书名、卷次、页码；半页十行，行十八字，小字双行同。

识印章：

绥珊六十以后所得书画——王体仁字号藏书印。王体仁（1873—1938），字绥珊，晚号九峰旧庐主人，钱塘（今浙江杭州）人，民国著名藏书家。藏书楼名"九峰旧庐"，藏书印有"王体仁印""绥珊经眼""杭州王氏九峰旧庐书画"等。编有《九峰旧庐方志目录》。详见《周易注疏》"王体仁"条。

九峰旧庐珍藏书画之记——王体仁藏书楼号藏书印。

识递藏：

从书页所钤藏书印看，是书曾藏于王体仁"九峰旧庐"；今藏于重庆市图书馆。

楚骚五卷附录一卷

识著述：

　　屈原小传见《楚辞二卷》"识著述"，兹从略。熊宇（约生活于成化嘉靖间），号轸峰，藩府仪卫（今湖南长沙）人，明代文学家、书法家、刻书家，刻有《十三经》，篆有《楚骚》。《楚骚》五卷《附录》一卷，《楚骚》五卷，卷一《离骚》，卷二《九歌》，卷三《天问》，卷四《九章》，卷五《远游》，皆上书篆字下书楷字；《附录》为楷书《史记·屈原贾生列传》。此书为世间仅见的一部以篆书艺术形式传世的《楚辞》文本古籍。

识版式：

　　明正德十五年熊宇篆字刻本；四周单边；白口，上刻书名，中刻页码，下刻刻工姓名；半页五行，行十字。

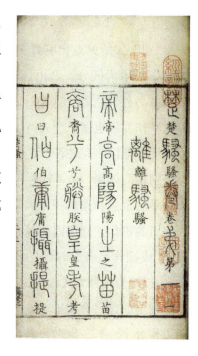

识印章：

　　歙州查子穆藏书之印——查日华郡望姓氏字号藏书印。查日华（1806—?），字子穆，号丽圃、霁亭，别号松森居士，泾县（今安徽泾县）人，清代藏书家。藏书楼名"经训堂""宝书楼""藕花书屋""紫藤花馆""半茧室"，藏书印有"查日华""查日华印""日华私印""日华印信""查日华子穆父审定群籍金石书画之印""查子穆甫秘笈之印""古歙州查子穆藏书印""兰石查氏子穆校理群籍印章""查子穆藏书印""查子穆阅过""子穆""子穆手翰""子穆校藏""子穆父""子穆题签之章""子穆流览所及""丽圃""丽圃审定""查氏松森家藏""松森居士家藏""师白""酉山""紫藤花馆""泾川查氏紫藤华馆藏书之印""少庚父子穆紫藤华馆半茧室所阅书""经训堂""济阳经训堂查氏图书""经训堂查氏图书""宝石主人""体才""体才济阳""藕华书屋""菊簃偶藏"等。

　　查氏松森家藏——查日华姓氏别号藏书印。

　　酉山手校——查日华校书印。

　　经训堂——查日华藏书楼号藏书印。

识递藏：

　　从书页所钤藏书印看，是书曾藏于泾县查日华"经训堂"；今藏于南京图书馆。

集部·别集类

别集类小序

"别"字始见商代甲骨文,其字形像以刀剔骨,将骨头从肉中分离状。本义为分解,引申为区分,又由区分引申为差别,再由差别引申为另外。别集之"别",即为"另外"之意,这是针对集部之祖"楚辞类"而言的。从这一意义上讲,"楚辞类"作品原也属于个人诗文集即别集。别集指个人诗、词、曲、散文等作品的著作汇编,即以一人之著作汇合为一编者。

别集的体例,依不同标准划分为相应的种类。按收录范围,可分为汇集一人全部作品的全集和选录一人部分作品的选集;按编辑情况,可分为自编的别集和由他人编辑的别集。别集内文献的编辑方式多种多样,或按作品主题编排,如《挚经室集》;或按作品著成时代先后,如《杜少陵集》;或按作品体裁分类,如《李太白集》;或综合几种方式编排,如朱彝尊《曝书亭集》。皆各具特色,各有千秋。

别集的命名方式五花八门,名目繁夥。就命名方式言,有以作者本名命名者,有以作者字、号、别名命名者,有以作者斋室命名者,有以作者官爵、封号、谥号命名者,有以作者郡望、居里、别墅命名者,有以作者撰述、编辑的朝代命名者,有以志向理想命名者,等等,真是不胜枚举;就命名名目言,或名之曰集、文集、类集、合集、全集、遗集,或名之曰稿、文稿、类稿、存稿、丛稿、遗稿,或不以集或稿命名而曰文钞、文录、文编、文略、遗文,名目之繁,不可胜数。

别集对保存历史文献具有重要作用,同时也是编辑总集的主要依据;别集因系统收集了某一作者的著作,这些著作为研究该作者的生平和创作提供了基本材料;别集集中保存了某一作家的诗、词、曲、散文作品,这些作品成为认识和研究该作家文学成就的主要材料。从宏观角度讲,一部中国文学史,实际就是众多作家的创作史及文学流派的发展史。作家以其风格鲜明的作品而传,文学流派也同样靠诸多同一风格流派的作品而立,所以,别集首要的文献价值就是保存了作家作品。

别集成为集部目录之大宗,是随着文学的日益繁荣而构建完成的。上古文人创作皆有感而发,非为追名求誉,无非抒情言志、记述经历、阐说事理而已,故篇什无多,而经典的文章一般又记述在史传之中,没有结集流传的习惯,如屈宋之作在当时就没有形成专集;西汉时期,始有专门以文章为事者,如司马相如、扬雄等,且均为学有实用之人,也没有编辑专集的先例。刘向、刘歆父子校理国家群书,著录了"屈原赋"二十五篇、"唐勒赋"四篇、"宋玉赋"十六篇和"左冯翊路恭赋"

八篇，均以作家为单位，虽无集名而实有其实，当为后世书目中别集之发端；东汉时期，文学大盛，一时作家鼎沸，《后汉书》于《儒林传》外另立《文苑传》，足见当时个人创作之盛况。《汉书·艺文志·诗赋略》即著录了"屈原赋之属""陆贾赋之属""荀卿赋之属""杂赋""歌诗"五属，凡一百零六家一千三百一十八篇，而其中如《司马相如赋》《荀卿赋》等，即文人别集；《隋书·经籍志·集部》置"别集"一类，所录由后人所辑之汉魏六朝文集甚夥，首开"别集"之例，其后，历代书目相沿不改；尤其是在唐代雕版印刷技术出现以后，图书刊行极为便捷，文集更盛于前代；《郡斋读书志·集部》"别集类"三卷，著录别集已达三百部；《直斋书录解题·集部》于"别集类"三卷外，又置"诗集"上下卷，著录之夥亦可想而知；《四库全书总目·集部》"别集类"目录竟多达三十八卷之众，著录别集至两千五百二十九部，盛况空前。经宋、元、明、清数代的长足发展，别集作者多如牛毛，仅清人文集可考者已多达三万余家，文人学者几乎人人有集。

今之所选，计有《汉蔡中郎集六卷》《曹子建文集十卷》《孟浩然诗集三卷》《李太白文集三十卷》《高常侍集十卷》《杜工部草堂诗笺五十卷传叙碑铭一卷年谱二卷诗话二卷》《唐元次山文集十卷拾遗一卷》《白氏长庆集七十一卷目录二卷附录一卷》《河东先生集四十五卷外集二卷》《唐皮日休文薮十卷》《西崑酬唱集二卷》《范文正公集二十卷别集四卷》《欧阳先生文粹二十卷遗萃十卷》《元丰类稿五十卷附录一卷》《临川先生文集一百卷目录二卷》《注东坡先生诗四十二卷》《放翁先生剑南诗稿六十七卷目录□卷》《石湖居士文集三十四卷》《文山先生全集二十八卷》《遗山先生文集四十卷附录一卷》《秋涧先生大全文集一百卷》《萨天锡诗集五卷》《杨铁崖先生文集十卷》《逊志斋集二十四卷附录一卷》《渼陂集十六卷续集三卷》《阳明先生文粹十一卷》《空同先生集六十三卷》《崔东洲集二十卷续集十一卷》《震川大全集三十卷别集十卷补集八卷余集八卷先太仆评点史记例意一卷归震川先生论文章体则一卷》《南雷文定十一卷后集四卷附录一卷》《尺牍一卷湖上草一卷》《渔洋山人精华录训纂十卷年谱注补二卷金氏精华录笺注辩讹一卷》《绵津山人诗集不分卷》《癸卯入关记一卷附书画诗萝石研屏歌》等一百三十余部传世佳作，涵盖了自汉末至清末两千年间各代著名文学家的诗文集，相当于一部中国文学简史。

汉蔡中郎集六卷

识著述：

蔡邕（133—192），字伯喈，陈留圉（今河南杞县）人，东汉名臣、文学家、书法家、藏书家，曾官拜左中郎将，故又称蔡中郎，参与续写《东观汉记》及刻印熹平石经，有文集二十卷，早佚，明人张溥辑有《蔡中郎集》。《蔡中郎集》六卷，辑录了蔡邕一生所作赋、疏、表、书、论、议、对问、设论、连珠、颂、赞、箴、铭、碑、灵表、诔、神诰、哀赞、祝辞、吊文、诗凡一百三十一篇，后附本传，据此可知蔡邕一生文学创作之梗概。

识版式：

此为明嘉靖二十七年杨贤刻本；四周单边；白口，上刻书名，中刻卷次，下刻页码；半页九行，行二十一字。

识印章：

博明鉴藏——许厚基名号藏书印。许厚基（1874—1958），字博明，号怀辛，别署怀辛主人、怀辛阁主人，祖籍吴兴（今浙江湖州吴兴），后居苏州，近代藏书家。藏书楼名"怀辛斋""申申阁"。详见《大事记续编》"许厚基"条。

怀辛居士——许厚基字号藏书印。

吴兴许氏——许厚基郡望姓氏藏书印。

曹家骐印——曹家骐姓名藏书印。曹家骐（生卒不详），江都（今江苏扬州）人，生平无考。据北师大馆藏《书集传》所钤"周星诒""云自在龛""陈立炎""古书流通处""怀辛斋""怀辛主人""江都曹氏家骐秘籍""曹声范印""曹声涛印""黄裳珍藏善本"等藏书印体现出来的递藏信息，大致可知其为当代藏书家。

江都曹氏家骐秘笈——曹家骐郡望姓名藏书印。

识递藏：

从书页所钤藏书印看，是书曾藏于吴兴许厚基"怀辛斋"；继藏于江都曹家骐之手；今藏于华南师范大学图书馆。

曹子建文集十卷

识著述：

曹植（192—232），字子建，沛国谯（今安徽亳州）人，谥陈思，三国魏著名诗人、文学家，建安文学代表人物，与曹操、曹丕并称"三曹"。其诗以笔力雄健、词采华美见长，钟嵘称其"骨气奇高，词采华茂，情兼雅怨，体被文质"，对五言诗发展影响巨大。有集三十卷，已佚，宋人辑有《曹子建文集》。《曹子建文集》十卷，包括诗、文及辞赋等，其中收录较完整的诗歌有八十余首，收赋四十余篇，收录散文近百篇，皆有佳作。

识版式：

此为宋刻本；左右双边，上下单边；白口，双黑鱼尾，上刻字数，中刻书名、卷次、页码，下刻刻工姓名；半页八行，行十五字。

识印章：

铁琴铜剑楼——常熟瞿氏藏书楼号藏书印。详见《周易注疏》"铁琴铜剑楼"条。

虞山瞿绍基藏书之印——瞿绍基名号藏书印。瞿绍基（1772—1836），字厚培，号荫棠，昭文（今江苏常熟）人，清代著名藏书家，"铁琴铜剑楼"第一代主人。藏书楼初名"恬裕斋""敦裕斋"，后改为"铁琴铜剑楼"，藏书印有"虞山瞿绍基藏书之印""绍基秘笈"等。

菰里瞿镛——瞿镛郡望姓名藏书印。瞿镛（1794—1846），字子雍，昭文（今江苏常熟）古里人，清代著名藏书家，铁琴铜剑楼第二代主人。藏书楼名"铁琴铜剑楼"，藏书印有"菰里瞿镛""子雍金石""古里瞿氏记""瞿氏鉴藏金石记"等。编有《续金石萃编稿》《集古印谱》《续海虞文苑诗苑稿》《铁琴铜剑楼藏书目录》，著有《铁琴铜剑楼词稿》等。

古里瞿氏记——瞿镛郡望姓氏藏书印。

瞿润印——瞿润姓名藏书印。瞿润（生活于嘉道间），昭文（今江苏常熟）古里人，瞿绍基之孙，瞿镛长子，清代藏书家，铁琴铜剑楼第三代主人。藏书印有

"瞿润印""瞿润之印"等。

恬裕斋镜之氏珍藏——瞿秉渊姓名藏书印。瞿秉渊（1820—1886），字镜之，一字敬之，昭文（今江苏常熟）古里人，瞿绍基之孙，瞿镛次子，清代著名藏书家，铁琴铜剑楼第三代主人。藏书印有"瞿秉渊印""恬裕斋镜之氏珍藏"等。

瞿秉冲印——瞿秉冲姓名藏书印。瞿秉冲（生活于道咸间），昭文（今江苏常熟）古里人，瞿绍基之孙，瞿镛第五子，清代藏书家，铁琴铜剑楼第三代主人。藏书印有"瞿秉冲""瞿秉冲印"等。

瞿启甲——瞿启甲姓名藏书印。瞿启甲（1873—1940），字良士，别号铁琴道人，昭文（今江苏常熟）人，瞿绍基曾孙，瞿镛之孙，瞿秉清之子，清末民国著名书画家、藏书家，铁琴铜剑楼第四代主人。详见《晦庵先生朱文公易说》"瞿启甲"条。

良士眼福——瞿启甲字号藏书印。

绶珊经眼——王体仁名号藏书印。王体仁（1873—1938），字绶珊，晚号九峰旧庐主人，钱塘（今浙江杭州）人，民国著名藏书家。藏书楼名"九峰旧庐"，藏书印有"王体仁印""绶珊经眼""杭州王氏九峰旧庐书画"等。编有《九峰旧庐方志目录》。详见《周易注疏》"王体仁"条。

杭州王氏九峰旧庐藏书之章——王体仁郡望姓氏藏书楼号藏书印。

识递藏：

从书页所钤藏书印及题识看，是书曾藏于明华亭朱大韶"横经阁"；再藏于常州周良金"周玉斋金汉石之馆"；又藏于常熟瞿氏"铁琴铜剑楼"；经瞿绍基、瞿镛、瞿润、瞿秉渊、瞿秉冲、瞿启甲祖孙世代递藏；继藏于杭州王体仁"九峰旧庐"；今藏于上海图书馆。

嵇中散集十卷

识著述：

　　嵇康（224—263/223—262），字叔夜，魏国谯郡铚县（今安徽濉溪）人，三国魏思想家、音乐家、诗人、文学家。因拜官郎中，授中散大夫，世称"嵇中散"。嵇康与阮籍生活于正始高压环境中，共倡玄学新风，任情放诞，发言玄远，主张"越名教而任自然""审贵贱而通物情"，是"竹林七贤"的精神领袖。著有《养生论》《嵇中散集》。《嵇中散集》十卷，收录诗文六十二篇，包括诗四十七首、赋一篇、书二篇、杂著二篇、论九篇、箴一篇、家诫一篇。嵇康工诗善文，作品风格清峻，具时代风貌，对后世思想界、文学界多所启发。

识版式：

　　此为明嘉靖四年黄省曾南星精舍刻本；左右双边，上下单边；白口，单黑鱼尾，中刻书名、卷次、页码，下刻刻书堂口；半页十一行，行二十字。

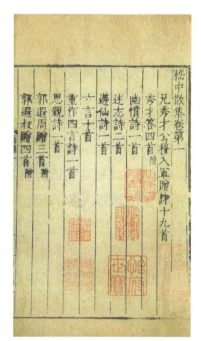

识印章：

　　安乐堂藏书记——爱新觉罗·弘晓藏书楼号藏书印。爱新觉罗·弘晓（1722—1778），清代著名诗人、藏书家。藏书楼名"乐善堂""明善堂""安乐堂"等。详见《增节标目音注精议资治通鉴》"爱新觉罗·弘晓"条。

　　明善堂览书画印记——爱新觉罗·弘晓藏书楼号藏书印。

　　怡府世宝——爱新觉罗·弘晓内府藏书印。

　　东郡杨绍和字彦合藏书之印——杨绍和郡望姓名字号藏书印。杨绍和（1830—1875），聊城（今山东聊城）东昌府区人，海源阁第二代主人，清代著名目录学家、藏书家。藏书楼名"海源阁"。详见《韩鲁齐三家诗考》"杨绍和"条。

　　瀛海仙班——杨绍和藏书闲章。

识递藏：

　　从书页所钤藏书印看，是书曾藏于爱新觉罗·弘晓"安乐堂""明善堂"；又藏于聊城杨绍和"海源阁"；今藏山东省图书馆。

陆士龙文集十卷

识著述：

陆云（262—303），字士龙，吴郡吴县（今江苏苏州）人，东吴丞相陆逊之孙，大司马陆抗第五子，与其兄陆机合称"二陆"，世称"陆清河"，西晋诗人、文学家，后人辑有《陆士龙文集》。《陆士龙文集》十卷，为陆云诗文集，包括赋、诗、诔、颂、骚、书启六类。陆云诗颇重藻饰，以短篇见长；为文清省自然，旨意深雅，语言清新，感情真挚。

识版式：

此为宋庆元六年华亭县学刻本；左右文武双边，上下单边；白口，单黑鱼尾，中刻书名、卷次；半页十一行，行二十字。

识印章：

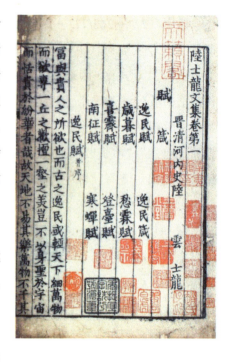

赵氏子昂——赵孟頫姓氏字号藏书印。赵孟頫（1254—1322），字子昂，号松雪道人，吴兴（今浙江湖州）人，元初著名诗人、书法家、画家、藏书家。藏书楼名"松雪斋"。详见《事类赋》"赵孟頫"条。

唐伯虎——唐寅姓氏字号藏书印。唐寅（1470—1524），字伯虎，一字子畏，号六如居士、桃花庵主等，吴县（今江苏苏州）人，明代著名诗人、画家、书法家、藏书家。藏书楼名"桃花庵""梦墨亭"等。详见《群经音辨》"唐伯虎"条。

辛夷馆印——王宠藏书楼号藏书印。王宠（1494—1533），字履吉，号雅宜山人，吴县（江苏苏州）人，明代著名诗人、书法家、藏书家。藏书楼名"辛夷馆""铁砚斋"等。详见《故唐律疏议》"王宠"条。

梅溪精舍——文徵明藏书楼号藏书印。文徵明（1470—1559），名壁，字徵明，以字行，更字徵仲，号衡山居士，长洲（今江苏苏州）人，明代著名画家、书法家、文学家、藏书家。藏书楼名"玉兰堂""梅花书屋""梅溪精舍"等。详见《周易》"文徵明"条。

玉兰堂——文徵明藏书楼号藏书印。

五峰樵客——文伯仁字号藏书印。文伯仁（1502—1575），字德承，号五峰、摄山长、葆生、摄山老农、五峰山人、五峰樵客，长洲（今江苏苏州）人，文徵明犹子，明代诗人、画家。藏书楼名"翠竹斋"，藏书印有"文伯仁""德承""五峰""五峰山人"等。

翠竹斋——文伯仁藏书楼号藏书印。

项元汴印——项元汴姓名藏书印。项元汴（1525—1590），秀水（今浙江嘉兴）人，明代诗人、书画家、鉴赏家、藏书家。藏书楼名"天籁阁"等。详见《左传文苑》"项元汴"条。

墨林父——项元汴字号藏书印。

子京所藏——项元汴字号藏书印。

天籁阁——项元汴藏书楼号藏书印。

季振宜字诜兮号沧苇——季振宜姓名字号藏书印。季振宜（1630—?），字诜兮，号沧苇，泰兴（今江苏泰州靖江）季市镇人，明末清初著名诗人、文献学家、版本学家、校勘学家、藏书家。藏书楼名"静思堂"。详见《尚书注疏》"季振宜"注。

乾学——徐乾学名号藏书印。徐乾学（1631—1694），字原一，号健庵，昆山（今江苏昆山）人，清代著名经学家、史学家、文学家、文献学家、藏书家。藏书楼名"传是楼"。详见《周易九卷》"徐乾学"条。

徐健庵——徐乾学姓氏字号藏书印。

听雨楼查氏有圻珍赏图书——查有圻藏书楼号姓氏名号藏书印。查有圻（生活于乾嘉年间），字小山，查升曾孙，查莹嗣子，京师呼以"三标（膘）子"，海宁（今浙江海宁）人，清代著名盐商、藏书家。藏书楼名"听雨楼""水西庄"，藏书印有"查有圻印""听雨楼查氏有圻珍赏图书"等。

朱学勤印——朱学勤姓名藏书印。朱学勤（1823—1875），字修伯，号复庐，仁和（今浙江杭州余杭）塘栖镇人，清代著名藏书家。藏书楼名"结一庐"。详见《集韵》"朱学勤"条。

修伯读过——朱学勤字号藏书印。

仁和朱澂——朱澂郡望姓名藏书印。朱澂（?—1890），字子清，仁和（今浙江杭州）人，朱学勤长子，清代版本学家、藏书家。继承其父"结一庐"。详见《集韵》"朱澂"条。

子清——朱澂字号藏书印。

建生字笠云一字律畇——徐建生名字藏书印。徐建生（1869—1940），字笠云，别署律畇，晚号迟庐老人，石埭（今安徽石台）人，清末民国书法家、藏书家。藏书楼名"迟庐"，藏书印有"建生字笠云一字律畇"。著有《迟庐字话》《篆字辨误》《迟庐闲话》《迟庐小说》《迟庐杂存》等。

徐乃昌读——徐乃昌姓名藏书印。徐乃昌（1866—1946），字积余，号随庵，南陵（今安徽南陵）人，清末民国金石学家、刻书家、藏书家。藏书楼名"积学斋"。详见《说文字原》"徐乃昌"条。

风云过眼——不详何属。

识递藏:

从书页所钤藏书印看,是书曾藏于吴兴赵孟頫"松雪斋";又藏于吴县唐寅"学圃堂";继藏于吴县王宠"辛夷馆";继藏于长洲文徵明"梅溪精舍""玉兰堂";继藏于长洲文伯仁之手;继藏于嘉兴项元汴"天籁阁";继藏于泰兴季振宜"静思堂";继藏于昆山徐乾学"传是楼";继藏于海宁查有圻"听雨楼";又藏于仁和朱学勤、朱澂父子"结一庐";继藏于石台徐建生"迟庐";继藏于南陵徐乃昌"积学斋";今藏于国家图书馆。有项元汴跋。

陶渊明集十卷

识著述：

陶渊明（352/365—427），字元亮，又名潜，私谥靖节，世称靖节先生，浔阳柴桑（今江西九江）人，东晋末至南朝宋初期诗人、辞赋家，田园诗的开创者，被誉为"古今隐逸诗人之宗"，著有《陶渊明集》。《陶渊明集》十卷，收录诗歌凡一百二十余首，辞赋、散文凡十一篇。其诗歌作品内容充实，情感真挚，风格冲淡，韵致悠然，善于用白描手法点染出浑朴深远的意境。苏东坡称其诗"质而实绮，癯而实腴"。

识版式：

此为宋刻递修本；左右文武双边，上下单边；白口，单黑鱼尾，中刻页码；半页十行，行十六字，小字双行同。

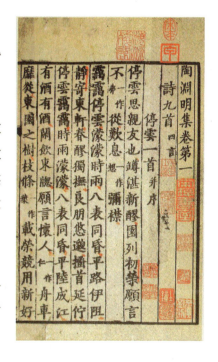

识印章：

啸菴——戴啸菴字号藏书印。戴啸菴（生卒不详），鄞县（今浙江宁波鄞州区）人，生平无考。藏书印有"啸菴""桃源戴氏""商微子后自亳之吴再迁于鄞"。黄丕烈以为皆元人，其说乏证。周密《武林旧事·诸色伎艺人·说经说诨》中有啸菴、悦菴诸人，不知是其人否。

桃源戴氏——戴啸菴郡望藏书印。

商微子后自亳之吴再迁于鄞——鄞县戴氏祖望藏书印。戴氏源于子姓。周公旦封商纣王之庶兄微子启（子姓）于商旧都（今河南商丘南），建立宋国。宋国第十一位君主逝后，谥为"戴子武公"，其子孙遂以"戴"为氏，形成戴氏一族。宋亡避居谯（即今安徽亳州），子孙因以戴为姓。东晋典午南渡，戴逵避乱金陵。戴溢又自闽迁台州黄硐，南宋时戴阳徙居四明桃源。

塥氏丙戌藏书——疑为戴氏藏书印。

古遗民——疑为戴氏藏书印。

繁花坞——王献臣藏书楼号藏书印。王献臣（生活于明成化弘治间），字敬止，号槐雨，苏州府吴县（今江苏苏州）人，拙政园主人，明代藏书家。藏书楼名"槐雨亭""繁花坞""听松风处"等，藏书印有"王献臣藏书印""吴门王献臣家藏书记"""王氏敬止""槐雨亭印""听松风处""燕巢""繁花坞""长宜子孙"等。王献臣拙政园中有多处藏书之处。

听松风处——王献臣藏书楼号藏书印。

燕巢——王献臣藏书楼号藏书印。

长宜子孙——王献臣藏书闲章。

文彭之印——文彭姓名藏书印。文彭（1498—1573），字寿承，号三桥，别号渔阳子、三桥居士、国子先生，南直隶苏州府长洲（今江苏苏州）人，文徵明长子，明代著名诗人、书画家、篆刻家、藏书家。藏书楼名"清白堂"，藏书印有"文彭""文彭之印""文寿承""文寿承印""三桥""渔阳子""清白堂"等。著有《文博士诗集》。

文彭——文彭姓名藏书印。

文寿承——文彭姓氏字号藏书印。

太史之印——文彭仕履藏书印。

毛晋之印——毛晋姓名藏书印。毛晋（1599—1659），原名凤苞，字子久，后改字子晋，号潜在，别号汲古主人，常熟（今江苏常熟）人，明末著名经学家、文学家、刻书家、藏书家。藏书楼名"汲古阁"。详见《周易九卷》"毛晋"条。

子晋书印——毛晋字号藏书印。

子晋——毛晋字号藏书印。

汲古阁主人——毛晋别号藏书印。

汲古得修绠——毛晋藏书闲章。

汲古阁——毛晋藏书楼号藏书印。

宋本——毛晋藏书版本藏书印。

甲——毛晋藏书级别藏书印。

俊明明怀——金俊明名号藏书印。金俊明（1602—1675），原名衮，字孝章，一作九章，号耿庵，又号不寐道人，吴县（今江苏苏州）人，明末清初诗人、文学家、画家、藏书家。藏书楼名"春草闲房"，藏书印有"金俊明印""俊明之印""俊明""俊明明怀""耿庵""不寐""不寐道人""孝章""吴会孤山""芳草王孙""谁与玩此芳草"等。著有《春草闲房集》《退量稿》《阐幽录》《康济谱》等。

不寐道人——金俊明别号藏书印。

黄丕烈——黄丕烈姓名藏书印。黄丕烈（1763—1825），字绍武，号荛圃，又号复翁等，平江（今江苏苏州）人，清代著名校勘学家、版本学家、目录学家、刻书家、藏书家。藏书楼名"士礼居""百宋一廛"等。详见《四书通》"黄丕烈"条。

士礼居——黄丕烈藏书楼号藏书印。

百宋一廛——黄丕烈藏书楼分号藏书印。

陶陶室——黄丕烈藏书楼分号藏书印。

士钟——汪士钟名号藏书印。汪士钟（1786—？），长洲（今江苏苏州）人，汪文琛之子，清代著名藏书家。藏书楼名"艺芸书舍""三十五峰园"等。详见《周易九卷》"汪士钟"条。

阆源父——汪士钟字号藏书印。

骏昌——汪骏昌名号藏书印。汪骏昌（生活于道咸间），字雅庭，长洲（今江苏苏州）人，汪士钟族人，清代藏书家。藏书楼名"小有壶天"，藏书印有"长洲汪骏昌藏""骏昌""雅庭""小有壶天"等。

雅庭——汪骏昌字号藏书印。

小有壶天书画船——汪骏昌藏书楼号藏书印。

宋存书室——聊城杨以增海源阁藏书楼分号藏书印。杨以增（1787—1855），聊城（今山东聊城）东昌府区人，清代藏书家。藏书楼名"海源阁"。详见《韩鲁齐三家诗考》"杨以增"条。从递藏轨迹推断，是书于汪氏书散后北流，收入杨以增囊中，存入其"海源阁"之"宋存书室"。

杨氏彦合——杨绍和姓氏名号藏书印。杨绍和（1830—1875），聊城（今山东聊城）东昌府区人，杨以增次子，海源阁第二代主人，清代著名目录学家、藏书家。藏书楼名"海源阁"。详见《韩鲁齐三家诗考》"杨绍和"条。

臣绍和印——杨绍和名号藏书印。

海源残阁——杨保彝藏书楼号藏书印。杨保彝（1852—1910），字凤龄，号凤阿，别署缾庵氏，聊城（今山东聊城东昌府区）人，杨以增之孙，杨绍和之子，清末诗人、金石书画收藏家、藏书家，海源阁第三代主人。藏书楼名"海源残阁""归缾斋"，藏书印有"杨保彝""杨保彝印""杨保彝藏本""聊城杨保彝鉴藏印""保彝私印""凤阿""杨氏伯子""眉园""四陶居""陶南布衣""陶南山馆""传家清白昔无恶""先都御史公遗藏金石书画印""聊城杨氏三世守藏""海源残阁""归缾斋"等。著有《归缾斋诗词抄》。

周暹——周叔弢姓名藏书印。周叔弢（1891—1984），原名暹，字叔弢，以字行，建德（今安徽东至县）人，现代著名政治家、实业家、收藏家、藏书家。藏书楼名"寒在堂"等。详见《周礼》"周暹"条。

识递藏：

从书页所钤藏书印看，是书曾藏于失考之宋元人鄞县戴啸菴之手；又藏于明代吴县王献臣拙政园之"繁花坞""听松风处"；又藏于明代长洲文彭"清白堂"；继藏于吴县金俊明"春草闲房"；继藏于常熟毛晋"汲古阁"；继藏于平江黄丕烈"士礼居"之"百宋一廛""陶陶室"；继藏于长洲汪士钟"艺芸书舍"；继藏于汪士钟后人汪骏昌"小有壶天"；继藏于聊城杨以增"海源阁"之"宋存书室"，由其子杨绍和递藏，又由其孙由杨保彝递藏于"海源残阁"；继藏于建德周叔弢"寒在堂"；今藏于国家图书馆。有汪骏昌跋，金俊明、孙延题签。

鲍氏集十卷

识著述:

鲍照（约415—466），字明远，祖籍东海（今山东郯城西南，辖区包括今江苏涟水一带），生于京口（今江苏镇江），久居建康（今江苏南京），南朝宋文学家、诗人。与北周庾信并称"鲍庾"，与颜延之、谢灵运合称"元嘉三大家"，又曾任刘子顼前军参军，故世称"鲍参军"。鲍照长于乐府，其七言乐府诗对唐代诗歌的发展影响巨大，著有《鲍参军集》。《鲍氏集》（又称《鲍参军集》）十卷，为鲍照诗文别集，包括赋、表疏、启、书、颂、铭、文、诗等体裁，其中以乐府诗成就最为突出。其诗内容以反映边塞战争、征夫戍卒生活为主，对民生疾苦表现了深切同情。鲍照诗风格俊逸刚健，壮丽豪放，辞藻华美，流畅自然。

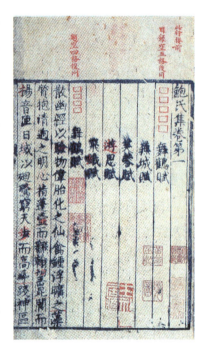

识版式:

此为明正德五年朱应登刻本；左右文武双边，上下单边；白口，单黑鱼尾；半页十行，行十七字。

识印章:

虞山毛扆手校——毛扆郡望姓名藏书印。毛扆（1640—1713），字季斧，号省庵，常熟（今江苏常熟）人，清代著名校勘学家、出版家、藏书家。藏书印有"毛扆之印""毛斧季收藏印""叔郑后人"等。编有《汲古阁秘本书目》。详见《孝经今文音义》"毛扆"条。

西河季子之印——毛扆别号藏书印。

席鉴——席鉴姓名藏书印。席鉴（生活于乾隆年间），字玉照，号茱萸山人，常熟（今江苏常熟）人，清代著名刻书家、藏书家。藏书楼名"扫叶山房""酿华草堂""敏逊斋"等。详见《孝经今文音义》"席鉴"条。

席玉照读书记——席鉴姓氏字号藏书印。

别字茱山——席鉴字号藏书印。

黄丕烈印——黄丕烈姓名藏书印。黄丕烈（1763—1825），平江（今江苏苏州）人，清代著名校勘学家、版本学家、目录学家、刻书家、藏书家。藏书楼名"士礼居""百宋一廛"等。详见《四书通》"黄丕烈"条。

荛圃——黄丕烈字号藏书印。

士礼居藏——黄丕烈藏书楼号藏书印。

爱日精庐张氏藏书记——张金吾藏书楼号姓氏藏书印。张金吾（1787—1829），字慎旃，号月霄，昭文（今江苏常熟）人，张海鹏犹子，清代著名经学家、版本学家、刻书家、藏书家。藏书楼名"诒经堂""爱日精庐"等。详见《左传附注》"张金吾"条。

识递藏：

从书页所钤藏书印及题识看，是书曾藏于常熟毛扆"汲古阁"；继藏于常熟席鉴"扫叶山房"；继藏于平江黄丕烈"士礼居"；又藏于常熟张金吾"爱日精庐"；今藏于国家图书馆。有毛扆校跋，缪荃孙跋。

谢宣城诗集五卷

识著述：

谢朓（464—499），字玄晖，陈郡阳夏（今河南太康）人，南朝齐梁诗人。谢朓出身陈郡谢氏，与谢灵运并称"大小谢"，又与沈约等共创"永明体"。后人辑有《谢宣城诗集》。《谢宣城诗集》五卷，收录赋、乐歌、四言诗一卷，鼓吹曲一卷，五言诗三卷。谢朓存诗二百余首，其诗长于五言，多描写自然景物，间亦直抒怀抱，诗风清新秀丽，圆美流转，善于发端，时有佳句；又平仄协调，对偶工整，对唐代律诗、绝句的形成有重要影响。

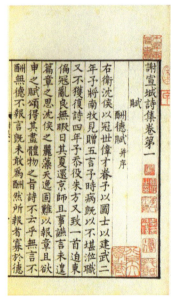

识版式：

此为明末毛氏汲古阁影宋抄本；左右双边，上下单边；白口，单黑鱼尾，中刻书名、卷次、页码；半页十行，行十八字。

识印章：

毛氏子晋——毛晋姓氏字号藏书印。毛晋（1599—1659），常熟（今江苏常熟）人，明末著名经学家、文学家、刻书家、藏书家。藏书楼名"汲古阁"。详见《周易九卷》"毛晋"条。

汲古主人——毛晋别号藏书印。

东吴毛氏图书——毛晋郡望姓氏藏书印。

汲古得修绠——毛晋藏书闲章。

宋本——毛晋藏书版本藏书印。

汲古阁——毛晋藏书楼号藏书印。

甲——毛晋藏书等级藏书印。

明墀之印——李明墀名号藏书印。李明墀（1823—1886），字玉陔，号晋斋，德化（今江西九江）人，清代刻书家、藏书家。藏书楼名"廖嘉馆"等。详见《大学衍义补纂要》"李明墀"条。

李氏玉陔——李明墀姓氏字号藏书印。

廖嘉馆印——李明墀藏书楼号藏书印。

李盛铎印——李盛铎姓名藏书印。李盛铎（1859—1934），德化（今江西九江）人，清末民初著名政治家、藏书家。藏书楼名"木犀轩"等。详见《监本纂图重言重意互注论语》"李盛铎"条。

李盛铎家藏文苑——李盛铎姓名藏书印。

木犀轩藏书——李盛铎藏书楼号藏书印。

周暹——周叔弢姓名藏书印。周叔弢（1891—1984），原名暹，字叔弢，以字行，建德（今安徽东至县）人，现代著名政治家、实业家、收藏家、藏书家。藏书楼名"寒在堂"等。详见《周礼》"周暹"条。

识递藏：

从书页所钤藏书印及题识看，是书曾藏于常熟毛晋"汲古阁"；再藏于德化李明墀"廖嘉馆"；继藏于其子李盛铎"木犀轩"；又藏于建德周叔弢"寒在堂"；今藏于北京大学图书馆。

庾开府诗集四卷

识著述：

庾信（513—581），字子山，小字兰成，南阳郡新野（今河南新野）人，世称"庾开府"，南北朝时期宫体文学代表作家，与徐陵合称"徐庾"，著有《庾子山集》，明人张溥辑有《庾开府诗集》。《庾开府诗集》四卷，为庾信诗别集。庾信由南入北的特殊经历，使其诗歌由表现狭隘宫廷生活的宫体诗，一变而为亡国破家的现实诗，诗风大变，从而结出了"穷南北之胜"的文学硕果，昭示着南北文风的合流。

识版式：

此为明正德十六年朱承爵存余堂刻本；左右双边，上下单边；白口，单黑鱼尾，中刻书名、卷次、页码；半页十一行，行二十字。

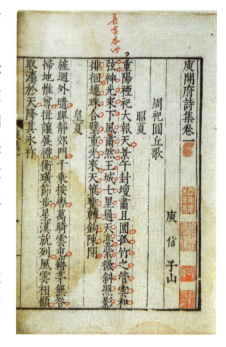

识印章：

钱孙艾印——钱孙艾姓名藏书印。钱孙艾（1625—1645），字颐仲，常熟（今江苏常熟）人，钱谦益之侄，钱谦贞次子，钱孙保之弟，明末书法家、校勘学家、藏书家。藏书楼名"幽吉堂"，藏书印有"钱孙艾印""颐仲""钱氏幽吉堂收藏""钱氏幽吉堂收藏印记""彭城"等。

颐仲——钱孙艾字号藏书印。

彭城——钱孙艾郡望藏书印。

稽瑞楼——陈揆藏书楼号藏书印。陈揆（1780—1825），字子准，常熟（今江苏常熟）人，清代著名校勘学家、文学家、藏书家。藏书楼名"稽瑞楼"。详见《闲居录》"陈揆"条。

铁琴铜剑楼——常熟瞿氏藏书楼号藏书印。详见《周易注疏》"铁琴铜剑楼"条。

识递藏：

从书页所钤藏书印及题跋看，是书曾藏于明末常熟钱曾"述古堂"；继藏于常熟钱孙艾"幽吉堂"；再藏于常熟陈揆"稽瑞楼"；继藏于常熟瞿氏"铁琴铜剑楼"；今藏于国家图书馆。有钱曾跋。

骆宾王文集十卷

识著述：

骆宾王（约638—684），字观光，婺州义乌（今浙江义乌）人，唐代诗人、文学家，与王勃、杨炯、卢照邻合称"初唐四杰"，又与富嘉谟并称"富骆"，著有《骆宾王文集》。《骆宾王文集》十卷，为后人所辑，包括赋一卷，诗四卷，文五卷。其诗辞采华赡，格律谨严，清新俊逸，被杜甫称为代表时代风格的"当时体"。

识版式：

此为南宋初蜀刻本；左右文武双边，上下单边；白口，单黑鱼尾，中刻书名、卷次、页码；半页十一行，行二十字。

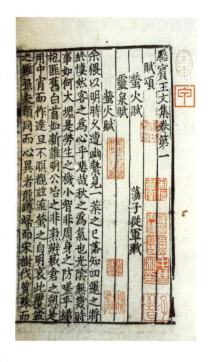

识印章：

毛晋私印 —— 毛晋姓名藏书印。毛晋（1599—1659），常熟（今江苏常熟）人，明末著名经学家、文学家、刻书家、藏书家。藏书楼名"汲古阁"。详见《周易九卷》"毛晋"条。

毛晋书印 —— 毛晋姓名藏书印。

子晋 —— 毛晋字号藏书印。

汲古主人 —— 毛晋别号藏书印。

汲古得修绠 —— 毛晋藏书闲章。

汲古阁 —— 毛晋藏书楼号藏书印。

宋本 —— 毛晋藏书版本藏书印。

甲 —— 毛晋藏书等级藏书印。

广圻审定 —— 顾广圻名号校勘印。顾广圻（1766—1835），元和（今江苏苏州）人，清代著名经学家、校勘学家、目录学家、藏书家。藏书楼名"思适斋"。详见《周礼》"顾广圻"条。

汪士钟印 —— 汪士钟姓名藏书印。汪士钟（1786—?），字春霆，号阆源，一号眼源，长洲（今江苏苏州）人，汪文琛之子，清代著名藏书家。藏书楼名"艺芸书舍""三十五峰园"。详见《周易九卷》"汪士钟"条。

三十五峰园主人——汪士钟别号藏书印。

宋存书室——聊城杨以增海源阁藏书楼分号藏书印。杨以增（1787—1855），聊城（今山东聊城东昌府区）人，清代藏书家。藏书楼名"海源阁"。详见《韩鲁齐三家诗考》"杨以增"条。从递藏轨迹推断，是书于汪氏书散后北流，收入杨以增囊中，存入其"海源阁"之"宋存书室"。

臣绍和印——杨绍和名号藏书印。杨绍和（1830—1875），聊城（今山东聊城）东昌府区人，杨以增次子，海源阁第二代主人，清代著名目录学家、藏书家。藏书楼名"海源阁"。详见《韩鲁齐三家诗考》"杨绍和"条。

杨彦合读书——杨绍和字号藏书印。

杨彦合读书印——杨绍和字号藏书印。

识递藏：

从书页所钤藏书印及题跋看，是书曾藏于常熟毛晋"汲古阁"；继藏于元和顾之逵"小读书堆"；继藏于平江黄丕烈"士礼居"，由元和顾广圻审定；继藏于长洲汪士钟"艺芸书舍"；继藏于长洲汪宪奎"有竹居"；继藏于聊城杨以增"海源阁"之"宋存书室"，由其子杨绍和递藏；傅增湘见于天津盐业银行；今藏于国家图书馆。有黄丕烈、顾广圻跋。

十二家唐诗（王勃集）二十四卷

识著述：

王勃（约650—约676），字子安，绛州龙门（今山西河津）人，唐代经学家、史学家、文学家、诗人，与杨炯、卢照邻、骆宾王并称"初唐四杰"，著有《周易发挥》《汉书指瑕》《舟中纂序》《王子安集》等。《王勃集》（又称《王子安集》）二卷，收录诗八十余首，赋、序、表、碑、颂等文九十余篇。王勃擅长五律和五绝，而主要文学成就是骈文。其送别诗、相思诗，既具有传统的精神风尚，又带有强烈的时代气息，壮阔明朗而不失慷慨激越，感情郁勃，底蕴深厚；其赋为初唐赋的重要组成部分，在某种意义上标志着初唐赋体的繁荣；其骈文继承了徐、庾对仗精工、音韵谐美、用事贴切、以四六为主和注以散行之气的优长，又注以清新之风，振以疏荡之气，变繁缛为清丽，变滞涩为流畅，创造

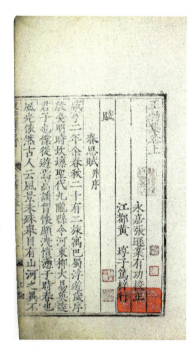

出气象高华、神韵灵动的时代风格，使骈文跃上了一个新台阶。

识版式：

此为明嘉靖三十一年黄埠刻本；四周双边；白口，双黑鱼尾，中刻书名、页码，下刻书坊名称；半页九行，行十九字。

识印章：

傅增湘——傅增湘姓名藏书印。傅增湘（1872—1949），字沅叔，号藏园，别号双鉴楼主人等，江安（今四川江安）人，近代著名目录学家、版本学家、校勘学家、藏书家。藏书楼名"双鉴楼"等。详见《诗外传》"傅增湘"条。

沅叔——傅增湘字号藏书印。

双鉴楼藏书印——傅增湘藏书楼号藏书印。

晋生心赏——傅忠谟字号藏书印。傅忠谟（1905—1974），字晋生，四川江安人，傅增湘之子，近代版本目录学家、藏书家。藏书楼名"佩德斋"，藏书印有"傅忠谟""江安傅忠谟晋生珍藏""忠谟读书""晋生心赏""晋生审定""佩德斋""佩德斋珍藏印"等。著有《佩德斋古玉图录》《古玉精英》等。

佩德斋——傅忠谟藏书楼号藏书印。

识递藏：

从书页所钤藏书印看，是书曾藏于江安傅增湘"双鉴楼"，由其子傅忠谟递藏于"佩德斋"；今藏于山西博物院。下有两印乃人为涂盖，不可辨识，疑其人当在傅氏父子之前。

杨盈川集十卷附录一卷

识著述：

楊炯（650—693），字令明，华州华阴（今陕西华阴）人，唐初文学家、诗人，与王勃、卢照邻、骆宾王并称"初唐四杰"，童佩辑有《杨盈川集》。《杨盈川集》十卷，为杨炯诗文别集。全书收录赋八篇、诗三十四首、杂文四十二篇。杨炯文学才华出众，善散文，尤擅诗歌。其诗在内容和艺术上以突破齐梁"宫体"诗风为特色，在诗歌发展史上起到了承前启后的作用，被杜甫许为代表时代风尚的"当时体"。

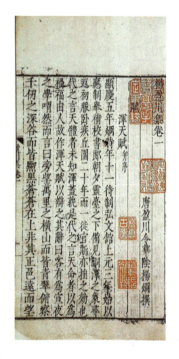

识版式：

此为明万历三年韩邦宪、涂杰刻本；左右双边，上下单边；白口，单黑鱼尾，中刻书名、卷次、页码；半页十一行，行二十字。

识印章：

晋安萧蓼亭手定书籍——萧梦松郡望姓氏字号藏书印。萧梦松（1688—?），字静君，号蓼亭，晋安（今福建南安）人，清代著名藏书家。藏书楼名"名山草堂""兰话堂"。详见《史记评林》"萧梦松"条。

松云古梦——萧梦松名号隐语藏书印。

兰话堂——萧梦松藏书楼号藏书印。

锄经楼藏书印——袁益之藏书楼号藏书印。袁益之（生活于乾嘉间），字扶九，号竹轩，吴江（今江苏苏州）同里人，袁栋之子，清代诗人、藏书家。藏书楼名"锄经楼"，藏书印有"锄经楼藏书印"等。著有《竹轩诗钞》《袁益之诗稿》。

识递藏：

从书页所钤藏书印及题跋看，是书曾藏于晋安萧梦松"兰话堂"；继藏于吴江袁益之"锄经楼"；继藏于钱塘丁丙"嘉惠堂"之"八千卷楼"；今藏于南京图书馆。有丁丙跋。

陈伯玉文集十卷

识著述：

陈子昂（661—702），字伯玉，梓州射洪（今四川射洪）人，因曾任右拾遗，后世称"陈拾遗"，唐代文学家、诗人，初唐诗文革新运动领袖，著有《陈伯玉文集》。《陈伯玉文集》十卷，辑录陈氏所为诗赋、杂诗、表、碑文、志铭、杂著、书诸多文体，其中以诗歌成就为最高。《文

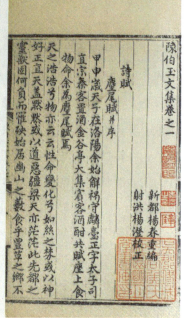

集》存诗一百余首，最具代表性的有组诗《感遇》三十八首、《蓟丘览古》七首和《登幽州台歌》等，其诗风骨道上，兴寄超迈，苍劲有力，开有唐一代诗风。

识版式：

此为明弘治四年杨澄刻本；四周双边；粗黑口，双黑鱼尾，中刻书名、卷次、页码；半页十一行，行二十一字。

识印章：

吴郡疁城上谷侯氏秬园明月堂书画印——侯震旸郡望姓氏藏书楼号藏书印。侯震旸（生活于万历天启间），字得一，号启东，南直隶嘉定（今上海嘉定）诸翟镇紫堤村人，明末藏书家。侯氏东园在嘉定东北境，为侯震旸所辟，内有明月堂、岁寒亭、安雅堂等。

胡珽词翰——胡珽姓名藏书印。胡珽（1822—1861），字心耘，仁和（今浙江杭州）人，清代校勘学家、藏书家。藏书楼名"琳琅秘室"，藏书印有"胡珽藏书""胡珽词翰""壶天小隐""琳琅秘室藏书""琳琅主人""从吾所好""第一奇书""子孙守之"等。著有《石林燕语集辨》《懒真子录集证》等。

琳琅秘室藏书——胡珽藏书楼号藏书印。

苍虬经眼——陈曾寿字号藏书印。陈曾寿（1878—1949），字仁先，号耐寂、复志、焦庵，自称苍虬居士，蕲水（今湖北浠水）巴河陈家大岭人，陈沆曾孙，清末民国诗人、词人、书法家、藏书家。藏书楼名"苍虬阁"，藏书印有"陈曾寿印""臣陈曾寿""寿""仁先""苍虬""苍虬经眼""清净身"等。著有《苍虬阁诗集》《旧月簃词》。

秀洪之印——其人无考。

章厓——其人无考。

识递藏：

从书页所钤藏书印及题跋看，是书曾藏于嘉定侯震旸"明月堂"；又藏于仁和胡珽"琳琅秘室"；又藏于蕲水陈曾寿"苍虬阁"；今藏于国家图书馆。有胡珽跋。

张说之文集二十五卷

识著述：

　　张说（667—730），字道济，一字说之，范阳方城（今河北固安）人，唐代政治家、军事家、诗人、文学家，西晋司空张华后裔，著有《张说之文集》。张说前后三次为相，执掌文坛三十年，成为开元前期一代文宗，与许国公苏颋齐名，号称"燕许大手笔"。《张说之文集》（又名《张燕公集》）二十五卷，收录张说诗、赋、文，而目次错互，伪舛甚多。张说诗风质朴，直抒胸臆，明白畅达，完美地表现了从早期意气风发、大气磅礴到后期凄婉哀怨的转变；其文典丽宏赡，称一时"大述作"。

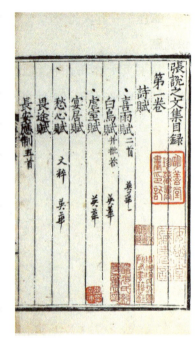

识版式：

　　此为明嘉靖十六年伍氏龙池草堂刻本；四周文武双边；白口，中刻书名、卷次、页码；半页十行，行二十字。

识印章：

　　明善堂珍藏书画印记——清怡亲王爱新觉罗·弘晓藏书楼号藏书印。爱新觉罗·弘晓（1722—1778），字秀亭，号冰玉道人，清代著名诗人、藏书家。藏书楼名"乐善堂""明善堂""安乐堂"等，藏书印有"怡府世宝""安乐堂藏书记""明善堂览书画印记"等。著有《明善堂诗集》。详见《增节标目音注精议资治通鉴》"爱新觉罗·弘晓"条。

　　安乐堂藏书记——清怡亲王爱新觉罗·弘晓藏书楼号藏书印。

　　阳湖陶氏涉园所有书籍之记——陶湘郡望姓氏藏书楼号藏书印。陶湘（1870—1939），字兰泉，号涉园，武进（今江苏常州武进）人，清末民国著名实业家、目录学家、刻书家、藏书家。藏书楼名"涉园""百川书屋""百嘉室""喜咏轩"等，藏书印有"陶湘私印""兰泉""阳湖陶氏涉园藏书""阳湖陶氏涉园所有书籍之记""涉园鉴藏""涉园珍秘""涉园手检""百川书屋""大备"等。编有《明毛氏汲古阁刻书目录》《涉园鉴藏明版目录》《清代殿版书目》《武英殿聚珍版书目》《内府写本书目》《故宫殿本书库现存目》等。

　　张寿镛印——张寿镛姓名藏书印。张寿镛（1875—1945），字伯颂，号泳霓，别号约园，鄞县（今浙江宁波鄞州区）人，著名爱国教育家、文献学家、藏书家。藏书楼名"约园"，藏书印有"张寿镛印""泳霓之印""约园藏书""四明张氏约园藏书之印""后世子孙所宜永宝藏"等。著有《约园诗文选辑》《约园善本藏书志》《四明经籍志》《癸未检书记》《诗史初稿》《史学大纲》《约园杂著》《游蜀草》《乡谚证古》等。

四明张氏约园藏书之印——张寿镛郡望姓氏藏书楼号藏书印。

识递藏：

从书页所钤藏书印及题跋看，是书曾藏于吴县钱榖"悬磬室"；又藏于爱新觉罗·弘晓"明善堂""安乐堂"；又藏于武进陶湘"涉园"；继藏于鄞县张寿镛"约园"；今藏于国家图书馆。有钱榖跋。

唐张曲江诗集二卷

识著述:

张九龄（678—740），字子寿，一名博物，谥文献，韶州曲江（今广东韶关）人，世称"张曲江"或"文献公"，唐代著名政治家、诗人、文学家，著有《唐张曲江诗集》。《唐张曲江诗集》（又称《曲江集》）二卷，为张九龄诗文别集，包括

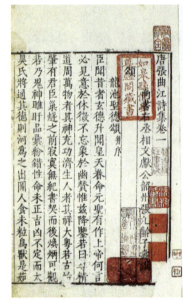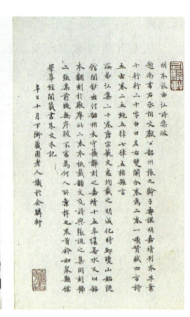

诗二百二十二首和散文二百四十八篇。其内容除山水诗外，更多的是展示自身进退维谷的矛盾心理、揭露官场的黑暗腐朽。艺术表现多采用隐晦曲折的比兴手法，寄托遥深，语言质朴素练，风格沉郁，对扫除六朝以来的绮靡诗风，贡献尤大。

识版式:

此为明嘉靖刻本；左右双边，上下单边；白口，单白鱼尾，中刻书名、卷次、页码；半页十行，行二十字。

识印章:

如皋县儒学尊经阁藏书——江苏如皋县学尊经阁藏书印。

增湘——傅增湘名号藏书印。傅增湘（1872—1949），字沅叔，号藏园，别号双鉴楼主人等，别署书潜等，江安（今四川江安）人，近代著名目录学家、版本学家、校勘学家、藏书家。藏书楼名"双鉴楼"等。详见《诗外传》"傅增湘"条。

沅叔——傅增湘字号藏书印。

沅叔藏书——傅增湘字号藏书印。

双鉴楼藏书印——傅增湘藏书楼号藏书印。

龙龛精舍——傅增湘藏书楼号藏书印。

企骖轩——傅增湘藏书楼号藏书印。

蘦庵——傅增湘藏书楼号藏书印。

识递藏:

　　从书页所钤藏书印看，是书曾藏于如皋县儒学尊经阁；又藏于江安傅增湘"双鉴楼"；今藏于山西博物院。有傅增湘跋。书页尚有三方藏印，遭人为涂抹，不可辨识。

孟浩然诗集三卷

识著述：

孟浩然（689—740），名浩，字浩然，号孟山人，襄州襄阳（今湖北襄阳）人，世称孟襄阳，唐代著名山水田园派诗人，著有《孟浩然诗集》。《孟浩然诗集》三卷，以五言短篇为主，多写山水田园和隐居逸兴以及羁旅行役的心情，其中虽不无愤世嫉俗之词，而更多属于诗人的自我表现。孟诗虽不如王维诗境界广阔，但在艺术上有独特造诣，故后人将其与王维并称为"王孟"。

识版式：

此为南宋中期四川眉山刻唐六十家集本；左右文武双边，上下单边；白口，单黑鱼尾；半页十二行，行二十一字。

识印章：

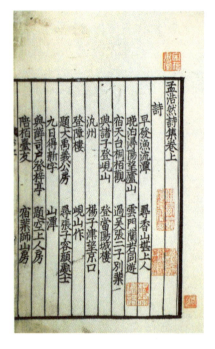

黄丕烈印——黄丕烈姓名藏书印。黄丕烈（1763—1825），平江（今江苏苏州）人，清代著名校勘学家、版本学家、目录学家、刻书家、藏书家。藏书楼名"士礼居""百宋一廛"等。详见《四书通》"黄丕烈"条。

汪士钟印——汪士钟姓名藏书印。汪士钟（1786—？），长洲（今江苏苏州）人，汪文琛之子，清代著名藏书家。藏书楼名"艺芸书舍""三十五峰园"等。详见《周易九卷》"汪士钟"条。

文登于氏小谟觞馆藏本——于昌进郡望姓氏藏书楼号藏书印。于昌进（1807—1857），字子与，号湘山，文登（今山东文登）人，清代著名诗人、藏书家。藏书楼名"小谟觞馆"等。著有《旧雨轩剩稿》。详见《毛诗故训传》"于昌进"条。

杨以增字益之又字至堂晚号冬樵行一——杨以增姓名字号藏书印。杨以增（1787—1855），聊城（今山东聊城）东昌府区人，清代藏书家。藏书楼名"海源阁"。详见《韩鲁齐三家诗考》"杨以增"条。

关西节度系关西——杨以增官爵藏书印。杨以增曾任甘肃按察使，又升任陕西布政使、陕西巡抚，后又代理陕甘总督，故称关西节度。

杨绍和读过——杨绍和姓名藏书印。杨绍和（1830—1875），聊城（今山东聊城）东昌府区人，杨以增次子，海源阁第二代主人，清代著名目录学家、藏书家。藏书楼名"海源阁"。详见《韩鲁齐三家诗考》"杨绍和"条。

宋存书室——聊城杨氏海源阁分号藏书印。

李盛铎印——李盛铎姓名藏书印。李盛铎（1859—1934），德化（今江西九江）人，清末民初著名政治家、收藏家。藏书楼名"木犀轩"等。详见《监本纂图重言重意互注论语》"李盛铎"条。

周暹——周叔弢姓名藏书印。周叔弢（1891—1984），原名暹，字叔弢，以字行，建德（今安徽东至县）人，现代著名政治家、实业家、收藏家、藏书家。藏书楼名"寒在堂"等。详见《周礼》"周暹"条。

识递藏：

从书页所钤藏书印及题跋看，是书曾藏于元皇家"翰林国史院"；又藏于桐乡金德舆"酉山堂"；继藏于平江黄丕烈"士礼居"；继藏于长洲汪士钟"艺芸书舍"；继藏于文登于昌进"小谟觞馆"；继藏于聊城杨以增"海源阁"之"宋存书室"，由其子杨绍和递藏；继藏于德化李盛铎"木犀轩"；继藏于建德周暹"寒在堂"；今藏于国家图书馆。有黄丕烈跋。

李颀集三卷

识著述：

李颀（690—751），字号无考，颍阳（今河南登封）人，唐代著名边塞诗人，著有《李颀集》。李颀擅长七言歌行和边塞诗，风格豪放，慷慨悲凉，与王维、高适、王昌龄等皆有唱和。《李颀集》三卷，卷上为五古，卷中为七古，卷下为五律、七律、五绝、七绝，内容和题材均非常广泛，而尤以边塞诗著称。

识版式：

此为明铜活字印本；左右双边，上下单边；细黑口，单黑鱼尾，中刻书名、卷次、页码；半页九行，行十七字。

识印章：

沈一诚印——沈一诚姓名藏书印。沈一诚，字蟾阳，其人无考。藏书印有"沈一诚印""蟾阳""家传碧落清风"等。

蟾阳——沈一诚字号藏书印。

家传碧落清风——沈一诚藏书闲章。

识递藏：

从书页所钤藏书印看，是书曾藏于沈一诚之手，今藏于广东省立中山图书馆。

类笺唐王右丞诗集十卷文集四卷集外编一卷年谱一卷唐诸家同咏集一卷赠题集一卷历朝诸家评王右丞诗画钞一卷

识著述：

王维（701—761/699—761），字摩诘，号摩诘居士，河东蒲州（今山西运城）人，唐代著名诗人、音乐家、书画家。王维参禅悟理，学庄信道，精通诗、书、画、音乐等，以诗名盛于开元、天宝间，尤长五言，多咏山水田园，与孟浩然合称"王孟"，有"诗佛"之称，世称"王右丞"，著有《王右丞集》《画学秘诀》等。《类笺唐王右丞诗集》十卷，是王维现存最早的诗文注本。此套含《诗集》十卷，包括五七言古诗、律诗、绝句，且各为笺注，刘辰翁评语各附句下；《文集》四卷，包括赋、表、状、露布、书、序、记、赞文、碑墓志、哀辞、祭文等；又附《唐诸家同咏集》一卷、《唐诸家同赠题集》一卷、《历朝诸家评王右丞诗画钞》一卷。书前有小引、集表、列传、年谱、正讹。

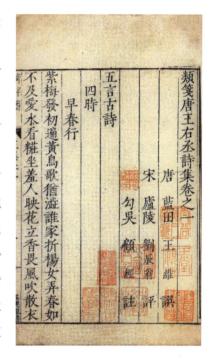

识版式：

此为明嘉靖三十五年顾氏奇字斋刻本；左右双边，上下单边；白口，单黑鱼尾，上刻刻书堂口，中刻书名、卷次、页码，下刻书版者姓名；半页九行，行十八字，小字双行同。

识印章：

玉堂视草——朝鲜王朝时代王室藏书印。

奎章阁鉴书博士——朝鲜王朝时代王室奎章阁藏书印。

中朝文献世家——朝鲜王朝时代王室藏书印。

陈眉公书画记——陈继儒姓氏字号藏书印。陈继儒（1558—1639），字仲醇，号眉公、麋公，松江府华亭（今上海松江）人，明代诗人、词人、文学家、书画家、藏书家。藏书楼名"宝颜堂""顽仙庐""来仪堂""婉娈草堂""尚白斋"等，藏书印有"陈继儒印""陈眉公书画记""眉公""雪堂""麋公""一腐儒""晚香堂"等。传世书画有《梅花册》《吴葛将军墓碑》等，辑有《宝颜堂秘笈》《国朝名

771

公诗选》等，著有《陈眉公全集》《小窗幽记》《妮古录》。

太谷孙氏家藏——孙阜昌郡望姓氏藏书印。孙阜昌（生活于道咸间），字近居，号白石傻子，太谷（今山西太谷）人，清代著名篆刻家、藏书家。藏书楼名"养正楼""淡泊明志轩"，藏书印有"孙阜昌印""卫阳道孙阜昌珍藏印""太谷白石傻子孙阜昌鉴藏""近居""太谷孙近居珍玩印""太谷孙氏家藏"等。著有《养正楼福禄寿印存》。

沈振麟印——沈振麟姓名藏书印。沈振麟（生活于咸同年间），字凤池，一字凤墀，吴县（今江苏苏州）人，清末宫廷御用画家、藏书家。藏书印有"沈振麟印""臣沈振麟""振麟""凤池"等。工写照，善写生及山水、人物。

识递藏：

从书页所钤藏书印看，是书当为明王朝赐予朝鲜王朝之汉籍，原藏于朝鲜王室之"奎章阁"；回流后曾藏于华亭陈继儒"宝颜堂"；再藏于太谷孙阜昌"养正楼"；继藏于吴县沈振麟之手；今藏于辽宁省图书馆。

李太白文集三十卷

李白（701—762），字太白，号青莲居士，又号
"谪仙人"，唐代伟大的浪漫主义诗人，被后人誉为
"诗仙"，与杜甫并称为"李杜"，著有《李太白文
集》。《李太白文集》三十卷，为李白诗文别集。卷一
收此本之前的李集序及碑文，后二十九卷分类归集李
白诗文，为乐府、歌吟、赠、寄、别、送、酬答、游
宴、怀古、古赋及颂、赞、碑、铭等诸文体。其中，
李白最擅长的体裁是乐府、七言歌行和绝句，风格豪
迈奔放，清新飘逸，意境奇妙，充满了浪漫主义色
彩，艺术成就极高，影响极为深远。

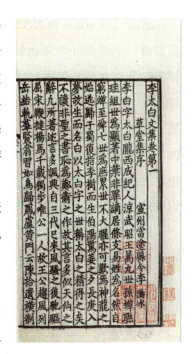

识版式：

此为南宋初蜀刻本；左右双边，上下单边；白
口，单黑鱼尾，中刻卷次、页码；半页十一行，行二
十字。

识印章：

朱之赤——朱之赤姓名藏书印。朱之赤（生活于明末清初），字守吾，号卧庵，
别署狂奴等，休宁（今安徽休宁）人，侨寓吴中（今江苏苏州），明末清初书画鉴
赏家、藏书家。藏书楼名"卧庵""留耕草堂"等。详见《西京杂记》"朱之
赤"条。

卧庵道士——朱之赤别号藏书印。

欹闻道人——朱之赤别号藏书印。

都纲之章——朱之赤官爵藏书印。都纲为由政府任命，统领全国寺院僧尼以维
持教法之官职。朱之赤曾为南京朝天宫道士。

月潭——朱之赤藏书闲章。

识递藏：

从书页所钤藏书印看，是书曾藏于休宁朱之赤"卧庵"，今藏于国家图书馆。

高常侍集十卷

识著述：

高适（约704—约765），字达夫、仲武，世称高常侍，渤海蓨（今河北景县）人，唐代著名边塞诗人，著有《高常侍集》。《高常侍集》十卷，包括诗八卷、文二卷。高适的边塞诗笔力雄健，气势奔放，洋溢着盛唐时期特有的奋发进取、蓬勃向上的时代精神，与岑参并称"高岑"，与岑参、王昌龄、王之涣合称"边塞四诗人"。

识版式：

此为清初影宋抄本；左右双边，上下单边；白口，单黑鱼尾，上刻书名，中刻卷次、页码，下刻刻工姓名；半页十行，行十八字。

识印章：

金德鉴印——金德鉴姓名藏书印。金德鉴（1810—1887），一作宝鉴，字保三，号前释老人，又号双馆阁主人，元和（今江苏苏州）人，清代画家、医学家、藏书家。藏书楼名"双馆阁""小耕石斋"，藏书印有"金德鉴印""保三""子参""小耕石斋""双馆阁印""庚申以后所得"等。辑有《烂喉痧疹辑要》。

保三——金德鉴字号藏书印。

小耕石斋——金德鉴藏书楼号藏书印。

庚申以后所得——金德鉴藏书闲章。此庚申年为1860年。

识递藏：

从书页所钤藏书印看，是书曾藏于元和金德鉴"小耕石斋"；今藏于国家图书馆。

刘随州文集十一卷

识著述：

刘长卿（709—789），字文房，河间（今河北河间）人，唐代诗人，官至随州刺史，世称刘随州，著有《刘随州文集》。《刘随州文集》十一卷，为刘长卿诗文别集。全书收诗十卷，文一卷，卷一至卷七为五言诗，卷八至卷十除五首六言诗外皆七言诗。长卿诗长于五言，时号"五言长城"。《骚坛秘语》谓"刘长卿最得骚人之兴，专主情景"。

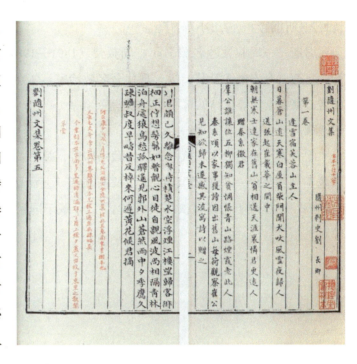

识版式：

此为清乾隆四十一年卢文弨抄本；四周双边；白口，单黑鱼尾，中书书名、卷次、页码；半页十一行，行二十一字。

识印章：

卢文弨——卢文弨姓名藏书印。卢文弨（1717—1795），余姚（今浙江杭州）人，清代著名经学家、史学家、校勘学家、藏书家。藏书楼名"抱经堂"。详见《直斋书录解题五十六卷》"卢文弨"条。

弓父手校——卢文弨晚号藏书印。

抱经堂写校本——卢文弨藏书楼号藏书印。

陈经之印信——陈经姓名藏书印。陈经（1792—？），字包之、抱之、褒之、辛彝，一号新畲，乌程（今浙江湖州）人，清代著名金石学家、篆刻家、收藏家。藏书楼名"说剑楼""求古精舍""鱼计亭""碧云山房""百四十斋"等，藏书印有"陈经印信""陈经之印信""探花外史""简盦珍弄"等。著有《名画经眼题记》《雪南唱和集》等。

湘舟过眼——顾沅字号藏书印。顾沅（1799—1851），字澧兰，号湘舟，又自号沧浪渔父，长洲（今江苏苏州）人，清代学者、诗人、金石收藏家、藏书家。藏书楼名"怀古书屋""艺海楼""辟彊园""赐砚堂""秘香阁""妙墨亭""吉金乐石之斋"等，藏书印有"顾沅图章""顾沅湘舟氏""长洲顾沅湘舟收藏经籍金石书籍之印""臣沅之印""顾湘舟""湘舟""澧兰又号湘舟""湘舟过眼""湘舟手校""湘舟鉴赏""古吴武陵叔子湘舟氏珍藏""武陵怀古书屋收藏""秘香阁收藏""彭城仲子审定"等。著有《古圣贤传略》《昆山志》《焦山志》《沧浪亭志》《然松书屋诗抄》《听漏吟》《游山小草》等。

周暹——周叔弢姓名藏书印。周叔弢（1891—1984），原名暹，字叔弢，以字行，建德（今安徽东至县）人，现代著名政治家、实业家、收藏家、藏书家。藏书楼名"寒在堂"等。详见《周礼》"周暹"条。

识递藏：

此书为卢文弨抄本。从书页所钤藏书印看，是书首藏于杭州卢文弨"抱经堂"；又藏于乌程陈经"说剑楼"；继藏于长洲顾沅"艺海楼"；其后或藏于丰顺丁日昌"持静斋"；继藏于建德周叔弢"寒在堂"；今藏于国家图书馆。卢文弨校跋并录何焯跋。

台阁集一卷

识著述:

　　李嘉佑（生活于唐玄宗、肃宗、代宗朝），字从一，赵州（今河北赵县）人，唐代诗人，著有《台阁集》。《台阁集》（又名《李嘉祐集》）一卷，为李嘉祐诗别集，收录李诗一百零八首。其诗绮丽婉靡，有齐、梁风，人拟为吴均、何逊之敌。

识版式:

　　此为清初影元抄本；左右双边，上下单边；白口，单黑鱼尾，中刻书名；半页十行，行十八字。

识印章:

　　丕烈——黄丕烈名号藏书印。黄丕烈（1763—1825），字绍武，号荛圃，又号复翁等，平江（今江苏苏州）人，清代著名校勘学家、版本学家、目录学家、刻书家、藏书家。藏书楼名"士礼居""百宋一廛"等。详见《四书通》"黄丕烈"条。

　　荛夫——黄丕烈字号藏书印。

　　士礼居——黄丕烈藏书楼号藏书印。

　　汪士钟印——汪士钟姓名藏书印。汪士钟（1786—?），字春霆，号阆源，一号眼源，长洲（今江苏苏州）人，汪文琛之子，清代著名藏书家。藏书楼名"艺芸书舍""三十五峰园"等。详见《周易九卷》"汪士钟"条。

　　阆原甫——汪士钟字号藏书印。

　　金德鉴印——金德鉴姓名藏书印。金德鉴（1810—1887），一作宝鉴，字保三，号前释老人，又号双馆阁主人，元和（今江苏苏州）人，清代画家、医学家、藏书家。藏书楼名"双馆阁""小耕石斋"，藏书印有"金德鉴印""保三""子参""小耕石斋""双馆阁印""庚申以后所得"等。辑有《烂喉痧痧辑要》。

　　保三——金德鉴字号藏书印。

　　虞山翁同龢印——翁同龢郡望姓名藏书印。翁同龢（1830—1904），常熟（今江苏常熟）人，翁心存之子，清代著名政治人物、诗人、书法家、藏书家。藏书楼名"均斋""瓶斋"。详见《魁本袖珍方大全》"翁同龢"条。

均斋秘笈——翁同龢藏书楼号藏书印。

识递藏：

从书页所钤藏书印看，是书曾藏于平江黄丕烈“士礼居”；继藏于长洲汪士钟“艺芸书舍”；继藏于元和金德鉴“小耕石斋”；继藏于常熟翁同龢“均斋”；今藏于国家图书馆。

寒山子诗集一卷丰干拾得诗一卷

识著述：

　　寒山子（生活于唐大历间），姓名字号均无考，长安（今陕西西安）人，唐代著名诗僧，后人辑有《寒山诗》。《寒山子诗集》（又称《寒山诗》）三卷《丰干拾得诗》一卷，乃寒山子大历间隐居天台翠屏山寒岩时，常在山林间题诗作偈，与国清寺僧人丰干、拾得相互唱和之作。其诗多述山林幽隐之兴，蕴含人生哲理，或讥讽时态，警励流俗，风格别致。

识版式：

　　此为宋刻本；左右双边，上下单边；白口，单黑鱼尾；半页十一行，行十八字。

识印章：

　　毛晋私印——毛晋姓名藏书印。毛晋（1599—1659），常熟（今江苏常熟）人，明末著名经学家、文学家、刻书家、藏书家。藏书楼名"汲古阁"。详见《周易九卷》"毛晋"条。

　　子晋——毛晋字号藏书印。

　　汲古主人——毛晋别号藏书印。

　　宋本——毛晋藏书版本藏书印。

　　甲——毛晋藏书等级藏书印。

　　乾隆御览之宝——乾隆皇帝藏书印。爱新觉罗·弘历（1711—1799），清代第六位皇帝，入关之后的第四位皇帝，年号"乾隆"。藏书楼名"天禄琳琅""三希堂"等，藏书印有"乾隆御览之宝""古稀天子""天禄继鉴"等。详见《春秋意林》"爱新觉罗·弘历"条。

　　天禄继鉴——乾隆藏书楼号藏书印。

　　周暹——周叔弢姓名藏书印。周叔弢（1891—1984），建德（今安徽东至县）人，现代著名政治家、实业家、收藏家、藏书家。藏书楼名"寒在堂"等。详见《周礼》"周暹"条。

识递藏：

从书页所钤藏书印看，是书曾藏于常熟毛晋"汲古阁"；后藏于乾隆大内"天禄琳琅"；又藏于建德周叔弢"寒在堂"；今藏于国家图书馆。

杜工部草堂诗笺五十卷传叙碑铭一卷年谱二卷诗话二卷

识著述：

杜甫（712—770），字子美，自号少陵野老，巩县（今河南巩义）人，唐代伟大的现实主义诗人，后世尊为"诗圣"，与李白合称"李杜"，著有《杜工部集》。杜甫诗歌立足忠厚，关注现实，风格沉郁雄浑，自成一家，被目为古典诗歌现实主义的最高峰，对中国文学产生了深远影响，在世界文学史上也占有重要地位；蔡梦弼（生卒不详），字傅卿，建安（今福建建瓯）人，南宋学者，撰有《杜工部草堂诗笺》，辑有《草堂诗话》二卷。《杜工部草堂诗笺》五十卷，附《传叙碑铭》一卷《年谱》二卷《诗话》二卷，由南宋蔡梦弼集录。此书以年代为序，将杜甫诗作予以编排，并用集注的形式加以笺注。

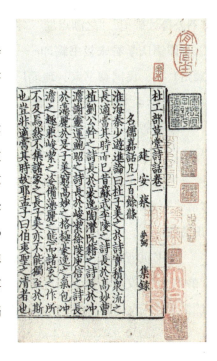

识版式：

此为宋刻本；四周双边；白口，单黑鱼尾；半页十一行，行十九字。

识印章：

华亭朱氏珍藏——朱大韶郡望姓氏藏书印。朱大韶（1517—1577），字象元，一作象玄，号文石，松江府华亭（今上海松江）人，明代学者、藏书家。藏书楼名"横经阁""文石山房"。详见《輶轩使者绝代语释别国方言》"朱大韶"条。

大宗伯印——朱大韶官爵藏书印。

荣庆堂——朱大韶藏书楼号藏书印。

季振宜字诜兮号沧苇——季振宜姓名字号藏书印。季振宜（1630—?），字诜兮，号沧苇，泰兴（今江苏泰州靖江）季市镇人，明末清初著名诗人、文献学家、版本学家、校勘学家、藏书家。藏书楼名"静思堂"。详见《尚书注疏》"季振宜"条。

贵池刘世珩鉴藏经籍金石书画记——刘世珩郡望姓名鉴藏印。刘世珩（1875—1926），字聚卿，又字葱石，号楄盦，别号楚园，祖籍安徽贵池，移居江宁（今江苏南京），清末民初著名史学家、文学家、词人、戏剧家、刻书家、藏书家。藏书楼名"玉海堂""赐书台""宜春堂"等。详见《吴中人物志》"刘世珩"条。

781

宜春堂——刘世珩藏书楼号藏书印。

圣颅秘笈识者宝之——刘世珩藏书闲章。

宋本——刘世珩藏书版本藏书印。

之泗点勘——刘之泗名号藏书印。刘之泗（1900—1937），字公鲁，号畏斋，一号寅白，祖籍安徽贵池，随祖上徙居江宁（今江苏南京），刘世珩之子，民国藏书家。藏书楼名"畏斋"，藏书印有"刘之泗印""刘之泗""公鲁""公鲁校读""刘公鲁读碑记""之泗点勘""畏斋藏书"等。著有《畏斋藏玺》《鲁庵藏谱》。

谭锡庆学看宋板书籍印——谭锡庆（生活于民国间），字笃生，冀县（今河北冀州）人，民国藏书家，琉璃厂"正文斋"书铺掌柜。藏书印有"谭锡庆""笃生""谭锡庆学看宋板书籍印""畿辅谭氏藏书印"等。

秦清曾——秦淦姓氏字号藏书印。秦淦（1894—1984），字清曾，一字坚白，号坚白居士、憨斋老人，无锡（今江苏无锡）人，秦祖永之曾孙，当代著名画家、藏书家。藏书楼名"鉏彝斋""习苦斋"，藏书印有"秦淦""秦淦私印""秦清曾""清曾"等。

识递藏：

从书页所钤藏书印看，是书曾藏于华亭朱大韶"荣庆堂"；又藏于泰兴季振宜"静思堂"；又藏于贵池刘世珩"宜春堂"；继藏于其子刘之泗"畏斋"；继藏于冀县谭锡庆"正文斋"；继藏于无锡秦淦"习苦斋"；今藏于上海博物馆。

岑嘉州诗八卷

识著述：

岑参（约715—770），荆州江陵（今湖北江陵）人，唐代著名边塞诗人，曾官嘉州（今四川乐山）刺史，世称"岑嘉州"。岑参长于七言歌行，尤以边塞诗擅场，其风格与高适相近，世称"高岑"，著有《岑嘉州诗》。《岑嘉州诗》八卷，存诗三百六十首，其中以边塞诗为主且成就最高。作品既热情地歌颂了唐军的武功，生动地描写了奇异的边塞风光，形象地表现了与各民族的友好相处，同时也委婉地揭露了战争的残酷，抒发了将士们的思乡之情和苦乐不均，广泛开拓了边塞诗的创作题材和艺术境界。其诗境界开阔，想象丰富，造意新奇，气势磅礴，风格奇峭，词采瑰丽，呈现出雄奇瑰丽的浪漫主义色彩。其早期诗歌多为写景、述怀及

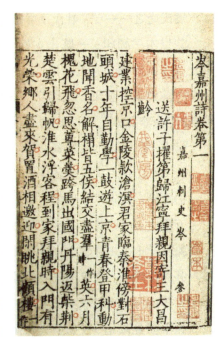

赠答之作，山水诗风格清丽俊逸，语奇体峻，意境新奇，感伤不遇、嗟叹贫贱的忧愤情绪也较浓；晚年诗作感时伤乱，渐趋消沉。

识版式：

此为宋刻本；左右双边，上下单边；白口，单黑鱼尾，上刻书名，下刻卷数；半页十行，行十八字。

识印章：

陈寅之印——陈寅姓名藏书印。陈寅（1495—1549），字敬夫，武定（今山东滨州惠民）人，明代书法家、藏书家。藏书楼名"完庵"，藏书印有"陈寅之印""陈寅""陈氏集寅""敬夫氏""完庵""任侠自喜"等。

吴郡顾元庆氏珍藏印——顾元庆郡望姓名藏书印。顾元庆（1487—1565），字大有，号大石山人，长洲（今江苏苏州）人，明代诗人、茶学家、书法家、刻书家、藏书家。藏书楼名"大石山房""夷白堂"。详见《方言》"顾元庆"条。

克承——顾德育字号藏书印。顾德育（1503—?），字克承，一字可求，初号少潜，晚称安雅生，吴县（今江苏苏州）人，明代诗人、藏书家。藏书楼名"安雅堂"，藏书印有"克承""安雅生"等。

安雅生——顾德育字号藏书印。

袁褧印——袁褧姓名藏书印。袁褧（1495—1573），字尚之，自号谢湖、中皋子，吴县（今江苏苏州）人，明代刻书家、藏书家。藏书楼名"石磬斋""玉韵斋""采碧亭""嘉趣堂""昌安堂"，藏书印有"袁褧印""袁氏尚之""谢湖""玉韵斋图书""采碧亭""袁氏昌安堂珍藏""研北闲情""高山流水"等。著有《枫窗小牍》。

袁氏尚之——袁褧姓氏字号藏书印。

陈崇本书画印——陈崇本姓名藏书印。陈崇本（生活于乾嘉年间），字伯恭，商丘（今河南商丘）人，清代著名书画家、藏书家。藏书楼名"井养山房"，藏书印有"陈崇本书画印""崇本""崇本印信""崇本私印""崇本审定""伯恭""伯恭所藏""井养山房""井养山房珍玩""翰林学士""万墨主人"等。

崇本——陈崇本名号藏书印。

崇本私印——陈崇本名号藏书印。

伯恭——陈崇本字号藏书印。

万墨主人——陈崇本字号藏书印。

翰林学士——陈崇本官爵藏书印。

井养山房——陈崇本藏书楼号藏书印。

井养山房珍玩——陈崇本藏书楼号藏书印。

顾千里经眼记——顾广圻姓氏字号藏书印。顾广圻（1766—1835），元和（今江苏苏州）人，清代著名经学家、校勘学家、目录学家、藏书家。藏书楼名"思适斋"。详见《周礼》"顾广圻"条。

协卿读过——杨绍和字号藏书印。杨绍和（1830—1875），聊城（今山东聊城）东昌府区人，杨以增次子，海源阁第二代主人，清代著名目录学家、藏书家。藏书楼名"海源阁"。详见《韩鲁齐三家诗考》"杨绍和"条。

东郡宋存书室珍藏——杨绍和郡望藏书楼分号藏书印。

周暹——周叔弢姓名藏书印。周叔弢（1891—1984），原名暹，字叔弢，以字行，建德（今安徽东至县）人，现代著名政治家、实业家、收藏家、藏书家。藏书楼名"寒在堂"等。详见《周礼》"周暹"条。

识递藏：

从书页所钤藏书印看，是书曾藏于明武定陈寅"完庵"；继藏于长洲顾元庆"大石山房"；继藏于吴县顾德育"安雅堂"，继藏于吴县袁褧"石磬斋"；又藏于商丘陈崇本"井养山房"，其间长洲顾广圻借观；继藏于聊城杨绍和"海源阁"之"宋存书室"；又藏于建德周叔弢"寒在堂"，今藏于国家图书馆。

"庐山阳陈徵印""晋宁侯裔""周曰东印""元甫""停云生"五方藏印，印主无考。

唐元次山文集十卷拾遗一卷

识著述：

　　元结（719—772），字次山，号漫叟、聱叟、浪士、漫郎，又号猗玗子，鲁山（今河南鲁山）人，唐代道家学者、诗人、文学家，著有《元子》《箧中集》《唐元次山文集》等。《唐元次山文集》十卷《拾遗》一卷，为元结诗文别集。其诗歌触及了天宝间日益尖锐的社会矛盾，有强烈的现实色彩。其所长为五言古风，质朴淳厚，笔力遒劲，但因过分否定声律词采，有时不免过于质直；其杂体政论散文，针砭时弊，不同流俗，大抵短小精悍，笔锋犀利，绘形图貌，逼真生动，发人深省。而书、论、序、表、状之类，均刻意求古，意气超拔。

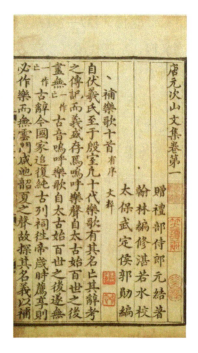

识版式：

　　此为明正德十二年郭勋刻本；四周文武双边；黑口，三黑鱼尾，中刻书名、卷次，下刻页码；半页十行，行二十字。

识印章：

　　笑读轩——高岑藏书楼号藏书印。高岑（生活于清初），字韵苔，松江华亭（今上海）人，清代诗人、画家、藏书家。藏书楼名"笑读轩"，藏书印有"高岑之印""笑读轩""花淫"等。著有《笑读轩存稿》《江湖夜雨集》。

　　花淫——高岑别号藏书印。

　　寿镛——张寿镛字号藏书印。张寿镛（1875—1945），字伯颂，号泳霓，别号约园，鄞县（今浙江宁波鄞州区）人，清末民国著名爱国教育家、文献学家、藏书家。藏书楼名"约园"。详见《张说之文集》"张寿镛"条。

　　咏霓——张寿镛字号藏书印。

识递藏：

　　从书页所钤藏书印看，是书曾藏于华亭高岑"笑读轩"；又藏于鄞县张寿镛"约园"；今藏于国家图书馆。

韦苏州集十卷拾遗一卷

识著述：

韦应物（737—791），字义博，京兆杜陵（今陕西西安）人，世称"韦苏州""韦左司""韦江州"，唐代诗人、藏书家，著有《韦苏州集》。《韦苏州集》十卷，收录韦应物诗歌五百余首，包括古赋、杂拟、燕集、寄赠、送别、酬答、怀思、登眺、杂兴、歌行十类，附拾遗和总论。韦应物为唐代著名山水田园诗派诗人，诗风恬淡高远，以善于写景和描写隐逸生活而著称，后人每以王孟韦柳并称。

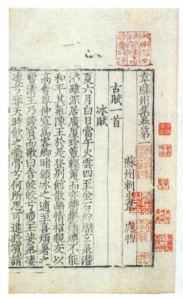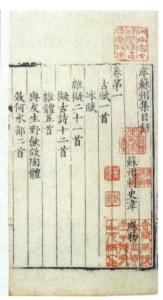

识版式：

此为南宋书棚本；左右双边，上下单边；白口，单黑鱼尾，中刻书名、卷次、页码；半页十行，行十八字。

识印章：

会稽屠俊臣文富贵宜子孙长生无极印——屠俊臣郡望姓名字号藏书印。屠俊臣（生卒不详），字兰畟，绍兴人，事迹无考。藏书印有"会稽屠俊臣金石书画过目之印""会稽屠俊臣珍藏书画""会稽屠俊臣文富贵宜子孙长生无极印""屠俊臣珍藏书画""兰畟""会稽屠氏子子孙孙永保用"等。

屠俊臣珍藏书画——屠俊臣姓名藏书印。

兰畟——屠俊臣字号藏书印。

会稽屠氏子子孙孙永保用——屠俊臣郡望姓氏藏书闲章。

玉融李馥——李馥字号姓名藏书印。李馥（1662—1745），字汝嘉，号鹿山，又号信天居士，自号李二使，福清（今福建福清）三山镇西里村人，清代诗人、文学家、藏书家。藏书楼名"笔山阁""居业堂"，藏书印有"李馥鹿山""鹿山李馥""玉融李馥""曾在李鹿山处""福清李二使""信天居士""居业堂""笔山阁图书记""有贻子""心田""图史馆富书生""过眼云烟""不贪珍宝""生事不自谋""舍书百不欲""书魔惑""官贫心甚安""见客惟求转借书"等。著有《李鹿山集》《鹿山诗钞》《居业堂诗稿》等。

曾在李鹿山处——李馥姓氏字号藏书印。

国史馆富书生——李馥藏书闲章。

郑杰之印——郑杰姓名藏书印。郑杰（1750—1800），侯官（今福建福州）人，清代学者、诗人、史学家、藏书家。藏书楼名"注韩居"。详见《博雅》"郑杰"条。

一名人杰字昌英——郑杰名号字号藏书印。

注韩居士——郑杰字号藏书印。

侯官郑氏藏书——郑杰郡望姓氏藏书印。

郑氏注韩居珍藏记——郑杰姓氏藏书楼号藏书印。

苌霖——似为郑杰字号藏书印。不详。

叶德辉——叶德辉姓名藏书印。叶德辉（1864—1927），湘潭（今湖南湘潭）人，清末民初著名文字学家、版本学家、出版家、藏书家。藏书楼名"观古堂"。详见《仪礼注疏》"叶德辉"条。

郋园——叶德辉别号藏书印。

潇湘游宦卅余年——叶德辉藏书闲章。

叶启勋——叶启勋姓名藏书印。叶启勋（1900—1972），长沙（今湖南长沙）苏家巷人，叶德辉犹子，现代著名目录学家、藏书家。藏书楼名"拾经楼"。详见《仪礼注疏》"叶启勋"条。

定侯所藏——叶启勋字号藏书印。

叶启发藏——叶启发姓名藏书印。叶启发（1905—1952），长沙（今湖南长沙）苏家巷人，叶德辉犹子，叶启勋胞弟，现代知名藏书家、目录学家。藏书楼名"华鄂堂"。详见《仪礼注疏》"叶启发"条。

叶启发东明审定善本——叶启发姓名字号藏书印。

东明所藏——叶启发字号藏书印。

石林后裔——长沙叶启发、叶启勋兄弟家族藏书印。以其祖上为宋代文学家、藏书家叶梦得，故自称"石林后裔"。

识递藏：

从书页所钤藏书印及题跋看，是书曾藏于会稽屠俊臣之手；继藏于福清李馥"笔山阁"；继藏于侯官郑杰"注韩居"；又藏于湘潭叶德辉"观古堂"；继藏于长沙叶启勋、叶启发兄弟"拾经楼"；今藏于湖南图书馆。有赵慎畛、叶德辉、叶启勋跋。

孟东野诗集十卷

识著述：

孟郊（751—815），字东野，湖州武康（今浙江德清）人，祖籍平昌（今山东德州临邑），先世居汝州（今河南汝州），唐代著名诗人，有"诗囚"之称，又与贾岛并称"郊寒岛瘦"，张籍私谥为"贞曜先生"，著有《孟东野诗集》。《孟东野诗集》十卷，存诗五百七十四首，多为短篇五言古诗。其诗多涉及世态炎凉与民间苦难，现实色彩强烈。

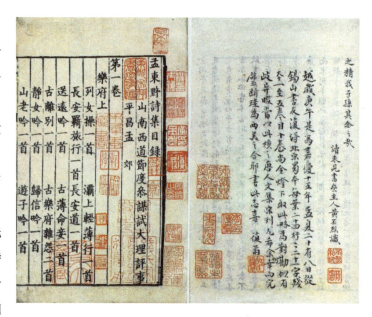

识版式：

此为北宋刻本；左右文武双边，上下单边；白口，单黑鱼尾，中刻书名、页码；半页十一行，行十六字。

识印章：

钱氏敬先——钱敬先姓氏字号藏书印。钱敬先（约生活于明末），生平不详。

钱氏家藏子子孙孙永宝用——钱敬先藏书闲章。

毗陵唐良士藏书——唐仁郡望姓氏字号藏书印。唐仁（生活于明末），字于辰，号良士，毗陵（今江苏武进）人，唐顺之之后，明代藏书家。藏书印有"唐仁良士""唐辰""于辰""良士""毗陵唐良士藏书""唐""晋昌秘笈记"等。

季沧苇图书记——季振宜姓氏字号藏书印。季振宜（1630—?），字诜兮，号沧苇，泰兴（今江苏泰州靖江）季市镇人，明末清初著名诗人、文献学家、版本学家、校勘学家、藏书家。藏书楼名"静思堂"。详见《尚书注疏》"季振宜"条。

乾学——徐乾学名号藏书印。徐乾学（1631—1694），字原一，号健庵，昆山（今江苏昆山）人，清代著名经学家、史学家、文学家、文献学家、藏书家。藏书楼名"传是楼"。详见《周易九卷》"徐乾学"条。

徐健庵——徐乾学姓氏字号藏书印。

陈氏悦岩宝玩——陈廷敬姓氏字号藏书印。陈廷敬（1638—1712），本名陈敬，字子端，号悦岩、午亭，泽州府阳城县中道庄（今山西晋城阳城北留镇皇城村）人，清代学者、诗人、藏书家。藏书楼名"御书楼""曲江烟柳亭"，藏书印有"陈廷敬印""陈氏悦岩宝玩""悦岩"等。总编《康熙字典》《佩文韵府》等，著有《三礼指要》《午亭文编》《午亭归去集》《河上集》《参野诗选》《悦岩诗集》等。

安岐之印——安岐姓名藏书印。安岐（1683—1746），一名安七，字仪周，号麓村、松泉老人，天津人（一说朝鲜人），清代书画鉴藏家、藏书家。藏书楼名"沽水草堂""古香书屋""小绿天亭""思原堂"，藏书印有"安岐""安岐之印""仪周鉴赏""仪周鉴藏""安仪周家珍藏""安氏仪周图书之章""麓村""安麓村""安麓村藏书印""朝鲜安麓村珍藏书画印""安氏子静鉴定""安氏小绿天亭珍藏""古香书屋""恩原堂""御题图书府""翰墨林""翰墨林鉴定章""朝鲜人""朝鲜人印""朝鲜安氏图书""朝鲜安氏书画图章""无恙""心赏"等。著有《墨缘汇观》等。

仪周珍藏——安岐字号藏书印。

黄丕烈印——黄丕烈姓名藏书印。黄丕烈（1763—1825），字绍武，号荛圃，又号复翁等，平江（今江苏苏州）人，清代著名校勘学家、版本学家、目录学家、刻书家、藏书家。藏书楼名"士礼居""百宋一廛"等。详见《四书通》"黄丕烈"条。

丕烈私印——黄丕烈名号藏书印。

荛圃——黄丕烈字号藏书印。

复翁——黄丕烈字号藏书印。

书魔——黄丕烈字号藏书印。

江夏——黄丕烈藏书印。

百宋一廛——黄丕烈藏书楼号藏书印。

读未见书斋——黄丕烈藏书楼分号藏书印。

汪士钟印——汪士钟姓名藏书印。汪士钟（1786—？），字春霆，号阆源，一号晾源，长洲（今江苏苏州）人，汪文琛之子，清代著名藏书家。藏书楼名"艺芸书舍""三十五峰园"。详见《周易九卷》"汪士钟"条。

阆源真赏——汪士钟字号藏书印。

聊摄杨氏宋存书室珍藏——杨以增海源阁藏书楼分号藏书印。杨以增（1787—1855），字益之，一字至堂，晚号冬樵，聊城（今山东聊城）东昌府区人，清代藏书家。藏书楼名"海源阁"。详见《韩鲁齐三家诗考》"杨以增"条。

绍和——杨绍和名号藏书印。杨绍和（1830—1875），字彦合，又字念微，号协卿、筠岩，聊城（今山东聊城）东昌府区人，杨以增次子，海源阁第二代主人，清代著名目录学家、藏书家。藏书楼名"海源阁"。详见《韩鲁齐三家诗考》"杨绍和"条。

协卿——杨绍和字号藏书印。

东郡宋存书室珍藏——杨绍和郡望藏书楼分号藏书印。

李盛铎印——李盛铎姓名藏书印。李盛铎（1859—1934），字嶬樵，又字椒微，号木斋，别号师子庵旧主人等，晚号麐嘉居士，德化（今江西九江）人，清末民初著名政治家、藏书家。藏书楼名"木犀轩"等。详见《监本纂图重言重意互注论语》"李盛铎"条。

木斋——李盛铎字号藏书印。

木犀轩藏书——李盛铎藏书楼号藏书印。

李传模印——疑为李盛铎姓氏别号藏书印。无考。

李滂——李滂姓名藏书印。李滂（生活于民国时期），字少微，德化（今江西九江）人，李盛铎第十子，近代版本目录学家、学者、藏书家。藏书楼名"邺亭"，延其父藏书楼名有"木犀轩"，藏书印有"李滂""少微"等。编有《邺亭瞥观录》稿本，著有《千元考》。

识递藏：

从书页所钤藏书印及题跋看，是书曾藏于明末钱敬先之手；又藏于毗陵唐仁之手；继藏于泰兴季振宜"静思堂"；继藏于昆山徐乾学"传是楼"；继藏于阳城陈廷敬"御书楼"；继藏于天津安岐"古香书屋"；继藏于平江黄丕烈"士礼居"之"读未见书斋"；继藏于长洲汪士钟"艺芸书舍"；继藏于聊城杨以增"海源阁"之"宋存书室"，由其子杨绍和递藏；继藏于德化李盛铎、李滂父子之"木犀轩"；今藏于北京大学图书馆。有黄丕烈、傅增湘跋。

张司业诗集三卷

识著述：

张籍（约766—约830），字文昌，和州乌江（今安徽和县乌江镇）人，世称"张水部""张司业"，唐代著名诗人，其乐府诗与王建齐名，并称"张王乐府"，著有《张司业诗集》。《张司业诗集》三卷，为张籍诗歌别集。包括五七言古诗、五七言律诗、五七言排律、五七言绝句、乐府、古风、杂诗、联句诸体，而以乐府诗成就最高。其乐府诗反映社会生活面颇为广阔，不乏暴露政治黑暗、同情人民疾苦之作。

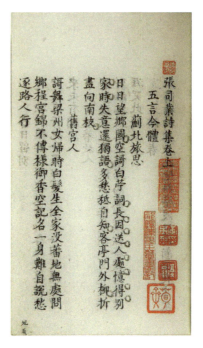

识版式：

此为清顺治十八年陆贻典影宋抄本；半页十行，行十八字。

识印章：

黄丕烈印——黄丕烈姓名藏书印。黄丕烈（1763—1825），字绍武，号荛圃，又号复翁等，平江（今江苏苏州）人，清代著名校勘学家、版本学家、目录学家、刻书家、藏书家。藏书楼名"士礼居""百宋一廛"等。详见《四书通》"黄丕烈"条。

复翁——黄丕烈字号藏书印。

甲子丙寅韩德均钱润文夫妇两度携书避难记——韩德均钱润文夫妇逃难经历藏书印。韩德均（1898—1930），字子谷，号荀庐，松江娄县（今上海松江）人，著名藏书家韩应陛之孙，近代著名藏书家。藏书楼名"读有用书斋"。其妻钱润文乃金山卫藏书家守山阁主人钱熙祚后人，近代书画家、藏书家。夫妇俩曾于1924年、1926年为避战火，两度转移家藏善本。详见《大戴礼记》"韩德均"条。

德均审定——韩德均名号藏书印。

祁阳陈澄中藏书记——陈清华郡望姓氏字号藏书印。陈清华（1894—1978），字澄中，祁阳（今湖南祁阳）人，现代著名藏书家。藏书楼名"郇斋"，藏书印有"陈清华""陈清华印""祁阳陈澄中藏书记""陈澄中收藏印""郇斋"等。

筍斋——陈清华藏书楼号藏书印。

识递藏：

此书为陆贻典影宋抄本，必首藏其家"玄要斋"。从书页所钤藏书印及题跋看，是书曾藏于长洲顾珊"试饮堂"；继藏于平江黄丕烈"士礼居"；又藏于松江韩德均钱润文夫妇"读有用书斋"；继藏于祁阳陈清华"郇斋"；今藏于国家图书馆。有陆贻典校跋，黄丕烈跋。

新刊五百家注音辩昌黎先生文集四十卷外集十卷序传碑记一卷韩文类谱十卷

识著述：

　　韩愈（768—824），字退之，河阳（今河南孟州）人，世称韩昌黎、昌黎先生，又称韩吏部，谥称韩文公，唐代杰出政治家、思想家、哲学家、诗人、散文家。韩愈是唐代古文运动领袖，被后人尊为"唐宋八大家"之首，与柳宗元并称"韩柳"，与柳宗元、欧阳修、苏轼合称"千古文章四大家"。他提出的"文道合一""气盛言宜""务去陈言""文从字顺"等散文写作理论，对后世颇具指导意义。著有《韩昌黎集》《外集》等。《昌黎先生文集》四十卷，前十卷为诗，后三十卷为文。魏仲举（生活于南宋淳熙嘉泰间），名怀忠，字仲举，以字行，建宁府建阳（今福建南平建阳）人，南宋编纂家、刻书家。庆元六年自编自刻《五百家注音辩昌黎先生文集》《五百家注音辩柳先生文集》等，椠镌精工，称为善本。

识版式：

　　此为宋庆元六年魏仲举家塾刻本；左右双边，上下单边；黑口，双鱼尾，上刻字数，中刻页码；半页十行，行十八字，小字双行二十三字。

识印章：

　　旷翁手识——祁承爜字号藏书章。祁承爜（1563—1628），字尔光，号夷度，又号旷翁，晚号密园老人，山阴（今浙江绍兴）人，明代著名图书馆学家、目录学家、校勘学家、抄书家、藏书家。藏书楼名"澹生堂""旷园"等，藏书印有"臣爜敬识""旷翁手识""旷翁铭""旷园""山阴祁氏藏书之章""山阴祁氏藏书""澹生堂藏书记""澹生堂经籍记""子孙世珍""子孙永珍""宪章昭代""澹生堂中储经籍主人手校无朝夕读之欣然忘饮食典衣市书恒不给后人但念阿翁癖子孙益之守弗失"等。著有《澹生堂藏书约》《庚申整书小记》《庚申整书略例》《澹生堂明人集部目录》《澹生堂集》《牧津集》等。

　　山阴祁氏藏书之章——祁承爜郡望姓氏藏书印。

　　澹生堂经籍记——祁承爜藏书楼号藏书章。

子孙世珍——祁承㸁藏书闲章。

朱彝尊印——朱彝尊姓名藏书印。朱彝尊（1629—1709），秀水（今浙江嘉兴）人，清代经学家、史学家、诗人、词人、藏书家。藏书楼名"曝书亭"等。详见《周易本义》"朱彝尊"条。

竹垞——朱彝尊字号藏书印。

惠栋之印——惠栋姓名藏书印。惠栋（1697—1758），字定宇，号松崖，江南元和（今江苏苏州）人，清代经学家、史学家、藏书家。藏书楼名"红豆山房"，详见《干禄字书》"惠栋"条。

定宇——惠栋字号藏书印。

识递藏：

从书页所钤藏书印及题跋看，是书曾藏于山阴祁承㸁"澹生堂"；又藏于秀水朱彝尊"曝书亭"；又藏于元和惠栋"红豆山房"；继藏于钱塘丁丙"嘉惠堂"之"八千卷楼"；今藏于南京图书馆。有王菜、丁丙跋。

王建诗集十卷

识著述：

王建（768—835），字仲初，颍川（今河南许昌）人，世称王司马，唐代著名诗人，与张籍友善，乐府诗与之齐名，世称"张王乐府"，著有《王建诗集》。《王建诗集》（又名《王司马集》《王仲初诗集》）十卷，凡乐府三卷、诗六卷、宫词一卷。王建以乐府诗见长，其以田家、蚕妇、织女、水夫等为题材的作品，多反映时政弊端及民生疾苦，具有强烈的现实性；其《宫词》一百首，则多描写宫廷内的奢华生活，对后世此类作品影响颇大。

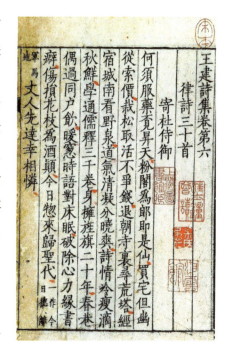

识版式：

此为宋临安府陈解元宅刻本；左右双边，上下单边；白口，单黑鱼尾；半页十行，行十八字。

识印章：

金懋仁氏——金懋仁姓名藏书印。金懋仁（生活于成化嘉靖间），与文徵明同时，明代藏书家。生平无考。

唐寅私印——唐寅姓名藏书印。唐寅（1470—1524），吴县（今江苏苏州）人，明代著名诗人、画家、书法家、藏书家。藏书楼名"桃花庵""梦墨亭"等。详见《群经音辨》"唐伯虎"条。

南京解元——唐寅科第出身藏书印。

季振宜藏书——季振宜姓名藏书印。季振宜（1630—？），字诜兮，号沧苇，泰兴（今江苏泰州靖江）季市镇人，明末清初著名诗人、文献学家、版本学家、校勘学家、藏书家。藏书楼名"静思堂"。详见《尚书注疏》"季振宜"注。

汪士钟曾读——汪士钟姓名藏书印。汪士钟（1786—？），长洲（今江苏苏州）人，汪文琛之子，清代著名藏书家。藏书楼名"艺芸书舍""三十五峰园"。详见《周易九卷》"汪士钟"条。

宋本——汪士钟藏书版本藏书印。

湘云馆——余嘉锡藏书楼号藏书印。余嘉锡（1884—1955），字季豫，湖南常德人，当代著名目录学家、古文献学家。著有《四库提要辨证》《目录学发微》《古书通例》《世说新语笺疏》《余嘉锡论学杂著》等。

识递藏：

从书页所钤藏书印看，是书曾藏于明人金懋仁之手；又藏于吴县唐寅"学圃堂"；再藏于泰兴季振宜"静思堂"；继藏于长洲汪士钟"艺芸书舍"；又藏于常德余嘉锡"湘云馆"；今藏于上海图书馆。有唐寅题款。

刘梦得文集三十卷

识著述：

刘禹锡（772—842），字梦得，洛阳（今河南洛阳）人，唐代哲学家、文学家、诗人，著有《刘梦得文集》。刘禹锡诗文俱佳，涉猎题材广泛，与柳宗元并称"刘柳"，与韦应物、白居易合称"三杰"，与白居易合称"刘白"，有"诗豪"之称。《刘梦得文集》（又名《刘禹锡集》《刘宾客集》）三十卷，包括刘禹锡所作赋、碑、论、记、书、诗等诸多文体。其诗歌创作形象地反映了他郁郁不得志的人生经历，也表现了尽管壮志难酬却依然开朗乐观的处世态度。其诗歌风格沉着稳练，风调自然，格律精切，意境优美，思想深刻，具有很高的审美价值。

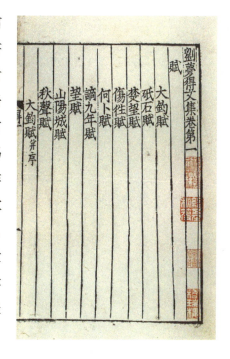

识版式：

此本为南宋中期四川眉山刻唐六十家集本；左右双边，上下单边；白口，单黑鱼尾，中刻书名，下刻页码；半页十二行，行二十一字。

识印章：

翰林国史院官书——元代皇家翰林国史院藏书印。

稽瑞楼——陈揆藏书楼号藏书印。陈揆（1780—1825），字子准，常熟（今江苏常熟）人，清代著名校勘学家、藏书家。藏书楼名"稽瑞楼"。详见《闲居录》"陈揆"条。

铁琴铜剑楼——常熟瞿氏藏书楼号藏书印。详见《周易注疏》"铁琴铜剑楼"条。

绍基秘笈——瞿绍基名号藏书印。瞿绍基（1772—1836），字厚培，号荫棠，昭文（今江苏常熟）人，清代著名藏书家，铁琴铜剑楼第一代主人。藏书楼初名"恬裕斋""敦裕斋"，后改为"铁琴铜剑楼"，藏书印有"虞山瞿绍基藏书之印""绍基秘笈"等。

识递藏：

从书页所钤藏书印看，是书曾藏于元代翰林国史院；又藏于常熟陈揆"稽瑞楼"；继藏于常熟瞿绍基"铁琴铜剑楼"，由瞿绍基、瞿镛、瞿秉渊、瞿启甲、瞿济苍五代递藏；今藏于国家图书馆。

白氏长庆集七十一卷目录二卷附录一卷

识著述：

  白居易（772—846），字乐天，号香山居士，又号醉吟先生，祖籍太原，生于河南新郑，唐代伟大的现实主义诗人，著有《白氏长庆集》。白居易与元稹共倡新乐府运动，世称"元白"，与刘禹锡并称"刘白"。其诗歌题材广泛，形式多样，语言平易通俗，有"诗魔"和"诗王"之称。《白氏长庆集》七十一卷，分为前后两集，收录诗文三千六百余篇。所收诗分讽喻、闲适、感伤、杂律四类，共两千八百余首。其中讽喻诗是白氏诗歌中的精华，此类诗作大多直赋其事，或托物寓言；闲适诗则多表现闲情逸致，或描写自然景物和田园风光。

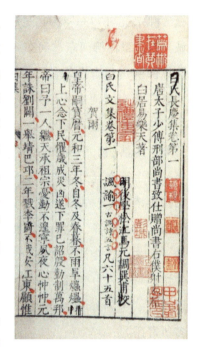

识版式：

  此为明万历三十四年马元调刻《元白长庆集》本；左右双边，上下单边；白口，单黑鱼尾，上刻书名，中刻卷次、页码；半页十行，行二十一字。

识印章：

  应奎——王应奎名号藏书印。王应奎（1684—1760），字东溆，号柳南，常熟（今江苏常熟）凤塘桥人，清初文学家、诗人、书画家、藏书家。藏书楼名"柳南草堂"，藏书印有"应奎""柳南"等。著有《柳南随笔》《续笔》《柳南诗文钞》《海虞诗苑》等。

  柳南——王应奎字号藏书印。

  彭城——曹炎郡望藏书印。曹炎（生活于康乾间），常熟（今江苏常熟）人，席鉴宾客，清代书法家、校勘学家、藏书家。详见《五代史记》"曹炎"条。

  中峰子印——曹炎藏书印。

  诗礼传家——曹炎藏书闲章。

  篇散在琴书——曹炎藏书闲章。

  顿根——疑为曹炎藏书闲章。

识递藏：

  从书页所钤藏书印及题跋看，是书曾藏于清初宁都魏禧"易堂"；继藏于常熟王应奎"柳南草堂"；继藏于常熟曹炎之手；今藏于上海图书馆。有王应奎跋。

河东先生集四十五卷外集二卷

识著述：

柳宗元（773—819），字子厚，河东（今山西运城）人，世称柳河东、河东先生，因曾作过柳州刺史，又称柳柳州，唐代著名思想家、哲学家、文学家、散文家，著有《河东先生集》。柳宗元为唐宋八大家之一，与韩愈并称"韩柳"，与刘禹锡并称"刘柳"，与王维、孟浩然、韦应物并称"王孟韦柳"。《河东先生集》四十五卷《外集》二卷，为柳宗元诗文别集。全书按雅诗歌曲、古赋、论、议辩、碑铭、行状、表铭碣诔、志、问答、说、传、骚、序、记、书、启、表、奏、祭文、古今诗等文体分类，体例明晰。柳宗元一生留存诗文六百余篇，成就文大于诗。其议论散文论说性强，笔锋犀利，讽刺辛辣；游记散文写景状物，多所寄托。

识版式：

此本为宋咸淳廖氏世彩堂刻本；四周双边；细黑口，双黑鱼尾，上刻大小尺寸，中刻书名、卷次、页码，下刻刻书堂号、刻工姓名；半页九行，行十七字，小字双行同。

识印章：

项墨林鉴赏章——项元汴姓氏字号藏书印。项元汴（1525—1590），秀水（今浙江嘉兴）人，明代诗人、书画家、鉴赏家、藏书家。藏书楼名"天籁阁"等。详见《左传文苑》"项元汴"条。

项子京家珍藏——项元汴姓氏字号藏书印。

天籁阁——项元汴藏书楼号藏书印。

得密——项元汴藏书闲章。

项氏万卷堂图籍印——项笃寿姓氏藏书楼号藏书印。项笃寿（1521—1586），秀水（今浙江嘉兴）人，项元汴之兄，明代著名史学家、刻书家、藏书家。藏书楼名"万卷堂"。详见《新唐书》"项笃寿"条。

商丘宋荦收藏善本——宋荦郡望姓名藏书印。宋荦（1634—1713），归德府商邱（今河南商丘）西陂人，清代著名政治家、诗人、画家、鉴赏家、藏书家。藏书楼名"青纶馆"等。详见《农书》"宋荦"条。

牧翁鉴定——宋荦字号藏书印。

纬萧草堂藏书记——宋筠藏书楼号藏书印。宋筠（1681—1760），字兰挥，号晋斋，归德府商邱（今河南商丘）西陂人，宋荦次子，清代诗人、文学家、藏书家。藏书楼名"青纶馆""纬萧草堂"等。详见《周礼》"宋筠"条。

沈鸿祚印——沈鸿祚姓名藏书印。沈鸿祚（约生活于民国初），字云间，号载猷，山阴（今浙江绍兴）人，民国藏书家。藏书印有"沈鸿祚印""沈鸿祚图书记""云间""载猷"等。其家为山阴藏书世家，有沈复粲、沈知方、沈仲涛等。

云间——沈鸿祚字号藏书印。

载猷——沈鸿祚字号藏书印。

祁阳陈澄中藏书记——陈清华郡望姓氏字号藏书印。陈清华（1894—1978），字澄中，祁阳（今湖南祁阳）人，现代著名藏书家。藏书楼名"郇斋"，藏书印有"陈清华""陈清华印""祁阳陈澄中藏书记""陈澄中收藏印""郇斋"等。

郇斋——陈清华藏书楼号藏书印。

识递藏：

从书页所钤藏书印及题跋看，是书曾藏于秀水项元汴"天籁阁"；继藏于秀水项笃寿"万卷堂"；入清又藏于商丘宋荦"青纶馆"；继藏于宋筠"纬萧草堂"；又藏于秀水朱彝尊"曝书亭"；又藏于绍兴沈鸿祚；近代又藏于潘宗周"宝礼堂"；又藏于祁阳陈清华"郇斋"；今藏于国家图书馆。有朱彝尊跋。

皇甫持正文集六卷

识著述：

皇甫湜（777—835），字持正，睦州新安（今浙江淳安）人，唐代散文家，著有《皇甫持正文集》。皇甫湜师从韩愈，倡导古文运动，继承了韩愈反对因袭、主张独创的理论，并发展了韩文奇崛的一面。《皇甫持正文集》六卷，收入皇甫湜所为赋、策、论、序、碑、记文三十八篇，有刻意追求新奇的倾向，其诗传世甚少。

识版式：

顺治十七年钱曾抄本；半页九行，行十九字。

识印章：

义门小史——何焯字号藏书印。何焯（1661—1722），字屺瞻，号义门，长洲（今江苏苏州）人，清代著名经学家、书法家、校勘学家、藏书家。藏书楼名"赍砚斋""逊敏斋"等。详见《诗总闻》"何焯"条。

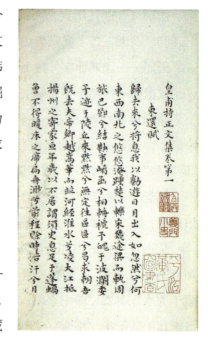

平江黄氏图书——黄丕烈郡望姓氏藏书印。黄丕烈（1763—1825），字绍武，号荛圃，平江（今江苏苏州）人，清代校勘学家、版本学家、目录学家、藏书家。藏书楼名"士礼居"等。详见《四书通》"黄丕烈"条。

伯洪屠钟——屠苏姓名字号藏书印。屠苏（1804—1853），原名钟，字伯洪，更字元饮，别号鹤主人，吴县（江苏苏州）人，清代诗人、书画鉴赏家、藏书家。藏书楼名"小草盦"，藏书印有"屠苏""伯洪屠钟""元饮""小草盦"等。著有《小草盦诗钞》。

识递藏：

此本为昆山钱曾抄本，必首藏其家"悬罄室"。从书页所钤藏书印及题识看，是书曾藏于长洲何焯"赍砚斋"；再藏于平江黄丕烈"士礼居"；又藏于吴县屠钟"小草盦"；今藏于国家图书馆。有钱曾校跋。

新刊元微之文集六十卷

识著述：

元稹（779—831），字微之，别字威明，洛阳（今河南洛阳）人，唐代诗人、文学家，著有《元氏长庆集》。元稹与白居易共同倡导了新乐府运动，世称"元白"，开创了"元和体"。《新刊元微之文集》（又称《元氏长庆集》）六十卷，为元氏所作乐府诗集。诗作对当时的社会矛盾有所揭露，言浅意衷，动人肺腑，成就巨大。但在反映现实的深度和语言的通俗流畅等方面，均不及白居易。

识版式：

此为南宋中期四川眉山刻唐六十家集本；左右双边，上下单边；白口，单黑鱼尾；半页十二行，行二十一字。

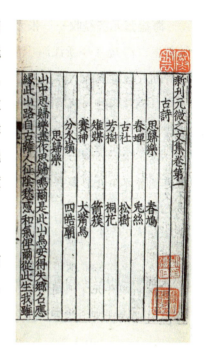

识印章：

翰林国史院官书——元代皇家翰林国史院藏书印。

刘体仁印——刘体仁姓名藏书印。刘体仁（1617—1676），字公㦥，号蒲庵，颍川卫（今河南许昌）人，明末清初诗人、词人、画家、藏书家。藏书楼名"七颂堂"。详见《禹贡集解》"刘体仁"条。

颍川刘考功藏书印——刘体仁郡望姓氏官爵藏书印。

刘喜海印——刘喜海姓名藏书印。刘喜海（1793—1852），字燕庭，又字吉甫，青州诸城（今山东潍坊诸城）人，刘统勋曾孙，刘墉从孙，清代文献学家、目录学家、金石学家、古泉学家、藏书家。藏书楼有"嘉荫簃""味经书屋"等。详见《长安志》"刘喜海"条。

瓶盦——翁同龢字号藏书印。翁同龢（1830—1904），字叔平，号笙鳙，常熟（今江苏常熟）人，翁心存之子，清代著名政治人物、诗人、书法家、藏书家。藏书楼名"均斋""瓶斋"。详见《魁本袖珍方大全》"翁同龢"条。

克文之福——袁克文名号藏书印。袁克文（1890—1931），字豹岑，一字抱存，号寒云，别署寒云主人，项城（今河南项城）人，袁世凯次子，近代诗人、书法家、金石鉴赏家、藏书家。藏书楼名"皕宋书藏""后百宋一廛""八经阁"。详见

《汉上易传》"袁克文"条。

　　寒云——袁克文字号藏书印。

　　寒云主人——袁克文别号藏书印。

　　寒云藏书——袁克文字号藏书印。

　　八经阁——袁克文藏书楼号藏书印。

　　后百宋一廛——袁克文藏书楼号藏书印。

　　海盐张元济经收——张元济郡望姓名收书印。张元济（1867—1959），字筱斋，号菊生，海盐（今浙江海宁）人，近代杰出出版家、校勘学家、文献学家、教育家、诗人、藏书家，曾任商务印书馆总经理、上海文史馆馆长等职。藏书楼名"涉园"，藏书印有"海盐张元济经收"等。著有《涉园诗八稿》《校史随笔》《涵芬楼烬余书录》《张元济诗文》等。

　　涵芬楼——商务印书馆古籍藏书楼号藏书印。涵芬楼为商务印书馆藏书楼，1904年由张元济创办于上海，以收藏宋元明旧刊及抄校本、名人手稿等闻名海内。

　　识递藏：

　　从书页所钤藏书印及题跋看，是书曾藏于元皇室"翰林国史院"；再藏于颍川刘体仁"七颂堂"；又藏于诸城刘喜海"嘉荫簃"；继藏于常熟翁同龢"均斋"；继藏于项城袁克文"后百宋一廛"；由海盐张元济经收，继藏于上海商务印书馆"涵芬楼"；今藏于国家图书馆。有傅增湘跋。

沈下贤文集十二卷

沈亚之（781—832），字下贤，吴兴（今浙江湖州）人，唐代文学家、诗人、传奇作家，著有《沈下贤文集》。《沈下贤文集》十二卷，为沈亚之诗歌、传奇小说集。集中凡诗赋一卷，杂文杂记一卷，杂著二卷，记二卷，书二卷，序一卷，策问并对一卷，碑文、墓志、表一卷，行状、祭文一卷。其文务为险崛，其中《秦梦记》《异梦录》《湘中怨辞》三文，被目为唐代传奇之"白眉"。

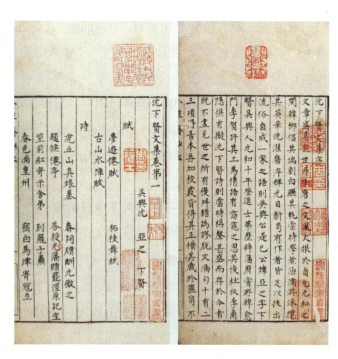

识版式：

此为明谢肇淛小草斋抄本；左右双边，上下单边；白口，上书书名，下书页码；半页十行，行二十字。

识印章：

谢在杭家藏书——谢肇淛姓氏字号藏书印。谢肇淛（1567—1624），字在杭，号武林、小草斋主人，晚号山水劳人，长乐（今福建福州长乐）人，出生于钱塘（今浙江杭州），明代著名诗人、文学家、史学家、博物学家、藏书家。藏书楼名"小草斋"。详见《历代名臣奏议》"谢肇淛"条。

周亮工印——周亮工姓名藏书印。周亮工（1612—1672），字元亮，一字伯安，号栎园，又号陶庵、减斋、缄斋、适园等，别署栎老、栎下生、谅工笠僧，学者称栎园先生、栎下先生、长眉公，祥符（今河南开封祥符区）人，明末清初文学家、书画家、篆刻家、收藏家。藏书楼名"赖古堂""因树屋""藏密庵"等，藏书印有"周亮工印""周亮工鉴定真迹""周亮私印""亮字伯安""周元亮抄本""是书曾藏周元亮家""周栎园家藏书""栎园居士""栎园鉴赏图书""栎园周氏藏书""缄斋藏书""曾为大梁周氏收藏""赖古堂""赖古堂家藏""赖古堂图书记""疏豁堂""响山楼"等。著有《赖古堂集》《读画录》《印人传》《闽小记》《同书》《书影》等。

曾为大梁周氏收藏——周亮工郡望姓氏藏书印。

梦庐借观——钱天树字号藏书印。钱天树（1778—1841），字承培，一字子嘉、仲嘉，号梦庐，一号萝庐，平湖（今浙江嘉兴平湖）人，清代著名金石学家、书画家、藏书家。藏书楼名"味梦轩""是耶楼"，藏书印有"钱天树印""天树印信""仲嘉""钱梦庐家藏""曾藏钱梦庐家""梦庐借观""味梦轩"等。著有《是耶楼诗稿》《味梦轩吉金小录》《番钱谱》等。

武陵赵氏培荫堂同治甲子后所得书——赵淡如郡望姓氏藏书楼号及得书年代藏书印。赵淡如（生活于咸同间），常德府武陵（今湖南武陵）人，清代藏书家。藏书楼名"培荫堂"，藏书印有"武陵赵氏培荫堂同治甲子后所得书"等。同治甲子为1864年。

嘉惠堂丁氏藏书之记——丁丙丁申兄弟藏书楼号藏书印。丁丙（1832—1899），字嘉鱼，钱塘（今浙江杭州）人，清末著名经学家、诗人、金石学家、目录学家、藏书家。总藏书楼名"嘉惠堂"。详见《周易本义》"丁丙"条。

四库著录——丁丙藏书印。

大隆——王欣夫名号藏书印。王欣夫（1901—1966），名大隆，字欣夫，号补盦，以字行，原籍秀水（今浙江嘉兴），吴县（今江苏苏州）人，现代诗人、版本目录学家、校勘学家、藏书家。藏书楼名"学礼斋""二十八宿砚斋""蛾术轩"，藏书印有"秀水王大隆印""王大隆""大隆""欣夫""补盦""补盦读书之记""秀水""昭德""王氏二十八宿砚斋藏书之印""王氏二十八宿研斋秘籍之印"等。著有《蛾术轩箧存善本书录》《万娱楼诗草》《学礼斋文存》等。

欣夫——王欣夫字号藏书印。

识递藏：

此书为明人谢肇淛手抄本。从书页所钤藏书印看，首藏于长乐谢肇淛"小草斋"；继藏于祥符周亮工"赖古堂"；又藏于平湖钱天树"味梦轩"；继藏于武陵赵淡如"培荫堂"；继藏于钱塘丁丙"嘉惠堂"；继藏于吴县王欣夫"蛾术轩"；今藏于复旦大学图书馆。

张承吉集十卷

识著述：

张祜（约785—849），字承吉，清河（今河北邢台清河）人，唐代诗人，人称"张公子"，有"海内名士"之誉，著有《张承吉集》。《张承吉集》十卷，为张祜诗别集。其诗内容、形式、风格多变，众体兼备，尤以五言律诗成就最高。其诗长于摹写，本色自然而韵味隽永。在中晚唐诗坛上，张祜独树一帜，开创了清丽沉雄的一家诗风。

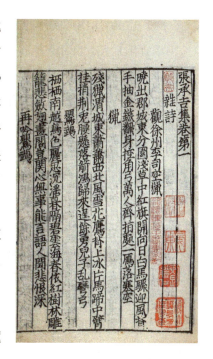

识版式：

此为南宋中期四川眉山刻唐六十家集本；左右双边，上下单边；白口，单黑鱼尾，中刻书名、卷次；半页十二行，行二十一字。

识印章：

翰林国史院官书——元代皇家翰林国史院藏书印。

刘体仁——刘体仁姓名藏书印。刘体仁（1617—1676），字公㦎，号蒲庵，颍川卫（今河南许昌）人，明末清初诗人、词人、画家、藏书家。藏书楼名"七颂堂"。详见《禹贡集解》"刘体仁"条。

颍川刘考功藏书印——刘体仁郡望姓氏官爵藏书印。

祁阳陈澄中藏书记——陈清华郡望姓氏字号藏书印。陈清华（1894—1978），字澄中，祁阳（今湖南祁阳）人，现代著名藏书家。藏书楼名"郇斋"，藏书印有"陈清华""陈清华印""祁阳陈澄中藏书记""陈澄中收藏印""郇斋"等。

郇斋——陈清华藏书楼号藏书印。

梁海、晏东——印主无考。

识递藏：

从书页所钤藏书印看，是书曾藏于元皇室"翰林国史院"；又藏于颍川刘体仁"七颂堂"；又藏于祁阳陈清华"郇斋"；今藏于国家图书馆。"晏东""梁海"二印印主无考。

李长吉文集四卷

识著述：

李贺（790—816），字长吉，河南府福昌昌谷（今河南宜阳）人，世称李昌谷，唐代中期浪漫主义诗人，与李白、李商隐并称"唐代三李"，著有《昌谷集》。《李长吉文集》（又称《昌谷集》）四卷，乃李贺诗文别集，共收诗三百一十九首。其诗长于乐府，作品抒发了个人生不逢时的内心苦闷，表现了对理想抱负的热烈追求，反映了藩镇割据、宦官专权和社会剥削的历史现实，于世事沧桑、生死荣枯感触尤多。李贺善于熔铸词采，驰骋想象，借助神话传说托古寓今，创造了新奇瑰丽的诗境，在中国诗史上独树一帜。

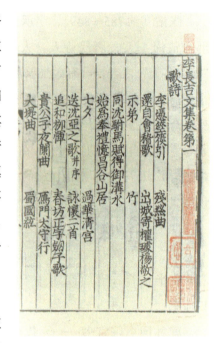

识版式：

此为南宋中期四川眉山刻唐六十家集本；左右双边，上下单边；白口，单黑鱼尾；半页十二行，行二十一字。

识印章：

翰林国史院官书——元代皇家翰林国史院藏书印。

颍川刘考功藏书印——刘体仁郡望姓氏官爵藏书印。刘体仁（1617—1676），字公㦫，号蒲庵，颍川卫（今河南许昌）人，明末清初诗人、词人、画家、藏书家。藏书楼名"七颂堂"。详见《禹贡集解》"刘体仁"条。

公㦫——刘体仁字号藏书印。

祁阳陈澄中藏书记——陈清华郡望姓氏字号藏书印。陈清华（1894—1978），字澄中，祁阳（今湖南祁阳）人，现代著名藏书家。藏书楼名"郇斋"，藏书印有"陈清华""陈清华印""祁阳陈澄中藏书记""陈澄中收藏印""郇斋"等。

郇斋——陈清华藏书楼号藏书印。

识递藏：

从书页所钤藏书印看，是书曾藏于元皇室"翰林国史院"；又藏于颍川刘体仁"七颂堂"；又藏于祁阳陈清华"郇斋"；今藏于国家图书馆。

许用晦文集二卷遗篇一卷拾遗一卷

识著述：

　　许浑（约791—约858），字用晦，一作仲晦，润州丹阳（今江苏丹阳）人，后移家京口（今江苏镇江）丁卯涧，遂以"丁卯"名其诗集，后人因称"许丁卯"，为晚唐最具影响力的诗人之一，著有《许用晦文集》。《许用晦文集》二卷《遗篇》一卷《拾遗》一卷，为许浑诗文别集。许浑一生专攻律体，题材以怀古、田园诗为佳，艺术上以对仗整密、诗律纯熟著称。

识版式：

　　此为南宋中期四川眉山刻唐六十家集本；左右双边，上下单边；白口，单黑鱼尾；半页十二行，行二十一字。

识印章：

翰林国史院官书——元代皇家翰林国史院藏书印。

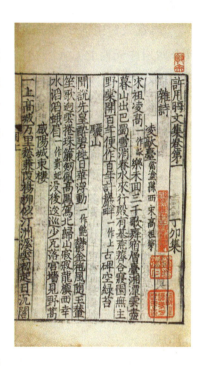

　　刘体仁印——刘体仁姓名藏书印。刘体仁（1617—1676），字公㦤，号蒲庵，颍川卫（今河南许昌）人，明末清初诗人、词人、画家、藏书家。藏书楼名"七颂堂"。详见《禹贡集解》"刘体仁"条。

　　颍川刘考功藏书印——刘体仁郡望姓氏官爵藏书印。

　　祁阳陈澄中藏书记——陈清华郡望姓氏字号藏书印。陈清华（1894—1978），字澄中，祁阳（今湖南祁阳）人，现代著名藏书家。藏书楼名"郇斋"，藏书印有"陈清华""陈清华印""祁阳陈澄中藏书记""陈澄中收藏印""郇斋"等。

　　郇斋——陈清华藏书楼号藏书印。

识递藏：

　　从书页所钤藏书印看，是书曾藏于元皇室"翰林国史院"；又藏于颍川刘体仁"七颂堂"；又藏于祁阳陈清华"郇斋"；今藏于国家图书馆。

周贺诗集一卷

识著述：

周贺（约生活于德宗武宗间），字南卿，东洛（今四川广元西北）人，初居庐山为浮屠，法名清塞，唐代诗人，工近体诗，格调清雅，与贾岛、无可齐名，著有《周贺诗集》。《周贺诗集》（又名《清塞诗集》）一卷，为周贺诗别集，收录诗九十一首。其诗内容广泛，涵盖了山水田园诗、边塞诗、人生哲理诗等领域。诗风质朴自然，情感真挚，意境深幽，体现了唐诗的精髓与魅力。

识版式：

此为清初毛氏汲古阁影宋抄本；左右文武双边，上下单边；白口，单黑鱼尾；半页十行，行十八字。

识印章：

季振宜印——季振宜姓名藏书印。季振宜（1630—?），字诜兮，号沧苇，泰兴（今江苏泰州靖江）季市镇人，明末清初著名诗人、文献学家、版本学家、校勘学家、藏书家。藏书楼名"静思堂"。详见《尚书注疏》"季振宜"注。

沧苇——季振宜字号藏书印。

西河季子之印——季振宜郡望姓氏藏书印。

积学斋徐乃昌藏书——徐乃昌藏书楼号姓名藏书印。徐乃昌（1866—1946），字积余，号随庵，南陵（今安徽南陵）人，清末民国金石学家、刻书家、藏书家。藏书楼名"积学斋"。详见《说文字原》"徐乃昌"条。

江边耕读人家——徐乃昌藏书闲章。

延古堂李氏珍藏——李士铭李士鉁兄弟姓氏藏书楼号藏书印。李士铭（1849—1925），字子香，一字伯新，天津人，清末民初学者、藏书家。藏书楼名"延古堂"，藏书印有"延古堂李氏珍藏""延古堂""身行万里半天下"等。编有《历代名医列传》，著有《国朝名儒学案》等；李士鉁（1851—1926），字嗣香，一字仲儒，别署沽上逸民，天津人，李士铭之兄，清末民初藏书家。其父李春城，其曾祖父李大纶皆有藏书，"延古堂"即为其曾祖所创。

东莱刘占洪字少山藏书之印——刘占洪郡望姓名字号藏书印。刘占洪（生卒不详），字少山，掖县（今山东掖县）人，近现代商业家、藏书家。藏书印有"刘占洪""少山""东莱刘占洪字少山藏书之印""刘占洪少山珍藏""刘占洪少山氏珍藏"等。

刘明阳——刘明阳姓名藏书印。刘明阳（1892—1959），字静远，天津人，近现代藏书家。藏书楼名"研理楼""双静阁"，藏书印有"天津刘明阳静远父藏书""刘明阳王静宜夫妇读书之印""研理楼刘氏藏"等。详见《历代名臣奏议》"刘明阳"条。

静远堂主——刘明阳字号藏书印。

静远读书记——刘明阳字号藏书印。

天津刘氏研理楼藏——刘明阳郡望姓氏藏书楼号藏书印。

云共闲弄影花气清消尘——刘明阳藏书闲章。

翁云——刘翁云名号藏书印。刘翁云（生卒不详），当代学者，生平失考。著有《研理楼群书题记抄》。

识递藏：

此书为毛氏汲古阁抄本，必首藏于毛氏"汲古阁"。从书页所钤藏书印看，是书曾藏于泰兴季振宜"静思堂"；又藏于南陵徐乃昌"积学斋"；继藏于天津李士铭"延古堂"；继藏于掖县刘占洪之手；继藏于天津刘明阳"研理楼"；继藏于当代学者刘翁云之手；今藏于东北师范大学图书馆。

樊川文集二十卷

识著述：

　　杜牧（803—852），字牧之，号樊川居士，京兆万年（今陕西西安）人，唐代杰出诗人、散文家，著有《樊川文集》。《樊川文集》二十卷，收录散文四百五十余篇，诗歌一百七十八首。杜牧诗歌以七言绝句著称，内容以咏史抒怀为主，其诗英发俊爽，多切经世之务，

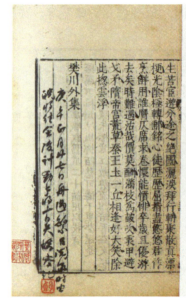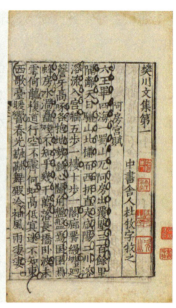

在晚唐成就颇高，与李商隐并称"小李杜"。

识版式：

　　此为明刻本；左右双边，上下单边；白口，单黑鱼尾，上刻书名，下刻页码；半页十行，行十八字。

识印章：

　　子贞——何绍基字号藏书印。何绍基（1799—1873），字子贞，号东洲，别号东洲居士，晚号蝯叟，道州（今湖南道县）人，何凌汉之子，清代经学家、文字学家、校勘学家、诗人、文学家、书法家、藏书家。藏书楼名"东洲草堂""惜道味斋""云龙万宝书楼"。详见《周礼》"何绍基"条。

　　定侯审定——叶启勋字号藏书印。叶启勋（1900—1972），字定侯，号更生、南阳縠人，别号拾经主人等，长沙（今湖南长沙）苏家巷人，叶德辉犹子，现代著名目录学家、藏书家。藏书楼名"拾经楼"。详见《仪礼注疏》"叶启勋"条。

　　拾经主人——叶启勋别号藏书印。

　　叶启发家藏书——叶启发姓名藏书印。叶启发（1905—1952），字东明，号华鄂主人、朴学庐主，长沙（今湖南长沙）苏家巷人，叶德辉犹子，叶启勋胞弟，现代知名藏书家、目录学家。藏书楼名"华鄂堂"。详见《仪礼注疏》"叶启发"条。

　　东明所藏——叶启发名号藏书印。

石林后裔——长沙叶启发、叶启勋兄弟祖望藏书印。以其祖上为宋代文学家、藏书家叶梦得，故自称"石林后裔"。

曹苓之印——曹苓姓名藏书印。曹苓，生平无考。

次斋——曹苓字号藏书印。

识递藏：

从书页所钤藏书印及题跋看，是书曾藏于常熟钱曾"述古堂"；继藏于阳湖孙星衍"平津馆"；继藏于昭文张金吾"爱日精庐"；继藏于常熟瞿氏"铁琴铜剑楼"；继藏于仁和丁丙"八千卷楼"；继藏于仁和朱学勤"结一庐"；继藏于道州何绍基"东洲草堂"；继藏于长沙叶德辉"观古堂"；继藏于叶启发、叶启勋兄弟"拾经楼"；今藏于湖南图书馆。有何绍基校跋，叶德辉、叶启勋跋。曹苓不知何许人也。

重刊校正笠泽丛书四卷

识著述：

陆龟蒙（？—881），字鲁望，自号天随子、江湖散人、甫里先生，长洲（今江苏苏州）人，唐代诗人、学者、农学家，与皮日休齐名，人称"皮陆"，著有《笠泽丛书》《吴兴实录》《小名录》《耒耜经》等，收入《唐甫里先生文集》。《笠泽丛书》四卷，为陆氏自编诗、赋、颂、铭、记等杂文集，不分类次，故名"丛书"。其诗以写景咏物为多，亦有愤慨世事、忧念生民之作，诗风博奥险怪，而七绝较爽利。其文胜诗，小品文敷写闲情逸致，针对性强，议论精切，自成一家。

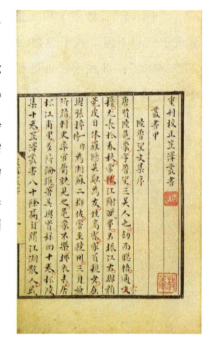

识版式：

此为冯舒家抄本；左右文武双边，上下单边；粗黑口，单黑鱼尾，中刻书名、页码；半页十行，行十八字。

识印章：

吴翌凤家藏文范——吴翌凤姓名藏书印。吴翌凤（1742—1819），字伊仲，号枚庵，别号古欢堂主人，吴郡（今江苏苏州）人，清代著名文学家、刻书家、藏书家。藏书楼名"古欢堂"等，藏书印有"吴翌凤印""枚庵藏本""古香楼吴翌凤枚庵珍藏""古欢堂抄书"等。著有《逊志堂杂抄》《怀旧集》《卯须集》《吴梅村诗集笺注》《与稽斋丛稿》《灯窗丛录》等。详见《江淮异人录》"吴翌凤"条。

枚庵——吴翌凤字号藏书印。

周暹——周叔弢姓名藏书印。周叔弢（1891—1984），原名暹，字叔弢，以字行，建德（今安徽东至县）人，现代著名收藏家、藏书家。藏书楼名"寒在堂"等。详见《周礼》"周暹"条。

识递藏：

此书为冯舒家抄本，必首藏其家"空居阁"。从书页所钤藏书印看，是书曾藏于吴郡吴翌凤"古欢堂"；又藏于建德周叔弢"寒在堂"；今藏于国家图书馆。有吴翌凤跋。

唐皮日休文薮十卷

识著述：

皮日休（约838—约883），字逸少，后改字袭美，道号鹿门子、闲气布衣、醉吟先生、醉士，复州竟陵（今湖北天门）人，晚唐诗人、文学家，与陆龟蒙齐名，世称"皮陆"，著有《皮日休集》《皮子文薮》《皮氏鹿门家钞》等。《唐皮日休文薮》（又名《皮子文薮》）十卷，乃皮日休自编诗文别集。一至九卷收录各种散文，第十卷为诗歌。其诗文兼有奇、朴二态，多同情民间疾苦之作，对社会民生有深切的洞察和思考，被鲁迅誉为唐末"一塌糊涂的泥塘里的光彩和锋芒"。

识版式：

此为明正德十五年袁表刻本；左右双边，上下单边；白口，单黑鱼尾，中刻书名、卷次，下刻页码；半页十一行，行二十字，小字双行同。

识印章：

谭公度藏书记——谭公度姓名藏书印。谭公度（约生活于康熙间），与何焯同时，清代藏书家，生平无考。藏书印有"谭公度藏书记""灵威丈人"等。

灵威丈人——谭公度藏书闲章。

周暹——周叔弢姓名藏书印。周叔弢（1891—1984），原名暹，字叔弢，以字行，建德（今安徽东至县）人，现代著名政治家、实业家、收藏家、藏书家。藏书楼名"寒在堂"等。详见《周礼》"周暹"条。

识递藏：

从书页所钤藏书印看，是书曾藏于谭公度之手；再藏于建德周叔弢"寒在堂"；今藏于国家图书馆。有周叔弢跋。

甲乙集十卷

识著述：

罗隐（833—910），原名横，字昭谏，杭州新城（今浙江杭州富阳新登镇）人，唐代文学家，著有《谗书》《太平两同书》《甲乙集》等。《甲乙集》十卷，为罗隐的诗别集。其中颇多讽刺现实，感时伤世，咏物怀古之作，多用口语，俱有真情，于民间流传颇广。

识版式：

此为宋临安府陈宅经籍铺刻本；左右文武双边，上下单边；白口，单黑鱼尾；半页十行，行十八字。

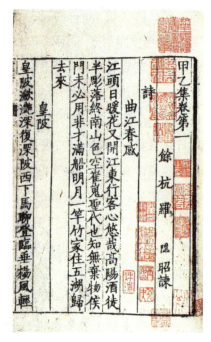

识印章：

虞山钱曾遵王藏书——钱曾郡望姓名字号藏书印。钱曾（1629—1701），虞山（今江苏常熟）城西虹桥人，清代著名诗人、版本学家、藏书家。藏书楼名"述古堂"等。详见《避暑录话》"钱曾"条。

季振宜藏书——季振宜姓名藏书印。季振宜（1630—？），字诜兮，号沧苇，泰兴（今江苏泰州靖江）季市镇人，明末清初著名诗人、文献学家、版本学家、校勘学家、藏书家。藏书楼名"静思堂"。详见《尚书注疏》"季振宜"条。

乾学——徐乾学字号藏书印。徐乾学（1631—1694），字原一，号健庵，昆山（今江苏昆山）人，清代著名经学家、史学家、文学家、文献学家、藏书家。藏书楼名"传是楼"。详见《周易九卷》"徐乾学"条。

渔洋山人——王士禛字号藏书印。王士禛（1634—1711），新城（今山东桓台）人，清初杰出诗人、诗歌评论家、金石学家、鉴赏学家、藏书家。藏书楼名"池北书库""带经堂"等。详见《南迁录》"王士禛"条。

安岐之印——安岐姓名藏书印。安岐（1683—1746），天津人（一说朝鲜人），清代书画鉴藏家。藏书楼名"古香书屋""小绿天亭"。详见《孟东野诗集》"安岐"条。

丕烈——黄丕烈名号藏书印。黄丕烈（1763—1825），字绍武，号荛圃，又号复翁等，平江（今江苏苏州）人，清代著名校勘学家、版本学家、目录学家、刻书家、藏书家。藏书楼名"士礼居""百宋一廛"等。详见《四书通》"黄丕烈"条。

尧夫——黄丕烈字号藏书印。

汪士钟印——汪士钟姓名藏书印。汪士钟（1786—？），长洲（今江苏苏州）人，汪文琛之子，清代著名藏书家。藏书楼名"艺芸书舍""三十五峰园"等。详见《周易九卷》"汪士钟"条。

秋浦——汪宪奎字号藏书印。汪宪奎（生活于道咸间），字秋浦，长洲（今江苏苏州）人，汪士钟族人，清代藏书家。藏书楼名"有竹居"，藏书印有"平江汪宪奎秋浦印记""宪奎""秋浦"等。

雅庭——汪骏昌字号藏书印。汪骏昌（生活于道咸间），字雅庭，长洲（今江苏苏州）人，汪士钟族人，清代藏书家。藏书楼名"小有壶天"，藏书印有"长洲汪骏昌藏""骏昌""雅庭""小有壶天"等。

铁琴铜剑楼——常熟瞿氏藏书楼号藏书印。详见《周易注疏》"铁琴铜剑楼"条。

绍基秘笈——瞿绍基名号藏书印。瞿绍基（1772—1836），字厚培，号荫棠，昭文（今江苏常熟）人，清代著名藏书家，铁琴铜剑楼第一代主人。藏书楼名"恬裕斋""敦裕斋""铁琴铜剑楼"，藏书印有"虞山瞿绍基藏书之印""绍基秘笈"等。

瞿润印——瞿润姓名藏书印。瞿润（生活于嘉道间），昭文（今江苏常熟）古里人，瞿绍基之孙，瞿镛长子，清代藏书家，铁琴铜剑楼第三代主人。藏书印有"瞿润印""瞿润之印"等。

瞿秉渊印——瞿秉渊姓名藏书印。瞿秉渊（1820—1886），字镜之，一字敬之，昭文（今江苏常熟）古里人，瞿绍基之孙，瞿镛次子，清代著名藏书家，铁琴铜剑楼第三代主人。藏书印有"瞿秉渊印""恬裕斋镜之氏珍藏"等。

恬裕斋镜之氏珍藏——瞿秉渊字号藏书楼号藏书印。

良士眼福——瞿启甲字号藏书印。瞿启甲（1873—1940），字良士，别号铁琴道人，昭文（今江苏常熟）人，清末民国著名书画家、藏书家，铁琴铜剑楼第四代主人。详见《晦庵先生朱文公易说》"瞿启甲"条。

杭州王氏九峰旧庐藏书之章——王体仁郡望姓氏藏书楼号藏书印。王体仁（1873—1938），字绶珊，晚号九峰旧庐主人，钱塘（今浙江杭州）人，民国著名藏书家。藏书楼名"九峰旧庐"。详见《周易注疏》"王体仁"条。

识递藏：

从书页所钤藏书印及题跋看，是书曾藏于虞山钱曾"述古堂"；继藏于泰兴季振宜"静思堂"；继藏于昆山徐乾学"传是楼"；继藏于新城王士祯"池北书库"；继藏于天津安岐"古香书屋"；又藏于平江黄丕烈"士礼居"；继藏于长洲汪士钟"艺芸书舍"；继藏于长洲汪宪奎"有竹居"；继藏于长洲汪骏昌"小有壶天"；继藏于常熟瞿氏"铁琴铜剑楼"，由瞿绍基、瞿镛、瞿润、瞿秉渊、瞿启甲祖孙四代递藏；又藏于杭州王绶珊"九峰旧庐"；今藏于国家图书馆。有黄丕烈跋。

莆阳黄御史集二卷

识著述：

　　黄滔（840—911），字文江，莆田（今福建莆田城厢区）人，晚唐著名经学家、文学家、诗人，为莆田早期文学家，人称"闽中文章初祖"，辑刻有第一部唐代闽人诗歌总集《泉山秀句集》，著有《黄御史集》。《莆阳黄御史集》二卷，为黄滔诗文别集，收录了黄滔所作辞赋、诗文、书启、祭文、碑铭等作品。

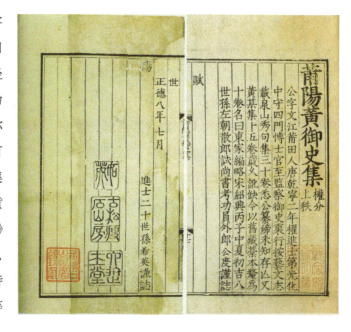

识版式：

　　此为明正德八年刻本；四周双边；白口，双黑鱼尾，中刻书名、卷次，下刻页码；半页十行，行二十字。

识印章：

　　敦宿好斋珍藏书画印——叶名澧藏书楼号藏书印。叶名澧（1811—1859），字润臣，号翰源，别号端四生，汉阳（今湖北武汉）人，藏书家叶志诜之子，清代经学家、诗人、藏书家。藏书楼名"宝芸斋""敦夙好斋"等，藏书印有"叶名澧印""汉阳叶名澧润臣甫印""叶氏敦夙好斋藏书"等。著有《读易丛记》《敦夙好斋诗集》《桥西杂记》等。详见《渚宫旧事》"叶名澧"条。

识递藏：

　　从书页所钤藏书印看，是书曾藏于汉阳叶名澧"敦宿好斋"；今藏于广东省立中山图书馆。

杜荀鹤文集三卷

识著述：

　　杜荀鹤（约846—约904），字彦之，自号九华山人，池州石埭（今安徽石台）人，晚唐著名现实主义诗人，提倡诗歌继承风雅传统，反对浮华，著有《杜荀鹤文集》。《杜荀鹤文集》三卷，为杜荀鹤诗文别集。其诗以反映下层社会生活内容的作品成就最高，运用律诗和绝句的形式而又不为声律所束缚，语言清新通俗，爽健有力。风格平易自然，朴实明畅，清新秀逸。

识版式：

　　此为南宋中期四川眉山刻唐六十家集本；左右双边，上下单边；白口，单黑鱼尾；半页十二行，行二十一字。

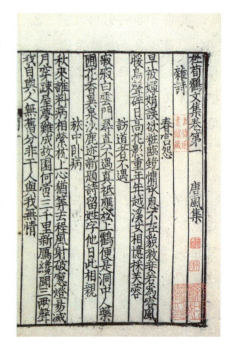

识印章：

　　结一庐藏书印——朱学勤藏书楼号藏书印。朱学勤（1823—1875），字修伯，号复庐，仁和（今浙江杭州余杭）塘栖镇人，清代著名藏书家。藏书楼名"结一庐"。详见《集韵》"朱学勤"条。

　　仁和朱澂——朱澂郡望姓名藏书印。朱澂（？—1890），字子清，仁和（今浙江杭州）人，朱学勤长子，清代版本学家、藏书家。继承其父"结一庐"，藏书印有"仁和朱澂长寿印信""臣澂私印""子清校藏秘籍"等。编有《结一庐书目》《别本结一庐书目》《复庐书目》。详见《集韵》"朱澂"条。

　　子清——朱澂字号藏书印。

识递藏：

　　从书页所钤藏书印及题跋看，是书曾藏于明末常熟黄翼圣"莲蕊楼"；继藏于常熟毛晋"汲古阁"；继藏于泰兴季振宜"静思堂"；又藏于仁和朱学勤、朱澂父子"结一庐"；今藏于上海图书馆。有季振宜题记。

王黄州小畜集三十卷

识著述：

　　王禹偁（954—1001），字元之，济州钜野（今山东菏泽巨野）人，北宋诗人、散文家，因做过黄州知州，世称王黄州，著有《小畜集》《五代史阙文》等。《王黄州小畜集》（又称《小畜集》）三十卷，计赋二卷，诗十一卷，文十七卷，是王禹偁自编诗文别集，取《易》"小畜"卦以为集名。王禹偁为北宋诗文革新运动

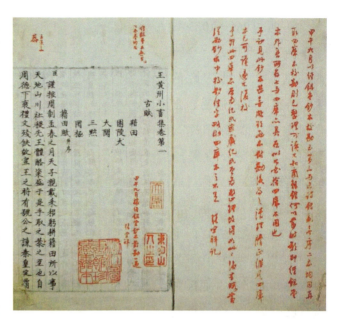

先驱，诗文多反映社会现实，风格清新平易。

识版式：

　　此为明抄本；四周单边；白口；半页十一行，行二十二字。

识印章：

　　东明山人之印——范钦字号藏书印。范钦（1506—1585），字尧卿（一字安卿），号东明，鄞县（今浙江宁波鄞州区）人，明代著名文学家、藏书家。藏书楼名"东明草堂""天一阁"，藏书印有"范钦私印""范氏安卿""尧卿""东明山人""东明山人之印""东明外史""东明收藏""四明范氏图书记""四明范氏家藏""甬东范氏家藏图书""范氏看画记""四明山水野人之印""古司马氏""司马之章""司勋大夫""壬辰进士""壬辰子大夫""东明草堂""天一阁""七十二峰""七十二峰一吾庐""和鸣国家之盛""万古同心之学""子子孙孙永传宝之""人生一乐"等。编有《四明范氏书目》，著有《天一阁集》《烟霞小说》《抚掌录》《革朝遗忠录》《明文臣爵谥》《古今谚》等。

　　天一阁——宁波范氏藏书楼号藏书印。

识递藏：

　　从书页所钤藏书印及题跋看，是书曾藏于鄞县范钦"天一阁"；今藏于浙江省图书馆。有张宗祥校跋。

忠愍公诗集三卷

识著述：

寇准（961—1023），字平仲，华州下邽（今陕西渭南）人，北宋政治家、诗人，与白居易、张仁愿并称"渭南三贤"，著有《寇忠愍公诗集》。《忠愍公诗集》（又称《寇忠愍公诗集》）三卷，范雍辑，收寇准诗二百四十余首，以类编次，分为上、中、下三卷，寇氏自选《巴东集》百余首诗亦编入其中。寇准善诗能文，七绝尤有韵味。

识版式：

此为明嘉靖十四年蒋鏊刻本；左右双边，上下单边；白口，上刻书名，中刻卷次，下刻页码；半页八行，行十八字。

识印章：

真州吴氏有福读书堂藏书——吴次山郡望姓氏藏书楼号藏书印。吴次山（生活于乾嘉间），自署有福读书堂主人，仪征（今江苏仪征）人，吴引孙之祖，清代藏书家。藏书楼名"有福读书堂"，藏书印有"真州吴氏有福读书堂藏书"等。编有《仪征吴氏有福读书堂藏书目录》。

阳湖陶氏涉园所有书籍之记——陶湘郡望姓氏藏书楼号藏书印。陶湘（1870—1939），字兰泉，号涉园，武进（今江苏常州武进）人，清末民国著名实业家、目录学家、刻书家、藏书家。藏书楼名"涉园"等，藏书印有"陶湘私印""兰泉""阳湖陶氏涉园藏书""百川书屋"等。著有《涉园鉴藏明版目录》等。详见《张说之文集》"陶湘"条。

四明张氏约园藏书之印——张寿镛郡望姓氏藏书楼号藏书印。张寿镛（1875—1945），字伯颂，号泳霓，别号约园，鄞县（今浙江宁波鄞州区）人，著名爱国教育家、文献学家、藏书家。藏书楼名"约园"，藏书印有"张寿镛印""泳霓之印"

"约园藏书""四明张氏约园藏书之印"等。著有《约园善本藏书志》《约园杂著》《游蜀草》等。详见《张说之文集》"张寿镛"条。

识递藏：

从书页所钤藏书印看，是书曾藏于仪征吴次山及其后人之"有福读书堂"；继藏于武进陶湘"涉园"；继藏于鄞县张寿镛"约园"；今藏于国家图书馆。

宋林和靖先生诗集四卷附录一卷

识著述：

林逋（967—1028），字君复，人称和靖先生、林和靖，奉化（今浙江奉化）大里黄贤村人，北宋著名隐逸诗人、书画家，后人辑有《宋林和靖先生诗集》《省心录》等。《宋林和靖先生诗集》四卷，收其诗词三百余首，包括五言古诗、五言律诗、七言律诗、五言绝句、七言绝句、诗余。其诗格调清冷幽静，闲淡深远。

识版式：

此为明正德十二年韩士英、喻智刻本；四周单边；白口，单白鱼尾，中刻书名、页码；半页十行，行十二字。

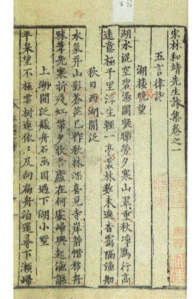

识印章：

吴岫——吴岫姓名藏书印。吴岫（生活于嘉靖年间），字方山，号濠南居士，吴县（今江苏苏州）人，明代藏书家。藏书楼名"尘外轩"，藏书印有"吴岫""方山吴岫""苏郡吴岫图书""姑苏吴岫家藏""姑苏吴岫尘外轩读一过""尘外轩读一过"等印。编有《姑苏吴氏书目》。

冯知十——冯知十姓名藏书印。冯知十（？—1645），又名鹏举，字瞻淇，又字彦渊，南直隶苏州府常熟（今江苏苏州常熟）人，明末刻书家、藏书家。藏书楼名"空居阁"，藏书印有"冯知十""冯彦渊图书记""冯氏藏书""飞鸿"等。详见《盐铁论》"冯知十"条。

知十印——冯知十名号藏书印。

冯彦渊读书记——冯知十姓氏字号藏书印。

冯氏藏书——冯知十姓氏藏书印。

燕庭藏书——刘喜海字号藏书印。刘喜海（1793—1852），字燕庭，又字吉甫，青州诸城（今山东潍坊诸城）人，刘统勋曾孙，刘墉从孙，清代文献学家、目录学家、金石学家、古泉学家、藏书家。藏书楼有"嘉荫簃""味经书屋"等。详见《长安志》"刘喜海"条。

澹德书屋——不详何属。

神往——不详何属。

傅沅叔——傅增湘姓名藏书印。傅增湘（1872—1949），字沅叔，号藏园，江安（今四川江安）人，近代著名目录学家、版本学家、校勘学家、藏书家。藏书楼名"双鉴楼"等。详见《诗外传》"傅增湘"条。

臣莹——傅增湘名号藏书印。

识递藏：

从书页所钤藏书印及题跋看，是书曾藏于明吴县吴岫"尘外轩"；继藏于明常熟冯知十"空居阁"；又藏于诸城刘喜海"嘉荫簃"；继藏于江安傅增湘"双鉴楼"；今藏于国家图书馆。有傅增湘跋。

西崑酬唱集二卷

识著述：

杨亿（974—1020），字大年，建州浦城（今福建浦城）人，北宋诗人、文学家，西昆体诗歌的主要作家，预修《太宗实录》，主修《册府元龟》，编有《西崑酬唱集》，著有《武夷新集》《杨文公谈苑》等。《西崑酬唱集》二卷，为杨亿与刘筠、钱惟演等十七位诗人的唱和诗集，共收七言律诗二百五十首。其风格多崇尚晚唐诗人李商隐，以运用故实、雕章琢句而著称，一时影响巨大，代表了宋初诗坛以学问为诗的主要倾向。

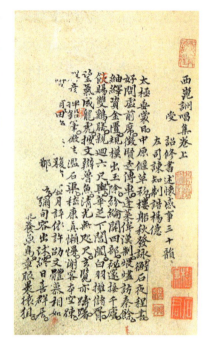

识版式：

此为明末冯班抄本；半页十二行，行二十字。

识印章：

树廉——叶树廉名号藏书印。叶树廉（1619—1685），一名树莲，又名万，字石君，号潜夫，别署鹤汀、清远堂主人、南阳毂道人，吴县（今江苏苏州）人，明末清初著名史学家、金石学家、藏书家。藏书楼名"朴学斋""归来草堂""怀峄山房"等。详见《大金国志》"叶树廉"条。

石君——叶树廉名号藏书印。

朴学斋——叶树廉藏书楼号藏书印。

醉舞诗狂——叶树廉藏书闲章。

臣戈载印——戈载姓名藏书印。戈载（1786—1856），字顺卿，一字瞁甫、孟博，号宝士，又号润卿、双红词客、山塘词隐，元和（今江苏苏州）人，清代词人、书画家、藏书家。藏书楼名"半树斋""翠薇花馆"，藏书印有"臣戈载印""戈载手校""顺卿""半树斋戈氏藏书记"等。编有《词律订》《词律补》《续绝妙好词》《宋七家词选》，著有《翠薇花馆诗》《翠薇花馆词》《词林正韵》等。

顺卿——戈载字号藏书印。

半树斋戈氏藏书印——戈载藏书楼号姓氏藏书印。

铁琴铜剑楼——常熟瞿氏藏书楼号藏书印。详见《周易注疏》"铁琴铜剑楼"条。

识递藏：

    此书为冯班抄本。从书页所钤藏书印及题跋看，是书首藏于抄书者常熟冯班"空居阁"；继藏于元和叶树廉"朴学斋"；继藏于元和顾广圻"思适斋"；继藏于元和戈载"半树斋"；继藏于常熟瞿氏"铁琴铜剑楼"，由瞿绍基、瞿镛、瞿秉渊、瞿启甲、瞿济苍祖孙五代递藏；今藏于国家图书馆。有叶树廉、顾广圻跋。

范文正公集二十卷别集四卷

识著述：

范仲淹（989—1052），字希文，平江军吴县（今江苏苏州）人，北宋初年政治家、军事家、散文家、诗人。范仲淹政绩卓著，文学成就突出，著有《范文正公集》。《范文正公集》二十卷，收录诗歌三百零五首、词五首、散文十篇。范仲淹倡导的"先天下之忧而忧，后天下之乐而乐"思想和仁人志士节操，对后世影响深远。

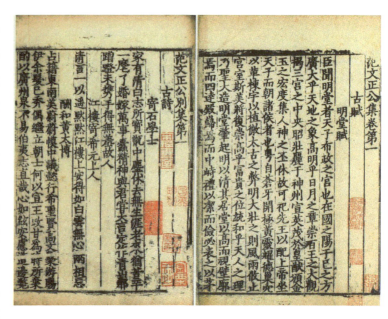

识版式：

此为元天历至正间褒贤世家家塾岁寒堂刻本；左右双边，上下单边；白口，单黑鱼尾，上刻书名、卷次，下刻刻工姓名；半页十二行，行二十字。

识印章：

同升私印——印主无考。

海翁——印主无考。

钱穀——钱穀姓名藏书印。钱穀（1509—1578），字叔宝，自号磬室，长洲（今江苏苏州）人，明代史学家、书画家、抄书家、藏书家。藏书楼名"悬磬室""金粟轩"。详见《宋史》"钱穀"条。

叔宝——钱穀字号藏书印。

金粟轩——钱穀藏书楼号藏书印。金粟即钱穀之隐语。

中吴钱氏收藏印——钱穀郡望姓氏藏书印。

季振宜印——季振宜姓名藏书印。季振宜（1630—？），字诜兮，号沧苇，泰兴（今江苏泰州靖江）季市镇人，明末清初著名诗人、文献学家、版本学家、校勘学家、藏书家。藏书楼名"静思堂"。详见《尚书注疏》"季振宜"条。

季振宜藏书——季振宜姓名藏书印。

沧苇——季振宜字号藏书印。

昌英珍秘——郑杰字号藏书印。郑杰（1750—1800），一名人杰，字昌英、亦齐，自号注韩居士，侯官（今福建福州）人，清代学者、诗人、史学家、藏书家。藏书楼名"注韩居"。详见《博雅》"郑杰"条。

一名人杰字昌英——郑杰名字藏书印。

注韩居士珍藏秘玩——郑杰别号藏书印。

郑氏注韩居收藏印——郑杰姓氏藏书楼号藏书印。

宋存书室——杨以曾藏书楼分号藏书印。杨以增藏书楼分号藏书印。杨以增（1787—1855），字益之，一字至堂，晚号冬樵，聊城（今山东聊城）东昌府区人，清代藏书家。藏书楼名"海源阁"。详见《韩鲁齐三家诗考》"杨以增"条。

东郡宋存书室珍藏——杨绍和郡望藏书楼分号藏书印。杨绍和（1830—1875），字彦合，又字念微，号协卿、筠岩，聊城（今山东聊城）东昌府区人，杨以增次子，海源阁第二代主人，清代著名目录学家、藏书家。藏书楼名"海源阁"。详见《韩鲁齐三家诗考》"杨绍和"条。

识递藏：

从书页所钤藏书印及题识看，是书为元内府藏书；曾藏于长洲钱榖"金粟轩"；继藏于泰兴季振宜"静思堂"；继藏于侯官郑杰"注韩居"；又藏于聊城杨以增、杨绍和、杨敬夫"海源阁"之"宋存书室"；今藏于无锡市图书馆。

欧阳先生文粹二十卷遗萃十卷

识著述：

欧阳修（1007—1072），字永叔，号醉翁、六一居士，吉州永丰（今江西吉安永丰）人，世称"欧阳文忠公"，北宋著名经学家、史学家、散文家、诗人、词人，北宋文坛领袖。后人将其与韩愈、柳宗元和苏轼合称"千古文章四大家"，又与韩、柳、三苏、王、曾合称"唐宋散文八大家"。主持编纂《新唐书》，著有《新五代史》《集古录》《欧阳文忠集》等。《欧阳先生文粹》二十卷《遗萃》十卷，是欧阳修散文最早最精选本。

识版式：

此为明嘉靖二十六年郭云鹏宝善堂刻本；左右双边，上下单边：白口，单白鱼尾，中刻书名、卷次；半页十一行，行二十一字。

识印章：

江阴缪氏珍藏——缪荃孙郡望姓氏藏书印。缪荃孙（1844—1919），字筱珊，晚号艺风，江阴（今江苏江阴）人，清末民初目录学家、方志学家、金石学家、图书馆学家、藏书家。藏书楼名"艺风堂""云轮阁"等。详见《经典释文》"缪荃荪"条。

黄裳百嘉——黄裳姓名藏书印。黄裳（1919—2012），原名容鼎昌，益都（今山东益都）人，现代散文家、版本学家、藏书家。藏书楼名"木雁斋"等。详见《相台书塾刊正九经三传沿革例》"黄裳"条。

容家书库——黄裳藏书楼号藏书印。

来燕榭珍藏记——黄裳藏书楼号藏书印。

识递藏：

从书页所钤藏书印看，是书曾藏于江阴缪荃孙"艺风堂"；又藏于益都黄裳"来燕榭"，今藏于吉林省图书馆。

重刊嘉祐集十五卷

识著述：

苏洵（1009—1066），字明允，自号老泉，眉州眉山（今四川眉山）人，北宋经学家、史学家、文学家，著有《谥法》《嘉祐集》等。与其子苏轼、苏辙并以文学著称，世称"三苏"，同列于"唐宋八大家"。《重刊嘉祐集》十五卷，为苏洵散文别集。苏洵散文，尤擅政论，议论明畅，笔势雄健，有战国策士之风。

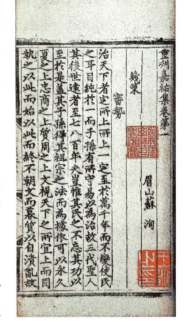

识版式：

此为明弘治刻本；四周文武双边；粗黑口，三黑鱼尾，中刻书名、卷次、页码；半页十行，行二十一字。

识印章：

王昶之印——王昶姓名藏书印。王昶（1725—1806），字德甫，一字琴德，别字兰泉，号述庵，松江青浦（今上海青浦）人，清代学者、诗人、散文家、金石学家、藏书家。藏书楼名"春融堂""经训堂""塾南书库"等，藏书印有"王昶之印""青浦王昶""王昶德甫""青浦王昶字曰德甫""青浦王昶字曰德甫一字述庵别号兰泉大理寺卿经训堂王氏之印""一字述庵别号兰泉""琴田一字兰泉""琴德一字兰泉""别字兰泉""述庵""青浦王氏宗祠家塾记""经训堂王氏之印""大理寺卿""秋官侍郎""近文章砥砺廉隅"等。辑有《明词综》《国朝词综》《金石萃编》等，著有《春融堂诗文集》《蒲褐山房诗话》《湖海诗传》《湖海文传》等。

曾在萧山陆氏香圃处——陆芝荣郡望姓氏字号藏书印。陆芝荣（生活于乾嘉道间），字香圃，萧山（今浙江萧山）人，清代刻书家、藏书家。藏书楼名"寓赏楼""三间草堂"，藏书印有"芝荣印信""陆氏香圃""香圃所藏""陆香圃三间草堂藏书""曾在萧山陆氏香圃处""三间草堂""陆氏三间草堂藏书""忠宣第三十七世孙""朗清汲古所及"等。

识递藏：

从书页所钤藏书印看，是书曾藏于青浦王昶"春融堂"；继藏于萧山陆芝荣"寓赏楼"；今藏于宁波市天一阁博物馆。

公是集五十四卷

识著述：

刘敞（1019—1068），字原父，一作原甫，临江新喻（今江西樟树）获斜人，北宋著名经学家、史学家、诗人、散文家，著有《春秋权衡》《春秋传》《春秋说例》《春秋意林》《七经小传》《公是集》等。敞学识渊博，欧阳修称其"自六经、百氏、古今传记，下至天文、地理、卜医、数术、浮图、老庄之说，无所不通；其为文章尤敏赡"，与弟刘攽合称"北宋二刘"。《公是集》五十四卷，为刘敞诗文别集，包括古诗、律诗、内集、外集、小集。其诗语言简洁凝练，辞情相称，五、七言诗均不乏佳作；其文平实质朴，自然流畅，慷慨激昂，颇有情致，风格近于韩、欧。

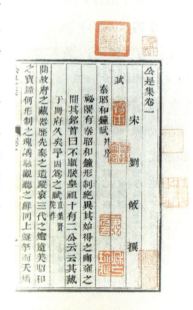

识版式：

此为清乾隆武英殿活字聚珍版本；四周双边；白口，单黑鱼尾，上刻书名，中刻卷次、页码；半页九行，行二十一字，小字双行同。

识印章：

读易楼秘笈印——玉栋藏书楼号藏书印。玉栋（？—1790），字子隆，又字元圃，号筠圃，别号澹游居士，本姓姚，沈阳汉军正白旗籍，清代藏书家。藏书楼名"读易楼"，藏书印有"玉栋印信""子隆""筠圃""读易楼藏书记""读易楼秘笈印"等。著有《诗古文》。

芑孙审定——王芑孙名号藏书印。王芑孙（1755—1818），字念丰，一字沤波，号惕甫，一号铁夫、云房，又号楞伽山人，吴县（今江苏苏州）人，清代文学家、赋论家、藏书家。藏书楼名"沤波舫""渊雅堂""楞伽山房"。详见《论语集解义疏》"王芑孙"条。

惕甫——王芑孙字号藏书印。

萧元吉——萧元吉姓名藏书印。萧元吉（生活于嘉道间），字象占，号谦谷，别号秋己，瑞州高安（今江西宜春高安）人，清代诗人、藏书家。藏书楼名"绿杉野屋"，藏书印有"萧元吉""臣元吉印""谦谷""秋己珍藏"等。著有《绿杉野屋诗集》。

秋己珍藏——萧元吉别号藏书印。

刘明阳王静宜夫妇读书之印——刘明阳王静宜夫妇姓名藏书印。刘明阳（1892—1959），字静远，天津人，民国藏书家。藏书楼名"研理楼""双静阁"。详见《历代名臣奏议》"刘明阳"条。

宝静簃主王静宜所得秘笈记——王静宜姓名藏书楼号藏书印。

研理楼刘氏藏——刘明阳姓氏藏书楼号藏书印。

识递藏：

从书页所钤藏书印看，是书曾藏于沈阳汉军正白旗玉栋"读易楼"；继藏于长洲王芑孙"渊雅堂"；继藏于高安萧元吉"绿杉野屋"；又藏于天津刘明阳王静怡夫妇"研理楼"；今藏于吉林省图书馆。

元丰类稿五十卷附录一卷

识著述：

曾巩（1019—1083），字子固，建昌军南丰（今江西南丰）人，世称"曾南丰"，北宋著名政治家、史学家、散文家，著有《曾巩集》《元丰类稿》《隆平集》等。曾巩文学成就突出，其文"古雅""平正""冲和"，位列"唐宋八大家"。《元丰类稿》五十卷，为曾巩诗文别集。收录古诗、律诗、论、议、传、序、书、记、制诰、策问、表、疏、札子、奏状、启、祭文、哀词、志铭、碑传、行状、本朝政要策、金石录跋尾等诸多文体，计文四十二卷，诗八卷，另有续附一卷。因成书于宋神宗元丰年间，故名。

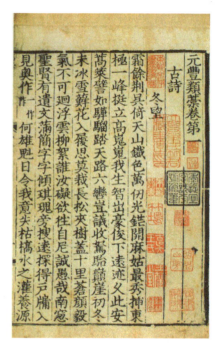

识版式：

此为元大德八年丁思敬刻本；左右文武双边，上下单边；白口，双黑鱼尾，中刻卷次、页码；半页十行，行二十字。

识印章：

照菴——疑为元末明初阳羡僧人释敏机字号藏书印。

拙讷隐者——疑为释敏机别号藏书印。

蜀山草堂——疑为释敏机室号藏书印。

王履吉印——王宠姓氏字号藏书印。王宠（1494—1533），字履吉，号雅宜山人，吴县（江苏苏州）人，明代著名诗人、书法家、藏书家。藏书楼名"辛夷馆""铁砚斋"等。详见《故唐律疏议》"王宠"条。

古吴王氏——王宠郡望姓氏藏书印。

玉兰堂——文徵明藏书楼号藏书印。文徵明（1470—1559），名璧，字徵明，以字行，长洲（今江苏苏州）人，明代著名画家、书法家、文学家、藏书家。藏书楼名"玉兰堂""梅花书屋""梅溪精舍"等。详见《周易》"文徵明"条。

竹坞——文徵明藏书楼号藏书印。

五峰樵客——文伯仁字号藏书印。文伯仁（1502—1575），字德承，号五峰、摄山长、葆生、摄山老农、五峰山人、五峰樵客等，长洲（今江苏苏州）人，文徵

834

明犹子，明代诗人、画家。藏书印有"文伯仁""德承""五峰""五峰山人"等。

孙云翼印——孙云翼姓名藏书印。孙云翼（生活于明万历年间），字禹见（一作禹俭），号鹏举，丹阳（今江苏镇江丹阳）人，明代文学家、藏书家。藏书楼名"曲水山房"，藏书印有"孙云翼印""曲阿孙氏禹见珍玩""孙氏禹见家藏""曲水山房"等。著有《广福山志》《哑绍编》《清畅斋骈语》《鳌阳漫稿》《桔山四六笺注》等。

曲阿孙氏禹见珍玩——孙云翼郡望姓氏字号藏书印。

曲水山房——孙云翼藏书楼号藏书印。

季振宜读书——季振宜姓名藏书印。季振宜（1630—?），字诜兮，号沧苇，泰兴（今江苏泰州靖江）季市镇人，明末清初著名诗人、文献学家、版本学家、校勘学家、藏书家。藏书楼名"静思堂"。详见《尚书注疏》"季振宜"条。

季振宜字诜兮号沧苇——季振宜姓名字号藏书印。

浮海季应召印——季应召姓名藏书印。季应召（约生活于康熙间），字葵藏，一字蒲征，号百子山人，泰兴（今江苏泰州靖江）季市镇人，季振宜之子，清代著名画家、藏书家。藏书楼名"畊砚田斋""虑斋"，藏书印有"浮海季应召印""季应召印""应召珍藏""虑斋"等。著有《畊砚田斋笔记》。

乾学——徐乾学名号藏书印。徐乾学（1631—1694），字原一，号健庵，昆山（今江苏昆山）人，清代著名经学家、史学家、文学家、文献学家、藏书家。藏书楼名"传是楼"。详见《周易九卷》"徐乾学"条。

徐健庵——徐乾学姓氏字号藏书印。

青浦王昶——王昶郡望姓名藏书印。王昶（1725—1806），字德甫，号述庵，别号兰泉，松江青浦（今上海青浦）人，清代学者、诗人、散文家、金石学家、藏书家。藏书楼名"春融堂""经训堂"等。详见《重刊嘉祐集》"王昶"条。

琴德一字兰泉——王昶字号藏书印。

经训堂王氏之印——王昶藏书楼号姓氏藏书印。

朱筠之印——朱筠姓名藏书印。朱筠（1729—1781），字竹君，一字美叔，号笥河，顺天大兴（今北京大兴）人，朱珪之弟，朱锡庚之父，清代著名经学家、书法家、诗人、金石学家、文献学家、藏书家。藏书楼名"椒花吟舫"。详见《入注附音司马温公资治通鉴》"朱筠"条。

大兴朱氏竹君藏书之印——朱筠郡望姓氏字号藏书印。

椒花吟舫——朱筠藏书楼号藏书印。

朱锡庚印——朱锡庚姓名藏书印。朱锡庚（1762—1827），字少河，一字少白，顺天大兴（今北京大兴）人，朱筠之子，清代著名学者、藏书家。承其父之"椒花吟舫"，藏书印有"朱锡庚印""笥河府君遗藏书画""原是个痴子"等。

朱锡翰印——朱锡翰姓名藏书印。朱锡翰（约生活于乾嘉间），顺天大兴（今

835

北京大兴）人，朱筠之子，清代藏书家。承其父之"椒花吟舫"，藏书印有"朱锡翰印"等。

许乃普印——许乃普姓名藏书印。许乃普（1787—1866），字季鸿，一字经厓，号滇生，别署观弈道人，谥文恪，钱塘（今浙江杭州）人，杨绍和之师，清代书法家、校勘学家、藏书家。藏书楼名"堪喜斋"，藏书印有"许乃普印""许氏滇翁所藏""观弈道人""堪喜斋印"等。著有《堪喜斋集》。

堪喜斋印——许乃普藏书楼号藏书印。

杨以增印——杨以增姓名藏书印。杨以增（1787—1855），字益之，一字至堂，晚号冬樵，聊城（今山东聊城）东昌府区人，清代藏书家。藏书楼名"海源阁"。详见《韩鲁齐三家诗考》"杨以增"条。

至堂——杨以增字号藏书印。

绍和彦合——杨绍和名字藏书印。杨绍和（1830—1875），字彦合，又字念微，号协卿、筠岩，聊城（今山东聊城）东昌府区人，杨以增次子，海源阁第二代主人，清代著名目录学家、藏书家。藏书楼名"海源阁"。详见《韩鲁齐三家诗考》"杨绍和"条。

东郡宋存书室珍藏——杨绍和郡望海源阁藏书楼分号藏书印。

识递藏：

从书页所钤藏书印及题跋、题识看，是书曾藏于元末明初阳羡僧人释敏机"蜀山草堂"；又藏于吴县王宠"辛夷馆"；继藏于长洲文徵明"玉兰堂"；继藏于长洲文伯仁之手；继藏于丹阳孙云翼"曲阿山房"；继藏于泰兴季振宜"静思堂"；继藏于昆山徐乾学"传是楼"；又藏于青浦王昶"经训堂"；继藏于大兴朱筠、朱锡庚、朱锡翰父子"椒花吟舫"；继藏于钱塘许乃普"堪喜斋"；继藏于聊城杨以增、杨绍和父子"海源阁"之"宋存书室"；今藏于国家图书馆。有朱锡庚跋。

临川先生文集一百卷目录二卷

识著述：

　　王安石（1021—1086），字介甫，号半
山，人称"半山居士""王荆公""王文公"，
临川（今江西抚州临川区）人，北宋著名政
治家、思想家、经学家、文学家、诗人、词
人、散文家，著有《诗义钩沉》《周官新义》
《老子注》《字说》《临川先生文集》。王安石
诗、文、词均有杰出成就，与韩愈、柳宗元、
欧阳修、三苏、曾巩并称"唐宋八大家"。
《临川先生文集》一百卷，为王安石全部诗文
著述之总汇，收录了其古诗、律诗、挽辞、
集句、四言诗、奏状、内制、外制等诸多诗
文创作。其散文多揭露时弊、反映社会矛盾
之作，具有较浓厚的政治色彩，往往直陈己
见，观点鲜明，分析深刻，简洁峻切，结构

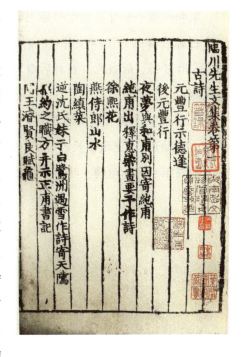

谨严，说理透彻，语言朴素精练，具有较强的概括性与逻辑力量，充分体现了其
"文道合一"的文学主张；其前期诗歌亦注重社会现实，反映下层人民的痛苦，倾
向性十分鲜明，风格直截刻露。后期诗歌创作以写景、咏物为主，致力于炼意和修
辞的艺术追求，风格含蓄深沉，深婉不迫，以丰神远韵而著称；其词作主要抒写情
志和阐释佛理，"瘦削雅素，一洗五代旧习"。

识版式：

　　此为南宋绍兴二十一年两浙西路转运司王钰刻元明递修本；左右文武双边，上
下单边，或四周单边；白口或黑口；半页十二行，行二十字。

识印章：

　　子晋——毛晋字号藏书印。毛晋（1599—1659），原名凤苞，字子久，后改字
子晋，号潜在，别号汲古主人，常熟（今江苏常熟）人，明末著名经学家、文学
家、刻书家、藏书家。藏书楼名"汲古阁"。详见《周易九卷》"毛晋"条。

　　汲古主人——毛晋别号藏书印。

　　叶氏定侯绅书——叶启勋姓氏字号藏书印。叶启勋（1900—1972），字定侯，
号更生等，别号拾经主人等，长沙（今湖南长沙）苏家巷人，叶德辉犹子，现代著

名目录学家、藏书家。藏书楼名"拾经楼"。详见《仪礼注疏》"叶启勋"条。

拾经楼著录——叶启勋藏书楼号藏书印。

叶启发家藏书——叶启发姓名藏书印。叶启发（1905—1952），字东明，号华鄂主人、朴学庐主，长沙（今湖南长沙）苏家巷人，叶德辉三弟德炯三子，叶启勋胞弟，现代著名目录学家、藏书家。藏书楼名"华鄂堂"。详见《仪礼注疏》"叶启发"条。

东明所藏——叶启发字号藏书印。

石林后裔——长沙叶启发、叶启勋兄弟祖望藏书印。以其祖上为宋代文学家、藏书家叶梦得，故自称"石林后裔"。

识递藏：

从书页所钤藏书印及题跋看，是书曾藏于常熟毛晋"汲古阁"；又藏于湘乡曾国藩"求缺斋"；继藏于长沙叶氏"拾经楼"，由叶启勋、叶启发兄弟递藏；今藏于湖南图书馆。有叶启勋、叶启发跋。

注东坡先生诗四十二卷

识著述：

苏轼（1037—1101），字子瞻、和仲，号铁冠道人、东坡居士，世称苏东坡、苏仙，祖籍栾城（今河北栾城），眉州眉山（今四川眉山）人，北宋著名经学家、散文家、诗人、词人、书画家、美食家，北宋中期文坛领袖，著有《东坡易传》《东坡七集》《东坡乐府》《潇湘竹石图卷》《枯木怪石图卷》等。苏轼在诗、词、散文、书、画诸方面均有很深造诣。其诗清新豪健，独具风格，与黄庭坚并称"苏黄"；其词开豪放一派，与辛弃疾并称"苏辛"；其散文著述宏富，豪放自如，与欧阳修并称"欧苏"，为"唐宋八大家"之一；苏轼善书，为"宋四家"之一；擅长文人画，尤擅墨竹、怪石、枯木等。《注东坡先生诗》（俗称《施顾注苏诗》）四十二卷，为宋人施元之、顾禧合注的苏东坡诗

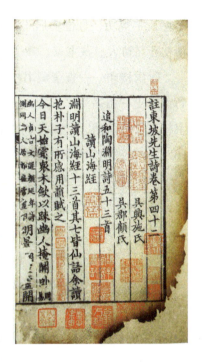

集。该书对苏诗重新进行了详尽注释并予以编年，刻印者施宿又补充了许多有关苏轼的历史材料，在版本研究上具有极高价值。

识版式：

此为宋嘉定六年淮东仓司施宿刻本；左右文武双边，上下单边；白口，单黑鱼尾，中刻书名；半页九行，行十六字，小字双行同。

识印章：

大明锡山桂坡安国民泰氏书画印——安国朝代郡望别号姓名字号藏书印。安国（1481—1534），字民泰，别号桂坡，人称"桂坡公"，无锡锡山（今江苏无锡）西峪村人，明代著名出版家、诗人、文学家、藏书家。藏书楼名"桂坡馆""墨颠斋"，藏书印有"大明安国鉴定真迹""大明锡山桂坡安国民泰氏书画印""桂坡安国赏鉴印""桂翁""桂坡老人""胶峰樵客""锡山安氏西林秘玩""安""墨颠斋图书记""天香堂""桂花坡""桂坡馆""古墨林""安且吉兮""适彼乐国"等。著有《游吟小稿》《安桂坡游记》。

毛晋私印——毛晋姓名藏书印。毛晋（1599—1659），原名凤苞，字子久，后改字子晋，号潜在，别号汲古主人，常熟（今江苏常熟）人，明末著名经学家、文

学家、刻书家、藏书家。藏书楼名"汲古阁"。详见《周易九卷》"毛晋"条。

汲古阁——毛晋藏书楼号藏书印。

商丘宋荦收藏善本——宋荦郡望姓名藏书印。宋荦（1634—1713），字牧仲，号漫堂，晚号绵津山人等，归德府商邱（今河南商丘）西陂人，清代著名政治家、诗人、画家、鉴赏家、藏书家。藏书楼名"青纶馆"等。详见《农书》"宋荦"条。

谦牧堂藏书记——纳兰揆叙藏书楼号藏书印。纳兰揆叙（1674—1717），原名容德，字恺功，号惟实居士，姓叶赫那拉氏，满洲正黄旗辽阳（今辽宁辽阳）人，清初著名诗人、藏书家。藏书楼名"谦牧堂"。详见《渚宫旧事》"纳兰揆叙"条。

听雨楼印——查莹藏书楼号藏书印。查莹（1743—？），字韫辉，号映山，别号竹南逸史，祖籍海丰（今山东无棣），入籍浙江海宁，清代文献学家、藏书家。藏书楼名"听雨楼""赐砚堂""学山堂""慧海楼""依竹堂"等，藏书印有"查莹之印""查莹图书""查莹藏本""查莹龙虎""听雨楼查氏有谷珍赏图书""名余曰莹兮字余曰韫辉""莹寿之章""查映山读书记""查映山太史藏书""查氏映山珍藏图籍印""映山父印""映山珍藏""竹南藏书""依竹主人""棣园居士""学山堂印""澹远堂图书印""赐砚堂印""赐砚堂图书印""赐砚堂书画印""依竹堂章""慧海楼藏书印""文渊阁校理"等。

英和私印——英和姓名藏书印。索绰络·英和（1771—1840），字树琴，一字定圃，号煦斋，索绰络氏，满洲正白旗人，清代诗人、书法家、藏书家。藏书楼名"恩福堂"等。详见《周礼》"英和"条。

翁方纲——翁方纲姓名藏书印。翁方纲（1733—1818），字正三，一字忠叙，号覃溪，晚号苏斋，顺天大兴（今北京大兴）人，清代经学家、文学家、金石学家、书法家、藏书家。藏书楼名"赐书楼""宝苏斋""石墨楼"等。详见《金石录》"翁方纲"条。

苏斋——翁方纲字号藏书印。

苏斋墨缘——翁方纲字号藏书印。

吴氏筠清馆所藏书画——吴荣光姓氏藏书楼号藏书印。吴荣光（1773—1843），原名燎光，字伯荣，一字殿垣，号荷屋、可庵，晚号石云山人，别署拜经老人，广州府南海（今广东佛山）禅城区祖庙街道人，清代诗人、书法家、金石学家、书画鉴藏家、藏书家。藏书楼名"赐书楼""筠清馆""石云山房""友多闻斋""岘樵山房"等，藏书印有"吴荣光印""粤人吴荣光印""臣吴荣光敬藏""南海吴荣光珍藏书画""吴伯荣氏秘籍之印""荷屋""荷屋审定""荷屋所得古刻善本""吴氏荷屋平生真赏""拜经老人""曾在吴石云处""石云山人""刑部尚书郎""坡可庵印""涣贞舫印""吴氏筠清馆所藏书画""岘樵山房藏书之章"等。著有《历代名人年谱》《吴荷屋自订年谱》《筠清馆金文》《筠清馆金石录》《金石款识类》《吾学录》《帖镜》《盛京随扈日记》《辛丑销夏记》《绿伽楠馆诗存》《石云山人诗稿》《石云山人诗文集》等。

潘仕成收藏金石文字之印信——潘仕成姓名藏书印。潘仕成（1804—1873），字德畲（又作德舆），一字子韶，祖籍福建漳州，广东番禺（今广东广州番禺区）人，晚清著名红顶商人、壶艺专家、藏书家。藏书楼名"宝琴斋""荔香园""海山仙馆""继兴堂""天响琴斋""周敦商彝秦镜汉剑唐琴宋元明书画墨迹长物之楼""藏张长史郎官记之室"等，藏书印有"潘仕成号德畲一字子韶""曾在潘德畲家""德畲心赏""德畲秘藏""子韶审定""海山仙馆主人""继兴堂主人手启""天响琴斋藏书""岭南潘氏宝琴斋珍藏书画之印""藏张长史郎官记之室"等。

德畲——潘仕成字号藏书印。

海山仙馆——潘仕成藏书楼号藏书印。

刚伐邑斋——袁思亮藏书楼号藏书印。袁思亮（1879—1940），字伯夔，一字伯葵，号蘉庵、莽安，别署袁伯子，长沙府湘潭县（今湖南湘潭）人，清末藏书家袁树勋之子，民国学者、诗人、词人、散文家、藏书家。藏书楼名"雪松书屋""刚伐邑斋"等，藏书印有"湘潭袁伯子藏书之印""刚伐邑斋""刚伐邑斋秘籍""壶冰室珍藏印"等。著有《蘉庵文集》《蘉庵词集》《蘉庵诗集》等。

祁阳陈澄中藏书记——陈清华郡望姓氏字号藏书印。陈清华（1894—1978），字澄中，祁阳（今湖南祁阳）人，现代著名藏书家。藏书楼名"郇斋"，藏书印有"陈清华""陈清华印""祁阳陈澄中藏书记""陈澄中收藏印""郇斋"等。

澄中——陈清华字号藏书印。

清华——陈清华名号藏书印。

郇斋——陈清华藏书楼号藏书印。

识递藏：

从书页所钤藏书印及题跋看，是书曾藏于明代无锡安国"桂坡馆"；再藏于常熟毛晋"汲古阁"；继藏于商丘宋荦"青纶馆"；继藏于辽阳正黄旗纳兰揆叙"谦牧堂"；继藏于海宁查莹"听雨楼"；继藏于正白旗英和"恩福堂"，继藏于大兴翁方纲"宝苏斋"；继藏于南海吴荣光"筠清馆"；继藏于番禺潘仕成"海山仙馆"；继藏于湘潭袁思亮"刚伐邑斋"；继藏于祁阳陈清华"郇斋"；今藏于国家图书馆。有宋葆淳、陈庆镛、翁方纲、潘祖荫跋，王仁俊、张曾畴、蒋祖诒、汪鸣銮、叶恭绰、陈子清、缪荃孙、吴湖帆等题识。

栾城集五十卷后集二十四卷

识著述：

苏辙（1039—1112），字子由，一字同叔，晚号颍滨遗老，眉州眉山（今四川眉山）人，北宋经学家、散文家、诗人，著有《诗集传》《栾城集》等。与其父苏洵、兄长苏轼合称"三苏"，位列"唐宋八大家"。《栾城集》《前集》五十卷《后集》二十四卷，为苏辙诗文别集。苏辙生平学问深受其父兄影响，而以散文著称，擅长政论和史论，苏轼称其散文"汪洋澹泊，有一唱三叹之声，而其秀杰之气终不可没"；其诗力图追步苏轼，风格淳朴无华，而稍逊文采。

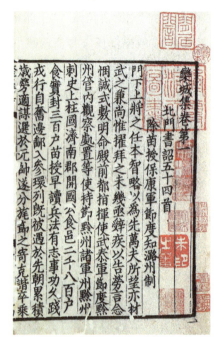

识版式：

此为宋刻递修本；左右文武双边，上下单边；白口，双黑鱼尾，上刻书名，下刻卷次、页码；半页十一行，行十八字。

识印章：

顾仁效氏收藏——顾仁效姓名藏书印。顾仁效（生活于成化嘉靖间），字彦先，号夹山人，长洲（今江苏苏州）人，明代诗人、书画家、藏书家。藏书楼名"水东馆""阳山草堂""静学文房"。详见《輶轩使者绝代语释别国方言》"顾仁效"条。

顾元庆印——顾元庆姓名藏书印。顾元庆（1487—1565），字大有，号大石山人，长洲（今江苏苏州）人，明代诗人、茶学家、书法家、刻书家、藏书家。藏书楼名"大石山房""夷白堂"。详见《方言》"顾元庆"条。

大石山人——顾元庆字号藏书印。

芦中人——顾元庆藏书印。

朱之蕃印——朱之蕃姓名藏书印。朱之蕃（1558—1624），字元介，一作元价，号兰隅、定觉主人，茌平（今山东茌平）人，客居金陵（今江苏南京），明代诗人、书画家、藏书家。藏书楼名"闲居阁"，藏书印有"朱之蕃印""朱之蕃""之蕃""元介""元介父""兰嵎居士""闲居阁""已未状元""烟霞洞天图书"等。传世画作有《君子林图卷》等，著有《使朝鲜稿》《南还杂著》《纪胜诗》《落花诗》等。

闲居阁——朱之蕃藏书楼号藏书印。

烟霞洞天图书——朱之蕃藏书闲章。

黄丕烈——黄丕烈姓名藏书印。黄丕烈（1763—1825），字绍武，号荛圃，又号复翁等，平江（今江苏苏州）人，清代著名校勘学家、版本学家、目录学家、刻书家、藏书家。藏书楼名"士礼居""百宋一廛"等。详见《四书通》"黄丕烈"条。

汪士钟印——汪士钟姓名藏书印。汪士钟（1786—?），字春霆，号阆源，一号眠源，长洲（今江苏苏州）人，汪文琛之子，清代著名藏书家。藏书楼名"艺芸书舍""三十五峰园"等。详见《周易九卷》"汪士钟"条。

三十五峰园主人——汪士钟藏书楼号藏书印。

赵宋本——汪士钟藏书版本藏书印。

铁琴铜剑楼——常熟瞿氏藏书楼号藏书印。详见《周易注疏》"铁琴铜剑楼"条。

识递藏：

从书页所钤藏书印看，是书曾藏于长洲顾仁效"阳山草堂"；继藏于长洲顾元庆"夷白堂"；继藏于金陵朱之蕃"闲居闇"；又藏于平江黄丕烈"士礼居"；继藏于长洲汪士钟"三十五峰园"；继藏于常熟"铁琴铜剑楼"，由瞿绍基、瞿镛、瞿秉渊、瞿启甲、瞿济苍祖孙世代递藏，今藏于国家图书馆。

类编增广黄先生大全文集五十卷

识著述：

黄庭坚（1045—1105），字鲁直，号山谷道人，晚号涪翁，洪州分宁（今江西九江修水）人，北宋著名诗人、文学家、书法家，江西诗派开山之祖，著有《山谷集》。在书坛上，黄庭坚书法独树一帜，为"宋四家"之一；在诗坛上，与杜甫、陈师道、陈与义素有"一祖三宗"之称，又与张耒、晁补之、秦观并称为"苏门四学士"，生前与苏轼并称"苏黄"。《类编增广黄先生大全文集》五十卷，为黄庭坚诗文别集，包括古赋、古律诗、杂文等文体，分类琐细，其杂文部分按文体分二十二类，根类下另有细目。在黄庭坚诗文校勘、辑佚和考据方面具有重要价值。

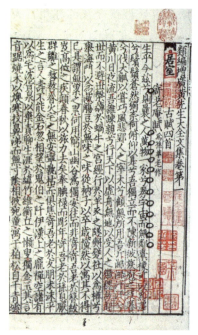

识版式：

此为宋乾道麻沙镇水南刘仲吉宅刻本，有抄补；左右双边，上下单边；白口，双黑鱼尾；半页十五行，行二十六字。

识印章：

汪氏东泉——汪克章姓氏字号藏书印。汪克章（1466—1545），字叔宪，号东泉，四明（今浙江余姚）梁弄镇人，明代诗人、藏书家。藏书楼名"四桂堂"，藏书印有"汪氏东泉"等。著有《题东山东西眺》《自叙诗五十韵》。

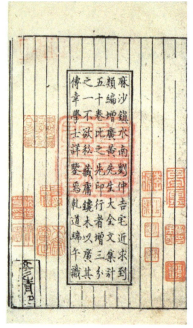

玉峰徐氏家藏——徐乾学字号姓氏藏书印。徐乾学（1631—1694），字原一，号健庵，昆山（今江苏昆山）人，清代著名经学家、史学家、文学家、文献学家、藏书家。藏书楼名"传是楼"。详见《周易九卷》"徐乾学"条。

查升之印——查升姓名藏书印。查升（1650—1707），字仲韦，号声山，海宁（今浙江海宁）人，清代著名诗人、书法家、藏书家。藏书楼名"澹远堂"，藏书印

"查升之印""海宁查声山名升""海宁查升声山图书""臣升""吴下阿升""一字仲韦""石漾主人查仲韦""仲韦一字声山""声山""查声山章""声山翰墨""行藏独倚楼""门无剥啄松影参差禽声上下午睡初足""澹远堂印""澹远堂图书印"等。著有《澹远堂集》。

沈廷芳印——沈廷芳姓名藏书印。沈廷芳（1702—1772），字畹叔，号椒园，别署隐拙翁等，查升外孙，仁和（今浙江杭州）人，清代经学家、诗人、散文家、藏书家。藏书楼名"隐拙斋"。详见《封氏见闻记》"沈廷芳"条。

仁和沈廷芳字畹叔一字茉园——沈廷芳郡望姓名字号藏书印。

椒园——沈廷芳字号藏书印。

古杭忠清里沈氏隐拙斋藏书印——沈廷芳郡望姓氏藏书楼号藏书印。

黄丕烈印——黄丕烈姓名藏书印。黄丕烈（1763—1825），字绍武，号荛圃，又号复翁等，平江（今江苏苏州）人，清代著名校勘学家、版本学家、目录学家、刻书家、藏书家。藏书楼名"士礼居""百宋一廛"等。详见《四书通》"黄丕烈"条。

复翁——黄丕烈字号藏书印。

士礼居——黄丕烈藏书楼号藏书印。

百宋一廛——黄丕烈藏书楼分号藏书印。

汪士钟印——汪士钟姓名藏书印。汪士钟（1786—?），字春霆，号阆源，一号眼源，长洲（今江苏苏州）人，汪文琛之子，清代著名藏书家。藏书楼名"艺芸书舍""三十五峰园"等。详见《周易九卷》"汪士钟"条。

汪士钟曾读——汪士钟姓名藏书印。

阆源父——汪士钟字号藏书印。

汪振勋印——汪振勋姓名藏书印。汪振勋（生活于道咸间），字绅之，号梅泉，吴县（今江苏苏州）人，汪士钟族人，清代藏书家。藏书楼名"修汲轩""真适斋"，藏书印有"平江汪振勋梅泉父印记""修汲轩"等。详见《字鉴》"汪振勋"条。

汪氏梅泉——汪振勋姓氏字号藏书印。

梅泉——汪振勋字号藏书印。

杨东樵读过——杨以增姓氏别号藏书印。杨以增（1787—1855），字益之，一字至堂，晚号冬樵，聊城（今山东聊城）东昌府区人，清代藏书家。藏书楼名"海源阁"。详见《韩鲁齐三家诗考》"杨以增"条。

宋存书室——杨以增海源阁藏书楼分号藏书印。

杨绍和印——杨绍和姓名藏书印。杨绍和（1830—1875），字彦合，又字念微，号协卿、筠岩，聊城（今山东聊城）东昌府区人，杨以增次子，海源阁第二代主人，清代著名目录学家、藏书家。藏书楼名"海源阁"。详见《韩鲁齐三家诗考》

"杨绍和"条。

东郡杨绍和彦合珍藏——杨绍和郡望姓名字号藏书印。

协卿仲子——杨绍和字号排行藏书印。

李盛铎印——李盛铎姓名藏书印。李盛铎（1859—1934），字嶬樵，又字椒微，号木斋，别号师子庵旧主人，晚号麘嘉居士，德化（今江西九江）人，清末民初著名政治家、收藏家。藏书楼名"木犀轩"等。详见《监本纂图重言重意互注论语》"李盛铎"条。

木斋审定——李盛铎字号藏书印。

木斋真赏——李盛铎字号藏书印。

李滂——李滂姓名藏书印。李滂（生活于民国时期），字少微，德化（今江西九江）人，李盛铎第十子，近代版本目录学家、学者、藏书家。藏书楼名"邺亭"，延其父藏书楼名有"木犀轩"，藏书印有"李滂""少微"等。编有《邺亭瞥观录》稿本，著有《千元考》。

少微——李滂字号藏书印。

识递藏：

从书页所钤藏书印及题跋看，是书曾藏于四明汪克章"四桂堂"；继藏于昆山徐乾学"传是楼"；继藏于仁和查升"澹远堂"；继藏于仁和沈廷芳"隐拙斋"；继藏于平湖钱天树"味萝轩"；继藏于平江黄丕烈"士礼居"；继藏于长洲汪士钟"艺芸书舍"；继藏于长洲汪振勋"修汲轩"；继藏于聊城杨以增、杨绍和父子"海源阁"之"宋存书室"；继藏于德化李盛铎、李滂父子"木犀轩"；今藏于北京大学图书馆。有沈廷芳、黄丕烈跋。

后山居士文集二十卷

识著述：

陈师道（1053—1102），字履常，一字无己，号后山居士，彭城（今江苏徐州）人，北宋文学家、诗人、词人。陈师道诗学黄庭坚，为江西诗派重要作家，"苏门六君子"之一，一生安贫乐道，闭门苦吟，有"闭门觅句陈无己"之誉；陈师道亦能词，其词风格与诗相近，以拗峭精警见长，著有《后山诗话》《后山居士文集》。《后山居士文集》二十卷，包括诗六卷，文十四卷，其诗词存在内容狭窄、词意艰涩之病。

识版式：

此为宋蜀刻本；左右双边，上下单边；白口，单黑鱼尾，中刻页码；半页九行，行十五字。

识印章：

晋府书画之印——晋王府世袭郡王朱钟铉藏书印。朱钟铉（1428—1502），凤阳（今安徽凤阳）人，明宗室，初封榆林王，嗣爵晋王，明代藏书家。藏书楼名"敬德堂"等，藏书印有"晋国奎章""晋府书画之印""敬德堂图书印"等。详见《诗集传》"朱钟铉"条。

姜氏图书——不详何属。

蔗林藏书——董诰字号藏书印。董诰（1740—1818），字雅伦，一字西京，号蔗林，一号柘林，富阳（今浙江杭州富阳区）人，清代著名诗人、文学家、书画家、藏书家。工部尚书董邦达长子，与其父有"大小董"之称。藏书印有"董诰""董诰印""臣董诰印""蔗林""蔗林藏书""柘林居士""柘林鉴藏印""以勤补拙""深心托毫素""一片冰心在玉壶"等。

覃溪审定——翁方纲字号藏书印。翁方纲（1733—1818），字正三，号覃溪，晚号苏斋，顺天大兴（今北京大兴）人，清代经学家、文学家、金石学家、书法家、藏书家。藏书楼名"赐书楼""宝苏斋""石墨楼"等。详见《金石录》"翁方纲"条。

苏斋墨缘——翁方纲字号藏书印。

南海吴荣光书画之印——吴荣光郡望姓名藏书印。吴荣光（1773—1843），字伯荣，号荷屋，广州府南海（今广东广州佛山）人，清代诗人、书法家、金石学家、书画鉴藏家、藏书家。藏书楼名"赐书楼""石云山房"等。详见《注东坡先生诗》"吴荣光"条。

伯荣审定——吴荣光字号藏书印。

识递藏：

从书页所钤藏书印及题识看，是书曾藏于晋王府世袭郡王朱钟铉"敬德堂"；又藏于无考"姜氏"之手；又藏于富阳董诰之手；继藏于大兴翁方纲"宝苏斋"；继藏于南海吴荣光"筠清馆"；继藏于吴县潘博山"宝山楼"；今藏于国家图书馆。有翁方纲跋。"姜氏图书"不详何属。

龟山先生集三十五卷年谱一卷附录一卷

识著述：

　　杨时（1053—1135），字中立，号龟山，学者称龟山先生，祖籍弘农华阴（今陕西华阴东），南剑西镛州龙池团（今福建三明将乐）人，北宋哲学家、经学家、文学家，著有《龟山先生集》。杨时先后学于程颢、程颐，同游酢、吕大临、谢良佐并称程门四大弟子，又与罗从彦、李侗并称为"南剑三先生"，被后世尊为"闽学鼻祖"。《龟山先生集》三十五卷，内容包括书奏、表札、讲义、经解、史论、启记、序跋、语录、答问、辨、书、杂著、哀辞、祭文、述状、志铭、诗歌等诸多文体，文笔笃实质朴，为一代儒学正宗。

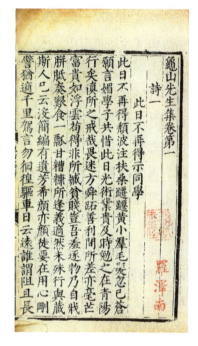

识版式：

　　此为明正德十二年沈晖刻本；四周文武双边；黑口，双黑鱼尾，中刻书名、卷次、页码；半页十行，行二十字。

识印章：

　　罗泽南——罗泽南姓名藏书印。罗泽南（1808—1856），字仲岳，号罗山，一字培源，号悔泉，又字子畏，双峰（今湖南娄底双峰）人，晚清湘军将领、经学家、文学家、藏书家。藏书楼名"镜山书屋"，藏书印有"罗泽南""镜山书屋"等。著有《周易本义衍言》《姚江学辨》《读孟子札记》《小学韵语》《西铭讲义》《皇舆要览》等。

　　镜山书屋——罗泽南藏书楼号藏书印。

识递藏：

　　从书页所钤藏书印看，是书曾藏于双峰罗泽南"镜山书屋"；今藏于湖南省图书馆。

斜川集六卷订误一卷附录二卷补遗二卷续抄一卷附录一卷

识著述：

苏过（1072—1123），字叔党，号斜川居士，眉州眉山（今四川眉山）人，苏轼第三子，时称小坡，北宋书画家、文学家，著有《苏斜川集》。《苏斜川集》（又称《斜川集》）六卷，乃苏过诗文别集。其诗以怀人和思归厌仕之作最为出色。其怀人之作，情真意切，哀而不伤；其思归厌仕之作揭露官场生涯，淋漓尽致。其文中的史评和史论，词气豪迈，直击要害，彰显出过人的才气和独到的见解。

识版式：

此为乾隆五十三年赵怀玉亦有生斋刻、嘉庆十六年唐仲冕增刻本；左右双边，上下单边；白口，单黑鱼尾，中刻书名、卷次；半页十行，行二十一字，小字双行同。

识印章：

歙西长塘鲍氏知不足斋藏书印——鲍廷博郡望姓氏藏书楼号藏书印。鲍廷博（1728—1814），字以文，号渌饮，别号通介叟，祖籍安徽歙县长塘，后定居桐乡青镇（今浙江湖州桐乡乌镇）杨树湾，清代著名诗人、目录学家、刻书家、藏书家。藏书楼名"知不足斋"。详见《相台书塾刊正九经三传沿革例》"鲍廷博"条。

遗稿天留——鲍廷博藏书闲章。

老见异书犹眼明——鲍廷博藏书闲章。

老屋三间赐书万卷——鲍廷博藏书闲章。

世守陈编之家——鲍士恭藏书闲章。鲍士恭（1750—？），字志祖，号青溪，祖籍安徽歙县长塘，后定居桐乡青镇（今浙江湖州乌镇）杨树湾，鲍廷博之子，清代藏书家。承其父藏书楼"知不足斋"，藏书印亦多为其继承。藏书印有"鲍士恭印""知不足斋抄册""世守陈编之家"等。鲍廷博、鲍士恭、鲍正言祖孙三代共辑有《知不足斋丛书》三十卷。

长恩阁藏书——傅以礼藏书楼号藏书印。傅以礼（1827—1898），原名以豫，字戊臣，号小石，后改现名，字节子，号节庵学人，原籍直隶大兴（今北京大兴），徙居山阴（今浙江绍兴），清代史学家、目录学家、藏书家。藏书楼名"长恩阁"

等。详见《五代名画补遗》"傅以礼"条。

　　黄裳——黄裳姓名藏书印。黄裳（1919—2012），原名容鼎昌，笔名勉仲等，益都（今山东益都）人，现代散文家、版本学家、藏书家。藏书楼名"木雁斋"等。详见《相台书塾刊正九经三传沿革例》"黄裳"条。

　　黄裳小雁——黄裳姓名字号藏书印。

　　来燕榭珍藏记——黄裳藏书楼号藏书印。

　　草草亭藏——黄裳藏书楼号藏书印。

　　木雁斋——黄裳藏书楼号藏书印。

识递藏：

　　从书页所钤藏书印及题跋看，是书曾藏于歙县鲍廷博、鲍士恭父子"知不足斋"；继藏于山阴傅以礼"长恩阁"；又藏于益都黄裳"来燕榭"；今藏于上海图书馆。有鲍廷博、傅以礼校跋，杨海题识。

石林居士建康集八卷

识著述：

叶梦得（1077—1148），字少蕴，长洲（今江苏苏州）人，宋代经学家、诗人、词人、文学评论家，著有《春秋传》《石林燕语》《石林词》《石林诗话》《石林居士建康集》等。晚年隐居湖州弁山玲珑山石林，故号石林居士，其所著诗文多冠以"石林"之名。《石林居士建康集》八卷，为叶梦得诗文别集，四库馆臣谓之"文章高雅，犹存北宋之遗风"。

识版式：

此为清康熙叶树廉抄本；半页九行，行二十字。

识印章：

叶树廉印——叶树廉姓名藏书印。叶树廉（1619—1685），一作树莲，又名万，字石君，号潜夫，吴县（今江苏苏州）人，明末清初著名史学家、金石学家、藏书家。藏书楼名"朴学斋""归来草堂"等。详见《大金国志》"叶树廉"条。

石君——叶树廉字号藏书印。

朴学斋——叶树廉藏书楼号藏书印。

次公——赵宗建字号藏书印。赵宗建（1824—1900），字次侯，号非昔居士，常熟（今江苏常熟）人，清末著名诗人、藏书家。藏书楼名"旧山楼"，藏书印有"赵宗建印""赵次公印""非昔居士""旧山楼藏"等。编有《旧山楼书目》，著有《旧山楼诗录》《非昔居士日记》《赵氏三集》。详见《汉隶分韵》"赵宗建"条。

识递藏：

此书为叶树廉抄本。从书页所钤藏书印看，是书曾藏于抄书者吴县叶树廉"朴学斋"；又藏于常熟赵宗建"旧山楼"；今藏于常熟市图书馆。有叶树廉跋。

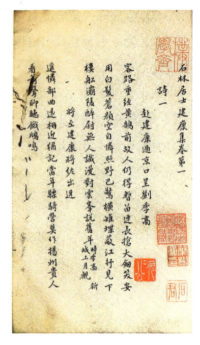

东莱先生诗集二十卷

识著述：

吕本中（1084—1145），字居仁，世称东莱先生，寿州（今安徽凤台）人，吕夷简玄孙，吕公著曾孙，吕希哲孙，吕好问子，宋代经学家、诗人、词人、文学评论家，著有《春秋集解》《童蒙训》《师友渊源录》《紫微诗话》《东莱先生诗集》等。《东莱先生诗集》二十卷，为吕本中诗别集，收录吕本中诗作约一千二百七十首。其诗深受黄庭坚和陈师道的影响，而无江西诗派之艰涩，诗风轻松流美，清新可爱。

识版式：

此为清初吕留良家抄本；中缝上书书名，中书卷次，下书页码；半页九行，行十八字。

识印章：

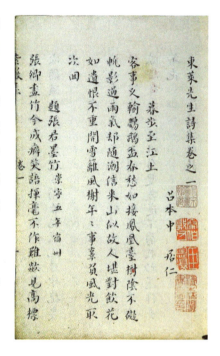

清森阁书画印——何良俊藏书楼号藏书印。

何良俊（1506—1573），字元朗，号柘湖，又号柘湖居士、紫溪真逸，华亭柘林（今上海奉贤柘林镇柘林村）人，明代戏曲理论家、文学家、藏书家。藏书楼名"清森阁""望洋楼"，藏书印有"何良俊印""何元朗氏""何氏元朗""东海何元朗""柘湖居士""紫溪真逸""两山""桔里清赏""陆沉金马门""清森阁书画印"等。著有《柘湖集》《何氏语林》《四友斋丛说》。

臣恩复——秦恩复名号藏书印。秦恩复（1761—1844），字近光，号敦夫，晚自号狷翁，江都（今江苏扬州江都区）人，清代文学家、词人、文字学家、目录学家、校勘家、藏书家。藏书楼名"石研斋"。详见《古今韵会举要》"秦恩复"条。

秦伯敦父——秦恩复姓氏字号藏书印。

石研斋秦氏印——秦恩复藏书楼号姓氏藏书印。

沅叔——傅增湘字号藏书印。傅增湘（1872—1949），字沅叔，号藏园，别号双鉴楼主人，别署书潜等，江安（今四川江安）人，近代著名目录学家、版本学家、校勘学家、藏书家。藏书楼名"双鉴楼"等。详见《诗外传》"傅增湘"条。

藏园——傅增湘字号藏书印。

张宗祥印——张宗祥姓名印。张宗祥（1882—1965），原名思曾，字阆声，晚号冷僧，又署铁如意馆主，海宁（今浙江海宁）人，现代教育家、文学史家、图书馆学家、校勘学家、藏书家。藏书楼名"铁如意馆"，藏书印有"张宗祥印""手抄千卷楼""著书不如抄书"等。著有《清代文学史》《全宋诗话》《读书札记》《临地随笔》《冷僧自编年谱》等。

识递藏：

此书为吕留良家抄本，必首藏其家"不远复堂"。从书页所钤藏书印及题跋看，是书曾藏于华亭何良俊"清森阁"；又藏于江都秦恩复"石研斋"；继藏于江安傅增湘"双鉴楼"，由张宗祥校勘；今藏于国家图书馆。傅增湘、张宗祥校跋。

简斋诗外集一卷

识著述：

陈与义（1090—1139），字去非，号简斋，洛阳（今河南洛阳）人，两宋之交著名爱国诗人、词人，著有《简斋集》《简斋诗外集》。其诗推尊杜甫，也崇尚苏轼、黄庭坚和陈师道，前期清新明快，后期雄浑沉郁，号为"诗俊"；其词存世者虽仅十余首，却别具风格，豪放处尤近于苏轼，语意超绝，笔力横空，疏朗明快，自然浑成。

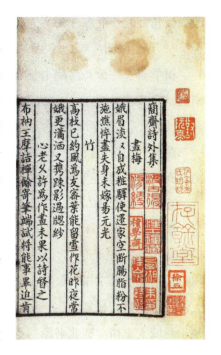

识版式：

此为元抄本；左右文武双边，上下单边；黑口，单黑鱼尾；半页九行，行十七字。

识印章：

陆友私印——陆友姓名藏书印。陆友（1290—1338），字友仁，一字宅之，又字辅之，自号研北生，平江（今江苏苏州）人，元代著名诗人、书法家、鉴藏家、藏书家。藏书楼名"志雅斋"，藏书印有"陆友""陆友之印""陆友私印""陆友仁印""燕处超然"等。编有《陆氏藏书目录》，著有《砚史》《墨史》《印史》《杞菊轩稿》《研北杂志》《吴中杂事》等。

江阴朱氏珍玩——朱承爵郡望姓氏藏书印。朱承爵（1480—1527），字子儋，号舜城漫士，又号左庵、磐石山樵等，江阴（今江苏江阴）人，明代诗人、诗歌理论家、画家、刻书家、藏书家。藏书楼名"行素斋""存余堂"等。详见《尔雅》"朱承爵"条。

存余堂——朱承爵藏书楼号藏书印。

朱时熙印——朱时熙姓名藏书印。朱时熙（生活于明末清初），德平（今山东临邑德平镇）人，顺治三年任太湖县知县。藏书印有"朱时熙印""西湖佳山水"等。

西湖佳山水——朱时熙藏书闲章。

汲古得修绠——毛晋藏书闲章。毛晋（1599—1659），原名凤苞，字子久，后改字子晋，号潜在，别号汲古主人，常熟（今江苏常熟）人，明末著名经学家、文学家、刻书家、藏书家。藏书楼名"汲古阁"。详见《周易九卷》"毛晋"条。

    对阮亭——王士禛名号藏书印。王士禛（1634—1711），原名王士禛，字子贞，一字贻上，号阮亭，又号渔洋山人，世称王渔洋，新城（今山东桓台）人。清初杰出诗人、诗歌评论家、金石学家、鉴赏学家、藏书家。藏书楼名"池北书库""带经堂"等。详见《南迁录》"王士禛"条。

    汪士钟藏——汪士钟姓名藏书印。汪士钟（1786—?），字春霆，号阆源，一号眼源，长洲（今江苏苏州）人，汪文琛之子，清代著名藏书家。藏书楼名"艺芸书舍""三十五峰园"等。详见《周易九卷》"汪士钟"条。

    积学斋——徐乃昌藏书楼号藏书印。徐乃昌（1866—1946），字积余，号随庵，南陵（今安徽南陵）人，清末民国金石学家、刻书家、藏书家。藏书楼名"积学斋"。详见《说文字原》"徐乃昌"条。

    徐押——徐乃昌画押藏书印。

    周暹——周叔弢姓名藏书印。周叔弢（1891—1984），原名暹，字叔弢，以字行，建德（今安徽东至）人，现代著名政治家、实业家、收藏家、藏书家。藏书楼名"寒在堂"等。详见《周礼》"周暹"条。

识递藏：

    从书页所钤藏书印及题跋看，是书曾藏于元人吴县陆友"志雅斋"；又藏于明人江阴朱承爵"行素斋"；继藏于德平朱时熙之手；又藏于常熟毛晋"汲古阁"；继藏于新城王士禛"池北书库"；继藏于长洲汪士钟"艺芸书舍"；继藏于南陵徐乃昌"积学斋"；继藏于建德周叔弢"寒在堂"；今藏于国家图书馆。有钱翼之、鲍毓东跋。

放翁先生剑南诗稿六十七卷目录□卷

识著述：

陆游（1125—1210），字务观，号放翁，越州
山阴（今浙江绍兴）人，南宋史学家、文学家、
爱国诗人，著有《剑南诗稿》。陆游一生笔耕不
辍，诗、词、文均有造诣。此外，陆游亦有史才，
其《南唐书》"简核有法"，史评色彩鲜明，具有
很高的史料价值。《剑南诗稿》（又称《放翁先生
诗稿》）六十八卷，收录其反映川陕经历的诗歌
九千三百余首，内容涵盖了当时社会生活的各个
方面，其中最重要的是与抗金相关的爱国诗篇及
日常生活吟咏。其诗语言平易晓畅，章法整饬谨
严，兼具李白之雄奇奔放与杜甫之沉郁悲凉，尤
以饱含爱国热情对后世影响深远。

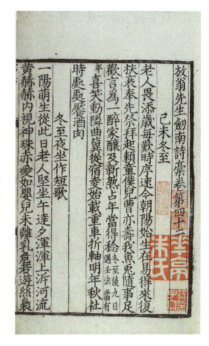

识版式：

此为宋嘉泰吉州刻本；左右文武双边，上下
单边；白口，双黑鱼尾，上刻字数，下刻刻工姓名；半页十行，行二十字。

识印章：

华亭朱氏——朱大韶郡望姓氏藏书印。朱大韶（1517—1577），字象元，一作
象玄，号文石，松江府华亭（今上海松江）人，明代学者、藏书家。藏书楼名"横
经阁""文石山房"。详见《輶轩使者绝代语释别国方言》"朱大韶"条。

横经阁收藏图籍印——朱大韶藏书楼号藏书印。

汪士钟印——汪士钟姓名藏书印。汪士钟（1786—？），字春霆，号阆源，一号
眼源，长洲（今江苏苏州）人，汪文琛之子，清代著名藏书家。藏书楼名"艺芸书
舍""三十五峰园"等。详见《周易九卷》"汪士钟"条。

阆源真赏——汪士钟字号藏书印。

徐子容印——徐子容姓氏名号藏书印。徐子容（1782—1847），原名广绪，字
子容，以字行，海州沭阳（今江苏沭阳）汉坊镇人，清代诗人、画家、藏书家。藏
书楼名"听云楼"，藏书印有"徐子容印""徐氏子容"等。著有《听云楼且存
稿》等。

双鉴楼——傅增湘藏书楼号藏书印。傅增湘（1872—1949），字沅叔，号藏园，

别号双鉴楼主人，别署书潜等，江安（今四川江安）人，近代著名目录学家、版本学家、校勘学家、藏书家。藏书楼名"双鉴楼"等。详见《诗外传》"傅增湘"条。

识递藏：

从书页所钤藏书印及题跋看，是书曾藏于华亭朱大韶"横经阁"；又藏于吴县周锡瓒"香岩书屋"；继藏于平江黄丕烈"士礼居"；继藏于长洲汪士钟"艺芸书舍"；继藏于沭阳徐子容"听云楼"；又藏于义州李放"抱竹居"；继藏于江安傅增湘"双鉴楼"；今藏于国家图书馆。有黄丕烈题诗并跋，李放跋。

石湖居士文集三十四卷

识著述：

范成大（1126—1193），字至能，一字幼元，早年自号此山居士，晚号石湖居士，平江府吴县（今江苏苏州）人，南宋诗人、文学家，著有《石湖集》《揽辔录》《吴船录》《吴郡志》《桂海虞衡志》等。《石湖居士文集》三十四卷，存诗一千九百余首。范成大诗，题材广泛，以反映农村社会生活内容的作品成就最高。其风格平易浅显、清新妩媚，与杨万里、陆游、尤袤合称南宋"中兴四大诗人"。

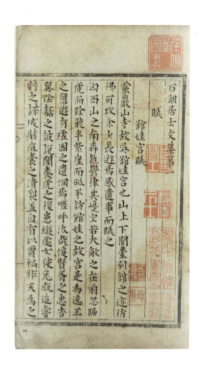

识版式：

此为明抄本；四周文武双边；白口；半页十行，行二十字。

识印章：

鹏池杨氏德周收藏书画之印——杨德周姓氏名号藏书印。杨德周（1579—1648），字南仲，一字孚先，号厂庵，晚字齐庄，号紫凝，鄞县（今浙江宁波鄞州区）人，明末诗人、文学家、藏书家。藏书印有"鹏池杨氏德周收藏书画之印"等。著有《铜马编》《澹圃余纪》《玉田识略》《金华杂识》《甬东诗括》《杜诗解》《识随笔》等。

闽中徐惟起藏书印——徐㶿郡望姓氏字号藏书印。徐㶿（1570—1645），字惟起，一字兴公，自号鳌峰居士，别号读易园主人等，闽县（今福建福州闽侯）人，清代著名诗人、书画家、方志学家、目录学家、藏书家。藏书楼名"红雨楼"等。详见《福州府志》"徐㶿"条。

周亮工印——周亮工姓名藏书印。周亮工（1612—1672），字元亮，别号栎园等，学者称栎园先生，祥符（今河南开封祥符区）人，明末清初文学家、书画家、篆刻家、藏书家。藏书楼名"赖古堂""因树屋""藏密庵"等。详见《沈下贤文集》"周亮工"条。

栎园居士——周亮工别号藏书印。

千顷堂图书——黄虞稷藏书楼号藏书印。黄虞稷（1629—1691），字俞邰，号楮园，晋江安海（今福建泉州晋江安海镇）人，落籍金陵（今江苏南京），明末清初著名藏书家。藏书楼名"千顷堂"等，藏书印有"黄虞稷印""温陵黄俞邰氏藏书印""朝爽阁藏书记""千顷堂图书"等。编有《千顷堂书目》，著有《楮园杂志》《我贵轩集》《朝爽阁集》《蝉巢集》等。详见《九章算经》"黄虞稷"条。

吴贯勉印——吴贯勉姓名藏书印。吴贯勉（生活于康熙年间），字尊五，号秋屏，祖籍歙（今安徽歙县），流寓金陵（今江苏南京），入曹寅校书局，往来金陵、广陵之间，与诸名士倡和。清代诗人、词人、校勘学家、藏书家。藏书印有"吴贯勉印""秋屏"等。

秋屏——吴贯勉字号藏书印。

识递藏：

从书页所钤藏书印看，是书曾藏于鄞县杨德周之手；继藏于闽县徐𤊹"红雨楼"；继藏于祥符周亮工"赖古堂"；继藏于晋江黄虞稷"千顷堂"；继藏于歙县吴贯勉之手；今藏于山东省图书馆。有徐𤊹跋。

方是闲居士小稿二卷

识著述：

　　刘学箕（生活于南宋初年），字习之，自号种春子，又号方是闲居士，崇安（今福建武夷山）人，刘子翚之孙，南宋诗人、词人，著有《方是闲居士小稿》。《方是闲居士小稿》二卷，为刘学箕诗文别集，上卷为古今体诗，下卷为赋、杂文、词。

识版式：

　　此为清初毛氏汲古阁影元抄本；左右双边，上下单边；白口，双黑鱼尾，中刻页码；半页八行，行十八字。

识印章：

　　毛晋私印——毛晋姓名藏书印。毛晋（1599—1659），原名凤苞，字子久，后改字子晋，号潜在，别号汲古主人，常熟（今江苏常熟）人，明末著名经学家、文学家、刻书家、藏书家。藏书楼名"汲古阁"。详见《周易九卷》"毛晋"条。

　　子晋——毛晋字号藏书印。

　　汲古主人——毛晋别号藏书印。

　　元本——毛晋藏书版本藏书印。

　　甲——毛晋藏书等级藏书印。

　　毛扆之印——毛扆姓名藏书印。毛扆（1640—1713），字季斧，号省庵，常熟（今江苏常熟）人，毛晋第五子，清代著名校勘学家、出版家、藏书家。藏书印有"毛扆之印""毛斧季收藏印""叔郑后人"等。编有《汲古阁秘本书目》。详见《孝经今文音义》"毛扆"条。

　　斧季——毛扆字号藏书印。

　　元照私印——严元照名号藏书印。严元照（1784—1818），字修能，号蕙櫋，又号悔庵居士，归安（今浙江湖州）人，清代经学家、版本目录学家、文学家、藏书家。藏书楼名"芳椒堂"等。详见《声隅子歔欷琐微论》"严元照"条。

　　严氏修能——严元照姓氏字号藏书印。

　　香修——张秋月字号藏书印。张秋月（生活于乾嘉间），字香修，一字幼怜，严元照之妾，安徽祁门人。藏书印有"张氏秋月字香修一字幼怜""张氏香修秋月之印""余独好修以为常""侍儿香修"等。

陆沆之印——陆沆姓名藏书印。陆沆（生活于嘉道间），字冰篁，号靖伯，吴门（今江苏苏州）人，清代诗人、藏书家。藏书楼名"蘅香草堂""湖西草堂"，藏书印有"陆沆字冰篁""靖伯氏"等。著有《月满楼诗文集》《金石考异》。详见《宋史》"陆沆"条。

靖伯——陆沆字号藏书印。

识递藏：

此书为毛氏影元抄本。从书页所钤藏书印看，是书曾藏于抄书者常熟毛晋、毛扆父子"汲古阁"；又藏于归安严元照、张秋月之"芳椒堂"；继藏于吴门陆沆"蘅香草堂"；今藏于国家图书馆。有严元照跋。

晦庵先生朱文公文集一百卷目录二卷续集十一卷别集十卷

识著述：

朱熹（1130—1200），字元晦，号晦庵，晚称晦翁，谥称"朱文公"，祖籍南宋江南东路徽州府婺源县（今江西婺源），生于南剑州尤溪（今福建三明），南宋著名理学家、哲学家、教育家、诗人、闽学派代表人物，著有诗文集《晦庵先生朱文公文集》。《晦庵先生朱文公文集》（又名《晦庵集》《朱子大全文集》）一百卷《目录》二卷《续集》十一卷《别集》十卷，由其子朱在、后学余师鲁等编辑。书中收录了朱熹的诗、奏稿、书札和论文，较全面地反映了他的理学观点、政治思想等。此书收罗宏富，内容全面，举凡经国之谋、济民之政、出处之义、交际之道，上而天道之妙，下而物理之微，靡不囊括其中，既是研究朱子思想及程朱理学思想体系的基本文

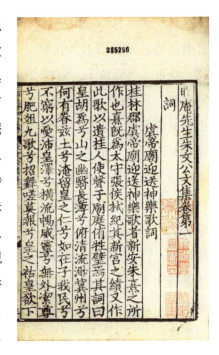

献，又是研究当时社会政治、经济、文化、教育、学术的重要参考资料。

识版式：

此为宋咸淳元年建安书院刻宋元明递修本；左右文武双边，上下单边；白口间黑口，双黑鱼尾，中刻书名、卷次、页码；半页十行，行十八字，小字双行同。

识印章：

赐砚堂图书印——查莹藏书楼号藏书印。查莹（1743—?），字韫辉，号映山，别号竹南逸史，祖籍海丰（今山东无棣），入籍浙江海宁，清代文献学家、藏书家。藏书楼名"听雨楼""赐砚堂"等。详见《注东坡先生诗》"查莹"条。

竹南藏书——查莹别号藏书印。

识递藏：

从书页所钤藏书印看，是书曾藏于海宁查莹"赐砚堂"；今藏于北京大学图书馆。

白玉蟾海琼摘稿十卷

识著述：

葛长庚（1134—1229），即白玉蟾，原姓葛，乳名玉蟾，稍长取名葛长庚，字白叟、如晦、以阅、众甫，号海琼子、海蟾、云外子、琼山道人、海南翁、武夷翁，世称紫清先生，琼管安抚司琼山县五原都显屋上村（今海南海口琼山石山镇典读村）人，南宋道士、书法家、诗人、词人，海南历史上第一位在全国有影响的文化名人，著有《道德宝章》《金华冲碧丹经秘旨》《海琼白真人语录》《罗浮山志》《海琼集》《海琼白玉蟾先生文集》等。《白玉蟾海琼摘稿》十卷，为白玉蟾生前所著诗文选集，此集基本体现了他在诗文方面的成就。

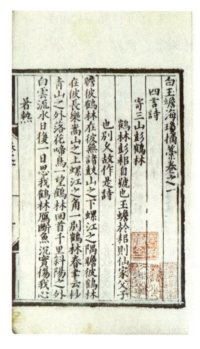

识版式：

此为明嘉靖十二年唐胄刻本；四周文武双边；黑口，双黑鱼尾，中刻卷次、页码；半页十行，行二十字。

识印章：

郑氏注韩居珍藏记——郑杰姓氏藏书楼号藏书印。郑杰（1750—1800），一名人杰，字昌英、亦齐，自号注韩居士，侯官（今福建福州）人，清代学者、诗人、史学家、藏书家。藏书楼名"注韩居"。详见《博雅》"郑杰"条。

龚少文收藏书画印——龚易图姓氏字号藏书印。龚易图（1835—1894），字蔼仁，一字霜人，号含晶，闽县（今福建福州）人，清代诗人、书画家、藏书家。藏书楼名"大通楼"。详见《博雅》"龚易图"条。

村南烟舍——陈浴新藏书楼号藏书印。陈浴新（1890—1974），又名东方望，名世梅，字积发，号志壮，安化（今湖南安化）人，近代政治家、藏书家。藏书楼名"村南烟舍"。详见《八闽通志》"陈浴新"条。

识递藏：

从书页所钤藏书印看，是书曾藏于侯官郑杰"注韩居"；又藏于闽县龚易图"大通楼"；继藏于安化陈浴新"村南烟舍"；今藏于湖南师范大学图书馆。

龙川先生文集三十卷

识著述：

陈亮（1143—1194），原名汝能，字同甫，号龙川，学者称龙川先生，婺州永康（今浙江永康）人，南宋思想家、诗人、词人、散文家，著有《龙川先生文集》《龙川词》等。《龙川先生文集》三十卷，由其子陈沈所辑，是陈亮一生著述的总汇，内容包括疏、策、论、表、书、启、诗、词、记、序等。该书对唯心主义理学进行了批判，阐述了唯物主义观点及军事辩证法思想，在中国哲学史上占有一席之地。其政论文气势纵横，笔锋犀利；词作感情激越，风格豪放，体现了宏伟的政治抱负。

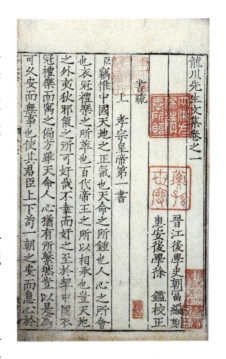

识版式：

此为明代史朝富刻本；左右双边，上下单边；白口，单黑鱼尾，上刻书名，中刻卷次、页码，下刻刻工姓名；半页十行，行二十二字。

识印章：

蔡亏父氏——蔡亏父姓名藏书印。蔡亏父（生活于明万历间），吴郡（今江苏苏州）人，生平无考。

运昌——蔡亏父名字藏书印。

两浙方伯清奉所贻——蔡亏父藏书闲章。

子孙世守——蔡亏父藏书闲章。

识递藏：

从书页所钤藏书印看，是书曾藏于明代吴郡蔡亏父之手；今藏于辽宁省图书馆。

西山先生真文忠公文集五十五卷目录二卷

识著述：

真德秀（1178—1235），本姓慎，因避宋孝宗赵
眘讳改姓真，始字实夫，后更字景元，又更为希元，
号西山，学者称"西山先生"，谥"文忠"，福建路
建宁府浦城（今福建浦城）仙阳镇人，南宋后期理
学家、文学家、诗人，著有《大学衍义》《四书集
编》《翰林词草四六》《西山先生真文忠公文集》《读
书记》等。《西山先生真文忠公文集》（又作《西山
文集》《西山集》）五十五卷，为真德秀诗文别集。
收录真德秀所为诗、词、赋、序、记等各类文体，
除诗赋外，惟《对越甲乙集》《经筵讲义》《翰林词
草》三种自分卷帙，其余序、记等作以类编次，不
分别名目。

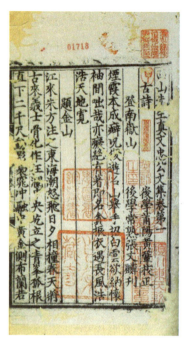

识版式：

此为明正德十五年张文麟、黄巩刻本；四周文
武双边；黑口，中刻书名、卷次；半页十行，行十八字。

识印章：

陈子龙印——陈子龙姓名藏书印。陈子龙（1608—1647），初名陈介，字人中，
改字卧子，南直隶松江华亭（今上海松江区）人，明末著名民族英雄、学者、诗
人、词人、藏书家。藏书楼名"湘真阁""安雅堂"，藏书印有"陈子龙印""颍川
陈氏较定典籍之章"等。著有《焚余草》《江蓠槛》《湘真阁存稿》《安雅堂稿》等。

颍川陈氏较定典籍之章——陈子龙郡望姓氏藏书印。

曾钊之印——曾钊姓名藏书印。曾钊（1793—1854），字勉士，一字毓修，号
冕士，南海（今广东广州）人，清代著名经学家、校勘学家、训诂学家、藏书家。
藏书楼名"面城楼"等。详见《周易本义集成》"曾钊"条。

温树梁珍藏书画记——温树梁姓名藏书印。温树梁（生活于乾嘉道间），一作
澍樑，字栋臣，顺德（今广东顺德）龙山人，藏书家温汝适之后，清代著名藏书
家。藏书楼名"漱绿楼""旧雪斋"。详见《周易本义集成》"温树梁"条。

漱绿楼藏书印——温树梁藏书楼号藏书印。

甲——温树梁藏书等级藏书印。

徐甘棠藏书——徐甘棠姓名藏书印。徐甘棠（1874—1948），花县（今广东广州花都区）人，民国教育家、图书馆学家、藏书家。藏书印有"徐甘棠藏书"等。

识递藏：

从书页所钤藏书印看，是书曾藏于华亭陈子龙"安雅堂"；又藏于南海曾钊"面城楼"；继藏于顺德温树梁"漱绿楼"；继藏于花县徐甘棠之手，后由其妻罗秀云捐献于岭南大学（中山大学前身）图书馆；今藏于中山大学图书馆。

重校鹤山先生大全文集一百十卷目录二卷

识著述：

魏了翁（1178—1237），字华父，号鹤山，谥文靖，邛州蒲江（今四川成都蒲江）人，南宋理学家、诗人、词人，著有《九经要义》《古今考》《经史杂钞》《师友雅言》《鹤山全集》《鹤山长短句》等。《鹤山先生大全文集》一百一十卷，为魏了翁诗文及学术著作全集，乃后人取其生平著作合编而成。魏了翁反对佛老"无欲"之说，推崇朱熹理学；能诗词，善属文，其词语意高旷，风格清丽悲壮。

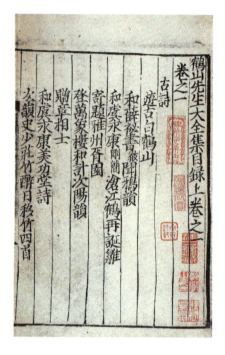

识版式：

此为宋开庆元年刻本；左右文武双边，上下单边；白口，单黑鱼尾，中刻书名、卷次、页码；半页十一行，行二十字。

识印章：

乾学之印——徐乾学名号藏书印。徐乾学（1631—1694），字原一，号健庵，昆山（今江苏昆山）人，清代著名经学家、史学家、文学家、文献学家、藏书家。藏书楼名"传是楼"。详见《周易九卷》"徐乾学"条。

健庵——徐乾学字号藏书印。

汪士钟藏——汪士钟姓名藏书印。汪士钟（1786—?），字春霆，号阆源，一号眼源，长洲（今江苏苏州）人，汪文琛之子，清代著名藏书家。藏书楼名"艺芸书舍""三十五峰园"等。详见《周易九卷》"汪士钟"条。

承幹钤记——刘承幹名号藏书印。刘承幹（1881—1963），字贞一，号翰怡，别署求恕居士，晚年自号嘉业老人，吴兴（今浙江湖州）南浔镇人，近代著名文献学家、刻书家、藏书家。藏书楼名"嘉业堂"。详见《隋书详节》"刘承幹"条。

翰怡欣赏——刘承幹字号藏书印。

吴兴刘氏嘉业堂藏书印——刘承幹郡望姓氏藏书楼号藏书印。

御赐抗心希古——刘承幹藏书闲章。

蒋祖诒——蒋祖诒姓名藏书印。蒋祖诒（1902—1973），字穀孙，吴兴（今浙江湖州吴兴）南浔人，藏书家蒋汝藻长子，现代鉴赏家、藏书家。藏书楼名"密均楼"。详见《大戴礼记》"蒋祖诒"条。

识递藏:

从书页所钤藏书印及题跋看,此书曾藏于昆山徐乾学"传是楼";继藏于平江黄丕烈"士礼居"之"百宋一廛";继藏于长洲汪士钟"艺芸书舍";又藏于吴兴刘承幹"嘉业堂",继藏于吴兴蒋祖诒"密均楼";今藏于国家图书馆。有钱大昕、黄丕烈跋。

后村居士集五十卷目录二卷

识著述：

　　刘克庄（1187—1269），初名灼，字潜夫，号后村，莆田（今福建莆田）人，南宋豪放派词人，著有《后村居士集》。《后村居士集》五十卷，为刘克庄诗文别集，收录诗五千余首，词二百余阙，诗话四卷和散文多篇。刘克庄诗早年学晚唐体，晚年诗风趋向江西诗派，诗作属江湖诗派。诗作数量丰富，内容开阔，多谈论时政、反映民生之作，不少诗

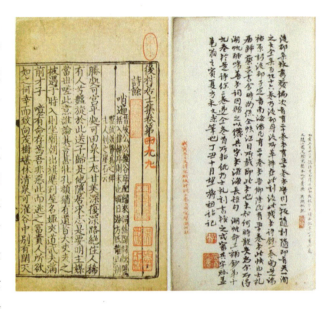

词形象生动地描绘了南宋莆田地区的杂剧、百戏等；其词深受辛弃疾影响，多豪放之作，而散文化、议论化倾向也较突出。

识版式：

　　此为宋刻本；四周双边；细黑口，双黑鱼尾；半页十行，行二十一字。

识印章：

　　穀孙——蒋祖诒名号藏书印。蒋祖诒（1902—1973），字穀孙，吴兴（今浙江湖州吴兴）南浔人，蒋汝藻长子，现代鉴赏家、藏书家。藏书楼名"密均楼"。详见《大戴礼记》"蒋祖诒"条。

　　密均楼——蒋祖诒藏书楼号藏书印。

　　吴湖帆——吴湖帆姓名藏书印。吴湖帆（1894—1968），字通骏，后更名迈，字东庄，又名倩，别署丑簃，号倩庵，书画署名湖帆，苏州（今江苏苏州）人，吴大澂嗣孙，现代书画家、藏书家。藏书楼名"梅景书屋"。详见《淮海居士长短句》"吴湖帆"条。

　　吴潘静淑——吴湖帆夫人潘静淑姓名藏书印。潘静淑为道光宰相潘世恩曾孙女，光绪军机大臣、工部尚书潘祖荫侄女。

　　吴氏图书记——吴湖帆姓氏藏书印。

　　宋本——吴湖帆藏书版本藏书印。

梅景书屋——吴湖帆、潘静淑藏书楼号藏书印。其名源自其夫人潘静淑三十岁生日礼物宋刻《梅花喜神谱》。

识递藏：

　　从书页所钤藏书印及题跋看，是书曾藏于平江黄丕烈"士礼居"；继藏于长洲汪士钟"艺芸书舍"；又藏于乌程蒋祖诒"密均楼"；继藏于苏州吴湖帆"梅景书屋"；今藏于上海博物馆。有蒋祖诒跋，张元济题诗，吴湖帆题跋题画。

晞发集六卷

识著述：

  谢翱（1249—1295），字皋羽，一字皋父，号宋累，又号晞发子，长溪（今福建宁德福安）晓阳镇人，为"福安三贤"之一，南宋著名经学家、爱国诗人，著有《春秋衍义》《左氏辨证》《西台恸哭记》《天地间集》《晞发集》《晞发遗集》《晞发遗集补》《浦阳先民传》等。《晞发集》六卷，为谢翱诗文别集初集，包括宋铙歌鼓吹曲、宋骑吹曲、古体、五言近体、记、序各一卷。谢翱诗、文、词俱工，而以诗的成就尤为突出。其诗重苦思锤炼，既屈蟠沉郁又激越雄迈，善于曲折达意，时造新境。

识版式：

  此为明嘉靖三十四年程煦刻本；左右双边，上下单边；白口，单白鱼尾，中刻书名、卷次、页码；半页十行，行十八字。

识印章：

  幼平珍秘——朱文均字号藏书印。朱文均（1882—1937），字幼平，又字甄父、甄甫，号翼庵，萧山（今浙江杭州萧山）人，朱家溍之父，民国文物收藏家、藏书家。藏书楼名"介祉堂""六唐人斋""宝竣斋""天玺双碑馆""欧斋""宝襄斋"等，藏书印有"萧山朱氏书藏""幼平珍秘""六唐人斋""天玺双碑馆"等。著有《欧斋石墨题跋》等。

  西神杨氏鹿鸣山庄——杨怀白姓氏藏书楼号藏书印。杨怀白（生活于近代），上海人，民国诗人、兰友、京剧票友、银行职员、上海《晶报》撰稿人。藏书楼名"鹿鸣山庄"，藏书印有"杨怀白印""西神杨氏鹿鸣山庄"等。

识递藏：

  从书页所钤藏书印看，是书曾藏于萧山朱文均"介祉堂"；继藏于上海杨怀白"鹿鸣山庄"；今藏于华东师范大学图书馆。

文山先生全集二十八卷

识著述：

文天祥（1236—1283），初名云孙，字宋瑞，又字履善，道号浮休道人、文山，吉州庐陵（今江西吉安）青原区富田镇人，南宋末年政治家、文学家、诗人、民族英雄。与陆秀夫、张世杰并称为"宋末三杰"，明廷追赐"忠烈"。文天祥多有忠愤慷慨之文，其诗风至德佑间一变，气势豪放，允称诗史，其著作经后人整理，辑为《文山先生全集》。《文山先生全集》二十八卷，收录了文天祥的诗文和《指南录》《指南后录》《吟啸集》《集杜诗》《纪年录》《拾遗》，以及佚文、附录传记与其他研究资料。

识版式：

此为明嘉靖三十一年鄢懋卿、宁宠刻本；四周双边；白口，上刻书名、卷次，中刻卷目、页码；半页十行，行二十一字。

识印章：

赵韩读父书——赵韩姓名藏书印。赵韩（生卒不详），初名京翰，字石翰，改字退之，字无声，平湖（今浙江平湖）人，明代诗人、词人、藏书家。藏书印有"赵韩读父书""解元赵无声"等。

解元赵无声——赵韩出身姓氏字号藏书印。

萧山朱鼎煦收藏书籍——朱鼎煦郡望姓名藏书印。朱鼎煦（1885—1967），字鄦父，又字鄦卿，号别宥、香勾等，萧山（今浙江萧山）人，近代著名版本目录学家、文物收藏家、鉴赏家、藏书家。藏书楼名"别宥斋"等。详见《诗经纂》"朱鼎煦"条。

识递藏：

从书页所钤藏书印及题跋看，是书曾藏于平湖赵韩之手；又藏于钱塘丁丙"嘉惠堂"；又藏于萧山朱鼎煦"别宥斋"；今藏于南京图书馆。有丁丙跋。

遗山先生文集四十卷附录一卷

识著述：

元好问（1190—1257），字裕之，号遗山，世称遗山先生，太原秀容（今山西忻州）人，金代末年至大蒙古国时期文学家、诗人、词人、散曲家、历史学家，著有《元遗山先生文集》《中州集》等。元好问是宋金对峙时期北方文学的主要代表和文坛盟主，又是金元之际文学承前启后的桥梁，被尊为"北方文雄""一代文宗"。他擅长诗、文、词、曲，其中以诗作成就最高，而以"丧乱诗"尤为著名；其词为金代一朝之冠，可与两宋名家媲美；其散曲虽传世不多，但影响很大，有倡导之功。《遗山先生文集》（又名《遗山集》）四十卷，为元好问诗文别集。包括诗十四卷一千二百八十九首、文二十六卷，其中记、序、碑、铭、志、碣甚多，保存了不少金末元初人物、事件的资料，具有很高的史料价值。

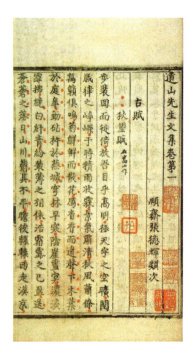

识版式：

此为明弘治十一年李瀚刻本；四周文武双边；黑口，双黑鱼尾，中刻书名、卷次、页码；半页十行，行十九字。

识印章：

季振宜印——季振宜姓名藏书印。季振宜（1630—?），字诜兮，号沧苇，泰兴（今江苏泰州靖江）人，明末清初著名诗人、文献学家、版本学家、校勘学家、藏书家。藏书楼名"静思堂"。详见《尚书注疏》"季振宜"注。

季沧苇图书记——季振宜姓氏字号藏书印。

张承涣印——张承涣姓名藏书印。张承涣（生活于嘉道咸间），初名丰玉，字子谦，号小庾，改字汝修，号伯子、学欧，昭文（今江苏常熟）人，张金吾族侄，清代诗人、词人、文字学家、藏书家。藏书楼名"瓶花庐"，藏书印有"张承涣印""伯子""汝修""学欧""曾经我眼"等。著有《词律补遗》《说文通假录》《瓶花庐诗词钞》等。

汝修——张承涣字号藏书印。

伯子——张承涣字号藏书印。

学欧——张承涣字号藏书印。

曾经我眼——张承涣藏书闲章。

铁琴铜剑楼——常熟瞿氏藏书楼号藏书印。详见《周易注疏》"铁琴铜剑楼"条。

识递藏：

从书页所钤藏书印看，是书曾藏于泰兴季振宜"静思堂"；疑又藏于常熟张金吾"爱日精庐"；继藏于常熟张承涣"瓶花庐"；继藏于常熟瞿氏"铁琴铜剑楼"；今藏于国家图书馆。

秋涧先生大全文集一百卷

识著述：

　　王恽（1227—1304），字仲谋，号秋涧，卫州路汲县（今河南卫辉）人，元代著名政治家、学者、诗人，著有《秋涧先生大全文集》。《秋涧先生大全文集》一百卷，乃王恽为官期间随时所记之杂记，是了解元世祖忽必烈、元成宗铁木耳两朝政治、经济、典制及农民起义等事件的重要史料，而其行状、传、墓志铭、碑铭、碣铭等传记作品所涉及的历史人物，可补正史之缺，颇具史料价值。

识版式：

　　此为张穆家抄本；半页十二行，行二十字。

识印章：

　　月斋藏书——张穆藏书楼号藏书印。张穆（1805—1849），字穆之，号月斋，平定（今山西平定）人，清代地理学家、藏书家。藏书楼名"月斋"。详见《舆地纪胜》"张穆"条。

　　叶氏启勋读过——叶启勋姓氏名号藏书印。叶启勋（1900—1972），字定侯，号更生、南阳毂人，别号拾经主人等，长沙（今湖南长沙）苏家巷人，现代著名目录学家、藏书家。藏书楼名"拾经楼"。详见《仪礼注疏》"叶启勋"条。

　　启发心赏——叶启发名号藏书印。叶启发（1905—1952），字东明，号华鄂主人等长沙（今湖南长沙）人，现代藏书家、目录学家。藏书楼名"华鄂堂"。详见《仪礼注疏》"叶启发"条。

　　叶氏雅好——叶启发姓氏藏书印。

识递藏：

　　从书页所钤藏书印及题跋看，此本首藏于抄书人平定张穆"月斋"；继藏于道州何绍基"东洲草堂"；继藏于长沙叶启勋、叶启发兄弟"拾经楼""华鄂堂"；今藏于湖南图书馆。

陈刚中诗集三卷附录一卷

识著述：

　　陈孚（1240—1303），字刚中，号勿庵，台州路临海（今浙江临海）人，元代学者、诗人，著有《陈刚中诗集》等。《陈刚中诗集》三卷《附录》一卷，包括《观光稿》《交州稿》《玉堂稿》《附录》各一卷。《观光稿》《交州稿》《玉堂稿》多为陈孚干仕期间往来道中模山范水的纪行诗，以描摹风土人情为主，其中以七言古体诗最为出色，作品不事雕琢，诗风雍容谐雅；《附录》皆为诏表之类的应用文书。

识版式：

　　此为明天顺四年沈琼刻本；四周文武双边；黑口，双黑鱼尾，中刻卷数、页码；半页十一行，行二十字。

识印章：

　　江右刘息——刘息郡望姓名藏书印。刘息（生活于乾嘉间），字芝孙，自号梦得后人，吉安府永丰（今江西吉安永丰）人，清代书画家、藏书家。藏书楼名"听秋声馆"，藏书印有"江右刘息""刘息眼福""江右刘芝孙所藏""梦得后人""彭城伯子""沤客""刘福""听秋声馆""岭表闲官""写经之印""花草精神"等。

　　芝孙所藏——刘息字号藏书印。

　　梦得后人——刘息世系藏书印。此处所谓"梦得"，非唐诗人刘禹锡梦得，乃宋诗人江西吉安永丰刘禹锡梦得。

　　燕庭藏书——刘喜海字号藏书印。刘喜海（1793—1852），字燕庭，又字吉甫，青州诸城（今山东潍坊诸城）人，清代文献学家、目录学家、金石学家、古泉学家、藏书家。藏书楼有"嘉荫簃""味经书屋"等。详见《长安志》"刘喜海"条。

　　四明张氏约园藏书之印——张寿镛郡望姓氏藏书楼号藏书印。张寿镛（1875—1945），字伯颂，号泳霓，别号约园，鄞县（今浙江宁波鄞州区）人，著名爱国教育家、文献学家、藏书家。藏书楼名"约园"。详见《张说之文集》"张寿镛"条。

识递藏：

　　从书页所钤藏书印及题识看，是书曾藏于吉安刘息"听秋声馆"；继藏于诸城刘喜海"味经书屋"；继藏于鄞县张寿镛"约园"。在刘喜海与张寿镛之间，可能继藏于汉阳叶名澧"敦宿好斋"；继藏于爱新觉罗·盛昱"郁华阁"；继藏于傅增湘"双鉴楼"。今藏于国家图书馆。

刘文靖公文集二十八卷

识著述：

刘因（1249—1293），初名骃，字梦骥，后改名因，字梦吉，号静修，雄州容城（今河北容城）人，逝后追封容城郡公，谥文靖，元代著名理学家、诗人、词人，文学家，著有《刘文靖公文集》。作为元代重要的儒学代表人物和北方理学大家，刘因为理学由宋到明的过渡做出了重大贡献。《刘文靖公文集》二十八卷，乃刘因《丁亥集》《樵庵集》《遗文》《遗诗》《拾遗》《续集》诸集之拆散合编本，包括诗十五卷、词一卷、文十卷、附录一卷、考录一卷，也收录了时人的祭文、挽诗、墓表、祠堂记及褒赠上疏等，对全面了解刘因其人及其学术、认识元代社会，有较高的文献价值。

识版式：

此为明成化十五年蜀藩刻本；四周文武双边；粗黑口，双黑鱼尾，中刻书名、卷次，下刻页码；半页十一行，行二十字。

识印章：

汪启淑印信富贵长寿——汪启淑姓名藏书印。汪启淑（1728—1799），字秀峰，一字慎仪，号讱庵，自称"印癖先生"，歙县（今安徽歙县）绵潭人，寓居杭州小粉场，清代著名金石学家、篆刻家、诗人、藏书家。藏书楼名"开万楼""飞鸿堂"，藏书印有"汪启淑印信富贵长寿""汪启淑山父氏印""启淑""启淑私印""启淑印信""秀峰赏鉴""新安汪氏""飞鸿堂汪氏藏书""飞鸿堂藏""汪氏开万楼""开万楼藏书印"等。著有《汉铜印原》《汉铜印存》《袖珍印赏》《秋室印剩》《集古印存》《飞鸿堂印谱》《续印人传》《退斋印类》《锦囊印林》《小粉场杂识》《焠掌录》《水曹清暇录》《讱庵诗存》等。

黄裳藏本——黄裳姓名藏书印。黄裳（1919—2012），原名容鼎昌，笔名勉仲等，益都（今山东益都）人，现代散文家、版本学家、藏书家。藏书楼名"木雁斋"等。详见《相台书塾刊正九经三传沿革例》"黄裳"条。

黄裳容氏珍藏图籍——黄裳姓名姓氏藏书印。

来燕榭珍藏图籍——黄裳藏藏书楼号藏书印。

识递藏：

　　从书页所钤藏书印看，是书曾藏于歙县汪启淑"开万楼"；又藏于益都黄裳"来燕榭"；今藏于国家图书馆。

临川吴文正公集四十九卷道学基统一卷外集三卷年谱一卷

识著述：

　　吴澄（1249—1333），字幼清，晚字伯清，抚州崇仁（今江西乐安）鳌溪镇咸口村人，元代杰出经学家、教育家。吴澄以其毕生精力为元朝儒学的传播和发展做出了重要贡献，与许衡并称"北许南吴"。著有《吴文正公全集》。《吴文正公全集》（又名《支言集》）一百卷，为吴澄诗文汇编，由其孙吴当编辑而成。其中前九十卷为文，包括杂著、答问、说、书、启疏、序、记、碑铭、题跋、墓志铭、祭文、制诰、表笺等，后十卷为诗。其学术思想主要反映在答问、杂著、说、书、序等著述中。明成化间刊《临川吴文正公集》四十九卷本，分四十九卷，卷首一卷，外集三卷，系将百卷本合并而成。

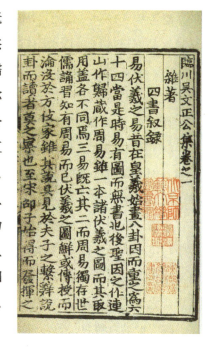

识版式：

　　此为明成化二十年方中、陈辉刻本；四周文武双边；黑口，双黑鱼尾，中刻书名、卷次、页码；半页十行，行十八至二十一字。

识印章：

　　东郡杨绍和字彦合藏书之印——杨绍和郡望姓名字号藏书印。杨绍和（1830—1875），字彦合，又字念微，号协卿、筠岩，聊城（今山东聊城）东昌府区人，杨以增次子，海源阁第二代主人，清代著名目录学家、藏书家。藏书楼名"海源阁"。详见《韩鲁齐三家诗考》"杨绍和"条。

　　瀛海仙班——杨绍和藏书闲章。

识递藏：

　　从书页所钤藏书印看，是书曾藏于聊城杨绍和"海源阁"；今藏于北京师范大学图书馆。

松雪斋集十卷外集一卷

识著述：

赵孟頫（1254—1322），字子昂，号松雪道人，又号水晶宫道人（一作水精宫道人）、鸥波，曾署名孟俯，谥文敏，故称"赵文敏"，吴兴（今浙江湖州）人，原籍婺州兰溪，南宋晚期至元初书法家、画家、金石学家、诗人，著有《松雪斋集》等。《松雪斋集》（又称《松雪斋文集》），分正集十卷、外集一卷，收录了赵孟頫赋、诗、杂著、序、记、碑铭、制、赞、题跋、乐府、词等诸文体三百余篇，反映了其交游、出仕与隐居的矛盾和对战争与民生的关注。其诗寄兴蕴藉、平和温厚，词语清邃隽秀，纤曲沉稳，既得魏晋古诗之精神，又具唐诗之风韵；其散文平易晓畅，从容大度，尤以序、跋、记最有特色。

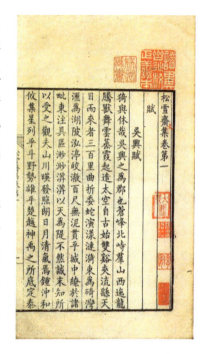

识版式：

此为清代清德堂刻本；左右双边，上下单边；细黑口，单黑鱼尾，中刻书名、卷次、页码；半页十行，行十九字。

识印章：

张绍仁印——张绍仁姓名藏书印。张绍仁（生活于乾嘉之际），字学安，号讱庵，别署巽翁、巽夫，长洲（今江苏苏州）人，清代著名校勘学家、藏书家。藏书楼名"绿筠庐""执经堂""读异斋""静寄东轩"等，藏书印有"张绍仁印""张绍仁图书印""吴郡张绍仁校""吴郡张绍仁学安藏书""茂苑张绍仁学安家藏""张学安""学安""学安收藏图籍之印""讱庵""讱庵居士""讱庵藏书""讱庵钞藏秘册""张氏执经堂""长洲张氏执经堂藏""执经堂张氏藏书印""读异书斋""读异斋藏""读异斋校正善本""枕经籍书""清河郡图书印""岂为声名劳七尺"等。

学安——张绍仁字号藏书印。

讱庵——张绍仁字号藏书印。

读异斋校正善本——张绍仁藏书楼号藏书印。

娱园藏书——许增藏书楼号藏书印。许增（1824—1903），字益斋，号迈孙，一作益老，仁和（今浙江杭州）人，清末学者、诗人、画家、藏书家。藏书楼名

"娱园""榆园""煮梦庵"，藏书印有"娱园藏书""得之不易失之易物无尽藏亦此理但愿得者如我辈即非我有亦可喜"等。著有《煮梦庵诗》。

识递藏：

从书页所钤藏书印看，是书曾藏于长洲张绍仁"读异斋"；又藏于仁和许增"娱园"；今藏于暨南大学图书馆。

许白云先生文集四卷

识著述：

许谦（1269—1337），字益之，自号白云山人，东阳（今浙江金华东阳）人，元代著名经学家、学者、诗人。谦学识渊博，举凡天文、地理、典章制度、食货、刑法、文学、音韵、医经、术数以及释老，无不通晓，著有《读书传丛说》《诗集传名物钞》《四书丛说》《温故管窥》《白云集》等。《许白云先生文集》（又名《白云许先生文集》《白云集》）四卷，为许谦诗文别集。卷一为赋、序、记、行状，卷二为启、文、书，卷三为论、说、讲义、题跋等，卷四为诗、词。许谦虽不甚留意于词翰，而其诗颇清丽，文亦无语录之习。

识版式：

此为明嘉靖胡瑾刻本；四周单边；黑口，单白鱼尾，中刻书名、卷次，下刻页码；半页十行，行二十字。

识印章：

安乐堂藏书记——爱新觉罗·弘晓藏书楼号藏书印。爱新觉罗·弘晓（1722—1778），字秀亭，号冰玉道人，清代著名诗人、藏书家。藏书楼名"乐善堂""明善堂""安乐堂"等。详见《增节标目音注精议资治通鉴》"弘晓"条。

东郡杨绍和字彦合藏书之印——杨绍和郡望姓名字号藏书印。杨绍和（1830—1875），字彦合，号协卿、筠岩，聊城（今山东聊城）人，清代著名目录学家、藏书家。藏书楼名"海源阁"。详见《韩鲁齐三家诗考》"杨绍和"条。

杨氏海原阁藏——杨绍和姓氏藏书楼号藏书印。

瀛海仙班——杨绍和藏书闲章。

识递藏：

从书页所钤藏书印看，是书曾藏于怡亲王爱新觉罗·弘晓"安乐堂"；又藏于聊城杨绍和"海源阁"；今藏于山东省博物馆。

萨天锡诗集五卷

识著述：

萨都剌（约 1272—1355），字天锡，号直斋，先世西域人，出生于雁门（今山西代县），晚居杭州，元代著名诗人、词人、书画家。著有《雁门集》《萨天锡诗集》《集外诗》《萨天锡逸诗》《西湖十景词》等。《萨天锡诗集》五卷，内容以游山玩水、归隐赋闲、慕仙礼佛、酬酢应答之类为主，也有反映民间疾苦、揭露社会黑暗、反映人民反对穷兵黩武向往和平的反战思想之作。萨都剌诗富有生活实感，描写细腻，贴切入微，风格清丽俊逸，文辞雄健，间有豪迈奔放之气。

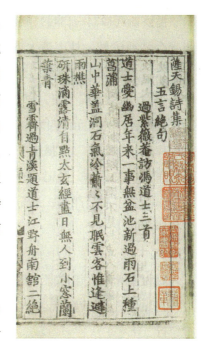

识版式：

此为明弘治十六年李举刻本；四周文武双边；粗黑口，双黑鱼尾，中刻卷次；半页十行，行十八字。

识印章：

葛云藻印——葛云藻姓名藏书印。葛云藻（生卒不详），字黼章，明代人，生平无考。藏书印有"葛云藻""黼章"。

黼章——葛云藻字号藏书印。

太原叔子藏书记——王闻远晚号藏书印。王闻远（1663—1741），字声宏，一字叔子，号莲泾，吴县（今江苏苏州）人，清代目录学家、金石学家、藏书家。藏书楼名"率真书屋"等。详见《仪礼经传通解》"王闻远"条。

黄冈刘氏绍炎过眼——刘卓云郡望姓氏字号藏书印。刘卓云（？—1940），字绍炎，湖北黄冈人，民国藏书家。藏书楼名"澹生堂""校书堂"等，藏书印有"黄冈刘氏绍炎过眼""黄冈刘氏校书堂藏书记""澹生堂"等。

黄冈刘氏校书堂藏书记——刘卓云郡望姓氏藏书楼号藏书印。

识递藏：

从书页所钤藏书印看，是书曾藏于葛云藻之手；又藏于吴县王闻远"率真书屋"；又藏于黄冈刘卓云"校书堂"；今藏于国家图书馆。有叶恭焕题识。

揭文安公文粹一卷

识著述：

揭傒斯（1274—1344），字曼硕，号贞文，龙兴富州（今江西丰城）杜市镇大屋场人，元代著名诗人、文学家、史学家、书法家，预修《辽史》《金史》《宋史》，著有《揭文安公集》《揭文安公文粹》。与虞集、杨载、范梈并称"元诗四大家"，又与虞集、柳贯、黄溍并称"儒林四杰"。《揭文安公文粹》一卷，为揭傒斯所作制、表、书、序记、碑志、杂文等散文作品选编，作品叙事简洁严整，语简而当，体现了其史家之笔的特点。

识版式：

此为明天顺五年沈琮广州府学刻本；四周文武双边；粗黑口，双黑鱼尾，中刻书名、页码；半页十一行，行二十字。

识印章：

朱之蕃印——朱之蕃姓名藏书印。朱之蕃（1575—1624），字元介，号兰隅，茌平（今山东茌平）人，客居金陵（今江苏南京），明代诗人、书画家。藏书楼名"闲居阁"，藏书印有"朱之蕃印""闲居阁""烟霞洞天图书"等。著有《使朝鲜稿》《纪胜诗》《落花诗》《南还杂著》等。详见《栾城集》"朱之蕃"条。

龚少文收藏书画印——龚易图姓氏字号藏书印。龚易图（1835—1894），字蔼仁，一字霜人，号含晶，闽县（今福建福州）人，清代诗人、书画家、藏书家。藏书楼名"大通楼"，藏书印有"龚易图藏""龚少文藏书画记""乌石山房藏书印""大通楼藏书印"等。著有《谷盈子》《乌石山房诗集》。先见《博雅》"龚易图"条。

识递藏：

从书页所钤藏书印看，是书曾藏于金陵朱之蕃"闲居阁"；又藏于闽县龚易图"大通楼"；今藏于福建省图书馆。有蒋玢跋。

黄文献公集二十三卷

识著述：

黄溍（1277—1357），字晋卿，一字文潜，婺州路稠城（今浙江义乌）人，元代著名理学家、史学家、文学家、教育家、书画家，著有《黄文献公集》等。黄溍文思敏捷，才华横溢，史识丰厚，一生著作颇丰，诗、词、文、赋及书法、绘画无所不精，与浦江柳贯、临川虞集、豫章揭傒斯并称元代"儒林四杰"。《黄文献公集》二十三卷，收录其五言古诗二百一十九首，七言古诗二百二十一首，赋、策问、杂著五十六篇，跋一百一十九篇，序五十六篇，记五十五篇，墓记和墓志铭七十八篇，碑文二十五篇，补遗附录三十八篇和《日损斋笔记》。其中涉及人物传记之类的文献，可补史传之阙，对研究元代中后期政治文化史有较高的史料价值。

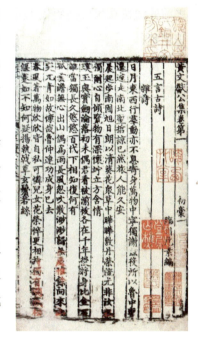

识版式：

此为元刻明修本；四周双边；黑口，单黑鱼尾，中刻书名、卷次、页码；半页十四行，行二十五字。

识印章：

邓尉山樵——徐坚字号藏书印。徐坚（1712—1798），字孝先，号友竹、茧园、邓尉山人、邓尉山樵，晚号藻雪老人，吴县（今江苏苏州）木渎人，清代诗人、画家、篆刻家、藏书家。藏书楼名"怀新馆"，藏书印有"徐坚""徐坚之印""徐坚印信""徐坚藏本""臣坚私印""臣坚印""孝先""徐友竹""茧园""邓尉山人""邓尉山樵""邓尉徐氏藏书""怀新馆藏""怀新馆藏书记""大瓠""五石之瓠""心慕手追""恭则寿""和风清穆""南渡渊原""吴农""吴楚客""靖节公孙"等。著有《友竹诗钞》《西京职官印录》等。

潘茶坡图书印——潘介繁姓氏字号藏书印。潘介繁（1828—1893），字谷人，号茶坡（亦作椒坡），又号桐西，吴县（今江苏苏州）人，清代诗人、藏书家。藏书楼名"桐西书屋""崦西草堂""渊古楼"。详见《澄怀录》"潘介繁"条。

崦西草堂——潘介繁藏书楼号藏书印。

独山莫氏铜井文房之印——莫棠郡望姓氏藏书楼号藏书印。莫棠（1865—

1929），字楚生，独山（今贵州黔南独山）人，莫祥芝第三子，清末民初著名目录学家、版本学家、藏书家。藏书楼名"铜井文房"等。详见《说文字原》"莫棠"条。

莫氏秘笈——莫棠姓氏藏书印。

莫天麟印——莫天麟姓名藏书印。莫天麟（生卒不详），字瑞明，独山（今贵州黔南独山）人。一说为独山莫氏先祖，一说为莫棠之子，从《黄文献公集》莫棠之前的两位藏家生活年代上看，后说近情。

识递藏：

从书页所钤藏书印看，是书曾藏于吴县徐坚"怀新馆"，又藏于吴县潘介繁"崦西草堂"；继藏于独山莫棠、莫天麟"铜井文房"；今藏于上海图书馆。

秋声集九卷

识著述：

　　黄镇成（1287—1362），字元镇，号存存子、紫云山人、秋声子、学斋先生等，邵武（今福建邵武）人，元代经学家、山水田园诗人，与同乡黄清老并称"诗人二黄"，著有《易通义》《尚书通考》《中庸章旨》《性理发蒙》《秋声集》。《秋声集》九卷，为黄镇成诗别集。收录诗歌二百六十八首，风格清新刻露，秀骨天成，奠定了其在元代诗歌史上的重要地位。

识版式：

　　此为明洪武十一年黄钧刻本；四周双边；黑口，双黑鱼尾，中刻书名、卷次、页码；半页十二行，行二十二字。

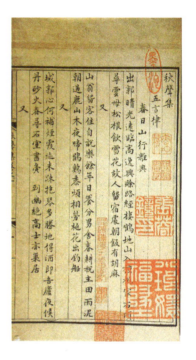

识印章：

　　曾藏张氏季文家——张季文姓氏字号藏书印。张季文（生卒不详），其人无考。或为正德间与杨慎同时之张季文。

　　墨池——疑为张季文藏书印。

　　味经书屋收藏——刘喜海藏书楼号藏书印。刘喜海（1793—1852），字燕庭，青州诸城（今山东潍坊诸城）人，清代文献学家、目录学家、金石学家、古泉学家、藏书家。藏书楼有"嘉荫簃""味经书屋"等。详见《长安志》"刘喜海"条。

　　张蓉镜印——张蓉镜姓名藏书印。张蓉镜（1802—?），字芙川，又字伯元，昭文（今江苏常熟）人，藏书家张燮之孙，清代著名藏书家。藏书楼名"小琅嬛仙馆""双芙阁"等。详见《中说》"张蓉镜"条。

　　小琅嬛福地——张蓉镜藏书楼号藏书印。

　　祖诒审定——蒋祖诒名号藏书印。蒋祖诒（1902—1973），字穀孙，吴兴（今浙江吴兴）南浔人，藏书家蒋汝藻长子，现代鉴赏家、藏书家。藏书楼名"密均楼"。详见《大戴礼记》"蒋祖诒"条。

　　密均楼——蒋祖诒藏书楼号藏书印。

　　祁阳陈澄中藏书记——陈清华郡望姓氏字号藏书印。陈清华（1894—1978），字澄中，湖南祁阳人，现代著名藏书家。藏书楼名"郇斋"，藏书印有"陈清华印"

"郇斋""祁阳陈澄中藏书记""陈澄中收藏印"等。

识递藏：

从书页所钤藏书印看，是书曾藏于明代张季文之手；又藏于诸城刘喜海"味经书屋"；继藏于常熟张蓉镜"小琅嬛仙馆"；继藏于吴兴蒋祖诒"密均楼"；继藏于祁阳陈清华"郇斋"；今藏于国家图书馆。有张蓉镜、方若蘅、钱天树、李兆洛、祝麒跋，黄廷鉴、蒋宝龄、沈梧、程恩泽、朱昂之题记。

侨吴集十二卷附录一卷

识著述：

郑元祐（1292—1364），字明德，号尚左生，处州遂昌（今浙江丽水遂昌）人，学者称遂昌先生，元代诗人、文学家，著有《遂昌杂志》《侨吴集》。《侨吴集》十二卷，为郑元祐诗文别集，其中诗文各六卷，体裁包括诗、铭、箴、题跋、赞、疏等。书中内容多为元顺帝时江南社会状况之记述，因其侨居吴地四十年之久，故名《侨吴集》。其为文滂沛豪宕，诗亦清峻苍古。

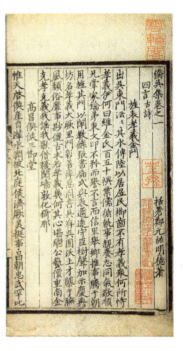

识版式：

此为明弘治九年张习刻本；四周文武双边；粗黑口，单黑鱼尾，中刻书名、卷次、页码；半页十二行，行二十四字。

识印章：

潘茮坡图书印——潘介繁姓氏字号藏书印。潘介繁（1828—1893），字谷人，号茮坡（亦作椒坡），又号桐西，吴县（今江苏苏州）人，清代诗人、藏书家。藏书楼名"桐西书屋""崦西草堂"等。详见《澄怀录》"潘介繁"条。

荃荪——缪荃孙名号藏书印。缪荃孙（1844—1919），字筱珊，晚号艺风，江阴（今江苏江阴）人，清末民初教育家、校勘家、目录学家、史学家、方志学家、金石学家、图书馆学家、藏书家。藏书楼名"艺风堂""云轮阁"等。详见《经典释文》"缪荃荪"条。

云轮阁——缪荃孙藏书楼号藏书印。

祁阳陈澄中藏书记——陈清华郡望姓氏字号藏书印。陈清华（1894—1978），字澄中，祁阳（今湖南祁阳）人，现代著名藏书家。藏书楼名"郇斋"，藏书印有"陈清华""陈清华印""祁阳陈澄中藏书记""陈澄中收藏印""郇斋"等。

识递藏：

从书页所钤藏书印及题跋看，是书曾藏于吴县朱文游之手；继藏于平江黄丕烈"士礼居"，由顾广圻校跋；继藏于吴县潘介繁"崦西草堂"；继藏于江阴缪荃孙"云轮阁"；继藏于祁阳陈清华"郇斋"；今藏于国家图书馆。有黄丕烈、顾广圻、潘祖荫、费念慈、叶昌炽跋。

杨铁崖先生文集十卷

识著述：

杨维桢（1296—1370），字廉夫，号铁崖、铁笛道人，又号铁心道人、铁冠道人、梅花道人等，晚年自号老铁、抱遗老人、东维子，绍兴路诸暨州枫桥（今浙江绍兴诸暨枫桥镇）全堂村人，元末明初诗人、词人、文学家、史学家、书画家，著有《春秋合题著说》《史义拾遗》《东维子文集》《铁崖古乐府》《丽则遗音》《复古诗集》等。《杨铁崖先生文集》十卷，为杨维桢诗文别集。其文多以神话和史事为题材，意象恢诡，清秀隽逸，别具一格；其诗比兴迭出，奇想联翩，名动当时；其古乐府诗，既婉丽动人，又雄迈自然，史称"铁崖体"，为历代文人所推崇，独领风骚几四十年。

识版式：

此为明天启马弘道抄本；半页十二行，行二十八字。

识印章：

马弘道印——马弘道姓名藏书印。马弘道（生活于天启间），字人伯，号得山，苏州府（今江苏苏州）人，明代诗人、画家、藏书家。藏书楼名"东柯草堂"，藏书印有"马弘道印""弘道氏""人伯""得山家藏书印""马氏藏书印章""海虞逸民""东柯草堂藏书印""青松白云处"等。著有《采菊杂咏》。

弘道氏——马弘道名号藏书印。

人伯——马弘道字号藏书印。

得山家藏书印——马弘道字号藏书印。

马氏藏书印章——马弘道姓氏藏书印。

东柯草堂藏书印——马弘道藏书楼号藏书印。

海虞逸民——马弘道藏书闲章。

青松白云处——马弘道藏书闲章。

金星轺藏书记——金檀姓氏字号藏书印。金檀（1765—1826），字星轺，祖籍安徽休宁，先人徙居嘉兴府桐乡（今浙江桐乡），晚年徙娄东（今江苏太仓），金德舆之从祖，金锡鬯之曾叔祖，清代著名诗人、藏书家。藏书楼名"文瑞楼"，藏书印有"金星轺藏书印""金星轺藏书记""金氏星轺珍藏图书记""文瑞楼主人""文瑞楼""文瑞楼藏书记""金氏文瑞楼藏书记""购此书甚不易""结社溪山""家在黄山白冈之间""身在书生侠士间""真意""此中有真意"等。辑有《文瑞楼书目》，著有《文瑞楼集》《销暑偶录》等。

文瑞楼——金檀藏书楼号藏书印。

家在黄山白冈之间——金檀藏书闲章。

中吴叶启蕃启勋启发兄弟珍藏书籍——长沙叶氏三兄弟叶启蕃、叶启勋、叶启发郡望姓名藏书印。

叶启勋——叶启勋姓名藏书印。叶启勋（1900—1972），字定侯，号更生，别号拾经主人，长沙（今湖南长沙）人，叶德辉犹子，现代著名目录学家、藏书家。藏书楼名"拾经楼"。详见《仪礼注疏》"叶启勋"条。

定侯所藏——叶启勋字号藏书印。

拾经楼——叶启勋藏书楼号藏书印。

叶启发藏书——叶启发姓名藏书印。叶启发（1905—1952），字东明，号华鄂主人、朴学庐主，长沙（今湖南长沙）人，叶德辉犹子，叶启勋胞弟，现代著名藏书家、目录学家。藏书楼名"华鄂堂"。详见《仪礼注疏》"叶启发"条。

识递藏：

此书为马弘道抄本。从书页所钤藏书印及题跋看，是书曾藏于苏州马弘道"东柯草堂"；又藏于桐乡金檀"文瑞楼"；继藏于平江黄丕烈"士礼居"；又藏于茂名杨颐之手；继藏于长沙贺延龄之手；继藏于长沙叶启蕃、叶启勋、叶启发兄弟之"拾经楼"；今藏于湖南省图书馆。有马弘道、叶启勋、叶启发跋。

江月松风集十二卷补一卷

识著述：

钱惟善（？—1379），字思复，自号心白道人、武夷山樵者、曲江居士，钱塘（今浙江杭州）人，元末明初经学家、诗人、书法家，著有《江月松风集》《幽人诗帖》《田家诗帖》。《江月松风集》十二卷《补》一卷，为钱惟善诗别集。其诗风格妥适清蒨，俨然有唐人风致。

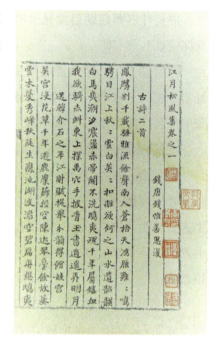

识版式：

此为清康熙二十五年翁杙抄本；四周单边；白口，单黑鱼尾；半页十行，行二十字。

识印章：

洞庭翁杙又张——翁杙姓名字号藏书印。翁杙（1652—？），字又张，一作犹张，号南陔，别号洞庭山人，吴县（今江苏苏州）人，藏书家翁澍之子，清代藏书家。藏书楼名"迂松阁"，藏书印有"洞庭翁杙又张""杙""杙翁""翁又张""又张""南陔"等。著有《钓采吟》。

翁又张——翁杙姓氏字号藏书印。

杙——翁杙名号藏书印。

南陔——翁杙字号藏书印。

金元功藏书记——金弘勋姓氏字号藏书印。金弘勋（生活于康雍乾间），字元功，以字行，原籍浙江桐乡，移居江苏太仓，藏书家金檀犹子，清代藏书家。藏书楼名"南楼"，藏书印有"金元功藏书记""深柳读书""金氏南楼书籍"等。著有《艾轩集》等。

黄丕烈印——黄丕烈姓名藏书印。黄丕烈（1763—1825），字绍武，号荛圃，又号复翁，平江（今江苏苏州）人，清代著名校勘学家、版本学家、目录学家、刻书家、藏书家。藏书楼名"士礼居""百宋一廛"等。详见《四书通》"黄丕烈"条。

复翁——黄丕烈字号藏书印。

平江贝墉——贝墉郡望姓名藏书印。贝墉（1780—1846），字既勤，一字定甫，号简香，又号碉香居士，吴县（今江苏苏州）人，袁廷梼之婿，清代书法家、金石学家、藏书家。藏书楼名"友汉居"等。详见《诗外传》"贝墉"条。

韩履卿藏——韩崇姓氏字号藏书印。韩崇（1800—？），字履卿，一字符芝、元之，自号南阳学子，元和（今江苏苏州）人，清代诗人、书法家、金石学家、藏书家。藏书楼名"宝铁斋""宝鼎山房"，藏书印有"韩崇""韩崇之印""韩崇之章""南阳学子韩崇校读""履卿""韩履卿藏""履卿所得"等。编有《录德录》《江左石刻文编》《书画题跋》《宝铁斋书录》《三节合编》等，著有《宝铁斋诗集》《金石跋尾》。

周暹——周叔弢姓名藏书印。周叔弢（1891—1984），原名暹，字叔弢，以字行，建德（今安徽东至）人，现代著名政治家、实业家、收藏家、藏书家。藏书楼名"寒在堂"等。详见《周礼》"周暹"条。

识递藏：

此书为翁杻抄本。从书页所钤藏书印及题跋看，是书曾藏于抄书者吴县翁杻"迁松阁"；继藏于桐乡金弘勋"南楼"；继藏于平江黄丕烈"士礼居"；继藏于平江贝墉"友汉居"；继藏于元和韩崇"宝铁斋"；又藏于建德周叔弢"寒在堂"；今藏于国家图书馆。有翁杻校跋，黄丕烈、傅增湘跋。

石门集七卷

识著述：

梁寅（1303—1389），字孟敬，新喻（今江西新余）下村镇人，人称"梁五经"，元末明初著名经学家、史学家、考据学家、词人，著有《周易参义》《诗演义》《礼书演义》《周礼考注》《策要》《史断》《毫言》《论林》《蒐古集》《河源》《格物编》《石门集》等。《石门集》七卷，为后人所辑梁寅诗词文集，收录诗歌四百二十六首，词四十余首，文二十余篇。其诗词风格"春容淡远，规仿陶韦"。

识版式：

此为清初抄本；半页十二行，行十八字。

识印章：

朱彝尊印——朱彝尊姓名藏书印。朱彝尊（1629—1709），字锡鬯，号竹垞，又号醧舫，晚号小长芦钓鱼师，别号金风亭长，秀水（今浙江嘉兴）人，清代经学家、史学家、诗人、词人、藏书家。藏书楼名"曝书亭"等。详见《周易本义》"朱彝尊"条。

竹垞居士——朱彝尊字号藏书印。

窸靖侯第五孙藏书——其人无考。

忠德堂印——无考。

古欢堂——叶德辉藏书楼号藏书印。叶德辉（1864—1927），字奂彬，号直山，别号郋园，自署朱亭山民、丽楼主人，湘潭（今湖南湘潭）人，清末民初著名文字学家、版本学家、出版家、藏书家。藏书楼名"观古堂"。详见《仪礼注疏》"叶德辉"条。

叶启发家藏书——叶启发姓名藏书印。叶启发（1905—1952），字东明，号华鄂主人，长沙（今湖南长沙）苏家巷人，叶德辉犹子，叶启勋胞弟，现代知名藏书家、目录学家。藏书楼名"华鄂堂"。详见《仪礼注疏》"叶启发"条。

尹天祜——尹天祜姓名藏书印。尹天祜（1914—1990），湖南益阳人，近代湖南书商、版本学家、藏书家，解放后为湖南图书馆收集了大量珍贵典籍。

识递藏：

从书页所钤藏书印及题跋看，是书曾藏于秀水朱彝尊"曝书亭"；继藏于吴县徐氏"宝是堂"；继藏于歙县鲍廷博"知不足斋"；继藏于嘉兴戴光曾"从好斋"；继藏于平江黄丕烈"士礼居"；继藏于苏州金锡爵"玩华居"；继藏于怒靖侯第五孙之"忠德堂"；继藏于湘潭叶德辉"古欢堂"；继藏于长沙叶启发"华鄂堂"；经益阳尹天祜之手经收，今藏于湖南省图书馆。有黄丕烈、金锡爵、戴光曾、叶启勋、叶启发跋。

潜溪先生集十八卷附录一卷

识著述：

宋濂（1310—1381），初名寿，字景濂，号潜溪，别号龙门子、玄真遁叟等，祖籍金华潜溪（今浙江义乌）人，元末明初著名政治家、思想家、史学家、文学家、诗人，著有《宋学士全集》《潜溪先生集》。《潜溪先生集》十八卷，为宋濂诗文选集。集前有王祎序文和宸翰若干，后依文体依次为卷一诗，卷二颂、曲、赋、辞，卷三论、说、议，卷四辩，卷五杂著，卷六书、表，卷七记，卷八至卷九序，卷十传，卷十一至卷十三碑志，卷十四行状、墓表，卷十五铭、赞、箴，卷十六题，卷十七跋，卷十八杂文，《附录》收录有关宋濂的史传文章若干。宋濂诗文与高启、刘基并称"明初诗文三大家"，散文创作与刘基并称为"一代文宗"。其散文或质朴简洁，或雍容典雅，文风淳厚飘逸，为"台阁体"创作提供了范本。

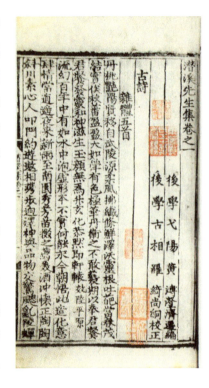

识版式：

此为明天顺元年黄溥、严埙刻本；四周文武双边：黑口，双黑鱼尾，中刻书名、卷次、页码；半页十一行，行二十五字。

识印章：

潘祖荫藏书记——潘祖荫姓名藏书印。潘祖荫（1830—1890），字东镛，又字伯寅，号郑盦，吴县（今江苏苏州）人，清代著名书法家、藏书家。藏书楼名"滂喜斋"。详见《金石录》"潘祖荫"条。

东莞莫氏五十万卷楼——莫伯骥郡望姓名藏书印。莫伯骥（1877—1958），字天一，东莞（今广东东莞）麻涌向北坊人，近代著名版本学家、目录学家、藏书家。藏书楼名"五十万卷楼"。详见《尔雅翼》"莫伯骥"条。

徐绍棨——徐绍棨姓名藏书印。徐绍棨（1879—1948），字信符，一作舜符，番禺（今广东广州番禺）人，民国著名教育家、文学史家、图书馆学家、版本学家、藏书家。藏书楼名"南州草堂"（后改为"南州书楼"），藏书印有"徐绍棨""南州书楼所藏"等。著《书目学》《版本学》《中国文学史》《中国诗学史》《文选研究》《古籍校读法》《南园考》《广东艺文志补》等。

南州书楼所藏——徐绍棨藏书楼号藏书印。

徐汤殷——徐承瑛姓名藏书印。徐承瑛（？—1978），字汤殷，番禺（今广东广州番禺）人，藏书家徐绍棨之子，现代藏书家。编著有《南州书楼善本题识》。

识递藏：

从书页所钤藏书印看，是书曾藏于吴县潘祖荫"滂喜斋"；继藏于东莞莫伯骥"五十万卷楼"；继藏于番禺徐绍棨、徐承瑛父子"南州书楼"；今藏于四川省图书馆。有徐承瑛跋。

太师诚意伯刘文成公集十八卷

识著述：

刘基（1311—1375），字伯温，处州府青田（今浙江青田）人，元末明初政治家、文学家、诗人。刘基精通天文、兵法、数理，而尤以诗文见长，与宋濂、高启并称"明初诗文三大家"。著有《郁离子》《天说》《春秋明经》，后人辑有《诚意伯文集》。《太师诚意伯刘文成公集》（又称《诚意伯文集》）十八卷，为刘基诗文杂著合集，包括《郁离子》四卷、《覆瓿集》十卷、《写情集》二卷、《春秋明经》二卷、《犁眉公集》二卷。其诗文风格古朴雄放，不乏抨击统治者腐朽、同情民间疾苦之作。

识版式：

此为明嘉靖三十五年樊献科、于德昌刻本；四周双边；白口，上刻书名，中刻卷次、页码，下刻刻工姓名；半页十行，行二十三字。

识印章：

江阴缪荃孙藏书处——缪荃孙郡望姓名藏书印。缪荃孙（1844—1919），字筱珊，晚号艺风，江阴（今江苏江阴）人，清末民初教育家、校勘家、目录学家、史学家、方志学家、金石学家、图书馆学家、藏书家。藏书楼名"艺风堂""云轮阁"等。详见《经典释文》"缪荃荪"条。

云轮阁——缪荃孙藏书楼号藏书印。

半巢书屋——李梦庚藏书楼号藏书印。李梦庚（1884—1945），又名绍白，字少白，辽宁盘锦大洼县高坎村人，近代政治家、军事家、藏书家。藏书楼名"半巢书屋"，藏书印有"李绍白印""半巢书屋主人李氏绍白珍藏""半巢书屋"等。

识递藏：

从书页所钤藏书印看，是书曾藏于江阴缪荃孙"云轮阁"；又藏于盘锦李梦庚"半巢书屋"；今藏于甘肃省图书馆。

清江贝先生文集三十卷诗集十卷诗余一卷

识著述：

贝琼（1314—1379），初名阙，字廷臣，一字廷琚、仲琚，又字廷珍，别号清江，崇德（今浙江桐乡）人，元末明初诗人，著有《清江贝先生集》《清江稿》《云间集》《中星考》等。《清江贝先生文集》（又名《清江文集》）三十卷，为贝琼诗文别集，收录了贝氏《海昌集》《云间集》《两峰集》《金陵集》《中都稿》（附《归田稿》）六个集子。其文风格冲融

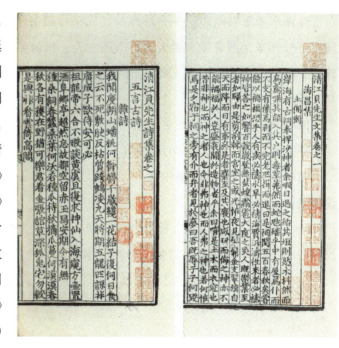

和雅，从容不迫，一唱三叹，娓娓而谈；《清江诗集》十卷，包括赋、五言古诗、七言古诗、五言律诗、七言律诗、五言排律、七言排律、五言绝句、七言绝句、诗余，分文体编选。其诗风格平易自然，温厚高秀，在明初诗坛卓然而立，朱彝尊称其于明初诗坛"足以领袖一时"。

识版式：

此为明洪武刻本；四周文武双边；粗黑口，双黑鱼尾，中刻书名、页码；文集每半叶十三行，行二十四字；诗集每半叶十一行，行二十一字。

识印章：

金星轺藏书记——金檀姓氏字号藏书印。金檀（1765—1826），字星轺，嘉兴府桐乡（今浙江桐乡）人，徙于娄东（今江苏太仓），清代著名诗人、藏书家。藏书楼名"文瑞楼"。详见《杨铁崖先生文集》"金檀"条。

文瑞楼——金檀藏书楼号藏书印。

家在黄山白岗之间——金檀藏书闲章。

结社溪山——金檀藏书闲章。

贝墉曾读——贝墉姓名藏书印。贝墉（1780—1846），一名枚，字既勤，一字

定甫，号简香，又号碉香居士，吴县（今江苏苏州）人，袁廷梼之婿，清代书法家、金石学家、藏书家。藏书楼名"友汉居""千墨庵"等。详见《诗外传》"贝墉"条。

　　贝生——贝墉姓氏藏书印。

　　定父——贝墉字号藏书印。

　　简香藏书——贝墉字号藏书印。

　　许怀辛考集书画印记——许厚基姓氏字号藏书印。许厚基（1874—1958），字博明，号怀辛，别署怀辛主人、怀辛阁主人，祖籍吴兴（今浙江湖州吴兴），徙居苏州，现代藏书家。藏书楼名"怀辛斋""申申阁"。详见《大事记续编》"许厚基"条。

　　博明——许厚基字号藏书印。

　　怀辛主人——许厚基字号藏书印。

　　读书乐——许厚基藏书闲章。

识递藏：

　　从书页所钤藏书印看，是书曾藏于桐乡金檀"文瑞楼"；继藏于平江贝墉"友汉居"；又藏于苏州许厚基"怀辛斋"；今藏于重庆市图书馆。有贝墉跋。

释梧溪集订伪一卷

识著述：

　　王逢（1319—1388），字原吉，号最闲园丁、最贤园丁，又称梧溪子、席帽山人，江阴（今江苏江阴）人，元明之际诗人，著有《梧溪诗集》。叶廷甲（生活于乾嘉间），字保堂，号梅江，别号云樵，江阴沙洲（今江苏张家港市）杨舍镇人，清代校勘学家、出版家、藏书家。《释梧溪集订伪》一卷，为叶廷甲为王逢所撰《梧溪诗集》订伪之作，顾广圻为之作注。其诗多怀古伤今之作，载记元明之际人才国事，多史家所未备。

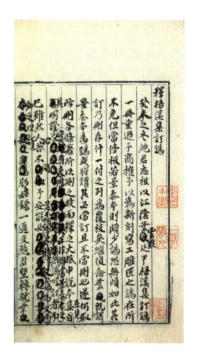

识版式：

　　此为清顾广圻稿本；四周双边；黑口，双黑鱼尾；半页十行，行字不等。

识印章：

　　顾千里印——顾广圻姓氏字号藏书印。顾广圻（1766—1835），字千里，号涧薲、涧蘋、无闷子，别号思适居士，元和（今江苏苏州）人，清代著名经学家、校勘学家、目录学家、藏书家。藏书楼名"思适斋"，藏书印有"顾广圻印""广圻审定""顾千里印"等。著有《思适斋集》。详见《周礼》"顾广圻"条。

　　一云散人——顾广圻别号藏书印。

识递藏：

　　此本为元和顾广圻手稿本。从书页所钤藏书印看，是书曾藏于顾广圻"思适斋"；又藏于常熟瞿氏"铁琴铜剑楼"，今藏于上海图书馆。

眉庵集十二卷补遗一卷

识著述：

　　杨基（1326—1378），字孟载，号眉庵，原籍嘉州（今四川乐山），大父仕江左，遂家吴中（今江苏苏州），元末明初诗人，与高启、张羽、徐贲并称"吴中四杰"，著有《论鉴》《眉庵集》等。《眉庵集》十二卷，为杨基诗文别集。杨基诗风清俊纤巧，颇袭元季纤秾之习，徐泰谓之"天机云锦，自然美丽。独时出纤巧，不及高启之冲雅"。其五言古体为人推重，时号"五言射雕手"；然近体之佳者，亦自清俊流逸。

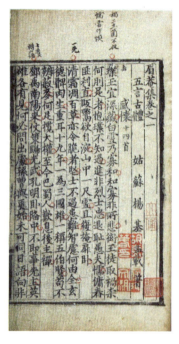

识版式：

　　此为明成化二十一年张习刻本；四周文武双边；粗黑口，双黑鱼尾，中刻书名、卷次、页码；半页十一行，行二十一字。

识印章：

　　王献臣——王献臣姓名藏书印。王献臣（生活于明成化弘治间），字敬止，号槐雨，苏州府吴县（今江苏苏州）人，拙政园主人，明代藏书家。藏书楼名"槐雨亭""繁花坞""听松风处"，藏书印有"王献臣""王献臣藏书印""吴门王献臣家藏书记""王氏敬止""槐雨亭印"等。王献臣拙政园中有多处藏书之处。

　　王玉芝——王玉芝姓名藏书印。王玉芝（生活于嘉靖间），苏州府吴县（今江苏苏州）人，明代藏书家。藏书楼名"叠翠轩"，藏书印有"王玉芝"等。

　　雁门文柟——文柟郡望姓名藏书印。文柟（1596—1667），字曲辕，号溉庵，苏州府长洲（今江苏苏州）人，文从简之子，明末清初诗人、书画家、藏书家。明亡后奉亲隐居寒山，耕樵以终，私谥"端文先生"。藏书楼名"鬻字窝"，藏书印有"雁门文柟""文柟长文""雁门文子"等。著有《青毡杂志》《溉庵诗选》等。

　　周香岩——周锡瓒姓氏字号藏书印。周锡瓒（1742—1819），原名赞，后改名曰涟，再改现名，字仲涟（一作仲连），号香岩，又号漪塘（一作漪堂），别署香岩居士，长洲（今江苏苏州）阊门外马铺桥人，清代著名藏书家。藏书楼名"水月亭""香岩书屋""漱六楼"等，藏书印有"周香岩""漱六楼""曰涟""周曰涟漪塘氏"等。编有《琴清阁书目》《漱六楼书目》，著有《研六斋笔记》。

涉园鉴藏——陶湘字号藏书印。陶湘（1870—1939），字兰泉，号涉园，武进（今江苏常州）人，清末民国著名实业家、目录学家、刻书家、藏书家。藏书楼名"涉园"等，藏书印有"陶湘私印""兰泉""阳湖陶氏涉园藏书""百川书屋"等。著有《涉园鉴藏明版目录》等。详见《张说之文集》"陶湘"条。

大备——陶湘藏书闲章。

胡惠春印——胡惠春姓名藏书印。胡惠春（1910—1993），名仁牧，字惠春，号渭村，上海人，当代著名藏书家。藏书楼名"暂得楼"，藏书印有"胡惠春印""惠春鉴藏"等。

识递藏：

从书页所钤藏书印及题跋看，是书曾藏于苏州王献臣"槐雨亭"（为刻书家张习所赠）；继藏于苏州王玉芝"叠翠轩"；继藏于长洲文柟"鹓字窝"；又藏于吴县周锡瓒"漱六楼"；继藏于平江黄丕烈"士礼居"；继藏于武进陶湘"涉园"；继藏于上海胡惠春"暂得楼"；今藏于国家图书馆。有王献臣、王玉芝题款，黄丕烈跋。

苏平仲文集十六卷

识著述：

苏伯衡（1329—1392），字平仲，金华（今浙江金华）人，苏辙九世孙，苏友龙第三子，明代散文家，著有《苏平仲文集》。《苏平仲文集》十六卷，为苏伯衡散文集。苏伯衡学问淹通，尤以古文名世，宋濂称其"文词蔚赡有法"，殆非虚美。

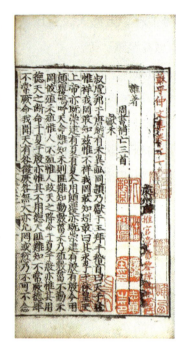

识版式：

此为明正统七年黎谅刻本；四周双边；黑口，双黑鱼尾，中刻书名、卷次，下刻页码；半页十二行，行二十四字。

识印章：

介繁——潘介繁名号藏书印。潘介繁（1828—1893），字谷人，号荣坡（亦作椒坡），又号桐西，吴县（今江苏苏州）人，清代著名诗人、藏书家。藏书楼名"桐西书屋""崦西草堂""渊古楼"。详见《澄怀录》"潘介繁"条。

潘椒坡——潘介繁姓氏字号藏书印。

崦西草堂——潘介繁藏书楼号藏书印。

志万之印——潘志万名号藏书印。潘志万（1849—1899），字子俣，号硕庭，吴县（今江苏苏州）人，潘介繁之子，晚清书法家、金石收藏家、藏书家。藏书楼名"还砚堂"。详见《衍极》"潘志万"条。

还砚堂印——潘志万藏书楼号藏书印。

木斋读过——李盛铎字号藏书印。李盛铎（1859—1934），字嶰樵，号木斋，别号师子庵旧主人等，晚号麘嘉居士，德化（今江西九江）人，清末民初著名政治家、收藏家。藏书楼名"木犀轩"等。详见《监本纂图重言重意互注论语》"李盛铎"条。

木犀轩藏书——李盛铎藏书楼号藏书印。

识递藏：

从书页所钤藏书印看，是书曾藏于吴县潘介繁"崦西草堂"；由其子潘志万继藏于"还砚堂"；继藏于德化李盛铎"木犀轩"；今藏于北京大学图书馆。

缶鸣集十二卷

识著述：

　　高启（1336—1374），字季迪，号槎轩，自号青丘子，长洲（今江苏苏州）人，元末明初著名政治家、诗人、文学家。高启才华高逸，学问渊博，能文工诗，与刘基、宋濂并称"明初诗文三大家"，又与杨基、张羽、徐贲被誉为"吴中四杰"。著有《高太史大全集》《凫藻集》《缶鸣集》等。《缶鸣集》十二卷，为高启自编诗集，存诗九百三十七首。其诗清新超拔，雄健豪迈，为明代最优秀诗人之一。

识版式：

　　此为明刻本；左右双边，上下单边；白口，单黑鱼尾，中刻书名、卷次、页码；半页十一行，行二十字，小字双行同。

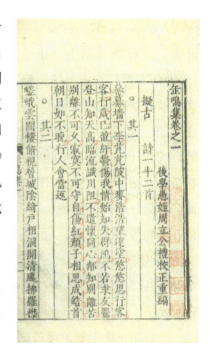

识印章：

　　杨慎菴藏——杨慎姓名字号藏书印。杨慎（1488—1559），字用修，初号月溪、升庵，又号逸史氏、博南山人、洞天真逸、滇南戍史、金马碧鸡老兵等，新都（今四川成都新都）人，明代经学家、史学家、诗人、词人、音韵学家、文献学家、藏书家。藏书楼名"双桂堂"，藏书印有"杨慎之印""用修""杨慎菴藏""洞天真逸"等。著有《南诏野史》《云南通志》《云南山川志》《南中志》《滇载记》《古音猎要》《古音余》等，后人辑为《升庵集》。

　　刘承幹印——刘承幹姓名藏书印。刘承幹（1881—1963），字贞一，号翰怡，别署求恕居士，晚号嘉业老人，吴兴（今浙江湖州）南浔镇人，近代著名史学家、文献学家、刻书家、藏书家。藏书楼名"嘉业堂"。详见《隋书详节》"刘承幹"条。

　　翰怡——刘承幹字号藏书印。

识递藏：

　　从书页所钤藏书印看，是书曾藏于新都杨慎"双桂堂"；又藏于吴兴刘承幹"嘉业堂"；今藏于浙江大学图书馆。

逊志斋集二十四卷附录一卷

识著述：

方孝孺（1357—1402），字希直，一字希古，号逊志，又称缑城先生、正学先生，台州府宁海县（今浙江宁海）人，明代思想家、经学家、史学家、文学家，撰有《周礼考次》《大易枝辞》《武王戒书注》《宋史要言》《帝王基命录》《文统》《逊志斋集》等。《逊志斋集》二十四卷，为方孝孺诗文别集，包括杂著、表、笺、启、书、序、记、题跋、祭文、谏、哀辞、行状、卷传、碑表、志铭、古体诗、律诗、绝句等诸多文体，收录了方孝孺绝大部分政论文、史论、散文、诗歌，其诗文风格"醇深雄迈""纵横豪放"，尽显烈士英特风格。

识版式：

此为明正德十五年顾璘刻本；四周单边；白口，中刻卷次、页码；半页十行，行二十字。

识印章：

彦修——疑为明末昆山人陆彦修。生平无考。

慈溪耕余楼藏——冯祖宪郡望藏书楼号藏书印。冯祖宪（生活于清嘉道间），一名泽夫，号辨斋，宁波府慈溪（今浙江慈溪）人，清末上海金融家、藏书家。藏书楼名"耕余楼""聊自娱斋"，藏书印有"冯氏辨斋藏书""耕余楼辨斋藏书""慈溪耕余楼""慈溪耕余楼藏""白洋山人""聊自娱斋主人"等。

耕余楼辨斋藏书——冯祖宪字号藏书楼号藏书印。

识递藏：

从书页所钤藏书印看，是书曾藏于慈溪冯祖宪"耕余楼"；今藏于辽宁省图书馆。彦修其人无考。

龙溪陈先生文集五卷附录一卷

识著述：

陈眰（生活于明洪武永乐间），龙溪（今福建漳州龙溪）人，曾任常州府学教授，著有《龙溪陈先生文集》五卷《附录》一卷。

识版式：

此为明正统五年顾言刻本；四周文武双边；粗黑口，双黑鱼尾，中刻卷次；半页十行，行二十字。

识印章：

瞿式耜印——瞿式耜姓名藏书印。瞿式耜（1590—1650），字起田，号稼轩、耘野，又号伯略，南直隶苏州府常熟（今江苏常熟）人，明末民族英雄、诗人、藏书家。藏书楼名"耕石斋"，藏书印有"瞿式耜印""起田氏""稼轩""伯略父""耕石斋"等。著有《愧林漫录》《职方外纪小言》《瞿忠宣公集》等。

起田氏——瞿式耜字号藏书印。

金元功藏书记——金弘勋姓氏字号藏书印。金弘勋（生活于康雍乾间），字元功，以字行，原籍浙江桐乡，移居江苏太仓，藏书家金檀犹子，清代藏书家。藏书楼名"南楼"，藏书印有"金元功藏书印""深柳读书""金氏南楼书籍"等。著有《艾轩集》等。

顾莼眼——顾莼姓名藏书印。顾莼（1765—1832），字希翰，一字吴羹，号南雅，晚号息庐，长洲（今江苏苏州）人，清代著名诗人、书画家、藏书家。藏书楼名"思无邪室""仁寿研斋"，藏书印有"顾莼之印""顾莼印""臣莼之印""南雅""东吴顾文学""小草小石之居""仁寿研斋"等。著有《南雅诗文抄》《云南采风录》。

曾藏张蓉镜家——张蓉镜姓名藏书印。张蓉镜（1802—？），字芙川，又字伯元，昭文（今江苏常熟）西乡东言子巷人，张燮之孙，清代著名藏书家。藏书楼名"小琅嬛仙馆""双芙阁"。详见《中说》"张蓉镜"条。

虞山张氏——张蓉镜郡望姓氏藏书印。

味经——张蓉镜藏书闲章。

在在处处有神物护持——张蓉镜藏书闲章。

乔松年印——乔松年姓名藏书印。乔松年（1815—1875），字健侯，号鹤侪，徐沟郝村（今山西清徐王答乡郝村）人，清代诗人、文学家、书法家、藏书家。藏书楼名"萝藦亭"，藏书印有"乔松年印"等。编有《纬捃》《乔氏载记》等，著有《论语浅解》《萝藦亭遗诗》《萝藦亭札记》《萝藦亭文钞》《乔勤恪公奏议》等。

潘祖荫藏书记——潘祖荫姓名藏书印。潘祖荫（1830—1890），字东镛，又字伯寅，号郑盦，吴县（今江苏苏州）人，清代著名书法家、藏书家。藏书楼名"滂喜斋"。详见《金石录》"潘祖荫"条。

识递藏：

从书页所钤藏书印看，是书曾藏于常熟瞿式耜"耕石斋"；继藏于桐乡金弘勋"南楼"；继藏于常熟张蓉镜"小琅嬛仙馆"；继藏于长洲顾纯"思无邪斋"；继藏于清徐乔松年"萝藦亭"；继藏于吴县潘祖荫"滂喜斋"；今藏于北京大学图书馆。

一峰先生文集十一卷

识著述：

　　罗伦（1431—1478），字应魁，一字彝正，号一峰，吉安永丰（今江西吉安）人，明代理学家、文学家、诗人，著有《一峰集》。《一峰先生文集》（亦名《一峰集》），为罗伦诗文别集，收录诗三百余首，合策奏、序记、诗文编为十一卷。罗伦治学笃守宋儒为学之途径，重修身持己，尤以经学为务；为文有刚毅之气，而诗非所长，但抒情写景之作尚有魅力。

识版式：

　　此为明正德十一年罗干刻本；左右文武双边，上下单边；白口，单黑鱼尾，中刻卷次、页码；半页十行，行十九字。

识印章：

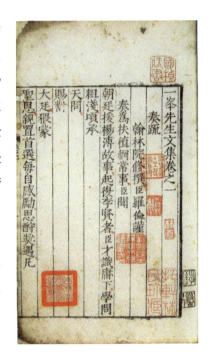

　　子晋——毛晋字号藏书印。毛晋（1599—1659），原名凤苞，字子久，后改字子晋，号潜在，别号汲古主人，常熟（今江苏常熟）人，明末著名经学家、文学家、刻书家、藏书家。藏书楼名"汲古阁"。详见《周易九卷》"毛晋"条。

　　汲古主人——毛晋别号藏书印。

　　林直——林直姓名藏书印。林直（生活于道咸间），字修，一字子隅，号托轩，侯官（今福建福州）人，清代藏书家。藏书楼名"壮怀堂"，藏书印有"林直""修""托轩林氏珍藏""广利之印"等。著有《壮怀堂集》。

　　托轩林氏珍藏——林直字号姓氏藏书印。

　　刘明阳王静怡夫妇读书之印——刘明阳王静宜夫妇藏书印。刘明阳（1892—1959），字静远，天津人，现代藏书家。藏书楼名"研理楼""双静阁"。王静宜，刘明阳夫人。详见《历代名臣奏议》"刘明阳"条。

　　宝静簃主王静宜所得秘笈记——刘明阳夫人王静宜藏书印。

　　研理楼刘氏藏——刘明阳姓氏藏书楼号藏书印。

　　国桢藏书——谢国桢名号藏书印。谢国桢（1901—1982），字刚主，别署罗墅湾人，晚号瓜蒂庵主，河南安阳人，现代著名历史学家、文献学家、版本目录学家、金石学家、藏书家。藏书楼名"瓜蒂庵"等。详见《孔子家语》"谢国桢"条。

识递藏:

从书页所钤藏书印看,是书曾藏于常熟毛晋"汲古阁";又藏于侯官林直"壮怀堂";又藏于天津刘明阳王静宜夫妇"研理楼";继藏于安阳谢国桢"瓜蒂庵";今藏于吉林省图书馆。

祝氏集略三十卷

识著述：

　　祝允明（1461—1527），字希哲，自号枝山，别号枝山道人、枝山樵人、梦余禅客，世称"祝京兆"，长洲（今江苏吴县）人，明代著名书法家、文学家、诗人，著有《怀星堂集》《苏材小篆》《祝子罪知》《浮物》《野记》《前闻记》《志怪录》《读书笔记》等。《祝氏集略》三十卷，为祝允明诗文别集，收录了祝氏骚赋、乐府、古调、歌行近体、古体、议论、书牍、碑版、传志、纪叙、外教诸体。祝氏诗取材宏富，师法古人，命意高古，造语奇妍，别具一格。

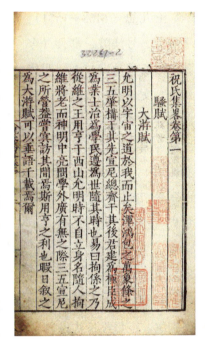

识版式：

　　此为明嘉靖三十六年张景贤刻本；左右文武双边，上下单边；白口，单白鱼尾，中刻书名、卷次、页码；半页十行，行二十字。

识印章：

　　闽中徐惟起藏书印——徐𤊹郡望姓氏字号藏书印。徐𤊹（1570—1645），字惟起，一字兴公，闽县（今福建福州闽侯）人，清代著名诗人、书画家、方志学家、目录学家、藏书家。藏书楼名"红雨楼"等。详见《福州府志》"徐𤊹"条。

　　郑杰之印——郑杰姓名藏书印。郑杰（1750—1800），一名人杰，字昌英，自号注韩居士，侯官（今福建福州）人，清代学者、诗人、史学家、藏书家。藏书楼名"注韩居"。详见《博雅》"郑杰"条。

　　郑氏注韩居珍藏记——郑杰姓氏藏书楼号藏书印。

识递藏：

　　从书页所钤藏书印看，是书曾藏于闽县徐𤊹"红雨楼"；再藏于侯官郑杰"注韩居"；今藏于浙江大学图书馆。

渼陂集十六卷续集三卷

识著述:

王九思（1468—1551），字敬夫，号渼陂，鄠县（今陕西西安鄠邑区）人，明代诗人、文学家、戏剧家、散曲家，与李梦阳、何景明、康海等倡导"文必秦汉，诗必盛唐"，以诗文名列"前七子"，著有诗文集《渼陂集》、杂剧《沽酒游春》《中山狼》及散曲集《碧山乐府》等。《渼陂集》十六卷《续集》三卷，为王九思诗

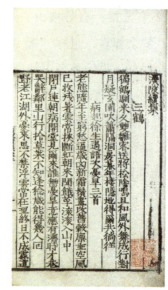

文别集。正集收录状、表、传、碑、记、序等杂著百余篇及诗近七百余首；《续集》为王九思晚年之作，收录赋、乐府、诗二百余首。

识版式:

此为明嘉靖间王献、翁万达等人刻本；四周单边；白口，中刻书名、卷次、页码；半页十行，行二十一字。

识印章:

汉鹿斋藏书印——祝寿慈藏书楼号藏书印。祝寿慈（1872—?），字稚农，一作穉农，如皋（今江苏如皋）人，清末民初藏书家。藏书楼名"汉鹿斋"。详见《汉隽》"祝寿慈"条。

杭州王氏九峰旧庐藏书之章——王体仁郡望姓氏藏书楼号藏书印。王体仁（1873—1938），字绥珊，晚号九峰旧庐主人，钱塘（今浙江杭州）人，民国著名藏书家。藏书楼名"九峰旧庐"。详见《周易注疏》"王体仁"条。

识递藏:

从书页所钤藏书印看，是书曾藏于如皋祝寿慈"汉鹿斋"；又藏于钱塘王体仁"九峰旧庐"；今藏于福建师范大学图书馆。

阳明先生文粹十一卷

识著述：

　　王守仁（1472—1529），幼名云，字伯安，别号阳明，自号阳明子，学者称"阳明先生"，谥"文成"，后人又称王文成公，绍兴府余姚县（今浙江宁波余姚）人，明代著名思想家、哲学家、军事家、文学家、诗人，著有《王文成公全书》。王守仁为陆王心学之集大成者，精通儒家、道家、佛家，与孔子、孟子、朱熹并称"孔孟朱王"。王氏弟子极众，世称姚江学派。《阳明先生文粹》十一卷，乃王守仁诗文选集。

识版式：

　　此为明嘉靖三十二年姚良弼刻本；四周双边；白口，单白鱼尾，中刻书名、卷次、页码；半页十行，行二十字。

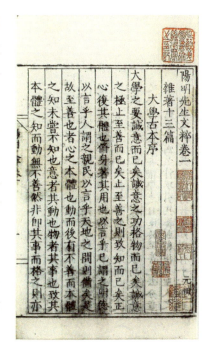

识印章：

　　赵氏鉴藏——其人无考。

　　潘介祉印——潘介祉姓名藏书印。潘介祉（1840—1891），原名念慈，字玉笥，号叔润，吴县（今江苏苏州）人，潘奕隽曾孙，潘希甫之子，潘介繁之弟，潘承弼叔祖，晚清著名藏书家。藏书楼名"渊古楼""藕花香榭"。藏书印有"潘介祉印""古吴潘介祉叔润氏收藏印记""潘介祉玉笥叔润藏书""叔润藏书""潘叔润图书记""潘念慈印""古吴潘念慈收藏印记""玉笥""潘氏渊古楼藏书记"等。著《藕花香榭吟草》《明代诗人小传稿》。

　　潘叔润图书记——潘介祉姓氏字号藏书印。

　　玉笥——潘介祉字号藏书印。

　　嘉惠堂丁氏藏——丁丙丁申兄弟藏书楼号藏书印。丁丙（1832—1899），钱塘（今浙江杭州）人，清末著名经学家、诗人、金石学家、目录学家、藏书家。总藏书楼名"嘉惠堂"等。详见《周易本义》"丁丙"条。

　　后八千卷楼——丁丙嘉惠堂藏书楼分号藏书印。

识递藏：

从书页所钤藏书印及题跋看，是书曾藏于无考之赵氏手；又藏于吴县潘介祉"渊古楼"；继藏于钱塘丁丙"嘉惠堂"之"后八千卷楼"；今藏于南京图书馆。有丁丙跋。

空同先生集六十三卷

识著述：

　　李梦阳（1473—1530），字献吉，号空同，扶沟（今河南周口扶沟）人，明代中期诗人、文学家、书法家，复古派"前七子"领袖人物，主张"文必秦汉，诗必盛唐"，强调复古，著有《乐府古诗》《疏书碑志序集文》《空同集》等。《空同先生集》（亦称《空同集》）六十三卷，为李氏诗文别集，前三卷收录赋类，卷四至卷三十七卷收录诗类，余卷为文类。

识版式：

　　此为明嘉靖黄省曾刻本；左右双边，上下单边；白口，单黑鱼尾，中刻书名、卷次、页码；半页十一行，行二十字。

识印章：

　　灵芬馆图书记——郭麐藏书楼号藏书印。

郭麐（1767—1831），字祥伯，号频伽，又号白眉生、郭白眉，一号蘧庵居士、苎萝长者，吴江（今江苏苏州吴江区）人，清代诗人、词人、文学家、书画家、篆刻家、藏书家。藏书楼名"灵芬馆""浮眉楼""蘧梦楼"等，藏书印有"郭麐之印""臣麐""郭麐祥伯父印""祥伯""祥伯氏印""频迦更号蘧庵""蘧庵""蘧梦楼""灵芬馆主人""灵芬馆图书记"等。编有《唐文粹补遗》，著有《灵芬馆诗集》《蘧梦词》《浮眉楼词》《忏余绮语》《江行日记》等。

　　徐钧印——徐钧姓名藏书印。徐钧（1876/1878—1963），一作徐均，字晓霞，号懋斋，桐乡（今浙江桐乡）乌镇人，民国儒商、收藏家。藏书楼名"爱日馆"，藏书印有"徐钧之印""晓霞""爱日馆收藏印""长林爱日"等。

　　晓霞——徐钧字号藏书印。

　　爱日馆收藏印——徐钧藏书楼号藏书印。

　　长林爱日——徐钧藏书闲章。

识递藏：

　　从书页所钤藏书印看，是书曾藏于吴江郭麐"灵芬馆"；又藏于桐乡徐钧"爱日馆"；今藏于西北师范大学图书馆。

俨山文集一百卷目录二卷外集四十卷续集十卷

识著述:

陆深（1477—1544），初名荣，字子渊，号俨山，南直隶松江府（今上海）人，明代文学家、史学家、书法家、藏书家，著有《史通会要》《玉堂漫笔》《传疑录》《淮封日记》《俨山文集》等。《俨山文集》一百卷，为陆深诗文别集。正集凡赋一卷、诗二十一卷、曲一卷、词一卷、诗话一卷、文七十五卷，续集十卷。

识版式:

此为明嘉靖二十五年陆楫刻本；左右双边，上下单边；白口，双白鱼尾，中刻书名、页码；半页十行，行二十字。

识印章:

周雪客家藏书——周在浚姓氏字号藏书印。周在浚（生活于顺康间），字雪客，号梨庄，一号苍谷，又号耐龛，祥符（今河南开封）人，周亮工长子，清代史学家、诗人、藏书家。藏书楼名"赖古堂""秋水轩""藏密庵"，藏书印有"大梁周在浚雪客私印""周雪客家藏书""豫仪周雪客藏""密庵鉴藏之印""苍谷""女娲氏博浪石外山""家在元沙之上"等。著有《南唐书注》《大梁守城志》《云烟过眼录》《晋稗》《天发神谶碑考》《遗谷集》《梨庄集》《秋水轩集》等。

吴兴刘氏嘉业堂藏——刘承幹郡望姓氏藏书楼号藏书印。刘承幹（1881—1963），字贞一，号翰怡，晚年自号嘉业老人，吴兴（今浙江湖州）南浔镇人，近代著名史学家、文献学家、刻书家、藏书家。藏书楼名"嘉业堂"。详见《隋书详节》"刘承幹"条。

江右衣冠——刘承幹藏书闲章。

彗斋——其人无考。

识递藏:

从书页所钤藏书印看，是书曾藏于祥符周在浚"藏密庵"；又藏于吴兴刘承幹"嘉业堂"；今藏于浙江大学图书馆。

崔东洲集二十卷续集十一卷

识著述：

崔桐（1478—1556），字来凤，号东洲，维扬（今江苏扬州）人，一作通州海门（今江苏南通海门）人，明代诗人、文学家，著有《崔东洲集》《崔东洲续集》。《崔东洲集》二十卷，凡诗九卷，词一卷，文十卷；《续集》诗六卷，文四卷。

识版式：

《崔东洲集》为明嘉靖二十九年曹金刻本，《续集》为明嘉靖三十四年周希哲刻本；左右双边，上下单边；白口，单黑鱼尾，上刻书名、卷次，中刻页码；半页十行，行二十字。

识印章：

刘承幹印——刘承幹姓名藏书印。刘承幹（1881—1963），字贞一，号翰怡，别署求恕居士，晚年自号嘉业老人，吴兴（今浙江湖州）南浔镇人，近代著名史学家、文献学家、刻书家、藏书家。藏书楼名"嘉业堂""求恕斋"。详见《隋书详节》"刘承幹"条。

南林刘氏求恕斋藏——刘承幹郡望姓氏藏书楼号藏书印。

识递藏：

从书页所钤藏书印看，是书曾藏于吴兴刘承幹"求恕斋"；今藏于浙江大学图书馆。

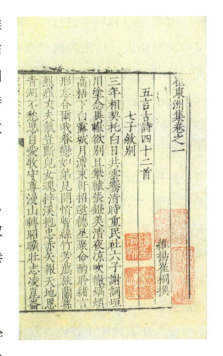

何氏集二十六卷

识著述：

何景明（1483—1521），字仲默，号白坡，又号大复山人，信阳浉河（今河南信阳浉河区）人，明代诗人、文学家、辞赋家，著有《何氏集》《何子杂言》《学约古文》《雍大记》《大复集》《乡射礼直节》等。何景明为明代"文坛四杰"之一，也是明代文坛"前七子"之一，与李梦阳并称文坛领袖，共同倡导了明代文学改革运动，主张"文必秦汉，诗必盛唐"，一些作品颇有现实内容。《何氏集》二十六卷，为何景明诗文别集，辑录了何氏所作辞赋三十二篇、诗一千五百六十首、文章一百三十七篇。

识版式：

此为明嘉靖沈氏野竹斋刻本；左右双边，上下单边；白口，单黑鱼尾，中刻书名、卷次、页码；半页十行，行十八字。

识印章：

万泰之印——万泰姓名藏书印。万泰（1598—1657），字履安，晚号悔庵，鄞县（今浙江宁波鄞州区）人，清代诗人、史学家、藏书家，浙东学派甬上支派创始人。藏书楼名"续骚堂""寒松斋"，藏书印有"万泰之印"等。著有《续骚堂集》《万履安行卷》《寒松斋集》《明州唱和集》《怀剡诗》等。其子万斯年、万斯程、万斯祯、万斯昌、万斯选、万斯大、万斯备、万斯同各有成就，人称"万氏八龙"，其中以万斯同最为著名。

识递藏：

从书页所钤藏书印看，是书曾藏于鄞县万泰"续骚堂"；今藏于山东省图书馆。

戴氏集十二卷

识著述：

戴冠（生活于明弘治正德间），字仲鹖，号邃谷，信阳州（今河南信阳）人，明中期文学家、诗人，著有《戴氏集》。《戴氏集》十二卷，尽收戴氏遗稿，为戴冠诗文别集。其中奏疏四篇列于诗文之冠，启一篇，余卷分别为叙文、诗、绝句、律诗、附杂录并西湖联句、词，卷

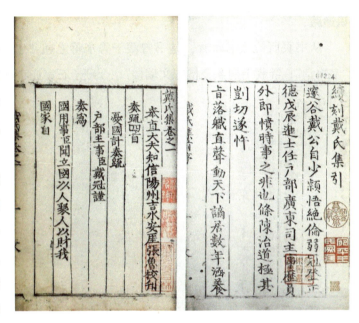

十二收歌、赋、铭、赞、记、志、传、状、祭文、书信等共四十八篇。

识版式：

此为明嘉靖二十七年张鲁刻本；四周单边；白口，上刻书名、卷次，中刻页码，下刻文体；半页八行，行十八字。

识印章：

檇李蒋石林藏书画印记——蒋之翘郡望姓氏名号藏书印。蒋之翘（1596—1659），字楚稺，号石林，又号雪樵，别署石户农，秀水（今浙江嘉兴）人，明末清初学者、诗人、刻书家、藏书家。藏书楼名"三径草堂""三径斋""硕迈书屋"，藏书印有"檇李蒋石林藏书画印记""檇李蒋石林藏书画印""蒋氏家藏"等。辑有《檇李诗乘》，编纂有《晋书校注》《昌黎河东集》《柳河东集》《七十二家评楚辞》《甲申前后集》，著有《天启宫词》等。

慕斋鉴定——王熙字号藏书印。王熙（1628—1703），字子雍，一字胥廷，号慕斋，顺天府宛平（今北京丰台）人，明末清初诗人、藏书家。藏书楼名"宝翰堂"，藏书印有"慕斋鉴定""宛平王氏家藏""宝翰堂藏书印"等。著有《宝翰堂集》。详见《长安志》"王熙"条。

宛平王氏家藏——王熙郡望姓氏藏书印。

宝翰堂藏书印——王熙藏书楼号藏书印。

文瑞楼主人——金檀藏书楼号藏书印。金檀（1765—1826），字星轺，嘉兴府桐乡（今浙江桐乡）人，清代著名诗人、藏书家。藏书楼名"文瑞楼"，藏书印有"金星轺藏书记""文瑞楼藏书记"等。辑有《文瑞楼书目》，著有《文瑞楼集》《销暑偶录》等。详见《杨铁崖先生文集》"金檀"条。

情之所钟——金檀藏书闲章。

聂翔藻印——其人无考。

识递藏：

从书页所钤藏书印看，是书曾藏于秀水蒋之翘"三径草堂"；继藏于宛平王熙"宝翰堂"；继藏于桐乡金檀"文瑞楼"；今藏于石家庄市图书馆。聂翔藻无考。

升庵诗集九卷文集十二卷

识著述：

  杨慎（1488—1559），字用修，初号月溪、升庵，又号逸史氏、博南山人、洞天真逸、滇南戍史、金马碧鸡老兵等，新都（今四川成都新都）人，明代经学家、文学家、诗人、词人、散曲家、书画家、金石学家、藏书家，明代三才子之首，编有《风雅逸篇》《古今风谣》，著有《檀弓丛训》《丹铅总录》《谭苑醍醐》《艺林伐山》《升庵诗话》《词品》《书品》《画品》《金石古文》《石鼓文音释》《全蜀艺文志》《云南山川志》《滇载记》等，后人辑有《升庵集》。《升庵集》（又称《升庵全集》《太史升庵全集》），是杨慎诗文及一部分学术著作的合集，包括赋、杂文、诗、杂著等。杨慎能诗、文、词及散曲，论古考证之作范围颇

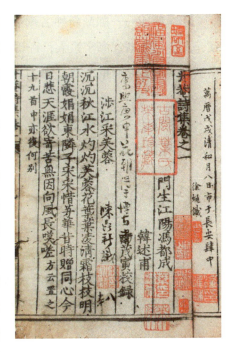

广。其诗沉酣六朝，揽采晚唐，创为渊博靡丽之词，造诣深厚，独立于当时风气之外。

识版式：

  此为明嘉靖三十六年刻本；四周双边；白口，双黑鱼尾，上刻书名、卷次，中刻页码；半页九行，行十八字。

识印章：

  东明考藏——范钦字号藏书印。范钦（1506—1585），字尧卿，号东明，鄞县（今浙江宁波鄞州）人，明代著名藏书家。藏书楼名"天一阁"。详见《王黄州小畜集》"范钦"条。

  臣心如水——似为范钦藏书闲章。

  玻研室——从治印风格与印泥色泽看，似为范钦藏书楼号藏书印。

  徐惟和印——徐㶿姓氏字号藏书印。徐㶿（1561—1599），字惟和，别字调侯，闽县（今福建福州闽侯）荆溪镇徐家村人，徐𤊻之兄，明代著名学者、诗人、藏书家。万历间，与徐𤊻在福州鳌峰坊建"红雨楼""绿玉斋""南损楼"以藏书，藏书印有"徐㶿之印""徐惟和印""臣心如水"等。辑有《晋安风雅》，著有《陈金凤

外传》《幔亭集》等。

徐燉之印——徐燉姓名藏书印。徐燉（1570—1645），字惟起，一字兴公，自号鳌峰居士，别号读易园主人等，闽县（今福建福州闽侯）人，清代著名诗人、书画家、方志学家、目录学家、藏书家。藏书楼名"红雨楼"等。详见《福州府志》"徐燉"条。

徐兴公——徐燉姓氏字号藏书印。

陈鼎新印——陈鼎新姓名藏书印。陈鼎新（生活于明末清初），字仲因，号渭璜，海宁（今浙江海宁）人，寄籍黄岩，明末清初书法家、藏书家。藏书印有"陈鼎新印""皇甫继枢"等。著有《草法韵海》。陈鼎新得此书时间为康熙十九年（1680）。

叶滋棠印——叶滋棠姓名藏书印。叶滋棠（生活于咸同光间），字苇南，闽县（今福建福州）人，叶大庄之父辈，清代藏书家。藏书楼名"玉屏山庄"，藏书印有"叶滋棠印""苇南""古闽叶氏苇南珍藏"等。叶氏家族为福建著名藏书世家，叶观国有"绿筠书屋"，叶申蔼有"荫余轩书楼"，叶仪昌有"芝石山房"，叶滋森有"池上草堂"，叶大庄为著名藏书家。

苇南——叶滋棠字号藏书印。

古闽叶氏苇南珍藏——叶滋棠郡望姓氏字号藏书印。

廖氏还读庐珍藏记——廖元善姓氏藏书楼号藏书印。廖元善（1891—1956），字德元，号擎宇，又号今雨，祖籍福建永定，迁居福州，近代教育家、藏书家。藏书楼名"还读庐"，藏书印有"廖元善""廖元善印""廖德元印""今雨珍藏""今雨过眼""今雨入目""雨楼珍藏""还读庐藏""廖氏还读庐珍藏记""还读庐藏书印"等。著有《尔雅图说》《诗经音韵》《音韵学》等。

识递藏：

从书页所钤藏书印及题跋看，是书曾藏于鄞县范钦"天一阁"；1598年继藏于闽县徐熥、徐燉兄弟"红雨楼"；1680年继藏于海宁陈鼎新之手；又藏于闽县叶滋棠"玉屏山庄"；继藏于永定廖元善"还读庐"；今藏于福建省图书馆。有徐熥、徐燉、陈鼎新跋。

梦泽集十七卷

识著述：

王廷陈（1493—1551），字稚钦，号梦泽，黄冈赤膊龙（今武汉新洲旧街）人，明代诗人，著有《梦泽集》。《梦泽集》十七卷，为王廷陈诗文别集。其诗以五律见长，"意警语圆，轩然出俗"，能臻妙境，为一时之秀。其乐府古诗，亦殊多精诣；其杂文藻采过甚，以至于淹没文章主旨，成就不高。

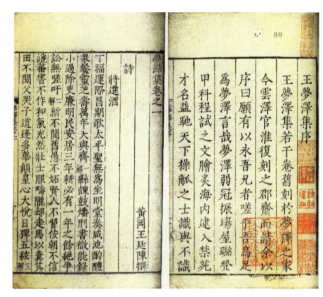

识版式：

此为明嘉靖四十一年王廷瞻刻本；四周单边；白口，单黑鱼尾，中刻书名、卷次、页码；半页十行，行二十字。

识印章：

桐轩主人藏书印——汪宪别号藏书印。汪宪（1721—1771），字千陂，号鱼亭，别号爱闲居士、桐轩主人，钱塘（今浙江杭州）人，清代经学家、文学家、目录学家、藏书家。藏书楼名"振绮堂"等，藏书印有"汪鱼亭藏阅书""桐轩主人藏书印""振绮堂藏阅书"等。著有《易说存悔》《说文系传考异》《振绮堂稿》《振绮堂诗存》《苔谱》等。详见《庶斋老学丛谈》"汪宪"条。

爱闲居士——汪宪别号藏书印。

金星轺藏书记——金檀姓氏字号藏书印。金檀（1765—1826），字星轺，嘉兴府桐乡（今浙江桐乡）人，清代著名诗人、藏书家。藏书楼名"文瑞楼"，藏书印有"金星轺藏书记""文瑞楼藏书记"等。辑有《文瑞楼书目》，著有《文瑞楼集》《销暑偶录》等。详见《杨铁崖先生文集》"金檀"条。

文瑞楼——金檀藏书楼号藏书印。

结社溪山——金檀藏书闲章。

家在黄山白岗之间——金檀藏书闲章。

范氏木犀香馆藏——范志熙姓氏藏书楼号藏书印。范志熙（1815—1889），字月槎，号木犀香馆主人，别署石湖诗孙、仕隐，武昌县（今湖北武汉）神山乡神四里人，清代诗人、藏书家。藏书楼名"木犀香馆"，藏书印有"月槎之印""月槎藏书""月槎珍藏""石湖诗孙""仕隐""范氏木犀香馆藏""木犀香馆范氏藏书""木犀香馆珍藏"等。有《范氏归馆书目》。

识递藏：

从书页所钤藏书印看，是书曾藏于钱塘汪宪"振绮堂"；继藏于桐乡金檀"文瑞楼"；继藏于武昌范志熙"木犀香馆"；今藏于广东省立中山图书馆。

雅宜山人集十卷

识著述：

王宠（1494—1533），字履仁、履吉，号雅宜山人，吴县（今江苏苏州）人，明代书法家、诗人、文学家，著有《雅宜山人集》，传世书迹有《诗册》《杂诗卷》《千字文》《古诗十九首》《李白古风诗卷》等。《雅宜山人集》十卷，为王宠诗文别集，收录诗八卷、文二卷。其诗分体编列，题下各标"正德稿""嘉靖稿"，略具编年之意。以自记所造浅深，大抵才力富赡，而抑郁之气激为亢厉，亦往往失之过粗。文则非所留意，姑附存诗后。

识版式：

此为明嘉靖刻本；左右双边，上下单边；白口，单白鱼尾，中刻卷次、页码；半页十行，行十八字。

识印章：

庄经远印——庄经远姓名藏书印。庄经远（生卒不详），字梦仙。其人无考。

梦仙——庄经远字号藏书印。

汪士钟藏——汪士钟姓名藏书印。汪士钟（1786—？），字春霆，号阆源，一号眼源，长洲（今江苏苏州）人，汪文琛之子，清代著名藏书家。藏书楼名"艺芸书舍""三十五峰园"等。详见《周易九卷》"汪士钟"条。

宪奎——汪宪奎名号藏书印。汪宪奎（生活于道咸间），字秋浦，长洲（今江苏苏州）人，汪士钟族人，清代藏书家。藏书楼名"有竹居"，藏书印有"平江汪宪奎秋浦印记""宪奎""秋浦"等。

秋浦——汪宪奎字号藏书印。

雪翁——罗振玉字号藏书印。罗振玉（1866—1940），初名振钰，字叔宝、式如，更名振玉，初字坚白，更字叔蕴、叔言，号雪堂、雪庐、贞松，别署永丰乡人，晚号贞松老人、松翁、岁寒退叟、仇亭老人，谥恭敏，祖籍浙江上虞永丰乡，生于江苏淮安府山阳县，近代农学家、教育家、考古学家、金石学家、敦煌学家、目录学家、校勘学家、古文字学家、藏书家。藏书楼名"大云书库""唐风楼""永慕园""宸翰楼""贞松堂""玉简斋""楚雨楼""殷礼在斯堂""面城精舍"等，藏书印有"罗振玉""罗振玉印""罗振玉叔言印信长寿""臣振玉""上虞罗振玉印""叔言审定""雪翁""松翁""上虞罗氏""内廷翰林""唐风楼""楚雨楼""宸翰楼"等。编著有《殷墟书契》《敦煌石室遗书》《鸣沙石室佚书》《敦煌古写本周易王注校勘记》《鸣沙石室古籍丛残》等。

质师——罗振玉藏书印。

宸翰楼——罗振玉藏书楼号藏书印。

识递藏：

从书页所钤藏书印看，是书曾藏于明人庄经远之手；又藏于长洲汪士钟"艺芸书舍"；继藏于汪士钟族人汪宪奎"有竹居"；又藏于上虞罗振玉"宸翰楼"；今藏于旅顺博物馆。

岩居稿八卷

识著述：

华察（1497—1574），字子潜，号鸿山，常州府无锡（今江苏无锡）人，明代文学家、诗人，著有《岩居稿》《皇华集》《翰苑留院集》《知退轩集》《碧山堂集》《东行纪兴》等。《岩居稿》八卷，收录华察诗歌二百八十五首。其诗意象超迈，音韵清芬，不入流俗。

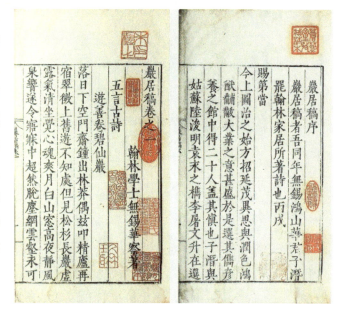

识版式：

此为明嘉靖三十五年王懋明刻本；左右双边，上下单边；白口，单白鱼尾，中刻书名、卷次、页码；半页八行，行十六字。

识印章：

朱棨之印——朱棨之姓名藏书印。朱棨之（1859—1914），字淹颂，号九丹、玖珊等，直隶永清（今河北永清）人，清末民初教育家、藏书家。藏书楼名"丛碧簃"。详见《稽古绪论》"朱棨之"条。

玖珊——朱棨之字号藏书印。

道家者流——朱棨之藏书闲章。

高世异藏书记——高世异姓名藏书印。高世异（生活于清末民初），字尚同，一字德启，号念陶，华阳（今四川成都）人，一作蒲阳（今四川都江堰）人，清代藏书家。藏书楼名"苍茫斋"。详见《春秋名号归一图》"高世异"条。

华阳高氏德启藏书——高世异郡望姓氏字号藏书印。

苍茫斋收藏精本——高世异藏书楼号藏书印。

苍芒斋藏善本——高世异藏书楼号善本藏书印。

高氏家藏——高世异姓氏藏书印。

独立苍茫自咏诗——高世异藏书闲章。

识递藏：

从书页所钤藏书印看，是书曾藏于永清朱桂之"丛碧簃"；继藏于华阳高世异"苍茫斋"；今藏于重庆市图书馆。

方山薛先生全集六十八卷

识著述：

薛应旂（1500—1575），字仲常，号方山，武进（今江苏常州武进区）横林镇余巷村人，明代经学家、史学家、诗人、文学家、藏书家。著有《四书人物考》《考亭渊源录》《高士传》《宋元资治通鉴》《甲子会记》《附续甲子会纪》《薛子庸语》《薛方山纪述》《方山文录》《方山记述》《方山致义》等。《方山薛先生全集》六十八卷，为其后人为其辑录的散文集，包括策文、疏、表、杂著、书、记、传、墓表、墓志铭、论等。

识版式：

此为明嘉靖刻本；四周单边；白口，单黑鱼尾，中刻书名、卷次、页码，下刻刻工姓名；半页十行，行二十字。

识印章：

冬涵阅过——李毓恒字号藏书印。李毓恒（1830—1891），字冬涵，号勉斋，济宁（今山东临清）人，清代诗人、目录学家、抄书家、藏书家。藏书楼名"惜阴书屋""磨墨亭"，藏书印有"冬涵""冬涵阅过""李氏藏书"等。辑有《惜阴书屋书目》，著有《勉斋读书记》《惜阴书屋诗集》。

朱桯之印——朱桯之姓名藏书印。朱桯之（1859—1914），字淹颂，号九丹、玖珊等，直隶永清（今河北永清）人，清末民初教育家、藏书家。藏书楼名"丛碧簃"。详见《稽古绪论》"朱桯之"条。

燕市酒徒——朱桯之藏书闲章。

薛氏羿庐——薛秉初姓氏字号藏书印。薛秉初（1891—1960），原名羿，别号莘园，武进（今江苏常州武进区）人，薛应旂十七世孙，张謇弟子，民国水利局主事，江西省煤油特税局局长。藏书楼名"莘园"，藏书印有"薛氏羿庐""羿庐珍藏""武进薛氏"等。

羿庐珍藏——薛秉初字号藏书印。

武进薛氏——薛秉初郡望姓氏藏书印。

识递藏：

从书页所钤藏书印看，是书曾藏于济宁李毓恒"惜阴书屋"；继藏于永清朱棨之"丛碧簃"；继藏于武进薛氏后裔薛秉初"莘园"；今藏于常州市图书馆。

震川大全集三十卷别集十卷补集八卷余集八卷先太仆评点史记例意一卷归震川先生论文章体则一卷

识著述：

归有光（1507—1571），字熙甫，又字开甫，别号震川，又号项脊生，世称"震川先生"，又称"归太仆"，苏州府昆山（今江苏昆山）宣化里人，明代著名散文家，为明代"唐宋派"代表作家，与唐顺之、王慎中并称为"嘉靖三大家"，著有《震川先生集》《三吴水利录》等。《震川先生集》三十卷，包括《正集》三十卷、《别集》十卷、《附录》一卷，《别集》中有诗一卷，余皆为文。其著述涉及经史子集各部，而主要成就在散文方面。其文长于叙事，感情真挚，文笔简洁。其散文风格上承司马迁及唐宋八大家之传统，下启方苞、姚鼐等桐城派之先河。

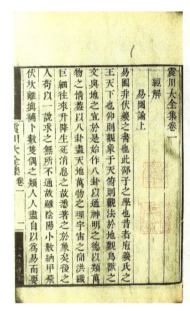

识版式：

此为清嘉庆元年归朝煦玉钥堂刻本；左右双边，上下单边；粗黑口，中刻书名、卷次、页码；半页十行，行二十字。

识印章：

道州何氏收藏图书印——何绍基郡望姓氏藏书印。何绍基（1799—1873），道州（今湖南道县）人，清代经学家、文字学家、校勘学家、诗人、书法家、藏书家。藏书楼名"东洲草堂""惜道味斋""云龙万宝书楼"。详见《周礼》"何绍基"条。

云龙万宝书楼——何绍基藏书楼号藏书印。

识递藏：

从书页所钤藏书印看，是书曾藏于道州何绍基"云龙万宝书楼"；今藏于湖南省社会科学院图书馆。有何绍基、徐桢立跋。

白雪楼诗集十二卷

识著述：

李攀龙（1514—1570），字于鳞，号沧溟，济南府历城（今山东济南历城区）人，明代著名文学家，因其诗多风尘字样，人称"李风尘"，著有《诗学事类》《白雪楼诗集》等。李攀龙是继"前七子"之后倡导文学复古运动的"后七子"领袖人物，主盟文坛二十余年，其影响波及清初，被尊为"宗工巨匠"。《白雪楼诗集》十二卷，为李攀龙诗别集。诗体广泛而以七言古诗和律绝为典型，内容包括咏怀、咏物、咏史怀古、山水田园、边塞海防、叙事怀人、赠别、纪行、唱和酬答等，风格遒劲，寄托遥深，情思壮阔，气势昂扬。

识版式：

此为明隆庆四年汪时元刻本；四周单边；白口，单白鱼尾，上刻书名，中刻卷次、页码；半页九行，行十八字。

识印章：

安化陈浴新藏——陈浴新郡望姓名藏书印。陈浴新（1890—1974），又名东方望，名世梅，字积发，号志壮，安化（今湖南安化）人，近代政治家、藏书家。藏书楼名"村南烟舍"，藏书印有"安化陈浴新珍藏书画记""村南烟舍"等。详见《八闽通志》"陈浴新"条。

安化陈氏浴新珍藏——陈浴新郡望姓氏名号藏书印。

识递藏：

从书页所钤藏书印看，是书曾藏于安化陈浴新"村南烟舍"；今藏于湖南大学图书馆。

宗子相集八卷

识著述：

宗臣（1525—1560），字子相，号方城山人，扬州兴化（今江苏兴化）人，宋代著名抗金名将宗泽之后，明代著名文学家，诗文主张复古，与李攀龙等齐名，为"后七子"之一，著有《宗子相集》。《宗子相集》八卷，为宗臣诗文别集。其诗跌宕俊逸，颇能取法李白，而意境未深，间伤浅俗；其散文作品，指陈时弊，反覆详明，不失家风。

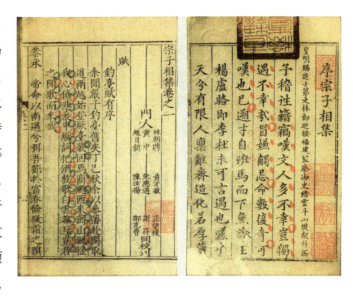

识版式：

此本为明嘉靖三十九年林朝聘、黄中等刻本；四周双边；白口，单黑鱼尾，中刻卷次、页码；半页十行，行二十字。

识印章：

吴氏连星阁藏书——吴与桥姓氏藏书楼号藏书印。吴与桥（约生活于万历天启间），徽州（今安徽黄山徽州区）西溪人，明代徽商、藏书家。藏书楼名"连星阁"，藏书印有"吴与桥读书记""吴与桥图书记""道山珍藏""吴氏连星阁藏书"等。

嘉惠堂丁氏藏书之记——丁丙藏书楼号姓氏藏书印。丁丙（1832—1899），字嘉鱼，钱塘（今浙江杭州）人，清末著名经学家、诗人、金石学家、目录学家、藏书家。总藏书楼名"嘉惠堂"。详见《周易本义》"丁丙"条。

善本鉴定——丁丙藏书版本藏书印。

八千卷楼——丁丙嘉惠堂藏书楼分号藏书印。

识递藏：

从书页所钤藏书印看，是书曾藏于徽州吴与桥"连星阁"；又藏于钱塘丁丙"嘉惠堂"之"八千卷楼"；今藏于天津图书馆。

四印堂诗稿一卷

识著述：

董其昌（1555—1636），字玄宰，号思白、香光居士，松江华亭（今上海）人，明代后期著名诗人、书画家、鉴藏家。董其昌擅长山水，亦颇能诗文，著有《画禅室随笔》《容台文集》《四印堂诗稿》等。《四印堂诗稿》一卷，为董其昌自书诗文稿，作品多收入《容台集》。全书通篇书风行草间杂，风神自然，行笔流畅，为董氏诗稿原迹孤本。行间多有董氏跋语，皆为谈艺之语，颇具艺术价值和史料价值。

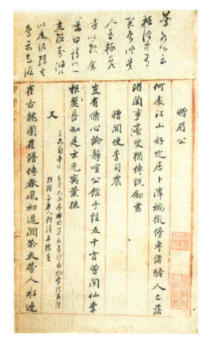

识版式：

此为明董其昌稿本；四周单边；白口；朱丝栏，半页八行，每行字数不等。

识印章：

钱氏数青草堂藏书——钱镜塘姓氏藏书楼号藏书印。钱镜塘（1910—1983），原名钱德鑫，字镜塘，以字行，晚号菊隐老人，海宁（今浙江海宁）硖石人，当代著名书画收藏家。藏书楼名"数青草堂""书带草堂"，藏书印有"钱镜塘""钱镜塘印""海昌钱镜塘藏札之印""海昌钱镜塘藏""镜塘""镜塘审定""镜塘所爱""镜塘藏古""镜塘平生珍赏""钱氏数青草堂藏书""海宁钱氏""数青草堂""鹊隐庐""吴越世家""松菊犹存"等。

湖帆鉴赏——吴湖帆名号藏书印。吴湖帆（1894—1968），字遹骏，后更名迈，字东庄，又名倩，别署丑簃，号倩庵，书画署名湖帆，苏州（今江苏苏州）人，吴大澂嗣孙，现代书画家、藏书家。藏书楼名"梅景书屋"。详见《淮海居士长短句》"吴湖帆"条。

识递藏：

从书页所钤藏书印及吴湖帆题签看，是书首藏于作者华亭董其昌"玄赏斋"；又藏于海宁钱镜塘"数青草堂"；继藏于苏州吴湖帆"梅景书屋"；今藏于上海博物馆。

小青焚余稿一卷小青传一卷

识著述：

冯小青（1595—1612），名玄玄，字小青，南直隶扬州（今江苏扬州）人，清代女诗人、词人，著有《小青焚余稿》。《小青焚余稿》一卷，为冯小青诗别集。全书计有绝句九首、古诗一首、词一首并寄某夫书一封，共十二首。《小青传》一卷，明戋戋居士撰，为冯小青生平故事的最早传记。

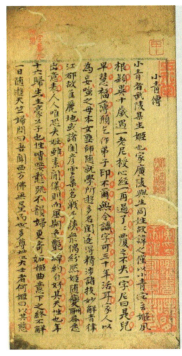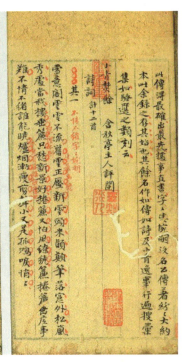

识版式：

此为明崇祯四年黄来鹤抄本；四周单边；白口；蓝格；半页九行，行字不等。

识印章：

黄来鹤印——黄来鹤姓名藏书印。黄来鹤（生活于明末清初），号麟野道人、五知道人、味闲老人，松江华亭（今上海）人，明代抄书家、藏书家。藏书楼名"五知堂""漱芳斋"，藏书印有"黄来鹤印""五知道人""味闲老人""五知堂""漱芳斋""乐琴书以消忧"等。

五知道人——黄来鹤别号藏书印。

味闲老人——黄来鹤别号藏书印。

五知堂——黄来鹤藏书楼号藏书印。

漱芳斋——黄来鹤藏书楼号藏书印。

乐琴书以消忧——黄来鹤藏书闲章。印文取陶渊明《归去来兮辞》句。

萧山朱鼎煦收藏书籍——朱鼎煦郡望姓名藏书印。朱鼎煦（1885—1967），萧山（今浙江萧山）人，近代著名版本目录学家、文物收藏家、鉴赏家、藏书家。藏书楼名"别宥斋"等。详见《诗经纂》"朱鼎煦"条。

甲——朱鼎煦藏书级别藏书印。

识递藏：

从书页所钤藏书印看，是书曾藏于原抄者华亭黄来鹤"五知堂"；又藏于萧山朱鼎煦"别宥斋"；今藏宁波天一阁博物馆。

南雷文定十一卷后集四卷附录一卷

识著述：

黄宗羲（1610—1695），字太冲，一字德冰，号南雷，别号梨洲老人、梨洲山人、蓝水渔人、鱼澄洞主、双瀑院长、古藏室史臣等，学者称"梨洲先生"，余姚（今浙江杭州）人，明末清初著名经学家、诗人、史学家、思想家、地理学家、天文历算学家、教育家。黄宗羲与顾炎武、王夫之并称"明末清

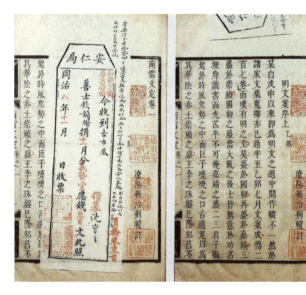

初三大思想家"，与顾炎武、方以智、王夫之、朱舜水并称为"明末清初五大家"，与陕西盩厔李颙、直隶容城孙奇逢并称"海内三大鸿儒"，亦有"中国思想启蒙之父"之誉。黄宗羲学问淹通，思想深邃，著作宏富，其中最为重要的有《宋元学案》《明儒学案》《明夷待访录》《南雷文定》《文约》等。《南雷文定》为作者晚年手定诗文集，包括《前集》十一卷、《后集》四卷、《三集》三卷、《南雷诗历》四卷、《南雷诗历补遗》一卷，收有书序、论学书、传记、墓志铭等，多记载明人事迹，辨正明朝掌故，于明史研究颇有助益。

识版式：

此为清康熙二十七年靳治荆刻本；四周单边；粗黑口，中刻书名、卷次、页码；半页十行，行二十字。

识印章：

铁夫墨琴夫妇印记——王芑孙夫妇字号藏书印。王芑孙（1755—1818），字念丰，一字沤波，号惕甫，一号铁夫、云房，又号楞伽山人，吴县（今江苏苏州）人，清代著名文学家、赋论家、藏书家。藏书楼名"沤波舫""渊雅堂""楞伽山房"。详见《论语集解义疏》"王芑孙"条。

渊雅堂藏书记——王芑孙藏书楼号藏书印。

王氏二十八宿研斋秘笈之印——王祖询姓氏藏书楼号藏书印。王祖询（1869—？），字次欧，号雨亭、蟫庐，原籍秀水（今浙江嘉兴），徙居吴县（今江苏

苏州），王大隆之父，清末书法家、藏书家。藏书楼名"二十八宿研斋"，藏书印有"秀水王祖询印""臣王祖询次欧""祖询""祖询之印""祖询长寿安乐""臣询长寿""臣询私印""次欧""雨亭""甘霖""蟫庐""蟫庐藏书""秀水王氏珍藏之印""宋沂国公之后""曾藏王氏二十八宿研斋""王氏二十八宿砚斋秘笈之印""以学愈愚""文章忠孝世家""官学博士""乞食扬州市上"等。著有《蟫庐日记》。其书多为其子王欣夫、其孙王荫嘉父子递藏。

长州吴庆咸子敏氏读过——吴庆咸郡望姓名字号藏书印。吴庆咸，无考。

识递藏：

从书页所钤藏书印看，是书曾藏于长洲王芑孙"渊雅堂"；又藏于吴县王祖询"二十八宿研斋"；又藏于苏州吴庆咸之手；今藏于南京图书馆。有王芑孙批跋。

尺牍一卷湖上草一卷

识著述：

柳如是（1618—1664），本名杨爱，改名柳隐，字如是，又称河东君，嘉兴（今浙江嘉兴）人，明末清初女诗人，著有《湖上草》《戊寅草》与《尺牍》。与马湘兰、卞玉京、李香君、董小宛、顾横波、寇白门、陈圆圆合称"秦淮八艳"，后嫁于钱谦益为侧室。《尺牍》一卷，收录柳如是书信凡三十一通，其内容涉及许多日

常生活琐事，是研究柳如是与时人交游的第一手资料；《湖上草》一卷，收诗三十三题六十四首，为柳氏侨居杭州时登临怀古、吟赏烟霞、赠别应酬之作。

识版式：

此为明汪然明刻本；四周单边；白口，上刻书名，下刻页码；半页八行，行十八至十九字。

识印章：

林云凤印——林云凤姓名藏书印。林云凤（1578—1648），字若抚，长洲（今江苏苏州）人，明代书法家、诗人、藏书家。藏书印有"林云凤印""若抚氏""字若抚"等。

字若抚——林云凤字号藏书印。

若抚氏——林云凤字号藏书印。

余集子戌父印——余集姓名字号藏书印。余集（1738—1823），字蓉裳，号秋室，仁和（今浙江杭州）人，清代诗人、散文家、画家、藏书家。藏书楼名"梁园""忆漫庵"，藏书印有"余集""余集之印""余集子戌父印""余氏蓉裳""余氏秋室""校书余暇""达辞而已"等。著有《梁园归棹录》《忆漫庵剩稿》《秋室诗钞》《秋室学古录》等。

苌庚——疑为余集之印。无考。

车秋舲读过——车持谦姓氏字号藏书印。车持谦（1778—1842），字子尊，一字秋舲，号捧花生，南京上元（今江苏南京）人，清代随笔家、戏曲家、藏书家。藏书印有"车秋舲读过"等。著有《秦淮画舫录》《画舫余谈》。

贝墉曾读——贝墉姓名藏书印。贝墉（1780—1846），字既勤，一字定甫，号简香，又号礵香居士，吴县（今江苏苏州）人，袁廷梼之婿，清代书法家、金石学家、藏书家。藏书楼名"友汉居""千墨庵"等。详见《诗外传》"贝墉"条。

徐楙私印——徐楙姓名藏书印。徐楙（？—1839），字仲繇，号问蘧、问年道人，仁和（今浙江杭州）人，清代诗人、文学家、书画家、金石学家、篆刻家、藏书家。藏书楼名"问蘧庐""六桥草堂"，藏书印有"徐楙私印""徐氏六桥草堂""问年道人"等。著有《问蘧庐诗词》《漱玉词笺》等。

红豆——惠兆壬藏书印。惠兆壬（生活于道咸间），原名润，字秋韶，仁和（今浙江杭州）人，清代诗人、书法家、藏书家。藏书楼名"枫树山房"，藏书印有"惠兆壬""秋韶""红豆"等。编有《枫树山房帖目》，著有《枫树山房诗》。

非昔元赏——赵宗建字号藏书印。赵宗建（1824—1900），字次侯，又字次公，号非昔居士，常熟（今江苏常熟）人，清末著名诗人、藏书家。藏书楼名"旧山楼"。详见《汉隶分韵》"赵宗建"条。

宗建私印——赵宗建名号藏书印。

次公——赵宗建字号藏书印。

旧山楼——赵宗建藏书楼号藏书印。

曾在旧山楼——赵宗建藏书楼号藏书印。

兼巢曾观——沈卫晚号藏书印。沈卫（生活于清末民初），字友霍，号淇泉，晚号兼巢老人，亦署红豆馆主，沈钧儒十一叔，浙江嘉兴人，清末民初诗人、书法家、藏书家。藏书楼名"红豆馆"，藏书印有"臣沈卫印""兼巢""兼巢曾观"等。

高时显印——高时显姓名藏书印。高时显（1878—1952），字欣木，号野侯，一号可庵，自许"梅王阁主"，杭县（今浙江余杭）人，清末民初诗人、书画家、鉴赏家、篆刻家、藏书家。藏书楼号"梅王阁"，藏书印有"高时显印""野侯""梅王阁"等。

野侯——高时显字号藏书印。

梅王阁——高时显藏书楼号藏书印。

王国维——王国维姓名藏书印。王国维（1877—1927），初名国桢，字静安，亦字伯隅，初号礼堂，晚号观堂，又号永观，谥忠悫，海宁（今浙江嘉兴海宁）人，中国近代著名学者、教育家、哲学家、文学家、戏曲理论家、美学家、史学家、古文学家。著有《静安文集》《观堂集林》《遗书》《全集》《书信集》等。

静安——王国维字号藏书印。

识递藏:

　　从书页所钤藏书印及题跋看，是书首藏于明末长洲林云凤之手；又藏于仁和余集之"梁园"；继藏于吴县贝墉之"友汉居"；继藏于长洲徐康"风泉清听之室"；继藏于常熟赵宗建"旧山楼"；继藏于余杭高时显之"梅王阁"；最后由高时显捐献于浙江省立图书馆，成为该馆的插架之物。而其间车持谦、徐楙、惠兆壬、翁叔均、潘介繁、王国维诸人，或为鉴定者，或为借阅者，均有补裨增色之功。今藏于浙江图书馆。有赵宗建题记，徐楙、惠兆壬跋，林云凤、王国维题诗，王仁俶题跋。

焦螟集八卷

识著述：

朱彝尊（1629—1709），字锡鬯，号竹垞，又号
醧舫，晚号小长芦钓鱼师，别号金风亭长，秀水（今
浙江嘉兴）人，清代著名经学家、词人、学者、藏书
家。朱彝尊词风清丽，为"浙西词派"创始人，与陈
维崧并称"朱陈"，与王士禛称"南朱北王"两大诗
宗。著有《经义考》《曝书亭集》《日下旧闻》，选
《明诗综》《词综》，所辑《词综》为中国词学重要选
本。《焦螟集》八卷，为朱彝尊文集。

识版式：

此为清康熙抄本；半页九行，行二十一字。

识印章：

秘阁校理——宋荦官爵藏书印。宋荦（1634—
1713），归德府（今河南商丘）西陂人，"后雪苑六
子"之一，清代著名政治家、诗人、画家、鉴赏家、

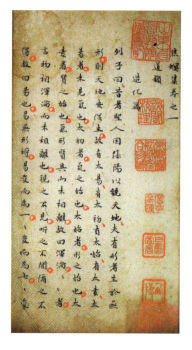

藏书家。藏书楼名"青纶馆"等。详见《农书》"宋荦"条。

广平家藏——翁广平名号藏书印。翁广平（1761—1842），字海琛，一字海村，
号莺脰渔翁，吴江（今江苏苏州吴江）平望人，清代书诗人、文学家、画家、藏书
家。藏书楼名"听莺居"，藏书印有"广平家藏""海琛""支郎琛志""白马客商"
"西降"等。著有《金石集录续》《续松陵文献》《吾妻镜补》《听莺居文钞》等。

白马客商——翁广平藏书闲章。

西降——翁广平藏书印。

东郡杨绍和彦合珍藏——杨绍和郡望姓名字号藏书印。杨绍和（1830—1875），
聊城（今山东聊城）人，杨以增次子，海源阁第二代主人，清代著名目录学家、藏
书家。藏书楼名"海源阁"。详见《韩鲁齐三家诗考》"杨绍和"条。

识递藏：

从书页所钤藏书印看，是书曾藏于商丘宋荦"青纶馆"；又藏于吴江翁广平
"听莺居"；继藏于聊城杨绍和"海源阁"；今藏于山东省博物馆。有宋荦跋。从翁
广平逝年与杨绍和生年间隔时间推断，是书为杨以增任职淮阴时所收江南北运
之物。

渔洋山人精华录训纂十卷年谱注补二卷金氏精华录笺注辩讹一卷

识著述：

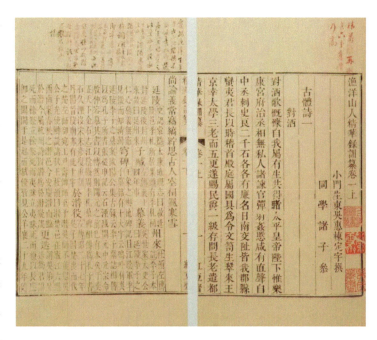

王士禛（1634—1711），又名王士禎，字子贞，一字贻上，小字豫孙，号阮亭，又号渔洋山人，世称王渔洋，新城（今山东桓台）人，清初杰出诗人、诗歌评论家、金石学家、鉴赏学家、藏书家，著有《带经堂集》《渔洋山人精华录》《居易录》《池北偶谈》等。《渔洋山人精华录》十卷，为王士禛诗作自选本。所选一千余首诗作厘为古体诗四卷、近体诗六卷，多名篇佳作，后附王士禛自撰年谱；此集最早注本为雍正间金荣撰《渔洋山人精华录笺注》十二卷《补注》一卷及金荣等编《渔洋山人年谱》，是书笺注典实疏略多谬，而编年多引王氏文章、笔记以证其诗，征实可信；惠栋《渔洋山人精华录训纂》附《年谱》二卷及《金氏精华录笺注辩讹》一卷，以评论分析为主，指出金注引书、地理、人物之错谬九十余条。

识版式：

此为清惠氏红豆斋刻本；四周双边；白口，单黑鱼尾，上刻书名，中刻卷次、页码，下刻刻书堂口；半页十行，行二十一字。

识印章：

吴氏藏书——吴骞姓氏藏书印。吴骞（1733—1813），字槎客，号兔床，晚年别署齐云采药翁，海宁（今浙江海宁）人，清代著名诗人、文学家、藏书家。藏书楼名"拜经楼""千元十驾"。详见《诗集传》"吴骞"条。

拜经楼——吴骞藏书楼号藏书印。

兰雪斋——邵松年藏书楼号藏书印。邵松年（1848—1924），字伯英，号息盒，常熟（今江苏常熟）人，清末民初书法家、藏书家。藏书楼名"澄兰堂""兰雪斋"，藏书印有"邵松年""邵松年印""邵松年伯英父""息盒""癸未翰林""兰雪斋"等。著有《澄兰堂古缘萃录》《琴庐谈苍》《书画书录解题》，编有《虞山画志补编》《海虞文徵》等。

识递藏：

从书页所钤藏书印看，是书曾藏于海宁吴骞"拜经楼"；又藏于常熟邵松年"兰雪斋"；今藏于上海图书馆。

绵津山人诗集不分卷

识著述：

宋荦（1634—1714），字牧仲，号漫堂、西陂、绵津山人，晚号西陂老人、西陂放鸭翁，归德府（今河南商丘）人，清代政治家、诗人、画家、藏书家。宋荦精通掌故，久有诗名，与王士祯、施闰章等人并称"康熙年间十大才子"。著有《西陂类稿》《漫堂说诗》《绵津山人诗集》等。《绵津山人诗集》不分卷，为宋荦诗别集，收宋荦《古竹圃稿》《嘉禾堂稿》《柳湖草》《将毋楼稿》《和松庵稿》《都官草》《双江倡和集》《回中集》《西山倡和诗》《续都官草》《海上杂诗》《漫堂草》《漫堂倡和诗》等诗歌作品凡十四集。

识版式：

此为清宋荦稿本；白口，中缝书书名、卷次、页码；半页十行，行十九字。

识印章：

宋荦私印——宋荦姓名藏书印。宋荦（1634—1713），字牧仲，号漫堂，晚号绵津山人，归德府（今河南商丘）西陂人，"后雪苑六子"之一，清代著名政治家、诗人、画家、鉴赏家、藏书家。藏书楼名"青纶馆"等。详见《农书》"宋荦"条。

字牧仲——宋荦字号藏书印。

刻意吟云山——宋荦藏书闲章。

识递藏：

此书为宋荦诗集稿本。从书页所钤藏书印看，是书首藏于归德宋荦"青纶馆"；今藏于复旦大学图书馆。有朱彝尊、邵长蘅、冯浩、梁同书、汪志伊、阮元、舒位、端方跋。

敬业堂诗集不分卷

识著述：

查慎行（1650—1727），初名嗣琏，字夏重，号查田，后改名慎行，字悔余，号他山，晚居初白庵，故又称查初白，杭州府海宁（今浙江海宁）花溪人，清代著名诗人、文学家、藏书家。作为清初诗坛六家之一，被尊为东南诗坛领袖，为"宗宋派"中流砥柱和集大成者，在诗歌创作、诗歌艺术研究和诗学理论研究方面均有建树。著有《敬业堂诗集》《查初白诗评十二种》。《敬业堂诗集》不分卷，为查慎行诗别集，其下分为五十卷，又《续集》六卷，乃随其生平游历编辑的诸多诗集之合集，收诗五千余首。其诗兼采唐宋而以宋为长，尤得力于苏轼、陆游，艺术上以白描著称，诗风清新隽永，对后来袁枚及性灵派影响甚巨。

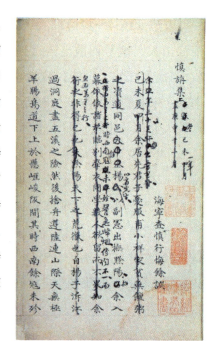

识版式：

此为清初查慎行稿本；四周单边；白口；半页八行，行二十字。

识印章：

拜经楼吴氏藏书——吴骞藏书楼号姓氏藏书印。吴骞（1733—1813），字槎客，号兔床，晚年别署齐云采药翁，海宁（今浙江海宁）人，清代著名诗人、文学家、藏书家。藏书楼名"拜经楼"等。详见《诗集传》"吴骞"条。

合众图书馆藏书印——合众图书馆藏书印。合众图书馆是抗战期间由叶景葵、张元济、叶恭绰、陈陶遗、陈叔通、李拔可等人，为防止文物典籍流出而各出家藏，于1939年在上海创办的公益图书馆。

识递藏：

此书为海宁查慎行稿本，必首藏其家"得树楼"。从书页所钤藏书印看，是书曾藏于海宁吴骞"拜经楼"；继藏于上海合众图书馆，今藏于上海图书馆。有张载华、吴骞跋。

全韵梅花诗一卷

识著述：

杭世骏（1695—1773），字大宗，号董浦，别号智光居士、秦亭老民、春水老人、阿骏，仁和（今浙江杭州）人，清代经学家、史学家、文学家、书画家、藏书家，著有《续礼记集说》《史记考证》《三国志补注》《金史补》《补史亭剩稿》《道古堂诗文集》《榕城诗话》《榕桂堂集》等。《全韵梅花诗》一卷，为杭世骏手书诗稿，就上平、下平、上声、去声、入声咏梅，得七言、五言绝句一百零六首，颇有层见迭出之致。

识版式：

此为清杭世骏稿本；半页六行，行字不等。

识印章：

臣世骏——杭世骏名号藏书印。杭世骏（1695—1773），字大宗，号董浦，一作槿浦，别号智光居士、秦亭老民、春水老人、阿骏，仁和（今浙江杭州）人，清代经学家、史学家、文学家、书画家、藏书家。藏书楼名"道古堂""补史亭"，藏书印有"杭世骏印""臣世骏""大宗""董浦""董浦校定""春水老人""道古堂书画印"等。著有《续礼记集说》《史记考证》《金史补》《续经籍考》《两浙经籍志》《补史亭剩稿》《道古堂诗文集》《榕城诗话》《榕桂堂集》等。

大宗——杭世骏字号藏书印。

董浦——杭世骏字号藏书印。

道古堂书画印——杭世骏藏书楼号藏书印。

识递藏：

是书为杭世骏稿本。从书页所钤藏书印看，此书曾藏于仁和杭世骏"道古堂"；今藏于浙江省图书馆。

蒋清容先生遗稿二十八卷

识著述：

蒋士铨（1725—1785），字心余、苕生、蕖生，号藏园，又号清容居士，晚号定甫，铅山（今江西铅山）人，清代诗人、词人、文学家、戏曲家、藏书家。蒋士铨精通戏曲，工诗古文，与袁枚、赵翼合称"江右三大家"。著有《忠雅堂诗集》《红雪楼九种曲》《蒋清容先生遗稿》等。《蒋清容先生遗稿》二十八卷，收录蒋士铨所作诗、词、曲，包括《喻义斋少作稿》十卷、《寿堂诗钞》十三卷、《藏园诗钞》二卷、《铜弦词》二卷、《乐府北曲》一卷。此稿评点、删改颇多，对研究蒋氏诗作、选集成书过程、来往友人交游、作者及评者诗学思想等均有较大价值，弥足珍贵。

识版式：

此为清蒋士铨稿本；四周单边；蓝格；白口，半页十行，行字不等。

识印章：

清容——蒋士铨字号藏书印。蒋士铨（1725—1785），字心余，或作心畬、辛畬、莘畬、星鱼、苕生、蕖生，号藏园，又号清容居士，晚号定甫，铅山（今江西铅山）人，清代诗人、词人、戏曲家、藏书家。藏书楼名"忠雅堂""红雪楼"，藏书印有"蒋士铨印""铅山蒋士铨""清容""东西南北人""字外出力"等。著有《忠雅堂诗集》《忠雅堂词集》《红雪楼九种曲》《蒋清容先生遗稿》等。

东西南北人——蒋士铨藏书闲章。

字外出力——蒋士铨藏书闲章。

曾在陈竹孙处——陈竹孙姓名藏书印。其人无考。

识递藏：

此书为蒋士铨稿本。从书页所钤藏书印看，是书曾藏于其家"忠雅堂"；又藏于陈竹孙家；今藏于国家图书馆。有沈庙勋、高藻、高文藻、王又曾、彭云鸿、汪彝鼎、张堨、褚寅亮题词。

癸卯入关记一卷附书画诗萝石研屏歌

识著述：

　　翁方纲（1733—1818），字正三，一字忠叙，号覃溪，晚号苏斋，顺天大兴（今北京大兴）人，清代著名诗人、诗歌理论家、书法家、金石学家。翁方纲书法与刘墉、梁同书、王文治并称"清四家"。其诗学主张调和与修正了王士禛的"神韵说"和沈德潜的"格调说"，倡导"肌理说"。著有《粤东金石略》《苏米斋兰亭考》《石洲诗话》《复初斋诗文集》《小石帆亭著录》等。

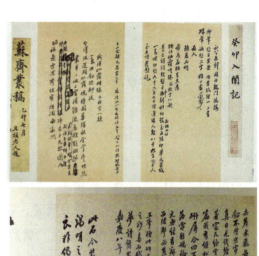

识版式：

　　此为翁方纲手稿本，有且顽老人李平书题签。

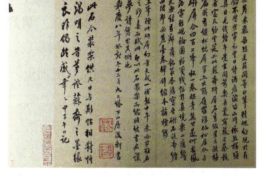

识印章：

　　覃溪——翁方纲字号藏书印。翁方纲（1733—1818），字正三，一字忠叙，号覃溪，晚号苏斋，顺天大兴（今北京大兴）人，清代经学家、文学家、金石学家、书法家、藏书家。藏书楼名"赐书楼""宝苏斋""石墨楼"等。详见《金石录》"翁方纲"条。

　　苏斋墨缘——翁方纲字号藏书印。

识递藏：

　　此书为翁方纲稿本。从书页所钤藏书印看，是书一直藏于大兴翁方纲"宝苏斋"；今藏于浙江图书馆。有李平书题签。

集部·总集类

总集类小序

"总"字的繁体是"總"。《说文》云:"總,聚束也,从糸悤声。"《段注》云:"谓聚而缚之也。悤有散意,糸以束之。"故"总集"之"总",显然有汇聚众庶约为一编之意。简言之,集合数人之著作为一编者,是为总集。

总集起源甚早,《诗经》《楚辞》《尚书》即分别为上古时期的诗歌、散文总集。但《诗经》《尚书》已升归经部,《楚辞》又因其体制的开拓性和独自性而单列,故均不预总集之目。《隋书·经籍志·集部·总集序》称:"总集者⋯⋯晋代挚虞苦览者之劳倦,于是采摘孔翠,芟剪繁芜,自诗赋下各为条贯,合而编之,谓为《流别》。是后,文集总钞,作者继轨,属辞之士以为覃奥而取则焉。"《四库全书总目·集部·总集类叙》亦谓"体例所成,以挚虞《流别》为始",皆以挚虞《文章流别集》为总集之始。而《文章流别集》早已亡佚,故现存最早之文学总集当推萧统所编《昭明文选》。其后之文学总集,如《玉台新咏》《箧中集》《河岳英灵集》《文苑英华》《唐文粹》等,皆有得有失。至真德秀《文章正宗》出,收录了《二程文集》《文章正宗》等,始别出说理文集一派,总集由此分为"文质相扶"的文学与说理两途。明万历以后,书估为牟取暴利,一时汇编成风,剽窃爆炒,殆同烩菜,总集已丧失了作为"文章衡鉴"的功用。

总集的编辑体例,可分为网罗宏富的"全集式"总集(如清严可均所编《全上古三代秦汉三国六朝文》)和择优选精而辑的"选集式"总集(如梁萧统所编《文选》);按收录时代范围,可分为通代总集(如明张溥所编《汉魏六朝百三名家集》)和断代总集(如宋姚铉所编《唐文粹》);按所收录作品的体裁,可分为专辑历代同一体裁作品的总集(如清陈元龙所编《历代赋汇》),专辑一个朝代某一种体裁作品的总集(如清董诰所编《全唐文》),以及汇集各种体裁作品的总集(如宋李昉所编《文苑英华》);此外,尚有以时代为系者,以地域为系者,以宗派为系者,真是林林总总,不一而足。

由于总集是在"文籍日盛"而"漫无统序"的背景下产生的,因而它具有"网罗放佚,使零章残什并有所归"的作用;又因选家识见及卷帙所限等原因,总集尚具"删汰繁芜,使莠稗咸除,菁华毕出"的功效,故而成为历代文人创作取法的"文章衡鉴"和"著作渊薮"。此外,又因总集保存了大量古代文献(含原著已佚者),对文学研究和文献校勘有重要的参考价值。

今之所选，计有《文选六十卷》《窦氏联珠集五卷》《文苑英华一千卷》《重校正唐文粹一百卷》《河岳英灵集二卷》《古文苑九卷》《乐府诗集一百卷目录二卷》《唐诗鼓吹十卷》《瀛奎律髓四十九卷》《国朝文类七十卷》《古乐府十卷》《荆南倡和诗集一卷附录一卷》《明诗综一百卷》十三部，兼及各代各体，以期见瓶冰而知寒。

文选六十卷

识著述：

萧统（501—531），字德施，小字维摩，南兰陵郡兰陵县（今江苏常州武进）人，梁武帝萧衍长子，谥号昭明，史称"昭明太子"，南朝梁宗室、文学家、文章编纂学家，编有《文选》《正序》，著有《文集》《英华集》等。《文选》（又称《昭明文选》）六十卷，为我国现存最早

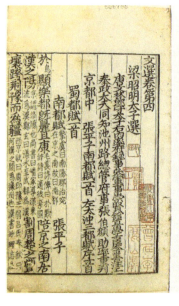
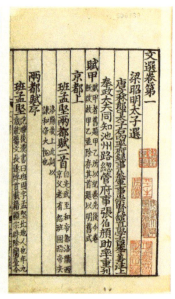

的一部诗文总集。萧统依据"事出于沉思，义归乎翰藻"的编选原则，收录了周代至六朝七八百年间一百三十位知名作家和少数佚名作家的作品七百余篇，并将其分为赋、诗、骚、七、诏、册、令、教、文、表、上书、启、弹事、笺、奏记、书、檄、对问、设论、辞、序、颂、赞、符命、史论、史述赞、论、连珠、箴、铭、诔、哀、碑文、墓志、行状、吊文、祭文等类别，各种文体的主要代表作大致具备。《文选》保存了我国早期的文学精粹，对后世文学的发展产生了深远的影响。

识版式：

此为明嘉靖元年汪谅刻本；四周单边或左右双边；白口，双黑鱼尾，中刻书名、卷次、页码；半页十行，行二十一字，小字双行同。

识印章：

项墨林父秘笈之印——项元汴姓氏字号藏书印。项元汴（1525—1590），字子京，号墨林，别号墨林山人、退密庵主人等，秀水（今浙江嘉兴）人，明代诗人、书画家、鉴赏家、藏书家。藏书楼名"天籁阁"等。详见《左传文苑》"项元汴"条。

平生真赏——项元汴藏书闲章。

曾在李鹿山处——李馥姓氏字号藏书印。李馥（1662—1745），字汝嘉，号鹿山，又号信天居士，自号李二使，福清（今福建福州福清）三山镇西里村人，清代

诗人、文学家、藏书家。藏书楼名"笔山阁""居业堂"。详见《韦苏州集》"李馥"条。

有贻子——李馥藏书闲章。

心田——李馥藏书闲章。

绍廉经眼——杨绍廉名号藏书印。杨绍廉（1864—1927），字志林，一作志龄，号拙庐，瑞安（今浙江温州瑞安）人，清末民初书法家、金石学家、藏书家。藏书楼名"车从祁楼"，藏书印有"杨绍廉印""绍廉经眼"等。著有《金石文字辨异补编》《瓯海续集》等。

沈氏粹芬阁所得善本书——沈知方姓氏藏书楼号藏书印。沈知方（1883—1939），字芝芳，别署粹芬阁主人，山阴（今浙江绍兴）人，沈复灿之后，中华书局、广文书局、世界书局创始人，民国藏书家。藏书楼名"粹芬阁"，藏书印有"沈知方印""沈氏粹芬阁所得善本书""粹芬阁藏"等。

研易楼藏书印——沈仲涛藏书楼号藏书印。沈仲涛（1892—1981），号研易楼主人，山阴（今浙江绍兴）人，沈复灿裔孙，现代易学家、藏书家。藏书楼名"研易楼"，藏书印有"沈仲涛印""沈仲涛读书记""山阴沈仲涛珍藏秘籍""研易楼""沈氏研易楼所得善本书""研易楼藏书印"等。著有《华英易经》《易卦与科学》等。

识递藏：

从书页所钤藏书印看，是书曾藏于嘉兴项元汴"天籁阁"；又藏于福清李馥"笔山阁"；又藏于瑞安杨绍廉"车从祁楼"；继藏于山阴沈知方"粹芬阁"；继藏于山阴沈仲涛"研易楼"；今藏于安徽大学图书馆。

窦氏联珠集五卷

识著述：

窦常（756—825），字中行，平陵（今陕西咸阳西北）人，唐代诗人。窦常与其兄弟窦牟、窦群、窦庠、窦巩并称"五窦"，其诗入族人诗集《窦氏联珠集》。《窦氏联珠集》五卷，为唐代西江褚藏言所辑窦常、窦牟、窦群、窦庠、窦巩兄弟五人唱和之诗总集，兄弟五人人为一卷，每卷各有一篇《小序》，详述其唱和本事始末。

识版式：

此为宋淳熙五年王崧刻本；四周单边；白口，单黑鱼尾，中刻书名、卷次；半页九行，行十七字。

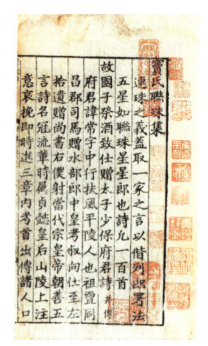

识印章：

陆桢仲操章——陆桢姓名字号藏书印。陆桢，字仲操，其人无考。当为元明间人。

颜仲逸印——颜仲逸姓名藏书印。颜仲逸（生活于元泰定至正间），长洲（今江苏苏州）人，元末明初隐士、藏书家，与倪瓒友善。藏书楼名"青琅玕轩"，藏书印有"颜仲逸印""青琅玕轩"等。

青琅玕轩——颜仲逸藏书楼号藏书印。

逊志斋图书——方孝孺藏书楼号藏书印。方孝孺（1357—1402），字希直，一字希古，号逊志，又称缑城先生、正学先生，台州府宁海（今浙江宁海）人，明代学者、文学家、散文家、思想家。藏书楼名"逊志斋"，藏书印有"逊志斋图书"等。著有《逊志斋集》，

顾大有印——顾元庆姓名藏书印。顾元庆（1487—1565），字大有，号大石山人，长洲（今江苏苏州）人，明代诗人、茶学家、书法家、刻书家、藏书家。藏书楼名"大石山房""夷白堂"。详见《方言》"顾元庆"条。

子子孙孙永保之——疑为焦竑藏书闲章。焦竑（1540—1620），字弱侯，号澹园，又号漪园，别号漪南生，江宁（今江苏南京）人，晚明杰出思想家、音韵学家、文献考据学家、藏书家。藏书楼有"澹园"等。详见《离骚草木疏》"焦竑"条。

黄丕烈印——黄丕烈姓名藏书印。黄丕烈（1763—1825），字绍武，号荛圃，又号复翁等，平江（今江苏苏州）人，清代著名校勘学家、版本学家、目录学家、刻书家、藏书家。藏书楼名"士礼居""百宋一廛"等。详见《四书通》"黄丕烈"条。

复翁——黄丕烈字号藏书印。

荛圃卅年经历所聚——黄丕烈藏书闲章。

百宋一廛——黄丕烈"士礼居"藏书楼分号藏书印。

汪士钟印——汪士钟姓名藏书印。汪士钟（1786—?），字春霆，号阆源，一号眼源，长洲（今江苏苏州）人，汪文琛之子，清代著名藏书家。藏书楼名"艺芸书舍""三十五峰园"。详见《周易九卷》"汪士钟"条。

阆源真赏——汪士钟字号藏书印。

赵宗建印——赵宗建姓名藏书印。赵宗建（1824—1900），字次侯，又字次公，号非昔居士，常熟（今江苏常熟）人，清末著名诗人、藏书家。藏书楼名"旧山楼"。详见《汉隶分韵》"赵宗建"条。

赵次公印——赵宗建姓氏字号藏书印。

赵氏秘笈——赵宗建姓氏藏书印。

蒋祖诒——蒋祖诒姓名藏书印。蒋祖诒（1902—1973），字穀孙，吴兴（今浙江湖州吴兴）南浔人，藏书家蒋汝藻长子，现代鉴赏家、藏书家。藏书楼名"密韵楼"。详见《大戴礼记》"蒋祖诒"条。

刘承幹印——刘承幹姓名藏书印。刘承幹（1881—1963），字贞一，号翰怡，别署求恕居士，晚年自号嘉业老人，吴兴（今浙江湖州吴兴）人，现代著名文献学家、刻书家、藏书家。藏书楼名"嘉业堂"。详见《隋书详节》"刘承幹"条。

御赐抗心希古——刘承幹藏书闲章。

识递藏：

从书页所钤藏书印及题识看，是书曾藏于元末明初长洲颜仲逸"青琅玕轩"；继藏于海宁方孝孺"逊志斋"；又藏于长洲顾元庆"夷白堂"；继藏于江宁焦循"澹园"；继藏于常熟钱谦益"绛云楼"；继藏于平江黄丕烈"士礼居"之"百宋一廛"；继藏于长洲汪士钟"艺芸书舍"；继藏于常熟赵宗建"旧山楼"；继藏于缪荃孙"云轮阁"；继藏于蒋祖诒"密均楼"；继藏于刘承幹"嘉业堂"；今藏于国家图书馆。有钱谦益跋。

文苑英华一千卷

识著述：

李昉（925—996），字明远，一字明叔，深州饶阳（今河北衡水饶阳）人，五代宋初诗人、文学家。李昉工诗，效法白居易诗风，为"白体诗"代表人物之一。预编《太平御览》《文苑英华》《太平广记》。《文苑英华》一千卷，为著名古代诗文总集。全书上起萧梁，下迄唐五代，著录作家近两千二百人之文章近两万篇，其中唐代作品约占全书的十分之九。

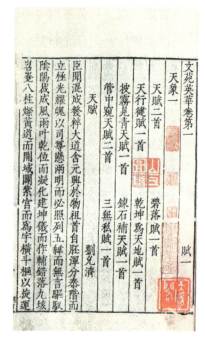

识版式：

此为明隆庆元年胡维新、戚继光刻本；四周单边；白口，下刻页码、刻工姓名；半页十一行，行二十二字。

识印章：

莫友芝图书印——莫友芝姓名藏书印。莫友芝（1811—1871），字子偲，号郘亭，又号紫泉、眲叟，独山（今贵州黔南独山）人，晚清经学家、音韵学家、训诂学家、诗人、书法家、金石学家、目录版本学家、藏书家。藏书楼名"影山草堂"。详见《东莱先生校正隋书详节》"莫友芝"条。

莫彝孙印——莫彝孙姓名藏书印。莫彝孙（1842—1870），字伯鬯，独山（今贵州黔南独山）人，莫友芝长子，清代藏书家。藏书楼名"影山草堂"，藏书印有"莫彝孙印"等。

莫绳孙印——莫绳孙姓名藏书印。莫绳孙（1844—1919），字仲武，号省教，独山（今贵州黔南独山）人，莫友芝次子，清代藏书家。藏书楼名"影山草堂"。详见《文献通考》"莫绳孙"条。

山父图籍——杨庶堪字号藏书印。杨庶堪（1881—1942），名先达，字品璋，改字沧白，又字沧伯，别号树戡、山甫、天隐，晚号邠斋，四川巴县（今重庆巴南）人，中国近代民主革命家、辛亥革命元勋、藏书家。藏书楼名"天隐阁"，藏书印有"杨庶堪""杨庶堪印""杨氏沧白""山父图籍""寒香""天隐阁""天隐阁藏书印""天隐阁主人"等。

天隐阁——杨庶堪藏书楼号藏书印。

识递藏：

从书页所钤藏书印及题识看，是书曾藏于独山莫友芝"影山草堂"，由其子莫彝孙、莫绳孙递藏；继藏于巴县杨庶堪"天隐阁"；今藏于青海省图书馆。

重校正唐文粹一百卷

识著述：

姚铉（968—1020），字宝之，庐州合肥（今安徽合肥）人，北宋文学家、编纂家、藏书家，与柳开、穆修等开宋代古文运动之先声。宋真宗大中祥符四年（1011），据其藏书，纂集唐代文苑辞章为《唐文粹》。《重校正唐文粹》一百卷，为《文选》后著名的断代文学总集。依次辑录古赋、诗、颂、赞、表奏书疏、制防、文、论、议、古文、碑、铭、记、书、序诸体，分门别类，去取谨严。

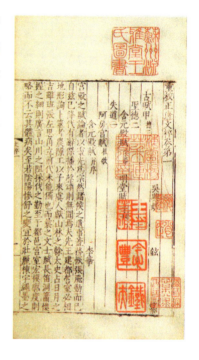

识版式：

此为明嘉靖三年徐焴刻本；左右双边，上下单边；细黑口，单黑鱼尾，中刻书名、卷次、页码；半页十四行，行二十五字。

识印章：

赵——赵总宜姓氏藏书印。

总宜——赵总宜名号藏书印。其人无考。

海昌许心杲八求书舍记——许心杲（或为许焞）郡望姓氏字号藏书印。许焞（1703—1770），字醇夫，又字纯也，号慕迁，海宁（今浙江海宁）硖石人，清代藏书家。藏书楼名"慕迁斋""学稼轩"，藏书印有"许焞""许焞收藏""焞夫""个是醇夫手种田"等。辑有《文海》《诗海》等，著有《慕迁斋诗文集》《学稼轩诗文集》等。

王芑孙印——王芑孙姓名藏书印。王芑孙（1755—1818），字念丰，号惕甫，一号铁夫，又号楞伽山人，吴县（今江苏苏州）人，清代文学家、赋论家、藏书家。藏书楼名"渊雅堂""楞伽山房"。详见《论语集解义疏》"王芑孙"条。

念丰——王芑孙字号藏书印。

铁夫——王芑孙字号藏书印。

苏州渊雅堂王氏图书——王芑孙郡望姓氏藏书楼号藏书印。

海宁杨芸士藏书之印——杨文荪郡望姓氏字号藏书印。杨文荪（1782—1852），字秀实，号芸士，海宁（今浙江海宁）人，清代诗人、金石学家、史学家、藏书家。藏书楼名"述郑斋""璇树居""读五千卷室"等，藏书印有"杨文荪印""杨文荪藏""海宁杨文荪""海宁杨文荪印""杨文荪字秀实号芸士""秀实别号芸士"
"海宁杨芸士藏书之印""砚口海宁杨芸士藏书之印""芸士经眼""璇树居藏书"
"学剑楼""荔红轩"等。辑有《国朝古文汇钞》《国朝诗文集》，著有《南北朝金石
文字考》《南宋石经考》《疑年录订补》《西汉会要补遗》《述郑斋诗集》《述郑斋文
集》《海昌诗存》等。

识递藏：

　　从书页所钤藏书印及题跋看，是书曾藏于失考之赵总宜手；又藏于海昌许心杲
"八求书舍"；又藏于长洲王芑孙"渊雅堂"；继藏于海宁杨文荪"述郑斋"；今藏于
上海图书馆。有王芑孙跋，江沅校跋。

河岳英灵集二卷

识著述：

殷璠（生卒不详），丹阳（今江苏镇江丹阳）人，唐代文学家、编纂家，编著有《丹阳集》《河岳英灵集》。《河岳英灵集》二卷，选录了唐开元二年（714）至天宝十二年（753）间常建、李白、王维、高适、岑参、孟浩然、王昌龄等二十四人诗二百三十四首，每人各有评语，多精辟之见。在书前的《序》和《集论》中，殷璠批判了齐梁以来"理则不足，言常有余，都无兴象，但贵轻艳"的形式主义诗风，力主文质并重、声律风骨兼备，提出了"既闲新声，复晓古体。文质半取，风骚两挟"的选录标准。《河岳英灵集》是唐人选唐诗中较优秀的选本，对后世诗歌选本颇有影响。

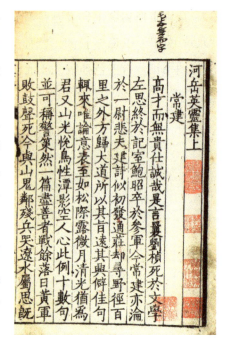

识版式：

此为宋刻本；左右文武双边，上下单边；白口，单黑鱼尾，中刻页码；半页十行，行十八字。

识印章：

莫友芝图书印——莫友芝姓名藏书印。莫友芝（1811—1871），字子偲，号郘亭，又号紫泉、眲叟，独山（今贵州黔南独山）人，晚清经学家、音韵学家、训诂学家、诗人、书法家、金石学家、版本目录学家、藏书家。藏书楼名"影山草堂"。详见《东莱先生校正隋书详节》"莫友芝"条。

莫彝孙印——莫彝孙姓名字号藏书印。莫彝孙（1842—1870），字伯邕，独山（今贵州黔南独山）人，莫友芝长子，清代藏书家。藏书楼名"影山草堂"，藏书印有"莫彝孙印"等。

莫绳孙字仲武——莫绳孙姓名字号藏书印。莫绳孙（1844—1919），字仲武，号省教，独山（今贵州黔南独山）人，莫友芝次子，清代藏书家。藏书楼名"影山草堂"。详见《文献通考》"莫绳孙"条。

莫经农字筱农——莫经农姓名字号藏书印。莫经农（1865—？），字筱农、伯衡、伯恒，独山（今贵州黔南独山）人，莫绳孙长子，清末民初藏书家。藏书印有

"莫经农印""莫经农字筱农"等。

莫俊农字德保——莫俊农姓名字号藏书印。莫俊农（1887—1911），字德保，独山（今贵州黔南独山）人，莫绳孙第三子，清末民初藏书家。藏书印有"莫俊农字德保"等。

慈溪李氏藏书——其人无考。

识递藏：

从书页所钤藏书印及题识看，是书曾由独山莫友芝、莫彝孙、莫绳孙、莫经农、莫俊农祖孙三代五人递藏于"影山草堂"；继藏于独山莫棠"铜井文房"；继藏于江安傅增湘"藏园"；继藏于项城袁克文"后百宋一廛"；继藏于南海潘宗周"宝礼堂"；又藏于失考之慈溪李氏；今藏于国家图书馆。有莫友芝跋。

古文苑九卷

识著述：

不著编者姓名。相传为唐人旧藏，北宋孙洙（1031—1079）得之于佛寺经龛中。《古文苑》九卷，为古诗文总集。收录周代至南朝齐诗文二百六十余篇，分为二十类，均为史传与《文选》所不载者。其书编录虽未为精核，然唐以前散佚之旧文，或赖此流传，功不可没。

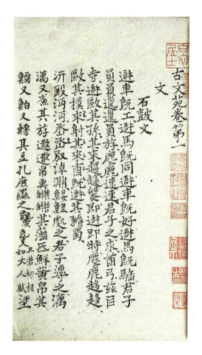

识版式：

此为明崇祯十四年孙江、陆贻典家抄本。半页十行，行十八字，小字双行同。

识印章：

陆贻典印——陆贻典姓名藏书印。陆贻典（1617—1686），字敕先，自号觌庵，常熟（今江苏常熟）人，明末清初诗人、书法家、校勘学家、刻书家、藏书家，虞山诗派遗民诗人。藏书楼名"玄要斋"等。详见《国语》"陆贻典"条。

陆氏敕先收藏图籍——陆贻典姓氏字号藏书印。

白衣居士——陆贻典藏书闲章。

席鉴——席鉴姓名藏书印。席鉴（生活于乾隆年间），字玉照，号茱萸山人，常熟（今江苏常熟）人，清代著名刻书家、藏书家。藏书楼名"扫叶山房""酿华草堂""敏逊斋"等。详见《孝经今文音义》"席鉴"条。

广圻审定——顾广圻名号藏书印。顾广圻（1766—1835），字千里，号涧薲、涧蘋、无闷子，别号思适居士等，元和（今江苏苏州）人，清代著名经学家、校勘学家、目录学家、藏书家。藏书楼名"思适斋"。著有《思适斋集》。详见《周礼》"顾广圻"条。

思适斋——顾广圻藏书楼号藏书印。

杨灝之印——杨灝姓名藏书印。杨灝（生活于同光年间），字馥荃，号继梁，武进（今江苏常州）人，清末诗人、书画家、藏书家。藏书楼名"绣佛斋"，藏书印有"杨灝之印""继梁""绣佛斋"等。

继梁——杨灝字号藏书印。

绣佛斋——杨灏藏书楼号藏书印，而非纳兰性德藏书印。

铁琴铜剑楼——常熟瞿氏藏书楼号藏书印。详见《周易注疏》"铁琴铜剑楼"条。

识递藏：

从书页所钤藏书印及题跋看，是书曾藏于抄书人常熟陆贻典"玄要斋"；又藏于常熟席鉴"扫叶山房"；继藏于元和顾广圻"思适斋"；继藏于武进杨灏"绣佛斋"；继藏于常熟瞿氏"铁琴铜剑楼"；今藏于国家图书馆。有陆贻典、孙岷自、顾广圻跋。

乐府诗集一百卷目录二卷

识著述：

郭茂倩（1041—1099），字德粲，郓州须城（今山东东平）人，北宋学者、书法家、音韵学家、编纂学家，编纂有《乐府诗集》。《乐府诗集》一百卷，辑录汉魏至唐、五代的乐府歌辞兼及先秦至唐末的歌谣五千余首，内容广博，反映社会生活广阔，是此期民歌的精华所在，以解题考据精博，为学术界所重视。

识版式：

此为明末毛氏汲古阁刻本；左右双边，上下单边；黑口，单黑鱼尾，中刻刻书堂口；半页十一行，行二十一字。

识印章：

下邳余怀字澹心一字广霞——余怀郡望姓名字号藏书印。余怀（1616—1696），字澹心，一字无怀，号曼翁、广霞，又号壶山外史、寒铁道人，晚号鬘持老人，祖籍福建莆田，侨居南京，因自称江宁余怀、白下余怀，清初诗人、词人、文学家、史学家、博物学家、藏书家。藏书楼名"味外轩"，藏书印有"余怀之印""下邳余怀字澹心一字广霞""广霞""味外轩图书"等。著有《余子说史》《宫闺小名录》《东山谈苑》《汗青余语》《四莲花斋杂录》《板桥杂记》《五湖游稿》《玉琴斋词》等。

澹庵——钱希孔字号藏书印。钱希孔（1730—1801），字望之，号书山，一字澹庵，行名煜，青阳（今安徽池州青阳）八都五阳钱村人，清代诗人、书画家、藏书家。藏书楼名"农闲阁"，藏书印有"澹庵"等。著有《书山文集》《农闲集》《三峰诗草》等。

胡氏笛农之印——胡元熙姓氏字号藏书印。胡元熙（1787—1857），字叔咸，又字笛农、篴农，黟县（今安徽黄山黟县）西递村人，典商胡学梓三子，清代藏书家。藏书印有"胡氏笛农之印""管领湖山"等。著有《决事录》。

劳权印——劳权姓名藏书印。劳权（1818—？），字平甫，又字衡子，号巽卿、羿卿，又号蟫隐，别署蟫盦、丹铅生、饮香生、饮香词隐、双声阁主人等，仁和（今浙江杭州）塘栖镇人，清代校勘学家、藏书家。藏书楼名"丹铅精舍""学林堂""木芙蓉馆""玉参差馆""拂尘扫叶之楼""燕喜堂""双声阁""秋井草堂""铅椠斋"等，藏书印有"劳权""劳权之印""劳权过眼""劳舜卿""劳羿卿""蟫庵""平甫""权""羿""劳参军""学林堂平甫劳权之印""沤喜亭""玉参差馆""燕喜堂""丹铅精舍""木芙蓉馆""隐双声""实事求是""多闻阙疑""美人香草"等。

劳巽卿——劳权姓氏字号藏书印。

燕喜堂——劳权藏书楼号藏书印。

识递藏：

从书页所钤藏书印看，是书曾藏于下邳余怀"味外轩"；又藏于青阳钱希孔"农闲阁"；又藏于黟县胡元熙之手；又藏于仁和劳权"燕喜堂"；今藏于上海图书馆。有劳权校跋。

唐诗鼓吹十卷

识著述：

元好问（1190—1257），字裕之，号遗山，世称遗山先生，太原秀容（今山西忻州）人，金朝末年至大蒙古国时期文学家、诗人、词人、散曲家、历史学家。元好问为宋金对峙时期北方文学的主要代表和文坛盟主，又是金元之际文学史上承前启后的桥梁，被尊为"北方文雄""一代文宗"。辑有《唐诗鼓吹》，著有《元遗山先生全集》《中州集》等。《唐诗鼓吹》十卷，为唐人七言律诗选集。此书选辑唐人九十六家之七言律诗近六百首，入选作者多为中、晚唐诗人，入选诗歌多为伤时感怀之作，间有娱情悦志之篇，风格颇清朗开豁。

识版式：

此为清顺治十六年陆贻典、钱朝鼐等刻本；左右文武双边，上下单边；粗黑口，单黑鱼尾，中刻书名、卷次、页码；半页十一行，行二十一字，小字双行同。

识印章：

何焯私印——何焯姓名藏书印。何焯（1661—1722），字屺瞻，号义门，晚号茶仙、蓼谷，又自号憩闲老人，学者称义门先生，长洲（今江苏苏州）人，清代著名经学家、书法家、校勘学家、藏书家。藏书楼名"赍砚斋""逊敏斋"等。详见《诗总闻》"何焯"条。

屺瞻——何焯字号藏书印。

何煌之印——何煌姓名藏书印。何煌（1668—1745），字心友，一字仲友，号小山，别署何仲子、仲老，何焯之弟，长洲（今江苏苏州）人，清代校勘学家、藏书家。藏书楼名"语古斋"，藏书印有"何煌之印""何仲子""仲子收藏""小何水部""虹桥何氏"等。

何仲子——何煌别号藏书印。

顾千里——顾广圻姓氏字号藏书印。顾广圻（1766—1835），字千里，号涧薲、涧蘋、无闷子，别号思适居士，元和（今江苏苏州）人，清代著名经学家、校勘学家、目录学家、藏书家。藏书楼名"思适斋"。著有《思适斋集》。详见《周礼》"顾广圻"条。

曾藏汪阆源家——汪士钟姓氏字号藏书印。汪士钟（1786—?），字春霆，号阆源，长洲（今江苏苏州）人，汪文琛之子，清代著名藏书家。藏书楼名"艺芸书舍""三十五峰园"。详见《周易九卷》"汪士钟"条。

杨东樵读过——杨以增姓氏字号藏书印。杨以增（1787—1855），字益之，一字至堂，晚号冬樵，聊城（今山东聊城）东昌府区人，清代藏书家。藏书楼名"海源阁"。详见《韩鲁齐三家诗考》"杨以增"条。

绍和筠岩——杨绍和名号藏书印。杨绍和（1830—1875），字彦合，又字念微，号协卿、筠岩，聊城（今山东聊城）东昌府区人，杨以增次子，海源阁第二代主人，清代著名目录学家、藏书家。藏书楼名"海源阁"。著有《楹书隅录》。详见《韩鲁齐三家诗考》"杨绍和"条。

东郡杨二——杨绍和郡望姓氏排行藏书印。

杨氏海源阁藏——杨绍和姓氏藏书楼号藏书印。

识递藏：

从书页所钤藏书印及题跋看，是书曾藏于长洲何焯"赍砚斋"；继藏于长洲何煌"语古斋"；又藏于元和顾广圻"思适斋"；继藏于长洲汪士钟"艺芸书舍"；继藏于聊城杨以增"海源阁"，由其子杨绍和递藏；今藏于国家图书馆。有何煌跋。

瀛奎律髓四十九卷

识著述：

　　方回（1227—1305），字万里，徽州歙县（今安徽歙县）人，元代诗人、诗论家。方回善评诗论文，论诗主江西派，为江西诗派殿军。方回罢官后，选唐宋近体诗予以评论，辑为《瀛奎律髓》。《瀛奎律髓》四十九卷，专选唐宋两代五、七言律诗，故名"律髓"；自谓取十八学士登瀛洲、五星照奎之义，故称"瀛奎"。全书共选唐诗人一百八十余家，宋诗人一百九十余家，分为四十九类，每类均有题解以说明此类诗的性质和特点，每诗后多附评语，其中不乏卓见。同时，此书也保存了一些宋人的遗闻轶事。

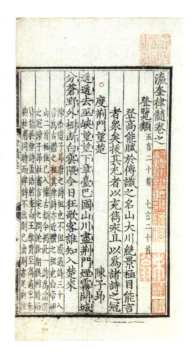

识版式：

　　此为明成化三年紫阳书院刻本；四周文武双边；粗黑口，两双黑鱼尾，中刻书名、卷次、页码；半页十行，行二十一字，小字双行同。

识印章：

　　朱翁——疑为明代正德嘉靖间人。

　　金瑾印——金瑾姓名藏书印。金瑾，字炳文，生平无考。

　　炳文氏——金瑾字号藏书印。

　　曾燠印信——曾燠姓名藏书印。曾燠（1759—1831），字庶蕃，一字宾谷，晚号西溪渔隐，南城（今江西南城）人，清代著名诗人、骈文家、书画家、刻书家、藏书家。藏书楼名"题襟馆""丽藻楼"，藏书印有"曾燠""曾燠印信""曾燠私印""臣燠""宾谷""题襟馆""西溪渔隐"等。编有《国朝骈体正宗》《江西诗徵》，著有《赏雨茅屋诗集》《骈体文》《义学轩》《西溪渔隐》等。

　　蝯公——何绍基字号藏书印。何绍基（1799—1873），字子贞，号东洲，别号东洲居士，晚号蝯叟，道州（今湖南道县）人，何凌汉之子，清代经学家、文字学家、校勘学家、诗人、书法家、藏书家。藏书楼名"东洲草堂""惜道味斋""云龙万宝书楼"。详见《周礼》"何绍基"条。

　　徐圣秋读书记——徐衡姓氏字号藏书印。徐衡（1884—1927），字圣秋，自号通囧陈人，新安（今安徽歙县）人，藏书家徐乾学七世孙，清末民初鉴赏家、藏书家。藏书楼名"传是楼""观海堂""光焰万丈楼",藏书印有"徐衡""徐衡圣秋""圣秋徐衡""徐氏圣秋""徐圣秋读书记""圣秋经眼""新安徐氏藏书""徐氏传是楼印""东海""大雅"等。编有《东海公年谱》。

新安徐氏藏书——徐衡郡望姓氏藏书印。

徐氏传是楼印——徐衡姓氏藏书楼号藏书印。

九峰旧庐藏书记——王体仁藏书楼号藏书印。王体仁(1873—1938),字绶珊,晚号九峰旧庐主人,钱塘(今浙江杭州)人,民国著名藏书家。藏书楼名"九峰旧庐",藏书印有"王体仁印""绶珊经眼""杭州王氏九峰旧庐书画"等。编有《九峰旧庐方志目录》。详见《周易注疏》"王体仁"条。

伯绳秘笈——孙祖同字号藏书印。孙祖同(1888—1940),字伯绳,号破梦居士,祖籍山阴(今浙江绍兴),徙居虞山(今江苏常熟),曾主事中国书店,清末民国诗人、藏书家。藏书楼名"虚静斋",藏书印有"会稽孙祖同印""孙祖同""祖同""伯绳""伯绳秘笈""虚静斋""虚静斋书画印"等。编有《虚静斋宋元明本书目》,著有《虚静斋诗集》《藏书志》。

虚静斋——孙祖同藏书楼号藏书印。

识递藏:

从书页所钤藏书印及题识看,是书曾藏于明人朱翁与金瑾之手;又藏于南城曾燠"题襟馆";继藏于道州何绍基"东洲草堂";又藏于新安徐衡"传是楼";继藏于钱塘王体仁"九峰旧庐";又藏于常熟孙祖同"虚静斋";今藏于国家图书馆。

国朝文类七十卷

识著述：

苏天爵（1294—1352），字伯修，号滋溪先生，真定（今河北正定）人，元代理学家、史学家、诗人、文学家，著有《元朝名臣事略》《治世龟鉴》《国朝文类》《松厅章疏》《刘文靖公遗事》《春风亭笔记》《滋溪文稿》等。苏天爵以倡明理学自命，其诗文笃信理学，平易温厚，朴实无华。《国朝文类》七十卷，乃苏天爵仿效《文选》体例，搜集元初至延祐百余年间名公及闻人逸士的述作，类而聚之，编为此书。

识版式：

此为元刻本；四周双边；黑口，双黑鱼尾，中刻书名、卷次；半页十三行，行二十四字。

识印章：

禹绩——方承天字号藏书印。方承天（生活于嘉隆万间），字九叙，一字禹绩，钱塘（今浙江杭州）人，明代诗人、藏书家。藏书印有"禹绩"等。著有《方承天遗稿》。

顾盫——曹尔堪字号藏书印。曹尔堪（1617—1679），字子顾，号顾盫，嘉善（今浙江嘉善）人，明末清初诗人、词人、书画家、藏书家，与宋琬、沈荃、施闰章、王士禄、王士禛、汪琬、程可则并称为"海内八大家"或"清八大诗家"。藏书楼名"敏求斋"，藏书印有"曹尔堪""顾盫""敏求斋图书印"等。著有《南溪词》。

敏求斋图书印——曹尔堪藏书楼号藏书印。

汪士钟藏——汪士钟姓名藏书印。汪士钟（1786—？），字春霆，号阆源，长洲（今江苏苏州）人，汪文琛之子，清代著名藏书家。藏书楼名"艺芸书舍""三十五峰园"。详见《周易九卷》"汪士钟"条。

宪奎——汪宪奎名号藏书印。汪宪奎（生活于道咸间），字秋浦，长洲（今江苏苏州）人，汪士钟族人，清代藏书家。藏书楼名"有竹居"，藏书印有"平江汪宪奎秋浦印记""宪奎""秋浦"等。

秋浦——汪宪奎字号藏书印。

绍和筱岩——杨绍和名号藏书印。杨绍和（1830—1875），字彦合，又字念微，号协卿、筱岩，聊城（今山东聊城）东昌府区人，杨以增次子，海源阁第二代主人，清代著名目录学家、藏书家。藏书楼名"海源阁"。详见《韩鲁齐三家诗考》"杨绍和"条。

东郡杨二——杨绍和郡望姓氏排行藏书印。

识递藏：

从书页所钤藏书印及题识看，是书曾藏于明人钱塘方承天之手；又藏于嘉善曹尔堪"敏求斋"；又藏于长洲汪士钟"艺芸书舍"；继藏于其族人长洲汪宪奎"有竹居"；继藏于聊城杨绍基、杨绍和父子"海源阁"；今藏于国家图书馆。

古乐府十卷

识著述：

左克明（约生活于元顺帝时），字德昭，号铁柱宫道士，豫章（今江西南昌）人，编有《古乐府》。《古乐府》十卷，较全面地辑录了上古至陈隋时期的乐府诗，并追溯其源流，将其分为古歌谣辞、鼓吹曲歌辞、横吹曲歌辞、相和曲歌辞、清商曲歌辞、舞曲歌辞、琴曲歌辞和

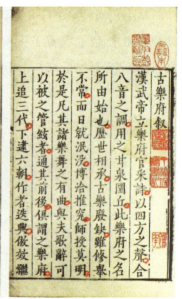

杂曲歌辞八类。此书是继宋代郭茂倩《乐府诗集》之后一部影响较大的古代乐府诗选本。

识版式：

此为明嘉靖二十三年萧一中刻本；左右文武双边，上下单边；白口，单黑鱼尾，中刻书名、卷次、页码，下刻刻工姓名；半页九行，行十八字。

识印章：

丁福保读书记——丁福保姓名藏书印。丁福保（1874—1952），字仲祜，号梅轩，无锡（今江苏无锡）人，近代文字学家、钱币学家、数学家、刻书家、目录学家、藏书家。藏书楼名"诂林精舍"。详见《晦庵先生校正伊川易传》"丁福保"条。

曾藏丁福保家——丁福保姓名藏书印。

补花——丁福保藏书闲章。

善本——丁福保版本等级藏书印。

章伯钧印——章伯钧姓名藏书印。章伯钧（1895—1969），桐城（今安徽桐城）人，现代著名政治活动家、爱国民主人士、藏书家。藏书印有"章伯钧印""章伯钧珍藏印"等。

章伯钧鉴藏印——章伯钧姓名藏书印。

识递藏：

从书页所钤藏书印看，是书曾藏于无锡丁福保"诂林精舍"；继藏于桐城章伯钧之手；今藏于安徽省图书馆。有丁福保跋。另有两印，系人为涂损，不可辨识，当在丁氏之前。

荆南倡和诗集一卷附录一卷

识著述：

周砥（生活于元末明初），字履道，号东皋，别号菊溜生，姑苏（今江苏苏州）人，明代诗人、文学家、书画家。周砥学艺淹博，工诗、文、书、画；马治（生活于元末明初），字孝常，常州府宜兴（今江苏宜兴）人，元末明初诗僧。元末，周砥避乱宜兴，马治为具舟车，穷尽阳羡山溪之胜，以诗唱和，

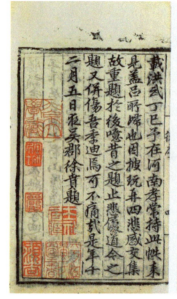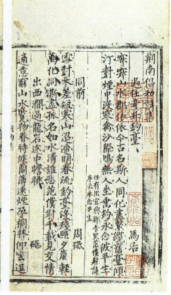

成《荆南倡和集》。《荆南倡和诗集》一卷《附录》一卷，为周砥、马治唱和诗集。

识版式：

此为明成化五年李廷芝刻本；四周文武双边；白口，中刻书名、页码；半页十行，行二十字。

识印章：

董氏子元——董宜阳姓氏字号藏书印。董宜阳（1511—1572），字子元，别号七休居士、紫冈山樵，松江华亭（今上海）人，明代诗人、史学家、金石学家、藏书家。藏书楼名"紫冈草堂""紫芝堂"，藏书印有"董宜阳印""吴郡董宜阳印""董氏子元""汉巴""春水船"等。编著有《皇明名臣琬琰录》《皇明先哲金石录》《云间诗文选》《云间近代人物志》《松志备遗》《上海纪变》《董氏族谱》等。

汉巴——董宜阳藏书印。

春水船——董宜阳藏书闲章。

宝研居士——沈岩字号藏书印。沈岩（1661—?），字颍谷，号宝研，又号宝研老人，何焯弟子，吴县（今江苏苏州）人，清代校书家、藏书家。藏书楼名"宝砚斋"，藏书印有"沈岩""岩""颍谷""宝研居士""好学为福""结缘"等。

岩——沈岩名号藏书印。

颍谷——沈岩字号藏书印。

平江黄氏图书——黄丕烈郡望姓氏藏书印。黄丕烈（1763—1825），字绍武，号荛圃，又号复翁等，平江（今江苏苏州）人，清代著名校勘学家、版本学家、目录学家、刻书家、藏书家。藏书楼名"士礼居"等。详见《四书通》"黄丕烈"条。

士礼居藏——黄丕烈藏书楼号藏书印。

中吴林子——其人无考。

识递藏：

从书页所钤藏书印及题跋看，是书曾藏于上海董宜阳"紫芝堂"；又藏于吴县周锡瓒"香岩书屋"；继藏于吴县沈岩"宝砚斋"；继藏于平江黄丕烈"士礼居"；今藏于北京大学图书馆。有黄丕烈跋。

明诗综一百卷

识著述：

朱彝尊（1629—1709），字锡鬯，号竹垞，又号醧舫，晚号小长芦钓鱼师，别号金风亭长，秀水（今浙江嘉兴）人，清代经学家、史学家、诗人、词人、藏书家。作词风格清丽，为"浙西词派"创始人，与陈维崧并称"朱陈"，与王士

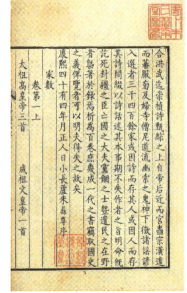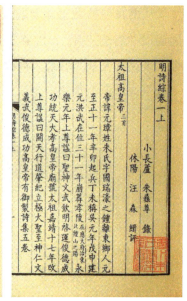

祯称南北两大诗宗。编有《明诗综》《明词综》，著有《经义考》《曝书亭集》《日下旧闻》等。《明诗综》一百卷，录存明初诗人至明亡后遗民诗人三千四百余人的作品，并有作家小传及诸家评论，附有诗话。编者欲图"取国史之义，俾览者可以明夫得失之故"，故书中资料较为丰富，颇有涉及当时社会、政治情况之作，而于明诗诸流派之特点亦有所涉猎，具有较高的文献价值。

识版式：

此为清康熙刻本；左右双边，上下单边；白口，单黑鱼尾，中刻书名、卷次、页码；半页十一行，行二十一字，小字双行三十一字。

识印章：

秀水朱氏潜采堂图书——朱彝尊郡望姓氏藏书楼号藏书印。朱彝尊（1629—1709），字锡鬯，号竹垞，又号醧舫，晚号小长芦钓鱼师，别号金风亭长，秀水（今浙江嘉兴）人，清代经学家、史学家、诗人、词人、藏书家。藏书楼名"曝书亭"等。详见《周易本义》"朱彝尊"条。

拜经楼吴氏藏书——吴骞藏书楼号姓氏藏书印。吴骞（1733—1813），字槎客，一字葵里，号兔床、愚谷，晚年别署齐云采药翁，海宁（今浙江海宁）人，清代著名诗人、文学家、藏书家。藏书楼名"拜经楼"等。详见《诗集传》"吴骞"条。

识递藏：

从书页所钤藏书印及题跋看，是书曾藏于秀水朱彝尊"潜采堂"；又藏于海宁吴骞"拜经楼"；今藏于杭州图书馆。有吴骞跋。

集部·诗文评类

诗文评类小序

"诗文评类"特指评诗论文之书籍，包括诗文理论和诗文批评两类。"诗文评"专指诗、文之评，不包括对词、曲、戏剧、小说等其他文学样式的批评。这一指向，体现了古代以诗文为正宗、以词曲戏剧小说为末流的封建正统文学观。众所周知，"诗言志"是我国诗歌理论的开山纲领，而"文以载道""文以明道"又是我国散文理论的不二准则，所以，诗、文这两种文学体裁以其"兴观群怨""泄导人情"的社会功用而受到历代文人的推崇。

诗文评是伴随着诗文创作的兴盛和文学的自觉而产生的。上古时期，文学、史学、哲学混而为一，尚不存在纯文学的观念，故尚无严格意义的诗文评。即如《尚书·舜典》"诗言志"及《毛诗序》"诗者，志之所之也。在心为志，发言为诗"的经典描述，乃至孔子"兴观群怨"和孟子"知人论世"的观点表达，亦皆为就事论事的只言片语，尚不能视之为有意识的评诗论文之作；两汉文章（包括汉赋、史传、乐府、古诗）率皆初创，本无固定章法，而一出天然，大气磅礴，故其时尚无谨遵章法的诗文评理论；建安之后，各种诗文体裁渐趋成熟，受当时兴起的品评人物风气的影响，诗文评也就应运而生了。三国魏曹丕《典论·论文》发轫于前，齐梁时期的诗文评腾骧于后。其时，评诗之作以钟嵘的《诗品》为最著名，论文之作首推刘勰的《文心雕龙》，诗歌理论则首推沈约专门针对五言诗创作提出的"声病说"，等等；宋明两代，学者"均好为议论"，诗文评著作大行于世。虽然宋人务求甚解，多穿凿之词，而其所为诗话亦往往自抒心得，语多中肯；明人喜作高谈，多虚憍之论，其诗文评难免事涉杂滥，多涉空谈；清人虽崇尚朴学，而乾嘉学者也不乏涉足诗话者，如《北江诗话》《定香亭笔谈》《十驾斋养新录》等，又多语关学术，事涉儒林。

作为一种见仁见智的批评之作，兼之批评者个人经历的差异，诗文评难免带有鲜明的个人感情色彩，从而导致文坛恩怨的产生。如钟嵘之于沈约、惠洪之于黄庭坚、叶梦得之于欧苏，或有意贬抑，或曲意揄扬，或肆情诋排，恩怨报复，不一而足。文人们的这种个人恩怨，非出于"文人相轻"的浇薄，即出于"睚眦必报"的狭隘，皆非客观公允之论。

历代诗文评著作大致有五种类型：一是探究文体之源流而评其工拙者，以刘勰《文心雕龙》为代表；二是叙次作者之等第而溯其师承者，以钟嵘《诗品》为代表；

三是备陈作诗之规矩法则者，以释皎然《诗式》为代表；四是旁采诗歌创作之故实者，以孟棨《本事诗》为代表；五是旁采故实又体兼说部者，以刘攽《中山诗话》、欧阳修《六一诗话》为代表。

　　诗文评在历代书目中的归属不一。《隋书·经籍志》出于对众多诗人创作评骘的考虑，将其附录于总集之内；《新唐书·艺文志》出于与其他各类截然不同而词曲一门尚未粉墨登场的考虑，将其列于集部之末，并设为专门；《郡斋读书志·集部》首置"文说类"，专门著录《文心雕龙》《修文要诀》《金针诗格》《韩文辩体》等评文论诗之作九部，开书目单列诗文评类之先例；《四库全书总目·集部》以其有"讨论瑕瑜，别裁真伪，博参广考，亦有裨于文章"的功用，依《郡斋读书志》之例并更其名为"诗文评类"，且将其划分为文体、作者、法律、故事、说部五个子目，体例始备。

　　今之所选，计有《韵语阳秋二十卷》《苕溪渔隐丛话后集四十卷》《文则一卷》《云庄四六余话一卷》《文章辨体五十卷外集五卷总论一卷》《围炉诗话六卷》六部，以期尝脔识鼎。

韵语阳秋二十卷

识著述：

葛立方（？—1164），字常之，自号懒真子，丹阳（今江苏镇江丹阳）人，后定居湖州吴兴（今浙江湖州），南宋词人、诗论家，著有《韵语阳秋》。《韵语阳秋》（又名《葛立方诗话》）二十卷，主要评论自汉魏至宋代诸家诗歌创作意旨之是非，内容涉及广泛，既评论汉魏至宋代诗人作品，也涉及风俗地理、书画歌舞、花鸟鱼虫等。其诗论旨在求风雅之正，以事理为要，不甚讨论语句之工拙与格律之高下。《四库全书总目提要》许为"宋人诗话之善本"。

识版式：

此为明刻本；左右双边，上下单边；白口，单黑鱼尾，上刻书名，中刻卷次、页码；半页十行，行二十字。

识印章：

艺风过眼——缪荃孙晚号藏书印。缪荃孙（1844—1919），字筱珊，晚号艺风，江阴（今江苏江阴）人，清末民初教育家、校勘家、目录学家、史学家、方志学家、金石学家、图书馆学家、藏书家。藏书楼名"艺风堂""云轮阁"等。详见《经典释文》"缪荃荪"条。

艺风堂——缪荃孙藏书楼号藏书印。

木犀轩藏书——李盛铎藏书楼号藏书印。李盛铎（1859—1934），字嶬樵，又字椒微，号木斋，别号师子庵旧主人等，晚号麐嘉居士，德化（今江西九江）人，清末民初著名政治家、藏书家。藏书楼名"木犀轩"等。详见《监本纂图重言重意互注论语》"李盛铎"条。

识递藏：

从书页所钤藏书印看，是书曾藏于江阴缪荃孙"艺风堂"；继藏于德化李盛铎"木犀轩"；今藏于北京大学图书馆。

苕溪渔隐丛话后集四十卷

识著述：

胡仔（1110—1170），字元任，绩溪（今安徽绩溪）人，南宋著名文学家、文学评论家，著有《苕溪渔隐丛话前集》六十卷，续成《苕溪渔隐丛话后集》四十卷，合为一百卷。《苕溪渔隐丛话》突破了前人以"品"分类

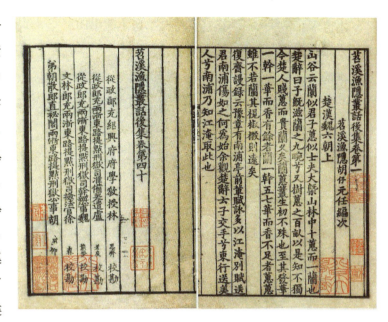

的体例，以"大家""名家"为纲编纂，既能真实地反映诗歌发展的实际情况，也能给诗人以准确的历史定位。《苕溪渔隐丛话》在诗史观上"宗唐祧宋"，既肯定了宋诗的历史地位，又对其创作得失有清醒的认识和正确的判断，其别裁真伪的考辨和论评，对后代诗话影响深远。

识版式：

此为南宋淳熙二年胡仰两浙东路提点刑狱司刻本；左右文武双边，上下单边；白口，单黑鱼尾，中刻书名、页码；半页十一行，行二十二字。

识印章：

乾学——徐乾学名号藏书印。徐乾学（1631—1694），字原一，号健庵，昆山（今江苏昆山）人，清代著名经学家、史学家、文学家、文献学家、藏书家。藏书楼名"传是楼"。详见《周易九卷》"徐乾学"条。

徐健庵——徐乾学姓氏字号藏书印。

固始张氏鉴藏金石图书之印——张仁黼郡望姓氏藏书印。张仁黼（1848—1908），榜名张世恩，字少玉、邵予、劭予、孟璪，固始（今河南固始）人，清末学者、诗人、书法家、藏书家。藏书楼名"镜菡榭"。藏书印有"张仁黼""张仁黼印""张仁黼鉴赏印""臣仁黼印""少玉""少玉一字孟璪""固始张氏鉴藏金石图书之印""镜菡榭藏""固始张氏镜菡榭收藏鉴赏印""固始张氏镜菡榭印""丙子翰

林"等。著有《简斋文集》。

李盛铎印——李盛铎姓名藏书印。李盛铎（1859—1934），字嶬樵，又字椒微，号木斋，别号师子庵旧主人等，晚号麐嘉居士，德化（今江西九江）人，清末民初著名政治家、收藏家。藏书楼名"木犀轩"等。详见《监本纂图重言重意互注论语》"李盛铎"条。

木斋——李盛铎字号藏书印。

木斋宋元秘笈——李盛铎字号藏书版本藏书印。

木犀轩藏书——李盛铎藏书楼号藏书印。

李滂——李滂姓名藏书印。李滂（生活于民国时期），字少微，德化（今江西九江）人，李盛铎第十子，近代学者、版本目录学家、藏书家。藏书楼名"邺亭"，延其父藏书楼名有"木犀轩"，藏书印有"李滂""少微"等。编有《邺亭瞥观录》稿本，著有《千元考》。

少微——李滂字号藏书印。

识递藏：

从书页所钤藏书印及题识看，是书曾藏于昆山徐乾学"传是楼"；又藏于固始张仁黼"镜菡榭"；继藏于德化李盛铎"木犀轩"；继藏于其子李滂"邺亭"；今藏于北京大学图书馆。有李盛铎题识、傅增湘题记。

文则一卷

识著述：

陈骙（1128—1203），字叔进，临海（今浙江临海）人，南宋著名经学家、目录学家、修辞学家、文学评论家，著有《古学钩玄》《中兴馆阁录》《文则》。《文则》一卷，是陈骙潜心研究《六经》及诸子文章之后写成的以总结"为文之法"为目的的一部重要修辞学著作，以其全面、深刻的论述奠定了古

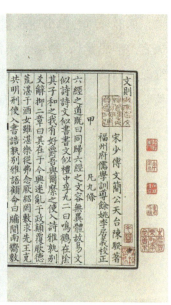

代修辞学的理论基础，是我国古代第一部修辞学论著。

识版式：

此为明末毛氏汲古阁影元抄本；四周双边；黑口，双黑鱼尾；半页十行，行十九字，小字双行同。

识印章：

毛晋——毛晋姓名藏书印。毛晋（1599—1659），原名凤苞，字子久，后改字子晋，号潜在，别号汲古主人，常熟（今江苏常熟）人，明末著名经学家、文学家、刻书家、藏书家。藏书楼名"汲古阁"。详见《周易九卷》"毛晋"条。

毛晋私印——毛晋姓名藏书印。

汲古主人——毛晋别号藏书印。

听松风处——毛晋藏书楼号藏书印。

拾经主人——叶启勋别号藏书印。叶启勋（1900—1972），字定侯，号更生，别号拾经主人，长沙（今湖南长沙）人，叶德辉犹子，现代著名目录学家、藏书家。藏书楼名"拾经楼"。详见《仪礼注疏》"叶启勋"条。

定侯审定——叶启勋字号藏书印。

叶启发东明审定善本——叶启发姓名字号藏书印。叶启发（1905—1952），字东明，号华鄂主人、朴学庐主，长沙（今湖南长沙）人，叶德辉犹子，叶启勋胞

弟，现代知名目录学家、藏书家。藏书楼名"华鄂堂"。详见《仪礼注疏》"叶启发"条。

东明所藏——叶启发字号藏书印。

石林后裔——长沙叶启发、叶启勋兄弟祖望藏书印。以其祖上为宋代文学家、藏书家叶梦得，故自称"石林后裔"。

识递藏：

从书页所钤藏书印及题跋看，是书曾藏于常熟毛晋"汲古阁"；继藏于泰兴季振宜"静思堂"；继藏于平江黄丕烈"士礼居"；继藏于常熟瞿氏"铁琴铜剑楼"；继藏于归安陆心源"皕宋楼"；继藏于长沙叶启勋、叶启发兄弟"拾经楼""华鄂楼"；今藏于湖南图书馆。有叶启勋、叶启发跋。

云庄四六余话一卷

识著述：

  杨囷道（生卒不详），字深仲，生平爵里不详，南宋文论家，著有《云庄四六余话》。《云庄四六余话》一卷，是讨论骈体文作法的一部理论著作。是书整理了宋人有关骈体文之论说，并加以论述和评价，是学习骈体文必备的读本。

识版式：

  此为宋刻本；左右双边，上下单边；细黑口；半页十一行，行十九字。

识印章：

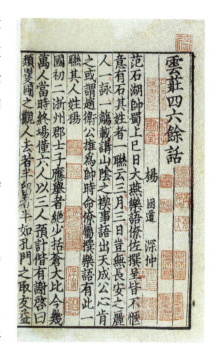

  潘京倩收藏图书——潘京倩（疑为潘奕隽）姓名藏书印。潘奕隽（1740—1830），字守晟，一作守愚，号榕皋，又号水云漫士、三松居士，吴县（今江苏苏州）人，清代著名文字学家、书画家、藏书家。与藏书家黄丕烈、袁廷梼交密。其家为藏书世家，子潘世璜、孙潘遵祁、重孙潘介祉、后裔潘祖荫、潘承厚、潘承弼等均为藏书名家。藏书楼名"三松堂"，藏书印有"潘京倩收藏图书""梅林潘氏家藏""虞山潘氏宝藏""三松居士""己丑进士""闲来无事不从容""一麀木兰两登泰岱再游黄海三宿五台"等。著有《说文蠡笺》《三松堂诗文集》《水云诗》等。

  梅林潘氏家藏——潘京倩郡望姓氏藏书印。

  虞山潘氏宝藏——潘京倩郡望姓氏藏书印。

  丕烈——黄丕烈姓名藏书印。黄丕烈（1763—1825），字绍武，号荛圃，又号复翁等，平江（今江苏苏州）人，清代著名校勘学家、版本学家、目录学家、刻书家、藏书家。藏书楼名"士礼居""百宋一廛"等。详见《四书通》"黄丕烈"条。

  荛夫——黄丕烈字号藏书印。

  士礼居——黄丕烈藏书楼号藏书印。

  汪士钟印——汪士钟姓名藏书印。汪士钟（1786—?），字春霆，号阆源，长洲（今江苏苏州）人，汪文琛之子，清代著名藏书家。藏书楼名"艺芸书舍""三十五峰园"。详见《周易九卷》"汪士钟"条。

  阆源真赏——汪士钟字号藏书印。

平阳汪氏藏书印——汪士钟郡望姓氏藏书印。

平江汪宪奎秋浦印记——汪宪奎郡望姓名字号藏书印。汪宪奎（生活于道咸间），字秋浦，长洲（今江苏苏州）人，汪士钟族人，清代藏书家。藏书楼名"有竹居"，藏书印有"平江汪宪奎秋浦印记""宪奎""秋浦"等。

宪奎——汪宪奎名号藏书印。

秋浦——汪宪奎字号藏书印。

杨以增印——杨以增姓名藏书印。杨以增（1787—1855），字益之，一字至堂，晚号冬樵，聊城（今山东聊城）东昌府区人，清代藏书家。藏书楼名"海源阁"。详见《韩鲁齐三家诗考》"杨以增"条。

至堂——杨以增字号藏书印。

宋存书室——杨以增海源阁藏书楼分号藏书印。

杨绍和印——杨绍和姓名藏书印。杨绍和（1830—1875），字彦合，又字念微，号协卿、筠岩，聊城（今山东聊城）人，杨以增次子，海源阁第二代主人，清代著名目录学家、藏书家。藏书楼名"海源阁"。详见《韩鲁齐三家诗考》"杨绍和"条。

东郡杨绍和字彦合藏书之印——杨绍和郡望姓名字号藏书印。

东郡杨绍和鉴藏金石书画印——杨绍和郡望姓名鉴藏印。

杨彦合读书——杨绍和姓氏字号藏书印。

协卿仲子——杨绍和字号排行藏书印。

杨氏海源阁鉴藏印——杨绍和姓氏藏书楼号藏书印。

东莱刘占洪字少山藏书——刘占洪郡望姓名字号藏书印。刘占洪（生卒不详），字少山，掖县（今山东掖县）人，近现代商业家、藏书家。藏书印有"刘占洪""刘占洪少山珍藏""东莱刘占洪字少山藏书之印""少山"等。

识递藏：

从书页所钤藏书印及题识看，是书曾藏于苏州潘京倩（疑为潘奕隽）"三松堂"；继藏于平江黄丕烈"士礼居"；继藏于长洲汪士钟"艺芸书舍"；继藏于平江汪宪奎"有竹居"；继藏于聊城杨以增、杨绍和父子"海源阁"之"宋存书室"；又藏于青岛刘占洪之手；今藏于国家图书馆。

文章辨体五十卷外集五卷总论一卷

识著述：

吴讷（1372—1457），字敏德，号思庵，谥文恪，苏州府常熟（江苏常熟）人，明代经学家、文艺理论家、医学家，著有《小学集解》《文章辨体》《思庵集》等。《文章辨体》（又名《文章辨体序说》）五十卷《外集》五卷《总论》一卷，采辑前代至明初诗文，分体编录，各为提要。《四库提要》谓之"大抵剽掇旧文，罕能考核源委，即文体亦未能甚辨"，颇有微词，评价不高。

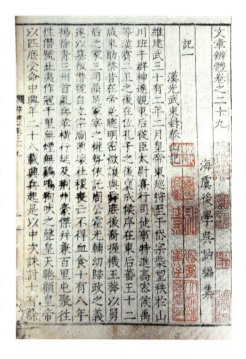

识版式：

此为明天顺八年刘孜等刻本；左右双边，上下单边；白口，单黑鱼尾，中刻书名、卷次、页码；半页十三行，行二十四字。

识印章：

林佶——林佶姓名藏书印。林佶（1660—1723），字吉人，号鹿原，又号长林，别署紫薇内史、道山亭长，侯官（今福建福州）长林山人，林侗之弟，清代诗人、文学家、书法家、藏书家。藏书楼名"朴学斋""鹿眠庵""荔水庄""长林山庄"，藏书印有"林佶""林佶之印""臣佶之印""佶之""吉人父印""吉人之辞""鹿原""鹿原林氏藏书""长林""林氏藏书""朴学斋印"等。著有《汉甘泉宫瓦记》《朴学斋诗文集》《朴学斋小记》等。

林佶之印——林佶姓名藏书印。

吉人父印——林佶字号藏书印。

鹿原林氏藏书——林佶字号姓氏藏书印。

朴学斋——林佶藏书楼号藏书印。

郑氏注韩居珍藏记——郑杰姓氏藏书楼号藏书印。郑杰（1750—1800），一名人杰，字昌英、亦齐，自号注韩居士，侯官（今福建福州）人，清代学者、诗人、史学家、藏书家。藏书楼名"注韩居"。详见《博雅》"郑杰"条。

则贤——何则贤名号藏书印。何则贤（1801—1852），字道甫，号三山樵叟、兰水后人，闽侯（今福建福州）人，清代诗人、史学家、金石学家、藏书家。藏书楼名"静学书屋""兰水书塾"，藏书印有"何则贤印""则贤""惕园弟子"等。著有《读史杂记》《涉史漫笔》《兰水书塾诗文草》《昭代碑传表志文集》《琉球使礼服答问》等。

惕园弟子——何则贤藏书印。惕园为其师陈庚焕字号。陈庚焕（1757—1820），字道由，号惕园，闽侯（今福建福州）鳌峰坊人，著有《童子摭谈》《崇德同心录》《惕园初稿》等。

大通楼藏书印——龚易图藏书楼号藏书印。龚易图（1835—1894），字蔼仁，一字霜人，号含晶，闽侯（今福建福州）人，清代诗人、书画家、藏书家。藏书楼名"大通楼"等。详见《博雅》"龚易图"条。

陈浴新——陈浴新姓名藏书印。陈浴新（1890—1974），又名东方望，名世梅，字积发，号志壮，安化（今湖南安化）人，近代政治家、藏书家。藏书楼名"村南烟舍"，藏书印有"安化陈浴新珍藏书画记""村南烟舍"等。详见《八闽通志》"陈浴新"条。

安化陈浴新藏——陈浴新郡望姓名藏书印。

识递藏：

从书页所钤藏书印及题识看，是书曾藏于侯官林佶"朴学斋"；继藏于何应举之手；继藏于侯官郑杰"注韩居"；继藏于李大英、江清芬之手；继藏于闽侯何则贤"静学书屋"；继藏于闽县龚易图"大通楼"；继藏于安化陈浴新"村南烟舍"；今藏于湖南师范大学图书馆。

围炉诗话六卷

识著述：

吴乔（1611—1695），原名殳，字修龄，江南太仓（今江苏太仓）人，明清之际诗歌理论家，著有《围炉诗话》。《围炉诗话》六卷，通过对唐、宋、元、明历代诗歌的依次评论，提倡比兴传统，反对宋诗的质直无味；强调"有意"，痛责了明七子"唯崇声色"的弊病。书中对释皎然、严羽提出的"妙悟""兴趣""气象"等论调明致不满，而多有吸收。其兼采别家、倡言比兴的舆论导向，成为清代诗论的主流。

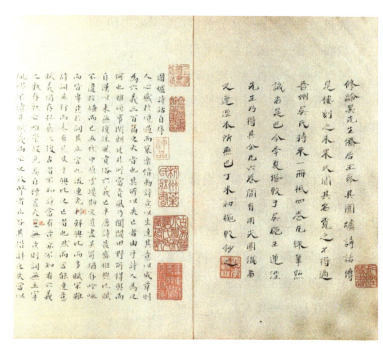

识版式：

此为清初抄本；半页十一行，行二十二字。

识印章：

宋蔚如收藏印——宋宾王姓氏字号藏书印。宋宾王（生活于康雍乾年间），原名定国，字蔚如，以字行，人称宋布衣，娄县（今上海松江）人，清代文字学家、校勘学家、藏书家。藏书印有"宋宾王印""宾王""宋蔚如收藏印""穷年吏校雠"等。编有《周益公年谱》，著有《字体辩讹》《许氏说文解字六书论正》。

穷年吏校雠——宋宾王校书闲章。

娄东钱义根觉士氏珍藏——钱义根郡望姓名字号藏书印。钱义根（生卒不详），字觉士，生平无考。

陆沅之印——陆沅姓名藏书印。陆沅（生活于嘉道间），字冰篁，号靖伯，吴门（今江苏苏州）人，清代诗人、藏书家。藏书楼名"蘅香草堂""湖西草堂"，藏书印有"陆沅字冰篁""靖伯氏"等。著有《月满楼诗文集》《金石考异》。详见

《宋史》"陆沉"条。

靖伯氏——陆沉字号藏书印。

潘介祉印——潘介祉姓名藏书印。潘介祉（1840—1891），原名念慈，字玉筍，号叔润，吴县（今江苏苏州）人，晚清著名诗人、藏书家。藏书楼名"渊古楼"。详见《阳明先生文粹》"潘介祉"条。

古吴潘介祉叔润氏收藏印记——潘介祉郡望姓名字号藏书印。

潘叔润图书记——潘介祉姓氏字号藏书印。

叔润藏书——潘介祉字号藏书印。

玉筍——潘介祉字号藏书印。

景葵秘笈印——叶景葵名号藏书印。叶景葵（1874—1949），字揆初，号卷盦，别属存晦居士，杭县（今浙江杭州）人，民国著名实业家、藏书家。藏书楼名"卷盦"。详见《诗缉》"叶景葵"条。

杭州叶氏藏书——叶景葵郡望姓氏藏书印。

神品——叶景葵藏书印。

合众图书馆藏书印——合众图书馆藏书印。合众图书馆是抗战期间由叶景葵、张元济、叶恭绰、陈陶遗、陈叔通、李拔可等人，为防止文物典籍流出而各出家藏，于1939年在上海创办的。

静岩秘玩——其人无考。

识递藏：

从书页所钤藏书印看，是书曾藏于娄县宋宾王之手；再藏于娄东钱义根之手；又藏于吴门陆沉"湖西草堂"；继藏于吴县潘介祉"渊古楼"；继藏于杭州叶景葵"卷盦"；继藏于上海"合众图书馆"；今藏于上海图书馆。有宋宾王校跋。

集部·词曲类

词曲类小序

　　词是诗的别体，是兴起于隋唐、鼎盛于两宋的一种新型文学样式。词最初称"曲词"或"曲子词"，又称乐府、长短句、乐章、诗余等，是配合燕乐乐曲而填写的带有词牌的歌诗；曲（特指散曲）是由宋词俗化而来的诗的别体，是出现于宋金、兴盛于元代的又一种新型文学样式。曲又称"乐府"或"今乐府"，是配合当时起源于民间新声的北方流行音乐曲调而撰写的合乐歌词。

　　词、曲本是两种特殊的诗体，以二者有诸多相似相通之处，故往往联称。首先，词、曲皆为与音乐曲调结合紧密的特殊诗歌形式，都是先有了调子再按节拍配上歌词来唱的，均是沿着"由乐以定词，依曲以定体"的道路发展的，即纪昀所谓之"倚声末技，分派诗歌"；其次，词、曲皆据字数多寡区分不同样式，词分为小令、中调、长调，曲分为小令、套数、带过曲；再次，词、曲均有表示乐调归属的乐牌，词的叫词牌，曲的叫曲牌，且词牌与曲牌有不少是相同的；又次，有些曲的名称虽与词不同，而实际上却是词的变相。正因如此，纪昀《四库全书总目·集部·词曲类叙》称："然《三百篇》变而古诗，古诗变而近体，近体变而词，词变而曲，层累而降，莫知其然。究厥渊源，实亦乐府之余音，风人之末派。"王力先生亦云："但就诗的本质来说，曲实在就是词的一种……再溯得远一些，词又是诗的一体……就散曲说，曲和词的界限就更难分了。"但词、曲毕竟是两种"诗体"，本质上还是有区别的：一是词的字数固定，而曲的字数没有一定；二是韵部系统不同，词韵大致依照诗韵，而曲韵则另立韵部；三是声调不同，词有平上去入四声，曲则入声派入四声。其中二者最大的分别就在于字数，即有无衬字。

　　作为独立的文学样式和宋元两代文学的代表，词、曲在我国文学史上均创造了灿烂的成就，各自书写了辉煌的历史。自唐至清末的千余年间，词的发展经历了自唐至五代末的形成、两宋的鼎盛、金元明的中衰和清代的复兴四个阶段，涌现了众多声名卓著的著名词人，诞生了大量脍炙人口的经典名作。尤其在其鼎盛阶段，词发展成为两宋时期的代表文学样式。其时，作者鼎沸，拥有词人一千四百余家，诞育了范仲淹、欧阳修、张炎、张先、柳永、苏轼、秦观、周邦彦、李清照、辛弃疾等一大批如雷贯耳的词坛大家；题材广泛，流派纷呈，爱情、边塞、田园、闲适、爱国等内容纷纷打并入词，产生了以柳永、周邦彦为代表的婉约派和以苏轼、辛弃疾为代表的豪放派；佳构迭上，名作云蒸，两宋词作几近两万首。自元至清末的七百余年间，散曲的发展也经历了宋金散曲的酝酿、元代北曲的鼎盛、明代散曲的复兴和南曲的隆兴、清代散曲的复古与消亡四个阶段。在其发展的各个阶段，名家辈出，代有佳作。仅就鼎盛期的元代而言，可考知的散曲作家就有二百二十余人，现存小令三千八百五十三首、套数四百五十七篇，出现了关汉卿、马致远、王实甫、张养浩、乔吉、张可久、珠帘秀、萨都剌、贯云石、徐再思、郑光祖等一大批重要作家，留下了许多千古佳作。

由于受"诗言志"和"文以载道"等封建正统文学观的影响，词、曲自诞生之日起，因其"在文章技艺之间"的尴尬地位，遂被士大夫阶层视为才学之士逞才使气、消遣游戏之具，"厥品颇卑，作者弗贵""其于文苑，尚属附庸"，历代书目皆将其置于集部之末，地位卑微。实际上，词、曲这两种特别的诗体，因其消遣游戏的性质而更易于真情实感的抒发，其于泄导人情或更有益。

目录学史上，《直斋书录解题·集部》首置"歌词类"，著录了自晚唐《花间集》、五代《南唐二主词》至两宋《六一词》《东坡词》《后山词》《芦川词》《漱玉集》《稼轩词》《阳春白雪》等词别集和词总集一百二十部；纪昀《四库全书总目·集部》依例置"词曲类"于后，且将其分为别集、总集、词话、词谱、词韵五类，绝不与它类相混。作为"分派诗歌"的词、曲尚且遭遇如此待遇，那些本来就混迹于歌楼瓦肆的戏曲之属也就更登不上"大雅之堂"了。

今之所选，既有词、曲，又有戏剧，既有别集、总集，又有词话、词谱，计有《花间集十卷》《东坡乐府二卷》《淮海居士长短句三卷》《详注周美成词片玉集十卷》《芦川词二卷》《稼轩长短句十二卷》《玉笥山人词集一卷》《玉琴斋词不分卷》《迦陵词稿不分卷》《绝妙好词七卷》《泸东乐府二卷》《梨园按试乐府新声三卷》《朝野新声太平乐府九卷》《乐府新编阳春白雪九卷》《词林摘艳十卷》《韵府群玉二十卷》《中原音韵二卷》《新编林冲宝剑记二卷》《元曲选十集一百卷论曲一卷元曲论一卷》《盛明杂剧三十卷》十八部，以期举一反三焉。

花间集十卷

识著述：

赵崇祚（生卒不详），字弘基，天水（今甘肃天水）人，五代后蜀词人，编有《花间集》。《花间集》十卷，为晚唐五代时期编纂的第一部文人词选集。集中收录了晚唐五代时期温庭筠、韦庄、牛峤、和凝等十八位花间派词人的经典作品五百首，集中而典型地反映了早期文人词创作的主体取向、审美情趣、体貌风格和艺术成就。在敦煌曲子词被发现之前，此集一直被目为现存最早的词集。

识版式：

此为宋淳熙十四年丁未鄂州使库刊刻递修公文纸印本；左右双边，上下单边；白口，单黑鱼尾，中刻书名、卷次、页码；半页十行，行十七至十八字。

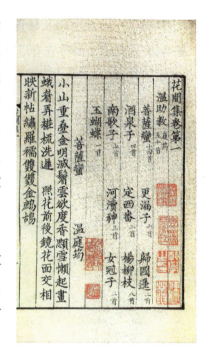

识印章：

冬生草堂——张鑫藏书楼号藏书印。张鑫（生卒不详），江西人，生平无考，明代藏书家。藏书楼名"冬生草堂"，藏书印有"张鑫审定""白门张氏所藏""冬生草堂"等。

乾学之印——徐乾学名号藏书印。徐乾学（1631—1694），字原一，号健庵，昆山（今江苏昆山）人，清代著名经学家、史学家、文学家、文献学家、藏书家。藏书楼名"传是楼"。详见《周易九卷》"徐乾学"条。

健庵——徐乾学字号藏书印。

崑山徐氏家藏——徐乾学郡望姓氏藏书印。

听雨楼查氏有圻珍赏图书——查有圻藏书楼号姓氏名号藏书印。查有圻（生活于乾嘉年间），字小山，查升曾孙，查莹嗣子，京师呼以"三标（膘）子"，海宁（今浙江海宁）人，清代著名盐商、藏书家。藏书楼名"听雨楼""水西庄"，藏书印有"查有圻印""听雨楼查氏有圻珍赏图书"等。

听雨楼——查有圻藏书楼号藏书印。

杨绍和藏书——杨绍和姓名藏书印。杨绍和（1830—1875），字彦合，又字念微，号协卿、筠岩，聊城（今山东聊城）东昌府区人，杨以增次子，海源阁第二代主人，清代著名目录学家、藏书家。藏书楼名"海源阁"。详见《韩鲁齐三家诗考》"杨绍和"条。

　　周暹——周叔弢姓名藏书印。周叔弢（1891—1984），原名暹，字叔弢，以字行，建德（今安徽东至县）人，现代著名政治家、实业家、收藏家、藏书家。藏书楼名"寒在堂"等。详见《周礼》"周暹"条。

识递藏：

　　从书页所钤藏书印及题识看，是书曾藏于江西张鑫之手；又藏于昆山徐乾学"传是楼"；又藏于海宁查有圻"听雨楼"；继藏于聊城杨绍和"海源阁"，由杨保彝递藏于"海源残阁"；继藏于建德周叔弢"寒在堂"；今藏于国家图书馆。有杨葆彝题款。

东坡乐府二卷

识著述：

苏轼（1037—1101），字子瞻、和仲，号铁冠道人、东坡居士，世称苏东坡、苏仙，眉州眉山（今四川眉山）人，北宋著名经学家、书画家、诗人、词人、散文家，著有《东坡易传》《东坡七集》《东坡乐府》等。苏轼为北宋中期文坛领袖，在诗、词、散文、书、画等方面均取得了巨大成就。其词开豪放一派词风，与辛弃疾同为豪放派代表，并称"苏辛"。《东坡乐府》二卷，为苏轼词别集，收录词作三百余首。

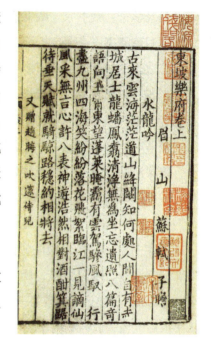

识版式：

此为元延祐七年叶辰南阜书堂刻本；左右文武双边，上下单边；白口，单黑鱼尾，中刻书名、卷次；半页十行，行十八字。

识印章：

古吴王氏——王宠郡望姓氏藏书印。王宠（1494—1533），字履吉，号雅宜山人，吴县（江苏苏州）人，明代著名诗人、书法家、藏书家。藏书楼名"辛夷馆""铁砚斋"等。详见《故唐律疏议》"王宠"条。

辛夷馆印——王宠藏书楼号藏书印。

梅溪精舍——文徵明藏书楼号藏书印。文徵明（1470—1559），名壁，字徵明，以字行，更字徵仲，号衡山居士，世称文衡山，长洲（今江苏苏州）人，明代著名文学家、画家、书法家、藏书家。藏书楼名"玉兰堂""梅花书屋""梅溪精舍"等。详见《周易》"文徵明"条。

竹坞——文徵明藏书楼号藏书印。

季振宜藏书——季振宜姓名藏书印。季振宜（1630—？），字诜兮，号沧苇，泰兴（今江苏泰州靖江）人，明末清初著名诗人、文献学家、版本学家、校勘学家、藏书家。藏书楼名"静思堂"。详见《尚书注疏》"季振宜"条。

乾学——徐乾学名号藏书印。徐乾学（1631—1694），字原一，号健庵，昆山（今江苏昆山）人，清代著名经学家、史学家、文学家、文献学家、藏书家。藏书楼名"传是楼"。详见《周易九卷》"徐乾学"条。

鲍以文藏书记——鲍廷博姓氏字号藏书印。鲍廷博（1728—1814），字以文，号渌饮，别号通介叟，祖籍安徽歙县长塘，徙居桐乡（今浙江桐乡）乌镇杨树湾，清代著名诗人、刻书家、目录学家、藏书家。藏书楼名"知不足斋"。详见《相台书塾刊正九经三传沿革例》"鲍廷博"条。

顾广圻印——顾广圻姓名藏书印。顾广圻（1766—1835），字千里，号涧薲、涧賓、无闷子，别号思适居士，元和（今江苏苏州）人，清代著名经学家、校勘学家、目录学家、藏书家。藏书楼名"思适斋"。详见《周礼》"顾广圻"条。

顾涧薲藏书——顾广圻姓氏字号藏书印。

思适斋——顾广圻藏书楼号藏书印。

老蕘——黄丕烈字号藏书印。黄丕烈（1763—1825），字绍武，号蕘圃，又号复翁等，平江（今江苏苏州）人，清代著名校勘学家、版本学家、目录学家、刻书家、藏书家。藏书楼名"士礼居""百宋一廛"等。详见《四书通》"黄丕烈"条。

曾藏汪阆源家——汪士钟姓氏字号藏书印。汪士钟（1786—？），字春霆，号阆源，长洲（今江苏苏州）人，汪文琛之子，清代著名藏书家。藏书楼名"艺芸书舍""三十五峰园"。详见《周易九卷》"汪士钟"条。

宋存书室——杨以增海源阁藏书楼分号藏书印。杨以增（1787—1855），字益之，一字至堂，晚号冬樵，聊城（今山东聊城东昌府区）人，清代藏书家。藏书楼名"海源阁"。详见《韩鲁齐三家诗考》"杨以增"条。从递藏轨迹推断，是书于汪氏书散后北流，收入杨以增囊中，存入其"海源阁"之"宋存书室"。

绍和筠岩——杨绍和名号藏书印。杨绍和（1830—1875），字彦合，又字念微，号协卿、筠岩，聊城（今山东聊城）东昌府区人，杨以增次子，海源阁第二代主人，清代著名目录学家、藏书家。藏书楼名"海源阁"。详见《韩鲁齐三家诗考》"杨绍和"条。

东郡杨二——杨绍和郡望姓氏排行藏书印。

杨氏海原阁藏——杨绍和姓氏藏书楼号藏书印。

海源残阁——杨保彝藏书楼号藏书印。杨保彝（1852—1910），字凤龄，号凤阿，别署頢庵氏，聊城（今山东聊城）东昌府区人，杨以增之孙，杨绍和之子，清末诗人、金石书画收藏家、藏书家，海源阁第三代主人。藏书楼名"海源阁""海源残阁""归頢斋"，藏书印有"杨保彝""聊城杨保彝鉴藏印""凤阿""聊城杨氏三世守藏""海源残阁"等。著有《归頢斋诗词抄》。详见《陶渊明集》"杨保彝"条。

周暹——周叔弢姓名藏书印。周叔弢（1891—1984），原名暹，字叔弢，以字行，建德（今安徽东至县）人，现代著名政治家、实业家、收藏家、藏书家。藏书楼名"寒在堂"等。详见《周礼》"周暹"条。

识递藏：

从书页所钤藏书印及题跋看，是书曾藏于吴县王宠"辛夷馆"；继藏于长洲文徵明"梅溪精舍"；继藏于昆山徐乾学"传是楼"；继藏于泰兴季振宜"静思堂"；继藏于歙县鲍廷博"知不足斋"；继藏于元和顾广圻"思适斋"；继藏于平江黄丕烈"士礼居"；继藏于长洲汪士钟"艺芸书舍"；继藏于聊城杨以增"海源阁"之"宋存书室"，由其子杨绍和、其孙杨保彝父子递藏；继藏于建德周叔弢"寒在堂"；今藏于国家图书馆。有黄丕烈跋。

淮海居士长短句三卷

识著述：

秦观（1049—1100），字少游，一字太虚，号淮海居士，别号邗沟居士，高邮军武宁乡左厢里（今江苏高邮三垛镇少游村）人，北宋著名词人、文学家。秦观善诗赋策论，与黄庭坚、晁补之、张耒合称"苏门四学士"；尤工词，为

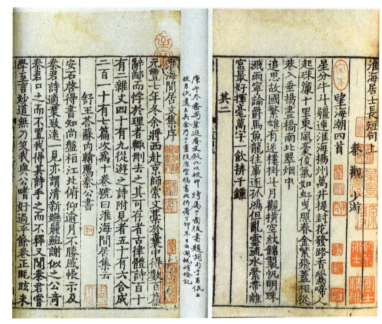

北宋婉约词派重要作家。著有《淮海集》《劝善录》《逆旅集》等。《淮海集》包括《淮海居士文集》《淮海居士长短句》《后集》，共四十九卷。《淮海居士长短句》（又称《淮海词》）三卷，为秦观词别集。其词以描写男女恋情和身世之感为主，将个人身世之感打并入艳情是其显著特色。后人评之曰"高古沉重，寄托遥深"。

识版式：

此为宋乾道刻本（卷中、下配朱之赤抄本）；左右双边，上下单边；白口，单黑鱼尾，中刻书名；半页十行，行二十一字。

识印章：

　　原博——吴宽字号藏书印。吴宽（1435—1504），字原博，号匏庵、玉亭主，世称匏庵先生，南直隶长州（今江苏苏州）人，明代诗人、散文家、书法家、藏书家。藏书楼名"丛书堂"，藏书印有"吴宽""吴宽之印""原博""延州来季子后""双井村人""古太史氏"等。著有《家藏集》《匏庵集》。

　　周天球——周天球姓名藏书印。周天球（1514—1595），字公瑕，一字日华，号幻海，又号六止居士、群玉山人、侠香亭长，南直隶太仓（今江苏太仓）人，明代诗人、书画家、藏书家。藏书楼名"谷城山房"，藏书印有"周天球""周天球藏印""济水""日华"等。

日华——周天球字号藏书印。

卧庵道士——朱之赤别号藏书印。朱之赤（生活于明末清初），字守吾，号卧庵，别署烟云逸叟等，休宁（今安徽休宁）人，后侨寓吴中（今江苏苏州），明末清初书画鉴赏家、藏书家。藏书楼名"卧庵""留耕草堂"等。详见《西京杂记》"朱之赤"条。

寒士精神——朱之赤藏书闲章。

蓉镜——张蓉镜名号藏书印。张蓉镜（1802—？），字芙川，又字伯元，昭文（今江苏常熟）人，藏书家张燮之孙，清代著名藏书家。藏书楼名"小琅嬛仙馆""双芙阁"。详见《中说》"张蓉镜"条。

芙川鉴定——张蓉镜字号藏书印。

世恩——潘世恩名号藏书印。潘世恩（1770—1854），初名世辅，小字日麟，字槐堂，一作槐庭，号芝轩，晚号思补老人，苏州府吴县（今江苏苏州）人，清代诗人、文学家、藏书家。藏书楼名"真意斋""思补斋""清颂""八求精舍"，藏书印有"潘世恩印""潘世恩""世恩""芝轩""己未状元""八求精舍""龙威洞天""分廛百宋逦架千元"等。著有《正学编》《读史镜古编》《真意斋文集》《思补斋诗集》《思补斋笔记》等。

潘祖荫藏书记——潘祖荫姓名藏书印。潘祖荫（1830—1890），字东镛，又字伯寅，号郑盦，吴县（今江苏苏州）人，清代著名书法家、藏书家。藏书楼名"滂喜斋"。详见《金石录》"潘祖荫"条。

吴湖帆——吴湖帆姓名藏书印。吴湖帆（1894—1968），初名翼燕，字通骏，后更名迈，字东庄，又名倩，别署丑簃，号倩庵，书画署名湖帆，江苏苏州人，吴大澂嗣孙，现代书画家、藏书家。藏书楼名"梅景书屋"，藏书印有"吴湖帆""吴湖帆珍藏印""吴迈""吴氏图书记""梅景书屋""丑簃长寿""宋本"等。著有《梅景书屋全集》《联珠集》《梅景画笈》《吴氏书画集》《吴湖帆山水集锦》及多种《吴湖帆画集》。

吴湖帆珍藏印——吴湖帆姓名藏书印。

吴迈——吴湖帆姓名藏书印。

丑簃长寿——吴湖帆别名藏书印。

吴潘树春印——吴湖帆夫人潘静淑姓名藏书印。潘静淑（1892—1939），名树春，为潘世恩曾孙女，潘祖荫侄女。

静淑——潘静淑名号藏书印。

静淑宝藏——吴湖帆夫人潘静淑藏书印。

某景书室——吴湖帆、潘静淑夫妇藏书楼号藏书印。即"梅影书室"。

梅景书屋——吴湖帆、潘静淑夫妇藏书楼号藏书印。即"梅影书室"。

宋本——吴湖帆藏书版本藏书印。

至宝——吴湖帆藏书印。

炼霞——周炼霞字号藏书印。周炼霞（1908—2000），字紫宜，号螺川，江西吉安人，近现代著名画家、诗人、藏书家。藏书楼名"螺川诗屋"，藏书印有"炼霞"等。与瞿蜕园合著有《学诗浅说》。

识递藏：

从书页所钤藏书印及题跋看，是书曾藏于长洲吴宽"丛书堂"；继藏于太仓周天球"谷城山房"；继藏于休宁朱之赤"卧庵"；继藏于平江黄丕烈"士礼居"；继藏于常熟张蓉镜"小琅嬛仙馆"；继藏于吴县潘世恩"思补斋"；继藏于吴县潘祖荫"滂喜斋"；继藏于苏州吴湖帆、潘静淑夫妇"梅景书屋"；继藏于周炼霞"螺川书屋"；今藏于上海博物馆。有黄丕烈、蒋因培、沈树镛、朱孝臧、吴梅、邓邦述跋，冒广生题诗，孙雪红题记。

详注周美成词片玉集十卷

识著述：

　　周邦彦（1056—1121），字美成，号清真居士，钱塘（今浙江杭州）人，北宋著名词人，集北宋词家之大成，著有《片玉集》。《片玉集》十卷，为周邦彦词别集。其词多写闺情、羁旅，亦有咏物之作。其词格律谨严，语言典丽清雅，长调尤善铺叙，艺术精湛，审美价值颇高，在婉约词人中长期被尊为"正宗"，为后来格律词派词人所宗。

识版式：

　　此为宋刻本；左右双边，上下单边；细黑口，双黑鱼尾；半页十行，行十七字，小字双行同。

识印章：

　　张南伯书画印——张南伯姓名藏书印。张南伯（生活于明正统景泰间），长洲（今江苏苏州）人，明代书画家、藏书家，与学者、藏书家朱存理友善。藏书印有"张氏南伯""张南伯书画印"等。

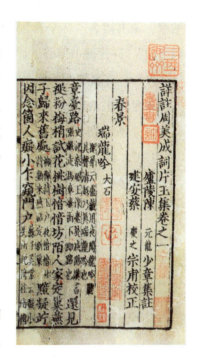

　　张氏南伯——张南伯姓氏名号藏书印。

　　毛晋——毛晋姓名藏书印。毛晋（1599—1659），原名凤苞，字子久，后改字子晋，号潜在，别号汲古主人，常熟（今江苏常熟）人，明末著名经学家、文学家、刻书家、藏书家。藏书楼名"汲古阁"。详见《周易九卷》"毛晋"条。

　　子晋——毛晋字号藏书印。

　　宋本——毛晋藏书版本藏书印。

　　雪苑宋氏兰挥藏书记——宋筠姓氏字号藏书印。宋筠（1681—1760），字兰挥，号晋斋，商邱（今河南商丘）西陂人，藏书家宋荦次子，清代诗人、文学家、藏书家。藏书楼名"青纶馆""纬萧草堂"等。详见《周礼》"宋筠"条。

　　宋履常书画印——宋筠姓氏官爵藏书印。

　　孙楫——孙楫姓名藏书印。孙楫（1830—1901），字济川，一字子舟，号驾航、驾航、壶巢居士，直隶州济宁（今山东济宁）人，清代藏书家。藏书印有"孙楫""孙楫印信""驾航""尽驱春色入毫端"等。

　　寒云秘笈珍藏之印——袁克文字号藏书印。袁克文（1890—1931），字豹岑，一字抱存，号寒云，别署寒云主人，项城（今河南项城）人，袁世凯次子，近代诗人、书法家、金石鉴赏家、藏书家。藏书楼名"皕宋书藏""后百宋一廛""八经阁"。详见《汉上易传》"袁克文"条。

三琴趣斋——袁克文藏书楼号藏书印。

怀辛斋——许厚基藏书楼号藏书印。许厚基（1874—1958），字博明，号怀辛，别署怀辛主人、怀辛阁主人，祖籍吴兴（今浙江湖州吴兴），徙居苏州，近现代藏书家。藏书楼名"怀辛斋""申申阁"，藏书印有"许厚基""吴兴许博明氏怀辛斋藏书印""许氏藏书"等。详见《大事记续编》"许厚基"条。

许——许厚基姓氏藏书印。

乌程蒋祖诒印——蒋祖诒郡望姓名藏书印。蒋祖诒（1902—1973），字穀孙，吴兴（今浙江湖州吴兴）南浔人，蒋汝藻长子，现代鉴赏家、藏书家。藏书楼名"密均楼"。详见《大戴礼记》"蒋祖诒"条。

密均楼——蒋祖诒藏书楼号藏书印。

识递藏：

从书页所钤藏书印及题跋看，是书曾藏于明代长洲张南伯之手；又藏于常熟毛晋"汲古阁"；继藏于商丘宋筠"青纶馆"；又藏于济宁孙楫之手；继藏于项城袁克文"三琴趣斋"；继藏于苏州许厚基"怀辛斋"；继藏于乌程蒋祖诒"密均楼"；今藏于国家图书馆。有李盛铎、朱孝臧校跋。

芦川词二卷

识著述：

张元干（1091—1161），字功甫、仲宗，号芦川居士、真隐山人，晚年自称芦川老隐，永福（今福建永泰）嵩口镇月洲村人，宋代豪放派爱国词人，与张孝祥并称南宋初期"词坛双璧"，著有《芦川词》。《芦川词》二卷，为张元干词别集，收录词一百八十余首。其题材范围广泛，举凡忧时伤乱、谴责群奸、羁旅行役、写景咏物、交友惆怅等，皆形诸吟咏；其词风格多样，而以豪放悲壮为主。

识版式：

此为宋刻本；左右文武双边，上下单边；白口，双黑鱼尾，中刻书名，下刻页码；半页七行，行十三字。

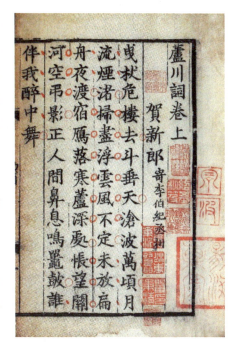

识印章：

唐清嵊家——唐清嵊姓名藏书印。唐清嵊（生卒不详），字泉波。其人无考。黄丕烈题跋述及此两印，以其不能辨识，只好束手。

泉波——唐清嵊字号藏书印。

铁琴铜剑楼——常熟瞿氏藏书楼号藏书印。详见《周易注疏》"铁琴铜剑楼"条。

绍基秘笈——瞿绍基名号藏书印。瞿绍基（1772—1836），字厚培，号荫棠，昭文（今江苏常熟）古里人，清代著名藏书家，铁琴铜剑楼第一代主人。藏书楼名"恬裕斋""敦裕斋""铁琴铜剑楼"，藏书印有"虞山瞿绍基藏书之印""绍基秘笈"等。

恬裕斋镜之氏珍藏——瞿秉渊字号藏书楼号藏书印。瞿秉渊（1820—1886），字镜之，一字敬之，昭文（今江苏常熟）古里人，瞿绍基之孙，瞿镛次子，清代著名藏书家，铁琴铜剑楼第三代主人。藏书印有"瞿秉渊印""恬裕斋镜之氏珍藏"等。

瞿秉沂印——瞿秉沂姓名藏书印。瞿秉沂（生卒不详），昭文（今江苏常熟）古里人，瞿绍基之孙、瞿镛第三子，铁琴铜剑楼第三代主人。清代藏书家。藏书印有"瞿秉沂""瞿秉沂印"等。

瞿秉清印——瞿秉清姓名藏书印。瞿秉清（1828—1877），字潗之，昭文（今江苏常熟）古里人，瞿绍基之孙、瞿镛第四子，清代藏书家，铁琴铜剑楼第三代主人。藏书印有"瞿秉清印""瞿秉清"等。

良士眼福——瞿启甲字号藏书印。瞿启甲（1873—1940），字良士，别号铁琴道人，昭文（今江苏常熟）人，瞿绍基曾孙，瞿镛之孙，瞿秉清之子，清末民国著名书画家、藏书家，铁琴铜剑楼第四代主人。详见《晦庵先生朱文公易说》"瞿启甲"条。

识递藏：

从书页所钤藏书印及题跋看，是书曾藏于无考之唐清嵘之手；黄丕烈又见于苏州玄妙观古董铺，终为陈竹厂所得；继藏于常熟瞿氏"铁琴铜剑楼"，由瞿绍基、瞿秉渊、瞿秉沂、瞿秉清和瞿启甲四代递藏；今藏国家图书馆。有黄丕烈跋。

稼轩长短句十二卷

识著述：

辛弃疾（1140—1207），原字坦夫，后改字幼安，号稼轩，山东东路济南府历城县（今山东济南历城）遥墙镇四凤闸村人，南宋爱国将领、豪放派词人，与苏轼合称"苏辛"，与李清照并称"济南二安"，著有《稼轩长短句》。《稼轩长短句》（又作《稼轩词》）十二卷，共收辛词六百二十余首，其词继承了苏轼豪放词风，题材广阔且善化典入词，抒写力图恢复的爱国热情，倾诉壮志难酬的悲愤，对执政者屈辱求和颇多谴责，亦多吟咏祖国山河之作。其词艺术风格多样，而以豪放为主，风格沉雄豪迈又不乏细腻柔媚。

识版式：

此为元大德三年广信书院刻本；左右双边，上下单边；细黑口，双黑鱼尾，中刻书名、卷次；半页九行，行十六字。

识印章：

袁鱼叔印——袁梦鲤姓氏字号藏书印。袁梦鲤（生活于明成化弘治间），字孔趑，一字化徵，字鱼叔、灌园生，南直隶苏州府吴县（今江苏苏州）人，袁裘长子，袁裹从子，文徵明长孙女婿，明代鉴赏家、藏书家。藏书楼名"碧云居"，藏书印有"袁鱼叔印""袁氏鱼叔""梦鲤"等。

袁氏鱼叔——袁梦鲤姓氏字号藏书印。

梦鲤——袁梦鲤名号藏书印。

碧云居——袁梦鲤藏书楼号藏书印。

汪澂别号镜汀图章——汪澂姓名别号藏书印。汪澂（约生活于明末），字潜然，别号镜汀，徽州（今安徽歙县）人，明代书画家，收藏家。藏书印有"汪澂别号镜汀图章"等。

朱之赤印——朱之赤姓名藏书印。朱之赤（生活于明末清初），字守吾，号卧庵，别署烟云逸叟，休宁（今安徽休宁）人，后侨寓吴中（今江苏苏州），明末清初书画鉴赏家、藏书家。藏书楼名"卧庵""留耕草堂"等。详见《西京杂记》"朱之赤"条。

朱之赤鉴赏——朱之赤姓名藏书印。

朱卧庵所藏印——朱之赤姓氏字号藏书印。

道行仙——朱之赤藏书闲章。

黄丕烈印——黄丕烈姓名藏书印。黄丕烈（1763—1825），字绍武，号荛圃，又号复翁等，平江（今江苏苏州）人，清代著名校勘学家、版本学家、目录学家、刻书家、藏书家。藏书楼名"士礼居""百宋一廛"等。详见《四书通》"黄丕烈"条。

荛圃——黄丕烈字号藏书印。

广圻审定——顾广圻名号校书印。顾广圻（1766—1835），字千里，元和（今江苏苏州）人，清代著名经学家、校勘学家、目录学家、藏书家。藏书楼名"思适斋"。著有《思适斋集》。详见《周礼》"顾广圻"条。

曾藏汪阆源家——汪士钟姓氏字号藏书印。汪士钟（1786—?），字春霆，号阆源，长洲（今江苏苏州）人，汪文琛之子，清代著名藏书家。藏书楼名"艺芸书舍""三十五峰园"。详见《周易九卷》"汪士钟"条。

以增之印——杨以增名号藏书印。杨以增（1787—1855），字益之，一字至堂，晚号冬樵，聊城（今山东聊城）东昌府区人，清代著名藏书家。藏书楼名"海源阁"。详见《韩鲁齐三家诗考》"杨以增"条。

四经四史之斋——杨以增海源阁藏书楼分号藏书印。杨以增因得宋版书《诗经》《尚书》《仪礼》《春秋》《史记》《汉书》《后汉书》《三国志》，遂称"四经四史之斋"。

杨绍和读过——杨绍和姓名藏书印。杨绍和（1830—1875），字彦合，聊城（今山东聊城）东昌府区人，杨以增次子，海源阁第二代主人，清代著名目录学家、藏书家。藏书楼名"海源阁"。详见《韩鲁齐三家诗考》"杨绍和"条。

周暹——周叔弢姓名藏书印。周叔弢（1891—1984），原名暹，字叔弢，以字行，建德（今安徽东至县）人，现代著名政治家、实业家、收藏家、藏书家。藏书楼名"寒在堂"等。详见《周礼》"周暹"条。

识递藏：

从书页所钤藏书印及题跋看，是书曾藏于吴县袁梦鲤"碧云居"；继藏于歙县汪澂之手；继藏于休宁朱之赤"卧庵"；继藏于长洲张绍仁"读异斋"；继藏于平江黄丕烈"士礼居"（由顾广圻校跋）；继藏于长洲汪士钟"艺芸书舍"；继藏于聊城杨以增"海源阁"之"四经四史之斋"，由其子杨绍和递藏于"海源阁"之"宋存书室"；继藏于其孙杨保彝"海源残阁"；继藏于周叔弢"寒在堂"；今藏于国家图书馆。有黄丕烈、顾广圻跋，陶梁、瞿中溶、汪鸣銮、王鹏运、许玉琢题款。

玉笥山人词集一卷

王沂孙（约1230—1291），字圣与，又字咏道，号碧山，又号中仙、玉笥山人，会稽（今浙江绍兴）人，南宋著名词人，著有《玉笥山人词集》。《玉笥山人词集》（又称《碧山乐府》《花外集》）一卷，收录王沂孙词六十余首。其词工于咏物，善体会物象以寄托感慨，含蓄婉近周邦彦，清峭颇似姜夔。其词章法缜密，在宋末格律派词人中艺术个性鲜明，与周密、张炎、蒋捷并称"宋末词坛四大家"。

识版式：

此为明文淑抄本；白口；半页十一行，行二十一字。

识印章：

玉磬山房——文淑藏书楼号藏书印。文淑（1595—1634），本名文俶，字端容，长洲（今江苏苏州）人，文徵明之玄孙女，文从简之女，明代书画家。文徵明筑室于舍之东，名"玉磬山房"。此印即为文淑沿用印。

鲍氏正本——鲍廷博姓氏版本藏书印。鲍廷博（1728—1814），字以文，号渌饮，别号通介叟，祖籍安徽歙县长塘，后定居桐乡（今浙江桐乡）乌镇杨树湾，清代著名诗人、刻书家、目录学家、藏书家。藏书楼名"知不足斋"。详见《相台书塾刊正九经三传沿革例》"鲍廷博"条。

知不足斋——鲍廷博藏书楼号藏书印。

生长湖山曲——鲍廷博藏书闲章。

遗稿天留——鲍廷博藏书闲章。

秦恩复印——秦恩复姓名藏书印。秦恩复（1761—1844），字近光，号敦夫，一号澹生，晚自号狷翁，江都（今江苏扬州江都区）人，清代文学家、诗人、词人、文字学家、目录学家、校勘家、藏书家。藏书楼名"石研斋"。详见《古今韵会举要》"秦恩复"条。

石研斋秦氏印——秦恩复藏书楼号藏书印。

金石录十卷人家——潘祖荫藏书闲章。潘祖荫（1830—1890），字东镛，又字伯寅，号郑盦，吴县（今江苏苏州）人，清代著名书法家、藏书家。藏书楼名"滂喜斋"，藏书印有"潘祖荫藏书""吴县潘氏郑盦藏""伯寅藏书""滂喜斋"等。辑有《滂喜斋丛书》等，著有《秦輶日记》《沈阳纪程》《芬陀利室词》《郑盦诗文存》等。详见《金石录》"潘祖荫"条。叶德辉谓传于韩泰华，又谓得之京城厂肆，恐失。

叶德辉——叶德辉姓名藏书印。叶德辉（1864—1927），字奂彬，号直山，别号郋园，自署朱亭山民、丽楼主人，湘潭（今湖南湘潭）人，清末民初著名文字学家、版本学家、出版家、藏书家。藏书楼名"观古堂"，藏书印有"叶德辉奂彬甫藏阅书""观古堂藏"等。著有《书林清话》《六书古微》等。详见《仪礼注疏》"叶德辉"条。

长沙叶氏元尚斋鉴藏——叶德辉郡望姓氏藏书楼号鉴藏印。元尚斋为观古堂前身。

孙人和所藏书印——孙人和姓名藏书印。孙人和（1894—1967），字蜀丞，盐城（今江苏盐城）人，现代词人、文献学家、藏书家。藏书印有"孙人和藏书记""孙人和所藏书印""盐城孙人和字蜀丞珍藏""人和手校""蜀丞""盐城孙氏"等。著有《论衡举正》《抱朴子校补》《盐铁论辩疑》《唐宋词选》《花外集（校本）》等。

盐城孙氏——孙人和郡望姓氏藏书印。

长沙龙玉莹媚夜楼藏书——龙伯坚郡望姓氏字号藏书楼号藏书印。龙伯坚（1900—1983），名毓莹（一作玉莹），湖南攸县人，现代医学家、中医医学史专家、藏书家。藏书楼名"媚夜楼"，藏书印有"长沙龙玉莹媚夜楼藏书""有味青灯书媚夜"等。著有《黄帝内经概论》《黄帝内经素问集解》《黄帝内经灵枢集解》等。

有味青灯书媚夜——龙毓莹藏书闲章。

识递藏：

从书页所钤藏书印及题跋看，是书曾藏于抄书者长洲文淑"玉磬山房"；又藏于歙县鲍廷博"知不足斋"；继藏于江都秦恩复"石研斋"；继藏于吴县潘祖荫"滂喜斋"；继藏于湘潭叶德辉"元尚斋"；继藏于盐城孙人和之手；继藏于攸县龙伯坚"媚夜楼"；今藏于国家图书馆。有叶德辉、叶启勋、龙毓莹跋。

玉琴斋词不分卷

余怀（1616—1696），字无怀，号澹心，又号曼翁、广霞、壶山外史、寒铁道人，晚号鬘持老人，祖籍福建莆田，侨居南京，因自称江宁余怀、白下余怀、下邳余怀，清初史学家、博物学家、诗人、词人、文学家、藏书家，著有《余子说史》《东山谈苑》《汗青余语》《四莲花斋杂录》《宫闺小名录》《板桥杂记》《五湖游稿》《玉琴斋词》等数十部。《玉琴斋词》不分卷，为余怀词别集。余怀学富才峻，其词雄浑悲壮又柔婉清逸，点染藻饰出脱轻俊。

识版式:

此为余怀稿本；左右双边，上下花边；蓝格；半页七行，行十八字。

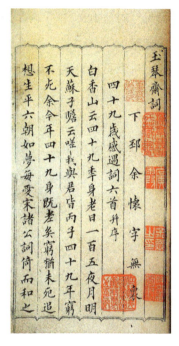

识印章:

余怀之印——余怀姓名藏书印。余怀（1616—1696），字澹心，一字无怀，号广霞，祖籍福建莆田，侨居南京，因自称江宁余怀、白下余怀，清初诗人、词人、文学家、史学家、博物学家、藏书家。藏书楼名"味外轩"。详见《乐府诗集》"余怀"条。

广霞——余怀字号藏书印。

味外轩图书——余怀藏书楼号藏书印。

楝亭曹氏藏书——曹寅字号姓氏藏书印。曹寅（1658—1712），字子清，一字楝亭，号荔轩等，平滦（今河北丰润）人，清代著名文学家、刻书家、藏书家。藏书楼名"楝亭"。详见《玉灵聚义》"曹寅"条。

长白敷槎氏堇斋昌龄图书记——富察昌龄郡望字号名号藏书印。富察昌龄（生活于康雍乾间），字敷槎，一字晋蘅，号堇斋，满洲镶白旗人，傅鼐长子，曹寅之婿，清初藏书家。藏书楼名"谦益堂"等，藏书印有"长白敷槎氏堇斋昌龄图书记""昌龄私印""聚星堂藏书"等。详见《太平寰宇记》"富察昌龄"条。

堇斋收藏印——富察昌龄字号藏书印。

石甀——龚橙字号藏书印。龚橙（1817—1870），初名公襄，更名刷刺，又更今名，字孝琪、孝拱，号石甀，又号昌瓠、太息、小定，别号半伦，仁和（今浙江杭州）人，龚自珍长子，清代藏书家。藏书楼名"算沙室"，藏书印有"石匏"等。编有《孝拱手抄词》《仁和龚氏旧藏书目》，著有《元志》《理董许书》《雁足灯考》等。

八千卷楼珍藏善本——丁丙藏书楼分号藏书印。丁丙（1832—1899），字嘉鱼，一字松生，晚号松存，别署钱塘流民、八千卷楼主人等，钱塘（今浙江杭州）人，清末著名经学家、诗人、金石学家、目录学家、藏书家。总藏书楼名"嘉惠堂"。详见《周易本义》"丁丙"条。

识递藏：

从书页所钤藏书印及题跋看，是书曾藏于作者江宁余怀"味外轩"；继藏于平滦曹寅"楝亭"；继藏于镶白旗富察昌龄"堇斋"；继藏于宁海马瀛"吟香山馆"；又藏于仁和龚橙"算沙室"；继藏于钱塘丁丙"嘉惠堂"之"八千卷楼"；今藏于南京图书馆。有吴伟业、尤侗题词，顾广圻、孙星衍、魏锡曾、许增、丁丙跋。

迦陵词稿不分卷

识著述：

陈维崧（1625—1682），字其年，号迦陵，阳羡（今江苏宜兴）人，明末清初诗人、词人、骈文作家，阳羡词派领袖，与吴兆骞、彭师度同被吴伟业誉为"江左三凤"，与吴绮、章藻功称"骈体三家"，著有《湖海楼诗文词全集》《湖海楼词》《迦陵词稿》。《迦陵词稿》（又称《先检讨公手书词稿》）不分卷，署名"元世从孙实铭谨藏"，乃陈维崧词集稿本。此本最为原始地保存了陈维崧的词作，文献价值极高，对清词与词学的研究影响巨大。

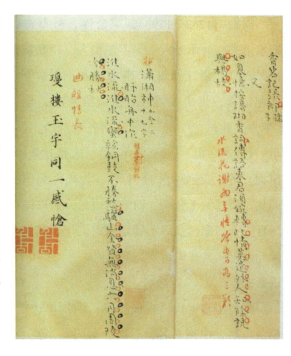

识版式：

此为清陈维崧稿本，为海内外孤本。

识印章：

陈维崧印——陈维崧姓名藏书印。陈维崧（1625—1682），字其年，号迦陵，阳羡（今江苏宜兴）人，明末清初诗人、词人、骈文作家，阳羡词派领袖。藏书楼名"湖海楼"，藏书印有"陈维崧印""其年""履端印""上下千古"等。著有《湖海楼诗文词全集》《湖海楼词》《迦陵词稿》。

其年——陈维崧字号藏书印。

履端印——陈维崧藏书闲章。"履端"为一年肇始之意。

上下千古——陈维崧藏书闲章。

识递藏：

此书为陈维崧稿本，为海内孤本。从书页所钤藏书印看，是书曾藏于阳羡陈维崧"湖海楼"；今藏于南开大学图书馆。有史可程、蒋平凯、尤侗、吴琦跋，朱孝臧、胡嗣瑗、陈曾寿、冒广生题款。

绝妙好词七卷

周密（1232—1298），字公谨，号草窗，又号四水潜夫、弁阳老人、华不注山人，祖籍济南，流寓吴兴（今浙江湖州），南宋词人、文学家。其词远祖清真，近法姜夔，风格清雅秀润，与吴文英（梦窗）并称"二窗"。著有《齐东野语》《武林旧事》《癸辛杂识》《蘋洲渔笛谱》《志雅堂杂钞》《草窗词》等。《绝妙好词》七卷，为周密编选的南宋词集，所选始于张孝祥而终于仇远，去取谨严，凡一百三十二家，众多不著之宋人词集及其作者，多赖此以存，具有较高的文献价值。

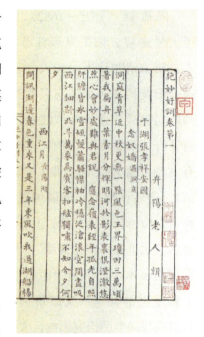

识版式：

此为清初毛氏汲古阁抄本；四周单边；白口，单白鱼尾，中刻书名、卷次、页码；半页十二行，行二十字。

识印章：

毛晋——毛晋姓名藏书印。毛晋（1599—1659），原名凤苞，字子久，后改字子晋，号潜在，别号汲古主人，常熟（今江苏常熟）人，明末著名经学家、文学家、刻书家、藏书家。藏书楼名"汲古阁"。详见《周易九卷》"毛晋"条。

汲古主人——毛晋别号藏书印。

元本——毛晋藏书版本藏书印。

甲——毛晋藏书等级藏书印。

毛扆之印——毛扆姓名藏书印。毛扆（1640—1713），字季斧，号省庵，常熟（今江苏常熟）人，毛晋第五子，清代著名校勘学家、出版家、藏书家。藏书印有"毛扆之印""毛斧季收藏印""叔郑后人"等。编有《汲古阁秘本书目》。详见《孝经今文音义》"毛扆"条。

斧季——毛扆字号藏书印。

平江黄氏图书——黄丕烈郡望姓氏藏书印。黄丕烈（1763—1825），字绍武，号荛圃，又号复翁等，平江（今江苏苏州）人，清代著名校勘学家、版本学家、目录学家、刻书家、藏书家。藏书楼名"士礼居""百宋一廛"等。详见《四书通》

"黄丕烈"条。

士礼居藏——黄丕烈藏书楼号藏书印。

笔研精良人生一乐——黄丕烈藏书闲章。

长洲章珏秘箧——章珏郡望姓名藏书印。章珏（1865—1937），字式之，一字坚孟，又字茗理，又谱名鸿钰，字汝玉，别署蛰存、充隐、鸥边、负翁、晦翁等，晚号霜根老人等，长洲（今江苏苏州）人，清末民国学者、校勘学家、图书馆学家、藏书家。藏书楼名"四当斋"，藏书印有"章钰之印""长洲章钰""长洲章珏秘箧""长洲章氏珍藏善本书籍""长洲章氏四当斋珍藏书籍记""长洲章氏""四当斋"等。辑有《章氏四当斋藏书目》，著有《四当斋集》。

顾鹤逸——顾鹤逸姓名藏书印。顾鹤逸（1865—1930），名麟士，字鹤逸，自号西津渔父，别署西津、鹤庐、筠邻，元和（今江苏苏州）人，清末民国著名书画家、藏书家。藏书楼名"过云楼"，藏书印有"顾鹤逸印""顾鹤逸""顾鹤逸藏书印""崔逸""麟士""万壑草堂顾氏藏书印"等。

识递藏：

此本为毛抄本。从书页所钤藏书印及题跋看，是书首藏于抄书家毛晋、毛扆"汲古阁"；继藏于平江黄丕烈"士礼居"；又藏于长洲章珏"四当斋"；继藏于元和顾鹤逸"过云楼"；今藏于国家图书馆。有朱祖谋跋。

沜东乐府二卷

识著述：

康海（1475—1540），字德涵，号对山、沜东渔父，武功（今陕西武功）人，明代文学家、诗人、散曲家、戏剧家，以诗文名列"前七子"，著有诗文集《对山集》、杂剧《中山狼》、散曲集《沜东乐府》等。《沜东乐府》二卷，第一卷收散曲、小令、带过曲凡一百七十五首；第二卷收散曲、套数凡三十三套，其中北曲二十九套，南曲四套。康海散曲多以北曲写作，风格刚劲豪放。

识版式：

此为明嘉靖三年康浩刻本；四周单边；白口，单黑鱼尾，中刻书名、卷次、页码；半页十行，行二十一字。

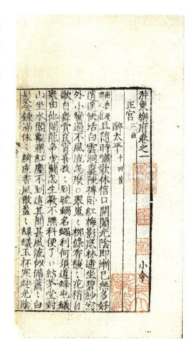

识印章：

李盛铎印——李盛铎姓名藏书印。李盛铎（1859—1934），字嶬樵，又字椒微，号木斋，别号师子庵旧主人等，晚号麐嘉居士，德化（今江西九江）人，清末民初著名政治家、收藏家。藏书楼名"木犀轩"等，藏书印有"李盛铎印""李盛铎木斋审定""木犀轩藏书"等。编有《木犀轩藏书目录》《木犀轩藏书题记及书录》。详见《监本纂图重言重意互注论语》"李盛铎"条。

木斋——李盛铎字号藏书印。

木犀轩藏书——李盛铎藏书楼号藏书印。

识递藏：

从书页所钤藏书印看，是书曾藏于德化李盛铎"木犀轩"；今藏于北京大学图书馆。

梨园按试乐府新声三卷

元人选辑，编者不详。《梨园按试乐府新声》（又称《乐府新声》）三卷，上卷为套数，中下卷为小令。集中所收散曲，作者姓氏可考及列有名字者共二十余家，颇多稀见之作，极具资料价值，向为研究散曲者所珍视。

识版式：

此为元刻本；左右双边，上下单边；细黑口，双黑鱼尾；半页十七行，行三十字。

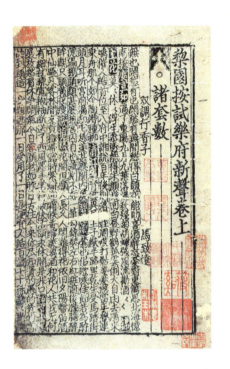

识印章：

筱谿——其人无考。

乐安郡——筱谿郡望藏书印。

毛晋——毛晋姓名藏书印。毛晋（1599—1659），原名凤苞，字子久，后改字子晋，号潜在，别号汲古主人，常熟（今江苏常熟）人，明末著名经学家、文学家、刻书家、藏书家。藏书楼名"汲古阁"。详见《周易九卷》"毛晋"条。

黄丕烈印——黄丕烈姓名藏书印。黄丕烈（1763—1825），字绍武，号荛圃，又号复翁等，平江（今江苏苏州）人，清代著名校勘学家、版本学家、目录学家、刻书家、藏书家。藏书楼名"士礼居""百宋一廛"等。详见《四书通》"黄丕烈"条。

荛圃——黄丕烈字号藏书印。

稽瑞楼——陈揆藏书楼号藏书印。陈揆（1780—1825），字子准，常熟（今江苏常熟）人，清代著名校勘学家、藏书家。藏书楼名"稽瑞楼"。详见《闲居录》"陈揆"条。

铁琴铜剑楼——常熟瞿氏藏书楼号藏书印。详见《周易注疏》"铁琴铜剑楼"条。

古里瞿氏记——瞿镛郡望姓氏藏书印。瞿镛（1794—1846），字子雍，昭文（今江苏常熟）古里人，清代著名藏书家，铁琴铜剑楼第二代主人。藏书楼名"铁琴铜剑楼"。详见《周易九卷》"瞿镛"条。

识递藏：

从书页所钤藏书印看，是书曾藏于明人乐安"筱谿"之手；又藏于常熟毛晋"汲古阁"；继藏于平江黄丕烈"士礼居"；继藏于常熟陈揆"稽瑞楼"；继藏于常熟瞿镛"铁琴铜剑楼"；今藏于国家图书馆。

朝野新声太平乐府九卷

识著述：

　　杨朝英（生卒不详），字英甫，号澹斋，青城（今山东或四川）人，元代文学家、散曲家，辑有《乐府新编阳春白雪》《朝野新声太平乐府》二集。《朝野新声太平乐府》九卷，选辑精审，搜罗宏富，元人散曲多赖以传世，是研究元代散曲的重要资料，贡献至巨。

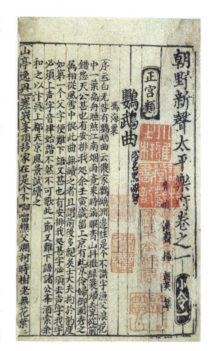

识版式：

　　此为元刻本；左右双边，上下单边；黑口；半页十六行，行二十八字。

识印章：

　　某会里朱氏潜采堂藏书——朱彝尊郡望姓氏藏书楼号藏书印。朱彝尊（1629—1709），字锡鬯，号竹垞，又号醧舫，晚号小长芦钓鱼师，别号金风亭长，秀水（今浙江嘉兴）人，清代经学家、史学家、诗人、词人、藏书家。藏书楼名"曝书亭"等。详见《周易本义》"朱彝尊"条。

　　韶节——朱彝尊藏书闲章。

　　谦牧堂藏书记——纳兰揆叙藏书楼号藏书印。纳兰揆叙（1674—1717），原名容德，字恺功，号惟实居士，姓叶赫那拉氏，满洲正黄旗辽阳（今辽宁辽阳）人，清初著名诗人、藏书家。藏书楼名"谦牧堂"，藏书印有"谦牧堂藏书记"等。编有《谦牧堂藏书总目》，著有《益戒堂诗集》《鸡肋集》《隙光亭杂识》《后识》等。详见《渚宫旧事》"纳兰揆叙"条。

　　小雅之材——纳兰揆叙藏书闲章。

　　铁琴铜剑楼——常熟瞿氏藏书楼号藏书印。详见《周易注疏》"铁琴铜剑楼"条。

识递藏：

　　从书页所钤藏书印看，是书曾藏于秀水朱彝尊"潜采堂"；继藏于纳兰揆叙"谦牧堂"；又藏于常熟瞿氏"铁琴铜剑楼"；今藏于国家图书馆。

乐府新编阳春白雪九卷

识著述：

　　杨朝英（生卒不详），字英甫，号澹斋，青城（今山东或四川）人，元代文学家、散曲家，辑有《乐府新编阳春白雪》《朝野新声太平乐府》二集。《乐府新编阳春白雪》九卷，为元代最早曲选本，此书前集为小令，后集为套数，是研究金、元散曲的宝贵资料。

识版式：

　　此为明抄本；四周双边；蓝格，白口；半页十行，行字不等。

识印章：

　　继祖读过——罗继祖名号藏书印。罗继祖（1913—2002），字奉高，改字甘孺，晚年号鲠庵、鲠翁、半醒生，上虞（今浙江绍兴）人，罗振玉之孙，当代著名诗人、书法家、史学家、图书馆学家、书画鉴赏家、文献学家、藏书家。藏书楼名"鲁诗堂""两启轩"，藏书印有"罗继祖印""奉高""甘孺""半醒生""两启轩"等。著有《枫窗脞语》《枫窗三录》《墨佣小记》《两启轩咏史诗》《鲠庵椠语》等。详见《书说》"罗继祖"条。

　　罗村旧农——罗继祖藏书闲章。

识递藏：

　　从书页所钤藏书印看，是书曾藏于上虞罗继祖"两启轩"；今藏于辽宁省图书馆。

词林摘艳十卷

张禄（生卒不详），字天爵，自号友竹山人、蒲东山人，吴江（今江苏苏州吴江）人，明代文学家、词曲编纂家，编有散曲戏曲选集《词林摘艳》。《词林摘艳》十卷，据宫调编类，体制包括小令、散套、戏曲等，旨在增删修订《盛世新声》之不足。《词林摘艳》不仅保留了一些元明人的戏曲作品，且收录了许多当时流行的新调小令，为散曲研究提供了重要的参考资料。

识版式：

此为明嘉靖三十年徽藩刻本；四周单边；白口，单黑鱼尾；半页八行，行十八字。

识印章：

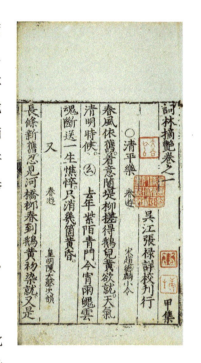

席氏积书堂记——席氏姓氏藏书楼号藏书印。此席氏应为常熟席启图、席启寓、席鉴、席世臣、席世昌、席恩赞、席璞等人中之一，具体无考。

至菴主人——席氏别号藏书印。

董康暨侍姬玉奴珍藏书籍记——董康与其侍妾玉奴姓名藏书印。董康（1867—1947），字授经（又作绶经、绶金），自号诵芬室主人，武进（今江苏常州）人，近代著名法学家、大律师、词人、文献学家、刻书家、藏书家。藏书楼名"诵芬室""课花庵"，藏书印有"董康""董康之印""董康私印""董康秘箧""董康暨侍姬玉奴珍藏书籍记""毗陵董康鉴藏善本""毗陵董康鉴定金石书籍之印""董康宣统建元以后所得""毗陵董氏诵芬室收藏旧椠精抄书籍之印""董氏秘籍之印""课花庵鉴定之本""诵芬室藏本""诵芬室藏书记""曾在董氏诵芬室中"等。著有《中国法制小史》《课花庵词》等。

毗陵董康鉴定金石书籍之印——董康郡望姓名鉴藏印。

董氏秘籍之印——董康姓氏藏书印。

曾在董氏诵芬室中——董康姓氏藏书楼号藏书印。

康生——康生姓名藏书印。康生（1898—1975），原名张宗可，字少卿，曾用名赵溶、张溶，乳名张旺，笔名鲁赤水，胶南（今山东青岛黄岛区）人，近代政治人物、藏书家。藏书印有"康生""康生之章""康生之印""康生藏书""大公无私"等。

大公无私——康生藏书闲章。

识递藏：

从书页所钤藏书印看，是书曾藏于常熟席氏"积书斋"；又藏于武进董康"诵芬室"；又藏于胶南康生之手；今藏于中国艺术研究院图书馆。

韵府群玉二十卷

识著述：

　　阴时夫（生卒不详），名幼遇，亦作时遇，字时夫，以字行，奉新（今江西奉新）人，元初音韵学家，编撰有《韵府群玉》。《韵府群玉》二十卷，为类书以韵隶事之始，其兄幼达为之作注。此书定"平水韵"，原韵一百零七韵，后并为一百零六韵，自元以来皆因袭之。

识版式：

　　此为元刻本（部分配明刻本）；左右双边，上下单边；黑口，双黑鱼尾；半页十行，行字不等，小字双行二十九字。

识印章：

　　文寿承氏——文彭姓氏字号藏书印。文彭（1498—1573），字寿承，号三桥，别号渔阳子、三桥居士、国子先生，南直隶苏州府长洲（今江苏苏州）人，文徵明长子，明代著名书画家、诗人、篆刻家、藏书家。藏书楼名"清白堂"，藏书印有"文彭之印""文寿承印""三桥""渔阳子""清白堂"等。著有《博士诗集》。

　　嘉惠堂丁氏藏——丁丙姓氏藏书楼号藏书印。丁丙（1832—1899），字嘉鱼，一字松生，晚号松存，别署钱塘流民、八千卷楼主人等，钱塘（今浙江杭州）人，清末著名经学家、诗人、金石学家、目录学家、藏书家。总藏书楼名"嘉惠堂"。详见《周易本义》"丁丙"条。

　　八千卷楼——丁丙藏书楼分号藏书印。

识递藏：

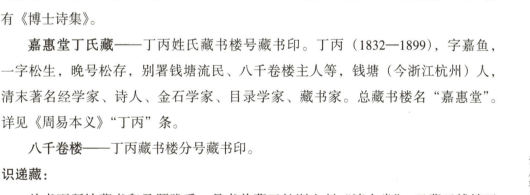

　　从书页所钤藏书印及题跋看，是书曾藏于长洲文彭"清白堂"；又藏于钱塘丁丙"嘉惠堂"之"八千卷楼"；今藏于南京图书馆。有丁丙跋。

中原音韵二卷

识著述：

周德清（1277—1365），字日湛，号挺斋，高安（今江西高安）杨圩镇暇塘周家村人，元代文学家、音韵学家、杂剧作家，著有《中原音韵》。《中原音韵》二卷，依据中原语音，为北曲纠正了作曲家用韵不一的弊端，促进了戏曲用韵的统一，是研究近代以北方音为主的普通话语音的珍贵资料，在中国音韵学与戏曲史上影响非凡。

识版式：

此为明钱榖抄本；四周单边；白口，蓝格；半页九行，行十七字。

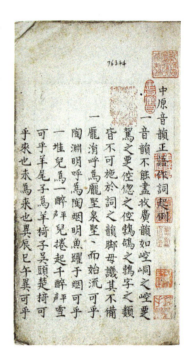

识印章：

钱榖手钞——钱榖姓名抄本藏书印。钱榖（1509—1578），字叔宝，自号磬室，长洲（今江苏苏州）人，明代史学家、书画家、抄书家、藏书家。藏书楼名"悬磬室"，藏书印有"钱榖""钱氏叔宝""金粟轩""勾吴逸民""中吴钱氏收藏印""悬磬室"等。著有《三国类钞》《南北史摭言》《长洲志》《续吴都文萃》等。详见《宋史》"钱榖"条。

叔宝——钱榖字号藏书印。

惠父寓目——赵烈文字号藏书印。赵烈文（1832—1893），字惠甫，号能静，阳湖（今江苏常州）人，移居常熟，清代诗人、著名藏书家。藏书楼名"能静居""天放楼""小脉望馆"，藏书印有"赵烈文印""赵烈文读书记""烈文私印""赵""惠父""赵氏惠父""惠父寓目""惠父珍藏""能静图书""阳湖赵烈文字惠父号能静侨于海虞筑天放楼收庋文翰之记""天放楼""小脉望馆藏书""半臂道人""万古青山只么青"等。著有《天放楼集》《能静居日记》。

半臂道人——赵烈文藏书闲章。

万古青山只么青——赵烈文藏书闲章。

曾在孙翔熊处——孙家淠姓氏字号藏书印。孙家淠（1879—1946），一作孙家淮，字翔熊，号蜗庐，鄞县（今浙江宁波）人，清末民国书画家、集邮家、藏书家。藏书楼名"蜗寄庐"，藏书印有"曾在孙翔熊处""翔熊所藏""鄞蜗寄庐孙氏藏书"南湖蜗寄庐藏""四明孙氏蜗寄庐珍藏善本""蜗庐长物""渔道人藏"等。

鄞蜗寄庐孙氏藏书——孙家溎郡望藏书楼号姓氏藏书印。

识递藏：

此书为钱毂抄本。从书页所钤藏书印看，是书曾藏于长洲钱毂"悬磬室"；又藏于阳湖赵烈文"天放楼"；继藏于鄞县孙家溎"蜗寄庐"；今藏于四川师范大学图书馆。

新编林冲宝剑记二卷

识著述：

李开先（1502—1568），字伯华，号中麓子、中麓山人、中麓放客，章丘（今山东章丘）人，明代文学家、诗人、词人、戏曲家。李开先诗风格豪放，尤工词曲，善为新声小令，不循格律，诙谐调笑，信手放笔，自许藏曲最富，有"词山曲海"之目。著有《闲居集》《词谑》《画品》《诗禅》及传奇《宝剑记》等。《宝剑记》二卷，取材于《水浒传》林冲被逼上梁山的故事而有所改编。故事梗概是：林冲参奏高俅而反遭陷害，被刺配沧州，最后被逼上梁山；高衙内谋占林妻张贞娘，贞娘出逃至白云庵出家；梁山英雄攻打京城，朝廷将高俅父子送梁山军前处死，并招安梁山义军。将《水浒》故事改编为长篇传奇，且写得有声有色，《宝剑记》有开创之功。

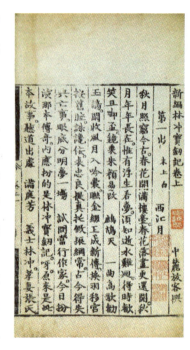

识版式：

此为明嘉靖二十六年自刻本；四周单边；粗黑口，单白鱼尾，中刻卷次、页码；半页十行，行二十字。

识印章：

四明朱氏敝帚斋藏——朱遹然郡望姓氏藏书楼号藏书印。朱遹然（1836—1882），字肯夫，一字肯甫，号味莲，余姚（今浙江宁波余姚）人，清代经学家、书法家、藏书家。藏书楼名"敝帚斋""屠守斋"，藏书印有"朱遹然印""臣遹然印""肯夫""四明朱氏敝帚斋藏""海内孤本""寒香晓雨"等。著有《说文广例》《梨洲年谱》《朱肯夫先生日记摘录》。

海内孤本——朱遹然藏书版本藏书印。

仰周所宝——袁仰周名号藏书印。袁仰周（1871—？），名绍濂，谱名家濂，字仰周，以字行，号莲溪，鄞县（今浙江宁波）人，清末民初藏书家。藏书楼名"静远仙馆""浮筠砚斋"，藏书印有"仰周所宝""浮筠砚斋所藏"等。

周越然——周越然姓名藏书印。周越然（1885—1962），本名周之彦，字越然，以字行，别署走火，吴兴（今浙江吴兴）人，民国著名版本学家、翻译家、藏书家，曾任职于商务印书馆。藏书楼名"言言斋"、藏书印有"吴兴周越然藏书之印""言言斋善本图书"等。编有《言言斋藏书目》，著有《言言斋书话》《言言斋西书丛谈》《版本与书籍》《周越然书话》《言言斋古籍丛谈》等。详见《伊洛渊源录》"周越然"条。

吴兴周氏言言斋劫后存书——周越然郡望姓氏藏书楼号藏书印。

识递藏：

从书页所钤藏书印看，是书曾藏于余姚朱遹然"敝帚斋"；继藏于鄞县袁仰周"静远仙馆"；继藏于吴兴周越然"言言斋"；今藏于国家图书馆。

元曲选十集一百卷论曲一卷元曲论一卷

识著述：

臧懋循（1550—1620），字晋叔，号顾渚山人，长兴（今浙江湖州长兴）人，明代戏曲家、戏曲理论家，编有《元曲选》。《元曲选》一百卷，汇集了元杂剧的主要作家和作品一百部，并经编者整理校订，科白俱全，是了解元杂剧全貌的惟一桥梁，集元曲选编大成。在诸多明人元曲选本中，《元曲选》最为流行。

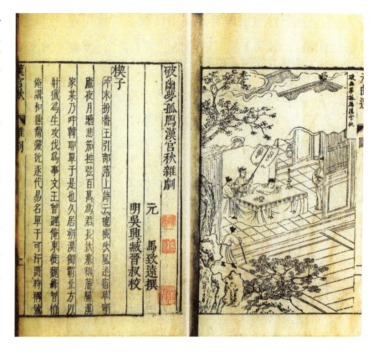

识版式：

此为明万历刻本；左右双边，上下单边；白口，单黑鱼尾，上刻剧目，下刻页码；半页九行，行二十字。

识印章：

吴梅——吴梅姓名藏书印。吴梅（1884—1939），字瞿安，号霜厓，别署老瞿、呆道人，长洲（今江苏苏州）人，现代戏曲理论家、教育家、诗词曲作家、藏书家。藏书楼名"奢摩他室""百嘉室"，藏书印有"长洲吴梅字瞿庵""霜厓""长洲吴氏藏书"等。编有《瞿安书目》，著有《顾曲麈谈》《曲学通论》《中国戏曲概论》《元剧研究》《南北词简谱》《奢摩他室曲丛》等。详见《读画录》"吴梅"条。

瞿安眼福——吴梅字号藏书印。

瞿安——吴梅字号藏书印。

识递藏：

从书页所钤藏书印看，是书曾藏于长洲吴梅"奢摩他室"；今藏于国家图书馆。

盛明杂剧三十卷

识著述：

沈泰（生卒不详），字林宗，别署福次居主人，杭县（今浙江杭州）人，编有杂剧集《盛明杂剧》。《盛明杂剧》三十卷，选录有明一代杂剧作家所作杂剧剧本六十种。此书取材颇富，选录时兼顾了各种流派和风格，所据版本精善，是明杂剧的较好选本。同时，此书所收杂剧皆附有评语，有些评语出于袁宏道、王世懋等名家之手，颇具研究价值。

识版式：

此本为明崇祯刻本；左右双边，上下单边；白口，上刻剧作名称，下刻页码；半页九行，行二十字。

识印章：

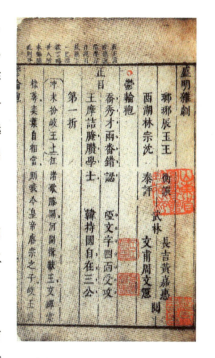

臣贞吉——曹贞吉名号藏书印。曹贞吉（1634—1698），字升六，又字升阶、迪清，号实庵，别署五云散吏，安丘（今山东安丘）县城东关人，清代著名诗人、词人、书法家、藏书家。藏书印有"臣贞吉""五云散吏""北海曹氏收藏"等。著有《曹贞吉集》《珂雪集》《朝天集》《鸿爪集》《黄山纪游诗》《珂雪词》等。

五云散吏——曹贞吉别号藏书印。

郝氏书印——郝懿行姓氏藏书印。郝懿行（1757—1825），字恂九，号兰皋，栖霞（今山东栖霞）人，清代著名经学家、史学家、训诂学家、藏书家。藏书楼名"晒书堂"，藏书印有"郝懿行印""郝氏书印""今是昨非"等。著有《春秋说略》《春秋比》《易说》《书说》《诗说》《诗经拾遗》《郑氏礼记笺》《汲冢周书辑要》《山海经笺疏》《晋宋书故》《周书纪年校正》《晒书堂笔录》《晒书堂笔记》《晒书堂诗文集》等。

识递藏：

从书页所钤藏书印看，是书曾藏于安丘曹贞吉之手；又藏于栖霞郝懿行"晒书堂"；今藏于山东省图书馆。有王筠跋。

参考文献

1.班固.汉书［M］.北京：中华书局，1962.

2.魏徵.隋书［M］.北京：中华书局，1973.

3.刘昫.旧唐书［M］.北京：中华书局，1975.

4.欧阳修，宋祁.新唐书［M］.北京：中华书局，1975.

5.脱脱.宋史［M］.北京：中华书局，1977.

6.宋濂.元史［M］.北京：中华书局，1977.

7.张廷玉.明史［M］.北京：中华书局，1974.

（以上正史）

1.张之洞撰，范希增补正，书目答问补正［M］.上海：上海古籍出版社，2008.

2.叶德辉.书林清话［M］.上海：上海古籍出版社，2008.

3.叶昌炽.藏书纪事诗［M］.桂林：广西师范大学出版社，2021.

4.吴则虞，吴寿琚.续藏书纪事诗［M］.北京：国家图书馆出版社，2016.

5.郑伟章.文献家通考［M］.北京：中华书局，1999.

6.吴晗.江浙藏书家史略［M］.北京：中华书局，1981.

7.王长英，黄兆郸.福建藏书家传略［M］.福州：福建教育出版社，2007.

8.王绍曾，沙嘉孙.山东藏书家史略［M］.济南：齐鲁书社，2017.

9.刘尚恒，郑玲.安徽藏书家传略［M］.合肥：黄山书社，2013.

10.王河.中国历代藏书家词典［M］.上海：同济大学出版社，1991.

11.李玉安，陈传艺.中国藏书家辞典［M］.武汉：湖北教育出版社，1989.

12.陈登原.古今典籍聚散考［M］.上海：华东师范大学出版社，2023.

13.余嘉锡.目录学发微［M］.北京：中国人民大学出版社，2004.

14.程千帆，徐有富.校雠广义［M］.北京：中华书局，2020.

15.李致忠.古书版本鉴定［M］.北京：国家图书馆出版社，2007.

16.杨成凯.古籍版本十讲［M］.北京：中华书局，2023.

17.薛冰.版本杂谈［M］.济南：山东画报出版社，2009.

18.孙毓修，陈彬龢，查猛济.中国雕版源流考　中国书史［M］.上海：上海古籍出版社，2008.

19.任继愈主编，奚椿年著.中国版本文化丛书·中国书源流［M］.南京：江苏古籍出版社，2002.

1030

20.任继愈主编，程有庆、张丽娟著.中国版本文化丛书·宋本［M］.南京：江苏古籍出版社，2002.

21.任继愈主编，陈红彦著.中国版本文化丛书·元本［M］.南京：江苏古籍出版社，2002.

22.任继愈主编，赵前著.中国版本文化丛书·明本［M］.南京：江苏古籍出版社，2002.

23.任继愈主编，黄裳著.中国版本文化丛书·清刻本［M］.南京：江苏古籍出版社，2002.

24.任继愈主编，江庆柏著.中国版本文化丛书·稿本［M］.南京：江苏古籍出版社，2002.

25.林申清.明清著名藏书家藏书印［M］.北京：北京图书馆出版社，2000.

26.万国鼎.中国历史纪年表［M］.北京：中华书局，1978.

（以上理论与工具书）

1.晁公武撰，孙猛校证.郡斋读书志校证［M］.上海：上海古籍出版社，2011.

2.陈振孙撰，徐小蛮、顾美华点校.直斋书录解题［M］.上海：上海古籍出版社，2015.

3.高儒、晁瑮撰，孙蕴解说.百川书志　晁氏宝文堂书目［M］.上海：上海古籍出版社，2021.

4.范邦甸等撰.天一阁书目　天一阁碑目［M］.上海：上海古籍出版社，2010.

5.祁承㸁.澹生堂藏书约［M］.上海：上海古籍出版社，2005.

6.徐𤊽等撰.新辑红雨楼题记　徐氏家藏书目［M］.上海：上海古籍出版社，2020.

7.钱谦益撰，潘景郑辑校.绛云楼题跋［M］.上海：上海古籍出版社，2005.

8.毛晋、王士禛撰，潘景郑校订，陈乃乾校辑.汲古阁书跋重辑渔洋书跋［M］.上海：上海古籍出版社，2005.

9.钱曾著，管庭芬、章钰校证.读书敏求记校证［M］.上海：上海古籍出版社，2018年

10.朱彝尊.曝书亭序跋　潜采堂宋元人集目录　竹垞行笈目录［M］.上海：上海古籍出版社，2020年

11.纪昀.四库全书总目［M］.北京：中华书局，1965.

12.钱大昕撰，程渊芳点校.潜研堂序跋　竹汀先生日记钞　十驾斋养新录摘钞［M］.上海：上海古籍出版社，2020.

13.汪璐辑，傅以礼、李希圣撰.藏书题识　华延年室题跋　雁影斋题跋［M］.上海：上海古籍出版社，2018.

14.孙星衍.平津馆鉴藏书籍记　廉石居藏书记　孙氏祠堂书目［M］.上海：上海古籍出版社，2021.

15.黄丕烈.黄丕烈藏书题跋集［M］.上海：上海古籍出版社，2015.

16.阮元.文选楼藏书记［M］.上海：上海古籍出版社，2009.

17.顾广圻.思适斋书跋［M］.上海：上海古籍出版社，2019.

18.吴寿旸.拜经楼藏书题跋记［M］.上海：上海古籍出版社，2018.

19.张金吾.爱日精庐藏书志［M］.北京：中华书局，2012.

20.朱绪曾.开有益斋读书志［M］.上海：上海古籍出版社，2020.

21.莫友芝撰，傅增湘订补.藏园订补郘亭知见传本书目［M］.北京：中华书局，2009.

22.丁日昌.持静斋书目持静斋藏书纪要［M］.北京：中华书局，2012.

23.杨绍和撰，傅增湘批注.藏园批注楹书隅录［M］.北京：中华书局，2017.

24.丁丙.善本书室藏书志［M］.光绪辛丑季秋钱塘丁氏刻本.

25.陆心源.仪顾堂书目题跋汇编［M］.北京：中华书局，2009.

26.杨守敬撰，赵嘉嘉、何理、刘英博标注.日本访书志标注［M］.上海：上海古籍出版社，2023.

27.缪荃孙.艺风藏书记［M］.上海：上海古籍出版社，2019.

28.李盛铎.木犀轩藏书题记及书录［M］.北京：北京大学出版社，1985.

29.叶德辉.郋园读书志［M］.上海：上海古籍出版社，2019.

30.徐乃昌.积学斋藏书记［M］.上海：上海古籍出版社，2020.

31.邓邦述.群碧楼善本书录寒瘦山房鬻存善本书目［M］.上海：上海古籍出版社，2020.

32.傅增湘.藏园群书校勘跋识录［M］.北京：中华书局，2012.

33.傅增湘.藏园群书经眼录［M］.北京：中华书局，2009.

34.瞿良士.铁琴铜剑楼藏书题跋集录［M］.上海：上海古籍出版社，2005.

35.叶景葵.卷盦书跋［M］.上海：上海古籍出版社，2020.

36.莫伯骥.五十万卷楼群书跋文［M］.北京：中华书局，2019.

37.秦更年.婴闇题跋［M］.北京：中华书局，2019.

38.周叔弢撰，赵嘉、王振伟等标注.弢翁古书经眼录标注［M］.上海：上海古籍出版社，2021.

39.王献唐.双行精舍书跋辑存［M］.济南：齐鲁书社，1983.

40.叶启勋，叶启发.二叶书录［M］.上海：上海古籍出版社，2020.

41.邹百耐.云间韩氏藏书题识汇录［M］.上海：上海古籍出版社，2020.

42.北京图书馆编.宋元版书目题跋辑刊［M］.北京：北京图书馆出版社，2003.

（以上古籍目录）

跋一

自小子负笈金陵，忝列沧州先生帐下，于今十载，而出先生之门又整整六年矣！

先生祖籍沧州，设帐金陵，卜居天印之侧，遂号方山居士，而吾辈窃援旧学人之例称之为沧州先生。先生性情澹泊，钟情山水，怡情文字，尝作《印山赋》自抒怀抱云："小子性情疏懒，德行支离；羞于俯仰，不惯委蛇。庚寅举家南迁，妄思苟得桃源；普天率土，在在武陵路杳。所幸蜗庐偏僻，依傍山隈。晨钟暮鼓，堪代值宵之柝；山鸟山花，宜为侍坐解语。停云傲吏，村野学究，正好借此林壑，埋忧寄愁。倘得孟子仁政所付田宅之数，树松养年，种荷悦目。仰观云鹤，俯察蝼蚁。好古嗜书，攻苦学道。进德修业，温故知新。种田百余亩，课子五六人。不预人事，何所有于我哉！"其文其情，宜乎其"抱瓮灌畦"的谦抑之号。以小子所知，先生一生所为事业，在读书、教书、著书三事；先生一生所爱生活，在饮酒、爱家、述作三事。

先生不喜交游，而向慕古今贤达，往往引以为楷模。先生与讲求实事求是之河间献王刘德同宗，又与博览群书总揽人物的纪学士文达、通晓书目崇尚实学的张编修文襄同里，地方积久形成的重视文献、修学好古的风气，对先生产生了潜移默化的影响。这一传统，既影响了先生求实为公的人生品格，也影响了先生好古敏求的治学方向：论经术则臆说《诗经》，研道术则点校《道藏》，谈文学则臆解《离骚》，说鬼狐则校注《聊斋》，尚豪侠则戏说《水浒》。于此，先生尝自云"此乃消磨时光、不足挂齿之小道儿"，当然，"修齐治平"是读书人的最高境界，而读书治学又何尝不是读书人的常规日课呢？

今先生《古籍识小录》书成，邀余为跋，提携之情，不待言说。

先生于《凡例》和《自序》中已将本书梗概、行文体例清楚说明，毋庸赘言。今拜读一过，权为读后：

此书谨遵《四库全书总目》体例，分为经、史、子、集四部，部下又分四十四类，各类兼及若干子目不予单列，就传统古籍分类而言，这一体例无疑是最为谨严的；每部之下皆有一篇总序，每类之下亦均有一篇小序，序文从字源到名称，从思想内涵到内容范围，从门户之争到学术历史，均以简明扼要的文字清源溯流，总述该部类之去脉来龙，勾勒出了该类传统学术的基本框架；此书将传世珍稀古籍图版与文字评介相互结合，系统而精严地选取了五百余种国家传世珍稀古籍，从著述信息、古籍版式、印主小传到递藏轨迹予以诠释，层层剥茧，简明扼要。

读此书，就像读各种类型的学术简史，读一部部辉煌的巨著。总起来读，既像是读一部文化史，又像是读一部书籍史，举凡一切精神财富皆有涉猎，举凡一切书籍形式无所不包；分开来看，读"经部"宛如读简明经学史，读"史部"犹如读简明史学史，读"子部"恍如读简明哲学史，读"集部"一似读简明文学史。每部类前的序文提纲挈领，画的是一条清晰的线；每类下类举的书对号入座，涂的是斑斓的彩。

先生名此书曰"识小"，显然有谦谦之意！识者诸君，以为然否？

受业钟吾唐孟秋记于秦淮河畔

2023年6月12日黉夜

跋二

《古籍识小录》即将付梓了，照例要写一篇东西，交代一下此书的写作缘起和经过。

我出身贫寒，家中前辈知书乏人，童年的我与古书之间几乎没有交集。只依稀记得，很小的时候曾发生过一件与古书相关的往事：不知是哪一年的正月十五，长我二十岁的大哥与长我七岁的三哥曾合作制作过一次滴滴芯儿。他们先是把烧好的木炭碾细过筛，拌上一些食盐，掺入从老墙根上刮来的土硝；又从一摞黄得发黑的书上一沓沓地撕下又软又薄的纸，将其卷成喇叭筒儿，再把拌匀的黑药装进去，最后把口儿拧紧，这样，一根根自制的滴滴芯儿也就大功告成，而那摞儿当时觉得多少有些瘆人的书也就在星火缭绕中灰飞烟灭了！上高中时，武清黄士勋先生送了我一函四本不知何年刊版的《增补二论典故最豁集》，这才知道，当年那些被捻成滴滴芯儿烧掉的东西就是古书。上大学后，稍涉古籍。参加工作后，个别亲友听闻我尚能认几个字，就拿了一些他们祖上传下来的旧书相送，渐渐地也就有了些存货，像乾隆至诚堂版《分类详注饮香尺牍》、光绪万育堂版《铜版五方元音》、光绪聚元堂版《书经离句》和不知刊于何时的《关中诗》《诗经旁注》等，这些书都是残本，品相粗劣，但亲友们的情谊却是极其真挚而珍贵的。

大学期间，我跟随任望师练过一学期书法，由于心不在焉，总也写不好。临结业，照葫芦画瓢地描了一张小篆去敷衍。老师看后，建议我不要写篆书，说写篆书就像画字，难见功力。当时我心里有些不以为然，后来读《说文解字序》"画成其形，随体诘屈"，才知道老师的话有出处。毕业前夕，在老街的古旧书店里邂逅了刻刀和印石，觉得好玩，便开始摆弄篆刻。随后，又买了《陈衡恪印谱》和《李骆公印谱》，挑着里面自觉顺眼的印模，不明冲切、不分单双、不知深浅地胡乱奏刀，一方一方地摹刻。参加工作后，又认识了搞篆刻的韩焕峰先生，他看了我刻的东西，说样子很像李骆公，建议我改学汉印，并送了一本邓散木的《篆刻学》让我认真阅读，当时我心里也大不以为然。后来看了一些名家治印史，才知道他是对的，汉印古朴厚重，结体凝重紧凑，是治印的初阶。此后，我又淘换到了《汉印文字征》《吴昌硕印谱》《清人篆隶大辞典》等，开始识认古玺文字，摹刻汉印，久之，稍稍有了一点儿长进。现在想来，我的志趣似乎从未在治印上停留过，涉足此道纯属一时心血来潮！但这一经历，却养成了我对篆字的识认兴趣，乃至一见到篆字就想把它认出来。

随着年龄的增长和阅读经历的增加，我越发体会到解字释词在阅读活动中的重要，因为，一个字的形体往往更形象地表现了它的初文意义。而一旦涉及到字形，篆文就成了绕不开的一道坎儿。比如讲到《汉书·孝武皇帝本纪》刘彻的神异出生，必然旁及《外戚列传》中"男方在身时，王夫人梦日入其怀"，句中的"身"字乃是理解这两句话的关键。"身"字的篆文字形，像一个怀了孕的、挺着大肚子的人体，显然就是妊娠之意；又如讲到《史记·屈原传》"人穷则反本"，这个"穷"字并非指物质匮乏，而是指仕途多舛。"穷"字是会意字，其篆文字形正像一个人躬身行走在逼窄的洞穴里，本义即为不顺之意。这一能力的获得，无疑得益于早年识印、刻印的经历。

几年来，由于工作需要，我的专业方向由古代文学渐渐向古典文献学靠拢。我担任本专业"国学概论"课的教学，这是一门伸缩性较大的课程。我认为，能够将博大的"国学"内容"概而论之"的，古往今来，非《四库全书总目》莫属，因为，它所收录的古籍，基本涵盖了国学的精华。遂以"四库提要叙讲录"为题，对《四库全书总目》四部四十四类的四十八篇序文逐篇进行了详细的诠释和解读，为听众也是为自己搭建了一个从未经验过的、庞大而简约的传统学术框架，久而久之，也就萌生了要撰写一部"传世珍稀古籍类要举隅"的想法，也就是这部小书的基本框架。

我国的传世古籍浩如烟海，要亲眼目睹、尽饱眼福，堪比登天！一是这些宝物散存各地，不易奔赴；二是宝物体质脆弱，不宜接触。所幸历年来有《铁琴铜剑楼书影》《盍山书影》《涉园所见宋版书影》《上海图书馆藏宋本图录》《中国传世珍稀古籍图录》等大批古籍图录精彩出版，部分纾解了读者急欲一睹宝物真容的痛苦。而我能够见到如此珍贵的图像资料，完全仰赖时任我校图书馆副馆长的叶永胜先生。叶先生出南雍程门，饱读经典，于书颇具慧眼。由于此类图书价格昂贵且读者稀少，一般图书馆不予采办。叶先生慧眼独具，终遂我愿，并允准我无限期借阅。这些鸿篇巨帙小山似的码放在我书房里，一放就是七八年，任由我随心所欲地翻览，为我立下了汗马之劳。小书既成，叶先生厥功至伟。

传世古籍之所以命曰"珍稀"，很大程度上取决于其递藏史之久远；而递藏史之久远，又体现为递藏链之完整；完整递藏链条的呈现，依托的主要是历代藏书家钤盖于书页上的藏书印。识认这些藏印，是古籍"识小"的第一要务；没有这一环节，"识递藏"也就无从谈起。由于藏书印的印文皆为篆字，且因篆刻家治印风格不同，字划及结体往往千变万化千奇百怪，或疏朗缜密，或奇思妙想，或怪怪奇奇，大多不遵常格，难以一眼即识；兼之古籍流传既久，难免会因印泥走油、字画不清、印位重叠、结构畸变等问题给藏书印的辨识带来麻烦。每当此时，就想起了亦生亦友的孟秋贤棣。孟秋是我的老弟子，潜心旧学，醉心书道，痴迷篆刻。在遇到个别难识难辨的印文时，他帮我解决了不少问题，印证了古人所谓"教学相长"和"术业专攻"的道理，余谓孟秋未来可期！小书既成，孟秋又为此书结撰了一篇热情洋溢、感情真挚、褒奖有加的跋文，其敦伦重义之古道热肠，令人感慨唏嘘！有时，我还把难辨的印文图像发到《诗经》群里，向学界的朋友们求教，得到过踪凡、王立民等先生的热情帮助，在此一并致以谢忱！

此书从开笔写作到缀成这篇跋文，前后断续用了四年多的时间；至于从备料到成型，拢共花了多少时间，就难以说得很清楚了。其间甘苦，天地共鉴！此书上、下两册，共收录传世珍稀古籍五百余部，分为四部四十四类，每部每类前均冠有一篇绍述该类学术小史的短文，每部书后皆撰有长短不拘的"识小"文字，单单文字部分将近七十万字。如此繁重的工作，在如此短暂的时间里，仅靠我个人的力量是难以完成的。在此书的整个写作过程中，我的爱人张国清教授付出了宝贵的心血，她参与了选书、拍照、识认版本信息、查检藏家信息、编制目录和校对书稿的众多事务，这项成果本该有她的一半。

此书的出版，得到了金陵科技学院、人文学院、教务处、研究生处、科技处、学科和专业各级领导一如既往的鼓励、关怀和支持，得到了我校国家一流专业建设点旅游管理、江苏省一流专业建设点中国古典文献学、金陵科技学院文化产业学重点学科、金陵科技学院文旅学院、金陵科技学院中国语言文学重点学科经费的大力资助，在此，一并表示诚挚的谢忱！感谢安徽师范大学出版社领导的关爱，感谢一贯高度负责的责编王贤老师，谢谢你们！

限于个人见闻孤陋，识断难免会有这样那样的疏漏，祈望读者朋友们批评指正。

刘树胜

2023 年 8 月 15 日于方山自胜斋